经以济世
建德而兴

贺教方印

先生发自项目
成立盛典

李双林
甲申春八

教育部哲学社会科学研究重大课题攻关项目

产权强度、土地流转与农民权益保护

STRENGTH OF PROPERTY RIGHTS,
RURAL LAND CIRCULATION AND PROTECTION OF
PEASANT'S RIGHTS AND INTERESTS

罗必良 等著

经济科学出版社
Economic Science Press

图书在版编目（CIP）数据

产权强度、土地流转与农民权益保护/罗必良等著.
—北京：经济科学出版社，2013.10
（教育部哲学社会科学研究重大课题攻关项目）
ISBN 978-7-5141-4021-7

Ⅰ.①产… Ⅱ.①罗… Ⅲ.①农业用地-土地流转-研究-中国②农民-权益保护-研究-中国
Ⅳ.①F321.1②D422.6

中国版本图书馆 CIP 数据核字（2013）第 276136 号

责任编辑：袁　溦
责任校对：刘欣欣
责任印制：邱　天

产权强度、土地流转与农民权益保护
罗必良　等著
经济科学出版社出版、发行　新华书店经销
社址：北京市海淀区阜成路甲28号　邮编：100142
总编部电话：010-88191217　发行部电话：010-88191522
网址：www.esp.com.cn
电子邮件：esp@esp.com.cn
天猫网店：经济科学出版社旗舰店
网址：http://jjkxcbs.tmall.com
北京季蜂印刷有限公司印装
787×1092　16开　49.25印张　940000字
2013年11月第1版　2013年11月第1次印刷
ISBN 978-7-5141-4021-7　定价：123.00元
（图书出现印装问题，本社负责调换。电话：010-88191502）
（版权所有　翻印必究）

课题组主要成员

（按姓氏笔画为序）

首席专家： 罗必良
主要成员： 尤娜莉　丛腾腾　刘一明　刘守英
　　　　　　李尚蒲　何一鸣　何应龙　汪　沙
　　　　　　张曙光　陆　剑　陈小君　陈凤波
　　　　　　陈利昌　陈培勇　罗明忠　郑荣馨
　　　　　　郑燕丽　胡新艳　钟文晶　耿　卓
　　　　　　高　飞　曹正汉　彭东慧　彭　素
　　　　　　韩　松　谢　琳

编审委员会成员

主　任　孔和平　罗志荣
委　员　郭兆旭　吕　萍　唐俊南　安　远
　　　　　文远怀　张　虹　谢　锐　解　丹
　　　　　刘　茜

总　序

哲学社会科学是人们认识世界、改造世界的重要工具，是推动历史发展和社会进步的重要力量。哲学社会科学的研究能力和成果，是综合国力的重要组成部分，哲学社会科学的发展水平，体现着一个国家和民族的思维能力、精神状态和文明素质。一个民族要屹立于世界民族之林，不能没有哲学社会科学的熏陶和滋养；一个国家要在国际综合国力竞争中赢得优势，不能没有包括哲学社会科学在内的"软实力"的强大和支撑。

近年来，党和国家高度重视哲学社会科学的繁荣发展。江泽民同志多次强调哲学社会科学在建设中国特色社会主义事业中的重要作用，提出哲学社会科学与自然科学"四个同样重要"、"五个高度重视"、"两个不可替代"等重要思想论断。党的十六大以来，以胡锦涛同志为总书记的党中央始终坚持把哲学社会科学放在十分重要的战略位置，就繁荣发展哲学社会科学做出了一系列重大部署，采取了一系列重大举措。2004年，中共中央下发《关于进一步繁荣发展哲学社会科学的意见》，明确了新世纪繁荣发展哲学社会科学的指导方针、总体目标和主要任务。党的十七大报告明确指出："繁荣发展哲学社会科学，推进学科体系、学术观点、科研方法创新，鼓励哲学社会科学界为党和人民事业发挥思想库作用，推动我国哲学社会科学优秀成果和优秀人才走向世界。"这是党中央在新的历史时期、新的历史阶段为全面建设小康社会，加快推进社会主义现代化建设，实现中华民族伟大复兴提出的重大战略目标和任务，为进一步繁荣发展哲学社会科学指明了方向，提供了根本保证和强大动力。

高校是我国哲学社会科学事业的主力军。改革开放以来，在党中央的坚强领导下，高校哲学社会科学抓住前所未有的发展机遇，紧紧围绕党和国家工作大局，坚持正确的政治方向，贯彻"双百"方针，以发展为主题，以改革为动力，以理论创新为主导，以方法创新为突破口，发扬理论联系实际学风，弘扬求真务实精神，立足创新、提高质量，高校哲学社会科学事业实现了跨越式发展，呈现空前繁荣的发展局面。广大高校哲学社会科学工作者以饱满的热情积极参与马克思主义理论研究和建设工程，大力推进具有中国特色、中国风格、中国气派的哲学社会科学学科体系和教材体系建设，为推进马克思主义中国化，推动理论创新，服务党和国家的政策决策，为弘扬优秀传统文化，培育民族精神，为培养社会主义合格建设者和可靠接班人，做出了不可磨灭的重要贡献。

自 2003 年始，教育部正式启动了哲学社会科学研究重大课题攻关项目计划。这是教育部促进高校哲学社会科学繁荣发展的一项重大举措，也是教育部实施"高校哲学社会科学繁荣计划"的一项重要内容。重大攻关项目采取招投标的组织方式，按照"公平竞争，择优立项，严格管理，铸造精品"的要求进行，每年评审立项约 40 个项目，每个项目资助 30 万～80 万元。项目研究实行首席专家负责制，鼓励跨学科、跨学校、跨地区的联合研究，鼓励吸收国内外专家共同参加课题组研究工作。几年来，重大攻关项目以解决国家经济建设和社会发展过程中具有前瞻性、战略性、全局性的重大理论和实际问题为主攻方向，以提升为党和政府咨询决策服务能力和推动哲学社会科学发展为战略目标，集合高校优秀研究团队和顶尖人才，团结协作，联合攻关，产出了一批标志性研究成果，壮大了科研人才队伍，有效提升了高校哲学社会科学整体实力。国务委员刘延东同志为此做出重要批示，指出重大攻关项目有效调动各方面的积极性，产生了一批重要成果，影响广泛，成效显著；要总结经验，再接再厉，紧密服务国家需求，更好地优化资源，突出重点，多出精品，多出人才，为经济社会发展做出新的贡献。这个重要批示，既充分肯定了重大攻关项目取得的优异成绩，又对重大攻关项目提出了明确的指导意见和殷切希望。

作为教育部社科研究项目的重中之重，我们始终秉持以管理创新服务学术创新的理念,坚持科学管理、民主管理、依法管理,切实增强服务意识,不断创新管理模式,健全管理制度,加强对重大攻关项目的选题遴选、评审立项、组织开题、中期检查到最终成果鉴定的全过程管理,逐渐探索并形成一套成熟的、符合学术研究规律的管理办法,努力将重大攻关项目打造成学术精品工程。我们将项目最终成果汇编成"教育部哲学社会科学研究重大课题攻关项目成果文库"统一组织出版。经济科学出版社倾全社之力,精心组织编辑力量,努力铸造出版精品。国学大师季羡林先生欣然题词:"经时济世　继往开来——贺教育部重大攻关项目成果出版";欧阳中石先生题写了"教育部哲学社会科学研究重大课题攻关项目"的书名,充分体现了他们对繁荣发展高校哲学社会科学的深切勉励和由衷期望。

创新是哲学社会科学研究的灵魂,是推动高校哲学社会科学研究不断深化的不竭动力。我们正处在一个伟大的时代,建设有中国特色的哲学社会科学是历史的呼唤,时代的强音,是推进中国特色社会主义事业的迫切要求。我们要不断增强使命感和责任感,立足新实践,适应新要求,始终坚持以马克思主义为指导,深入贯彻落实科学发展观,以构建具有中国特色社会主义哲学社会科学为己任,振奋精神,开拓进取,以改革创新精神,大力推进高校哲学社会科学繁荣发展,为全面建设小康社会,构建社会主义和谐社会,促进社会主义文化大发展大繁荣贡献更大的力量。

教育部社会科学司

摘　要

土地制度作为农村经济制度体系和农业发展的基础制度，伴随着30多年来的改革历程，一直是农村变革最原本的核心问题。但就全国总体而言，土地制度在微观方面无论经历了怎样的变迁，其集体所有、均田承包和家庭经营的大格局几乎没有发生根本性变动。

尽管农村改革初期家庭承包制获得了举世瞩目的政策效果，但随着形势的发展，以土地福利赋权为特征的均包制却留下了严重的后遗症。与此同时，耕地的大量流失与农民土地权益的受损，也成为严重的社会隐患。因此，无论是宏观的社会经济背景，还是农业本身的经营格局，都呼唤着农村土地流转制度的变革。

中国农村土地流转与农民权益保护问题的核心，应该是如何构建既有利于工业化与城镇化的有效推进，同时让农民分享工业化与城镇化成果的土地制度，又能调动农户参与土地流转的积极性，加快农地的流转与集中，改善农业经营的规模化与组织化程度，从而促进农业经营方式的转变与现代农业的发展。

本项研究以"认清国情、分析形势、找准问题、寻找对策、支持决策"为旨意，根据中国特殊的国情与农情以及特定的历史与现实约束条件，试图对我国工业化与城镇化背景下的土地流转制度变革和农民权益保护问题进行深入分析。一方面，基于"赋权—强能—规范"的分析线索，构建"产权强度—农地流转—农民权益—制度创新"的理论框架，由此揭示人口流动机制、土地流转机制、农业经营机制以及农民权益保护的依存关系及其内在规律；另一方面，围绕保护农民权益、保障农业安全与改善土地资源配置效率的政策目标，阐明农村土地制度的变革线索，以期设计能够强化农民土地的产权强度、推进土地的资本化、加快农地流转及其市场化进程的制度体系。

本书沿着"宏观图景—依存关系—关键问题—制度设计"的思路展开，并将"禀赋差异—比较优势—要素流动—优化配置"、"资源属性—能力维度—赋权结构—产权强度"及"交易管制—公共领域—租金耗散—制度绩效"的研究路径贯彻始终。研究内容包括四个部分共19章。

一是梳理研究背景。根据中国特殊的国情与农情以及特定的历史与现实条件，阐明农村土地制度的生成逻辑，分析农村土地流转制度在体制转轨与发展转型背景下面临的新形势和新问题，揭示稳定和完善农村土地流转制度所必须解决的约束与难点。

二是构建理论框架。根据背景研究所揭示的问题及其性质，选择研究视角，凝练分析线索，并由此构建理论分析框架。

三是进行实证研究。主要基于项目组所获得的农户抽样调查数据进行实证研究。其一，以产权强度的三个维度为经，分别从法律赋权、社会认同、行为能力层面对农村土地流转与农民权益保护进行考察；其二，以研究主题为纬，从产权强度的分析视角分别对农村土地流转和农民土地权益两大问题进行解剖。

四是对策研究。既包括从总体上梳理制度变革的未来方向，又关注征地制度、集体建设用地制度、农地流转与农业经营制度的具体运作。重点揭示从所有权变革转向产权实施、从土地的福利功能转向土地的财产功能的制度取向。并特别强调：必须坚持农村土地的集体所有；"土地集体所有、农户家庭承包、农业多元经营"格局应该是基本的制度安排；以产权运作为中心并不断完善法律与发育市场则是基本的操作策略。

Abstract

With over 30 years of reform and opening-up, as the basic institution of the rural economic system and agricultural development, the land institution has been the core issue during the rural reform. However, on the whole, no matter how the land institution has changed in the microscopic aspect, the setup of the collective ownership, the land equalization contracting and family operation have no fundamental changes.

Although the family contracting institution has remarkable policy effects at the initial stage of the rural reform, yet with the development of the situation, the land equalization contracting institution with the characteristic of land welfare empowerment has left serious result. In the meantime, the massive loss of farmlands and damage of rights and interests of peasant household become a serious society concern. Therefore, both of the macroscopic social economic background and the operational pattern of agriculture itself are calling for the reform of rural land circulation institution.

The crucial problem of China's rural land circulation and protection of peasant's rights and interests is how to establish the land institution, which is beneficial to effectively promote the industrialization and urbanization and enable the peasant share the achievements from the reform. Meanwhile, it can also produce incentive for peasant to take part in the land circulation, accelerate the land circulation and centralization, and improve the degree of scale and organization in agricultural operation, so as to promote the transformation of the agricultural operation mode and the development of modern agriculture.

With the purposes of recognizing the national situations, analyzing the current situation, grasping the problems, seeking for strategies and supporting decision, this treatise, constrained by the historical and contemporary conditions in particular national and agricultural situation, attempts to make a detailed analysis on the reform of land circulation institution and protection of peasant's rights and interests in the background of industrialization and urbanization. On one hand, based on the analyzing clue of "empowerment—strengthening ability—normalization", the treatise builds a framework of "strength of property right—rural land circulation—peasant's rights and interests—institutional innovation" to reveal the dependency relations and the inherent laws among the mechanism of population flow, mechanism of rural land circulation, mechanism of agricultural operation and protection of peasant's rights and interests. On the other hand, in accordance with the policy objectives of protecting peasant's rights and interests, ensuring agriculture safety and improving the efficiency of land resource allocation, the treatise clarifies the clues of rural land institution reform so as to design an institutional system which can intensify the peasant's land strength of property rights, realize the capitalization of land and accelerate land circulation and marketization.

Following the thought of "macro background—dependency relations—key problem—institution design", the treatises ticks to the paths of "difference of endowments comparative advantages—flow of factors—optimal allocation", "resource attribute—dimension of capacities—empowerment structure—strength of property rights" and "transaction regulation—public domain—rent dissipation—institutional performance". This treatise has four parts, including 19 chapters.

The first part is to introduce the research background. According to the historical and contemporary conditions in particular national and agricultural situation, the treatise expounds the formation logic of the rural land institution, analyzes the new situations and new problems of rural land circulation institution under the background of system transition and development transformation, and reveals the constraints and difficulties in stabilizing and improving the rural land circulation institution.

The second part is to construct a theoretical framework. Enlighted by the problems and their properties revealed in the study of background, the treatise chooses a research perspective to establish the theoretical frame work with a clear analysis clue.

The third part is empirical study. The treatise mainly conducts empirical researches based on the sampling survey data of peasants obtained by the research team. On one hand, based on the three dimensions of strength of property rights, the treatise studies the rural land circulation and protection of peasant's rights and interests separately from the perspective of legal empowerment, social identity, and behavior capacities; on the other hand, based on the research theme, the treatise analyzes the rural land circulation and peasant's rights and interests separately from the perspective of "strength of property rights".

The fourth part is strategy research. It not only combs the future direction of the institution reform on the whole, but also pays close attention to the specific operation of the land requisition institution, collective construction land institution, rural land circulation and agricultural management institution. Besides, it reveals the institutional orientations, from ownership reform to implementation of property rights, and from the welfare function to property function of the land. Especially, it emphasizes that we must strictly adhere to the principle of collective ownership of rural land, the pattern of "collective ownership of land, family contracting and agricultural diversification operation" should be the basic institutional arrangement; putting the property operation as a center policy, and improving the legal system and developing the market is the basic operation strategy.

目 录

第一章 导论 1
第一节 研究起点与目标 1
第二节 研究思路与路径 5
第三节 研究内容安排 10
第四节 研究特色与可能的创新 13

第二章 文献综述 15
第一节 研究主线梳理：所有权、产权及其他 15
第二节 关于农地流转与农地制度的研究 23
第三节 关于农民权益保护问题的研究 34
第四节 小结与评论 38

第三章 制度背景：公共领域、产权模糊化及其反思 42
第一节 产权、公共领域与模糊产权 43
第二节 政府的产权模糊化倾向：一个命题 47
第三节 农地产权模糊化的制度演进 58
第四节 现行制度安排与农民土地权益的侵蚀 62
第五节 对农地流转制度的回顾与反思 67

第四章 现状分析Ⅰ：土地非农流转与农民土地权益 85
第一节 农村土地流转：行为努力及其偏差 85
第二节 "三根"问题、土地财政与农地流失 90
第三节 政府的"土地财政"：一个估算 98
第四节 地方政府的占地竞赛：省级面板数据的经验证据 102

第五章 ▶ 现状分析Ⅱ：农地流转中的农户行为及其绩效　123

　　第一节　现状分析：农地流转的状况与问题　123
　　第二节　农户认知与农地流转：交易费用分析范式　128
　　第三节　禀赋效应、认知幻觉与农地流转：修正的交易费用分析范式　141
　　第四节　农户的退出意愿：基于承包权与经营权的分类考察　153
　　第五节　农地流转的宏观绩效：政策目标偏离与"非粮化"问题　166
　　第六节　农地流转的微观绩效：收入效应与流转滞后的效率损失　176

第六章 ▶ 分析视角：赋权、强能与农村土地流转　183

　　第一节　产权制度及其意义　183
　　第二节　一个关键概念：产权强度　185
　　第三节　法律保障与能力保护　190
　　第四节　需要进一步关注的问题　194

第七章 ▶ 理论框架：产权强度、农地流转与农民权益保护　197

　　第一节　产权强度的测度：制度特性与资源特性　197
　　第二节　产权强度的匹配逻辑及其命题　207
　　第三节　农民权益保护与农地流转交易的逻辑关系　212

第八章 ▶ 数据来源：问卷调查及统计描述　226

　　第一节　调查方式及数据来源说明　226
　　第二节　预调查及统计描述　227
　　第三节　正式问卷调查及统计描述　230
　　第四节　干部问卷调查及统计描述　238
　　第五节　其他数据来源　241

第九章 ▶ 产权强度Ⅰ：法律赋权与农民的产权认知　242

　　第一节　从村落产权到国家强制性赋权　242
　　第二节　土地产权制度：法律规定与实际运作的差异　258
　　第三节　农户特征、权属认知与家庭承包制期限满意度　268
　　第四节　赋权方式的选择：依据、准则及其逻辑　274

第十章 ▶ 产权强度Ⅱ：社会认同与农民的土地权益　277

　　第一节　社会认同与产权实施　277

第二节　农民土地权益的社会认同：特殊性及其含义　279

第三节　各类土地权属的社会认同　285

第四节　谁在保护农民权益：社会认同与法律赋权的比较　293

第五节　农地所有权、流转纠纷与农民权益：基于村干部认同的分析　297

第六节　简要结论　306

第十一章▶产权强度Ⅲ：行为能力与农民的产权行使　307

第一节　产权实施与行为能力　307

第二节　农户土地产权行为能力的测度指标　311

第三节　农户土地产权行为能力的评价与比较　316

第四节　农户行为能力对农地流转的影响　323

第五节　禀赋效应与行为偏差：农地流转的抑制及扭曲　330

第十二章▶产权强度与农村土地流转　343

第一节　产权强度、资源禀赋与农地流转　343

第二节　政治资源、行为能力与集体建设用地流转缔约　384

第三节　产权强度、资源禀赋与征地满意度　394

第十三章▶产权强度与农民土地权益　408

第一节　产权强度、政策支持与务农收益　408

第二节　产权强度、合约选择与权益保护　417

第三节　产权强度、流转租金与权益保护　444

第四节　宗族势力、政治力量与农民的土地权益　452

第五节　案例研究：合约不稳定与合约治理——以"东进农牧"为例　463

第十四章▶制度变革的基本方向：从所有权走向产权　491

第一节　资源属性、行为能力与制度匹配：关于基本制度的选择逻辑　491

第二节　从所有权中心走向产权中心：对产权强度的理论扩展　510

第三节　农地产权、财产化与权益保护　517

第十五章▶城市化背景下的农地非农流转与产权保护　535

第一节　对不同观点的质疑　535

第二节　现行土地政策及其实施：效果与评价　537
　　第三节　地方经验与政策创新：个案调研与分析　546
　　第四节　若干政策建议　561

第十六章 ▶ 集体建设用地流转的管制放松与产权实施　567

　　第一节　集体建设用地管制的变迁及评价　568
　　第二节　政策实施与地方创新：若干案例　573
　　第三节　政策法律问题及完善修改建议　599

第十七章 ▶ 土地流转、规模经营与农业现代化　603

　　第一节　土地流转和规模经营：政策演进及其特征　604
　　第二节　农地流转与农业经营方式：问卷数据分析　609
　　第三节　龙头企业、合作社的规模流转及其效应：若干案例　621
　　第四节　土地流转、组织变迁和农业现代化：政策含义及其选择　633

第十八章 ▶ 农村土地制度创新：法律与市场的调整　650

　　第一节　农村土地制度的演进：法律与市场的双重逻辑　651
　　第二节　当前农地流转制度的实际运作：基本模式与权益保护　655
　　第三节　土地权利与土地管理的立法调整：以《土地管理法》为例　660
　　第四节　农地流转制度建构的基本思路　674
　　第五节　农地流转制度建构的操作策略　683
　　第六节　农地制度变革：试验与调整的实施重点　695

第十九章 ▶ 结论与讨论　699

　　第一节　主要的结论　699
　　第二节　进一步的讨论　707

参考文献　714

后　记　757

Contents

Chapter 1　Introduction　1

    Section 1　Research Starting Point and Purpose　1

    Section 2　Research Train of Thought and Path　5

    Section 3　Research Contents Arrangement　10

    Section 4　Research Features and Possible Innovation　13

Chapter 2　Literature Review　15

    Section 1　Research Main Line: Ownership, Property Rights and Others　15

    Section 2　Literature of Land Institution and Land Circulation　23

    Section 3　Literature of the Issue of Protection of Peasant's Rights and Interests　34

    Section 4　Brief Summary and Discussion　38

Chapter 3　Institutional Background: Public Domain, Ambiguous Property Rights and Its Rethinking　42

    Section 1　Property Rights, Public Domain and Ambiguous Property Rights　43

    Section 2　The Trend of Ambiguous Property Rights from Government: A Proposition　47

    Section 3　The Institution Evolution of Ambiguity of Rural Land Property Rights　58

Section 4　The Current Institutional Arrangement and Erosion of Peasant's Rights and Interests　62

Section 5　Review and Rethinking on the Rural Land Circulation Institution　67

Chapter 4　The Analysis of Current Situation Ⅰ: Non-agricultural Land Circulation and Peasant's Land Rights and Interests　85

Section 1　Land Circulation: Effects of Behavior and Its Deviation　85

Section 2　"Three Roots" Problems, Rural Land Finance and Loss of Rural Land　90

Section 3　The Land Finance of Government: An Estimation　98

Section 4　Rural Land Occupation Competition among Local Governments: The Empirical Evidence from Provincial Panel Data　102

Chapter 5　The Analysis of Current Situation Ⅱ: Peasant Household's Behavior and Performance during Rural Land Circulation　123

Section 1　The Analysis of Current Situation: Situations and Problems of Rural Land Circulation　123

Section 2　Peasant Household's Cognition and Rural Land Circulation: The Analysis Paradigm of Transaction Costs　128

Section 3　Endowment Effect, Cognitive Illusion and Rural Land Circulation: the Revised Analysis Paradigm of Transaction Costs　141

Section 4　The Peasant Household's Willingness of Exit: Based on the Investigation of the Classification of Contracting Rights and Operation Rights　153

Section 5　Macro-performance of Rural Land Circulation: Policy Goal Deviation and "non-grain" Problem　166

Section 6　Micro-performance of Rural Land Circulation: Income Effect and Efficiency Loss of Circulation Lagging　176

Chapter 6　The Analysis Angel: Empowerment, Strengthening Ability and Rural Land Circulation　183

Section 1　Property Rights Institution and Its Significance　183

Section 2　A Key Concept: Strength of Property Rights　185

Section 3　Legal Security and Protection Ability　190

Section 4　Further Concerned Problems　194

Chapter 7　Theoretical Framework: Strength of Property Rights, Rural Land Circulation and Protection of Peasant's Rights and Interests　197

Section 1　Measurement of Strength of Property Rights: Institutional Characteristics and Resource Characteristics　197

Section 2　The Matching Logic of Strength of Property Rights and Its Propositions　207

Section 3　Logical Relationship between Protection of Peasant's Rights and Rural Land Circulation　212

Chapter 8　Data Source: The Questionnaire Survey and Statistical Description　226

Section 1　Research Methods and Data Source Introduction　226

Section 2　Pre-research and Statistical Description　227

Section 3　Formal Questionnaire Survey and Statistical Description　230

Section 4　Village-Leader's Questionnaire Survey and Statistical Description　238

Section 5　Other Data Sources　241

Chapter 9　Strength of Property Rights Ⅰ: Legal Empowerment and Peasant's Property Rights Cognition　242

Section 1　From Village's Property Rights to Empowerment Enforced by the State　242

Section 2　Land Property Rights Institution: the Deviation between the Law Defining and Actual Operation　258

Section 3　Peasant Household's Characteristics, the Ownership of Cognitive and Satisfaction Degree of Household Contract Time Limit　268

Section 4　The Choice of Forms of Empowerment: Reason, Standard and Logic　274

Chapter 10　Strength of Property Rights Ⅱ：Social Identity and Peasant's Land Rights and Interests　277

Section 1　Social Identity and Property Rights Enforcement　277

Section 2　Social Identity of Peasant's Land Rights and Interests：Specialty and Its Implications　279

Section 3　Social Identity about Different Types of Land Rights　285

Section 4　Who Protects Peasant's Rights and Interests：Comparison between Social Identity and Legal Empowerment　293

Section 5　Rural Land Ownership, Circulation Dispute and Peasant's Rights and Interests：Based on the Analysis of Village-leader's Social Identity　297

Section 6　A Brief Summary　306

Chapter 11　Strength of Property Rights Ⅲ：Behavior Ability and Peasant's Property Rights Operation　307

Section 1　Property Rights Enforcement and Behavior Ability　307

Section 2　Measurement Index of Peasant Household's Property Rights Behavior Ability　311

Section 3　Evaluation and Comparison of Peasant Household's Property Rights Behavior Ability　316

Section 4　Peasant Household's Behavior Influencing the Rural Land Circulation　323

Section 5　Endowment Effect and Behavior Deviation：Suppression and Distortion of Rural Land Circulation　330

Chapter 12　Strength of Property Rights and Rural Land Circulation　343

Section 1　Strength of Property Rights, Resource Endowment and Rural Land Circulation　343

Section 2　Political resource, Behavior Ability and Construction Land Circulation Contracting　384

Section 3　Strength of Property Rights, Resource Endowment and Satisfaction Degree of Land Expropriation　394

Chapter 13　Strength of Property Rights and Peasant's Land Rights and Interests   408

　　Section 1　Strength of Property Rights, Policy Support and Agricultural Income   408

　　Section 2　Strength of Property Rights, Contract Choice and Protection of Interests   417

　　Section 3　Strength of Property Rights, Land Circulation Rent and Protection of Interests   444

　　Section 4　Clan Force, Political Power and Peasant's Land Rights and Interests   452

　　Section 5　Case Study: Instability and Management of Contract—"Dongjin" Farming as an Example   463

Chapter 14　The Basic Direction of Institution Reform: from Ownership to Property Rights   491

　　Section 1　Resources Properties, Behavior Abilities and Institutions that are Matched   491

　　Section 2　From Ownership to Property Rights: The Theoretical Extension of Strength of Property Rights   510

　　Section 3　Property Rights of Rural Land, Propertilization, Protection of Rights and Interests   517

Chapter 15　Non-agricultural Rural Land Circulation and Protection of Rights and Interests under the Background of Urbanization   535

　　Section 1　The Query of Different Points   535

　　Section 2　The Current Land Polity and Implementation: Effect and Evaluation   537

　　Section 3　Local Experience and Policy Innovation: Individual Cases Study and Analysis   546

　　Section 4　Several Policies Suggestions   561

Chapter 16 Deregulation and Implementation of Property Rights of Collective Construction Land 567

Section 1 The Evolution and Evaluation of Collective Construction land 568
Section 2 Policy Implementation and Local Innovation: Several Cases Studies 573
Section 3 Policy Legal Problems and Modified Suggestions 599

Chapter 17 Rural Land Circulation, Scale Operation and Agriculture Modernization 603

Section 1 Rural Land Circulation and Scale Management: Polily Evolution and Its Characteristic 604
Section 2 Rural Land Circulation and Agricultural Oporation Methods: Analysis of Questionnaire Datas 609
Section 3 Scale Circulation and Effect of Leading Enterprises and Cooperatives 621
Section 4 Rural Land Circulation, Organizational Evolution and Agriculture Modernization: Implications and Choice of Policy 633

Chapter 18 Rural Land Institution Invitation: The Adjustment of Law and Market 650

Section 1 Evolution of Rural Land Institution: Dual Logics of Law and Market 651
Section 2 Current Actual Operation about Rural Land Circulation: The Basic Model Pattern and Protection of Rights and Interests 655
Section 3 Land Rights and the Legislative Adjustment of Land Management: "Land Management Law" as An Example 660
Section 4 The Basic Ideas about Construction of Rural Land Circulation Institution 674
Section 5 The Operational Strategy about Construction of Rural Land Circulation Institution 683
Section 6 The Revolution of Rural Land Circulation Institution: The Key Point of Experience and Adjustment 695

Chapter 19　Conclusion and Discussion　699

　　Section 1　Conclusion　699

　　Section 2　Further Discussion　707

References　714

Postscript　757

第一章

导　论

第一节　研究起点与目标

始于1979年的中国农村改革，从本质上讲是财产关系与利益关系的大调整。从包产到户到大包干的土地制度变革与农村微观组织系统再造，确立了农户家庭经营的主导地位，实现了土地所有权与经营权的分离，并因此初步满足了农民对土地经营的真实权利，从而使广大农民获得了人民公社时期不可想象的财产支配权与经济民主权（包括农民的职业转换与身份变迁），由此产生的激励机制，推动了资源配置效率的改善，农业结构调整和非农产业发展成为可能，从而引发了农村经济流量的迅速扩张，有力地改变了国民经济的原有格局与经济流程。

土地制度作为农村经济制度体系和农业发展的基础制度，伴随着30多年来的改革历程，一直是农村变革最原本的核心问题。但就全国总体而言，土地制度在微观方面无论经历了怎样的变迁，其集体所有、均田承包和家庭经营的大格局几乎没有发生根本性变动。

尽管农村改革初期家庭承包制获得了举世瞩目的政策效果，但随着形势的发展，以土地均分为特征的均包制却留下了严重的后遗症。

第一，均田承包在封闭的小农经济背景下是相对有效率的。一旦存在人口的流动与变化，则表现出天然缺陷。由于农村土地集体所有制赋予村庄内部每个合法成员平等地拥有村属土地的权利，从而社区农民因其天然身份拥有平等的承包权,这不仅导致农户生产能力与土地分配的不对称,而且土地均分还会反复地随人口的变化而调整,使得不稳定性与分散性成为内生的制度缺陷(Nguyen,1996;姚洋,2004)。

第二,随着农村非农产业的发展,普遍出现了半自给性小规模土地经营基础上的农户兼业化、副业化乃至农业边缘化。农户的抛荒、土地的细碎化、经营规模的狭小在资源配置上造成了巨大的效率损失(Fleisher, et al, 1992;Wan and Cheng, 2001;许庆等,2008),并威胁到国家的粮食安全与食品的质量安全。

第三,小规模分散化的农户经营,不仅妨碍了甚至抛弃了许多科技进步成果的应用,引发农田水利设施等"公地的悲剧",更令人忧虑的是,本已极其细小的土地规模随着工业化、城镇化和人口增长还在不断细小化。1986年,农户平均拥有耕地9.2亩、分散为8.4块;2008年户均耕地下降到7.4亩,分散为5.7块(何秀荣,2009)。本课题组于2011年对全国890个农户抽样问卷调查的结果表明,目前农户的平均承包面积为7.19亩,地块数依然分散为5.08块。

因此,无论是宏观的社会经济背景,还是农业本身的经营格局,都呼唤着农村土地制度的变革。

一方面,在我国农村,伴随着工业化与城镇化的进程,多种具有重要开拓价值的土地流转制度及其制度安排形式已经广泛出现。尽管创新活动尚未取得一致性共识,但却隐含着许多发人深思的政策和理论问题,从而呼唤着对农村土地制度的完善及其市场发育做出新的探索。

与此同时,中国的工业化进程已由以工业资本的积累、产业规模的扩张和大量人口的非农化为主要特征的工业化初期阶段,进入到以产业结构调整、产业技术提升、人口素质改善和农村人口城镇化为主要特征的工业化中后期。近年来我国经济社会发展迅速,国内生产总值(GDP)以每年7%以上的速度增长,城镇化水平也以每年约1个百分点的速度增长,伴随而来的是各项经济建设用地快速扩张。尽管工业化与城镇化扩张对农村土地构成了强烈的需求,但在供给上却面临刚性约束:其一,我国是一个人多地少的国家,必须认真贯彻"十分珍惜和合理利用每寸土地,切实保护耕地"的基本国策;其二,土地是农民的"命根子",它不仅是农民得以生存的基础,也是农民的基本福利保障,而如何保证农民对土地经营及其增值收益的权益则更是不可忽视的问题。事实上,以往的研究在相当的程度上强调了上述矛盾:或者强调供需双方的对立,或者强调城市化而忽视农民利益,或者强调农民利益而对城镇化持悲观态度。

另一方面,伴随着工业化与城镇化的进程,农村劳动力与人口流动已经成为基本趋势。人地矛盾的逐步松动为农地要素的流转提供了基础。

第一,从政策层面来讲,早在1984年的中央"一号文件"就开始鼓励农地向种田能手集中。2001年中央发布的18号文件，系统地提出了土地承包经营权流转政策。2002年出台《农村土地承包法》，以法律形式赋予了农民对承包土地的占有、使用、收益和被征地享有补偿的权利，首次将土地承包经营权流转政策上升为法律。2008年党的十七届三中全会通过的《中共中央关于推进农村改革发展若干重大问题的决定》进一步强调"加强土地承包经营权流转管理和服务，建立健全土地承包经营权流转市场，允许农民以转包、出租、互换、转让、股份合作等形式流转土地承包经营权，发展多种形式的适度规模经营"。可以说，政府的政策导向为农地流转和农户退出土地承包经营权提供了制度基础。

第二，从保障功能来说，农地的重要性在不断弱化。随着工业化与城镇化的快速推进，依靠分散化的小规模土地经营，已经难以满足农民的发展需求。其一，农户普遍走向兼业化。2011年对全国931个村庄抽样问卷调查的结果表明，外出务工及从事非农兼业的劳动力已经占到农村劳动力的48.62%，表明农户已经"不以农为主"[①]。其二，青壮农民普遍离农，农业劳动力呈现老龄化与妇女化特征。931个村庄的抽样调查表明，妇女已经占到留村劳动力的69.89%，51岁以上的老人则占到39.80%，表明农民已经"不以农为业"[②]。其三，农业不断被副业化。农户纯收入中来自农业的比重由1985年的75.02%下降到2007年的42.10%，农民家庭生活消费支出中来自农业纯收入的比重在1985年为94.00%，而到2007年仅为54.10%（何秀荣，2009），表明农民已经开始"不以农为生"。

不仅如此，与之相伴随的是广泛出现的弃耕撂荒现象。本课题组对全国890个样本农户的问卷表明，高达27.30%的农户存在程度不同的撂荒现象[③]。大量的事实亦提供了多样化的证据（虞莉萍，2008；冯艳芬等，2010）。例如，2000年安徽省土地抛荒面积占总承包面积的1.20%，河北省季节性抛荒面积占耕地面积的4%左右；2001年浙江省2 505万亩耕地中有0.2%~5%被常年撂荒；湖北省2008年对5个县区的调查表明有1.2%的耕地被撂荒（梁丹辉，2008）；湖南省2007年的撂荒耕地达到10%[④]。国土资源部的数据显示，我国每年撂荒的耕地近3 000万亩[⑤]。

---

① 数据来源于上海财经大学2011年组织的"千村万户"暑期社会调查项目。另外，《人民日报》2012年3月20日报道，第一产业的从业人员已经下降到38.1%。

② 农村老年人口比重每增加1个百分点，农业劳动投入将下降约3个百分点（陈锡文等，2011）。

③ 或许弃耕撂荒是小规模分散经营农业格局难以避免的内生现象。另据报道，日本农林水产省2009年4月7日公布了首个关于日本弃耕农地情况的调查结果。据推算，因人力成本高、农民高龄化和农村年轻人不想从事农业，全日本共有约28.4万公顷的弃耕农地已无法耕作，其中约13.5万公顷"极难"复原。日本农林水产省为提高粮食自给率，正在推动弃耕农地的重新耕种，但荒化问题可能构成巨大障碍（《农村工作通讯》2009年第8期，第42页）。

④ 数据来源于新华网 http://news.xinhuanet.com/fortune/2011-05/23/c_121447710.htm。

⑤ 数据来源于《人民日报》2012年3月20日的报道。

第三，已有研究证明，农地流转具有显著的潜在收益。其一，通过流转可以降低耕地细碎化带来的效率损失（Wan and Chen，2001；黄贤金等，2001；苏旭霞等，2002；Terry，2003）；其二，农地流转可以改善规模经营，降低劳动成本（陈欣欣、史清华等，2000），对农户不仅具有资源配置效应和边际产出拉平效应，还具有交易收益效应（姚洋，1998、2000）；其三，通过土地流转提高一体化程度有利于农产品质量安全的控制（汪普庆等，2009）；其四，计量分析表明，农户土地流入每增加10%，家庭年人均收入将增加0.6%，年人均消费将增加0.16%。同时，农地流转也能改善家庭就业结构，农户每流入1亩土地，非农就业率就降低0.79%；农户每流出1亩土地，非农就业率则提高5.84%（胡初枝等，2008）。

因此，上述三个层面，都共同表达了农地流转的必要性与可能性。

但现实的反差是，我国农地流转发生率严重滞后。1999年只有2.53%的耕地发生了流转，2006年为4.57%、2008年为8%、2010年依然只有12%。2011年全国931个村庄抽样问卷所表明的土地流转率为15.25%，比48.62%的劳动力转移率滞后33.37个百分点；2011年全国890个样本农户的问卷调查表明，农户中纯农业劳动力所占比重已经下降为36.48%，但农地流转率只有16.61%。劳动力要素的流动与人地关系的变化，未能有效地带动土地要素的流转①。

进一步推进工业化与城镇化进程，促进农业人口的非农流出，依然是我国现阶段的基本趋势。但一个突出的问题是，由于城乡体制与要素市场的二元分割，使得在农村劳动力非农化流动的同时，并未产生有效的人口迁徙与土地承包经营权退出。一方面是农民的"离农"，但却没有"离地"；一方面是农民工"进城"，但却没有"弃地"；一方面是土地的"弃耕"，但却没有发生有效的农地流转。中国特有的人口流动规律进一步形成了中国特殊的人地关系，其主要特征普遍表象为"人动地不动"，即人口发生大量流动（进城），但迁徙严重滞后，由此导致了人地关系的扭曲与人地矛盾的固化。

基于上述分析，我们认为，中国农村土地流转问题的核心，应该是如何构建既有利于工业化与城镇化的有效推进，同时让农民分享工业化与城镇化成果的土地制度，又能调动农户参与土地流转的积极性，加快农地的流转与集中，改善农业的规模经营，从而推进农业经营方式的转变与改善现代农业的发展绩效。

这一制度安排的目标模式至少应该满足下列要求：

第一，在总体上，必须能够有效地实施市场化运作，利于农村土地的资本化与市场发育，同时又利于政府宏观调控的相机诱导。

---

① 另据农业部初步统计，截至2012年12月底，全国家庭承包经营耕地流转面积已达2.7亿亩，占家庭承包耕地（合同）总面积的21.5%。参见 http://news.xinhuanet.com/fortune/2013-02/15/c_114679692.htm。

第二,"人动"才能"地动"。各国经验表明,农村剩余劳动力的转移,主要依靠城市化和工业化。因此,新的土地制度必须能够支持工业化和城镇化的推进,同时又不危及农业安全,并能够支持农业发展的转型与农业现代化。其中,构建"人动"与"地动"的匹配机制尤为重要。

第三,在农村内部必须遵循的基本思路是,将土地所有权以宪法规定为基准,置其于集体所有的所有制框架,并在此基础上强化农户土地的承包权以及与之相应的收益权,放开流转权,盘活经营权,进而对平均地权的资源配置低效率方式进行修正,构建土地流转的集中机制与行为主体的"退出"与"进入"机制,由此推动农地的市场化、规模化与组织化经营。

第四,在农村土地资源进入工业化与城镇化的过程中,农地转为非农用地选择什么样的转换机制尤为重要。基本的前提是必须在提高土地资源利用效率的基础上,保障农民的土地权益,从而让农民分享到工业化和城镇化所带来的成果,并使之成为参与工业化与城镇化进程的积极力量。

因此,构建完善的土地流转制度,并保障农民的土地权益,是推进我国未来农村改革发展和解决"三农"问题的重大战略举措。

本课题以党的十七届三中全会通过的《中共中央关于推进农村改革发展若干重大问题的决定》的政策精神为指导,以"认清国情、分析形势、找准问题、寻找对策、支持决策"为旨意,遵循"加强土地承包经营权流转管理和服务,建立健全土地承包经营权流转市场,允许农民以转包、出租、互换、转让、股份合作等形式流转土地承包经营权,发展多种形式的适度规模经营"的要求,根据中国特殊的国情与农情以及特定的历史与现实约束条件,试图通过对我国工业化与城镇化背景下的土地流转制度和农民权益保护的深入分析,从理论与实证结合的角度,综合运用制度变迁理论、交易费用理论范式、产权分析方法及法律经济学的基本原理,揭示土地流转制度与农民权益保护的作用机理和内在逻辑,构建能够支撑工业化与城镇化进程,保障农业安全,并在促进土地要素配置优化过程中保障农民分享工业化与城镇化成果的土地流转制度体系,从而为保障农民合法权益,改善我国土地资源的配置效率,加速我国土地流转及其市场化进程,提供政策建议与实践指导。

第二节 研究思路与路径

在以往的研究中,人们很容易受到两种极端做法的影响:一种是集中提出相互依存的关系,把被认为是主要的那些关系汇集于一个分析模型。这种做法的缺点是,它只能提出一个过于简单的图景,而不能使各种不同的专家认识到他们自己的问题;同时,这个图景又过于一般化,以至于很难为决策提供操作依据。另一种是凭借目前所能提供的大量专门知识分析特殊问题。在这种情况下,虽然具体方面的问题从未被忽视,但它却不能使不同领域相互关联中的那些困难得到解决。为此,本书的基本要求是,既要保证综合性,从而把握农村土地制度变革的各种依存关系;又要突出具体性,从而把握各种关键问题及其操作策略。

因此,本书沿着"宏观图景—依存关系—关键问题—制度设计"的思路展开(见图1-1)。

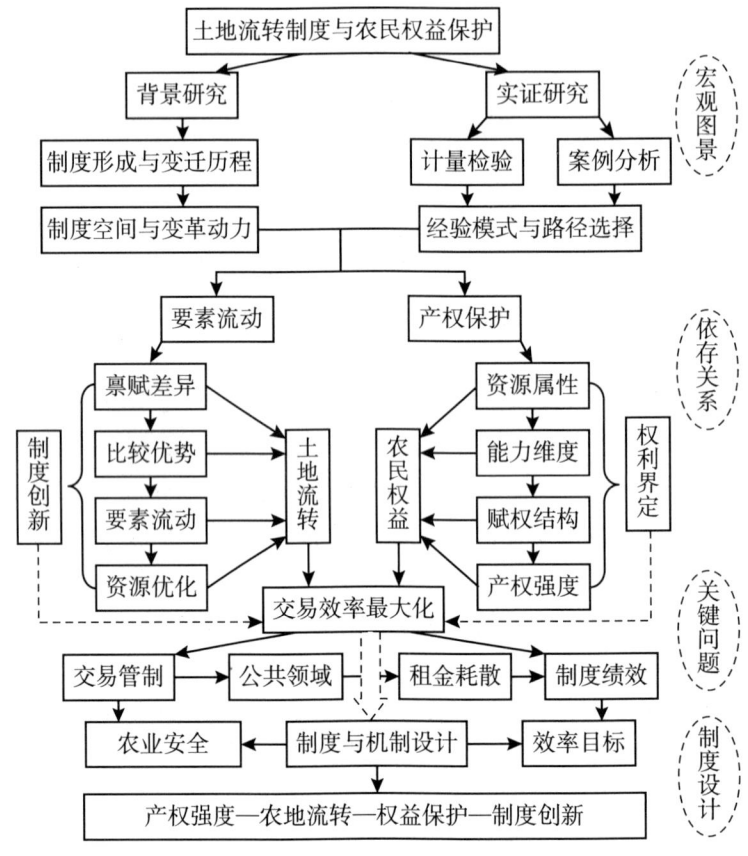

图1-1 土地流转制度与农民权益保护的逻辑框架

1. 宏观图景

宏观图景分析的重点在于两个方面:一是分析目前我国农村土地流转制度与农民权益保护存在的问题、难境与根源。主要是从产权制度角度揭示农村土地流失与农民利益流失的宏观机制，从而阐明农村土地流转制度变革的必要性与紧迫性。二是从推进中国工业化与城市化以及农业现代化的宏观角度，来把握农村土地流转制度变革的制度含义与方向选择。从而说明，中国农村土地流转制度的设计，必须在保护农民权益的前提下，成为支持工业化、城市化与农业现代化的积极因素。

2. 依存关系

中国农村土地流转制度与农民权益保护问题，并不是一个独立的问题，而是隐含在若干依存关系之中。

（1）我国工业化与城市化的快速发展，引发了广泛的农村人口的流动。但是，与发达国家已有经验不同的是：第一，我国的城乡劳动力市场是分割的，农民进入"正规"城市劳动力市场面临着体制性障碍；第二，如果说发达国家和其他发展中国家的农民进城以永久性迁徙为特征，那么，由于体制性障碍，中国农村劳动力的流动是一个既有流出又有回流的过程；第三，在发达国家，人口流动和人口迁徙基本上是一回事，但是在中国，流动和迁徙必须加以区分，有流动而无迁徙，多流动而少迁徙是一个普遍现象。因此，在我国必须将人口流动与土地流动（人动、地动）放在相互依存的角度进行综合考虑。

（2）由于城乡分割的二元体制，引发了一系列的问题。非农产业与城市的规模扩张，不得不占用大量的农村土地，另一方面由于无法有效迁徙又导致了宅基地的普遍占地，进而引发了农村人地矛盾的加剧、农业规模不经济以及失地农民问题。众多问题均与农村土地流转制度有关。

（3）农民的离农与进城，显然会改变农业中的人地关系，这势必会诱导农业经营方式与农村组织形式的相应变革。而如何发展多种形式的适度规模经营，转变农业经营方式，推进农业现代化，必然要求农村土地流转制度进行相应的调整。

因此，若干依存关系表明，农村土地流转制度的变革是新形势下农村要素流动、农业发展方式转型、工业化与城市化以及城乡一体化统筹发展的核心线索。

3. 关键问题

本研究关心的一个基本问题是：在工业化与城镇化进程中，一个有效率的农村土地流转制度的决定因素是什么，或者说，一个既有利于工业化与城镇化的有效推进，又能有效促进农业发展方式转变，并且让农民分享工业化与城镇化成果的土地制度的生成机制是什么。

因此，本研究在理论与实证研究的基础上，并将其置于农业现代化与经济发展方式转型的宏观背景，以求把握制度创新的基本线索与内在机理，理解农村土地流转制度变革的制度效应，同时深化对全局性农民权益保护问题的理性认识，由此揭示人口流动机制、土地流转机制、农业经营机制以及农民权益保护相互关联的关键变量及其内在规律。关键在于建立起人口流动机制、土地流转机制、农田保护机制、农业规模经营机制与农民权益保护机制的"相容性"制度安排与"可自我执行机制"。

4. 制度设计

保护农民权益与改善土地资源配置效率的产权基础，是未来农地流转制度变革的核心线索与基本方向。而建立起人口流动机制、土地流转机制、农田保护机制、农业规模经营机制、与农民权益保护机制的"相容性"制度安排，既需要产权安排方面的变革，也需要政策方面的合理调整，更需要法律层面的完善。

依照上述思路，本项研究特别关注三个方面的研究路径。

路径之一：禀赋差异—比较优势—要素流动—优化配置。

我们假定农民是异质化的群体。作为有限理性行为主体的农民受到历史或现存初始条件的约束，在农业资源、投资能力、务农技术、非农就业能力和风险偏好等方面存在禀赋上的异质性，从而分化成在土地经营与非农就业上各具有比较优势的群体（务农农民、农民工、兼业农民）。

因此，农村土地流转必须与农村劳动力和人口流动有机结合。一方面，人口的流动对城镇化进而对土地流转将提出新的要求；另一方面，人地关系的变化也同样对土地流转产生新的激励。

同时，土地流转制度的变革，一方面应该有效支持城镇化进程，以优化人口资源与劳动力资源的配置；另一方面在农业内部，土地的有序流转，不但应使土地转出方最大化其土地转让净租金，而且转入方能获得分工效应和规模经济效应，从而促进农业发展方式的转型。

路径之二：资源属性—能力维度—赋权结构—产权强度。

一是每类土地资源均具有不同属性——专用性、风险性和规模性，它们对产权主体的行为能力产生重大影响，这表现在排他、分割和交易这三个行为维度出现能力上的差异。专用性越强，产权的交易能力及分割能力便越弱，但资源的专用性越强，所需的专用知识和对特殊技能的要求却越高，从而有效减少非专业人员使用的范围，即有利于排他。规模性其实质是技术上的不可分割性，因而，它对产权的分割能力进而交易能力的有效发挥也产生负效应；风险性是自然或真实世界的环境状况变动对土地资源的预期使用水平的扰动，人们通过搜寻相关信息以增强对其资源用途的控制程度，但这样会面临信息问题，所以，风险性会削弱产权三种行为能力的有效发挥。

二是产权强度是产权的合法性、合理性和行为性的函数，但产权赋予方式的差异会影响产权在实施和保护上的强度差异：①经过自由的交换契约获得产权，农民有独立的谈判地位，能够根据成本收益的合理预期决定是否继续持有或完全让渡产权；②通过一个国家管制的土地市场在形式上获得产权，农民的这种独立谈判地位此时打了折扣；③通过国家强制的制度安排而完全不经过市场途径所获得的土地，农民讨价还价能力进而产权强度必然面临弱化。因此，由于具有不同的产权强度、不同的稳定性预期，导致具有完全不同的进一步赋权的可能性。

三是产权是一种通过社会强制而实施的对某种资源的多种用途进行选择的权利。那么，借助于产权制度的变革就获得一种将权利分配给个人的方法，该方法涉及如何向特定个体分配从特定物品种种合法用途中进行任意选择的权利。强化农民获取潜在土地租金收益的强度，必须进行恰当的赋权，使他们具有进行土地交易的权能（资格与能力）和利益激励（动机）。

路径之三：交易管制—公共领域—租金耗散—制度绩效。

第一，由于产权交易管制导致土地产权主体的剩余索取权被删除（或者弱减），这等价于将土地资源置于公共领域，最终会使其中的租金价值在边际上下降为零（耗散）。土地产权交易的国家管制使分散决策的农民个体失去对公共领域中的租值的排他性权利，那么，人们相互竞争进入公共领域使用公共资源的结果是，公共领域中的经济价值必将被用来攫取该价值所付的代价而抵消。因此，产权交易管制所赢得的租金的净值等于零。

第二，从租金耗散的角度看，在产权交易完全没有管制的环境中，人们有权使用和处置土地资源并从中获利，从而产生了保护资源的动力，此时公共领域内的资源权利被界定清楚，租金耗散程度因而相对较轻。因此，产权交易管制放松可视为一个租金耗散不断减少的过渡阶段。

第三，从制度绩效的角度看，政府和农民分别是产权交易管制与放松管制条件下配置资源的主体，但由于分散决策的私人个体比政府更加了解自身的需求，因而他们的信息成本要远远低于政府搜寻同类信息的成本，此外，无产权管制时无须管制代理者，因而也节约了代理成本。所以，政府配置资源的行政安排被自由协约构成的市场价格机制所替代，这是最大化交易效率的理性选择。

第四，由于租金耗散与交易效率负相关，所以产权交易管制的放松实现了从租金耗散严重的政府资源配置安排向租金耗散较轻的市场配置安排的转换，这也是推进土地产权流转的市场化进而改善交易效率的主要原因。

关键问题是，必须在赋权强能的前提下推进土地流转，在规范有序的流转过程中保障农民的土地权益。

第三节 研究内容安排

根据前述的研究目标与研究思路，主要的内容安排大体沿着"背景—框架—实证—政策"的线索进行布局（见图1-2）。

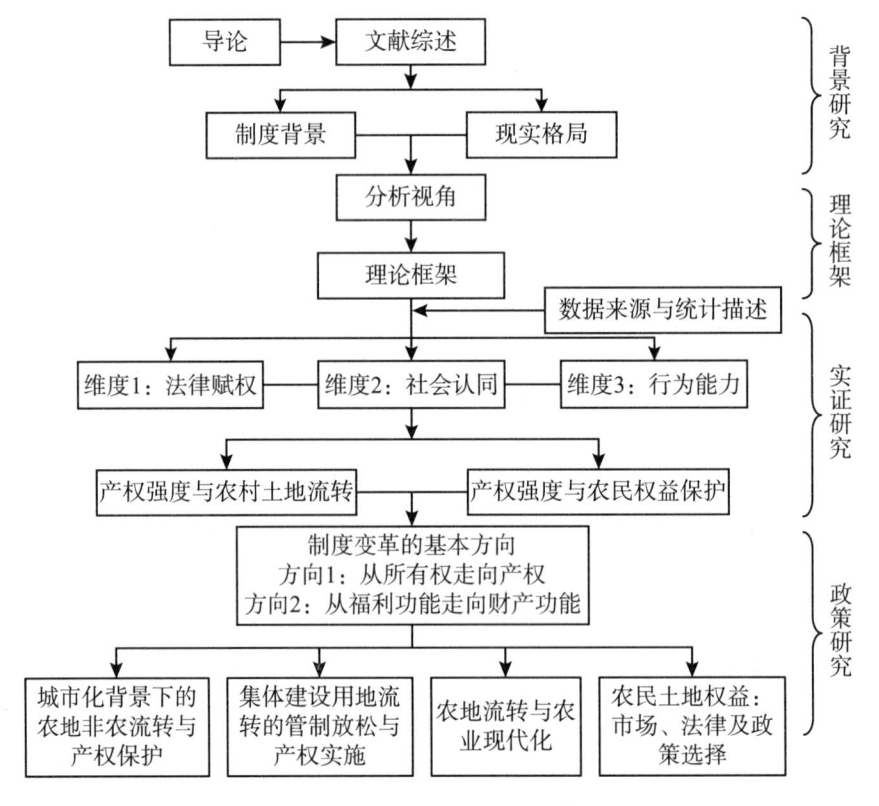

```
        导论 ──→ 文献综述                    ┐
              ↓                              │ 背景
      制度背景    现实格局                    │ 研究
              ↓                              ┘
           分析视角                          ┐ 理论
              ↓                              │ 框架
           理论框架 ←── 数据来源与统计描述    ┘
              ↓
  维度1：法律赋权  维度2：社会认同  维度3：行为能力    ┐
              ↓                                      │ 实证
  产权强度与农村土地流转   产权强度与农民权益保护      │ 研究
                                                     ┘
           制度变革的基本方向                        ┐
           方向1：从所有权走向产权                   │
           方向2：从福利功能走向财产功能             │
              ↓                                      │ 政策
  城市化背景下的  集体建设用地流  农地流转与农  农民土地权益： │ 研究
  农地非农流转与  转的管制放松与  业现代化      市场、法律及   │
  产权保护        产权实施                      政策选择     ┘
```

图1-2 研究内容安排

一是梳理研究背景。根据中国特殊的国情与农情以及特定的历史与现实条件，阐明农村土地制度的生成逻辑，分析农村土地流转制度在体制转轨与发展转型背景下面临的新形势和新问题，揭示稳定和完善农村土地流转制度所必须解决的约束与难点。

二是构建理论框架。根据背景研究所揭示的问题及其性质，选择研究视角，并由此构建理论分析框架。

三是进行实证研究。基于课题组所获得的农户抽样调查数据进行实证研究。

一方面以产权强度的三个维度为经，分别从法律赋权、社会认同、行为能力三个方面对农村土地流转与农民权益保护进行考察；另一方面以研究主题为纬，从产权强度的分析视角分别对农村土地流转和农民土地权益两大问题进行剖析。

四是政策研究。既包括从总体上梳理制度变革的未来方向，又关注征地制度、集体建设用地制度、农地流转制度以及土地法律和市场等重大专题问题，并提出政策建议与操作策略。

全书包括四个部分。

第一部分是背景研究。包括第二章至第五章。其中：

第二章是文献综述。目的是根据已有的研究文献梳理出其所隐含的逻辑线索，一方面为理解不同的观点与争论提供一个对话的框架，另一方面也为我们的整个研究提供一个立论基础。

第三章是关于中国农村土地制度生成机理的制度背景考察。不同的赋权方式，隐含着不同的产权强度。我们试图通过对巴泽尔（Y. Barzel, 1989）"公共领域"概念的扩展，揭示产权模糊化的本质，并由此分析我国农地产权模糊的制度演进与内在逻辑，阐明家庭承包制背景下的农地产权残缺及其侵蚀的根源，并对现行制度安排进行反思，以期为本书提供一个制度背景。

第四章和第五章是对农村土地流转与农民土地权益的现实格局分析。现实所面临的严峻问题是，多个行为主体参与农村土地流转，普遍表现出追逐主体利益的分配性努力，一方面是侵蚀农民的土地权益，另一方面是损害国家的农业安全目标。在土地的非农流转上，由于农地的产权模糊与土地市场的歧视性管制，使得地方政府在分税制的制度激励下努力追求"土地财政"，导致了农地的广泛流失与农民土地权益的普遍受损；在农地的流转上，政府鼓励农地流转与集中的政策目标并未得到农民的积极响应，不仅农地的流转率偏低，而且在农地流转过程中的经营行为表现出明显的"非农化"与"去粮化"倾向。因此，农村土地流转与农民土地权益保护不仅是两个相互依存的问题，而且与政策目标、制度环境以及制度变革的取向紧密关联。

第二部分是理论框架设计。包括第六章和第七章。其中：

第六章基于前述的背景研究，设计了"赋权—强能—规范"的分析线索。通过提出"产权强度"的概念，阐明产权的法律赋权、产权实施的行为能力和社会规范对农民土地权益保护的重要意义。

第七章则进一步从制度特性和资源特性两个方面，进一步揭示产权强度的含义，并由此一方面提出产权强度的匹配逻辑及其命题，另一方面厘清农地产权流转与农民权益保护的内在机理，以期为整个研究构建一个以产权为中心线索的"产权强度—农地流转—农民权益—制度创新"的理论框架。

第三部分是实证研究。包括第八章至第十三章。其中：

第八章是本研究所使用数据的来源说明及其描述性统计分析。将其单列一章是为了后面章节行文的简洁。

第九章至第十一章依照理论框架分别对产权强度三个维度进行实证分析。第九章考察法律赋权与农民土地产权的关系，揭示土地产权的法律规定与实际运作的差异；第十章考察社会认同对农民土地权益的影响，主要是通过比较土地权益的社会认同和法律赋权的差异，以期理解农民土地权益在社会现实中被尊重与认可的状态；第十一章考察行为能力与农民的产权行使，主要是分析不同类型农户的产权行为能力的差异及其对农地流转的影响。

第十二章和第十三章则运用产权强度的分析框架对农村土地流转与农民土地权益两大问题进行专题研究。

从严格意义上讲，农村土地流转是指农村土地承包经营权的流转，它是农村家庭承包的土地通过合法的形式，保留承包权，将经营权流转给其他农户或其他经济组织的行为。从广义层面来说，农村土地流转除了土地的农内流转外，亦可延伸到土地的农外流转。因此，第十二章分别对农地流转、建设用地流转以及农民对征地满意度进行实证分析。第十三章考察产权强度与农民土地权益的关系。由于农民土地权益包含多个方面，本章侧重分析了农民的务农收益、合约选择、农地流转租金以及宗族与政治力量的影响四个方面的问题。由于现实中农地流转合约普遍存在的不稳定性，本章特别地引入案例研究，以揭示合约选择与合约治理的内在机理。

第四部分是政策研究。包括第十四章至第十八章。其中：

第十四章基于前面的理论框架及其实证研究，阐述了农村土地制度选择的基本逻辑，并进一步揭示了从所有权变革转向产权实施、从土地的福利功能转向土地的财产功能的制度取向。强化农民土地的产权强度、推进土地的资本化，是加快农地流转市场化进程，保护农民土地权益的核心线索。

第十五章基于对现行土地政策特别是征地制度及其实施效果的梳理和评价，重在揭示政策实施结果与政策目标的巨大反差和矛盾冲突。通过介绍和讨论几个实际案例，旨在说明基层和地方创新所展示的制度变迁和政策改革方向，并由此提出政策调整的具体建议。

第十六章在回顾集体建设用地制度变迁基础上，结合若干地方创新案例，探讨集体建设用地地权的实施与保护。

第十七章通过梳理土地流转和规模经营的政策演变，概括土地流转的阶段特征与地域差异，并基于案例分析，以期提出农地流转、农业规模经营与农业现代化的实现方式。

第十八章则从法律和市场两条线梳理农村土地政策和法律演进轨迹，并结合当前我国农地流转实际运行中的主要模式与保护农民土地权益基本路径的分析，进一步从法律的角度探讨权益保护、法律调整与制度构建的基本策略。

第十九章是整个研究的主要结论与进一步的讨论。

第四节　研究特色与可能的创新

与以往研究相比，本书的主要特色与可能的创新性表现在：

一是视野的开阔性。农民的土地流失及其利益流失是多项制度安排的结果。一方面由我国粗放经济增长方式的外生机制所诱致，另一方面则由模糊农地产权的内生制度所决定。分税制所决定的激励机制构成了土地流失与利益流失的制度需求，产权模糊所决定的排他不足则构成了农地流失与利益流失的制度供给。因此，以产权为中心，强化农民土地权益保护并促进农村土地流转，是农村土地流转制度变革的核心线索与基本方向。

二是理论的逻辑性。产权强度决定着产权实施，它是法律赋权（合法性）、行为能力（行为性）以及社会认同（合理性）的函数。（1）写在纸上的法律条文与实际实施的规则并不总是一致；（2）明晰的产权赋权是重要的，但产权主体是否具有行使其产权的行为能力同样是重要的；（3）产权的法律界定及其实施必须得到社会的认同与尊重；（4）经由市场交易的产权具有程序的合法性、社会认同的合理性、自愿参与的行为性，因此能够强化产权强度。（5）产权的模糊化在本质上等同于产权强度的弱化。赋权、强能、规范，是不断完善农地流转制度的关键环节。其中，"模糊产权"概念及"产权强度"概念模型，是产权理论研究的重要深化；"赋权—强能—规范"的研究视角以及"产权强度—农地流转—农民权益保护—制度创新"的研究框架是同类研究的新突破。

三是问题的关联性。政府鼓励农地流转的政策诱导、人地矛盾松动所表达的潜在利益空间，并未得到农户参与土地流转的积极响应。（1）鼓励农地流转是重要的，但农地流转给谁、谁来种地、谁来种粮，则是更为重要的问题；（2）农民的土地承包经营权退出，既是一个经济要素的流动问题，更是一个农民的社会心理问题；（3）推进土地的流转，既要构建农地产权主体的"退出机制"，又要形成能者种地、能者种粮的"进入机制"。如何将农民权益保护、土地流转、保障粮食安全的政策目标统一起来，构建相容性的制度安排，应该是政策选择的重点。

四是内容的完整性。（1）经纬结合。一是以产权强度的三个维度为经，分别从法律赋权、社会认同、行为能力三个方面对农村土地流转与农民权益保护进行考察；二是以研究主题为纬，从产权强度的分析视角分别对农村土地流转和农民土地权益两大问题进行剖析。（2）纵横结合。一是纵向上重视对农地流转制度变革的未来方向进行梳理；二是横向上关注征地制度、集体建设用地制度、农地流转制度以及土地法律和市场等重大问题的政策建议与实际操作。

五是政策的可操作性。农民的土地"退出"，并不是一个简单的福利保障功能及其替代问题；"人动地不动"表达了农民对土地财产权利的诉求。家庭承包制如果仅仅满足于农民土地保障功能的制度取向，那么小规模、分散化、细碎化的农业经营格局不可能发生根本改变。必须推进土地功能及其赋权的转换。其基本取向是：（1）从所有权变革转向产权变革及其实施；（2）从土地的福利功能转向土地的财产功能，赋予农民更加充分而有保障的土地承包权；（3）推进农户承包权与农地经营权的产权细分，盘活农民的土地经营权，构建农地流转的产权市场；（4）推进土地的资本化，促进农民的财产性增收。

六是制度的前瞻性。假定交易费用为零，私人产权与国有产权不会存在效率差异。因此，离开具体环境讨论所有制的优劣是没有意义的。对于中国这样的农业大国，不能仅仅以单纯的私有化抑或国有化作为农地制度的选择模式。产权效率具有显著的"情景依赖"特征，涉及产权对象的资源属性、产权主体的禀赋特征等诸多方面。必须坚持农村土地的集体所有。"土地集体所有、农户家庭承包、农业多元经营"格局应该是基本的制度安排，以产权运作为中心并不断完善法律与发育市场则是基本的操作策略。

第二章

文献综述

中国的农村土地制度问题是一个历史性的课题,经济学、政治学、社会学、法学、历史学等多个学科都能在其中发挥自己的"比较优势"。其中,家庭承包制背景下的农村土地制度更是人们关注的焦点。甚至有经济学家认为,理解中国的农地制度变革是解释中国农村经济转轨的主要内容(Lin, 1992;Perkins, 1992;Johnson, 1996)。

然而,有关农村土地制度的主流研究,无论从怎样的理论背景出发,都始终集中于几个关键问题:一是关于农村土地的所有权之争;二是关于农民土地权益保护的问题;三是关于家庭承包制背景下的土地经营效率及其流转问题。

本章的目的是根据现有文献,梳理出其所隐含的内在逻辑,一方面为理解不同的观点与争论提供一个对话的基础,另一方面也为我们整个研究提供一个立论的前提。

第一节 研究主线梳理:所有权、产权及其他

一、所有权、集体所有制与农地法制化

随着家庭联产承包责任制的引入,农业从集体生产体制转向了以家庭为单位

的生产组织体制。然而土地所有权却没有私有化,所有权仍然保持"集体"所有(Loren Brandt et al.,2004)。

最初的改革激发了中国农业生产史无前例的快速增长。众多学者的实证研究把这一成就归因为家庭承包制的激励效应(樊胜根,1992;吴方卫等,1992;黄少安等,2005;乔榛等,2006;黄季焜等,2008)。然而1984年以后增长便停滞了,尤其是粮食生产。这一徘徊局面引发了广泛争论。其中,土地承包经营制度的缺陷受到重视。例如土地使用期限不稳定导致激励不足,阻碍了农业投资,进而降低了增长率(Prosterman、Hansted and Li,1996)。

一方面,认识到激励问题的重要性之后,有人极力呼吁或者将土地私有化,或者延长土地承包合同期限(Chen,1999)。另一方面,由于农业的生产绩效并不仅仅依赖于土地所有制,又有人极力为既有制度安排辩护,认为在现行的集体土地所有制下农户已经具有比较好的总体收入保障(Kung,1995)。还有人认为中国目前缺乏成功推行土地私有化的辅助性制度安排。因为信贷市场的发育不良、土地登记制度的缺失以及司法体系的不健全,都使得现阶段进行土地私有化,即使不导致社会动荡也是效率低下的(Dong,1996)。

事实上,20世纪80年代中后期到90年代初中期的所有制争论,大体是围绕稳定农业生产的制度目标展开的。之后的讨论,则拓展到了土地资源效率、农民土地权益、国家粮食安全等多重目标,从而使得土地的所有制问题越发复杂化。

进入21世纪之后,特别是在《物权法》的酝酿和实施阶段,开始有学者提出通过调整农地所有制关系把农村经济体制改革引向深入。在他们看来,农村比较突出的矛盾无不与农业经营规模过小有关,而农业经营规模过小的核心又是农地经营规模太小,农地经营规模太小的根源又是现行农地集体所有制。因此,调整农地所有制关系一直成为理论界讨论的热点问题。但是,对如何调整农地所有制关系却众说纷纭,主要形成了国有化、私有化、集体所有制完善化三种代表性的观点。

第一,主张土地国有化的学者认为,我国现阶段农村土地所有权性质模糊不清、所有权主体虚无化、多元化,而农村集体土地全部实行土地国有化有利于农村土地所有权的完备、清晰和稳定。此外,他们认为在农村土地国有化的基础上,建立农民私营的国有永佃制度是理想的选择方向。首先,国家拥有农村土地所有权和最终处置权,农民拥有规定年限的土地使用权,有利于明晰土地产权,规范国家和农民的权利和义务,节约现行农地反复调整的高额交易费用;其次,土地国有化有利于土地承包期长期不变,集体不能随意调整,有利于农民对土地的长期投资,促进农业增产,增加农民收入;再次,在市场法则下土地顺利进行流转，克服了现存农地制度中存在的非人力资产的所有权形式不可能完全与产生最高产出的人力技能的所有权形式相匹配的矛盾，从而可以提高资源的配置效率；最后，通过内部置换顺畅了农村土地的整合与流转，因而可以在大体上保持农村土地产权分散与小农精耕细作生产方式的前提下合理扩大农地经营规模，增加规模效益（倪波，2007）。

第二，主张农地私有化的学者坚持认为，农地私有不仅在增加农地产权稳定性、流动性以及提高农地生产率和农地资源配置效率等方面具有明显的优势，而且能够促进农村剩余劳动力的转移，加快城市化进程，更好地发挥农地的社会保障功能，从而有利于农村社会的稳定发展。此外，农地私有化和与之相关的各个市场（农村土地市场、农村劳动力市场、农产品市场和农村金融市场）的完善是一个统一的一般均衡动态过程。因此，只有在不断完善的市场机制下形成的各种一般均衡价格和内生于此体系的理性的经济决策才是有效的，三农问题也才能真正解决。而完善这些市场的一个大障碍就是农地所有权不清晰所带来的大量交易成本，因此，农地私有制的建立是未来改革的主要努力方向（蔡继明、方草，2005）。

第三，也有学者指出，农地私有化和国有化都是不符合现阶段中国农地制度变迁内在逻辑的改革主张，现阶段中国农地制度的改革方向只能是稳定和完善家庭责任制。因为改革以来农村土地制度变迁的过程，实质上是在保留土地集体所有制的前提下赋予并不断强化和保障农民土地承包经营权的产权制度改革过程，也是对农地集体所有制实现形式不断进行探索的过程。探索农村集体成员对农村土地的财产权利的不同实现形式，才是可行的具有操作性的制度变迁的方式。因此，要依据农村土地的不同用途和用途的改变所涉及的人群来具体分析其财产权利的实现形式（张晓山，2006）。同时，陈剑波（2006）提出了土地集体所有的制度治理结构，认为集体所有制是均分土地的基本前提，土地均分又是保障"人人有饭吃"的制度基础，而土地均分则一定是要以土地非私有制为前提。因此，他建议应进一步让集体所有制下的所有成员真正拥有选择自己财产代理的完整权利。而法律和相关的政策规定只需要确立公平、公开、竞争性的程序及相关的监督检查机制，就可以确保农村基本经营制度的进一步完善。

所有权是财产归属的法律形式。因此，讨论农地所有权（制）问题必然涉及相关的法律安排。例如，有学者认为，如果以法律的形式而不再仅仅是通过政策规定、行政命令的形式来规范和保护农民的土地财产权利，无疑将使农民的合法权益获得更加稳定且可预期的制度保障。按此逻辑，运用法律手段整体配套建设我国农村土地制度、土地市场和土地管理体系，已经成为进一步深化农村改革、推进农村经济市场化和完善农村法制建设的一项重要内容（王小映，

2002）。值得注意的是，农地法制化建设之所以逐渐成为人们讨论的主题之一，也是与我国城市化进程的推进和工业化的快速发展过程中出现大量的征地矛盾、合同纠纷和法律诉讼等问题分不开的。农地法制化运动不仅是一个关于所有权的理论问题，更是一个真实世界中迫切需要解决的实际问题。尤其是，近年来在许多大中城市的城郊接合部，出现了农村集体土地自发或隐性变为建设用地并进入市场流通的现象，导致事实上的城市土地价格双轨制和隐性土地市场（刘永湘、任啸，2003）。这些城郊接合部的土地作为农用地其产出效益远远低于非农业建设用地，农地所有权运作立法滞后以及农村集体土地的使用权规定的不完备性严重危害到农村土地制度绩效。李占通等（2006）通过对工业化、城市化进程中农地市场发展与农地制度演进的一般模式考察，认为通过法律制度的构建，可以保证人们有自由选择契约的权利，从而逐渐突破制度性惯性阻力，明确表达出农地所有权的结构、分配与改革的方向，逐渐细化和明确所有权的归属，以法制化的方式落实农村集体所有制，有助于建立一个体现社会成员对效率和公平的追求并为社会所认可的利益机制。

但是，法律制度与其他现存制度环境不匹配甚至发生冲突将会对农地绩效产生负面的影响。在村、企普遍分离后，村级组织的农地调控甚至已经成为它汲取财力、扮演农村公共权威、组织提供公共物品和公共服务的基本资源或条件。由于国家既不可能大规模改变农村治理结构，也不可能取代村级组织而直接向农村提供公共物品和公共服务，因此，旨在限制或完全制止村级组织的农地调控权的一些改革方案，便需要慎重考虑改革本身引起的农村基本治理制度结构的联动问题，而不宜作为单项优化制度推出。而《物权法》在农地问题上的法律条款，实质是以不改变集体所有制名目的温和形式，坚决取消村集体、村级组织对农地的一切调控权。但这就意味着《物权法》本身并不细致考虑既有法律法规的整理、协配，也未顾虑村民自治的制度体系，更未忧虑农村公共物品、公共服务的基础和财力问题（毛丹、王萍，2004）。可见，我们既要看到现行关于农村土地制度的法律法规制定和实施的必要性，又要看到其本身存在的问题。因此，可以考虑制定全国性的统一的农地法律体系，尽早出台相关配套法律法规，修正《农村土地承包法》、《土地管理法》使其与《物权法》保持一致性，维护宪政秩序的权威性和稳定性（刘永湘、杨明洪，2003）。

因此，中国农地制度变革的研究方向，正在逐步转向关注农民土地产权的赋予、界定和执行问题，而不再仅仅是纠结于土地所有权关系调整问题的讨论。

二、农地产权、承包经营权及其管制放松

"集体所有、家庭经营"的农村土地制度已经运行了 30 多年,十五届三中全会决定要长期稳定以家庭承包经营为基础、统分结合的双层经营体制,提出要坚定不移地贯彻土地承包期再延长 30 年的政策,同时,加紧制定确保农村土地承包关系长期稳定的法律法规,赋予农民长期而有保障的土地承包经营权。事实上,在中央大力推行稳定农地承包权的大环境下,二轮承包后各地发生土地大调整和小调整的次数显著下降,但一些地方依然在进行土地调整,其中又以小调整为主。陶然等(2009)的研究就发现,仍有超过 60% 的被访者、特别是二轮承包以来家庭人口增加的被访者以及以非农业收入为主的被访者,不太认同农地承包权长久不变的政策,认为应该按人口变动进行土地调整。从理论上看,承包权是国家(集体)与农民之间达成的农地交易契约关系,在农地流转禁止且农业税没有被取消的时候,它反映了农民以上交税收为代价从国家手里交易得到农地的部分使用权和获取剩余收入的权利。进一步,在农民获得承包权的基础上,如果把农地的经营权理解为农民对农地资源使用、获益与转让的权利集合的话,那么,农地经营权就变成一种产权被部分管制的制度结构,因为源于 20 世纪 80 年代初的家庭责任制赋予农民个体的仅仅是剩余(收益)索取权以及受管制的使用权和转让权。同时,该制度为国家与地方集体权威对农地的再配置留下了谈判的空间,并产生出一种混合产权结构。因此,更深入的产权改革需要国家与地方权威放弃保护自身利益的权力以及放松影响土地使用与管理的权利管制。国家之所以愿意与农民交易部分权利,是因为国家在产权改革与全国粮食充裕与稳定的政治利益之间面临权衡,而从集体生产到家庭经营的制度变革既增加了农民自己的收入,也提高了全国的食物供给,因此是一个帕累托改进(Liu et al., 1998)。这种农地制度是产权与所有权分离的特殊安排——"共有私用"的产权制度(赵阳,2004)。这种被修正了的产权制度的产生意味着,在承包责任制被证明是成功之后农地的承包经营权得到法律的认可。劳伦斯(Lawrence, 1995)因而认为农地产权的发展对于农地市场交易意义重大,因此中国农地产权改革应该归功于中国的市场化管制放松政策的成功推行。

鉴于家庭承包制后国家已经赋予了农民剩余索取权,目前讨论的重点主要集中在农地使用权和转让权上,而后者属于农地流转制度改革问题,这些将在下一节讨论。这里,我们主要从农地使用权管制放松层面评述学术界关于完善农地使用权制度的三种改革方案:

第一,我国农村土地使用权的管制放松,是在家庭联产承包制的制度框架内

的更进一步改革，因此有人主张农地使用权应该完整界定并赋予农户。如陈永志等（2007）指出，非农化的经营收益变化是农地使用权管制放松的外部动力，而规模化生产和专业化分工带来的潜在利润、农业生产结构调整带来的潜在利润和农业产业化经营带来的潜在利润是影响农地使用权管制放松的内在因素。其实，对农地使用权的完整界定和充分赋予，可以增加农民对土地投资的预期程度（陈志刚、曲福田，2003）。有学者通过建立土壤肥力变化的社会经济及政策影响因素模型发现，稳定的土地使用权有助于改善农地土壤的长期肥力。因此，对农地使用权的完整界定和有效执行实施，可以增加农民对土地投资的预期程度，同时还能够激励农民对土地的适度保护，从而减轻对土地的压力，降低土壤肥力的损耗（俞海等，2003）。

第二，培育和发展农地使用权市场。钱忠好（2003）在构建农户土地使用权市场理论决策模型的基础上，发现土地产品价格、非生产性收益、生产性成本、非生产性成本、土地使用成本、土地交易成本、现有土地经营规模等因素均对农地使用权交易产生影响。田传浩等（2004）认为中国农地使用权市场面临着需求大于供给的不均衡状态。因此，要使市场机制真正发挥配置有限的农地资源的作用，就必须改善农地使用权市场的外部条件，积极创造条件促进农地有效供给的形成。与此同时，贾生华等（2003）发现，城乡交错区农地使用权市场已经得到了较大的发展，但是仍然不完善，有相当数量的农户对目前经营的农地数量感到不合适，希望增加或者减少农地，同时有一半以上的农户表示在家庭劳动力减少了以后准备将农地使用权转移给其他农户或者退还给集体，这意味着农地使用权市场具有潜在供给和潜在需求。有鉴于此，邓大才（2007）认为通过建立各级农地使用权交易中心，可大幅降低农地使用权市场中所发生的交易成本。

第三，由于政府仍然严格管制着农地使用权的交易活动，因此，有部分学者建议从政府退出的角度寻求完善农地市场机制。李涛等（2004）认为，农村集体土地使用权的交易具有明显的双层结构特征，政府在其中处于核心地位，这种国家垄断制度在控制农用地供应量上产生了一定的作用，但侵占了要素供给者的利益。在巨大的利益驱动下，国家垄断者的地位受到挑战，不断增加的交易成本使社会为此付出昂贵的代价。因此，改革的重点是减少一级市场的过度垄断，在定价中引入市场机制。农村土地使用权市场既是交易的场所，又是交易形成的经济关系，其市场规则作为一种制度性服务，却是由基层政府提供和维护的公共物品。政府的重要任务是要帮助市场机制趋于完善，而不应该以市场发育不全为借口来随意扩大政府干预市场的权利范围（李霄，2003）。但陈天宝等（2005）认为，地方政府具有及时发现制度创新需求、有效配置资源、降低制度变革成本的优势，在今后的农村土地产权制度创新中，如何规范地方政府的制度创新行为将成为关键。因为地方政府倾向于人为地制造公共领域导致农地产权模糊，从而根据自身的谈判能力获取控制权而实现租金最大化，这同时也侵犯了农民的土地使用权权益（Luo Biliang et al.，2009）。

从上述文献看，尽管学者们对农地使用权管制放松等问题提出了大量的理论依据和政策，但关键的问题是，农地使用权管制涉及使用主体、用途与数量管制，管制放松集中于主体（赋权于民）以及部分的数量（如异地开发与占补平衡），但农田保护区的耕地用途必须受到严格管制，因为这直接关系到国家粮食安全。因此，我们研究的重点应该落在国家对农田保护区使用权管制放松实施何种方式的差异性策略，如耕地使用主体放松管制但用途强化管制。但这会产生内生性交易费用，因此我们应该讨论配以怎样的高效率激励机制来弥补用途管制的效率损失并降低农田保护以及粮食安全的管制（信息）成本，从而促使地方政府与农户愿意保有农田的目标激励相容。

三、农地制度的创新与转型

为了达到多重目标的相容，我们认为土地制度的研究线索及其范式，应该包含研究对象、约束条件与问题实质三部分组成。

首先，农地制度研究的核心对象是产权与所有权，但二者存在明显差别。从法学上而言，财产所有权的界定可以追溯到古罗马法："它是指所有者在法律许可的范围内对财物的使用权和占有权。"而中国《民法通则》规定："财产所有权是指所有人依法对自己的财产享有的占有、使用、收益和处分的权利。"换言之，所有权是财产归属的法律形式，它体现了主体的意志和支配力量，具有法律赋予的强制力（罗必良，2005）。即所有权反映的仅是人与物之间的归属关系，所以有时候人们把它和物权以及法权交替使用，而产权却是因物的存在而引起的人与人之间的相互认可的利益分配关系（Furubotn and Pejovich，1972）。一般地，每个社会都必须解决其社会成员之间因稀缺资源利用而产生利益冲突问题，为解决这类冲突人们往往借助某些竞争规则或社会规范，这些规则便是经济学中所谓的产权，它们是由法律约束机制、国家暴力潜能、社会风俗习惯或等级地位来确立的（Alchian and Demsetz，1973）。而所有权仅仅由法律赋予和界定，因此人们在讨论农地私有化、国有化与集体所有制完善化时，一般会涉及农地所有制的法制化建设问题。不过，对于农地产权的研究，经济学界往往关注实际运行的产权安排。具体地，产权乃一个集合体，它由使用权、收益权和处置权（含转让权）三项子权利构成，其中，转让权起着最为关键的作用。在理论上，得到清楚界定的转让权一定包含着清楚界定的使用权和收益权。但是反过来，清楚的使用权或收益权并不一定意味可以自由转让，所以，农地流转制度创新（即农村土地的转让权管制放松）成为当前中国农地制度变革的关键内容。尤其是，在国家实施家庭承包经营体制后，农地的收益权已经重新赋予农民，剩下的就是使用权和转让权的管制放松。

其次，我们把二元经济结构作为约束条件。解释相同行为动机在不同约束条件下的制度变革绩效差异，其中心问题在于：第一，制度行为效应具有多种形式；第二，需要考察和把握的约束条件必须能够反映真实的世界；第三，对真实世界的简化与理论抽象，能够与理论框架一致。因此，要提炼出现象的理论含义，就必须通过约束条件把行为的理论推导限定在特定的形式上，从而转化为一个约束条件下的最优化行为。就目前的农地制度变革而言，最明显的约束条件是城乡分割的二元区域（空间）经济结构和工农脱节的二元产业（部门）经济结构，即当前的农地转让权管制放松是发生在加速的二元经济结构转变的约束条件下：一方面，工业化与城市化的规模扩张，产生出占用大量的农村土地的需求；另一方面，农业人口无法有效迁徙又导致了农地均分的固化与宅基地的普遍占地，进而引发了农村人地矛盾的加剧、农业规模不经济以及失地农民问题，而众多问题均与二元经济结构有关。所以，大量的中国农地制度改革研究均以此为研究背景或前提条件而展开讨论。

最后，问题的实质，即是交易费用最小化的制度创新路径。制度的基本功能是节约交易费用，因此，制度创新的路径选择应该以最小化交易费用为准则。放松对农地产权的管制能够保证人们有权使用和转让土地资源并从中获利，从而产生出合理配置农地资源的激励，此时公共领域内的资源权利被界定清楚，租金耗散程度因而相对较轻。可见，这种旨在放松产权管制的农地制度创新可视为一个交易费用不断减少的过程（何一鸣、罗必良，2009）。

进一步，国家和农民分别是配置资源的主体，但由于分散决策的私人个体比前者更加了解自身的需求，因而他们的信息成本要远远低于前者搜寻同类信息的成本，加之无产权管制时无须管制代理从而节约了代理成本。所以，这是私人自由协约构成的市场价格机制替代国家配置资源安排的一种最小化交易成本的理性选择。按此逻辑，培育和发展土地租赁市场不但能够实现租金耗散的减少，而且有利于形成一个完善的竞争性农村土地要素市场。而土地股份制更以一份契约替代市场交易的一系列契约，进而为土地流转提供节约交易成本的中介平台。因此，应该根据不同的交易成本选择不同的农地流转组织形式和契约安排（见图2-1）。

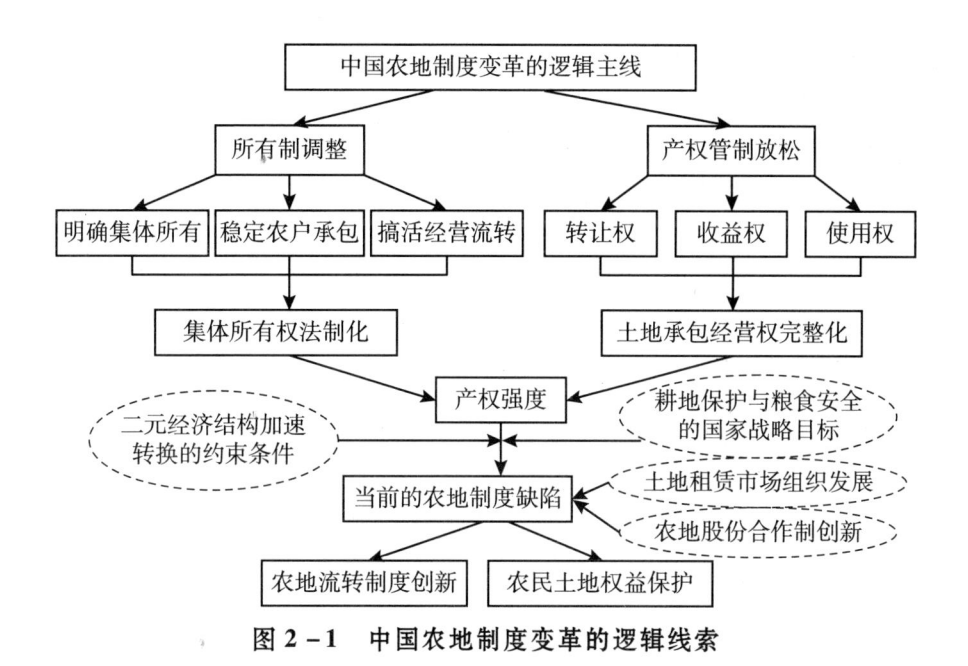

```
                    ┌─────────────────────────┐
                    │  中国农地制度变革的逻辑主线  │
                    └─────────────────────────┘
                          ↓              ↓
                    ┌──────────┐    ┌──────────┐
                    │ 所有制调整 │    │ 产权管制放松│
                    └──────────┘    └──────────┘
                    ↓    ↓    ↓       ↓    ↓    ↓
              ┌───────┐┌───────┐┌───────┐ ┌─────┐┌─────┐┌─────┐
              │明确集体││稳定农户││搞活经营│ │转让权││收益权││使用权│
              │ 所有  ││ 承包  ││ 流转  │ └─────┘└─────┘└─────┘
              └───────┘└───────┘└───────┘
                       ↓                        ↓
              ┌─────────────────┐      ┌─────────────────┐
              │ 集体所有权法制化 │      │ 土地承包经营权完整化│
              └─────────────────┘      └─────────────────┘
                              ↓          ↓
     ╭──────────────╮      ┌──────────┐       ╭─────────────────╮
     │二元经济结构加速│─────→│ 产权强度 │←──────│耕地保护与粮食安全 │
     │转换的约束条件 │      └──────────┘       │ 的国家战略目标  │
     ╰──────────────╯            ↓            ╰─────────────────╯
                          ┌──────────────┐     ╭─────────────────╮
                          │当前的农地制度缺陷│←───│土地租赁市场组织发展│
                          └──────────────┘     ╰─────────────────╯
                            ↓           ↓      ╭─────────────────╮
                    ┌──────────────┐┌──────────────┐│农地股份合作制创新│
                    │农地流转制度创新││农民土地权益保护│╰─────────────────╯
                    └──────────────┘└──────────────┘
```

图 2-1 中国农地制度变革的逻辑线索

下面，我们就围绕该逻辑框架，着重对当前我国农地制度的不足、农村土地流转制度变革与农民土地权益保护三个方面的研究动态进行文献梳理和理论述评。

第二节 关于农地流转与农地制度的研究

一、农地流转存在的问题及其影响因素

（一）农地流转存在的问题

农用地流转的积极意义得到了许多学者的肯定，他们认为流转对促进农村市场发育，提高土地资源的配置效率，加快劳动力转移具有重要的作用。然而，由于中国目前农地流转机制仍不够完善，目前农用地流转中存在的主要问题主要包括以下几个方面：

（1）农地流转市场发育程度不高，不利于农地流转。主要表现在：一方面，流转市场的价格形成机制不健全（王克强、刘红梅，2001；钱忠好，2002）；另

一方面，农地流转的交易成本过高，尤其是缺乏中介服务组织与交易平台（季虹，2001；张红宇，2002c；肖文韬，2005；赵丙奇等，2011）。

（2）农地流转行为不够规范，易引发纠纷。一方面，在许多地方，农地流转双方大多是用口头协议的方式确立流转关系，只是少数签订书面协议，即使是书面协议也存在条款不规范、不齐全、不具体的情况（叶剑平等，2000；张红宇，2002；傅晨、范永柏，2007）；另一方面，流转行为不够规范，如部分承包者在经营土地过程中，既不向有关管理部门申报审批，也不向土地承包合同管理部门登记备案。这种自发无序的流转状态极易引发纠纷，而且一旦发生纠纷后往往难于处理，给农村社会的稳定埋下隐患（李跃，2010）。

（3）农地流转过程中政府干预太多，农民权益受损。由于农地所有权主体不清，在农地流转过程中，部分乡镇政府和干部假借少数服从多数之名强迫农户放弃、变更土地承包经营权，用行政命令强迫农民进行流转，甚至改变土地用途，造成农户土地承包经营权在合同的订立和履行中受到侵害，成为纠纷产生的重要因素（邓大才，1999；季虹，2001；钱忠好，2003；刘远熙，2011），进而侵犯了农民的利益，导致大量土地流转纠纷的出现，严重影响了农村的稳定（张红宇，2002；王春超、李兆能，2008）。

（4）"非粮化"倾向明显，部分流转土地"非农化"。在农地流转过程中，由于转入主体的目的是利润最大化，这就难以避免转入主体改变农地用途，从农地非农化中获取巨大的土地增值收益，导致耕地的流失；也难以避免转入主体把土地用于高收益的经济作物种植，给粮食安全带来一定的威胁（黄丽萍，2009）。目前，"非农化"现象主要出现在中国南方地区，特别是大城市郊区"非粮化"现象不同程度地存在，而且越是发达地区"非粮化"现象越突出（黄延信、张海阳等，2011；俊泮、伍振军，2011）。此外，在农地流转过程中，农地用途管制主体往往缺位，用途管制的执行不力，导致"非农化"现象越来越明显（刘卫柏等，2012）。

以上问题加剧了农村土地使用权流转的复杂性和不确定性。

（二）农地流转的影响因素

关于影响农地流转行为的因素，已有大量国内外学者对其进行了研究，目前已形成了一系列研究成果，这些成果主要集中于资源禀赋特征、"三农"政策和相关法律法规、农地产权、社会保障等四个方面的研究。

（1）资源禀赋特征。现有文献关于资源禀赋特征对农地流转影响，主要从农户家庭特征和农地资源条件两个角度来探讨。其中，农户家庭特征主要涉及农户家庭平均年龄、受教育水平、非农劳动力就业情况、收入水平等因素；农地资源条件主要涉及家庭人均农地面积、农地的细碎化程度、农地距村庄的距离等因素（Yao，2000；史清华、贾生华，2003；田传浩等，2004；刘克春，2005；罗必良、吴晨，2008；柏振忠、王红玲，2010；卞琦娟等，2010）。

（2）"三农"政策和相关法律法规。国内外部分学者认为，中国"三农"政策和相关法律法规是影响农地流转市场发育和发展的重要因素（Scott Rozelle, et al.，1999；Lohmar and Bryan，2000；Brandt、Rozelle and Turner，2002）。同时，目前有将近一半的农地流转是农民私下自发进行的，具有很大的随意性和不稳定性，在流转手续和程序方面也存在许多问题，留下许多隐患（傅晨、范永柏，2007）；美国经济学家普鲁斯特曼也认为，中国土地流转问题主要在于政策上虽然规定了农户拥有土地使用权和使用权转让的权利，但缺乏法律保护和支持，因而实际转让很少发生，土地价格难以实现（刘克春，2006）。此外，也正是因为农村土地流转的法律法规和相关制度还不是很完善，所以导致一些地方政府干预的现象时有发生。因此，很多学者提出要完善农地流转相关政策与法律法规，认为为了保证农村土地使用权流转市场健康发展，应该建立比较完备的法规体系对流转市场加强管理和规范（Zhang and Jack，1992；张雪玉，2003；王国辉，2007）。

（3）农地产权因素。国内外学者通过定性与定量分析之后，普遍认为中国农地产权残缺和农地产权稳定性是影响农地流转的主要因素（Qu、Herrink and Wang，1995；Dennis，2001；张红宇，1998；姚洋，2000b；钱忠好，2002；俞海、黄季焜、Scott Rozelle et al.，2003）。第一，在农地产权残缺方面，家庭承包制中的土地产权模糊是中国土地流转的最大障碍（Dennis，2001；钱忠好，2002；马晓河、崔红志，2002；刘克春，2006），并由此导致了农地的大量减少、地块的细碎分散以及土地质量的下降等（Qu、Herrink and Wang，1995），并且难以形成有效的激励和约束，导致各利益主体行为不规范，进而导致难以保证农民的流转主体地位，致使利益分配不合理，从而直接阻碍农地的合理流转，不利于资源的优化配置，甚至为一些基层组织的寻租行为提供了机会（陈卫平等，2006）。第二，在农地产权稳定性方面，稳定的地权对农地承包经营权流转具有促进作用，不稳定的地权会降低农户长期投资、流转的积极性并带来生产率的损失，相反，如果赋予农户长期稳定的土地承包权不仅可以避免农户在土地投资上的短期行为，并且可以促进农地有序流转（姚洋，2000b；田传浩、贾生华，2004）。因此，大多数学者认为，要完善家庭承包制，关键在于要赋予农户更为宽泛的土地承包权限，开辟土地流转市场，建立土地流转机制（张红宇，1998；俞海、黄季焜、Scott Rozelle et al.，2003）。

（4）社会保障因素。少数研究者将农村社会保障水平作为研究农地流转的影响因素（刘守英，1997；王克强，2000；陈锡文，2002；Xu Hengzhou，2011）。浙江省海宁市的问卷调查结果显示，农村土地的社会保障功能效用达到农村土地总效用的 51.32%，就业效用占 17.74%，直接收益效用即经济功能占 28.70%（王克强，2000）。由此可见，现阶段土地对农民的社会保障功能很强，这在一定程度上妨碍了农地承包经营权的流转（刘守英，1997）。因此，有学者认为，在短时期内，中国现代的社会保障难以覆盖农村，农地作为大部分地区、大部分农民维持生存、获取收益的手段还将持续相当长的时间（陈锡文，2002）。而要促进农地的流转，必须加快农村社会保障机制的完善，扩大农村社保覆盖面，从根本上解决农民的后顾之忧，如实施社会保险、提供最低生活保障制度、落实好新型农村合作医疗、养老保险、五保供养、就业引导和最低生活保障等制度等（徐志明，2009）。

二、当前农地制度的主要缺陷

如前所述，20 世纪 70 年代末实施的"集体所有、家庭经营"的家庭承包制，调动了农民的生产热情，从而极大地提高了农业和土地生产率（Lin, 1992；Huang and Rozelle, 1996）。在 1952~1995 年期间，每年的产出增长速度为 4.25%，1952~1978 年，每年的年增长率为 2.83%，而 1979~1995 年，每年的年增长率上升到 6.5%（樊胜根，1998）。众多研究把这一成就归因为家庭承包制的激励效应（樊胜根，1992；吴方卫等，2000；黄少安等，2005；乔榛等，2006）。然而，随之而来的农业徘徊，特别是小农面临的市场困境、农地细碎化与土地的撂荒现象，使人们对家庭经营制度的质疑开始产生。更重要的是，随着生产力水平的不断提高，现代农业对规模经济的要求与分散承包的农地制度之间的矛盾日益加剧。以致很多研究者对现行农地制度的质疑转变为怀疑，甚至认为家庭承包制的功能已经用尽，必须对其进行变革（樊胜根，1998；何秀荣，2009）。

因此，在家庭承包责任制的潜能逐渐消失的前提下，在农地资源短缺的刚性约束和不断增长的农产品需求的双重压力下，就必须建立科学合理的农地流转制度，将土地要素推向市场化，才能够有效地改善土地资源配置效率，并进一步激活农业剩余劳动力的转移，为农业规模化、集约化、高效化经营提供广阔空间（姚洋，2004；罗必良，2008；张红宇等，2011）。

（一）农地细碎化与农地经营效率

家庭承包经营制度所导致的土地平均分配、分散经营，以及社会化服务供给滞后，受到了学者的关注（傅晨，1997）。多数研究强调了土地赋权引发的小规模经营与土地细碎化问题。事实上，小规模农地经营对农业生产的影响自20世纪60年代以来就已经成为农业经济学领域研究和争论的热点，其中，资源配置效率问题是研究的重点（Fleisher，1992；Nguyen，1996；Wan and Cheng，2001）。而土地细碎化问题普遍被认为是限制农地生产效率继续提高的根本原因。

关于农地细碎化是否合理，大量文献对其进行了探讨。一些研究者认为土地细碎化的存在是合理的。首先，农户在不同的地块进行多样化生产经营，可以降低洪灾、旱灾、病虫害等农业生产风险，同时也是规避农产品价格风险的一个有效方法（Heston et al.，1983；Bentley，1987）。李功奎等（2006）的实证研究证明了农地细碎化与农户的多种经营有着正相关的关系，农地细碎化增加了农户种植业的收入水平。其次，由于各个农作物的种植、护理和收获季节的不同，农地细碎化还可以减轻劳动力短缺的瓶颈（Blarel et al.，1995）。但是，也有部分学者认为，由于地块的分散，许多工作时间浪费在去各个地块的交通过程中，这又是一种劳动力的浪费（Stryker，1976；Wu，et al.，2005）。再次，部分研究者认为，农地细碎化有利于提高农民的收入。许庆、田士超等（2008）通过实证检验，发现农地细碎化与农民的总收入水平呈正相关关系，同时农地细碎化还有利于缩小农民收入不平等。钟甫宁、王兴稳（2010）利用江苏兴化、黑龙江宾县两地8个村庄农民的实际田块分布图，根据整群抽样调查所获得的数据，模拟了农民间农地交换以减轻农地细碎化的可能性。结果显示，由于地块不匹配、交换链条过长等原因，农民间农地交换很难成功。这从另一角度说明农地细碎化可能有其合理性。

但是，更多研究认为，农地细碎化是一种不合理的现象，认为农地细碎化不仅由于田埂的大量存在浪费了耕地资源，还阻碍大型农业机械设备的采用、增加了农田基础设施成本，从而降低农业规模效应。首先，多数学者普遍认为小规模细碎化会由于边界的增多而浪费农地有效面积。张（Zhang et al.，1997）的研究表明，农地细碎化的存在浪费了我国农地有效面积的5%~10%。其次，大多数学者认为，农地细碎化会降低农业产出水平（Fleisher et al.，1992；Nguyen，et al.，1996；Wan and Cheng，2001；Hung et al.，2007；Ranhman and Rahman，2008；Kalantari and Abdollahzadeh，2008；秦立建等，2011）。弗莱舍尔等（Fleisher et al.，1992）通过使用1987年和1988年两年的调查数据，估算了粮食的生产函数，结果发现，如果把样本中的地块数由4块减少到1块的话，全要素生产率将提高8%。阮等（Nguyenet al.，1996）利用1993年与1994年两年的农户调查数据，以水稻、小麦和玉米的生产为研究对象，分别建立了柯布-道格拉斯生产函数，估算出农户的平均地块面积与这三种粮食作物的产量存在着正相关的关系，这就意味着中国的土地细碎化将付出经济成本，导致粮食产量的下降。王和程（Wan and Cheng，2001）的研究显示了中国现有的农业生产中的规模效益很小，但是土地细碎化的存在确实降低了农业的产出水平，并且估算出如果消除了土地细碎化这一现象，我国的粮食产量每年将增加 7 140 万吨。洪等（Hung et al.，2007）对越南的研究也发现土地细碎化消耗了更多的物质和劳动投入，降低了农户的粮食生产效率。拉恩曼和拉曼（Ranhman and Rahman，2008）通过对 2000 年孟加拉国 4 个村共计 298 个农户样本的研究发现，土地细碎化使粮食生产能力下降了 1%。而卡兰塔里和阿布多拉扎德（Kalantari and Abdollahzadeh，2008）通过对伊朗 12 个村共计 151 个农户的研究也发现过于分散的土地会降低农户的粮食生产能力。秦立建等（2011）采用随机前沿生产函数研究了土地细碎化、劳动力转移对农户粮食生产的影响，发现土地细碎化降低了农户的粮食生产效率，减少了粮食产量。

总体来看，农地细碎化虽然具有一定的正向影响，但其负面影响相对更大。因此，应当通过各种措施尤其是通过建立土地市场来促进农地集中，降低农地细碎化程度。目前，对于农地市场配置土地资源是否能降低农地细碎化程度，学者们虽然持有不同的观点（温铁军，2001；谭淑豪等，2003；田传浩等，2005；王兴稳、钟甫宁，2008），但他们的理论分析与实证研究都表明，农地流转与农地细碎化有着十分紧密的联系，同时，持质疑态度的学者们都得出这样一个结论，随着城乡二元结构的破除，在农村社会保障制度健全以及农村劳动力转移途径畅通的情况下，通过农地流转市场进行资源配置才是解决农地细碎化问题的有效路径。

（二）农地产权的残缺、不稳定与交易管制

产权是一束权利，一般由使用权、收益权与转让权组成（Alchian，1965；德姆塞茨，1994；巴泽尔，1997；埃格特森，2004）。在农地制度中，农地产权的完整性、稳定性和可交易性，对农业绩效具有重要影响。自改革开放以来，虽然中国农地产权制度在不断改进与完善，但目前仍然存在着农地产权不完整、农地产权不稳定以及农地产权可交易性受限等主要问题。

1. 农地产权不完整

在家庭承包制实行之初，中国农村集体拥有土地所有权，农民在满足国家和农村社区税负要求的合约下拥有土地使用权、收益权（周其仁，2004），但农民并不拥有土地的自由转让权。随着农村改革的深入，农民逐步拥有部分农地流转权。1984 年，中共中央 1 号文件明确提出，鼓励土地使用权向种田能手集中，

强调对转出土地使用权的农户给予适当的经济补偿;1988年,《宪法》修正案认可了土地使用权有偿转让的合法性;1993年11月,中共中央、国务院在《关于当前农业和农村经济发展的若干政策措施》中规定,在坚持土地集体所有和不改变土地用途的前提下,经发包方同意,允许土地的使用权依法有偿转让;1995年,国务院在国发[1995]7号文件中提出,在坚持土地集体所有和不改变土地农业用途的前提下,经发包方同意,允许承包方在承包期内依法转包、转让、互换、入股承包地,其合法权益受法律保护。土地承包经营权流转的形式、经济补偿,应由转让双方协商,签订书面合同,并报发包方和农业承包合同管理机关备案;2002年,《农村土地承包法》不但确认并宣布保护农户的土地使用权和收益权,而且规定通过家庭承包取得的土地承包经营权可以采取转包、出租、互换、转让或者其他方式流转,确认并宣布保护农户的土地流转权。同时,2002年修改《土地管理法》时,还对村委会行使农地所有权进行了较大的限制,以强化法定的承包权利,稳定农户的经营权。2008年党的十七届三中全会文件也明确提出:允许农民以转包、出租、互换、转让、股份合作等形式流转土地承包经营权,发展多种形式的适度规模经营。由此可见,中国农地产权正日益变得完整。

然而,目前农地产权所包含的三种权利仍然存在着残缺问题。

首先,就农地使用权而言,由于农户的承包经营从属于土地的集体所有,而乡村集体在集体内部的土地支配上权力空间过大,又加上农民实际上处于弱势地位,农地所有权侵蚀农地使用权从而导致使用权权能残缺的现象就不可避免,继而造成农村土地分配和调整具有很大的随意性(冀县卿、钱忠好,2009)。同时,在"统分结合"的双层经营体制名义下,农民的农地使用权经常地受到干预,因为基层政权把自己的偏好、政治与经济理性渗透到了农户的土地经营中,使得许多农民对农地使用权缺乏安全感,农地耕种趋向于短期化行为(宋士云、胡洪曙,2005)。以上种种现象说明了现行家庭承包制所赋予农民的农地使用权并不完整。已有的研究表明,对农地使用权的完整界定和充分赋予,可以增加农民对土地投资的预期程度(陈志刚、曲福田,2003)。

其次,就农地收益权来说,在国家、乡村集体和农户三方的博弈中,由于国家掌握着政权、乡村集体掌握着所有权,农户同样处于非常弱势的地位,其收益权残缺同样也就难以避免。在2006年之前,国家通过征收农业税,攫取了大量农业剩余。而从2006年起国家正式取消农业税后,农民基本上取得了完整的农业经营收益权,此外还能得到相关的农业补贴收入。但是,在集体土地方面,国家基本控制了集体土地出让的主导权和收益权,使从中央到地方各级政府和各相关部门在将集体所有的土地征用转变为国有土地的过程中,通过权属转移获取了巨额利益(宋士云、胡洪曙,2005;刘艳,2007),而农民获得的补偿费却极为有限。事实上，农民得到的只是农地经营收益的补偿，而农地增值收益则被无偿剥夺。可见，目前《土地管理法》和《物权法》都对征地补偿作了相关规定，但现行立法并没有明确征地权限和程序，也没有对农地承包经营权设定单独的补偿项目，同时，在征地补偿中缺乏对农地承包经营权预期收益和间接收益损失的补偿，这些都是农地收益权能残缺的体现。

再次，关于农地流转权，前面已提到，它包括农地所有权的转让与农地使用权的流转。此处主要分析农地使用权的流转。虽然在新的《土地承包法》中已经规定："承包方有权依法自主决定土地承包经营权是否流转和流转的方式"，这和以前的法律规定相比已经有了明显进步。但是，由于基层干部往往以所有者代表身份并依托行政权力来剥夺农民的自主决策权，并强行依照自己的意志控制土地使用权的流转，使得土地使用权真正自由顺畅的流转变得困难重重。并且，由于农村土地的承包人从集体取得的土地使用权往往都缺乏准确的预期，当承包人再把土地使用权流转给实际经营者时，由于双方法律知识的欠缺及现实环境的制约，这种转让常常没有签订具有约束力的正规合约，纵使土地转让勉强完成，由于实际经营者对转包的土地使用权的准确预期进一步下降，致使他的短期化经营行为更趋明显，进而使得农地的使用效益更趋于下降（宋士云、胡洪曙，2005）。

2. 农地产权不稳定

农地产权不稳定主要是指农地使用权的不稳定。在近几年里，虽然政府为了稳定土地承包关系出台了一系列政策，如将土地承包期在原先耕地使用权15年的基础上再顺延30年等，但这些政策落实得并不太好，目前只是在很小的一部分地区得到了执行（韩俊，1999）。具体表现是现实中土地的频繁调整及土地承包期限短，这使得许多农民对土地使用权缺乏安全感。在中国大部分地区，农村依据人口变化，对土地进行周期性地调整的现象非常普遍，这种调整严重地损害了农地使用权的稳定性。

在农地集体所有的情况下，村庄里的每个成员都有获得一份村庄土地权利的资格（周其仁、刘守英，1988）。因此，集体所有的一个后果就是定期重新配置土地以适应村庄人口的变化，这导致土地始终处于不断调整之中（Liu et al., 1998; Dong, 1996; 赵阳, 2004）。一般说来，农地产权越稳定，越利于促进经济发展。贝斯利（Besley, 1995）指出，农地产权的稳定性与农民土地投资的积极性呈正相关关系。因为只有在有明确收益预期的情况下，投资才会活跃。相反，订约时间越短、调整越频繁，农地产权越不稳定，越不利于农民土地长期投资的激励（姚洋，2000；俞海、黄季焜等，2003）。但就现实情况而言，大多数学者认为不断地进行土地调整会使农地使用权不稳定，进而对农民进行中长期投资的积极性造成负面影响,并且带来生产率的损失(Feder and Feeny,1991;朱民、刘守英等,1997;姚洋,1998、2000、2004;Li et al.,1998;Liu et al.,1998;Carter and Yao,1999;何凌云和黄季焜,2001;Jacoby et al.,2002;俞海、黄季焜,2003),继而导致土地资源的退化(Otsuka et al.,2001)。

尽管理论分析表明,在投入品和产出品市场给定的情况下,土地使用制度的稳定性和农民对土地及其他农用资产的投资积极性呈正相关(Feder,1993)。然而,也有部分学者认为,这一结论并未在中国得到验证,农民对土地进行长期投入的积极性不纯粹取决于使用权的稳定与否,土地承包期长短与土地长期投入没有直接的因果关系。例如,费德尔等(Feder et al.,1992)没有发现中国农地产权稳定性与农户投资之间存在显著关系;孔(Kung,1995;2000)也认为,家庭承包制下不安全的土地产权导致农民投资积极性下降所带来的低效率并不明显;陈铁、孟令杰(2007)基于江苏省的调查数据对土地调整与农户长期投资的关系进行了实证分析,认为土地调整对农户在土地上的长期投资的影响并不显著。

可见,关于土地调整导致地权的不稳定性对于农业长期投资的影响的众多研究成果告诉我们,地权的稳定性与长期投资之间的关系是相当复杂的。现有的研究结果还无法给出一个关于中国的土地调整与农民长期投资之间的确定关系,因此对于这个问题不但需要进一步的理论研究,也需要更完整的实证研究(许庆、章元,2005)。虽然目前关于中国农地产权不稳定与农民长期投资之间的关系无法完全确定,但不可否认的是,农地使用权本身的确存在着不稳定性。

3. 农地交易及抵押权受管制

总的来说,自从1998年《土地管理法》和2003年《农村土地承包法》实施以后,现阶段中国农地产权的可交易性已经有了显著的改善,《农村土地承包法》规定通过家庭承包取得的土地承包经营权可以采取转包、出租、互换、转让或者其他方式流转。并且,农户对农地产权可交易性的认知度也比较高。如叶剑平、罗伊·普罗斯特曼等(2000)通过对17省农户进行调查,结果显示86.2%的农民相信他们有权将土地转包或出租给其他村民,其中36.0%的村民认为他们有无条件转包或出租土地的权利,只有6.1%的村民认为任何情况下他们都没有转包权。

然而,根据法律规定,在现行农地制度下农民仍然缺乏抵押土地使用权以获取银行贷款的权利,也就是说,农地产权可交易性仍然受限,这不仅影响了农民对农地进行投资的积极性,而且也会间接对农地流转市场发育造成不利影响,导致农地资源达不到最优配置。

综上所述,中国农地产权制度目前仍然存在着产权不完整、不稳定以及可交易性受管制等问题。

三、农地流转制度创新的两类主张：合作化与市场化

中国的农地制度结构是所有权和产权的有机组合。前者是写在法律文件上的名义制度，与资源配置无关；后者才是实际运行的制度安排，其赋予方式和管制程度均影响土地配置的效率，因此改革的重点应该放在产权上。我们分析的重点集中于转让权及其管制放松问题。

事实上，目前我国农村土地资源的转让权受到政府的过多管制，导致农地交易的成本极高。特别是，在当前的二元结构约束条件下，提高农地流转的规模和速度成为优化土地资源配置的重要途径。其中，土地股份合作制和农地租赁市场是学界关注的两种重要的流转制度创新形式。

一方面，土地股份合作制激励农民把土地集中流入农地股份合作组织内部，实现了组织和管理形式上的一体化，以股份化的收益分配形式满足了社区内的多重需要以及将市场风险分散化，在一体化的基础上以决策权的集中化实现了对土地增值收益等各类潜在收益最大限度地挖掘和集体分享（王小映，2006）。但农村土地股份合作制是一项实施成本相对较高的制度安排，如对土地和其他财产的价值进行评估和股份量化的成本很高，而且土地股份合作制一般被赋予了多重目标，它既要为农村社区的成员提供社会福利保障，又要为农村社区公共物品的供给筹集资金，还要实现自身的赢利和积累。因此，制度安排所追求的多重目标从根本上决定了这种制度安排的运行成本相对较高，从而决定了农村土地股份合作制不是一种具有普适性的制度安排，也不是一项经济而又稳定的制度安排。

与此同时，刘承礼（2003）对农地股份合作制的过渡性质做出了具体剖析。其研究表明，农村用地制度的演进规律遵循内生性交易费用递减原则，而农地股份合作制的共有所有权与封闭治理必然导致较高的内生性交易费用，解决这一矛盾的办法是走向个人股份制。钱忠好、曲福田（2006）进一步指出，农地股份合作制的制度创新源于当事人对外部利润的追逐以及由此形成的制度创新的一致同意，而农地股份合作制规则的不完善导致了农地股份合作制的效率损失，农地股份合作制生成、发展或衰败源于外部利润和效率损失之间的对比。按其逻辑，要推动农地股份合作制的生成和发展，就必须努力提升其外部利润、减少效率损失。但具体如何操作？钱忠好（2007）认为，明确农地股份合作制的性质、改革和完善相关法律、赋予农民个人土地股权以物权属性、提高农民谈判能力、规范政府行为、完善农地股份合作社的管理模式、合理设置并明晰农地股权、赋予农民农地股份合作社成员退出权等，能有效地提升外部利润，减少效率损失，促进农地股份合作制的健康发展。而罗必良等（2004）认为，股份合作制表现为

强烈的封闭性，而且这种封闭性具有自我强化机制，因而股份合作制的改革必须打破封闭、走向开放。因此，改变股份合作制过渡性应实现三个转变，即社区型向企业型转变、封闭型向开放型转变、集体经济组织向现代企业制度转变。

另一方面，股份合作制只是实现农地流转的过渡形式，能够长期促进农地流转的办法仍是土地交易市场的发育和成长，而相关的影响因素又是纷繁复杂。叶剑平、蒋妍和丰雷（2006）的研究就表明，制度因素是制约中国农地流转市场发展的主要因素，规范的合同签订与承包经营权证书的发放能够促进农地流转市场的发展。相应地，农村土地市场发育程度不仅影响区域土地流转的总体规模，而且是导致不同区域流转规模各异和流转方式演化差异的根本原因，且这一作用的区域差异明显（邵景安、魏朝富、谢德体，2007）。此外，刘克春和苏为华（2006）的 Logit 模型证明，在农地流转过程中，越是具有经营农地资源禀赋的农户，转入农地的可能性越大。同时，农地交易费用对农户转入农地的可能性和转入面积有负向影响。因此，推动农地流转的关键是通过制定合理的政策措施，培育农户独特的资源禀赋，同时，政府应该积极为农户农地流转提供信息，特别是为那些农地难以流转的农户提供信息等各种支持，尽量减少这类农户的农地交易费用，使农地及时流转到那些需要农地的农户手中，减少农地撂荒现象（陈志刚、曲福田、王青、黄贤金，2007）。钱文荣（2003）的实证研究也表明，目前经济发达地区的农民已经具有较高的农地流转欲望，但由于信息不灵、交易费用高、农地收益低等原因，这种欲望大多未转变成现实的农地流转行为。为了以较低的交易费用流转，农民大多希望政府能发挥更大的作用。但政府在介入农地流转时，也必须掌握合理的度，目前主要可在宣传发动、建立农地流转信息网络、农地分等定级和价格评估、土地整理、对外招商等方面发挥重要作用。此外，布莱恩等（Bryan et al., 2001）的实证研究表明，土地租赁市场的发展有利于农地流转效率的提高。金松青等（2004）发现，土地租赁市场已经成为农户间土地转移的主要形式。无论从发生的频率上或发生转移的土地面积上看，通过土地租赁市场发生的土地转移大大超过了通过行政性土地再调整发生的土地转移。虽然土地租赁市场和土地再分配都会将土地向资源禀赋相对较少的农户转移，但土地租赁市场更能促进生产率的提高。换言之，培育土地租赁市场是比较现实可行的促使土地转让权管制放松的思路（张红宇，2002）。就政策制定而言，一个好的政策不是给全国施加一个预定的土地制度，而是提供恰当的行政和信贷体制以匹配土地租赁市场的发展（姚洋，2000）。

最后，所谓"好制度"的标准是，在环境约束条件下最能有效实现制度目标的制度安排，即制度与环境之间的匹配。它包含两个基本方面：一是在制度供给与制度需求之间要达到某种均衡状态，否则需要进行帕累托改进；二是制度对关联环境的匹配性,因为环境条件变化会引起交易对象相对价格的变化,从而诱导人们行为的改变,并对原有制度提出重新安排。即制度结构决定组织形式的选择,进而决定着行为,并由此影响着经济组织的制度绩效(罗必良,2008)。推进土地流转,必须进行严格而规范的制度匹配。按此逻辑,如果把农地股份合作公司、土地交易市场和农地租赁市场均视为与农地流转相匹配的经济组织,那么,研究的重心应该转移到我们怎样根据不同的农地环境的资源属性和交易特性设计和构建不同的农地流转经济组织予以匹配,从而节约转让权管制及其放松过程中的制度匹配(交易)费用。

第三节 关于农民权益保护问题的研究

农民是农地流转的主体。调动农民参与农地流转的积极性与主动性,一个重要的方面就是要强化农民土地权益的保护。农民的土地权益涉及多个方面,但从流转的层面来说,主要包括两种权益:一是与农地征用相关的权益,主要是各种农地征用补偿金;二是农地流转中的权益,主要是指转包费、租金、转让费等。鉴于此,我们分别对土地征用与农地流转过程中农民权益保护问题的研究动态进行归纳。

一、农地非农流转中的农民权益保护

农地征用中的农民权益主要是指各种土地征用补偿金,即国家按照被征用集体土地的原用途给予集体以及农民一定的补偿,补偿主要包括土地补偿费、安置补偿费以及地上附着物和青苗补偿费(谭荣、曲福田等,2004)。关于农地征用中农民权益保护问题的研究主要集中在农民权益被侵害的现状、原因及对策三个方面。

(一)农民权益被侵害的现状

一般来说,农地征用中的收益分配主要包括征用环节的征地补偿费和土地增值收益分配两个部分(国务院发展研究中心课题组,2009)。不可否认,中国现行农地征用制度的产生有其特殊的时代背景(周其仁,2004;肖屹、钱忠好,2005),它有效地保证了国家社会经济发展所需要的土地,但征地补偿标准偏低,导致政府可取得的土地增值收益空间过大,征地补偿费分配操作缺乏规范,

农民缺乏参与权和知情权，而且农民失去土地后的生存、就业等原由土地提供的保障体系得不到有效安排，因此，农民对现有征地制度大多持不满意态度（吕彦彬、王富河，2004；王小映等，2006；钱忠好等，2007）。陈莹等（2007）曾以武汉市为例分析了征地前后农民的福利变化，结果显示农户对征收政策的不满意比率高达93.18%，其中77.02%的是因为征地补偿金的问题。从调查的情况看，土地出让环节的增值收益与被征地农民没有直接关系（黄祖辉等，2002；国务院发展研究中心课题组，2009），而且绝大部分土地增值收益用于城市建设和城市土地开发（王小映等，2006），在此过程中，农民作为人数众多的弱势群体起不到应有的制衡作用，以至于自己的权益受到侵犯却无可奈何。据农业部提供的数据显示，关于征地、土地流转等问题的信访数量始终占总量的一半以上。

对中国的现行征地制度，理论界普遍一致的看法是：现行征地制度存在征地目标泛化、征地补偿标准偏低、征地程序不尽规范等缺陷（王小映，2003）。

（二）农民权益被侵害的原因

对于农地征用过程中农民权益遭受侵害的原因，理论界大量学者对其进行了深入探讨。

首先，从法律角度来说，由于现行法律对政府农地征用只有授权而没有限权，致使政府对农地征用具有较大的自由裁量权，政府的任何意图都可以看成是"公共目的"或"公共利益"，这是农地征用中农民土地权益遭受侵害的根源（陈利根等，2003）。此外，《土地管理法》规定，农民集体所有的农地使用权不得出让、转让或者出租用于非农业建设。这样的制度安排客观上使农民的农地转让权仅仅限定于农业内部，而在组成产权的三项权利中，转让权最为关键，它会影响到使用权和收益权（周其仁，2004）。政府对农民的农地产权的不当限制使农民无法分享农地非农化所带来的土地增值收益（高圣平等，2007），农民的土地财产权益直接受到集体性侵害（冀县卿、钱忠好，2007）。也就是说，法律对农地的过分限制，大大削弱了农民的财产收益权（吕彦彬、王富河，2004）。

其次，从产权残缺的角度来说，农村土地所有权主体不明，使当事人缺乏维权的法律支持；农民的农地承包经营权缺乏排他性，使当事人缺乏维权的自我激励；政府对农地产权的不当限制直接侵害了当事人的土地权益（韩俊，1999；周其仁，2001；冀县卿、钱忠好，2007）。

最后，从交易费用角度来说，肖屹、钱忠好（2005）通过运用巴泽尔（1997）的产权理论研究交易费用、产权公共域与农地征用中农民土地权益遭受侵害问题，并构建了一个交易费用—产权公共域—产权侵害的理论分析框架分析农民土地产权遭受侵害的交易费用原因。

（三）保护农民权益的对策

针对以上征地过程中农民权益受损的情况，研究者纷纷提出了保护农民权益的对策。如有学者要求对现有征地补偿制度进行改革，主张大幅度提高农用地征用的补偿标准（曲福田等，2001），或在土地市场价格形成的情况下，被征用土地本身的赔偿应根据其最高层次和最佳用途进行估价，尽可能接近真实的土地价值，更多地引入竞争机制和谈判机制（汪晖，2002），这对保护农民的利益，促进土地可持续利用和社会经济可持续发展具有十分重要的意义（谭荣、曲福田等，2004）。还有部分学者认为，要在农地征用中切实保护农民土地权益，除了提高农地征用补偿标准、完善农地征用补偿机制之外，还必须明确界定公共利益，规范政府农地征用行为；赋予农民国民待遇，完善社会保障体系；建立有效约束机制，避免政府滥用农地征用权（周其仁，2001；蒋省三等，2003；钱忠好，2004）。还有学者提出，要切实维护农民的土地权益，就必须采取降低农地征用中非正常因素产生的交易费用、提升农民的组织谈判能力等措施，尽可能减少农民在征地过程中产权被侵害的程度（肖屹、钱忠好，2005）。

二、农内土地流转中的农民权益问题

农地流转有效促进了农业结构调整和产业化经营，推动了土地适度规模经营，拓宽了农民增收渠道，促进了农村经济的发展。但实践中也存在一些不容忽视的侵害农民土地权益的现象和问题。有关农民权益保护的研究目前还主要集中在土地征用制度中的失地农民权益问题（高春华，2009），关于农地流转过程中的农民权益保护研究属于起步研究阶段。现有研究成果主要从土地流转中农民权益被侵犯的现状、原因及其对策这三个方面展开。

（一）农民权益被侵害的现状

随着农村土地流转速度的明显加快和规模的加大，许多地方村级组织和地方政府介入，强制性地推动农地流转，不顾农户意愿而进行，使得农户在流转中的主体地位难以得到有效保障，农民的谈判地位缺失，利益受损（刘玉荣，2009）。具体来看，第一，地方把农地流转作为增加地方收入和福利的手段，或作为政府决策者"政绩"的形象工程（王西玉，2003；刘洪彬等，2006；王环，2009）。据有关报道称，对某省7个县市的调查，由政府出面的土地流转占到流转总数的40%，由村集体组织出面的土地流转比例甚至高达55%以上（王西玉，

2003）。还有些地方第二轮土地承包方案往往由乡村干部自行决定，并未经 2/3 以上村民的同意（刘洪彬等，2006）。第二，地方为了降低开发成本和更多地招商引资，借土地流转之名，随意改变土地的农业用途，并强迫农民长期低价出让土地经营权（许恒周、曲福田，2007；田霞、王文昌，2009；吴百花，2009）。第三，集体经济组织在对外发包流转土地的过程中，既没有按照规定实行公开招标，也没有按照规范的合同样本签订承包协议，而是由村干部私下与承租者达成交易（陈成文、赵锦山，2008）。第四，农民的社会保障利益受到侵害（黄敏秋，2009；黄赟，2009）。在中国，农地承载着生存、医疗、养老和就业等诸多社会保障的功能，而在农地流转过程中，却很少或者不考虑农地这一社会保障功能的作用：其一是土地流转收益中的转包费、租金和转让费，没有含有这部分农民的土地延伸的权益；其二是各地实行"土地股份制"，搞农业规模经营，土地集中程度越来越高，土地所能接纳劳动力越来越少，造成农民既失地又失业。

总之，在农地流转过程中，表现为不同利益集团的利益冲突和博弈：一是农民与村级管理者的利益冲突；二是农民与政府的利益冲突；三是农民与企业的利益冲突（李惠奇，2009）。农地流转过程中存在的三种利益冲突很可能会侵犯农民应得的那部分利益。地权不安全使农民土地权益缺乏制度保障，地方政府行为又直接影响到地权的安全性，导致农民土地权益受损（Jacoby et al.，2002）。

（二）农民权益被侵害的原因

关于农地流转过程中农民的土地权益受到侵害的原因，主要体现在以下几个方面：第一，农民没有拥有对农地真正意义上的物权，农民对农地只具有经营权、有限的租让权和收益权，不具有转让权、抵押权、继承权、赠予权等（Loren Brandt et al.，2002）。第二，国家作为超级经济主体，在集体土地所有权之上控制处置权，以法律、行政手段广泛而深入地介入农村地权关系（赵翠萍，2009）。可见，农民的土地权利并不是充分和完备的，家庭承包制对农民拥有土地产权的内容没有明确界定，这就使对农地产权权能和内容的解释具有极大的随意性，导致现实中经常出现侵害农民权益的事实。第三，农村土地流转中农地产权法律制度的缺陷和民主制度的不完善，缺乏有效价格发现机制和监管及保障制度的缺失是导致农民土地权益受损的主要因素（Ed Nosal，2001）。第四，社会保障体系的缺失。在农地的社会保障功能还没有合适的可替代品之前，农民宁可撂荒弃耕，也不愿意放弃农地承包权，这就造成"有人无田可种"与"有田无人愿种"并存的不正常现象，严重制约着土地规模经营和农业经济效率（马晓河、崔红志，2002）。

(三) 农民权益保护的对策

为保障农民土地权益，加快农地流转，不少研究者提出了相应的对策。

首先，从法律角度完善农民权益保护机制。李长健（2005）提出了经济法视野下保护农民权益的机制体系，认为农民利益需要宪法、经济法、行政法等诸多法律部门共同保护，特别需要经济法律制度提供支撑。

其次，加大法律宣传力度，强化农民对有关土地法规和政策的了解，使农民知道自己的权利义务，进一步明确集体土地所有权主体、承包经营权主体、经营管理者，以及他们之间的关系，从而提高农民的法律意识和法制观念，同时还应为农民建立申诉渠道，鼓励农民运用法律武器保护自己的合法权益（田霞、王文昌，2009）。

再次，完善政府的引导、管理和服务职能，既要克服利用土地所有权属强制农民进行农地流转，从中获取超额利润的"越位"行为，又要克服对违规流转放任自流，缺乏服务规范机制的"缺位"行为（林素芬，2006；许恒周、曲福田，2007）。

最后，在农地流转中充分考虑农地的社会保障功能；加大对农民职业技能培训的力度，提高就业的能力；积极发展劳动密集型产业，加速农村就业结构的调整；国家加大财政资金投入，建立和完善农村基本医疗保险制度、养老保险制度和农村低保制度，以减弱土地保障功能，保证农民权益（黄敏秋，2009；邱云慧，2009）。

总之，农地流转是适应农村社会经济发展而进行的一项农地制度上的创新。为保障农民土地权益，加快农地流转，一是强调进一步完善落实党的农村土地政策，完善相关的法律规范；二是积极培育农地流转中介机构，促进土地市场的完善发育；三是基层政府在农地流转中要找准自己的位置，搞好服务，不能过度干预；四是建立和逐步完善农村社会保障体系，弱化农地的社会保障功能。

第四节　小结与评论

综上所述可以发现，学者们对中国农村土地流转制度的各个方面研究已经积累了丰硕的成果，从而构成了本课题研究的重要基础。但是，同时考虑农地流转与农民权益保障的整合机理和机制设计研究还相对较少。现有的主流文献至少呈现如下特点：

（1）以往研究多认为明确界定农户的土地所有权是实现农地流转的基础条件。但是，我们认为，第一，过于关注于所有权问题，忽视了对产权运作的讨论；第二，缺乏一套以产权为中心的行之有效的研究范式；第三，对农民权益保护的研究主要集中在征地制度上，对农地流转中的农民权益保护的研究开展得相对较晚，而且主要集中在现状描述和政策层面，却没有揭示农地流转中农民权益被侵蚀的内在机理。

（2）农地流转制度和农民权益保护研究之间没有建立起逻辑统一的理论框架，缺乏有效衔接。如何赋予农民的合法权利，并通过市场化的途径让农民分享到土地流转所带来的租金增值，特别是如何设计能够有效约束政府产权模糊化行为倾向的制衡机制，以往的研究均明显关注不足。尤其是，如何将耕地保护、农地流转、农民权益保护以及农业现代化的实现方式有机地整合在一起，还没有形成一个成熟的逻辑体系。

（3）值得注意的是，已有文献中关于农地流转的一些代表性政策主张，仍需要予以甄别。

第一种观点认为，发展农地市场和农地交易会造成土地过度集中，出现贫富分化。这一点在历史上不曾出现，在现实中更不可能。对于历史上的情况，赵冈和陈钟毅在《中国土地制度史》（2006）中已经做了回答。在现实中，我们仍然坚持农地的集体所有，农地流转和交易的目的正是要变村民的农地承包权为物业资产，保护集体和农民分享土地增值收益，以此建立农民的长期保障，防止政府和强权的侵占。而流转和交易的决策是由土地权利主体自主决定。历史和现实证明，只要没有政府权力的歧视性管制和庇护，市场权利主体的谈判和价格机制的作用，足以遏制强权的扩张和兼并行为。

第二种观点认为，农地流转和交易会造成农地浪费。我国城市过度扩张和农地使用浪费的根源，恰恰就在于用农地征用代替了农地的流转和交易，获取的代价太低，而转让的利益太大，农地稀缺的情况并未从价格信息中反映出来。市场交易除了形成价格和配置资源的功能以外，还有一种重要特性，即市场的规模经济性，就是说，市场中的人数越多，市场越有效率，平均交易费用越低。反过来，这种特性还表现为网络外部性，即参与市场的人越多，市场中每个人的交易效用越大，市场作为一个整体的总交易效用也就越大。这使得城市聚集本身成为一种正反馈过程，"由于人多，所以人多"。对之限制的力量，一是地价上升，二是拥挤。"城市地价递减律"是"边际效用递减律"的证明和应用，价格机制会抑制城市的过度扩张和土地的无效使用。

第三种观点认为，农地流转和交易会危及粮食安全。关注粮食安全问题，不仅仅是因为中国人多地少，更重要的是因为我们还没有一个完善的防止饥荒的机制。诺奖获得者阿玛亚蒂·森（1999）对历史上曾经发生过的饥荒和其他危机做过深入的研究，以大量事实和严密的逻辑证明："试图根据人均粮食可供量来理解饥荒，会导致无可救药的误解"，饥荒和危机的发生，在于"一部分人口突然意外地失去了他们的经济权益"，并提出了一种防止饥荒的经济学，包括提供合理的价格激励，以促进产出（包括粮食）和收入的增长；扩大就业，使可能遭受饥荒的人成为防止饥荒的能动的主体；发挥民主的政治激励作用以及"防护性保障"和"透明性保证"功能。发育农地市场，放开农地流转和交易正是遵循上述原则。不仅如此，由于农地市场和交易会抑制城市过度扩张和土地浪费，因此具有保护耕地的作用。特别地，农地流转市场具有农业生产经营能力的主体选择功能，从而有利于改善农业的可持续发展能力。

因此，对我国农地流转和农民权益保护问题的研究，仍需要做出进一步的努力：

第一，我国的农地流转研究一直是热点话题，但伴随着农业劳动力的非农转移，一个现实而又长久的主要问题是：谁来种地？地给谁种？谁能种地？理论界一直没有给予明确的回答。一是没有从资源和农户个人的禀赋差异视角理解比较优势形成的转让转出分工逻辑。应该放弃农户的同质性假设，重新考虑作为有限理性行为主体的农民在土地投资、务农技术、耕作知识和风险偏好等物质和非物质禀赋上存在的异质性，作为流转机制设计的前提。二是土地流转涉及交易费用，而不当管制是加剧交易费用的重要根源。在土地可以自由流动的情况下，具有不同需求和信息且了解自身比较优势的农民个体能够将土地资源投入到它们能发现的最有价值的用途上去，土地资源因而能够较自由地流向对其评价最高的主体手中，实现土地资源的最优配置。

第二，学界对我国农民权益保护的研究起步较晚，而且主要涉及土地征用的失地农民层面，对农地流转中的农民权益保护研究尚需深化。事实上，权益保护是指农民对土地财产经营权的权能和利益的保护，研究重点应该在于如何充分赋予和保护土地流转中农民的土地产权。产权强度是产权的合法性、合理性和行为性的函数，但产权赋予方式的差异会影响产权在实施和保护上的强度差异，因此，要考虑如何增加农民获取潜在土地净租金的权利强度，应该从赋权结构、方式上考虑进行土地交易的权能（资格）和利益（动机）。这才能理解土地流转制度创新的目标函数和约束条件的制度经济学含义，从而设计出有效的实施机制。

第三，如何构建农地流转制度创新体系和农民权益保护机制，一直是学者们最关心的重点，但大部分研究不是缺乏理论依据就是没有实证基础。本研究将在理论综述与实证研究的基础上，将交易环境的产权性质、交易费用特性和制度匹配原理融入组织创新机理的分析，从而理解实施土地流转的组织运行机制的制度含义及其对农民权益的影响。

第四，本研究的关键在于如何从总体上把握农村土地流转制度创新和农民权益保护体系构建的对接，这就需要将两种研究通过制度经济学的分析工具和研究范式进行整合，搭建一个有效交流的研究平台，从而设计出能够将耕地保护、农地流转、农民土地权益保护多目标相融合的体制机制。

第三章

制度背景：公共领域、产权模糊化及其反思

伴随着中国经济的快速增长，一个奇特的现象是：在史无前例的大规模工业化与城市化背景下，大量的农业用地被征用为工业、房地产等非农用地。但在此过程中，农民在失去土地的同时却未能分享到发展的成果，得到的土地流转收益往往还不到土地增值效益的5%，绝大部分市场化溢价被开发商和地方政府拿走。由此，农民的土地流失与利益流失成为一个普遍事实。

农地流失之所以是一个严重的问题，是因为耕地保护事关粮食安全。一方面，从国际经济社会的总体态势而言，粮食问题已经从经济问题转化为政治问题；另一方面，中国是人口大国，是食品消费大国，因此，粮食安全已经成为国家安全的核心内容。保护耕地，禁止农地流失是一个根本而长期的战略问题。

我们的问题是：是什么原因导致了农地易于流失？我们认为，中国农地的流失是多项制度安排的结果。一方面由中国粗放经济增长方式的外在机制所诱致，另一方面则由农地产权模糊的内在制度所决定。前者导致了农地被流失的可能性，后者导致了农地被侵蚀的必然性。或者说，前者提供了农地流失的制度需求，后者提供了农地流失的制度供给。

关于中国农地产权制度的模糊问题，已有大量文献进行了研究（周其仁，1995；姚洋，1998等）。但是，中国农地的产权是如何被模糊的，则一直没有得到充分的讨论。本章的目的就在于揭示中国农地产权模糊化的内在机理。我们试图通过扩展巴泽尔（Barzel，1989）的"公共领域"概念，来揭示产权模糊化的本质，并由此分析我国农地产权模糊的制度演进与内在逻辑，阐明家庭经营背景下的农地产权残缺及其侵蚀，以期为本研究提供一个制度背景。

第一节 产权、公共领域与模糊产权

一、所有权和产权：区别与联系

经济学家已经认识到，制度就是为人们发生相互关系而设定的一系列规则（D. North，1990）。人们正是根据这些规则来明确可以做什么，不可以做什么，从而形成采取怎样的行动更为合算的合理预期。正因为如此，权利的完整性或者限制问题一直是制度经济学家关注的焦点。

一般而言，财产所有权（简称为所有权）是指财产占有的法律形式，它体现了主体的意志和支配力量，具有法律赋予的强制力[①]。关于产权，西方产权理论中没有统一的解释，但有一点是明确的，即产权并不是人们通常所理解的所有权或财产所有权。德姆塞茨在《关于产权的理论》一文中说，"产权是一种社会工具，它的意义来自于这个事实：产权能够帮助一个人在与他人的交易中形成一个可以合理把握的预期。这些预期通过社会的法律、习俗和道德得到表达。……要注意的很重要的一点是，产权包括了一个人受益或受损的权利。"[②] 德姆塞茨在这里所定义的产权是在人与人之间的交易中所形成的，或者说是通过竞争所取得的，是在竞争达到均衡时人们所获得的对稀缺资源的排他性权利，它用来界定人们在经济活动中如何受益，如何受损以及人们之间如何进行补偿的规则。产权的获得是由财产所有制、政治制度、法律以及道德伦理所决定的。

事实上，所有权与产权都是指对稀缺资源的排他权，即使用资产的权利（使用权），获得资产收益的权利（用益权），改变资产形态和实质的权利（处置权），以及以双方一致同意的价格把上述几项权利部分或全部转让予他人的权利（转让权）。但两者的含义不同，这可以从以下几个方面加以考虑：

首先，从权利的范围与归属来看。由于物品存在多种属性，要完全界定物品的所有属性，成本高昂，部分物品的属性由于交易费用或技术的限制，无法得到充分的界定从而形成所谓的"公共领域"（巴泽尔，1989），这种在所有权界定

[①] 古罗马规定所有权是所有者"在法律许可的程度内对物的使用权和滥用权"；我国民法通则规定："财产所有权是指所有人依法对自己的财产享有的占有、使用、收益和处分的权利。"

[②] 科斯等：《财产权利与制度变迁》，上海三联书店1994年版，第97页。

层次留在"公共领域"中的物品的有价值的属性并不构成物品的所有权。真正的所有权是指在技术许可的范围内,能够被明确界定,并且可以通过法律程序明确其归属关系的那部分有价值属性的权利。

产权则是指能够行使的物品有价值属性的权利。当所有权在法律上界定(技术可行性)以后,所有者是否能完全行使他的所有权取决于所有者的行为能力。所以,对某项特定的资产而言,法律赋予所有者的所有权同他能够实施的对该项资产的排他性权利(产权)在内容上和范围上都不一定一致。

其次,从权利主体的性质来看。在法律上,一项资产的所有权可以归属于某个人、某个集体或国家,它们分别被称为私人所有权、集体所有权或国家所有权。但该项资产的产权一定是属于个人或个人组成的集团,像国有产权或集体产权之类说法,只是一种虚假的表象,其实是不存在的。[①]

最后,从竞争发生的领域看。界定所有权的竞争发生在立法过程中,一个社会是推行公有化还是私有化,所有权包括哪些权利,不包括哪些权利,这些事项只有通过立法程序才能完成。界定产权的竞争既包括立法层次的竞争,也包括所有权在实施过程中发生的竞争。在法律上界定所有权只是界定产权的第一步,由于所有权的界定与实施过程可能出现"公共领域",产权的竞争并没有结束,还将在公共领域中继续进行,直到权利的配置达到均衡状态为止。

综上所述,以法律形式明确的某项资产的所有权并不意味着所有者就能完全实施所有权中的全部权利,也不意味着该项资产的全部有价值的属性都已在法律上归属所有者。事实上,围绕该项资产的使用和收益,可能存在一个或大或小的公共领域,所有者无法排除其他人在公共领域的竞争获得该项资产的部分产权。针对私人物品,在竞争达到均衡时,产权实际上包括两部分:一部分是资产所有者本人可以行使的所有权,另一部分是非资产所有者凭借竞争优势攫取的部分权利。前者的产权主体是资产所有者本人,后者的产权主体是具有竞争优势的非资产所有者;前者的产权,可以很便利地在市场上进行交易,他人要想获得这部分产权,一般而言只能通过市场交易的方式租赁或购买获得,后者的产权很难通过市场的方式进行交易。

---

① 巴泽尔(1989)认为,一切权利分析的基本单位是"个人",所谓"组织"的行为最终可以分解为个人行为的整合。用巴泽尔的话说:"因为个人的目的相当清楚,把所有的产权都定义为个人占有的权利是有好处的。……任何组织的功能可以同样地归结为各种不同的权利由一个与它有关的个人向另一个人的让渡。"

二、"公共领域":概念及其扩展

巴泽尔(Y. Brazel,1989)注意到了产权界定的技术限制。事实上,一项物品可能存在多种属性或多种使用用途,当这些属性被不同的行为主体分割时,由于交易费用或技术以及其他方面的限制,使得物品的部分有价值的属性无法得到充分界定从而形成所谓的"公共领域"(Public Domain)。

上述文献表明,所有权与产权的完整与否,分别与技术、所有者(产权主体)行为能力、法律与政府行为等紧密相关。借用巴泽尔"公共领域"的概念,就可以认为产权的"公共领域"能够由不同的因素而形成。因此,扩展巴泽尔的定义,与产权不完全相一致的"公共领域"至少包括五种类型:

(1)由于物品存在多种属性,要完全界定物品的所有属性成本高昂,部分物品的属性由于交易费用或技术的限制,无法得到充分的界定从而形成巴泽尔意义上的公共领域——纯技术层面的"公共领域Ⅰ"。

(2)尽管在技术上是可以界定的,但由于法律界定上的成本,或者考虑到法律界定后的司法成本,会导致物品一部分有价值的属性被置于公共领域(法律不完全性)——法律层面的"公共领域Ⅱ"。

(3)假定立法权不是平均地分布于每个公民,而是掌握在官僚集团手中,官僚集团的最优策略将是最大限度地限制属民的排他性权利。因此,官僚集团会以法律名义将属民资产直接据为己有,或者以政府名义(或国家名义)占有属民资产的排他权。如埃塞俄比亚在1975年的革命后所形成的土地制度是:不准许农民拥有土地的所有权或签订长期租赁合同、使用的土地数量不能超出政府规定的界限、农民被迫以政府定死的低价出售产品、不允许他们按市场出清价格签订购销合同,此外政府还反对农民存储剩余谷物、不准雇工。这表明所有者的部分产权因为歧视性的法律约束被迫地留在了"公共领域"。因此,以政府名义占有稀缺资源的排他性权利,相当于将稀缺资源的有价值属性在国家范围内置于公共领域,笔者称这类公共领域为——法律歧视制造的"公共领域Ⅲ"。

(4)当所有权在法律上界定以后,所有者是否能完全行使他的所有权取决于所有者的行为能力。当所有者行使所有权的收益大于行使所有权的成本时,所有者有激励行使的那部分所有权便直接构成对其资产的产权;当所有者实施所有权带来的收益弥补不了成本的损失时,所有者会自愿放弃一部分在法律上可以实施的所有权而将其留在"公共领域"(契约不完全性)——行为能力不完全所形成的"公共领域Ⅳ"。

(5)在所有权通过法律界定后,即使所有者具备行使其所有权的行为能力,但在产权实施过程中却受到行为上的约束。例如，政府在界定农民对土地的产权时，如果取消农民对作物品种的选择权和对农产品的自由售卖权，这两项权利就落入政府制造的公共领域中——行为能力受约束所形成的"公共领域V"。

三、"模糊产权"及其本质

以上所说的公共领域一般分为三块，分别为技术、法律与政府行为和所有者行为能力所导致的三大公共领域。

基于技术维度来分析产权的界定和实施行为是产权经济学家的重要工作。从静态层面而言，在技术一定的情况下，产权的界定和实施行为将趋向于使界定和实施行为的边际收益等于边际成本，而未能界定和实施的资产属性将被置于公共领域。从动态层面来讲，技术进步对于产权具有双重影响：一方面伴随着人类对资产属性认识的深化，它将推进产权界定和实施行为的边际成本的降低和边际收益的提高，从而使人类对资产属性的产权界定趋于完善，公共领域趋向于缩小。另一方面，技术的创新和进步，将进一步开发越来越多未知领域或发现越来越多有价值的资产属性，这些属性又成为人类产权界定过程中公共领域扩张的源泉。而公共领域不断变化的过程，在一定程度上反映在人类社会产权制度不断变迁的过程中。

巴泽尔也同样注意到了行为能力对权利的影响。他指出，人们对资产的权利（包括他们自己的和他人的）不是永久不变的，它们是他们自己直接加以保护、他人企图夺取和任何"第三方"所做的保护这项权利的努力程度的函数。由于这些努力是有成本的，所以世界上没有绝对的权利，而这些没有界定的权利就把一部分有价值的资源留在了"公共领域"。不过，从本质上来说，巴泽尔依然是在强调技术层面的产权不完全（Incomplete）。

行为能力问题也被哈特（O. Hart, 1995）和李稻葵（1995）论及。哈特的不完全合同理论是在资产私有的前提下，探讨可以行使的资产有价值属性的排他性权力。他认为，由于交易费用的存在使合同是不完全的，在借助物品和服务的让渡而进行的权利让渡过程中，存在着没有明确规定的"剩余权力"（包括剩余控制权和剩余索取权）。李稻葵（1995）在控制权这一层次上定义了模糊产权（Ambiguous Property Rights）。他认为，明晰的产权意味着财产所有者对其财产的各个方面具有完全的控制权；当然，在某些条件下，所有者会根据事前合同的规定，转让资源的部分控制权。然而，模糊产权却意味着所有者的控制权缺乏保证，以至于受损。所有者不得不为其本应有的权力不断地进行斗争或讨价还价。实际上，谁真正拥有这些权力，在生产周期中并不确定。

值得特别关注的是对产权的外在限制问题。这一问题尽管可以追溯到早期的管制经济学文献，但主流的理论并没有认识到权利限制对行为所产生的影响。阿尔钦和凯塞尔（Kessel，1962）最早强调了权利的残缺与行为之间可能遵循的相互关系，指出由于权利受到限制，人们的行为也将随之改变。德姆塞茨（1988）则进一步明确提出了"产权残缺"问题。他指出，"所有权的残缺，可以被理解为是对那些用来确定'完整的'所有制的权利束中的一些私有权的删除。"认为"权利之所以常常会变得残缺，是因为一些代理者（如国家）获得了允许其他人改变所有制安排的权利。对废除部分私有权利束的控制已被安排给了国家，或者由国家来承担。"

与德姆塞茨的思想相一致，埃格特森（1990）提出了产权弱化的概念。"如果政府对独占权加以一定限制，我们习惯地把这些限制称为产权的弱化。"而菲吕博腾与配杰威齐（1972）则明确指出"通过限制性措施的强制所导致的私有（或国有）产权的削弱，会影响所有者对他所投入的资产的使用的预期，也会影响资产对所有者及他人的价值，以及作为其结果的交易的形式。"

可见，德姆塞茨等人显然是从法律以及行为能力的角度讨论产权残缺问题的，并且明确强调导致产权模糊或者不完整的行为方都是国家。

因此，我们定义的所谓产权模糊（Ambiguous Property Rights），是指一类由政府有意制造的"公共领域Ⅲ"和通过限制行为主体能力所形成的"公共领域Ⅴ"。它具有两个方面的明显特点：（1）是指"公共领域"中物品的一些有价值的属性存在不明确的最终控制权；（2）是政府有意制造的，这里排除了技术因素、所有者行为能力以及法律不完全等因素所导致的"公共领域"。

第二节　政府的产权模糊化倾向：一个命题

一、政府行为的产权分析

（一）政府行为的产权分析方法

在研究方法论之前，有必要澄清两个概念：政府与国家。政府不同于国家，它们之间的区别主要有两个方面。其一，国家是由特定范围之内的国民所组成的一个政治经济共同体，政府则是这一共同体的领导者或者说代表共同体行使强制权力的合法组织。其二，人们之所以组成国家共同体，是因为他们具有潜在的共同利益。这种共同利益主要来自两个方面：(1) 在共同体内部建立保护与秩序，抵御来自共同体内部和外部的掠夺行为，从而能够消除依靠私人暴力界定产权所产生的公共领域。(2) 在国家的范围内组织公共产品之供给，具有明显的规模经济。为了实现国家的共同利益，必须依靠强制手段，这就需要建立政府。政府是实现国家潜在利益之组织或工具。由于政府垄断了合法的强制力，使得控制政府之人能够运用政府的强制力追求个人（或集团）利益，政府有可能成为国民之间利益争夺的场所。政府的行为将受制于国民之间这种利益上的争夺行为。

政府与国家之分别，也反映在人们组成国家和建立政府时之行为差异上。人们出于共同利益之需要而组成国家共同体，国家的形成可以解释为人们的自愿契约行为。另外，人们为了分享国家的共同利益又展开了建立政府和控制政府的竞争。这种竞争的目的同市场竞争的目的是相似的，它们都是为了获得稀缺资源的排他性权利。但这两种竞争的方式完全不同。市场竞争是通过自愿交易进行的，人们为了得到一种稀缺资源的排他性权利而愿意以另一种排他权相交换。通过建立政府或控制政府来获得稀缺资源的排他权，其实质是法律上界定产权的竞争，即人们竞相谋求政府权力以建立一套有利于他自己的产权制度。因此，政府行为是人们在立法和实施法律这一层次上的产权博弈行为之表现。

在新古典经济学中，政府行为是外生的，经济学家的任务是告诉政府应该干什么或者不应该干什么。如对私人的经济活动是应该信守自由放任，还是应该奉行干预主义。这种规范分析的方法对揭示政府行为并没有提供多少帮助。对政府行为的实证分析反映出经济学家企图突破新古典经济学的局限。斯蒂格勒（1971）在对政府管制行为的分析中，发现每个有足够政治力量的产业或职业团体都会谋求政府管制，以增加本团体的直接或潜在收入。所以，"管制通常是产业自己争取来的，管制的设计和实施主要是为产业的利益服务"（Stigler，1971）。但是，在斯蒂格勒的管制理论中，政府是被动的，常受利益集团的行为所左右。我们要指出的是，政府对产业的管制行为不应仅从被动的角度来解释，政府实施管制往往有它自己的目的，利益集团仅是影响政府管制的因素之一。在方法论上，斯蒂格勒还没有完全避免新古典方法的局限，没有在产权博弈层面上赋予政府管制行为以产权含义。

张五常对价格管制背后的产权问题的分析，深化了人们对政府行为的认识。张五常指出，政府进行价格管制的实质是将稀缺资源的一部分价值变成不受私人财产支配、而受政府支配的"公共财产"，政府再将它控制的这块租值以等级规则进行分配。政府用这种办法可以控制属下的官员，通过官员又可以控制整个国家和经济（Cheung，1974，1988）。张五常的价格管制理论揭示了一个重要事实，价格管制背后的动因是对稀缺资源的排他性权利进行重新界定。但张五常同样没有在博弈均衡的意义上分析政府行为，当然也不可能为研究政府行为提出一个一般的分析框架。

诺思为研究政府行为同产权制度之间的内在联系，建立了一个新古典国家模型（North，1981）。诺思在模型中没有明确区分国家与政府，并将政府简化为"统治者"。统治者以一组服务（保护与公正）交换属民的税收，并在竞争约束与交易费用约束之下为属民选择一套有效率的产权制度，以实现统治者的收入最大化。在诺思的模型中，统治者原本是希望选择一套有效率的产权制度，只是由于存在潜在竞争对手（竞争约束）和征税成本（交易费用约束），使得统治者选择的产权制度既要有利于潜在的竞争对手，又要降低征税成本，这才导致了无效率的产权制度存在。诺斯的国家模型尽管能在一定程度上解释历史上的无效率产权制度存在之原因，但仍然存在两方面的局限：(1)以"统治者"代替政府，并且假定政府偏好税收最大化，这种简化是有疑问的。政府这一概念不仅仅指政府机构等法律实体，它更包含有实际权力的行使与配置含义。因此，分析政府行为必须分析对政府权力具有控制权的人（或集团）的行为。这些控制政府权力之人可能是在位的政府官员，也可能是选民，或某个利益集团。他们控制政府权力的目的，不一定是为了获得税收，而是为了获得更一般意义上的排他性权利。(2)诺斯的国家模型实际上是在给定竞争约束与交易费用约束条件下，求解统治者的福利最大化问题，故没有将统治者的潜在竞争对手谋求扩大自己的排他性权利的行为包含在模型的均衡中。因此，根据诺斯模型推导出来的结论很可能是错误的。如在诺斯的模型中，潜在竞争对手的存在似乎是造成无效率产权制度的原因之一，但如果在模型中引入博弈均衡，潜在竞争者的存在恰恰有助于改进产权制度的效率。

公共选择学派将新古典经济学应用于政治决策问题的研究，故对政府行为的分析构成这一学派的一个重要研究领域。由公共选择学派提出的政府行为模型主要有三种（文建东，1996）：中间人投票理论、利益集团与寻租理论、官僚理论。根据这些模型预测的政府行为也具有三个特征：(1)政府会反映中间投票人的利益；(2)政府会满足一些特殊利益集团的寻租要求；(3)政府官僚会追求自己的利益，倾向于扩大本部门的预算支出。上述预测的政府行为可能是互相冲突的，这说明在公共选择学派中尚没有一个统一的理论框架来解释不同约束条件下的政府行为。此外，公共选择学派同样没有探讨政府行为与产权制度之间的内在联系。

上述对方法论的分析有助于我们理清研究政府行为的两点思路：第一，揭示政府行为的产权含义；第二，政府行为由能够控制政府权力之人（或集团）在产权博弈上的均衡所决定。

(二) 产权分析模型及其命题

政府这一术语，既指法律实体上的政府机构，也指更一般意义上的政府职能或者说政府权力以及控制政府权力之人或集团。在我们的分析中，政府的含义侧重于后者，即指履行政府职能之政府权力，当然也包含作为政府权力之载体的政府机构。政府权力之核心是政府制定法律和实施法律之权力，它来源于政府垄断了国家暴力，政府是国家暴力的合法行使者。

政府权力在不同类型的政府中是基本相似的，它为实现国民之共同利益所必需。不同类型政府之区别不在于政府权力的性质，而在于控制政府权力之人（或集团）在分布上的差别。控制政府权力之人能够在一定程度上操纵政府机构制定和实施法律规则，因而他们也能够谋求行使政府权力来制定一套有利于他们自己的产权制度。控制政府权力之人可能是一国的国民（称为选民），也可能是由政府机构的领导者及政府官员所组成的官僚集团。前者所形成的政府是一个控制权充分分散的政府，在这种情况下，官僚集团难以按照自己的利益操纵政府权力。后者所形成的政府是一个集权的政府，官僚集团完全控制了政府权力，因而能够完全根据其自身的利益行使政府权力。当然，更常见的政府类型是介于上述两者之间，官僚集团和国民中的一些特殊利益集团共同拥有对政府权力的控制权。在这类政府结构中，官僚集团与特殊利益集团必须在政府权力的行使上达成共识，而这一共识从属于各集团谈判力量的对比与博弈均衡，所形成的产权制度将满足官僚集团和特殊利益集团各自的利益。

在我们的模型中，所谓政治结构，即指对政府权力的控制权在国民之间的配置格局。我们假定政治结构是外生给定的，在此前提之下，我们将预测政府如何制定和实施法律规则，以及相应形成的产权制度是什么。因此，政府行为和产权制度是政治结构内生之结果。此外，我们把一国的稀缺资源总量看成是既定的，稀缺资源在国民之间有一个初始分布，构成每一国民之资源禀赋，称为国民的资产。我们还假定，在模型的初始条件中，国民资产的排他性权利之归属是未定的，有待政府权力予以界定之。对资产的排他性权利包括对资产的排他性使用权、收益权与转让权。资产的排他性权利同资产在名义上（或法律上）的所有关系是可以分离的，在资产的排他权未明确归属之前，资产的所有权对其所有者而言是没有经济意义的。问题的关键在于，政府可以将这些排他性权利全部或部分地授予给资产的初始所有者，也可以将这些权利授予给资产所有者之外的人或集团。这一划分资产排他性权利归属的过程，即是政府界定产权的过程。政府界定产权是以政府制定法律和实施法律的手段来完成的，但其背后则是控制政府权力的人通过操纵政府权力以扩大自身的排他权而进行的产权博弈过程。所谓的政府行为,是在产权博弈达到均衡时,博弈的各参与方依照各自的最优策略去操纵政府权力,所综合而成的政府权力的运作特征。

上述分析包含一个简单的逻辑关系,政治结构决定了一个特定的产权博弈,从而也决定了一个特定的博弈均衡,并且经由博弈均衡决定了政府行为和产权制度。接下来需要完善的工作,是在政治结构、政府行为、产权制度这三者之间建立起具体的联系。为此目的,我们将三类有代表性的产权博弈问题归纳成以下命题。

命题1:若对政府权力的控制权平均分布于每个选民,那么由选民之间的产权博弈所决定的政府行为是制定一套中立的对稀缺资源的竞争规则。由此形成的产权制度将是完整意义上的私有产权制度。

命题2:若对政府权力的控制权完全掌握在官僚集团手中,官僚的最优策略将是最大限度地限制属民的排他性权利,导致政府行为具有追求公共领域最大化的特征,形成的产权制度是等级产权制度。

命题3:若对政府权力的控制权由官僚集团和特殊利益集团所共同分享,政府行为表现为对经济活动的管制,所形成的产权制度将是一种歧视性的法团产权制度①。掌握了控制权的特殊利益集团成员将能获得对非集团成员资产的部分排他性权利,非集团成员对其拥有的资产之产权将是残缺的,而在特殊利益集团成员的产权中则包含了非集团成员转移过来的租金(简称含租产权)。官僚集团通过实施这种歧视性的产权制度,能够分享含租产权中的部分租金。

二、政治行为、模糊产权与官僚集团控制

(一) 制造公共领域与模糊产权

当官僚集团完全控制了政府权力时,官僚集团扩大自己的排他性权利行为不受其他政治力量的约束,仅受到法律名义上的约束,也就是官僚集团的这一行为必须在名义上符合国家的公共利益。因此,官僚集团不能将属民资产直接据为己有,而只能以政府名义占有属民资产的排他权。这一约束条件并不能阻止官僚集团扩张自己的权利范围,而只是改变了官僚集团实现这一目标的具体方式。以政府名义占有稀缺资源的排他性权利,相当于在国家范围内将稀缺资源的有价值属

---

① 所谓歧视性的法团产权制度,指一方面具有私有产权制度特征——因为俱乐部式的法团产权对俱乐部外部成员具有排他性;另一方面又具有等级产权制度特征——因为法团内部的控制权集中于法团官僚层。

性置于公共领域，我们称这类公共领域为政府制造的公共领域，以区别于巴泽尔定义的、因交易费用存在而导致的产权界定中的公共领域（Barzel, 1989）。一方面，它所导致的结果是对"公共领域Ⅲ"的扩大。如我国现行土地法律规定了用于城市的农地必须全部转为国有制，因而征地实际上变成农地转用非农建设的唯一合法形式。这导致了两个结果：一是政府把持了农地转用的行政垄断权，使得农民无法成为独立的市场经营主体；二是1982年宪法连同以后修改的土地管理法，仍然照搬1954年宪法"为了公共利益"这一征地限制条件，这意味着农民必须以"征地价"而不是"市场价"出让土地，从而决定性地使其成为公共利益的牺牲者或成本的支付者。

另一方面，政府在产权主体的行为能力上施加约束。例如，政府在界定农民对土地的产权时，尽管农民获得了农村土地的使用权，但如果取消了农民对作物品种的选择权和对农产品的自由售卖权（如人民公社时期的统派购制度），这两项权利就落入政府制造的公共领域中，从而使得政府能够摄取工农产品价格的"剪刀差"。它所导致的结果是对"公共领域Ⅴ"的扩大。

（二）模糊产权与官僚集团控制

在官僚集团控制了全部政府权力的条件下，政府制造的公共领域事实上由官僚集团所控制，公共领域中的产权博弈只是在官僚集团内部进行。在博弈的均衡状态下，每位官员所能获得的排他权利之多少，将由他掌握的控制权大小来决定，即形成所谓的等级产权制度（Cheung, 1988；曹正汉, 1998）。

官僚集团在预见到上述博弈均衡之后，将有积极性动用政府权力限制属民对其资产的排他权利，使得属民资产的有价值属性最大限度地被置于政府制造的公共领域中。这也意味着，官僚集团具有追求政府制造的公共领域最大化之动机（罗必良, 2000）。在官僚集团完全控制政府权力的条件下，官僚集团的上述行为也即政府行为。

官僚集团制造公共领域的方式，不仅表现为限制属民对其资产的排他权利，还必须设计新的组织制度对公共领域中的资源实施有效的控制和管理，以实现公共领域中资源价值的最大化或者说租耗最小化（Cheung, 1974）。因此，同政府制造公共领域相适应，政府还往往通过设立政府经营的企业和建立相应的便于政府直接控制经济活动的管理体制等组织形式，直接从事经营活动①（罗必良, 1996）。

---

① 这可以视为广义的设租行为。政府权力的控制集团运用政府合法的强制性权利，通过将私人物品界定为国有或集体产权，或者限制其他私人或弱势集团的行为能力，把一部分有价值资产属性的权利放置到"公共领域"中，从而获取其租金。

三、设租与寻租：产权模糊的两个方面

(一) 主要的表现

把资产有价值的属性置于公共领域，公共领域全部资源的价值也就叫做"租"。设租与寻租是模糊产权存在的两个方面。设租是权利个体在政府对经济活动的干预和行政管理过程中阻止供给增加，形成某种生产要素的人为的供给弹性不足，造成权利个体获取非生产性利润的环境和条件。寻租活动是个体或集团利用合法与非法手段获得特权以占有租金的活动。在权与钱的交易过程中，设租是从权到钱，寻租则往往是"钱—权—钱"的增量（陈裔金，1997）。从供求关系来看，"设租—寻租"关系的形成可以分为三种情况：第一种情况是，先有租的供给，即设租，如国家对某些行业的垄断经营、特许权制度等，然后产生寻租行为；第二种情况是，先有对租的需求，即寻租，如经济主体对优惠政策的要求，然后有租的供给；第三种情况是，设租与寻租相互制约，因为一些设租和寻租不是一次完成的，有一个不断反复的"设租—寻租"过程（卢现祥，2000）。

设租与寻租活动作为一种交易关系，它与市场中一般商品的供给和需求的交易关系存在很大的差别。主要表现在：

(1) 设租与寻租是一种非生产性的活动，而市场中商品的供给与需求是一种生产性的寻利活动。在非生产性的活动中，是在原有的社会总产出中为自己或集团成员争取到更大的分配份额，努力将别人的财富转化为自己的财富。这种活动不是考虑如何使总的蛋糕量做大，而是考虑在已有的蛋糕中分配到更多的份额。不过，用分蛋糕来比喻这种分配性的活动还不够恰当，更近似的比喻是在瓷器店中争夺瓷器，一部分人虽然多拿了一些，但还会同时打破一些本来大家可分到手的瓷器。生产性的寻利活动是指参与者努力创造财富，在不改变社会分配格局的前提下，努力增加生产，从而使参与者获得更多的收益。

(2) 设租与寻租活动是通过政治活动或政治过程进行的，而一般商品的供给和需求交易是通过市场交换进行的。政治是生活在一定区域内的人们相互之间的一种复杂的交易结构，人们通过种种政治活动在这个交易结构中寻求各自不同的个人目标，而这种个人目标通常要借助于集团或组织的形式来完成。而设租与寻租活动是处于社会不同阶层或集团中人们政治活动的两种活动方式，其着眼点在于创造模糊产权和分配控制权，以便获取别人创造的财富。

(3) 设租与寻租活动是与特许权、垄断、管制等现象联系在一起的，而市场中的商品供给和需求交易活动是与平等、自由、竞争等现象联系在一起的。简而

言之，设租与寻租活动是政府"看得见的手"在发挥作用，是政治活动的具体表现形式，市场中的商品供给和需求交易活动则是"看不见的手"在发挥作用。

（二）生成的机理

政府是代表国家行使强制性权力实现全民共同利益之合法组织或工具，谁控制了政府，谁就能利用政府之合法的强制性权利来追求个人或集团的利益。如前所述，政府实际包含了两方面的含义：一方面是指法律实体上的政府机构，另一方面则指控制政府权力个体或集团。这里在设租—寻租活动的分析中所说的政府一般指后者，由于完全的选民型政府和官僚型政府很少，最常见的政府类型是混合型政府，其政府的权力掌握在官僚集团和一国国民之中的特殊利益集团手中。下面探讨一下混合型政府"设租—寻租"活动的生成。

（1）任何政治市场中的个体是作为经济人而存在，都有追求自身收益最大化的动机和倾向。这是"设租—寻租"活动产生的假定前提。也正是由于这个前提性条件的存在，致使社会中的个人理性和集体理性无法做到一致，甚或是对立的。虽然政府组织的内部治理和外部治理能够提供一种隐性激励和选择性激励，但由于代理成本的存在，不同的政府类型，它只能带来"设租—寻租"活动程度上的差异，无法从根本上消除设租—寻租活动。

（2）用脚投票缺失与政府垄断性权力。政府权力对一个国家或一定地区的公民具有普遍性和强制性，政府是一种垄断性的组织，在一国之内的公民无法做到自由地选择政府和自由地进入与退出，用脚投票权机制缺失。政府凭借自身的暴力比较优势为公民提供服务，以此换取税收收入。政府是社会中各种政治力量博弈的场所，是各方政治力量之间的一种契约结构，谁控制了政府，谁就能利用政府合法的强制性权利来追求个人或集团的利益。它通过制定歧视性的产权制度以获取租金的最大化，这种歧视性的产权，其实质就是指模糊产权，即"公共领域Ⅲ"。所以，控制政府的个人和利益集团将尽可能使"公共领域Ⅲ"的租金最大化。

（3）"公共领域Ⅲ"与设租。政府利用制定法律和实施法律的权力来制造"公共领域Ⅲ"，占有私人物品的一些有价值的属性的权力，这种制造"公共领域Ⅲ"的活动就是一种设租活动。政府的行为能力不同于个人的行为能力，两者所受的约束条件是不同的。个人的行为能力除受到个人所支配的资源约束之外，主要是受个人经验和信息的约束，而政府的行为能力（除资源约束和信息的约束之外）还受立法、司法和行政程序以及集体行动所限。所以，政府相对于个人来说，只具有有限行为能力。为减少代理成本，在对"公共领域Ⅲ"的租金的控制中，对其租金是按照政府官员身份或职位的大小分配给个人或集团的

（即所谓的等级职位产权分配）。这种职位产权对权力个体或集团来说是一种设租激励，使权力个体或集团有扩大"公共领域Ⅲ"倾向。

（4）特殊利益集团与寻租。社会中个人或集团的力量有大小，在对政府的控制权的争夺中有的处于强势地位，有的处于弱势地位，有的能够花费一定资源获取更多的资源，有的却丧失了自己所拥有的租金。在利益纷争和控制权的争夺中，在博弈均衡的结果下，总会存在对政府有更大控制权的利益集团，从而成为特殊利益集团。特殊利益集团对租金分享，必将驱使集团有维持现状和更进一步扩大控制权的激励。所以，特殊利益集团的寻租活动体现了个人和集团追求非生产性财富的努力，这种非生产性财富的获取也成为个人和集团进行寻租活动的激励，寻求获取更大的特权。而这种寻租活动对特权范围的拓展，实际上是通过对弱势群体行为能力的限制与约束来实现的，体现为扩大"公共领域Ⅴ"的努力。

四、政府的产权模糊化倾向及其表现

政治活动是指一种非生产性的努力，而政府是这种政治活动中个人和集团力量博弈的一种契约联接。控制政府权力个体或集团运用政府合法的强制性权利来追求自身的利益，它通过将私人物品界定为国有或集体所有，把一部分有价值资产属性的权利放置到"公共领域Ⅲ"中，或者通过自己所拥有的政治资源禀赋去实施行为约束，获取"公共领域Ⅴ"中的租金。

政府的产权模糊化倾向与政府规模的扩张有直接的联系，要弄清政府的产权模糊化倾向的表现，有必要通过与政府规模大小相关的指标来进行实证说明。

我们这里主要通过政府收入和政府支出占国内生产总值（GDP）的比例来论证（见表3-1）。

表3-1　　经合组织成员国政府支出与收入所占国内生产总值的比例（按1985年不变价）　　　　单位：%

成员国	1960年		1985年	
	支出	收入	支出	收入
澳大利亚（1960~1964）	21.4	25.4	36.6	33.3
奥地利	35.7	34.4	50.7	47.7
比利时	30.3	27.5	54.4	46.5
加拿大	28.9	26.0	47.0	38.9
丹麦	24.8	27.3	59.5	57.0

续表

成员国	1960 年		1985 年	
	支出	收入	支出	收入
芬兰	26.6	29.7	41.5	40.5
法国	34.6	34.9	52.4	48.5
前联邦德国	32.4	35.0	47.2	45.4
希腊	17.4	21.1	43.2	34.6
冰岛	28.2	36.4	35.6	33.4
爱尔兰（1960~1984）	28.0	24.8	54.6	44.3
意大利	30.1	28.8	58.4	44.1
日本	18.3	20.7	32.7	31.2
卢森堡（1960~1982）	30.5	32.5	56.4	53.0
荷兰	33.7	33.9	60.2	54.4
挪威	29.9	33.1	48.1	56.1
葡萄牙（1960~1981）	17.0	17.6	43.9	33.3
西班牙	18.8	18.1	39.3	33.2
瑞典	31.0	32.1	64.5	59.4
瑞士	17.2	23.3	30.9	34.4
土耳其（1962~1968）	18.0	19.1	21.9	21.8
英国	32.3	30.0	47.8	42.8
美国	27.0	26.3	36.7	31.3
平均（未加权）	26.6	27.7	47.3	42.9

资料来源：穆勒：《公共选择2》，剑桥大学出版社1989年版。

从表3-1可以看出两个趋势。一是从1960年到1985年26年间，无论是政府收入占GDP的比例，还是政府支出占GDP的比例，它们都无一例外地得到了提高，且增长幅度较大。政府平均收入从1960年的27.7%提高到了1985年的42.9%，增长了15.2%。而政府平均支出则由26.6%提高到了47.3%，增长了20.7%。并且所占比例接近GDP的一半。瑞典国家的支出比例增长最快，所占GDP的比例也是最高，它在1960~1985年的26年中，政府支出占国内生产总值的比例从31%上升到64.5%，增加了1倍多。二是从政府平均收支从基本保持盈余到政府平均收支出现赤字。1960年政府平均支出比例为26.6%，平均收入比例为27.7%，盈余1.1个百分点。1985年政府平均支出比例为47.3%，平均收入比例为42.9%，支出超出收入4.4个百分点。在所有23个经合组织成员国中，出现盈余的只有挪威和瑞士两个国家。其他国家都普遍出现不同程度的赤字。所以，政府财政有赤字化的倾向。从以上两个趋势可以看出，政府的规模是不断扩大的，它所支配的资源空间越来越大，意味着社会中处于"公共领域"的租值越来越大，产权模糊有进一步加强的趋势。

五、农地产权及其模糊化的可能方面

政府天然地拥有谈判优势与竞争能力，在权利不均衡的情形下往往具有产权模糊偏好进而模糊产权的倾向（罗必良，2005）。紧接着的现实问题是：在中国，农民的土地权利是不是更容易被模糊化并进而受到侵蚀？

如前所述，行为主体对一项物品的权利不可能是完全的。同样，农民对土地的产权也不可能是完全的。因此，农地产权同样存在五个方面的公共领域，包括因土地属性的复杂性所导致的纯技术层面的公共领域Ⅰ、因法律界定上的困难及法律规则的不确定性而形成的公共领域Ⅱ、法律歧视制造的公共领域Ⅲ、农民对土地权利的行为能力不完全所引发的公共领域Ⅳ以及农民行为能力受约束所形成的公共领域Ⅴ。图3-1刻画了农地产权不完全的不同方面。

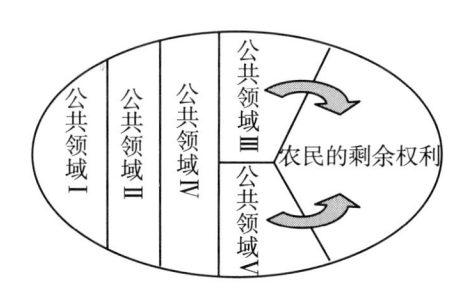

图3-1 公共领域：农地产权不完全的不同方面

从逻辑上讲，上述五个方面的"公共领域"被故意制造、被扩大或者被模糊化的可能性是不一样的。

对于公共领域Ⅰ，由于它仅仅与技术因素有关，那么伴随着技术进步，伴随着产权主体技术能力的提高，一般来说它应该随时间推延而具有收缩的趋势。

伴随着法律意识的提高、社会进步与知识积累，法律层面的技术水平（立法技术与司法技术）会不断提高，因而从长期来说公共领域Ⅱ也应该具有收缩的趋势，或者说被扩大的可能性将减少。

由于存在"干中学"的学习机制，可以认为产权主体在发现和获取潜在收益上的行为能力会有不断提高的趋势，因此，公共领域Ⅳ也应该具有收敛的特点。

问题是，一旦面临歧视性的法律设计与故意的产权限制，那么作为产权主体的个人的谈判能力将十分有限，从而公共领域Ⅲ和公共领域Ⅴ就易于扩张。因此，这两个领域往往是导致农民土地权利模糊化的关键。

第三节 农地产权模糊化的制度演进

本节的任务是，根据中国农地制度的形成过程，从实践层面上回答农地产权是如何被模糊化的。

一、初始的制度安排：国家制造

初期的农地制度安排是政治的需要。中国是农业大国，是农民大国，在资本主义发育极为有限的背景下，中国共产党领导的政权革命所依靠的基本力量必然是农民。正如毛泽东所指出的：中国"80%的人口是农民，这是小学生的常识。因此农民问题，就成了中国革命的基本问题，农民的力量，是中国革命的主要力量。"① 农民以农为生，土地被视为农民的命根子。严酷的人地矛盾决定了谁赋予农民以土地的产权，谁就能获得广泛的政治资源与社会支持。因此，共产党领导的中国革命，一个重要的战略是"打土豪、分田地"，广泛开展土地改革运动。

土地改革运动从1950年年底开始，到1952年年底在全国范围内基本完成。土地改革"使全国3亿多无地、少地的农民无偿地获得了7亿亩的土地和其他生产资料，免除了过去每年向地主交纳的700亿斤粮食的苛重的地租。""土地改革以后，贫农、中农占有的耕地占全部耕地的90%以上，原来的地主和富农占有全部耕地的8%左右。"②

土地改革形成的产权制度无疑是一种土地的农民私有制。然而，不同的产权形成方式，所隐含的产权强度是不同的。

周其仁（1995）区分了三类土地私有权的获取途径：一是经过自由的交换契约获得产权（产权市场长期自发交易的产物）；二是通过一个国家干预的土地市场在形式上获得产权（对土地产权自发交易过程中施加某些限制的产物）；三

---

① 毛泽东：《新民主主义论》（1940年1月）。
② 国家统计局：《伟大的十年》，人民出版社1959年版，第29页。

是通过国家强制的制度安排而完全不经过市场途径所获得的土地（国家组织社会政治运动直接重新分配土地产权的结果）。在第一种情形下，农民有独立的谈判地位，他能够根据成本收益的合理预期决定是否继续持有或完全让渡产权。但是，农民的这种独立谈判地位在第二种情形下打了折扣，而在第三种情形下几乎荡然无存。显然，这三类产权的强度具有依次弱化（Attenuation）的特点。所以周其仁合乎逻辑地指出，完全可以有不同的土地私有制，它们具有不同的强度、不同的稳定性，并且具有完全不同的进一步改变的逻辑。

因此，土地改革形成的土地的农民私有制，既不是产权市场长期自发交易的产物，也不是国家仅仅对土地产权自发交易过程中施加某些限制的结晶，而是国家组织大规模群众斗争直接重新分配原有土地产权的结果。根据周其仁的分析，由于国家和党的组织对突破无地少地农民在平分土地运动中不可避免的"搭便车"（Free Rider）行为具有决定性的作用，同时平分土地的结果又可以经过国家的认可而迅速完成合法化，因此在领导土地改革私有化运动的过程中，国家就把自己的意志铸入了农民私有产权。当国家意志改变的时候，农民的私有制的产权制度就必须改变。

二、剥夺私有权：国家控制的集体产权

1952 年土改完成后，农村主要贯彻中央《关于农业互助合作社的决议（草案）》精神，发展互助合作组织。其目的是本着资源互助的原则，帮助农民解决农具、牲畜不足等困难。1953 年 12 月，中央发布了《关于发展农业生产合作社的决议》，确立党在农村工作的根本任务，就是要促进农民联合起来，逐步实现农业的社会主义改造。《决议》设计的我国农业合作化的路径是，由互助组到初级形式的半社会主义的农业生产合作社，再到完全社会主义的高级形式的农业生产合作社。①

1953 年，中国开始实行发展国民经济的第一个五年计划。中国共产党提出了过渡时期总路线：在一个相当长的时期内，逐步实现国家的社会主义工业化，并逐步实现国家对农业、对手工业和对资本主义工商业的社会主义改造。国家工业化的原始积累主要来源于农业剩余（压低农产品价格以获取工农产品价格"剪刀差"）。到 1953 年，当以低价格在市场上获得农产品变得越来越困难时，国家开始实施"统购统销"政策，并于 1958 年完成了这一制度安排。

---

① 孙健：《中华人民共和国经济史（1949～90 年代初）》，中国人民大学出版社 1992 年版，第 150 页。

在这一制度下，政府垄断了农产品的全部收购，并通过城市票证制度控制了食品和其他农产品的销售。一方面，低价垄断农产品市场，可能会导致农民从农业领域的退出；另一方面，这个制度压低了城市的生活成本，可能会诱导农民向城市的转移。为了确保农民从事农业生产，并低价出卖农产品，政府必须实施相应的政策以限制地区之间和部门之间的劳动力流动。由此，政府在农业生产的微观机制上，强行推广集体化政策。1958年，中央做出《关于在农村建立人民公社问题的决议》。由互助组到初级社，再到高级社，土地由农民个体所有制变为集体所有制。于是，人民公社体制的建立及其土地的集体所有制为实施政府的经济与行政计划提供了有效的制度形式。

由于控制劳动力流动是推行重工业发展战略的关键，而控制农民自由流动的成本又是高昂的，从而一个旨在降低政府管制成本的户籍制度于20世纪50年代后期得以建立并延续到今天。

统购统销、人民公社以及户籍制度作为国家获取农业剩余的三套相互匹配的制度体系构建，使得集体所有制经济完全处于国家的控制之下，国家成为集体所有制经济要素（土地、劳动和资本）的第一决策者、支配者和收益者，集体在合法的范围内，仅仅是国家意志的贯彻者和执行者。

如果说初期农地产权的私有化是政治的需要，那么随之而来的土地集体化则既是政治的需要，更是经济的需要。

集体产权的国家控制是通过土地集体化和政社合一两者结合而得以实现的。这大致经过三个步骤①：第一是重合行政边界和集体土地边界，使该集体既是一个行政单位又是一个经济组织。第二是使该集体领导既是行政官员又是经济组织的管理者。第三是用命令和服从的行政原则使该领导执行国家计划。国家意志由此进入了农村集体经济组织。国家计划决定该组织生产什么，生产多少和如何分配。尽管该组织拥有某块土地，但它并不能决定如何使用。土地的控制权事实上不在所有者而在国家手里。

三、农地产权模糊化的方式

国家组织社会政治运动直接重新分配土地产权，为农地产权的模糊化奠定了政治基础。市场经济体制条件下产权的形成过程应该是出于私人考虑的人们在长期的交易过程中而形成的契约关系。但中国农村集体化的产权制度是计划体制背景下形成的，是国家完全出于自己的考虑或者行为者的偏好乃至意识形态的原因

---

① 董国礼：《中国土地产权制度变迁：1949~1998》，学导网，www.xuedao.net，2006-7-21。

而制造或建构的，从而，在产权形成的过程中国家意志被注入进去了。

农地产权的模糊化是伴随着对农民行为能力的约束进而通过歧视性的法律约束逐步推进的。

在初期，国家侵蚀农民的土地私有权利，仅仅是通过政策约束农民的行为能力，但并没有在法律上加以消灭。比如，规定每家每户的粮食和棉花生产指标，对产品订购定销，禁止雇工、租佃和借贷，以及关闭集市贸易并切断农民与私商的联系通道。所有这些并没有改变农民的名义所有权，而只是对农民产权的使用、收益和转让给予了某种干预、限制和管制。国家通过对农民行为能力的约束导致了农地产权的弱化，通过产权的模糊化导致了一定程度上的产权"弱化"，通过故意制造"公共领域"使国家获得了对土地部分权利的控制权进而获得产权租金（作为税收以外的农业剩余，也可以称为"暗租"）。

但是，在后期，国家推进的集体化运动进一步消灭了已经模糊的农民所有权。在产权制度安排中，最重要的是经济资源的排他性收益权和让渡权。而国家控制的集体产权，使一切排他性的制度安排成为多余，而取消了权利的排他性，也就取消了资源利用的市场交易（周其仁，1995）。互助组运动联合了农民的生产活动，初级社归并了农民的主要财产，高级社消灭了土地和牲畜的分红，人民公社则在更大范围内推行公有化。① 政社合一的集体化所有制，不仅获得了法律保障，而且进一步成为中国农村社会的基本制度和组织基础，时至今日仍然发挥着相当的作用。

在人民公社的制度安排中著名的"三级所有"及其可过渡性，实际上是一个使产权模糊化的制度安排形式，它几乎否定了任何确定性的产权主体。这样的产权界定状态，自然无法创造出有效的竞争机制与竞争秩序，产权制度对经济体制的激励、配置、保险和约束功能无从体现。农民没有土地的使用权、收益权和转让权，土地的利用必然是低效的甚至是浪费的；由于农村任何资源产权都失去了具体明确的责任主体、权力主体和利益主体，其产权安排几乎不具有排他性，因而行为主体的分配性努力大大超过了生产性努力；在偷盗、"磨洋工"、搭便车等机会主义行为盛行的情形下，由集体（公社或生产队）来对每个农业劳动者进行监督不仅十分困难，且费用极高；正因为每个成员的努力程度的监督与评价费用高昂，在公社化制度下就无法实现"按劳取酬"，分配上的平均主义就成为这一产权安排运行的必然结果；平均分配使每个成员的报酬与其努力的关联极低，势必导致劳动力资源的浪费与劳动效率低下，由此农业增长陷入停滞。

---

① 杜润生：《中国农村经济改革》，中国社会科学出版社1985年版。

第四节 现行制度安排与农民土地权益的侵蚀

1959~1961年农业危机导致的大量人员非正常死亡、经济衰退,以及接下来低效率经济的长期徘徊,引发了人们对集体化的怀疑。普遍的饥荒使人们从浮夸、"表忠"等政治热情中幡然醒悟。表达农民行为能力的一个基本冲动是追求产权的清晰化。事实表明,1961年中央农村工作部经调查后总结说,农业包产到户的做法已普遍存在,差不多每个省、自治区、市都有发现。[①] 事实也同样表明,在差不多长达20多年的人民公社时期,包产到户前后五次冲动却又五次被压制[②]。可见,在集权政治秩序下,那些与官僚集团或核心领导者的偏好相一致的制度安排能够得到持续的维护,而与之不一致的制度变迁则极难推进。

长期的低效率以及经济的短缺与食品匮乏,特别是核心人物的更替(1976年毛泽东逝世与1977年邓小平再次复出)以及相应意识形态的修正,使家庭联产承包责任制终于在20世纪70年代末80年代初得以实行并相继获得政治鼓励与法律保障。由此,国家开始从通过政权内卷化(Involution)[③] 而对农村经济无所不在的介入与控制状态中逐步退出,以此换得稳定的税收、低成本的监管系统和农民的政治支持;农民则以保证对国家的上缴和承担经营责任,换得土地的长期使用权以及上缴之余资源的剩余索取权。

与60年代初"包产到户"不同的是,农民家庭对产量的承包已发展成对土地经营的承包。"交够国家的,留够集体的,剩下都是自己的"的新制度安排,初步保证了农民对土地的经营权以及农业剩余的索取权。

然而,正如前面已经指出的,与在土地改革中农民获得土地的私有产权一样,家庭经营条件下农民得到的土地的长期经营权,依然是通过国家强制的制度安排而不是经过市场途径获得的。这就使得现行的农村土地制度仍然存在广泛的公共领域及其产权被模糊化的可能。

[①] 国家农业委员会办公厅:《农业集体化重要文件汇编》(第二册),中共中央党校出版社1981年版,第495页。

[②] 綦好东:《新中国农地产权结构的历史变迁》,载于《经济学家》1998年第1期。

[③] 格尔兹(Clifford Geertz)在1963年撰写的《农业内卷化》(Agricultural Involution)一书中首先运用了内卷化这个概念。杜赞奇(Prasenjit Duara)在借用的基础上进行了发展,认为政治的内卷化必然出现基层社会的经纪体制,通过经纪体制的推行,国家权力深入乡村社会,对乡村社会的剥削日益加重,但同时经纪体制的存在致使国家的提取的租金不能大幅度增长。参见杜赞奇:《文化、权力与国家——1900~1942年的华北农村》,江苏人民出版社1994年版,第66-68页。

如前所述，农地产权的模糊化及其侵蚀同样来源于两个方面：一是法律歧视制造的"公共领域Ⅲ"以获取垄断性租金；二是约束产权主体行为能力形成"公共领域Ⅴ"以获取不当竞争性租金。

一、法律歧视与产权模糊

（一）产权主体不清与身份模糊化

《中华人民共和国土地管理法》规定"农村和城市郊区的土地，除法律规定属于国家所有的外，属于集体所有。""集体所有的土地依照法律属于农民集体所有，由村农业生产合作社等农业集体经济组织或村民委员会经营管理。"作为产权主体的"集体"到底是指谁？农业生产合作社是以地缘和血缘关系为纽带而不是以土地的产权关系为纽带的，充当农地的产权主体显然并不恰当。据农业部在全国100个县1 200个村的调查，农村土地承包制的发包方明显缺位，事实上往往是由村级组织，主要是由村民委员会来填补的。[①] 但是，村民委员会是村民自治组织而非经济组织，并不具备作为农村土地所有权主体的法人资格。这表明，农村土地所有者主体的法律地位没有得到清晰界定。

主体不清与身份模糊，必然"弱化"产权的排他性进而导致产权侵蚀。核心在于，作为人民公社体制的制度遗产，"集体所有制"经济依然处在国家（政府）的控制之下。一方面，公有经济及其共有产权特征决定了农地中存在广泛的"公共领域"；另一方面，实施国家控制通过权力的委托代理必然依赖于党政官僚等级制度。在等级产权制度中，地方政府或社区官僚集团利用其信息优势、权利控制的比较成本优势以及面对集体农民的谈判优势，可以进一步扩大公共领域，限制农民对土地的排他权利，扩展寻租空间。

（二）流转歧视与产权掠夺

从理论上讲，在我国实行的土地公有制中的两种土地所有制应该是平等的。《土地管理法》等法律法规规定，国家和集体所有的土地使用权可以依法转让，但同时规定，"农民集体所有的土地使用权不得出让、转让或者出租用于非农建设"，"集体单位和个人进行建设，需要使用土地的，必须依法申请使用国有土地"，"城市规划区内的集体所有的土地，经依法征用转为国有土地后，该幅国

---

① 农业部政策研究中心编：《中国农村：政策研究备忘录（I）》，农业出版社1989年版，第228－267页。

有土地的使用权方可有偿转让"。这些法律条文隐藏的要义是：土地使用权的非农出让特指国家的批租行为；农村集体非农建设用地不得进入一级土地市场。政府通过国家征地制度，将原本属于农民集体所有的土地强制变为国家所有，然后由国家无偿划拨或出让给厂商使用。

对农地流转的法律歧视、行政垄断以及市场管制，使征地成为农地转用非农建设的唯一合法形式。一方面，农转非的土地资源配置被排斥在市场机制之外；另一方面，农民无法成为独立的市场经营主体，也不可能通过市场分享农地转用租金。这套农地转用制度，既无效率，也不公平。

不仅如此，两个方面的原因进一步加剧了对农民土地产权的掠夺。第一，农民成为"公共利益"的牺牲者[①]。虽然法律明确规定土地征用须以公共利益需要为目的，但却未对公共利益做出明确的界定，从而鼓励权利控制者将征地范围肆意扩大。第二，垄断征用导致的征地价格"剪刀差"，极大地刺激了政府利用行政强制力征用土地的欲望。2002年全国土地使用权招标拍卖收入平均每亩为35.67万元（人民币，下同），而对征地农民的补偿通常只有每亩1.5万~3.5万元[②]。1987~2001年，全国非农建设占用耕地3 394.6万亩，其中70%以上是征地，这就意味着至少有2 276万亩耕地由原来的集体所有变成了国家所有[③]。

因此，可以发现，在法律歧视的背景下，农村集体土地的所有权及其享益，事实上已经分化出两类权利——农业经营权（农用收益权）和工商开发权（非农用收益权）[④]。如果说农业经营权大体还留在农民手中的话[⑤]，那么工商开发权则大多转移到了非农主体手中。不过，这类权利均不具有稳定性，并进一步在产权的实施过程中进行行为能力竞争并分享租金收入。

二、能力限制与产权租金

若对政府权力的控制权由官僚集团和特殊利益集团所共同分享，政府行为表

[①] 为什么在公共利益的旗帜下，农民就必须牺牲"私地"转换为"公地"的潜在收益？同样，在农田保护的背景下，农民就不得不支付土地低效利用的机会成本？因此，法律歧视显而易见。

[②] 张熙：《城市化进程中的阴影》，载于《改革内参》2003年第32期。

[③] 国务院发展研究中心课题组：《农村集体非农建设用地流转受困现行法律》，《中国经济时报》2003年5月9日。

[④] 1958年之前，这两类权利基本上都在作为农民集体组织的公社手中，因为公社可以自由地将土地在农业与工商业之间进行安排（如建立社办企业）。

[⑤] 理由是政府已经取消农业税，村基本不进行提留。

现为对经济活动的管制，所形成的产权制度将是一种歧视性的法团产权制度①。常见的情况是，官僚集团与特殊利益集团之间有一个默契分工，官僚集团通过立法等手段限制非集团成员的排他性权利来制造公共领域，同时保留对公共领域中的资源的分配权；特殊利益集团从官僚手中获取对公共领域中资源的排他性使用权。公共领域中资源的收益权或产权租金则由两集团共同分享②。

官僚集团与利益集团追求产权租金的合谋，大大限制了农民对土地产权的行为能力。

（一）非农用收益权的争夺

为了保证政府对土地市场的垄断租金，政府实际上默许了多个利益集团对农民土地非农用收益权的盘剥，而相对众多的利益争夺主体，农民对享益的谈判能力极为有限。据调查，在广东南海区，1亩农地转化为非农建设用地，如只办农地转用手续，牵涉的费用有：耕地占用税4 000元，征地管理费1 500～1 800元，垦复基金1万元，农业保险基金6 000元；农田水利建设费1 333元。如办理出让手续，除了上述费用外，还要再加土地出让金，工业用地为1万～2.5万元，商业用地12.5万元，住宅用地为8万～10万元。这些众多的项目费用被农民以外不同的利益集团所分享。

官僚集团与利益集团对含租产权的分享是博弈的结果。1992年国家曾规定，土地收益的40%上缴中央、60%留地方，但是中央政府很难收上相应的土地收益，于是1994年调整为中央收取5%，但是仍然难以收到，而且由于地方政府在"征地—卖地"过程中存在着巨大的利益驱动机制，导致过分征地、过量开发的局面。因此，为了保护耕地，充分利用经济机制引导土地合理利用，国务院1997年发布了《关于进一步加强土地管理切实保护耕地的通知》（中共中央、国务院中发［1997］11号），规定"农地转为非农建设用地的土地收益，全部上缴中央"；1998年修订《土地管理法》时，又调整为"新增建设用地的土地有偿使用费，30%上缴中央财政，70%留给有关地方政府，都专项用于耕地开发"。但是在实践中仍然存在着中央政府如何才能足额收回相应的土地收益问

---

① 所谓歧视性的法团产权制度，指一方面具有私有产权制度特征——因为俱乐部式的法团产权对俱乐部外部成员具有排他性；另一方面它又具有等级产权制度特征——因为法团内部的控制权集中于法团官僚层。

② 15～18世纪，西班牙国王对羊主团放牧权的界定，是特殊利益集团（羊主团）同官僚集团（王室）联合限制非集团成员（农民）对农耕土地排他权的一个典型案例。由于羊主团的岁入构成王室财政的支柱之一，对牧羊主征税又比对分散的农民征税容易，故牧羊主能够用税金作交换，从国王手中获得了一系列的自由放牧权。这些自由放牧的特权有效地阻止了农民对耕作土地行使排他权。诺思、托马斯：《西方世界的兴起》，华夏出版社1989年版，第94、140～144页。

题。但不管如何，租金分享激励着众多利益集团对农地产权模糊化的努力以及对农民土地收益权的侵蚀①。

（二）农地产权的稳定性问题及其寻租

家庭承包制后，土地的集体所有制普遍表达为社区集体的每个成员都天然地平均享有对土地的使用权利。为了保证产权分配（界定）的公平性，从初始的按人（劳）均分土地使用权，到一次又一次地因人口变化而重划土地经营权，追求产权界定公平的调整永无休止。这种制度安排的运作费用无疑是高昂的。2000年对山东、江苏、江西、河南4省344个县（市、区）742个村的调查表明，实行土地家庭承包制以来，89.6%的村对土地进行过次数不一、程度不同的调整，平均调整次数为3.9次。其中，大调整的次数平均为1.9次，调整最多的为一年一调。② 2001年8月，中国人民大学与美国西雅图农村发展研究所的调查显示，94.1%的农民知道中央政府关于"承包期30年不变"的土地政策，但只有12.2%的农民相信这项政策会彻底落实，相反却有45.8%的农民认为30年内"还会重新调整"③。

土地的重新调整尽管满足了农民对地权公平分割的诉求，同时也引发了农民对地权行为能力不足的问题（公共领域Ⅳ）：第一，土地的经常性调整，使农户无法形成对土地投资的长期预期；第二，既然每个成员对集体土地权利是均等的，这就意味着他们在土地数量、质量及土地负担的分摊上是均等的，因而，土地远近好坏的统一搭配，使农户承包的地块不仅分散而且零碎，造成了严重的规模不经济；第三，为了做到地权的平均分配，每次调整都需要重新核查人口、土地面积与地块数量及其质量，产权的界定费用高昂；第四，土地的每次分割要找到全体成员一致接受或认可的方案，无疑将支付较高的谈判费用；第五，为了保证土地资产功能不致减弱，避免农户的掠夺性经营，其监督费用的高昂以致使这种监督成为不可能；第六，没有新的福利替代，农户是不会轻易转让其承包地的，从而使土地流转与集中，进而使资源配置的改善步履艰难。

更为关键的问题是，土地的重新调整为权力寻租和腐败问题留下了空间（公共领域Ⅴ）。现以"反租倒包"和"土地股份合作制"这两类典型的土地调整方式为例（它们常常被推崇为农地制度的"重要创新"）。

（1）反租倒包。它是由集体经济组织出面，将农民的承包地租过来，然后以

---

① 1994年实行的财政"分灶"体制更是为这一侵蚀提供了制度激励。
② 杨学成：《关于"30年不变政策"若干基本问题的思考》，载于《山东农业大学学报》2001年第2期。
③ 尽管2002年颁布的《农村土地承包法》强调了农地使用权的稳定问题，但第二十七条依然为"微调"留有余地，第二十八条更为调整过程中"预留机动地"开了缺口。

一个更高的租金出租给其他的农业经营者。第一,使农民对土地的使用权和承包经营权重新回到集体经济组织手中,家庭经营变成了"集体经营"。① 第二,"集体"通过"反租"与"倒包",获得了相应的产权租金,而集体的权利控制者进一步通过倒包对象的遴选以及租金的确定,获得了实际的"剩余控制权"。第三,集体的代理人利用权力强制反租、通过合谋倒包,引发权力寻租和腐败。②

（2）土地股份合作制。和反租倒包一样,也是将原来一家一户经营的土地集中到村集体经济组织,然后由村集体经济组织来经营社区经济组织。只不过前者是以地租的名义来实现土地经营权的主体转换,而后者则是以价值形态置换实物形态的名义来完成土地经营权的转换。如果说"反租倒包"在一定程度上受到批评的话,那么土地股份合作制则受到了普遍的好评。但是,它所存在的问题依然严重:第一,在股份合作社内,集体财产量化到个人的社员股,但不能退股抽资。正是这种集体财产"不可分割性"的特别要求,使对土地占有权、经营权和处分权由家庭经营过渡到了集体并进而被社区官僚体制所控制。第二,从广东的实践来看,股份合作社形成了三个相互关联而又相互独立的经营主体：股份合作联社、联社下属的股份合作社以及联社兴办的企业,从而形成了等级产权制度。第三,股权受到不能转让、继承、抵押、赠送等流动性限制,在导致社区封闭性的同时,更对社区居民形成一种"套牢"机制,从而大大约束了农民对产权的行为能力。第四,在股权设置中普遍设立了份额较高的"集体股",其产权的模糊性与公共性往往激励内部人控制与寻租。第五,土地股份的福利性质常常会鼓励集体代理人或社区官僚牺牲集体长远利益用红利换取村民自治条件下的政治支持,从而导致对土地产权长期合约的损害。③

第五节　对农地流转制度的回顾与反思

一、农地流转制度的历史回顾与"流转"概念形成

考察我国农地流转制度,就必须追溯到该制度在我国的最初起源,因为

---

① 刘守英:《地方政府和基层组织介入土地流转对农民土地权益的影响》,中国农娃资讯网,2001-11-20。
② 我们并不反对"返包倒租"。但前提条件必须是充分尊重农地承包权主体的意愿并维护其权益。
③ 我们同样不反对土地股份合作制。关键在于是否能够建立起可自我执行的治理机制。

"某些法律概念的研究之所以有它现在的形式,这几乎完全归功于历史,除了将它视为历史的产物外,我们便无法理解它。"(卡多佐,1998)

  近年来,关于我国历代乡村地权的分配状况和租佃关系等问题争论颇多。传统学者如李文治、江太新在考察中国地主制经济时提出:土地过度集中必将导致土地改革。什么时候土地过度集中,这时的经济就会衰退,农民反抗就会强烈;什么时候农民小土地所有制越发达,这时土地买卖就频繁、经济就繁荣(李文治、江太新,2005)。传统观点认为:土地兼并及其由此产生的土地占有不均是古代农民贫苦和奋起革命的主要动因,地权的流转"其中虽然充斥着经常性的小土地买卖,却只不断重演的以特权为基础的土地兼并,具有实质性的作用"(程念祺,2006)。黄仁宇(1997)、钱穆(2001)、王彦辉(2000)、柴荣(2003)、杨鹤皋(2001)等均表达过类似的观点。在近代革命年代中,也多有此说法,如毛泽东(1991)、邓子恢(1996)等人对农村的调研和对农民阶级的划分。

  不过,学者们对此提出了不同观点。如章有义认为,我国古代的乡村地权分配既有集中,又有分散,并非一直是在不断集中(章有义,1984;1988;1997)。秦晖(2003)也认为中国古代地权总体上是不断分散的,而不是集中。曹幸穗(1996)在考察苏南地权分配时也发现,19 世纪末到 20 世纪 30 年代,苏南地权同时经历了分散与集中两个过程,土地占有权并不是越来越集中于少数大地主手中,而是越来越多的中小地主共占土地。杨奎松(2008)的分析表明,中国的地主土地所有制,与欧洲国家的地主土地所有制,就其规模、形式、作用和延续方式而言,存在着相当明显的差别。近代以来在中国占地主阶层绝大多数的地主,多半都是些从小农中间逐渐生长起来的小地主。其土地资本之小,使其很容易因分家、灾祸而成为小农;无数小农也常常因勤劳、经商或跻身士林而成为地主。温铁军(2009)认为:土地占有上的不平等,很可能不是旧中国农村贫困、小农破产的主要原因。正如学者批评的那样:"对中国土地制度的研究,一直是国内历史学、特别是马克思主义史学的一个重要内容。它的主要意向之一,即是证明旧制度的'罪恶',和把中国问题的症结归之于'地主土地所有制'和'地主阶级',因此也成为一个高度意识形态化的研究。"(高王凌,2005)据此,去意识形态化,真正回归学术研究便成为我国农地制度研究的重要课题。

  由于我们所考察的仅仅是农地使用权的流转,而非所有权的流转,因此,笔者所关注的是在我国历史上,何时农地使用权开始进入流通环节,并形成一定规模的农地使用权流转的市场?大部分学者认为,在明清时期,随着社会经济的发展,地权市场的发育出现了新的迹象:一是地权与资本之间的相互转化。资本流向土地，在明清之前，史不绝书，但是，通过出卖土地，获得资本后用于商业经营，至明清时才见于史端；二是土地经营权进入市场。明代以来，定额租制得以长足发展，至清代前期，已在全国范围内占据主导地位，地主的土地所有权与经营权逐渐分离，土地经营权呈市场化发展趋势。正因如此形成大规模的土地交易，土地市场化趋势日益加快（胡钢，2005）。近代两权分离的重要的制度特征是土地所有权对使用权的制约关系相对放松，货币地租的流行以及后来发展起来的"一田二主"和永佃制度都体现了这一制度思想，反映出土地所有权与使用权分离思想的深化（王昉，2007）。

土地经营权（使用权）日益市场化的主要表征是：

其一，土地经营权以押租形式进入市场。所谓押租制，就是一种佃农交纳押金才能佃种地主土地的制度，也就是地主以收取押金转让土地经营权的制度。它标志着土地经营权的商品化、货币化。

其二，田面权进入土地市场。在这种租佃制度下，地主的土地所有权发生分解，分割为田底和田面，田面权和田底权相并列，成为永久性的独立物权。这些权利只有在不能付租时才会受到威胁（黄宗智，2007）。只要地主没有退还押金，收回田面，农民就可以终身使用，传诸子孙，拥有永久佃耕权，即使田主变换了也不能改变此种情状。"田面权"独立地位的确定一方面让部分土地所有者面临地权分化的危险，另一方面也产生了新的土地产权所有者，即一批只拥有"田面权"的所有者。从理论上说，这批"田面权"的所有者能自由经营土地而不受"田底"业主的干涉，但由于"田面权"权益的实现关系着"田底权"价值的实现，因此，二者相互独立，却也互相依存（孙琦、曹树基，2008）。佃农购买所得经营权与田主保留的所有权，各地有专门的对应语，如：田底—田面；田骨—田皮、根田—面田；大苗—小苗；大租—小租；无论何种称谓，其内含均大同小异，都是说经营权的进一步发展，分解为占有权与使用权，并各自以独立的姿态进入市场（胡钢，2005）。而近代以来田面权流转首先是以买佃者的田面权的永久化为前提，田面权流转是指佃农具有了租佃的转让权。田面权流转大体上有三种方式：出卖、典当和出租（冯尔康，1980）。田面权的进一步流转导致了"一田多主"现象的产生。明代以后流行于江南、华南的"一田多主"是指：同一块地，被分成"田底"和"田面"，各自成业，田底称"大租"，其业主称"大租主"；田面称"小租"，其业主称"小租主"。"大租主"只管收租纳粮，不管田里之事；"小租主"管起耕收割，每年固定向"大租主"输租。大租主和小租主可以自由转卖田底和田面，互不相干。小租主还可以将田面佃人，形成"一田三主"的局面（吴向红，2009）。

关于"一田二主"与永佃权的关系问题是学界争议的焦点之一。笔者认为，永佃权本是西方物权法上的概念，而"一田二主"则是我国民间的习俗或规则，后世因民国民法中有永佃权之规定，因此，诸位学人便从永佃权的法理逻辑来理解田面权惯习。事实上，田面权和永佃权的区别还是比较明显的。永佃权的形成是租佃制度发展的产物，而田面权的形成则是土地所有权制度变化。永佃权从佃户之间的"私相授受"到合法化，是产生田面权的原因之一，但"一田二主"形成后，田面权又可以分离出永佃权来。因此，永佃权既存在于一般地主制下，也存在于"一田二主"制下，始终作为一种独立的土地权利体现于土地租佃关系之中（杨国桢，1988）。在"一田二主"制下，佃户具有部分所有权，只要他认为合适，就可以将土地田面权继承、转租、抵押或者出卖；而永佃权则为用益物权，《民国民法》第八百四十五条规定："永佃权人不得将土地出租于他人。"其目的是防止永佃权人"从中渔利"、妨害土地的有效利用。由此可以看出，正是由于"一田二主"制度的盛行，导致业主对土地的控制能力减弱，加快了土地的商品化与分散化，使得地主无法控制和干预农民间的田面权交易（张一平，2009）。据此，明清以来我国农地流转所指向的主要是田面权的流转，虽然田面权人享有对于田面进行处分的权利，在一定程度上甚至具有所有权的性质，黄宗智将"一田二主"称为双层土地所有权（黄宗智，2007）。但如前所述，（中国古代土地）所有的对象与其说是"物"，不如说是一种"经营权"，因为成为转移和持有对象的始终是眼下的经营收益行为（寺田浩明，1998）。因此，在中国的土地权力架构下，田面权所表征的主要也是一种经营权，田面权流转所涉及的也仅仅是农地使用权和经营权的流转，从实质而言，佃农所关注的并不是权利的移转，而仅仅是负有粮税义务的土地上自由进行经营收益（当时称为"管业"）的一种地位，并且同一块土地上可以建立不同的"业"，此种田面权流转状态是皇权对土地所有权绝对垄断形态下的"生存策略与交易谋略"，构成了"观念权利"缺失下的"无权利的生存"（吴向红，2009）。

其实，土地的所有权与使用权的"两权分离"并非是当代农村的制度创新，也非20世纪80年代"大包干"以后才出现，而是在人地关系高度紧张的国情矛盾制约下，符合资源配置规律的历史现象（温铁军，2009）。可见，田面权制度与我国现行的土地承包经营权制度存在一定的类似之处，从发生学上看，两者存在一定的类亲缘关系（刘云生，2006）。因此，有学者甚至主张：当下在不触动所有权的前提下，将土地承包经营权"田面化"是一条出路（吴向红，2009）。顺着该条出路，将使土地承包经营权流转更加顺畅。

现代意义上的"流转"，从其字面含义来看，共有二层：其一，经常流动转移,不固定在一个地方;其二,指商品或资金在流通过程中的周转。① 从词义上看,农地流转的含义较为宽泛,有许多相似的概念,如农地转让、农地流动、农地交易、农地买卖等。这些概念都表示农地的流转,但其实质差别很大,且按照不同的标准可以作不同的分类。从法律意义上分析,流转主要是指权利的变动。据此,按照权利变动的内容不同,可以将农地权利的流转分为农地所有权的流转和农地使用权的流转。农地的转让、互换等均属于所有权的流转。在我国,农地所有权的流转具有单向性,只能从集体流向国家,并且只能采用农地征收的方式。但农地征收的方式并不是市场行为,因此通常并不纳入流转的范畴(张璐,2008)。农地使用权流转是指在所有权不变的前提下,农地使用权人将农地使用权作为一种商品来让渡。而根据我国《物权法》、《土地管理法》、《农村土地承包法》等法律的规定,农地使用权是一个权利束,具体可分为土地承包经营权、集体建设用地使用权和宅基地使用权。由于这三种权利均属于对农地"非所有利用"作出的制度安排,因此,在《物权法》的用益物权篇中对该三种权利均有明确的规定。实际上,备受社会各界关注的农地流转,从法律的角度来说,主要是农地使用权基于市场交换而产生的变动,即土地承包经营权、集体建设用地使用权、宅基地使用权的市场化流转。在我国的话语惯习中,农地流转所指向的主要是农地使用权的流转,而非所有权的流转。土地承包经营权流转是农地使用权流转的重要组成部分,但并非是唯一组成部分,在《物权法》颁布实施以前,土地承包经营权流转甚至直接被代称为农地流转或土地流转。但自《物权法》颁布实施,集体建设用地使用权和宅基地使用权的流转也日益为理论和实务界所关注和重视。其实,从起源上看,土地承包经营权流转是 20 世纪 80 年代初期形成的概念,是中国特有的称谓词。改革开放以来很长一段时间里,以货币、市场为媒介的农地流转都没有形成,但是承包者之间相互交换农地或者让渡农地经营权的现象屡见不鲜。这种非货币化的、非行政性的农地流转比较特殊,不管是在中国历史上,还是在西方国家都未曾出现过。因此,只好用"流转"这个概括力很强、外延较宽的词汇予以表述。"流转"的弹性比较大,既可以指农地的货币化交易,又可以指农地的非货币化交易。实事求是地讲,也只有"流转"这个词,才能准确描述改革开放以后中国农户承包土地的实际流转状况(邓大才,2010)。可以说,"流转"本身并非严格的法律概念,只是实践中从宽泛意义上对土地承包经营权的各种变动的统称(张平华等,2007;温世扬,2009)有学者甚至建议直接用"移转"概念替代"流转"(胡吕银,2004),但我们认为,流转概念是基于历史形成的话语惯习,确实是最能恰当表达我国农地使用权制度

---

① 中国社会科学院语言研究所词典编辑室编:《现代汉语词典》,商务印书馆 1980 年版,第 718 页。

混乱而实践无序的话语表达,且可以避免某些不必要的意识形态式的争议。

二、农地使用权流转的权利哲学与限制

(一) 背景:地方政府抓住土地开发权的中国经验

在我国的改革开放历程走到了第三十个年头的时候,伴随着我国经济改革取得了举世瞩目的成就,关于"中国经验"与"中国模式"的探讨成为国内外学界的热点(陆学艺等,2008;郑永年,2010;潘维,2009;赵启正、奈斯比特,2010;李志军等,2009;陈国富,段文斌,2009;江金权,2007;沈云锁,陈先奎,2007;韩保江,2008)。自20世纪70年代后期中国进入改革开放以来,中国的政治社会结构已经发生相当深刻的变化,有学者用发展政治学的概念,把这一进入经济改革中期的中国政治社会结构政治模式概括为"后全能主义型的技术官僚的权威政治模式"。曹正汉、史晋川(2009)深刻地论述了1980年以后,中国地方政府在决定其工作重心(即发展战略)的行为上,具有"抓住经济发展的主动权"之特征。概言之,在中国转向市场经济的过程中,地方政府的演变方向不是单纯的公共服务政府,而是凭借其对地区性生产要素的控制权,转向从整体上控制和经营地区经济。有学者将其称为"大兴土木"(周飞舟,2010),地方政府发展经济的主导方式便是抓住土地开发权。有学者将其称为"地根经济",并认为当代中国转型发展进入地根经济的特殊阶段的界标,就是国家开始运用土地政策参与宏观调控。总结和比较世界各国和地区近代以来的发展历史,不难看出:运用土地政策参与宏观调控,通过收紧或放松"地根"为宏观经济"加油门"、"点刹车",恐怕为中国的转型发展所独有。所谓地根经济,换句话说,完全可以称为"土地审批经济"。在生产要素市场化一往直前发展的形势下,中国政府在土地供给上仍然拥有充分的"发言权"、决定权和审批权,其根源就在于中国特殊的土地制度,在于中国的土地公有制提供的"模糊空间"(靳相木,2007)。

(二) 理论:"权利假设"的理性思辨

诺斯和他的合作者曾经为西方世界的现代经济增长做过一个简明的结论,即有效的经济组织(产权)是经济增长的关键(North, Thomas, 1973)。不过他后来发现,有效的产权安排只是国家与私人努力互相作用所产生的多种可能结果中的一种,而不是在相对要素价格变化条件下的必然而唯一的结果。为什么有些国

家走向保护有效产权而导致长期经济增长，另一些国家却只得到短期的国家租金最大化而陷入无效体制的长期困境。有学者将其称为"诺斯难题"（周其仁，1995）。而西方学者在探讨我国农村土地制度时，似乎只记得诺斯的"有效的经济组织（产权）是经济增长的关键"的"权利假设"结论，而并没有关注"诺斯难题"，对于我国农村土地制度的研究和讨论，更多的都是从权利或产权的视角切入，认为现行的包括法律制度在内的制度框架并没有清晰的界定产权，而产权不清晰直接导致了对农民土地权益的侵害，据此提出应对法律中规定的土地权利或土地产权制度进行重构。在传统西方经济学和法学理论中，明晰产权有利于避免"公地悲剧"、降低交易成本、为有效率地开发资源提供必要的动力机制和避免公权力对私权的过度侵袭（Huang，2004）。并认为产权改革是我国农村土地制度变革的不二法门。我国有学者对我国农村改革的进程进行了全方位的研究后，亦表示国家保护有效率的产权制度是长期经济增长的关键。但是，国家通常不会自动提供这种保护，除非农户、各类新兴产权代理人以及农村社区精英广泛参与新产权制度的形成，并分步通过沟通和讨价还价与国家之间达成互利的交易（周其仁，1995）。

晚近已有学者以中国经验为例对"权利假设"提出质疑，转轨中国并没有建立起良好的和完整的保护私有产权的制度，尤其是对于农村私有财产保护的法律制度体系，但中国经济却奇迹般的腾飞了。中国经济发展的主要原因是强有力的政府在保证政治稳定的前提下，民众的权利和自由受到了必要的限制，而这种限制使政府可以顺利地推行各种经济政策，而强力政府及其政策推动了中国经济的发展。相比于其他转型国家，该种体制更有效率，因为在公民权利保障到位、民主决策在一些情形下会增加制度运作的成本，可能延缓经济政策的强力推行。但也有学者认为，中国的经济发展的动力主要来自下面，是自下而上由普通民众推动的结果（王建勋，2010）。亿万民众具有推动制度变革的首创精神和企业家品质。而中国经济发展的主要原因是普通民众在经济领域获得了有限的自由。过去三十年的发展不是限制公民权利和自由的结果，不是强有力的政府推动的结果，而是企业家和普通民众运用契约自由进行交易的产物，是他们有效利用市场为自己谋利的产物，是亚当·斯密"看不见的手"发挥作用的产物。无论是宪政经济学的理论考察，还是发达国家的历史经验都表明，确立宪政和一个有限政府，有效保护个人的基本权利和自由，是持续发展和提高发展水平的决定因素。因而，未来中国欲实现持久和高水平的发展，应当尽快走上宪政之路，有效限制政府的权力，保护个人的基本权利和自由。

我们认为，我国经济腾飞的秘诀无疑与廉价的劳动力和廉价的土地具有密切的关联，利用二者完成现代化所必需的资本的积累是最为便利和快捷的，而我国农村独特的土地制度架构为该种积累提供了最大的可能。我国农地制度改革的思路并非是一以贯之、政策连续性贯彻下的产物，相反，它是不断"试错"、"摸着石头过河"的混合产物，尤其是晚近以来，党和国家最高领导阶层在实用主义和实践哲学指引下，不断理念更新，不断突破常规，"试一试"的结果。我国国家力量的强大是不容否认的事实，而公民社会的发育不良也是事实，在此背景下，利用农地制度缺陷完成快速的资本积累确实是中国经济发生奇迹的重要原因之一。从社会层面考察，该种发展模式可谓是一把双刃剑：一方面，它限制了农民获得更多的土地收益，可能引发一系列的社会问题；另一方面，农地制度缺陷为农村土地的"农转非"工作提供的相当的便利，在这个意义上，中国特色土地制度是中国经济取得快速发展的秘密（贺雪峰、魏华伟，2010）。在"后全能主义"时代，农地制度成为地方政府最为重要的治理资源和抓手。中国自21世纪初以来开始了一轮以城市化、工业化、国际化为助推力的高速增长，其重要动力机制便在于农地制度。正是在这个意义上，赋予了"中国问题的根本是农民问题，而农民问题的关键是土地问题"这一命题深刻的现代内涵。村庄资产的主要组成成分是土地，因此对于资产的支配，突出地体现在对于土地的处置权上。而在后税费时代，土地承包经营权流转、宅基地使用权流转、集体建设用地使用权流转及其收益分配等问题，均成为联结县、乡镇两级政府和村庄权力阶层最重要的桥梁和纽带，也正成为乡镇两级政府和村庄权力阶层所倚重的仅存的治理资源和抓手。

综上，西方学者提出的"权利假设"疑问，是基于西方经济社会发展的一般经验，其话语的背景和语境是西方的；在中国的语境下，利用农地制度缺陷完成快速的资本积累，进而引领城市化、工业化的发展路径是一把双刃剑，随着经济社会的发展，该路径越来越偏离民众的基本诉求，使基层政权可能面临合法性的危机。因此，未来有效限制和规范政府在农地领域的权力范围和行使程序，保护公民个人和村庄集体的基本权利和自由仍是我国通过农地制度实现经济和社会可持续发展的动力和方向。

（三）农地使用权流转的权利限制

单纯从法律法规的抽象层面来看，农民拥有强度很高的土地财产权，但从实际经济关系看，地方政府和村集体的掌控者却有强度很高的土地控制权。权利贫困（Poverty of Rights）是中国农村贫困现象的重要原因，而农民权利的贫困主要表现为土地财产权利的贫困（洪朝辉，2004）。但从中国奇迹的发生来看，我们不得不追问，这种农地权利的贫困，是否契合了其他国家农地权利受到公法越来越多限制的趋势呢？在资本主义刚刚兴起的19世纪，西方国家的公民对财产的取得、使用和处分等获得了宪法和民法典授予的广泛自由，但到20世纪财产的个人主义倾向逐渐被社会化倾向所取代。随着经济社会的发展，大陆法系国家的私法社会化已经成为一大趋势。私法社会化是指民法以社会为中心，在以抽象的自由、平等及个体权利为前提下，侧重于实质的平等与权利所应承担的社会义务，在利益结构上，当个人利益与社会利益重合时，强调以个人利益为出发点与归宿，进而认为国家与社会对私权一定程度内的干预是私权的内在要求（李石山，2002）。农地权利属于物权的范畴，而物权作为一种民事权利，是整个财产法乃至民法的基础。只有明确物的归属，才有物的有效利用和流转。但在现代社会，任何权利都不是绝对的，物权也一样。物权也有自己发挥效用的"作用域"，即法律所规定的、行使这些物权所需满足的条件以及为实现这些物权所需要履行的义务。有学者认为：作为一种权利，《物权法》中的物权所宣示的实际上并不仅仅是权利，而更是支撑和行使这一权利所必须倚赖的义务和责任（黄晓慧，2007）。梁慧星（1996）认为，权利的内部限制指权利本身负有义务，权利应为社会目的而行使，目的在于实践公益优先原则，必要时牺牲个人利益以维护社会公益；权利之外部限制是在承认权利之不可侵性、权利行使之自由性的前提下，以公法的措施适当限制权利之不可侵性，以民法上的诚实信用原则、权利滥用之禁止原则及公序良俗原则限制权利的自由性。对于物权的限制可以分为内部限制和外部限制、自愿限制与强制限制、紧急情况下的限制与一般情形下的限制（张平华，2006）、公法限制和私法限制（程萍，2007）。我们认为，在农地领域，由于其既与国家性质和意识形态密切相关，又与国计民生和粮食安全联系在一起，因此，对农地进行限制的核心问题应当是如何依据社会公共利益需要限制农地当事人的权利。在农地使用权流转过程中，我国《物权法》、《农村土地承包法》等法律对农民的自由流转权利进行了诸多限制，该种限制的具体内容是什么，是否具有理论上和实践上的正当性，值得我们进一步考量。

1. 土地承包经营权流转中的限制

按照《物权法》和《农村土地承包法》的规定，土地承包经营权流转必须首先符合以下四个条件：第一，由于土地承包经营权流转是农地用益物权的有条件转让，不得改变土地的性质和用途。农地的用途管制事关粮食安全和城乡规划的问题，以此作为对土地承包经营权流转进行管制的理由是恰当的；第二，土地承包经营权作为一种用益物权，而用益物权是有期限的，所以对用益物权的期限作出限制性规定也是恰当的；第三，为了更好地配置土地资源以发挥其农业经营生产的作用，受让方必须具有能够根据生产需要有效开展农业生产经营获得的能力，否则，受让人本身或者生产经营方面的客观条件不具备，如受让人没有劳动能力或劳力，没有资金或相应的技术，则可能导致当事人的经济目的不能实现，造成土地等自然资源的浪费，影响经济效益的发挥（张平华等，2007）；第四，在我国古代即存在"先问近邻"（近邻的先买权）的制度，由于我国农村仍是"半熟人社会"，邻里之间的交往仍然比较密切，从当前的实际和习惯出发确立集体内成员的优先权，既是考虑到村庄共同体的关联，也是照顾农业生产的特点，即同一集体内成员的农地一般比较接近，更容易合并打理。但问题在于对土地承包经营权转让过程中的限制因素，即关于承包方有稳定的非农职业或者有稳定的收入来源，并需经发包方同意，该限制并不恰当。在实践中，随着农民就业的多元化以及社会保障制度的逐步健全，农民的收入来源也呈现多样化的趋势，农民阶层内部的分层与分化现象已经越来越普遍，各地区农民与土地的关系也日益复杂，土地作为生存根本的功能正在削弱，在沿海发达地区和大中城市近郊区，一部分农民已放弃农业生产，转向从事第二、第三产业，这一群体农户自愿将土地承包经营权转让给他人，实现身份转换退出农村对于加快城市化、节约农村用地均是有益的。根据该规定，土地承包经营权转让必须经发包方同意，但在实践中，发包方根本无力审查或预见转让方是否有稳定的非农职业或者有稳定的收入来源，更何况，谁又能保证在承包期内都具有比较稳定的收入来源呢？立法者应当相信农民也是理性的经济人，既然自愿将土地承包经营权转让给受让方，那么对自己家庭成员的今后生存能力肯定会作出比较合理的预测。另外，"经发包方同意"的规定也违背了《物权法》法理，从用益物权的特性来看，转让须经发包人同意的说法与土地承包经营权的物权性存在显见的抵牾。除此之外，还有哪个他物权本身的处分还要求诸于所有权人的同意？对出让方的非必要限制和对受让人的歧视性区分也绝非一项物权的题中之意（温世扬，2009）。发包人做出是否同意转让均缺乏法定或科学依据，发包人也不可能在此问题上为承包人做出合理的安排，其结果是这一规定要么流于形式，要么成为发包人寻租的手段。因此，笔者认为这是立法者通过限制土地承包经营权流转，达到"逼民自保"的目的。在现实中，"发包方同意"往往成为村集体进行权力寻租和村庄治理的工具，对政府和干部来说，承包合同也成为他们手中力臂最长的一个杠杆。通过这个杠杆，计划生育、催粮要款、农田基建、修桥修路这些通常难以实现的目标，都可以通过这种间接然而省力的方式达到。从这个角度讲，土地承包并不仅仅反映一种单纯的经济关系，而是种种复杂的权力关系的一个集结，是一种启动全面治理的过程（赵晓力，2000）。对于权利人本身而言往往是弊大于利。

2. 农村集体建设用地流转中的限制

到目前为止，我国立法对农村集体建设用地使用权的流转依然持否定态度。根据《土地管理法》第六十三条的规定，对于使用农民集体所有土地用于建设用途的，除宅基地外，只限于以下三种情况：兴办乡镇企业、建设乡村公共设施和公益事业。建设用地使用权是否包括集体所有的土地的问题在《物权法》的制定过程中引起了巨大的争议。《物权法》(草案)的规定是,国有土地如何流转,集体土地就在多大范围内可以流转,这就实现了国有土地和集体土地的法律地位平等。但最终出台的《物权法》第一百五十一条规定,集体土地要变为建设用地仍需先由国家征收,然后以国家的名义出让。这就使国家继续垄断土地一级市场,而不允许集体土地直接进入一级市场,通过该限制,实现的是国家土地利益的最大化,而极大地限制了集体土地权益的实现。

3. 宅基地使用权流转中的限制

《物权法》第一百五十三条规定宅基地使用权的取得、行使和转让,适用土地管理法等法律和国家有关规定。《土地管理法》第六十二条第一款规定:"农村村民一户只能拥有一处宅基地,其宅基地的面积不得超过省、自治区、直辖市规定的标准。"第四款规定:"农村村民出卖、出租住房后,再申请宅基地的,不予批准。"可以看出,我国对农村宅基地使用权采取的是"限制流转",且严格禁止农民私有住宅和宅基地使用权向城镇居民流转。宅基地使用权不能单独流转,在农村私有房屋买卖交易中,宅基地使用权可以被动性地在本集体经济组织成员内部流转,流转方式包括出售、出租、继承、赠予、遗赠等。宅基地使用权能否在不同集体经济组织成员之间流转,我国法律没有明确规定,但基于宅基地使用权的取得具有成员权的特性,一般认为是不允许的。该规定将农民的宅基地使用权流转范围严格限制在本集体经济组织成员内,导致农民的宅基地使用权及其上的房屋的价值急剧降低,根本无法实现其市场价值。

综上,我国法律法规中对于农地使用权流转的限制性规定,并不完全是基于社会公共利益对于私人物权的限制,更多的体现的是一种家长主义的法律干预模式,家长主义的核心特征是为了保护行为人的利益而限制行为人的自由(孙笑侠、郭春镇,2006;黄文艺,2010)。流转权利受到不当限制的背后是城乡二元结构的残留,是基层政权治理的需求,已有学者发出这样的疑问:这种土地制度能够长期有效地支撑农村经济的进一步发展吗?(洪朝辉,2004)

三、农地使用权流转制度建构的前提性追问

2010年中央1号文件《中共中央国务院关于加大统筹城乡发展力度进一步夯实农业农村发展基础的若干意见》中再次强调"要把统筹城乡发展作为全面建设小康社会的根本要求"。其中更是提出了"稳定和完善农村基本经营制度以及有序推进农村土地管理制度改革"的明确要求。在城乡一体化的总体构想中,农地使用权流转无疑是最为核心的一环。但在实践中,农地使用权流转面临着种

种难题。

(一) 农地使用权流转：法律制度建构与民间秩序生成的内在张力

在农地使用权流转领域，最为典型的便是外嫁女和入赘婿的农地权利问题。由于关涉农村经济组织成员资格的问题，如出嫁户口迁出后由于离婚原因而将户口重新迁回原村，或者在出嫁到城市地区后没有将户口迁出的外嫁女能不能取得相关的土地权益。关于农村妇女结婚后，在娘家的土地该不该收回，在婆家该不该分地，娘婆二家土地的多少、土地的价值不一样，处理的结果也不一样。有的在娘家的土地被收回；有的不收回，但在婆家分不到土地；有的还享有两份土地。因各地土地价值不一样，如何前后衔接都成为实践中的问题。农村妇女离婚后的土地承包权也存在类似情况，有的回到娘家居住却无法带走在婆家分得的土地，即使同意把地分出来，也不便于去耕种，从而引发社会矛盾。这些因为户口和土地制度而产生的外在矛盾，统称为"外嫁女纠纷"（周应江，2005；贺欣，2008）。在2005年广东地区审理结案的81件有关外嫁女的行政案件中，只有17件，或者说21%的案件得到法院的支持，8件由法院退回。除此之外，剩下的56件中原告有所斩获（贺欣，2008）。如何处理"外嫁女纠纷"在学界仍有争论。有学者认为，农村妇女土地权益未受到充分保护的根源在于集体土地所有权主体制度的缺陷（高飞，2009）。亦有学者将其归结为立法的问题：一是我国立法上对"男娶女嫁"婚嫁方式可能损害妇女土地权利的认识不足；二是法律、政策的相关规定互相矛盾；三是立法上对妇女权益法律保护的效果适得其反；四是法律规定过于原则，操作性不强；五是当村规民约侵害妇女土地承包权益时，缺乏有效的法律救济途径（陈小君，2010）。本质上，"外嫁女纠纷"体现的是具有强制力的国家法的和民间法之间的矛盾。在民间习惯中，外嫁女和入赘婿在原家庭是不享有权利，也不承担义务的。这一习俗在新的农地关系尤其是农地使用权流转关系中，出现了通过演变后的乡规民约排斥外嫁女和入赘婿获得各种金钱补偿的现象。法院无法在国家法和民间法之间做出正确的选择，只能规定，这类纠纷涉及大规模群体利益重新调整的纠纷，属于地方人民政府对村民委员会指导工作的范畴，法院不应受理（陈益群，2005）。在中国传统中，女儿继承权的被剥夺是和中国传统的居住制度紧密联系在一起的。从夫居和男人独享继承权是一个事情的两面（高永平，2007）。女儿不享有继承父亲财产的权利和习惯上没有赡养自己父母的义务同样是一对"孪生子"。对中国台湾的观察为个人主义和中国传统实践的矛盾提供了一个醒目的例子（Cohen Myron，1976）。在我国台湾，为了解决"民国民法"和地方性实践的矛盾，出嫁的女儿在出嫁时或在父亲去世时被要求签署一份放弃继承权的声明，已经成为一种通行的做法。在一定意义上，这些做法（指女儿签署放弃继承权声明）已经成为对传统做法的威胁的反应。这种威胁来自在财产领域对个人主义和两性平等的强调（Cohen Myron，1976）。由此观之，中国传统中关于在家庭中的权利义务分配并不是以身份为依据的，而是以是否尽到相应的义务为依据的。外嫁女和入赘婿因为在原家庭并没有尽到相应的义务，也就不能享有相应的权利。另外，在当下中国农村，由于土地承包经营权三十年不变，村集体并没有多余的土地分配给外嫁女和入赘婿，由此产生了土地承包法律规定的"增人不增地，减人不减地"及"三十年不变"与农村土地的村庄内均分制之间的矛盾，其本质是国家法未能尊重民间法而导致的适用难题。

又如，在我国农村的广大地区，如果某一家庭有两个或两个以上的儿子，那么，通常的情况是，在父母还健在的时候，儿子们就会分家。这种分家有时是同时的，即几个儿子都已经结婚，他们在同一时刻将家产在他们之间平均分配。有时儿子数量较多，在分家时还有儿子没结婚或甚至没成年，那么在分家时没有结婚的儿子（或女儿）留在大家庭里，已经结婚的儿子和他们的妻子儿女分出去。阎云翔（1998）还分析过一种"系列分家"的情况，即每个儿子婚后不久即分家出去单过，但这时对财产不做最后的安排，而是等所有的儿子都结婚后，再最终进行家产的分配。朱爱岚（2004）和王跃生（2003）也观察到了类似的现象。宅基地使用权的申请是以户为单位的，分家后的儿子才能申请自己的宅基地，户籍仍在本集体经济组织的儿子继承父母的房屋和宅基地并不存在任何法律和事实障碍，但现行的宅基地分配与流转制度导致了农村外嫁女的财产继承难题。外嫁女若出嫁后不在同一集体经济组织，则不可能继承父母的房产，因为房产是和宅基地使用权联系在一起的，而房产又是村民最重要的财产，不继承房产几乎就是不继承财产的同义词。村籍和宅基地使用权的双重限制，使得农村中的从夫居制度更加巩固（高永平，2007）。由此观之，在农地使用权流转过程，必须注重民间法与国家法的互动和调适。一方面，根据国家法的规定严格保护农村妇女享有长期而有效的土地财产权益；另一方面，国家法也需尊重民间法关于土地承包经营权"大稳定、小调整"的利益诉求，这是解决民间法与国家法在农地问题分歧上的主要路径。就农村妇女土地权益问题而言，乡规民约等民间法可以发挥作用，但有一个基本前提和要求，即必须符合《物权法》、《土地管理法》和《农村土地承包法》等国家法的基本原则和规定。具体而言，农村妇女婚嫁外村和本村的，应当按照国家法的要求在户口迁入地依法享有农地权利；婚嫁后不迁出户口者，应当和本村社其他村民一样拥有土地承包权；农地因流转和征用而产生的收益，应当按照与其他村民一样同等收益的原则进行分配；但对因集体经营土地而产生的收益，可以依照各地乡土社会中的民间法要求，在分配上依据其他投入情况有所分别（黄海，2004）；土地承包经营权的小调整应当由村民2/3以上多数决定；如此一来，既维护了国家法的普遍性和权威性，又体现了乡土社会中民间法的调适性和补充性。

另外，在我国古代的土地流转中，就十分重视亲邻优先权以及"找价"、"回赎"等习惯，虽然实际上阻碍了土地流转的正常发展，但在资源交换的过程中，习惯法起着主导作用，通过习惯法来降低交易费用。国家既允许习惯法对交易起作用，也运用习惯法来裁决交易中的争端，非经济因素在资源配置中起重要作用（王昉，2004）。从当下立法技术的角度看，在农地使用权流转的规范上，应当注重农村"习惯"的作用。在法律没有规定的情形下，应当依照本地习惯进行司法。《合同法》和《物权法》中均有对"习惯"的规定：《合同法》第六十一条、第一百二十五条第二项均规定，在当事人权利义务不明确的情况下，习惯可以作为补充。《物权法》第八十五条、第一百一十六条等也有关于习惯的规定：法律、法规对处理相邻关系没有规定的，可以按照当地习惯；当事人对法定孳息没有约定或约定不明的按照交易习惯。当然，运用习惯必须是法律、法规对此没有规定或者当事人没有约定或约定不明确的情形下。在未来农地使用权流转的立法规范中，也应当注重习惯的采纳，以民俗习惯协助国家法、补充国家法。在具体司法过程中，应当注意习惯的识别和运作：一是涉案的民俗习惯必须是确实存在，并长期沿用，此为沿用民俗习惯判案的客观条件；二是被证明的民俗习惯已经得到社会一般人之确信和遵守，遵守习惯无须强制或者求得当事人的同意，此为沿用民俗习惯判案的主观条件；三是该民俗习惯不违反民法的基本原则，需合情合理，符合公正的要求，此为评判民俗习惯而选择适用的价值标准（王纳新，2005）。

（二）农地使用权流转：市场化运作与国家管制的内在矛盾

我国目前的土地承包经营权流转，从主体看，可以分为农民自发型流转和集体推动型流转两种类型（李海伟，2005）。笔者将其定义为"官转"和"民转"。"民转"通常发生在亲朋好友和熟人之间，没有正式的书面合同，一般是口头协议。在比较传统的乡村，交易双方相互之间比较了解，所以这种口头协议不是通过法律而是通过习俗、道德等发生作用，具有相当大的约束力，几乎不存在违约的可能性。在税费改革前，这种熟人和亲朋之间的交易，转让金相对随意，甚至是几袋粮食而已；但在税费改革后，则一般需要给付一定的转让金。农户间自发流转的期限一般都较短，1~3年居多，很少确定长期的期限。对于农户之间的自发流转，国家层面也是鼓励的，只是限定了若干前提，如不得改变土地的用途等，在转让的情形下，需经发包方同意。而对于"官转"，由于其中夹杂着地方政府和村集体的自身利益，针对土地承包经营权流转过程中存在的"非农化"和"非粮化"倾向，国家层面强调底线是"三个不得"：不得改变土地集体所有性质，不得改变土地用途，不得损害农民土地承包权益。笔者认为，流转必须是基于农民自愿，而最终目的应当是使农民获利。

按照目前的法律规定，国家继续垄断土地一级市场，而不允许集体土地直接进入一级市场。但在实践中，形成了集体土地建设用地流转的"隐形市场"，主要表现为：（1）集体建设用地使用权人将建设用地出让或出租受让人开办企业，乡村集体组织获取出让金或租金；（2）将集体建设用地入股，集体组织和村民获得股权和股利；（3）集体建设用地使用人将土地使用权作为融资的担保，如以地上建筑物连同土地使用权抵押等情形（杨明洪、刘永湘，2004）。实际上，农村集体建设用地流转行为在经济发达东部沿海地区已经十分普遍，在广东珠三角地区集体建设用地流转占集体建设用地总量的50%以上，其中中山、东莞、佛山南海区、深圳宝安区这一比例分别在45%、40%、50%和80%，而在粤东、粤西及粤北等地这一比例也超过20%（郭璇、钟娴君，2005；宋志红，2009）。从国家层面来看，除对"小产权房"进行了坚决的打击和抑制以外，对于集体土地建设用地流转的"隐形市场"，国家层面并没有采取切实的措施抑制其发展，一些地方政府渐渐改变了政策取向，从对集体建设用地流转的"堵"、"防"、"禁"转而变为疏导甚至承认。对于农村乡镇企业等建设用地的流转，虽然在1995年前，土地行政主管部门一度推行"转权让利"政策，规定集体建设用地必须转为国有，才能进入二级市场流转。但1995年后，国家的政策导向发生变化，不再强调必须转为国有，但也没有明确应该怎么办。此时，许多城市对农村集体建设用地流转开始了对保留集体土地所有权、允许土地使用权流转的新模式的探索，许多城市的基层自发进行集体建设用地使用权流转试验（康涛，2008）。

目前的宅基地使用权流转过程中，国家是严格管制的，不允许任何形式的宅基地使用权向本集体经济组织之外的人员流转，但该种管制并没有抑制宅基地使用权的市场化流转，在宅基地使用权的流转过程中，乡镇政府和村集体的介入十分深入，以另外一种形式扮演着集体所有权主体的角色。以宋庄纠纷为例[①]，宋庄镇政府专门出台了《关于农村住宅及宅基地处置指导意见》，按照该规定，凡农民出售其宅基地上的房屋，视房屋交易合同有效，同时宅基地为村委会收回并书面告知原宅基地使用者，同时村委会采取出租的方式将宅基地的使用权租赁给该房屋的购买者。在宋庄镇政府看来，如此一来，既保障了农村私有房屋买卖交

---

① 见《东方早报》2008年3月6日。

易的正当,又使土地集体所有制的性质没有发生改变,可谓是"一举两得"。而这份意见还表明,对于空闲宅基地,如无符合条件村民或无村民需要,村委会可向其他人员进行处置。其中所指的"其他人员",可以是任何人,并没有身份的限制;而具体的处置方式,则是经村委会同意以后,土地使用者与村委会签署租赁协议。目前,宋庄各个村庄每亩土地的租金价格,根据位置的不同,从二三百元到四五千元不等。由于地方政府与中央政府的目标函数迥异,因此,对于宅基地使用权流转的管制策略完全不同,中央政府是禁止任何形式的宅基地使用权向本集体经济组织之外的人员流转,而地方政府和村集体则积极创造机制推进农村私有房屋的转让,以及由此带来的宅基地使用权的流转。

事实上,改革开放以来,我国一直在推进土地使用权的市场化,初步形成了农村土地承包经营权依法自愿有偿流转机制,而集体土地建设用地流转已经衍生出"隐形市场",除"小产权房"以外,国家并未采取其他强制规制措施。对于宅基地使用权流转,地方政府与中央政府采取了不同的管制策略。由此,我们不得不考量的是,在农村土地市场化趋势日益明显的过程中,国家到底应当如何进行合规性管制。为了避免国家管制权力在农地领域的无限扩张,笔者认为,在农地领域包括宅基地使用权流转,应当逐步实现农地国家管制的一元化,即坚持农地的用途管制。土地用途管制是指国家为了实现土地资源的最优配置和合理利用,促进社会经济与环境协调发展,依据土地利用规划、城市规划等确定的土地利用分区及每个土地利用分区的土地利用规则,对土地利用做出许可、限制许可或者不许可并监督、检查、跟踪管理直至追究法律责任的一种法律制度(沈守愚,1999)。未来,农地应当按照规划和用途来利用,在此基础上,土地市场按照不同的土地用途来进行严格分类,农地、工业用地、商业用地、住宅用地等均应形成各自的市场。所谓的农地市场化,应当是在国有建设用地和集体建设用地平等的前提下,按照规划确定的土地用途来进行市场交易,方能实现农地使用权流转市场化与国家管制的最佳平衡。

(三) 农地使用权流转:地域差异与统一立法的内在紧张

我国地域辽阔,区域差异明显,各地在发展过程中呈现出典型的"非均衡"现象,这种非均衡现象既包括经济意义上的,也包括政治意义上的。如果忽略了这一事实,无疑将使立法者面临着"按下葫芦起了瓢"的窘境。因此,笔者认为,在农地使用权流转问题上,必须做到因地制宜,从各地不同的现实出发,中央政府应当将该问题的立法权限适当下放,理由如下:

首先,对于转型国家而言,从计划体系过渡到市场经济毫无疑问是艰难的过程,所谓的大爆炸或休克疗法,已证明可行性甚低。反之,"摸着石头过河"、

"成熟一个、制定一个"、"宜粗不宜细"的转型立法策略,大体来说在成本效益上还比较值得肯定(苏永钦,2005)。在此前提下,国家层面做出刚性的制度安排,无疑将压缩地方政府可以灵活使用的政策空间,一定程度上增加了改革的成本。潘维(2004)就对国家的刚性制度安排提出了严重质疑:"对中国农村而言,全国一刀切的政策恒定不合理。改革二十五年来,哪个自上而下一刀切的农村政策产生过积极结果?"对于农地使用权流转而言,其与城市化进程、经济社会发展水平等方方面面具有关联性,而这些方面构成各地差异的主要部分,因此,农地使用权流转的立法根本无法实现一刀切,只能采用因地制宜,"摸着石头过河"的立法策略。

其次,发挥地方政府的积极性是我国宪法的规定和要求。我国宪法第三条第四款明确规定:"中央与地方的国家机构职权的划分,遵循在中央的统一领导下,充分发挥地方的主动性、积极性的原则。"尽管毛泽东同志在《论十大关系》中强调要发挥两个积极性,一个是中央的积极性,另一个是地方的积极性。这是因为中国是大国,人口众多,情况复杂。因此,分权管理(毛泽东称之为"两个积极性")比集权管理(一个积极性)更好。纵向分权问题,至少在现代中国,也许是一个更重要问题(苏力,2004)。但1982宪法第三条第四款所规定的中央与地方关系乃是政策式的,并非真正的法律性的规定,在现实中缺乏操作性,因此,实践中的中央与地方关系更多的是靠中央政府与地方政府的权力博弈。既然是作为一种博弈,那么其必然更少地依赖规则,或者说至少不具有"常规化"的外表,而新中国成立以来包括中央与地方关系在内的政治实践也倾向于这种选择。更重要的是,具备严密组织性的中国共产党在中央及地方的各级组织强有力地支持了这样的处理方式,并且党组织本身构成了该处理方式的重要组成部分(冯舟,2007)。其实,宪法对此讲得很明确,地方政府有这样的职权和职责,应在经济和社会管理领域主动地进行改革创新,应当发挥出地方的主动性、积极性以及创造性。这种分权也有更多的好处,尤其是对疆域辽阔的大国。分权不仅可以分担治理的责任,而且"商量办事"的非制度化思路且有收益。由于各地制度的差异会带来不同的制度收益和成本,从而形成一个制度市场,使人们有更多的制度选择,包括"用脚投票"。在某些情况下,就会导致各地制度的相互吸收和相互影响,诱致有效率的制度取代无效或低效的制度。从这个角度来看,允许地方自治或在治理上有一定的自主权,实际上具有一种激励制度创新的功能和制度竞争的功能(苏力,2004)。据此,有学者建议"抓大放小",也就是说,在纵向分权方面中央只负责重大的、全局性的管理,而地方性、无关全局的事项则应放手由地方去管理、去自治,充分发挥地方的自主性、积极性和创造性(上官丕亮,2010)。

最后，中央政府与地方政府存在不同的目标函数，因此，中央政府对于地方的农地使用权流转试验和做法应当进行总体性控制。在当下，虽然学界讨论得如火如荼，中央对农地使用权的流转始终没有从制度上进行规范，而是一直采取默许的态度。地方政府则根据当地的实际状况各显神通，逐渐出现了一田制、两田制、三田制、重新发包、异地承包、反租倒包、委托经营、规模经营、股份合作制、租赁制、"四荒"拍卖等各种形式（陈潭、罗晓俊，2008）。但这些政策试验在中国并不是放任自流反复试验，或者随心所欲扩大政策范围（韩博天，2009），相反，试验是始终处于分级制环境中的，以服务于中央主导的权力秩序为出发点和归宿的。但问题是中央政府出于风险最小化的考虑，坚持改革的主导权必须在其手中（硬核），主要包括改革的方向、步骤、时机、速度、广度、深度、形式这些原则性的问题控制在能够巩固和增强党的政治权威的限度之内（刘培伟，2010）。中央选择性控制所导致的问题是地方创新的"同质化"。因此，中央政府应当将其目标函数牢牢定在保护耕地和农民的合法权益基础上，在坚持土地用途管制的硬约束的前提下，应当赋予地方政府一定程度的试验权，对于改革的具体操作，应当由地方政府自行决策。

第四章

现状分析Ⅰ：土地非农流转与农民土地权益

土地流转，从广义的层面理解，既包括土地权利的流转，又包括土地功能的流转。前者是土地的不同权利（主要是所有权与经营权）在不同主体间的流转，后者主要指不同主体间进行土地流转后所发生的用途的改变。从严格意义上讲，农村土地流转是指农村土地承包经营权的流转，它是农村家庭承包的土地通过合法的形式，保留承包权，将经营权转让给其他农户或其他经济组织的行为。但是，从农民土地权益的角度来讲，农村集体建设用地的流转，特别是农业用地转为非农用地基本上是通过征地的方式进行的。因此，对农村土地流转问题的考察，既包括农内土地的流转，也涉及农民土地的农外流转。

本章基于农村土地流转的动因及其偏差的初步分析，重点考察农村土地农外流转的内在机理，并由此揭示农村土地与农民土地权益流失的现实格局。农内土地流转问题则留待第五章讨论。

第一节 农村土地流转：行为努力及其偏差

一、农村土地制度变革中的行为努力

回顾中国农村的变革历程，重新审视以土地制度为核心的制度创新逻辑，可

以发现，农村家庭承包制与双层经营的现实制度安排，正是生产性努力与分配性努力的变迁结果。沿着这种思路，我们同样可以梳理出农村土地流转制度未来创新的两条逻辑主线：一是对产权明晰的需求，二是对利益调整的需求。

（一）生产性努力、产权明晰与农地制度变革

人民公社的制度形式，按照现代产权理论判断，显然更多地具有共有产权或社团产权（Communal Property Rights）特征，而不是所谓集体产权（Collective Property Rights）。尽管我们习惯上称其为"集体所有制"。二者的主要区别是：共有产权的参与者对一种资源行使某种权利时，无需事先与他人协商，但也不排除他人对该资源行使同样的权利，或者说，这种产权是共享的，在个人之间完全不可分，它不可以同时也对象化到其各个成员身上；集体产权的参与者在行使他对资源的各种权利时必须事先由该集体按照一定的程序或规则做出决定，但这种资源是可以某种形式分解或对象化到其成员身上，如果该参与者对集体制订出的关于资源权利行使规则和约束不满，他可以以有偿转让权利的方式退出集体。

人民公社制度从根本上否定了作为集体主体的农民对土地资源的使用权、收益权与处置权，而一切农业生产资料统统归公、农村劳动力由公社或生产队统一指挥、统一调配和统一使用，也否定了农民个人对私产乃至自身劳动力的产权。

人民公社体制下的不合理的产权安排，引发了土地资源与劳动力资源的浪费使用与低效配置，从而导致我国农业经济受到严重破坏而长期处于落后乃至崩溃的状态。

以农村普遍实行包干到户为契机，作为生产性主体的农民，获得了财产权利并不断明晰化后，进而对土地经营权的"稳运行"提出了强烈要求，使农户与集体之间围绕着土地经营的责任与权利的调整反复进行。之所以如此，一方面在于集体所有权不充分情况下，农户对土地经营权的扩张与侵蚀（如对土地的抛荒或掠夺性经营、任意建房或出租甚至改变土地用途而造成农地流失等）；另一方面，由于土地制度变革的法律依据尚不完备，农民实际上也面临着经营权的不确定性因素（如承包土地面积的不确定性，经营内容的不确定性，土地调整时补偿的不确定性，经营形式的不确定性等），意味着农民面临着经常性产权侵蚀。集体与农户及农户之间的责权调整与利益摩擦造成行为主体普遍预期不足，从而生产性努力下降，直接导致了对新的土地流转制度创新的需求。

（二）分配性努力、利益调整与农地制度变革

以人口变动与农业劳动力转移为契机，农民在获得了土地经营权的同时，对工业利润的分享与身份解放提出了强烈要求。目前农村普遍的现象是农户兼业化

的产生,而其中最关键的问题是,土地依然作为农民的福利保障的赋权,一直未能找到新的替代手段。在生产队体制时期,"土地集体所有制"表现为每个属于集体的成员都有权平等分享集体土地的收益,而家庭承包制后,土地的集体所有制则表现为社区集体的每个成员都天然地平均享有对土地的使用权利。

为了保证产权分配(界定)的公平性,从初始的按人(劳)均分土地使用权,到一次又一次地因人口变化而重划土地经营权,致使追求产权界定公平的调整永无休止。这种制度安排的运作与实施费用无疑是高昂的。

对利益调整的分配性努力同样地提供了对土地制度创新的动力,同时,农民对工业利润的分享与身份转换提出的要求则从更广泛的领域推动着农村土地流转制度的创新。

上述说明,生产性努力对提高资源配置效率,明确产权关系提出了越来越高的要求,分配性努力则对利益的公平调整与组织创新提出了越来越迫切的要求。

其一,家庭承包制的产权形式即土地所有权的社区共有和土地使用权的人人享有的双重产权格局,因其不确定性、外部不经济性及规模不经济性的产生而引致了新的制度需求。

其二,与承包制内农户之间的地块变动相关的对土地的掠夺经营,以及农民职业转换时的利益补偿需求,促使土地使用权最终硬化或对象化到农户身上,成为不可逆转的趋势。

其三,因农户面临的市场风险、交易费用以及规模狭小所产生的压力,对与之相联系的社区共同的农业服务的经营上的统一性、技术上的整体性以及功能上的社会性,产生了新的制度需求,使人民公社的制度遗产即社区共有产权与集体功能在一定范围内还具有存在的必要性。

可见,30多年来的农村改革,尽管在农村土地制度建设上已经取得了若干阶段性成果,但这些成果却有着继续深化与扩张的必要性。农民生产性努力与分配性努力的不断增强,表明农村土地制度的创新活动异常活跃,同时也表达出对制度安排的修正与重新选择的强烈呼唤。

二、农村土地流转:实践中的行为努力及其偏差

(一) 新的实践与新的要求

新的形势导致了农村土地流转表现出多样化的动因与路径(见图4-1)。

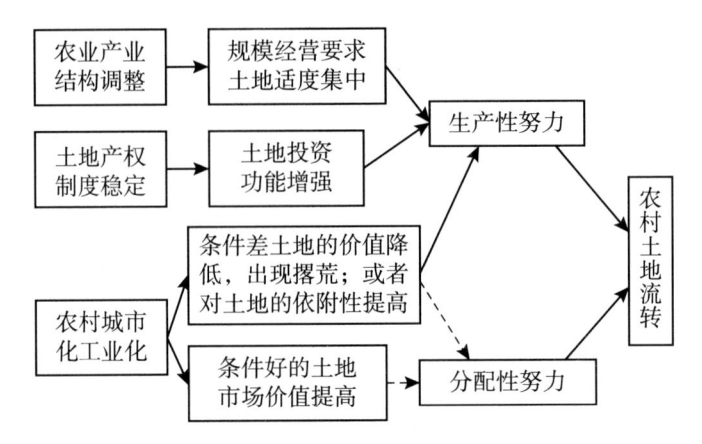

图 4-1　土地流转制度创新的内在动因

第一，农业产业结构调整对优化土地资源配置效率的要求。随着工业化、城市化的推进和农村非农产业的发展，广东普遍出现了半自给性小规模土地经营为基础的农户兼业化。农地的抛荒，土地的分散使用，经营规模的狭小在资源配置上造成了巨大的效率损失。由此，按照效益原则配置土地资源，改变现有分散的、狭小的、低效率的土地使用格局，造就土地集中机制，从而实行规模经营，使土地流转制度的创新提上了议事日程。

第二，协调城乡土地供求矛盾的要求。在农业为主要产业的经济发展阶段，土地与劳动力是经济发展的主要要素，农户视土地为不可或缺的福利保障。城市化的快速推进、第二产业与第三产业的发展也需要大量土地，城乡之间的土地供求矛盾日益突出。农民不仅视土地为生产要素，而且将土地作为重要的资产保值增值手段。随着农村城市化的快速推进，每年都有大量的农用地转为工业用地，地价及土地资本收益也随之提高。尤其是粮价放开、取消合同定购任务之后，过去隐含在粮食平议差价中的"暗税"随之取消，继而随着农业税的"明税"取消，农户的土地使用权与收益权得以强化，加之农村产业结构的调整使土地的机会收益大幅度上涨，从而进一步刺激了土地价格的倍增。在此情形下，土地的集中与流转对土地的管理使用制度提出了重新调整的要求。

第三，农民要求分享土地增值的努力。城市化、工业化将伴随着大量农用地非农化，这一过程中土地资源增值收益直线上扬，如何合理地分配利益，并保障农民的合法权益，处理好政府与农民、农民与社区集体的关系，也直接涉及土地制度的产权安排问题。虽然现有的政策是在土地涨价归公的理论下设计的，但在土地对农民的社会保障功能没有其他替代的情况下，大量失地农民没有得到合理安置将成为诱发社会不安定的重要因素。虽然在公益项目的征用方面农民的反对意见不大，但一些非公益项目却以"公共利益"的名义凭借其组织优势低价征地高价出售。因此，集体建设用地的自发入市可以看做是农民对现有不合理的征地制度的一种规避，通过农村集体组织取得建设用地，并进入市场流转，直接取得土地增值部分收益，这些都对现有的土地收益分配制度提出了挑战。

第四，土地要素配置对完善市场机制的要求。从市场机制发挥作用的角度而言，在产权所包含的使用权、收益权和转让权中，转让权是最重要的。伴随着工业化与城镇化进程，农业劳动力的转移与农村人口的流动，使得人地关系的变化与矛盾的转化成为新的制度变革的诱因。事实上，在我国实行第一轮联产承包责任制后，就已经出现了土地使用权流转的现象。在第二轮承包后，土地的流转才变得广泛而多样。它表现为三个方面：一是农用地的流转向耕作能手或向农业企业集中；二是农村集体建设用地的流转，三是集体土地向国有土地的流转。其中，农地的流转和集体建设用地的流转属于不改变所有权性质的土地流转。在现行制度框架下，城市建设用地需要占用农用地只能通过征地方式，征地则涉及所有权的变更，即集体所有土地转为国有土地，这也可以看做是所有权的流转，是广义的土地流转的内容。目前的城市化进程中，上述三种类型的土地权利流转均不同程度地受到各种限制，因而需要通过完善市场机制，减少各种交易的障碍。

（二）实践中的行为偏差

农村土地流转，是农村生产关系适应生产力发展的客观要求，它反映了以土地为代表的农业生产要素合理流动和优化配置的要求。实行农村土地流转，有利于解决农村人地矛盾和耕地抛荒问题，保持农村土地承包关系的长期稳定；有利于提高土地利用率，促进农业生产结构调整和稳定农业生产；有利于进一步推进农业产业化经营，加快农业发展，并促进农民增收。

但是，在农村土地流转中也出现了一些不容忽视的问题与偏差：

一是由于缺乏明确的政策和法律规定，多数地方农村土地流转处于自发、零散、无序状态；

二是有些地方在乡村集体组织的流转中，忽视承包农户土地流转收益主体地位，截留、挪用农村土地流转收益，与民争利，损害了农民的利益；

三是有些地方乡镇政府和村级组织随意变更甚至撤销农户的承包合同，集中土地搞对外招商，强迫承包农户集中流转，影响了农村土地承包关系的稳定；

四是有些地方存在着借农村土地流转，绕过国家有关法规，大量占用耕地，改变农村土地农业用途（包括未批先用、少批多占、以租代征；强行征地、补偿偏低、拖欠补偿等）。

一个严重的问题是，多个行为主体参与农村土地流转，普遍表现出追逐主体利益的分配性努力，一方面是侵蚀农民的土地权益，另一方面是损害国家的农业安全。

第二节 "三根"问题、土地财政与农地流失

一、"三根"问题：中国经济增长的特征及其路径依赖

一般来说，一国或地区的经济增长主要依赖于投资与需求（包括内需与出口）。因此，往往将投资需求、出口需求与消费需求统称为经济增长的三大"发动机"，但中国的经济增长则主要依赖于投资与出口。

（一）投资驱动增长

中国经济长期以来主要由投资来驱动增长的，这是过去从苏联引进的模式，在计划经济下是非常普遍的做法，起初的动因是国家工业化战略。

确立市场经济体制的改革方向以后，这一模式事实上未发生根本转变，甚至有所加强（改革开放以后投资占 GDP 比重不断攀升，甚至达到接近 50% 的高水平，大大高于"大跃进时期"的 30%）。

扩张性投资在中国的经济增长中起着主要的且越来越重要的作用：投资在经济改革的头 10 年，平均占 GDP 的 36%，在 1993 年以及 2004 年、2005 年投资已经超过 GDP 的 42%，2007 年甚至超过了 45%，其水平高于中国的东亚邻居们在其高速增长期的历史纪录。1980～2010 年，世界平均投资率为 22.7%，中国几乎达到了它的两倍。与此同时，国民储蓄率在 2005 年已经破纪录地占到了 GDP 的 50%。按照世界银行的统计，2007 年全球的平均消费率约 77%，而我国的消费率比世界平均水平低 41 个百分点。压缩消费、增加储蓄，又进一步刺激了投资增长（R. 拉迪，2007）。

以广东省为例。1978～2005 年，广东全社会固定资产完成投资 41 808.96 亿元，年均增长（现价，下同）22.1%，快于同期 GDP 年均增速 8.7 个百分点。有关研究表明，在广东目前的经济总量条件下，每增加 1 单位固定资产投资可带动增加当年 1.34 单位 GDP，带动增加第二年 2.32 单位 GDP，带动增加第四年 0.979 单位 GDP。改革开放 27 年，固定资产投资对经济增长的贡献率有 11 年超过 40%。使得广东长期存在的以投资扩张拉动经济增长的格局仍然没有发生根本改变。

长期的投资扩张，在拉动 GDP 高速增长的同时，导致产业结构的演进与变

迁形成了明显的"工业增长偏好"的路径依赖。1980年，广东第二产业占GDP的比重为41%，2006年进一步提高到51.7%。在长达20多年的时间里，工业的增长率一直遥遥领先，大大高于GDP的增长速度。"六五"时期，广东GDP年均增长速度是14.7%，第二产业增长率是12.3%；"七五"时期，GDP年增长率是13.3%，第二产业为16.1%；"八五"时期，GDP年增长率是19.6%，第二产业为27.4%；"九五"时期，GDP年增长率是11%，第二产业为12.1%；"十五"时期GDP年增长率是13.2%，第二产业为16.1%。

（二）出口拉动增长

过度的投资与积累，必然导致消费与需求的不足。为了解决因市场容量约束引发的问题，在改革开放以后我们又向东亚国家学来了出口导向的增长模式。

过度投资形成的过剩产能，以大量出口廉价制造品的形式加以释放，以此来维持较高的经济增长。这在一段时间内的确能够奏效，但是长期的巨额贸易盈余，必然会导致本币升值压力，更不用说贸易摩擦等的副作用了。如果这时候进行汇率形成机制的市场化，盈余国家的本币会自然升值，从而恢复平衡。但采取这种办法必然对出口企业形成改进技术和进行产品升级的巨大压力。为了保护出口企业和维持高额出口，就不得不由货币当局大量购买外币，以此来保持本币的低汇率。这样做的后果是长期货币超发，流动性泛滥，积累起大量过剩的购买力，最终便反映为资产泡沫和通货膨胀。

这一条路是东亚、东南亚国家走过的老路。曾经盛极一时的日本和昔日的亚洲"四小龙"都是靠着出口导向的高增长而创造了所谓亚洲奇迹。但"福兮祸之所倚"，这些国家恰恰由于没有及时进行汇率改革和改造政府主导的金融体系，而导致货币超发，形成巨大的资产泡沫，最终吞下泡沫破灭、经济衰退的苦果。

（三）"银根、劳根、地根"：低成本扩张及其路径依赖

事实上，中国的经济增长依靠的就是人口、土地、金融这三个方面的红利：一是发挥本国劳动人口众多的比较优势，依靠大量的农村劳动力转移，工业部门与企业以廉价劳动力获取人口红利；二是地方政府在分税制的激励下，以"公共利益"为由对农地建立其歧视性产权从而形成土地一级市场的垄断，并最终通过征地、农地非农转用与土地出让等形式攫取土地红利；三是中央建立严格的金融管制体系，形成具有国家控制性质的资本市场、货币市场与外汇市场，特别是对农村民间金融实施歧视性隔离获得垄断性资本红利。从而形成了"三根"

（银根、劳根、地根）的路径依赖。

为了维持投资推动与出口导向的增长模式，并保证工商企业的投资积极性，就必然要求低成本的资源投入与之匹配，形成了低成本的"银根—劳根—地根"的联动推进：

首先，低的资金成本（银根）。其源于三个方面：一是中国的银行体制一直不健全，银行贷款和政治影响始终有脱不开的联系。在政府背书之下，银行的资金不断地投向不应该投的生意。二是农村因家庭的分散化与小规模经营，抑制了农户对资本的需求，一方面是农村储蓄向城市与工业的转移，另一方面是农村资金需求不足也使得工业信贷市场价格低于均衡水平。三是老百姓对银行又有超级信用度，钱不断地放到银行里面去，这就导致了中国特殊的信贷环境，投资过热和产能过剩是必然结果。由此，出口拉动增长成为必然。

其次，廉价的劳动力（劳根）。从经济转型理论角度来说，当一种经济形态呈现外延发展特征的时候，农村人口向城市转移的门槛较低。我国从20世纪60年代初到80年代末的将近30年时间里属于外延型发展阶段，农村人口应该大量向城市转移，但由于户籍约束及城乡二元结构的阻隔，致使劳动力转移并不明显。一方面，为了解决农村剩余劳动力以及大量的缺乏技能的农民工问题，就必须制造出大量低门槛的就业机会；另一方面，随之而来的快速工业化的粗放扩张，既需要低成本的资金投入，也需要得到"源源不断"廉价劳动力的支持。但是，廉价的工资收入难以弥补增长蛋糕所要求的需求缺口，于是，出口导向也成为必然。

最后，廉价的土地（地根）。由于土地特别是农地资源具有不可多得性以及使用方向的不可逆性，因此，其廉价投入与浪费使用隐含着严重的问题。

二、分税制、地方财政压力与土地流转管制

（一）分税制与地方财政压力

投资推动与出口导向的增长模式，是中国"赶超型"工业化偏好与发挥劳动力资源优势两个方面共同作用的结果。但一些特殊的制度安排则加剧了另一个方面问题的严重性——农地掠夺与粗放增长并获得"土地财政"。

新中国成立以来，我国的财政税收体制发展大致可以划分为三个阶段：第一阶段从新中国成立后到1978年之前，主要实行统收统支的财政集中体制；第二阶段从1978年到1993年，中央政府逐步放权，实行分成和财政包干体制；1994年分税制改革之后进入第三个阶段（张晏、龚六堂，2005）。体制变革的一个基

本路径就是财政分权。

所谓财政分权，是指财政资源在各级政府间的分配，是中央政府给予地方政府一定的税收权和支出责任范围，允许地方政府自主决定其预算支出规模和结构。

1994年分税制改革最直接的原因来源于两个比重的失衡：第一个比重是财政收入在国内生产总值中的比重由1979年的46.8%下降为1993年的31.6%。原有的制度安排从而难以保证财政收入随着经济的增长而增长；第二个比重即中央财政收入在财政总收入中的比重过于偏低，难以保障国家对宏观经济的调控能力。这迫使中央财政不但要靠地方财政的收入上解才能维持平衡，而且还在20世纪80年代两次通过设立"基金"（分别是"能源交通基金"和"预算调节基金"）向地方政府"借钱"（周飞舟，2006）。

分税制改革之前，地方财政收入在总财政收入中的比重接近80%。但是，分税制改革后，这一比重迅速下降到45%左右。而地方财政支出的比重则从1978年的52.6%上升到2007年的76.9%。与此同时，中央财政的自给率由1993年的0.78陡升为1994年的1.84，而地方财政自给率则由1993年的1.00猛降为1994年的0.24（见图4-2）。

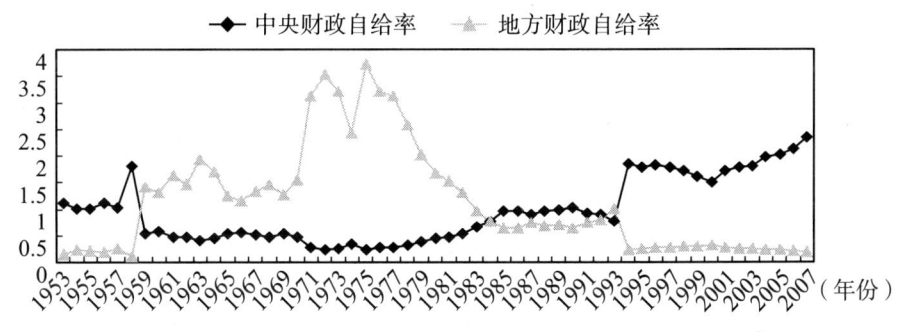

图4-2 1953~2007年中央与地方预算内财政自给率

注：①中央财政自给率=预算内中央财政收入/预算内中央财政支出
②地方财政自给率=预算内地方财政收入/地方财政支出
资料来源：根据国研网统计数据库（http://www.drcnet.com.cn/DRCNET.Channel.Web）有关数据计算。

"财权上移"、"事权留置"，一些本应由中央或上级政府承担的责任，却层层推给了下级基础政府，导致基层政府支出责任过大，形成了地方财政收入和支出间的巨大缺口（见图4-3）。

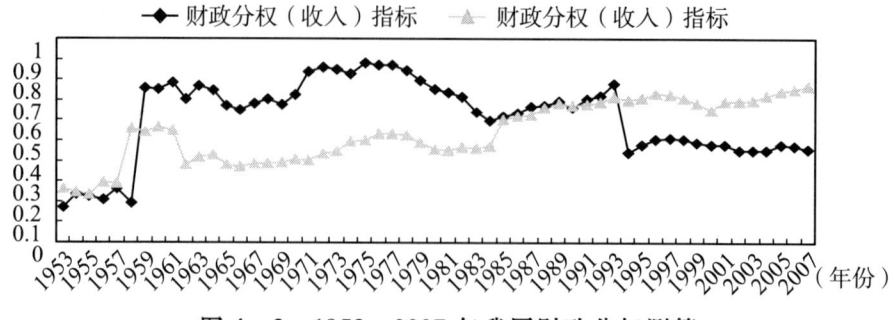

图 4-3   1953~2007 年我国财政分权测算

注：①财政分权（收入）指标＝预算内地方财政总收入/预算内国家财政总收入
②财政分权（支出）指标＝预算内地方财政总支出/预算内国家财政总支出
资料来源：根据国研网统计数据库（http://www.drcnet.com.cn/DRCNET.Channel.Web）有关数据计算。

（二）政府管制、市场垄断与农地掠夺

财政缺口促使地方政府必须寻求预算外收入和体制外收入（周飞舟，2006）。于是，产权模糊的农村土地成为地方政府竞相掠夺的对象，而农村土地的产权模糊、流转的政府管制、征用的强制性以及对一级市场的垄断，则为政府获取"土地财政"提供了制度基础。

第一，农民成为"公共利益"的牺牲者。虽然法律明确规定土地征用须以公共利益需要为目的，但却未对公共利益做出明确的界定，从而鼓励权力控制者将征地范围肆意扩大。某省 11 个县 1992 年 200 个较大的用地项目，属于公共事业项目的用地仅有 42 项，而以盈利为目的的项目用地高达 148 项，其中房地产项目用地 35 项（钱忠好等，2004）。另外，城市规模盲目扩大，80% 以上占用农民集体土地。这导致了 4 000 万农民失去土地，成为"三无"人员（即无地可种、无业可就、无保可享）。

第二，"征地价格剪刀差"的巨大收益，使农地成为政府土地"寻租"的掠夺对象，以至形成了一场广泛的"占地竞赛"。

第三，农地成为获取"产值"的掠夺对象。各级政府的主要财政收入，大概一半以上来自生产型的增值税，即税收的多少是跟产值的多少直接联系在一起的。不仅如此，干部的任期制与政绩考核更强化了对 GDP 的目标指向，这就使得各级政府通过所掌握的配置资源的权力，大量投入资源，招商引资，极力追求产值的增长。于是，"低价征用农地—土地廉价出让—招商引资—增加产值—谋求政绩与财政收入"成为基本的运行逻辑。应该说，掠夺土地资源与投资者分享"租金"或让利，是各个地方政府吸引外资的重要手段。

正是对"土地财政"的追求，导致了农地资源的广泛流失，使我国耕地保护形势异常严峻。最新资料表明，我国耕地已由 2000 年的 19.24 亿亩减至 2007 年的 18.26 亿亩，7 年减少了 9 800 万亩，目前距 18 亿亩耕地红线只剩 2 600 万亩。国务院决定实施的《全国土地利用总体规划纲要（2006~2020 年）》，要求规划期内全国耕地保有量到 2010 年和 2020 年分别保持在 18.18 亿亩和 18.05 亿亩。更为让人忧虑的是，我国中西部的工业化与城镇化尚处于发展的初中期，对土地的需求将与日俱增。显然，到 2020 年要守住这条红线，难度可想而知。

三、地方财政压力与占地竞赛：内在逻辑

财政缺口迫使地方政府必须寻求两个方面的努力，即努力追求预算内财政收入与预算外和非预算资金收入的增加。

（一）预算内财政收入与土地占用

地方政府的预算内财政收入来源于共享税和地方税。

第一，分税制之后，诸税种中规模最大的一种——企业增值税被划为共享税，其中，中央占 75%，地方占 25%。另外中央税还包括所有企业的消费税。共享税主要取之于工业，而生产型增值税的征收主要依赖于生产产值。这必然激励各级政府对 GDP 最大化的追求以及以 GDP 为标志的工业化。

问题是：工业的发展需要大量的资源投入，包括资本与土地。而竞争性资本的进入依赖于地方政府"招商引资"的优惠条件，于是，廉价的土地及其肆意占用成为普遍现象[①]。

第二，尽管地方政府只能分享工业企业增值税的 25%，但发展工业具有三个方面的好处：一是可以保证财政收入总量的增加；二是表达政府政绩；三是可以带动建筑业和第三产业的发展。而建筑业和第三产业带来的营业税可以有效减缓财政缺口带来的压力。然而，建筑业和第三产业同样依赖于土地的占用。从经验现象上看，地方政府在 2002 年以来对于土地开发、基础设施投资和扩大地方建设规模的热情空前高涨，其中谋求地方财政收入增长是一个重要的动力机制（周飞舟，2006）。

因此，扩大地方政府的财政规模，成为工业化的基本动力。

---

① 据统计，到 2003 年 12 月底，全国共有各级各类开发区 6 015 个。规划用地总面积为 3.51 万平方公里，超过了现有全国城镇建设用地的总量（罗必良，2008）。

（二）预算外和非预算资金收入与土地占用

分税制毕竟是一种集权化的财政改革，追求预算内财政收入的努力显然难以弥补其财政缺口。这使得地方政府开始寻求将预算外和非预算资金作为自己财政增长的重点。

通常，预算外资金的主体是行政事业单位的收费，而非预算资金的主体是农业上的提留统筹（农业免税以后已不存在）与土地开发相关的土地转让收入。与预算内资金不同，这些预算外和非预算的资金管理高度分权化，从而成为地方政府所主要倚重的财政增长方式。

非预算资金的主体是土地开发和土地转让收入。一方面，土地开发可以支持建筑业和第三产业的发展；另一方面，土地收入是地方政府通过征地、开发、出让之后得到的收入，由于按照《土地管理法》的规定给予农民的补偿并不高，而商业开发的地价可以很高，所以土地开发收入成为地方政府的主要生财之道①。

于是，以土地开发为主要形式的"城市经营"，成为城市化的基本特征。

（三）内在逻辑：农地流失

不难发现，分税制与地方政府财政缺口是土地肆意占用的根源（见图4-4）。其基本逻辑是：

第一，财政的分权制度导向了地方政府将经济目标——财政收入放在了重要的位置。

第二，预算内地方财政收入主要来源于税收，而税收的征收主要依赖于生产型的增值税，这激励了政府对GDP最大化的追求。

第三，由于政绩的考核及其干部的任期制度，导致了政府行为的短期化与预期不足，因此，追求GDP的数量扩张与粗放的"工业增长偏好"，成为其内在冲动。

第四，由于GDP的增长依赖于投资与出口，所以"招商引资"成为政府的重要工作，且成效的高低与所提供的"优惠条件"密切相关（"银根"：以地融资——以优惠条件吸引投资，以土地抵押获得贷款投资）。于是，地方政府追求GDP的增长转化为优惠条件的"区际竞争"，且这一竞争因政府行为短期化以及

---

① 据《第一财经日报》2012年2月24日报道，1999~2011年，全国土地出让收入总额约12.75万亿元，几乎年均1万亿元。即便2011年重点城市楼市成交低迷，当年全国土地出让收入却仍高达3.15万亿元。财政部的"2011年公共财政收支情况"显示，2011年全国财政收入103 740亿元，比上年增加20 639亿元，其中，地方本级收入52 434亿元。这表明，2011年地方土地出让收入占当年地方财政收入的60%。

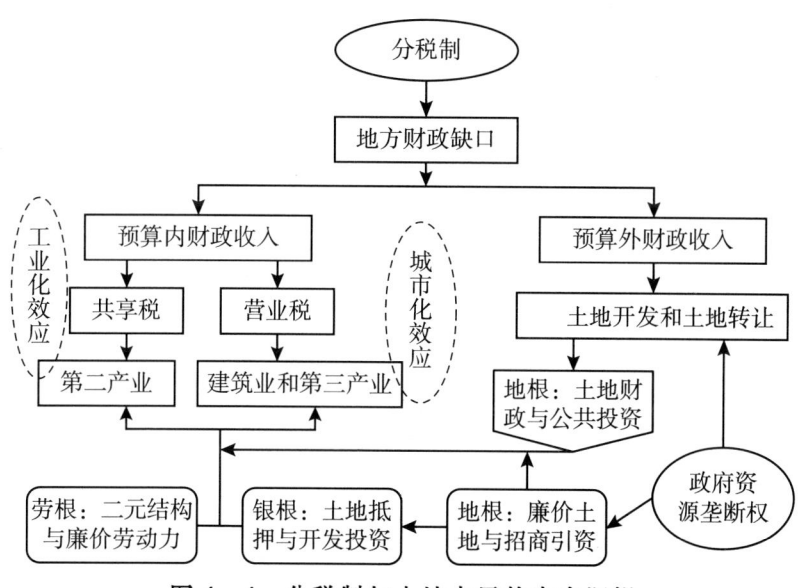

图 4-4 分税制与土地占用的内在逻辑

对企业进入"快见成效"的渴望进一步"加剧"。

第五,优惠条件竞争的一个重要方面是政府利用其土地一级市场的垄断权与建设用地的管制权竞相提供"低地价"甚至"零地价"("地根")以及其他低门槛准入(如低环保,特别是以低劳保、低工资所表达的"劳根"等),于是"区际竞争"又转化对农地的侵蚀及其租金享益的"竞赛",进而导致了资源的浪费与环境的破坏。

第六,预算外财政收入则依赖于获取"征地价格剪刀差"("地根"),从而进一步使土地掠夺与占用在已有的路径依赖下雪上加霜。

正是对"土地财政"的追求,导致了农地资源的广泛流失(见图4-5)。

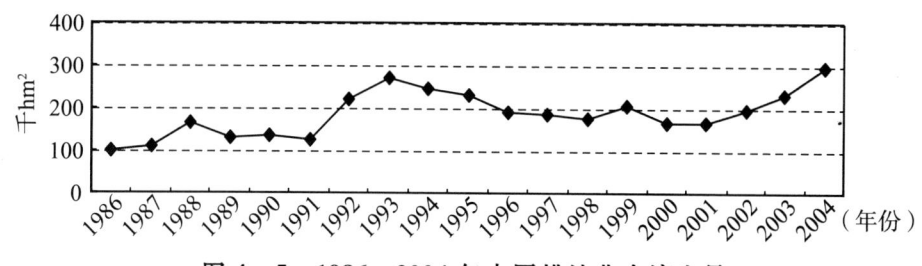

图 4-5 1986~2004 年中国耕地非农流失量

注:耕地流失之所以从 1992 年开始剧增,是因为 1992 年国家曾规定:土地收益的 40% 上缴中央、60% 留地方。尽管之后做了多次的政策调整,但追求"土地财政"与农地流失的基本格局一直没有发生根本转变。

资料来源:《中国国土资源年鉴》各年度。

张琦（2007）通过对 2002~2004 年全国百强县建设用地变化量与 GDP 变化量之间相关度的计算表明，其相关系数达 2.597，即当建设用地面积每增加 1% 时，地区 GDP 增加 2.597% 左右。如果考虑绝对量的变化，可以发现建设用地增加 1 万亩，地区 GDP 增加 11.448 亿元。可见，中国经济的快速增长，是基于谋求经济增长及其"土地财政"而以农地资源的广泛流失与浪费为代价的。必须清醒地认识到，我国现行的经济增长方式与发展格局是以牺牲资源和未来机会为代价的，是难以为继的。

中央从 1995 年就提出要转变经济增长方式，但"久转而无根本效果"。基于前述，我们认为关键在于政府主导经济增长的体制格局没有根本性转变。模式上表现为政府主导型的经济增长模式；体制上表现为政府对经济资源的控制、对要素流动的管制、对经济活动的过多干预；产业上表现为数量上的粗放扩张、对 GDP 的数量追求；发展格局上表现为对资源的掠夺、对环境的破坏，并进一步加剧发展的不平衡。

可见，模糊的农地制度安排提供了农地流失的制度供给，政府主导经济增长的体制机制提供了农地流失的制度需求。

第三节 政府的"土地财政"：一个估算

通过土地资源获得相应收入是世界各国地方政府通行的做法。获取"土地财政"是政府的普遍"偏好"。由于地方政府通常比中央政府更具备信息与"灵活性"优势，一般保持着较高比例的土地收益，各国土地租税合计占地方财政的比重大约为 20%（张立彦，2007）。然而，我国分税制改革以后，一些地方政府可用财力 30% 以上与土地相关，市级政府甚至达到 60%（唐在富，2008）。

一、分类与指标设计

按照财政部的分类方法（财综 [2004] 53 号），可以将"土地财政"划分为：与土地相关的税收收入和非税收入。其中部分非税收入的存在方式极为隐蔽，我们称为土地隐形财政收入。

（1）土地税收入。目前的财税体制涉及土地课税的税种有十多种，这些税种在 1994 年分税制改革后均划为地方收入。

本节选取的指标是：城镇土地使用税、土地增值税、耕地占用税、房产税、契税。

（2）土地非税收入。分为广义和狭义两种，两者的区分在于是否纳入预算报告。这里选取广义的概念。按照非税收入纳入预算与否，划分为预算内非税收入和预算外非税收入。

考虑到指标的可获取性，对于预算内非税收入本节主要关注与土地开发最为密切的两个产业，即房地产业营业税和附加，以及建筑业利税总额。选取预算外非税收入的指标为：国有土地供应出让金额、国有土地供应其他情况的发生金额、国有土地使用权交易的租赁和转让所得。

（3）土地隐形收入。包括政府土地的抵押贷款收入和制度外收入。地方政府通常以土地储备中心、政府性公司和开发区为载体向银行进行土地抵押，以此获得银行贷款，弥补地方财政资金的不足。地方政府在土地供应上进行策略性行为选择，大量以非市场化的方式供应土地，其中以划拨出让和协议出让占了土地供应量的绝大部分（蒋省三、刘守英，2007）。

土地隐形收入的估算是个难点。目前可行的方法有两种，方法一是选取国有土地抵押贷款额来估算，方法二是选择国有土地供应划拨的面积来估算。后者涉及地价，考虑到各省在行政区域内的地价差异较大，因此选择第一种估算方法。

按照上述分类，本节将政府土地税收收入定义为土地财政Ⅰ；在此基础上，加上土地非税收收入，构成了土地财政Ⅱ。土地财政Ⅲ是范围最广的概念，它在土地财政Ⅱ的基础上，增加土地抵押收入和其他收入。

要说明的是，我国从1997年10月1日开始征收契税，为了保持测算的一致性，特选取始于1999年的相关数据。

二、全国土地财政测算

为了剔除通胀等因素的影响，特使用相对指标，即：土地财政占财政收入的比值，以及三类土地财政收入占土地财政总收入的比重。测算表明，1999年以来我国土地财政呈现逐年攀升态势（见图4-6）。

从图4-6可以发现，土地财政Ⅰ增幅相对缓慢，土地财政Ⅲ则显著增长。进一步的分析表明：

（1）土地直接税收收入占财政的比例从1999年至2006年基本维持在15%左右，其中契税收入和房地产税收收入约占直接税收收入的一半。

（2）国有土地供应出让收入占土地地租性收入的比重呈现递减的趋势，从1999年约60.53%下降到2006年的33.59%。

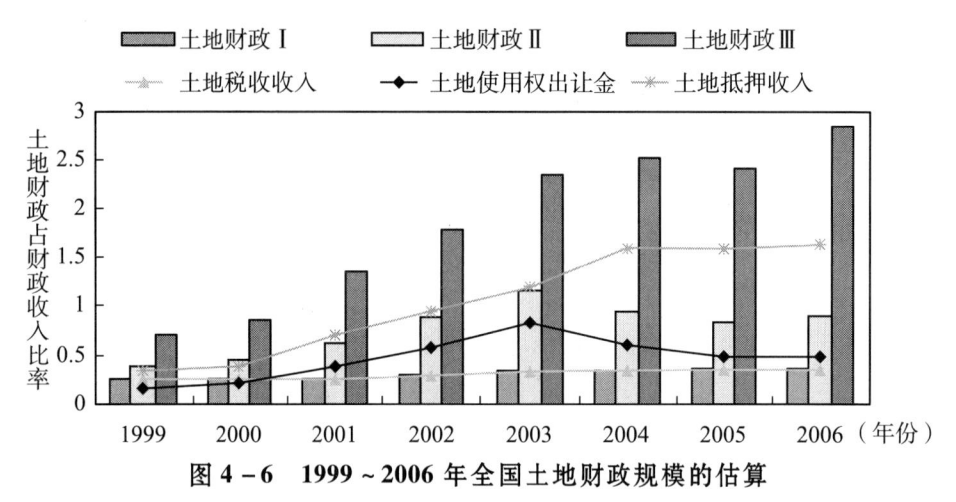

图例：土地财政Ⅰ　土地财政Ⅱ　土地财政Ⅲ　土地税收收入　土地使用权出让金　土地抵押收入

图 4-6　1999~2006 年全国土地财政规模的估算

资料来源：根据《中国财政年鉴》、《中国国土资源统计年鉴》、《中国国土资源年鉴》相关数据计算。

（3）地方政府的土地抵押收入呈现较为活跃的增长势头。

三、各省区土地财政估算

1999~2007 年，我国各区域土地财政收入Ⅰ占各地财政收入比较稳定，基本保持在 30% 左右，但土地财政Ⅱ与土地财政Ⅲ则普遍大大超过了土地财政Ⅰ（见表 4-1）。

表 4-1　1999~2007 年我国各省区土地财政占财政收入比重的估算

地区		土地财政Ⅰ	土地财政Ⅱ	其中：非税收	土地财政Ⅲ	其中：抵押收入
高收入省区	北京	0.340	0.712	0.372	2.827	2.115
	天津	0.281	0.491	0.210	1.367	0.875
	辽宁	0.318	0.534	0.217	1.067	0.533
	上海	0.288	2.661	2.374	6.494	3.833
	江苏	0.344	0.752	0.408	1.941	1.189
	浙江	0.445	0.953	0.508	2.944	1.991
	福建	0.288	0.600	0.312	1.610	1.010
	山东	0.308	0.620	0.312	1.285	0.665
	广东	0.249	0.483	0.234	1.369	0.886
	平均	0.318	0.867	0.550	2.323	1.455

续表

地区		土地财政Ⅰ	土地财政Ⅱ	其中：非税收	土地财政Ⅲ	其中：抵押收入
中等收入省区	河北	0.253	0.505	0.252	1.001	0.496
	山西	0.209	0.313	0.104	0.469	0.156
	内蒙古	0.262	0.343	0.081	0.554	0.212
	吉林	0.278	0.487	0.209	0.683	0.196
	黑龙江	0.259	0.370	0.111	0.460	0.090
	河南	0.230	0.394	0.163	0.804	0.410
	湖北	0.320	0.564	0.244	1.126	0.562
	湖南	0.295	0.572	0.277	1.098	0.525
	海南	0.243	0.777	0.534	1.599	0.822
	重庆	0.366	0.758	0.392	1.996	1.238
	青海	0.260	0.331	0.071	1.201	0.870
	新疆	0.245	0.356	0.112	0.723	0.367
	平均	0.268	0.481	0.213	0.976	0.495
低收入省区	安徽	0.299	0.603	0.304	1.151	0.548
	江西	0.243	0.497	0.254	1.385	0.888
	广西	0.216	0.587	0.372	2.263	1.675
	四川	0.371	0.916	0.545	1.675	0.759
	贵州	0.231	0.354	0.123	0.627	0.273
	云南	0.281	0.374	0.093	0.892	0.518
	西藏	0.403	0.573	0.170	0.928	0.355
	陕西	0.246	0.415	0.169	0.918	0.503
	甘肃	0.282	0.355	0.073	0.553	0.198
	宁夏	0.321	0.478	0.156	1.169	0.691
	平均	0.289	0.515	0.228	1.156	0.641

注：人均 GDP 大于 15 000 元/年的划为高收入地区；对于人均 GDP 小于 8 000 元/年的划为低收入地区；介于二者之间的划为中等收入地区。

从表 4-1 可以发现，经济发展水平越高，土地财政所占比例越高。其中，在高收入地区，地方政府所获土地财政Ⅲ则是预算内财政收入的 2.32 倍。

值得注意的是，与中等收入水平的省区相比，低收入省区获取土地财政的冲动更为强烈。之所以如此，原因在于：一方面是中央政府所实施的严格的耕地保护政策，对粮食主产区的耕地流失具有抑制作用，而这些主产区主要分布于中等收入水平省区；另一方面，西部大开发战略的实施为低收入省区推进工业化与城市化提供了机遇，从而进一步加剧了政府谋求"土地财政"的激励。

第四节　地方政府的占地竞赛：省级面板数据的经验证据

一、问题的提出

地方经济增长实绩构成了地方官员政绩考核的重要依据（Tsui and Wang，2004；Li and Zhou，2005；周黎安，2007）。1994年分税制改革形成的"财权上移"、"事权留置"，其财政缺口直接导致地方政府进一步寻求两个方面的行为努力，一是追求预算内财政收入，二是追求预算外与非预算资金收入的增加。前者刺激了以"工业园区"为标志的中国工业化的迅速推进，后者导致了以"城市经营"为特征的中国城镇化的急剧扩张（周飞舟，2006；罗必良，2010）。于是，经济增长政绩与弥补财政缺口的双重激励，形成了中国特有的增长机制（Qian et al.，1997；Jin et al.，1998），并进一步演变为由地方政府主导的"为增长而竞争"的模式（张军、周黎安，2008）。

地方政府间的竞争，除了赢得优惠政策、吸引人才（张维迎、粟树和，1998；朱恒鹏，2004），更重要的是引资竞争（钟晓敏，2004；李军杰等，2005）。一方面，地方政府竞相为制造业投资者提供低成本土地，通过低价甚至零地价出让工业用地，建立了大批工业园区；另一方面，引资竞争依赖于当地基础设施和公共服务系统的改善，而这又取决于地方政府的财政能力，使得城市开发区不断扩张（陶然等，2009）。

引资竞争构成了对土地占用的需求，而农村土地的产权模糊、建设用地的政府管制、征用的强制性以及对一级市场的垄断，则为政府占用土地提供了制度基础（罗必良，2008）。于是，土地成为地方政府竞相掠夺的对象，使得地方政府既可通过土地价格的"剪刀差"获取土地财政收入，也可以通过廉价出让土地资源吸引投资获取发展机会。

土地出让竞争的内在逻辑是：第一，财政的分权制度使地方政府将经济目标——财政收入放在了重要的位置。第二，预算内地方财政收入主要来源于税收，而税收的征收主要依赖于生产型的增值税，这激励了地方政府对GDP最大化的追求。第三，由于政绩的考核及干部的任期制度，导致了政府行为的短期化与预期不足。因此，追求 GDP 的数量扩张与粗放的"工业增长偏好"，成为其内在冲动。第四，GDP 的增长依赖于投资与出口，所以"招商引资"成为政府的重要工作，其成效的高低与所提供的"优惠条件"密切相关。于是，地方政府追求 GDP 的增长转化为优惠条件的"区际竞争"，且这一竞争由于地方政府短期化行为以及对企业进入"快见成效"的渴望而进一步"加剧"。第五，优惠条件竞争的一个重要方面是政府利用其土地一级市场的垄断权与建设用地的管制权，竞相提供"低地价"甚至"零地价"以及其他低门槛准入（如低环保、低劳保、低工资等），于是"区际竞争"又转化为对农地的侵蚀及其租金享益的"竞赛"，进而加剧资源的浪费与环境的破坏。第六，预算外财政收入则依赖于获取"征地价格剪刀差"，从而进一步使土地掠夺与占用在已有的路径依赖下雪上加霜。

正是对"工业引资"与"土地财政"的追求，导致了耕地资源的广泛流失。数据表明，我国耕地已由 1999 年的 19.3808 亿亩减至 2009 年的 18.2573 亿亩，10 年减少了 1.1235 万亩①，逼近国家设定的 18 亿亩的耕地红线。

可以认为，低成本的土地供给是地方政府在区际竞争中吸引流动性要素的重要策略性手段。由此提出的疑问是：考虑到这一时期财政体制下地方政府争夺制造业投资所带来的财政收入中有 75% 的增值税和 50% 的企业所得税被中央拿走，为什么地方政府还如此热衷于"引资竞赛"？进一步的问题是：通过"招拍挂"等方式出让商住用地，能够使政府获得丰厚的出让金收入，为什么地方政府在工业用地和商住用地上采用截然不同的出让策略？②

对上述问题的解释主要是"官员晋升的锦标竞赛理论"（周黎安，2007）。陶然等（2009）则给出了颇具新意的区际"竞次"（Race to Bottom）的机理解释，认为区际平面竞争产生的外部效应，会因提供廉价土地导致税基的减少；中央—地方之间垂直税收竞争，则迫使地方政府引进工业投资以做大税基，通过发展本地制造业产生溢出效应。对制造业投资者以协议方式低价出让土地有损于地方政府的当期财政收入，但却能创造较稳定的未来收入流（既包括直接增加的增值税，也包括制造业对服务业外溢效应带来的营业税乃至商、住用地出让金），从而弥补土地出让的财政损失。

然而，正如陶然等（2009）已经指出的，制造业对本地的溢出效应要到 2~3 年后才显现出来。徐现祥等（2007）的研究表明，中国省级主要官员的任职时

---

① 根据各省份 2009 年年末耕地面积加总。
② 一级市场的土地出让方式主要包括：行政划拨、协议出让、招标出让、拍卖出让和挂牌出让。其中，两种廉价的土地出让方式，即行政划拨和协议出让占 1999~2009 年供给总量的 60%。

间是 3~4 年。众多的报道则表明县镇主要干部的任期仅仅 2~3 年①。在预期不足的情形下，地方政府通过廉价出让土地"招商引资"以创造未来收入流，显然缺乏足够的说服力。张莉等（2011）的研究甚至认为地方政府出让土地主要源于"土地引资"而非"土地财政"，不过该文没有区分不同的土地出让方式。

我们认为，政府土地出让的政策目标是双重的：即一方面通过招标出让、拍卖出让和挂牌出让等方式获得"土地财政"，另一方面则以行政划拨、协议出让的廉价方式获取"土地引资"。所以，地方政府的竞争，不仅仅表现为经济实绩（GDP、财政、就业等）的结果竞争，还表现为"招商引资"、工业用地指标的过程竞争。事实上，在地方政府的年度业绩报告中，工业园区建设、招商立项、引资额度等，均是重要的内容，也是上级考核地方政府政绩的重要指标。因此，我们推断地方政府间的竞争，在一定程度上表现为"招商引资"的"优惠"竞争，进而表现为廉价出让土地的"占地竞赛"。或者说，政府廉价出让的"土地引资"，存在着区际的空间策略互动行为，即一个地方的土地出让，会导致关联区域类似行动的响应，竞争由此而加剧。

二、地方政府土地出让竞争：模仿效应抑或替代效应

关于区域之间的策略性互动，已有研究主要集中于环境保护政策和财政政策两个方面。而对策略互动的研究通常采用布鲁克纳（Bruckerner，2003）的溢出效应模型和资源流动模型。

溢出效应模型主要指区域政策会改变其他辖区政府的偏好，使其行为具有空间依赖性（Case et al.，1993；Anselin，2001；Baicker，2005）。其思想来源是，地方政府的竞争可能来自对经济发展不平衡的厌恶。发展的不平衡影响区域政府的效用，进而影响政策的策略互动方式。国内研究表明，低增长地区对经济增长较快的相邻地区和其他地区的财政收支状况反应敏感（王守坤等，2008；赵文哲等，2010）。

资源流动模型则认为地方政府相互影响的作用机制是间接的，区域决策直接受到本地区资源分布的影响。资源会因不同地方政府所制定政策的不同而在不同地区之间移动，其典型代表是税收竞争模型（Buettner，2001）。

基于上述两类模型，可以给出下列定义：

---

① "从 1993 年 9 月到 2004 年 3 月，10 年零 5 个月中，河北省邯郸市先后有 7 任市长施政，10 年换了 7 个市长，平均下来一个干了不到一年半。"（见《人民论坛》2006 年第 17 期）。"中部某省 90 多个县（市、区）中，近年来只有一名县委书记在岗位上干满一届。"（见《半月谈》2005 年第 3 期）。

定义1：如果一个区域出让土地能够吸引更多资本，在引资的竞争压力下，其他辖区可能会模仿该辖区的行为，也增加土地出让规模。对此，我们称为"模仿型"土地出让竞争。

定义2：如果考虑到土地资源与资本的替代性，当土地价格下降时，决策者会倾向多用土地少用资本的替代行为。相反，当土地相对稀缺时，也可能会出现地方政府策略性地驱逐占地型企业，以优化投资结构与产业结构。对此，我们称为"替代型"土地出让竞争。

为了识别地方政府间土地出让的竞争特性，我们给出若干假设。

（1）必须强调，并不是所有类型的投资都会引发土地出让竞争。例如，农田水利设施、土地整理等方面的投资可能增加农地的有效供给。但引进制造业、房地产、道路建设等投资，则会加剧土地占用。结合前文的分析，提出第一个假说：

假说1：地方政府间竞争的加剧，可以通过各地为引资而展开的廉价土地出让竞争来表达。

（2）除了地方政府间的互动策略影响土地出让规模，还有其他因素对土地出让产生影响。土地的大规模出让往往和工业园区、开发区建设紧密相连。而开发区建设通常是城市规模扩张的主要表现。因此，与"人口城市化"相对应的是"土地城市化"及其城市空间扩展，土地出让规模的扩大伴随城市化进程而推进。据此提出第二个假说：

假说2：地方政府的土地出让规模与其区域城市化进程相伴生。

（3）土地资源禀赋、特别是耕地资源禀赋是影响地区间展开土地出让竞争的重要约束条件。一般来说，第一产业占GDP比重较大的地区，其经济发展水平相对较低，耕地资源也相对丰裕。考虑到地方政府对不发达状态的厌恶，我们提出第三个假说：

假说3：农业份额高的区域，可动用的土地资源较多，其土地出让行为可能表现出明显冲动。

（4）地方政府间的竞争通常受到中央政策和国家管治的影响。分税制改革之前，财政包干采用的是基数包干法，由于各级政府是按照企业隶属关系组织税源，因此地方政府热衷兴办"自己的企业"，并有"藏富于企业"的倾向（Oi, 1992）。分税制改革将企业主体税种（增值税、消费税和企业所得税）纳入共享税，国税、地税分家进行"垂直化"管理。这两种制度安排弱化了地方政府兴办企业的行为努力。当经营企业对地方政府无利可图时，用"甩包袱"的方式加快国有企业改制便成为地方政府的理性选择。分税制改革后税收的主体依靠营业税，营业税主要是依靠建筑业和第三产业征收的税种，前者又是营业税的第一大户。因此,地方政府为提高预算内收入,使得在基础设施投资扩张和扩大地方建设规模方面的热情高涨(周飞舟,2010)。据此,得到第四个假说:

假说4:地方政府的企业退出行为,可能表达了参与土地出让竞争的努力。

(5)分税制改革之初就突破了原有土地不能买卖的政策禁区[①],地方政府可以通过"以地养地"和"城市经营",实现建设资金的"良性"循环。地方通过改善本地的基础设施和公共服务系统,既推动了区域经济增长,也吸引了投资。土地出让既有融资的功能,又有吸引投资的作用,从长期而言这两种功能可能形成互为因果的伴生关系。然而,在同一时期中央土地总量控制的约束下,土地出让竞争与财政支付能力可能存在此消彼长的关系。于是提出第五个假说:

假说5:在短期内,财政支出能力的不足可能会加剧土地廉价出让的竞争。

(6)地方政府"土地引资"的竞争,偏离了中央政府的目标。当农地,尤其是大量优质耕地被建设占用危及"粮食安全"的国家战略时,中央会加大对土地违法案件的查处力度,并对地方政府"占地行为"加以干涉。中央对土地违法行为的查处,提高了地方政府出让土地的机会成本(周黎安等,2009;陶坤玉等,2010)。由此提出第六个假说:

假说6:中央政府的查处力度将对地方政府违规出让土地的行为起到约束作用。

三、计量模型

(一)模型设计

基于上述分析,将计量分析模型设为:

$$land_{it} = \alpha + \beta \sum_{j \neq i} w_{ijt} Land_{jt} + \theta_i land_{it-1} + \rho \sum_{i \neq j} w_{ijt-1} land_{jt-1} + \gamma_i X_{it} + + \xi$$

其中,$land_{it}$表示区域i在年度t中政府对土地划拨和协议出让的宗数或面积,以及两者之和。变量还选取地方土地出让中划拨与协议出让在全国总量中的比重,来表达土地竞争的激烈程度。

$land_{it-1}$表示土地出让的滞后一期,以便考察地方政府的土地出让行为是否存在路径依赖性。

[①] 1992年10月财政部颁布《城镇国有土地使用权有偿收入管理暂行规定》,肯定了土地批租行为,对土地使用权出让收入在中央和地方间分成比例作了以下规定:属于人民币收入的,中央得5%,其余归地方;属于外汇收入的,按外汇额度实行中央与地方四六分成。

$\sum_{i \neq j} w_{ijt} land_{jt}$ 是反应函数，也可以被称为空间滞后变量，表示为：空间权重矩阵 w 与其他各区域的土地出让情况的乘积，反映了地方政府间本期的土地政策策略互动。

$\sum_{i \neq j} w_{ijt-1} land_{jt-1}$ 是反应函数的滞后一期，可考察省际土地出让策略是否存在跨期的空间互动。

对地方政府土地出让竞争策略的考察，可以简化为对反应函数系数的衡量（见图 4-7）。当期或滞后期的反应项系数显著为正时，说明政府间土地出让存在模仿行为。反之，则存在替代行为。

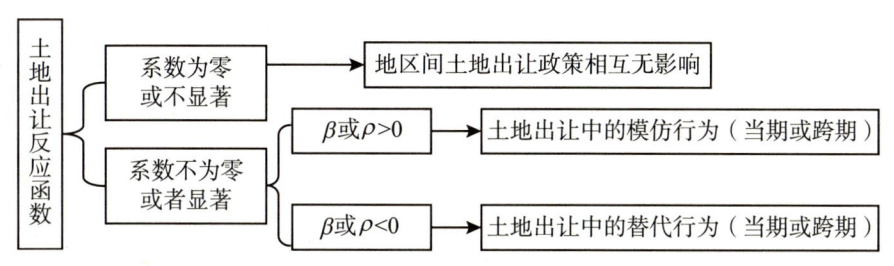

图 4-7 地方政府土地出让竞争：模仿效应与替代效应

注：β 和 ρ 分别是土地出让函数的反应项当期和滞后期的系数。

（二）空间权重矩阵

反应函数构造的重点是空间权重矩阵度量。空间权重矩阵 w 衡量了不同社会经济联系的密切程度，即对某一个地区而言其他地区的相对重要性。通常选取先验的设定方法（Madariaga，2007；郭杰等，2009；李涛等，2009；王美今等，2010）。为满足分析目的，设计了两类空间权重矩阵。

第一类是地理相邻空间权重。W 反映各年度各省区间的空间关系，具体形式如下：

$$W = \begin{bmatrix} w_{1993}, & 0, & \cdots, & 0 \\ 0, & 0, & w_i, & \cdots, & 0 \\ 0, & 0, & \cdots, & w_{2009} \end{bmatrix}_{527 \times 527}$$

$w_{1993}, \cdots, w_{2009}$ 分别表示 1993~2009 年各省区象征性的空间权重矩阵。鉴于所采用的地表距离的空间关系是不随时间变化的，因此，有 $w_{1993} = w_{2009}$。对于每一个 w 而言，该矩阵中的元素 w_{ij} 反映了地 i 省区与第 j 省区在空间中的相互关系。

理论上有两个关于空间权重矩阵 w 的假设：(1) w_{ij} 是已知常数，这排除了空间权重矩阵参数化的可能；矩阵 w 所有对角线的元素都为 0，说明没有一个省份能够被看做是自己的空间邻居；（2）矩阵 w 特征根已知，这使得空间权重矩阵的特征根以及空间回归模型的对数似然方程可以被精确计算出来（Elhorst，2003）。这里设定 $w_{ij} = 1/d_{ij}$，d_{ij} 表示的是省级行政区域 i 和省级行政区 j 的省会城市间的地表距离①。进一步地，我们对空间权重矩阵进行标准化，使得每行之和为 1。

第二类是根据区域经济发展水平来构造矩阵。$w_{ij} = D/GDP_{ij}$，其中，GDP_{ij} 是经济发展反应项，D 是区域关系赋值。如果属于同一区域，$D = 1$；属于不同区域，$D = 0$。假定甲区域有 3 个省区（$i = 1$、2、3），乙区域有另外 3 个省区（$i = 4$、5、6），那么权重矩阵即为：

$$W = \begin{bmatrix} 0 & 0 & 0 & w_{44} & w_{45} & w_{46} \\ 0 & 0 & 0 & w_{54} & w_{55} & w_{56} \\ 0 & 0 & 0 & w_{64} & w_{65} & w_{66} \\ w'_{11} & w'_{12} & w'_{13} & 0 & 0 & 0 \\ w'_{21} & w'_{22} & w'_{23} & 0 & 0 & 0 \\ w'_{31} & w'_{32} & w'_{33} & 0 & 0 & 0 \end{bmatrix}$$

我们考察省际竞争时使用第一类指标，考察不同地带（区域）的区内竞争时使用第二类指标。

（三）估计与检验方法

在空间计量模型中，最大的问题是被解释变量与部分解释变量之间存在内生性。因此，我们采用广义矩估计方法（GMM）。另外，为了消除个体效应，需要一阶差分。

$y_{i,t} - y_{i,t-1} = \alpha(y_{i,t-1} - y_{i,t-2}) + (\mu_{it} - \mu_{it-1})$，其中：$t = (2, 3, \cdots, T)$。对于 $T \to \infty$，$y_{i,t} \to y_{i,t-1}$ 和 $\mu_{it} \to \mu_{it-1}$ 也是相关的。

Anderson 和 Hsiao（1982）指出，对于差分模型，$y_{i,t-2}$ 或者 $y_{i,t-2} - y_{i,t-3}$ 与 $y_{i,t-1} - y_{i,t-2}$ 相关，但是与 $(\mu_{it} - \mu_{it-1})$ 无关，因此前者均可以成为后者的工具变量。当我们拥有多于解释变量个数（K）的工具变量（J）时，就需要考虑广义矩。假设 $K > J$ 个总固体矩阵条件，θ 为 K 维向量，矩条件可以写为：$E_\theta[m_j(y_i, x_i, \theta)] = 0$。对应的样本矩阵为：$\overline{m}_j(y, X, \theta) = \dfrac{1}{T} \sum_{t=1}^{T} m_j(y_t, x_t, \theta)$。求解方程组：

---

① 来自空间地理科学网站：http://www.geobytes.com。

$$\begin{bmatrix} \bar{m}_1(y, X, \theta) \\ \vdots \\ \bar{m}_j(y, X, \theta) \end{bmatrix} = \bar{m}(y, X, \theta) = 0$$

根据 GMM 的定义，$W = Asy. Vr(\bar{m})$。即，在矩条件数大于待估参数时，可以求解样本矩的最小化二次型。显然，$\hat{\theta}$ 依赖权重矩阵 W，只要 W 是正定的，GMM 估计系数就是一致的。估计系数的协方差矩阵最小的权重举证 W_N，即为最优权重矩阵。

（四）指标设计与数据描述

反映地区土地竞争程度的 $land_{it}$，共有 4 个指标：土地出让面积、土地出让面积占全国的比例、土地出让宗数、土地出让宗数占全国的比例。

由于有三类土地出让的统计数据：划拨出让、协议出让和两者之和，因此 $land_{it}$ 共有 12 个指标。与土地出让函数的形式相对应，$land_{it-1}$、$\sum_{i \neq j} w_{ijt} land_{jt}$、$\sum_{i \neq j} w_{ijt-1} land_{jt-1}$ 同样拥有相应的 12 个指标。在计算中为降低异方差，均取对数值。

控制变量：

——城市化水平，记做 $city$，用城镇人口比率表达；

——经济开放程度，也可以称为外贸依存度，记做 $Inex$。为了降低异方差性，选取进出口商品总值（美元）折算平减后的对数值；

——固定资产投资比重，记做 $invgdp$，是全社会固定资产投资占地区生产总值的比重，反映了各地的资本投入；

——农业份额，记做 Agr，指第一产业产值占 GDP 的比重；

——地方政府的企业退出行为，记做 $state$，使用"国有企业就业人数占年末总从业人数的比值"（这是一个反向指标）；

——地方财政支出能力，记做 fd，选用"人均财政的支出份额"指标，即：fd = 人均［各省预算内本级财政支出 −（转移支付中央预算内本级财政 − 地方上缴中央收入）］/（人均省级财政支出 + 人均中央支出）。这也是一个反向指标，即支出水平越高，对"土地引资"的依赖越小；

——国家对土地违法的监督力度，包括违法土地面积、违法土地面积在全国占的比重、违法土地宗数、违法土地宗数在全国占的比重等多项指标，分别记为：$squaret$，$caset$，$square$，$case$。

鉴于数据的可获性，使用我国 1993～2009 年的省级面板数据①。上述变量的统计描述见表 4-2。

表 4-2　　　　　　　　主要变量的统计性描述

变量名称	观察值	平均值	标准差	最小值	最大值
协议划拨总面积（公顷）	485	5 710.8500	6 550.4640	7.0000	63 256.7600
协议划拨总宗数（例）	485	7 209.6410	10 797.4400	7.0000	111 790.0000
协议面积（公顷）	432	2 582.6810	3 510.6120	7.0000	26 083.1300
协议宗数（例）	432	3 761.5600	5 181.2540	1.0000	61 534.0000
划拨面积（公顷）	481	2 874.0380	3 823.3880	8.0000	37 841.0000
划拨宗数（例）	481	4 520.7630	9 336.0740	4.0000	108 139.0000
协议划拨面积反应项	485	19.0066	24.2158	0.0001	282.9600
协议划拨宗数反应项	485	23.9966	38.8940	0.0001	350.3100
协议面积反应项	432	7.3871	12.7859	0.0001	100.6200
协议宗数反应项	432	8.3471	16.9700	0.0006	275.2400
划拨面积反应项	481	6.5168	11.6268	0.0004	132.7100
划拨宗数反应项	481	10.9872	28.9232	0.0003	312.7400
城市化水平	523	0.4458	0.2182	0.1508	1.0000
外贸依存度	523	4.7766	1.6537	1.1394	8.3993
固定资产投资	523	0.0038	0.0012	0.0018	0.0079
农业份额	523	0.1741	0.0869	0.0076	0.4890
国有企业就业份额	523	0.1540	0.1023	0.0502	0.5480
地方财政支出能力	523	0.4458	0.1251	0.2385	0.8235
土地违法面积	485	7.9306	1.4531	1.0986	11.3703
土地违法宗数	485	6.7981	1.5114	0.7395	10.1054
土地违法面积比例	485	3.2258	3.2672	0.0012	19.1324
土地违法案件宗数比例	485	3.2258	4.9558	0.0017	63.7714

注：①协议出让数据在 1995 年后有记录；②划拨出让数据在 1993 年后有记录，部分省区存在数据缺失；③2009 年国有单位年末在岗职工数缺失，使用在岗职工减去私营和个体职工求近似值；④1997 年重庆市数据无，土地违法数据共有 11 个值缺失；⑤本节对年鉴中缺失的部分数据，利用插值法做了处理。

---

① 各类数据分别来自《中国土地年鉴》、《中国国土资源年鉴》、《中国国土资源统计年鉴》、《中国统计年鉴》和《中国财政年鉴》各年，面板数据不包括我国港、澳、台地区。

四、计量结果及其分析

通过使用反映土地竞争关系的 12 个因变量,对计量模型进行回归分析,以考察地方政府间是否存在土地出让竞争及其竞争关系(模仿或者替代)。

(一)省际竞争:总量与分项的竞争反应函数

本节首先考察协议和划拨出让的总量竞争格局,然后考察不同出让方式的单项竞争关系。在模型估计中,每次回归都使用到了控制变量,包括城市化率、进出口总值、固定资产投资比例、第一产业比重、经济非国有化比重、财政分权变量,以及土地违法案件的查处力度。

模型是否合理,首先需要各项检验。GMM 估计中 Wald 统计量是弱识别性检验,类似于最小二乘法中的 F 检验。广义矩阵涉及工具变量的使用。对于工具变量是否存在过度识别问题,需要进行 Sargan 检验,并进一步通过 Arellano-Bond 检验,以考察 AB(1) 和 AB(2) 值是否存在一阶序列相关和二阶序列相关,下列估算均通过了上述检验。

1. 土地出让总量的反应函数估算

回归结果如表 4-3 所示。

表 4-3   地方政府间土地出让竞争:协议与划拨土地总量的估算

变量和检验	总面积	总宗数	比例面积	比例宗数
$land_{it-1}$	0.8281*** (23.961)	0.1608** (1.9908)	0.0981*** (2.7066)	0.2028*** (3.4013)
$land_{it-2}$	0.0032* (1.8513)	0.0073 (1.2899)	-0.0173 (-0.7885)	-0.0292*** (-3.3143)
$\sum_{i \neq j} w_{ijt} land_{jt}$	0.9879*** (193.2057)	0.9394*** (56.4245)	0.4807*** (17.9512)	0.3704*** (17.0327)
$\sum_{i \neq j} w_{ijt-1} land_{jt-1}$	-0.825*** (-23.5748)	-0.1151 (-1.6071)	-0.0082 (-0.4116)	-0.0047 (-0.12)
$City$	0.051*** (3.0409)	0.0808 (0.5627)	0.7042 (1.3839)	-0.2558 (-0.7025)
$Lnex$	-0.0092 (-1.4587)	-0.0206 (-0.7534)	0.0198 (0.2634)	0.0656 (0.6628)

续表

变量和检验	总面积	总宗数	比例面积	比例宗数
$Invgdp$	0.0455**	0.0437	0.1134	0.2599
	(2.0756)	(0.4535)	(0.1584)	(0.6777)
Agr	0.0176	0.7877***	0.0158	0.0216**
	(0.1605)	(2.7021)	(1.4141)	(2.3042)
$State$	-0.4680	-1.0617	-0.6278	-0.2163
	(0.6398)	(-0.2884)	(0.5302)	(0.8287)
Fd	-0.0509	-0.1213	-1.4967	-2.959**
	(-0.7760)	(-0.4109)	(-0.984)	(-2.0952)
$Squaret$	-0.0005			
	(-0.8441)			
$Caset$		-0.0115**		
		(-2.1754)		
$Square$			-0.0053	
			(0.8257)	
$Case$				-0.0018
				(-0.4537)
常数项	1.0176***	4.6601***	-3.2117***	-2.3029***
	(4.8635)	(10.0620)	(-4.5309)	(-3.2888)
Wald 检验	183 000.10	50 850.22	829.93	1 122.36
Sargan 检验	11.69775	14.40723	25.89074	16.49849
Hansen 检验	0.5662	0.7684	1.0000	0.8694
AB(1) 检验	-0.7678	-1.1621	-2.8420	-2.9300
	(0.4426)	(0.2452)	(0.0045)	(0.0034)
AB(2) 检验	0.0794	0.2735	-0.5608	1.0516
	(0.9367)	(0.7844)	(0.5749)	(0.2930)

注：①*$p<0.1$；**$p<0.05$；***$p<0.001$；②回归系数对应下方的括号中，数据为相应的系数 z 统计量；③AB(1) 和 AB(2) 为模型的残差是否存在一阶和二阶序列相关 Arellano-Bond 检验统计量的 P 值，Hansen 为工具变量是否存在过度识别 Sargan 检验统计量的 P 值。

根据计量结果，从总体上可以发现，土地出让的当期反应项（$\sum_{i \neq j} w_{ijt} land_{jt}$）显著正相关，说明省际的"占地竞赛"存在明显的策略模仿行为。从而证明本节的第一个假说，即区际间的竞争加剧了对土地的占用与掠夺。

不仅如此，地方政府的土地出让行为还具有显著的路径依赖性。这种路径依赖不仅广泛表现为滞后一期的土地出让（$land_{it-1}$），甚至在滞后二期还有体现。

不同的是，滞后一期的反应项（$\sum_{i \neq j} w_{ijt-1} land_{jt-1}$）为负值，在出让面积上尤为显著。表明土地资源的总量控制以及滥用土地的中央问责制约束，使得地方政府土地出让政策的跨期策略具有被动的替代性特征。

控制变量中：

（1）城市化率对土地竞争行为总体影响为正，体现了我国城市化表现为"土地城市化"的"圈地"偏好特征，验证了本节的假说2。由于模型使用的是人口城市化指标，其与城市土地面积尚有不同，仅在总面积回归中通过显著性检验。我们相信，使用城市的实际占地数据，结果将更为显著[①]。

（2）省区的农业份额与其土地出让行为显著为正，证明了本节的假说3。农地资源多的地区，地方政府更容易伸出"攫取之手"。

（3）国有企业就业份额对土地出让影响为负。由于 state 是一个反向指标，表明地方政府对国有企业的退出会加剧土地竞争，从而验证了本节的假设4。可以认为，地方政府的行为努力已经由分税制前的"兴办企业"，转化为分税制后的"土地引资"。

（4）地方政府的固定资产投资 invgdp，明显加剧了土地竞争。说明耕地非农化对固定资产投资具有高度敏感性（曲福田等，2007）。同样，地方财政能力 fd 回归系数为负值，验证了假设5。此外，我们用"税收占财政收入比例"来替代该变量（"人均财政的支出份额"），也能发现同样的结果。一般来说，以较高的价格出让土地资源获取收益，可扩大当期财政收入、增加财政支出。但是，招商引资却需要低价格的土地，以做大下一期的 GDP。当财政收入和 GDP 不能同时兼得时，GDP 则是首选。我们的模型估计能够大体反映地方政府土地出让的偏好：倾向选择土地的引资功能（资源属性），而非融资功能（资产属性）。

（5）国家对土地违规行为的监察力度对政府间土地竞争的影响为负相关，验证了假说6。但是该变量同样不是普遍显著，这或许意味着中央政府对土地的违法监察存在偏差。目前我国土地监控的重点区域是经济发达地带，而目前大面积的占地竞争在农业省区尤为激烈（后面将做进一步验证）。

2. 不同类型土地出让形式的估算

土地划拨与协议出让虽然可以统称为廉价的土地出让方式，然而毕竟还是有区别。相比划拨出让，协议出让需要支付成本，后者的市场化程度相对较高。因此，本节分别进行模型估计（见表4-4）。

[①] 限于数据获取的约束，这里没有使用该指标。"2000年以来全国的城市面积扩大了50%，而城市人口只增加了26%。"（《新闻晨报》2011年3月29日，第A12版）

表 4-4 地方政府间土地出让竞争：不同类型土地出让的估算

变量和检验	协议出让			划拨出让			比例面积	比例宗数
	协议面积	协议宗数	比例面积	比例宗数	划拨面积	划拨宗数		
$Land_{1,t-1}$	0.4021*** (5.5569)	0.5728*** (8.2766)	0.2205*** (5.0180)	0.2013 (1.2944)	-0.3883*** (-4.7696)	0.2307*** (11.7748)	0.0005 (0.0091)	0.1187** (2.4394)
$Land_{1,t-2}$	-0.0203*** (-5.9231)	-0.0085 (-1.4485)	-0.1526*** (-10.6736)	-0.0267*** (-5.2988)	-0.0138** (-2.2928)	0.0021 (0.6447)	-0.0369*** (-6.9963)	-0.0132*** (-2.6616)
$WLand_1$	0.9375*** (179.6567)	0.9576*** (39.1565)	0.7616*** (10.1512)	0.8158*** (38.1637)	0.9068*** (47.9167)	0.9694*** (157.1956)	0.8689*** (48.8185)	0.8535*** (39.6653)
$WLand_{1,t-1}$	0.1165*** (1.93010)	-0.5454*** (-7.3949)	0.302*** (4.0144)	-0.1927 (-1.3311)	-0.2371*** (-12.3789)	0.3597*** (4.4996)	-0.0301 (-0.5658)	0.0582 (1.4521)
City	0.0468 (0.7647)	0.0046 (0.0221)	0.5999 (0.3223)	0.3399 (1.3135)	0.204 (0.8472)	0.1591 (0.9082)	0.1137 (0.5228)	0.1396 (0.9732)
Lnex	0.0159 (80.9357)	0.009 (80.3782)	0.1459 (1.268)	-0.0083 (-0.2756)	-0.0307 (-0.8131)	0.0343* (1.8741)	0.0855 (1.699)	0.0173 (0.3994)
Invgdp	0.5184*** (3.2491)	-0.0252 (-0.1498)	1.4167 (1.1088)	0.1645 (0.6624)	0.1526 (0.5103)	0.0564 (0.5398)	-0.7242 (-1.7228)	0.3573 (0.8506)
Agr	1.0254*** (4.5058)	0.4498 (1.1372)	0.0495** (2.4637)	0.009 (1.045)	0.8788** (2.0141)	1.6674*** (5.4074)	0.0028 (0.5111)	0.0105 (1.8294)
state	-0.4527*** (-3.0545)	-0.1819 (-0.7928)	-3.296*** (-2.1901)**	0.2349 (0.8605)	-0.2051 (-0.6481)	-0.0546 (-0.6630)	0.3255 (0.8867)	-0.0682 (-0.1672)

续表

变量和检验	协议出让				划拨出让			
	协议面积	协议宗数	比例面积	比例宗数	划拨面积	划拨宗数	比例面积	比例宗数
fd	-0.1881**	0.0355	-3.2458	-0.2517	-0.3618**	-0.5806***	-1.2107*	-0.0035
	(-2.0258)	(0.2642)	(-2.1363)	(-1.3330)	(-2.0534)	(-3.0441)	(-1.729)	(-0.0069)
$Square$	-0.009***				0.0004			
	(-2.7778)				(0.0702)			
$Caset$		0.0008	-0.0016			-0.0024	-0.0018	0.0104
		(0.0827)	(-0.3343)			(-0.8247)	(-0.4433)	(0.8455)
$Square$ $Case$				-0.0075***				
				(-3.0289)				
常数项	3.3372***	2.5612***	-2.1980***	-2.9090***	8.5569***	4.0584***	-3.8291***	-3.6196***
	(8.3477)	(6.5114)	(-2.4672)	(-4.6787)	(15.0316)	(10.4454)	(-7.5882)	(-7.2711)
Wald 检验	297 046.08	36 681.90	35 983.22	12 541.33	59 526.21	242 534.68	15 511.50	8 402.23
Sargan 检验	19.6614	19.0150	23.19468	18.9014	16.5616	20.9905	17.33238	19.5824
Hanse 检验	0.793	0.7964	0.5662	0.8018	0.8971	0.6931	0.8694	0.7684
AB(1) 检验	-1.8555	-1.1941	-1.0229	-2.0086	-0.7876	-1.2271	-1.5075	-2.5971
	(0.0635)	(0.2324)	(0.3063)	(0.0446)	(0.4309)	(0.2198)	(0.1317)	(0.0094)
AB(2) 检验	1.2052	0.65938	0.75008	0.56731	-0.9469	-1.6089	-0.28141	1.5596
	(0.2281)	(0.5097)	(0.4532)	(0.5705)	(0.3437)	(0.1076)	(0.7784)	(0.1189)

注：①$*p<0.1$；$**p<0.05$；$***p<0.001$；②回归系数对应下方括号下方的 P 值，数据为相应的系数 z 统计量；③AB(1) 和 AB(2) 为模型的残差是否存在一阶和二阶序列相关 Arellano-Bond 检验统计量的 P 值，Hansen 为工具变量是否存在过度识别 Sargan 检验统计量的 P 值。

表 4-4 说明，对土地不同出让形式的估算结果与总量模型基本一致。具体而言：

第一，协议和划拨的反应项（$WLand_1$）均显著为正，进一步证明地方政府的两种土地出让方式均存在明显的策略模仿行为。

第二，廉价的土地出让策略具有显著的路径依赖性，协议出让尤其明显。但滞后二期（$Land_{1,t-2}$）基本负相关，表达了政策运作空间的有限性。即使如此，地方政府依然具有通过"划拨宗数"表达引资信号的偏好。

第三，跨期互动策略行为（$WLand_{1,t-1}$）则呈现多样化特征：（1）对于划拨出让，面积为负相关，宗数为正相关。这显然是地方政府博弈的结果。2002 年以来，中央政府出台了一系列的土地管制办法以规范土地市场①，并严格控制土地的无偿划拨。因此，地方政府的竞争策略是，减少土地划拨面积，代之以通过划拨的宗数及频率的信号显示来吸引投资。（2）对于协议出让，面积为正相关，而宗数负相关。由于协议出让具有半市场化性质，地方政府的跨期策略选择则是通过出让面积及其规模的方式来改善"土地引资"的竞争力。

第四，模型估计进一步验证了：（1）城市化表现出明显的"土地城市化"特征；（2）地方政府的投资行为加剧了土地竞争；（3）地方政府对国有企业的退出明显加剧土地竞争；（4）外贸依存度同样表达了对土地出让的依赖；（5）农业省区的土地出让竞争更为显著；（6）中央政府的土地监察依然效果不显著，指向不明确。

（二）三大区域：竞争反应函数的分区域比较

我们进一步考察土地竞争的区域特征。以各省区人均 GDP 水平为划分依据，将其划分为东部、中部和西部三大区域②。由于分区考察会减少观察值数目，如果使用原来的控制变量，GMM 估计时可能会出现工具变量过多，因此省略对控制变量的估计，为此选取广义最小二乘法（GLS）和系统广义矩估计（GMM）分别估计，结果见表 4-5。

---

① 包括：《中华人民共和国农村土地承包法》（2002）、《关于进一步采取措施落实严格保护耕地制度的通知》（2003）、《关于严禁非农建设违法占用基本农田的通知》（2005）等。

② 按照人均 GDP 划分可比区域，求各地 1993～2009 年人均 GDP 的均值。对于人均 GDP 大于 13 000 元/年的划为高收入地区；对于人均 GDP 小于 8 000 元/年的划为低收入地区；对于小于 13 000 元/年且大于 8 000 元/年的划为中等收入地区。东部地区（高收入省份）包括：北京、天津、辽宁、上海、江苏、浙江、福建、山东、广东；中部地区（中等收入省份）：河北、山西、内蒙古、吉林、黑龙江、河南、湖北、湖南、海南、重庆、青海、新疆；西部地区（低收入省份）：安徽、江西、四川、贵州、云南、西藏、陕西、甘肃、宁夏、青海。

表4-5 土地出让竞争分区比较——基于GLS和GMM估算

地区	变量和检验	GLS估计				变量和检验	GMM估计			
		面积	宗数	比例面积	比例宗数		面积	宗数	比例面积	比例宗数
东部地区	$Land_{1,t-1}$	1.0023*** (589.3198)	1.0003*** (496.3161)	0.7338*** (9.6584)	0.8887*** (11.1585)	$Land_{1,t-1}$	-0.5185 (-1.6598)	-0.0435 (-0.5029)	-0.0351 (-0.1636)	0.3236 (1.5497)
	$Land_{1,t-2}$	-0.0004 (-1.3295)	-0.0005 (-0.7635)	0.0214 (0.4680)	-0.0105 (-0.1624)	$Land_{1,t-2}$	0.0008** (1.9827)	-0.0022 (-1.1492)	-0.5461** (-2.1796)	-0.2982 (-1.3041)
	$WLand_1$	0.4723*** (2.20E+03)	0.6254*** (1.30E+03)	0.6398*** (13.2769)	0.871*** (7.5195)	$WLand_1$	0.9993*** (1.80E+03)	1.0005*** (1.10E+03)	0.4111*** (8.7269)	0.3313*** (4.5674)
	$WLand_{1,t-1}$	-1.0001*** (-8.9188)	-0.9998*** (-9.0776)	-0.3948*** (-7.1627)	-0.2802*** (-5.9595)	$WLand_{1,t-1}$	-0.5182* (-1.6611)	0.0441 (0.5090)	0.0495 (0.2926)	-0.0476 (-0.4571)
	常数项	-0.0126 (-1.2905)	0.0023 (0.2145)	-0.8943*** (-3.4865)	-0.4603** (-2.1314)	常数项	8.5395*** (4.7407)	5.905*** (11.6792)	-5.6849*** (-3.5169)	-3.5722** (-2.4699)
	R^2-within	1.0000	1.0000	0.6064	0.5805	Wald值	3.70e+06	3.54e+07	141.21	103.17
	R^2-between	1.0000	1.0000	0.986	0.99	Sargan检验	3.484224	2.894687	5.770583	6.815723
	R^2-overall	1.0000	1.0000	0.8471	0.8938	Hanse检验	1.0000	1.0000	1.0000	1.0000
	Wald值	7.78E+06	8.48E+06	570.43	758.5	AB(1)检验	-0.95299 (0.3406)	-1.9027 (0.0571)	-3.559 (0.0004)	-1.9408 (0.0523)
						AB(2)检验	0.3376 (0.7357)	0.11878 (0.9054)	1.1618 (0.2453)	0.5850 (0.5585)

续表

地区	变量和检验	GLS 估计			变量和检验	GMM 估计		
		面积	宗数	比例面积	比例宗数		面积	宗数	比例面积	比例宗数

地区	变量和检验	面积	宗数	比例面积	比例宗数	变量和检验	面积	宗数	比例面积	比例宗数
中部地区	$Land_{1,t-1}$	0.978*** (113.1671)	0.8933*** (25.0983)	0.5806*** (7.7280)	0.4083*** (5.2448)	$Land_{1,t-1}$	0.1955*** (4.6282)	0.0889 (0.8641)	−0.0867 (−0.5379)	0.1406 (1.9444)
	$Land_{1,t-2}$	0.0122*** (3.9141)	0.0249 (1.4693)	0.139*** (2.8021)	0.2138*** (3.5873)	$Land_{1,t-2}$	0.0133*** (4.9388)	0.0421** (2.6450)	−0.4024** (−2.0744)	0.0337 (0.2745)
	$WLand_1$	0.0001*** (259.4799)	0.1417*** (49.6229)	0.0051*** (11.3156)	0.0003*** (6.4696)	$WLand_1$	0.99*** (343.0496)	0.8749*** (40.8809)	0.4962*** (4.2063)	0.3445*** (4.3456)
	$WLand_{1,t-1}$	−0.9694*** (−1.10E+02)	−0.7464*** (−22.7900)	−0.3055*** (−5.0627)	−0.1315** (−2.0707)	$WLand_{1,t-1}$	−0.1924*** (−4.5540)	−0.0405 (−0.4947)	−0.03 (−0.3451)	−0.0447 (−0.8245)
	常数项	0.0645 (1.2765)	0.4848** (2.4359)	−0.9494*** (−4.2170)	−1.341*** (−4.7058)	常数项	4.5949*** (22.1163)	5.1064*** (9.8418)	−5.4856*** (−4.7016)	−2.9497*** (−4.7003)
	R^2 – within	0.9963	0.9559	0.4056	0.2673	Wald 值	207 205.17	168 456.32	146.41	52.75
	R^2 – between	1.0000	0.9995	0.9855	0.9339	Sargan 检验	5.130819	7.229592	5.702904	9.194363
	R^2 – overall	0.9993	0.9911	0.8454	0.8613	Hanse 检验	1.0000	1.0000	1.0000	1.0000
	Wald 值	177 612.12	14 748.42	672.73	400.99	AB(1) 检验	−1.5954 (0.1106)	1.2673 (0.2050)	−1.0045 (0.3151)	−1.0908 (0.2754)
						AB(2) 检验	0.77665 (0.4374)	0.49335 (0.6218)	0.90638 (0.3647)	0.94607 (0.3441)

续表

地区	变量和检验	GLS 估计			变量和检验	GMM 估计		
		面积	宗数	比例面积	比例宗数		面积	宗数	比例面积	比例宗数

地区	变量和检验	面积	宗数	比例面积	比例宗数	变量和检验	面积	宗数	比例面积	比例宗数
西部地区	$Land_{1,t-1}$	1.0219*** (53.9605)	1.0010*** (116.7774)	0.7829*** (11.4934)	0.936*** (16.5084)	$Land_{1,t-1}$	3.2784*** (25.3672)	0.434*** (5.2503)	-0.0058 (-0.0167)	0.3006* (1.6760)
	$Land_{1,t-2}$	0.0032 (0.7188)	-0.0011 (-0.4882)	0.0473 (0.9031)	-0.0056 (-0.1538)	$Land_{1,t-2}$	0.0023 (0.3747)	-0.0045** (-1.9089)	-0.1472 (-1.0469)	0.0259 (0.2525)
	$WLand_1$	0.4451*** (147.4227)	0.1837*** (260.9428)	0.3665*** (6.8568)	0.8778*** (8.6367)	$WLand_1$	1.0037*** (388.1737)	0.9945*** (405.683)	0.1752*** (3.7577)	0.6023*** (3.2382)
	$WLand_{1,t-1}$	-1.0173*** (-52.1356)	-1.0063*** (-1.10E+02)	-0.2312*** (-4.3378)	-0.4095*** (-8.0441)	$WLand_{1,t-1}$	-3.2796*** (-25.4820)	-0.4335*** (-5.0826)	0.0543 (0.2756)	-0.1406 (-0.7037)
	常数项	-0.1087 (-0.9450)	0.0077 (0.1456)	-0.558*** (-2.7896)	-0.2709 (-1.5960)	常数项	-13.1157*** (-19.362)	3.291*** (6.6691)	-4.1707*** (-3.5326)	-2.4537*** (-3.3418)
	R^2 – within	0.994	0.9993	0.3633	0.7158	Wald 值	399 330.19	3.12e+06	10.5201	242.78
	R^2 – between	0.9999	1.0000	0.9949	0.9832	Sargan 检验	4.321035	5.465972	3.598273	6.13201
	R^2 – overall	0.9987	0.9998	0.8061	0.9106	Hanse 检验	1.0000	1.0000	1.0000	1.0000
	Wald 值	73 676.75	430 520.57	407.39	998.68	AB(1) 检验	-1.1544 (0.24830)	-1.1273 (0.2596)	-0.8064 (0.4200)	-1.6843 (0.0921)
						AB(2) 检验	1.3503 (0.1769)	0.5766 (0.3382)	-0.00578 (0.9954)	-0.44705 (0.6548)

注：①*p<0.1；**p<0.05；***p<0.001；②回归系数对应下方的括号中，数据为相应的系数 z 统计量；③AB（1）和 AB（2）为模型的残差是否存在一阶和二阶序列相关 Arellano-Bond 检验统计量的 P 值，Hansen 为工具变量是否存在过度识别 Sargan 检验统计量的 P 值。

观察表 4-5，可以发现：

第一，两类模型测算的反应项（$WLand_1$）的系数，结果均显著为正。从而进一步证明，无论在东部、中部、抑或西部地区，土地竞争均存在明显的策略模仿行为。其中，竞争最激励的是东部地区，且其激烈程度呈现出"东部＞西部＞中部"的格局。

第二，根据 GLS 模型估计，从土地出让的一期滞后项（$Land_{1,t-1}$）看，三大地带均显著正相关，反映了土地出让策略普遍存在的路径依赖性，并呈现出"中部＜东部＜西部"的递进特征（GMM 模型的结果也证明如此）。值得注意的，中部地区的二期滞后项（$Land_{1,t-2}$）依然为显著正相关，表明其路径依赖有进一步增强的趋势。

第三，进一步观察跨期的反应项（$WLand_{1,t-1}$）则显示地方政府在实施模仿竞争策略的同时，也在努力转换竞争策略。事实上，从中央到地方，转变经济增长方式、推进经济转型升级已经成为基本趋势。例如：广东省从 2007 年已经开始推进"腾笼换鸟"和劳动力与产业的区域双转移。但即便如此，由于区域格局的不同，依然存在不同的政府引资策略偏好：西部地区表达"比例面积"信号；东部地区既表达"比例面积"信号，又表达"宗数"信号。

第四，总的趋势是：东部地区"土地引资"已经"白热化"，并开始从模仿竞争转向替代竞争，其中，以土地的出让频率来表达引资信号的模仿竞争尤为显著；西部地区的模仿竞争正在升级，以土地的出让面积和出让频率所表达的模仿竞争均较明显；中部地区的模仿竞争则已经起步，其中，以出让宗数的模仿竞争尤为突出。这意味着"土地引资竞赛"有进一步蔓延的趋势。

五、结论与讨论

在财政分权与政治集权背景下，分税制改革后的地方政府竞争方式发生了重大变化，尤其是对资本要素的竞争异常激烈。一方面，地方政府面临着日益窘迫的预算内收支不平衡的压力，将经济建设与提高可支配财政收入相结合，形成了中国特有的增长机制；另一方面，我国现行的农地制度和土地管理制度为地方政府的"为增长而竞争"的行为努力，提供了可以突破的空间。利用土地资源的融资和引资功能，地方政府既可以通过农地资源的价格"剪刀差"获取经济发展的启动资金并增加土地财政收入，也可以通过廉价出让土地资源吸引投资获取发展机会。我们关注的重点是后者，侧重于从廉价土地出让角度考察地方政府的竞争行为。

主要结论是：

第一，地方政府之间的"占地竞赛"是普遍存在的；

第二，无论是土地出让的总量数据、分类数据，还是分区域数据，都能明显地发现各省区在土地出让政策上存在明显的空间策略模仿行为；

第三，各省区对协议出让的竞争更为明显，东部地区尤为激烈；

第四，策略模仿行为还存在跨期影响，说明我国廉价土地出让政策存在正向的空间外溢特征。

我们还发现，我国各省区的土地出让政策存在着明显的路径依赖特征。从分类型数据看，划拨出让更多表现为宗数竞争，而协议出让更多表现为面积竞争；从分区域数据看，出让策略与地区土地资源禀赋密切相关，中西部地区表现出更强的路径依赖特征，东部地区则偏重于以较高的出让宗数与出让频率来传递引资信号。

上述分析有助于加深对分税制改革之后地方政府竞争行为转变的理解。①各地区为增长而竞争，其实现方式是廉价出让土地与吸引资本相结合，即以低成本的方式占用土地、特别是耕地资源为代价，以吸引投资进而推动地方经济增长。②中央对土地的监察有助于减缓地方政府廉价出让土地的行为，但是并不显著。原因可能在于：其一，中央政府对土地违法案件的查处仅是事后的惩罚，有时甚至是中央对宏观经济过热的"运动式"应急反应；其二，中央的土地监察存在方向上的偏差，因为土地监察工作一直关注于经济发达地区，而忽视了中西部农业省区不断加剧的"占地竞赛"。

上述结论所隐含的政策含义是：

（1）由于地方政府大量出让土地并表现为广泛的模仿竞争是对政治激励做出的理性反应，因此有必要实施财政制度、土地制度与政绩考核制度的配套改革。包括：优化政府体制中的财权与事权的匹配关系、强化地方政府预算外和非预算资金收入的约束与规制；严格土地控制与土地征用制度，推进土地要素的市场化；建立科学的政绩考核制度，推进"投资性政府"向"服务性政府"的转变。

（2）"占地竞赛"在相当程度上源于农地产权制度的残缺。变革农地产权制度，推进农民土地权利的法律保障以及对农民行使产权行为能力的保护，应该是改变"分税制—财政缺口—土地财政与经济增长政绩—农地流失"运行逻辑的关键。不仅如此，保障和维护农民土地的财产性权利，构建土地承包经营权流转市场与城乡统一的建设用地市场，是农民获得财产性增收、启动农村市场以增加内需，进而改变国民经济的运行流程的核心战略。

（3）坚持最严格的耕地保护制度和最严格的节约用地制度，应该匹配相应的监管制度与激励机制。其中，土地监察既要加大事后处罚力度，也要形成纠错功能，更要强化其事前的预警机制。要特别重视加强对中西部地区的监管。与此同时，为了避免中西部地区土地占用的模仿竞争，应建立有效的耕地保护补偿机制（如农田保护基金与奖励办法等），特别是形成有利于地方政府保护耕地的财政激励。

最后要说明的是，由于受到数据获取的限制，本节仅仅使用省级面板数据讨论了省际的空间互动策略及其竞争行为。因此，进一步分析比较不同层级地方政府的土地竞争行为，应该是今后研究的方向之一。同时，廉价土地出让总是与低进入门槛相伴随，所以，考察土地出让及其区际竞争对产业选择、劳动保障、生态环境的影响，亦是值得关注的研究重点。

第五章

现状分析 Ⅱ：农地流转中的农户行为及其绩效

第一节 现状分析：农地流转的状况与问题

一、农地流转的规模

我国农地流转有逐步增强的趋势。1999 年我国农户平均转包出去的耕地仅为 0.2 亩，即只有 2.53% 的耕地发生了流转；2006 年为 4.57%；2008 年为 8.6%；2011 年全国土地承包经营权的流转已经占到承包地面积 17.9%。[①]

本课题组对全国的农户抽样问卷调查表明（见第八章），在 890 个农户样本中，有 253 个农户参与了农地流转，参与率为 28.43%，发生流转的农地占耕地总面积的 16.61%。另外，通过 2011 年对全国的村庄抽样问卷调查[②]，在 931 个样本村（行政村）中，有 612 个村庄发生农地流转，参与率为 65.74%，发生流

---

① 参见 http：//www.zgxcfx.com/Article/49443.html。
② 由上海财经大学组织的"千村万户"社会调查项目，感谢该项目组允许本课题研究共享该数据库。

转的农地占耕地总面积的 15.25%（见表 5-1）。

表 5-1　　　　　　　农地流转的参与率与发生率

样本	指标	全国	东部地区	中部地区	西部地区
农户样本	样本户（户）	890	298	215	377
	样本户耕地总面积（亩）	4 258.24	984.15	1 142.69	2 131.40
	流转样本数（农户）	253	83	62	108
	其中：参与率（%）	28.43	27.85	28.84	28.65
	流转总面积（亩）	707.16	160.12	210.74	336.30
	其中：发生率（%）	16.61	16.27	18.44	15.78
村庄样本	样本村（个）	931	517	227	187
	样本村耕地总面积（亩）	2 511 846.01	1 214 819.14	710 388.57	586 638.30
	流转样本数（村）	612	360	136	116
	其中：参与率（%）	65.74	69.63	59.91	62.03
	流转总面积（亩）	382 938.78	241 484.99	60 784.00	80 669.80
	其中：发生率（%）	15.25	19.88	8.56	13.75

注：区域的划分是：东部地区（11 省市）包括北京、天津、河北、辽宁、上海、江苏、浙江、福建、山东、广东、海南；中部地区（8 省）包括山西、吉林、黑龙江、安徽、江西、河南、湖北、湖南；西部地区则含 12 省市区，即四川、贵州、云南、西藏、陕西、甘肃、宁夏、青海、新疆、重庆、广西、内蒙古。

从表 5-1 可发现，两类问卷调查都反映了一个基本事实，即农地流转的发生率均大大低于流转主体的参与率，表明农地流转规模较小。

二、农地流转的对象与方式

从流转对象来看，农户的农地绝大多数流转给了亲友邻居，部分流转给了一般农户，流转给合作社与龙头企业的比例较低；从流转方式来讲，两类问卷均表明农地流转方式主要是自发流转。因此，农地流转率低的一个主要原因是流转的组织化程度不足（见表 5-2）。

表 5-2　　　　　　　　农地流转的对象与方式

样本	指标		全国	东部地区	中部地区	西部地区
农户样本	流转对象（按面积比例%）	流转给亲友邻居	74.77	50.00	91.74	72.98
		流转给一般农户	14.91	28.17	6.42	15.24
		流转给生产大户	4.82	10.71	0.73	5.44
		流转给合作社	1.83	3.17	0.73	2.02
		流转给龙头企业	3.67	7.94	0.37	4.03
	流转方式（按面积比例%）	自发流转	89.50	80.74	97.15	87.88
		集体组织流转	10.50	19.26	2.85	12.12
村庄样本	自发流转*	占流转村比例（%）	77.78	68.61	79.41	84.48
		占流转面积比例（%）	43.94	37.85	60.96	49.36
	集体组织流转	占流转村比例（%）	69.77	79.44	49.26	63.79
		占流转面积比例（%）	51.24	57.73	31.32	46.85

注：*同一村庄内的流转既包括转入，也包含转出，因此"自发流转"与"集体组织的流转"的合计会大于100。

三、农地流转中的主要问题

（一）人动与地动的不匹配

庞大的农业人口及其严酷的人地关系，迫使中国的家庭承包选择了按成员权的天赋权利，进行农地的均等分配的"均包制"。

伴随着工业化与城镇化的进程，农村劳动力与人口流动已经成为基本趋势。2011年的全国931个村庄抽样问卷调查的结果表明，外出务工及从事非农兼业的劳动力已经占到农村劳动力的46.45%。问题是，劳动力要素的流动与人地关系的变化，并没有有效地带动土地要素的流转，土地流转发生率（15.25%）比劳动力转移率滞后32.70个百分点，"人动"与"地动"极不匹配（见表5-3）。

表5-3　　全国样本村庄劳动力流动与农地流转情况对比

指标		全国	东部地区	中部地区	西部地区
农村劳动力（人/村）		2 343.95	2 494.48	2 207.36	2 093.56
留村的劳动力	数量（人/村）	1 204.29	1 284.31	1 090.67	1 121
	比例（%）	51.38	51.49	49.41	53.55
	其中：51岁以上的留村劳动力（%）	39.80	41.43	38.40	36.31
	留村的女性劳动力（%）	69.89	60.15	69.49	69.54
务工及兼业劳动力	数量（人/村）	1 139.66	1 210.17	1 116.69	972.56
	比例（%）	48.62	48.51	50.59	46.45
农户流转参与率（%）		65.74	69.63	59.91	62.03
土地流转发生率（%）		15.25	19.88	8.56	13.75

在三大地带中，中部的不匹配尤为突出。如果用"比较农地流转率"的指标来评价两个要素流动的匹配程度（1为完全匹配，0为完全不匹配），则可以发现中部地区只有安徽省达到了0.30，东部地区达到0.30的有上海、浙江、江苏，西部地区则有重庆、四川、云南、新疆、内蒙古、宁夏6个省区，上海和浙江的匹配度最高（见表5-4）。

表5-4　　各省区样本村庄的比较农地流转率

东部地区				中部地区				西部地区			
省区	劳动力转移率（%）a	农地流转率（%）b	比较农地流转率（b/a）	省区	劳动力转移率（%）a	农地流转率（%）b	比较农地流转率（b/a）	省区	劳动力转移率（%）a	农地流转率（%）b	比较农地流转率（b/a）
北京	50.41	13.93	0.28	山西	40.84	4.96	0.12	四川	53.66	16.52	0.31
天津	59.39	6.64	0.11	黑龙江	53.58	5.02	0.09	贵州	38.66	4.35	0.11
河北	44.79	8.50	0.12	吉林	53.11	3.52	0.07	云南	38.84	11.68	0.30
辽宁	42.13	4.76	0.11	安徽	54.77	16.19	0.30	西藏	47.32	4.69	0.10
上海	49.88	33.31	0.67	江西	50.64	9.22	0.18	陕西	54.57	8.30	0.15
江苏	49.71	18.41	0.37	河南	48.87	6.17	0.13	甘肃	31.79	5.54	0.17
浙江	43.94	25.87	0.59	湖北	54.79	5.23	0.10	宁夏	48.40	24.84	0.51
福建	46.90	11.53	0.25	湖南	46.32	10.07	0.22	青海	54.21	14.79	0.27

续表

省区	东部地区			省区	中部地区			省区	西部地区		
	劳动力转移率（%）a	农地流转率（%）b	比较农地流转率（b/a）		劳动力转移率（%）a	农地流转率（%）b	比较农地流转率（b/a）		劳动力转移率（%）a	农地流转率（%）b	比较农地流转率（b/a）
山东	49.41	5.65	0.11					新疆	38.52	17.47	0.45
广东	53.90	14.35	0.27					重庆	54.37	18.83	0.35
海南	64.18	8.33	0.13					广西	51.03	11.91	0.23
								内蒙古	66.08	19.79	0.30

此外，由于农地分散经营的固化格局，伴随着家庭劳动力的不断外流，导致家庭农业经营的主体呈现出明显的老龄化与妇女化趋势。其中，51岁以上的劳动力已经占到留村劳动力的 39.80%，妇女占到留村劳动力的 69.89%，这意味着 51 岁以上的女性劳动力占到留村劳动力的 27.82%[①]。

（二）农地流转的干预与纠纷

总体来说，与征地相比，农地流转中发生的政府干预尚不突出。根据本课题组对全国的农户抽样问卷调查，在全部 890 个农户样本中，农地流转被政府或集体强制流转的比例仅为 6.21%（见表 5-5）。

表 5-5　全国样本农户农地流转中的干预与纠纷

干预与纠纷情况	全部样本	东部地区	中部地区	西部地区
样本户数（户）	890	298	215	377
被政府或集体强制的农地流转（按面积的比重，%）	6.21	8.20	2.85	7.61
发生纠纷农户占流转户的比例（%）	12.50	10.00	8.89	15.53
纠纷难以解决的原因中：政府或者村集体不作为的比重（%）	53.97	52.94	85.71	48.72

该问卷设计了关于农地纠纷的问项。共有 208 个农户回答了相关问题。结果

---

① 第一次农业人口普查（1996）的结果表明，51 岁以上的农业劳动力占总数的 18.11%，第二次普查（2006）则提升到 32.5%。妇女占农业从业人员的比重，1990 年为 52.4%，2000 年为 61.6%，2008 年上升为 73.4%（全国妇联的调查）。本项研究的调查结果大体类似。其中，留村妇女的比重相对较低，可能与入户调查的访谈对象有关，因为接受问卷的对象以男性为主。

表明，发生流转纠纷的比例占到流转农户的 12.5%。值得重视的是，在回答纠纷难以解决的原因时，政府或者村集体不作为是各种原因中最为突出的，比例达到 53.97%。其中，中部地区更是高达 85.71%。

（三）农地流转中的非农化与非粮化

与农地流转有关的另外一个重要的问题是农户土地经营行为的非农化与非粮化（本章后面将对此做详细分析）。

根据课题组对全国的农户抽样问卷调查，在全部 890 个农户样本中，仅有 6 个样本农户的作物种植面积超过 100 亩。另有 203 个样本农户没有作物种植，表明土地非农种植的农户比例高达 22.81%。

在 681 个有农作物种植的农户中，平均每个农户的农作物种植面积为 7.78 亩，其中粮食种植面积的比重为 72.46%。值得注意的是，扩大了经营面积的土地转入农户的粮食种植比例只有 60.19%，比样本户的平均比例低 12.27 个百分点。因此，伴随着农地流转与集中，农地的经营具有显著的非粮化特征（见表 5-6）。

表 5-6　　　　全国样本农户的农作物种植情况

农作物种植情况	全部样本	未流转农户	转出农户	转入农户
农作物种植的样本数（户）	681	497	136	61
承包农地面积（亩/户）	7.07	6.09	10.02	12.32
农作物种植面积（亩/户）	7.78	6.85	8.35	16.19
粮食占农作物种植面积比例（%）	72.46	74.32	76.02	60.19

第二节　农户认知与农地流转：交易费用分析范式

正如我们在导论中所指出的，无论是在政策与理论上，还是从农户的角度，农地流转都具有现实可能性与必要性。但是，农地流转的实际发生率却如此之低。那么，约束农地流转实际发生的关键在哪里？

农民是农地流转的主体，特别是农地转出的主体。推动农地承包经营权流转需要政府的作为，但最终仍要取决于农户的决策，依赖其在成本收益衡量后的理性选择。

因此，本节试图从交易费用的角度来阐明农户农地流转的决策机理，以期基于农户对交易费用的认知来弄清农地流转的主要制约。

一、分析维度与分析范式

（一）分析视角：农户认知

现代经济学已经证明，在一个竞争的市场环境中，农户的行为是具有理性的，农户仍然是在一定的经济环境约束下追求利润最大化的个体。因此，无论是对于农地的转入者或是转出者，其做出农地流转决策都是为了获取最大化净收益。

然而，农户的决策受到理性程度（认知能力）以及所处环境（与交易费用关联）的影响。

已有文献讨论了农地流转的各种影响因素。其中，农地的初始制度安排、社会经济发展水平，以及农户资源禀赋（生产资源、人力资源、社会资源等）以及政策保障等，受到了学者的广泛重视（谢小蓉、傅晨，2008）。但大多忽视了农民认知对农地制度改革的影响（徐美银等，2009）。

从交易费用经济学的角度讨论农地流转问题，也是近些年来才开始的尝试（李孔岳，2009；罗必良等，2008，2010；刘克春等，2008；伍振军等，2011）。但主要是考察农户禀赋、资产专用性和不确定性对实际流转发生的交易费用所产生的影响。可以说，分析已经发生土地流转的交易费用，与考察尚未发生流转的交易费用认知，并不是一回事。从鼓励农地流转的层面来说，讨论尚未转出农地农户的交易费用认知，以揭示农地流转发生率过低的内在约束，或许更具政策意义与现实价值。

农地流转的交易费用可以分为事前交易费用（搜寻、谈判与签约）和事后交易费用（合约执行与维护等）。但是，对于尚未发生合约交易的情形来说，分析其事前交易费用只能依赖于行为主体的心理认知。事实上，在新制度经济学领域，心理认知一直受到学者们的关注。亚瑟和诺斯（Arthur and North，1993）建立了一个关于制度变迁的认知模型（共享心智模型，Shared Mental Models），从认知的视角探讨个体决策行为的内在机制，认为个体改善经济绩效的能力依赖于其信念和心智模型，并由此推断，制度是拥有心智模型的人们在互动中创造的、对环境进行建构或建立秩序的机制。青木昌彦（2001）建立了基于个体学习和认知调整的主观博弈模型，他甚至将制度定义为关于博弈重复进行的主要方式的共有信念的自我维系系统。因此，从心理认知的角度讨论农地流转的交易费用，或者说，基于农户对交易费用的认知来解析农地流转行为，是一个值得尝试的新视角。

因此，本节的研究维度是：（1）为了保证研究的一致性，仅讨论农户的农地转出问题；（2）将农户分为两个类型：一是已经发生农地转出行为的农户，二是尚未发生转出行为的农户；（3）关注农户对农地流转交易费用的心理认知；（4）侧重于两个方面的对比研究：一是农户对不同交易费用维度的认知，二是不同农户对交易费用的认知。

为便于表述，我们分别将已经发生农地转出的农户与尚未发生农地转出的农户简称为"经验农户"和"事前农户"，其对交易费用的认知分别简称为"经验认知"和"事前认知"。

（二）分析依据：行为机理

在不考虑交易费用的情形下，农地流入方和流出方的行为主要依据的是农地流转的价格，但实际流转中，交易费用的存在通过影响转入方流转的成本和转出方流转的收益影响双方的农地流转选择。如果交易费用过高将可能使得原本对交易双方都有利可图的交易由于成本原因被搁置，造成经济效率的损失。对农地流转中交易费用认知产生的心理交易成本同样直接以成本的形式影响了流转双方的决策行为。由于初始心理交易成本的存在，不仅造成转入农地的一方因为增加额外的成本，以致减少其对农地流入的意愿，而且转出土地的农户也会因为心理交易成本存在使预期转出收益减少，降低农地转出的意愿。

我们的目的是要说明农户对交易费用的认知是如何影响其农地转出行为的。假定一个竞争性的农地流转市场，单位农地流转的均衡价格为 P_0。当存在对交易费用认知 C 的时候，农地转入方预期的交易价格将从 P_0 上升为 $P_1 = P_0 + P_c$。此时，理性的转入方所愿意租入的农地面积将从 D_1 减少到 D_2（见图 5–1）。

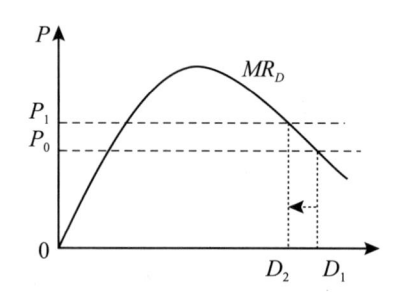

图 5–1　农地转入面积的确定

对于农地的转出方而言，假定不存在交易费用，农户转出农地所获得的边际收益为土地价格 P_0，一旦存在转出的交易成本，从节约成本的角度，农地流转面积将从 S_1 减少到 S_2（见图 5–2）。

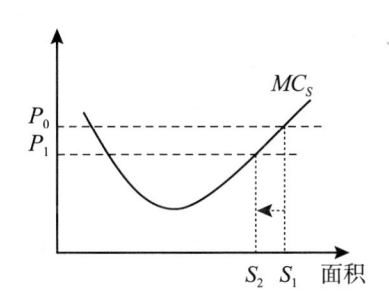

图 5-2　农地流出面积的确定

（三）分析工具：交易费用比较

威廉姆森（1985）从不同的企业契约类型比较出发，认为交易费用高低与企业的契约类型具有依存关系。由于企业所营运的资产专用性不同，就会产生不同的市场交易费用。企业与外部的契约关系，从完全一体化到完全的市场交易，存在着一个很宽的过渡带，每一种契约关系均反映了不同的交易费用，越倾向于完全一体化的其交易费用就越高，反之则低。这样交易费用有了相对比较的基础。但这种相对比较方式只在"序数"的基础上，不具备绝对数上的可测性。

威廉姆森强调，只有通过制度的比较，也就是将一种合同与另外一种合同进行比较，才能估计出它们各自的交易成本。因此，交易费用的测量问题，其难度并没有想象的那么大，因为只要比较出大小即可，并不一定非要计算出具体的数据。即使要分析实际例子中的交易费用，也几乎没有人想要直接计算出其大小来。相反，研究实际例子的目的，只不过是想弄清楚这些组织内部的关系（签订合同的实践及治理结构）与交易费用理论所预言的、交易中各种属性的要求是否一致而已。

张五常（1998）肯定了交易费用及其比较的分析范式。他认为，交易费用常常很难度量，但是如果我们能够指出这些成本在不同的可观察到的条件下是怎样变化的，我们就可以避开度量问题，而且从边际变化的角度看，也可以区分它们的不同类型。在其他条件相同的情况下，某种特定类型的交易费用在状况 A 下高于状况 B，并能够说不论什么时候观察到这两种状况，不同的个人都能始终如一地确定同一排列，那么就可以说，交易费用至少在边际上是可以度量的。

因此，本节依循交易费用分析范式的方法论传统。

二、数据采集与统计分析

（一）测度指标

对交易费用认知的度量主要以农地流转交易过程的三个阶段（搜寻、缔约、维护）为背景，并考虑到外部环境产生的交易费用、第三方组织参与产生的交易费用的影响，将农户对交易费用的认知划分为4类测度、15个观察项。

流转流程测度（5个观察项）：寻找流转对象花费的时间、进行流转谈判花费的时间、对流转对方的了解程度、农地流转后的用途、农地流转后可能发生的纠纷。

合约安排测度（4个观察项）：农地流转中签订的合约形式、农地流转的合约期限、农地流转租金的高低、农地流转租金的稳定性。

外部环境测度（3个观察项）：当地交通便利程度、当地通信、网络便利程度、流转前对农地将进行的投资。

第三方组织参与测度（3个观察项）：村委会的推动、村委会的干预、中介组织的介绍。

此外，还增加了农户禀赋作为控制变量。其中有表达农业禀赋特征的家庭务农人口数、年龄以及承包地面积，表达非农禀赋特征的家庭外出务工人口数和非农收入占农户家庭收入的比例。

（二）数据采集与整理

分析数据来源于课题组对广东省753个农户的抽样问卷调查。其中，已经参与农地转出的农户为420户，未发生农地转出的农户为333户。表5-7是基于样本农户对农地流转（转出）交易费用认知的分类统计。

表5-7　　样本农户对农地流转交易费用认知的分类统计

测度	观察项	样本农户合计		实际转出土地的样本户		没有转出土地的样本户	
		数量（户）	比例（%）	数量（户）	比例（%）	数量（户）	比例（%）
流转流程	寻找流转对方花费的时间	208	27.62	92	21.90	116	34.83
	进行农地流转谈判花费的时间	212	28.15	108	25.71	104	31.23
	对流转对方的了解程度	388	51.53	197	46.90	191	57.36
	农地流转后的用途	442	58.70	260	61.90	182	54.65

续表

测度	观察项	样本农户合计		实际转出土地的样本户		没有转出土地的样本户	
		数量（户）	比例（%）	数量（户）	比例（%）	数量（户）	比例（%）
合约安排	农地流转后可能的纠纷	363	48.21	196	46.67	167	50.15
	农地流转签订书面合约	448	59.50	251	59.76	197	59.16
	农地流转的合约期限	526	69.85	285	67.86	241	72.37
	农地流转租金的高低	644	85.52	363	86.43	281	84.38
	农地流转租金收益的稳定性	582	77.29	328	78.10	254	76.28
外部环境	当地的交通便利程度	385	51.13	202	48.10	183	54.95
	当地的网络和通讯便利程度	218	28.95	120	28.57	98	29.43
	流转前对农业经营进行的投资	272	36.12	136	32.38	136	40.84
组织参与	村委会对农地流转的推动	361	47.94	187	44.52	174	52.25
	村委会对农地流转的干预	289	38.38	144	34.29	145	43.54
	中介组织的介绍作用	162	21.51	85	20.24	77	23.12

（三）对交易费用不同测度的认知感受

（1）在流转流程方面，样本农户对搜寻和谈判费用给予了较低的认知评价，对事后交易成本则给予相对高的认知评价。其中：

①58.7%的农户对"农地流转后的用途"是否改变给予了关注。这意味着多数农户的农地转出并不是长期的行为选择，而是一种权宜之计：因为他们今后仍然可能会收回土地，而是否改变土地用途将对其流转预期产生重要影响。

②48.21%的农户表现出对"农地流转后可能的纠纷"表示担心，预期不稳定是普遍的问题。

③值得注意的是，51.53%的农户表达了"对流转对方的了解程度"的重视，这意味着农户在土地转出时对交易主体存在普遍的身份选择性行为。可见，对交易对方的了解程度是达成流转合约需要考虑的重要的信息成本。因为，对交易对手越了解，信息对称的程度相应就越高，在谈判过程中的摩擦就可能越小，

也就越有可能达成流转合约并使合约得到顺利的执行。

④问卷表明，人们通常认为的农户土地流转往往会面临较高的搜寻和谈判成本的判断，与"真实世界"存在较大的偏差。

(2) 在合约安排方面，农户对各观察值均给予了高的认知评价。可以发现：能否达成农地流转的交易合约，其合约期限、合约租金的高低及其稳定性，是其主要的影响因素。与之相比，农户对"农地流转签订书面合约"则给予了较低的认知评价。这说明，农户关注农地流转的权益保护，但保护的策略不是通过"契约化"，而是通过"熟人社会"来维护（如前所述的"对流转对方的了解程度"的重视）。这多少说明了农民在社会转型中所面临的困境。

(3) 在外部环境方面，交通便利程度成为影响农地流转的重要因素。显然，交通条件越好，农地的价值越高，农户寻找到交易对象的机会也就越大，从而转出农地的可能性也就越高。可以认为，交通的不便利或许是约束农地流转的重要障碍。

(4) 在组织参与方面，农户的农地流转依然依托于正规组织，对各类中介组织给予了较低的认知评价。值得注意的是，农户对村委会在农地流转方面的评价是"毁誉参半"的。

（四）不同行为主体的认知感受

从表5-7可以发现，未转出农地农户的事前认知与转出农户的经验认知存在一定差异，前者所隐含的交易费用明显高于后者，这在一定程度上解释了农业劳动力快速转移而农地流转一直停滞不前的问题所在。

1. 交易流程产生的交易费用认知的比较

(1) 对于流转的寻找与谈判成本，事前认知（分别为34.83%和31.23%）均高于经验认知（分别为21.9%和25.71%）。产生差异的原因可能是：一是没有发生流转的农户可能的确经历了相应困难；二是没有发生流转的农户可能没有付诸行动，存在夸大其成本的"虚幻认知"。但必须承认，缺乏合适的转入主体或者说农地买方的进入不足，是制约农地流转的主要原因之一。

(2) 农地用途的改变在一定程度上具有不可逆性。如果土地是永久性流转，转出农户应该不太关注其用途是否改变。然而两类农户均给予了较高的认知评价。因为一旦农户在重新收回转出的农地时，可能面临较高的交易费用。数据显示，经验认知比事前认知要高7.25个百分点。这意味着，第一，农户的土地转出行为仅仅是一种策略性行为（进而农地的流转缺乏稳定性）；第二，流转之后改变农地用途的行为的确存在。可以认为，维护农地用途的稳定性将对农户土地流转的预期产生重要影响。

（3）合约纠纷是反映合约签订后监督执行阶段交易费用的主要变量。尽管样本户中实际发生纠纷的比例仅为 3.96%，但农户依然对此高度重视。事前认知更是表现出高估的"虚幻认知"。

2. 合约安排产生的交易费用认知的比较

（1）无论是经验认知还是事前认知，均对书面合约表现出同样的认知评价。相比口头合约，书面合约使农地流转中的合约行为更为规范，更有利于法律保障。同时也说明大部分农户都有亟待规范农地合约的需求。

（2）67.86% 的经验认知对合约期限给予了重视，而事前认知则高达 72.37%。不难看出，恰当的合约期限选择是激励农户做出农地流转决策的重要因素。赋予农户更加稳定的土地承包权将有助于降低承包期不稳定对合约期限的影响。

（3）合约租金的高低无疑是所有样本户最为关心的影响因素，认为该因素对农地流转行为有影响的比例都高达 80% 以上。农村土地流转市场的发育离不开一个有效的市场价格运行体系，农户对租金的高度认知，表达了其对土地财产权益保障及其稳定预期的诉求。

（4）从统计来看，样本农户普遍表达了对农地租金收益的稳定性的关注。农地流转租金的稳定性是反映合约执行成本的重要变量。租金越稳定，合约的稳定性也就越强，农户转出农地的可能性就会增加。

3. 外部环境产生的交易费用认知的比较

（1）一般来说，交通条件越好，农户寻找到交易对象的机会也就越大，从而转出农地的可能性也就越高。事前农户对其的评价要比经验农户高出 6.85 个百分点。可以认为，交通的不便利或许是约束农地流转的重要因素。

（2）同样，网络和通讯越便利接触外界的机会就越多，获取市场交易信息也就越多，从而既有利于减少搜寻费用（交易对象、价格），又有利于在信息相对充分和对称的条件下降低达成合约的谈判费用。然后，值得注意的问题是，与对交通便利程度的高度评价相比，样本户对信息的便利程度的评价相对降低，这或许说明了大多农户在分享信息并获得信息收益的空间尤为不足。

（3）32.38% 的经验农户认为流转前的农业经营投资对农地流转有影响，而 40.84% 的事前农户对此给予了关注（高出前者 8 个百分点）。可见，专用性投资不仅引发了谈判成本还影响合约执行的稳定性。因此，如何激励农户进行农地投资，同时又能推进农地的流转，是需要关注的重要问题。

4. 第三方组织参与所产生的交易费用认知的比较

（1）44.52% 的经验农户和 52.25% 事前农户均表达了村委会在农地流转中的推动作用。一方面说明村委会对农地流转的推动作用在村民中得到了广泛的认同，成为影响农地流转交易费用进而影响农地流转行为的主要因素；另一方面也说明对于没有转出农地的样本户，他们更希望得到村委会提供的帮助。

（2）34.29%的经验认知和43.54%的事前认知反映了村委会对农地流转的阻碍与干预。可见村委会扮演的角色是双重的。因此，规范村委会的职能与角色是必须关注的问题。

（3）中介组织是市场交易中为节约市场搜寻成本和谈判成本而形成的组织形式。农地流转中介组织的存在能够有效地降低流转市场高昂的信息成本和谈判成本，目前在江浙和四川地区广泛兴起的"土地信托服务中心"、"乡镇土地交易所"等土地中介机构正成为推动当地土地流转的重要力量。从对样本的调研来看，无论是经验认知还是事前认知均对中介组织的作用给予了较低的评价。这一方面表达了样本农户对中介组织的认识不足，另一方面则更是表明了样本地区农地流转中中介组织的发育不足。

三、计量模型分析

为了验证农户交易费用认知对农地流转行为的影响，我们做进一步的计量模型分析。

（一）模型选择

由于本节关注农户的农地转出行为，并将农户划分为已经发生转出和尚未发生转出两种类型，因此是典型的二元选择问题，适合采用二元 Logistic 模型。

在设计模型时，将农地流转行为设置成因变量，转出农地的行为定义为 1，没有转出的行为定义为 0。其模型构建理论如下：

设 P 为某事件发生的概率，这里指农户进行农地流转的概率，取值范围为 $[0,1]$，$1-P$ 为该事件不发生的概率，将比数 $P/(1-P)$ 取自然对数得 $\ln P/(1-P)$，即对 P 做 logit 转换，记为 logit P，其取值范围为 $(-\infty, +\infty)$，并以该值为因变量，建立线性回归方程：

$$\text{logit } P = \alpha + \beta_1 x_1 + \cdots + \beta_m x_m$$
$$P = 1/[1 + exp(\alpha + \beta_1 x_1 + \cdots + \beta_m x_m)]$$

m 代表影响概率 P 的因素的个数；x 是自变量，代表决定农户土地流转行为的因素。

（二）KMO 和 Bartlett 检验

在提取主因子前，通过对农户禀赋各观察值的 KMO 和 Bartlett 的检验，结果表明 KMO 值为 0.514。尽管根据通常的标准，KMO 值小于 0.6 时不太适合做因子分析，但 Bartlett 球形检验的近似卡方值为 459.512，其相伴概率为 0.000，小于显著性水平 0.05，因此拒绝 Bartlett 球形检验的零假设，表明各项指标适合做因子分析（见表 5-8）。

表 5-8　　农户禀赋因子的 KMO 和 Bartlett 的检验

检验类别	参数名称	参数值
取样足够度的 Kaiser – Meyer – Olkin 度量	KMO	0.514
Bartlett 的球形度检验	近似卡方	459.512
	df	36
	Sig.	0.000

对交易费用认知各观察项进行 KMO 和 Bartlett 的检验，其 KMO 值为 0.791，大于 0.7 的适用标准，表示各项指标适于进行因子分析。根据 Bartlett 球形检验的结果显示，其近似卡方值为 1986.381，其相伴概率为 0，也表明各项认知情况适合于做因子分析（见表 5-9）。

表 5-9　　交易费用认知因子的 KMO 和 Bartlett 的检验

检验类别	参数名称	参数值
取样足够度的 Kaiser – Meyer – Olkin 度量	KMO	0.791
Bartlett 的球形度检验	近似卡方	1 986.381
	df	105
	Sig.	0.000

（三）主因子的提取

农户禀赋的各观察值通过因子分析提取出 3 个主因子分别命名为非农禀赋、农业劳动力禀赋以及农地禀赋。其中：

非农禀赋因子包含两个观察值：家庭外出务工人数、非农收入占总收入的比例；

农业劳动力禀赋因子包括两个观察值：家庭务农人口数、被调查者的年龄；

农地禀赋因子是测度农业禀赋中农地经营的面积，仅包含承包地面积一个观察值。

上述 3 个因子的累计贡献率达到 73.688%，其中非农禀赋解释力最强，农地禀赋解释能力最弱。本节采取豪特森 T^2 重复度量方差分析和伴随概率对因子进行信度检验。一般而言，T^2 值和 F 值越大，伴随概率越小，主因子代表效果越好，从结果来看 4 个主因子的分析结果都具有一致性和可信度，仅包含一个观察值的因子无须检验（见表 5-10）。

表 5-10　　　　　　　农户禀赋的因子分析及其检验

观测项	因子载荷	因子命名	特征根	T^2, F, Prob
家庭外出务工人数	0.7960	非农禀赋	R1 = 1.406 (28.126%)	T^2 = 2 647.178　F = 2 647.178　Prob = 0.000
非农收入占总收入比例	0.7590			
家庭务农人口数	0.7800	农业劳动力禀赋	R2 = 1.250 (24.995%)	T^2 = 16 197.586　F = 16 197.586　Prob = 0.000
被调查者年龄	0.7520			
承包地面积	0.9720	农地禀赋	R3 = 1.028 (20.568%)	

交易费用认知的 15 个观察项通过因子分析提取出 4 个主因子，将 4 个主因子分别命名为流转流程产生的交易费用、合约产生的交易费用、外部环境交易费用、第三方组织产生的交易费用。上述四个因子的累计贡献率达到 51.32%，其中流转流程产生的交易费用的认知解释力最强，第三方组织产生的交易费用的认知解释能力最弱。从豪特森 T^2 重复度量方差分析和伴随概率对因子进行信度检验结果来看 4 个主因子的分析结果都具有一致性和可信度（见表 5-11）。

表 5-11　　　　　　　交易费用认知的因子分析及其检验

测度	观测项	因子载荷	因子命名	特征根	T^2, F, Prob
流转流程	寻找流转对方花费的时间	0.699	流转流程产生的交易费用	R1 = 3.713 (24.754%)	T^2 = 303.341　F = 75.528　Prob = 0.000
	进行流转谈判花费的时间	0.728			
	对流转对方的了解程度	0.377			
	农地流转后的用途	0.460			
合约安排	农地流转后可能发生的纠纷	0.665	合约安排产生的交易费用	R2 = 1.416 (9.440%)	T^2 = 205.786　F = 68.409　Prob = 0.000
	农地流转中签订的合约形式	0.496			
	农地流转的合约期限	0.374			
	农地流转租金的高低	0.807			
	农地流转租金的稳定性	0.787			
外部环境	当地交通便利程度	0.777	外部环境产生交易费用	R3 = 1.366 (9.109%)	T^2 = 160.867　F = 80.325　Prob = 0.000
	当地通信、网络便利程度	0.800			
	流转前对农地将进行的投资	0.605			

续表

测度	观测项	因子载荷	因子命名	特征根	T^2, F, Prob
组织参与	村委会对农地的推动	0.806	第三方组织产生交易费用	R4 = 1.203 (8.020%)	T^2 = 168.024 F = 83.898 Prob = 0.000
	村委会对农地的干预	0.839			
	中介组织的介绍	0.501			

(四) 计量分析结果

基于因子分析所得的农户禀赋和交易费用的主因子，借助 Stata10 软件将农户是否转出土地 0~1 变量与各影响因子进行 Logit 模型估计，所得结果如表 5-12 所示。

表 5-12　农户禀赋、交易费用认知对农地流转行为影响的 Logit 模型估计

农户的土地流转行为	Coef.	Robust Std. Err.	Z	P > |z|	[95% Conf.	Interval]
非农禀赋	0.343***	0.079	4.36	0	0.189	0.497
农业劳动力禀赋	-0.037	0.079	-0.47	0.636	-0.192	0.118
农地禀赋	-0.021	0.064	-0.32	0.746	-0.146	0.105
流转流程产生的交易费用	-0.155**	0.078	-2	0.045	-0.307	-0.003
合约安排产生的交易费用	0.141*	0.078	1.8	0.072	-0.013	0.294
外部环境产生的交易费用	-0.133*	0.077	-1.73	0.084	-0.285	0.018
第三方组织产生的交易费用	-0.155**	0.077	-2.02	0.044	-0.306	-0.004
常数项	0.220	0.077	2.84	0.004	0.068	0.371
模型结果评价	Loglikelihood = -472.72397; Wald chi2(7) = 32.43; Prob > chi2 = 0.0000					

注："*"、"**"、"***"分别代表在 0.10、0.05、0.01 的显著性水平下显著。

从模型估计的结果来看，尽管农户禀赋和交易费用认知之间存在一定的多重共线性问题，造成了农业劳动力禀赋、农地禀赋对土地流转行为的影响不显著，但其他因子对农地流转行为的影响都通过了显著性检验。非农禀赋对农地流转行为的影响为正，说明非农禀赋的增长有利于让农户转出土地。农业劳动力禀赋和农地禀赋对农户土地流转行为的影响系数为负，尽管农业劳动力禀赋没有通过显著性检验，但其对土地流转的影响关系显示出农业劳动力禀赋较高的农户转出农地的可能性不大，这可能是由于劳动力禀赋较高的农户具有从事农业生产的比较优势。

基于交易费用认知对农地流转行为的影响，从交易费用认知的观察项提取的4个主因子中：

（1）流转流程产生的交易费用对农户土地流转行为的影响为负，显著性水平较高且显著性系数低于 0.05，说明对流转流程交易费用的认知越高，造成的预期交易成本越大，不利于农户转出土地。

（2）合约安排产生的交易费用对农户土地流转行为的影响为正，通过显著性水平 0.1 的显著性检验，对于这一结果可能的解释是对合约安排产生的交易费用认知程度越高的农户，对合约条款、合约形式以及如何保障合约稳定性与认知相对较低的农户相比更为了解，对合约签订后可能发生的问题更为可控，使他们与流入方签订的合约更有保障，有利于促进这类农户转出土地。

（3）外部环境产生的交易费用对农户的土地流转行为的影响为负，也通过了显著性水平为 0.1 的显著性检验，说明农户对外部交易环境产生的交易费用认知水平越高，预期的约束越大，对转出农地的意愿就越小。

（4）第三方组织产生的交易费用对农户土地流转的影响为负，通过 0.1 的显著性检验，说明组织化程度发育不足，使得农户对农地交易的预期不足，从而对土地流转行为构成约束。

四、简要的结论

（1）农户的土地流转行为与农户的资源禀赋具有状态依赖性。那些具有较多农业劳动力、承包较多农地的农户对农地具有更高的依赖性，而那些外出务工劳动力或者非农收入较多的农户对土地的依赖性相对较小。只有"人动"才会有"地动"，没有农业劳动力的有效转移，就难以有效推进农地的有效流转。现实的问题是，在农村劳动力非农化流动的同时，并未产生有效的"市民化"与人口迁徙：一是农民工"离农"，但却没有"弃地"；二是农民工"进城"，但却没有"迁徙"；三是土地的"弃耕"，但却没有发生有效的农地流转。因此，在人口流动与土地流转过程中，必须建立起行为主体有效的"退出机制"与"进入机制"，特别是小农的"土地退出机制"。

（2）多重因素制约着农地的有效流转。农地转入主体的进入不足，农地流转的谈判费用及其由此可能导致的纠纷预期，农地所处的环境状态及其资产特性，均在不同的环节上影响着土地的有效流转。推进农地流转尤其要关注尚未转出农地的农户对交易费用的心理认知。值得注意的是，组织发育不足，特别是村委会等正规组织的不当参与，在一定的程度上影响着农地流转。鼓励不同类型的经营主体进入农业、改善农地流转的信息状况与交易环境，特别是规范第三方规制组织的行为,并进一步推进农地流转的组织化与契约化,应该是改善农地流转效率的操作重点。

第三节 禀赋效应、认知幻觉与农地流转:修正的交易费用分析范式

上一节的分析表明:无论是对土地流转的交易流程,还是对交易契约所包含的交易费用,农户的事前认知均明显高于经验认知,说明未流转农户存在夸大其交易成本的"认知幻觉"。

然而,威廉姆森分析范式(Williamson,1979,1985)强调了资产专用性、交易频率与不确定性对交易费用的影响。一项流转交易难以达成,一方面可能是因为农户夸大交易费用的"认知幻觉"而止步于对流转对象的搜寻及其缔约谈判,从而使流转失败;另一方面也可能是因为农户承包的土地过于零碎、偏僻的资产特性,或者是缺乏恰当的交易主体①,或者是地权的不稳定与政策环境的不确定性等,从而难以达成交易。后者显然不能笼统地归结为交易费用的"认知幻觉"。因此,有必要进一步区分农地流转的交易费用性质。

可见,交易费用可以分为客观交易费用和主观交易费用。后者显然与认知有关。我们进一步的问题便是:农户对农地流转市场缺乏响应,是否存在引发和加剧交易费用的"认知幻觉"呢?

因此,本节试图依照"禀赋效应—认知幻觉—交易费用"的概念模型,通过一个修正的交易费用分析范式,来揭示农地流转的行为机理。

一、禀赋效应与认知幻觉

(一)"禀赋效应"及其成因

早在1759年,亚当·斯密在《道德情操论》中把人们的行为归结于同情,阐明具有利己主义本性的个人怎样控制他的感情或行为。他指出一种现象:人们

---

① 在众多传统农区,农户撂荒土地而外出务工几乎是普遍的"同质"现象。缺乏合适的土地转租主体或者说农地买方的进入不足,是制约农地流转的主要原因之一。

对无论是心灵的还是肉体上的痛苦，都是比愉快更具有刺激性的感情。① 也即失去自己拥有物品所带来的痛苦，比获得一件同样物品所带来的喜悦更加强烈。简单地说，就是"失而复得"并不具有等同效应。

后有学者用货币来衡量这一感受，泰勒（Thaler，1980）将"禀赋效应"定义为：与得到某物品所愿意支付的金钱（Willingness to Pay，WTP）相比，个体出让该物品所要求得到的金钱（Willingness to Accept，WTA）通常更多。即指一旦某物品成为自己拥有的一部分，人们倾向给予它更高的价值评价。

禀赋效应的生成机理受到了学者们的广泛重视。卡内曼（Kahneman et al.，1991）认为，禀赋效应是"损失规避"（Loss Aversion）的表现，即损失比等量收益所产生的心理感受更为强烈，因此人们更计较损失。通常的情形是，卖者给出更高的卖出价格，而买者给出更低的购买价格，从而导致买卖价格差异增大（Carmon and Ariely，2000）。因此，第一，人们的交易需求越高，引发的禀赋效应就会越明显（Mandel et al.，2002）；第二，物品的差异性越大，引发的禀赋效应也会越强。例如，当交易双方的两种商品的可替代性较低（例如，咖啡与圆珠笔）时，交易者难以比较交易中的损失与受益，这类不确定性会使得禀赋效应较为明显；而当交易的商品可替代性较高（例如，两种品牌的葡萄酒）时，禀赋效应就会相对较低（Dijk and Knippenberg，1996）；第三，人们持有一种物品的时间越长，禀赋效应越显著（柳志琼，2011）。此外，个人的偏好如对交易之后预期损失的消极情绪（如后悔）则阻止人们交易所拥有的物品，这种情绪会增强禀赋效应（Zhang and Fishbach，2005）。

可见，上述研究均强调禀赋效应产生于交易。没有交易，就不可能有禀赋效应。

（二）交易中的认知幻觉

"幻觉"是一种认知偏差。作为一个心理学概念，后被应用于经济学各个领域。幻觉来源于多种因素，但市场交易中的幻觉主要来源于禀赋效应，并由此形成"认知幻觉"。

瑞丁（Radin，1982）凭借直觉曾经将财产分为人格财产（Personal Property）和可替代财产（Fungible Property），指出人格财产（如家宅）的"认知幻觉"尤为明显。莫尔韦奇等（Morewedge et al.，2009）进一步强调了所有权对禀赋效应与"认知幻觉"的影响，发现个体对交易物品的实际所有权感受越强烈，"认知幻觉"就越强。但在此之前，约亨和康诺利（Jochen and Connolly，2007）认为禀赋效应不依赖于个体对物品的实际所有权，而是依赖于占有物品所产生的

---

① 亚当·斯密：《道德情操论》，商务印书馆1997年版，第52页。

主观感觉（Subjective Feelings of Ownership）。

我们将人们持有的物品分为两类。一类是人们为了长期占用而持有的物品（如宅基地），另一类是人们为了出售而持有的物品（如从地里收获准备出售的庄稼），前者类似于瑞丁（1982）所说的人格财产。显然，两类物品的禀赋效应是不同的。不仅如此，假定两类物品均存在一个市场的均衡价格，那么相对各自的均衡价格来说，人们对前者的要价（WTA）将显著高于后者，从而表现为产权交易中的认知幻觉。

土地作为土地所有者的人格财产，其排他性的产权使得其在交易中具有占先优势。由于产权是一个社会所强制实施的关于物品使用的权利，即使这类权利受到某些限制，但这些被限制的权利并没有分配给其他主体，或者说，这些受到限制的权利并没有增加其他任何人的使用该物品的权利。这种行为上的排他性与"垄断性"，往往会导致土地所有者产权让渡中的认知幻觉。

20世纪初期，熊彼特（中译本，2009）就注意到了此问题。他指出："人们可能首先把土地的服务设想为土地的产品，把土地本身视为真正的原始生产资料，并且认为土地的产品的价值应该全部归属于土地。这在逻辑上是荒谬的。因为土地不是一种独立的商品，它不能与自己的服务相分离，它仅仅是这些服务的总和。"可以认为，赋予土地一种情感的和神秘的价值是农民所特有的态度（Redfield，1956）。由此，地主往往有夸大土地贡献，进而提高租金要价（WTA）的倾向。

所以阿尔奇安（Alchian，1965）正确地指出，"所有定价问题都是产权问题（Every Question of Pricing is a Question of Property Rights）"。

罗必良（2011）证明，在农地流转的租赁缔约中，特别是当农户的土地转租给农业企业时，农户存在普遍的认知幻觉，从而指出在现实中要维护一个低成本的土地租赁合约是困难的。这源于两个方面的原因：

第一，农地的集体所有及其承包经营权赋予了农户对土地使用的"垄断"地位，因而在土地承包经营权流转的市场交易中，极易诱致农户对土地准租金的追求。

第二，农业公司的企业家能力及"信息装置"优势所形成的要素配置效率，会使得土地的价值功能加强，这难免会导致农户会产生认知幻觉，误以为价值增值源自土地。而这一"幻觉"会进一步强化农户对土地租金的诉求。

因此，认知幻觉的存在使得土地租金预期存在不稳定性，进而增加土地合约缔结的交易费用，而这也是导致土地纠纷或者土地租约纠纷的重要原因。

可以认为，人格财产及其产权强度是产权交易中形成禀赋效应进而产生认知幻觉的关键。

二、一个修正的分析范式

（一）对威廉姆森范式的修正

"威廉姆森范式"是一个事后比较分析范式。所以，为了考察认知幻觉对农地流转交易费用的影响，需要对威廉姆森范式进行适当的修正。

第一，考虑到这里的交易费用分析是在同一制度背景下——家庭承包经营体制下农地流转（不包括非农用地的流转，也不包括农地的非农流转与转让）的比较研究，所以我们剔除了制度环境的影响。

第二，农地流转不同于产品与劳务的经常性交易，农户不可能构建专门的规制结构来对交易或协约关系进行组织管理，以改善或提高协约关系的稳定性和调整性能。因此，范式中的交易频率不在分析之中。

第三，农地流转仅仅是使用权在一定期限内的让渡，只是农户土地产权的部分交易，不同于一般产品的市场出清。两位贝纳姆（A. Benham and L. Benham, 2000）注意到，如果交易成本非常高，许多交易可能根本就不会发生。即使某种特定种类的交易会发生，它也不可能出现在采用货币价格的开放市场中。结果，在所有潜在的交易中，仅仅只有一个很小的子集将真正发生，并且只有这个子集中的一部分将出现在市场上。为了弄清楚为什么某种特殊交易会被某个人采用，这就要求获得关于其他选择的机会成本的知识。而为了理解这些选择的形成，我们有必要对那些导致交易没有发生的费用进行估算。

第四，在农地流转的产权交易中，一价定律（the Law of One Price）也并不适用。在一个给定的社会中，个体和团体可能面对非常不同的潜在的交易收益与成本，因此许多估算可能是需要的。在其他情况相同的条件下，某个人的政治关系、种族以及其他特点也将影响特殊交易的机会成本，而这些差异对于外部人来说很少是透明的（A. Benham and L. Benham, 2000），因此，也将纳入类似因素的分析。

威廉姆森范式中的资产专用性包括六类（Willamson，中文版，2001）：地理位置专用性、实物资产专用性、人力资本专用性、品牌资本、专项资产、暂时性专用资产；不确定性则包括环境的不可预见性与行为的不确定性。

基于上述，我们对农地流转交易费用的分析维度修正为：以农户的人力资本特性、农业的禀赋资本特性表达资产专用性；以交易环境的不确定性、行为的不确定性表达不确定性。

（二）认知幻觉与农地流转的交易费用：若干假说

（1）关于农户的人力资本问题。我们将农户的人力资本分为三类。

①累积性人力资本。用农户户主的年龄和务农年限表达。农民的年龄越大，务农经验越多，对土地的依附性及其人格化程度越强，产生的认知幻觉就越显著，从而会加大农地流转的交易费用，以致转出农地的可能性越小。

假说1：拥有越多的经验型人力资本，对土地的认知幻觉越明显，进而加大交易费用的可能性越大，因而不利于转出农地。

②通用性人力资本。用受教育程度或年限表达。文化教育并不构成农业经营的专用性人力资本。一般地，受教育程度越高，其选择能力更强，对农地的认知幻觉以及对农地流转的影响方向不确定。考虑到农民受教育程度普遍较低，由此产生的认知幻觉以及对交易费用的影响可能有限。

③扩展性人力资本。这类资本能够扩展农户的资源配置空间，改善农户的农业经营能力。分别用获取有用信息的渠道（包括电视、报纸、广播、网络、亲朋好友、村集体、合作社、其他等八种渠道）、农地经营性投入能力，以及通过参加合作社提高经营水平等维度来表达。由于这类能力具有与农地经营的不可分性，所以有：

假说2：拥有交易性人力资本越多，对农地的重要性评价会越高，认知幻觉导致的交易费用越明显，进而阻碍农地的转出。

（2）关于农户的农业禀赋资本。农户的农业禀赋最重要的是两个方面：一是农户承包经营的土地。考虑到均包制形成的细碎化与分散化，农户的农地流转不可能是整体的，而是分离的。或者说，农地的流转关键不在于农户拥有多少土地，而在于其连片土地的大小。因此选择农户承包的地块的平均面积来标识。二是农户从农地经营中获得的收入，它说明农户的生存状态对土地的依赖程度。由此得到：

假说3：农户拥有的平均每块承包地的面积越大，农地的规模化效应会加大农户的认知幻觉，由此产生的交易费用会阻碍农地的转出。

假说4：同理，农业收入越高，农户对土地的依赖性越强，越不利于农地转出。

（3）交易环境的不确定性。农地流转的交易环境取决于两个方面：一是国家对农地的法律保障（用土地承包合同是否签订表示），二是农户获得的社会保障（用参加农村合作医疗来说明）。一般来说，国家赋予农户的产权保障越强，农户农地产权强度的提升会强化其认知幻觉。农户的社会保障程度越高，意味着农户的产权交易倾向会提升。问题是，作为长期占有的人格财产，农户在交易情景下会激发其认知幻觉。我们的问卷调查表明,无论给予怎样的福利保障,依然有44%的农户认为转出农地经营权是不合算的,而愿意放弃土地承包权的农户仅占9%。因此有:

假说5:交易环境确定性的改善,会强化农户的认知幻觉,从而加大交易费用,阻碍农地流转。

(4)关于行为的不确定性。主要涉及合约安排的不确定性(包括合约形式、流转期限、流转租金以及流转过程的第三方公证)以及主观预期带来的不确定性(包括对流转后农地用途的决定意愿和对土地增值收益的索取意愿),这两方面的不确定性可以作为衡量机会主义行为的综合指标。

一方面,合约安排研究表达了农地流转的可能性。缔约形式越规范,合约安排越清晰,会保证交易双方的稳定预期。

假说6:合约安排的稳定性,有利于缓解认知幻觉,进而降低交易费用,能够促进农地流转。

另一方面,农户对流转后未来农地的用途以及收益的关心表达了农户对农地的持续"控制权"。这种关心既可能是积极的,也可能因后悔情绪带来悲观预期。因此有:

假说7:对流转后农地用途的决定意愿,所引发的认知幻觉是不明确的,因而对农地流转的交易费用的影响是不确定的。

假说8:农地流转后的增值必定会加强转出农户的认知幻觉,进而引发流转纠纷与合约实施的交易费用。

三、数据来源与统计描述

(一)数据来源

数据来源于课题组对广东省294个农户所做的调查(见第八章的说明)。在294个样本农户中,发生流转(转出)的农户132户,未参与流转的农户162户。

(二)测度指标与统计描述

如前所述,本节的分析维度包括累积性人力资本、通用性人力资本、扩展性人力资本、农业禀赋资本、交易环境的不确定性、合约安排的不确定性、用途预期以及索取预期的不确定性等八个方面,具体的测度指标及分类统计如表5-13所示。

表5-13 农地流转交易费用测度的分类统计

分类	测度	观察项	赋值	选项	样本农户合计 数量	样本农户合计 比例(%)	实际转出样本户 数量	实际转出样本户 比例(%)	没有转出样本户 数量	没有转出样本户 比例(%)
		样本数			294	100	132	44.90	162	55.10
资产专用性	累积性人力资本	年龄(岁)	均值	—	50.87	—	51.26	—	50.56	—
		务农年限(年)	均值	—	29.92	—	30.83	—	29.21	—
	扩展性人力资本	获取信息的渠道数(个)	众数	2	84	28.57	32	24.24	52	32.10
		农业经营性投入能力(元)	均值	—	14 554	—	14 019	—	14 990	—
		参与合作社	0	否	180	61.22	84	63.64	96	59.26
			1	是	114	38.78	48	36.36	66	40.74
	通用性人力资本	受教育程度(年)	众数	初中(9)	139	47.28	69	52.27	70	43.21
	农业禀赋资本	平均每块承包地面积(亩)	均值	—	1.21	—	1.13	—	1.28	—
		农业收入占家庭收入比重(%)	均值	—	38.61	—	29.88	—	45.72	—
不确定性	交易环境的不确定性	应签订土地承包合同	众数	同意	187	63.61	76	57.58	111	68.52
		新型农村社会医疗保险	0	无	25	8.50	16	12.12	9	5.56
			1	有	269	91.50	116	87.88	153	94.44
		是否签订农地流转合同	0	否	83	28.23	25	18.94	58	35.80
			1	是	211	71.77	107	81.06	104	64.20
	合约安排的不确定性	合约期限(年)	众数	5以下	157	53.40	67	50.76	90	55.56
		农地租金(元/亩)	均值	—	1 599	—	1 147	—	1 967	—
		流转合同第三方公证	0	无	82	27.89	32	24.24	50	30.86
			1	有	212	72.11	100	75.76	112	69.14
	用途预期的不确定性	对流转后农地用途的决定意愿	0	否	56	19.05	36	27.27	20	12.35
			1	是	238	80.95	96	72.72	142	87.65
	索取预期的不确定性	流转土地增值收益索取意愿	0	无	46	15.65	26	19.70	20	12.35
			1	有	248	84.35	106	80.30	142	87.65

由表 5-13 可以发现：

第一，被调查者的平均年龄为 51 岁，务农年限为 30 年，表明了农业劳动力的老龄化趋势①。

第二，2003 年中国农户户均拥有地块为 5.7 块，平均每块面积为 1.3 亩（何秀荣，2009），而样本户中，平均每块承包地面积仅仅为 1.21 亩，说明广东的农地细碎化问题相对更为严重。

第三，我国合作社数量快速增长，对农户农业生产经营起到积极的支持作用。至 2010 年年底，全国依法在工商部门登记的农民专业合作社已达 37.9 万家，入社农户 2 900 万户，约占全国农户总数的 11.6%（孙亚范等，2012）。我们的样本农户合作社参与率达到 61.22%，大大高于全国的水平。

第四，63.61% 的样本户完全赞同签订承包合同，72.11% 的农户认同合同的第三方公证，并且有 90% 的农户参加了新型农村合作医疗保险，表明广东农民较高的契约化意识。

第五，74.83% 的样本户会继续认为拥有对流转后农地用途的决定权，更有高达 84.35% 的农户认为有权利索取流转后农地涨价而产生的收益。表明了农户除了对土地的依恋情节外，也存在强烈的土地"控制权"意识。

进一步比较不同类型的农户，还可以发现：

第一，转出农地的农户，平均每块承包地的面积为 1.13 亩，农业收入占家庭收入比重为 29.88%；而未转出农地的农户的平均地块为 1.28 亩，农业收入占家庭收入比重为 45.72%。表明农户的土地流转行为与农户的资源禀赋具有状态依赖性，未转出农地农户的认知幻觉高于转出农户。

第二，与农地转出户相比，未转农户加入合作社的比例高出 4.28%，农业经营性投入水平高出 6.93%。由于在改善农业经营水平方面的努力，加之农地流转的可替代性低，农户会更加难以比较转出农地的损失与收益，由此加剧认知幻觉，增加农地流转的交易费用。

第三，未转出户签订承包合同与参加合作医疗的比例，分别比转出农户高出 10.94% 和 6.56%。未来保障程度的提升与不确定性的降低，会加剧其农地流转时心理成本，从而弱化其流转意愿。

第四，在合约安排方面，发生流转的农户的契约认同度显著高于未流转户。说明未流转农户的认知幻觉高于契约所表达的预期。这些极易引发流转纠纷，增加流转的交易费用。

---

① 2006 年第二次全国人口普查数据显示，51 岁以上的农业劳动力占总数的 32.5%。另外，根据上海财经大学 2011 年对全国 931 个村庄的问卷调查，则表明 51 岁以上的农业劳动力已经上升到 39.8%。

第五，未转出户对流转后的农地用途的决定意愿比转出户高 14.93%，而且对农地增值收益的索取意愿比转出户高出 7.35%。这说明未转出农户对农地流转的未来用途控制权及收益权更具认知幻觉，这无疑会增加农地流转与合约实施的交易成本。

四、二元 Logistic 模型：计量分析

为了验证"禀赋效应—认知幻觉—交易费用"对农地流转行为的影响，我们做进一步的计量模型分析。

（一）模型选择与因子检验

计量模型与上节相同。因子分析的结果表明，两类测度的观察项均通过检验，适合做因子分析（见表 5-14）。

表 5-14　　　　　　　　KMO 和 Bartlett 的检验

测度	检验类别	参数名称	参数值
资产专用性因子	KMO 抽样适当性检验	KMO	0.550
	Bartlett 的球形度检验	近似卡方	229.716
		df	21
		Sig.	0.000
不确定性因子	KMO 抽样适当性检验	KMO	0.606
	Bartlett 的球形度检验	近似卡方	142.925
		df	15
		Sig.	0.000

（二）主因子的提取

一般来讲，在因子分析中，若提取后的因子能联合解释变异量达到 60% 以上，表示因子提取相当理想；若解释所有变量 50% 以上的变异量，则提取的因子也可以接受。

资产专用性的各观察值通过因子分析提取出 4 个主因子分别命名为累积性人力资本、通用性人力资本、扩展性人力资本以及实物资产专用性。其中：

累积性人力资本因子包含 2 个观察值：年龄、务农年限。

通用性人力资本因子包含 1 个观察值：文化程度，因子命名为"教育幻觉

引发的交易费用"。

扩展性人力资本因子包含 3 个观察值：获取有用信息的渠道数、农业生产性投资能力和参加合作社。

实物资产专用性因子包含 2 个观察值：平均每块承包地面积和农业收入占家庭总收入比例。

由于指标的量纲不一致，所以 Cronbach Alpha 检验不适合。因而，我们综合采用了豪特森 T^2 分析（Hotelling's T-square）、重复度量的方差分析（F）和伴随概率（Prob）对因子进行信度检验。上述 4 个因子的累计贡献率达到 61.351%，提取的因子相当理想，其中累积性人力资本解释力较强，农业禀赋资本解释能力较弱（见表 5 – 15）。

表 5 – 15　　　　　　　资产专用性的因子分析及其检验

测度	观测项	因子载荷	因子命名	特征根	T^2，F，Prob
累积性人力资本	年龄	0.879	经验幻觉引发的交易费用	R1 = 1.776（25.375%）	T^2 = 482.236，F = 482.236，Prob = 0.000
	务农年限	0.873			
扩展性人力资本	参加合作社	0.700	能力幻觉引发的交易费用	R2 = 1.484（21.195%）	T^2 = 1 099.834，F = 548.040，Prob = 0.000
	获取有用信息的渠道数	0.687			
	农业生产性投资能力	0.617			
农业禀赋资本	平均每块承包地面积	0.809	禀赋资本幻觉引发的交易费用	R3 = 1.035（14.781%）	T^2 = 205.997，F = 205.997，Prob = 0.000
	农业收入占家庭总收入比例	0.527			

交易不确定性的各观察值通过因子分析提取出 4 个主因子分别命名为环境的不确定性、合约安排的不确定性、用途预期不确定性及其索取预期不确定性。其中：

环境的不确定性因子包含 2 个观察值：签订土地承包合同、参加新型农村合作医疗。

合约安排的不确定性因子包含 4 个观察值：合约形式、流转期限、流转租金、流转过程的第三方公证。

用途预期的不确定性因子包含 1 个观察值：农户对农地流转后用途的决定意愿，因子命名为"农地用途幻觉引发的交易费用"。

索取预期的不确定性因子包含 1 个观察值：农户农地流转后增值收益的索取意愿，因子命名为"农地增值幻觉引发的交易费用"。

前面 2 个因子的累计贡献率达到 50.132%，提取的因子可以接受（见表 5 – 16）。

表 5-16　　　　　　　　不确定性的因子分析及其检验

测度	观测项	因子载荷	因子命名	特征根	T^2, F, Prob
环境的不确定性	签订土地承包合同	0.718	保障幻觉引发的交易费用	R1 = 1.215 (20.252%)	T^2 = 1 773.340, F = 1 773.340, Prob = 0.000
	参加新型农村合作医疗	0.723			
	合约形式	0.810			
合约安排的不确定性	流转期限	0.788	合约幻觉引发的交易费用	R2 = 1.793 (29.880%)	T^2 = 658.335, F = 217.947, Prob = 0.000
	流转租金	0.489			
	流转过程的第三方公证	0.470			

(三) 计量分析结果

基于因子分析所得的农户禀赋和交易费用的主因子,借助 SPSS20.0 软件将农户是否转出土地 0~1 变量与各影响因子进行 Logistic 模型估计,结果如表 5-17 所示。

表 5-17　　　　　　对农地流转行为影响的 logistic 模型估计

引发因素	B	S.E,	Wals	Exp(B)
经验幻觉	0.073	0.129	0.321	1.076
能力幻觉	-0.334*	0.137	5.923	0.716
教育幻觉	0.063	0.158	0.158	1.065
禀赋资本幻觉	-0.326*	0.134	5.892	0.722
保障幻觉	-0.436**	0.133	10.700	0.646
合约幻觉	0.357**	0.136	6.951	1.429
农地用途幻觉	-1.168**	0.336	12.086	0.311
农地增值幻觉	-1.090*	0.426	6.547	0.336
常数项	-0.462	0.666	0.480	0.630
整体模型适配程度	χ^2 = 51.159*** -2 Log likelihood = 353.345 Hosmer-Lemeshow 检验值 = 3.512 n.s. Cox & Snell R^2 = 0.160, Nagelkerke R^2 = 0.214			

注: * $p<0.05$, ** $p<0.01$, *** $p<0.001$, n.s. $p>0.05$。

从表 5-17 可以发现:

(1) 基于家庭承包背景下农户对土地使用的"垄断"地位所长期形成的禀

赋效应，使得农户普遍表现出对承包经营权流转交易的认知幻觉，这些程度不一的幻觉从多个方面放大了农地流转的交易成本。

（2）经验幻觉与教育幻觉所引发的交易成本，并没有成为农地流转的障碍。原因在于，前者随着农民年龄的增大与劳动能力的下降，会逐步降低对土地重要性的评价；后者在非农方面的比较优势也能够有效降低农民的土地价值幻觉。显然，指望通过农民的老龄化来促进农地流转是不现实的，而提高农民的教育水平，扩大其非农就业能力，通过"人动"则能够支持农地的流转。

（3）农户对流转合约的稳定性预期，能够有效促进农地的流转。我们的前期研究表明，相比口头合约，书面合约使农地流转中的合约行为更为规范，合约的稳定性越强，农户转出农地的可能性越高（罗必良等，2012）。

（4）农户的能力幻觉、禀赋资本幻觉、保障幻觉、农地用途与增值幻觉，均会显著增加农地流转中的交易成本，进而制约着农户的农地转出行为。

五、主要的结论

（1）禀赋资本及能力幻觉引发的交易费用阻滞农户的农地转出。其中，农户的农业资源禀赋与农业比较收入，表达了农户的状态依赖特征；而农户的信息渠道、投资能力，以及参与合作社则是农民"企业家"能力的反映。这意味着具有较为丰裕禀赋和"企业家"能力的农户具有土地经营的比较优势，应该通过诱导和扶持，鼓励这些农户扩大农地的经营规模，以改善规模经营效率。

（2）合约幻觉引发的交易费用对农地流转行为的影响为正，这表明缔约形式越正式、流转期限越长、流转租金越高，以及对缔约流程的第三方公证，则会改善农户农地流转预期的稳定性。因此，改善农地市场的契约化程度，将能够有效激励农地的流转。

（3）通常的看法是，农地流转不畅的一个重要原因是土地所承担的福利保障，所以弱化农地的福利功能能够有效降低禀赋效应。但前面的分析表明，保障幻觉引发的交易费用对农地流转行为影响为负，即保障程度的提高不仅未能弱化禀赋效应，反而进一步激发了农户对土地的价值幻觉，从而不利于流转。因此，如何在加强农民的社会保障的同时，推进农地的流转，以避免政策目标的冲突，是需要谨慎对待的问题。

（4）农地用途幻觉和农地增值幻觉引发的交易费用会阻碍农地流转行为。若农地流转后，农户存在决定农地用途和索取农地增值收益的权利幻觉，这种幻化的"控制权"将导致对实际权利使用者的干涉，从而带来合约实施的不稳定与纠纷。所以，保障契约内容的适度完整性以及契约执行的稳定性与规范性，就显得尤为重要。

（5）由于农民的特殊身份与生存状态，土地往往被视为农民的"命根子"与人格财产。农民土地承包经营权的天赋性、农民生存对土地的依赖性、土地对农民未来不确定的保障性，由此而形成的农民的土地禀赋效应及其所引发的认知幻觉，无疑会大大增加农地流转的交易费用。因此，讨论农地流转问题，必须在赋予农民充分而有保障的土地承包经营权的前提下，才有可能寻找到农地有序流转的政策路径与操作办法。

第四节　农户的退出意愿：基于承包权与经营权的分类考察

如前所述，农户是农地流转尤其是农地转出的主体。没有农户承包经营权的退出，农地流转是不可能的。因此，本节着重从农户意愿的层面考察农户土地承包经营权的退出约束问题。

一、关于"退出权"与土地承包经营权退出

在现代经济学文献中，经济组织及其效率一直是主流经济学家关注的主题之一。其中，关于"进入机制"与"退出机制"及其对组织效率的影响，尤其受到重视。

自由进入和退出是支撑所有关于市场效率证明的一个重要假定（缪勒，1992）。在一个私人物品市场中，购买者通过购买或不购买（或者增加或减少购买）来显示自己对物品价格与数量特征的偏好。但是，对于组织成员来说，当一个企业或组织衰退时，人们表示不满的方式主要有两种：一是退出，即退出该组织或者不再消费该企业的产品；二是呼吁，即在仍然保留组织成员或者企业顾客身份的同时发出抱怨。其中，退出机制是一系列保障成员行使退出权的制度及其相互作用机理的总和。退出机制的存在赋予了组织成员自由选择权。

对于一个纯粹的私人物品市场来说，退出是便利的；对于一个"纯粹的"公共物品市场来说，成员的退出权几乎为零。但是，对于作为准公共物品的俱乐部来讲，退出显然是非零成本的，这些成本很大程度上决定了俱乐部成员及其潜在成员的行为选择。所以，合作理论的研究重点是如何解决内在的"搭便车"现象及其机制设计问题。林毅夫（Lin，1990）曾经证明，正是公社组织对社员退出权的取消以及对大规模劳动的监督乏力，才导致了中国1959～1961年的农

业危机。因此，从契约理论而言，退出权的行使是对合约相关一方机会主义行为的一种惩罚机制，有利于提高契约的有效性。杨瑞龙、周业安（1997）指出，行使退出权这种制度安排能对损人利己的失信行为实施有效的监督和约束。方敏、简练（2006）认为，退出权可以被进一步推广到个人的"选择自由"，其价值体现为两种经济机会——由于某种社会构建施加的约束使他不得不放弃的最有利的经济机会，以及他在该约束条件下可以利用的最有利的经济机会——为个体带来的最大预期收益的差额。

然而，对于实行土地家庭承包经营的农户来说，既不存在面临劳动合作方面"搭便车"的机会主义行为问题，也不存在身份上的退出约束（劳动力可以随时外出打工），更不存在权利上的退出限制（可以流转承包地，甚至可以放弃承包权）。因此，农户对土地承包经营权的退出权，可以理解为广义的退出权（方敏、简练，2006）。

由此，农户土地承包经营权的退出主要受到土地性质、自身条件及其所面临环境的影响。

（一）农户土地承包经营权退出的关联背景因素

首先，人地矛盾是学界一直关注的一个重要背景。其中，农业劳动力转移是农地退出的先导因素。尽管直接研究人地关系对农地退出影响的文献较少，但已有研究在解释劳动力流动对迁出地农业发展的影响时，土地利用被视为这种影响的表现之一（田玉军，2010）。其主要影响表现为：①农户将用资金替代劳动力，即土地利用的劳动力集约度下降；同时，以役畜作为主要耕作动力的传统的土地利用方式逐渐被摒弃（Peters，1993；Clay et al.，1998）。②劳动力外流会导致土地被撂荒，特别是那些低投入、低产出的农地将会首先被抛荒（Strijker，2005；刘成武、李秀彬，2006）。

其次，直接讨论农户土地承包经营权退出机制的文献也不多见。现有文献主要集中于讨论农地难以退出的背景约束：虽然现行土地制度允许土地承包经营权退出，但由于补偿的不合理性，即没有体现土地的财富效用，因而农户的退出意愿很低；由于缺乏相应的保障机制，农户不愿退出土地经营权，却宁可将农地撂荒；由于户籍制度、就业制度与社会保障机制等方面的约束，土地承包经营权退出机制缺乏与整个社会转型的承接联动（钟涨宝、汪萍，2003；楚德江，2011）。

最后，大量文献关注于农地流转的影响因素分析，但没有涉及农户的土地承包经营权退出机制问题。其中，农地的初始制度安排（叶剑平等，2000；史清华、贾生华，2002）、农户所在地区的社会经济发展水平（钟涨宝、汪萍，2003；钱忠好，2003）、农户资源禀赋（生产资源、人力资源、社会资源等）以及福利保障制度等（钱文荣，2002；何国俊、徐冲，2007），受到了学者的广泛重视。与土地承包经营权退出机制有关的观点是：①增加非农就业机会，促进农村劳动力外出流动，可增加农地使用权的供给（张照新，2002；田传浩等，2005；贺振华，2006）。②弱化农地的保障功能，可减少农户对土地的依赖（马晓河、崔红志，2002；卢海元，2003）。

现代经济学已经证明，在一个竞争的市场环境中，农户的行为是具有理性的，农户仍然是在一定的经济环境约束下追求收益最大化的个体。因此，无论是对于农地流转市场的进入者或是退出者，其做出农地流转决策都是为了获取最大化的净收益。

然而，农户的决策受到理性程度（心理认知与意愿）以及所处环境（与交易费用关联）的影响。从认知的角度讨论农地制度问题，已经受到学界的关注（例如，徐旭等，2002；洪名勇、施国庆，2007；陈胜祥，2009），但几乎没有研究关注农户土地承包经营权的退出意愿以及有关的交易费用问题。

（二）研究视角及研究假说

（1）研究视角设定。根据《中华人民共和国土地承包法》，通过家庭承包取得的土地承包经营权可以依法采取转包、出租、互换、转让或者其他方式流转。在承包权和经营权能够分离的前提下，我们将农户的土地转出（转包、出租等）视为经营权退出，将农户的土地转让、放弃或退回承包地界定为承包权退出。

由于土地承包权是一种受到国家政策保护的优先权或社区成员权，是土地所有权在乡村集体与其成员农户之间的一种分割，它具有准所有权的性质，因此，从契约的角度看，土地承包权的退出具有长久性和整体性（全部产权或者准所有权的让与），是一种彻底的"弃地"，具有不可逆性。而经营权的流转是部分产权的流转（主要表现为时间上的阶段性），其流转合约的稳定性既取决于流转主体对合约的认同性（发生流转交易即可视为认同）、合约本身的可监督性（履约行为的可识别性），还取决于流转主体的执行能力（包括流出农户的毁约与流入主体的违约），因而经营权流转具有时限性与可逆性。

从鼓励农地流转与推进规模经营的政策导向来说，承包权的退出更有意义，它意味着农户身份的彻底转换。因此，我们将关注农户不同深度的土地承包经营权退出意愿。

（2）农户的土地承包经营权退出意愿——机理与假说。假定农户决策是理性的，因此，农户形成土地退出意愿的前提是：退出农地的收益 U 大于务农的净收益 R。其中，$U = P - C - D$，P 为退出农地的经济补偿，C 为退出农地的机会成本，D 为退出农地的交易费用；$R = R_1 - C_1$，R_1 为农业生产收益，C_1 为务农的机会成本。

只有当 $P - C - D - R_I + C_I > 0$ 时,农户才会产生农地退出意愿。

农户退出农地的经济补偿主要包括租金、转让费、分红等。对于经营权退出,用农地流转的租金及其稳定性来标识;对于承包权退出,则从产权强度的维度来标识。

农户退出农地的机会成本主要指放弃农地的各种潜在收益,包括自己经营农业的收益(用"农业收入份额"替代)、土地所承载的就业保障功能(用农户的"家庭务农人数"标识)与养老保障功能(用功能替代性指标"参加养老保险"表达)。

交易费用是农户退出农地所需花费的成本与代价。威廉姆森(2002)把交易费用分为搜寻成本、谈判成本、监督与执行成本。信息的不对称与不完全、谈判能力的不足、法律知识的缺乏等因素会导致农户在土地退出中面临着巨大的交易费用。

此外,土地退出还与农户的资源禀赋及其产权状况相关。我们主要考虑了土地质量(包括土地的灌溉方便程度与肥沃程度)、非农就业培训等因素。

考虑到本节既要考察农户土地退出的交易费用,又要分析农户土地退出意愿的影响因素,后文将根据分析需要使用上述变量并补充其他影响因素。

综上所述,各因素对农户转出农地意愿的影响,可以提出若干假说(见表5-18)。

表5-18　　　　各因素对农户土地退出意愿的影响

影响因素		对农户退出意愿的影响	影响因素	对农户退出意愿的影响
经济补偿		+	交易费用	-
机会成本	农业收入份额	-	土地质量	-
	家庭务农人数	-	非农就业培训	+
	参与养老保险	+	产权强度	+

二、计量模型分析:退出意愿估计

本节的任务是进一步对农户经营权与承包权的退出意愿进行计量分析。由于我们的目标是研究农户退出意愿的影响因素,因此,为了保证分析结果的一致性,我们只针对未发生农地转出的333个农户样本进行建模分析。

(一) 主观性指标的探索性因子分析

探索性因子分析能够寻找出与数据拟合度最高的因子模型，可以根据调查所得的样本，验证问卷中各题项是否从属于原设计的因子。与验证性因子分析相比，探索性因子分析结果不随研究者的概念模型发生改变，更能表达数据所反映的现实。我们从问卷中提取 5 个因子共 12 个题项，构成测量被调查者内心主观意愿的量表（各题项中赋值"1"表示"是"，"0"表示"否"）。其因子从属如表 5 – 19 所示。

表 5 – 19　　　　农户主观判断的问卷题项与因子说明

问卷题项	从属因子	说明
Q1：我认为农地可以抛荒 Q2：我认为农地能用于非农用途	农地非农化意愿	通过农户对农地非农化的意愿，测量离农的机会成本。若农户选择"是"，则机会成本较低
Q3：外嫁女的土地要归还给村集体 Q4：家里有人搬到城里并转成城市户口，要把这些人头上的农地收归村集体	成员权强调程度	用于测量农户对成员权的强调程度，即产权主体身份离农的机会成本。若农户选择"是"，则该项成本较高
Q5：如果退出土地，会介意对方改变土地性质（例如，耕地变鱼塘、建养猪场等） Q6：如果退出土地，会介意对方改变种植方式（例如，耕地变林地、稻田变果园等）	退出心理成本	用于测量农户对土地的情感，即离农的心理成本。若农户选择"是"，则该项成本较高
Q7：我认为，鼓励土地流转的政策补贴应该给退出农户 Q8：即使站在国家的角度看，种粮补贴也应给经营农户	流转收益权意识*	用于测量农户对土地收益权的意识。若农户选择"是"，则该意识较强
Q9：我认为，自己拥有农地所有权 Q10：我认为，自己拥有农地承包权 Q11：我认为，自己拥有农地经营权 Q12：我认为，自己拥有农地收益权	产权认知强度	用于测量农户对农地的权利强度。若农户选择"是"，则其认知强度高

注：*此处的"流转收益权意识"侧重于政策层面的考察。从逻辑上说，流转收益应该包括土地流转中的租金，但租金的高低与 Q5、Q6 有关（例如，流入主体向退出农户支付较高租金以改变粉状在用途），也与农户的产权认知强度相关。可以说，租金作为交易的结果，是多个因素的函数。因此，这里不考虑租金因素。

应用 SPSS 20.0 软件中的探索性因子分析包对调研数据进行处理，在使用最大方差法进行旋转后得到如下结果（见表 5-20）。

表 5-20　　　　　农户主观判断的题项的探索性因子分析结果

因子名	题项	载荷	特征值	方差贡献率（%）	累积方差贡献率（%）
产权认知强度	Q12	0.860	2.609	20.48	20.48
	Q11	0.857			
	Q10	0.819			
	Q9	0.530			
成员权强调程度	Q4	0.925	1.768	14.39	34.87
	Q3	0.906			
退出心理成本	Q6	0.852	1.336	12.28	47.14
	Q5	0.832			
农地非农化意愿	Q2	0.758	1.184	9.90	57.04
	Q1	0.739			
农地收益权意识	Q7	0.801	1.106	9.65	66.69
	Q8	0.673			
结果检验	KMO（Kaiser-Meyer-Olkin）值 = 0.633 Bartlett 球形检验近似卡方值(df) = 691.710(66) p = 0.000				

从表 5-20 中的 KMO 检验可以看出，样本数据适合做因子分析。再进一步比较表 5-20 中的因子从属关系和表 5-19 中预设的因子从属关系，发现它们一一对应，且各题项的因子载荷都高于 0.5（低于 0.5 已略去）。这说明，问卷的结构效度良好，相关题项有效测量了本研究关注的因子，因此可进一步进行 Logistic 回归建模分析。

（二）Logistic 模型与变量选择

根据农户退出意愿的机理分析，运用 Logistic 模型对影响农户转出农地意愿的因素进行分析研究，模型形式与第二节相同。

将各影响因素细分，提取关键变量，可得自变量描述表（见表 5-21）。其中，X_1、X_2、X_3、X_4、X_5 表达了农户的禀赋情况；X_8、X_9、X_{10} 描述了农户的行为状态；X_6、X_7、X_{11}、X_{12}、X_{13}、X_{14}、X_{15}、X_{16} 则分别反映了农户的各种心理感知或心理倾向。

表 5-21　　　　　　　　自变量的选取及解释

变量	变量名称	含义
y_1	农地经营权退出意愿	农户是否愿意退出经营权。是 = 1，否 = 0
y_2	农地承包权退出意愿	农户是否愿意退出承包权。是 = 1，否 = 0
X_1	农地经营权退出意愿	农户是否愿意退出经营权。是 = 1，否 = 0
X_2	农地承包权退出意愿	农户是否愿意退出承包权。是 = 1，否 = 0
X_3	家庭务农人数	家庭中务农的人数。单位：人
X_4	农业收入份额	2010 年全年农业收入与家庭全部收入之比，取值最高为 1
X_5	土地承包期	土地承包合同确定的承包期。单位：年
X_6	家庭承包土地面积	家庭承包土地总面积。单位：亩
X_7	农地质量（灌溉方便程度 × 肥沃程度）	样本农户对所承包土地灌溉方便程度的 5 级评分与肥沃程度的 5 级评分之积。评分越高代表农地质量越高
X_8	村委会侵犯土地权利的可能性	对村委会侵犯土地权利可能性的 5 级评分。评分越高表明可能性越大
X_9	村委会保护土地权利的可能性	对村委会保护土地权利可能性的 5 级评分。评分越高表明可能性越大
X_{10}	是否参与订单农业	样本农户有没有与客户（企业）签订订单。有 = 1，没有 = 0
X_{11}	是否参加养老保险	家庭中是否有人参加养老保险。有 = 1，没有 = 0
X_{12}	是否接受过非农就业培训	家庭中是否有人接受过非农就业培训。有 = 1，没有 = 0
X_{13}	有否有必要接受非农就业培训	是否觉得有必要接受非农就业培训。有 = 1，没有 = 0
X_{14}	产权认知强度	Q9 + Q10 + Q11 + Q12，根据表 5-19 中的赋值加总
X_{15}	成员权强调程度	Q3 + Q4，根据表 5-19 中的赋值加总
X_{16}	退出心理成本	Q5 + Q6，根据表 5-19 中的赋值加总

各变量的描述性统计见表 5-22。从表中的均值可以看出：①农户退出土地经营权的意愿要比退出土地承包权的意愿更为明显；②对村委会影响农民土地权利的正面评价（保护），要高于负面评价（侵犯）；③农户对产权的认知强度明显高于对其他方面的主观认知。

表 5-22　　　　　　　　　　　变量的描述性统计

变量	均值	标准差	最大值	最小值	变量	均值	标准差	最大值	最小值
y_1	0.571	0.496	1	0	x_8	0.084	0.277	1	0
y_2	0.436	0.497	1	0	x_9	0.575	0.500	1	0
x_1	2.564	1.600	11	0	x_{10}	0.360	0.481	1	0
x_2	0.371	0.326	1	0	x_{11}	0.818	0.386	1	0
x_3	3.243	2.491	10	0.1	x_{12}	2.004	1.532	4	0
x_4	6.276	11.325	147	0.1	x_{13}	1.295	0.886	2	0
x_5	9.996	8.359	25	1	x_{14}	0.949	0.844	2	0
x_6	1.426	1.049	5	1	x_{15}	0.302	0.540	2	0
x_7	2.927	1.743	5	1	x_{16}	1.815	0.497	2	0

（三）对农户经营权与承包权退出意愿的模型估计

1. 模型估计结果

使用 SPSS20.0 软件分别对农户的经营权与承包权的退出意愿进行模型估计。检验结果表明（见表 5-23），两个模型都具有较好的拟合优度，有进一步讨论的价值。

表 5-23　　　　　　　　　　　模型回归结果

变量	经营权退出意愿		承包权退出意愿	
	系数	Exp(B)	系数	Exp(B)
x_1	-0.201**	0.818	-0.174*	0.840
x_2	-1.151**	0.316	-1.140**	0.320
x_3	0.001	1.001	-0.171***	0.843
x_4	0.056**	1.058	0.057***	1.058
x_5	-0.035*	0.966	-0.047**	0.954
x_6	0.507***	1.660	0.393***	1.482
x_7	-0.196**	0.822	-0.218***	0.804
x_8	-0.983*	0.374	-0.470	0.625
x_9	-0.586**	0.556	-0.621**	0.537
x_{10}	-0.050	0.951	-0.034	0.967
x_{11}	1.255***	3.508	0.820**	2.270

续表

变量	经营权退出意愿		承包权退出意愿	
	系数	Exp(B)	系数	Exp(B)
x_{12}	0.288***	1.334	0.203**	1.225
x_{13}	0.249	1.283	0.115	1.121
x_{14}	-0.206	0.814	-0.382**	0.683
x_{15}	0.995***	2.704	0.580**	1.787
x_{16}	-0.130	0.878	-0.735**	0.479
常量	-0.134	0.875	2.024**	7.567
Hosmer & Lemeshow 检验				
χ^2(df)	6.710(8)		3.641(8)	
显著性水平	0.568		0.888	
模型系数的综合检验				
χ^2(df)	74.461(16)		72.401(16)	
显著性水平	0.000		0.000	
-2 Log likelihood	301.221		304.364	
Cox & Snell R^2	0.237		0.231	
Nagelkerke R^2	0.318		0.310	
模型预测准确率(%)	72.0		73.1	
初始预测准确率(%)	57.1		56.4	

注："*"、"**"、"***"分别代表0.10、0.05、0.01的显著性水平下显著。

2. 关于经营权退出

强化农户退出经营权的主要因素是：家庭承包土地面积、村委会侵犯土地权利的可能性、愿意接受非农就业培训、产权认知强度、农地非农化意愿。阻碍农户退出经营权的主要因素是：家庭务农人数、农业收入份额、农地质量、村委会保护土地权利的可能性、参与订单农业、参加养老保险。比较上述两类因素，可以发现：

(1) 农户对农地产权认知强度的提升，有利于强化其经营权的退出意愿。这意味着，产权的合理安排是促进农地流转的重要积极因素。

(2) 以农为业和以农为生的农户显著依赖于土地。

(3) 对于土地，农户处于一种值得关注的"纠结"状态。第一，农户承包土地面积越大，越倾向于退出农地，这既可能与农业收入较低引发农户"厌农"情绪有关，也可能与土地过于分散或者细碎化有关；第二，农户一方面存在"厌农"情绪、抛荒与非农使用农地的"非农"情绪、愿意接受非农就业培训的"离农"情绪,另一方面又存在担心退出之后农地如何被使用的"恋农"情结。

(4) 从鼓励农地流转的政策目标而言,一些扶农稳农的政策处于"两难"境地:增加农业收入、改善农地质量、通过订单农业稳定农户的收益预期、通过养老保险化解农户的生存风险,虽然有利于农业的稳定发展与改善农民的生存境况,但另一方面又强化了农户的"农地滞留",既不利于农业劳动力的非农流动,也不利于农地的有效流转与集中。

(5) 农户对土地经营权的退出意向,与村集体的行政干预具有显著关联性。第一,村委会保护土地权利的可能性越大,农户"离农"的可能性越小。这与前述的农户对农地产权认知的作用具有不一致性。显然,农户对农地的产权认知是基于对法律的判断,认知强度越高,农户认为法律保护其权益的可能性越大,由此,农户退出经营权后能够通过流转实现其权益。然而,农户土地经营权的流转大多是在"村庄内部市场"中发生的,这与村委会行使的"内部交易规则"紧密相关,事实上,农地流转中最易于发生的是农地"被流转",而这往往是由作为土地所有者的"村集体"强制性推行的。因此,村委会对农户土地权利的保护,既意味着"被流转"的化解,也保证了农户经营的排他性权益,使得农户经营的预期得到改善。第二,值得注意的是,"村委会侵犯土地权利的可能性"成为影响农户经营权退出的"积极"因素。这显然是一个弱者的被迫选择:我"玩"不过你,我只能选择"退出"。

3. 关于承包权退出

从计量结果可以发现,影响农户退出土地承包权的各类因素及其作用方向,与土地经营权退出的情形基本一致。然而值得注意的是:

第一,主要的禀赋因素大多约束着农户的承包权退出,其中尤以农业收入份额最为突出。不过,该变量的 Exp(B) 值只有 0.320[①]。这说明,随着农业收入份额的上升,农户继续持有土地承包权的意愿并不必然会增强。

第二,土地承包期的长短对农户退出经营权几乎没有什么影响,但对其退出承包权则具有显著的约束作用,表明延长农户土地承包期与鼓励其退出土地两类政策目标之间存在冲突。

第三,与经营权退出的情形不同,"退出心理成本"对农户承包权退出的影

[①] Exp(B) 值反映了解释变量对发生比率(Odds Ratio)的影响。如果一个解释变量对被解释变量的影响是中性的,那么,随着解释变量取值的增加,被解释变量取值的可能性是不变的,此时,Exp(B) 值应该为 1;如果解释变量对被解释变量存在着正向影响,则随着解释变量取值的增加,对应样本应更多地暴露在被解释变量取值为 1 的情况下,Exp(B) 值应该大于 1;反之,Exp(B) 值应该小于 1。

响具有显著性。按理说，农户退出经营权，首先关注的是流转合约所规定的收益权，在合约不能有效执行因而农地可能被重新收回的预期下，农户担心退出的农地被如何使用与处置，当然是可以理解的。但分析表明，退出心理成本对经营权退出的影响不显著，相反，却对承包权退出的影响显著。按理说，一旦放弃土地承包权，退出农户与土地的关系就终止了，他为什么还在意其农地被如何处置呢？这进一步证明了农户的确存在"恋农"情结，且这一情结伴随着农户的"离农"程度（从土地用途改变，到放弃土地经营权，再到放弃土地承包权）而加强。

第四，农户的"农地非农化意愿"，无论是对经营权退出还是对承包权退出，都具有显著的正向影响。农地非农化意愿包括农地抛荒和改变农地用途。抛荒农地意味着农户对土地的经济评价较低，因而不难理解其经营权与承包权退出的意愿选择。问题是，农地用途的非农化改变，能够大大提升其潜在价值，在这种情形下为什么农户还意愿选择退出呢？可能的解释是，农地用途非农化改变后的价值提升，能够有效增加其租金（经营权退出）与经济补偿（承包权退出）。这应该是农户"厌农"情结的另一种表现。

第五，农户的"流转收益权意识"对承包权退出意愿的影响显著且为反向。"流转收益权"测度的是与农地流转以及种粮有关的政策性补贴，可以预期，这类政策性补贴有不断增加的趋势，因而对农户的承包权退出意愿具有抑制作用，这再次证明了不同政策目标相互冲突的困境。

三、结论与讨论

（一）主要结论

（1）农户的土地退出受到多重因素的影响。实证分析基本验证了前述假说。农地转入主体的进入不足，农地流转的谈判费用及其由此可能导致的纠纷预期，农地所处的环境状态及其资产特性，均在不同的层面上影响着农地的有效流转。值得重视的是：第一，交易费用是影响经营权退出的重要因素。其中，农地流转租金的高低是影响农地流转合约能否达成的最重要因素，而未发生经营权退出的农户具有明显夸大交易成本的认知特征。因此，关注和诱导尚未退出农户的心理认知尤为重要。第二，农户家庭成员参与养老保险不仅不能提升其土地退出（包括经营权退出与承包权退出）的意愿，反而存在一定的抑制作用。与学界普遍的看法不同，降低土地的福利保障功能，或者说通过养老保险等替代土地的社会保障功能，并不一定能够强化农民的"离农"与"弃地"意愿。其隐含的可能含义是，农民对土地保障功能的需求，已经开始转化为对土地财产功能的诉求。因此，农民的土地退出，并不是一个简单的福利保障功能及其替代问题。

（2）农户的土地退出意愿对其资源禀赋具有状态依赖性。那些以农为业（具有较多务农劳动力）、以农为生（农业收入份额较高）的农户对土地具有更高的依赖性。只有"人动"才会有"地动"，没有农业劳动力的有效转移，就难以推进农地的有效流转。事实上，农民具有强烈的"离农"意愿。大力开展农民的非农技能培训，提升农民的非农就业能力，将有效提高农户参与农地流转的积极性，并显著改善农户的土地经营权与承包权退出意愿。

（3）改善农地流转的组织化程度，有利于推进农地流转。鼓励不同类型的经营主体进入农业、改善农地流转中的信息状况与农地流转的交易环境，加快农地流转中介组织的发育，强化农地流转的契约化水平，应该是改善农地流转效率的操作重点。

（4）强化农民对土地产权的认知强度，有利于增强其土地退出意愿。产权经济学认为，产权不清晰、产权不能排他或者缺乏有效的保护，必将引发产权的租金耗散与资源利用的低效率。第一，由于不能排他，产权主体的收益权得不到保障，其改善资源配置效率的行为努力必定受到抑制，从而导致资源利用效率损失；第二，一项不能排他的产权显然难以进行合理的交易，而不能交易意味着资源不可能向其价值评价更高者流动，从而导致资源配置效率与社会效率损失。分析表明，赋予农民以更加充分且完整的承包经营权，既可以增强其经营权退出意愿，也可改善其承包权的退出意愿。因此，强化农民的土地产权主体地位，提升农民对产权的认知强度，才可能有效推进农地流转市场发育。

（二）进一步的讨论

通过分析可以发现，有两个方面的问题应该引起重视：

（1）农民的意愿冲突。这些冲突集中表现为农民的"厌农"、"离农"与"恋农"情结并存。对于小规模农户来说，土地承担着特殊的福利保障功能。对于以农为业、以农为生的农户来讲，他们不愿退出土地承包经营权是正常的。然而，由于农地经营收益有限，农户普遍存在农地非农化意愿，加上由于务农收入不高，农户也表现出明显的非农就业倾向。因此，一旦提高土地的租金水平、改善农民的非农就业能力，农民对土地的依赖性就会降低，进而其退出土地的意愿就会增强。

但值得注意的是，农户表现出的"恋农"情结却是其生存状态与非农收入预期不足所引致的。第一，养老保险显然对土地保障功能具有替代性。但是，农户家庭成员越是参加养老保险，农户越不愿意退出土地，表明农村养老保险尚不能为农户的土地退出提供足够的稳定预期。第二，农户即使表达出土地退出的意愿，但同时又表现出对土地退出之后如何被处置的担忧。这一方面说明了农民身份转换后依然存在对原有身份角色与社会责任的认同，另一方面也反映了其土地退出的不彻底性。

"离农"与"恋农"情结并存，在导致农业青壮劳动力流失的同时，也加剧了农业劳动力的老龄化。问题是，农业劳动力的减少与农户劳动能力的减弱，却没有能够成为促进农户土地退出的积极因素。因此，农户的土地承包经营权退出，不仅是一个经济要素的流动问题，也不仅是一个预期收益与机会成本的权衡问题，而是一个农民的社会心理问题。因此，为推进农地流转，鼓励小规模经营农户退出土地经营权与土地承包权，既需要构建维护农户农地流转收益的保障机制、弱化土地福利功能的替代机制、提升农民非农就业能力的就业机制，也需要匹配农民身份转换的心理干预机制。

（2）政策目标的冲突。这些冲突主要表现为扶农政策与农地流转政策的矛盾。增加务农收入与农业补贴、改善土地质量与增加农业投资、延长土地承包期、通过订单农业降低农户经营风险等扶农政策，能够有效调动农民的务农积极性，却不利于提高农户的土地承包经营权退出意愿。农户对扶农政策的响应抑制了其农地退出。因此，化解扶农政策与农地流转政策的目标冲突需要慎重。我们认为：

第一，从稳定农村基本经营制度的层面上讲，应该在强化土地承包权的基础上加大对土地经营权流转的引导与激励。稳定承包权、搞活经营权，应该是现阶段农地政策的基本取向。与此同时，加大对农业劳动力转移的政策扶持力度，既要提升农民的非农就业能力，又要改善农民进城落户的保障条件，但不得与强制农民放弃土地承包权挂钩。

第二，加大对退出农户的补贴（补偿）水平，但对土地经营者的补贴应仅限于粮食种植补贴；在土地成片的区域，一方面要鼓励小规模农户退出土地承包权，另一方面更要鼓励土地经营权向种田能手或者有能力的经营主体集中。应该形成鼓励农地流转、规模经营、粮食种植的相容性政策安排。

第三，提高农户在农地流转决策中的主体地位和主导作用。农地流转和规模经营的标的是土地承包经营权，而不是土地所有权；土地退出的主体是农户，而非农村集体经济组织，更不是农村基层政府。因此，必须始终坚持农民参与农地流转的自主选择；农地流转收益必须全部归农户；土地承租主体不得将农地转作非农使用，在租约期内不得破坏土地耕作层；制定农地非法非农化的法律处置办法，同时，加强农民集体对农业经营主体的土地处置行为的监督；农村集体经济组织在农地流转中只能充当中介服务者的角色,不能由此成为独立的利益主体,更不能从中牟利与寻租;强化村集体维护农民土地承包经营权的责任主体;规范政府在农地流转中的行为,并切实加强对农地的用途管制。

第五节 农地流转的宏观绩效:政策目标偏离与"非粮化"问题

相当多的文献关注了农地细碎化、农地流转与粮食生产的关系。弗莱金和刘(Fleisher and Liu,1992)使用1987年和1988年两年的调查数据,估算了粮食的生产函数,结果发现,如果把样本中的地块数由4块减少到1块的话,全要素生产率将提高8%。阮(Nguyen,1996)则发现农户水稻、小麦和玉米生产的产量与平均地块面积存在着正相关的关系,从而表明土地细碎化将导致粮食产量的下降。王和程(Wan and Cheng,2001)的研究显示,土地细碎化确实降低了农业的产出水平,并且估算出如果消除了土地细碎化这一现象,我国的粮食产量每年将增加7 140万吨。

应该说,假定农户的种粮行为不变,随着农地的流转集中与地块规模的扩大,无论是农户的生产效率,还是土地的产出效率,其规模经济性都存在进一步改善的可能空间。我们的问题是,农地的流转与集中,会对农户的经营行为具有怎样的影响,或者说,随着农户农地经营规模的扩大,其种粮行为会发生什么样的变化?

一、理论分析:粮食生产的二元农户模型

(一) 小农的双重性

俄国著名农学家恰亚诺夫(Chayanov,1924)最早注意到小农经济不同于标准经济学所揭示的行为而具有独特的运行机制。发展经济学家刘易斯(1955)用传统农业"零值要素"证明了农民非理性的观点。美国人类学家斯科特(Scott,1976)提出农民的道义经济学,农户不仅有强烈的互惠观,他们的经济行为是基于道德而不是理性,奉行"生存第一"和"安全第一"的原则;他们以获取可能的较为稳定的产出作为进行生产决策的标准,即使这种决策以平均收益减少为代价;同时,处于边际生计的小农,具有追求安全高于利益的偏好。当

一项新生产技术既具有较高收益的期望值，又存在收益的不确定性时，农户总是选择风险小的生产技术，哪怕这种决策的收益低很多。

舒尔茨（1964）显然是反对小农非理性假定的先驱。对于人们所观察到的小农的种种非理性表现，舒尔茨解释为：虽然现代良种的预期产值比传统品种高出不少，但新的品种对温度、湿度、土质、灌溉、施肥的要求比传统品种高。如果不能满足这些要求时，现代品种的产量将比传统品种更低。对小农来说，选用旱涝保收的传统品种，正是小农在他的外部条件局限下的一种理性选择。从而提出了著名的"穷而有效率"的命题。波普金（Popkin，1979）进一步认为，小农是权衡长短期收益及风险因素之后，为追求利益最大化而做出合理选择的人，是"理性的小农"。

因此，小农行为具有双重性：一方面追求"生存第一"和"安全第一"；另一方面追求收益最大化。尽管都是理性的选择，但前者是非市场行为，他的目标是生产最大化，以满足自己的基本需求，因而对市场价格缺乏反应；后者则是经营性的市场行为。

（二）不同能力的二元农户模型：一个超边际分析

假定农户从事农业经营的能力有差异，于是可以将农户分为两种类型：一类农户主要种植粮食，即种粮农户（FG），另一类是种植多种作物（包括粮食），简称为经营农户（FB），FG 总数为 M_x，FB 总数为 M_y，他们效用函数相同 $U = (x + kx^d)(y + ky^d)$，此效用函数为严格准凹函数，代表凸性偏好①。x 为粮食自给量，x^d 为粮食需求量；y 为非粮农产品自给量，y^d 为非粮农产品需求量；k 为交易效率系数。

如果这两类农户有生产自由，则他们既可选择自给自足模式，同时生产 x 和 y，不发生市场交易；也可选择专业化模式专业生产 x 或 y，此时市场从无到有，通过市场交易 y 或 x。每人生产函数及时间约束为：$x + x^s = Lx^a$，$y + y^s = Ly^a$，$L_x + L_y = 1$

预算约束为：$p_x \cdot x^s + p_y \cdot y^s = p_x \cdot x^d + p_y \cdot y^d$

当 $a > 1$ 时 Lx^a、Ly^a 为生产 x、y 的专业化水平。

当所有农户选择自给自足模式 A 时（没有市场交易），此时 $x^d = x^s = y^d =$

---

① 函数 $f(x)$ 为严格准凹函数，当且仅当 $\forall \alpha \in (0, 1)$ 及 $x_1, x_2 \in R$ 有：$f(\alpha x_1 + (1-\alpha)x_2) > \min\{f(x_1), f(x_2)\}$（$R$ 是 $f(x)$ 定义域）函数 $f(x)$ 为严格凹函数，当且仅当，$\forall \alpha \in (0, 1)$ 及 $x_1, x_2 \in R$ 有：$f(\alpha x_1 + (1-\alpha)x_2) > \alpha f(x_1) + (1-\alpha)f(x_2)$ 严格准凹函数等价于凸性偏好，严格凹函数代表对风险厌恶。

$y^s = 0$，因而有 $\max U_A = x \cdot y$

St. $\quad x = Lx^a,\ y = Ly^a,\ L_x + L_y = 1$

于是约束最大化问题可转化成无约束最大化问题：$\max U_A = Lx^a(1-L_x)^a$

解此最大化得均衡解：$L_x = L_y = 1/2$，$x = y = (1/2)^a$，最大化效用 $U_A = 2^{-2a}$。

一旦农户选择专业生产 x 或 y，就要发生交易，此时交易效率 $k \neq 0$，市场从无到有。

这里我们选择两种专业化模式：模式 $(X|Y)$ 代表专业生产 x 而买 y，模式 $(Y|X)$ 表示专业生产 y 而买 x。下面求解两种专业化模式均衡解：

模式 $(X|Y)$：$\max U_X = xky^d$

$$x + x^S = L_X^a,\ L_X = 1$$

$$p_y \cdot y^d = p_x \cdot x^S$$

解此有约束的最大化问题得均衡解：$x^S = 1/2$，$y^d = p_x/2p_y$，最大效用 $U_X = kp_X/4p_y$，专业化水平 $L_x = 1$，$L_y = 0$。

利用对称性可知模式 $(Y|X)$ 均衡解：

$y^S = 1/2$，$x^d = p_y/2p_x$，最大效用 $U_y = kp_y/4p_x$，专业化水平 $L_x = 0$，$L_y = 1$。

上面均衡解给出的角点供给和需求，是单个农户的供给及需求，市场总需求及供给由下式给出：

x 产品市场总需求，$X^d = M_y \cdot x^d = M_y \cdot p_y/2p_x$，总供给 $X^s = M_x/2$

y 产品市场总需求，$Y^d = M_x \cdot y^d = M_x \cdot p_x/2p_y$，总供给 $Y^s = M_y/2$

市场均衡条件：$\quad X^d = X^s$ 即 $p_x/p_y = M_y/M_X$

$$Y^d = Y^s\ 即\ p_y/p_x = M_x/M_y$$

这意味着当市场达到均衡时，两种产品价格之比将等于生产产品的农户数之反比。

可以比较三种模式的效用：在竞争性市场环境下，价格、择业充分自由，(1) 当 $U_x > U_A$，种粮农户（FG）会选择专业生产 x 而买 y，否则宁愿退到自给自足结构中去；(2) 当 $U_y > U_A$，经营农户（FB）愿意选择专业生产 y，否则愿意自给自足；(3) 令 $k_0 = 2^{2(1-a)}$ 代表交易效率阀值，当 $k < k_0$ 即交易效率足够低时，人们愿意选择自给自足，因为 $U_x < U_A$，$U_y < U_A$，此时自给自足是均衡；当 $k > k_0$ 时，即交易效率足够高时分工带来的好处大于分工引起的交易费用，产生了分工经济，人们会选择专业化模式，全部均衡是分工。

因此，在市场竞争和择业自由前提下，当交易效率足够高时，从事不同专业生产的农户效用均等（$U_x = U_y$, or $p_x/p_y = 1$）且产品价格之比会反比于生产此产品农户人数（$p_x/p_y = M_y/M_x$），否则择业的交互作用，价格制度负反馈机制会驱使人们游离到效用更高行业，直到效用均等，达到均衡，没有人愿意单方面重新择业。

现在，我们进一步考察农户的种粮行为。假定市场的粮食相对价格低于经济作物的价格，即 $\frac{p_x}{p_y} \leq 1$，如 $\frac{p_x}{p_y} = \frac{1}{2}$，则：

$$U_x = \frac{k \cdot p_x}{4p_y} = \frac{k}{8}, \quad U_y = \frac{k \cdot p_y}{4p_x} = \frac{k}{2}, \quad U_y = 4U_x$$

当交易效率 $k > k_0 = 2^{2(1-a)}$ 时，分工是全部均衡，均衡条件为：

$$\frac{p_x}{p_y} = \frac{M_y}{M_x} = \frac{1}{2}$$

则专业化分工带来的收益（$U_x + U_y - 2U_A$）中，经营农户占有（$U_y - U_A$）部分，种粮农户占有（$U_x - U_A$）部分，显然（$U_y - U_A$）>（$U_x - U_A$）。

我们已经假定种粮农户（FG）缺乏农业经营能力，他只能以种粮为生。进一步假定：第一，FG 在谋生的粮食生产中，存在边际生产率为零的剩余劳动力；第二，FG 的家庭成员中，存在非粮农产品生产的比较劣势，但却具有从事非农就业的比较优势。

由此得出的结论是：种粮农户（FG）的劳动力会减少，但依然选择继续种粮。此时的种粮行为将是以口粮生产为目标（因而对粮价不会有反应）；经营农户中的种粮比例则会下降。

（三）不同规模的二元农户模型：种粮行为的比较

1. 单干小农的农地利用模式：自给自足型生产者

首先考虑某个单干小农独自耕种 n 种粮食作物（如大米、小麦和玉米等），且每类作物的供应和价格向量分别为 $x = (x_1, \cdots, x_n)^T$ 和 $p = (p_1, \cdots, p_n)^T$，供给函数为 $p = p(x)$，$p'(x) > 0$。

另一方面，该农民的可变耕作成本和固定耕作成本的向量分别设为 $VC_N = (VC_1, \cdots, VC_n)^T$ 和 $FC_N = (FC_1, \cdots, FC_n)^T$。那么，单干小农的最优化问题为：

$$\max_x \pi(x) = p(x)x - VC_N x - FC_N$$

令其一阶导数等于零从而得到最大值点，即：$p'(x)x + p(x) - VC_N = 0$

移项整理得到单干小农的口粮最优产量决策点：$x^* = e^{\frac{p}{VC_N - p}}$

2. 种田大户的农地经营模式：规模经济型的供给者

与自给自足的单干小农不同，种田大户往往在满足口粮供应后，将在农地上耕种售价更高的"非口粮"经济作物。关键的问题是，随着农地的流转，种田大户将转入越来越多的农地。此时，若农户种植行为未受到严格管制，则种田大户会倾向于大量耕种"非粮"作物。

假设有 m 种"非粮"作物,其供应和价格向量分别为 $y=(y_1,\cdots,y_m)^T$ 和 $q=(q_1,\cdots,q_m)^T$。可变耕作成本向量和固定耕作成本向量分别设为 $VC_M=(VC_1,\cdots,VC_m)^T$ 和 $FC_M=(FC_1,\cdots,FC_m)^T$,口粮产品价格不会超过非口粮产品价格,即 $p \leq q$ 或 $p+r=q$,$r \geq 0$。此时,种田大户可以在面积为 L 的土地上同时生产 x 和 y,那么其利润最大化决策为:

$$\max_{x,y} \pi(x,y) = p(x)x + q(y)y - VC_{N+M}(x+y) - FC_{N+M}$$
$$s.t. \quad p+r=q$$
$$L=x+y$$

同理,通过求导并移项整理得到种田大户的口粮最优产量决策点:$x^{**}=e^{\frac{p}{r}}$。

又由于 $x(a)=e^{\frac{p}{a}}$ 且 $x'(a)=-\frac{p}{a^2}e^{\frac{p}{a}}<0$,即 x 是关于 a 的单调减函数。所以由 $q > VC$ 从而 $r=q-p>VC-p>0$ 得到:$x(q-p)<x(VC-p)$,即:$x^{**}=e^{\frac{p}{r}}<e^{\frac{p}{VC-p}}=x^*$。

由此,与单干小农相比,种田大户将减少口粮的生产。

值得注意的是,如果从动态比较优势发挥的角度看,一个具有较高耕种能力的单干小农,在国家鼓励农地流转的政策安排下,将转入越来越多的土地进行规模生产,他最终变成种田大户。但是,在这个主体角色转换或农地经营规模递增的同时,口粮的种植面积和产量将变得越来越少。或者说,农地流转会引起"去粮化"的土地利用行为。其中的关键在于口粮市价低于非口粮作物的价格,作为理性行为主体的农户将改变农地的种植方向,大量耕种经济附加值较高的非粮作物,以获取两类作物的差价 r,即实现种植品种改变后的潜在租金。即在农地流转与集中的背景下,减少口粮生产是农户最大化自身利益的理性选择。

二、农户生产中的"去粮化"行为:来自全国的证据

我国的粮食生产在农作物种植中所占的份额是不断下降的。1978年粮食在农作物播种面积中的比重为80.34%,1990年为76.48%,此后进一步下降,到2003年降到历史的最低点65.22%。尽管随后几年有所回升,但一直没有回复到20世纪90年代的水平(见表5-24)。应该说,农业生产中的"去粮化"种植行为,已经成为普遍现象。

表 5-24　　　　　　　我国粮食在农作物播种面积中的比重

年份	农作物总播种面积（千公顷）	粮食播种面积（千公顷）	粮食面积/作物总面积（%）	年份	农作物总播种面积（千公顷）	粮食播种面积（千公顷）	粮食面积/作物总面积（%）
1978	150 104	120 587	80.34	1995	149 879	110 060	73.43
1979	148 476	119 263	80.32	1996	152 381	112 548	73.86
1980	146 380	117 234	80.089	1997	153 969	112 912	73.33
1981	145 159	114 958	79.19	1998	155 706	113 787	73.08
1982	144 757	113 462	78.38	1999	156 373	113 161	72.37
1983	143 993	114 047	79.20	2000	156 300	108 463	69.39
1984	144 221	112 884	78.27	2001	155 708	106 080	68.13
1985	143 626	108 845	75.78	2002	154 636	103 891	67.18
1986	144 204	110 933	76.93	2003	152 415	99 410	65.22
1987	144 957	111 268	76.76	2004	153 553	101 606	66.17
1988	144 866	110 123	76.02	2005	155 488	104 278	67.06
1989	146 554	112 205	76.56	2006	152 149	104 958	68.98
1990	148 362	113 466	76.48	2007	153 464	105 638	68.84
1991	149 586	112 314	75.08	2008	156 266	106 793	68.34
1992	149 007	110 560	74.20	2009	158 614	108 986	68.71
1993	147 741	110 509	74.80	2010	160 675	109 876	68.38
1994	148 241	109 544	73.90				

资料来源：中经网统计数据库。

三、计量模型分析

为了考察农户土地流转与"去粮化"种植行为之间的关系，我们利用计量模型做进一步的分析。分析数据来源于对广东省的753个农户问卷资料（见第八章）。在753个样本农户中，转入农地的农户有95个，面积为979.04亩，占整个样本农户土地面积的18.21%。

（一）变量选择及其假说

（1）因变量选择"粮食种植面积占总种植面积的比例"，以表达农户的粮食种植行为。其反向含义即为"去粮化"种植行为。

(2) 对农户粮食种植行为的影响因素分为以下四个部分：

①家庭劳动力及资源禀赋方面。选取农业劳动力数量、家庭务农者教育年限、家庭务农者的平均年龄、固定资产总值、农业经营收入占总收入的比重等五个变量。其对"去粮化"行为之间的可能性影响是：

假说1：按照前文理论分析，农户中从事农业的劳动力数量对"去粮化"行为的影响是有限的。

假说2：家庭务农者的教育年限越高，其获取信息及技术的能力会越强，其发生"去粮化"种植行为的可能性较大。

假说3：家庭务农者平均年龄越大，对农业的依赖性越强，越不可能发生"去粮化"种植行为。

假说4：固定资产总值越大说明农户对农业生产投入越大，其追求收益的能力越强，因此"去粮化"种植行为更可能发生。

假说5：农业经营收入占总收入的比重越高，说明了农户以农为生的特征，其"去粮化"行为发生的可能性越小。

②家庭社会资本方面。分别选取从事非农工作的人数、家庭养老保障覆盖率、医疗保险覆盖率等三个变量。其与"去粮化"种植行为的可能性关系是：

假说6：家庭中从事非农的劳动力越多，留在农业领域的劳动力应该是老人和妇女，其农业生产行为应该是生计性的，因而发生"去粮化"种植行为的可能性不大。

假说7：家庭养老保障覆盖率以及医疗保险覆盖率越高，对农业的生存依赖性会相对下降，发生"去粮化"种植行为的可能性较大。

③农地特征方面。选取农作物总种植面积、家庭承包土地的地块平均面积、水田肥力状况、水田灌溉条件、旱地的肥力状况以及旱地的灌溉条件六个变量。

假说8：随着农户作物种植面积的扩大，其粮食种植的比例会逐步下降。

假说9：农户承包土地的地块面积越大，其规模经济性越强，其种粮行为可能会弱化。

假说10：土地质量（肥力与灌溉条件）对农户种粮行为的影响是不确定的。

④家庭经营特征方面。选取农户对"农产品销售的困难程度"、"农产品价格的满意程度"、"获得生产资料的困难程度"、"对生产资料价格的满意程度"、"获得贷款的困难程度"、"可以在耕地上种林木"、"可以在承包地上私自建住房"、"可以在承包地上建厂房"等维度的认知作为观察项。为了避免可能产生多重共线性问题，采用因子分析法进行检验和提取。

首先，进行 KMO 和 Bartlett 检验。表5-25是对农户家庭经营特征8个观察项进行的 KMO 检验和 Bartlett 球形检验。从结果可知，KMO 值为 0.603（KMO > 0.6），而且，Bartlett 球形检验的近似卡方值为 1376.73，其相伴概率为 0.000（<0.01）达到极显著水平，拒绝 Bartlett 球形检验的原假设。这两项检验的结果表明各项指标适合做因子分析。

表 5 – 25　　　　　　　　KMO 检验和 Bartlett 球形检验

检验类别	参数名称	参数值
KMO 抽样适当性检验	KMO 参数	0.603
Bartlett 球形检验	近似卡方	1 376.73 ***
相伴概率	Sig.	0.000

注：*** $p < 0.01$。

其次，对主因子的提取。通过采用具有 Kaiser 标准化的正交旋转法，可以将 8 个观察项归结为 3 个主因子（农产品收益满意度、农业生产经营能力、对改变农地用途的认知），累积贡献率达到 60.897%，具有较强的解释力，适于做因子分析（见表 5 – 26）。

表 5 – 26　　　　　　　　农户家庭经营特征的因子分析

观测项	因子载荷	因子命名	因子贡献率（%）	T^2，F，Prob
农产品价格满意度	0.841	产品收益满意度	19.301	$T^2 = 43.669$
生产资料价格满意度	0.740			F = 43.669
				Prob = 0.000
生产资料获取容易度	0.712	农业经营能力	16.171	$T^2 = 1\ 514.818$
获得贷款容易度	0.719			F = 756.567
农产品销售困难度	0.507			Prob = 0.000
可以在耕地上种林木	0.604	对改变农地用途的认知	25.425	$T^2 = 170.262$
可以在承包地建厂房	0.895			F = 85.034
可以承包地上建住房	0.909			Prob = 0.000

3 个主因子与粮食种植行为的可能性关系是：

假说 11：农户对农产品收益的满意度越高，越可能倾向于粮食种植。

假说 12：农户的经营能力越强，越倾向于改变农地的用途，农户越可能发生"去粮化"行为。

（3）所有变量及其假说可归纳为表 5 – 27。

表 5-27　　　　　　　　　　变量选择及其假说

变量		变量名称	变量含义	假说:"去粮化"行为
因变量		粮食占作物种植总面积比例	粮食种植面积/农作物种植总面积	
自变量	劳动力及资源禀赋	农业劳动力数量	农业为主=1;兼业=0.5	?
		家庭务农者平均教育年限	小学及以下=1;初中=2;高中及以上=3	+
		家庭务农者的平均年龄	务农者的平均年龄(岁)	−
		固定资产总值	家庭固定资产总值(万元)	+
		农业经营收入占总收入的比重	农业经营收入/家庭总收入	−
		从事非农的劳动力	从事非农工作的人数(人)	+
	社会资本	家庭养老保障覆盖率	参保人数占家庭成员总数比率(%)	+
		医疗保险覆盖率	享有医保人数占家庭成员总数比率(%)	+
	农地特征	农作物总种植面积	家庭农作物种植面积(亩)	+
		家庭承包土地的地块平均面积	承包地总面积/地块数(亩/亩)	+
		水田的肥力状况	下等=1;中等=2;上等=3	
		水田灌溉条件	下等=1;中等=2;上等=3	?
		旱地的肥力状况	下等=1;中等=2;上等=3	
		旱地灌溉条件	下等=1;中等=2;上等=3	
	经营特征	农产品收益满意度	农产品价格满意度、生产资料价格满意度	−
		农业经营能力	生产资料获取容易度、获得贷款容易度、农产品销售困难度	+
		对改变农地用途的认知	对"可以在承包地上私自建住房"、"可以在承包地上建厂房"、"可以在耕地上种林木"的认知	+

(二) 计量模型及其结果

采用多元线性回归模型,通过 SPSS 20.0 软件进行回归分析,得到计量结果表 5-28。计量分析结果基本验证了前面的假说。

表 5-28　　　　　　　回归分析结果

影响因子		β	S.E	t	Sig.
家庭劳动力及资源禀赋	农业劳动力数量	0.013	0.011	1.245	0.214
	农业劳动力平均受教育年限	-0.056**	0.019	-2.993	0.003
	务农者平均年龄	0.004***	0.001	3.313	0.001
	固定资产总值	-0.001**	0.000	-1.975	0.049
	农业经营收入占总收入比	-0.037	0.038	-0.971	0.332
	从事非农的劳动力	-0.046***	0.012	-3.745	0.000
家庭社会资本	养老保险覆盖率	-0.084**	0.034	-2.465	0.014
	医疗保险覆盖率	0.013	0.023	0.592	0.554
农地特征	农作物总种植面积	-0.003***	0.001	-4.444	0.000
	家庭承包土地的地块平均面积	-0.001*	0.001	-1.839	0.066
	水田肥力	0.060**	0.024	2.529	0.012
	水田灌溉	-0.044*	0.026	-1.697	0.090
	旱地肥力	-0.007	0.038	-0.173	0.863
	旱地灌溉	0.040	0.034	1.200	0.231
家庭经营特征	农产品收益满意度	0.052***	0.013	3.982	0.000
	农业经营能力	-0.030**	0.013	-2.272	0.023
	对改变农地用途的认知	-0.028**	0.013	-2.155	0.031
常量		0.440	0.155	2.845	0.005
模型检验		$R^2 = 0.142$ 调整后的 $R^2 = 0.123$ F 值 = 6.741 Sig. = .000			

注：* $p<0.1$；** $p<0.05$；*** $p<0.01$。

四、"去粮化"：值得关注的问题

计量结果表明：

（1）农业劳动力平均受教育年限、固定资产总值、从事非农的劳动力、养老保险覆盖率、农作物总种植面积、地块平均面积、农业经营能力、对改变农地用途的认知等8个因子与农户粮食种植的行为选择负相关，从而导致了农户农业种植的"非粮化"行为倾向。

（2）务农者平均年龄、水田肥力、农产品收益满意度等3个因子与农户粮食种植的行为选择正相关，从而改善了农户粮食种植行为倾向。

（3）进一步的分析可以发现，粮食种植已经成为一种弱势选择：

第一，粮食种植与生产能力不足相伴随。年龄老化、文化水平低、经营能力差的经营主体，倾向于粮食种植，表明粮食生产已经成为弱者的被迫选择。"弱者种粮"势必成为国家粮食安全的重要隐患。

第二，粮食种植与生产条件不佳相伴随。除了水田肥力外，较低的资本积累、小规模的种植经营、细碎化的土地状况，才可能选择粮食生产。农业生产条件的改善，会加剧农户的"非粮化"倾向。"差地种粮"势必成为保障粮食生产能力的重要约束。

事实上，我国农户经营的土地规模本来就过于狭小，且土地细碎化程度已十分严重，推进农地的流转与集中是必然的趋势。问题是，这种趋势必定会进一步加剧农户的"去粮化"倾向。因此，如何将土地流转的政策目标与保障粮食生产的政策目标统一起来，构建"农地的流转集中机制"与"粮食生产的诱导机制"的相容性制度安排，应该是政策选择的核心线索。

第六节　农地流转的微观绩效：收入效应与流转滞后的效率损失

一、农地流转的收入效应

农地流转能够有效地改善农户的收入状况。一方面，转出户能够通过劳动力的非农就业，获取更多的工资性收入以及土地流转租金；另一方面，转入户通过扩大农业经营的规模经济，能够获取更多的农业经营性收入。

通过对全国890个样本农户的统计分析，参与农地流转的农户，其收入水平明显高于未发生农地流转的农户（见表5-29）。其中，转出农户的年均收入比未流转农户高23.8%，转入农户比未流转农户高9.94%。

表 5-29　　　　　　　　　　农地流转与农户收入对比

农户类型		农业经营收入	工资性收入	财产性收入	政府补贴及转移性收入	合计
未发生流转农户	年均收入（元）	7 352.74	22 716.86	193.77	412.21	30 675.58
	比例（%）	23.97	74.06	0.63	1.34	100.00
发生流转农户	年均收入（元）	11 409.66	24 962.42	1 768.97	352.57	38 493.62
	比例（%）	29.64	64.85	4.60	0.92	100.00
其中：转出农户	年均收入（元）	8 354.82	27 171.05	2 166.23	284.44	37 976.57
	比例（%）	22.00	71.55	5.70	0.75	100.00
转入农户	年均收入（元）	20 232.22	12 685.58	223.33	582.59	33 723.72
	比例（%）	60.00	37.62	0.66	1.73	100.00

观察表 5-29，可以进一步发现：(1) 转出农户的收入水平高于转入农户，其中，其工资性收入与财产性收入明显高于后者；(2) 转出农户依然保持明显的兼业化特征；(3) 转入农户的农业经营性收入，显著高于转出农户与未流转农户。

从鼓励农地流转并增加农户收入的角度来说，有必要进一步增加农户的土地财产性收入，特别是加大对农地流转农户的政策性补贴。

二、流转滞后的效率损失

农地流转滞后导致的效率损失，集中表现为两个方面：一是由于均包制引发的土地细碎化所牺牲的效率损失，二是农户分散经营所牺牲的规模经济。

尽管土地细碎化有利于农户通过多样化经营降低农业生产风险并且可以充分利用劳动力资源（Heston and Kumar, 1983; Blarel et al., 1992），但更多的研究表明其负面的影响更为严重，包括增加成本、浪费土地、影响技术的采用、降低效率等（Hung et al., 2007; Fleisher and Liu, 1992; Rahman and Rahman, 2008）。

我们选择长江中下游平原水稻产区 4 省（湖南、湖北、江西、安徽）243 个农户问卷进行实证研究①。

(一) 土地细碎化程度的度量

波顿和金 (Burton and King, 1982) 运用 6 个参数 (农场面积、地块数量、地块面积、地块形状、地块的空间分布、地块的粒度分布),并构建了 S 指数 (Simpson's index)、J 指数 (Januszewski's index)、I 指数 (Igbozurike's index),以此综合衡量土地细碎化程度。三个指数的表达式分别如下:

$$S = 1 - \frac{\sum_{i=1}^{n} \alpha_i^2}{\left(\sum_{i=1}^{n} \alpha_i\right)^2} \quad J = \frac{\sqrt{\sum_{i=1}^{n} \alpha_i}}{\sum_{i=1}^{n} \sqrt{\alpha_i}} \quad I = \frac{\left(\sum_{i=1}^{n} \alpha_i\right)}{100} \times \sum w$$

其中,α_i 指每一地块的面积,n 是指农户所拥有的地块数量,w 指的是地块离农户房舍的距离或地块之间的距离。S 指数和 J 指数的值都介于 0~1 之间,S 指数的值越接近于 1 则耕地细碎化程度越高,而 J 指数的值与之相反,越接近于 0 则表示耕地细碎化的程度越高。

(二) 样本统计分析

243 个样本农户户均拥有 8.95 块水田。不同农户间拥有水田块数差异非常明显,最小的仅有 1 块,最大的达到 80 块 (见表 5-30)。

表 5-30　　　　　　　南方地区稻农户均水田块数

样本所在区域		均值 (块)	最小值 (块)	最大值 (块)	标准差
湖南	泉源村	4.03	1	11	2.15
	湖下村	4.23	1	10	2.24
	小计	4.15	1	11	2.18
湖北	黄堤村	8.57	1	30	5.42
	国庆村	8.74	3	22	4.35
	小计	8.66	1	30	4.87

---

① 问卷调查于 2010 年由陈风波副教授主持;数据分析由研究生陈培勇负责完成。在抽样问卷调查中,每个省选取一个县(市),每个县(市)选取两个村,其中,湖南选取醴陵市白兔潭镇泉源村和湖下村,湖北选取公安县孟家溪镇国庆村和黄堤村,江西选取南昌市的新建县乌石村和南昌县青塘村,安徽选取桐城市范港镇联合村和晓棚村。

续表

样本所在区域		均值（块）	最小值（块）	最大值（块）	标准差
江西	乌石村	13.57	2	47	11.37
	青塘村	19.77	3	80	18.37
	小计	16.67	2	80	15.47
安徽	晓棚村	6.19	2	21	3.96
	联合村	6.73	1	21	4.5
	小计	6.46	1	21	4.21
合计		8.95	1	80	9.59

农户水田的块均面积为 1.02 亩。同样，不同农户间水田块均面积差异非常明显，最小地块的面积仅有 0.15 亩，最大地块的面积达到 3.38 亩（见表 5-31）。

表 5-31　　　　　南方地区稻农户均水田块均面积

样本所在区域		均值（亩）	最小值（亩）	最大值（亩）	标准差
湖南	泉源村	0.87	0.15	3.38	0.67
	湖下村	0.91	0.4	2.4	0.42
	小计	0.89	0.15	3.38	0.56
湖北	黄堤村	1.25	0.38	2.45	0.5
	国庆村	1.41	0.91	2.6	0.39
	小计	1.33	0.38	2.6	0.45
江西	乌石村	0.97	0.37	2.33	0.48
	青塘村	0.89	0.35	2.25	0.43
	小计	0.93	0.35	2.33	0.45
安徽	晓棚村	0.95	0.5	2.48	0.38
	联合村	0.89	0.38	1.38	0.23
	小计	0.92	0.38	2.48	0.32
总体		1.02	0.15	3.38	0.49

无论是 S 指数，还是 J 指数，都表明了中国南方地区稻农的土地细碎化程度非常高（见表 5-32）。

表5-32 南方地区稻农户的水田细碎化程度

指数	湖南	湖北	江西	安徽	总体
S	0.9908	0.9973	0.9984	0.9965	0.9993
J	0.0694	0.0461	0.0391	0.0528	0.0276

（三）计量分析：土地细碎化与农户水稻生产效率

1. 变量及其描述

表5-33分别从早稻、中稻和晚稻三个方面对农户水稻产出模型各变量进行了描述性统计分析。

表5-33 农户水稻产出模型变量及描述性统计

作物	变量名	定义	单位	最小值	最大值	平均值	标准差
早稻	Y	产量	斤/亩	400	16 533	4 022.77	3 345.82
	K	物资投入	元	394.12	5 230.14	1 617.94	1 200.69
	L	劳动投入	天	14.34	1 069.64	163.41	165.44
	S	种植面积	亩	0.7	29.6	5.7	4.98
	N	地块数量	块	1	37	5.49	5.21
中稻	Y	总产量	斤	200	40 000	4 488.63	4 849.91
	K	物资投入	元	108.95	12 640	2 072.8	1 702.4
	L	劳动投入	天	14.9	1 460	163.45	166.97
	S	种植面积	亩	0.2	40	4.64	5.09
	N	地块数量	块	1	43	4.63	5.5
晚稻	Y	总产量	斤	220	19 430	4 894.19	3 898.96
	K	物资投入	元	115.2	7 776	2 196.27	1 485.18
	L	劳动投入	天	39.45	758.4	214.08	126.55
	S	种植面积	亩	0.25	24.1	5.92	4.74
	N	地块数量	块	1	31	5.79	4.9
地区虚拟变量				$D1=1$ 湖南，其他 $=0$			
				$D2=1$ 湖北，其他 $=0$			
				$D3=1$ 江西，其他 $=0$			

2. 计量分析模型

我们选择的C-D生产函数如下：

$$\ln Y_i = \alpha_0 + \sum_{i=1}^{k} \alpha_1 \ln S_i + \sum_{i=1}^{k} \alpha_2 \ln L_i + \sum_{i=1}^{k} \alpha_3 \ln K_i + \sum_{i=1}^{k} \gamma_1 \ln N \ln S_i$$
$$+ \sum_{i=1}^{k} \gamma_2 \ln N \ln L_i + \sum_{i=1}^{k} \gamma_3 \ln N \ln K_i + \beta_1 D1 + \beta_2 D2 + \beta_3 D3 + u$$

式中：$\sum_{i=1}^{k} \gamma_i$ 表示土地细碎化指数，可记为 SI，当 SI 大于 0 时，表示土地细碎化对规模经济及水稻生产的影响为正，反之影响则为负。

Y_i 为第 i 个农户早、中、晚稻产量，K_i 为第 i 个农户早、中、晚稻物资投入（元），L_i 为第 i 个农户早、中、晚稻的劳动投工量（日），S_i 为第 i 个农户早、中、晚稻种植面积（亩），N_i 为第 i 个农户早、中、晚稻的土地块数（块），$D1$，$D2$，$D3$ 为地区虚拟变量。

另外，α_1、α_2、α_3 分别为水稻种植面积、劳动力和物资费用的弹性系数，其和为规模报酬系数 RTS。当 $RTS>1$ 时，为规模报酬递增，产出增加的比例大于投入增加的比例；当 $RTS=1$ 时，为规模报酬不变，投入增加的比例等于产出增加的比例；当 $RTS<1$ 时，为规模报酬递减，投入增加的比例大于产出增加的比例。

3. 计算结果及分析

分别将早稻、中稻、晚稻的数据代入模型，运用最小二乘法（OLS）进行估计，其结果见表 5 - 34。

计量结果表明，一方面水稻的生产均存在规模不经济性，另一方面土地细碎化指数（SI）均小于 0，并且在统计上比较显著。这说明土地细碎不仅降低了农户水稻生产的规模经济效应，而且还严重地影响了水稻生产效率。

从土地细碎化对要素投入的影响程度来看，在农户中稻和晚稻生产中，土地细碎化对劳动力投入的影响程度最大；而在农户早稻生产中，土地细碎化对物资投入的影响程度最大。这说明，一方面，土地细碎化增加了农户水稻的生产成本，加快农地流转，特别是通过流转降低土地细碎化程度，将会有效地降低农户中稻和晚稻的劳动力生产成本，以及早稻生产的物资成本，进而提高农户水稻生产的经济效益；另一方面，也说明土地细碎化影响水稻生产中各种生产要素配置效率，通过农地的流转以缓解土地细碎化程度，将有助于农户对各种生产要素的优化配置，提高各种生产要素的使用效率，进而提高水稻的生产效率。

表 5-34　模型估计结果

解释变量	早稻				中稻				晚稻			
	系数	标准差	T值	P值	系数	标准差	T值	P值	系数	标准差	T值	P值
常数项	2.9035***	0.3467	8.3758	0.0000	2.8832***	0.3508	8.2184	0.0000	3.3063***	0.2808	11.7758	0.0000
$\ln S$	0.5534***	0.0571	9.6947	0.0000	0.4255***	0.0713	5.9647	0.0000	0.4078***	0.0577	7.0702	0.0000
$\ln L$	0.0530	0.0367	1.4431	0.1507	0.3374***	0.0902	3.7395	0.0003	0.1725**	0.0729	2.3674	0.0189
$\ln K$	0.5703***	0.0461	12.3591	0.0000	0.3626***	0.0691	5.2456	0.0000	0.5554***	0.0443	12.5295	0.0000
$\ln N \ln S$	0.0358***	0.0123	2.9005	0.0042	−0.0622***	0.0417	−3.4912	0.0009	0.0509*	0.0306	1.6626	0.0980
$\ln N \ln L$	−0.0278	0.0202	−1.3767	0.1703	0.1066***	0.0701	4.5193	0.0000	−0.0654***	0.0445	−3.4696	0.0003
$\ln N \ln K$	−0.0744***	0.0189	−3.9417	0.0001	−0.0450**	0.0325	−2.3830	0.0219	−0.0153**	0.0137	−2.1146	0.0364
D1	0.1535***	0.0310	4.9476	0.0000	0.0412**	0.0305	2.3492	0.0208	0.2095***	0.0239	8.7540	0.0000
D2	0.0818**	0.0327	2.4975	0.0134	0.0908***	0.0262	3.4698	0.0007	0.1048***	0.0276	3.8019	0.0002
D3	0.0745**	0.0355	2.0985	0.0372	0.1853***	0.0322	5.7581	0.0000	0.0904***	0.0270	3.3521	0.0010
规模指数（RTS）	1.1767				1.1255				1.1357			
SI	−0.0665				−0.0006				−0.0298			
R^2	0.9754				0.9859				0.9837			
调整后 R^2	0.9742				0.9849				0.9830			
F 统计量	807.7291				958.8916				1 283.1860			
F 统计量 P 值	0.0000				0.0000				0.0000			

注："*"、"**"、"***"分别代表 0.10、0.05、0.01 的显著性水平下显著。

第六章

分析视角：赋权、强能与农村土地流转

第一节 产权制度及其意义

理解产权制度的重要性，首先必须明确财产与产权这两个既有联系又相区别的概念。

财产的通常用法是指物品本身，包括物质与非物质财产。物质形态的财产（物权）是指人们所拥有的具有一定效用性的实物对象。它是财产的重要形式，是人类最古老的财产形态，它包括自然物质条件（自然资源）和劳动创造的生产手段（机械、工具、设备、基础设施等）。非物质形态的财产是指主体占有的不具备实物形态的对象，在现实生活中主要表现为产权凭证，如债券、股票、房地产证、专利权、版权、商标等。

产权则是关于财产的权利。现代经济学所讨论的"产权"，并不是通常法律意义上的"所有权"（即依法占有财产的权利），也不仅仅指对财产进行占有、使用、处置和收益分配的权利。一般来说，法学上的产权是狭义的产权，主要指物权；而经济学中的产权是广义的产权，它的概念不仅从物权扩大到债权、知识产权，而且扩大到所有交易中的权利。所谓产权，可以理解为资源稀缺条件下人们使用资源时的权利，或者说人们使用资源时的适当关系或规则以及破坏这些规则时的处罚。

产权经济学认为，经济学要解决的是由于使用稀缺资源而发生的利益冲突，必须用这样或那样的规则即产权来解决。交换的实质不是物品、服务的交换，而是一组权利的交换。所交易的物品价值，也就取决于交易中所转手的产权的多寡或产权的"强度"。市场分析的起点，不在于回答人和物的关系是什么，而是要回答由于物的存在及其使用所引发的人与人之间由社会规定的关系是什么。产权就是这样的行为规则。因此，经济学家阿尔钦强调，价格如何决定的问题，就成了产权如何界定、交换以及以何种条件交换的问题（Alchian，1977）。

产权制度是一种基础性的经济制度，它不仅独自对资源配置及其效率有重要影响，而且又构成了市场制度以及其他许多制度安排的基础。产权制度既是市场交易的前提，又是市场交易的结果。

市场交易是交易主体产权的交易，其前提是交易主体必须对所交易的物品拥有明确的产权，在此基础上，交易主体之间相互交换产权。如果所交易的物品或资源没有明确的所有权归属，想要获得该资源的个人就不会通过市场竞争的方式租赁或购买该资源，而是花费时间、精力甚至雇佣打手去抢。为了减少在这种激烈竞争中的租值耗散，人们就会停止争夺，进行合作，并通过契约的形式界定相应的权利。在国家出现前，这种权利的界定依赖于交易双方的谈判力，而且对这种权利的保护要耗费相当高的保护成本。随着国家的出现，国家就会提供一种基础的制度安排，在法律上清楚的界定资产的所有权，并提供保护。国家所提供的这种基础性的制度安排，就是约束竞争者行为的竞争规则，我们称为产权制度。

之所以说产权是重要的，是因为产权是市场经济和社会有效运行的制度基础，内含着不可替代的制度功能。

第一，激励功能。所谓激励，就是要使经济活动当事人达到一种状态，在这种状态下，他具有从事某种经济活动的内在推动力。通俗地说，就是调动人们的积极性。激励功能是以追求自身利益最大化的行为假设为前提的。一个有效的产权制度，应明确界定行为主体获取与其努力相一致的收益的权利。如果私人为了某项发明而投入的私人成本超过了他可能得到的私人收益，就是说，他为了发明承担了高昂的代价与费用，但发明的收益外在化地被他交易对象之外的第三者免费地享受了（搭便车），那么个人通常就没有动力去从事这些有益的活动。

因此，产权的激励功能依赖于产权明晰，只有明晰的产权才能使当事人的利益得到尊重与保护，从而使行为主体的内在动力得以激发。

第二，约束功能。约束与激励是相辅相成的。产权关系既是一种利益关系，又是一种责任关系。从利益关系讲是一种激励，从责任关系说则是一种约束。产权的约束功能表现为产权的责任约束，即在界定产权时，不仅要明确当事人的利益，也要明确当事人的责任，使他明确可以做什么，不可以做什么。

产权经济学家将经济行为的努力分为两种：一种是生产性努力，它指人们努力创造财富；另一种是分配性努力，是指人们努力将别人的财富转化为自己的财富。当产权的约束力不足或排他性软弱，或者分配性努力比生产性努力成本更低、收益更高时，人们就会选择分配性努力。产权得不到切实的保障与约束，处在经济活动中的人们就缺少基本的安全感，这一点常常是经济秩序混乱的根源。经验表明，滥用资源、不重积累、分光吃净等短期化行为，即是产权约束功能残缺的表现。

第三，配置功能。恰当的产权安排，是资源有效使用和合理配置的先决条件。产权的配置功能是指产权安排或产权结构驱动资源配置状态的形成、变化，是影响资源配置的重要的调节机制。

因此，从产权界定是为了促成交易的角度说，产权中的流转权极为重要，因为市场机制作用的发挥是伴随着产权流转的。只有资源的产权主体明确，并允许产权的自由转让，同时与这一转让相应的收益得到有效的保护，产权主体才有可能最大限度地在产权约束的范围内配置资源以获取最大收益。如果某种资源在现有产权主体手中不能得到有效利用，该资源就会由评价低的地方向评价高的地方流动，由此形成资源产权的市场价格，那只"看不见的手"就可促进资源的合理配置。相反，如果产权是不稳定的和容易受损害的，人们就可能选择掠夺与对抗而不是交易的方式来解决他们对稀缺资源的需求冲突。

事实上，对转让权的不当限制（更不用说对转让权的禁止），会使产权界定在很大程度上失去意义，它直接引致的后果是：一是资源不可能流向对其评价最高的地方，资源配置效率由此受到损害；二是必然导致有效竞争的缺乏，由于产权主体相互间的冲突不能通过竞争性的转让方式解决，那么就会陷入无休止的"内耗"或者容忍资源利用不充分的低效率；三是由于以上原因也必然导致行为主体的收益权受限制与侵蚀。

第二节　一个关键概念：产权强度

一、产权强度的决定因素：国家赋权、行为能力与社会规范

产权是一个社会所强制实施的选择一种经济品的使用的权利（Alchian，1977）。然而，这些权利却存在强弱的差异。

正如第三章已经指出的，产权不同的获取方式，所隐含的产权强度是不同的。周其仁（1995）在分析中国农村土地产权问题时，梳理出农地产权的获取大体包括三种途径：一是经过自由的交换契约获得产权（产权市场长期自发交易的产物）；二是通过一个国家干预的土地市场在形式上获得产权（对土地产权自发交易过程中施加某些限制的产物）；三是通过国家强制的制度安排而完全不经过市场途径所获得的土地（国家组织社会政治运动直接重新分配土地产权的结果）。这三类产权的强度具有依次弱化（Attenuation）的特点。

由于产权在实施中的强度问题，使得同一产权在不同的实践环境、对于不同的行为主体，都可能存在实施程度的差异。阿尔奇安（Alchian，1977）曾经指出，产权的强度，由实施它的可能性与成本来衡量，这些有依赖于政府、非正规的社会行动以及通行的伦理与道德规范。

因此，可以认为，产权强度决定着产权实施，是政府代理下的国家赋权、产权主体行为能力与社会规范的函数。

二、产权强度弱化的内在逻辑

产权的模糊化在本质上等同于产权强度的弱化。

如前所述，家庭承包制度下农民所获得的土地产权是国家强制的制度安排而完全不经过市场途径所获得。这一赋权方式所决定的逻辑是：

（1）由于产权是国家强制界定的，因此一旦国家意志发生改变，土地产权安排就有变动的可能，从而决定了农地制度的不稳定性。

（2）国家的代理人是政府，而政府是由官僚集团构成的。官僚集团除了追求自身的利益，也可能代表着不同利益集体的利益诉求，由此形成的产权制度可能是歧视性的。

歧视性产权制度安排所导致的产权模糊及其所制造的"公共领域"至少从两个方面减弱产权强度：一是限制产权主体对其部分有价值的物品属性的控制权；二是限制行为主体行使产权的能力。前者如取消农民土地进入非农流转的交易权，后者如禁止农民对土地的抵押。

（3）按照户籍及成员权所界定的均分地权，必然导致农民行为能力的下降。第一，由于产权是国家无偿赋予的，因此其权利边界及其可实施的内容必须听命于国家，国家意志的改变可以变更权利内容，而且这一变更的不确定性必然导致农民行为预期的不稳定性；第二，由于赋权是均分的，尽管保障了身份权的公平性，但没有顾及成员能力的差异性，赋权与能力的不匹配，既牺牲了效率，也损害了公平；第三，初始赋权所决定的产权分散性与可实施产权的零碎化，使已经不具备任何规模经济性的农户的行为能力空间进一步收缩。

（4）由于国家对产权的经常性干预以及由此形成的政府产权模糊化倾向，加之产权赋权导致的权利与能力的不对称，必然导致相关伦理与道德规范的变化。第一，农民依存于土地，在农民看来其对土地的权利是天赋的，当政府进行强制界定并因为随意变更使农民预期不稳定，农民的短期行为势必盛行，从而导致对土地的滥用与破坏，由此引发土地伦理的沦落；第二，对土地的肆意使用，必定会引致人们对其行为的不认同，进而导致相互对土地产权的不尊重，而政府产权模糊化的示范效应会进一步加剧这种相互不尊重，从而使得产权侵蚀与地权纠纷成为普遍现象。后者又反过来成为政府产权干预的借口。

在上述逻辑下，土地的产权强度将会不断被弱化（见图6-1）。

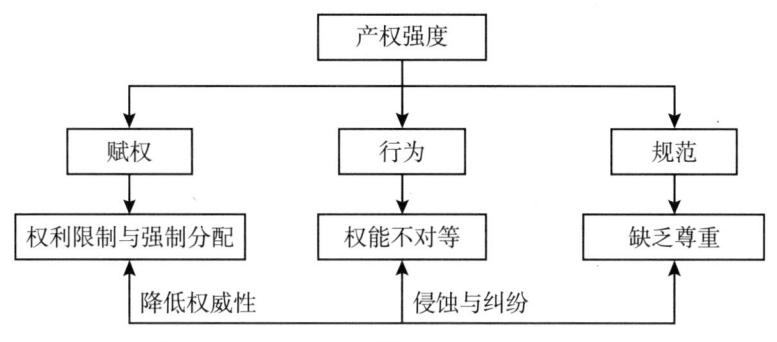

图6-1 土地产权强度弱化的内在逻辑

三、改善产权强度的内在机理

改善土地的产权强度，可以从不同的维度入手。其中一个重要的方面是改善赋权的稳定性与公平性。问题在于：其一，政府天然地具有产权模糊化的偏好性；其二，产权的界定是一个高成本的活动；其三，政府无法评估每个成员的需求与能力，要形成权能对称的产权安排是几乎不可能的。

因此，对于农村土地，现实对法律赋权的基本要求是非歧视性。

不过，产权的初始界定并不是唯一重要的。产权经济学区分了两个重要的概念，一是产权赋权，二是产权行使。明晰的赋权是重要的，但是否具有行使其产权的行为能力同样是重要的。应该说，家庭承包制对于农户拥有的承包权与经营权，在赋权主体及其权利边界方面是清晰的，从而能够保证农户具有相对独立的可排他的农地流转权。关键在于产权的行使。产权的行使及其行为能力包括两个方面：一方面是产权主体对产权的实际使用与操作；另一方面是对产权的转让与交易。

产权赋权的"权威"主要表现为排他性。正如诺思（1991）所说："产权的本质是一种排他性的权利……产权的排他对象是多元的，除开一个主体外，其他一切个人和团体都在排斥对象之列"。

产权虽然与排他性有关，但并不是谈及产权就仅仅是排他性权利，由于确立给予使用一种物品的排他性权利要付出成本，所以产权的排他性还具有一个排他的程度问题。所谓产权的排他性成本，是指确立排他性权利的过程中所耗费资源的投入成本，排他成本可分为界定成本和实施成本。所谓界定就是在物理与价值形态上给出产权的边界。影响界定成本因素主要是物品的自然属性、技术和度量成本。而实施成本是指在信息不完全条件下，人与人之间借助物品的让渡进行权利让渡过程中，使外部成本收益内部化而发生的成本。这种成本受到物品的经济属性、产权主体行为能力和交易费用的影响。它们影响着交易中物品有价值属性的可竞争性和可排他性，从而影响产权实施成本的大小，以至于增加或减少合同的不完备性。

其中，产权的行为能力对于产权的排他性具有重要的行为发生学意义。

第一，产权是有限的。一是指任何产权与其他产权之间，必须有清晰的界限；二是指任何产权必须有限度。问题是，确定产权的界限及其限度是有成本的。知识的不完全与法律成本约束，会使得产权的界定总是不完全的，从而存在没有明晰界定的部分权利。对于谁能够行使这类权利，取决于产权主体的行为能力。

第二，当产权在法律上界定以后，产权主体能否完全行使其产权赋权，同样取决于他的行为能力。当产权主体行使权力的收益大于行使权力的成本时，所有者有激励行使其资产的排他性权力。当其实施权力带来的收益弥补不了成本的损失时，所有者会自愿放弃部分在法律上赋予的权利而将其留在"公共领域"。

第三，产权的排他也是有成本的。一方面，当产权主体行使产权受到其他主体侵犯时，其排他程度取决于行为主体的排他能力及其排他收益与成本的比较；另一方面，当进行产权交易时，其契约的安排及其权益分享依然取决于交易主体的行为能力。

问题是，提升产权主体的行为能力，如果缺乏恰当的社会认同与道德约束，那势必会导致每个参与产权竞争的行为主体，一面是农夫，另一面是战士，从而导致分配性努力不断被激励，降低产权与资源的配置效率。

因此，一个相关的问题就在于产权的实施行为必须得到社会的认同与尊重。

于是，产权的流动与市场交易就显得格外重要。因为公平公开的市场交易能够强化社会规范。

在人类历史上曾经出现过三种资源配置方式：驯化、暴力和市场。这三种资源配置方式的存在都是与一定的社会组织形式、理念相适应的。其中，市场方式不过是人们在近300年间才发现并使用的。

市场的基本精神是自由与平等。马克思曾指出：商品是天生的平等派。市场经济是一种非人格化的经济，即在法律许可的范围内，每个人都有权力买或卖自己需要或拥有的产品，而与这些人的相貌美丑、人品好坏无关，每个人都有自由选择与自由交换的权力。与之相应的还包括对产权（财产）的敬意和自觉遵守契约原则行事。任何商品经济发达的民族都不仅以完善的民商法规作为其全部经济活动的基础，而且绝大多数人在此基础上还被严格训练成自觉遵守契约原则行事，并形成与此相适应的社会伦理规范。这些保证了市场机制以较低的成本运行。

在西方，市场作为资源配置的主要方式，它的出现经历了较长的历史演化过程。在这个过程中，对财产权利的有效保护是市场方式在社会资源配置中地位最终确定的前提，劳动分工的巨大利益是市场方式确立的现实基础，而某种与市场方式相协调的信念的出现及系统化则加速了这一过程。

西方财产权利制度是与其社会政治制度相伴形成的。可以认为，西方财产权利制度从一开始就是其社会组织制度的基础，并与其整体相一致的。一旦财产，而非个人成为社会交往的基础，社会交往所需要的信息量就大幅度地减少，交易成本也因而大幅度地降低，大范围的社会交往才成为了可能。

斯密指出，劳动分工有助于提高劳动效率，而且"劳动分工程度受制于市场范围"。然而，在机会主义尤其是败德行为普遍存在的前提下，以习俗、道德为基础的资源配置方式和社会组织方式不适应大范围的交易要求，也无法在此基础上扩大交易的范围。因此，如果人们要获得劳动分工的好处，就必须寻求扩大交易范围的方式，抛弃了在大范围交易面前显得无能为力的以习俗、道德为基础的资源配置方式和社会组织方式，而选择市场方式。而韦伯所讲的"新教伦理"和边沁的功利主义为人们在不同职业间选择提供了道德和心理基础，为大规模市场和劳动分工的出现开辟了道路。休谟称，私产制度是最好的"道德之神"。换言之，在休谟看来，有了私产制度，美德自然会出现，而这个"美德"是与市场制度相适应的。很显然，对于一个没有私产制度，甚至私产观念的民族，自然不会有"偷窃"概念和"偷窃耻辱"的观念，甚至"偷窃"还会被认为是一种技术、美德。但一旦有了私产观念和私产制度，就需要有相应的非正式制度，如伦理、道德等来降低其执行成本。

可以认为，在有效的财产权利保护制度、发现劳动分工好处以及出现与市场制度相适应的信念体系三者当中，缺少任何一方都不可能出现市场制度，它们共同构成了市场的全部内容，而且在形成完整的市场制度的过程中，上述三者相互选择、相互促进。需要强调的是，对于一个独立演化的社会系统，市场制度的出现都不是必然的。

综上所述，保障农民的土地权益，重点在于法律的非歧视性、行为能力的提升以及社会对农民权益的认同与尊重。其中的一个关键是农地流转以及劳动力流转市场的构建（见图6-2）。

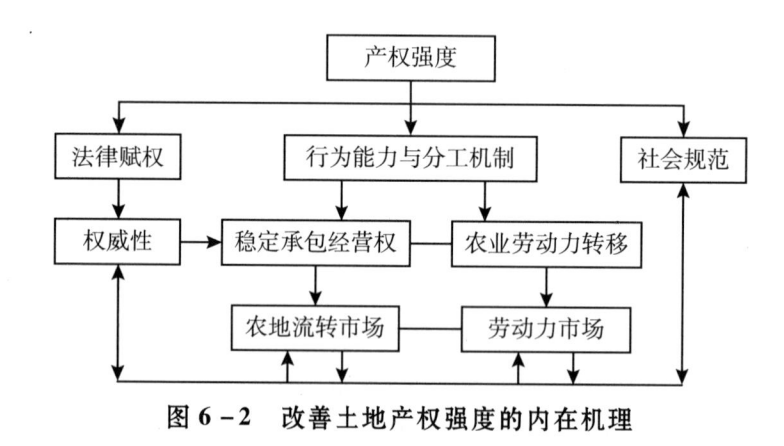

图6-2 改善土地产权强度的内在机理

第三节 法律保障与能力保护

从农村土地产权模糊的可能性而言，应该关注的主要是公共领域Ⅲ和公共领域Ⅴ（参见第三章）。因为公共领域Ⅲ和公共领域Ⅴ的扩张直接导致的是农民土地剩余权利的收缩与残缺。因此，未来农地制度变革的关键是强化农民土地权利的法律保障以及对农民行使产权行为能力的保护。这是构建农地流转市场的前提。

一、农民土地权利的法律保障：避免法律歧视

（一）已有的改进

中国农地制度变革的一件大事是2002年8月通过并于2003年3月1日开始实施的《农村土地承包法》（而2007年3月16日通过并于2007年10月1日开始实施的《物权法》再次对其核心内容进行了确认），这是新中国历史上第一次以国家法律的形式赋予农民长期稳定的土地承包经营权的法律文本。这部法律修改了以往对农地的众多法律歧视，农民土地权利的法律保障得到了明显改善。

第一，强化了产权的法律认可。《农村土地承包法》的出台和实施，把农户承包耕地的权益30年不变，由政策上升到国家法律，并经由《物权法》承认了土地承包权是农民的财产权之一（用益物权）。这对于有效地稳定农民的土地承包权益，促进家庭承包责任制之上的统分结合的双层经营体制作为中国农村最基本的制度地位，对于推进农村的土地流转，都有着积极的意义。

第二，产权的稳定性大大提高。一系列的规定，如发包方"维护承包方的土地承包经营权，不得非法变更、解除承包合同；尊重承包方的生产经营自主权，不得干涉承包方依法进行正常的生产经营活动"、"承包期内发包人不得收回承包地"、"承包期内发包人不得调整承包地"等，彻底否定了"三年一小调，五年一大调"的格局。地权稳定性的提高将改善农民对土地的投资预期，具有重要的行为导向作用。

第三，产权弱化的状态有了明显改观。一方面是继承权有了保障。如规定"承包人应得的承包收益，依照《继承法》的规定继承"。另一方面，产权转让得到了承认与保障。如规定，"通过家庭承包取得的土地承包经营权可以依法采取转包、出租、互换、转让或者其他方式流转"（《物权法》进一步规定对荒地等的承包经营权可以转让、入股、抵押或者以其他方式流转）。此外，相应的收益权也得到了保护。如规定"土地承包经营权流转的转包费、租金、转让费等，应当由当事人双方协商确定。流转的收益归承包方所有，任何组织和个人不得擅自截留、扣缴。"所有这些关于土地承包经营权流转的具体规定，提升了农民土地产权的强度，推动了土地经营的资产化进程。

（二）变革的方向

然而，在农地转为非农用地方面，法律歧视依然存在。《农村土地承包法》肯定了农户作为土地使用权的所有者地位，于是也就肯定了在产权让渡中获得相应补偿的权利，但这却与现行的征地政策相矛盾（姚洋，2004）。

财产征用是世界通行的一种法律制度。在各种财产征用中，土地是最多也是最普遍的征用对象和补偿对象。尽管各个国家或地区在立法上对土地征用的表述不尽一致，但其实质都是国家为了公共利益或公共目的需要，依照宪法和法律规定的条件，强制取得公、私财产，并给予补偿的行为。尽管土地征用或征收的定义和称谓表述各异，但几乎都认同了三个基本构成要件：土地征购属于政府的特有权力、这个权力一直只用于公共目的、行使这个权力时必须给予合理补偿。

因此，土地制度变革的基本方向是：

第一，确定公共利益的范围，严格限制征用权的行使。基本导向是：缩小范围、约束权力。由于征地权是属于政府的强制性权力，必须明确公共利益范围并对征地权行使加以规范。鉴于公益性、经营性建设用地在界定上的模糊性并约束相应的合谋与寻租行为,现阶段可以考虑以法律法规的形式列举征用权行使的条件以及征地的具体范围①,与此同时建立对征用权行使的监督制约机制。

第二,建立合理的征地补偿机制。基本导向是:价格的市场化生成。对于"合理补偿"的含义及其标准,学术界与实际部门一直存在争论。如果以市场均衡为标准,那么"合理补偿"就应该选择市场价格;但有人认为用市场机制生成价格,又失去了"征用"的性质。我们认为,补偿的标准应该是市场价格,国家"征用权力"的体现,不是表现为"低价格",而应该表达为"购买"的强制性与"转让"的服从性方面。征地按市价补偿的制度含义在于,除了防止公益用地与非公益用地的配置误导,还减少了被征土地与进入市场交易土地的差价,有助于从源头上根治"权力寻租";同时,一旦政府财力构成征地数量的经济约束,就等于给"最严格的耕地保护"与"农地转用的最优利用",提供了"双保险"(周其仁,2004)。

第三,构建农田保护的补偿机制。农田保护的目的是为了保证国家粮食安全的公共利益,但牺牲了农民对土地资源配置的自由选择权利,隐含着农地使用权的产权弱化。因此,与征地补偿相类似,国家应该对基本农田保护区的农民所支付的机会成本实行财政补贴,以增强农民参与基本农田保护的积极性,保障农田保护区农民的基本权益。

二、缓解行为能力约束:控制"内部人"控制与强化实施

(一)面临的问题

我国的《宪法》、《民法通则》、《土地管理法》、《物权法》以及《农业法》、《农村土地承包法》等重要法律都明确规定,中国农村的土地归农民集体所有。但是,集体到底指的是哪一级哪个组织,有关法律却没有明确界定。不同的法律分别表达了集体土地所有权的主体有三种形式:乡镇农民集体经济组织、村农民集体经济组织、村内农民集体经济组织,可以简称为"乡镇、村、组"三级。三者在不同程度上都是农村集体土地的所有权代表。

一方面,三级所有权的代理集团形成了等级产权制度。产权等级越高,控制的资源越多,产权租金越高。另一方面,"乡镇、村、组"三级官僚等级制度,

---

① 由于目前对公共利益的界定缺乏共识,因而以列举式确定征地范围是一种减少制度执行成本的选择,并可由此考量政府的公信力。

必将导致职位等级制度。身份等级越高,分享的管制权力越大。结果是,第一,集体土地的剩余控制权和剩余索取权主要掌握在集体的治理集团手中,而不是主要掌握在集体所有者手中。由此会形成农村土地中的"职位等级产权制度",从而导致层级式的"内部人"控制,农民对土地产权的行为能力因此受到约束①。第二,不同土地所有权代表必然形成不同的利益集团,对集团利益的追求与合谋在加剧产权进一步模糊化的同时,也会因控制权的争夺与利益的摩擦引发产权租金的耗散。

(二)变革的方向

第一,打破等级产权制度,切断官僚等级制度对土地产权的侵入,从而瓦解等级职位产权制度。基本的变革是明确与村民小组相对应的集体经济组织行使农村土地所有权职能,在此基础上逐步将社区集体经济组织转化为合作经济组织及企业型经济组织,并引入现代企业的治理机制,解决土地产权运作的"内部人"控制问题。

第二,改善土地产权的稳定性,遏制土地重新调整过程中的权力寻租和腐败问题。人们对土地调整的担心主要来源于"内部人"控制,特别是社区官僚或者说村干部对权利的滥用。尽管《农村土地承包法》第二十七条有可能使村干部对权利的滥用得到控制,但第二十八条规定依然留下了空当。已有的研究支持了这样的观点:较稳定的地权增加土地投资,较自由的转让权提高资源配置效率,保证初始产权公平的土地调整有利于弥补农村社会保障和失业保险功能的缺位。因此,变革的基本方向是:允许适应人口变化做出小规模的土地调整,但调整决策应该是农民的自主选择与集体成员的民主表达;同时土地的使用权流转和租赁受到法律的严格保护②。土地重新调整的基本原则是:从行政(权威)分配转为通过当事人交易完成,交易合约及其未来收益的分配由当事人决定,并且合约受到法律的保护。

第三,农地流转市场应该逐步转向以农户的完全土地使用权、而不是以集体土地所有权为基础。这样既可以与农村改革的基本成果以及《农村土地承包法》相衔接,又可以减少村庄权力人物利用农地调整与转用机会再度侵犯农民权益,

---

① 对"职位等级产权制度"的分析,见罗必良:《新制度经济学》,山西经济出版社 2005 年版。
② 通过土地租赁实现土地使用权流转,是世界上通行的做法。大量文献资料认为,土地租赁市场可以规避风险、使资源利用效率更高、更有利于形成规模经营。格申·费达等在总结世界银行土地政策的演变时指出,土地租赁市场与土地买卖市场相比有很多优势,不仅交易费用低,同时固定佃租一类的合同有助于佃户提高效率。参见张红宇:《中国农地调整与使用权流转:几点评论》,载于《管理世界》2002 年第 5 期。

并由此通过市场开放提高土地资源的利用效率。

第四，从农地制度变迁的现实来看，产权是公有还是私有，是国家所有还是集体所有，并不是问题的实质和关键。一方面，家庭承包制的实行解决了所有权与承包经营权的分离，劳动力转移与人地关系的变化所带来的土地流转，进一步推进了所有权、承包权、经营权的细分，产权的细分免除了人为的强制和行政的干预，弱化了"内部人"控制的可能性；另一方面，产权的细分进一步提升了产权的实施能力，虽然土地集体所有的名分没有发生变化，但不同主体的权利边界与权能能够得到相对明晰，从而有利于产权交易的市场化与产权的优化配置。如果承认产权的细分有利于交易，产权的实施重于其归属，那么，农地制度的变革方向就应当由以所有权为中心的制度体系向以产权为中心的制度体系转变。

第四节 需要进一步关注的问题

一、关于土地产权的悖论

可以认为，无论是过去还是现在，中国的农地制度都是通过国家强制的制度安排而不是经过市场途径演化的结果。今天所赋予的农民的土地权利，依然是政府（或国家）意志的表达。这就使得人们不免担心，照此逻辑，将来的某一天政府同样能够收回已经赋予农民的某些权利。由此，中国的农地产权不可避免地存在这样一个悖论：产权弱化—政府赋予—产权强化—政府限制—产权弱化。

应该说，改革开放以来，中国农地制度的变革表现出了农民产权不断强化的路径特征，产权模糊的范围在逐步减少。但值得关注的是，在依然存在的模糊地带，产权掠夺有加剧的趋势。

因此，规范政府行为，约束和打击权利控制者与利益集团对土地的寻租行为，必须依赖于两个方面的努力。一是加快农地产权市场化的进程，以更替农地制度变革的原有逻辑与制度生成机制；二是强化农地产权的法律支持与法制建设。后者尤为迫切。

二、关于法律规则的不确定性问题

农民土地权利的法律保障以及对农民产权行为能力的保护是未来农地制度变

革的核心线索与基本方向。但并不意味着可以忽视其他方面的问题。其中,农村土地使用规则的不确定性问题尤其值得重视。

笔者在此强调的不是农地产权的法律歧视问题,而是因法律界定上的困难及法律规则的不确定性而形成的土地产权的公共领域Ⅱ。

事实表明,中国乡村社会发生了大量土地纠纷。在纠纷中,人们分别引用不同的政策法规说明自己"正确":一些人援引土地承包合同,认为土地是承包户(在承包期间)专门使用的财产,其生产价值应当属于承包户;另一些人则援引土地法中"集体所有"条文,认为它属于(村庄所有成员的)公共财产,其价值应当由所有村民共同分享;还有一些人援引一般的"公有制"理念,认为土地是公家的,应当由"公家"机构或人员、即政府来决定如何处理。之所以如此,关键在于土地使用规则的不确定性问题,而土地使用规则的不确定又源于法律的不确定所致(张静,2003)。

在土地使用方面可以发现有多种规则,它们分别包含不同原则和价值。其中的任何一个,都可能被社会成员选择采用,相机选择给规则变化提供了机会。由于不存在限定的公共认同原则作为标准,人们便根据实际利益和力量比较对规则做出取舍,他们的行为方式是根据当前利益对规则进行权衡,而不是根据规则衡量利益是否正当(张静,2003)。尤其重要的是,这种"各执一词"的利益取向与合法性声称来源的性质,不是在同一原则下对不同规则的选择,而是对包含不同(公正)原则的地权规则(法律)进行的选择,于是实际的选择过程已经不是典型意义上的法律过程,而是一种政治过程,它遵循利益政治逻辑。考虑到农民在政治谈判中的弱势地位,这一选择逻辑必然会在业已存在的公共领域Ⅱ的基础上,进一步激励公共领域Ⅲ的扩大及其产权的模糊化①。

中国农地制度安排及其创新实践的多种多样,一方面表达了农民自主选择的宽松环境,但另一方面也反映了人们在法律承认与遵守方面存在问题。如果将国家不适当地放在规则确定的唯一重要位置上,而忽略对法律的社会承认,将产生广泛且严重的公共领域Ⅱ问题。因此,为了维护农地法律的严肃性与实际效力,应该在立法过程中建立起立法、司法以及管理对象或利益相关者之间沟通的桥梁,以保证土地使用的各项规则(及其宪政原则)在法定之前能够通过必要的程序达成公共同意。由此,建立恰当的社会规范及其社会认同就具有了重要的法

---

① 亓宗宝、史建民(2007)通过四宗农村土地承包经营纠纷诉讼案件,从承包合同、合同解除和司法救济三个方面对相关主体的角色表现进行了比较分析,表明当前承包农户所获得土地承包经营权的保障程度较低,发包方的强势地位显著。四宗案例的判决书中引用《合同法》、《民法通则》的条文占66.7%,而专门规范土地承包关系的《农村土地承包法》被引用的条文仅占引用法律条文总数的8.3%。参见《中国农村观察》2007年第2期,第43页。

理价值和行为发生学意义。

三、关于农地产权演变的基本趋势

如果说农村集体土地产权已经初步分化为农业经营权（农用收益权）和工商开发权（非农用收益权）是符合事实的判断，那么，要进一步研究的问题是，考虑到这两类权利的不稳定，是否有可能继续分化出更多层次的产权？如果回答是肯定的，或许就会发现一个重要的机制：当众多的行为主体竞争同一资源的公共领域，其结果也许不是产权完全归属哪一方，而是具有各自竞争优势的主体均能获得某种层面的产权，于是，土地的产权界定就不会是非此即彼，也不会长期停留在不确定状态，而将表现为多层产权的分立与统一的结局。这一大胆的猜想显然需要进一步的小心求证。

最后需要指出的是，中国农地产权的变革是事关整个"三农"的重大问题，其复杂性已经超过了单纯的政策可能把握的范围。制度变革方向的选择与变革路径的设计依然有待于实践的昭示。应该强调，如果基于国家稳定与社会和谐的基本信念，农地制度变革的目的就不仅仅在于保护农民利益与改善土地资源配置效率的产权基础，更关键的是要形成农民能够分享工业化与城市化成果的制度支撑。

第七章

理论框架：产权强度、农地流转与农民权益保护

如前所述，所有权和产权均是对稀缺资源的排他性权利。但是，产权是在所有权形成的基础上通过现存所有者的实际运用和与潜在所有者进行竞争所产生的排他性权利。问题是，一旦行为主体的行为能力受到限制，必然会导致第三章所说的"公共领域"及产权模糊，从而削弱"产权强度"。

在上一章基础上，我们从约束产权强度发挥作用的两个特性（制度特性和资源特性）切入，进一步阐明产权强度的含义及其内在机理，以便为整个研究构建一个以产权强度为中心的分析框架。

第一节 产权强度的测度：制度特性与资源特性

一、制度特性：法律赋权、行为能力与社会认同

一般地，每个社会都必须解决其社会成员之间因稀缺资源的使用而产生利益冲突问题，人们为解决这类冲突往往借助某些竞争规则或社会规范，这些规则便是新制度经济学中所谓的产权，它们是由法律约束机制、国家暴力潜能、社会风俗习惯或等级地位来确立的（Alchian and Demsetz, 1973）。或者说，产权是一种

通过社会强制而实现的对某种资源的多种用途进行选择的权利（Alchian，1987）。那么，借助于产权就可获得一种将资源配置给个人的规则，该规则涉及如何向特定个体分配从特定物品的合法用途中进行选择的权利。

这里，我们把某项权利的刚性即产权强度理解为产权具有的稳定性和不易改变性，它可以分为"强、中、弱"三种，分别是强产权、中产权和弱产权。每种强度的产权又由不同程度的行为能力、法律赋权和社会认同所构成。因此，这三类产权分别在这三个制度特性上出现差异。按此逻辑，产权强度是产权的合法性、合理性和行为性的函数。

为了使产权强度概念能够适用于技术分析，我们将其转换为交易费用的分析范式。因为在不同的交易费用约束下会造成产权公共领域的半径的扩展或缩小，从而产生产权在实施和保护上的效率差异。一般地，产权强度越高，交易费用就越少；反之，交易费用则越高。或者说，交易费用约束了产权强度的发挥，如某项权利的强度很弱，则该权利被使用、实施和保护时的成本就较高；相反，若产权的强度较高，则相对应的交易费用就较低。如果从制度匹配的角度看，强产权应该与低交易费用相匹配，反之亦然。按此逻辑，在土地流转中，若要提高农民获取潜在土地收益的权利强度，则必须赋予农民完整的土地权益束（控制权和索取权），使他们具有进行土地资源配置的权能（资格）和利益（动机），才能减少公共领域内租金耗散和契约不完全程度，这均表现为交易费用的节约。

如果把交易费用进一步分为协约前交易费用（信息搜寻费用）、协约时交易费用（讨价还价费用）和协约后交易费用（监督实施费用），那么，将上述的分析推导过程进行逆向思考，我们便可以初步得到一个简单的 $3\times3\times3$ 的制度匹配逻辑模型（见图 7-1）。

图 7-1 制度特性—交易费用—产权强度的 $3\times3\times3$ 制度匹配逻辑

换言之，产权的强度取决于行为能力、法律赋权和社会认同这三个特性，而这三个维度的强弱又影响农地产权交易的三种协约费用。因此，产权强度的最终解释变量是制度的合法性、合理性和行为性，交易费用的三种类型只是产权强度函数的中间变量。即三个制度特性决定了每一个产权交易的协约费用，而三类交易费用又决定了每一类产权强度的制度匹配空间。

（一）法律赋权方式与产权合法性

法律是人们行为实施所必须遵守的规则，是国家制定或认可的、由国家强制力保证其实施的一种社会调节手段。产权的初始赋予，往往由国家以法律方式来完成，并通过暴力潜能来执行。因此，通过法律程序而形成的产权，一般具有确定性和稳定性，从而形成一定的刚性。

我国农村土地权利制度首先来源于法律层面的界定，形成了法律权利（Legal Rights）。尽管法权不是经济学的产权的充分条件，但前者的存在可能强化后者（Barzel，1989）。农地制度的赋权体系具体表现为：

首先，在所有权的赋予上，《宪法》第十条的第二款规定："农村和城市郊区的土地，除由法律规定属于国家所有的以外，属于集体所有；宅基地和自留地、自留山，也属于集体所有。"此外，《土地管理法》第十条进一步规定："农民集体所有的土地依法属于村农民集体所有的，由村集体经济组织或者村民委员会经营、管理；已经分别属于村内两个以上农村集体经济组织的农民集体所有的，由村内各该农村集体经济组织或者村民小组经营、管理；已经属于乡（镇）农民集体所有的，由乡（镇）农村集体经济组织经营、管理。"

其次，在承包权获得及其期限的赋予方面，《土地承包法》第五条规定："农村集体经济组织成员有权依法承包由本集体经济组织发包的农村土地。任何组织和个人不得剥夺和非法限制农村集体经济组织成员承包土地的权利。"《土地承包法》第六条规定："农村土地承包，妇女与男子享有平等的权利。承包中应当保护妇女的合法权益，任何组织和个人不得剥夺、侵害妇女应当享有的土地承包经营权。"至于集体经济组织成员资格如何确定，国家层面还没有正式的法律法规，现在一般是由各地方出台相关办法。可见，户籍属于本村的农民自然是集体经济组织的成员，但由于某些历史原因及特殊情况（户口迁出的军人、学生等），也是有一些集体经济组织成员的户口不在本村的。此外，就承包权的期限来说，《土地承包法》第二十条规定："耕地的承包期为三十年；草地的承包期为三十年至五十年；林地的承包期为三十年至七十年；特殊林木的林地承包期，经国务院林业行政主管部门批准可以延长。"

最后，在经营权（处置权、交易权、继承权、出租权、入股权、抵押权、收益权）的赋予上，法律上已经进行规定。（1）处置权：《土地管理法》第三十六条规定："非农业建设必须节约使用土地，可以利用荒地的，不得占用耕地；可以利用劣地的，不得占用好地。禁止占用耕地建窑、建坟或者擅自在耕地上建房、挖砂、采石、采矿、取土等。禁止占用基本农田发展林果业和挖塘养鱼。"（2）交易权：《宪法》第十条规定："任何组织或者个人不得侵占、买卖或者以其他形式非法转让土地。土地的使用权可以依照法律的规定转让。"《土地管理法》第二条的第三款也规定:"任何单位和个人不得侵占、买卖或者以其他形式非法转让土地。土地使用权可以依法转让。"(3)继承权:《土地承包法》第五十条规定:"土地承包经营权通过招标、拍卖、公开协商等方式取得的,该承包人死亡,其应得的承包收益,依照继承法的规定继承;在承包期内,其继承人可以继续承包。"《继承法》第四条:个人承包应得的个人收益,依照本法规定继承。个人承包,依照法律允许由继承人继续承包的,按照承包合同办理。(4)出租权:《土地承包法》第三十七条规定:"土地承包经营权采取转包、出租、互换、转让或者其他方式流转,当事人双方应当签订书面合同。采取转让方式流转的,应当经发包方同意;采取转包、出租、互换或者其他方式流转的,应当报发包方备案。"《最高人民法院关于审理涉及农村土地承包纠纷案件适用法律问题的解释》第十四条也规定:"承包方依法采取转包、出租、互换或者其他方式流转土地承包经营权,发包方仅以该土地承包经营权流转合同未报其备案为由,请求确认合同无效的,不予支持。只有转让土地承包权需要集体同意,转包、出租、互换等无须集体同意,只需要到集体去备案,应该认为可以私下进行流转。而根据最高院的解释,在实际诉讼中,法院甚至不会支持只以没有备案为由确认合同无效的主张。"(5)入股权:《土地承包法》第四十二条规定:"承包方之间为发展农业经济,可以自愿联合将土地承包经营权入股,从事农业合作生产。"(6)抵押权:《土地承包法》第四十九条规定:"通过招标、拍卖、公开协商等方式承包农村土地,经依法登记取得土地承包经营权证或者林权证等证书的,其土地承包经营权可以依法采取转让、出租、入股、抵押或其他方式流转。"《物权法》第一百八十条规定:"债务人或者第三人有权处分的下列财产可以抵押:以招标、拍卖、公开协商等方式取得的荒地等土地承包经营权。"《物权法》第一百八十四条规定:"下列财产不得抵押:土地所有权;耕地、宅基地、自留地、自留山等集体所有的土地使用权,但法律规定可以抵押的除外。"(7)收益权:《土地承包法》第三十六条规定:"流转的收益归承包方所有,任何组织和个人不得擅自截留、扣缴。"《土地承包法》第五十八条规定:"任何组织和个人擅自截留、扣缴土地承包经营权流转收益的,应当退还。"

(二)产权主体的行为能力:排他、交易与处置

如果从产权主体自身的行为能力来看,每个产权主体都必须具有排他能力、交易能力和处置能力,它们共同构成产权主体的能力维度集。

第一个是排他能力。这意味着产权主体有权选择用资源做什么、如何使用它和给谁使用它的权利,从而把选择如何使用资源和承担这一选择后果之间紧密联

系起来。而产权的清晰界定是发挥其排他能力的前提条件。因为要阻止他人使用自身财产权利，就必须对每一项权利的适用范围进行清晰界定，这要求产权主体和对它有潜在兴趣的其他个人必须对它有价值的各种属性有全面认识，即需要搜寻大量的信息进行分析。但潜在的主体甚至现时的产权主体也未必清楚这些属性，除非关于这些属性的信息可以不费代价地获得。同时，在订立产权交易契约后，还需要耗费大量资源用于监督产权的实施。因此，排他能力与协约前后的交易费用之间均存在负相关关系。即排他能力越强，需要耗费的交易费用越少，产权强度则越高。

在后面的实证分析中，本研究首先把农户的排他能力分为权属排他能力和产权收益排他能力。权属排他包括所有权排他和承包权排他，如农户的承包权排他能力是指农户能否获得法律保障的长期稳定的农地承包权。例如，一方面在承包期内，如果农户能够成功反对农地调整，就说明农户排他能力很强，否则视为弱；另一方面，农户农地经营性收益的类型主要有农业经营收入、基本农田补贴收入、农地流转补贴收入和农地征用补偿收入以及农地增值收入等五个方面，那么，如果这些收入全部都归自己所有，则说明农户的产权收益排他能力很强，否则视为弱。

第二个是交易能力，它涉及产权以抵押、出售或租赁等方式造成所有者身份和资格的改变，并表现为原产权主体根据资源的用途差异把权利通过契约形式与潜在产权主体进行转让和交换的频率和规模。这样，如果产权主体的交易能力越强，其退出原用途而转移到其他用途的代价就越小，进行转让的频率和规模必然较大。这是因为，如果产权只能在特定的空间范围内进行交易，就可能因找不到具备这些相应的特定条件的交易对象而不能进行交换活动。此外，交易能力越强，产权主体进行自由选择的空间进而讨价还价的余地就越大，由此，协约过程中的谈判成本能够得到大幅节约，产权强度因而提高。

在实证分析中，农地交易能力主要从农地承包权交易能力和农地经营权交易能力两个维度来测度：只要农户进行过农地买卖或者抵押，或者在承包期内农户继承过父母或亲戚的农地时就认为农户的交易能力强，否则为弱。而农地经营权交易能力，主要涉及对农地流转的位置、数量和价格是否具有决定权。按此逻辑，只要农地流转的位置、数量或者价格是由农户自己决定，就认为农户的谈判能力很强，其交易能力很强；如果是双方协商确定的，就认为农户的谈判能力比较强，交易能力比较强；如果是由对方决定的，就认为农户的谈判能力最弱，也就是说，交易能力也最弱。

第三个是处置能力。不但包括资源的各种权利同时分割出来使之在一个临时的甚至是一个永久的基础上在两个或更多的主体之间分配，而且可以表现为产权主体改变资源原有用途或性质使之配置到一个符合其目标函数的新用途或性质。

重要的是，产权的功能的发挥主要看该权利是否得到有效的执行或实施。处置能力是产权主体在实际运作财产权利过程中所表现出来的可行性能力。更一般地，产权主体的处置能力越强，可以被分割出来以及可以被利用的子权利的选择空间就越大，用于权利分割和用途改变的难度也随之减少，因为分割和改造的前提是界定和考核资源属性及其权利，这些活动都需要耗费一定的成本。所以，协约后的产权执行和监督费用会随处置能力的增强而下降。

在实证研究中，我们主要用农地用途处置能力和农地经营权处置能力以及抛荒处置能力三个维度来测度处置能力：农地用途处置能力包括农外用途处置和农内用途处置，具体地，农外用途处置是指农户私自将农地改为宅基地或者建厂房，农内用途处置是指农户私自在耕地上挖塘养鱼、种果树和种林木。那么，只要农户曾经将耕地改为鱼塘、果园或林木，或将耕地改为宅基地或建厂房，都认为农户的处置能力很强，否则视为弱。农地经营权处置能力则包括农地种养权和抛荒权，只要农户能完全决定在承包地上种养什么，就表明农户的经营权处置能力强，否则视为弱。抛荒处置能力表现为农户是否放弃种养农地，若农户有此行为，则表明其行为能力较强。

上述三个能力是相互关联的。一般来说，处置能力越低，那么其交易能力也越差，进而其排他能力也越差。此外，不同的行为主体，对同类资源所拥有的产权的处置能力特别是排他程度不同，考虑到这一差异，可以认为交易能力能够改善排他能力。不过，如果这三个能力越强，交易费用就越低，产权强度则越高。

（三）产权合理性与社会认同

产权是因物的存在而引起的人与人之间的利益分配关系（Furubotn and Pejovich, 1972）。这种关系是否稳定以及能否得到保障，与双方的行为动机及其行为预期密切关联。这类动机与预期又在很大程度上依赖于社会规范及其社会道义。换言之，产权得到有效实施的前提是得到社会的认同与支持，它反映了一种人与人之间的社会认可关系。毫无疑问，如果没有这种社会认同，产权实际运行的成本会提高。尤其是在契约订立之后，若没有一种社会道德秩序进行内卷式的自律作用，产权执行的违约行为会大幅增加，监督成本将由此变得高昂。因此，产权安排不仅与法律赋权有关，与行为能力有关，而且与社会认同有关。它们分别决定了产权安排的合法性、行为性与合理性。

作为一种权利，产权总是一种社会的选择。这种选择是关于某种努力在人们头脑中形成的一种可以被社会共同认可的权利的选择。

同时，这种社会认同涉及价值判断和道德规范。它是由一个社会的意识形态所决定，是以善恶评价为标准、依靠社会舆论、传统观念和内省信念所维持的道德理念总和。例如，在产权主体的"理性无知"和交易环境的不确定性条件下，个人无法迅速、准确和费用较低地做出理性判断，他只有获得一种确定的信息，并借此使其能预期他人行动亦会如此才愿意进行交易。而该信息浓缩于人们习得的共享社会价值系统之中。因为一个人只有当所有其他人的行动是可预期并且准确时，才能在任何规模的群体中做出选择决策，任何对过去道德传统的偏离，都会使那些从其过去的一种行为预计他人如此行动的他人之预期落空并造成市场交易失败。显然，这意味着产权主体不需具备"完备知识"便可借助道德约束来克服"认知问题"而导致的"交易失灵"，从而有效地促进产权功能的稳固和发挥。与此同时，社会认同中的道德传统能够为人们提供关于现存产权结构和交易条件是如何成为社会主流意识的组成部分之合乎理理的解释。换言之，它能够对现行的权利安排及其交易规则做出具体说明，促使订立产权交易契约的双方坚持在诚信、声誉以及价值观念上的看法，并发展一套稳定的甚至能更好适应其经验的合理的解释。这种社会一致认同中所内生的与公平、竞争相关的道德和伦理标准，有助于节约人们在执行契约时的监督成本。

比方说，我们用农户认同与社会认同的偏离度来测度农地产权的合理性，因为我们假设国家权力机关及其人员的认同决定了社会的主流观念。在后面的实证分析中，我们设定当干部群体完全不认同，则赋值为"1"，比较不认同的为"2"，一般认同的为"3"，比较认同的为"4"，完全认同的为"5"。

（四）制度特性与产权强度的匹配关系：交易费用的测度

根据上述，可以将制度特性、交易费用与产权强度类型的匹配关系罗列为表7-1。

表7-1　　　　　　　　基于制度特性的产权强度匹配

制度特性			交易费用			产权强度		
合法性	合理性	行为性	搜寻费用	谈判费用	监督费用	强产权	中产权	弱产权
1	1	1	0	0	0	√		
1	1	0	1/3	1/3	1/3		√	
1	0	1	0	1/3	1/3		√	
1	0	0	1/3	2/3	2/3			√
0	1	1	0	1/3	1/3		√	
0	0	1	0	2/3	2/3			√
0	0	0	1/3	1	1			√
0	1	0	1/3	2/3	2/3			√

表 7-1 中的制度特性子矩阵（前三列）是制度的三种特性的大小刻画（以"1"表示大，"0"表示小），交易费用子矩阵（第 4~6 列）是对产权主体协约前、中、后三个阶段的成本大小描述，第 7~9 列分别是产权强度的三种类型。其中，我们把通过交易费用与制度特性的函数关系转换结果的所得分值取均值，再把三种交易费用系数加总后取倒数，得到产权强度的得分，并以"1"和"2"把得分区间分为 3 段：第一段是 [0, 1)，表示弱产权；第二段是 [1, 2]，这是中等强度产权的情况；强产权分布在第三段 (2, ∞)。由于这三种交易费用受制于制度特性，因此前者都可被视为后者的函数。具体地：若产权在法律赋予的时候已经相当完善，则产权主体进行交易时就契约条款的谈判纠纷将得到控制，协约后的产权实施也得到法律的保护，违约行为会受到法律惩罚，即谈判成本与监督成本皆是合法性的减函数；同时，若社会对产权的认同度较高，则协约中的讨价还价冲突和监督履约困难会得到缓解，谈判成本与监督成本因而也是合理性的减函数；此外，产权主体的排他、交易和处置能力均能节约搜寻成本、谈判成本和监督成本，那么，这三类交易费用都是行为性的增函数；最后，我们得到三个制度特性与三类交易费用的转换函数。即搜寻费用系数 = ((0 × 合法性) + (0 × 合理性) + (1 - 行为性))/3、谈判费用系数 = ((1 - 合法性) + (1 - 合理性) + (1 - 行为性))/3 和监督费用系数 = ((1 - 合法性) + (1 - 合理性) + (1 - 行为性))/3。

按此逻辑，强产权的综合得分最高，且从上面的评分标准来看，它在每种交易费用的得分等于 0，因此它的强度是无穷大；弱产权的综合得分最低，它在每种交易费用的得分均超过 1；中产权的综合得分居中，它在每种交易费用的得分等于 1 或 2/3。这样，我们可以用分段函数的形式来表示产权强度类型的匹配逻辑：

$$\text{产权强度类型} = \begin{cases} \text{强产权，总交易费用得分} \in \{0\} \\ \text{中产权，总交易费用得分} \in \{1, 2/3, 2/3\} \\ \text{弱产权，总交易费用得分} \in \{5/3, 4/3, 7/3\} \end{cases}$$

上面关于产权强度的分类是在考虑三种制度特性的基础上计算而成的。当我们按照不重复的 0~1 随机性原则对它们进行赋值计算，由组合论可知，三种产权强度类型的制度特性应该拥有八种不同的组合。因此，表 7-1 分别表达了八种不同的制度特性组合情况。

根据上述的逻辑分析，我们最后可以得到：

$\mu = \mu(LEGITIMACY, RATIONALITY, BEHAVIOR)$ 且 $\frac{\partial \mu}{\partial LEGITIMACY} > 0$，$\frac{\partial \mu}{\partial BEHAVIOR} > 0$，$\frac{\partial \mu}{\partial RATIONALITY} > 0$。表明合法性（$LEGITIMACY$）、行为性（$BEHAVIOR$）和合理性（$RATIONALITY$）是产权强度 μ 的增函数。

行为能力 BEHAVIOR 由排他能力 E、交易能力 T 和处置能力 D 共同构成。另一方面，合法性与合理性又分别是法律条款完善程度（LAW）与公众法律了解程度（AWARENESS）、社会道德认同程度（MORALITY）与文化传统兼容程度（TRANDITION）的增函数，即：

$$LEGITIMACY = LEGITIMACY(LAW, AWARENESS) \text{ 且 } \frac{\partial LEGITIMACY}{\partial LAW} > 0 \text{ 和 } \frac{\partial LEGITIMACY}{\partial AWARENESS} > 0;$$

$$RATIONALITY = RATIONALITY(MORALITY, TRANDITION) \text{ 且 } \frac{\partial RATIONALITY}{\partial MORALITY} > 0 \text{ 和 } \frac{\partial RATIONALITY}{\partial TRANDITION} > 0;$$

$$BEHAVIOR = BEHAVIOR(E, D, T) \text{ 且 } \frac{\partial BEHAVIOR}{\partial E} > 0 \text{、} \frac{\partial BEHAVIOR}{\partial T} > 0 \text{ 和 } \frac{\partial BEHAVIOR}{\partial D} > 0_{\circ}$$

因此，在资源特性既定的条件下，产权强度是行为性、合法性和合理性的泛函数，行为性、合法性和合理性就成了中间函数。这样，关于产权强度的公式就可以写成如下形式：

$$\mu = \mu[LEGITIMACY(LAW, AWARENESS), RATIONALITY(MORALITY, TRANDITION), BEHAVIOR(E, D, T)]$$

再由复合函数链式法得到：

$$\frac{\partial \mu}{\partial LAW} = \frac{\partial \mu}{\partial LEGITIMACY} \frac{\partial LEGITIMACY}{\partial LAW} > 0;$$

$$\frac{\partial \mu}{\partial AWARENESS} = \frac{\partial \mu}{\partial LEGITIMACY} \frac{\partial LEGITIMACY}{\partial AWARENESS} > 0;$$

$$\frac{\partial \mu}{\partial MORALITY} = \frac{\partial \mu}{\partial RATIONALITY} \frac{\partial RATIONALITY}{\partial MORALITY} > 0;$$

$$\frac{\partial \mu}{\partial TRANDITION} = \frac{\partial \mu}{\partial RATIONALITY} \frac{\partial RATIONALITY}{\partial TRANDITION} > 0$$

$$\frac{\partial \mu}{\partial E} = \frac{\partial \mu}{\partial BEHAVIOR} \frac{\partial BEHAVIOR}{\partial E} > 0;$$

$$\frac{\partial \mu}{\partial D} = \frac{\partial \mu}{\partial BEHAVIOR} \frac{\partial BEHAVIOR}{\partial D} > 0; \frac{\partial \mu}{\partial T} = \frac{\partial \mu}{\partial BEHAVIOR} \frac{\partial BEHAVIOR}{\partial T} > 0$$

二、资源特性：专用性、规模性与风险性

我们的理论框架仍然是以稳定性偏好、理性选择和相互作用的均衡结构作为

内核,唯一不同的是对保护带的修正。内核保证产权主体以产生最高实际收入且最低成本耗费的方式行事,他们具有将资源用于他认为最有价值的用途的动机。保护带主要涉及产权主体面临特定的资源特性的约束。

我们主要通过专用性、风险性和规模性这三个方面刻画农地的资源特性:

专用性意味着当一组财产权利转移到其他用途时,其价值会减少,因而人们只能在原有用途上进行耐久性的投资。换言之,专用性导致资源的产权束被"套牢"于某个用途上,若其中的某项子权利被分离出来并转让到其他地方,则不仅使产权主体无法收回其沉没成本,而且导致原产权的各项整体性功能(如激励和内部化外部性等)减弱从而经济价值造成损失。因此,专用性越强,交易一方容易被对方的机会主义行为"要挟",同时产权的可分割性及可交易性便越弱,交易难度大从而代价越高。

风险性是指自然或人为制造的环境状况变动对资源的预期使用水平的扰动,因此,可以用产出的方差或标准差的大小来表示其强弱程度。在规避风险的假定下,人们通过搜寻相关信息以增强对其资源用途的控制程度,但这样做的代价往往非常高。因为产权的排他性、可分割性及可交易性均涉及信息问题,所以,风险性越高,交易费用就越高。

规模性指的是某些资源需要在一定的产量水平、活动空间或者较高的资本装备水平上才能使其功能充分发挥的属性。资源的规模越大,个人单独使用该产业的资源的难度就越大,这在排斥他人使用和侵犯等方面显得更为突出。因此,资源的规模性对产权的排他性的发挥产生负效应。此外,规模性其实质乃技术上的不可分割性,因而,它对产权的可分割性从而可交易性的有效发挥也产生负效应,交易费用因而提高。

最后,我们结合资源特性的分析可以发现,由专用性、风险性和规模性的差异及其变化会产生不同的交易费用,相同的经济行为在不同的交易费用约束下将产生不同的制度绩效从而产权强度大小不一。因此,把资源的三种特性与交易费用联系起来,沿着"资源特性—交易费用—制度绩效"的分析线索,可以抽象出关于制度绩效或产权强度逻辑分析框架(见图7-2)。

资源特性		制度绩效		产权强度
专用性 风险性 规模性	交易费用 ⇒	低社会总产出 中等社会总产出 高社会总产出	权益保护 ⇒	权益保护不足 权益保护一般 权益保护较高

图7-2 "资源特性—交易费用—制度绩效"的产权强度逻辑分析

从图7-2,我们首先可以得到:

$$TC_t = f(RISK_t, SCALE_t, SPECIFIC_t) \text{ 且 } \frac{\partial TC_t}{\partial RISK_t} > 0, \frac{\partial TC_t}{\partial SCALE_t} > 0, \frac{\partial TC_t}{\partial SPECIFIC_t} > 0$$

其中，TC_t 为交易费用；$RISK_t$、$SCALE_t$ 和 $SPECIFIC_t$ 分别为风险性、规模性和专用性；$\frac{\partial TC_t}{\partial RISK_t} > 0$，$\frac{\partial TC_t}{\partial SCALE_t} > 0$，$\frac{\partial TC_t}{\partial SPECIFIC_t} > 0$ 表示风险性、规模性和专用性是交易费用的增函数。

另外，制度绩效是一个可直接测量的概念，一般用总产出水平 Y_t 来表示，它是指在考虑交易成本后的某项制度行为的产出水平。因此，交易费用决定制度绩效：

$$Y_t = g(TC_t) \text{ 且 } \frac{dY_t}{dTC_t} < 0$$

因此，制度绩效是风险性、规模性和专用性的泛函数，交易费用就成了中间函数。这样，关于制度绩效的模型就可以写成如下形式：

$$Y_t = g(TC_t) = g[f(RISK_t, SCALE_t, SPECIFIC_t)]$$

再由复合函数链式法得到：

$$\frac{\partial Y_t}{\partial RISK_t} = \frac{\partial Y_t}{\partial TC_t} \frac{\partial TC_t}{\partial RISK_t} < 0; \quad \frac{\partial Y_t}{\partial SCALE_t} = \frac{\partial Y_t}{\partial TC_t} \frac{\partial TC_t}{\partial SCALE_t} < 0;$$

$$\frac{\partial Y_t}{\partial SPECIFIC_t} = \frac{\partial Y_t}{\partial TC_t} \frac{\partial TC_t}{\partial SPECIFIC_t} < 0$$

最后，根据变量之间的关系提出以下命题：
专用性、风险性和规模性对制度绩效从而产权强度具有负效应。

第二节 产权强度的匹配逻辑及其命题

一、资源特性影响行为能力的作用机理

本节首先讨论在既定交易费用条件下资源属性影响产权行为能力的内在逻辑。然后，进一步分析产权主体不同行为能力下的交易费用变动情况。鉴于交易费用可观察且易操作，我们通过交易费用的引入可以把资源属性和行为能力以及制度绩效从而产权选择等系列命题转换为一些可验证的推论或假说，进而有利于下文进行计量检验。

资源特性是指能够满足人们某种需要的属性，即资源的有价值的属性。对资源特性的刻画是困难的。在完全信息的世界里，资源的所有方面都可以无成本地

被度量和定价,于是我们可以理解为什么标准的经济理论迄今为止仍然忽视物品属性问题(Eggertsson,1996)。因此,资源特性直接作用于人们的交易行为进而影响交易费用的生成。为便于对产权主体及其行为能力的分析,此处集中讨论专用性、风险性和规模性三类资源特性。此外,从产权主体自身的行为能力来看,所有有效率的产权类型均必须具有排他能力、交易能力和处置能力,它们共同构成产权主体的能力维度集。

第一,资源特性与排他能力。它指的是决定谁以一定方式使用一种稀缺资源的能力。产权主体行使对资源有价值属性的排他性权利,在很大程度上依赖于:一是初始产权界定的充分程度。产权界定越充分或越清晰,那么在资源及其产权的交易中就越容易被度量,排他能力就越强,进而交易合同就越完备。二是资源特性的复杂程度。一项资源可能存在多种有价值的属性。如果行为主体对资源的信息或知识不足、谈判技巧欠缺、行使产权保护的力量有限等,会使得资源的一些有价值的属性因度量成本高昂被置于公共领域而被有竞争优势的人所攫取。因此,如果资源的属性越复杂,其权利的界定就越困难,产权主体获得的信息就越不完全,排他能力就必然受到限制。

第二,资源特性与交易能力。产权界定在相当的程度上是为了促成交易进而改善资源配置效率,因此,产权主体的交易能力尤为重要。它涉及产权以抵押、出售或租赁等方式造成所有者身份和资格的改变,并表现为原产权主体根据资源的用途差异把权利通过契约形式与潜在产权主体进行转让和交换的频率和规模。这样,如果资源的专用性越强,其退出原用途而转移到其他用途的代价就越高,进行转让的频率和规模必然受到限制;如果资源只能在特定的空间范围、组织规模和资金门槛上运行,就可能因找不到具备这些相应的特定条件的交易对象而使交易能力受到限制。

第三,资源特性与处置能力。处置能力与资源本身的可分性、资源各种属性的可分性以及改变用途或性质的可能性密切相关。一般地,资源特性越复杂,可以被分割出来以及可以被利用的子权利的选择空间就越大,但权利的分割与产权界定、性质和用途改变所面临的难度也随之增大,因为这些活动都需要耗费一定的信息资源,信息成本又会随资源属性的复杂程度的增强而提高。

根据前面的 $3\times3\times3$ 制度匹配模型,可以得到产权行为能力函数表达式:$S = S(E, D, T)$。这意味着,行为能力 S 由排他能力 E、交易能力 T 和处置能力 D 共同构成,且每一种能力又是专用性(SPECIFIC)、规模性(SCALE)与风险性(RISK)的函数,即:排他能力 $= E$(专用性,风险性,规模性)、交易能力 $= D$(专用性,风险性,规模性)和处置能力 $= T$(专用性,风险性,规模性)且 $E, D, T \in [0, 1]$。

从前面的分析可以得到：

$E'_1 > 0$，$E'_2 < 0$，$E'_3 < 0$；$D'_1 < 0$，$D'_2 < 0$，$D'_3 < 0$；$T'_1 < 0$，$T'_2 < 0$，$T'_3 < 0$

为了分析方便，不妨一般性，可以设定：

$$E = \frac{1}{3}[SPECIFIC + (1 - RISK) + (1 - SCALE)]$$

$$D = \frac{1}{3}[(1 - SPECIFIC) + (1 - RISK) + (1 - SCALE)]$$

$$T = \frac{1}{3}[(1 - SPECIFIC) + (1 - RISK) + (1 - SCALE)]$$

那么，$\frac{\partial E}{\partial SPECIFIC} > 0$、$\frac{\partial D}{\partial SPECIFIC} < 0$ 和 $\frac{\partial T}{\partial SPECIFIC} < 0$，则 $\frac{\partial^2 E}{\partial D \partial T} < 0$ 和 $\frac{\partial D}{\partial T} > 0$。

为方便分析，不妨设 $E = \frac{D^2}{T^2 + D^2}$，通过软件 MATLAB2009a 编程得到基于三种资源属性的三类产权类型（或产权管制状态）之三维能力模拟图形（见图7-3）。

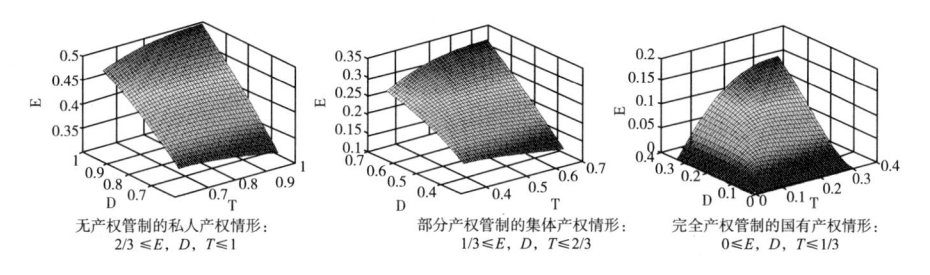

无产权管制的私人产权情形：$2/3 \leq E, D, T \leq 1$

部分产权管制的集体产权情形：$1/3 \leq E, D, T \leq 2/3$

完全产权管制的国有产权情形：$0 \leq E, D, T \leq 1/3$

图7-3 三种产权类型的行为能力模拟

这里，我们以国家与农民个体的产权管制跨期博弈过程为例分析资源特性对行为能力的影响。之所以考虑从产权管制的角度入手，是因为把国家和农民看作产权管制者与被管制者可以方便我们应用动态合作博弈理论的方法进行数理模型的构建。当然，也可以选取其他例子进行分析，但为方便下文的计量分析，这里特别地选取农地产权管制的典型事件。

在模拟了资源属性对产权行为能力的影响机制后，我们进一步分析行为能力与交易费用之间的内在逻辑，进而突出行为能力从而交易费用在产权类型（管制状态）的选择中所起的关键作用。

首先，假设博弈分为两期进行，并进一步假设每一期能够被国家管制的农地产权数量为：$\bar{L} = L_1 + l_1 = L_2 + l_2$。其中，小写字母表示与低行为能力农民有关的变量，反之则是强行为能力的农民变量，变量所对应的期限用下标1和2表示。

接着，将农民对农地产权的反管制能力做异质性处理，即在这个跨期博弈决策中有两类农民。低行为能力和高行为能力农民的第一期和第二期产权租金分别为：

$$r_1 = (1 - tc_1)l_1 \text{ 和 } r_2 = (1 - tc_2)l_2, \ 0 < tc_t < 1 \quad t = 1, 2$$
$$R_1 = (1 - TC_1)L_1 \text{ 和 } R_2 = (1 - TC_2)L_2, \ 0 < TC_t < 1 \quad t = 1, 2$$

其中，tc 和 TC 分别代表低行为能力和高行为能力农民跟国家博弈时的谈判成本。若将其定义为交易费用，则 tc 和 TC 可理解为因国家管制农地产权所发生的交易费用，即产权管制成本。

然后，设国家的跨期效用函数最大化问题：

$$\max_{L_1, L_2} U_g = r_1 R_1 + r_2 R_2 = [(1 - tc_1)(\bar{L} - L_1)][(1 - TC_1)L_1] \\ + [(1 - tc_2)(\bar{L} - L_2)][(1 - TC_2)L_2]$$

这里，决策变量是两期的农地产权。换言之，国家要决策的是两期中分别管制多少农地产权。

为了分析方便，假定低行为能力农民的反产权管制技术没有形成专用性，这在两期里都是一样的，即 $tc_1 = tc_2$。而高行为能力农民的反产权管制技术就具有专用性，此时的交易费用的"递增锁定"形式是：$TC_2 = STC_1 L_1$。也就是说，第二期的产权管制成本与第一期的被管制农地产权数量和交易费用之乘积线形正相关，$S(0 < S < 1)$ 是一个表示农民对土地产权的行为能力参数。

将上述两个交易费用函数代入最优规划，可以得到带有交易费用约束的国家效用函数：

$$\max_{L_1, L_2} U_g = [(1 - tc_1)(\bar{L} - L_1)][(1 - TC_1)L_1] + [(1 - tc_1)(\bar{L} - L_2)][(1 - STC_1 L_1)L_2] \\ = (1 - tc_1)(1 - TC_1)(\bar{L}L_1 - L_1^2) + (1 - tc_1)(1 - STC_1 L_1)(\bar{L}L_2 - L_2^2)$$

由一阶偏导数得到：

$$\begin{cases} \dfrac{\partial U}{\partial L_1} = (1 - tc_1)(1 - TC_1)(\bar{L} - 2L_1) - (1 - tc_1)STC_1(\bar{L}L_2 - L_2^2) = 0 \\ \dfrac{\partial U}{\partial L_2} = (1 - tc_1)(1 - STC_1 L_1)(\bar{L} - 2L_2) = 0 \end{cases}$$

再移项整理解得：

$$\begin{cases} L_1 = \dfrac{\bar{L}}{2} - \dfrac{STC_1}{1 - TC_1} \dfrac{\bar{L}^2}{8} \\ L_2 = \dfrac{\bar{L}}{2} \end{cases}$$

从而由一阶偏导数得到：

$$\begin{cases} \dfrac{\partial L_1}{\partial S} = -\dfrac{TC_1}{1 - TC_1} \dfrac{\bar{L}^2}{8} < 0 \\ \dfrac{\partial L_1}{\partial TC_1} = \left(-\dfrac{S\bar{L}^2}{8}\right) \dfrac{(1 - TC_1) + TC_1}{(1 - TC_1)^2} = -\dfrac{S\bar{L}^2}{8(1 - TC_1)^2} < 0 \end{cases}$$

可以看出，产权行为能力与第一期高行为能力农民被管制的农地产权数量呈反方向运动关系；同时，产权管制成本也与第一期高行为能力农民被管制的农地产权数量呈反方向运动关系。但第二期的农地产权数量与产权行为能力和交易费用均无关系。换言之，由于在农地产权管制中存在着农民对农地产权保护和控制能力所带来的刚性，于是，对于高行为能力的农民而言，若他们的农地产权行为能力越强，则第一期被管制的农地产权数量就越少；若交易费用越高，则第一期被管制的农地产权数量也越少。由此可以得出一个推论：

推论1：在跨期博弈中，分散决策的农民个体的产权行为能力与交易费用呈反向运动关系，即：

$$\frac{dTC_1}{dS} = -\frac{\frac{\partial L_1}{\partial S}}{\frac{\partial L_1}{\partial TC_1}} < 0$$

这说明农民的土地产权行为能力越强，则交易费用就越低，该产权强度下的权益保护水平因而越高。或者说，行为能力的有效发挥受到交易费用的约束。

进一步地，为了凸显交易费用在产权管制中的作用，对第一期农地产权管制成本分别取趋近于零和无穷大的两个极限：

$$\begin{cases} \lim_{TC_1 \to 0} L_1 = \lim_{TC_1 \to 0} \left(\frac{\overline{L}}{2} - 0 \right) = \frac{\overline{L}}{2} \\ \lim_{TC_1 \to \infty} L_1 = \lim_{TC_1 \to \infty} \left(\frac{\overline{L}}{2} - \frac{S}{\frac{1}{TC_1} - 1} \frac{\overline{L}^2}{8} \right) = \lim_{TC_1 \to \infty} \frac{\overline{L}}{2} - \lim_{TC_1 \to \infty} \frac{S}{\frac{1}{TC_1} - 1} \frac{\overline{L}^2}{8} = \frac{\overline{L}}{2} + \frac{S\overline{L}^2}{8} \end{cases}$$

可以发现，一方面，当交易费用接近零时，高行为能力农民的第一期被管制的产权数量是总数量的一半，从而低行为能力农民的第一期被管制的农地产权数量也是总数量的一半。即不管农民的行为能力是否具有异质性，第一期被管制的农地产权数量均是总数量的一半。另一方面，当交易费用趋于无穷大时，高行为能力农民的第一期被管制的农地产权数量将超过总数量的一半，从而低行为能力农民的第一期被管制的农地产权数量会小于总数量的一半。换言之，此时农民的行为能力对土地的反产权管制起到关键作用。于是，可以得到第二个推论。

推论2：零交易费用使得农民的行为能力差异在反产权管制博弈中不起任何作用；无穷大交易费用使得农民的行为能力对被国家管制的农地产权数量产生负效应。

换言之，农民的土地产权行为能力的发挥将受到交易费用的约束。这是一个类似于"科斯定理"的结论：若交易费用为零，则产权管制状态与行为能力无关；若交易费用为正，则行为能力将影响产权管制的制度绩效（权益保护水平)。

二、资源特性与制度特性双重约束下的产权强度

我们进一步将资源特性和产权强度的三种类型结合起来讨论其中的制度相匹配问题。如前所述,产权强度主要取决于合法性(法律赋予程度)、合理性(社会认同程度)和行为性(行为能力发挥程度),而它们的排列组合将产生不同的交易费用结构,不同的交易费用约束下产权的强度因而有所差异,即不同的资源与制度特性组合通过交易费用的转换,与三种产权强度类型相匹配。由此有:

命题1:资源与制度特性决定交易费用且交易费用与相应的产权强度类型相匹配。这样,交易费用就成为产权强度类型匹配函数的中间函数,产权强度类型则是资源与制度特性的复合函数。即,产权的强度类型应该根据资源与制度特性进行相应的匹配和限定。

命题2:当资源与制度特性发生变化时,交易费用从而产权强度类型也应该随之改变。如制度的合理性和合法性从强变弱但其行为性保存不变,则此时应该在匹配空间中选择强产权相匹配以取代原来的弱产权。

命题3:资源与制度特性的差异程度会引起同类产权安排下交易费用大小不一致的现象。这是由于资源与制度特性的差异性造成交易费用的非一致性所引起的。若某项产权得到现存法律的支持、社会的广泛认同或者与行为能力以及资源的低专用性、小规模、低风险相匹配,则可能长期存在,因为它能给产权主体提供稳定的预期,从而激励人们进行长期性投资,并进一步强化其强度;相反,若它受到法律禁止或社会歧视甚至反对以及与行为能力不相互匹配,则可能被其他适合现存资源约束条件和制度环境的产权强度类型所取代。

第三节 农民权益保护与农地流转交易的逻辑关系

一、农民能力差异、农地交易管制与权益保护效率

(一) 前提假设:异质性主体与正交易费用

假设1:农地经营主体异质性。它是指有限理性的行为主体受到历史或现存

初始条件（财富、教育程度和健康状况）的约束，禀赋的异质性形成土地经营上具有强行为能力和弱行为能力的分散决策个体。即有限理性行为主体在土地投资、务农技术、耕作知识和风险偏好等物质和非物质禀赋上存在异质性，从而分化成在土地经营上具有比较优势和比较劣势的分散决策个体。土地要素的自由流动，可以使那些在土地经营上缺乏比较优势的农民把土地经营权转让给那些在这方面具有比较优势的经营主体。比较优势的释放和发挥使他们形成专业化经营，土地的生产效率因而得到提高。

假设2：农地交易费用为正。任何人都不可能掌握有关整个农地制度运行的全部信息，中央政府无力直接对分散决策个人的土地流转决策进行具体监管，除非搜集信息不需要耗费任何资源。这意味着信息成本（外生性交易成本）大于零。换言之，农地特性多样且易变，任何人都不可能掌握有关整个农地特性的全部信息，其他人更无力直接对私人土地流转决策的具体时空情势进行计算而不得不去发现某种其他的方法，从而使"当事人"能够运用唯有这些个人才知道的信息来实现农地资源的最佳使用。但如果交易费用过于高昂，农地资源可能难以流动到对其评价最高的地方。所以，若能有效减少交易费用，农地就可以较经济地发生流动，具有不同需求和信息且了解自身比较优势的个体便能够成本较低地将农地资源投入到它们能发现的最有价值的用途上去，农地资源因而能够较自由地流向对其评价最高的主体手中，实现农地资源的最优配置。

（二）交易管制的基本内涵与制度含义

权利束乃一个集合体，主要包括使用权、收益权和转让权，只要对该权利集合中的一个或多个子权利的运用实施限制甚至删除，则属于"权利管制"（Regulation of Rights）范畴。交易管制乃转让权被实施管制的状态。

计划体制下，当转让权被拥有暴力潜能的外部权威剥夺，属于全面交易管制的情况；相反，转让权由分散决策的个人所控制，便构成完全无交易管制的市场体制；至于过渡体制，则介于前面两者之间，该情况下转让权受到管制。

从以人民公社体制为基础的全面交易管制，到以家庭承包为特征的部分管制，可以视为一个转让权管制不断放松且租金耗散递减（Rent Dissipation Decreasing）的动态过程。

（三）公共领域：交易管制的产物

公共领域（Public Domain）是权利束没有被清晰界定的部分，并且由于资源属性的多样性及其变化造成的考核成本过于高昂而令人却步。于是，在公共领域中都是那些没有被准确了解的属性和那些"所有者缺位"的资源，而任何愿意花费资源或支付攫取费用的个体都可以进入且没有个体拥有排斥他人进入的权利。

转让权的管制使排他性权利被置于公共领域中,导致人们相互竞争进入公共领域攫取租金。每一个追租者竞争所获得的只不过是他自己利用该公共资源而换取的可选择的收益。

只要公共领域里面还存在有价值的资源,就会不断有新的主体进入攫取租金,一直到竞争所赢得的租金净值为零。此时耗散掉的租金就等于追租成本,而攫取租金值是非生产性活动对经济总产出水平的损害,因此,这是交易管制下经济效率低下的原因。

(四) 从交易管制到租值耗散

人们竞争进入公共领域,导致公共领域内的有价值的资源被攫取,一旦这些资源被瓜分完毕时,就构成租金耗散。

租金耗散只是个程度问题,但只要转让权被管制住,公共领域便会出现。转让权管制的程度越强,公共领域的范围就越大,租金耗散便越厉害,但均衡解只要求有关的边际上租值完全耗散。

转让权管制使资产的收入界定不清楚,导致租金耗散;依照个人争取利益极大化的原则,受到影响的人会试图减少这种耗散;采用市场价格的竞争准则是租金耗散最小的定价机制。

过少或把资源用于对其评价非最高之用途也会导致租金耗散,因此,租金耗散可理解为一种资源扭曲配置的效率损失。交易费用的增加其实就是耗散了的租金。租金耗散是一个内生性交易费用的概念。

(五) 农村土地流转的交易费用逻辑:信息约束—自由交易—制度绩效

在异质性主体和正交易费用这两个假设的基础上,我们构建一个"信息约束—自由交易—制度绩效"的理论逻辑。

农地资源的交易特性多样(专用性、风险性和规模性)且可变,导致政府要全面掌握和管制农地配置权利的所有信息难度极大。外生性交易费用是考核和了解农地资源属性时必然产生的交易费用,它是外生于制度系统的参数变量,因此人们无法改变它,除非资源属性发生自然演变(何一鸣、罗必良,2011)。

诚然,分散决策的私人个体比政府更加了解自身的需求且拥有关于资源不同用途的信息，因而他们的信息成本要远远低于政府搜寻同类信息的成本，加之无须管制代理者协助节约了代理成本，所以，政府配置资源的机制安排被分散协约的价格机制所替代。尽管政府具有交易管制的制度供给优势和能力，但信息与监督成本问题导致它缺乏长期供给和维持有效的产权管制结构的动力和意愿，政府的长期交易管制制度供给因而短缺和不足。若交易管制成本的增长率超过其租金收益的增长率，则政府实施交易管制的努力程度将会递减。因此，交易管制放松对信息费用的节约和减少租金耗散是破解"North 悖论"（1981）的关键，此乃政府在外生性交易费用约束条件下实现交易管制净租金最大化之制度选择逻辑。另外，政府放松对农地交易的管制，在减轻政府干预私人产权交易所造成的产权残缺问题的同时，大幅节约了过去因资源权利扭曲配置所引起的内生性交易成本，使土地资源能够较自由地流向对其评价最高的地方，市场范围因而得到扩展，从而改善资源低效配置，提高制度绩效。因而交易自由化是一个内生性交易费用递减从而制度绩效递增的过程。

事实上，就农地流转而言，交易自由其实质是农地的转让权管制放松。这不但使土地转出方最大化其土地转让净租金，而且转入方能获得专业化分工效应和规模经济效应，因此土地自由流转可使交易双方同时得利，实现帕累托改进。从产权束的整体管制放松来看，需要重新赋予分散决策个体土地的使用权、收益权和转让权，增加个体获取潜在土地净租金的权利强度，使他们具有进行土地交易的权能和利益。其中，转让权起着更为关键的作用。这是因为得到清楚界定的转让权一定包含着清楚界定的使用权和收益权。所以，农地流转即转让权管制放松在某种意义上代表了产权管制放松的趋势。

总之，农地流转不可避免地产生外生性的交易费用，但可以通过放松交易管制以节约内生性的交易费用从而改变总交易费用的结构且实现其数值最小化，进而提高农地流转制度绩效。这样，我们得到一个"农地流转制度运行—外生性交易费用递增—交易管制放松—内生性交易费用递减—总交易费用结构优化"的交易费用最小化逻辑范式。

（六）动态博弈模型：农地流转交易费用约束与管制放松机制

在本节，我们通过一个简单的博弈模型解释农地流转的交易费用约束与农地交易管制放松机制。

首先，博弈中有一个政府和两个农地经营主体（可能是单干小农、种田大户或农业企业），约定第 i（$i=1$ 和 2）个农地经营主体的总租金收入为 y_i，其中被管制的交易潜在租金比例为 x_i，它也可视为政府管制农地交易的垄断租金收益比例。农地流转中发生的外生性交易费用为 $WTC_i = a_i y_i^2$，a_i 为该农地经营主体的产权行为能力（排他能力、处置能力和交易能力）参数：产权主体的行为能力越高，a_i 越小。

不过，这是一个政府博弈先行的动态博弈格局，所以需要使用逆向归纳法进行分析。因此，首先求解第二阶段博弈的纳什均衡。我们把农地经营主体的租金 R_i 最大化问题表示为：

$$\max R_i = (1-x_i)y_i - a_i y_i^2$$

那么，给定（x_1，x_2）和 y_2，农地经营主体 1 选择 y_1 最大化：

$$R_1 = (1-x_1)y_1 - a_1 y_1^2$$

求解最优化问题的反应函数： $\qquad y_1 = (1-x_1)/2a_1$

同理，第 2 个农地经营主体的反应函数： $\qquad y_2 = (1-x_2)/2a_2$

因为政府知道农地经营主体的反应函数，政府在第一阶段的问题是（其中内生性交易费用为 NTC，当政府垄断租金大于内生性交易费用的支出时才会放松交易管制）：

$$\max U_g = \ln[(1-x_1)y_1] + \ln[(1-x_2)y_2]$$
$$\text{s.t. } x_1 y_1 + x_2 y_2 \geqslant NTC$$

该非线性规划问题的 $KUHN-TUCKER$ 最优化一阶条件方程组是（拉格朗日参数 λ 是影子价格）：

$$\begin{cases} -\dfrac{2}{1-x_1} + \lambda \dfrac{1-2x_1}{2a_1} = 0 \\ -\dfrac{2}{1-x_2} + \lambda \dfrac{1-2x_2}{2a_2} = 0 + \lambda \dfrac{1-2x_1}{2a_1} = 0 \\ \dfrac{(1-x_1)}{2a_1} + \dfrac{(1-x_2)}{2a_2} = NTC \end{cases}$$

这样，在交易管制放松之前，$a_1 = a_2$ 且 $x_1 = x_2$，则得到最优解 $x_1^* = x_2^* = \dfrac{1}{2} + \sqrt{\dfrac{1}{4} + a_i NTC}$，从而 $y_1^* = y_2^* = \dfrac{1}{4a_i} - \dfrac{1}{2a_i}\sqrt{\dfrac{1}{4} - a_i NTC}$ （$i = 1$，2）。

交易管制放松之后农地资源流向具有比较优势的经营主体手中，此时 $a_1 \neq a_2$ 且 $x_1 \neq x_2$，则最优解满足 $x_1^{**} < 1/2$，$x_2^{**} < 1/2$ 且 $y_i^{**} > \dfrac{1}{4a_i} > \dfrac{1}{4a_i} - \dfrac{1}{2a_i}\sqrt{\dfrac{1}{4} - a_i NTC}$。

因此，我们得到 $y_i^{**} > y_i^*$。即，由交易管制放松之后的各个农地经营主体租金均得到提高。而政府效用又是农地经营主体租金的增函数，因此交易管制放松下的政府效用水平也得到提升。最终证明，农地交易自由实现了政府和农地经营主体福利水平的增加，是一种典型的帕累托改进。

二、农民土地权益保护的农内自由交易逻辑：基于效率的视角

（一）经济效率视角下的农地权益保护问题

农民权益保护本来属于法学范畴，如果我们从经济学的角度去分析，则可以定义为：弱行为能力农民通过自由交易的方式把农地经营权转让给强行为能力农民，既保护了自身的潜在租值，又使对方的租值增加，从而实现帕累托效率改进。所以，农民权益保护在本研究中强调的是保护的"效率"，这是经济学的分析传统。事实上，森在《以自由看待发展》（1999）一书中认为新古典经济学的效率概念太窄，于是，他就把"效率改进"定义为自由交易使得双方的可行性能力（类似本研究的产权行为能力）的改进而不是福利水平的改进。按此逻辑，农民权益保护效率就可以理解为农民行为能力从而产权强度增加。而在前面的博弈模型推导的命题中，我们已证明，交易自由（交易管制放松）是产权强度增加的前提，因为只有在农地可以（在农内）自由交易或者交易管制放松条件下，弱行为能力农民的经营权才能够转让给强者，此时双方的权益特别是前者的权益才能得到有效保护，这是一种具有经济学传统特色的"权益保护的效率观"。

值得注意的是，弱行为能力农民将产权交易给强行为能力农民，可以改善合作剩余的分享（避免行为能力不足导致的产权稀释引起的租金耗散），但也可能受到强者的掠夺。后者则进一步提出了权益保障与契约约束以及法律援助（法律规制）的需求。因此，弱行为能力农民进行土地产权交易所蕴含的前提是，保障契约交易的正当性（符合法律规定与社会道义）与公平性（包括参与自由、缔约自由、契约的法律保障等）。换言之，只有当弱行为能力农民在自由、平等、公正的市场交易基础上把农地经营权转让给强行为能力农民的时候，农地交易才能提高双方的产权强度，从而实现有效的权益保护。

此外，根据科斯定理，当交易费用为零时，通过私下的交易可以使资源实现最优配置。但真实世界中，交易费用大于零，农地资源要流向对其评价最高之处要受到交易费用的约束。这里的交易费用主要包括三层含义：一是强者利用信息优势、谈判实力压低弱者的产权收益，导致交易合作的剩余租金被强者过多地攫取和分享（此时，如果弱者依然愿意参与交易，则表明公平没有得到最大限度的实现，但却是有效率的；相反，当弱者面临产权租金侵蚀而又不能自由退出时，比如受到威胁、恐吓和强制等，则既缺乏公平又有损效率，此时强者的努力

方向从生产性转变为分配性行为)。转入者利用较高的谈判能力以较低价格获得土地使得转出者的租金受损从而引起不满甚至纠纷而由此产生的摩擦成本(若强者过度掠夺弱者的租金,弱者在自由退出的条件下则选择退出交易。因此,保障公平和效率的基本前提是交易管制放松或协约自由)。二是价值幻觉效应,即当农地转让之后,转入者通过改变农地资源的用途或者采取其他手段使之实现增值而引起转出者的后悔心理,后者可能为此觉得上次交易不公平从而对下一次农地交易产生"交易困难幻觉"(还有一种情况就是弱者观念当中认为持有土地比交易更能带来心理的稳定性和满足感,这是农民的"恋地"情怀形成的"心理产权",从而导致农地流转的供给严重不足)。这是农地被别人利用且具有较高效率(即土地的潜在价值得以实现)时,土地所有者会过低评价自己的所得而导致的农地流转纠纷成本。三是机会主义效应,即当转入者在转入农地上投入了水利、机械等具有专用性的投资后,转出者因此以违约、群体性事件、社会舆论等形式"敲竹杠"迫使对方让利或要挟高额租金,但对方也预料到这一点而采取"反威胁"协约策略,因此双方会产生较高的协约成本。当以上情况发生时,农地流转的速度和规模就会受到限制。

(二) 内在机制:中央、地方与农民在农地交易中的权益保护与侵犯之博弈

租金耗散是交易管制导致的财富浪费,我国农地流转制度不完善,尤其是土地转让权上的管制,导致农民土地转让的权利大量被置于"公共领域",广泛出现了土地租金耗散,损害了农民的土地权益。在农地流转的具体实践中,存在一些不容忽视的侵害农民土地权益的现象和问题,主要表现在中央政府要保护农民土地合法权益,但地方政府(包括地方官员)在分税制下的地区竞争格局中以农地流转的方式攫取或侵犯农民土地权益而最大化自身部门利益:

第一,流转收益分配不合理。近年来,随着农地的调整与工业化、城市化的加速,土地发包收入明显增加,但农民流转土地的补偿费没有相应提高。一些地方土地转让金较低,由于农村土地"归农民集体所有",农民缺乏对土地的实际控制权,因此土地流转产生的补偿安置费层层截留,农民得到的实际利益微乎其微,个别地方的农民甚至得不到任何补偿,这些都严重侵犯了农民权益。

第二,流转过程操作不规范。有些村干部私自以土地所有者代表的身份,违背农民的意愿,利用行政权力强行开展土地流转,严重侵害了农民的土地承包经营权和农民的利益。甚至在流转过程中出现"暗箱操作"。由于在暗箱操作的背后蕴含着巨大的经济利益,一些地方集体经济组织没有按照规定公开招标发包,村干部私下与承租者达成交易,蒙骗村民。

第三，行政干预农地流转过多。虽然中央再三强调土地流转必须建立在农民自愿的基础上，但有些地方乡镇政府和村集体组织，为了集中土地进行招商引资，不顾当地客观条件和市场需求，不尊重农民承包经营自主权，随意变更甚至撤销农户的承包合同，私自以集体土地所有者代表的身份，把政策引导变为行政干预，强行推行农村土地流转。有的租金过低，有些地方工商企业的租地期限已经远远超过农民的土地承包期，达到50年或者更长，严重侵犯了农民的土地承包经营权。

基于这些与农民土地权益受侵犯有关的问题，结合上一节的博弈模型，进一步分析中央、地方与农民在农地流转中的权益保护与侵犯的博弈。

这里，我们把地方政府分为独裁和民主两个类型，可以分别用 β 和 $(1-\beta)$ 分别表示某个区域出现独裁型和民主型地方政府的概率。此外，在同一区域里，地方政府进行农民权益侵犯时遇到低行为能力农民的概率为 α，而遇到高行为能力农民的概率为 $(1-\alpha)$。

下面，首先分析分税制前不存在区域竞争时中央政府考虑农民权益最大化的经济行为，然后再讨论在实施分税制改革后形成激烈的区域竞争时两个地方政府通过纳什谈判解来决定的农民权益侵犯策略，从而重新得到被修正过的且关于农民权益与产权强度的理论命题（见表7-2）。

表7-2 两类地方政府与两类农民在两期博弈中的总租金与发生概率

$t=1$	低行为能力农民（α_1）	高行为能力农民（$1-\alpha_1$）
独裁型地方政府 β_1	$(1-tc)\bar{L}$	0
民主型地方政府 $(1-\beta_1)$	0	$(1-TC)\bar{L}$
$t=2$	低行为能力农民（α_2）	高行为能力农民（$1-\alpha_2$）
独裁型地方政府 β_2	$(1-tc)\bar{L}$	0
民主型地方政府 $(1-\beta_2)$	0	$(1-\mu TC\bar{L})\bar{L}$

注：$tc_1 = tc_2 = tc$；$TC_1 = TC$。

1. 分税制前没形成区域竞争的状态

假设中央政府所考虑的农民权益保护程度最大化可以表示为一个社会福利函数，$V_S = U_g \cdot U_g^*$。若民主型地方政府用 * 表示，则 U_g 和 U_g^* 分别表示为独裁型地方政府与民主型地方政府的跨期总效用。由于：

$$U_g = (1-tc)\bar{L}(\alpha_1\beta_1) \cdot (1-TC)\bar{L}[\beta_1(1-\alpha_1)] + (1-tc)\bar{L}(\alpha_2\beta_2)$$
$$\cdot (1-\mu TC\bar{L})\bar{L}[\beta_2(1-\alpha_2)]$$

$$U_g^* = (1-tc)\bar{L}[\alpha_1(1-\beta_1)] \cdot (1-TC)\bar{L}[(1-\alpha_1)(1-\beta_1)]$$

$$+ (1-tc)\overline{L}[\beta_2(1-\alpha_2)] \cdot (1-\mu TC\overline{L})\overline{L}[(1-\alpha_2)(1-\beta_2)]$$

那么，中央政府的最优化规划为：

$$\max_{\alpha_1,\beta_1,\alpha_2,\beta_2} V_S = \{(1-tc)(1-TC)\overline{L}^2[\alpha_1\beta_1^2(1-\alpha_1)] + (1-tc)(1-\mu TC\overline{L})$$
$$\overline{L}[\beta_2^2(1-\alpha_2)\alpha_2]\} \cdot \{(1-tc)(1-TC)\overline{L}^2[\alpha_1(1-\beta_1)^2$$
$$(1-\alpha_1)] + (1-tc)(1-\mu TC\overline{L})\overline{L}[(1-\beta_2)^2(1-\alpha_2)\alpha_2]\}$$

为求解该规划的最优解，令 $\dfrac{\partial V_S}{\partial \alpha_1} = \dfrac{\partial V_S}{\partial \beta_1} = \dfrac{\partial V_S}{\partial \alpha_2} = \dfrac{\partial V_S}{\partial \beta_2} = 0$，从而得到：

$$\alpha_1\beta_1 = \beta_1(1-\alpha_1) = \alpha_2\beta_2 = \beta_2(1-\alpha_2) = \frac{1}{2}$$

从而有：$\alpha_1 = \alpha_2 = \dfrac{1}{2}$，$\beta_1 = \beta_2 = 1$

上述结果可以总结为：

命题 4：在无区域竞争的条件下，地方政府均是独裁型的，但农民的行为能力却是随机分布的。

相应地，两类地方政府的效用水平可以表述为：

$$U_g = (1-tc)(1-TC)\overline{L}^2\left[\frac{1}{2}\cdot 1\cdot\left(1-\frac{1}{2}\right)\right] + (1-tc)(1-\mu TC\overline{L})\overline{L}\left[1\cdot\left(1-\frac{1}{2}\right)\cdot\frac{1}{2}\right]$$
$$= \frac{1}{4}(1-tc)[(1-TC)\overline{L}^2 + (1-\mu TC\overline{L})\overline{L}]$$

$$U_g^* = (1-tc)(1-TC)\overline{L}^2\left[\frac{1}{2}\cdot(1-1)^2\cdot\left(1-\frac{1}{2}\right)\right]$$
$$+ (1-tc)(1-\mu TC\overline{L})\overline{L}\left[(1-1)^2\cdot\left(1-\frac{1}{2}\right)\cdot\frac{1}{2}\right] = 0$$

2. 分税制后存在区域竞争的状态。

当中央政府推行分税制改革后，地方政府的利益独立化。为了争夺优势资源带动地方经济发展，地方政府之间形成激烈的相互竞争格局。因此，我们用纳什谈判解来刻画地方政府的竞争机制，在这一竞争方式下，两类地方政府的谈判威胁点分别是他们各自独立自主下所获得的效用，即这是在谈判博弈中双方均不能达成协议的效用。这里，首先用 U'_g 表示分税制后的地方政府效用函数，以区别上面的分税制前的地方政府效用函数 U_g。这样，可以得到分税制后地方政府效用函数的一般形式：

$$U'_g = (1-tc_1)(1-TC_1)\left[\left(\frac{\overline{L}^2}{2} - \frac{\mu TC_1}{1-TC_1}\frac{\overline{L}^3}{8}\right) - \left(\frac{\overline{L}}{2} - \frac{\mu TC_1}{1-TC_1}\frac{\overline{L}^2}{8}\right)^2\right]$$
$$+ (1-tc_1)\left[1-\mu TC_1\left(\frac{\overline{L}}{2} - \frac{\mu TC_1}{1-TC_1}\frac{\overline{L}^2}{8}\right)\right]\left(\frac{\overline{L}^2}{2} - \frac{\overline{L}^2}{4}\right)$$

$$= (1 - tc_1)(1 - TC_1) \left[\frac{\bar{L}^2}{2} - \frac{\mu TC_1}{1 - TC_1} \frac{\bar{L}^3}{8} - \frac{\bar{L}}{4} + 2 \cdot \frac{\bar{L}}{2} \frac{\mu TC_1}{1 - TC_1} \frac{\bar{L}^2}{8} \right.$$

$$\left. - \left(\frac{\mu TC_1}{1 - TC_1} \right)^2 \frac{\bar{L}^4}{64} \right] + (1 - tc_1) \left[1 - \frac{\bar{L} \mu TC_1}{2} + \frac{(\mu TC_1)^2}{1 - TC_1} \frac{\bar{L}^2}{8} \right] \frac{\bar{L}^2}{4}$$

为了分析方便，不妨设 $\mu = 1$ 且 $tc_1 = TC_1 = \frac{1}{2}$，那么，分税制后的独裁型地方政府的效用函数变为：

$$\bar{U}_g = \left(1 - \frac{1}{2}\right)\left(1 - \frac{1}{2}\right) \left[\left(\frac{\bar{L}^2}{2} - \frac{1 \cdot \frac{1}{2}}{1 - \frac{1}{2}} \frac{\bar{L}^3}{8} \right) - \left(\frac{\bar{L}}{2} - \frac{1 \cdot \frac{1}{2}}{1 - \frac{1}{2}} \frac{\bar{L}^2}{8} \right)^2 \right]$$

$$+ \left(1 - \frac{1}{2}\right) \left[1 - 1 \cdot \frac{1}{2} \left(\frac{\bar{L}}{2} - \frac{1 \cdot \frac{1}{2}}{1 - \frac{1}{2}} \frac{\bar{L}^2}{8} \right) \right] \left(\frac{\bar{L}^2}{2} - \frac{\bar{L}^2}{4} \right)$$

$$= \frac{1}{4} \left(\frac{\bar{L}^2}{2} - \frac{\bar{L}^3}{8} - \frac{\bar{L}}{4} + \frac{\bar{L}^3}{8} - \frac{\bar{L}^4}{64} \right) + \frac{\bar{L}^2}{8} \left(1 - \frac{\bar{L}}{4} + \frac{\bar{L}^2}{16} \right) = \frac{3\bar{L}^2}{16} - \frac{\bar{L}^3}{32} + \frac{\bar{L}^4}{256}$$

同理，在 $\mu = \mu^*$，$TC_1 = TC$，$tc_1 = \frac{1}{2}$ 时，分税制后的独裁型地方政府的效用函数将改为：

$$\bar{U}_g^* = \left(1 - \frac{1}{2}\right)(1 - TC) \left[\frac{\bar{L}^2}{2} - \frac{\mu TC}{1 - TC} \frac{\bar{L}^3}{8} - \frac{\bar{L}^2}{4} + \frac{\mu TC}{1 - TC} \frac{\bar{L}^3}{8} - \left(\frac{\mu TC}{1 - TC} \right)^2 \frac{\bar{L}^4}{64} \right]$$

$$+ \left(1 - \frac{1}{2}\right) \frac{\bar{L}^2}{4} \left[1 - \frac{\bar{L} \mu TC}{2} + \frac{(\mu TC)^2}{1 - TC} \frac{\bar{L}^2}{8} \right]$$

$$= \frac{\bar{L}^2}{8} \left\{ (1 - TC) \left[1 - \frac{(\mu TC)^2}{(1 - TC)^2} \frac{\bar{L}^2}{16} \right] + 1 - \frac{\bar{L} \mu TC}{2} + \frac{(\mu TC \bar{L})^2}{(1 - TC)} \frac{1}{8} \right\}$$

于是，中央政府的最优化规划可以写作：

$$\max_{\alpha_1, \alpha_2, \beta_1, \beta_2} B = (U_g - \bar{U}_g)(U_g^* - \bar{U}_g^*)$$

$$= \left\{ \left(1 - \frac{1}{2}\right) \bar{L}(\alpha_1 \beta_1) \cdot \left(1 - \frac{1}{2}\right) \bar{L}[\beta_1(1 - \alpha_1)] + \left(1 - \frac{1}{2}\right) \bar{L}(\alpha_2 \beta_2) \right.$$

$$\left. \cdot \left(1 - 1 \cdot \frac{1}{2} \bar{L}\right) \bar{L}[\beta_2(1 - \alpha_2)] - \left(\frac{3\bar{L}^2}{16} - \frac{\bar{L}^3}{32} + \frac{\bar{L}^4}{256} \right) \right\}$$

$$\cdot \left\{ \left(1 - \frac{1}{2}\right) \bar{L}[\alpha_1(1 - \beta_1)] \cdot (1 - TC) \bar{L}[(1 - \alpha_1)(1 - \beta_1)] \right.$$

$$\left. + \left(1 - \frac{1}{2}\right) \bar{L}[\alpha_2(1 - \beta_2)] \cdot (1 - \mu TC \bar{L}) \bar{L}(1 - \alpha_2)(1 - \beta_2) \right.$$

$$-\frac{\bar{L}^2}{8}(1-TC)\left[1-\frac{(\mu TC)^2}{(1-TC)^2}\frac{\bar{L}^2}{16}\right]+\frac{\bar{L}^2}{8}\left[1-\frac{\bar{L}\mu TC}{2}+\frac{(\mu TC\bar{L})^2}{(1-TC)8}\right]\right\}$$

为求出该规划的最优解，通过 $\frac{\partial B}{\partial \alpha_1}=\frac{\partial B}{\partial \beta_1}=\frac{\partial B}{\partial \alpha_2}=\frac{\partial B}{\partial \beta_2}=0$ 得：

$$\alpha_1(1-\beta_1)=(1-\beta_1)(1-\alpha_1)=\alpha_2(1-\beta_2)=(1-\beta_2)(1-\alpha_2)$$

进一步令 $\lambda=\alpha_1\beta_1=\beta_1(1-\alpha_1)$，从而有：

$$\alpha_1=\alpha_2=\beta_1=\beta_2=1-2\lambda=\frac{1}{2},\ \lambda=\frac{1}{4}$$

将其代入模型的目标函数得到：

$$B_{\max}=\left\{\left(1-\frac{1}{2}\right)\bar{L}\cdot\frac{1}{2}(1-2\lambda)\cdot\left(1-\frac{1}{2}\right)\bar{L}\left[(1-2\lambda)\left(1-\frac{1}{2}\right)\right]\right.$$

$$+\left(1-\frac{1}{2}\right)\bar{L}\cdot\frac{1}{2}(1-2\lambda)\left(1-1\cdot\frac{1}{2}\bar{L}\right)\bar{L}\left[(1-2\lambda)\left(1-\frac{1}{2}\right)\right]$$

$$-\left(\frac{3\bar{L}^2}{16}-\frac{\bar{L}^3}{32}+\frac{\bar{L}^4}{256}\right)\right\}\cdot\left\{\left(1-\frac{1}{2}\right)\bar{L}\cdot\frac{1}{2}[1-(1-2\lambda)](1-TC)\right.$$

$$\bar{L}\left(1-\frac{1}{2}\right)[1-(1-2\lambda)]+\left(1-\frac{1}{2}\right)\bar{L}\cdot\frac{1}{2}[1-(1-2\lambda)]$$

$$(1-\mu TC\bar{L})\bar{L}\left(1-\frac{1}{2}\right)[1-(1-2\lambda)]-\frac{\bar{L}^2}{8}(1-TC)$$

$$\left[1-\frac{(\mu TC)^2}{(1-TC)^2}\frac{\bar{L}^2}{16}\right]+\frac{\bar{L}^2}{8}\left[1-\frac{\bar{L}\mu TC}{2}+\frac{(\mu TC\bar{L})^2}{(1-TC)8}\right]\right\}$$

$$=\left[\frac{\bar{L}^2}{64}+\frac{1}{32}\left(\bar{L}-\frac{\bar{L}^2}{2}\right)-\frac{3\bar{L}^2}{16}+\frac{\bar{L}^3}{32}-\frac{\bar{L}^4}{256}\right]\cdot\left[\frac{\bar{L}^2}{32}(1-TC)\right.$$

$$+\frac{\bar{L}^2}{32}(1-\mu TC\bar{L})-\frac{\bar{L}^2}{4}+\frac{(2+\mu\bar{L})TC\bar{L}^2}{16}-\frac{(\mu TC\bar{L})^2}{16(1-TC)}\right]$$

根据上述目标函数的一阶条件可以得到：

$$\frac{\partial B}{\partial TC}=\left(\frac{\bar{L}}{32}-\frac{3\bar{L}^2}{16}+\frac{\bar{L}^3}{32}-\frac{\bar{L}^4}{256}\right)\cdot\left[-\frac{\bar{L}^2}{32}-\frac{\bar{L}^2}{32}\mu\bar{L}+\frac{(2+\mu\bar{L})\bar{L}^2}{16}\right.$$

$$\left.-\frac{2TC(\mu\bar{L})^2(1-TC)+(\mu TC\bar{L})^2}{16(1-TC)^2}\right]$$

$$=\left(\frac{\bar{L}}{32}-\frac{3\bar{L}^2}{16}+\frac{\bar{L}^3}{32}-\frac{\bar{L}^4}{256}\right)$$

$$\cdot\frac{\bar{L}^2}{32(1-TC)^2}[(1-TC)^2(3+\mu\bar{L})-2TC\mu^2(2-TC)]$$

可见，该等式的符号取决于 $\left(\dfrac{\bar{L}}{32} - \dfrac{3\bar{L}^2}{16} + \dfrac{\bar{L}^3}{32} - \dfrac{\bar{L}^4}{256}\right)$ 和 $[(1-TC)^2(3+\mu\bar{L}) - 2TC\mu^2(2-TC)]$，也正是这两个代数式的正负号决定了谈判双方的威胁点。因此，有必要讨论这两个代数式的正负号问题。首先，令 $y = (1-TC)^2(3+\mu\bar{L}) - 2TC\mu^2(2-TC)$，则由一阶偏导数条件 $\dfrac{\partial y}{\partial TC} = -2(1-TC)(3+\mu\bar{L}) - 2\mu^2(2-TC) + 2TC\mu^2 = 0$ 得到：

$$TC = \dfrac{(3+\mu\bar{L}) + 4\mu^2}{(3+\mu\bar{L}) + 2\mu^2}$$

从而得到二阶偏导数条件：$\dfrac{\partial^2 y}{\partial TC^2} = 2[(3+\mu\bar{L}) + 2\mu^2] > 0$。这说明 y 有最小值。那么，当 $TC = 0$ 时，$y = y_{\min} = 3 + \mu\bar{L} > 0$，即：$(1-TC)^2(3+\mu\bar{L}) - 2TC\mu^2(2-TC) \geqslant 3 + \mu\bar{L}$。

这样有：

$$\dfrac{\partial B}{\partial TC} = \left(\dfrac{\bar{L}}{32} - \dfrac{3\bar{L}^2}{16} + \dfrac{\bar{L}^3}{32} - \dfrac{\bar{L}^4}{256}\right) \cdot \dfrac{\bar{L}^2}{32(1-TC)^2}[(1-TC)^2(3+\mu\bar{L})$$

$$-2TC\mu^2(2-TC)] \geqslant \left(\dfrac{\bar{L}}{32} - \dfrac{3\bar{L}^2}{16} + \dfrac{\bar{L}^3}{32} - \dfrac{\bar{L}^4}{256}\right) \cdot \dfrac{\bar{L}^2}{32(1-TC)^2}(3+\mu\bar{L})$$

另一方面，令 $A = \dfrac{\bar{L}}{32} - \dfrac{3\bar{L}^2}{16} + \dfrac{\bar{L}^3}{32} - \dfrac{\bar{L}^4}{256} = \left(-\dfrac{\bar{L}^4}{256} + \dfrac{\bar{L}}{32} - \dfrac{3\bar{L}^2}{16} + \dfrac{\bar{L}^3}{32} - \dfrac{1}{256}\right) + \dfrac{1}{256}$，则有：

$$\dfrac{A}{\bar{L}^2} = \left[-\dfrac{1}{256}\left(\bar{L}^2 + \dfrac{1}{\bar{L}^2}\right) + \dfrac{1}{32}\left(\bar{L} + \dfrac{1}{\bar{L}}\right) - \dfrac{3}{16}\right] + \dfrac{1}{256\bar{L}^2}$$

当 $\dfrac{A}{\bar{L}^2} = z$，$w = \bar{L} + \dfrac{1}{\bar{L}}$，则：$z = \left[-\dfrac{1}{256}(w^2 - 2) + \dfrac{1}{32}w - \dfrac{3}{16}\right] + \dfrac{1}{256\bar{L}^2}$，而且有：

$$-\dfrac{17}{128} + \dfrac{1}{256\bar{L}^2} \leqslant z \leqslant -\dfrac{15}{128} + \dfrac{1}{256\bar{L}^2}$$

从而得到：$-\dfrac{17\bar{L}^2}{128} + \dfrac{1}{256} \leqslant A \leqslant -\dfrac{15\bar{L}^2}{128} + \dfrac{1}{256}$

由上不等式解得：当 $\bar{L} > \dfrac{1}{\sqrt{34}}$ 或 $\bar{L} < -\dfrac{1}{\sqrt{34}}$，则 $A \geqslant 0$；又因为 $\bar{L} \geqslant 1$，所以 $A \geqslant 0$。那么，$\dfrac{\partial B}{\partial TC} \geqslant \left(\dfrac{\bar{L}}{32} - \dfrac{3\bar{L}^2}{16} + \dfrac{\bar{L}^3}{32} - \dfrac{\bar{L}^4}{256}\right) \cdot \dfrac{\bar{L}^2}{32(1-TC)^2}(3+\mu\bar{L}) \geqslant 0$

同理可得：

$$\dfrac{\partial B}{\partial \mu} \geqslant \left(\dfrac{\bar{L}}{32} - \dfrac{3\bar{L}^2}{16} + \dfrac{\bar{L}^3}{32} - \dfrac{\bar{L}^4}{256}\right) \cdot \left[-\dfrac{\bar{L}^2}{32}TC\bar{L} + \dfrac{TC\bar{L}^3}{16} - \dfrac{2(TC\bar{L})^2}{16(1-TC)}\right]$$

$$= -\frac{\bar{L}^2 TC}{32(1-TC)}\left(\frac{\bar{L}}{32} - \frac{3\bar{L}^2}{16} + \frac{\bar{L}^3}{32} - \frac{\bar{L}^4}{256}\right) \cdot [(4\mu + \bar{L})TC - \bar{L}]$$

从而得到：$\dfrac{\partial B}{\partial \mu}\begin{cases} <0, & \mu > \dfrac{\bar{L}}{4}\left(\dfrac{1}{TC} - 1\right) \\ >0, & \mu < \dfrac{\bar{L}}{4}\left(\dfrac{1}{TC} - 1\right) \end{cases}$

最后，由隐函数求导容易看出：$\dfrac{dTC}{d\mu} = -\dfrac{\frac{\partial B}{\partial \mu}}{\frac{\partial B}{\partial TC}}\begin{cases} >0, & \mu > \dfrac{\bar{L}}{4}\left(\dfrac{1}{TC} - 1\right) \\ <0, & \mu < \dfrac{\bar{L}}{4}\left(\dfrac{1}{TC} - 1\right) \end{cases}$

也就是说，在分税制改革和区域竞争的约束条件下，随着农民对产权的刚性强度的提高，谈判解下侵犯高行为能力农民的产权的成本先递减，当经过 $\mu = \dfrac{\bar{L}}{4}\left(\dfrac{1}{TC} - 1\right)$ 后，再出现递增的情况。该结果可以总结为命题5。

命题5：在纳什谈判解下，分散决策的农民个体的产权刚性强度与地方政府的农民权益侵犯成本呈先反向后正向的 U 形抛物线运动关系。

具体地，当产权刚性强度低于临界值 $\dfrac{\bar{L}}{4}\left(\dfrac{1}{TC} - 1\right)$ 时，则产权刚性与农民权益侵犯成本呈反向运动关系；相反，当产权刚性强度超过临界值 $\dfrac{\bar{L}}{4}\left(\dfrac{1}{TC} - 1\right)$ 时，产权刚性与农民权益侵犯成本呈正向运动关系。

根据命题4和命题5，可以得到如下推论：区域竞争约束条件下高水平邻域内的农民土地产权强度的增加会导致地方政府农民权益侵犯成本的提高，而放松农地交易管制是提高农民产权强度的前提。

(三) 路径选择：通过农地交易管制放松提高产权强度以保护农民土地权益

在转让权管制放松后，人们有权交易和转让资源并从中获利，从而产生了保护资源并把农地资源配置到对其评价最高价值之处的动力，此时公共领域内的资源配置权利被界定清楚，租金耗散程度因而相对较轻，过去因权利管制而造成的资源低效扭曲配置因而得到缓解，大幅节约了租金耗散所引起的内生性交易费用，产权强度因而得到提高。

第一，构建和完善农地交易的制度体系，以强化土地转让的合法性、合理性，从而保证流转的速度和规模；建立保障土地流转过程中农民合法权益的赋权机制。

第二，尝试引入村庄民主决策机制，制衡地方社区决策者的权力使用，保障农民权益在土地流转中不受行政干扰，维持农地征用双方的自愿、平等、有偿原则。

第三，中央政府对地方政府的土地管理、规范农地流转行为和农民权益的激励机制设计。

第四，农民个体强化土地合法权益的自我保护和实施机制，提高农地流转、转让补偿租金保障。

第五，逐步放松对农地产权的管制，增加土地转让的潜在净租金，提高交易效率。

第六，完善农地法律制度是保护农民土地权益的基本前提。从法律上确定村小组土地合作社为土地集体所有权主体，稳定农地使用权并放松管制转让权，完善农地补偿制度，保障农民收益权。出台相关配套法律法规，使其与《农地承包法》、《土地管理法》和《物权法》保持一致性，维护宪政秩序的权威性和稳定性。

第七，设计土地流转市场机制，放松转让权管制，构建和完善土地经营权，通过土地市场来建立一个土地招标、挂牌或拍卖的交易场所，降低交易成本，减少逆向选择和道德风险。

第八，放松竞争性农地交易的定价权管制，为农地流转提供统一的市场价格以确保农民得到公平合理的补偿标准。

第八章

数据来源：问卷调查及统计描述

第一节 调查方式及数据来源说明

在充分考虑地域格局、人地关系、资源禀赋等因素的前提下，课题组采取随机抽样的方式进行入户问卷调查。主要调查内容分为三大部分：(1) 农户禀赋问卷；(2) 社会认同问卷；(3) 农地流转问题等。

为了保证调查数据的质量，在正式调查之前，课题组在广东省增城市、阳江市、韶关市进行了预调查（试验调查），然后根据预调查中所发现的问题对调查问卷进行修改和完善，从而增强了问卷提问和答题选项的针对性。同时，在每次调查之前，课题组对所有调查员进行了有关家庭承包制与土地相关法律知识和入户调查方法培训，并使调查员熟悉调查问卷，增强责任心。

正式调查分三次进行。第一次是主要对广东省农户进行抽样调查，以反映经济发达地区土地流转所包含的先导性问题。第二次是对全国不同省、市、自治区的农户进行抽样调查。第三次是利用各种培训机会对部分省、市、自治区的干部所进行的集中问卷调查。

下面分次对各类调查的相关样本进行描述性统计分析。

第二节 预调查及统计描述

预调查问卷主要涉及农户、农户经营、农户农地流转以及农民农地权益认知等四大部分的内容。本课题组是于 2010 年 11 月分别对广东省的增城市、阳江市、韶关市三个市（分别代表广东的发达、较发达与欠发达地区）抽样选取 38 个村，通过面对面访谈形式对农户进行调查。共发放问卷 300 份，回收有效问卷共 294 份，有效率达到 98.00%。样本分布情况见表 8-1。

表 8-1　　　　　　　　预调查农户样本分布情况

市（县）	市样本数（户）	占样本总数比重（%）
阳江	96	32.65
韶关	103	35.04
增城	95	32.31
合计	294	100.00

一、样本农户的基本情况

1. 被调查者的基本特征

在 294 个农户中，接受访谈的农户代表共有 252 位男性，占被调查者总人数比重 85.71%，其中阳江、韶关和增城市分别为 83 位、85 位和 84 位。各地区被调查者的性别比例基本相同（见表 8-2）。

表 8-2　　　　　　　　被调查者的基本特征

指标	韶关	阳江	增城	总计
被调查者总人数（人）	103	96	95	294
平均年龄（岁）	49.70	52.43	51.11	51.04
平均受教育年限（年）	6.88	8.43	8.00	7.78
村干部人数占被调查者总人数比重（%）	12.62	54.17	30.53	33.67
平均务农年限（年）	31.98	29.45	28.19	29.92
平均非农年限（年）	9.00	12.46	9.91	10.43

从表 8-2 可知，首先，韶关、阳江和增城市三个地区的被调查者的平均年龄都在 51 岁左右，在一定程度上反映了农户留守劳动力偏老龄化。其次，三个地区被调查者的平均受教育年限均在 8 年左右，相当于初中水平。再次，被调查者中村干部人数占 33.67%，韶关、阳江和增城市占样本比重分别为 12.62%、54.17% 和 30.53%。此外，从工作经历来看，被调查者的务农年限比较长，平均达到 30 年左右；而非农工作年限则比较短，平均只有 10 年左右。可见，这些被调查者以在家务农为主，但也偶尔外出就业。

2. 被调查农户的基本特征。

从表 8-3 可知，三市的被调查农户具有以下特征：

（1）受教育年限都不高。三市的被调查农户的平均受教育年限都在 8 年左右，其中，只有增城被调查农户高于三市的总体平均水平。

（2）劳动力老龄化和妇女化程度比较严重。户均人口是 4 个左右，其中户均劳动力数为 3 个左右，户均纯农业劳动力占劳动力比重均约为 40%，只有阳江低于三市的总体平均水平。同时，户均劳动力老龄化程度均在 20% 以上[①]，其中阳江的户均劳动力老龄化程度最高，达到 31.03%，且高于平均水平；户均劳动力妇女化程度均在 40% 左右，其中，增城最高，达到 47.60%，阳江最低，只有 39.46%。可见，三市的劳动力的妇女化程度都不低，且比老龄化程度都要高出很多。

（3）户均医疗保险覆盖率较高，养老保险覆盖率很低。三市的户均医疗保险覆盖率均达到 86% 以上，阳江市甚至达到 93.69%，而韶关略高于增城；户均养老保险覆盖率却都低于 50%，相对来说，韶关市较大幅度地高出阳江市和增城市，达到 43.77%，最低的是增城市，只有 24.90%。可见，增城市农户的社会保障水平相对低，阳江市医疗保障水平较高，而韶关市养老保障水平高。

（4）收入主要以非农收入为主。户均农业经营收入占家庭总收入的比重都低于 50%，其中阳江最高，达到 46.55%，其他两个市都低于 40%。可见，三市的被调查农户的收入主要来源于非农收入。

（5）组织化程度都不低。每个市被调查农户中，参加合作社的总户数占样本农户数比重都不低，相对来说，增城市最高，达到 66.32%，其次是韶关市，占 61.17%，最低的是阳江市，只有 44.79%，低于总体平均水平 57.48%。总体来看，三市的农户组织化实施情况都比较乐观，但仍然有进一步提高的空间，尤其是阳江市。

---

① 在本项研究中，劳动力老龄化程度是指 51 岁以上的劳动力占劳动力总数的比重。

表8-3　　　　　　　预调查样本农户的基本特征

指标名称	韶关	阳江	增城	总计
样本农户数（户）	103	96	95	294
平均受教育年限（年）	7.81	7.73	8.17	7.94
户均家庭人数（人/户）	4.33	4.73	4.54	4.51
户均劳动力人数（人/户）	3.36	3.47	3.40	3.40
户均纯农业劳动力所占比重（%）	43.97	41.60	42.27	42.72
户均劳动力老龄化程度（%）	20.37	31.03	29.03	26.45
户均劳动力妇女化程度（%）	41.83	39.46	47.60	43.75
户均养老保险覆盖率（%）	43.77	33.88	24.90	33.53
户均医疗保险覆盖率（%）	88.64	93.69	86.61	88.91
户均农业经营收入所占比重（%）	34.24	46.55	37.98	38.59
参加合作社总户数占样本农户数比重（%）	61.17	44.79	66.32	57.48

二、样本农户的农地流转情况

从表8-4可以看出，样本农户人均农地面积均在1.10亩左右①，其中，韶关略高于阳江和增城市；但三市被调查农户户均地块数差异较大。阳江市的农地细碎化现象最为突出，其次是增城市。

表8-4　　　　　　　预调查样本农户的农地流转情况

指标名称	韶关 数量	韶关 比重（%）	阳江 数量	阳江 比重（%）	增城 数量	增城 比重（%）	总计 数量	总计 比重（%）
样本农户数（户）	103	—	96	—	95	—	294	—
样本户农地的总面积（亩）	496.69	—	311.89	—	545.25	—	1 353.83	—
家庭人均农地面积（亩/人）	1.21	—	1.10	—	1.06	—	1.12	—
户均农地地块数（块/户）	4.11	—	7.40	—	5.73	—	5.54	—
农地细碎化程度（亩/块）	1.17	—	0.64	—	0.76	—	0.83	—

---

① 除特别说明外，本研究中所使用的农地数据主要包括水田、旱地和菜地三种类型。

续表

指标名称	韶关		阳江		增城		总计	
	数量	比重(%)	数量	比重(%)	数量	比重(%)	数量	比重(%)
转出农地的农户数（户）	46	44.66	29	30.21	54	56.84	129	43.88
农地流出总面积（亩）	186.49	37.55	70.22	22.51	155.53	28.52	412.24	30.45
转入农地的农户数（户）	6	5.83	10	10.42	21	22.11	37	12.59
农地流入总面积（亩）	22.00	4.43	44.50	14.27	93.32	17.12	159.82	11.81
有流转的总农户数（户）	52	50.49	34	35.42	67	70.53	153	52.04

在294个样本农户中，有153个农户参加了农地流转（其中有13个农户既有农地转出又有农地转入），占52.04%，其中增城市的农地流转参与率最高，达到70.53%，韶关市为50.49%，最低的阳江市为35.42%。其中：

（1）农地的转出情况。在294个样本农户中，共有129个农户转出了农地，占43.88%。从农户的农地流出率来看，样本户共转出农地412.24亩，农地流出率为30.45%，其中，韶关市相对较高，达到37.55%；其次是增城市，为28.52%；最低的阳江市为22.51%。

（2）农地的转入情况。在294个样本农户中，共有37个农户转入了农地，占12.59%，共转入农地159.82亩，农地流入率为11.81%。在调查过程中，课题组发现，农地转入的主体大多是种田大户或者外来农业企业。

第三节 正式问卷调查及统计描述

一、全国性抽样调查

（一）样本情况说明

课题组于2011年7月~2012年2月进行了全国的抽样问卷调查。调查方式是先对各省区进行县域抽样,然后与有关省区的农业高校合作,利用大学生在寒暑假期间进行入户问卷(未包括台湾地区)。共发放问卷 1 000 份,回收问卷 1 000 份。剔除数据缺失过多的问卷(其中,北京、天津、上海、黑龙江和西藏回收的问卷存在较多质量问题,能够满足研究的剩余问卷又不具备地区代表性,故全部予以剔除)。最终得到有效问卷 890 份,有效率为 89.00%。

在 890 份有效问卷中,东部地区(包括河北、辽宁、江苏、浙江、福建、山东、广东、海南等 8 个省份)298 份,占样本总数的比重为 33.48%;中部地区(包括山西、吉林、安徽、江西、河南、湖北、湖南等 7 个省份)215 份,占样本总数的比重为 24.16%;西部地区(包括四川、贵州、云南、陕西、甘肃、宁夏、青海、新疆、重庆、广西、内蒙古等 11 个省区)377 份,占样本总数的比重为 42.36%。

虽然缺少 5 个省区的样本农户,但已有省份对了解中国东、中、西部地区农地流转的区域性发展情况已经具有广泛的代表性。有效问卷的地区分布见表 8-5。

表 8-5　　　　　　　　全国样本的地区分布

地区	省区	有效样本数	地区有效样本数	占样本总数的比重(%)
东部地区 (8省)	辽宁	40	298	33.48
	河北	40		
	山东	41		
	江苏	15		
	福建	30		
	浙江	32		
	广东	59		
	海南	41		
中部地区 (7省)	吉林	11	215	24.16
	山西	21		
	河南	49		
	安徽	19		
	湖北	24		
	湖南	47		
	江西	44		

续表

地区	省区	有效样本数	地区有效样本数	占样本总数的比重（%）
西部地区 （11 省市区）	内蒙古	22	377	42.36
	陕西	22		
	甘肃	49		
	宁夏	33		
	新疆	20		
	青海	40		
	重庆	34		
	贵州	39		
	四川	42		
	云南	38		
	广西	38		

（二）样本农户的特征

1. 被调查者的基本特征

在 890 位被调查者中，共有 628 位男性，占总样本数的 70.66%，东、中、西部地区的男性被调查者占样本数的比重分别为 71.14%、64.19% 和 73.74%；共有 262 位女性，占总样本数的 29.44%，东、中、西部地区分别占 28.86%、35.81% 和 26.26%。可见，三个地区的被调查者中，男性远多于女性，但各区域性别比例基本相近。

从表 8-6 可以看出：（1）被调查者的平均年龄均在 40 岁左右，平均受教育年限都只有 8 年多；（2）村干部人数占被调查者总人数比重约 3%，说明样本农户大都是普通农户，有利于我们把握农户的真实情况；（3）被调查者的平均务农年限均在 30 年左右，而平均非农年限均在 10 年左右。

表 8-6　　　　　　　　　　被调查者的基本特征

指标	东部地区	中部地区	西部地区	总计
被调查者总人数（人）	298	215	377	890
平均年龄（岁）	42.18	40.91	39.48	40.73
平均受教育年限（年）	8.59	8.46	8.38	8.47
村干部人数占被调查者总人数比重（%）	3.69	3.72	3.71	3.71
平均务农年限（年）	31.98	29.45	28.19	29.92
平均非农年限（年）	9.00	12.46	9.91	10.43

2. 样本农户的基本特征

（1）受教育年限不高。从表 8-7 可看出，三大地带农户平均受教育年限都在 8 年左右。其中，中部地区的受教育年限低于全国的平均水平；西部地区的农户仅略高于全国平均水平；相对来说，东部地区农户的平均受教育年限最高，达到 8.36 年。

表 8-7　　　　　　　　　　全国样本农户的基本特征

指标名称	东部地区	中部地区	西部地区	总计
样本农户数（户）	298	215	377	890
平均受教育年限（年）	8.36	7.43	7.87	7.85
户均家庭人数（人/户）	3.38	3.83	3.18	3.40
户均劳动力人数（人/户）	2.46	2.92	2.49	2.58
户均纯农业劳动力所占比重（%）	40.38	22.97	42.45	36.48
户均劳动力老龄化程度（%）	16.55	18.93	13.36	15.78
户均劳动力妇女化程度（%）	43.03	43.96	43.37	43.40
户均养老保险覆盖率（%）	36.28	47.13	29.64	36.09
户均医疗保险覆盖率（%）	76.47	74.16	66.08	71.51
户均农业经营收入所占比重（%）	49.82	33.59	48.60	46.06
参加合作社总户数占样本农户数比重（%）	11.74	10.23	22.28	15.84

（2）户均人口数和劳动力数分布不均。农户户均人口为 3.40 人，其中户均劳动力人数为 2.58 人；只有中部地区的户均人口数和劳动力人数高于全国平均水平，分别达到 3.83 人和 2.92 人；西部地区的户均人口数最低，只有 3.18 人；而东部地区的户均劳动力数最低，只有 2.46 人。可见，在全国东、中、西部地区，户均人口数和户均劳动力人数分布不均，其中，中部地区的户均人口数和劳动力数相对较多。

（3）劳动力妇女化程度比较严重。样本农户户均劳动力老龄化和妇女化程度分别为 15.78% 和 43.40%；中部地区的户均劳动力老龄化和妇女化程度都高于全国平均水平，分别达到 18.93% 和 43.96%；东部地区的户均劳动力老龄化程度比较严重，为 16.55%，略高于全国平均水平，但妇女化程度相对来说最低，为 43.03%；只有西部地区的户均劳动力老龄化程度低于全国平均水平，只有 13.36%，妇女化程度比较高，为 43.37%，但低于全国平均水平。总体来看，农业劳动力的妇女化程度比较严重，且区域之间的差异性较小，从而成为普遍现象。

(4) 医疗保险覆盖率较高，养老保险覆盖率较低。从统计结果看出，全国户均养老保险和医疗保险覆盖率分别为 36.09% 和 71.51%，医疗保险覆盖率高出养老保险覆盖率将近一倍。分地区来看，养老保险覆盖率最高的是中部地区，达到 47.13%，其次是东部地区和西部地区，分别为 36.28% 和 29.64%，其中只有西部地区低于全国平均水平。医疗保险覆盖率最高的是东部地区，达到 76.47%，其次是中部地区和西部地区，分别为 74.16% 和 66.08%，其中只有西部地区低于全国平均水平。总体来看，东部和中部的养老和医疗保险覆盖率均高于全中国平均水平。同时，三大地带的养老保险覆盖率差异很大。

(5) 农业经营收入占家庭总收入比重小。全国户均农业经营收入占家庭收入比重为 46.06%。分地区来看，东部地区的户均农业经营收入所占比重最高，达到 49.82%，其次是西部地区，为 48.60%，最低的是中部地区，为 33.59%。总体来看，只有中部地区的户均农业经营收入所占比重低于全国平均水平，且远低于东部和西部地区，但东部地区和西部地区相差不大。这反映出中部地区的非农劳动力转移程度最高，家庭收入主要来源于非农收入的特征。

(6) 组织化程度低。所有样本中，参加合作社的总农户数所占比重为 15.84%。只有西部地区的组织化程度高于全国平均水平，达到 22.28%，东部和中部地区都远低于西部地区，分别只有 11.74% 和 10.23%。总体来看，全国范围内，农民组织化程度都不高。

(三) 样本农户的农地经营及流转情况

总体来说，在 890 个样本农户中，有 253 个农户参与了农地流转，占 28.43%。参与农地转出的农户 207 个，转入农地的农户 64 个，其中既有转出又有转入的农户 18 个。流转出的农地占农地总面积的 16.61%，农户转入的农地占总面积的 5.39%（见表 8-8）。

表 8-8　　　　全国不同地区样本农户经营的土地及其流转情况

指标名称	东部地区		中部地区		西部地区		总计	
	数量	比重(%)	数量	比重(%)	数量	比重(%)	数量	比重(%)
样本农户数	298	—	215	—	377	—	890	—
样本户农地的总面积（亩）	984.15	—	1 142.69	—	2 131.40	—	4 258.24	—
家庭人均农地面积（亩/人）	1.05	—	1.48	—	1.99	—	1.55	—

续表

指标名称	东部地区 数量	东部地区 比重（%）	中部地区 数量	中部地区 比重（%）	西部地区 数量	西部地区 比重（%）	总计 数量	总计 比重（%）
户均农地地块数（块/户）	4.22	—	5.46	—	5.13	—	5.00	—
农地细碎化程度（亩/块）	1.07	—	1.13	—	1.22	—	1.16	—
转出农地的农户数（户）	62	20.81	49	22.79	96	25.46	207	23.26
农地流出总面积（亩）	160.12	16.27	210.74	18.44	336.30	15.78	707.16	16.61
转入农地的农户数（户）	22	7.38	14	6.51	28	7.43	64	7.19
农地流入总面积（亩）	60.50	6.15	62.04	5.43	106.90	5.02	229.44	5.39
有流转的总农户数（户）	83	27.85	62	28.84	108	28.65	253	28.43

从表8-8可以看出：

（1）农户的农地流转，无论是农户的参与率，还是农地的流转率，在三大地带中并不存在明显的区域差异。这显然与农户之间自发的土地调整与互换有关（参见第四章）。不一定能够表明农地流转市场的真正形成。

（2）样本农户家庭经营的土地户均仅有4.78亩，人均为1.55亩。其中，西部地区为1.99亩/人，中部地区为1.48亩/人，东部地区只有1.05亩/人。全部样本农户户均地块数为5.00块，平均每块地为1.16亩。从而表明农业经营的分散化、小规模、细碎化是一个普遍现象。

二、广东省抽样调查

（一）样本情况说明

广东省是我国改革开放的前沿地带，也是我国最具代表性的经济大省。由于农村土地流转与经济发展水平，特别是与整体市场发育程度紧密相关，广东当前的农村土地问题对全国具有经验型和先导性意义。因此，我们利用正式问卷对广东做了专门的抽样调查。考虑到广东经济发展的不平衡性，我们的问卷以珠江三角洲地区为主，粤东、粤西与粤北地区为辅。

课题组于 2011 年 8 月通过抽样选取 21 镇 150 村进行农户问卷访谈，按照 5∶3 的比例向两个地区共发放问卷 800 份，其中珠江三角洲发放 500 份、三角洲以外的区域 300 份（粤东、粤西与粤北各 100 份），分别收回有效问卷 487 份和 266 份有效问卷，共计 753 份，有效率为 94.13%。

从统计结果来看，被调查农户具有以下几个方面的特征（见表 8 – 9）。

表 8 – 9　　　　　　广东省样本农户的基本情况比较

指标	样本平均	珠江三角洲	三角洲以外地区
被调查者的平均年龄（岁）	50.71	51.14	49.94
被调查者的平均受教育年限（年）	3.20	3.00	3.57
户均土地面积（亩/户）	7.14	7.92	5.71
户均地块数（块/户）	8.33	6.80	11.14
户均医疗保险覆盖率（%）	94.57	92.61	95.63
户均养老保险覆盖率（%）	18.93	17.05	22.38
户均外出就业人口占家庭人口的比重（%）	30.80	30.71	30.95
户均非农业收入占总收入的比重（%）	62.90	60.40	67.24

（1）被调查农民的年龄偏大。从被调查者年龄来看，样本地被调查者总的平均年龄在 50 岁左右，两个区域的被调查者平均年龄也都接近这一数值，不难推断农村青壮年劳动力外出打工较多，留守在农村生活居民多为中老年农民。

（2）被调查农民的受教育程度不高。从被调查者的学历状况来看，样本地被调查者学历的总体平均水平为初中左右，两个区域的差距并不大，这可能和三角洲经济发展程度高，学历较高的劳动力大多从事非农产业有关。

（3）被调查地农户呈现严重的小规模、分散化经营的格局。样本农户户均土地面积为 7.14 亩，平均被分割为 8.33 块，每块面积不足 1 亩。三角洲以外地区的土地细碎化问题更为严重。

（4）农村合作医疗参保率较高，养老保险参与不足。户均参加农村合作医疗保险的人口占家庭总人口的比例高达 94.57%，两地农户参与率均在 90% 以上，基本上实现了广东省人人享有"新农合"的目标；而农村养老保险的推广却不尽如人意，调查结果显示，农户参加养老保险人口占家庭人口的比重为 18.93%。

(5) 农业收入占家庭收入的比重较小。户均非农业收入占农户总收入的比重为62.90%，表明农业已经不是农户的主要收入来源。究其原因在于非农与务农的收入差距吸引了农村大量的青壮年劳动力外出就业。调查数据显示，样本户户均打工人口占家庭人口的比重已高达30%，非农收入已经成为农户收入的主要来源。

（二）样本农户的农地流转情况

表8-10对样本农户的农地转出和转入情况进行了统计。

表8-10　　　　　　广东样本农户的农地流转情况

指标	珠江三角洲		三角洲以外地区		合计	
	数量	比例（%）	数量	比例（%）	数量	比例（%）
样本农户总数（户）	487	64.67	266	35.33	753	100.00
样本户农地的总面积（亩）	3 857.50	—	1 519.04	—	5 376.54	—
转出农地的农户数（户）	314	64.48	106	39.85	420	55.78
转出农地的面积（亩）	967.08	25.07	180.05	11.85	1 147.13	21.34
转入农地的农户数（户）	61	12.53	34	12.78	95	12.62
转入农地的面积（亩）	882.05	22.87	96.99	6.38	979.04	18.21

（1）农地转出情况。在753个样本农户中，共有420个农户转出了农地，占55.78%，其中三角洲的转出农户占64.48%，三角洲以外地区为39.85%。样本户共转出农地1 147.13亩，农地流出率为21.34%，其中，三角洲地区为25.07%，三角洲以外地区则相对较低，只有11.85%。

（2）农地转入情况。在753个样本农户中，只有95个农户转入了农地，占12.62%，其中三角洲为12.53%，三角洲以外地区为12.78%，两区域几乎没有差异。样本户共转入农地979.04亩，农地转入率为18.21%，其中，三角洲为22.87%，三角洲以外地区只有6.38%。

广东省的问卷结果表明：第一，经济发展水平与农地流转紧密关联，农地流转的发生率伴随着经济的发展而提高；第二，农地转入主体的进入不足，是制约农户土地流转的重要因素。

第四节 干部问卷调查及统计描述

为了判断土地产权的社会认知,课题组专门设计了一套干部问卷。并分别于 2010 年 2 月~2011 年 3 月,利用各种干部培训及会议的机会发放问卷 600 份,回收有效问卷共 533 份,有效率为 88.83%,其中东部地区有 333 份,占总样本数比重 62.48%;中部地区有 78 份,占总样本数的 14.63%;西部地区有 122 份,占总样本数的 22.89%。

一、样本干部的基本情况

在 533 个样本干部中,男性 460 位,占 86.3%;女性 73 位,占 13.7%。其中有 486 位党员,占样本 91.2%;样本干部的平均年龄为 43.46 岁,其中,35 岁及以下的干部占总样本的 12.76%;35~45 岁有 270 位,占 50.65%;45 岁以上 195 位,占 36.59%。

分析表明:

第一,文化程度较高。高中及以下文化水平的有 32 位,仅占 6.0%;具有大学本科以上学历的共有 408 位,占 86.5%(见图 7-1)。

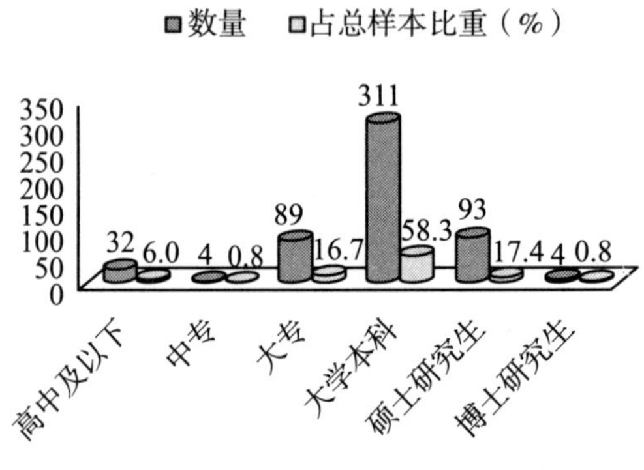

图 7-1 样本干部的文化程度

第二,工作部门主要是县(市、区)级部门,占 51.6%(见图 7-2)。总的来看,县级及县级以上部门工作的干部人数为 448,占 84.05%。

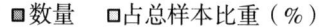

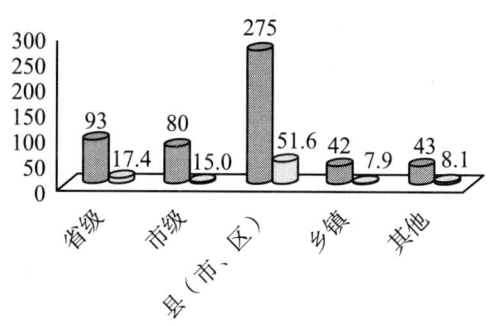

图 7-2　样本干部工作部门所属级别

第三，职务以正副处级最多，有 240 位，占 45.0%；其次是科级干部，有 179 位，占 33.6%；然后是科员及以下干部，有 57 位，占 10.7%（见图 7-3）。

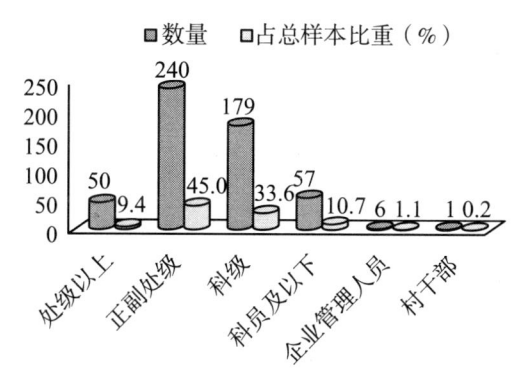

图 7-3　样本干部的职务情况

二、样本干部的"三农"背景情况

干部对农村土地问题的认知，与其对政策的了解有关，但更可能与其"三农"背景有关，包括出生在农村，或有农村工作经历等。

显然，干部所具有的不同的"三农"背景，对于土地及相关问题的认知与判断，具有不同的制度含义。更重要的是，农村土地政策的实施，在很大程度上依赖于各级干部的实际操作，从而，干部的认知亦具有重要的行为意义。

第一，有 371 个样本干部出生在农村，占 69.6%；42 位干部出生在小城镇，占 7.9%；120 位干部出生在县城及以上的地方，占 22.5%。可见，所有样本干部中，大多数干部都出生在农村（见图 7-4）。

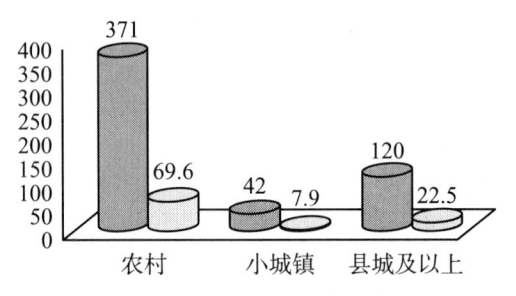

图 7-4　样本干部的出生地

第二，有农村生活经历的干部 409 位，占 76.7%（见图 7-5）；339 位干部有农村工作经历，占 63.6%（见图 7-6）。

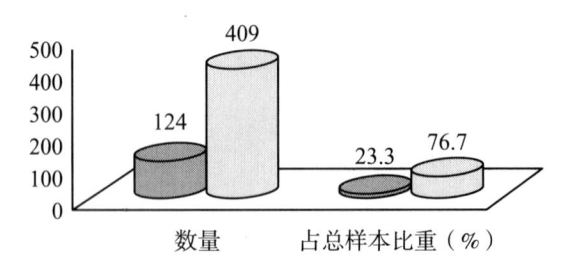

图 7-5　样本干部的生活经历

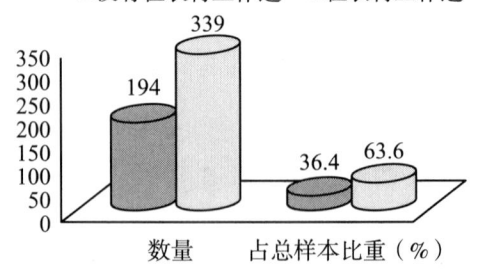

图 7-6　样本干部是否在农村工作过

第三，391 位干部有直系亲属生活在农村，占 73.4%（见图 7-7）；其中，331 位干部的直系亲属仍然在农村种地，占 391 个样本的 84.7%（见图 7-8）。

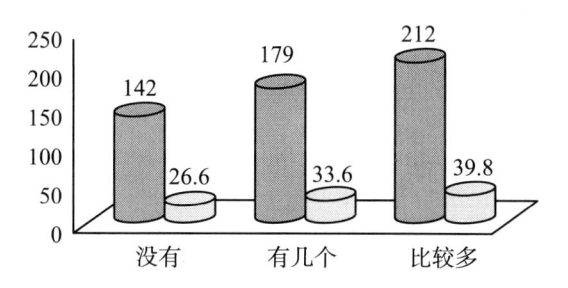

图 7 - 7　样本干部是否有直系亲属生活在农村

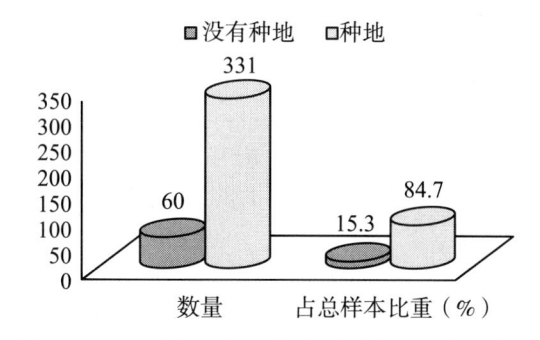

图 7 - 8　生活在农村的直系亲属是否在种地

第五节　其他数据来源

由于课题涉及面广，需要使用多样化的数据资料。因此，本项研究除了使用上述数据外，还包括《中国土地年鉴》、《中国国土资源年鉴》、《中国国土资源统计年鉴》、《中国统计年鉴》、《中国财政年鉴》以及中经网统计数据库。

此外，为了满足研究中的特别需要，课题组还做了相关的专项问卷。包括："水稻产区农户行为问卷"、"广东省佛山市村干部调查问卷"。

要特别说明的是，上海财经大学组织的"千村万户"社会调查项目所完成的 2010 年和 2011 年暑期问卷调查，积累了丰富的数据。感谢该项目组允许本课题组共享部分数据。

第九章

产权强度Ⅰ：法律赋权与农民的产权认知

第一节 从村落产权到国家强制性赋权

一、村落俱乐部产权：乡村内生的诱致性变迁

所谓"村落"是与城邑相对应的社会单位概念（马新、齐涛，2006），它是众多居住房屋构成的集合或人口集中分布的区域，其在作为一个地域单元的同时，又是社会经济单位。传统村落受地理环境因素影响较大，这使得血缘与地缘成为其明显特征。血缘作为一根强大的纽带，联结着各个小家庭。即便是因为人口流动而形成的杂姓村，因为累世聚居等原因，他们一般发展了一种拟血缘的关系[①]。

一种制度安排能够比较稳定地存在很长一段时间，其原因在于它能给利益相关者带来合意的收益[②]。但当环境变化改变各方的成本函数，导致净收益变化

[①] 汪兵（2003）认为中国是一个以最强大的部族为核心，以血缘的亲疏远近、归附的早晚或效忠的程度为分层标准，通过拟血缘的部族联盟方式形成的。这种拟血缘的关系是以相互之间拟亲属的称呼和共敬地方神为特征的。

[②] 这里所说的"利益相关者"包括国家政权以及与国家相对的由人民大众组成的社会。

时，人们将寻求新的制度安排。如果博弈各方能达成一致，人们将摒弃旧制度而采用新的。1840年以后，中国在许多方面天翻地覆的变化改变了利益各方的成本函数，传统村落这种自治的组织形式逐渐走向没落。可以观察到，现代村落中人们的宗族血缘意识日渐淡薄，国家的影响却与日俱增——相对独立自治的传统村落，现代农村已经被国家力量所控制。

摩尔根（Morgan，1877）认为，人类的前阶段为动物群。前阶段的人类聚于群活动，群对于他们是一个互助以生存的组织。群的成员合作采集、狩猎，并联合起来对抗其他动物的进攻。群的功能并非仅仅满足个体生存，而是以群的延续为终极目的——原始群的老衰者不能给集体带来收益却要消耗资源，这在生产力极端低下的情况下非常不利于群的延续。20世纪初的北美爱斯基摩人群体中，年轻人便有杀老衰者的义务。

由前阶段的动物群到距今一万年前的农业社会出现为止，人类一直以采集与狩猎为生。在这一阶段中，由于自然资源相对于人类需求具有"无限"的特征，因此，并不存在明显的产权概念。不同的是，在消费领域已经出现产权界定，其中最典型的界定是人们在组织中平均分配狩猎品。

原始人类在群时代学会了使用和制造工具。距今一万年前，当农业劳动的边际产出大于狩猎与采集的边际产出时，人类进入农业定居时代——这被称为第一次经济革命（诺斯，1991）。农业社会需要较高程度的分工，且分工不仅仅在性别上展开，而且涉及年龄、知识、经验等层面：老人因为他们的经验有利于农业技术的积累而不会被杀掉；小孩可能会做一些力所能及的辅助性工作；最早掌握了文字书写的人成为祭司；强壮的男人成为保护群体的士兵等。农业生产需要较复杂的组织与管理，由血缘联结而成的氏族共同体是进行组织和管理的最佳平台。定居农业需要的组织远比狩猎与采集更复杂，最重要的是，为了阻止非共同体成员分享由共同体活动所创造的产品，必须建立排他性产权（诺斯，1991）。很显然，一定地域范围内的农业土地产权比起野兽与野果来要容易界定得多。于是，同血缘且累世聚居的农耕生活方式促成了根深蒂固的祖先崇拜观念以及"谁开垦的土地归谁所有，非我族类，不得涉足"的原始氏族共有观念（汪兵，2003）。第一次经济革命改变了产权的界定方式，作为经济来源的土地成了俱乐部品——它对于氏族共同体来说是共有品，但对此氏族外的个体却是排他的。

人口的增长需要开垦荒地，于是就有了农业人口的地域扩张。但是，在农耕的华夏民族周围有许多不事耕稼而专事游牧的"蛮族"，华夏民族在土地扩张的同时还要抵御外敌的侵扰。武装拓殖需要有效的组织体系，血缘与地缘连结起来的关系网显得更加重要，并进一步在氏族与氏族之间形成联盟。正是由于血缘或地缘组织对产权提供了保护，土地的俱乐部产权就愈加明显。

及至六朝①，战乱频繁、盗匪横行。世家大族为生存计，除投靠军阀外，只能"聚亲筑坞，招宾客部曲，结邻里，坚壁御寇以自保"。对于普通民众来说，若无实力筑坞自保，则只有团结亲戚朋友，结成共同体一起互助成为聚落。这些聚落有的是原地建立，有的是迁居重建。迁居多入偏僻之所，人与人之间相互协助以自存，这些聚落后来便被称为"村"。陈寅恪便认为陶渊明之《桃花源记》即是假借秦人之口，以村坞为原型写作的：

> 自云先世避秦时乱，率妻子邑人来此绝境，不复出焉，遂与外人间隔。

从这段历史可以看到，村和坞是在政府权力羸弱下自发形成的，是民众自救的结果，一开始就是自治的实体。每个村坞都俨然一小世界，没有官吏的直接管制，只有共同体推举的领导人。

魏晋南北朝也是都市与乡村最终分化的时期。日本学者宫川尚志在《关于六朝时代的村》一文中认为，汉代的"都"、"鄙"是一样的聚落，都是"里"，而后来都市与乡村产生了分化并开始分离，乡村独立于都市而形成了一个自己的生态环境（宫川尚志，1992）。至唐代，这种分离已经被制度化了。《大唐令》载：

> 在邑居者为坊，别置正一人。掌坊门管钥，督察奸非，并免其课役。在田野者为村，别置正一人，其村满百家，增置一人，掌同坊正。

坊正与村正不是政府任命的，而是民众中之德高望重者。村最初不过是由血缘、地缘结成的保卫与协作共同体，并进一步发展成为区别于都市以外的经济社会单位。这种经济社会单位稳定地存在到清末民初才逐渐有所变化，因此我们将它称为"传统村落"。

功能主义者认为，人类社会组织之间的功能互补成为社会稳定生存的重要条件，传统村落只有在承担着相应的功能的情况下才能得到长时期的稳定发展。

（一）保护与互助的共同体

对所有者有利的排他性产权能够对提高效率和生产率提供的直接刺激，即能够直接刺激，获取更多的新知识和新技术（诺斯，1991）。土地俱乐部产权的确立促进了生产的发展及组织的变革，产品变得丰富起来。同时，氏族共同体里每个人的体力与经验注定是不同的，于是出现了那些有能力生产更多产品的人或家庭提出自己应得到更多产品的要求。组织形态开始变革，分配方式逐步过渡到以家庭为单位的分配（朱伯康、施正康，2005）。这种状态的进一步发展，产生了生产资料的私有产权——土地制度逐渐进化到具有公私二重性的井田制。井田制如《孟子·滕文公上》所述：

---

① 是指中国历史上自汉朝灭亡到隋朝再次统一之间的曹魏、晋以及南朝的宋、齐、梁、陈等朝代。

方里而井，井九百亩，其中为公田。八家皆私百亩，同养公田。公事毕，然后敢治私事，所以别野人也。

学者们对井田制的存在与否有过许多的争论，笔者倾向于同意井田制是原始村社采用的土地制度的一种抽象——虽然严格如孟子所说的豆腐干未必存在，但一种兼顾公私的土地制度却是有道理的。井田制具有公私二重性的性质，且是由公有制向私有制过渡的社会形态的具体表现。

生产力的发展带来产品的大幅增加，人们意识到分配单位小型化和生产资料私有化会带来更多激励。到春秋时代，劳役地租部分地被实物地租所取代，而这一过程又是由消灭公田和私田的界限开始的。鲁宣公十五年（公元594年）出现了"初税田"，不分私田公田，一律"履田而税"，即按土地面积征税，这实质上是官方承认了土地的私有产权。秦商鞅变法对土地私有制的确立无疑具有更深远的影响——他"废井田，开阡陌，土地遂得以买卖"（朱伯康、施正康，2005）。这种由国家因时制定的土地制度，极大地推动了经济的发展，为秦统一中国奠定了基础。始皇三十一年，使黔首自实田，在全国范围内确定土地私有产权，任民陈报。土地私有产权的确立与巩固以技术进步作为依托并得到了国家的承认。战国时代后，铁器及牛耕在农业中的广泛应用推动了农业经济的飞速发展。在国家政策方面，至汉代秦而立，因袭秦制，承认土地私有制，加上两汉几百年承平，土地私有制遂得以巩固。

但是这种获得国家承认的私有制是不彻底的私有制，它带有俱乐部产权特性。土地作为农业社会最重要的生产资料，人们对其重视程度是可以想象的。乡土中国有这样一种根深蒂固的思想：金银可能被抢走，可以挥霍掉，但只要有土地在，心里就会很踏实——只要你勤劳，土地会给你回报，土地是农民最忠实的仆人，是乡下人的"命根"（费孝通，2001）。群体为了它的生存与发展，希望土地能留在群体内，以便利公共资金的筹集。但是春秋以后，土地可以买卖，若土地的产权全部属于小家庭，那么小家庭就有完全的权利处置土地，这必然导致土地的兼并与集中。因此群体需要对土地拥有一定的权利，并利用这种权利阻止外部力量对群体内部土地的侵夺。这种权利就是村落拥有的一部分土地产权，土地成为俱乐部产权性质的私有品。所以，在传统社会中，农村土地的俱乐部产权特性阻碍了村落间的土地交易。同时，在群体内的土地交易虽然广泛存在，但值得注意的是中国农村发展了一种田底与田面分开的产权安排，村民之间进行的多数是田面交易，而田底却因为怕背上"败家子"的名声而很少进入交易名单。所以传统村落中的土地交易仅仅发生在有限的范围内，交易只是作为保护产权的一种辅助形式而存在。

村民为什么会容忍集体占有其土地的部分产权呢？现实世界中，资源是稀缺的。当面临因人口增长而造成的资源紧张局面时，竞争将越发激烈。个人或小家庭没有能力去保护自己的财产，他们需要依靠集体的力量来保证安全。集体安全首先体现在确保集体财产不至于流失，而且正如上面提到的，为便利筹集集体安全与集体发展需要的资金，也需要财产被保持在集体内部，这就产生了排他性——村民因私人原因售卖土地的第一对象应是小集团里的人，若是外人作为买主，则要得到集体的承认。在氏族社会，这种集体安全由氏族提供，土地产权是对内公有，对外排他的俱乐部产权。到国家承认私有产权后，国家在一定程度上代替了从前的氏族共同体的保护者角色。但国家的直接控制难以到达乡村，国家的保护仍然非常有限。此时，村落共同体作为继承了氏族共同体部分功能的集团，在社会微观层次上给予个人（或小家庭）财产应有的保护，因此也在一定程度上继承了原属于氏族公社的那部分土地产权。事实上，魏晋时代始出现的村坞、坞壁正是集体安全的产物。

土地的俱乐部产权特性也为国家政权所承认。北魏均田[①]时，以血缘为纽带的家族关系以及这种家族观念非常强烈，如果某姓的土地被调配给别姓使用，便会遇到非常大的阻力。北魏均田便有一条，实际是对俱乐部产权的认可：

诸远流配谪、无子孙、及绝户者，墟宅、桑榆尽为公田，以供授受。授受之次，给其所亲。为给之间，亦借其所亲[②]。

这一政策阻止了"绝户田"落入异姓之手。随着村落的发展，这个范围也逐渐从仅限于血缘同宗扩充到地缘上的同村。在乡村社会，谁若是将祖先留下的土地卖与别人，他将被村里人指斥为败家子。外村人除非入赘，不然他一般在本村难以获得土地。杜赞奇（Prasenjit Duara, 1988）发现，在近代华北农村的土地买卖中，同宗族的人有购买的优先权。而且这种同族优先权在某些地方得到了很严格的执行——如果有人在出卖之前未通知同族人，或以与同族人相同的价格将土地出售给族外人，则该宗族有权宣称此交易无效（杜赞奇，1994）。即便是认为中国并不存在村落共同体的日本学者福武直也注意到，外村人迁居到新的村落仍然需要村民的保证，要取得正式村民的资格则需要长时间的交往（李国庆，2005）。这从侧面反映了小家庭并没有拥有土地的完全产权——它被分割了一部分给了村落共同体，并由村落提供对土地产权的保护。

村落也是村民们进行互助的共同体。农业需要比较多的分工——村里需要有铁匠、鞋匠、药铺等。在生产力不发达的古代，人们由于技术落后不可能单独承担方方面面，村民们在生产、生活等方面需要一个互助组织。

---

① 均田自北魏始，孝文帝为保证国家赋税来源而将土地分与民众，解决战乱及户口迁徙带来的土地荒芜等问题。

② 见《魏书》卷十五《食货志》。

事实上，农业是一个脆弱的产业，收成很大程度上仰仗年景——若是年景不好，村民之间就需要相互救济。普遍的小农经济使小家庭独立饲养畜力不具备经济性，这就促使几家合养一头役畜。尤其是传统农业需要繁重的体力投入，在没有机械的年代，小家庭之间必须联合才能按节气进行农业生产①。至于婚丧这样的活动，就更是一家难以完成，迫切需要其他人的帮助。祖先们很早便知道乡村中的相互帮扶是必需的，即：

令五家为比，使之相保；五比为闾，使之相受；四闾为族，使之相葬；五族为党，使之相救；五党为州，使之相赒；五州为乡，使之相宾②。

同时，国家之手难以伸到村落，传统村落就只好自己提供公共物品。古时村落中诸如教育、道路、桥梁，以及治安、灌溉、排涝、抗旱等设施多由村民合作建成。公共工程的修筑给村民们提供一个相聚、更加熟络的机会，在这一过程中，人们有钱出钱，有力出力，加强了村落共同体的凝聚力。

最后，传统村落又是村民们的娱乐单位。乡村娱乐一般会和宗教、祖先崇拜联系起来。费孝通（1939）发现村民们的敬神活动与其是宗教，不如看成是一种休闲（费孝通，2001）。娱乐和宗教、祖先崇拜等活动在很大程度上加强了村民之间的文化联系，而这种文化联系又促进了村落的稳定。

因此，传统村落基本上以这样一个独立于国家与都市以外的独立体而运行：他们自己生产粮食，提供教育、道路、灌溉设施等公共产品，有自己的帮扶组织，并由族长或长老维持内部秩序。当然，他们也许会去集市与别人交换生活必需品，但这种交换并不是出于赢利的目的，而是出于生存的需要，是一种小农的商品化（刘玉照，2002）。在国家政权难以深入的乡野，村夫们除了纳粮、服役，和实在不得已的对簿公堂，可谓"日出而作，日入而息，凿井而飲，耕田而食，帝力何有於我哉！"③ 不管这个国家谁称王称帝，传统村落一直保持着它自己的步调，基本趋于稳定，乃至清末民初，历经一千多年未有大变。

（二）"国家"的替代机制

村民们相互之间不可能不产生纠纷。纠纷的解决可以有两种方式，即自我实施协议与第三方实施协议。自我实施协议只支持那些在协议的整个续存期中各方净值为正的协议，否则，如果在协议的生命期的某个时点上有一方认为协议不再有利于他，他就会退出协议。日常生活中的交易不可能每次对双方的效益都是正

---

① 即便是今日，一些落后的农村仍然存在农忙季节几家几户合作做农活的现象。
② 见《周礼》卷二《地官司徒》。
③ 相传为《击壤歌》，其主题为赞颂劳动而藐视所谓的"帝力"。

的，如果采用自我实施协议，许多交易将不可能实现，因此不利于社会福利。第三方实施协议的一个好处在于，它将"签订协议时每一方价值总为正"变更为"签订协议时每一方的'期望净值'为正"，其条件比自我实施要宽松许多，因此适用范围也大大超过了自我实施协议。

国家作为第三方裁决的实施者，拥有规模效应的优点。"国家"包含两层含义：第一，一群个体，这些个体臣服于一个使用暴力执行合约的单一的终极第三方；第二，一个疆域，这是这些个体居住的地方，也是实施者权力所及的范围（巴泽尔，2006）。在中国，民众往往缺乏集体行动能力，皇帝便成为独裁者，国家也成为"朕即国家"的独裁帝国。因此中国的终极第三方就是以皇帝为最高统治者的帝国，这个帝国不但有其作为第三方的职责，而且还将加强自己对国家的控制，为了自己的利益掠取资源。不过，帝国要达到这些目的就必须具备对其疆域内民众行使权力的能力，而阻碍它对治下人民行使权利的能力的因素是成本——高昂的成本制约了国家的范围。国家要扩大其范围就必须大大扩张其官僚机构。但是，在远古时代，由于人们没有发明诸如货币等简单化的交易中间品，也没有统一各个部落之间的度量衡，当然更重要的是，交通极端落后更是导致了人与人之间订立和实施合约的成本非常昂贵。国家很难直接深入乡村，而乡村终归需要一个第三方实施机制，人们将创造一个国家的替代机制。当然，如果民间自发的替代机制和统治者的利益不相背离的话，国家一般会承认民间机制。

在没有正式制度的原始社会，血缘关系成为统治工具。周天子时代的统治也是通过血缘共同体来进行的——分封宗族子弟与功臣为诸侯以辖制各地。分封制是一种典型的分权体制，究其原因，并非周天子不想直接统治诸侯之地，实因地域广大，在当时的技术条件下进行直接管治的成本实在太高。如此一来不如分封诸侯，以五服伦常羁绊之，虽然没有直接的统治，但诸侯尊周天子为共主，定期朝贡，使周王室收益最大化。

虽说战国时诸侯的强大削弱了周天子的权威，但周室初期的分封制却还是加强了天子对国家的控制——分封制使周文化扩张到了整个黄河中下游地区并具有较好的稳定性和延续性，逐步形成了全国性的交通网络。同时，分封的诸侯开发边远地区，扩大了周的统治范围。周制的显著特点是君统与宗统的结合，国家的统治通过宗族血缘来进行，与此同时，民间的宗族势力也开始发展了。

周代几百年的发展为国家摒弃诸侯体制、扩大国家范围创造了条件。秦统一后，有人建议恢复分封制度，然廷尉李斯议曰：

周文武所封子弟同姓甚众，然后属疏远，相攻击如仇雠，诸侯更相诛伐，周天子弗能禁止。今海内赖陛下神灵一统，皆为郡县，诸子功臣以公赋税重赏赐之，甚足易制。天下无异意，则安宁之术也。置诸侯不便。①

始皇同意李斯的观点：

天下共苦战斗不休，以有侯王。赖宗庙，天下初定，又复立国，是树兵也，而求其宁息。岂不难哉。廷尉议是。②

秦统一后便废除分封制，转而实行郡县制。从诸侯政治成功地转换为中央集权的郡县制有赖于治理技术的发展导致的统治成本降低。上面已经提到，通过周朝几百年的发展，全国已经构造了比较完备的道路交通系统。另外，从秦统一前夕的公元前222年开始，秦始皇更是修筑以咸阳为中心，向四面八方延伸出去的驰道。驰道实行"车同轨"，均宽五十步。为对南越用兵，秦又开凿灵渠以沟通长江水系的湘江和珠江水系的漓江——灵渠的贯通为中央王朝统治岭南立下了汗马功劳。除车同轨外，始皇还规定"书同文"、"度同制"。与此同时，始皇大力倡导"行同伦"，以统一伦理道德和行为规范，进而在意识形态领域使民众划一，以塑造一种"简单易管"之人。上述措施在经济和文化上大大降低了订立合约的交易成本，有利于国家范围的扩大，并使郡县制得以完成对分封制的替代。

为控制基层乡村，秦统一后实质上沿用了商鞅时期所创造的"什伍连坐法"。作为保甲制的开创者，"什伍连坐法"规定"令民为什伍，而相牧司连坐。不告奸者腰斩，告奸者与斩敌首同赏，匿奸者与降敌同罚。"该法在未统一之秦国时代尚能有效实施，如商鞅想到民舍躲避追捕，然民以"商君法"故不让进。大一统后，秦仍然希望严密控制乡村，但民间匪患横行而官府"弗能禁"。虽秦之苛政致百姓亡命为主因，然其中也未免有因其法的执行成本过高，国家权力难以深入基层有关。要辖制一地，便需派驻官员和军队，伴随的是巨额的行政支出与军费。中央政府管制郡县尚因技术的进步而能够承受，然假如国家力量直接深入乡村，其成本之巨大却是政府负担不起的。

如图9-1所示，随着治理层级的增加，治理的边际成本在不断上升，而总体上的边际收益却是递减的。两者有一个交点，则为最佳的行政层级数。根据我国两千多年的历史事实可以推断这个层级就是县——由秦至清，中央政府任命的最低地方官即为县令，即所谓"皇权不下县"。

秦代的事实证明了纯粹的法家式直接管制基层村落因成本过高而失败，因而中央政府需要一个中间组织作为地方政府层级的替代。此时，自成体系的村落组织成了最佳选择，政府部分统治权就这样让渡给了村落共同体，而共同体中德高

①② 见司马迁《史记卷六·秦始皇本纪》。

望重之人[①]作为乡村领袖，便理所当然地成了国家统治基层的代理人。

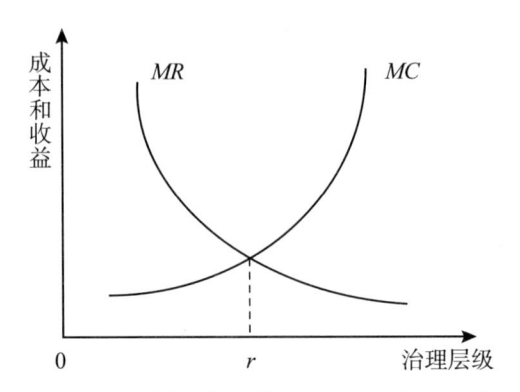

图 9-1 传统中国治理层级与统治成本

维持这种替代体制需要精心的制度安排，以免中央政府难以控制，反而提升治理成本。各王朝会通过强加的外在制度以及支持、促进内在制度的发展来保障其有效统治。所谓外在制度被定义为外在地设计出来并靠政治行动由上面强加于社会的规则，而内在制度指的是群体内随经验而演化的规则（柯武刚、史漫飞，2002）。控制村落应用最广泛的外在制度是前文已提到的保甲制。同时，中央政府将儒家礼教作为其施政与指导民众的标准意识形态。在民间，儒家礼教逐渐被民众内化成为内在规则，而礼教和宗族的联姻更是加强了乡村的稳定。

传统村落成为统治阶级的代理人和统治阶级推行儒家礼教几乎是同步发生的。汉朝时，中国官僚体制发生了巨大的转变。在"罢黜百家，独尊儒术"的同时，汉武帝采纳董仲舒的建议，实行举孝廉制，每年由郡国推举贤人作为大臣候补者。举孝廉一个很重要的方面是要看候选人在乡里的道德行为是否符合儒家"礼"的标准，是否受到父老的称赞，而不仅仅看其行政能力。儒家礼教讲究和睦，所以就有了"亲慈"、"子孝"、"兄爱"、"弟敬"、"夫义"、"妻贤"、"友信"、"邻睦"等标准。为礼教不与法律冲突，汉朝甚至修改当朝法律，官方承认了"互隐"的合理性。宣帝地节四年诏曰：

> 父子之亲，夫妇之道，天性也。虽有患祸，犹蒙死而存之，诚爱结于心，仁厚之至也，岂能违之哉。自今子首匿父母，妻匿夫，孙匿大父母，皆勿坐。其父母匿子，夫匿妻，大父母匿孙，罪殊死，皆上请廷尉以闻。[②]

互隐之法的形成使民间的宗族利益得到了国家的鼓励，有利于民间宗族走向团结，成为一个实体。

---

① 尤其是明清时期的乡绅。
② 见《汉书》卷八《宣帝纪》。

皇帝们非常巧妙地将儒家礼教和宗教、祖先崇拜结合起来，利用礼教来确立其作为国家最高统治者的合法性。杜赞奇（Prasenjit Duara，1988）特地分析了民间的关帝信仰与崇拜。他发现，关羽作为一种象征，从未逃过中央政府的注意——明朝将民众对关羽各个方面的崇拜置于帝国的保护伞下加以控制，朝廷成了"庇护者的庇护者"。到清朝，朝廷对某些非官方的对关羽的解释和传说予以禁止，而官方采取措施将关帝儒家化，使关羽成为"忠"、"孝"的楷模。官方尽力引导关帝信仰为己服务，例如《关圣帝君圣迹图志全集》所述："域中有二大伦焉，曰忠曰孝，……故曰移孝可以做忠，又曰求忠臣于孝子之门。"不管关羽有没有文化，为将其与儒家联结起来，该文又盛赞关羽熟读儒家经典："盖夫子善读《春秋》，鞍马之余手不释卷。"最后，关羽的神灵与皇朝相连了："夫子之灵爽在天，庙祀高堰，屡显神威，尚默佑余安澜底绩，永远平成，则护国庇民之功，岂不大哉？"（杜赞奇，1994）关羽成了统治者控制民众的工具——人们崇拜的关圣帝只是个践行儒家"忠"、"孝"的榜样罢了。同时，中国存在着普遍的祖先崇拜。统治者竭力使民众认同炎黄为共祖，而皇帝是这个大家庭的家长，以证明其君临天下的合法性①。家国同构的社会政治网络由这种拟血缘的关系支撑了起来，宗族礼教中的"孝"顺利地转化为了对帝王的"忠"②。

中央政府不可能直接统治村落，必须借助嵌套于村落的宗族组织来维持其对基层的控制。从汉朝开始，国家体制里的控制制度逐渐和乡村的宗族主义发生了结合现象。但统治阶级又极怕乡村陷入混乱而难以掌控，故类似保甲制等控制技术一直存在。执行保甲制的人无疑只能来自民间，因此经过儒家礼教洗礼的宗族精英便成了保长、甲长。历朝历代赋予这些精英们的权力不等，不过基本都在相同的范围内变化——除协调乡村关系外，他们还拥有诸如主持教化、祭祀活动的权利，甚至有时还拥有司法权。如"秦汉有乡官，三老掌教化，啬夫主收赋税、听讼，游徼掌禁盗贼。"（钱穆，1994）到北宋时，统治阶级更是积极鼓励民间宗族的发展，如宋太宗因华林胡氏家族"同居共爨八百口"而亲自接见族长胡仲尧与其弟胡仲容，并授胡仲容试校书郎之职。此例正表现了统治阶级虽希望宗族能为之所用，但宗族还得满足他们在儒家意识形态上的要求。

宋代又是"保甲"一词的发明者。有宋一代，在推广宗族制的基础上也加强了配套的制度规制。所谓儒家礼教，实质上彻底成了统治工具。在宗族长这个统治者的代理人面前，谁违反了礼教，轻则警告，重则处死，正所谓"阳为德，阴为刑"。同时，统治者利用人们对鬼神的禁畏，使许多禁忌实际上是按照他们

---

① 例如原本对黄帝与孔孟无甚热情的清朝，入关不久即开始祭祀黄帝和尊孔，自诩为道统和学统的继承人。
② 在封建时代，事实上从来都是"忠"、"孝"并提的。

的要求来解释的——不符合礼教的思想与行为成了禁忌，若有违反，鬼神将予以审判。

当然，民众遵守这些礼教标准是有回报的。礼教被人们内化为自己的意识形态，并予以指导实际生活，将在很大程度上减少行为的不确定性——谁违反了这些标准，他将来在这些方面的作为可能不再被人信任。意识形态作为一种行为方式，通过提供给人们一种世界观而使决策更经济（诺斯，1991）。因而儒家意识形态因国家的推崇和能带给民众实在的利益而逐渐深入人心。日本学者谷川道雄便在此基础上认为乡村是一个"自律"的社会——人们以儒家礼教指导日常生产生活，不需要外界的干预而秩序井然（谷川道雄，2002）。

重农抑商政策也被异化为降低治理成本的工具。重农政策本意为少游食而重生产，后来，有人看到了此政策的政治作用。试看《吕氏春秋·尚农》：

古先圣王之所以导其民者，先务于农。民农非徒为地利也，贵其志也。民农则朴，朴则易用，易用则边境安，主位尊。民农则重，重则少私义，少私义则公法立，力专一。民农则其产复，其产复则重徙，重徙则死处而无二虑。舍本而事末则不令，不令则不可以守，不可以战。民舍本而事末则其产约，其产约则轻迁徙，轻迁徙，则国家有患，皆有远志，无有居心。民舍本而事末则好智，好智则多诈，多诈则巧法令，以是为非以非为是。

后稷曰："所以务耕织者，以为本教也。"是故天子亲率诸侯耕帝籍田，大夫、士皆有功业。

此篇将重农抑商政策的政治原因归于农"朴则易用"，而逐"末"者"好智则多诈，多诈则巧法令"。此也应与孔夫子之"民可由之，不可知之"暗通吧（熊得山，2007）。"易用"则治理成本低，所谓愚民，实为"易用"罢了。有此等好处，历朝历代统治者们数千年奉行不悖[①]。重农抑商导致全国范围内经济发展水平的平均化。自宋以来，江南日渐富庶。然其终因国家政权的打压，以农业为根本产业，普通民众生活和其他区域相差并不大。此地工商业或者是朝廷专卖，或者是靠依附官府获得垄断利益，到清为止也没有和其他地区真正拉开距离。经济水平的平均化导致人口流动失去了吸引力，若不是兵灾和饥荒，安土重迁传统的村民们是不会流离家乡去外面讨食的。从微观层面上看，村落里若有人表现出无务农之心，则舆论四起，尽贬之之能事[②]，宗族望重之人更是苦心说教，甚至绳之以宗法，使其固守田园，让其尊长就尊长，让其尽忠就得尽忠。

上述几重因素之作用，使人们大都成了彻彻底底的顺民，不敢越礼教之雷池

[①] 商鞅奖励耕战、汉高祖"令贾人不得衣丝乘车"等政策可能还是为积累财富以利国家，但太平天下的康乾盛世仍以农为本则不能不让人怀疑其目的在于愚民以易用。

[②] 乡村中伦理道德对人们的监督在大多时候是通过舆论来达到的。

一步。安土重迁成了常态，遵守儒家礼教成了荣光，血缘、地缘关系成了人们赖以生存的支撑。人们行为的不确定性因之大幅降低，治理成本随之下降，统治基层也更加容易。这样一个精细的系统，使得中央政府放心地放权予基层村落以自治，充当其代理人。当然地，乡村社会的制度更多地来源于内生，逐渐形成带有俱乐部产权特性的土地私有制度。

二、强制性赋权：国家力量对乡村的渗透

传统村落作为乡村社会的自发组织，在提供土地产权保护及农村公共物品的同时作为村民们互助合作组织而存在，而国家也借助这个非正式组织以统治基层，作为国家代理人成为基层第三方实施的执行主体。不管站在民众还是国家的角度，传统村落都能提供一个使各方得到满意结果的制度安排。儒家意识形态与宗教信仰及宗族主义的结合、广阔的国土与落后的交通并存、政府的重农抑商政策等因素维持着传统村落的长期存在。但对中国来说，鸦片战争以后的一百多年里一直伴随着西方文明的东进、军阀混战和无休止的暴动与革命，即所谓的"数千年未有之大变局"①，社会环境的剧烈变动使作为国家基层单元的传统村落衰落，国家之手深入农村，成为农村基层的权力主体。

国家力量进入农村基层最先是由中央政府推进的。义和团运动后，西方列强希望将中国置于一个有效的中央政府控制下，同时，清政府也需要大量的资金用于赔款与进行现代化建设，使得中央政府有足够的动力去加强对基层的控制，通过"现代化"的政权榨取基层资金。清政府构建基层行政的第一步是于1905年颁布《城镇乡地方自治章程》，成立乡镇作为县以下正式的行政机构，以便利行政之手深入村落。乡镇的设置加强了国家对乡村的征收能力。杜赞奇（Prasenjit Duara，1988）深入研究了从清末开始的国家政权建设，他发现国家政权建设实质上使原有乡村秩序走向破产，其中一个重要原因就是营利性经纪取代了保护性经纪。清末开始废科举、反迷信，强制性地将关公龙王们请出庙宇，并将之改造成新式学堂。科举的废除导致作为政府控制乡村代理人的乡绅逐渐没落，而新式学堂培养出来的精英或者进入城市，或者并不被乡村所承认。作为民间"孝"转"忠"楷模的关公崇拜被废，无疑割断了统治阶级思想霸权和民间自觉意识之间的联系，政府继续鼓吹的忠孝廉耻思想开始沦落，宗族主义遭到致命的打击。儒家意识形态和宗族主义双双失去其原来的权威，乡村出现权力空缺。作为原有乡村精英的替代，土豪劣绅逐渐掌握乡村权力——他们的目的不是维护乡

---

① 李鸿章语。

共同体的利益,而是将他们的职位看成是生财之道。这样的一些村长被乡村所痛恨,难以在村民中得到支持。新型村长们的权力基础不可能是宗族或宗教团体,只能去乡村网络以外,即上级行政机关寻求支持。一个向乡村榨取钱财的行政体系建立起来——上级机关给予村长们权力支持,而村长们依仗上级机关的警察残酷地压榨村民并上交搜刮来的财税与摊派,村公所事实上成了"类"行政机构①,所谓"自治"不过是徒有其表罢了,村落成了缴税和摊派单位。因为各个村落的人口和土地不均,村民被摊派的钱数和他属于哪个村落有很大的关系。村落与村落之间在地域上开始严格划分,之后便逐渐发展成为行政区域。

村落组织成为国家的一部分不是建立在传统村落那种非正式的自律体制上,而是得益于技术进步引致的治理成本下降。近代以来,内河运输开始采用蒸汽动力,全国范围内开始修筑铁路和公路,交通日渐发达。更重要的是,邮电系统建立了起来。交通与通信设施的发展意味着信息成本的下降,从而大幅度削减了上层对基层的统治成本。铁路和公路在促进经济繁荣方面做了重大的贡献,同时也为政府的触角便捷地进入基层创造了条件。统治者很清楚地意识到通信设备对加强统治的作用,如满铁的《中国惯行调查报告》里便记述有一事:乡公所装置了更为先进的通信设备——电话,村民认为这只是为了更有效地控制乡村而已。若村民拖欠税款,乡政府通过电话告知警察,他们便迅速来到村中强力征取(杜赞奇,1988)。尤其新中国成立后,广电网建立了起来,每个村落几乎都安装有大喇叭,这无疑使中央政权对农村的控制更加便捷——农村已经不再是封闭的世外桃源,它可以非常容易地接收到外界的信息,统治者控制基层更加方便②。

如图9-2所示,技术进步使控制基层的边际成本由MC下降到MC′,边际成本与边际收益的交点往右推移,国家可以在能承受的范围内安排更多的治理层级。曲线的移动说明了这样一个历史事实:中央控制的基层的行政组织已经从之前的县扩大到现在的镇,且正在向更基层的村落推进,村俨然成为准行政机构。

从社会的角度来看,技术进步与意识形态变迁改变了乡村的社会生态,传统村落已经难以满足村民们功能性的需要,而这种功能性需要却可以被强大了的政府机构所替代,并由此带来规模经济性。在这种情况下,宗族性嵌套的传统村落逐渐瓦解,而现代的村落组织最终沦为国家权力的一部分,国家意志已然取代传统村落的自发意识。

---

① 之所以称为"类"行政机构是因为这样的村机构建立的目的只在于集聚财力,国家对基层村落更广泛的控制力并没有加强。这就是杜赞奇所指出的"内卷化",即国家对乡村社会的控制能力低于其对乡村社会的榨取能力,国家政权的现代化在中国只是部分地得到实现。

② 如人民公社时期强大的动员能力便得益于这些大喇叭,通过它们播放的革命歌曲和语录在很大程度上影响了村民们的思想。

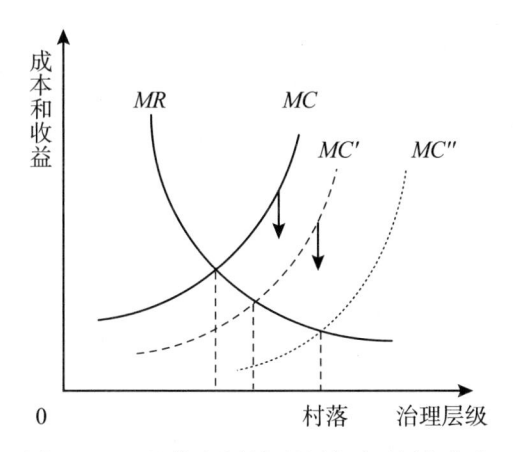

图 9-2 现代中国治理层级与统治成本

（一）由强大的国家提供保护具备规模经济性

交通与通信的发展使得人口流动成本大大降低，农村人口大量流入城镇。农村人口流入城镇也是开放通商口岸和国家重农抑商政策被废的结果——废除重农抑商政策使得经济发展出现区域不平衡，从前的集市发展成为中心城镇，加上西方工商业资本在通商口岸的积累，促使农村人口向中心城镇和口岸的转移。城乡人口流动促进了城镇里的信息向乡村的流动，进一步加速了乡村原有意识形态的瓦解。同时，城镇经济的繁荣以及小农经济的大量破产促使城镇人进入乡村购买土地。技术的进步、经济的发展及国家力量的扩张使村落宗族作为一个组织难以抵抗城镇有钱人对土地的觊觎，不在地主大量出现了。不在地主的出现，对土地的俱乐部产权特性起到了巨大的破坏作用，村落宗族体系部分丧失了保护土地产权的功能，代之以建立在政府强制力基础上的交易系统，社会形成了排他与交易混合的土地产权保护系统。到人民公社时期，土地的村集体所有制得以重建，但宗族系统的权威已经消失殆尽，所谓"三级所有、队为基础"是由国家统一规定的所有制结构，带有行政强制性，国家最终取代村落自发的宗族组织成为土地产权的保护者[①]。

（二）村落公共物品的提供需要国家的参与

传统村落的村民互助与公共物品的提供以宗族为基础并由宗族长老主持。但是，思想解放运动、人口的大量流动使宗族成员对宗族、地域的归属感大大降低，同时，宗族长老的权力在行政性的村长压制下逐渐削弱，失去了对宗族的控

---

① 在当代农村，宗族势力对农村土地的转让与买卖几乎不存在影响力，原因即在于国家政权建设到人民公社时期便彻底剥夺了宗族对土地的权利。

制。加之，传统村落本身难以承担现代农村公用设施需要的大量人力物力投入，需要向上级机构①或者外部单位②寻求支持，进行融资。村落和外部力量沟通需要协调人，体制内的村长或村支书显然比从前的宗族长老更有效。因此，农村公用设施的提供在行政力量的干预下由长老主持转变成村长或村支书主持。尤其到了人民公社时期，在"全能型"人民公社的领导下，生产大队在上级机关的帮助下几乎包揽了村落包括文教卫生、治安保卫、武装、民政、调解等各项公共物品的提供，原有的宗族性公共物品提供体系被彻底废弃。

第一，传统互助救助体系被替代。首先，机器在农业生产中大量使用使农业不再需要繁重的体力投入，农忙季节村民之间的相互帮扶已变得不那么重要。经济社会的发展也使村民经济来源多元化，村民对农业的依赖性慢慢下降。即便是遇到灾荒年月，村民对救济的需求已经大大降低。其次，村落难以满足村民们对一些诸如人身保险等新的互助需求，只能求助其他组织。也就是说，传统需求的下降和新需求的出现使得村落独立承担互助与救助不再经济，但由强大的政府组织或保险公司等外部机构承担却具备规模效应。因此，以前以宗族为基础的村民互助走向没落，取而代之的是行政机构或外部交易体系参与的互助系统。

第二，第三方实施功能被国家所替代。在熟人社会，许多的交易是自我实施的结果，有了纠纷，大都由本村长老进行仲裁。但是，由于技术进步，各个村落之间，甚至是农村和城市之间的贸易迅速发展。这种形态的贸易是匿名交易，即无须知道交易对象的身份和特征。更值得注意的是，这种匿名交易过程中很可能会发生许多转卖行为。匿名交易和转卖行为的纠纷处理远远超出了村落本身的能力——村落长老的仲裁即便对本村落成员有效力，但根本无法约束其他的交易参与者——于是需要一个更有效的第三方来执行对交易双方的监督。上文已经提到，同样由于技术进步，国家已经有能力将触角伸入基层农村，而且国家在进行第三方仲裁时，具备规模经济优势，因此作为农村新的第三方实施主体，顺理成章地完成了对村落组织的替代。

三、从"土地改革"到家庭承包制：国家的角色

真正将村落纳入国家权力系统是在共产党取得政权后。为了兑现"耕者有其田"的承诺，共产党在全国范围内进行了规模宏大的土地改革。土地改革之初，国家派遣大批工作队到农村主持土改时发展了大批共产党员作为新的村落领

---

① 如乡镇政府、人民公社。
② 如农村信用社。

导。这些新加入的共产党员基本是贫下中农，之前几乎从来没有进入过农村权力核心，因而他们最初的权力基础也难以从传统的宗族结构中得来，而只能依靠国家，通过国家的强制来获得实施土地改革的合法性。

土地改革后，农民确实分得了土地，然而这些土地是由国家通过剥夺地主或富农的方式得以界定，一旦国家意志发生改变，土地产权安排就有变动的可能。事实上，土地私有制不符合共产主义意识形态，且国家实现工业化的发展目标需要大量资金，而这些资金只能通过提取农业剩余获得①。为了既符合共产主义意识形态，也能够最大限度地从农村汲取资源，国家很快收回了分给农民的土地，转而实行人民公社制度。在人民公社体制下，国家对农村的控制进一步加强：每个生产大队②设立了基层党组织，创建起一个党政合一的高度集中体制。人民公社取代了之前相对弱势的乡镇组织而成为一个"全能型"的政府机构③，并作为上级组织直接指导生产大队的各项工作，生产大队也成为"全能型"的"被指导者"——它的干部领导村民们的生产、生活，生产大队在国家计划指导下，实行独立核算，大队干部作为国家代理人负责所在大队的缴税工作，生产大队事实上作为国家获得农村资源的生产、征收组织而存在。

实施土地公有制的人民公社制度对农民缺乏激励，严重束缚生产力的发展。改革开放后，生产大队虽然重新改组为村，土地也被承包到户，但为了保证意识形态内的合理性，国家仍然确立了土地的集体所有制。土地家庭承包制的确立由国家主持，初衷是调动人们的生产积极性，国家通过村组织集中资源的目的并没有变化，国家意志仍然深入村落，左右着村落的发展。国家长期在农村征收大量财税，农村承担着超额的负担。相比起城市来，农村日渐衰败。然而，农村的稳定与否直接关系到政权的稳定，在新的形势下怎么建设农村是一个非常值得关注的问题。时下比较流行所谓"村民自治"，尤其在农业税被取消，国家不再将农村作为财税来源的情况下，学界有种观点认为国家意志正从乡村撤出，即村落将实现真正的自治。但是现实却是村的党组织并没有减弱的迹象，甚至村长和村支书逐渐合一，由党组织发挥政权的作用，尽一切力量强化国家，或者说是党在基层的存在，以保持农村的稳定，并加强政权的合法性。在这种状况下，国家无时无刻不存在于村民的生产与生活中，村干部仍然是一些秉承国家旨意努力维持村落稳定的代理人。因此，虽然法律并不承认村作为行政机构的存在，但事实上已经成为国家的一部分——无论从法律的

---

① 1952~1986年，国家从农业中隐蔽地抽走了 5 823.74 亿元的巨额资金，加上农业为国家缴纳的税收 1 044.38 亿元，两项合计 6 868.12 亿元，相当于同期全民所有制非农企业固定资产原值的 4/5。
② 生产大队基本是在村落的基础上组建。
③ 譬如中国第一个人民公社嵖岈山卫星人民公社设立了农业、林业、畜牧、工交、粮食、供销、卫生、武装保卫等若干部或委员会，下设生产大队和生产队，实行统一领导，分级管理和组织军事化、生产战斗化、生活集体化。

规定性而言还是从实际来看,国家都是把村民自治作为一种乡村治理的重要工具(熊得山,2007),而国家对乡村土地制度的变迁拥有着决定权。

第二节 土地产权制度:法律规定与实际运作的差异

一、村干部角色与农地制度实施

写在纸上的"制度"与实际实施的"制度"并不总是一致的(罗必良,2005),农村土地制度尤其如此。正如第三章提到的,国家意志的变化直接导致土地产权安排的变动,除了官僚集团追求某些利益群体的利益诉求而导致产权制度的歧视性,而且国家自上而下的经常性干预,也使得产权具有模糊化的倾向。

在农村,国家意志往往是通过村干部来达成的。我们利用广东省佛山市市委党校在2011年5月集中培训全市村干部的机会,对参加培训的村干部进行了问卷调查。本次调查共发放调查问卷150份,回收138份,其中有效问卷109份。样本涵盖佛山市4区23镇的行政村,具有较好的代表性。在问到"本村农用农村土地流转过程中起最大作用的是谁?"时,被调查的村干部有12.4%选择"村里能人",26.8%选择"农户",42.27%选择"村委会或党支部",24.74%选择"村支书或村长",13.4%选择"上级领导",2%选择"其他"。其中,在被调查者中,有高达61.2%的村干部选择了"村委会或党支部"和"村支书或村长"两选项中的至少一项,说明目前在农村农地流转中起最大作用的就是村干部(如表9-1所示)。

表9-1　　　　　　　对农用土地流转作用最大的群体比例

选项	比例(%)
村里能人	12.4
农户	26.8
村干部*	61.2
其中:村委会或党支部	42.27
村支书或村长	24.74
上级领导	13.4
其他	2

注:*调查问卷里面并没有"村干部"的选项,因此只要被调查者选择"村委会或党支部"和"村支书或村长"中任意一项,则认为被调查人选择了"村干部",其中"村委会或党支部"为团体层面,"村支书或村长"为个人层面。

这个现实和法律的规定间存在巨大差异——《农村土地承包法》第三十四条规定"土地承包经营权流转的主体是承包方。承包方有权依法自主决定土地承包经营权是否流转和流转的方式。"作为承包方的农户的权利在实际的土地流转中被作为发包方的村集体所侵蚀，农村土地流转过程中村干部占有绝对主导地位，他们是农村中的"高权力者"，成为诺斯意义上的"制度企业家"，即"当技术进步、要素价格比率变化或者信息成本变化导致相对价格变化时，这些企业家为了捕捉这些机会，相互认同某些行动规则来实现知识交流和预期稳定"（周业安等，2005）。

我们考察了村干部在解决和处理土地问题时对各方意见的重视程度，以此来反映村干部目前的角色定位。本次调查表明，村干部在行为方面重视农户意见的同时，对上级领导、自身的主张也有了较大关注。当问到"在解决和处理土地问题时对自己主张的重视程度如何"时，回答"非常高"的占15.6%，"比较高"的占45.9%，"中等"的占30.3%，"比较低"的占8.3%，"非常低"的为0，其中"非常高"、"比较高"、"中等"三项之和为91.7%。相比来说，对上级领导意见的重视程度"非常高"、"比较高"、"中等"三项之和为90.9%，对农户意见的三项之和则为90.8%（见表9-2）。可以看出，村干部们在充当政府代理人的同时，已经逐渐成为拥有自身诉求的群体，他们是拥有独立利益的"经营者"。这种独立的利益诉求则很可能在代表国家执行土地政策时掺入自己的声音，使土地制度更具歧视性。

表9-2　村干部在解决和处理土地问题时对各方意见的重视程度

对各方意见的重视程度	非常高	比较高	中等	比较低	非常低
个人主张	15.6%	45.9%	30.3%	8.3%	0
上级领导意见	18.3%	56%	16.5%	7.3%	1.8%
农户意见	27.5%	45.9%	17.4%	6.4%	2.8%

二、地权的法律规定与农民认知

（一）农地所有权：法律的规定与农民的认知

从国家赋权的表象来看，农村土地的所有权似乎是一个已经明晰的问题：《宪法》第十条第二款规定，农村和城市郊区的土地，除由法律规定属于国家所有的以外，属于集体所有；宅基地和自留地、自留山，也属于集体所有。另外，

《中华人民共和国土地管理法》第十条规定：农民集体所有的土地依法属于村农民集体所有的，由村集体经济组织或者村民委员会经营、管理；已经分别属于村内两个以上农村集体经济组织的农民集体所有的，由村内各该农村集体经济组织或者村民小组经营、管理；已经属于乡（镇）农民集体所有的，由乡（镇）农村集体经济组织经营、管理。也就是说，拥有土地所有权的应该是行政村、村民小组，少数情况下也可能属于乡镇集体所有。然而，正如前面所述，行政村实质上是一级"准"行政机构，村干部代表着国家行使权力。为了加强权威性，村干部们在处理农村事务，甚至仅仅是发表自己的意见，提出自身利益诉求的时候，习惯于强调"国家"背景。由此，给农民们一种错觉，即认为村委会以及村干部们代表着国家在行使对土地的所有权——事实上，虽然人们不一定了解土地赋权的前因后果，但都能感觉到国家这一土地的"终极所有者"的存在，而这种错觉就直接导致了大部分农民误认为土地属于国家所有。另外，农民有种天生的眷恋土地的情节，认为土地是得以安身立命的根本，而且他们会认为，世世代代在土地上耕作的农民们，才是土地真正的主人。

我们的预调查（广东省 294 个样本农户）在一定程度上证实了上述推断（见表 9 - 3）。

表 9 - 3　　　　　　　　　权属认知频数分析

程度	国家		乡镇政府		行政村		村民小组		农户	
	频率	百分比	频率	百分比	频率	百分比	频率	百分比	频率	百分比
完全不同意	52	17.7	125	43.4	130	45.1	116	40.3	100	34.7
比较不同意	13	4.4	70	24.3	63	21.9	61	21.2	38	13.2
一般	27	9.2	51	17.7	39	13.5	31	10.8	31	10.8
比较同意	32	10.9	24	8.3	31	10.8	34	11.8	28	9.7
完全同意	169	57.7	18	6.3	25	8.7	46	16.0	91	31.6
合计	293	100.0	288	100.0	288	100.0	288	100.0	288	100.0
均值	3.863		2.097		2.160		2.420		2.903	
方差	2.433		1.503		1.779		2.251		2.883	

如表 9 - 3 所示，认同土地属于国家的均值为 3.863，认同属于农户的均值为 2.903，均大大大于认同属于乡镇、行政村和村民小组的均值。从百分比来看，有 57.7% 完全认同土地属于国家，有 31.6% 完全认同土地属于农户，而分别仅有 6.3%、8.7% 和 16% 的被调查者完全认同土地属于乡镇、行政村和村民小组。

我们进一步考察被调查者的不同特征对土地所有权的认知情况（见表 9 - 4）。

表 9-4 农民特征与农地所有权认知的 T 检验结果

序号	样本组	农地国家所有权认知			农地乡镇所有权认知			农地行政村所有权认知			农地村小组所有权认知			农地农户所有权认知		
		样本量	均值	Sig.	样本量	均值	Sig.	样本量	均值	Sig.	样本量	均值	Sig.	样本量	均值	Sig.
1	年龄≥51	141	3.816	0.614	137	2.241	0.060	137	2.299	0.091	137	2.613	0.038	140	2.957	0.598
	年龄<51	152	3.908		151	1.967		151	2.033		151	2.245		148	2.851	
2	初中及以上文化程度	175	3.680	0.017	175	2.137	0.425	175	2.234	0.155	175	2.566	0.042	172	3.023	0.166
	初中以下文化程度	105	4.124		101	2.020		101	2.010		101	2.198		104	2.731	
3	主业为农业	231	4.009	0.013	226	2.199	0.001	226	2.217	0.218	226	2.460	0.459	227	2.991	0.039
	主业为非农或兼业	52	3.327		52	1.654		52	1.962		52	2.288		51	2.451	
4	单产高或一般	204	3.931	0.367	201	2.184	0.144	201	2.254	0.095	201	2.552	0.022	201	3.005	0.225
	单产低	56	3.696		55	1.909		55	1.927		55	2.055		55	2.691	
5	农用资产≥600*	148	3.750	0.182	148	2.169	0.308	148	2.128	0.671	148	2.459	0.671	148	3.102	0.033
	农用资产<600	143	3.993		138	2.022		138	2.196		138	2.384		139	2.676	
6	加入合作社	114	3.640	0.080	114	2.184	0.416	114	2.246	0.447	114	2.632	0.089	111	2.964	0.799
	未加入合作社	158	3.987		153	2.059		153	2.118		153	2.307		156	2.910	
7	享受养老保险	137	3.985	0.153	136	2.162	0.553	136	2.221	0.626	136	2.346	0.284	136	2.662	0.009
	不享受养老保险	151	3.722		147	2.075		147	2.143		147	2.537		147	3.184	
8	享受医疗保险	268	3.873	0.730	266	2.098	0.382	266	2.165	0.906	266	2.451	0.315	264	2.924	0.723
	不享受医疗保险	19	4.00		16	2.375		16	2.125		16	2.0625		18	2.778	
9	党员	97	3.732	0.808	96	2.021	0.184	96	2.208	0.815	96	2.583	0.625	94	3.160	0.214
	非党员	143	3.783		143	2.245		143	2.252		143	2.483		143	2.874	
10	村干部	99	3.657	0.287	97	2.082	0.420	97	2.216	0.835	97	2.588	0.515	96	3.177	0.136
	非村干部	141	3.879		141	2.220		141	2.255		141	2.454		141	2.837	

注：*因样本中有大量的"0"存在，故以中位数"600"为割点，而不以均值为割点。

如表 9-4 所示，年龄在 51 岁及以上的人会比年龄小的人更认同土地属于乡镇、行政村以及村民小组，可能是因为这些人作为 20 世纪七八十年代划分承包地的当事人，对家庭承包责任制有更多的感性认识。从文化程度层面看，初中以下文化程度的人更认同土地属于国家，而初中以上文化程度的人则更认同土地属于村小组，这应是文化程度更高的人有更多接触相关家庭承包责任制的材料，因此也有着更正确的认识。不过，值得注意的是，初中及以上文化程度的人认同农地属于国家的均值为 3.680，而认同农地属于村民小组的均值仅为 2.566，说明即便教育程度更高，他们也更觉得农地属于国家，而不是集体。随着农民兼业和非农化现象越来越普遍，探寻兼业和非农农民的土地权属认知的意义也越来越重要。表 9-4 显示，兼业和非农农民比之主业为农业的农民更不认为农地属于国家和属于农户，这可能是对于以农业为主业的农民来说，土地权利的来源在国家，希冀国家来保证土地产权的稳定性。同时，作为对土地的眷恋者，他们天生地更愿意土地属于自己。考察农业单产对土地权属认知的影响，我们发现单产低的人更不认同土地属于集体，原因可能在于他们对现有的农地制度并不满意，而往往是村集体出面压制他们进行土地调整的诉求。如果农业专有性资产比较多，则农民更希望有一个稳定的地权，当然也有可能是因为有一个稳定的地权，农民才更愿意投资农业专用性资产。表 9-4 显示，农业专用性资产与农民认同农地属于农户正相关。现有的合作社主要以村民小组为单位，因此加入合作社的农民更认同农地属于村民小组，而不是国家。一直以来，土地都承担着重要的保障功能。表 9-4 也说明，对于没享受养老保险的人来说，更愿意农地属于农户，而不是其他的主体，以获得比较稳定的生活保障来源。不过，我们也可以发现，是否享受医疗保障和农民对农地权属的认知没有相关性。虽然很多人可能会认为党员和村干部会更了解国家政策，但数据分析并没有表明他们比一般的农民更"高明"。

（二）农地流转权的法律规定与农民的认知

在农地流转权方面，人们也出现了对权利认知的混淆现象。我们重点调查了农民对农地的买卖权、赠予权、出租权、入股权、互换权和抵押权的认知。为了表述的方便，下面我们将"认同能私自将承包农地卖给别人"表述为"私自买卖权认知"；将"认同能私自将承包农地赠予给别人"表述为"私自赠予权认知"；将"认同能私自将承包农地作为抵押物"表述为"私自抵押权认知"；将"认同能私自将承包农地出租给别人"表述为"私自出租权认知"；将"认同能私自将承包农地入股"表述为"私自入股权认知"；将"认同能私自将承包农地与别人互换"表述为"私自互换权认知"；将"认同经集体组织同意可以把农地卖给别人"表述为"集体买卖权认知";将"认同经集体组织同意可以把农地赠予别人"表述为"集体赠予权认知";将"认同经集体组织同意,可以把农地作为抵押物"表述为"集体抵押权认知";将"认同经集体组织同意,可以把农地租给别人"表述为"集体出租权认知";将"认同经集体组织同意,可以将农地入股"表述为"集体入股权认知";将"认同经集体组织同意,可以将农地与别人互换"表述为"集体互换权认知"(见表9-5)。

表9-5　　　　农地的买卖权、赠予权和抵押权认知频数分析

权利认知	私自买卖权		集体买卖权		私自赠予权		集体赠予权		私自抵押权		集体抵押权	
	频率	百分比	频率	百分比	频率	百分比	频率	百分比	频率	百分比	频率	百分比
完全不同意	193	68.2	98	34.5	138	47.9	99	34.5	174	60	112	38.9
比较不同意	47	16.6	49	17.3	60	20.8	48	16.7	59	20.3	52	18.1
一般	12	4.2	30	10.6	16	5.6	24	8.4	15	5.2	26	9.0
比较同意	18	6.4	66	23.2	39	13.5	66	23.0	22	7.6	51	17.7
完全同意	13	4.6	41	14.4	35	12.2	50	17.4	20	6.9	47	16.3
合计	283	100.0	284	100.0	288	100.0	287	100.0	290	100.0	288	100.0
均值	1.625		2.658		2.212		2.721		1.810		2.545	
方差	1.256		2.254		2.133		2.405		1.545		2.367	

从法律层面看,农地属于集体所有,因此不能买卖,不能赠予,也不能抵押。我们的预调查显示,认为能够私自买卖、赠予农地的比例并不高:对于私自买卖权认知,选择"比较同意"和"完全同意"两项之和为11%;对于私自赠予权认知,选择"比较同意"和"完全同意"两项之和为25.7%,对于私自抵押权认知,选择"比较同意"和"完全同意"两项之和为14.5%。然而,对于集体买卖权认知,选择"比较同意"和"完全同意"的人达到了37.6%,提高了26.6个百分点;对于集体赠予权认知,选择"比较同意"和"完全同意"的人是达到了40.4%,提高了14.7个百分点;对于集体抵押权认知,选择"比较同意"和"完全同意"的人为34%,提高了19.5个百分点。也就是说,虽然大部分人都并不认为私自买卖、赠予和抵押农地是合理的,但他们认同如果经过集体同意(当然大部分时候实际就是村干部同意),这些本不合法的做法的合理性有了较大程度的增强。

再考察农民们对出租权、入股权和互换权的认知情况。《中华人民共和国土地承包法》第三十七条规定,土地承包经营权采取转包、出租、互换、转让或者其他方式流转,……采取转包、出租、互换或者其他方式流转的,应当报发包

方备案。第四十二条规定，承包方之间为发展农业经济，可以自愿联合将土地承包经营权入股，从事农业合作生产。《最高人民法院关于审理涉及农村土地承包纠纷案件适用法律问题的解释》第十四条则规定，承包方依法采取转包、出租、互换或者其他方式流转土地承包经营权，发包方仅以该土地承包经营权流转合同未报其备案为由，请求确认合同无效的，不予支持。

从上述法令可以看出，农地采取出租、入股和互换等方式进行流转的，农户具有完全的权利独自决策，而只需在完成流转后报发包方备案，以防止日后纠纷的发生。我们的调查显示（见表9-6），对于私自出租权认知，选择"比较同意"和"完全同意"两项之和为66.3%；对于私自入股权认知，选择"比较同意"和"完全同意"两项之和为32%；对于私自互换权认知，选择"比较同意"和"完全同意"两项之和为65%。然而，对于集体出租权认知，选择"比较同意"和"完全同意"的人达到了83.4%，提高了17.1个百分点；对于集体入股权认知，选择"比较同意"和"完全同意"的人达到了64.5%，提高了32.5个百分点；对于集体互换权认知，选择"比较同意"和"完全同意"的人达到了79.5%，提高了14.5个百分点。也就是说，大部分人认为私自出租、入股和互换农地是合理的，而且在经过集体同意后，这种合理性得到了大幅提升。

表9-6　　农地的出租权、入股权和互换权认知频数分析

权利认知	私自出租权		集体出租权		私自入股权		集体入股权		私自互换权		集体互换权	
	频率	百分比	频率	百分比	频率	百分比	频率	百分比	频率	百分比	频率	百分比
完全不同意	57	19.6	21	7.3	103	38.7	43	16.1	54	18.7	29	10.1
比较不同意	30	10.3	14	4.8	50	18.8	31	11.6	29	10.0	9	3.1
一般	11	3.8	13	4.5	28	10.5	21	7.9	18	6.2	21	7.3
比较同意	82	28.2	96	33.2	42	15.8	76	28.5	74	25.6	96	33.3
完全同意	111	38.1	145	50.2	43	16.2	96	36.0	114	39.4	133	46.2
合计	291	100.0	289	100.0	266	100.0	267	100.0	289	100	288	100
均值	3.550		4.142		2.519		3.566		3.571		4.024	
方差	2.400		1.379		2.319		2.171		2.364		1.571	

从认知角度来看，农民们难以自由决策进行农地流转——完全同意可以私自买卖、赠予、抵押、出租、入股和互换的样本比例分别为4.6%、12.2%、6.9%、38.1%、16.2%和39.4%。然而，如果获得集体的允诺，比例都得到了一定的提升，即在得到集体的允诺后，某些不合法的做法将具备一定的合理性，同时，某些即便是合法的做法，其本身的合理性可能被质疑，而在有了集体的允

诺后，其合理性也将得到提升。反过来说，即便农民某些诉求是合法的，如果村集体不同意，则这些诉求的合理性将有一定程度的下降。这意味着，农民们将一部分的土地权益交予了集体。在农民处于原子化的境况下，在任村干部是强势的力量，因为原子化的农民是分散的，是难以集体行动的，是组织起来成本极其高昂的群体（贺雪峰，2004）。一部分的土地权益交予集体，实际就是交予了村干部。正如前面所提到的，村干部已经不仅仅是维护村庄的"监护人"和国家的"代理人"，他们还是一群有着自己利益诉求的"经营者"，因此对农地政策的解读往往带有歧视性，并通过"集体"的力量将这种歧视性付诸实施。

三、权属认知对农地流转的意义

法律的规定，或者说国家的赋权方式不一定就是现实执行的制度。青木昌彦（2001）提到："制度是关于博弈重复进行的主要方式的共有信念自我维系系统。……不同于博弈规则论的观点，我们不认为规则是外生给定的，或者是由政治、文化和元博弈决定。成文的法律法规也许会引致制度的变迁，但他们自身不是制度。我们认为博弈规则是由参与人的策略互动内生的，存在于参与人的意识中，并且是可以自我实施的。"因而，我国农地流转制度环境由外部环境和参与主体共同构成（徐美银等，2009），有关农地流转制度的法律规定只有得到博弈各方的认同并达到均衡状态，才可能成为博弈规则，即如果法律规定不能成为博弈参与者共享的心智模式，则法律的作用必然弱化，甚至是无效的，博弈参与者的认知于是有了极其重要的制度意义：第一，是博弈规则的来源，即博弈双方为达成共同信念的组成部分；第二，为博弈参与者的行为提供心理支持，即如果认为某件事情应该是怎么样的，则博弈参与者更容易被说服基于这种认知实施行动。进一步地，模糊的农地产权将导致行动者采取与权属认知一致的行动。

农地所有权认知与流转权认知的相关分析结果表明（见表9-7和表9-8），农民对土地的买卖、出租、入股、赠予、互换以及抵押等土地流转相关权益的认知和他们对农地权属的认知之间有着显著的相关关系。总体来说，农民对土地的处置权和相关流转权益的认知和农地国家所有权认知之间呈负相关关系，和农地的农户所有权认知之间呈正相关关系。也就是说，如果农民更倾向认同土地属于国家，则他们更不认同可以通过出租、入股、抵押等方法实现农地的流转。相反地，如果农民更倾向于认同土地属于农户，则他们更认同可以通过出租、入股、赠予、抵押等方式实现农地流转。

表 9-7　　所有权认知与私自流转权认知的相关分析

序号	变量	1	2	3	4	5	6	7	8	9	10	11
1	国家所有认知	1										
2	乡镇政府所有认知	0.242***	1									
3	行政村所有认知	0.037	0.700***	1								
4	村小组所有认知	-0.125**	0.523***	0.562***	1							
5	农户所有认知	-0.355***	0.268***	0.277***	0.337***	1						
6	私自买卖权认知	-0.043	-0.007	0.110*	-0.045	0.081	1					
7	私自赠予权认知	-0.056	0.097	0.062	0.074	0.191***	0.279***	1				
8	私自抵押权认知	-0.080	0.088	0.125**	-0.037	0.071	0.188***	0.244***	1			
9	私自出租权认知	-0.068	0.235***	0.265***	0.072	0.180***	0.283***	0.138**	0.369***	1		
10	私自人股权认知	-0.023	0.125**	0.085	0.014	0.071	0.140**	0.249***	0.470***	0.205***	1	
11	私自互换权认知	-0.143**	0.021	0.016	0.022	0.280***	0.173***	0.136**	0.228***	0.346***	0.172***	1

注：* $p<0.1$；** $p<0.05$；*** $p<0.01$。

表9-8 所有权认知与集体流转权认知的相关分析

序号	变量	1	2	3	4	5	6	7	8	9	10	11
1	国家所有认知	1										
2	乡镇政府所有认知	0.242***	1									
3	行政村所有认知	0.037	0.700***	1								
4	村小组所有认知	-0.125**	0.523***	0.562***	1							
5	农户所有认知	-0.355***	0.268***	0.277***	0.337***	1						
6	私自买卖权认知	-0.161***	0.013	0.048	0.106*	0.164***	1					
7	私自赠予权认知	-0.047	0.105*	0.039	0.097	0.225***	0.414***	1				
8	私自抵押权认知	-0.109*	-0.024	0.030	0.015	0.018	0.151**	0.137**	1			
9	私自出租权认知	-0.173***	0.046	0.149**	0.130**	0.049	0.204***	0.276***	0.403***	1		
10	私自入股权认知	-0.013	0.049	0.073	0.050	0.055	0.096	0.195***	0.389***	0.354***	1	
11	私自互换权认知	-0.220***	0.014	0.023	0.147**	0.217***	0.344***	0.171***	0.215***	0.312***	0.271***	1

注：* $p<0.1$；** $p<0.05$；*** $p<0.01$。

进一步地,我们检验了流转权认知和农户们实际行动之间的关系。如表9-9所示,除私自入股权认知外,其他的各种认知均和农户采取某种行动显著相关,即如果农户更认同拥有对农地进行私自流转或经集体同意可以流转的权利,则农地流转更可能发生。

表9-9　　　　　　　　流转权认知与行为的独立样本 T 检验

样本组	样本量	均值	Sig.	样本量	均值	Sig.
1		私自买卖权认知			集体买卖权认知	
有将农地买卖过	5	3.200	0.095	5	4.2	0.000
没将农地买卖过	276	1.601		277	2.632	
2		私自赠予权认知			集体赠予权认知	
有将农地赠予过	22	3.682	0.000	22	3.909	0.000
没将农地赠予过	264	2.080		264	2.614	
3		私自出租权认知			集体出租权认知	
有将农地出租过	133	3.737	0.070	132	4.280	0.091
没将农地出租过	155	3.406		154	4.045	
4		私自入股权认知			集体入股权认知	
有将农地入股过	13	2.385	0.804	13	4.462	0.011
没将农地入股过	246	2.492		247	3.506	
5		私自互换权认知			集体互换权认知	
有将农地互换过	102	4.265	0.000	102	4.353	0.000
没将农地互换过	185	3.178		184	3.837	

第三节　农户特征、权属认知与家庭承包制期限满意度

上面的分析显示,在国家赋权的大框架下,官员以及作为国家在农村代理人的村干部的行为导致人们对土地权属的认知产生混淆。作为内生的制度,农民们的权属认知如果与国家赋权这种强制性的外部制度安排不一致的话,两者达成均衡则相对更难——如果法律和个体的行动规律一致,则它们将按同一个方向作用,人类社会的博弈就会如行云流水,结局圆满。但如果两者相互抵牾,那博弈的结果将苦不堪言,社会在任何时候都会陷入高度的混乱之中(青木昌彦,2001)。

我们可以通过衡量人们对于给出的外部制度的满意程度来衡量内生制度与外生制度是否达成均衡，即如果产生了一种认知均衡，则人们将对国家的强制性赋权安排表示满意，否则将不满意。

一、农户特征与满意度

家庭承包制度具有两个重要特征：一是从初始的制度安排上并没有十分清晰的权属界定，二是在国家层面则有明确的时间期限。由此，家庭承包制的实际运作具有灵活性与可变性，但时间的约束往往被人们怀疑会导致行为主体的预期不足。因此，本节侧重于从农户的个体特征及其法律赋权的权属认知的角度，利用预调查农户数据来评价家庭承包制所规定期限的满意度。

我们以人们对承包期的合理性打分衡量他们的满意度，表9-10显示了预调查中被调查者对农地30年承包期和永久承包期的满意程度。结果显示，选择"比较同意"和"完全同意"两个选项分别为29%和30%，两者之和为59%，选择"完全不同意"和"比较不同意"两个选项分别为12.6%和15.7%，两者之和为28.3%，相比之下大部分人对国家给定的制度还是满意的，虽然仍然有差不多1/3的人表示不满意。再来看假如国家赋予农户永久承包期的话，农民们是否满意。调查结果显示，选择"比较同意"和"完全同意"的比例分别为13.7%和20.5%，两者之和为34.2%。相比之下，选择"完全不同意"和"比较不同意"的比例分别为38%和18.8%，两者之和达到56.8%，说明至少在农民群体里，虽然有很大一部分人希望获得农地的永久承包权，但超过半数的人实际对永久承包的做法并不认同。

表9-10　　　　　　　　对承包期满意程度的频数分布

程度	30年承包期合理		永久承包合理	
	频率	百分比	频率	百分比
完全不同意	37	12.6	111	38.0
比较不同意	46	15.7	55	18.8
一般	37	12.6	26	8.9
比较同意	85	29.0	40	13.7
完全同意	88	30.0	60	20.5
合计	293	100	292	100
均值	3.481		2.600	
方差	1.929		2.516	

将被调查者理想的承包期分成小于 30 年、等于 30 年和大于 30 年三组，以对 30 年承包期和永久承包期的合理程度为因变量做方差分析。从表 9－11 可以看出，人们对国家给定 30 年承包期不满意的原因在于承包期过长，而对给定 30 年承包期满意的原因则在于 30 年承包期足够长——也就是说，那些对家庭联产承包责任制承包期不满意的人认为承包期太"长"，而这种"长"却成为那些对此表示满意的人的原因。

表 9－11　　　　　　　　　　方差分析结果

因变量	组 1	组 2	均值差	标准误
30 年承包合理	合理承包期 < 30	合理承包期 = 30	-1.574***	0.150
		合理承包期 > 30	-0.966***	0.212
	合理承包期 = 30	合理承包期 < 30	1.574***	0.150
		合理承包期 > 30	0.609***	0.199
	合理承包期 > 30	合理承包期 < 30	0.966***	0.212
		合理承包期 = 30	-0.609***	0.199
永久承包合理	合理承包期 < 30	合理承包期 = 30	-1.017***	0.189
		合理承包期 > 30	-2.298***	0.202
	合理承包期 = 30	合理承包期 < 30	1.017***	0.189
		合理承包期 > 30	-1.282***	0.249
	合理承包期 > 30	合理承包期 < 30	2.298***	0.202
		合理承包期 = 30	1.282***	0.249

为了探寻个人特征与满意度之间的关系，我们对预调查的样本数据进行了检验。从表 9－12 可以看出，一方面主业为农业、农业单产高或中等的人更认为 30 年承包期合理，同时，文化程度高、主业为农业、农业单产高或中等、未加入合作社以及不享受养老保险的人更是认为永久承包合理。也就是说，这部分人对较长的承包期更加的满意，即更愿意农地的权属能够更加的固定。这当然好解释——在工业化和城市化快速推进的今天，农地却仍然承担一定的保障功能，另一方面，对于主业为农业、单产更高的人来说，保持产权的稳定性有利于加大对土地的投资力度，进而强化资产专业性，使得农民更加希望获得稳定的土地权利。

表 9-12　承包期合理性与个人特征的独立样本 T 检验

序号	样本组	30 年承包期合理			永久承包合理		
		样本量	均值	Sig.	样本量	均值	Sig.
1	年龄≥51 年龄<51	141 152	3.496 3.467	0.857	137 151	2.496 2.695	0.285
2	初中及以上文化程度 初中以下文化程度	175 105	3.360 3.590	0.169	175 101	2.420 2.838	0.032
3	主业为农业 主业为非农或兼业	231 52	3.584 3.038	0.01	226 52	2.683 2.250	0.075
4	单产高或一般 单产低	204 56	3.632 3.196	0.035	203 56	2.764 2.268	0.040
5	农用资产≥600 农用资产<600	148 143	3.439 3.524	0.600	147 143	2.565 2.650	0.647
6	加入合作社 未加入合作社	114 158	3.342 3.481	0.418	114 153	2.319 2.703	0.047
7	享受养老保险 不享受养老保险	137 151	3.511 3.450	0.712	136 147	2.321 2.833	0.006
8	享受医疗保险 不享受医疗保险	268 19	3.534 3.263	0.408	266 16	2.596 2.895	0.397
9	党员 非党员	97 143	3.639 3.245	0.035	96 143	2.443 2.451	0.972
10	村干部 非村干部	99 141	3.404 3.348	0.762	97 141	2.485 2.386	0.630

二、权属认知与满意度

认知作为一种内生的制度逻辑,在很大程度上决定了外生制度的生命力——给定一个外生的制度,如果内生制度能够和外生制度达成均衡,则意味着和谐;反之,若不能达成均衡,则两者将发生抵触,进而向一个新的均衡运动,导致某一方,或者两方都被修正,并最终达成均衡。也就是说,在影响行动者采取某种行动的倾向外,权属认知还影响个体对国家给定的制度的满意程度。

表 9-13 显示了权属认知与被调查样本对承包期合理性认识之间的关系,我们可以看到,相对低国家所有权认知的人来说,高国家所有权认知的人更觉得 30 年的承包期比较合理。与之相对应的是,相对于低村民小组所有权认知和低

农户所有权认知,拥有高村民小组所有权认知和高农户所有权认知的人虽然对30年承包期是否合理方面并没有显著区别,但他们觉得永久承包更为合理。这说明,当前众多人对给定的承包责任制是否满意决定于他是否认同农地属于国家,即在人们认为农地属于国家的前提下,国家给定的制度才更有权威性。与此同时,对于那些认为农地属于村民小组或农户的人来说,虽然对给定的制度没有显著的偏好,但更认为永久承包是合理的——他们希望获得更多的土地权利。

表9-13 权属认知与承包期合理性的独立样本T检验

序号	样本组	30年承包期合理			永久承包合理		
		样本量	均值	Sig.	样本量	均值	Sig.
1	高国家所有权认知	228	3.596	0.015	227	2.617	0.740
	低国家所有权认知	65	3.077		65	2.538	
2	高乡镇所有权认知	93	3.538	0.582	93	2.645	0.659
	低乡镇所有权认知	195	3.446		194	2.557	
3	高行政村所有权认知	95	3.516	0.721	95	2.716	0.327
	低行政村所有权认知	193	3.456		192	2.521	
4	高村民小组所有权认知	111	3.523	0.642	111	2.829	0.038
	低村民小组所有权认知	177	3.446		176	2.432	
5	高农户所有权认知	150	3.387	0.298	150	2.847	0.004
	低农户所有权认知	138	3.558		137	2.321	

表9-14给出的是被调查者的农地流转权与承包期合理性认识之间的关系。我们可以看出,虽然高私自买卖权认知和低买卖权认知之间对给定的30年承包期的满意程度的差异不显著,但P值仅为0.117。同时,高集体买卖权认知和低集体买卖权认知之间的差异显著——高集体买卖权认知群体认为30年承包期合理的均值为3.321,显著地低于集体买卖权认知群体的3.626。也就是说,相对于低买卖权认知的人来说,高买卖权认知的人对国家给定的30年承包期的不满情绪更高。同样地,集体赠予权认知、私自出租权认知和入股权认知均和买卖权认知一样,相比起低集体赠予权认知、低私自出租权认知和低入股权认知的人来说,高集体赠予权认知、高私自出租权认知和高入股权认知的人对现实的30年承包期更不满意。除此之外,有一个值得注意的结果是,相对应低私自抵押权认知的人来说,高私自抵押权认知的人虽然对30年的承包期的满意度没有明显差异,但他们更认为农地应该被永久性承包——当然,如果农民们拥有了农地的永久承包权,农地才真正完全意义上成为农民们的私有财产,才更容易以抵押品的形式为人所接受。

表 9-14　　　　　流转权认知与承包期合理性的独立样本 T 检验

序号	样本组	30 年承包期合理			永久承包合理		
		样本量	均值	Sig.	样本量	均值	Sig.
1	高私自买卖权认知 低私自买卖权认知	43 240	3.163 3.525	0.117	42 240	2.810 2.521	0.277
2	高集体买卖权认知 低集体买卖权认知	137 147	3.321 3.626	0.064	136 147	2.559 2.639	0.671
3	高私自赠予权认知 低私自赠予权认知	90 198	3.400 3.530	0.462	90 198	2.789 2.510	0.168
4	高集体赠予权认知 低集体赠予权认知	140 147	3.336 3.646	0.059	140 147	2.593 2.605	0.947
5	高私自抵押权认知 低私自抵押权认知	57 233	3.614 3.438	0.393	57 232	3.298 2.405	0.000
6	高集体抵押权认知 低集体抵押权认知	124 164	3.476 3.482	0.972	124 163	2.669 2.515	0.420
7	高私自出租权认知 低私自出租权认知	204 87	3.368 3.736	0.039	203 87	2.626 2.506	0.557
8	高集体出租权认知 低集体出租权认知	254 35	3.465 3.714	0.317	253 35	2.601 2.600	0.998
9	高私自入股权认知 低私自入股权认知	113 153	3.301 3.667	0.034	112 153	2.438 2.621	0.340
10	高集体入股权认知 低集体入股权认知	193 74	3.337 3.892	0.002	192 74	2.464 2.703	0.264
11	高私自互换权认知 低私自互换权认知	206 83	3.467 3.518	0.785	205 83	2.620 2.554	0.752
12	高集体互换权认知 低集体互换权认知	250 38	3.468 3.553	0.727	249 38	2.582 2.579	0.990

再来看处置权认知与农民们对承包期合理性的认识之间的关系。太多的衡量指标往往会使研究无法达成一致结论，因此我们通过主成分分析技术将农民在农地处置和农地流转方面权利的认知综合成更少的指标。首先，我们将"您认同可以私自在自家承包地上建住房"和"您认同可以私自在自家承包地上建厂房"两个问项的结果综合成为农民对农地的农外处置权认知，将"您认同可以私自将耕地挖塘养鱼"、"您认同可以私自在耕地上种果"和"您认同可以私自在耕地上种林木"等三个问项的结果综合成为农民对农地的农内处置权认知。农外

处置权认知两个问项的 Cronbach's α 系数为 0.875, 农内处置权认知三个问项的 Cronbach's α 系数为 0.853, 意味着两者均有较高的信度, 适合进行因子分析。对数据的分析结果显示, 新变量"农外处置权"可以解释两个问项方差的 89.14%, 新变量"农内处置权"可以解释三个问项方差的 77.32%。

表 9-15 显示,不管是农内还是农外,高处置权认知的群体和低处置权认知的群体之间对 30 年承包期合理性的认识并没有显著差异,不过相对于低农外处置权认知的群体,高农外处置权的人更希望获得永久承包权——他们希望在土地上建住房或建工厂,当然希望获得土地的永久使用权。

表 9-15　　　处置权认知与承包期合理性的独立样本 T 检验

序号	样本组	30 年承包期合理			永久承包合理		
		样本量	均值	Sig.	样本量	均值	Sig.
1	高农内处置权认知	123	3.390	0.400	122	2.656	0.615
	低农内处置权认知	166	3.530		166	2.560	
2	高农外处置权认知	113	3.540	0.562	112	3.027	0.000
	低农外处置权认知	177	3.446		177	2.333	

第四节　赋权方式的选择:依据、准则及其逻辑

一、赋权方式选择的准则

正如前面提到的,权利认知作为农村内生的制度体系与国家给定的制度之间存在着不一致性,对于国家给定的农地制度,也有部分民众并不认为是合理的。青木昌彦(2001)提到,内生制度和外生制度相互抵牾,则博弈的结果将苦不堪言,社会在任何时候都会陷入高度的混乱之中。于是,在给定人们对农地权利认知的情况下,我们可以通过修改现行的法律,选择不同的赋权方式来取得内生制度和外生制度的均衡,以有利于社会的和谐。然而,人们的认知不一定是合理的,片面迎合人们的喜好去修改法律法规有可能带来一个让人难以满意的结果,界定赋权方式选择的准则就有着极为重要的意义。

从目前的实践来看,要处理好农村土地问题,就必须切实保障农民权益、保护耕地和推动农地流转,以维护农村稳定、确保可持续发展和促进经济发展。第

一,中国农民有一种世世代代传递下来的对土地深深的眷恋之情,土地是乡下人的"命根"(费孝通,2011),于是很多人都天生地希望自己拥有对土地的支配权,而不愿意土地相关权益被掠夺——当他们的权益被损害的时候,他们将采取措施来维护自己的权益。然而,农民是弱势群体,一般性的措施往往难以起到有效作用,于是有了更为激烈的反抗,由此带来农村社会的不稳定性。所以,保证农民的合法、合理权益成为国家赋权的出发点之一。第二,耕地是人类获取食物的重要基地,维护耕地数量与质量,对农业可持续发展至关重要。党的十六届三中全会指出,要实行最严格的耕地保护制度,保证国家粮食安全,所以,保护耕地当然地成为国家赋权的一个重要准则。第三,农地流转能够在赋予农民充分而有保障的土地承包经营权的前提下,按照效益原则配置土地资源,改变现有分散的、狭小的、低效率的土地使用格局,造就土地集中机制,从而实行规模经营,促进农村经济发展,所以推动农地流转也是农村农地制度变革的一个基本原则。

二、赋权方式选择的基本逻辑

在坚持保障农民权益、保护耕地和推动农地流转等三大准则的基础上,对于那些满足三个准则、人们希望获得但目前尚不合法的权利要求,我们可以修正现有制度,以实现外生制度和内生制度的统一,维护农村稳定、确保可持续发展和促进经济发展。

(一)所有权赋权选择

对于农地所有权,由于共产主义意识形态约束,除新中国成立初期短暂地为农民私有外,一直以来均为国家所有或集体所有。近年来,有人重新提出农地私有化命题,也有人主张赋予农民以永久承包权。但是前文的分析表明,超过半数的农户实际上对永久承包的做法并不认同。另外,如表9-13所示,对于国家给定的30年承包期,高农户所有权认知的人并不比低农户所有权认知的人有显著的不满意。事实上,调查显示,高国家所有权认知的人比低国家所有权的人觉得30年承包期更合理。鉴于低国家所有权认知的人的比例仅为22.1%,那么如果将农地所有权界定给国家,则可能使农民们整体的满意度提升。然而,如表9-4所示,文化程度高的人更认为农地属于村民小组而不是国家,主业为非农或兼业的人的国家所有权认知也显著低于主业是农业的人,这就意味着随着农民文化水平的提高和越来越多涉足非农的人的出现,人们越来越不认为农地属于国家所有。

（二）流转权赋权选择

第一，法律不允许的农地流转相关权利。从表9-14可以看出，相比低集体买卖权认知和低集体赠予权认知的群体，那些高集体买卖权认知和高集体赠予权认知的群体对现有的30年承包期合理性更低，也就是说，那些认为经过集体同意就可以买卖和赠予农地的人对国家给定的30年承包期存在不满情绪。事实上，国家规定土地不得买卖也不得赠予，但是，在非农化日渐增多的今天，许多地区出现了大范围的抛荒现象，一个很重要的原因是拥有这些土地的农民不能将它们出售或者赠予他人——因为土地属于集体。可以很容易推出，机械地坚持不能买卖和赠予农地，既不能起到保障农民权益，也不能保护耕地，更不能推动农地流转；反之，支持农地买卖和赠予一方面有利于减少抛荒，另一方面也能够促进农地流转，实现资源有效配置。基于此，我们有必要在现有集体所有的制度框架里面，鼓励农地在集体内部的买卖和赠予。

第二，法律允许的农地流转相关权利。如表9-14所示，相较于低私自出租权认知、低私自入股权认知和低集体入股权认知群体，高私自出租权认知、高私自入股权认知和高集体入股权认知群体认为30年承包期的合理性更低。比较特别的是，出租权、入股权都是法律明文规定农民们可以享有的，高私自出租权认知、高私自入股权认知和高集体入股权认知群体反而对现有制度不够满意，其原因可能在于，村干部等国家的代理人在执行相关法律法规的时候违反了法律规定，行为具有较强的歧视性，进而损害了农民利益。因此，有必要保障高私自出租权认知、高私自入股权认知和高集体入股权认知群体的相关权益，以提升他们对现有制度的满意度，促进农村社会和谐。

（三）处置权赋权选择

从表9-15可以看出，农民们处置权认知的高低和现有制度之间并没有显著联系，只有那些高农外处置权认知的人更愿意农地被永久承包，以保证从非农用途得来的利益。然而，在农地上建厂房或住房都损害了保护耕地这一基本国策，理应被禁止。

第十章

产权强度Ⅱ：社会认同与农民的土地权益

本章的目的是通过比较土地权益的社会认同和法律赋权的差异，以期理解农民土地权益在社会现实中被尊重与认可的状态。

第一节 社会认同与产权实施

社会认同理论（Social Identification Theory）来源于泰弗尔（H. Tajfel）于20世纪70年代初的开创性贡献。通过一系列的实验研究，泰弗尔（1970）发现，对群体成员身份的意识是产生群体行为的最低条件。即使是把人分配到一个简单、无意义的类别中去，也足以产生群体取向的知觉与行为。社会认同理论强调了社会认同对群体行为的解释作用。在此基础上，特纳和泰弗尔（Turner and Tajfel, 1986）区分了个体认同与社会认同，认为个体认同是指个人的认同作用，或通常说明个体具体特点的自我描述，是个人特有的自我参照；而社会认同是指社会的认同作用，或是由一个社会类别全体成员得出的自我描述，是"一个社会的成员共同拥有的信仰、价值和行动取向的集中体现，本质上是一种集体观念，它是团体增强内聚力的价值基础"。伯克（Burke, 1991）进一步认为，认同具有自动控制系统的作用：它具有降低不协调的机制，由此人们可以修正自己的行为，达到与其内在的认同标准一致的目的。

产权强度的高低依赖于强制性的法律安排与社会认同的一致性程度。在一个国家社会状态下，产权的强度首先依赖于法律赋权的强制性。然而其强制性的界定、实施及其保护是需要支付成本的。其成本的高低与社会认同紧密关联。

从更一般的角度来说，社会认同可以表达为一套关于产权的意识形态。诺斯（2000）认为，意识形态不同于道德，虽然两者都属于对世界总体认识的范畴，起着节约信息费用的作用，但意识形态主要是对制度、特别是对交换关系正义与否的判断，其核心问题是人们关于制度公正性的看法。一致性的意识形态可以替代规范性的规则和服从程序。由此，我们在现实乡村总是能够不断发现，一套关于产权的法律规定，往往具体表达为实际运行的乡规民约。

因此，社会认同对产权是重要的。

第一，社会认同是产权的一种表达方式。产权可以用法律赋权来表达，强调正式的、外生的制度权威性；也可以用个人行为能力来表达，产权主体的行为能力成为分配法律界定之外的剩余权益或者非法攫取产权权益的手段；产权还可以用社会认同表达，社会认同是内生制度，是社会成员的主观博弈均衡。

由于信息不完全与智力不完全等因素造成的有限理性，每个人都会利用这一特征来采取机会主义行为。比如，有目的、有策略地利用信息，按个人目标对信息加以筛选或扭曲（如说谎、欺骗等）；或者违背对未来行动的承诺。前者源于环境的不确定性与信息不对称性，后者源于产权结构的不完全性。当然，为了克服这种行为，理论上一个法制社会可以设计并实施完整的不减弱的产权结构，但产权的充分界定及行使以及对行为的监督考核是要花费成本的，于是，一个社会就需要通过产权之外的力量来克服"搭便车"。因此，产权主体以社会认同的方式行使权利，能够有效降低产权行使的交易成本。

第二，社会认同代表着产权权益的合理正当。人群共处，各有所需，涉及不同的利益，不免发生冲突，为维护社会生活，自须定其分际，法律乃于一定要件之下，就其认为合理正当的，赋予个人某种力量，以享受其利益（王泽鉴，2001）。由此可见，法律赋权的前提是这种权益的"合理正当"。然而合理正当的评价标准是什么？我们如何判断已有法律所赋权利的正当性？显然，社会认同代表一定的社会评判。符合社会认同的产权，被认为是合理正当的权益。

第三，产权的法律赋权的不完备需要社会认同的补充和修正。产权来源于"法律界定"，然而已有法律制度依然存在不完备和不一致等问题，即就某一产权，存在法律规定之外的剩余产权或不同法律文件规定的权益边界不一致甚至冲突。法律、规则不完备使产权主体在实施产权过程中产生较多的纠纷，那些被社会认同的权益往往因为其正当合理性而得到有效的保护。同时，社会认同与法律的不一致甚至冲突积累到一定程度，就有可能倒逼法律的修正，以使法律赋权更具正当合理性。

第二节 农民土地权益的社会认同：特殊性及其含义

一、农民、土地与政策目标

（一）农民与土地的关系：依存性与背离性

土地是农民生存和福利的保障。土地是大多数农民赖以生存的主要生产资料，土地的生存和福利保障功能主要表现在两个方面：一是农民通过与土地的结合进行生产经营获得收益换取自己生活必需的农产品；二是在年老或者其他原因丧失劳动能力的时候，农民可以通过出租自己的土地获得租金来养活自己。因此农民普遍对土地具有依存性，对以农为生的农民来讲尤为如此。

然而农民对土地的行为又存在背离性。随着工业化和城市化的发展，农业比较收益过低、劳动力流失等原因导致农村出现土地抛荒或粗放经营的现象。农业的老龄化、妇女化以及农业的副业化，进一步弱化土地的生产性功能，从而可能影响到农产品供给特别是粮食生产。

（二）土地权益与政策目标：一致性与冲突性

农民的土地权益与国家的土地政策目标存在农内的一致性与农外的冲突性。

就土地的农内经营而言，农民希望保护耕地，通过农业经营获得农产品，从而获得收益以保证生存和改善生活条件。农民这一目标的实现契合了国家的土地政策目标。保护耕地，进行农业经营既为国家提供了粮食，保障国家的粮食安全，又解决了农内就业问题，对社会的发展与国家的稳定作用重大。因此保护耕地，保护农民的土地权益，使农民对土地收益有稳定的预期，不仅是农民的需要，也是国家的需要。

然而在土地的农外处置方面，农民的土地权益与国家的土地政策之间是相冲突的。这种冲突有两种不同的体现：一是农民主张的某些权益是国家不允许的，如农民在农地上建房、建厂，增加土地的附加值，然而这种改变是国家不允许的。《土地管理法》第三十六条规定：非农业建设必须节约使用土地，可以利用荒地的，不得占用耕地；可以利用劣地的，不得占用好地。禁止占用耕地建窑、建坟或者擅自在耕地上建房、挖砂、采石、采矿、取土等。禁止占用基本农田发展林果业和挖塘养鱼。二是表现为国家侵害农民的权益。如国家以征地的名义获得土地，在征地过程中给予农民较低的土地补偿，然后以较高的价格卖给开发商，农民难以分享土地的增值收益。

二、农民的土地权益：自我保护不足与法律歧视

如前所述，农民的土地权益包括土地的排他权、交易权和处置权等。一般认为，农民享有法律赋予的土地权益。现实中，农民的土地权益往往因为能力有限而自我保护不足及受到法律歧视而被忽视甚至侵害。

（一）自我保护不足

丁泽霁（1993）等认为，国家要采取措施保护农民的权益，农民更要加强自我保护。然而，在现有的条件下，农民因为能力有限，对土地权益必然存在自我保护不足。

第一，分散的家庭经营与社会大市场的矛盾，使农民在市场交易中处于一种极不公平的地位。在土地的双层经营制度下，农民通过承包获得的小块土地难以从事规模生产。面对经济大市场，农民只是弱势的参与者，没有谈判和协商的能力，只能作为市场交易条件的被动接受者，不得不接受不利的价格，包括低的农产品卖出价格和高的农资价格。农民既难以适应纷繁复杂、瞬息万变的市场，更不可能影响市场。

第二，缺乏可以真正代表农民的组织来表达农民的诉求。工会可以代表工人，商会可以代表商人，几乎各行各业都有自己的组织。但中国9亿多农民没有真正可以代表的组织。近些年，各地出现的贸工农一体化、产供销一条龙的组织、各种龙头加工企业带农户和各种群众性的专业协会等，把一大批农民团结在自己周围，形成了带动千家万户联合发展商品生产的经济组织，为农民提供信息、技术指导、资金扶持，农产品收购、加工、销售等系列化社会服务，这些组织形式颇受农民欢迎。这些经济上的农业组织，一方面使农民组织起来保护自己的利益，另一方面，使农民可以有与政府和社会其他方面对话的平台。但是，目前专业农协等组织的政府痕迹太重，即靠政府扶持建立起来的农业组织难以真正地、完全地代表农民的利益。

第三，农民在中国社会属弱势阶层。奥尔森（1965）在《集体行动的逻辑》一书中写道：小团体的公共财产可以单单因为它给成员带来的收益而获得实现，大团体则不然。大团体由于以下三个原因而对公共利益无能为力：①团体越大，

个人所能获得的激励性收益越小；②团体越大，次团体的收益小，负担成本的动机小；③团体愈大，组织成本高。面对这种情况，大团体需要依靠"个别的选择性诱因"或者某种强制手段才能促使集体行动的实现。中国的农民集团典型地属于大团体。在中国社会科学院"当代中国社会阶层结构研究"课题组（2004）推出了《当代中国社会流动》一书中，中国社会被划分为十大阶层，由上至下分别是：国家与社会管理者、经理人员、私营企业主、专业技术人员、办事人员、个体工商户、商业服务业人员、产业工人、农业劳动者、城市无业或失业半失业者。从上而下，各阶层占有的社会资源逐渐减少。在该课题调查中，分别有27%、27%和18%的公众认为，城乡无业或失业半失业者、农业劳动者以及产业工人是最需要加强利益保护的群体。而这三个群体也正是专家眼中处于社会最下层的三个群体。由此可见，农民在社会中属于弱势阶层，对其权益的自我保护缺乏足够的能力。

（二）法律歧视

法律歧视实质上是指，由于某些人是某一群体或类属之成员而对他们施以不平等或不公平的待遇（戴维·波普诺，1999）。歧视是人的伦理道德以及法律观念在其外在行为方式上的反映。歧视可以说是人的一种心理，这种心理是一定的社会经济和文化因素的反映（付颖光，2009）。法律歧视是指在立法和司法过程中对个人自然状态无关的个人特征的评价，是针对某一特殊社会群体的不公平、不合理、排除性的法律行为或制度安排。

法律歧视具有三个明显的特征：其一，排斥性。这主要是指法律在资源分配上，凭借一些不合理的理由、借助于不公正的方式对某些人群的利益，合法地排斥或是限制。这是法律歧视最为本质的特征。其二，对象不特定性。法律歧视所涉及的人群范围是不特定的，它是通过立法对不特定人群或数个人群的排斥，而不是仅仅限于少数人范围内或个人之间的事情。其三，制度化。法律歧视会在制度安排和政策制定层面上以法律、法规、条例、政策的形式将含有歧视性的内容表现出来，形成制度化歧视（姜涛，2006）。

农民土地权益的法律歧视是指体现在法律条文中的对农民土地权益的排斥，是一种制度性歧视。《宪法》第三十三条规定："中华人民共和国公民在法律面前一律平等"。然而一些法律规定对农民的权益没有充分的保护，而是通过歧视性规定侵害农民的权益。如《宪法》第十条规定："任何组织或者个人不得侵占、买卖或者以其他形式非法转让土地。"但各级政府享有征地权和市场的垄断权。《中华人民共和国城市房地产管理法》第九条规定："城市规划区内的集体所有的土地，经依法征用转为国有土地后，该幅国有土地的使用权方可有偿出让。"但各级政府有权通过行政程序肆意扩大城区范围与土地面积。国家在法律上限制了农民获得出售土地的收益,但允许国家以征地的名义廉价获得农民的土地。相关法律规定的征地补偿范围仅限于与土地有直接联系的损失,未考虑土地自身价值;补偿以土地收益为基准计算,没有反映土地转为非农地后的升值。

在第三章,我们已经对此做了制度背景分析,故不再赘述。

三、社会认同的重要性:政策的不确定性、法律的不一致性

国家政策的制定不可能代表所有人的利益,个人或利益集团常常由于利益冲突在政策选择上难以达成一致。因此,国家政策在现实中从来不是帕累托改进,一般都会在实施中维护一部分人利益的同时又损害了另一部分人的利益。所有的制度都是各利益集团主观博弈的均衡,表现出不确定性。不确定政策赋予人们的产权的边界必定是模糊的。现有的作为正式制度的法律往往由于利益集团的不同谈判能力,呈现出不一致性。如我国《土地管理法》第六十二条规定:"农村村民出卖、出租住房后,再申请宅基地的,不予批准。"这说明村民有权出售自己的房屋,但不可出售给"城市居民"和"只能出售(转让)给本村村民"的规定,在法律逻辑上甚为荒唐。法律的不一致性极易引发产权纠纷,而且要公平、公正地认定行为主体的产权权属,将变得非常困难,并进一步滋生了寻租的空间。

产权模糊地带的存在使人们热衷于通过法律之外的手段获取剩余权益。但社会认同在一定程度上能够部分地弥补法律与政策的缺失。

正如第六章和第七章已经指出的,社会认同在本质上是一种意识形态的表现。

意识形态是博弈和学习的结果。但是,意识形态是一个含义丰富的概念,它可以定义为一个团体(社会)关于世界的一套信念,是一定团体中所有成员共同具有的认识、思想、信仰、价值等(杨雪冬,1996)。或者也可以理解为所有人在解释他们周围世界时所拥有的主观观念,无论在个人相互关系的微观层次上,还是在有组织的意识形态的宏观层次上,它都提供了对过去的和现在的整体性解释(诺斯,1990)。不论如何定义,意识形态都表现出两个特点:一是可以将意识形态看作是一种认知体系,是某一团体对世界的认识;二是意识形态与个人、集体的行为密切关联,是行动的思想前提,在某种程度上决定着个人和集体的行为。由此,意识形态一方面为团体的集体行动提供了合理性辩护,另一方面也同时对这个团体中的个人提供了一套约束。

作为意识形态具体表现的社会认同,其制度性作用或经济功能在于:

第一，它是个人与其环境达到一致的一种节约费用的工具，它以"一致标准"的形式出现，从而减少了是与非、善与恶、美与丑等若干价值判断与行为判断从而节约了达成"一致同意"的信息费用与谈判费用。

第二，它能够修正个人行为，从而减少或克服集体行动中"搭便车"的机会主义行为。社会认同所形成的道义，有利于人们提高对诚实、信赖、忠诚、良心等的效用评价，从而使个人"搭便车"或违犯规则的行为减少，降低强制执行法律的费用以及实施其他制度的费用。

第三，它具有动员激励功能。一方面是激发起所有成员的信心与热情，坚定实现行动目标的决心；另一方面是使团体的长远目标对全体成员来说更具吸引力、说服力，以获得所有成员的支持，愿做出短期利益的牺牲。

四、社会认同、干部群体与农民土地权益保护

村庄秩序的生成具有二元性：一是村庄内生，二是行政嵌入。村庄社会秩序主要由国家和社会的二元整合实现，构成村庄秩序的变量有村庄社会结构、国家力量和农村群体的共同意识（贺雪峰，2003）。在此过程中，乡绅的权威性与宗法习俗的约束性，在村庄秩序及其治理中发挥重要作用。之所以如此，一个重要的原因是乡绅与宗法所获得的社会认同。而这一认同又是长期演化的结果。

认同是人们的感官由于外界事物的作用而形成的各种特定的认识与思想观念。这一认识与观念是独立的、分散的、还是系统性的，应该具有不同的意义。考虑到观念主体的个体与群体差异，可以将认同分为两个方面：第一，认同是一个独立个体对社会所形成的系统化、理论化的认识或观念形态，这是个人认同；第二，认同是一个社会群体对社会所形成的系统化、理论化的认识或观念形态，这是社会认同。所以，社会认同作为共同知识，一方面为群体的集体行动提供了合理性辩护，另一方面也同时对这个群体中的个人提供了一套约束。

不同的个人认同，不同的社会认同，所能够发挥的作用是不同的。如果我们将社会成员分成两类，一类为社会大众，另一类为社会精英。显然，这两类人的个人能力以及在社会认同的形成过程中所能够发挥的作用，是有很大差别的。

社会大众是这样一类人，他们在充满不确定性的世界中，需要有一套思想观念用来安身立命，用来解释自己面临的困惑，然而，他们缺乏思想观念的创造能力，也缺乏阐述和传播思想观念的能力。社会大众的社会认同来自两个方面：一方面来自世代相传的社会习俗、习惯、及对文化传统的学习；另一方面来自社会精英对文化传统的阐述和对新思想观念的倡导。社会精英是一群有能力明确地阐述自己的思想观念、并有能力传播思想观念的杰出人物，故他们也是社会主流思

想观念的阐述者、传播者、批评者或革新者。

精英人物的作用表现在两个方面：第一，表现为主动创立、倡导或传播某种思想观念，因而影响到社会主流思想观念的形成与演变；第二，主动将某种思想观念应用于社会实践，形成广泛的社会认同，进而影响到社会运行。

由此可以认为，农民土地权益的社会认同，并不取决于农民个人自身，亦不决定于农民群体。从保护农民权益的角度来说，一般民众的道义支持所能够发挥的作用是有限的。为此，根据第九章的阐述，我们将干部群体的认识与看法视为本研究的社会认同。

把干部的看法作为社会认同，是由于干部代表着公权力。本研究中的干部群体主要是基层涉农干部及在基层工作、对"三农"有一定了解的基层干部，我们把他们统称为广义的农村干部。这一群体对农民土地权益的看法对农民土地产权的立法及其实施将有深远的影响，一方面这些干部的看法实际上已经影响着土地的立法，构建了土地产权的法制环境；另一方面这一群体的认同表达为土地产权的社会环境。当干部对农民土地权益的认同与法律赋权一致时，说明社会的法制化程度比较高；当干部的看法与农民的诉求相一致，说明农民的土地权益保护有良好的社会环境，农民的土地权益保护的交易成本较低。因此，本研究将把干部对农民的土地权益的看法作为社会认同来讨论。

本章使用的数据来源于第八章所描述的干部群体问卷。

总体来说，干部群体对土地的法律与政策是大体熟悉的。这与被访对象绝大部分具有"三农"背景有关，亦与其所受的较高教育与较长的工作经历有关（见第九章）。表10-1说明，被访干部对关于土地的法律、政策如《农村土地承包法》、《土地管理法》、《物权法》、《基本农田保护条例》、"中央一号文件"的了解情况较好，对其回答"不熟悉"和"不太熟悉"的相应比重加总分别为16.6%、18.1%、19.2%、20.9%和14.3%。

表 10-1　　　　　　干部群体对土地法规的熟悉程度　　　　　　单位：%

法规	熟悉	比较熟悉	一般	不太熟悉	不熟悉	不熟悉与不太熟悉之和
农村土地承包法	25.1	28.0	29.0	12.2	4.4	16.6
土地管理法	20.5	28.0	33.0	14.3	3.8	18.1
物权法	14.3	25.0	40.0	15.4	3.8	19.2
基本农田保护条例	19.0	27.0	32.0	15.6	5.3	20.9
中央一号文件	26.6	28.0	29.0	9.5	4.8	14.3

可以认为,干部群体关于农民土地权益社会认同的数据,应该具有很强的代表性。

第三节　各类土地权属的社会认同

为便于统计分析,我们对农民的土地权益权属进行了划分,并设计了若干问项。就社会认同情况的问项,问卷分为五级答案并分别进行赋值:完全不同意的赋值为1,比较不同意的赋值为2,一般的赋值为3,比较同意的赋值为4,完全同意的赋值为5。每个权项与法律规定对比,可以分为"合法"与"不合法",分别用"+"、"-"来标识。当符合法律规定的问项的平均值超过3,则认定为与法律一致;相反,不合法的问项平均值超过3,则认定为与法律不一致。

一、农村土地的所有权

整体而言,干部群体对农村土地所有权主体的认同与现行法律的规定是基本相悖的①。在5个可选择的回答中,农地属于国家的得分高达3.98,属于农户的平均分亦达到3.09(见表10-2)。

表10-2　　　　　　　　农地所有权归属的社会认同

合法性	问项	职务				总体
		处级以上	正副处级	科级	科员及以下	
-	您认同:农地归国家所有	3.32	3.90	4.17	4.12	3.98
+	您认同:农地归乡镇政府所有	1.27	1.63	2.10	1.74	1.74
+	您认同:农地归行政村所有	1.73	2.22	2.19	2.17	2.14
+	您认同:农地归村民小组所有	1.78	2.37	2.72	2.54	2.41
-	您认同:农地归农户所有	3.77	3.01	2.94	3.09	3.09

事实上,我国农村的土地在法律规定上,少数情况下是属于乡镇的,认同评分仅为1.74;大多情形下是属于行政村或者村民小组的,但认同度均不足3,分

---

① 这一调查结果与史清华等(2009)的调查结果类似,在他们调查结果中,回答属于"国家"所有的比例最高,达到51.10%。

别只有 2.14、2.41。

这些表明，我国关于农村土地所有权的法律规定，并没有得到干部群体的基本认同。

值得注意的是：

第一，不同职务级别干部的认同具有高度的一致性。相对来说，处级以上干部更倾向于"农户所有"，其他干部更倾向于"国家所有"（见图 10-1）。

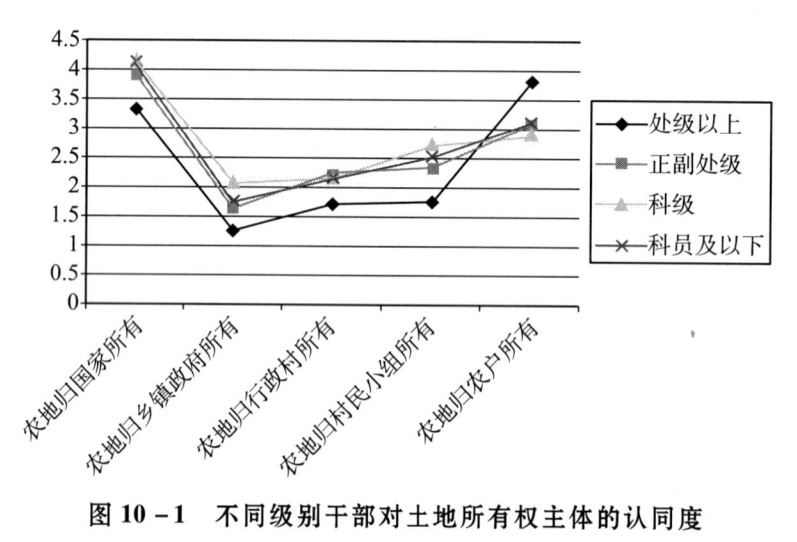

图 10-1 不同级别干部对土地所有权主体的认同度

第二，无论干部出生农村，还是出生于城市，上述认同亦具有高度一致性（见图 10-2）。

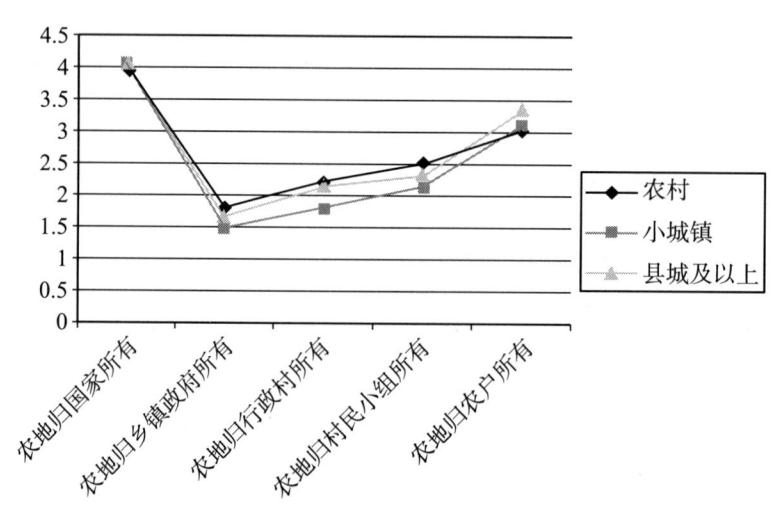

图 10-2 不同出生地干部对土地所有权主体的认同度

第三，无论是否具有农村的生活或者工作经历，以及是否存在有农村相关的社会关系，干部群体对土地所有权主体的"非法性"认同，均具有明显的一致性（见表 10-3）。

表 10-3   "三农"背景与干部群体对农地所有权主体的社会认同

合法性	问项	是否在农村生活过		在农村（或涉农部门）工作过		有直系亲属生活在农村	
		是	否	是	否	有	没有
-	您认同：农地归国家所有	4.00	3.90	3.89	4.11	3.96	3.92
+	您认同：农地归乡镇政府所有	1.72	1.90	1.76	1.71	1.72	1.79
+	您认同：农地归行政村所有	2.18	2.02	2.19	2.03	2.10	2.33
+	您认同：农地归村民小组所有	2.50	2.05	2.54	2.20	2.47	2.29
-	您认同：农地归农户所有	3.08	3.08	3.06	3.16	3.16	2.94

上述表明，以干部群体为代表的社会认同，的确与法律规定存在较大差异。然而，这种差异并不是干部群体不懂相关法律的结果。从表 10-1 可以看到干部群体对农村法律是比较了解的。所有权认同之所以有这么大的差异，应该是"明知故犯"的结果。一方面反映了干部群体对农民的同情以及对农民权益的尊重，所以他们更希望土地归农民所有；另一方面可能与土地征用难度的加大有关，因而又期望土地归国家所有。

二、农地承包权

在 533 份干部问卷中，被访者比较认同现有法律规定的农地承包期 30 年不变的规定，总体认同度达 3.63，对农地经营权永久不变认同水平较低，仅为 2.50。说明干部群体还是认同农地的承包经营权要随着时间特别是人口的变化而调整（见表 10-4）。

被访干部非常认同承包权的身份赋权。对"只有本村户籍的人可以分到土地"、"户口迁出本村就收回所承包土地"、"嫁入本村女子户口迁入应该分地"、"入赘女婿户口迁入应该分地"等有关集体成员认定及其承包权赋予等多个问项，大都给出了非常赞同的回答。

表 10-4　　　　　　　　　　土地承包权的社会认同

合法性	问项	职务				总体
		处级以上	正副处级	科级	科员及以下	
+	您认同：农地承包期 30 年不变很合理	3.63	3.74	3.52	3.56	3.63
-	您认同：农地承包权永久不变很合理	3.30	2.58	2.15	2.41	2.50
-	您认同：只有本村户籍的人可以分到农地	3.82	4.17	4.26	3.62	4.14
-	您认同：户口迁出本村的人，应收回他（她）的农地	3.71	3.86	4.30	3.63	3.98
+	您认同：嫁入本村的女子并将户口迁入，新一轮农地调整时，应给她分地	3.98	4.37	4.64	4.48	4.45
+	您认同：入赘本村的女婿并将户口迁入，新一轮农地调整时，应给他分地	3.85	4.35	4.61	4.26	4.40
-	您认同：嫁入本村的妇女，离婚后，即使户籍仍在本村，也应收回她的农地	2.87	1.88	2.17	2.93	2.16

不同的是，对于"农地承包权永久不变"，处级以上干部的认同度达到 3.30，处级及以下职务的干部则基本不赞同。

此外，被访干部不论其出生何地、具有怎样的"三农"背景，对各个问项的回答均具有明显的一致性（见表 10-5 和表 10-6）。

表 10-5　　　　不同出生干部对土地承包权的社会认同

合法性	问项	出生地		
		农村	小城镇	县城及以上
+	您认同：农地承包期 30 年不变很合理	3.61	4.03	3.58
-	您认同：农地承包权永久不变很合理	2.51	2.53	2.55
-	您认同：只有本村户籍的人可以分到农地	4.23	4.21	3.90
-	您认同：户口迁出本村的人，应收回他（她）的农地	3.99	4.18	3.89

续表

合法性	问项	出生地		
		农村	小城镇	县城及以上
+	您认同：嫁入本村的女子并将户口迁入，新一轮农地调整时，应给她分地	4.48	4.54	4.33
+	您认同：入赘本村的女婿并将户口迁入，新一轮农地调整时，应给他分地	4.41	4.53	4.34
-	您认同：嫁入本村的妇女，离婚后，即使户籍仍在本村，也应收回她的农地	2.14	2.41	2.13

表 10-6　　　　　不同背景者对土地承包权的社会认同

合法性	问项	是否在农村生活过		在农村（或涉农部门）工作过		有直系亲属生活在农村	
		是	否	是	否	有	没有
+	您认同：农地承包期 30 年不变很合理	3.60	3.66	3.62	3.68	3.61	3.68
-	您认同：农地承包权永久不变很合理	2.49	2.35	2.52	2.54	2.57	2.42
-	您认同：只有本村户籍的人可以分到农地	4.20	3.96	4.16	4.14	4.14	4.14
-	您认同：户口迁出本村的人，应收回他（她）的农地	4.04	3.71	3.99	3.99	3.97	3.96
+	您认同：嫁入本村的女子并将户口迁入，新一轮农地调整时，应给她分地	4.49	4.21	4.45	4.43	4.43	4.47
+	您认同：入赘本村的女婿并将户口迁入，新一轮农地调整时，应给他分地	4.44	4.27	4.42	4.34	4.38	4.44
-	您认同：嫁入本村的妇女，离婚后，即使户籍仍在本村，也应收回她的农地	2.10	2.29	2.15	2.17	2.18	2.03

综上所述，可以得到以下结论：①干部群体比较认同"农地承包期 30 年不变"，比较不认同"农地承包权永久不变"，与现行法律规定明显一致（不过，

中央的政策导向是"长久不变",但尚未表达为法律规定)。②干部群体普遍认同承包权因户籍关系改变而改变,但根据法律获得承包权并不是以户口为唯一依据的。一些特殊的情况,如军人、学生虽然户籍不在本村,但仍然有集体经济成员权。社会认同没有考虑到这种情况,对保护这部分人的承包权不利。③社会认同对因婚姻关系而迁入的户籍人员的承包权保护比较有利,没有因此歧视这些人的成员权。尤其对保护妇女的土地权益是有意义的。④职务差别或是否有三农背景对承包权认同没有明显影响。

三、农地处置权

被访者对将承包地"建住房或者厂房"、"改成鱼塘"、"种果、林木"的认同由低到高(见表10-7)。"建住房或者厂房"不仅改变了土地的农用性质,而且是将农地进行了不可逆的改变,被访干部对此问项是基本反对的。被访干部比较不认同"私自将承包地改成鱼塘",但对"私自在耕地上种果、林木"则相对认同。也许是在耕地上种果树、林木虽然改变了种植的种类,但毕竟还是进行农业生产。由此可见,对耕地的处置,农内的处置相对可以接受,而非农处置则往往不认可。

表10-7　　　　　　　　农地处置权的社会认同

合法性	问项	平均值
-	您认同:可以私自在自家承包地上建住房或者厂房	1.57
-	您认同:可以私自将承包地改成鱼塘	2.53
-	您认同:可以私自在耕地上种果、林木	3.25

《土地管理法》第三十六条规定:"非农业建设必须节约使用土地,可以利用荒地的,不得占用耕地;可以利用劣地的,不得占用好地"、"禁止占用耕地建窑、建坟或者擅自在耕地上建房、挖砂、采石、采矿、取土等"、"禁止占用基本农田发展林果业和挖塘养鱼"。可见,干部问卷不认同在承包地上建房或建厂,与法律认同一致;但对在耕地上种果树和林木的认同与法律规定不一致。

四、农地的买卖、赠予以及继承权

总体来说,对于"私自将承包农地卖给别人"、"私自将承包农地赠予给别人"、"经集体组织同意,可以把农地赠予别人"等问项,被访干部的认同度均较低，从而保持了与法律规定的一致性（见表10-8）。

表10-8　　　农地买卖、赠予及继承权的社会认同

合法性	问项	平均值
-	您认同：能私自将承包农地卖给别人	1.69
-	您认同：能私自将承包农地赠予给别人	2.10
-	您认同：经集体组织同意，可以把农地赠予别人	2.61
+	您认同：承包期内，儿子可以继承父母的农地	4.05
+	您认同：承包期内，女儿可以继承父母的农地	3.95
+	您认同：承包期内，其他直系亲属都可以继承自己的农地	3.37

被访者对继承权有比较一致的认同，有利于保障农民的权益和农村社会的稳定。值得注意的是，对继承权的社会认同，存在明显的差序格局（"儿子—女儿—其他直系亲属"）。

五、农地的出租、入股、互换、抵押以及优先权

干部群体认同农地的出租、入股权，比较不认同农地的互换、抵押权。尤其是经过集体组织同意的出租、入股、互换、抵押权被社会认同的程度明显变高，各自的平均得分分别比私自处置高0.33、0.37、0.08、0.72，互换权和抵押权也由"比较不同意"变成了"比较同意"。可见，社会对农地的集体经济性质有一定认识，同时对政府对农地的管理有较强的认同（见表10-9）。

表10-9　　　农地出租、入股、互换、抵押、优先权的社会认同

合法性	问项	平均值
+	您认同：能私自将承包农地出租给别人	3.60
+	您认同：经集体组织同意，可以把农地租给别人	4.07
+	您认同：能私自将承包农地入股	3.34
+	您认同：经集体组织同意，可以将农地入股	3.81
+	您认同：能私自将承包农地与别人互换	2.92
+	您认同：经集体组织同意，可以将农地与别人互换	3.60
-	您认同：能私自将承包农地作为抵押物	2.65
-	您认同：经集体组织同意，可以把农地作为抵押物	3.37

续表

合法性	问项	平均值
+	您认同：农地出租、入股及其他流转的收入必须全部归农户	4.03
+	您认同：在农地转让、转包、出租、互换时，应该先转让给本村人，而不是村外的人	3.49
+	您认同：如果是本村人，应该优先转给亲戚	2.89

同时，干部问卷对农地的流转收入完全归农户所有比较认同；在转让、转包、出租和互换时，比较认同本村人的优先权。

总体来说，社会认同与法律规定是大体一致的。主要的分歧在于土地的抵押权。表明干部群体更倾向于赋予农民更加完整的土地产权。

六、征地权

在土地征用方面，社会认同既表现出对国家权力的尊重，也表现出对农民权益的重视（见表10－10）。

表10－10　　　　　　农地征地权的认同平均值

合法性	问项	平均值
+	您认同：只有政府有权力征收农地	4.10
－	您认同：征地这一做法总体上是不恰当的	2.96
－	您认同：政府征地必须按市场价格购买	4.21
－	您认同：国家征地给农民的补偿太低，必须提高标准	4.08
－	您认同：农民普遍反对征地这一做法	3.09
－	您认同：征地补偿款应有一部分给地方政府	2.66

可以认为：①法律规定政府拥有征地权是被社会认同的，但侵害了农民自由选择转让土地的权益。②国家征地必须以市场价格购买得到了社会的强烈认同。目前法律规定和现实的征地补偿标准过低，严重侵害了农民的土地财产权益，因此社会认同"农民普遍反对征地这一做法"。③社会认同与法律在保护农民土地收益上是一致的，反对地方政府截留征地款。

七、农地补贴政策

关于农地的补贴,干部问卷认同"只要农户保有耕地,政府就应该给予补贴"、"耕地补贴应该直接补贴给农户"、"政府应该给直接经营农业的人发放补贴",比较不同意"耕地补贴也应该有一部分给地方政府"和"经营补贴应该有一部分给地方政府"(见表10-11)。

表10-11　　　　　　　农地补贴政策的社会认同

问项	平均值
您认同:只有农户保有耕地,政府就应该给予补贴	3.85
续上:耕地补贴应该直接补贴给农户	4.18
续上:耕地补贴也应该有一部分给地方政府	2.50
您认同:政府应该给直接经营农业的人发放补贴	4.18
续上:经营补贴应该给直接种地的经营者	4.24
续上:经营补贴也应该有一部分给地方政府	2.60

应该说,保护耕地与保障粮食安全,是我国农村政策的核心目标。调动广大农民的积极性是必需的,但如何调动地方政府的主动性与积极性,也应该给予足够的关注。显然,干部群体的社会认同对此是有偏差的。事实上,我国的农业政策存在同样的问题,地方政府的"非农偏好"和"占地偏好"与此密切相关。

第四节　谁在保护农民权益:社会认同与法律赋权的比较

一、判断标准

对于农民的土地权益,法律赋权是一回事,社会认同则是另一回事。两者之间均存在一致和不一致的可能,如果两者相一致,那么社会认同就加强了法律赋权(见图10-3)。此节关心的问题是:社会认同与法律赋权的一致,是偏离还是偏向于保护农民的土地权益?如果社会认同与法律赋权不一致,那么,社会认同则削弱了法律赋权,这对保护农民权益具有怎样的含义?

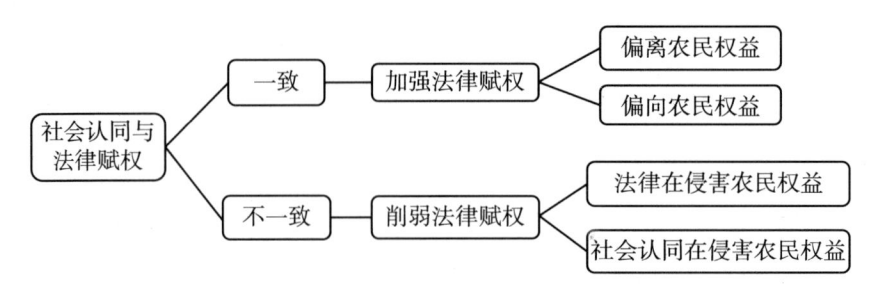

```
社会认同与     ┌─ 一致 ──── 加强法律赋权 ──┬─ 偏离农民权益
法律赋权      │                          └─ 偏向农民权益
            └─ 不一致 ── 削弱法律赋权 ──┬─ 法律在侵害农民权益
                                       └─ 社会认同在侵害农民权益
```

图 10-3　社会认同与法律认同对农民权益的影响示意

我们的判断标准是：

其一，社会认同与法律赋权相一致，并且倾向于保护农民的土地权益，则有利于加强农民的产权强度；

其二，如果法律赋权与社会认同一致，但与农民的诉求相左，意味着农民的权益诉求既得不到法律的保护，也难以获得社会道义的支持，将弱化农民的产权强度；

其三，如果社会认同与农民的诉求一致，但与法律赋权冲突，说明农民的权益有一定的正当性，意味着存在法律调整的空间；

其四，如果法律赋权与农民权益诉求一致，但与社会认同不一致，则意味着存在法制宣传与社会认识诱导的进一步改进的必要性。

必须强调的是，上述判断标准是基于三个前提性要求的：第一，必须有利于耕地的保护；第二，必须有利于农民权益的保护；第三，必须有利于农地的流转。

二、社会认同与法律赋权相一致

基于上述，我们将各个问项分为合法性与非法性两大类，将社会的认同度以分值 3 界定为认同与不认同。于是可以看到不同的情形（见表 10-12）。

表 10-12　　　　　社会认同与法律赋权的对比

合法性问项	认同度	不合法问项	认同度
农地归乡镇政府所有	1.74	农地归国家所有	3.98
农地归行政村所有	2.14	农地归农户所有	3.09
农地归村民小组所有	2.41	只有本村户籍的人可以分到农地	4.14
农地承包期30年不变很合理	3.63	农地承包权永久不变很合理	2.50

续表

合法性问项	认同度	不合法问项	认同度
嫁入本村的女子并将户口迁入，新一轮农地调整时，应给她分地	4.45	户口迁出本村的人，应收回他（她）的农地	3.98
入赘本村的女婿并将户口迁入，新一轮农地调整时，应给他分地	4.40	嫁入本村的妇女，离婚后，即使户籍仍在本村，也应收回她的农地	2.16
承包期内，儿子可以继承父母的农地	4.05	可以私自在自家承包地上建住房或者厂房	1.57
承包期内，女儿可以继承父母的农地	3.95	可以私自将承包地改成鱼塘	2.53
承包期内，全部直系亲属都可以继承自己的农地	3.37	能私自将承包农地卖给别人	1.69
能私自将承包农地出租给别人	3.60	能私自将承包农地赠予给别人	2.10
经集体组织同意，可以把农地租给别人	4.07	经集体组织同意，可以把农地赠予别人	2.61
能私自将承包农地入股	3.34	能私自将承包农地作为抵押物	2.65
经集体组织同意，可以将农地入股	3.81	可以私自在耕地上种果、林木	3.25
经集体组织同意，可以将农地与别人互换	3.60	经集体组织同意，可以把农地作为抵押物	3.37
能私自将承包农地与别人互换	2.92	征地这一做法总体上是不恰当的	2.96
如果是本村人，应该优先转给亲戚	2.89	农民普遍反对征地这一做法	3.09
在农地转让、转包、出租、互换时，应该先转让给本村人，而不是村外的人	3.49	政府征地必须按市场价格购买	4.21
农地出租、入股及其他流转收入必须全部归农户	4.03	国家征地给农民的补偿太低，必须提高标准	4.08
只有政府有权力征收农地	4.10	征地补偿款应有一部分给地方政府	2.66

由表 10-12，可以发现社会对农民的合法权益给予了较好的尊重。这些权益包括农户的土地承包权、种养权、继承权、土地流转及其收益权等，从而有利于改善农民的产权强度。

进一步观察表 10-12，社会认同与法律赋权一致但却偏离农民权益的问项大致有以下几个方面：

（1）征地权：只有国家有权征收农地。

农村土地属于农民集体所有，这在中国有关法律中是明确的。从法律上讲，公有产权与私有产权、集体产权与国有产权应该是平等的，不能用公权侵犯私权，也不能用国有产权侵犯集体产权。如果认为集体土地不经其所有者农民同意，就可以动用行政强制手段"转为"国有土地，这种做法必然会造成行政权侵犯农民集体财产权，用国有产权侵犯农民集体产权。集体土地变为国家土地，绝不是一个简单的行政过程，而应该是一个复杂的财产权益交易过程，是国家和土地集体所有者之间的市场合约行为（韩俊，2004）。

就征地权而言，法律和社会认同都没起到保护农民权益的作用。

要保护农民的土地权益，就要使征地成为公平的市场交易。这首先要在法律上保证农村集体组织对土地的完整的产权，不仅包括占有权、使用权、收益权，还应该包括买卖、赠予、抵押等权益。同时诱导社会群体形成农村集体经济必须拥有完整农地产权的认识。

（2）流转优先权：本村人具有优先权。

充分发育的市场要求有足够多的买方与卖方。当农地流转转出方被限制在本村人范围，意味着不仅不能在外找到更为合适的买方，而且自己同样不能转入其他村子的土地。市场的参与者被限制在有限的范围，将导致土地资源不能最有效配置，即以市场价格流转到使用效率最高的使用者手中，转出方也不能得到最大化的转出收益。

因此对本村人优先权的规定和认同，说明法律和社会没有对农民的农地流转权益进行充分的保护。要保护农地流转的权益，就必须赋予所有人公平参加土地流转的权利，让土地资源可以得到最有效的配置。

（3）买卖、抵押与赠予权：承包地不能私自买卖；承包地不能抵押或者赠予。

对农地买卖、抵押和赠予的限制，与征地权归国家所有具有同样的性质，是对农民权益的侵害。法律和社会认同与农民的权益相背离。买卖权的限制侵害了农民通过自由交易获得土地溢价的权利。

考虑国家粮食安全目标的实现，在不改变用途的条件下，法律赋权应该给予农民完整的农地的买卖权、抵押权和赠予权。

（4）处置权：承包地不能改成鱼塘，也不能在承包地上建房、建厂。

社会认同和法律赋权对承包地的用途处置权的约束，使农民的农地经营被限制在小农业范围，对提高农民的生产效率，提高农民的经济效益不利。然而，要保证粮食生产，保障国家粮食政策目标的实现，首先要保护耕地。由此可见，国家有必要通过耕地补贴的方式，填补农民的非农收益与农内收益的差距，以保障农民的权益。

三、社会认同与法律赋权不一致

从表 10-12 可以看出，对于多个与法律不一致的问项，社会认同亦没有给予支持。但如下几个方面是值得注意的：

第一，关于土地的所有权，社会认同均强调了土地的国家所有或者是农户私人所有。

农地所有权赋权直接影响农民的产权强度。目前我国的农地所有权存在主体模糊的问题。集体土地所有权是一种民事权益，但作为该权益主体的"集体"却难以在我国法律制度中进行准确定位，"集体"这一概念在现实中找不到对应的载体，所谓的"集体"在实际运行中很难充分地发挥所有者职能。法律没有具体规定集体土地所有权主体行使土地所有权的组织形式和程序，从而造成了实践中集体土地所有权主体的"错位"。既然"集体"没有对应的载体，人们很容易把"集体的"当成"国家的"。尤其在征地权属于国家的规定下，社会认同国家拥有农地的所有权也不足为奇。

结合第九章的分析，可以认为无论是法律赋权还是社会认同，都应该做出相应的调整与诱导。因此，在大多数情形下，应该明确规定农村土地属于村民小组所有。

第二，关于承包权，社会认同倾向于农民户籍身份的赋权。一方面，现行法律规定除本村户籍人口外，一些特殊的情况也可以获得农地的承包权（如军人和学生等），无疑社会认同缺乏对此类人土地权益的尊重；另一方面，从鼓励劳动力流动与缓解人地关系的角度来说，法律也应该做适当的调整，以激励原有承包权的集体成员转换身份，并同时保障其土地权益。

第三，关于征地补偿标准。现行法律规定，征地补偿为耕地征地前三年平均产值的 10~16 倍，这一硬性规定有可能侵害农民的土地权益。事实上，过低的补偿标准已经引发了大量的征地纠纷。农民对土地收益的呼吁已经得到了社会认同的道义支持。法律赋权应该做出调整：一是确定公共利益的范围，严格限制征用权的行使。基本导向是：缩小范围、约束权力。二是建立合理的征地补偿机制。基本导向是：价格的市场化生成。

第五节 农地所有权、流转纠纷与农民权益：基于村干部认同的分析

可以认为，村干部对其所在的村庄有着重要影响：一方面他们自己是"农

民"以及农民的代理人,是村庄秩序内生影响主体的组成部分;另一方面他们是"官员"以及上级党政的代理人,是村庄秩序行政嵌入的参与主体之一。因此,村干部对土地所有权的认同与农地流转纠纷之间的关系,可能比一般干部甚至农民具有更为重要的行为发生学意义。

本节关注村庄干部的土地权属认同,分析村干部认同与农地流转纠纷的关系,并由此进一步理解村干部农地所有权认同对农地流转纠纷进而对农民权益保护的作用机理。

一、研究假说

法律的规定不一定就是现实的制度。青木昌彦(2001)提到:"制度是关于博弈重复进行的主要方式的共有信念自我维系系统。……不同于博弈规则论的观点,我们不认为规则是外生给定的,或者是由政治、文化和元博弈决定。成文的法律法规也许会引致制度的变迁,但他们自身不是制度。我们认为博弈规则是由参与人的策略互动内生的,存在于参与人的意识中,并且是可以自我实施的。"因而,我国农地流转制度环境由外部环境和参与主体共同构成(徐美银等,2009),有关农地流转制度的法律规定只有得到博弈各方的认同并达到均衡状态,才可能成为博弈规则,即如果法律规定不能成为博弈参与者共享的心智模式,则法律的作用必然弱化,甚至是无效的,博弈参与者的认知于是有了极其重要的制度意义:第一,是博弈规则的来源,即博弈双方为达成共同信念的组成部分;第二,为博弈参与者的行为提供心理支持,即如果认为某件事情应该是怎么样的,则博弈参与者更容易被说服基于这种认知实施行动。

村干部是参与农村土地流转的一个重要群体。改革开放以后,政社合一的人民公社的直接权力逐渐退出农村,给村干部们留下了一个巨大的权力空间。总的来说,村干部们在农村的权力主要包括两个方面:首先是局部的"立法权",即村干部在一定地域范围内(一般为所在村庄)主导"村宪"、"村规"的制定,或者凭借手中的权力,有时甚至仅利用个人魅力对当地乡规民约的形成施加影响。这些村宪、村规、乡规民约不是国家、地方意义上的法律,但经常比法律更管用——虽然自清末以来,国家权力日益渗透农村,但农民们千百年来的却是本能地厌讼,发生纠纷通常由族中长老、村干部,甚至是强人、能人从中调解,不到万不得已不对簿公堂。其次是对国家法律法规的解释、实施权,即在相关法律规定存在模糊空间的情况下,往往由村干部这群国家行政系统在农村的代理人来解读和实施。与之形成鲜明对比的是,普通农民的人数众多,集团内部难以达成一致意见,往往陷入集体行动的困境之中,村干部由此获得明显的谈判优势,在农地流转等村庄事务决策上具有更大的主动性和主导性。于是，村干部的认同将不但在规则的形成，而且在规则的实施方面起到重要作用。

村干部的这种重要作用有可能使农村的土地流转纠纷增多。杜赞奇（1994）的研究表明，自清末开始，国家政权建设实际上使乡村中的"盈利性经纪"开始取代"保护性经纪"，承担着秉承国家旨意的代理人和追逐自己经济、社会利益的独立的"经营者"两个角色。新中国成立后，在强大的国家机器面前，村干部的"经营者"角色有所弱化，但改革开放后，随着市场经济的发展，市场意识的影响使村干部的个人意识日益凸显（申静等，2001），而逐渐发展成为拥有独立利益的"经营者"，在一定程度上实现了"盈利性经纪"的回归。"盈利性经纪"意味着村干部不但顾及上级政府的利益，还要考虑自身的个人利益，具有扩张剩余索取权的内在冲动。然而，农地流转过程中的利益分配往往难以实现上级政府、村干部和农民三方的多赢，倾向于维护上级政府和自身个人利益就意味着对农民利益的侵害。在这种情况下，因为认同既是博弈规则的来源之一，又为村干部的行为提供心理支持，由此可以推断：村干部若认为农地不属于农民，则更容易侵害农民的利益，导致农地流转纠纷的产生。

基于以上分析，提出以下假说：

H_1：村干部的土地非农民所有认同使农村农地流转纠纷增加。

该假说又可以细分为以下几个子假说：

H_{1a}：村干部的土地国家所有认同使农村农地流转纠纷增加。

H_{1b}：村干部的土地行政村所有认同使农村农地流转纠纷增加。

H_{1c}：村干部的土地村民小组所有认同使农村农地流转纠纷增加。

相反地，村干部若认为农地属于农民所有，则他们不但在制定和实施本村土地流转相关制度的时候更多地考虑农民利益，像杜赞奇（1994）笔下传统社会的宗族长老、乡村儒生、退休或归隐的官吏等"保护性经纪"一样，以保护村民利益为己任，就算面对上级政府的掠夺，也倾向于采取抵制态度。即便是村干部有心为自己的利益希望侵占农民利益，他们的心中仍会不安，担忧其侵占行为的合法性。基于以上分析，提出以下假说：

H_2：村干部的土地农民所有认同使农村农地流转纠纷减少。

二、实证分析

（一）数据来源

数据来源于第九章第二节所描述的广东省佛山市村干部问卷。

（二）变量定义

在本节中，我们定义认为土地所有权属于国家的人具有"国家所有权认同"；定义认为土地所有权属于村集体的人具有"集体所有权认同"，其中如果认为所有权属于行政村则定义其具有"大集体所有权认同"，如果认为所有权属于村民小组则定义其具有"小集体所有权认同"；定义认为土地所有权属于农户的人具有"私有所有权认同"。

因变量赋值来自问卷题项"2010年本村是否发生农地流转的利益纠纷？"。只要被调查者选择"发生利益纠纷"，则赋值为1，否则为0。自变量赋值来自题项"您认为农用土地所有权属于谁？"只要被调查者选择"国家"，则变量"国家所有权认同"赋值为1，否则为0；若被调查者选择"行政村"，则变量"大集体所有权认同"赋值为1，否则为0；若被调查者选择"村民小组"，则变量"小集体所有权认同"赋值为1，否则为0；若被调查者选择"农户"，则变量"私有所有权认同"赋值为1，否则为0（见表10-13）。

表10-13　　　　　　　　　　主要变量及其定义

变量		定义与赋值	问卷题项
	农地流转纠纷	选择"利益纠纷"，则为1，否则为0	本村是否发生农地流转纠纷？
所有权认同	国家所有权认同	选择"国家"则为1，否则为0	您认为农用土地所有权属于谁？
	大集体所有权认同	选择"行政村"则为1，否则为0	
	小集体所有权认同	选择"村民小组"则为1，否则为0	
	私有所有权认同	选择"农户"则为1，否则为0	

（三）描述性统计

我们考察村干部对农地所有权认同的情况。对于问项"农村土地所有权属于谁？"，被调查的村干部中有48.6%选择了"国家"，32.1%选择了"行政村"（大集体），46.8%选择了"村民小组"（小集体），27.5%选择了"农户"。从对答案选择的频次分布来看，31.35%选择了"国家"，50.9%选择了"村民集体"，17.75选择了"农户"（见表10-14）。

表 10 – 14　　　　广东省佛山市村干部对土地所有权认同

选项	累计比例（%）*	频次分布（%）**
属于国家	48.6	31.35
属于村民集体	78.9	50.90
其中：行政村（大集体）	32.1	20.71
村民小组（小集体）	46.8	30.19
属于农户	27.5	17.75
合计	155.0	100.0

注：*因为本问项为多选，所以各百分比之和大于100%；**按照汇总为100%整理。

与以往多农民认同的研究相似，村干部对农村土地权属的认同与法律规定之间也存在巨大差异。陈胜祥（2009）通过对15份实证研究文献的整理发现，东部或经济发达地区的农民认为农村土地属于国家所有的占41.74%，属于集体所有的占35.57%，属于农民所有的占17.98%；中部或经济欠发达地区的相应比例分别为53.26%、26.71%、16.83%；西部或经济落后地区则为28.79%、25.35%、44.31%。比较陈胜祥（2009）文献整理的结果，可以看出佛山村干部对农村土地权属的认同更"接近于"法律规定，即有更多的人认为农地所有权属于村民集体。

（四）卡方检验

类别数据是社会科学中最基本的数据之一，可以通过卡方检验（χ^2 Test）来检验两个类别变量之间的整体关联性。卡方检验以残差分析为基础，配合χ^2分布来决定是否具有统计意义，当χ^2值高于某一临界水平，则拒绝虚无假设，接受两变量之间有特殊关系的对立假设。同时，我们可以以Phi系数来衡量两类别变量之间相关性的大小，当Phi系数介于 –1 与 1 之间，正值代表两个二分变量具有相同的变动方向，负值代表两个二分变量具有相反的变动方向，且数值越接近于1，代表两变量相关性越强。因变量和四个自变量的卡方检验结果如表10 – 15 所示。

表 10 – 15　　村干部农地所有权认同与农地流转纠纷的卡方检验结果

变量	统计量	数值	Sig.（双侧）
国家所有权认同	Pearsonχ^2	4.797	0.029
	Phi 系数	0.27	
大集体所有权认同	Pearsonχ^2	3.741	0.053
	Phi 系数	0.238	

续表

变量	统计量	数值	Sig.（双侧）
小集体所有权认同	Pearsonχ^2 Phi 系数	7.397 -0.335	0.007
私有所有权认同	Pearsonχ^2 Phi 系数	0.044 0.026	0.834

从表10-5可以看出：

（1）"国家所有权认同"和"农地流转纠纷"两者之间的 Pearsonχ^2 为4.797，Phi 系数为0.27，Sig. 值（双侧）为0.029，在0.05水平上显著，说明如果村干部认为土地属于国家所有，则会导致和农民的冲突，出现农地流转纠纷，两者的相关度为0.27。

（2）"大集体所有权认同"和"农地流转纠纷"两者之间的 Pearsonχ^2 为3.741，Phi 系数为0.238，Sig. 值（双侧）为0.053，在0.1水平上显著，说明如果村干部认为土地属于行政村集体所有，则会导致和农民的冲突，出现农地流转纠纷，两者的相关度为0.238。

（3）"小集体所有权认同"和"农地流转纠纷"两者之间的 Pearsonχ^2 为7.397，Phi 系数为-0.335，Sig. 值（双侧）为0.007，在0.1水平上显著，说明如果村干部认为土地属于村民小组集体所有，则会有效减少农地流转纠纷的发生，两者的相关度为-0.335。

（4）"私有所有权认同"和"农地流转纠纷"两者之间的 Pearsonχ^2 为0.044，Phi 系数为0.026，Sig. 值（双侧）为0.834，说明村干部的农地私有认同和农地流转纠纷之间没有显著关联。

卡方检验结果表明，村干部的农地国家所有权认同会增加农地流转纠纷发生概率，而农地私有所有权认同却对纠纷的产生没有影响。值得注意的是，村干部的大集体所有权认同会增加农地流转纠纷发生概率，小集体所有权认同则是相反的结果。计量分析结果为 H_{1a} 和 H_{1b} 提供了支持，但并不支持 H_{1c} 和 H_2。国家所有权认同有助于村干部在作为上级政府代理人掠夺农村时提供制度支持和行动的心理支持，因此导致农地流转纠纷增加，这个逻辑比较直观。进一步的问题是：私人所有权认同似乎通常被认为有利于保护农民利益，却为什么不能减少农地流转纠纷呢？另外，同样是集体所有权认同，为什么认为所有权归行政村和认为所有权归村民小组会带来截然相反的效应呢？对于这两个问题，现有产权认同理论与实证研究并没有给出有力解释。为此，引入社会学和心理学理论，力图基于村干部角色角度解析村干部的农地所有权认同影响农地流转纠纷发生的内在机理，并构建一个整合的分析框架。

三、村干部认同影响的内在机理：进一步的解释

外生给定的制度不一定就会成为人们的行动规则，只有这种规则内化为博弈双方共享的心智模型，它才真正成为制度。当前我国农地流转过程中纠纷频发，一些法律法规形同虚设，很重要的原因即在于村干部和普通农民并没有就这些法律法规达成一致认同。博弈双方一致的认同也不一定会减少纠纷的发生，村干部的角色定位将使认同影响行为的机制复杂化。综合村干部政府代理人、个人经营者、社区监护人等三种角色定位和其对农地所有权认同情况，可以构建农地流转纠纷的逻辑框架（见图10-4）。

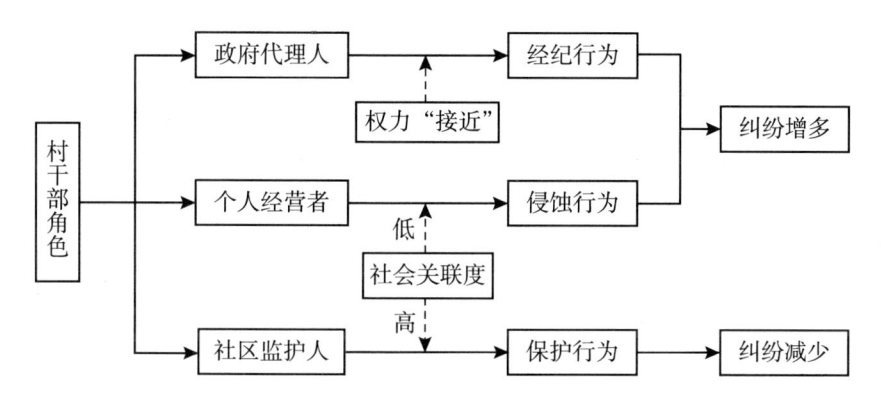

图10-4 农地流转纠纷的生成逻辑：基于村干部角色与权利认同

（一）国家与私人所有权认同与农地流转纠纷

虽然全国大多农村实现了村委会的民主选举，但农村的权力中心一般还是党支部。和村民委员会不同的是，党支部受到上级官员更多的控制和监督。《中国共产党基层组织选举工作暂行条例》的一个重要的出发点是，村党支部成员，尤其是党委委员的确定应经上级党组织同意或批准①，村干部实际上难以摆脱上级政府对他们的控制和摆布。比之村干部，上级官员是"更有权力"的人，在村干部心中就有了"村民—村干部—上级官员"的权力层级意识。

权力"接近/抑制理论"认为，比起权力小的人，权力大的人更能体验到积极的情绪，更以自动化方式加工信息，其行为更不受约束，更认为环境充满奖赏

---

① 《中国共产党基层组织选举工作暂行条例》第十五条规定，上级党的组织认为有必要时，可以调动或者指派下级党组织的负责人。第十六条规定，党的基层组织设立的委员会的书记、副书记的产生，由上届委员会提出候选人，报上级党组织审查同意后，在委员会全体会议上进行选举。

而没有威胁（Anderson and Jennifer，2002）。在这种背景下，权力本身可以改变人的行为倾向，处于高权力的人更可能在不依赖其他人的情况下获得奖励。根据权力的接近行为理论，村干部将在忽视较小权力的村民的同时，在自我感知中倾向于将自己和比自己权力高的上级官员感知为亲近，因此更加顾及上级的利益而忽视普通村民的利益，即因为上级官员更有权力，村干部会在处理农地流转事务时谨记农地所有权属于国家并时时维护上级政府的利益，相比之下，因为普通村民权力较小，即便村干部认同农地所有权是农户的，仍然有可能在实际行动的时候忽视这种认同，更倾向压迫权力小的农民，使农民的利益受损。也正因为此，村干部更容易成为地方政府对农村实施掠夺的代理人却难以成为普通村民的庇护人，由此使得村干部的土地国家权属认同会加剧农地流转的利益纠纷。

（二）大集体和小集体所有权认同与农地流转纠纷

贺雪峰等（2002）分别从结构、功能和价值三个层面对村庄社会关联进行了讨论，认为从结构层面看，村庄社会关联是指在村庄内村民因为地缘关系、血缘关系、互惠关系、共同经历以及经济社会分层产生的社会契约关系和权威—服从关系等所结成的人与人之间联系的总和。……从功能层面看，一个拥有众多关系的人，在生产生活中遇到日常性和突发性事件时可以调用这些关系进行应对。当村庄中很多村民具有足够应对事件的关系时，村庄秩序也就有了基础。……从价值层面看，村庄里的重复博弈形成了人与人之间的一种隐形的、模糊的"约定"，约定各方可以对对方的行为有较为明确的预期，各方共享一种"承诺"或认同一种"游戏规则"，构成某种"地方性知识"。他注意到，在社会关联度更高的村庄，村干部即使在人民公社时期也倾向于成为村庄利益的庇护人，相反，在那些社会关联度低的村庄，村干部更倾向于成为国家的代理人，或者是独立的经营者。

贺雪峰等（2002）认为，可以以社会关系链条来刻画社会关联，链条的长短和长度就是"社会关联度"。"所谓社会关联链条，就是从个人出发的可以延伸出去的具有行动能力的各种关系，一般来讲，这种关系越多，且建立在这种关系基础上的行动能力越强，则这个社会内部的社会关联就越强；反之，这个社会内部的社会关联就弱。"不过，因为尚未有开发成熟的量表来测量一个集体的社会关联度，因此在本节中，我们以序数而不是基数来刻画一个集体的社会关联度。农村的村民小组一般建立在自然村的基础上，是一个地缘和血缘合一的社区，人们的行为在很大程度上由非正式的道德、宗族伦理来规范。和村民小组不同，行政村一般是几个自然村的组合，事实上已经成为一级行政机构（谢琳、罗必良，2010）。思想解放运动、人口的大量流动使行政村内人与人之间的关系链条不管是长短还是强度都要大大弱于村民小组,由此,作为一个集体概念,行政村的社会关联度要弱于村民小组。正是由于这个原因,认为农地属于村民小组的村干部在处理土地流转问题的时候,一般会顾及村民小组内的利益。当前农村一个重要的特点是,行政村的党支部和村民委员会的成员组成会考虑各个自然村的均衡,单个村干部都会在行政村的权力机构中竭力为所在的自然村争取利益——如果他被认为没有为自然村争取到应有的利益,那他在自己生活的地域空间里面就显得"没有面子",甚至为费孝通意义上的"乡土社会"所排斥,认为其背叛了小共同体。所以,那些具有农地小集体所有权认同的村干部在行动时实际是将自己定义为自然村的利益保护者,他们在行政村为自然村争取利益的行为对县乡政府、行政村的掠夺行为采取抵制态度,起到减少纠纷的作用。然而,当行动空间为行政村时,村干部的权力受血缘、地缘的羁绊大大减少,也少了道德、宗族伦理等非正式制度约束,机会主义行为大大增加,他们的角色更像是独立的经营者。在村干部看来,农地属于集体实际上是给予他们更多的权力,而模糊的农地产权结构将一部分权利置于公共域中,更便于获取灰色收益(罗必良,2011)。尤其是在农村经济迅速发展、城市化进程使土地价值大大上升时,村干部加快了对土地公共域中财富掠夺的脚步——当集体共有资产由"土地"变为"资金"的时候,"集体所有"可以为村干部带来更多实质的"收益"。同样地,当土地价值升高时,面对村干部对土地利益的侵吞,农户将进行抵制,村干部和农户之间就土地权益的分配难以达成一致导致博弈规则处于不均衡状态,表现为土地流转过程中利益纠纷增多。

总的来说,当村干部是政府代理人身份时,因为权力接近行为,村干部们更加顾及上级政府的利益而忽视农民的利益,产生国家经纪行为,作为政府代理人,帮助上级官员实施对农村的干预,损害农民利益使农地流转纠纷增加。在社会关联度比较低的环境中,村干部的角色更多地表现为个人经营者,而在社会关联度比较高的环境中,村干部的角色更多地表现为社区监护者。因此,当以行政村为所有权界定主体时,村干部倾向于凭借自己在村庄中的"局部立法地位"获得博弈规则制定的主导权以获取个人收益,表现为在农地流转过程中的侵蚀行为,导致农地流转纠纷的增加。当以村民小组,即自然村为所有权界定单位时,村干部因血缘、地缘关系更倾向于获得声望而不是经济利益,其更多的是作为社区监护人,对小团体内采取和农民利益一致的保护行为,因此也减少了农地流转纠纷的发生。

第六节 简要结论

亚当·斯密（1759）认为，在人类社会的大棋盘上，每个个体都有其自身的行动规律，与立法者试图施加的规则不是一回事。如果法律和个体的行动规律一致，则它们将按同一个方向作用，人类社会的博弈就会如行云流水，结局圆满。但如果两者相互抵牾，那博弈的结果将苦不堪言，社会在任何时候都会陷入高度的混乱之中（青木昌彦，2001）。我国一些保护农民权益的法律法规之所以形同虚设，一个很重要的原因是法规执行的行为准则并不是法律所要求的，而是受博弈者内心的心智模型所左右。其中，干部的社会认同以及其角色定位发挥着重要作用。

（1）在法律上应该从"农地承包期30年不变"逐步过渡到赋予农民长久而稳定的承包权；其中农户承包权的成员界定，应该遵循"生不增、死不减"的原则，从而与户籍身份逐步脱钩；

（2）顺应社会共识与农民诉求，逐步缩小政府的征地权限与征地范围，并将征地补偿逐步由强制定价过渡到市场定价，不断完善建设用地市场。

（3）进一步完善农业补贴的政策与法规。应该建立农户的农田保有补贴与农业经营补贴机制，调动政府与农业经营主体保护耕地与种粮的积极性。

（4）保护农民的土地权益，应该是相关法律赋权及其调整的基本线索，同样重要的是，必须唤起全社会对此的共识与支持。

（5）进一步推进村民民主自治进程，减弱乡镇及以上政府对村党支部及村委会选举的干涉，以利于减少村干部的经纪行为，保护农民利益。

（6）明确农地所有权归属，将农地所有权界定给村民小组。我国法律只将农地所有权界定给"村集体"，但没有明确是"行政村集体"还是"村民小组集体"。研究表明，把所有权界定给村民小组可以减少农地流转纠纷，而将所有权界定给行政村则使农地流转纠纷增加。也即前者有利于保护农民利益，而后者可能使农民利益受损。因此有必要进一步明晰法律的赋权，将所有权界定给村民小组对促进农村和谐，对保护农民利益和维护社会稳定意义重大。

第十一章

产权强度Ⅲ：行为能力与农民的产权行使

第一节 产权实施与行为能力

一、产权与产权实施

权利不等同于权利的行使，前者强调的是静态赋予，后者强调的是动态运作。政治学家阿奎那（1963）在探讨资本主义私人财产制度起源问题时，明确区分了权利和权利的行使，认为这是两个完全不同的、相互独立的概念。他强调，人与外物之联系是双重的。一重为生产和消费之能力，这是权利的依据；另一重则是对外物之使用，这是权利之行使。阿奎那的分析与经典的产权经济分析具有理论的相承性。

产权经济学关注产权的实际运行与操作，其中，产权主体的行为能力是一个重要的方面。巴泽尔（1997）认为，任何个人对权利的实施取决于三个方面：一是个人保护产权的努力，二是他人企图夺取的努力，三是政府予以保护的努力。类似地，诺斯（1994）指出，产权是个人对他们拥有的劳动物品和服务占有的权利，而"占有"是法律规则、组织形式、实施行为以及行为规范的函数。

在上述产权概念分析中，"个人保护产权的努力"表达的正是产权主体行使产权及其行为能力的重要方面。因此，关注土地产权实施中农户的行为能力具有重要意义。

二、行为能力的产权含义

（一）产权有限性及不完全性与行为能力的关系

产权的有限性包含两方面的含义，一是任何一项资产的产权与其他产权之间必须有明确的限度；二是同一资产下的不同产权权利的数量大小或范围也必须是明晰化和有限度的。因为产权边界被清晰定义时，侵权行为才可以被证明，并增加排他性控制的预期价值。当产权无限度时，实际上等同于无产权，产权权能无法有效地行使，产权主体对现在和未来的机会不能做出适当的反应，利益也无法实现（罗必良，2003）。

但是确定产权的界限及其限度是有成本的。受知识不完全和法律成本的约束，明晰产权所包含的所有权利的交易成本过高，因此，现实中的产权界定总是不完全的，从而存在法律界定之外的剩余权利（哈特，1998）。法定界定以外的权益归谁所有，谁拥有对资产的支配权或控制权，这取决于产权主体的产权实施能力（Rajan and Zingales，1998）。

（二）严格界定的产权与行为能力的关系

即使是以正式制度进行了严格界定的产权，产权主体是否完全行使产权甚或非法攫取产权权利，同样取决于他的行为能力。因为尽管赋权及其产权界定会对个人行为产生约束，但这并不排除人类能动性的客观存在（霍奇逊，2012）。因此，写在纸上的"制度"与实际实施的"制度"并不总是一致的（罗必良，2005）。

从经济理性的角度看，一项产权是否行使由其执行的可能性和成本来衡量。具体而言，一方面，当行使权利的收益大于行使权利的成本时，产权主体就有激励行使其资产的权利。而当实施权利带来的收益弥补不了成本损失时，产权主体就会自愿放弃部分在法律上赋予的产权而将其留在"公共领域"。另一方面，即使花费成本也无法抵消攫取产权权利的潜在收益时，部分产权权利便有可能被相互竞争的权利要求者非法控制和使用，最终使得现实世界的产权状态，偏离它被规定的状态，法律被架空于文字之上。

由此可见，一项产权的行使，不仅是理性设计和外界的赋予，也是交易当事人对某些产权属性的利用、控制和攫取的结果。出于产权主体自身理性选择的努力可能使得法律规定的产权制度与现实世界所呈现的状态出现偏离。其中，一种偏离为产权主体自愿放弃法律所赋予的某些产权权利，另一种偏离为行为主体凌驾于法律之上非法地攫取部分产权权利，从而使实际的选择过程偏离典型意义上的法律过程（见图 11-1）。

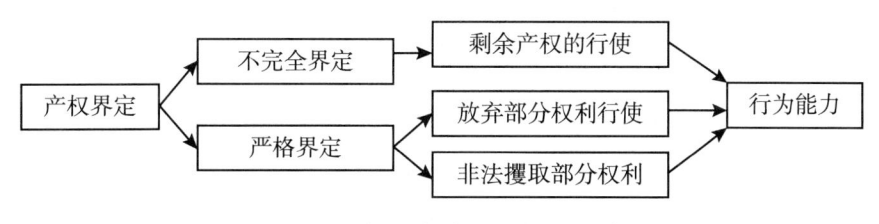

图 11-1 产权主体行为能力的含义

三、农户土地产权行为能力的刻画维度

基于上述，可以认为农民对土地产权的行使，既有赖于国家的法律赋权，也与其自身的行为能力密切相关。由此强调，明晰产权赋权是重要的，农户是否具有产权的行为能力同样是重要的。

从保护农民土地权益的层面来说，强化农民产权强度的一个重要方面是要不断提升农户的行为能力。

目前对于农民之于土地，自上而下地探讨国家"应该"怎样通过法律文本对农民赋予产权的文献颇多，但自下而上地从农民角度，讨论他们如何行使产权，理论和实证的分析则较少。

同样，关注产权行为能力的文献相对较少，而且由于研究目的的不同，研究者在不同的意义上界定产权的行为能力。乌姆贝克（Umbeck，1981）在研究加利福尼亚"淘金热"时期矿产权利界定规则时，用"强力"刻画行为能力，指出产权最终都是建立在用强力排除潜在竞争者的能力上，是力量，而不是公平，决定了社会资源的产权界定。

根据第七章的理论框架，本研究将农民土地产权的行为能力细分为三个维度：排他能力、交易能力和处置能力。

（1）排他能力。产权本质是一束排他性权利，包括对资源的排他占有和使用权利（诺斯，1991），独自占有在使用资产时所产生的收益的权利（罗必良，2002）。排他权利的实现是通过阻止其他人的侵权行为来确定界限的，这意味着，当产权行使受到其他相关利益竞争主体侵犯时，产权主体要保持对有价值资产的权利,并独立地行使具有特定垄断性的独占权利,必须具备排他能力,即以能支付排他成本为前提条件。一般地,当排他能力低时,需要耗费的交易费用越高,以致排他所带来的成本太高而不合算时,产权主体将不得不容忍一定程度的侵权行为,导致一部分权力留置在"公共领域"。相应地,排他能力越强,需要耗费的交易费用越少,产权权利独占和收益独占的程度越高。由此,从产权的排他权出发,将农户土地产权行使的排他能力定义为:农户对土地产权权属和收益的排他占有能力,涉及的是农户间或农户与其他行为主体间对产权权益的控制和争夺。

(2)交易能力。产权涉及产权主体与其他行为主体间的订立契约的权利、让渡或出卖一种资产的权利(埃格特森,1996),在实践中表现为产权主体根据资源配置收益的高低,以抵押、入股、出售或租赁等方式,把产权权利通过契约形式与潜在交易主体进行转让和交换。产权主体的交易能力越强,会使资源的交换和向更有价值的用途方面重新配置的成本变得更低,从而提升资源配置效率和利用价值。更进一步地,产权主体的交易能力越强,其对契约安排及其权益分享的自由选择空间越大,讨价还价的余地就越大,进而能增加产权主体从缔约行为中的收益分享份额,导致产权权利转让的频率和规模扩大。由此,从产权的交易权出发,将农户土地产权的交易能力定义为:农户实施土地转让交易权的能力,主要涉及的是农户与其他市场交易主体间土地产权权利的交易和转让。

(3)处置能力。产权权利涉及产权主体使用资产的权利,它不仅包括行为主体从特定物品的种种用途中进行任意选择的权利(阿尔钦,1965),而且表现为产权主体改变资源原有用途或性质使之配置到一个符合其目标函数的新用途或性质的权利。处置能力是产权主体在实际运作财产权利过程中所表现出来的可行性能力。一般地,产权主体的处置能力越强,其配置资产用途的选择空间越大,利用和配置资源的效率也越高。由此,从产权的使用权出发,将农户土地产权的处置能力定义为:农户实施农地用途配置权的能力,主要涉及的是产权主体自身对农地使用用途的处置。

上述三个能力中,排他能力与交易能力涉及产权主体与其他利益竞争主体间的行为关联性,其中交易能力涉及的是平等市场主体间产权权利交易与转让,排他能力则既可能存在于平等利益主体间的竞争,也可能存在于政府与农户间对产权权利和收益的竞争和控制,处置能力则是产权主体本人独立行使对土地的处置与变更,不涉及与其他利益竞争主体间的关系。

第二节 农户土地产权行为能力的测度指标

一、测度方法

对能力的研究,由于划分的方法和角度不同,所以在理论上远未达成一致。能力是一个内隐变量,通过不同方式表现出来。在已有研究中,由于评价目的的不同,能力评价方法的选择和应用也不同。目前对能力的测度研究主要集中于管理学领域中企业员工的工作能力评价,主要有两种不同的测度方法:能力的输出观与输入观。"输出观"的能力测度方法着眼于外显的、可观察的绩效结果,即从工作绩效角度测度;"输入观"则着眼于内隐的,不易直接观察的变量,即多从员工所拥有的知识、技能等前因角度测度(Garavan et al., 2001)。这两种测度方法间的关系可用图 11-2 表达。

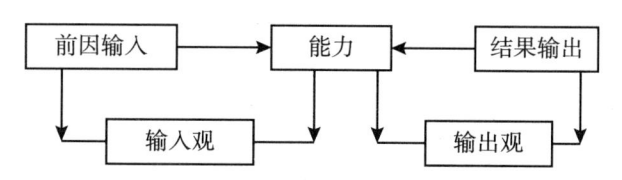

图 11-2 行为能力测度的两种方法

为了使对农户产权行为能力的评价更具客观性,本研究采用"输出观"的评价方法进行测度,即从农户土地产权行使的行为结果角度进行评价。其能力强度的判断标准有两个:

一是与法律规定的行为规范相比而言的强度。具体而言,根据法律赋予的行为规范,对农户土地产权行使的事实行为进行合法性判断,由此获得行为合法性的判断结果:超越法律、合乎法律还是低于法律。这三种不同的状态意味着农户土地产权行使的行为能力依次下降,因此,分别赋值为 1、0 和 -1。

二是相对不同农户主体能力进行比较而言的强度。这主要是指农户土地产权的行为事实,在相关法律中并无明确规定或不涉及合法性问题,只能说是否具备这种能力或程度存在差异而已,即仅属于强度判断的范畴。这类指标采用等级赋值方法。

对于行为能力的测度,在隶属层面区分为两种角度:一是个体角度,二是组织层面。考虑到乡村情境的特殊性,以农户为单位进行产权行为能力的测度。因为从乡村逻辑看,乡村生活不是围绕着独立的个人建立起来的,恰恰相反,而是将村民们编织入各种社会关系特别是家族邻里的网络之中(周雪光、艾云,2010)。按照乡土中国的差序格局逻辑(费孝通,1984),家庭是最基本的单位。另一方面,在家庭承包制改革中,土地承包以农户家庭为单位,进一步地突出了家庭地位的重要性,强化了农户作为一个基本单位的逻辑。因此,对农户土地产权行为能力及其影响因素的分析的具体指标选择,主要以农户为单位进行分析。

二、测度指标与数据来源

由于缺乏相关文献的支持,对于如何测度农户土地产权的行为能力,在概念定义及其具体操作上尚属于探索性的。依据前文对产权行为能力分类刻画,结合中国土地制度情境、农户主体特性以及农业产业特性,按照评价指标的设计原则,采取逐步分析法,初选出行为能力的测度指标(见表11-1)。

表11-1　　　　　　　农户土地产权行为能力的测度指标

一级	二级	题项	变量	强度赋值	实证模型赋值
排他能力	所有权	反对过征地	PP1	是=1,为强;否=0,为弱	是=1,说明行为能力强;否=0,说明行为能力弱(不考虑合法性)
		反对成功	PP2	是=1,为强;否=0,为弱	
	承包权	反对过农地调整	CP1	是=1,为强;否=0,为弱	
		反对是否成功	CP2	是=1,为强;否=0,为弱	
	收益权	农地经营所得是否都归自己所有	RP1	是=0,为合法;否=-1,为不足	
		农地出租收入是否完全归自己所有	RP2	是=0,为合法;否=-1,为不足	
		农地流转补贴是否完全归自己所有	RP3	是=0,为合法;否=-1,为不足	
		农地入股收入是否完全归自己所有	RP4	是=0,为合法;否=-1,为不足	
		农地增值收入是否完全归自己所有	RP5	法律无规定,是=1,为强;否=0,为弱	
		征地补偿款是否完全归自己所有	RP6	是=1,为超越;否=0,为合法	
		保有农地补贴是否完全归自己所有	RP7	是=0,为合法;否=-1,为不足	

续表

一级	二级	题项	变量	强度赋值	实证模型赋值
处置能力	用途	是否私自将农地改为鱼塘或果园	UY1	是＝1，为超越；否＝0，为合法	是＝1，说明行为能力强；否＝0，说明行为能力弱（不考虑合法性）
		是否私自将农地改为宅基地或厂房	UY2	是＝1，为超越；否＝0，为合法	
	种养	是否完全由自己决定种养什么	UZ3	是＝0，为合法；否＝-1，为不足	
	抛荒	是否抛荒过农地	UP4	是＝1，为超越；否＝0，为合法	
交易能力	买卖	是否将农地卖过给别人	TS1	是＝1，为超越；否＝0，为合法	没有流转＝0；有流转：对方决定＝1；双方协商＝2；您家决定＝3
		是否将农地作过抵押	TS2	是＝1，为超越；否＝0，为合法	
	继承	是否有人继承父母或亲戚的农地	TJ1	是＝0，为合法；否＝-1，为不足	
	流转	流转位置是否由农户决定	TY1	是＝1，为强；否＝0，为弱	
		流转数量是否由农户决定	TY2	是＝1，为强；否＝0，为弱	
		流转价格是否由农户决定	TY3	是＝1，为强；否＝0，为弱	

（一）排他能力

排他能力是指农户对土地产权权属和收益的排他占有能力，主要涉及农户间或农户与其他利益主体间对产权权属以及收益的控制和争夺。排他能力的测度考虑权属排他和收益排他两个方面。

1. 权属的排他能力，包括所有权排他和承包权排他两个方面

（1）所有权排他能力，涉及农户和国家对农地产权权利的保护和攫取。目前我国农地制度的基本格局是：土地集体所有，农户承包经营。农户是集体成员之一，具有所有权主体的身份，与此同时，"个人化"地享有农地的承包权。尽管我国农村土地属于集体所有，农户具有所有权主体资格，但产权是国家无偿赋予的，其权利边界及其可实施的内容必须听命于国家。我国《宪法》的第三款规定：国家为了公共利益的需要，可以依照法律规定对土地实行征收或者征用并给予补偿。在《物权法》第四十二条、《土地管理法》第二条均有同样的规定。因此，从赋权角度看，政府具有征地的垄断性权利，农户对"上"并不具有完全的排他权。可见，如果农户反对征地且成功，意味着农户所有权的排他能力强。从征地的角度考虑的所有权排他能力测度，共设置2个题项。

（2）承包权排他能力。承包权排他能力从农户能否获得法律保障的长期稳定的农地承包权角度测度。我国《农村土地承包法》规定，耕地的承包期为三十年，并经由《物权法》承认了土地承包权是农民的财产权之一。中共中央、国务院《关于2009年促进农业稳定发展农民持续增收的若干意见（中发〔2009〕1号》指出，抓紧修订、完善相关法律法规和政策，赋予农民更加充分而有保障的土地承包经营权，现有土地承包关系保持稳定并长久不变。由此可见，在既有的土地制度框架下，农民对土地拥有的承包权，实质上相当于"准所有权"（黄少安，1995）。依此法律依据，以30年为标准进行合法性判断。在承包期内，当农户反对农地调整时，视为排他能力强，否则，排他能力弱。因此，共设置测度农户承包权排他能力的题项2个。

2. 产权收益的排他能力，涉及农户与多重利益主体的博弈

农户农地产权收益的类型主要有农业经营收入、基本农田补贴收入、农地流转收入、农地征用补偿收入、农地增值收入五个方面。

前三种农地产权收益是农户不改变农地用途时的产权收益。《农村土地承包法》第十六条规定：承包方依法享有承包地的收益的权利。在我国废除农业税费后，农户农业经营收入不再进行税费的扣缴，完全归农户所有。

关于流转收益，根据《土地承包法》第三十六条规定：农地流转的收益归承包方（农户）所有，任何组织和个人不得擅自截留、扣缴。由此可见，农户农地经营收入、农地流转收入完全归农户所有时，合乎法律规定，否则，低于法律赋权，产权收益的排他能力不足。《基本农田保护条例》规定，对已承包到户的基本农田，补贴对象为土地承包者（本村农户）；对未承包到户的基本农田，补贴对象为村集体经济组织或者村民委员会。可见，基本农田补贴收入完全归农户所有，是合乎法律规定的。否则，表现为农户行为能力不足，未能依法实现农地产权收益。

关于征地补偿费，在《中华人民共和国土地管理法实施条例》第二十六条规定：土地补偿费归农村集体经济组织所有；地上附着物及青苗补偿费归地上附着物及青苗的所有者所有。国土资源部《关于完善征地补偿安置制度的指导意见》规定，土地补偿费应在农村集体经济组织内部合理分配，具体分配办法由省级人民政府制定。由此可见，征地补偿款从赋权角度看，并非完全归农户所有。因此，当征地补偿款完全归农户所有时，视为农户超越法律规定获得征地补偿收益。

关于农地增值收入，目前我国法律并没有明确的规定，但学者们的普遍看法是,当国家征用土地时,偏向于将农地增值收入归属于农户。

综上,共设置测度农户产权收益排他能力的题项7项。

(二) 交易能力

交易能力是指农户实施土地转让交易权的能力,主要涉及农户与其他市场交易主体间土地权利的交易和转让。指标测度涉及三个方面。

1. 经营权的交易能力

《农村土地承包法》第三十七条规定:土地承包经营权可采取转包、出租、互换、转让或者其他方式流转。经营权交易能力从农户农地流转谈判能力方面测度,其能力可以表达为:是否能够决定所流转土地的位置、数量、价格。需要指出的是,流转既包括流入,也包括流出。当农户流转土地时,其对流转土地的位置、数量、价格越有"话事权",代表其谈判能力强,由此认为农户有效实施了法律赋予的经营交易权,表现为交易能力强。因此,共设置测度农户经营权交易能力的题项3项。

2. 承包权的交易能力

承包权交易涉及农地的买卖、抵押两种形式。根据我国《宪法》与《土地管理法》规定,任何组织或者个人不得侵占、买卖或者以其他形式非法转让土地。由此可见,农户进行农地买卖或抵押等产权交易时,超越了法律赋权的规定,否则,则为合乎法律规定行为规范。我们设置农地承包权交易能力测度题项2项。

3. 非市场化的农地继承权的交易

根据《农村土地承包法》第五十条规定,土地承包经营权通过招标、拍卖、公开协商等方式取得的,该承包人死亡,其应得的承包收益,依照继承法的规定继承;在承包期内,其继承人可以继续承包。由此可见,在承包期内,农户继承农地是有效实施法律赋权的行为表现,否则,表现为交易能力不足,未有效行使法律赋予的权利。设置测度农户农地继承权交易能力的题项1项。

(三) 处置能力

处置能力是指农户实施农地用途配置权的能力,主要涉及农户本人对农地的用途处置、种养处置和抛荒处置三个方面。

1. 用途处置能力

农地用途处置有两种主要的类型:农内的用途处置和农外的用途处置。前者表现如将耕地改为鱼塘或果园,后者表现如耕地改为宅基地或建厂房。《土地管理法》第三十六条规定:非农业建设必须节约使用土地,可以利用荒地的,不得占用耕地；可以利用劣地的，不得占用好地。禁止占用耕地建窑、建坟或者擅自在耕地上建房、挖砂、采石、采矿、取土等。禁止占用基本农田发展林果业和挖塘养鱼。显然，依此法律依据，农户将耕地改为鱼塘或果园，或将耕地改为宅基地或建厂房，都是超越法律的行使农地的处置权，表现为强能力；否则，为依法行使农地的用途处置权。由此共设置测度农户的农地用途处置能力题项2项。

2. 种养处置能力

农地种养处置能力是指农户决定如何经营农地的能力，具体表现为在多样化的农业经营中进行选择的权利，《农村土地承包法》第十六条规定：承包方依法享有承包地使用的权利，有权自主组织生产经营和处置产品；由此可见，当农户有效行使法律赋权时，能完全决定在承包地上种养什么，如果农户不能完全决定在承包地上种养什么，表明农户未能有效行使农地生产经营权。为此设置农地种养处置能力的测度题项1项。

3. 抛荒处置能力

抛荒处置能力表现为农户是否放弃种养，即是否抛荒农地。《土地管理法》第三十七条规定，承包经营耕地的单位或者个人连续两年弃耕抛荒的，原发包单位应当终止承包合同，收回发包的耕地。由此可见，如果农户抛荒农地，表明农户的行为已逾越了法律规定的行为规范，表现为强能力。设置抛荒处置能力的测度题项1项。

本章所使用的数据来源于本课题组对全国890个样本农户的抽样问卷调查（见第八章）。

第三节 农户土地产权行为能力的评价与比较

一、测度数据指标的信度和效度检验

（一）检验方法和判断标准

由于农民土地产权行为能力的测度缺乏成熟的量表，我们的设计是初次设计，因此，需要对评价指标量表及其数据的信度和效度进行进一步的检验。参照管理学领域的量表检验方法，利用Cronbach α 系数检验量表指标数据的信度，

采用因子分析法检验量表数据指标的结构效度。

1. 效度及其效度检验

对于社会科学而言,结构效度是相当重要的效度指标(黄芳铭,2005)。结构效度检验常用的方法是探索性因子分析。在探索性因子分析中,若能有效地提取共同因子,且此共同因子与理论结构的特质较为接近,则可判断测量工具具有构建效度。因子分析中的 KMO 统计值用来判断观测数据是否适合采用因子分析方法。一方面,一般认为 KMO 在 0.5 以下时,非常不适合进行因素分析,因素适切性分析无法接受;另一方面,当同一量表的所有题项,均拥有高于 0.5 以上的因素负荷量时,代表此一量表具有相当程度的建构效度,题项应保留在公共因素中(Bagozzi and Yi,1988)。探索性因素分析的稳定性与样本大小息息相关。鉴于本研究的有效样本不足以稳定的同时分析所有研究变量的量表题项,因此,对各层面分别单独进行因素分析。对于每一个层面,根据每个测量题项与潜在变量之间的因素负荷量,判断是否符合上述单构面的效度条件。

2. 信度及其信度检验

信度的高低反应的是测量工具的一致性或稳定性等特征,误差越小,信度越高。信度是否符合要求,主要通过 Cronbach α 系数值进行判断。李怀祖(2004)认为 Cronbach α 值超过 0.70,表明样本数据的信度通过检验。卡内曼和特韦尔斯基(Kahneman and Tversky)则认为 0.70 以上的 Cronbach α 值说明指标与变量的一致性较好,0.5~0.7 则说明指标可靠性是可以接受的。本研究行为能力的测度数据是客观数据,不存在主观判断的误差,因此,将信度的判断标准设为底限标准 0.5。

(二) 检验结果

1. 排他能力效度和信度检验

将测度"排他能力"的 11 个题项进行探索性因子分析,发现 RP6、RP7 两个变量的因子载荷小于 0.5。删除 RP6、RP7 后,结果表明(见表 11 - 2),KMO 值为 0.656,表明因子分析适切性"可以接受";得到三个主因子,累计解释方差达到 60.872%,且各变量的因子载荷值均在 0.5 以上。这表明排他能力测度的题项收敛度较好,整体的因素结构基本符合理论上的判断。删除 RP6、RP7 后,信度检验结果表明,Cronbach's Alpha 值为 0.600,说明测度指标内部一致性比较高。

表 11-2　农户产权行为能力的效度与信度检验结果

排他能力				处置能力				交易能力			
观察项	收益权	所有权	承包权	观察项	用途处置	种养处置	抛荒处置	观察项	经营权	承包权	继承权
CP1	-0.085	0.085	0.820	UY1	0.786	-0.001	0.079	TS1	0.103	0.693	0.194
CP2	-0.166	0.053	0.816	UY2	0.785	0.082	0.007	TS2	-0.012	0.834	-0.078
RP1	0.509	-0.129	0.118	UZ3	0.060	0.996	0.042	TY1	0.978	0.055	-0.008
RP2	0.818	0.133	-0.003	UP4	0.064	0.042	0.996	TY2	0.985	0.038	-0.014
RP3	0.798	0.182	-0.022					TY3	0.970	0.061	-0.001
RP4	0.701	0.182	0.093					TJ1	-0.023	0.088	0.979
RP5	0.519	0.141	0.135								
PP1	-0.181	0.889	-0.083								
PP2	-0.243	0.874	-0.063								
方差贡献率（%）	26.721	18.716	15.435		31.056	25.007	25.000		48.002	19.854	16.723
KMO	0.656				0.567				0.762			
Bartleet Test	近似卡方=1 691.198　df=36　Sig=0.000				近似卡方=82.814　df=6　Sig=0.000				近似卡方=4 249.229　df=15　Sig=0.000			
	Cronbach's Alpha=0.600				Cronbach's Alpha=0.520				Cronbach's Alpha=0.765			

2. 处置能力的效度与信度检验

处置能力的效度检验结果表明（见表 11-2），KMO 值为 0.567，表明因子分析适切性"可以接受"；得到三个主因子，累计解释方差达到 81.063%，且各变量的因子载荷值均在 0.78 以上。这表明处置能力测度的题项收敛度较好，整体的因素结构基本符合理论上的判断。信度检验结果表明，Cronbach's Alpha 值为 0.520，说明测度指标内部一致性处于可以接受的水平。

3. 交易能力的效度与信度检验

交易能力的效度检验结果表明（见表 11-2），KMO 值为 0.762，表明因子分析适切性"良好"；得到三个主因子，累计解释方差达到 84.579%，且各变量的因子载荷值均在 0.693 以上。这表明交易能力测度的题项收敛度较好，整体的因素结构符合理论上的判断。信度检验结果表明，Cronbach's Alpha 值为 0.765，说明测度指标内部一致性处于较高的水平。

二、农户行为能力:一个3×5模型的比较分析

本节沿着前述农户行为能力的三个维度,并将农户分为五个类型,以便通过一个"3×5"模型的比较分析,从而揭示不同类型农户的行为能力特征。

(一) 农户类型的划分

目前关于农户行为的研究,大多暗含着"农户同质"的假设前提,而忽略了转型期中国乡村社会的复杂性。显然,讨论农户土地产权的行为能力,必须高度关注的是流动与职业分化所包含的行为学意义。

农户的分化,是基于改革开放以来中国乡村社会基本特征而提出的(吴毅,2007)。在传统的社会主义计划经济里,在刚性的二元城乡结构下,农民被束缚于农地、农业和农村,他们以农为生(收入来源),以农为业(就业空间),以农为居(居住空间),个体间差异不明显。但以家庭承包制为起点的改革,使中国农村开始经历并正在经历一个现代化和制度急剧转型的过程。在这一过程中,农民获得"财产权利和身份自由"的双重解放(周其仁,1997),其原有的三位一体的身份角色(土地所有者、经营者和劳动者)开始分离。其中,最为明显的是农户就业从农到非农的职业分化。

我们以农户家庭成员的从业状态为依据,以农户为分析单位,将农户分为三大类型,包括纯农户、兼业户和纯非农户。其中,兼业农户可以进一步细分为以农为主、以非农为主以及处于中间状态的兼业户(分别称为偏农户、中间户、偏非农户)。这样,农户可以划分为五种类型(见表11-3)。

表11-3 农户类型的划分标准

农户类型	划分标准
纯农户	兼业 = 0,从农 > 0,非农 = 0
偏农户	兼业 > 0,从农 > 0,非农 ≥ 0,从农人数 > 非农人数
中间户	兼业 > 0,从农 ≥ 0,非农 ≥ 0,从农人数 = 非农人数;
偏非农户	兼业 > 0,从农 ≥ 0,非农 > 0,从农人数 < 非农人数
纯非农户	兼业 = 0,务农 = 0,非农就业 > 0

（二）五类农户产权行为能力的比较

1. 行为能力得分的计算方法

探索性因子分析法输出的每一个样本的主因子得分，可以较准确地反映出农户在该项能力上与其他农户比较而言的强弱关系。因此，本研究根据前面因子分析法所抽取的公因子及其相应的指标载荷值，利用 SPSS20.0 软件，采用因子分析中的回归估计法，计算出农户土地产权行使的排他、处置、交易三种能力各自所属的二级能力公因子的得分值。再以各二级能力公因子对应的方差贡献率为权数计算，得到所有农户的排他能力、交易能力、处置能力的总得分。但由于因子得分值本身是一个均值为 0、方差为 1 的随机变量，所以 95.6% 的样本的公因子得分值集中在 (-2, 2) 的范围内。为了方便观察农户间的各项能力值的差异，对因子得分进行线性变换，具体计算公式为：能力得分 = 50 + 100 × 公因子得分值。

以因子分析计算的二级能力公因子得分为基础，运用上述农户能力值得分的计算公式，变换得到所有农户的能力得分。在此基础上，对样本农户进行五类划分，归类计算出五类农户的土地产权行为能力得分的平均值（见表 11 - 4）。

表 11 - 4　　　　　　　五类农户土地产权行为能力评分表

项目		纯农户	偏农户	中间户	偏非农户	纯非农户
样本数		201	108	187	71	323
排他能力	总分	55.608	53.346	59.096	43.344	41.599
	排名	2	3	1	4	5
收益权排他	得分	64.567	67.075	60.133	46.145	30.193
	排名	2	1	3	4	5
所有权排他	得分	53.089	44.121	65.076	43.682	42.741
	排名	2	3	1	4	5
承包权排他	得分	43.380	41.125	50.061	38.153	59.677
	排名	3	4	2	5	1
处置能力	总分	44.556	51.793	54.793	60.520	47.732
	排名	5	3	2	1	4
用途处置	得分	44.352	45.546	57.386	49.333	50.915
	排名	5	4	1	3	2
种养处置	得分	32.983	60.299	56.443	74.131	48.184
	排名	5	2	3	1	4
抛荒处置	得分	56.387	51.043	49.922	60.801	43.327
	排名	2	3	4	1	5

续表

项目		纯农户	偏农户	中间户	偏非农户	纯非农户
样本数		201	108	187	71	323
交易能力	总分	36.064	50.317	55.276	52.318	50.102
	排名	5	3	1	2	4
经营权交易	得分	28.917	43.956	55.929	49.174	57.597
	排名	5	4	2	3	1
承包权交易	得分	53.493	41.030	58.757	62.619	42.999
	排名	3	5	2	1	4
继承权交易	得分	54.926	50.682	49.270	38.994	37.023
	排名	1	2	3	4	5

2. 农户行为能力的特征分析

（1）不同类型农户的总体差异。

从行为能力得分的最大值看，排他、交易、处置三类能力中，中间户的排他能力、交易能力得分是五类农户中最高的，分别为59.096分和55.276分。处置能力得分最高的偏非农户，为60.520分。从二级能力得分看，中间户有两项二级能力得分最高，偏非农户有三项，纯非农户有两项，纯农户和偏农户各一项。

从行为能力得分的最小值看，三类能力中有两类能力的最小值集中于纯农户，分别为处置能力和交易能力，得分分别为44.556和36.064。纯非农户的排他能力得分最小，为41.599。二级能力得分中，最小值最为集中的是纯非农户，共有四项；其次为纯农户与偏农户，各有两项。偏非农户仅有1项二级能力得分是最小的，中间户没有一项二级能力得分是最小的。

可见，最大值相对集中于中间户和偏非农户，而最小值相对集中于纯农户、纯非农户与偏农户。因此，中间户与偏非农户的土地产权行为能力表现出相对强势的特征，而纯农户、纯非农户与偏农户表现出相对弱势的特征，其中纯农户行为能力表现最弱（见表11-5）。

表11-5　五类农户能力评价的最大值、最小值出现的频数统计表

项目	纯农户	偏农户	中间户	偏非农户	纯非农户
三类能力评价得分的最大值	0	0	2	1	0
三类能力所属的二级能力评价得分最大值	1	1	2	3	2
三类能力评价得分的最小值	2	0	0	0	1
三类能力所属的二级能力评价得分最小值	3	1	0	1	4

(2) 差异性的结构特征。

第一,中间户三类能力中排他能力和交易能力得分都排在五类农户中的第一位,处置能力得分为 54.793 分,排在第二位;且三类能力的二级能力评价有两项,即所有权排他能力和用途处置能力得分最高,得分为 65.076 和 57.386。由此可见,中间户的行为能力具有均衡且强势的特点。

第二,偏非农户处置能力是五类农户中最高的,交易能力得分排在第二位,仅排他能力相对较弱,排在五类农户中的第四位;在二级能力的得分中,偏非农户有三项,即种养处置、抛荒处置、承包权交易能力,在五类农户中是最高的。因此,非农户表现出强处置、强交易的特点。

第三,纯农户处置能力与交易能力得分均为最低,仅排他能力得分排在第二位,表现出"低交易和处置能力,相对强排他能力"的特征。

第四,偏农户的排他、交易、处置能力均排在五类农户中的第三位,其中交易能力中的所有权交易能力为五类农户中最低的,处置能力中的用途处置能力仅高于纯农户,排在第四位。可见偏农户表现出过渡性能力特征。

第五,纯非农户主要表现为排他能力中承包权排他能力强,交易能力中的流转交易能力强,其他方面的能力值偏低,表现出"强经营权交易能力、强承包权排他能力",而其他方面能力相对弱势。

(3) 行为能力差异的成因:基于客观状态依赖性的解释。

不同类型的农户土地产权实施能力强度不同,而且表现出不同的结构性特征。这种能力格局形成的原因是什么?一般而言,个人行为取决于与外部资源之间不断重复的至关重要的交互活动(Clark,1997)。也就是说,行为能力特征根植于与客观环境的交互活动中,并被环境中居于主导地位的条件所塑造,体现了行为主体对过去所经历的环境中各种要素之间关系的某种遗传性复制(Hutchins,1995)。

行为能力的环境依赖解释理论,强调的是客观环境状态对行为者行为能力的影响。

事实上,对于举家外出务工的纯非农户而言,相当于"在城地主",他们的生存与生活不再依赖于土地,属于土地交易型,考虑的主要是将土地租出去或永久离开土地。所以,其在交易能力中表现出强的流转交易能力,在排他能力中表现出强的承包权排他能力,构成"稳定承包权,流转经营权"的能力特征,他们期望通过流转土地获得租金,使土地产出通过租金流的方式不断流入到城市中的纯非农户手中,实现土地的财产权能;纯非农户排他能力中收益权弱势更多的是源于其就业已完全实现转移,土地收益在他们收入以及经济生活中意义处于相对不重要的地位。而弱势的所有权排他能力,意味着纯非农户并不反对通过征地的方式，获取征地补偿，并永久放弃土地权利。

纯农户和偏农户是需从土地里刨食的真正耕者，属于土地依赖型。土地是他们重要的生存资料，土地经营收入对其经济状况改善及其日常生活意义重大，在土地产权实施方面，更多的是要求土地利益的占有，主要在收益权排他方面表现出强势特征，但其他方面表现得相对谨慎，尤其是用途处置以及流转、买卖交易方面，表明纯农户和偏农户是相对稳定的农业耕作者，在相当长时期内难以脱离土地。因此，如何保护和提升纯农户和偏农户的土地产权行为能力，对于稳定我国农业生产能力具有重要意义。

中间型和偏非农户表现出摇摆性的两边移动特征，属于土地选择性经营型。他们在土地处置、交易等方面相对放得开，具有强势的行为能力，这主要源于他们在农内与农外具有较大的灵活性与选择空间。一方面，他们是部分脱离农业进入城市的农村人，具有一定的城市生存能力，能够在城市获得具有一定的非农收入；另一方面，他们又并未完全脱离农村，具有一定的农业生存能力。在总收益最大化的目标下，依托城市和农村的双重生存和收入能力，他们依据农内、农外的收益率变动特征，灵活实施土地产权权利，形成强势的土地产权的行为能力。不过，中间户和偏农户的部分产权实施行为，存在一些可察觉的、违规的净收益。如果对这些行为缺乏管制，法律自身可能被触犯、贬值和"名誉扫地"（霍奇逊，2012）。因此，对于中间型和偏非农户的某些产权实施行为，需要规范和约束，尤其是当这些行为与农地流转目标以及农业发展的公共目标发生冲突时。

第四节 农户行为能力对农地流转的影响

本节的重点是要分析农户的产权行为能力对农地流转行为的影响，并进一步通过"3×5"模型的比较分析来梳理行为能力对农地流转市场发育所隐含的意义。

一、统计性描述

（一）衡量农地流转的量化指标

目前用于衡量农地流转的量化指标主要有两类：一是从农户参与角度衡量的

农户农地流转参与率,二是从流转面积角度衡量的农地流转率。其中,农地流转率又可区分为转入率和转出率。

考虑到农户是否参与流转的指标过于绝对化,且不能反映出流转规模的大小,而流转规模又直接影响着农地的规模经营改善程度。因此,我们选用农地流转率指标。

为便于考察农地流转的总体情况,我们将转入与转出行为统一为农地流转指标,同时也避免因变量数据过于离散(例如,对于转入农户,当转入面积大于承包地面积时,流转率将大于100%),所以选择如下的量化公式:

$$农地流转发生率 = \frac{交易量}{交易量+存量} \times 100\%$$

农地流转发生率所衡量的是交易流转土地面积占总面积的比例。

(二)统计描述

在890户样本农户中,参与农地转入的农户为64户,占比为7.19%;参与农地转出的农户为207户,占比为23.26%;既转入又转出的农户为18户,占比为2.02%。从农户类型看,参与农地转出主要是纯非农户、中间户,参与农地转入主要是中间户和纯农户(见表11-6)。

表11-6 五类农户土地流转行为的描述统计分析

数据	纯农户	偏农户	中间户	偏非农户	纯非农户	总计
样本数	201	108	187	71	323	890
转入农户数	23	13	23	2	3	64
转出农户数	27	15	39	17	109	207
既转入又转出农户	7	5	5	1	0	18
转出参与率	13.37	13.89	20.97	23.94	33.75	23.26
转入参与率	11.39	12.04	12.37	2.82	0.93	7.19
流转发生率	17.58	17.67	25.46	27.58	22.26	23.21

(1)五类农户的农地流转发生率由高到低的排序为偏非农户、中间户、纯非农户、偏农户、纯农户。五类农户中,农地流转发生率大于20%的农户为偏非农户、中间户和纯非农户,其中,偏非农户最高,为27.58%,其次为中间户,比偏非农户低2.12个百分点,为25.46%;纯非农户略低于偏非农户,为22.26%。农地流转发生率低于20%的农户是偏农户和纯农户,分别为17.67%

和17.58%。这表明，偏农户和纯农户即使参与农地流转，但其流转的相对规模也较小。

（2）五类农户农地转出参与率由高到低的排序为纯非农户、偏非农户、中间户、偏农户、纯农户。从纯农户到非农户，五类农户的农地转出参与率依次提高，最高的是非农户，农地转出参与率达到33.75%，其他四类的分别为13.37%、13.89%、20.97%和23.94%。这表明，农户的就业转移与农地转出总体上表现出相对一致的趋势，即农户非农业就业转移率越高，农户农地的转出参与率越高，总体上表现出"人动、地动"的一致性。

（3）五类农户农地转入参与率由高到低的排序为中间户、偏农户、纯农户、偏非农户、纯非农户。五类农户中。中间户农地转入参与率最高，为12.37%。其次为偏农户与纯农户，为12.04%和11.39%。

为何中间户的农地转入参与率反而高于偏农户和纯农户？究其原因，可能在于纯农户和偏农户相对而言是低收入的群体，低收入限制了其农地流转租金的支付能力，进而在一定程度上限制了其参与农地转入的行为，导致难以扩大他们的经营规模。样本数据表明，偏农户和纯农户的年均收入分别为19 871.69元和21 770.80元，中间型为32 188.45元（见表11-7）。关于农地转入参与率，与预期不一致的是，有极少数的偏非农户与纯非农户也参与农地转入，其中偏非农户有2户，纯非农户为3户，参与率分别为2.80%和0.93%。已大部分或完全实现了非农就业转移的偏非农户和纯非农户，为何依然有极少数的农户参与农地转入？据入户调查可知，这些农户一般是处于相对发达的城郊地带，人均拥有土地面积小，转入农地主要是进行休闲式的农业耕种，同时以期达到安全农产品的完全自给。

表11-7　　　2010年五类被调查农户的家庭收入情况统计　　　单位：元/年

农户类型	纯农户	偏农户	中间户	偏非农户	纯非农户
均值	19 871.69	21 770.80	32 188.45	39 045.51	41 932.64

二、模型估计结果

以农地流转发生率为因变量，以农户农地产权行为能力为自变量，利用SPSS.20软件，得到与五类农户相对应的回归模型，结果见表11-8。

表 11-8 五类农户产权行为能力与农地流转：回归结果

项目		模型1：纯农户	模型2：偏农户	模型3：中间型	模型4：偏非农	模型5：纯非农
（常量）		24.761*** (2.800)	21.149*** (3.388)	25.353*** (2.742)	17.605*** (2.892)	21.334*** (1.710)
收益权排他		3.921 (3.363)	-5.330 (3.764)	-0.290 (2.990)	4.314 (2.915)	-0.382 (1.683)
所有权排他		-8.062*** (2.691)	-4.583* (2.448)	-0.320 (3.441)	-2.488 (3.095)	-0.419 (1.838)
承包权排他		-3.495 (3.471)	-0.893 (4.700)	-3.213 (2.859)	-1.714 (3.694)	0.069 (1.408)
用途处置		-2.073 (2.940)	-4.014 (3.717)	-6.248** (2.750)	-7.100** (3.087)	-0.735 (1.738)
种养处置		-11.588*** (2.612)	-0.147 (3.769)	4.951 (2.997)	4.127 (3.465)	1.048 (1.773)
抛荒处置		-5.141* (2.696)	-3.264 (3.372)	-4.191 (2.754)	-10.982*** (2.688)	-1.304 (1.748)
经营权交易		8.675*** (2.781)	12.279*** (4.118)	4.809* (2.648)	17.523*** (2.739)	12.483*** (1.628)
承包权交易		-0.093 (2.583)	-2.707 (4.263)	-0.959 (2.592)	-1.879 (2.553)	1.724 (2.082)
继承权交易		4.135 (2.884)	1.312 (3.675)	2.324 (2.814)	3.002 (3.173)	0.108 (1.742)
模型评价	N	202	108	186	71	323
	R^2	0.194	0.114	0.105	0.567	0.166
	Adjust R^2	0.156	0.032	0.059	0.503	0.142
	F-Statistic	5.142	1.395	2.297	8.885	6.933
	df	(9, 192)	(9, 98)	(9, 176)	(9, 61)	(9, 313)
	Sig.	0.000	0.021	0.018	0.000	0.000

注：①括号内的数字为相应变量回归系数的标准误。② * 表示变量在 $p<0.1$ 的水平上显著；** 表示变量在 $p<0.05$ 的水平上显著，*** 表示变量在 $p<0.001$ 的水平上显著。

从模型显著性评价指标看，模型1、模型4、模型5的F统计量的显著性均为0.000，表明线性回归模型在 $P<0.001$ 水平上显著。模型2和模型3的F统计量的显著性分别为0.021和0.018，表明线性回归模型在 $P<0.05$ 水平上显著。

从模型拟合优度 Adjust R^2 看，模型 4 最好，达到 0.503，模型 1、模型 2、模型 3 和模型 5 的拟合优度相对较差，分别为 0.156、0.032、0.059、0.142。模型的拟合优度较低，表明仅通过模型中的自变量——产权行为能力，来分析农户对农地流转行为的影响是不全面的。但本节建立模型的主要目的在于检测行为能力及其各维度对农户农地流转的影响程度，因而当模型 F 值总体上显著时，模型仍然有用，可利用回归系数结果分析自变量对因变量的影响程度。

三、结论与讨论

总体来看，农户的土地产权行为能力对农地流转存在影响作用。但不同的能力维度对农地流转的作用方面以及显著性水平表现出差异性，且对于不同类型农户而言，其作用方向以及显著性程度也不相同。

（一）排他能力与农地流转

排他能力中承包权排他、所有权排他对所有农户的农地流转发生率的影响均不显著，但所有权排他能力对不同类型农户农地流转的影响表现出差异性。

（1）收益权排他能力和承包权排他能力对五类农户的农地流转发生率影响均不显著。不显著的原因可能在于：按照人口增减，进行农地调整是一种普遍现象（贺雪峰，2011），农民认为土地承包权的公平占有是基本权利，形成普遍化的土地平均主义的生存伦理地权意识。而且即使进行农地调整，但由于农地调整并未取消承包权利，仅是未实现对象化的农地权利，因此，承包权排他能力强弱对农地流转影响并不大。关于收益权排他能力不显著，可能的原因在于：对于所有农户而言，收益权排他是相对普遍的一致性的能力特征（农地经营上的收益外溢及其搭便车的可能性是较低的），因此，相对一致的能力特征并不能影响到差异性的农地流转的发生率。

（2）所有权排他能力对于农地流转影响，在不同类型农户中存在差异性。对于纯农户和偏农户而言，存在显著的负向影响，但对于其他农户类型而言，负向影响并不显著。对于纯农户而言，所有权排他能力变量的回归系数值为 -8.062，且在 $p < 0.001$ 水平上显著；对于偏农户而言，所有权排他能力变量的回归系数值为 -4.583，且在 $p < 0.05$ 水平上显著。这意味着，纯农户和偏农户的所有权排他能力越强，其农地流转发生率越低。一个可能的解释是，纯农户和偏农户是农业生产中相对稳定的耕作者，日常生活主要依赖于农地农用收益，其所要求的是"保留农地"不被征用；当其更具反对政府征地的行为特点时，倾向于自己耕种农地，而不是将农地进行流转。因此，从稳定农业生产、严格限制农

地征用以及实行最严格的耕地保护制度的角度而言，农地所有权的排他能力的保护和提升，与我国的耕地保护目标相一致，也有利于稳定我国的农业生产。

（二）处置能力与农地流转

处置能力中的用途处置能力、种养处置能力与抛荒处置能力对不同类型农户的农地流转发生率的影响，表现出差异性的作用方向及其显著性水平。

（1）用途处置能力的影响。从回归系数的作用方向看，对所有农户而言，用途处置能力越强，农地流转发生率越低，否则，农地流转发生率越高。但从显著性程度看，仅对于中间户、偏非农户的流转行为产生显著的负向影响，显著性水平为 $p < 0.05$。对不同农户影响存在显著性水平差异的原因可能在于：对于中间户、偏非农户而言，其就业、收入和保障不完全依赖于农业和农地，在一定的非农收入支持下，已经积累了一定的资本，当有能力将农地配置到其他用途尤其是非农用途时，即通过自建厂房招商、自建较大面积住房等方式获取土地的级差收益，将明显弱化他们将农地在农内流转的行为选择意愿。需要进一步分析的是，缘何对非农户的影响不显著？可能的原因在于：纯非农户已完全实现非农就业转移，这种"不在村"的现实使得他们在对农地非农处置上的协调交易成本相对高，且非农处置产生的高风险的违规收益，相对于纯非农户的激励强度低于中间户和偏非农户，因此，用途处置能力并未显著地影响纯非农户的农地流转发生率。

从合法性角度看，当农户私自改变农地用途时，违背了城乡土地规划利用的总体布局和农地转为建设用地的法律程序；与此同时，直接威胁国家耕地保护及其农业安全的公共目标。一般而言，农地用途管制是世界上绝大多数国家的通则，现代国家从来都是用途管制超越所有权，强调土地管理必须服从一个国家长远发展的需要。由此可见，无论是从促进农地流转的角度，还是保护国家农地或保障国家农业安全的目标出发，都必须有效约束农户的农地用途处置行为能力的非法扩张。

（2）种养处置能力的影响。从回归系数看，种养处置能力对纯农户和偏农户的农地流转发生率是负向影响，对其他三类农户是正向影响。但从显著性程度看，仅对纯农户的农地流转率产生显著性的负向影响，在 $p < 0.001$ 的水平上显著，回归系数值为 -11.588。这表明种养处置能力越强时，显著降低纯农户农地的流转率，但对偏农户的影响并不显著。对于其他类型的农户而言，种养处置能力的增强，会促进农地流转率的提高，不过未达到统计上的显著性水平。但对于中间户，种养处置能力对农地流转的促进作用，T值达到了1.392，基本已接近显著的边缘。另外，从合法性角度看，种养处置权是法律赋予基本经营权利。可

见,从促进纯农户稳定农业生产,提升中间户的农地流转率的角度,以及保障农户合法的土地权益角度看,农户的种养处置能力应进一步地保护和提升。

(3) 抛荒处置能力的影响。从回归系数看,抛荒处置能力对五类农户的农地流转发生率均是负向作用。但从显著性程度看,仅对纯农户和偏非农户的农地流转发生率的影响是显著的。对于纯农户而言,抛荒处置能力变量的回归系数为 -5.141,且在 $p<0.1$ 的水平上显著;对于偏非农户,抛荒处置能力变量的回归系数为 -10.982,且在 $p<0.001$ 的水平上显著;可见,抛荒处置能力与农地流转目标之间是相互冲突的。另外,从合法性角度,抛荒是一种超越法律赋权的行为,且与我国的农业安全目标也是相互冲突的。因此,无论是促进农地流转角度,还是合法性或农业安全角度考虑,抛荒处置能力必须进一步地规范和约束。

(三) 交易能力与农地流转

交易能力中经营权交易能力对所有农户的农地流转发生率而言,均存在显著的正向影响,而所有权交易能力和继承交易能力对五类农户农地流转的作用方向存在差异性,但均不存在显著的影响。

(1) 承包权交易能力的影响。从回归系数作用方向看,仅对非农户的农地流转行为产生正向影响,对其他农户,则是负向影响。其原因可能在于:对于依赖于土地的纯农户、偏农户而言,可能为了应对生产或生活风险,而将土地进行抵押或低价转卖,从而弱化了其将土地在农内进行流转的交易行为。对于中间户或偏非农户而言,由于尽管他们部分实现了就业转移,但并未获得完全稳定就业和收入,存在为提高在城市生存能力而将土地抵押或买卖的激励,毕竟这种交易相对而言可以一次性获得相对高的交易收入,进而会弱化其将农地在农内流转的行为。但是,对于纯非农户而言,在城市已获得相对稳定就业和收入,真正融入到城市生活。无论是农地买卖还是抵押,相对而言都是一种短期的低收益、高风险交易行为,因而不愿意将土地权利在农内永久性地低价交易出去,更愿意将农地合法流转出去,或将土地放在那"留着"等待增值甚或留作"恋土"。但从显著性程度看,承包权交易能力对所有农户的农地流转行为影响目前并未表现出显著性。

(2) 经营权交易能力的影响。经营权交易能力对五类农户的农地流转发生率均存在显著的正向影响,但却存在一定的差异性。对于纯农户、偏农户、偏非农户、纯非农户而言,经营权交易能力变量均在 $p<0.001$ 的水平上显著,中间户则在 $p<0.1$ 的水平上显著,显著性程度相对低。可见,农户的交易谈判能力越强,农地流转发生率越高。在当前农户处于相对分散、弱势的情形下,如何保护和提升农户的农地流转的交易谈判能力是促进农地流转的重点。

（3）继承交易能力的影响。继承交易相对于其他两种交易方式而言，是一种非市场的交易方式。从回归结果看，对所有农户而言，继承交易能力对农地流转的作用均为正向影响，但均未达到显著性水平。由此可见，即使存在继承权的法定赋予，会强化农户继承交易的能力，但这种交易能力对于农户的农地流转影响而言，作用并不存在统计上的显著性。

从总体上看，农户的土地产权行为能力对农地流转行为存在影响作用。其中，对所有五类农户的农地流转影响均不显著的变量是收益权排他能力、承包权排他能力、承包权交易能力与继承权交易能力；存在显著的正向影响的是经营权交易能力；存在负向影响的能力变量对不同农户类型影响的显著性水平存在差异性，其中用途处置能力对中间户和偏非农户的农地流转发生率产生显著的阻碍作用。种养处置能力仅对纯农户的农地流转产生显著的负向影响，但由于纯农户是稳定的耕种者，因此这种负向影响在一定程度上表现为稳定农业生产的效应。

综合上述，从促进农地流转的角度而言，最重要的是要提升农户农地流转时的谈判能力。此外，赋予农户更多的农地权利并不一定能促进农地流转。尤其是用途处置权的赋予。目前不少学者从土地发展权的角度，强调赋予农户独立的土地用途处置权。一旦从法律角度赋予农户权利，将强化农户用途处置能力，特别是农地非农处置能力的强化，反而会阻碍农户的农地流转，并威胁到农地保护及其农业安全目标。因此，保护耕地，维护农民的土地权益，提升农民的产权行为能力，是需要谨慎对待的问题，从而力图寻求到赋权体系、农民权益保护与农地流转的动态耦合平衡点。

第五节 禀赋效应与行为偏差：农地流转的抑制及扭曲

一、农户产权行使的特殊性：基于禀赋效应理论的进一步考察

分析农户土地流转的行为能力，有必要进一步考虑到农户的心理特征、农户对土地的生存依赖程度及其情感问题，因为这些是构成农户产权行使能力的主要基础。为此，本节依然引入禀赋效应理论（参见第五章第三节）进行分析。

通常认为，如果物品的产权边界是不明确的，或者说产权易于被减弱，那么将其参与交易的可能性会被抑制。正如巴泽尔（Barzel，1989）所说，任何对产权施加的约束，都会导致产权的"稀释"（Attenuation of Right）。因为每个人利

用财产获利的能力大小，取决于其产权的实现程度。而施加各种约束，会限制个人的行动自由；对个人产权而言，将减少个人财产的价值或者导致租值耗散。

我们的问题是，提升物品的产权强度，就必定能够改善人们对物品潜在价值的评价，进而促进物品的交易？第一，交易费用范式关注了资产专用性、交易频率、不确定性等因素对交易成本的影响（Williamson，1985）。这一范式的特点是假定交易参与者具有明晰的产权，且具有同样的交易意愿。显然，该范式忽视了交易主体的主观差异。因为，不同的人将其所拥有的物品进行交易的意愿程度是不同的。第二，对于不同的产权主体来说，提升物品的产权强度，其所能发现的潜在价值也是不同的，进而参与交易的可能性倾向也是不同的。

因此，产权强度对交易的意义并非是明确的。引入禀赋效应理论，有助于做出进一步的解释。

（1）产权及其产权交易不仅依赖于法律，在实际运行中更依赖于社会及其道义支持，乡土村庄更是如此。在实际运行中，人们从交易中得到的东西，不仅来自于自己对生产、保护、行窃的选择，而且也取决于别人的认同，而社会规范基本上依赖于人们对公正性的伦理选择。如果违背了任何权利制度赖以存在的公正性，交易所得乃是一种幻影（Baumol，1982）。假定不存在法律约束，当社会认同无法通过交易来强化农民的权益时，或者实施交易可能导致其产权的租值耗散时，产权主体势必会选择继续持有，因为这是防止其物品价值损失的唯一方法。不交易即是最好的交易，此时的禀赋效应很强。

（2）假定某个人拥有的物品，既得到法律的赋权，也得到社会认同，如果他对这类物品具有继续持有的依赖性特征，那么其禀赋效应将尤为强烈（例如，一个以农为生、将土地人格化的主体）。产权赋权的"权威"主要表现为排他性。正如诺斯（1991）所说："产权的本质是一种排他性的权利，……产权的排他对象是多元的，除开一个主体外，其他一切个人和团体都在排斥对象之列。"法律赋权和社会认同的物品排他性强，持有者的行为能力也对应较强。特别是当完整权利下的行为能力的产出物成为其赖以维生的来源，持有者本身也成为物品权利的一部分，从而使得这类物品的交易将转换为物与人结合的权利交换，其排他性将变得尤为强烈。此时持有者的禀赋效应很强，即使存在潜在的交易对象，也难以取得这件物品的完整权利（排他权），交易也就难以达成。

（3）如果一个人对所拥有的物品具有生存依赖性，并且具有在位控制权，特别是当其控制权的交易具有不均质性、不可逆的前提下，那么其禀赋效应将较为强烈。在承包权与经营权分离的情形下，农地流转意味着对农地实际使用的控制权掌握在他人手中，并有可能导致土地质量、用途等发生改变。当承包者重新收回经营权时，处置权的强度已经发生改变。如果存在事前的预期不确定性，并且这种改变及其风险又是承包农户难以接受的,那势必会导致承包权主体的禀赋效应增强,交易必然受到抑制。

(4)值得指出的是,禀赋效应理论一直关注交易过程中"人—物"的关系,却未考虑到面对不同交易对象时的情景差异。在产权经济学家看来,隐含在物品交换背后的是人与人之间的权利交易,而就同一物品而言,面对不同的交易对象,产权主体所拥有的产权排他能力是不同的。正如巴泽尔(Barzel,1989)指出的,个人权利的实现程度取决于他人如何使用其自己的权利。可以认为,同一个人对其所拥有的物品,面对不同交易对象时的禀赋效应是有差异的。

二、产权强度与农地流转中的禀赋效应:若干假说

(一)农地产权的法律赋权

从赋权角度而言,尽管集体所有制相对于土改时期的私有制具有产权弱化的特征,但比之于人民公社时期的所有权与经营权合一的制度安排来说,家庭承包所形成的所有权与承包经营权的分离,却有产权强化的特点。尽管均分制引发了众多的后遗症,但对农村社区集体天然成员权的认可,大大提升了农户的产权强度。第一,农村土地属于农民集体所有,农民凭借其成员权所获得的承包经营权,具有了"准所有权"的性质;第二,《农村土地承包法》以国家法律的形式赋予农民较为稳定的土地承包经营权,强化了农民土地权利的稳定性预期。

因此,现行法律对农民土地的赋权,使得承包权与经营权的分离成为可能。其中,承包权的"流转"意味着农民的集体土地成员权的丧失与放弃,而经营权的流转则意味着农户对土地潜在收益的实现。但是,经营权的交易有可能稀释承包权的产权强度。由于产权交易中的权利重新界定(合约)及其交易费用,必然会导致"公共领域"(Barzel,1989)。因此,可以认为,越是看重承包权的农户,越不愿将承包权与经营权分离。

假说1:相对于参加农地流转的农户,没有参与农地流转的农户的禀赋效应较高。

(二)农地产权的社会认同

村庄秩序的生成具有二元性:一是村庄内生,二是行政嵌入。前者使得一套关于土地产权的法律规定,往往具体表达为实际运行的乡规民约;后者则随着国家力量对农村社会的不断渗透与直接介入,导致国家权力机关及其人员的认同逐

步成为决定土地交易秩序的主流观念（谢琳、罗必良，2010）。

已有研究表明，在中国乡村社会所发生的大量土地纠纷中，人们往往援引不同的政策法规来说明自己的"正确"。之所以如此，一个重要的根源在于有关农村土地的法律规则具有不确定性与不一致性（张静，2003）。由于在土地权利方面存在多种不同的规则，而它们又分别包含着不同原则和价值，这就为相机的规则选择提供了机会。于是，纠纷的处理与规则的选择过程已经不是典型意义上的法律过程，而是一种政治过程，它遵循利益政治逻辑。由此，普遍存在的农村集体土地的"公有制"理念，使得"公家"机构或人员成为重要的规治主体。

写在纸上的"制度"与实际实施的"制度"并不总是一致的（罗必良，2005），农村土地制度尤其如此。当国家权力渗透到农地产权的实际运作中之后，农村干部就成为国家的代理人，国家意志往往是通过乡村干部来达成的。

假说2：干部群体的认同会影响农民的产权强度，进而会导致不同的禀赋效应。

（三）农地产权的行使能力

农民对土地产权的行使，既有赖于国家的法律赋权与社会的道义偏好，也与其自身的行为能力密切相关。可以认为，明晰产权赋权是重要的，农户是否具有产权的行为能力同样是重要的。

农民土地产权的行为能力可以细分为三个维度，即排他能力、交易能力和处置能力。

第一，农户对土地产权权属和收益的排他占有能力，涉及不同交易主体之间对产权权益的争夺和控制。农户越是强调其对土地已经形成事实占用的"占先"优势，其禀赋效应越强。

第二，农户实施土地流转交易的能力，主要涉及农户与其他市场主体间关于"剩余索取权"的缔约与履约能力。产权主体的交易能力越强，其对契约安排及其权益分享的自由选择空间越大，讨价还价的余地越大，进而有利于产权交易频率和规模的扩大。因此，农户参与流转交易的能力越强，其禀赋效应将具有弱减的趋势，否则则相反。

第三，农户的处置权能力，主要涉及产权主体自身对农地使用用途的处置。一方面，处置能力是行为主体在产权实施过程中所表现出来的可行性能力。一般地，产权主体的处置能力越强，其配置资产用途的选择空间越大，利用和配置资源的效率也越高。另一方面，农民具有天然的恋土情节，对土地在生存上的安身立命与情感上的浑然一体，往往会使他们会认为自己才是如何处置土地的真正主人。因此，农民越是强调"在位处置"的权利，所表达的禀赋效应将越强。

假说3：农户行使土地产权的行为能力不同，会表现出不同的禀赋效应，并导致农地流转的不同绩效。

（四）农地产权的交易对象

乡土中国的社会关系是以个人为中心的，其他所有的个人和群体都按照与这个中心的社会距离而产生亲疏远近关系。在这个差序格局中，人们的血缘关系或亲情关系成为最为亲密稳固的社会关系（费孝通，1998）。人情规则是农村土地流转的重要规则。因此，农民对土地资源的配置，并不由一个纯粹的要素市场所决定。周翔鹤（2001）的研究表明，传统乡土中国的地权交易并不是明确意义上的产权交易，而往往是通过"典契"以较低价格出让土地。"典契"包含了人情、道德、习俗等多重因素[①]。

假说4：农户的农地流转，面对不同的交易对象，会表现出禀赋效应的差序特征。

三、农地流转的抑制与扭曲：来自广东的证据

基于前述的理论分析及其假说，我们的实证研究可以分为两个部分：一是测算农户在不同情景下的农地禀赋效应，从而揭示农地流转抑制的内在根源；二是测算农户面对不同流转对象的禀赋效应差异，从而说明情感因素对农地流转的抑制作用。

（一）数据来源与样本描述

数据来源于本课题组于2010年对广东省38个村294个农户的预调查（见第八章的说明）。剔除没有承包耕地的农户，满足本项分析的有效问卷为271份。样本农户基本特征如表11-9。

表11-9　　　　　　样本农户的基本特征

指标名称	参与流转	未参与流转	总计
样本农户比例（%）	55.72	44.28	271
务农人口占家庭人口比例（%）	39.23	45.30	42.00
农业收入占家庭总收入比例（%）	34.69	43.54	38.61
家庭人均承包地面积（亩）	1.33	1.20	1.27

[①] 地权的买卖、抵押、租赁等是纯粹市场形式的产权交易，但"典"则是不完全形式的产权交易，相对前者它具有产权模糊的特征。

由表 11-9 可以发现，农户农地流转具有明显的状态依赖性。与参与农地流转的农户相比，未参与流转的农户具有明显的特征：一是以农为业，其家庭中务农人口的比例比前者高 6.07 个百分点；二是以农为生，其家庭收入中来自于农业的份额比前者高 8.85 个百分点；三是小规模经营，家庭中人均承包地比前者小 9.77%。表明越是依存于农业以及小规模经营的农户越发难于参与农地流转。

（二）禀赋效应测度及其关联因素分析

1. 测度指标选取

如前所述，农户对土地的禀赋效应与其产权强度紧密关联。考虑到问卷数据的可用性，选取的测度指标见表 11-10 和表 11-11。其中，表 11-10 是关于农户农地流转行为及其家庭资源禀赋的问卷描述；表 11-11 则是关于产权强度的问卷描述。

表 11-10　　　　　农户行为及其资源禀赋的测度指标

分类指标	观察项	测度含义	农户问卷 样本数	比重（%）
产权行使能力	是否流转农地	是	151	55.72
		否	120	44.28
	农地种植目的	自用	189	69.74
		出售	82	30.26
	承包地抛荒	是	43	15.87
		否	228	84.13
农户资源禀赋	农业收入占家庭总收入比例（%）	≥36.23	113	41.70
		<36.23	158	58.30
	家庭中务农人口的比例（%）	≥40	160	59.04
		<40	111	40.96
	人均承包耕地面积（亩）	≥0.73	115	42.44
		<0.73	156	57.56

注：①农业收入比、家庭务农人口比例、人均耕地面积的分类方法为以整体样本的均值作为对比组的区分标准值；②农户产权的行使能力与表 11-1 中的部分观察项有关，这里仅仅是便于表述所做的简单分类。

表 11-11　　　　　　　　　　农地产权强度的测度指标

观察项	法律规定	社会认同度	农户认知		
			问项	样本数	比重（%）
土地属于农村集体所有	法律规定"是"	2.10	同意 不同意	93 178	34.32 65.68
应该签订承包经营合同	法律规定"应该"	4.70	同意 不同意	220 51	81.18 18.82
承包权应该长久不变	法律规定"30年不变"	2.50	同意 不同意	115 156	42.44 57.56
农户可以"抛荒"承包地	法律无明确规定	2.27	（同表11-10）		

注：①社会认同的数据来源本课题组利用各种培训及会议机会在全国范围内对乡村干部群体所做的书面问卷（2010年2月~2011年3月）。共发放问卷600份，回收有效问卷533份，有效率为88.83%。其中东部地区333份，占总样本数的62.48%；中部地区78份，占14.63%；西部地区122份，占22.89%。②认同度为"1~5"打分，"1"为非常不认同，"2"为不认同，"3"为一般，"4"为认同，"5"为非常认同。当认同度的平均值高于3，即表明社会对观察项持认同态度。

2. 测算方法

根据"禀赋效应"的定义，参照前述的经典实验（Daniel et al., 1990）。我们将271个样本农户作为被调查对象，通过问卷获取每个农户参与农地承包经营权流转的意愿价格，以测算不同类型农户的禀赋效应。

根据《土地承包法》，通过家庭承包取得的土地承包经营权可以依法采取转包、出租、互换、转让或者其他方式流转。在承包权和经营权能够分离的前提下，可以将农户的土地转让、放弃或退回承包地界定为承包权流转，农户的土地流转（转包、出租等）则可视为经营权流转。

问题是，我国现行法律禁止农地的买卖，唯一的合法方式是国家对农户土地承包权的征收。因此，农地承包权的流转往往具有不可逆的单向性，只能流转"退出"而不能流转"进入"。这就意味着：（1）农户只能是农地承包权的潜在卖者，而绝对不可能是买者；（2）对农地承包权的购买（征地）往往带有强制性，并不由承包农户的意愿决定；（3）承包权的流转价格由国家强制规定，农户并不具备讨价还价的能力。由此，我们不可能测算农户承包权流转的禀赋效应。

基于上述，本节所讨论的农地流转，实际上是指农户农地经营权的流转。

（1）从逻辑上来说，在经营权流转过程中，每个农户都可能是潜在买者或者卖者，由此可以获得各自的意愿支付价格（WTP）和意愿接受价格（WTA）

的报价。WTA/WTP 的比值便是禀赋效应强弱的反映。当大于 1 时，表明存在禀赋效应。一般而言，农户的禀赋效应越高，转出农地的可能性越小，因而能够解释农地流转的滞后与农户的"惜地"行为。

（2）赋权方式、社会认同和行为能力会影响禀赋效应的强弱，并进而影响农地流转行为。为了说明产权强度与农户资源禀赋对农户禀赋效应的影响，我们进一步分析不同背景下农户的禀赋效应差异及其形成特征。

3. 测算结果

根据上述，农户在农地经营权流转中的禀赋效应如表 11 – 12 所示。

表 11 – 12　　　　　　农户经营权流转禀赋效应的测算结果

分类指标	观察项	测度含义	WTP（元）	WTA（元）	禀赋效应
行使能力	是否流转农地	是	561.17	664.83	1.18
		否	998.92	2 346.92	2.35
	农地种植目的	自用	571.75	747.31	1.31
		出售	1 392.12	4 132.32	2.97
	承包地抛荒	是	405.79	5 956.25	14.68
		否	857.79	1 263.68	1.47
资源禀赋	农业收入比（%）	≥36.23	578.35	2 032.36	3.51
		<36.23	915.10	2 007.53	2.19
	务农人口比例（%）	≥40	927.93	2 634.31	2.83
		<40	580.93	685.32	1.18
	人均承包地面积（亩）	≥0.73	995.30	1 838.30	1.85
		<0.73	631.40	2 119.58	3.36
法律赋权	土地属于农村集体所有	同意	1 176.45	1 599.82	1.36
		不同意	570.79	988.51	1.73
	应该签订承包经营合同	同意	821.05	1 984.45	2.42
		不同意	607.50	947.62	1.56
	承包权应该长久不变	同意	1 035.45	2 969.16	2.87
		不同意	598.96	1 155.13	1.93

测算结果证明了前述的假说。具体而言：

（1）从表 11 – 12 可以看出，无论任何情形，农户对农地的禀赋效应均高于 1，表明农户在农地流转中的"惜地"与高估其拥有的经营权价值是普遍的现象。熊彼特（中文版，2009）曾经指出："农民可能首先把土地的服务设想为土地的产品，把土地本身看作是真正的原始生产资料，并且认为土地的产品的价值应该全部归属于土地。"赋予土地一种情感的和神秘的价值是农民所特有的态度，从而在农地流转中存在过高评估其意愿接受价格（WTA）的倾向。显然，普遍存在的禀赋效应必然对农地流转形成抑制。

（2）未参与农地流转农户的禀赋效应大大高于已参与流转的农户。主要特征在于：第一，以农为生。农业收入占家庭收入的比例越高，其禀赋效应越高。第二，以农为业。家庭中从事农业的人口所占比例越高，其禀赋效应越高。第三，以地立命。农户所承包的农地越少，其禀赋效应越高①。因此，对土地的生存性依赖所导致的禀赋效应，成为抑制农地流转的重要根源。

（3）尽管法律规定农地属于农村集体所有，但却有65.68%农户对此并不认可，干部群体的社会认同度也只有2.10。问卷结果表明，无论是干部群体还是农户，均倾向于认可土地属于"国家所有"，其认同度分别为3.98和3.86。之所以如此，可能的原因是农户或许认为"国家所有"更能够赋予其承包经营权以公正性和权威性，而"集体所有"所形成的"内部人控制"将弱化其产权强度。因此，农户对土地的"非集体"认知以及干部群体的道义支持，会增强其禀赋效应，进而抑制农地流转。

（4）无论是法律规定还是社会认同，均支持土地承包经营合同的签订，农户对此的同意率亦高达81.18%，其禀赋效应是"不同意"农户的1.55倍。可见，承包经营合同所形成的明晰产权，能够显著强化农户的行为能力并增强其禀赋效应，从而抑制农地流转。这表明产权经济学教科书所强调的产权明晰有利于促进产权交易的判断（张军，1991；黄少安，1995），并不完全适用于农地产权流转这一特殊市场的交易情形。

（5）无论是法律规定还是社会认同，均未支持农户享有土地的长久承包权。尽管政策导向已经倾向于承包权的长久赋权，但却仍有57.56%的农户并不认可。但是，由于农户天然的身份权使其在承包经营权的赋权中占有"垄断"地位，身份权、承包权、经营权的合一，大大强化了农户土地的人格化财产特征。一旦农户诉求于长久承包权，其排他性产权的占先优势，势必导致在农地流转交易中对产权准租金的追求，从而大大提升其禀赋效应。因此，强化农户的产权强度与鼓励农地的流转集中，存在政策目标上的冲突。

（6）与以农为生的农户一样，农户商业化的种植行为所形成的禀赋效应将显著增强。这表明如果土地经营能够改善农民收入状况，农户流转其农地的可能性将大大减少。可见，增加农民的务农收入与促进农地流转之间亦存在政策目标上的冲突②。

（7）对承包地的抛荒，尽管法律没有明确限制，但干部群体与农户均持反

---

① 我们前期的研究表明，农户承包的土地面积越大，越倾向于农地的转出。计量分析证明，无论是经营权转出还是承包权转出，土地面积的正向影响均具有显著性（见第五章第四节）。

② 我们已经证明，农户务农收入与承包经营权流转存在显著的负相关（见第五章第四节）。

对的态度。没有过抛荒行为的农户其禀赋效应为 1.47，而抛荒农户尤为重视其产权行使，禀赋效应高达 14.69，这表明有 15.87% 的农户宁愿闲置土地亦不愿意流转。总体来说，无论是否存在抛荒，均说明了农户对"在位处置权"的重视，从而普遍抑制着农地流转。

（三）禀赋效应的差序格局与对象性特征

尽管农户对于农地存在明显的禀赋效应，但考虑到农地流转的地域限制、对流转对象的选择性特征，其禀赋效应应该存在差异。

农户的土地流转对象一般包括亲友邻居、普通农户、生产大户、龙头企业[①]。在问卷设计中，农户可以进行多个对象的选择。其中，愿意将农地流转给亲友邻居的农户有 38 个，占意愿转出样本总数 140 个的 27.14%，意愿比例最高，但意愿接受价格（WTA）最低；意愿从亲友邻居那里转入农地的农户则高达 95 个，占意愿转入样本总数 233 个的 40.77%。表明农户的农地流转更倾向于在亲友邻居之间进行交易。

采用与上节同样的测算方法，可以得到农户选择不同交易主体的禀赋效应（见表 11-13）。

表 11-13　　　　农户对不同意愿流转对象的禀赋效应测度

流转对象	意愿转出样本数	WTA 均值（元）	意愿转入样本数	WTP 均值（元）	禀赋效应
亲友邻居	38	553.42	95	643.53	0.86
普通农户	27	732.59	72	524.79	1.40
生产大户	36	1 158.89	30	731.67	1.58
龙头企业	33	3 304.55	11	1 272.73	2.60

观察表 11-13 可以发现：

（1）农户的禀赋效应依"亲友邻居—普通农户—生产大户—龙头企业"而逐次增强，从而证明了农户对于不同的交易对象存在明显的禀赋效应的差序化特征。

（2）与亲友邻居的流转交易，不存在禀赋效应（WTA/WTP 的比值均小于 1）。一方面，亲友邻居之间的农地流转，并不是纯粹意义上的要素市场的交易，而是包含了亲缘、人情关系在内的特殊市场交易，其较低的禀赋效应表明了这类

[①] 当然，农户还会选择合作社进行土地流转，但通常是以股份合作的方式参与，并不是一个土地经营权的"买卖"交易。因此这里不考察这类流转的禀赋效应。

交易存在一种"非市场"的定价机制。另一方面,考虑到农户对"在位处置权"的重视,亲友邻居基于其长期交互所形成的"默契"与声誉机制,一般不会随意处置其所转入的农地,从而能够为转出农户提供稳定预期①。

(3)农户对普通农户、生产大户、龙头企业等流转对象的较高禀赋效应,这意味着:第一,农户在农地流转对象的选择上,对生产大户与龙头企业具有明显的排斥特征,同时亦表明了农户产权交易能力的明显不足;第二,局限于与亲友邻居间的流转,排斥其他主体的流转进入,导致土地流转主体的单一与交易范围的窄小;第三,农地流转的"人情市场"及其歧视性定价机制,抑制着流转市场的发育与规范。

四、结论与讨论

(一) 主要结论

(1)农户在农地流转中存在的禀赋效应,不仅具有普遍性,而且具有显著性。其中,强化农户对土地的产权强度特别是其身份权利,会明显增强其禀赋效应。这表明,从推进农地流转集中的政策导向而言,以身份权为主要赋权依据的家庭承包均分制,已经面临着重大变革。

(2)农户的禀赋效应对家庭资源禀赋具有明显的状态依赖性。以农为生、以农为业、以地立命的生存状态所导致的较高禀赋效应,成为抑制农地流转的重要约束。因此,改善农户的非农就业能力,增加农户收入的非农性来源,避免土地均分导致的小规模经营,均能够降低农户的禀赋效应,从而有利于农地的流转与集中。

(3)农户的"恋地"、"惜地"情节与"在位处置"偏好,使得农户的禀赋效应具有明显的情感依赖性。因此,农地承包经营权的流转,并不仅仅是一个土地要素的流动问题,也不仅仅是一个经济利益的诱导问题,而且还是一个农民的社会心理问题。

(4)农户的禀赋效应具有显著的对象依赖性。禀赋效应的差序格局所表达的含义是:第一,农地流转在相当程度上是一个亲缘与"人情"的关系市场;第二,农户农地流转对生产大户与龙头企业的排斥,一方面表达了农户交易能力

---

① 事实上,农户的农地抛荒往往会降低其土地质量(变为野地或荒地,严重者将难以复原),而将其流转给值得信任的亲友邻居,还可能获得良好的"照看"。

的有限，另一方面也说明了农户对契约化交易的预期不足①。因此，推进农地流转市场的发育，既要兼顾到乡土社会人地关系的特殊性，又要改善流转交易的规范化与契约化。不考虑到前者，显然会违背农户的心理意愿，忽视后者，则会将有经营能力的行为主体隔离于农业之外，使得小规模、分散化的农业经营格局难以改变。

（二）进一步的讨论

禀赋效应的普遍存在是抑制农地流转市场发育的重要根源。其中家庭承包与土地均分导致的土地产权的人格化、对农地的生存依赖性、情感依赖性与对象依赖性，都在不同的层面上制约着农地产权的流转。因此，农地流转市场并不是一个纯粹的要素市场，而是包含了亲缘、人情关系在内的特殊市场。

由于禀赋效应是对物品交易的意愿接受价格（WTA）与愿意支付价格（WTP）的比值（WTA/WTP），当比值过高时就会抑制物品的交易。于是，对于农地转出来说，意愿接受价格就具有决定性作用②。

农民的意愿接受价格由什么决定呢？根据前文的理论说明，可以发现关键在于农户拥有的产权及其产权强度。产权经济学认为，产权不清晰、产权不能排他或者缺乏有效的保护，必将引发产权的租金耗散与资源利用的低效率。第一，由于不能排他，产权主体的收益权得不到保障，其改善资源配置效率的行为努力必定受到抑制，从而导致资源利用效率的损失；第二，一项不能排他的产权显然难以进行合理的交易，而不能交易意味着资源不可能向其价值评价更高者流动，从而导致资源配置效率与社会效率的双重损失。

问题是，我们的分析表明，无论是法律赋权还是社会认同均会强化农户的产权强度，并进一步增强农户对土地的禀赋效应，而过高的意愿接受价格将进一步抑制着农地的流转。之所以如此，原因在于农地对于农民来说是一种不可替代的人格化财产③，并由赋权的身份化（成员权）、确权的法律化（承包合同）、持有的长久化（长久承包权）而不断增强。

较高的禀赋效应，表达了农民对土地人格化财产的诉求。由此可以推断，没有农地的资本化，农地流转市场的发育不仅必然是滞后的，而且必定是扭曲的。

---

① 本课题组 2011 年的全国问卷结果表明，参与农地流转的 253 个农户中，签订合约的比例只有 52.77%，进行合约公证的比例仅有 40.56%。而生产大户与龙头企业进行农地租赁时，通常会与农户签订正式合约。

② 农户是农地承包经营的主体，从扩大经营规模的角度来说，鼓励小规模农户的农地转出，应该更有现实意义。

③ 我们前面的研究同样证明，农户参与养老保险，不仅不能降低反而会进一步强化农户保留农地承包权与经营权的意愿（见第五章第四节）。

第一，如果农民"集体所有"的成员权与承包权无法通过资本运作获得增值，那么农民在农地经营权流转上就会有夸大其意愿接受价格的可能。这就是说，农地流转租金的定价并不仅仅由农地经营所产生的收入流所决定，而是土地所提供的全部收入流及其多重权益的保障程度所决定。企图构建独立于"准所有权"与承包权之外的农地经营权流转市场，显然是不现实的。

第二，增加农户的务农收入与促进农地流转集中存在政策目标上的冲突。如果农民通过土地承包经营只能获得产品性收入，那么农民的收入来源不仅是有限的，而且会因对土地的生存依赖所导致的禀赋效应使得农地流转越发困难。因此，赋予农民以土地财产权，将有效弱化农户对农业生产经营性收入的依赖，从而才有可能实现增加农民收入、保护农民土地权益、促进农地流转等多重政策性目标的兼容。

第三，禀赋效应的差序化与经营对象的选择性流转，必然导致小规模、分散化经营格局的复制。农地产权流转仅仅局限于将农地作为生产要素，而不是作为财产性资本进行配置，那么农地流转一定会停留于"人情市场"。只有赋予农户以土地的财产性权利，通过土地与资本的结合、土地与企业家能力的结合，有经营能力的行为主体（投资能力、企业家能力）才有可能进入农业，农地流转集中与农业的规模经营才会成为可能，农民也才有可能因此而获得财产性收入。

第十二章

产权强度与农村土地流转

本章基于第七章的理论框架,并根据第九章至第十一章对产权强度中法律赋权、社会认同、行为能力三个维度的刻画,分别运用于农地流转、集体建设用地流转以及农村土地征用等三个问题的专题分析。

第一节 产权强度、资源禀赋与农地流转

一、分析视角

农户是农地流转的主体。对于不同的农户主体来说,其产权强度中所包含的法律赋权、社会认同应该具有大体的一致性,所不同的是其行为能力的差异。不仅如此,由于农户是分散决策的独立个体,其认知及其资源禀赋的差异,将对农地流转行为具有重要的影响。

因此,本节在遵循产权强度三个分析维度的基础上,引入农户对农地产权的认知与资源禀赋两类变量,分析农户农地流转的行为特征。

其中,农户的产权认知主要包括:(1)农户认知对法律赋权的偏离(含农户对农地排他权、处置权和交易权认知与法律赋权的偏离);(2)农户认知对社会认同的偏离(含农户对农地排他权、处置权和交易权认知与社会认同的偏

离)。

农户禀赋分为农地禀赋和非农地禀赋。其中：农地禀赋因素包括农地规模、农地区位特征以及质量特性；非农地禀赋因素包括农业劳动力、社会资源、社会保障以及农户的物质资源等（见图 12-1）。

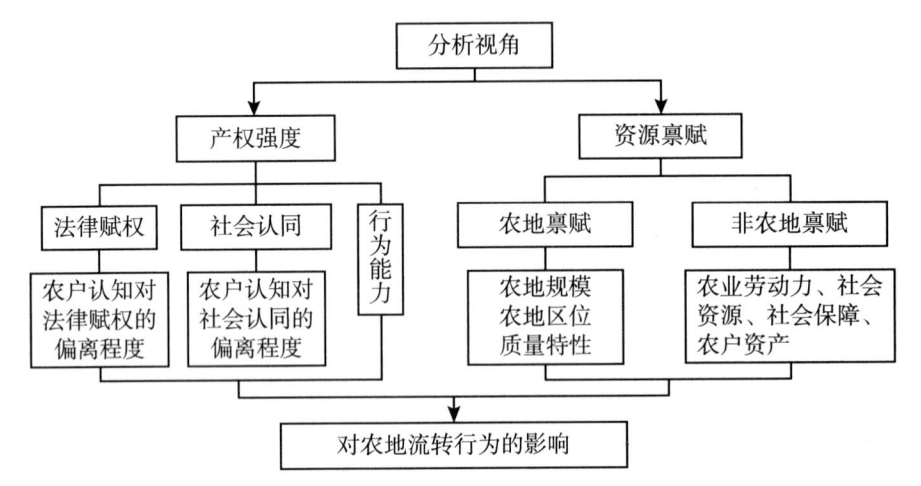

```
                        分析视角
                    ┌──────┴──────┐
                  产权强度        资源禀赋
              ┌─────┼─────┐   ┌────┴────┐
            法律赋权 社会认同 行为  农地禀赋  非农地禀赋
                            能力
            农户认知对 农户认知对      农地规模  农业劳动力、社会
            法律赋权的 社会认同的      农地区位  资源、社会保障、
            偏离程度   偏离程度        质量特性  农户资产
                    └──────┬──────┘
                    对农地流转行为的影响
```

图 12-1　农户农地流转的影响因素分析

此外，由于农户的类型具有多样性，笼统的分析可能不利于识别农户流转行为的差异，因此，我们将对农户做分类处理与比较。其数据来源于课题组对全国农户的抽样问卷调查。

为了避免分析的烦琐，我们将农户归纳为三个类型。其中，以农为主的农户（包括第十一章中纯农户与偏农农户）、兼业农户（第十一章中的中间农户）、以非农为主的农户（含第十一章中的偏非农与纯非农户）。

二、指标选取和测度方法

（一）农户认知与法律赋权的偏离度

测度农户认知与法律赋权的偏离程度，首先要做出合法性与否的判断，然后再根据农户的认知回答给出其偏离程度的赋值。赋值的标准是：0 代表与法律完全一致，1~4 代表与法律的偏离程度，数值越高偏离程度越大（见表12-1）。

表 12 – 1　　农户产权认知对法律赋权的偏离度指标及其赋值说明

一级指标	二级指标	题项	问项	赋值方法
农地排他权认知与法律的偏离度	农地所有权排他	农地属行政村所有	SI.A3	完全不同意=4；比较不同意=3；一般=2；比较同意=1；完全同意=0
		农地属村民小组所有	SI.A4	
	农地承包权排他	嫁入本村女子户口迁入有地	SI.B6	
		入赘女婿户口迁入有地	SI.B7	
		去世之人的地收回	SI.B10	
		新出生小孩能分地	SI.B11	
		正式领养小孩能分地	SI.B12	
		签订书面《农地承包经营权合同》	SI.B15	
		发放《农地承包经营权证书》	SI.B16	
	农地收益权排他	农地出租收入	SI.E5	
		农地流转补贴收入	SI.E6	
		农地入股收入	SI.E7	
农地处置权认知与法律的偏离度	农地用途处置	私自将农地改为宅基地	SI.C1	完全不同意=0；比较不同意=1；一般=2；比较同意=3；完全同意=4
		私自将农地改为建厂房	SI.C2	
		私自将耕地挖塘养鱼	SI.C3	
		私自在耕地上种果树	SI.C4	
		私自在耕地上种林木	SI.C5	
	农地经营权处置	种养权	SI.D2	
			SI.D3	
		抛荒权	SI.D4	
			SI.D5	
农地交易权认知与法律的偏离度	农地所有权交易	买卖权	SI.C6	完全不同意=4；比较不同意=3；一般=2；比较同意=1；完全同意=0
			SI.C7	
		赠予权	SI.C9	
		抵押权	SI.C24	
		继承权	SI.C11	
			SI.C12	
			SI.C13	
	农地经营权交易	出租权	SI.C14	
		入股权	SI.C18	
			SI.C19	
		互换权	SI.C21	
			SI.C22	

（二）农户认知与社会认同的偏离度

我们以第十章干部认知的平均值作为社会认同的标准，然后将农户的认知与之比较，将其差异值的绝对数视为农户认知与社会认同的偏离程度的赋值。0代表农户认知与社会认同完全一致，数值越大，则农户认知与社会认同的偏离度越大（见表12－2）。

表12－2　　　　农户认知与社会认同的偏离度指标及其赋值说明

一级指标	二级指标	题项	问项	赋值方法
农地排他权认知与社会认同的偏离度	农地所有权排他	农地属行政村所有	SI. A3	农户认知与社会认同的偏离程度 = ｜农户问卷的赋值 － 干部问卷对应题项的样本平均值｜ 其中： （1）农户问卷的数值即为农户认知数据； （2）干部问卷对应题项的样本平均值即为社会认同数据
		农地属村民小组所有	SI. A4	
	农地承包权排他	有本村户籍就能分到农地	SI. B4	
		户口迁出本村就收回农地	SI. B5	
		嫁入本村女子户口迁入有地	SI. B6	
		入赘女婿户口迁入有地	SI. B7	
		去世之人的地收回	SI. B10	
		新出生小孩能分地	SI. B11	
		正式领养小孩能分地	SI. B12	
		签订书面《农地承包经营权合同》	SI. B15	
		发放《农地承包经营权证书》	SI. B16	
	农地收益权排他	农地经营所得	SI. E1	
		保有农地补贴	SI. E2	
		直接经营农业补贴	SI. E3	
		出租收入	SI. E5	
		农地流转补贴收入	SI. E6	
		入股收入	SI. E7	
农地处置权认知与社会认同的偏离度	农地用途处置	私自将农地改为宅基地	SI. C1	
		私自将农地改为建厂房	SI. C2	
		私自将耕地挖塘养鱼	SI. C3	
		私自在耕地上种果树	SI. C4	
		私自在耕地上种林木	SI. C5	
	农地经营权处置	种养权	SI. D1	
			SI. D2	
		抛荒权	SI. D4	
			SI. D4	

续表

一级指标	二级指标	题项	问项	赋值方法
农地交易权认知与社会认同的偏离度	农地所有权交易	买卖权	SI. C6	
			SI. C7	
		赠予权	SI. C9	
			SI. C11	
		继承权	SI. C12	
			SI. C13	
	农地经营权交易	抵押权	SI. C24	
		出租权	SI. C14	
		入股权	SI. C18	
			SI. C19	
		互换权	SI. C21	
			SI. C22	

（三）农户行为能力

与前述章节一样，这里的农户产权行为能力依然包括排他能力、交易能力和处置能力三个维度。与第十一章不同的是，考虑到本章第三节将对征地情形进行单独讨论，因此，这里的产权强度中的农地排他权不包括所有权排他。其具体指标及其赋值如表12-3所示。

表12-3　　　　　　农户行为能力指标体系与赋值说明

一级指标	二级指标	题项	问项	赋值方法
农地排他能力	农地承包权排他	是否反对过土地调整	SI. R6	是=1，说明行为能力强；否=0，说明行为能力弱
		是否反对成功	SI. R7	
	农地收益权排他	农地经营所得是否都归自己所有	SI. R19	
		农地出租收入是否完全归自己所有	SI. R22	
		农地流转补贴收入是否完全归自己所有	SI. R23	
		农地入股收入是否完全归自己所有	SI. R24	

续表

一级指标	二级指标	题项	问项	赋值方法
农地处置能力	农地用途处置	是否私自将农地改为宅基地或建厂房	SI. R8	是 = 1，说明行为能力强；否 = 0，说明行为能力弱
		是否私自将农地改为鱼塘或果园	SI. R9	
	农地经营权处置	是否抛荒过农地	SI. R17	
		是否完全由自己决定种养什么	SI. R18	
农地交易能力	农地所有权交易	是否将农地卖过给别人	SI. R10	没有流转 = 0；有流转：对方决定 = 1；双方协商 = 2；您家决定 = 3
		是否将农地作过抵押	SI. R16	
		是否有人继承父母或亲戚的农地	SI. R12	
	农地经营权交易	流转农地位置的决定权		
		流转农地数量的决定权		
		流转农地价格决定方式		

（四）资源禀赋因素

具体指标及赋值方法如表 12-4 所示。

表 12-4　　　　农户资源禀赋变量解释及赋值说明

一级指标	二级指标	具体指标	变量解释	赋值说明
农地禀赋因素	农地区位特征	农地特征（地形）	农地所在地形分为平原、丘陵和山区	平原 = 1；丘陵 = 2；山区 = 3
		离家最远距离	家庭承包农地与家之间的距离	≤0.5 公里时，取值 1；>0.5公里且≤1 公里时，取值 2；>1 公里且≤1.5 公里时，取值 3；>1.5 公里<且≤2 公里时，取值 4；>2 公里时，取值 5
	农地质量特性	农地肥力条件	水田、旱地和菜地各地块肥力情况的综合得分	各地块占总面积比重 × 各地块肥力赋值 地块肥力赋值：下 = 1；中 = 2；上 = 3

续表

一级指标	二级指标	具体指标	变量解释	赋值说明
农地禀赋因素	农地质量特性	农地灌溉条件	水田、旱地和菜地各地块的灌溉条件的综合得分	地块赋值：不好=1；一般=2；好=3，再用各地块占总面积比重×各地块灌溉条件赋值
	农地规模特征	农地细碎化	水田、旱地和菜地的平均每块地所占面积	水田、旱地和菜地的总承包面积/总地块数
		家庭人均农地面积	农户承包的水田、旱地和菜地的人均面积	家庭水田、旱地和菜地的总面积/家庭总人数
非农地禀赋因素	农业劳动力因素	农业劳动力老龄化程度	农户家庭中大于50岁的农业劳动力数所占家庭总农业劳动力数比重	农户家庭中大于50岁的农业劳动力数/家庭总农业劳动力数×100%
		农业劳动力妇女化程度	农户家庭中从事农业劳动的妇女人数占家庭总农业劳动力数比重	农户家庭中从事农业劳动的妇女人数/家庭总农业劳动力数×100%
		家庭纯农业劳动力所占比重	农户家庭纯农业劳动力人数占总人数的比重	家庭纯农业劳动人口数/家庭总人口数×100%
	社会保障因素	养老保障覆盖率	农户家庭享受养老保险的人数占总人数的比重	农户家庭享受养老保险人数/家庭总人数×100%
		医疗保障覆盖率	农户家庭享受医疗保险的人数占总人数的比重	农户家庭享受医疗保险人数/家庭总人数×100%
	社会资源因素	村干部亲戚	是否有做村干部的亲戚	没有=1；有1~2位=2；有3位及以上=3
		国家干部亲戚	是否有做国家（镇及以上）干部的亲戚	没有=1；有1~2位=2；有3位及以上=3
		权力距离	与村里权力大的人是否有亲戚朋友关系	有=1；没有=0
	物质资源因素	固定资产总价值	农户家庭固定资产包括：耕牛、拖拉机、水泵、插秧机、收割机、机动喷雾器、脱粒机、汽车和电脑	各种固定资产价值的总和：为0时，取1；0~10 000元时，取2；10 000~50 000元时，取3；50 000~90 000元时，取4；90 000元以上时，取5
		是否获得用于生产的贷款	首先，获得过贷款；其次，贷款用于生产	没有获得过贷款或者获得贷款用于生活=0，获得贷款用于生产=1

三、描述性统计分析

如前所述,考虑到偏非农户样本数太少,我们将第十一章的五种农户类型重新组合成三种类型,即以农为主的农户(纯农户+偏农户)、中间户、以非农业为主的农户(偏非农户+纯非农户),农户数分别为310户、186户和394户,分别占总样本的比重34.8%、20.9%和44.3%(见表12-5)。

表12-5 不同类型农户的划分和样本数

原农户类型	户数(户)	占总样本百分比(%)	新农户类型	户数(户)	占总样本百分比(%)
纯农户	202	22.7	以农为主的农户	310	34.8
偏农户	108	12.1			
中间户	186	20.9	兼业农户	186	20.9
偏非农户	71	8.0	以非农为主的农户	394	44.3
纯非农户	323	36.3			
合计	890	100	合计	890	100

(一)不同类型农户的基本特征

1. 家庭劳动力特征

一是以农为主的农户表现出明显的劳动力老龄化特征。在310个以农业为主的农户中,有118个农户存在着老龄化现象,占样本户的38.1%。其中,有43个农户家庭中的农业劳动力老龄化程度低于50%,占样本数的13.9%,老龄化程度超过50%的农户75个,占24.2%。以非农为主农户中存在老龄化现象的样本最少,仅占样本的8.9%(见表12-6)。

表12-6 不同类型农户的农业劳动力老龄化程度

农户类型	老龄化程度(%)	农户数(户)	所占比重(%)
以农为主农户(310)	0	192	61.9
	<50	43	13.9
	≥50	75	24.2

续表

农户类型	老龄化程度（%）	农户数（户）	所占比重（%）
兼业农户（186）	0	146	78.5
	<50	8	4.3
	≥50	32	17.2
以非农为主农户（394）	0	359	91.1
	<50	5	1.3
	≥50	30	7.6

二是以农为主的农户亦表现出明显的劳动力妇女化特征。在 310 个以农业为主的农户中，有 280 个农户存在农业劳动力妇女化现象，占样本户的 90.3%。其中有 216 个农户的农业劳动力妇女化程度低于 50%，占样本数的 69.7%，妇女化程度超过 50% 的农户 64 个，占 20.6%。以非农业为主的农户农业劳动力中存在妇女化现象的样本最少，只占样本数的 10.2%（见表 12 – 7）。

表 12 – 7　　　　不同类型农户的农业劳动力妇女化程度

农户类型	妇女化程度（%）	农户数（户）	所占比重（%）
以农业为主农户（310）	0	30	9.7
	<50	216	69.7
	≥50	64	20.6
兼业农户（186）	0	63	33.9
	<50	86	46.2
	≥50	37	19.9
以非农为主农户（394）	0	354	89.8
	<50	16	4.1
	≥50	24	6.1

可见，目前从事农业生产的劳动力中，老龄化现象和妇女化现象都非常明显。

2. 社会资源特征

我们主要从农户的村干部亲戚、国家干部亲戚和是否与村里权力大的人有亲戚朋友关系三个方面来描述农户的社会资源特征（这里的亲戚是指非户籍直系亲属与亲戚）。

一是村干部亲戚情况。从表 12 – 8 中可以看出，在 310 个以农业为主的农户中，没有村干部亲戚的有231个农户，占所有样本比重74.5%，有1~2位村干部亲戚的有75个农户，占24.2%，有3位及以上村干部亲戚的有4个农户，占1.3%。拥有村干部亲戚样本比重最高的是以非农为主的农户，占样本数的31.7%；兼业农户最低，只占样本数的22.1%。

表12-8　　　　　不同类型农户的村干部亲戚数

农户类型	村干部亲戚数（人）	农户数（户）	所占比重（%）
以农业为主农户（310）	0	231	74.5
	1~2	75	24.2
	3及以上	4	1.3
兼业农户（186）	0	145	78.0
	1~2	39	21.0
	3及以上	2	1.1
以非农为主农户（394）	0	269	68.3
	1~2	105	26.6
	3及以上	20	5.1

二是国家干部亲戚情况，这里的国家干部是指镇及以上的干部。从表12-9中可看出，在310个以农业为主的农户中，没有国家干部亲戚的有272个农户，占所有样本比重87.7%，有1~2位国家干部亲戚的有33个农户，占10.6%，有3位及以上国家干部亲戚的有5个农户，占1.6%。拥有国家干部亲戚样本比重最高的是以非农为主的农户，占样本数的19.8%；兼业农户最低，只占样本数的10.2%。

表12-9　　　　　不同类型农户的国家干部亲戚个数

农户类型	国家干部亲戚数（人）	农户数（户）	所占比重（%）
以农业为主农户（310）	0	272	87.7
	1~2	33	10.6
	3及以上	5	1.6
兼业农户（186）	0	167	89.8
	1~2	18	9.7
	3及以上	1	0.5

续表

农户类型	国家干部亲戚数（人）	农户数（户）	所占比重（%）
以非农为主农户（394）	0	316	80.2
	1~2	62	15.7
	3及以上	16	4.1

三是农户是否与村里权力大的人有亲戚朋友关系，这里所说的村里权力大者是指本村在处理村内事务时，说话最算数的人，或者权力大最大的人。从表12-10可以看出，在310个以农业为主的农户中，与村里权力大者没有亲戚朋友关系的共247个农户，占所有样本比重79.7%。与村里权力大者有亲戚朋友关系的样本比重最高的是以非农为主的农户，占样本数的24.6%；兼业农户最低，只占样本数的18.3%。

表12-10　　　不同类型农户与村里权力大者是否有亲戚朋友关系

农户类型	是否有亲朋关系	农户数（户）	所占比重（%）
以农业为主农户（310）	不是	247	79.7
	是	63	20.3
兼业农户（186）	不是	152	81.7
	是	34	18.3
以非农为主农户（394）	不是	297	75.4
	是	97	24.6

因此，无论是拥有村干部亲戚，还是拥有国家干部亲戚，抑或是与村里权力大者有亲戚朋友关系，样本比重最高的都是以非农为主的农户，其次都是以农业为主的农户，样本比重最低的都是兼业农户。

3. 社会保障特征

从农户家庭养老保险覆盖率和医疗保险覆盖率两方面来描述农户的社会保障特征。表12-11说明，农户家庭享受养老保险和医疗保险的样本比重最高的都是以非农为主的农户，其次是兼业农户，最低的是以农业为主的农户。

表 12-11　不同类型农户的养老保险与医疗保险覆盖率

农户类型	社会保障	覆盖率（%）	农户数（户）	所占比重（%）
以农业为主农户（310）	养老保险	0	172	55.5
		<50	52	16.8
		≥50	86	27.7
	医疗保险	0	57	18.3
		<50	38	12.3
		≥50	215	69.4
兼业农户（186）	养老保险	0	88	47.3
		<50	55	29.6
		≥50	43	23.1
	医疗保险	0	26	14.0
		<50	26	14.0
		≥50	134	72.0
以非农为主农户（394）	养老保险	0	117	29.7
		<50	146	37.1
		≥50	131	33.2
	医疗保险	0	43	10.9
		<50	96	24.4
		≥50	255	64.7

4. 物质资产特征

主要从农户家庭固定资产总值和生产贷款两个方面来描述不同类型农户的物质资产特征。

农户家庭固定资产主要包括：耕牛、拖拉机、水泵、插秧机、收割机、机动喷雾器、脱粒机、汽车和电脑等资产，资产总额是其总现值。从表12-12中可以看出，拥有固定资产样本比重最高的是以农业为主的农户，占样本的63.5%，其次是兼业农户，占62.8%，以非农业为主的农户最低，只有56.1%。

在农户是否获得用于生产贷款方面，比重最高的是以农业为主的农户，其次是兼业农户，最低的是以非农为主的农户（见表12-13）。

表12-12　　　　　　　　不同类型农户的固定资产价值

农户类型	资产价值（元）	农户数（户）	所占比重（%）
以农业为主农户（310）	0	113	36.5
	0～10 000	130	41.9
	10 000～50 000	51	16.5
	50 000～90 000	10	3.2
	90 000以上	6	1.9
兼业农户（186）	0	71	38.2
	0～10 000	63	33.9
	10 000～50 000	30	16.1
	50 000～90 000	14	7.5
	90 000以上	8	4.3
以非农为主农户（394）	0	173	43.9
	0～10 000	165	41.9
	10 000～50 000	34	8.6
	50 000～90 000	14	3.6
	90 000以上	8	2.0

表12-13　　　　　　不同类型农户是否获得用于生产的贷款

农户类型	范围	农户数（户）	所占比重（%）
以农业为主农户（310）	不是	249	80.3
	是	61	19.7
兼业农户（186）	不是	150	80.6
	是	36	19.4
以非农为主农户（394）	不是	344	87.3
	是	50	12.7

（二）农户的农地禀赋特征

1. 农地区位特征

主要从农地地形和离家最远距离两个方面来描述不同农户所承包农地的区位特征。

农地所在地的地形主要包括平原、丘陵和山区三种地形。从表12-14可以看出，农地位于平原地区的样本比重最高的是兼业农户，其次是以非农为主的农户，最低的是以农业为主的农户；农地位于丘陵地区的样本比重最高的是以非农为主的农户，其次是兼业农户，最低的是以农业为主的农户；农地位于山区的样本比重最高的是以农业为主的农户，其次是兼业农户，最低的是以非农为主的农户。

表 12-14　　　　　不同类型农户承包农地所在地的地形特征

农户类型	地形	农户数（户）	所占比重（%）
以农业为主农户（310）	平原	112	36.1
	丘陵	49	15.8
	山区	149	48.1
兼业农户（186）	平原	83	44.6
	丘陵	38	20.4
	山区	65	34.9
以非农为主农户（394）	平原	157	39.8
	丘陵	124	31.5
	山区	113	28.7

从表 12-15 可以看出，农户承包土地的远近在不同类型农户中基本没有显著差异。这显然与家庭承包中的均分搭配有关。

表 12-15　　　　　不同类型农户的承包农地离家最远距离

农户类型	距离（公里）	农户数（户）	所占比重（%）
以农业为主农户（310）	<0.5	85	27.4
	0.5~1	61	19.7
	1~1.5	56	18.1
	1.5~2	42	13.5
	≥2	66	21.3
兼业农户（186）	<0.5	50	26.9
	0.5~1	36	19.4
	1~1.5	37	19.9
	1.5~2	29	15.6
	≥2	34	18.3

续表

农户类型	距离（公里）	农户数（户）	所占比重（%）
以非农为主农户（394）	<0.5	98	24.9
	0.5~1	129	32.7
	1~1.5	76	19.3
	1.5~2	37	9.4
	≥2	54	13.7

2. 农地规模特征

主要从农地细碎化程度和家庭人均农地面积两方面来描述农户的农地规模特征。

首先，农地细碎化是指平均每块农地的面积。从表12-16可以看出，不同类型农户中，都将近有一半农户的平均每块农地面积均不到1亩，样本所占比重都相差不大，均在46%左右，说明全国农地细碎化程度仍然比较严重。

表12-16　　　　　　不同类型农户的农地细碎化程度

农户类型	细碎化程度（亩/块）	农户数（户）	所占比重（%）
以农业为主农户（310）	<1	142	45.8
	1~2	91	29.4
	≥2	77	24.8
兼业农户（186）	<1	91	48.9
	1~2	47	25.3
	≥2	48	25.8
以非农为主农户（394）	<1	184	46.7
	1~2	115	29.2
	≥2	95	24.1

其次，60%以上农户的家庭平均农地面积均不到2亩。表明均包制所形成的农户小规模经营是普遍现象（见表12-17）。

表 12-17　　　　　　　不同类型农户的农地经营规模

农户类型	经营规模（亩）	农户数（户）	所占比重（%）
以农业为主农户（310）	<2	198	63.9
	2~4	79	25.5
	≥4	33	10.6
兼业农户（186）	<2	125	67.2
	2~4	40	21.5
	≥4	21	11.3
以非农为主农户（394）	<2	294	74.6
	2~4	78	19.8
	≥4	22	5.6

3. 农地质量特性

主要从肥力条件和灌溉条件来描述农户的农地质量特性。总体来看，无论是农地肥力还是灌溉条件，以农业为主的农户均不及以非农为主的农户（见表12-18）。这说明优质土地资源并没有在农业内使用。

表 12-18　　　　　　不同类型农户的农地肥力与灌溉条件

农户类型	农地质量	质量特征	农户数（户）	所占比重（%）
以农业为主农户（310）	肥力条件	没有填	78	25.2
		比较差	23	7.4
		一般	73	23.5
		比较好	136	43.9
	灌溉条件	没有填	84	27.1
		比较差	56	18.1
		一般	71	22.9
		比较好	99	31.9
兼业农户（186）	肥力条件	没有填	51	27.4
		比较差	13	7.0
		一般	40	21.5
		比较好	82	44.1
	灌溉条件	没有填	51	27.4
		比较差	35	18.8
		一般	46	24.7
		比较好	54	29.0

续表

农户类型	农地质量	质量特征	农户数（户）	所占比重（%）
以非农为主农户（394）	肥力条件	没有填	68	17.3
		比较差	13	3.3
		一般	51	12.9
		比较好	262	66.5
	灌溉条件	没有填	67	17.0
		比较差	49	12.4
		一般	89	22.6
		比较好	189	48.0

四、测度数据的效度和信度检验

（一）农户产权认知对法律赋权偏离度的效度和信度检验

（1）将测度"农户对农地排他权的认知与法律的偏离度"的12个题项进行探索性因子分析，测度数据的效度检验结果表明（见表12-19），KMO值为0.757，表明因子分析适合性"良好"；得到四个主因子，累计方差贡献率达到73.068%，且各变量的因子载荷值均在0.72以上。信度检验结果表明，Cronbach's Alpha值为0.711，说明测度指标内部一致性处于较高的水平。

表12-19 农户排他权认知与法律的偏离度的效度与信度检验结果

指标	承包成员权排他	收益权排他	正式契约排他	所有权排他
SI.B12	**0.852**	0.019	0.161	-0.040
SI.B11	**0.848**	0.055	0.153	-0.011
SI.B6	**0.840**	0.067	0.116	-0.039
SI.B7	**0.824**	-0.024	0.001	-0.010
SI.B10	**0.720**	0.059	0.120	0.070
SI.E7	0.056	**0.826**	0.008	0.048
SI.E5	0.024	**0.777**	0.044	-0.048
SI.E6	0.037	**0.763**	-0.041	-0.110
SI.B16	0.168	-0.004	**0.926**	-0.047
SI.B15	0.210	0.012	**0.913**	-0.079
SI.A4	0.001	-0.043	-0.069	**0.908**

续表

指标	承包成员权排他	收益权排他	正式契约排他	所有权排他
SI. A3	-0.010	-0.064	-0.046	**0.906**
方差贡献率（%）	28.529	15.719	14.835	13.985
KMO 值	0.757			
Bartlett Test	近似卡方 = 4407.698			
	df = 66			
	Sig. = 0.000			
Cronbach's Alpha 值	0.711			

（2）将测度"农户对农地处置权的认知与法律的偏离度"的 9 个题项进行探索性因子分析，测度数据的效度检验结果（见表 12-20）表明，KMO 值为 0.652，表明因子分析适合性"可以接受"；得到四个主因子，累计方差贡献率达到 71.981%，且各变量的因子载荷值均在 0.69 以上。信度检验结果表明，Cronbach's Alpha 值为 0.638，说明测度指标内部一致性处于可以接受的水平。

表 12-20　农户处置权认知与法律的偏离度的效度与信度检验结果

指标	农内用途处置	农外用途处置	种养权	抛荒权
SI. C5	**0.890**	0.039	0.043	0.061
SI. C4	**0.884**	0.051	0.031	0.062
SI. C3	**0.787**	0.183	0.014	0.058
SI. C1	0.138	**0.922**	-0.019	0.071
SI. C2	0.095	**0.921**	0.011	0.064
D2	0.043	0.016	**0.826**	-0.183
D3	0.027	-0.026	**0.707**	0.274
D5	0.088	-0.079	0.222	**0.732**
D4	0.062	0.288	-0.198	**0.691**
方差贡献率（%）	24.858	20.290	14.153	12.679
KMO 值	0.652			
Bartlett Test	近似卡方 = 2 112.313			
	df = 36			
	Sig. = 0.000			
Cronbach's Alpha 值	0.638			

（3）将测度"农户对农地交易权的认知与法律的偏离度"的 11 个题项进行探索性因子分析，测度数据的效度检验结果（见表 12-21）表明，KMO 值为 0.688，表明因子分析适合性"可以接受"；得到四个主因子，累计方差贡献率达到 68.873%，且各变量的因子载荷值均在 0.55 以上。信度检验结果表明，Cronbach's Alpha 值为 0.602，说明测度指标内部一致性处于可以接受的水平。

表 12-21　农户交易权认知与法律的偏离度的效度与信度检验结果

指标	买卖赠予抵押权	继承权	出租互换权	入股权
SI. C6	**0.874**	0.058	0.032	-0.099
SI. C7	**0.860**	0.024	-0.034	-0.119
SI. C9	**0.613**	-0.007	-0.182	-0.090
SI. C24	**0.557**	-0.012	-0.013	-0.434
SI. C12	0.008	**0.887**	0.039	0.008
SI. C11	0.152	**0.805**	0.179	-0.026
SI. C13	-0.062	**0.801**	0.053	0.022
SI. C21	-0.045	0.048	**0.923**	0.139
SI. C22	-0.046	0.067	**0.917**	0.127
SI. C14	-0.136	0.283	**0.587**	0.213
SI. C18	-0.169	0.003	0.160	**0.887**
SI. C19	-0.116	0.004	0.257	**0.858**
方差贡献率（%）	18.169	18.052	17.439	15.212
KMO 值	0.688			
Bartlett Test	近似卡方 = 4 131.828 df = 66 Sig. = 0.000			
Cronbach's Alpha 值	0.602			

（二）农户认知与社会认同的偏离度的效度和信度检验

（1）将测度"农户对农地排他权的认知与社会认同的偏离度"的 18 个题项进行探索性因子分析，测度数据的效度检验结果（见表 12-22）表明，KMO 值为 0.776，表明因子分析适合性"良好"；得到五个主因子，累计方差贡献率达到 62.466%，且各变量的因子载荷值均在 0.57 以上。信度检验结果表明，Cronbach's Alpha 值为 0.764，说明测度指标内部一致性处于较高的水平。

表 12-22　农户排他权的认知与社会认同的偏离度的效度与信度检验结果

指标	承包成员权排他	流转收益排他	正式契约排他	所有权排他	农业经营收益排他
SI. B12	**0.796**	-0.042	0.219	0.002	0.034
SI. B11	**0.790**	-0.085	0.220	-0.048	0.000
SI. B6	**0.778**	-0.054	0.123	-0.048	0.064
SI. B7	**0.765**	0.043	0.027	0.004	0.034
SI. B10	**0.695**	0.020	0.069	0.016	0.038
SI. B5	**0.589**	0.140	-0.091	0.079	0.199
SI. B4	**0.582**	0.075	0.014	0.084	0.192
SI. E7	-0.013	**0.817**	0.023	0.081	0.008
SI. E5	0.066	**0.807**	-0.027	0.003	0.004
SI. E6	0.008	**0.803**	0.016	0.039	0.091
SI. B16	0.163	0.022	**0.911**	-0.039	0.058
SI. B15	0.192	-0.003	**0.907**	-0.026	0.054
SI. A3	-0.003	0.025	-0.033	**0.862**	0.005
SI. A4	0.034	0.071	-0.021	**0.862**	0.093
SI. E2	0.136	0.060	0.002	-0.003	**0.796**
SI. E3	0.080	-0.062	0.144	-0.050	**0.782**
SI. E1	0.122	0.119	-0.037	0.273	**0.575**
方差贡献率（%）	21.284	11.944	10.601	9.357	9.280
KMO 值	0.776				
Bartlett Test	近似卡方 = 4 587.105 df = 136 Sig. = 0.000				
Cronbach's Alpha 值	0.764				

（2）将测度"农户对农地处置权的认知与社会认同的偏离度"的 8 个题项进行探索性因子分析，测度数据的效度检验结果（见表 12-23）表明，KMO 值为 0.544，表明因子分析适合性"可以接受"；得到四个主因子，累计方差贡献率达到 76.652%，且各变量的因子载荷值均在 0.60 以上。信度检验结果表明，Cronbach's Alpha 值为 0.552，说明测度指标内部一致性处于可以接受的水平。

表 12 – 23　农户处置权认知与社会认同的偏离度的效度与信度检验结果

指标	农内用途处置	农外用途处置	种养权	抛荒权
SI. C4	**0.906**	-0.017	0.048	0.129
SI. C5	**0.814**	-0.143	0.192	-0.091
SI. C3	**0.602**	0.153	-0.189	0.451
SI. C2	-0.027	**0.928**	0.059	0.013
SI. C1	-0.042	**0.921**	0.000	0.091
D1	0.111	0.095	**0.853**	-0.150
D2	0.008	-0.061	**0.667**	0.521
D4	0.088	0.074	0.001	**0.842**
方差贡献率（%）	23.356	22.156	15.626	15.514
KMO 值	0.544			
Bartlett Test	近似卡方 = 1 693.87 df = 28 Sig. = 0.000			
Cronbach's Alpha 值	0.552			

（3）将测度"农户对农地交易权的认知与社会认同的偏离度"的 12 个题项进行探索性因子分析，测度数据的效度检验结果（见表 12 – 24）表明，KMO 值为 0.762，表明因子分析适合性"良好"；得到三个主因子，累计方差贡献率达到 57.814%，且各变量的因子载荷值均在 0.55 以上。信度检验结果表明，Cronbach's Alpha 值为 0.761，说明测度指标内部一致性处于比较高的水平

表 12 – 24　农户交易权认知与社会认同的偏离度的效度与信度检验结果

指标	入股互换抵押权	继承出租权	买卖赠予权
SI. C21	**0.783**	0.132	0.082
SI. C19	**0.691**	0.186	0.114
SI. C22	**0.671**	-0.069	0.318
SI. C24	**0.662**	0.141	0.141
SI. C18	**0.614**	0.215	-0.326
SI. C12	0.100	**0.863**	0.077
SI. C11	0.007	**0.824**	0.146
SI. C13	0.427	**0.607**	0.133
SI. C14	0.347	**0.554**	-0.264

续表

指标	入股互换抵押权	继承出租权	买卖赠予权
SI. C6	-0.037	0.132	**0.852**
SI. C7	0.127	0.066	**0.848**
SI. C9	0.270	0.031	**0.574**
方差贡献率（%）	23.003	17.878	16.933
KMO 值		0.762	
Bartlett Test		近似卡方 = 3 085.605 df = 66 Sig. = 0.000	
Cronbach's Alpha 值		0.761	

（三）农户产权行为能力的效度和信度检验

这里的农户产权行为能力的排他能力，主要包括经营权排他和收益权排他两个方面。

（1）将测度"农户排他能力"的 6 个题项进行探索性因子分析，结果表明（见表 12 - 25），KMO 值为 0.681，表明因子分析适切性"可以接受"；得到两个主因子，累计解释方差达到 60.259%，且各变量的因子载荷值均在 0.59 以上。信度检验结果表明，Cronbach's Alpha 值为 0.600，说明测度指标内部一致性处在可以接受的水平。

表 12 - 25　　　　农户排他能力的效度与信度检验结果

指标	收益权排他	承包权排他
R22	**0.839**	-0.086
R23	**0.822**	-0.097
R24	**0.762**	0.039
R19	**0.598**	0.035
R7	-0.058	**0.834**
R6	0.019	**0.829**
方差贡献率（%）	36.87	23.39
KMO 值	0.681	
Bartlett Test	近似卡方 = 986.561 df = 15 Sig. = 0.000	
Cronbach's Alpha 值	0.600	

（2）将测度"农户处置能力"的4个题项进行探索性因子分析，结果表明（见表12-26），KMO值为0.567，表明因子分析适切性"可以接受"；得到三个主因子，累计解释方差达到81.063%，且各变量的因子载荷值均在0.78以上。信度检验结果表明，Cronbach's Alpha值为0.520，说明测度指标内部一致性处于可以接受的水平。

表12-26　　　　农户处置能力的效度与信度检验结果

指标	用途处置	种养处置	抛荒处置
SI. R8	**0.786**	-0.001	0.079
SI. R9	**0.785**	0.082	0.007
SI. R18	0.06	**0.996**	0.042
SI. R17	0.064	0.042	**0.996**
方差贡献率（%）	31.056	25.007	25.000
KMO值	0.567		
Bartlett Test	近似卡方=82.814　df=6　Sig.=0.000		
Cronbach's Alpha值	0.520		

（3）将测度"农户交易能力"的6个题项进行探索性因子分析，农户交易能力的效度检验结果表明（见表12-27），KMO值为0.762，表明因子分析适切性"良好"；得到三个主因子，累计解释方差达到84.578%，且各变量的因子载荷值均在0.69以上。信度检验结果表明，Cronbach's Alpha值为0.765，说明测度指标内部一致性处于较高的水平。

表12-27　　　　农户交易能力的效度与信度检验结果

指标	经营权交易	所有权交易	继承权
流转数量决定权	**0.985**	0.038	-0.014
流转位置决定权	**0.978**	0.055	-0.008
流转价格决定权	**0.970**	0.061	-0.001
R16	-0.012	**0.834**	-0.078
R10	0.103	**0.693**	0.194
R12	-0.023	0.088	**0.979**

续表

指标	经营权交易	所有权交易	继承权
方差贡献率（%）	48.002	19.854	16.723
KMO 值	0.762		
Bartleet Test	近似卡方 = 1 691.198 df = 36 Sig. = 0.000		
Cronbach's Alpha 值	0.765		

（四）农地禀赋因素的效度和信度检验

将测度"农地禀赋因素"的 6 个题项进行探索性因子分析，检验结果表明（见表 12-28），KMO 值为 0.546，表明因子分析适切性"可以接受"；得到三个主因子，累计解释方差达到 76.684%，且各变量的因子载荷值均在 0.78 以上。信度检验结果表明，Cronbach's Alpha 值为 0.624，说明测度指标内部一致性处于能接受的水平。

表 12-28　　农地禀赋因素的效度与信度检验结果

指标	农地质量特性	农地规模特征	农地区位特征
农地灌溉条件	**0.951**	0.081	0.025
农地肥力条件	**0.939**	0.137	0.109
农地细碎化	0.068	**0.875**	-0.062
家庭人均农地面积	0.138	**0.811**	0.215
农地所在地形	0.079	0.002	**0.804**
农地离家最远距离	0.032	0.116	**0.783**
方差贡献率（%）	30.276	24.377	22.032
KMO 值	0.546		
Bartleet Test	近似卡方 = 1 418.759 df = 15 Sig. = 0.000		
Cronbach's Alpha 值	0.624		

(五) 非农地禀赋因素的效度和信度检验

将测度"非农地禀赋因素"的 10 个题项进行探索性因子分析，检验结果表明（见表 12-29），KMO 值为 0.596，表明因子分析适切性"可以接受"；得到四个主因子，累计解释方差达到 60.715%，且各变量的因子载荷值均在 0.64 以上。信度检验结果表明，Cronbach's Alpha 值为 0.528，说明测度指标内部一致性处于能接受的水平。

表 12-29　　非农地禀赋因素的效度与信度检验结果

指标	农业劳动力	社会资源	社会保障	物质资源
农户家庭纯农业劳动力所占比重	**0.835**	-0.090	-0.085	0.081
农户农业劳动力妇女化程度	**0.808**	-0.084	-0.026	0.177
农户家庭农业劳动力老龄化程度	**0.656**	0.035	0.179	-0.210
村干部亲戚	-0.067	**0.818**	0.000	0.004
国家干部亲戚	-0.066	**0.729**	0.082	-0.018
是否认识村里权力大的人	0.005	**0.678**	-0.058	0.137
农户家庭养老保障覆盖率	-0.038	0.050	**0.804**	-0.102
农户家庭医疗保障覆盖率	0.072	-0.043	**0.772**	0.128
农户是否获得用于生产贷款	-0.016	-0.001	-0.174	**0.787**
农户家庭固定资产总值	0.082	0.146	0.298	**0.640**
方差贡献率（%）	18.023	17.014	14.118	11.560
KMO 值	0.596			
Bartleet Test	近似卡方 = 1 014.957			
	df = 45			
	Sig. = 0.000			
Cronbach's Alpha 值	0.528			

五、计量模型、变量说明与估计结果

（一）计量模型选择

由于模型中的因变量是农户的农地流转行为，包括转出和转入两方面。二者都是定性的二分变量，即有或没有发生转出或转入行为，所以本研究选用建立 Logistic 模型进行回归分析。

Logistic 概率函数的形式为：$P = \dfrac{Exp(Z)}{1 + Exp(Z)}$ (12-1)

式中，Z 是变量 X_1，X_2，…，X_i 的线性组合，如式（12-2）：

$$Z = b_0 + b_1 X_1 + b_2 X_2 + \cdots + b_n X_n = b_0 + \sum_{i=1}^{n} b_i X_i \quad (12-2)$$

在数据统计分析过程中，把农户有转出（入）农地行为的概率设为 $P(Y=1)$，则农户未发生转出（入）农地的概率为 $1-P(Y=0)$。在 Logistic 回归分析时，通常要进行 P 的 Logit 变换，即 $\text{Logit} P = \ln\left[\dfrac{P}{1-P}\right]$，经过 Logit 变换后，$\text{Logit} P = \ln\left[\dfrac{P}{1-P}\right] = b_0 + \sum_{i=1}^{n} b_i X_i$，这样就得到了概率的函数与自变量之间的线性表达式。设因变量 Y_1 为农户的农地转出行为，若农户发生了农地转出行为，$Y_1 = 1$，若没有发生农地转出行为，$Y_1 = 0$；Y_2 为农户的农地转入行为，若农户发生了农地转入行为，$Y_2 = 1$，若没有发生农地转入行为，$Y_2 = 0$。

（二）变量说明

基于本节图 12-1 所界定的因素，并运用上一小节对产权强度相关测度数据进行效度检验的每组主因子得分，分别计算其总得分，计算公式是：

$$F = (w_1 f_1 + w_2 f_2 + \cdots + w_m f_m) / (w_1 + w_2 + \cdots + w_m)$$

其中 f_1，…，f_m 代表主因子得分，w_1，…，w_m 为旋转后主因子的方差贡献率。但为了使模型估计结果得到更具体的解释，资源禀赋因素的两个维度直接用两组公因子得分作为自变量，不再计算两个维度的主因子总得分。

（三）回归估计结果

通过运用 SPSS20.0 统计软件，得到所有农户以及三种不同农户类型的农地转出和转入模型的回归结果（见表 12-30）。所有回归模型都通过检验。

表 12-30 模型估计结果

维度	指标名称	"农地转出"的回归结果				"农地转入"的回归结果			
		所有样本	以农为主	兼业	非农为主	所有样本	以农为主	兼业	非农为主
农户认知与法律偏离度	排他权的偏离度	-0.533** (0.261)	-0.515 (0.579)	-0.331 (0.680)	-0.884** (0.410)	-0.620* (0.366)	-0.586 (0.637)	-1.007 (0.786)	0.842 (1.583)
	处置权的偏离度	0.168 (0.232)	0.811 (0.505)	0.286 (0.575)	-0.117 (0.360)	-0.533* (0.324)	-0.203 (0.577)	-1.269* (0.656)	-1.334 (1.274)
	交易权的偏离度	-0.511** (0.183)	-0.013 (0.391)	-0.776* (0.458)	-0.807** (0.282)	0.147 (0.259)	-0.601 (0.407)	0.644 (0.532)	-0.095 (1.337)
农户认知与社会认同偏离度	排他权的偏离度	0.552* (0.301)	0.708 (0.602)	2.236** (0.895)	-0.156 (0.470)	0.834** (0.400)	0.743 (0.678)	0.861 (0.929)	1.151 (1.335)
	处置权的偏离度	0.576* (0.304)	0.173 (0.603)	1.904** (0.918)	0.415 (0.456)	-0.674 (0.431)	-0.543 (0.644)	-2.332** (1.051)	0.131 (1.951)
	交易权的偏离度	-0.343 (0.260)	0.501 (0.485)	-1.415** (0.711)	-0.421 (0.436)	-0.363 (0.353)	-0.222 (0.564)	-0.182 (0.688)	-2.001 (1.628)
农户行为能力	排他能力	0.103 (0.173)	-0.416 (0.422)	-0.325 (0.482)	0.486* (0.256)	0.181 (0.250)	0.117 (0.404)	-0.064 (0.517)	-2.789** (1.423)
	处置能力	-0.394* (0.219)	-0.009 (0.466)	-1.804** (0.710)	-0.326 (0.316)	0.080 (0.296)	0.158 (0.514)	0.166 (0.624)	1.944 (1.397)
	交易能力	3.478*** (0.248)	3.350*** (0.497)	4.428*** (0.782)	4.081*** (0.409)	2.060*** (0.254)	2.940*** (0.463)	2.267*** (0.545)	0.931 (0.907)

续表

维度	指标名称	"农地转出"的回归结果				"农地转入"的回归结果			
		所有样本	以农为主	兼业	非农为主	所有样本	以农为主	兼业	非农为主
农地禀赋因素	农地特性	0.367** (0.135)	0.549* (0.284)	-0.076 (0.351)	0.340 (0.219)	0.256 (0.188)	0.088 (0.277)	0.987** (0.449)	1.196 (0.885)
	农地面积	-0.104 (0.113)	0.231 (0.235)	-0.319 (0.249)	-0.142 (0.186)	0.238* (0.136)	0.051 (0.226)	0.130 (0.268)	0.662 (0.661)
	农地区位特征	-0.012 (0.127)	-0.489* (0.261)	0.363 (0.318)	0.211 (0.212)	0.092 (0.161)	-0.097 (0.256)	0.288 (0.359)	-0.232 (0.665)
非农地禀赋因素	农业劳动力	-0.563*** (0.132)	-0.859* (0.476)	-0.370 (0.360)	-0.382 (0.276)	0.810*** (0.181)	-0.504 (0.526)	0.651 (0.423)	-0.678 (1.811)
	社会资源	0.452*** (0.113)	0.522** (0.255)	1.200** (0.389)	0.479** (0.165)	-0.206 (0.181)	-0.374 (0.340)	0.486 (0.355)	0.642 (0.577)
	社会保障	0.114 (0.128)	0.097 (0.251)	-0.207 (0.350)	0.245 (0.222)	-0.191 (0.163)	-0.251 (0.268)	0.245 (0.375)	0.364 (0.767)
	物质资源	-0.280** (0.123)	-0.464* (0.246)	-0.354 (0.282)	-0.138 (0.217)	0.425** (0.143)	-0.077 (0.238)	0.774** (0.325)	1.808** (0.802)
常量		-2.192*** (0.161)	-2.108*** (0.503)	-2.618*** (0.474)	-2.118*** (0.347)	-3.875*** (0.272)	-2.724*** (0.580)	-3.986*** (0.696)	-9.509*** (3.238)
-2 Log likelihood		476.175	127.023	84.199	212.725	293.007	123.157	79.871	26.415
Hosmer & Lemeshow 检验		8.172	10.983	7.444	12.927	9.169	15.051	1.660	2.298
Sig.		0.417	0.203	0.490	0.114	0.328	0.055	0.990	0.970
Nagelkerke R^2		0.639	0.582	0.681	0.714	0.424	0.536	0.518	0.524

注:*、**、***分别表示在10%、5%、1%水平上显著。括号中数字表示对应参数估计的标准误。

六、计量结果分析Ⅰ：农地流转的影响因素

由于模型的自变量较多，为了使每组回归结果的比较分析更为直观，我们运用雷达图来表示各个自变量的回归系数大小。其中，圆心表示负向的最小回归系数值，最大的圆圈代表正向的最大回归系数值，中间的所有圆圈代表位于两者区间内的回归系数值。

（一）关于农地转出行为

在农户农地转出模型估计结果中，有8个自变量的回归系数为正向，亦有8个自变量的回归系数为负向（见图12-2）。

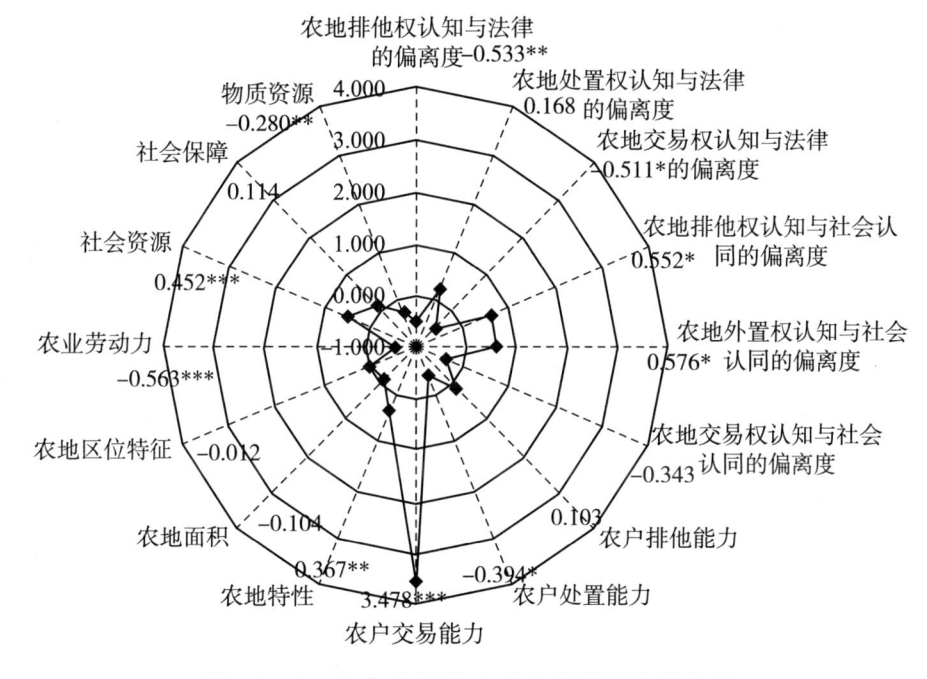

图 12-2 农户农地转出行为的模型估计结果

1. 促进农地转出的主要因素

（1）交易能力。农户的交易能力越强，掌握的农地交易市场信息越充足，信息来源渠道更多，熟知的农地转出方式也更广泛，转出农地的可能性越大。

（2）社会资源。社会资源丰富的农户，能够从事非农工作的机会越多，转出农地的可能性也会越大。

（3）农地质量特性。农地的肥力条件和灌溉条件越好，农户转出农地的可能性越大。可能的原因有二：一是农户自身的农业经营能力不强，或者具有非农经营的比较优势，转出较高质量的农地可以获得较高租金；二是农户种地并不以销售为目的，在能够保证自己消费的前提下，倾向于转出农地。

（4）农户对农地排他权的认知与社会认同的偏离度越大，农户转出农地的可能性越大。说明农户对土地的排他权的认知，如果得不到社会的支持，其持有农地的可能性会下降。

（5）农户对农地处置权的认知与社会认同的偏离度越大，农户转出农地的可能性越大。说明农户对土地的处置权的判断，如果不能获得社会的认同，其倾向于放弃农地经营。

2. 抑制农地转出的主要因素

（1）农户家庭农业劳动力越多，从事农业经营的可能性会越大，转出农地的可能性越小。

（2）农户对农地排他权、交易权的认知与法律的偏离度越大，农户转出农地的可能性越小。因此，改善农户对法律认知的一致性程度，对促进农地流转具有重要意义。

（3）农户的物质资源越丰富，农户自己种地的可能性会越大。这既表达了农户农业经营的能力，也可能与农业资产专业性所导致的投资锁定有关。

（4）农户的处置能力包括对农地用途的处置能力和农地经营权的处置能力，其中，农地用途的处置包括农内用途和农外用途处置，农内用途是指在承包农地上挖鱼塘、种果树或林木，农外用途是指将农地改为宅基地或建厂房，这些处置方式都为法律上所禁止的，如果农户的处置能力越强，那么农户将农地作非农用途处置的可能性越大，而不是转出农地。

3. 不同类型农户的农地转出特征

（1）对于所有类型的农户，其拥有的社会资源禀赋以及交易能力，均能够有效诱导其农地的转出行为。从而表明，良好的社会资源（集中表现为农户的政治关系）与交易能力成为农户"弃地"的重要因素。

（2）对于是否转出农地，以农为主农户主要与农业禀赋因素有关；非农为主导农户主要与产权中的排他权与交易权的相关；兼业农户则相对过多地与社会认知方面的因素相关联（见图12-3）。

（二）关于农地转入行为

在农地转入行为模型估计结果中，有9个自变量的回归系数为正向，有7个自变量的回归系数为负向（见图12-4）。

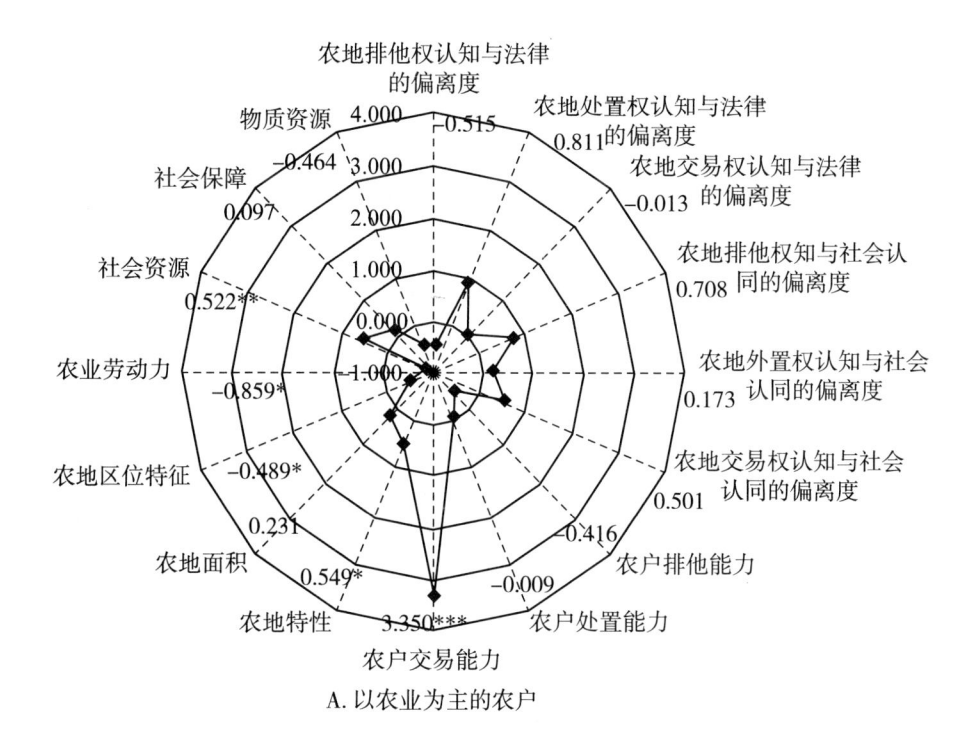

A. 以农业为主的农户

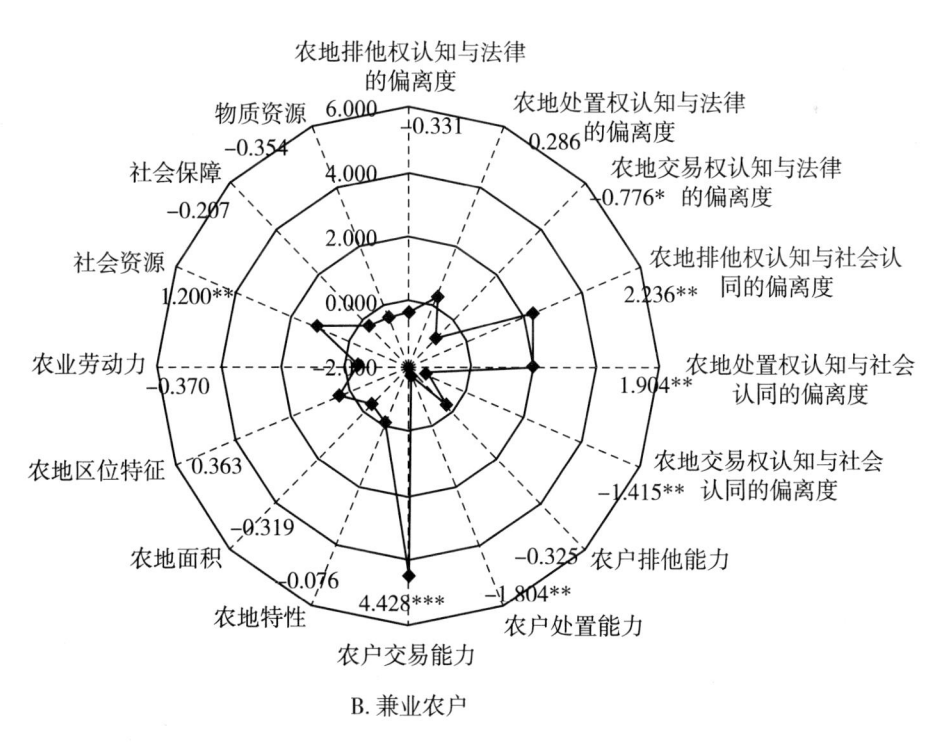

农地排他权认知与法律的偏离度 −0.515
农地处置权认知与法律的偏离度 0.811
农地交易权认知与法律的偏离度 −0.013
农地排他权知与社会认同的偏离度 0.708
农地外置权认知与社会认同的偏离度 0.173
农地交易权认知与社会认同的偏离度 0.501
农户排他能力 −0.416
农户处置能力 −0.009
农户交易能力 3.350***
农地特性 0.549*
农地面积 0.231
农地区位特征 −0.489*
农业劳动力 −0.859*
社会资源 0.522**
社会保障 0.097
物质资源 −0.464

B. 兼业农户

农地排他权认知与法律的偏离度 −0.331
农地处置权认知与法律的偏离度 0.286
农地交易权认知与法律的偏离度 −0.776*
农地排他权认知与社会认同的偏离度 2.236**
农地处置权认知与社会认同的偏离度 1.904**
农地交易权认知与社会认同的偏离度 −1.415**
农户排他能力 −0.325
农户处置能力 −1.804**
农户交易能力 4.428***
农地特性 −0.076
农地面积 −0.319
农地区位特征 0.363
农业劳动力 −0.370
社会资源 1.200**
社会保障 −0.207
物质资源 −0.354

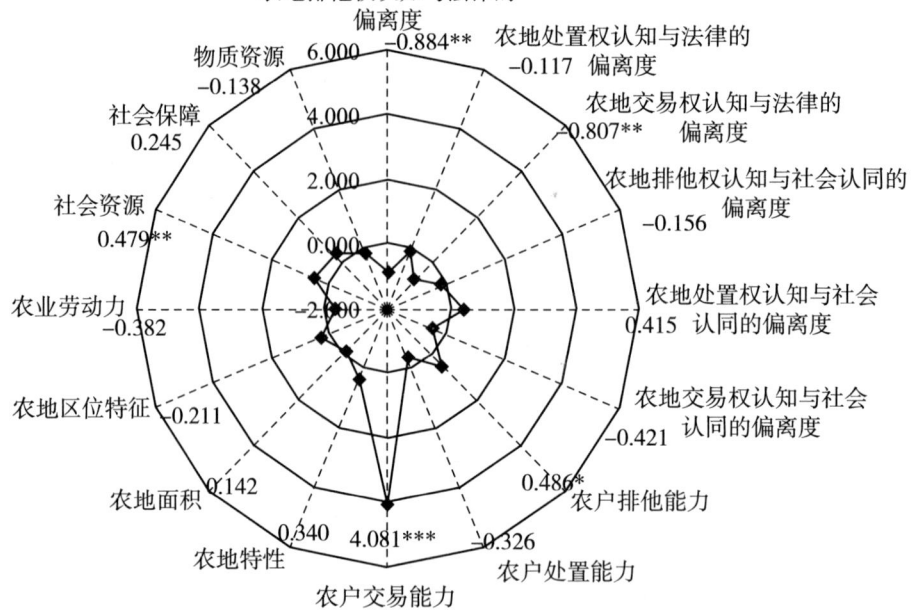

C. 非农为主的农户

图 12-3 不同类型农户农地转出影响因子对比

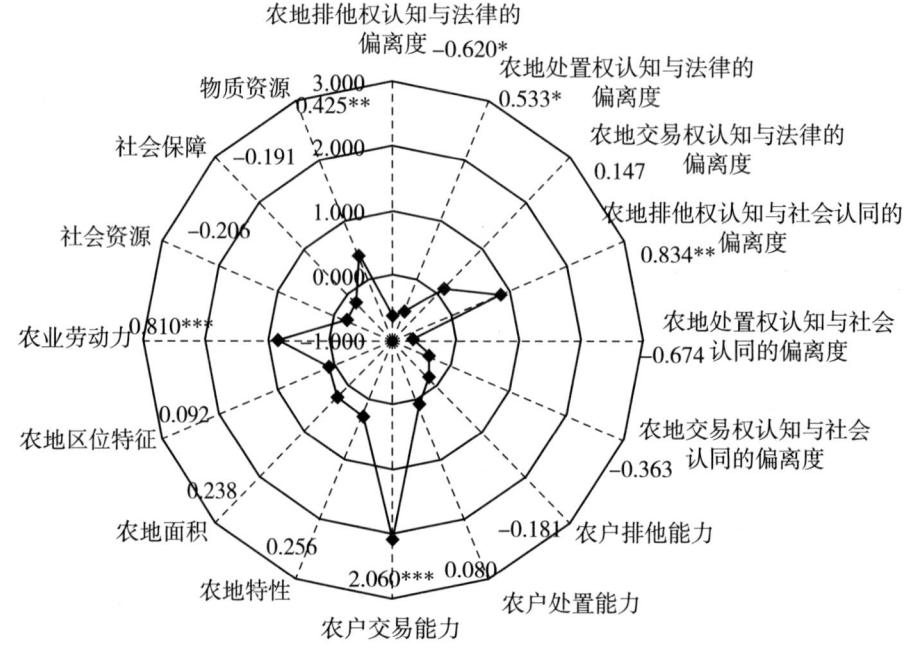

图 12-4 农户农地转入行为的模型估计结果

(1) 促进农地转入的主要因素

①交易能力。农户交易能力越强，转入农地的可能性也会越大。

②农业劳动力人数。家庭的农业劳动力人数越多，对农业经营及其土地的依赖性越大，转入农地的可能性也会越大。

③农户对农地排他权的认知与社会认同的偏离度越大，农户转入农地的可能性越大。

④农户物质资源越多越丰富，从事农业进而转入农地的可能性就越大。

⑤农地地块的平均面积越大，或家庭人均农地面积越大，转入农地的可能性也就越大。这显然与追求规模经济效应有关。

(2) 抑制农地转入的主要因素是农户权益认知与法律赋权的差异。集中表现为，农户对农地排他权和处置权的认知与法律赋权的偏离度越大，农户转入农地的可能性越小。

(3) 不同类型农户的农地转入特征（见图12-5）。

①对于所有类型的农户，其交易能力均是决定其能否转入农地的关键因素。

②对于兼业农户来说，农地质量特征与物质资源均会强化其农地转入行为，而对土地的处置权如果得不到法律与社会的认同，其转入的行为激励将显著下降。因此，可以认为，兼业农户农地转入的行为动机并不在于从事农业经营。

③对于非农为主的农户，其排他能力与农地转入呈明显的反向关系。或许在他们看来，经营农地可能是排他能力不足的被迫选择。

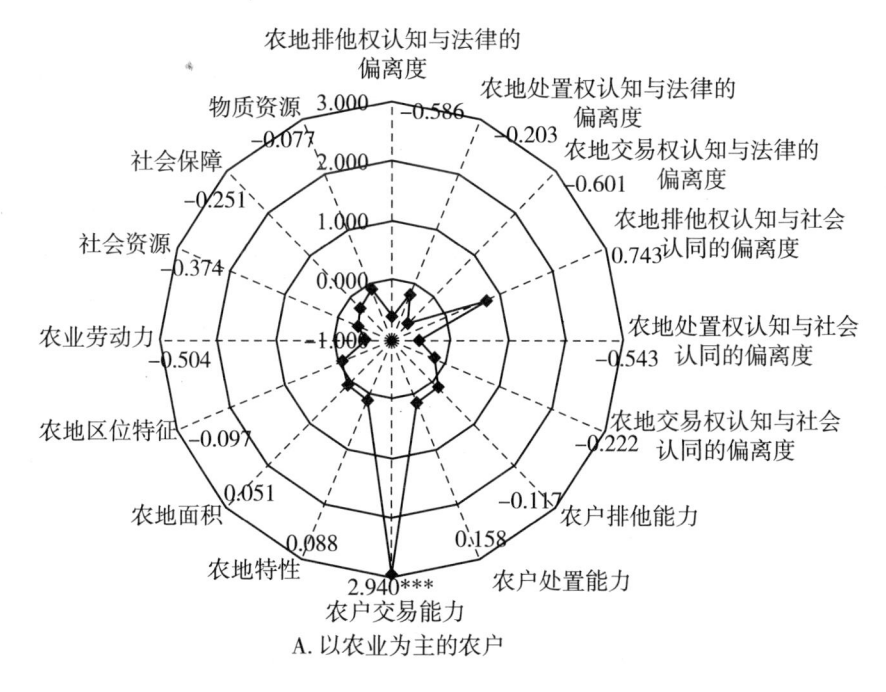

A. 以农业为主的农户

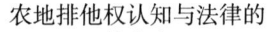

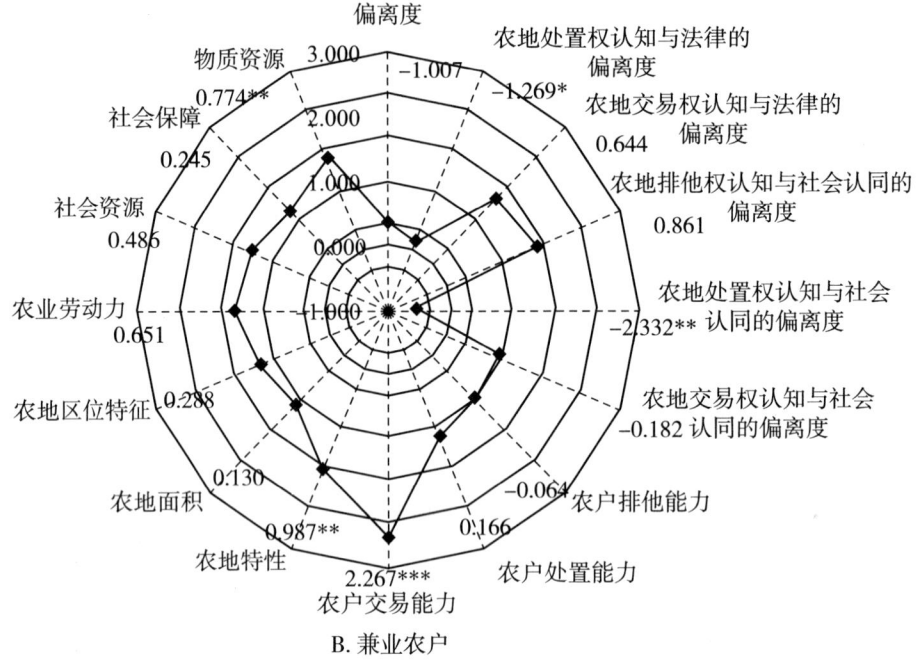

B. 兼业农户

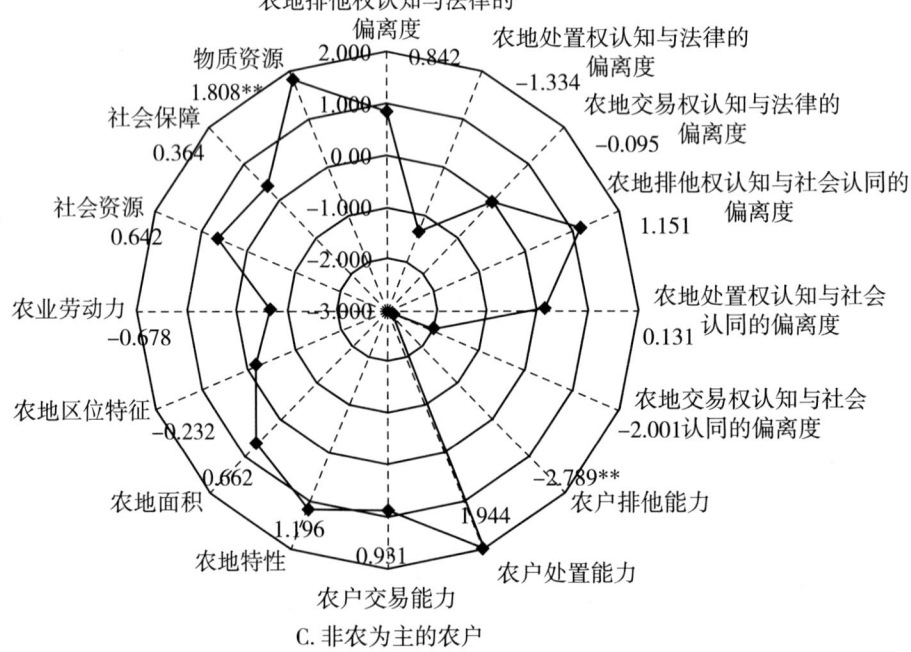

C. 非农为主的农户

12-5 不同类型农户农地转入影响因子对比

七、计量结果分析Ⅱ：产权强度维度与农户农地流转行为

（一）农户认知对法律赋权的偏离度与农地流转行为

总体来说，农户认知与法律赋权的偏离度对农户的农地流转决策具有不可忽视的作用。为节省篇幅，我们根据表 12-30 整理出计量分析结果所隐含的含义及其政策建议（见表 12-31）。

表 12-31　　农户认知与法律赋权偏离度对农地流转行为的影响

农户类型	农地流转行为	排他权认知的偏离度	处置权认知的偏离度	交易权认知的偏离度
所有农户	转出行为	-0.533**	0.168	-0.511**
所有农户	含义	排他权认知与法律的偏离度越大，农户转出农地的可能性越小	无显著性影响	交易权的认知与法律的偏离度越大，农户转出农地的可能性越小
所有农户	转入行为	-0.620*	-0.533*	0.147
所有农户	含义	排他权的认知与法律的偏离度越大，农户转入农地的可能性越小	处置权的认知与法律的偏离度越大，农户转入农地的可能性越小	无显著性影响
以农为主农户	转出行为	-0.515	0.811	-0.013
以农为主农户	含义	无显著性影响	无显著性影响	无显著性影响
以农为主农户	转入行为	-0.586	-0.203	-0.601
以农为主农户	含义	无显著性影响	无显著性影响	无显著性影响
兼业农户	转出行为	-0.331	0.286	-0.776*
兼业农户	含义	无显著性影响	无显著性影响	交易权的认知与法律的偏离度越大，农户转出农地的可能性越小
兼业农户	转入行为	-1.007	-1.269*	0.644
兼业农户	含义	无显著性影响	处置权的认知与法律的偏离度越大，农户转入农地的可能性越小	无显著性影响

续表

农户类型	农地流转行为	排他权认知的偏离度	处置权认知的偏离度	交易权认知的偏离度
以非农为主农户	转出行为	-0.884**	-0.117	-0.807**
	含义	排他权的认知与法律的偏离度越大，农户转出农地的可能性越小	无显著性影响	交易权的认知与法律的偏离度越大，农户转出农地的可能性越小
	转入行为	0.842	-1.334	-0.095
	含义	无显著性影响	无显著性影响	无显著性影响
促进农地流转的政策建议		诱导农户认知：使农户对农地排他的认知与法律一致	诱导农户认知：使农户对农地处置权的认知与法律一致	诱导农户认知：使农户对农地交易权的认知与法律一致

（二）农户认知对社会认同的偏离度与农地流转行为

农户认知与社会认同的偏离度对农地流转行为具有重要影响。根据表12-30整理出计量分析结果所隐含的含义及其政策建议（见表12-32）。

表12-32　　农户认知与社会认同偏离度对农地流转行为的影响

农户类型	流转行为	排他权认知的偏离度	处置权认知的偏离度	交易权认知的偏离度
所有农户	转出行为	0.552*	0.576*	-0.343
	含义	排他权的认知与社会认同的偏离度越大，农户转出农地的可能性越大	处置权的认知与社会认同的偏离度越大，农户转出农地的可能性越大	无显著性影响
	转入行为	0.834**	-0.674	-0.363
	含义	排他权的认知与社会认同的偏离度越大，农户转入农地的可能性越大	无显著性影响	无显著性影响

续表

农户类型	流转行为	排他权认知的偏离度	处置权认知的偏离度	交易权认知的偏离度
以农业为主的农户	转出行为	0.708	0.173	0.501
	含义	无显著性影响	无显著性影响	无显著性影响
	转入行为	0.743	-0.543	-0.222
	含义	无显著性影响	无显著性影响	无显著性影响
兼业农户	转出行为	2.236**	1.904**	-1.415**
	含义	排他权的认知与社会认同的偏离度越大，农户转入农地的可能性越大	处置权的认知与社会认同的偏离度越大，农户转出农地的可能性越大	交易权的认知与社会认同的偏离度越大，农户转出农地的可能性越小
	转入行为	0.861	-2.332**	-0.182
	含义	无显著性影响	处置权的认知与社会认同的偏离度越大，农户转入农地的可能性越小	无显著性影响
以非农为主的农户	转出行为	-0.156	0.415	-0.421
	含义	无显著性影响	无显著性影响	无显著性影响
	转入行为	1.151	0.131	-2.001
	含义	无显著性影响	无显著性影响	无显著性影响
促进农地流转行为发生的政策建议		诱导社会认知：使干部对农地排他权的认知与农户认知一致	（1）促进农地转出：诱导社会认知，使其与农户认知一致；（2）促进农地转入：诱导农户认知，使其与干部认知一致	诱导农户认知：使农户对农地交易权的认知与社会认知一致

（三）农户行为能力对农地流转行为的影响

农户行为能力对农户是否进行农地流转具有比较重要的作用。根据表 12-30 整理出计量分析结果所隐含的含义及其政策建议（见表 12-33）。

表 12-33　　农户行为能力对农地流转行为的影响

农户类型	流转行为	农户排他能力	农户处置能力	农户交易能力
所有农户	转出行为	0.103	-0.394*	3.478***
	含义	无显著性影响	处置能力越强，农户转出农地的可能性越小	交易能力越强，农户转出农地的可能性越大
	转入行为	0.181	0.080	2.060***
	含义	无显著性影响	无显著性影响	交易能力越强，农户转入农地的可能性越大
以农业为主的农户	转出行为	-0.416	-0.009	3.350***
	含义	无显著性影响	无显著性影响	交易能力越强，农户转出农地的可能性越大
	转入行为	0.117	0.158	2.940***
	含义	无显著性影响	无显著性影响	交易能力越强，农户转入农地的可能性越大
兼业农户	转出行为	-0.325	-1.804**	4.428***
	含义	无显著性影响	处置能力越强，农户转出农地的可能性越小	交易能力越强，农户转出农地的可能性越大
	转入行为	-0.064	0.166	2.267***
	含义	无显著性影响	无显著性影响	交易能力越强，农户转入农地的可能性越大
以非农为主的农户	转出行为	0.486*	-0.326	4.081***
	含义	排他能力越强，农户转出农地的可能性越大	无显著性影响	交易能力越强，农户转出农地的可能性越大
	转入行为	-2.789**	1.944	0.931
	含义	排他能力越强，农户转入农地的可能性越小	无显著性影响	无显著性影响
对流转行为的影响		排他能力对农地转出行为有正向影响；对转入行为有负向影响	处置能力对农地转出行为有负向影响；对转入行为无显著影响	交易能力对农地转出和转入行为均有正向影响

八、计量结果分析Ⅲ：农地流转影响因素的一个综合比较

从表 12-30 可以看出，以模型显著性情况来看，对于所有农户来说，无论是农地转出行为还是农地转入行为，产权强度的三个维度和两个方面的禀赋因素均在一定的程度上发挥影响作用（见表 12-34）。

表 12-34　　　不同类型农户农地流转因素的显著性情况汇总表

流转行为	农户类型	显著指标个数					显著指标总个数
		农户认知与法律的偏离度	农户认知与社会认同的偏离度	农户行为能力	农地禀赋因素	非农地禀赋因素	
转出行为	所有农户	2	2	2	1	3	10
	以农业为主的农户	0	0	1	2	3	6
	兼业农户	1	3	2	0	1	7
	以非农为主的农户	2	0	2	0	1	5
转入行为	所有农户	2	1	1	1	2	7
	以农业为主的农户	0	0	1	0	0	1
	兼业农户	1	1	1	1	1	5
	以非农为主的农户	0	0	1	0	1	2

（一）不同因素的比较

（1）关于产权强度对农地流转行为的影响。农户认知与法律的偏离度分别有 2 个变量对农地转出和转入行为有显著影响，表明农户认知与法律的偏离度对农地转出和转入行为具有同等重要的影响；农户认知与社会认同的偏离度有 2 个变量对农地转出行为有显著影响，有 1 个变量对农地转入行为有显著影响，表明农户认知与社会认同的偏离度对农地转出行为的影响要大于其对转入行为的影响；农户行为能力有 2 个变量对农地转出行为有显著影响，有 1 个变量对农地转入行为有显著影响，说明农户的行为能力对农地转出行为的影响要大于其对转入行为的影响。总的来说，从显著变量个数来看，产权强度对农地转出行为的影响要大于对农地转入行为的影响。

（2）关于禀赋因素对农地流转行为的影响。农地禀赋因素中分别有 1 个变量对农地转出和转入行为有显著影响，说明农地禀赋因素对农地转出和转入行为

具有同等重要的影响；非农地禀赋因素中有3个变量对农地转出行为有显著影响，同时有2个变量对农地转入行为有显著影响，说明非农地禀赋因素对农地转出行为的影响大于对农地转入行为的影响。总的来说，从显著变量个数来看，禀赋因素对农地转出行为的影响要大于其对转入行为的影响。

从综合角度来看，产权强度和禀赋因素共有10个变量对农地转出行为有显著影响，有7个变量对农地转入行为有显著影响，可见，产权强度和禀赋因素对农地转出行为的影响要大于对农地转入行为的影响。综上所述，所有农户的农地转出行为和转入行为均受产权强度和禀赋因素的影响，但农地转出行为首先受非农地禀赋因素影响，其次是产权强度三个维度，最后是农地禀赋因素；而农地转入行为首先受法律因素、非农地禀赋因素的影响，其次是社会认同、行为能力和农地禀赋因素。

（二）不同农户的比较

（1）对于以农为主的农户来说，首先，关于产权强度对农地流转行为的影响。农户认知与法律和社会认同的偏离度对农地转出和转入行为均无显著影响；农户行为能力分别有1个变量对农地转出和转入行为有显著影响，说明农户行为能力对农地转出和转入行为有同等重要的影响。总的来说，从显著变量个数来看，产权强度对以农为主农户的农地转出和转入行为具有同样的影响。其次，关于禀赋因素对农地流转行为的影响。农地禀赋因素中有2个变量对农地转出行为有显著影响，但对农地转入行为无显著影响；非农地禀赋因素有3个变量对农地转出行为有显著影响，但对转入行为无显著影响。总的来说，从显著变量个数来看，禀赋因素对以农为主农户的农地转出行为有影响，而对其转入行为并无显著影响。

从综合的角度来看，产权强度和禀赋因素有6个显著变量影响以农为主农户的农地转出行为，同时有1个显著变量影响农地转入行为，可见，产权强度和禀赋因素对其农地转出行为的影响要大于对转入行为的影响。综上所述，以农业为主农户的农地转出行为主要受非农地禀赋因素的影响，其次是农地禀赋因素，最后是行为能力，受法律和社会认同因素的影响不明显；农地转入行为主要受行为能力的影响，受法律、社会认同以及资源禀赋因素的影响不显著。

（2）对于兼业农户来说，首先，关于产权强度对农地流转行为的影响。农户认知与法律的偏离度分别有1个变量对农地转出和转入行为有显著影响，说明农户认知与法律的偏离度对兼业农户的农地转出和转入行为具有同等重要的影响；农户认知与社会认同的偏离度有3个变量对农地转出行为有显著影响，同时有1个变量对农地转入行为有显著影响，这说明农户认知与社会认同的偏离度对兼业农户的农地转出行为的影响要大于对农地转入行为的影响；农户行为能力有2个变量对农地转出行为有显著影响，同时有1个变量对农地转入行为有显著影响，说明农户行为能力对兼业农户的农地转出行为的影响要大于对农地转出行为的影响。总的来说，从显著变量个数来看，产权强度对兼业农户的农地转出行为的影响要大于对转入行为的影响。其次，关于禀赋因素对农地流转行为的影响。农地禀赋因素中有1个显著变量对农地转入行为有影响，但对转出行为无显著影响，说明农地禀赋因素对兼业农户的农地转入行为的影响要大于对农地转出行为的影响；非农地禀赋因素中分别有1个变量对农地转出和转入行为有显著影响，说明非农地禀赋因素对兼业农户的农地转出和转入行为具有同等重要的影响。总的来说，从显著变量个数来看，禀赋因素对兼业农户的农地转入行为的影响要大于对农地转出行为的影响。

从综合的角度来看，产权强度和禀赋因素有7个显著变量影响兼业农户的农地转出行为，同时有5个显著变量影响农地转入行为，可见，产权强度和禀赋因素对其农地转出行为的影响要大于对转入行为的影响。综上所述，兼业农户的农地转出行为首先受社会认同因素影响，其次是农户行为能力，最后是法律因素和非农地禀赋因素，而不受法律因素、农地禀赋因素的影响；农地转入行为同时受产权强度三维度和禀赋因素的影响。

（3）对于以非农为主的农户来说，首先，关于产权强度对农地流转行为的影响。农户认知与法律的偏离度有2个变量对农地转出行为有显著影响，但对农地转入行为无显著影响；农户认知与社会认同的偏离度对农地转出和转入行为均无显著影响；农户行为能力有2个变量对农地转出行为有显著影响，有1个变量对农地转入行为有显著性影响，这说明农户行为能力对以非农为主农户的农地转出行为的影响要大于对农地转入行为的影响。总的来说，从显著指标个数来看，产权强度对以非农为主农户的农地转出行为的影响要大于对农地转入行为的影响。其次，关于禀赋因素对农地流转行为的影响。农地禀赋因素对以非农业为主农户的农地转出和转入行为均无显著影响；非农地禀赋因素中分别有1个变量对农地转出和转入行为有显著影响，说明非农地禀赋因素对以非农为主农户的农地转出和转入行为具有同等重要的影响。总的来说，从显著变量个数来看，禀赋因素对以非农为主农户的农地转出和转入行为的影响相同。

从综合的角度来看，产权强度和禀赋因素有5个显著变量影响以非农为主农户的农地转出行为，有2个显著变量影响农地转入行为，可见，产权强度和禀赋因素对其农地转出行为的影响要大于对农地转入行为的影响。综上所述，以非农业为主农户的农地转出行为主要受法律因素和行为能力的影响，其次是非农地禀赋因素，而不受社会认同和农地禀赋因素的影响；农地转入行为主要受行为能力和非农地禀赋因素的影响，而不受法律、社会认同和农地禀赋因素的影响。

总之，产权强度对于兼业农户的农地转出行为的影响最大，其次是以非农业为主的农户，对以农业为主的农户的影响最小；同时，对兼业农户的农地转入行为的影响最大，其次对以农业为主和非农业为主的农户具有同等重要的影响。禀赋因素对以农业为主农户转出行为影响最大，其次对兼业农户和以非农为主农户具有同等重要的影响；同时，对兼业农户的农地转入行为影响最大，其次是以非农业为主的农户，对以农业为主的农户没有显著影响。

九、进一步的讨论

（1）农户对农地排他权、处置权和交易权的认知与法律的偏离度越大，越不利于农地流转。因此，一方面应该进一步调整和强化法律对农民土地权益的赋权，另一方面也有必要改善农民对法律的认同与尊重。其中的重点是：保护农民在土地集体所有权中的成员权地位，稳定农户的土地承包权以及相关的收益权；加强对农地的用途管制与行为约束。

（2）农户的排他权认知与社会认同的偏离度越大，能促进农地流转；处置权认知与社会认同的偏离度越大，越能促进农地转出，但不利于农地转入；交易权认知与社会认同的偏离度越大，越不利于农地转出，对农地转入无显著影响。要促进农户转出农地，就要以农户对排他权和处置权的认知为准，诱导社会的认同与农户达成一致；或者以社会对交易权的认知为准，改变农户的认知而与之达成一致。显然，这些均需要在实践中合理权衡并调整法律赋权、社会认同与农民认知之间的关系。

（3）农户排他能力强，能促进农地转出，但不利于转入；农户处置能力越强，不利于农地转出，对农地转入无显著影响；农户交易能力越强，能促进农户转出和转入农地。因此，考虑到目前小规模、分散化的土地经营格局，赋予农户完整的排他性土地产权，从而鼓励农户的土地退出，应该具有重要的现实意义。

（4）改善农地质量，能够加快农地的流转。

（5）鼓励农业劳动力的转移，特别是鼓励农业经营能力相对较差农户的劳动力转移，有利于农地的流转与集中。因此，建立有效的"人动"与"地动"的配套机制显得尤为必要。

第二节 政治资源、行为能力与集体建设用地流转缔约

一、分析视角

随着农村工业化与城镇化的推进，农村集体建设用地流转规模逐年增加，已

经成为我国建设用地主要部分。但是，在农村集体建设用地的流转过程中，却依然存在着诸多问题和挑战。突出表现在公开流转与隐性流转并存①。隐性流转的广泛存在，则导致了价格扭曲、土地资产流失、农民利益受损等问题（高圣平等，2007；杨秀琴，2011），而违背农民意愿强行进行流转则是普遍的现象（张曙光，2011）。

农村集体建设用地的俱乐部产权性质，决定着这种土地资源的流转决策具有社区性特征。尽管农村集体建设用地流转体现了集体的意志，但由于农户一方面拥有集体成员的"天赋"权利，另一方面又具有社区事务决策的参与权利，从而使得集体建设用地的流转具有公共选择的性质。农民特殊的身份权利，决定了农民在流转过程中能否自主参与并自愿缔约，是判断农民土地权益是否受损的基本标准。

逻辑上来说，签订一份有效的合约是保护农民土地权益的核心。考虑到农村集体建设用地的流转并不由多个农户独立完成，而大多是由集体土地的所有者充当流转主体（有时乡镇政府也发挥重要作用）。不同的是，这一集体行为必须得到农户的授权（法律要求 2/3 以上的集体成员）。因此，从农户参与及其权益保护的角度而言，本节重点考查农户在农村集体建设用地流转中的缔约选择意愿及其影响因素（见图 12-6）。

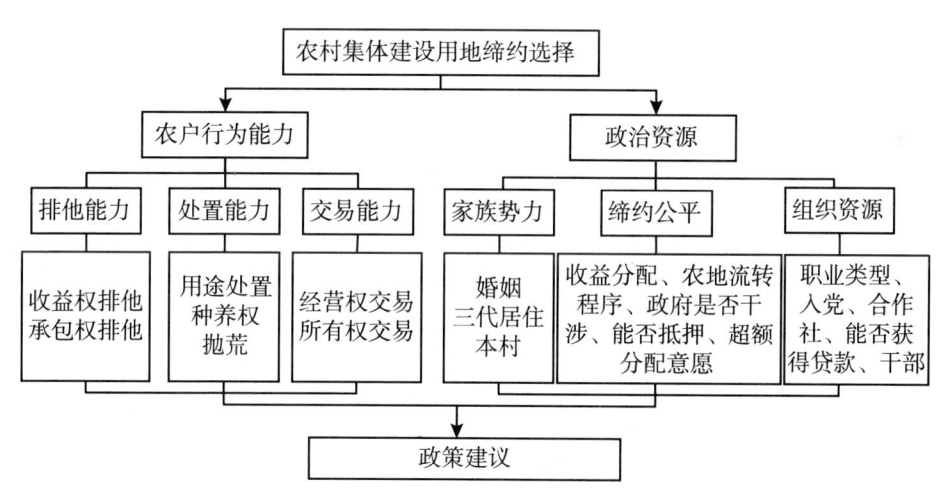

图 12-6 农村集体建设用地缔约选择影响因素分析

---

① "隐性流转"是指不经过任何法定报批手续或者以自用土地的名义掩盖实际的土地流转的各种流转形式。

二、理论分析与研究假说

在产权经济学中,"缔约"通常被用来描述个人分配或调整产权的努力(Libecap, 1989)。在俱乐部产权背景下,缔结契约的主要动力来源于避免"共有资源"低效配置与租值耗散(Cheung, 1970),但个体的努力程度却由他们各自的预期收益以及其他参与者的行为所决定。所以缔约是不同参与主体的讨价还价及其能力的对比。缔约能力主要包括法律约束、惯例("传统"资源)、政治权力、资源动员与游说活动,以及个人的产权行使能力等(Libecap, 1989)。

为此,本节将农户参与集体建设用地流转的缔约能力划分为两个方面:一是农户所能获取的政治资源,二是农户自身的行为能力。

(一) 政治资源对集体建设用地流转缔约的影响

缔约是资源再分配的过程。农户能够动员的政治资源是指农户在社区政治活动、组织活动与规制活动中所能够获得的有价值资源。与农户所具有的内生性的社会资本不同,政治资源具有外生性的公共物品特征(前者具有独享性,后者具有共享性)。可以将影响缔约的政治资源划分为三类:家族势力、组织资源、缔约公平性。

(1) 家族势力对缔约选择的影响。农户家族势力一般通过婚姻、长期的固定居住而获得。在集体建设用地流转缔约过程中,具有较强家族势力的农户会影响到集体决策过程。选取以下指标代表家族势力:是否大姓(血缘)、户主婚姻状况(姻缘)、三代居住本村(地缘)等变量。

由此提出假说1:家族势力对农村集体建设用地缔约选择意愿产生影响。

(2) 组织资源对缔约选择的影响。可以将组织资本定义为个人能从所在的组织中获取的有价值的资源。组织资本越丰富的农户,对农村集体建设用地流转的契约选择影响越大。选取的组织资源有:家庭中是否有党员干部(代表权力组织资源)、是否参与就业培训(代表就业组织资源)、能否获得贷款(代表经济组织资源)等指标。

由此提出假说2:农户拥有的组织资源对集体建设用地缔约意愿产生影响。

(3) 缔约公平性对缔约选择的影响。缔约规制的起点是公平,公平规制是竞争的基本游戏规则。集体建设用地流转缔约的公平性包括程序的公平性与收益分配的公平性。前者可以用农户对"土地流转是否经村民会议2/3以上成员或者2/3以上农民代表同意"的认同度,后者则使用农户对"集体建设用地出租、转让、抵押等收益，完全由集体统一分配给村民"① 的认同度。为了说明缔约公平性的影响，我们还设计了反向指标"上级领导和政府对缔约过程是否可能干涉"。

由此提出假说3：缔约的公平性对农户参与集体建设用地流转的契约选择产生影响。

（二）农户行为能力对集体建设用地流转缔约的影响

我们依然将农户的行为能力表达为排他能力、交易能力和处置能力。

（1）排他能力与集体建设用地流转。集体建设用地在法律赋权上的排他性相对较弱。一是现行法律上并未对集体土地的所有权主体做出明晰的界定②；二是农户家庭承包能够获得的关于土地的权利依附于作为集体的发包方③。这种初始赋权的"先天不足"所带来的问题是：一方面"产权主体虚位"使农民权益难以得到保障，易于受到外部力量的干涉；另一方面是"内部人控制"或者集体代理人的机会主义行为与偏好性选择。

如前所述，农户的排他能力包括两大类：所有权排他能力和收益权排他能力。所有权排他能力体现在"是否反对过征地"、"反对征地是否成功"两个选项。收益权排他能力，主要涉及集体建设用地使用权流转收益分配："出租收入"、"入股收入"和"流转补贴"等选项。排他能力越强的农户更重视自身权益保护。

由此有假说4：农户的排他能力对集体建设用地缔约选择产生影响。

（2）交易能力与集体建设用地流转。交易权是产权主体与其他行为主体间订立契约的权利、让渡或出卖一种资产的权利（Eggertsson，1990）。农地交易权在实践中表现为：抵押、入股、出售或租赁等。

一方面，在产权实施中，农户参与集体建设用地的交易能力往往受到限制。第一，农村集体建设用地使用权的价值在很大程度上是依赖国家的基础设施建设，对于后者并不具有独立的处置权；第二，对涉及农转用的集体建设用地，受到政府管制的约束；第三，农村集体经营性建设用地使用权的流转受到地上附着物的影响，而土地与附着物的不可分性会加大其交易难度。

---

① 程序公平与分配公平的独立性一直存在争议（唐忠阳，2008）。不过，本研究选取的两类变量的相关系数最大为0.3578，因此，可视为两组相互独立的变量。
② 《土地管理法》第十条的规定："村民委员会、村民小组及村集体经济组织都可以成为集体土地所有权的主体。"
③ 《土地管理法》第十四条进一步规定："农民集体所有的土地由本集体经济组织的成员承包经营——发包方和承包方应当订立承包合同，约定双方的权利和义务。"

另一方面，尽管农户交易能力受限制，但却存在着个体差异。交易能力共包含三类：一是使用权交易能力，二是所有权交易能力，三是买卖与赠予能力。产权主体的交易能力越强，对契约安排及其权益分享的自由选择空间越大，进而增加产权主体从缔约行为中的收益分享份额。

由此有假说5：农户的交易能力对集体建设用地缔约选择产生影响。

(3) 处置能力与集体建设用地流转。处置能力是产权主体在实际运作财产权利过程中所表现出来的可行性能力。将农户的处置能力划分为："非农用途的处置能力"、"农业用途的处置能力"和"抛荒倾向"三类。一般而言，产权主体的处置能力越强，其配置资产用途的选择空间越大。

由此有假说6：农户的处置能力对集体建设用地缔约选择产生影响。

三、数据采集和整理

（一）数据采集

本研究的数据来源于课题组2010～2011年对全国890个农户的抽样问卷数据。我们首先关注的是农户在集体建设用地流转的缔约选择。问卷结果表明，选择"强烈"要求签订正式合约的农户占样本总数的76.52%，而不要求签订合约的样本比例只有10.22%。可见，农户参与集体建设用地的流转，具有显著的契约化意识（见表12-35）。

表12-35　农户对集体建设用地流转缔约的不同选择

地区		东部地区	中部地区	西部地区	全部样本
样本农户（个）		377	215	298	890
强调签订正式契约	最不强烈（户）	19	6	2	27
	不强烈（户）	19	9	36	64
	一般（户）	60	20	38	118
	较强烈（户）	96	71	104	271
	最强烈（户）	183	109	118	410

（二）因子适当性检验与主因子提取

由于农户行为能力涉及8大变量13个观察项。为了保证回归结果的稳定，运用因子分析方法将变量合并简化。利用SPSS 19.0运行KMO抽样适当性检验和 Bartlett 球形检验对问卷进行效度检验，结果均表明问卷各子量表的效度良好（相伴概率为 0，小于显著性 0.05）。同时，各子量表的累计贡献率最低为 60.25%，最高为 84.57%，均高于 60%，满足计量分析的基本要求，表明问卷数据适于进行因子分析（见表 12-36）。

表 12-36　　　　　　　　因子适当性分析与主因子提取

主因子	变量	特征根	适当性检验
排他权	收益权排他	R1 = 2.212 (36.868)	KMO：0.681；Bartlett：25；Sig.：0.000
	承包权排他	R2 = 1.403 (23.391)	
处置权	非农用途处置	R1 = 1.242 (31.056)	KMO：0.567；Bartlett：6；Sig.：0.000
	农业用途处置	R2 = 1 (25.007)	
	抛荒	R3 = 1 (25.00)	
交易权	使用权交易	R1 = 2.88 (48.002)	KMO：0.762；Bartlett：66；Sig.：0.000
	所有权交易	R2 = 1.191 (19.854)	
	买卖交易	R3 = 1.003 (16.723)	

（三）变量及其说明

被解释变量 Y 是对签订正式契约的强调程度，从"最强烈"到"最不强烈"共分为五种情况，赋值依次从"5"到"1"。部分解释变量经过主因子提取后，最后包括 17 个变量。变量的含义及其赋值见表 12-37。

表 12-37　　　　　　　　变量选择及其含义

变量	指标	变量解释与赋值
因变量	契约选择	强调程度：最不强烈 =1……最强烈 =5。五级分类变量
家族势力	血缘关系	是否大姓：是 =1；否 =0。二分类变量
	姻缘关系	婚姻状况：已婚 =1；未婚 =0。二分类变量
	地缘关系	三代是否居住本村：是 =1；否 =0。二分类变量
组织资源	权利组织资源	是否党员干部：是 =1；否 =0。二分类变量
	就业组织资源	参与就业培训：一次 =1，二次 =2……连续变量
	经济组织资源	是否容易获得贷款：是 =1，否 =0。二元变量
缔约公平性	程序公平性	认同法律程序：非常不同意 =1……非常同意 =5。五级分类变量
	分配公平性	村集体统一分配：非常不同意 =1……非常同意 =5。五级分类变量
	上级干涉流转	上级政府与领导干涉可能性：小 =1……大 =5。五级分类变量

续表

变量	指标	变量解释与赋值
行为能力	农户排他能力	农民行为能力，连续变量*
	农户处置能力	农民行为能力，连续变量
	农户交易能力	农民行为能力，连续变量

注：*连续变量赋值是根据主因子得分和累计贡献率计算而来：综合得分 = $\dfrac{\sum 因子得分 \times 方差贡献率}{累计方差贡献率}$。

四、计量分析

（一）计量模型及其结果

本节采用概率模型。根据里克特的五级量表，农户对流转契约的选择共有5种情况，这不同于传统的二元选择模型（Logit 或 Probit 模型），故采用有序 Probit 模型（William，1997）。基本模型表述为：

$$y^* = \beta X_i + \varepsilon, \quad \varepsilon \mid X \sim Normal(0, 1)$$

其中，y^* 是潜在、不可观测的变量，可观测的是 y_i；X_i 是解释变量，$i = (1, 2, 3, \cdots, j)$。

通过最大似然法计算出待估计参数向量 α 和 β；ε 是随机扰动项。即：

$$\log L = \sum_{i}^{N} 1[y_i = 0]\log[\phi(\alpha_1 - \beta X_i)] + [y_i = 1]\log[\phi(\alpha_2 - \beta X_i) - (\alpha_1 - \beta X_i)] + \cdots + [y_i = J]\log[1 - \phi(\alpha_J - \beta X_i)]$$

$\log L$ 为对数似然函数，y_i 为被解释变量，X_i 为解释变量，ϕ 为标准正态分布的积累密度函数，α_i 为未知的分割点。使用 Stata11.0 实现数据处理。结果见表 12-38。

表 12-38　　　　农村建设用地流转契约选择计量结果

变量		东部地区	中部地区	西部地区	全国
家族势力	血缘关系	-0.0491 (0.4928)	-0.219** (0.0086)	-0.0805 (0.2156)	-0.0744** (0.0504)
	姻缘关系	-0.2894 (0.1964)	-0.2382 (0.4590)	-0.1215 (0.5375)	-0.1947 (0.1232)
	地缘关系	-0.1892 (0.2421)	-0.0079 (0.9689)	-0.3371** (0.0436)	-0.2278** (0.0127)

续表

变量		东部地区	中部地区	西部地区	全国
组织资源	权利组织资源	0.2118 (0.4298)	0.3176 (0.5125)	0.6808** (0.0502)	0.4259** (0.0177)
	就业组织资源	0.0081 (0.7607)	0.0866** (0.0458)	0.0624** (0.0153)	0.0447*** (0.0048)
	经济组织资源	0.1833 (0.4394)	0.1167 (0.7435)	0.5408*** (0.0048)	0.2961** (0.0185)
缔约公平	程序公平性	0.3571*** (0.0000)	0.077 (0.3932)	0.415*** (0.0000)	0.2951*** (0.0000)
	分配公平性	0.1392* (0.0938)	0.3311*** (0.0007)	0.2102*** (0.0051)	0.1715*** (0.0001)
	上级干涉流转	0.3008** (0.0021)	0.1828 (0.1291)	0.1959*** (0.0099)	0.2244*** (0.0000)
行为能力	农户排他能力	0.1003 (0.4483)	0.1027 (0.412)	0.2598** (0.0206)	0.1068* (0.0957)
	农户处置能力	0.1646 (0.2429)	0.0698 (0.7408)	0.0673 (0.6401)	0.0851 (0.311)
	农户交易能力	0.1205 (0.3622)	0.1403 (0.3958)	0.1622 (0.1432)	0.0218 (0.756)
Pseudo R^2		0.4367	0.3929	0.3595	0.3523
Log likelihood		-205.2050	-141.2593	-232.6771	-636.0736
LR chi2		318.2	182.83	261.15	691.83
Prob > chi2		(0.0000)	(0.0000)	(0.0000)	(0.0000)

注：*、**、*** 分别代表 0.10、0.05、0.01 的显著性水平。

（二）计量结果分析

计量结果基本验证了前述假说。观察表 12-38，可以发现农户缔约选择的一般性特征：

（1）大姓所代表的血缘关系与三代居住所代表的地缘关系，显著约束着农户的缔约选择。这有两种可能：一是稳定的血缘与地缘关系，或许内含着道德规范与关系契约，社区集体的流转行为能够表达共同的社区意志；二是农户的血缘与地缘关系资源，可能在非契约活动中能够获得额外租金，缔约反过来会使之失去事务处理中的比较优势。因此，血缘与地缘关系对农户契约选择的反向影响，或许是一把"双刃剑"。不同的是，农户的联姻并不是其获得政治资源的手段，更与缔约选择无关。

（2）在农户参与集体土地流转的缔约选择中，农户的组织资源对于其契约化倾向具有显著的正向作用。其中：①以家庭拥有党员干部所表达的权利组织资源，一方面并没有构成农户参与流转的"寻租"偏好，另一方面其所拥有的谈判能力却能够强化农户对正式流转契约的诉求；②以就业培训所表达的就业组织资源，能够提升农户对集体建设用流转中潜在利益的发现能力，而正式契约显然利于对其权益的保护；③以获得贷款所表达的经济组织资源动员能力，一方面说明了此类农户配置资源（包括土地流转）的市场化偏好，另一方面也表明了信贷活动能够扩张农户的契约意识。

（3）农户的缔约选择具有强烈的公平性取向。无论是对于程序的公平性，还是对结果分配的公平性，农户均显著地倾向于签订正式合约。一方面，这与集体土地资产的制度性质是一致的。农民作为集体土地的"准所有者"，其赋权来源于其天赋的"成员权"，"成员权"的同质性决定着公平性取向；另一方面，农户的缔约选择，可以在一定的程度上缓解农村集体资产的"产权模糊"及其处置中存在的"内部人控制"问题（罗必良，2011）。

（4）通过缔约选择，一方面有利于排除外部行政干预来维护公平性，另一方面可以降低排他成本并改善排他能力。可见，缔约是农户化解外部影响的重要机制。值得注意的是，农户自身的处置能力与交易能力并未整合到集体流转行为，对农户的缔约选择几乎没有影响。

从表12-38还可以观察到，农户的缔约选择存在一定程度的区域性特征：

第一，家族势力对农户缔约选择的影响，主要表现在中西部地区。其中，中部地区的大姓因素的影响相对显著，西部地区的地缘关系影响显著。血缘与地缘分别是约束中部和西部农户参与土地流转缔约的重要因素。

第二，组织资源对农户缔约选择的影响，与区域发展水平的高低紧密相关。对东部地区影响甚微，在西部地区则影响显著。这意味着在经济发展相对落后的区域，向农户注入政治资源，有利于提升集体建设用地流转的契约化程度。

第三，追求缔约的公平性是普遍的区域特征，但在西部的表现最为明显，在中部的表现则相对较弱。中部农户参与集体建设用地流转缔约，明显地表现为追求收益分配结果的公平性。

五、结论与讨论

（一）主要结论

（1）农民对集体建设用地流转的参与性作用，主要依赖于农户所拥有的政治资源。政治资源对农户缔约选择的影响，要明显强于农户自身行为能力所带来的影响。从改善产权交易契约化的角度而言，家族势力发挥着负向作用，而组织资本与公平诉求则具有显著的积极影响。应该强调的是，与中西部地区相比，东部地区的家族势力对农户的缔约选择几乎没有影响。这意味着，随着经济的发展与社区开放性的增强，家族势力所发挥的作用将具有逐步弱化的趋势。

（2）农户组织资源的增强能够提升农民参与集体土地流转的缔约倾向，是农户社会经济生活方式转型的重要表现。应该说明的是，组织资源对农户缔约选择的影响与家族势力的影响一样，亦存在区域的差异性。这表明，组织资源的作用与区域发展水平紧密相关。

（3）如前所述，缔约包括了不同行为主体的讨价还价，但农户所普遍表现出的对公平性原则的偏好，一方面意味着群体性的法制精神与公平惯例，成为集体土地流转与农民权益保护的基本底线；另一方面亦可能意味着，普遍存在的集体建设用地的隐性流转，在公平性方面仍有进一步完善的空间。农户已经成为规范建设用地流转的积极力量。

（4）契约精神是法律精神与自由精神的集中表现。尽管乡土村庄本身内含着隐性契约，但它仅仅局限于"熟人"社会与村庄生活之中，并不具有扩展性与一致性（通常表现为差序化格局）。伴随着农民社会交易半径的延伸与交易频率的增强，形成社会化与市场化的契约意识，是农民获得独立和平等经济主体地位的重要方面。我们的研究表明，农户缔约选择与契约化意识，在农村集体建设用地流转方面已经具有显著性表现。可以认为，调动农民政治参与热情、通过提升就业能力、扩大农民经济交互活动空间、明晰农民土地权益，能够有效提升农民的契约化意识，并有利于弱化血缘与地缘关系所带来的不利影响。

（二）进一步的讨论

计量分析结果表明，对于农户参与集体建设用地流转的缔约选择，农户的产权行为能力所发挥的作用极为有限。

产权的行为能力对于产权的排他、处置、交易，具有重要的行为发生学意义。第一，产权是有限的。一是指任何产权与其他产权之间，必须有清晰的界限；二是指任何产权必须有限度。问题是，确定产权的界限及其限度是有成本的。知识的不完全与法律成本约束，会使得产权的界定总是不完全的，从而存在没有明晰界定的部分权利。对于谁能够行使这类权利，取决于产权主体的行为能力。第二，当产权在法律上界定以后，产权主体能否完全行使其产权赋权，同样取决于他的行为能力。第三，产权的行使也是有成本的。一方面，当产权主体行使产权受到其他主体侵犯时，其排他程度取决于行为主体的排他能力及其排他收益与成本的比较；另一方面，当进行产权交易时，其契约的安排及其权益分享依然取决于交易主体的行为能力。

我国的法律分别表达了集体土地所有权的主体有三种形式：乡镇农民集体经

济组织、村农民集体经济组织、村内农民集体经济组织，可以简称为"乡镇、村、组"三级。三者在不同程度上都是农村集体土地的所有权代表。一方面，三级所有权的代理集团形成了等级产权制度。产权等级越高，控制的资源越多，产权租金越高。另一方面，"乡镇、村、组"三级官僚等级制度，必将导致职位等级制度。身份等级越高，分享的管制权力越大。结果是，第一，集体土地的剩余控制权和剩余索取权主要掌握在集体的治理集团手中。由此会形成农村土地中的"职位等级产权制度"，从而导致层级式的"内部人"控制，农民对土地产权的行为能力因此受到约束（罗必良等，1999）。第二，不同土地所有权代表必然形成不同的利益集团，对集团利益的追求与合谋在加剧产权进一步模糊化的同时，也会因控制权的争夺与利益的摩擦引发产权租金的耗散。

因此，必须提升农民的产权行为能力。关键在于：第一，打破等级产权制度，切断官僚等级制度对土地产权的侵入，从而瓦解等级职位产权制度。基本的变革是明确与村民小组相对应的集体经济组织行使农村土地所有权职能，在此基础上逐步将社区集体经济组织转化为合作经济组织及企业型经济组织，并引入现代企业的治理机制，解决土地产权运作的"内部人"控制问题。第二，调整相关法律和政策，出台规范农村集体建设用地流转办法，对农民在集体建设用地流转中的权益进行清晰界定，赋予农民以明确、充分且可实施的产权，并使之而成为农民在参与土地流转中自愿缔约及其契约化选择的有力保障。

第三节 产权强度、资源禀赋与征地满意度

一、分析视角

工业化与城市化加速了农地的非农化进程。根据2011年《中国国土资源公报》，全国批准建设用地61.17万公顷，其中转为建设用地的农用地41.05万公顷。事实上，我国土地征收制度的缺陷以及在征地实践中存在的弊端，致使损害农民土地权益的现象频频发生。农业部提供的数据显示，由土地征收等问题引发的信访事件始终占信访总量的50%以上。

土地征收导致的纠纷与农民失地已经成为影响社会稳定的严重隐患。学术界对其成因给予了广泛关注。代表性的观点包括：(1) 集体土地与国有土地、农村土地与城市土地、农业用地与建设用地相分割的二元制度安排，使得政府成为土地

征收的唯一合法者以及一级市场的垄断者,由此引发的结果是,不仅扭曲了各个地权主体和实际利益相关者的土地利用行为,而且造成了激烈的利益争夺和尖锐的社会冲突。(2)由分税制引发的财政压力,激励着地方政府肆意扩大土地征收的范围与规模以获取"土地财政",致使土地纠纷成为普遍的社会问题。(3)对农民的征地补偿标准偏低。《土地管理法》对农民的征地补偿和生活安置做了明确规定,并且在实践中补偿标准也是在逐年提高的,但是,第一,按被征土地原用途,即农业用途的产值倍数进行补偿的基本思路一直未变。这种思路显然剥夺了农民分享土地用于工业化、城市化产生的增值收益的机会。第二,由于补偿安置的原则、标准和数量是政府强制规定的,并不是权利人平等谈判和自由交易的结果。

可以认为,征地纠纷矛盾的主要方面集中于农民对征地的满意度普遍偏低。现有文献也进一步考查了影响农民征地满意度的若干因素:(1)社会保障因素,被征地在家庭养老中的作用越大农户对征地的满意程度越低;(2)农户特征,包括农户的家庭特征、经济收入状况、土地资源条件等,均显著影响农户的征地满意度;(3)征收制度安排、征收程序的公平性与透明度、差异性补偿政策以及对农民土地权益保护的相关制度,均会影响到农户对征地的满意度。

制度设计的基本原则是激励相容。评价一项制度安排好坏的主要标准就在于制度目标能否得到行为主体的行为响应。对于征地制度而言,这一行为响应的关键取决于农民对征地的满意度评价。然而,上述分析大多忽略了农地作为农民财产的本质属性,进而将农民的土地的产权特性作为不可测量的外生变量。本节的研究思路是,通过构建产权强度(由法律赋权、社会认知和农户行为能力来表达)的理论框架,并结合农户的资源禀赋特征,分析农户对征地补偿满意度的各类影响因素及其作用机理(见图 12-7)。

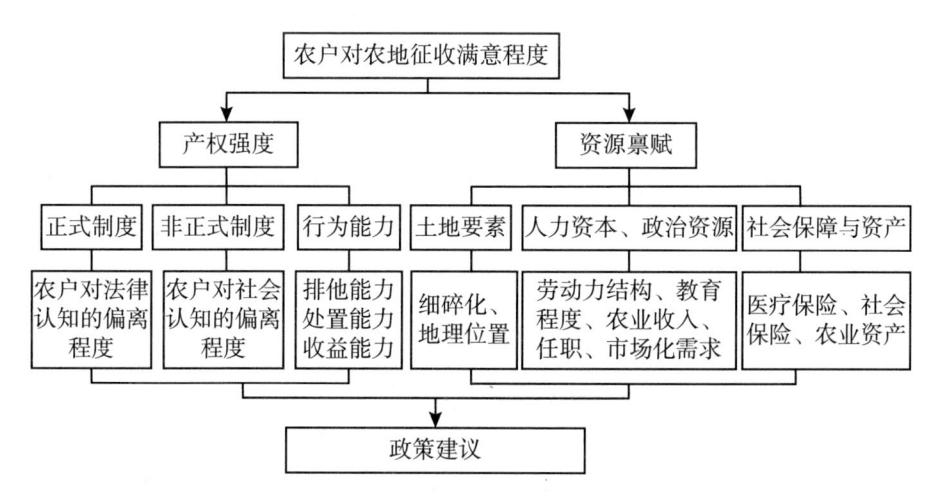

图 12-7 农民征地满意度影响因素分析

二、理论框架与研究假说

(一) 理论框架：征地与农民土地的产权强度

土地征收是农村集体土地转为非农建设用地的唯一途径，同时也是强制性过程。从总体上而言，土地征收制度降低了农民土地的产权强度。

(1) 法律赋权的歧视性。从理论上讲，在我国实行的土地公有制中的两种土地所有制应该是平等的。《土地管理法》等相关法规所安排的对农地流转的法律歧视、行政垄断以及市场管制，使征地成为农地转用非农建设的唯一合法形式。一方面，农转非的土地资源配置被排斥在市场机制之外，另一方面，农民无法成为独立的市场经营主体，也不可能通过市场分享农地转用租金。这套农地转用制度，既无效率，也不公平。

(2) 社会认知的不确定性。农村土地制度的实际运行不仅仅取决于法律规定，还与制度参与主体的角色、认知及其行为密切关联。事实上，在农村土地征收方面可以发现有多种规则，它们分别包含不同原则和价值。业已发生的大量土地纠纷，在相当程度上与行为主体的认知及其差异有关。在纠纷中，人们分别引用不同的政策法规，甚至仅仅是乡规民约说明自己诉求的"正确"性。这种"各执一词"的选择性利益取向与不同的合法性来源，有可能加剧农村土地制度及其实际运行中的政治利益博弈。

(3) 行为能力的限制。政府对土地征收的强制性以及补偿标准的垄断定价权，大大限制了农民对土地产权的行为能力。可以发现，在法律歧视的背景下，农村集体土地的所有权及其享益事实上已经分化出两类权利——农业经营权（农用收益权）和工商开发权（非农用收益权）[①]。如果说农业经营权大体还留在农民手中的话，那么工商开发权则大多转移到了非农主体手中。农户的土地承包经营权服从于政府的土地征收权，使得农户的土地非农使用以及土地增值收益的分享几乎不具任何谈判能力。不过，随着农民权利意识与法律的提高及社会法律环境的改善，"抗征"与"上访"已经成为农民提升谈判能力的主要手段。

(二) 影响征地满意度的若干假说

1. 产权强度与农户征地满意度

(1) 法律赋权对征地满意度的影响。法律赋予的农户土地承包经营权与政府征

---

① 1958年之前，这两类权利基本上都在作为农民集体组织的公社手中，因为公社可以自由地将土地在农业与工商业之间进行安排（如建立社办企业）。

地权呈现此消彼长的关系。农户的土地产权可以细分为排他权、处置权以及交易权。农户的土地产权认知与法律赋权的偏离程度无疑会影响到农户的征地满意度评价。

第一，农户对排他权的偏离程度越高，对征地满意程度的影响越可能为负。在农村土地所有权法定为农民集体的背景下，农户对排他权的偏离有两种情形：一是认为所有权属于农户个人，二是属于国家。因此可以推测，认为"所有权归个人"的农户其征地满意度应该偏低，而认为"所有权归属国家"的农户因缺乏权益保护的维权意识与"法律支持"，亦可能导致对满意度下降。

第二，农户处置权的认知偏离对征地满意度的影响可能为正。认知偏离法律规定存在两种情况：一是认同农地抛荒撂荒，二是认同地非农转用。前者，征地补偿提高了农户收入，增加了征地满意度；后者，由于农地的非农转用受到现实法律限制，只有通过征地才能改变土地用途，实现农户的潜在收益。

第三，农户对交易权的认知偏离可能提升征地满意度。农地的交易权主要体现在土地所有权交易和经营权交易。法律明确规定农民的土地承包经营权交易仅限于农业范围之内，而征地是农户获取现实非农收益的合法交易途径，因而有助于提高征地满意度。

由此有，假说1：农户认知与法律赋权的偏离程度对征地满意度产生影响。

（2）社会认知对征地满意度影响。社会认同作为共同知识，一方面为群体的集体行动提供了合理性辩护，另一方面也对群体中的个人提供了一套约束。农民土地权益的社会认同，并不决定于农民群体，一般民众的道义支持所能够发挥的作用也是有限的。我们将干部群体的看法视为本研究的社会认同。之所以如此，是由于干部代表着公权力。通过估算干部群体对各项权利认知的众数，将其与农户认知相比较，换算为农民与社会认知的偏离程度。

第一，在排他权方面，农户与干部认同的偏离度越高，农户对征地的满意程度越高。干部认同代表着政府的利益偏好，农户认知则表达了对农民土地权益的诉求。农户认知与干部认同的偏离，能够在一定程度上抑制干部对"土地财政"的冲动。因此，排他权偏离程度高，体现了农户对承包农地的保护维权意识高，有助于提高农户征地的满意程度。

第二，在处置权方面，干部所代表的社会认同与法律赋权相似，因此，农户认知的偏离程度越高，越有助于提高农户征地满意程度。

第三，在交易权方面，与社会认知的偏离程度越高，有助于提高农户的征地满意度。干部群体作为政策的实施者，既不认同农民对土地的私自买卖，也不主张农地经营权交易超越农用范围。因此，与干部认同的偏离程度反映了农户希望土地要素参与市场配置并分享增值收益的迫切程度。

由此有，假说2：农户认知对社会认同的偏离程度对征地的满意程度产生影响。

(3) 行为能力对征地满意度影响。一项产权权利的行使,不仅是理性设计和外界的赋予,也是交易当事人对某些产权属性的利用、控制和攫取的结果。出于自身理性选择的努力可能使得法律规定的产权制度与现实世界所呈现的状态出现偏离,一种偏离表现为产权主体自愿放弃部分法律所赋予的某些产权权利,另一种偏离表现为行为主体超越或凌驾于法律之上攫取部分产权权利。行为能力在本研究中细分为排他能力、处置能力和交易能力。

可以推测:第一,排他能力越强的农户,越重视自身权益的保护。因此,排他能力强的农户征地满意度可能偏低。第二,处置能力和交易能力较强的农户能够在征地补偿的谈判中获取额外收益,因而能够改善其征地满意度。

由此有,假说3:农户行为能力对征地满意程度产生影响。

2. 农户资源禀赋与征地满意度

(1) 土地资源禀赋特征。农户家庭承包的基本方式是均田承包,从而使得农地的细碎化成为农户经营的重要禀赋特征。因此,土地细碎化导致的资源配置低效率与规模不经济,可能会降低农户对征地的不满意程度。此外,随着工业化与城镇化的进程,越是经济发展水平高的区域,对农地非农转用的需求越强烈,从而使得区域因素成为影响农户征地满意度的主要变量。我们选取农地细碎化程度(用每户人均耕地面积)、区域位置(地区经济发展水平)来表达农地的禀赋条件。

(2) 人力资本与政治资源特征。征地补偿是个社会问题,单纯的经济补偿并非解决被征地农户补偿安置问题的有效途径。人力资本积累是影响农地征收满意程度的重要因素,前期研究表明农民受教育程度、非农就业技能、非农收入比重、老人及儿童在家庭中的比重对农地征收的影响显著。考虑到农业劳动力转移后,女性和老人在中国的农业生产中占据了相对重要的位置。此外,还选取了农户家中是否有国家干部,以表达农户所拥有的政治资源。

(3) 社会保障与物资资本禀赋特征。尽管部分研究认为城市近郊的农户在征地后社会保障和生活状况明显改善,但事实上目前农村社会保障存在较大的提升空间。对社会保障的测量,包括医疗保险和养老保险两个指标。此外,多源的财产收入能够扩大农民增收渠道,其中,农户拥有的资产价值也是农户征地后生活保障之一,特引入了"农户拥有的资产价值"来表达资产规模。

由此有,假说4:农户资源禀赋影响农地征收的满意度。

三、数据采集和整理

(一) 问卷设计和数据采集

数据来源于本课题组于2011年对全国890个样本农户中发生征地的273个

农户的问卷调查。另外，干部有效问卷为 533 份。

在 273 个样本中，农户对征地的满意度相对较高（见表 12 - 39）。①从总体上来说，回答"非常满意"和"比较满意"的农户占 39.93%，"不满意"和"非常不满意"的农户占 17.58%。满意主要体现在：农户认可征地补偿方案，对补偿金额和安置方式感到满意，较快签订征地合同；不满意则认为补偿方案有失公平，拒签征地合同，甚至出现上访等现象。②从区域角度而言，表达"满意"的农户比例自西向东有不断下降的趋势，而表达"不满意"的比例也具有同样的格局。其所表达的含义是：第一，经济越发达的区域，农户对土地发展权的诉求越强烈；第二，西部地区农户对征地的满意度表现出更为明显的反差。

表 12 - 39　　　　　　　　全国被征地农户抽样调查数据

地区		东部地区	中部地区	西部地区	全部样本
征地满意度的问项	问卷数合计（份）	133	52	88	273
	a 非常满意（户）	21	16	20	57
	b 比较满意（户）	24	5	23	52
	c 一般（户）	68	22	26	116
	d 不满意（户）	14	7	12	33
	e 非常不满意（户）	6	2	7	15
征地满意度的测算	满意（含 a、b）的比例（%）	33.83	40.38	48.86	39.93
	不满意（含 d、e）的比例（%）	15.04	17.31	21.59	17.58

（二）因子适当性检验与主因子提取

农民认知与法律赋权共涉及 36 个变量，农民认知与社会认同偏离程度共涉及 40 个变量，农户行为能力涉及 13 个变量，上述变量根据排他权、处置权和交易权进行划分，分别提取主因子。通过效度检验发现 KMO 抽样适当性检验和 Bartlett 球形检验等效度检验均获通过（相伴概率为 0，小于显著性 0.05），表明各项指标适于进行因子分析（见表 12 - 40）。

表12-40　因子适当性分析与主因子提取

分类	农民认知与法律赋权的偏离			农民认知与社会认同的偏离			农户行为能力		
	命名	特征根	适当性检验	命名	特征根	适当性检验	命名	特征根	适当性检验
排他权	收益权排他	R1=3.423 (28.529)	KMO: 0.757; Bartlett: 66; Sig.: 0.000	承包权排他	R1=3.618 (21.284)	KMO: 0.776; Bartlett: 136; Sig.: 0.000	收益权排他	R1=2.212 (36.868)	KMO: 0.681; Bartlett: 25; Sig.: 0.000
	继承与承包	R2=1.886 (15.719)		继承与承包	R2=2.031 (11.944)		承包权排他	R2=1.403 (23.391)	
	正式契约与承包权排他	R3=1.78 (14.835)		正式契约与承包权排他	R3=1.802 (10.601)				
	所有权排他	R4=1.678 (13.985)		所有权排他	R4=1.591 (9.357)				
				收益权排他	R5=1.578 (9.28)				
处置权	非农用途处置	R1=2.237 (24.858)	KMO: 0.652; Bartlett: 36; Sig.: 0.000	农内用途处置	R1=1.869 (23.356)	KMO: 0.544; Bartlett: 28; Sig.: 0.000	用途处置	R1=1.242 (31.056)	KMO: 0.567; Bartlett: 6; Sig.: 0.000
	农内用途处置	R2=1.826 (20.29)		非农用途处置	R2=1772 (22.156)		种养权	R2=1 (25.007)	
	政府管制经营	R3=1.274 (14.153)		种养权	R3=1.25 (15.626)		抛荒	R3=1 (25)	
	农地抛荒闲置	R4=1.141 (12.679)		抛荒	R4=1.241 (15.514)				
交易权	所有权交易	R1=2.546 (28.268)	KMO: 0.688; Bartlett: 36; Sig.: 0.000	所有权交易	R1=2.76 (23.003)	KMO: 0.776; Bartlett: 136; Sig.: 0.000	经营权交易	R1=2.88 (48.002)	KMO: 0.762; Bartlett: 66; Sig.: 0.000
	经营权交易	R2=2.483 (27.592)		经营权交易	R2=2.145 (17.878)		所有权交易	R2=1.191 (19.854)	
				赠予	R3=2.032 (16.933)		赠予	R3=1.003 (16.723)	

为了保障回归结果的稳定，运用因子分析方法将变量合并简化。上述9组因子旋转的累计贡献率最低为55.877%，最高为84.578%，检验结果表明，变量的设计和结果具有一致性和可信度。

（三）模型选择与变量描述

根据里克特量表，可以将农户对征地的满意程度分为5种情况，并采用Ordered Probit概率模型进行计量分析（同上节）。变量说明如表12-41所示。

表12-41　　　　　　　　变量说明与描述性统计

变量名称	变量解释	均值	方差
征地满意度	农地征收满意度：非常不满意=1；……；非常满意=5，分类变量	2.6227	1.1084
劳动力老年化	老年劳动力所占比重，连续变量	0.3669	0.1746
劳动力女性化	女性劳动力所占比重，连续变量	0.6066	0.3541
农业收入	农业收入取对数，连续变量	8.1911	0.6368
受教育程度	受教育程度，本样本中：0~16年，连续变量	9.2572	4.4222
政治资源	亲戚是国家干部时sk=1，不是村干部时sk=0，二元变量	0.359	0.5103
养老保险	养老保险覆盖率，连续变量	0.4552	0.4946
医疗保险	医疗保险覆盖率，连续变量	0.884	0.5449
资产规模	农户拥有的资产价值取对数，连续变量	8.6495	1.5066
农地细碎化	农地细碎化程度，每户人均土地面积，连续变量	1.4494	1.4035
区域经济发展	经济发达地区=1，经济欠发达地区=0，虚拟变量	0.4321	0.8861
排他权与法律赋权偏离	连续变量	0.0000	0.5265
处置权与法律赋权偏离	连续变量	0.0002	0.5310
交易权与法律赋权偏离	连续变量	-0.0002	0.5075
排他权与社会认同的偏离	连续变量	0.0000	0.4696
处置权与社会认同的偏离	连续变量	0.0001	0.5068
交易权与社会认同的偏离	连续变量	0.0002	0.6110

续表

变量名称	变量解释	均值	方差
农户行为能力：排他	连续变量	0.0001	0.7140
农户行为能力：处置	连续变量	0.0000	0.6229
农户行为能力：交易	连续变量	0.0000	0.6622

从表12-41可以看出：（1）农户对征地的满意度总体来说偏低（以满分为5分，平均得分仅为2.62分）；（2）农村劳动力的"老龄化"和"妇女化"问题较为普遍；（3）"养老保险覆盖率"要低于"农村医疗保险覆盖率"；（4）"农户拥有资产价值"和"农户农业收入"离散系数较小，这表明拉大农村居民收入差距的因素并非来源农业内部；（5）农户土地规模狭小，细碎化程度较为严重。

四、模型估计与结果分析

（一）模型估计结果

使用Stata11.0软件进行数据处理，结果见表12-42。其中，模型1表达资源禀赋、农户认知与法律赋权的偏离程度对征地满意度的影响；模型2表达资源禀赋、农户认知与社会认同的偏离程度对征地满意度的影响；模型3表达资源禀赋、农户行为能力对征地满意度的影响；模型4是资源禀赋及产权强度的三个维度对征地满意度的影响。四个模型均具有较好的拟合优度，有进一步讨论的价值。

表12-42　　　　农户征地满意度影响因素的计量结果

影响因素	模型1	模型2	模型3	模型4
劳动力老年化	-2.304	-0.4359	-1.3772	-5.5694*
	(0.1213)	(0.747)	(0.3198)	(0.0681)
劳动力女性化	1.0951	0.3403	0.0785	6.5055
	(0.3382)	(0.7429)	(0.9414)	(0.1073)
农业收入	-0.5433	-0.7055	-0.373	-2.816*
	(0.2241)	(0.1375)	(0.4127)	(0.0788)
受教育程度	0.0738	0.0882	0.111	0.2551*
	0.3351	0.2433	0.1446	(0.0815)

续表

影响因素	模型1	模型2	模型3	模型4
政治资源	-0.3433	-0.6778	-0.4833	-2.9892
	(0.5316)	(0.1838)	(0.3748)	(0.157)
养老保险	-2.8322***	-3.5832***	-2.6032***	-8.1811***
	(0.002)	(0.0004)	(0.0027)	(0.0158)
医疗保险	1.0376	1.0136	0.369	2.8882*
	(0.1253)	(0.116)	(0.552)	(0.0888)
资产规模	0.1807	-0.1777	-0.1264	1.031
	(0.5331)	(0.4704)	(0.6116)	(0.1716)
农地细碎化	0.7599***	0.214	0.433**	1.5197*
	(0.0037)	(0.2802)	(0.0265)	(0.0614)
区域变量	-0.2726	-0.4865	-0.3395	0.2694
	(0.5101)	(0.3176)	(0.3956)	(0.7574)
排他权与法律赋权偏离	-1.8827**			-7.2395*
	(0.019)			(0.0512)
处置权与法律赋权偏离	0.213			2.2934
	(0.5806)			(0.103)
交易权与法律赋权偏离	0.9558*			1.6028
	(0.0765)			(0.1807)
排他权与社会认知偏离		1.7463**		4.5726**
		(0.0274)		(0.0153)
处置权与社会认知偏离		0.038		1.3429
		(0.9467)		(0.2697)
交易权与社会认知偏离		0.3482		3.9209
		(0.521)		(0.1072)
农户行为能力：排他			-0.2062	-0.1444
			(0.6317)	(0.8521)
农户行为能力：处置			0.7908**	1.3149
			(0.0641)	(0.1661)
农户行为能力：交易			0.3049	2.3165**
			(0.4466)	(0.076)

续表

影响因素		模型1	模型2	模型3	模型4
/cut1		-3.7019	-6.7922	-5.039	-7.5651
		(0.4098)	(0.1186)	(0.2491)	(0.3525)
/cut2		-3.2242	-6.2859	-4.5553	-6.9051
		(0.4721)	(0.1478)	(0.2974)	(0.3954)
/cut3		-0.5195	-3.794	-2.022	-1.4506
		(0.9062)	(0.3784)	(0.6395)	(0.8455)
/cut4		0.8958	-2.2881	-0.6944	1.7443
		(0.8406)	(0.5878)	(0.8709)	(0.8212)
结果检验	Pseudo R^2	0.3387	0.3303	0.3129	0.5735
	Log likelihood	-31.851976	-32.259374	-33.096752	-20.545828
	LR chi2 (13)	32.63	31.82	30.14	55.24
	Prob > chi2	(0.0053)	(0.0068)	(0.0114)	(0.0001)

注：括号中为p值，$*p<0.1$；$**p<0.05$；$***p<0.01$。

（二）计量结果分析

模型估计结果基本验证了前文的假说。其中产权强度的不同维度、农户禀赋中养老保险与农地细碎化程度等，是影响农户征地满意度的重要因素。

1. 产权强度不同维度的影响

（1）农户对产权三个维度的认知与法律的偏离程度，对征地满意度的影响方向各不相同。第一，模型1和模型4均表明对排他权的偏离显著降低了征地满意度，之所以如此，一个重要的原因是现实中的农户混淆了土地所有权与土地承包权之间的关系。我们的问卷数据表明，大约51.2%的农户认同农地归国家所有，但却有71.7%的农户也认同农地归农户自己所有。第二，农户对处置权和交易权的认知与法律规定的偏离程度提高了征地的满意程度，这说明农户谋求土地非农收益的努力，能够有效支持征地制度的实施，进而提升其满意度。

（2）在社会认同方面，农户认知与社会认同的偏离能够提高征地满意度。其中，排他权认知通过了显著性检验。如果说农户排他权认知对法律赋权的偏离会降低征地满意度，那么农户与社会认同度偏离能够提升征地满意度，就必然意味着：第一，干部群体的社会认同也是偏离法律规定的。我们的问卷表明，干部认同农地属于国家的得分高达3.98分（其中乡镇干部的得分为4.17分）；第二，征地工作主要是由干部群体代理的，并且主要是由乡镇干部直接面向农户实际操作的，而他们的排他权认同显然不利于农民土地权益的保护。由此，偏离干部的社会认同，在征地过程中形成社会呼吁并对干部形成社会压力，能够改善农户的征地满意度。

（3）在行为能力方面，农户处置能力和交易能力的增强能够显著提升征地满意度。这说明，一方面放松农户的产权管制，提升农户的行为能力，能够有效改善征地制度的激励相容；另一方面，产权的初始界定并不是唯一重要的，关键在于产权行使。其中，赋予农民以更加完整的处置权与交易权，并由此获得土地财产权利与增值收益，是尤为重要的。

2. 农户资源禀赋方面的影响

（1）在土地资源禀赋方面，农地细碎化程度是影响农户征地满意度的主要因素并显著为正。农地细碎化不仅增加了农户的经营管理成本，牺牲了农业的规模经济性，更重要的是降低农户继续持有农地的未来预期。可以认为，农地细碎化是一把"双刃剑"，一方面有利于降低征地的社会成本，另一方面却不利于农户保护耕地。

（2）在人力资本与政治禀赋方面，劳动力的老年化与农户对农业收入的依赖性均显著降低征地满意度。从而表明，农地依然承担着农户的养老保障与收入保障功能。不同的是，农户中受教育水平的提升能够改善征地满意度。

（3）在社会保障方面，最重要影响因素是养老保险，对征地满意度的影响显著为负。可见，养老保险对土地保障功能并不具有对等的替代性，农户更倾向于养老保险与土地保障的"双保险"。这也同时说明，各地尚在试验中的"土地换社保"和"土地换生活保障"并不一定是农民意愿的真实表达，应该谨慎而留有余地。

五、结论与讨论

（一）主要结论

（1）有利于征地的因素。从改善农户征地满意度的角度来说，下列因素具有积极的意义：

一是提升农民的受教育程度、完善农户的医疗保险，能够有效降低农户对农地的依赖性并有助于增进农户的征地满意度。

二是土地的均包制所导致的农地细碎化格局，降低了农户对征地的不满意程度。在全部890个农户样本中，家庭人均耕地为1.99亩，而273个被征地农户样本的人均耕地只有1.45亩。显然，过于微小的农地经营规模及其细碎化，大大降低了农户对农地经营的预期。

三是强化农户土地所有权的法律认知，特别是降低农户对土地排他权与法律规定的偏离程度，能够改善农户的征地满意度。与此同时，诱导干部群体所代表的社会认同回归法律规定，提升农户对土地的处置与交易能力，均能够改善农民的征地满意度。

（2）不利于征地的因素。农业劳动力的老年化、农户对农业收入的依赖性、农户的养老保障程度均与农户的征地满意度负相关。

鉴于征地制度所隐含的产权歧视以及征地目标泛化与征地规模的肆意扩大，从保护耕地与农民土地权益的角度来说，必须重视下列因素所隐含的行为发生学意义：第一，提高农民农业经营的收入水平，并有效提升农户对征地肆意扩大的抵制能力，进而成为保护耕地的经济因素。第二，通过适当的土地整理以缓解农地的细碎化，特别是鼓励农地的流转集中，扩大农户农地经营规模，能够对土地征收形成有效制衡。第三，随着农业劳动力的转移，农地经营的老年化将是一个进步趋势，而改善农民的养老保障，则将成为今后制约征地目标泛化的积极因素。

（二）进一步的讨论

（1）关于土地福利功能的替代。通常认为土地对于农民承担着就业、养老等多重社会保障功能。从逻辑上来说，通过替代性保障功能的供给，一般能够弱化农民对土地的依赖。但是，计量结果表明，农民参加养老保险不仅没有改善其征地满意度，反而发挥了显著的阻碍作用。因此，土地征收及其补偿问题，并不是一个简单的福利保障功能及其替代问题，而是隐含着农民对土地财产权利的诉求。土地不仅是一种生产性要素，更是一种财产性要素。必须推进土地功能的转换，从强调土地的福利保障功能转向为强化土地的财产功能，进而增加农民土地的财产性收益，应该是今后政策调整的基本线索。

（2）关于劳动力素质问题。计量结果表明，农业劳动力受教育水平的提高，能够改善农户的征地满意度。从缓解征地引发的社会矛盾而言，这显然是一个积极的因素。问题是，对农业安全来说则可能形成双重打击。第一，一般地，农民受教育程度越高，越倾向于非农转移，这种"择优转移"必然导致农业优质劳动力的流失与务农劳动力的弱质化；第二，农民受教育程度越高，对农地的依赖性会下降，制衡随意征地的可能性亦会降低，这无疑会加剧农地的流失。因此，在推进劳动力转移的同时，如何鼓励"能者种地"、"能者护地"，并推进农业的规模化经营，是必须予以足够重视的问题。

（3）强化农民的土地赋权。核心在于保障农民土地权益的公平性，避免法律歧视。关键是：第一，确定公共利益的范围，严格限制征收权的行使。基本导向是：缩小范围、约束权力。由于征地权是属于政府的强制性权力，必须明确公共利益的范围并对征地权的行使加以规范。鉴于公益性、经营性建设用地在界定上的模糊性并约束相应的合谋与寻租行为，现阶段可以考虑以法律法规形式列举征收权行使的条件以及征地的具体范围，与此同时建立对征收权行使的监督制约机制。第二，建立合理的征地补偿机制。基本导向是：价格的市场化生成。其中，征地补偿的标准应该是市场价格，而国家"征收权力"的体现，不是表现为"低价格"，而应该表达为"购买"的强制性与"转让"的服从性方面。征地按市价补偿的制度含义在于，除了能够防止公益用地与非公益用地的配置误导，缩小被征土地与进入市场交易土地的差价，还有助于从源头上根治"权力寻租"；同时，一旦政府财力构成征地数量的经济约束，就等于给"最严格的耕地保护"与"农地转用的最优利用"提供了"双保险"。

第十三章

产权强度与农民土地权益

与第十二章相对应,本章依然基于前述的理论框架,以及对产权强度中法律赋权、社会认同、行为能力三个维度的刻画,分别讨论农户务农收益、合约选择与农民权益、农地流转租金等涉及农民土地权益保护方面的几个问题。本章还特别地选择了相关的案例研究。

第一节 产权强度、政策支持与务农收益

一、分析思路

推进农地的流转,必须鼓励农地转入主体的形成,而转入主体的形成依赖于农业的比较收益及其投资能力。研究表明,个人务农年收入和农业生产流动资本投入是激励农民扩大土地意愿经营规模的两个重要因素(钱文荣、张忠明,2007)。显然,单纯地依靠农户自己的有限能力是远远不够的。可见,在农地流转中,如何通过有效的政策支持,在尊重农民的土地产权的基础上,实现农民务农收益的增长,达到政策支持与产权保护有效匹配,还有待于进一步深化研究。

因此,本节的任务是从农民土地产权强度的角度,并将其置于农业政策背景条件下,分析农户的农业经营收益问题。

1. 政策影响下的农地产权强度

作为农村土地的承包人，农民是否选择农地流转，必须要考虑的因素就是，土地流转可能获得的租金及土地流转后劳动力要素流出的机会收益是否大于其自己耕种土地可能带来的收益。同样，作为农村土地的流入方，其选择流入土地的依据就是在农地上的经营净收益能否满足其投资回报期望（张丽萍等，2010）。其中可选路径之一，就是减少农地流转中的交易成本。由此，必然涉及产权强度与产权保护问题。在一种产权清晰，产权得到尊重和保护的环境下，无论是土地的流出方，还是土地的流入方，其对土地流转可能存在的成本及其可能带来的收益的稳定性预期必然提高。

改善预期的稳定性是重要的。事实上，我国的家庭承包制就是在进一步明确农户对土地的产权条件下，极大地调动了农户生产的积极性，释放了农业生产力，进而在提高生产效率的同时，迅速提高农民的收入。

但是，农户对土地的产权强度既取决于国家赋权和社会规范，也取决于农户自身的行为能力，同时，国家政策会给农户的土地产权强度尤其是土地产权的实施及其权益的维护带来重要影响。尤其对于处在转型经济背景下的我国经济社会条件下，政策的影响力仍然不可小视，相关法律规定甚至还需要配之以政策支持才可能得到有效的执行。

具体到农户对农地的产权问题，不能仅仅基于法律的赋权，还需要有适宜的政策环境与之匹配才可能得到真正的尊重与维护。从这个意义上说，政策的支持无疑会提升农户对农地产权的行为能力，降低农户对农地产权维护的成本，增强农户的农地产权强度，进一步激励农户加大对土地的投入，提高务农收益。

2. 产权强度视角下的农户务农收益

对于农户而言，所拥有的土地产权强度必然会影响其务农收益，进一步给农户的务农积极性带来激励相容或激励相悖的效应；与此同时，也必须清醒地认识到，农户的土地产权强度对农户的权益保护是非常有限的，尤其是在中国特定的人文法制背景下，要使农户的土地权益得到更好的保护，还必须有适当的政策匹配，给予农户以相应的政策支持，为农户从事农业生产创造一个适宜的务农环境。

一方面，在产权得不到尊重和保护的条件下，农户的务农收益必然得不到保护，也就不可能激励农户从事农业生产；另一方面，在农户对农地的产权被削弱的情况下，无论是农户对农地法律上的赋权被削弱，还是农户对农地的处置权和收益权被削弱，或者社会对农户对农地产权的认知水平下降，都将可能影响农户的农业经营决策与选择，进一步必然影响农户的务农收益。当然，农户对农地的产权最终还是要通过农户的个人行为来维护和实现，需要由农户自身采取适宜的行动将法律赋予其对农地的产权转化为现实的收益。从这个意义上说，由农户个人的禀赋决定下的行为能力大小对其产权及其衍生的权益的维护具有特别重要的作用，甚至是决定性的作用。因为，一旦产权主体不具备行为能力和排他能力，就可能会导致事实上的产权模糊性及其收益的不确定性。

可见，产权强度、政策支持是影响农户务农收益变化的重要因素，本节重点关注的是政策支持影响下的农地产权强度及其对农户务农收益的影响。

二、数据来源与变量选择

（一）数据来源

本研究的数据来源于对全国890个样本农户的问卷。

表13-1说明，在890个调查样本中，农户2010年的农业经营收入均值为9 472.90元，占农户家庭收入的29.94%。

表13-1　　样本农户的基本情况及家庭收入的描述统计

基本概况	最小值	最大值	均值	标准差
家庭人数	1	8	3.40	1.42
劳动力人数	0	8	2.58	1.33
纯农业劳动力人数	0	6	0.94	1.09
农地总地块数	0	17	4.13	3.71
家庭人均农地面积	0.00	7.50	1.55	1.51
农地总面积	0.00	20.00	4.784	4.24
农业经营收入	0	300 000	9 472.90	18 234.71
农业打工收入	0	180 000	3 472.39	11 726.44
非农就业收入	0	200 000	23 444.23	26 001.48
分红收入	0	50 000	78.38	1 682.73
房屋出租收入	0	35 000	218.15	1 726.88
农地流转租金	0	150 000	513.99	5 856.62
政府补贴	0	18 000	449.90	1 040.92
亲友馈赠	0	40 000	174.21	1 586.15
总收入	83.00	300 000.00	37 824.15	30 646.54
务农收入占比	0.00	100.00	29.94	33.06
非农就业收入占比	0.00	100.00	56.88	39.32

(二) 变量选择

为了分析产权强度背景下，政府政策支持对农户务农收益的影响，我们采取有序 Probit 进行分析，将务农收益（农业经营收入）作为因变量；将政策支持（含 5 个指标）作为自变量。其中，财政支出中农林水务的平均支出占比是政策支农力度的重要体现，其数据来源于官方统计年鉴；将产权强度变量（包括三个维度即法律赋权、社会认同和行为能力的 9 个指标）作为控制变量；而个人禀赋则是影响农户务农收益的重要因素，主要从人力资本禀赋、社会资本禀赋、物质资本禀赋及农地资源禀赋四个维度选择了 10 个指标作为控制变量进入模型加以分析。

因为务农收益异常值较多，而且农户收入在调查中存在一定的误差，为尽量保证数据的可信度，我们将务农收益的原始数据进行离散化处理，离散为 5 级等距变量。

在对上述变量指标进行无量纲处理后，对相关变量指标做描述性统计，结果如表 13-2 所示。

表 13-2　　　　各变量及其赋值说明及描述性统计结果

变量		指标	赋值	均值	标准差
因变量		农户 2010 年农业经营收入	1 = "无"，2 = "1～3 000元"，3 = "3 001～9 473元"，4 = "9 474～11 500元"，5 = "11 501 元及以上"	2.75	1.461
控制变量	政策支持变量	所在省近 3 年财政中农林水务平均支出占比	根据 2009～2011 年《中国统计年鉴》数据测算	11.41	2.50
		农户 2010 年政府补贴收入	实际观测数据	449.90	1 040.92
		经营农业补贴是否归种地者所有	1 = "是"，0 = "否"	0.74	0.44
		增值收益是否归自己所有		0.01	0.12
		是否进行了政府或集体支持的农地流转		0.71	0.45

续表

变量		指标	赋值	均值	标准差
控制变量	产权强度	农地排他权认知与法律的偏离度	产权强度的公因子	0.00	0.53
		农地处置权认知与法律的偏离度		0.00	0.52
		农地交易权认知与法律的偏离度		0.00	0.50
		农地排他权认知与社会认同的偏离度		0.00	0.48
		农地处置权认知与社会认同的偏离度		0.00	0.51
		农地交易权认知与社会认同的偏离度		0.00	0.58
		农户排他能力		0.00	0.72
		农户处置能力		0.00	0.58
		农户交易能力		0.00	0.65
	农户个人禀赋	务农人数	实际调查数据	3.40	1.42
		家庭平均受教育年限		7.85	3.00
		家庭平均务农年限		14.42	14.78
		非农就业工资		3 072.26	2 992.99
		农业受培训人数		0.21	0.69
		医疗保险覆盖率		71.51	37.46
		家庭人均农地面积		1.55	1.51
		固定资产总价值		11 044.08	27 719.62
		家庭村干部人数		0.06	0.27
		是否获得生产性贷款	1="是",0="否"	0.17	0.37

三、模型估计结果及其分析

(一) 估计结果

由于问卷调查难以得到农户务农收益的连续性数据,反映农户务农收益的数据是以分类数据为主的离散数据。通常，在分析离散选择问题时采用概率模型（Logit Probit 和 Tobit）是较为理想的估计方法。对于因变量离散数据大于两类的，研究时采用有序概率模型，用有序 Probit 模型处理多类别离散数据是近年来应用较广的一种方法（郝爱民，2009）。为此，运用 Stata 软件用有序 Probit 模型对数据进行了统计分析。

模型估计结果如表 13－3 所示。表中，R^2 为 0.14，LR Chi2（24）即极大似然函数的卡方值为 127.80，对应的 p 值接近于 0，说明模型整体的统计检验显著性通过。

表 13－3　　农户务农收益的有序 Probit 模型估计结果表

因变量：农户农业经营收入	系数	标准误	Z 值	p 值
所在省近 3 年财政中农林水务平均支出占比	0.04	0.03	1.14	0.255
农户 2010 年政府补贴收入	0.25***	0.07	3.43	0.001
经营农业补贴是否归种地者所有	0.05	0.18	0.28	0.783
增值收益是否归自己所有	0.19	0.19	0.97	0.331
是否进行了政府或集体支持的农地流转	－0.39	0.47	－0.84	0.402
农地排他权认知与法律的偏离度	0.30*	0.18	1.65	0.098
农地处置权认知与法律的偏离度	0.05	0.15	0.36	0.717
农地交易权认知与法律的偏离度	0.19	0.15	1.29	0.199
农地排他权认知与社会认同的偏离度	0.10	0.19	0.53	0.596
农地处置权认知与社会认同的偏离度	－0.13	0.17	－0.78	0.436
农地交易权认知与社会认同的偏离度	0.07	0.15	0.47	0.64
农户排他能力	0.19*	0.11	1.65	0.098
农户处置能力	0.09	0.14	0.68	0.494
农户交易能力	0.05	0.11	0.43	0.665
务农人数	0.21***	0.07	2.95	0.003
家庭平均受教育年限	0.055**	0.03	2.09	0.037
家庭平均务农年限	0.01	0.01	1.36	0.173
非农就业工资	－0.01***	0.00	－4.26	0
农业受培训人数	－0.02	0.08	－0.27	0.785
医疗保险覆盖率	0.01	0.00	2.53	0.011
家庭人均农地面积	－0.05	0.06	－0.91	0.363
固定资产总价值	0.18***	0.05	3.7	0

续表

因变量：农户农业经营收入	系数	标准误	Z值	P值
是否获得生产性贷款	0.04	0.18	0.2	0.841
家庭村干部人数	0.06	0.24	0.23	0.819
临界点1	3.26	0.72		
临界点2	3.93	0.72		
临界点3	4.75	0.73		
临界点4	5.17	0.74		
模型评价指标		Number of obs = 288 LR chi2（24） = 127.80 Prob > chi2 = 0.0000 Log likelihood = -380.96 Pseudo R^2 = 0.14		

注：*通过0.1的显著性检验，**通过0.05的显著性检验，***通过0.001的显著性检验。

（二）计量结果分析

从模型估计结果中可见，农户家庭的政府补贴收入、农户对农地排他权与法律的偏离度、农户排他能力对务农收益都有显著的正向影响。务农人数、家庭平均受教育年限、家庭固定资产拥有量对务农收益也有显著的正向影响；家庭的非农就业工资收入对务农收益有显著的负向影响。

第一，政府的财政支农政策对农户的务农收益有正向效应。主要表现在农户家庭的政府补贴收入对农户的务农收入具有显著的正向效应，在1%的水平上通过检验。说明这些年我国政府出台的相关的支农政策，尤其是对农户的农业生产经营活动采取的直接补贴政策已经产生效果，一方面，财政补贴直接增加了农户的务农收益，虽然现实中，政府的农业补贴并不一定全部进入到真正直接从事农业生产的农户手中，但政府的支农财政补贴收入对农户务农收益的增长有正向响应却是一种客观存在；另一方面，财政支农补贴或多或少对农户从事农业生产经营产生了一些激励效应，最终表现为对农业生产经营投入的增加，给务农收益增长带来正向效应。因而，给予农户看得见摸得着的资金补贴，仍然是未来加大支农力度的一个方向。在某种意义上，通过政府财政补贴增加农户的务农收益，既是农业比较效益相对较低的要求，也是强化农地保护的需要。

第二，农户对农地的产权强度对其务农收益有正向效应。一方面，表现在农户对农地的排他行为能力对其务农收益有显著正向效应。农户的排他能力实际上就是农户的行为能力的重要表现，也是其对农地的产权强度的重要体现。实证研究结果表明，农户的排他能力越强，对其务农收益将产生更加积极的正向影响，在10%的水平上通过检验。因为农户的排他能力大小直接影响其对农地的经营决策权的大小，也只有农户对农地的经营收益具有较强的排他能力，才可能使农户对农地的农业生产经营形成稳定预期，减少对未来的不确定性的担忧。尤其是对于天生具有风险厌恶偏好的农户而言，提升其排他能力，实际上就是提升其抗风险的能力，进而对农户加大在农地的投入形成正向激励，为务农收益的增长奠定基础，提供保障。另一方面，表现在农户农地排他权认知与法律的偏离度对其务农收益有正向效应，在10%的水平上通过检验。可见，农户对农地排他权意识越强，其自主经营决策的意识也越强，对农业经营的安排与选择以及收益支配预期越有信心，其最终可能获得的务农收益随之增长。

第三，农户家庭中务农人数及其家庭平均受教育年限对其务农收益有正向效应，也即农户对农业生产经营投入的劳动数量和质量将对其务农收益产生直接的影响。首先，农户家庭中务农人数越多，可能带来的务农收益也越多，符合投入—产出的一般法则。其次，现代农业生产经营已经不再是简单的体力劳动和自给自足的自然经济，务农同样需要用"脑"，需要关注农业科技的运用、市场的行情变化、农作物的产量高低以及价格走势等。农户的农业生产经营决策需要农户综合各种信息后做出理性的选择，由此，其家庭成员的素质高低，具体表现为受教育年限的长短就显得特别重要，并将对其务农收益产生正向影响。说明现代农业发展需要现代的高素质的农民。农户个人的人力资本禀赋高低直接影响农业生产经营，进而影响农户的务农收益。

第四，农户固定资产拥有量对其务农收益有正向效应。对于农户来说，他们所拥有的相当部分固定资产是具有典型的资产专用性特点，一旦不从事农业生产，这些固定资产就可能成为沉没成本。因此，可以认为，农户拥有的固定资产量越多，表明其对农业生产经营的前期投入越多，其生产经营路径被锁定的可能性越大，自然地，对农业生产经营的人力、财力和物力投入必然增加，期望从农业生产经营中取得的收益也应该增加。事实上，实证结果表明，这部分农户的务农收益也确实随之增加，农户固定资产拥有量与其务农收益之间的相关性在1%的水平上通过检验。

第五，家庭的非农就业工资收入对务农收益有显著的负向影响。在农户既有资源一定的约束条件下，其对农业生产经营和非农业生产经营的资源分配与投入在很大程度上存在此消彼长的关系。一般地，家庭的非农就业工资收入与家庭中对非农生产和劳动力资源的投入存在正相关，家庭的非农就业工资收入越多，表明家庭中用于非农就业的劳动力投入越多，在劳动生产率水平及单位劳动力获得的收益一定的情况下，自然地就会减少农户的务农收益。实证结果显示，家庭的非农就业工资收入对务农收益存在显著负向效应，在1%的水平上通过检验。

四、简要的讨论

分析表明，农户对农地的产权强度、政府对农业生产的政策支持与农户的务农收益之间存在相关性。政府的政策支持尤其是对农户的资金补贴、农户对农地的产权强度、农户家庭的平均受教育年限及其务农人数、农户的固定资产拥有量等对农户的务农收益具有显著的正向效应，农户家庭的非农就业工资收入与其务农收益具有显著的负向效应。即农户对农地的产权强度越高，其对农户的务农收益提升效应越明显；政府对农户从事农业生产经营的补贴对农户务农收益的增长具有显著增长效应；农户个人的人力资本禀赋、物质资本禀赋及其对农业生产经营的投入量将为其务农收益带来明显的提升效应。

由此，从有利于农用土地保护，有利于农业发展，有利于维护农民权益和增加农户务农收益的视角出发，可以得到以下政策启示：

第一，进一步增强农户对农地的产权强度。其中的关键在于强化农户的排他性行为能力，使农户真正拥有行使法律赋予其对农地的产权，使其既能获得法律赋予的农地产权，即名义上的产权，而且还能真正享受和行使其对农地的产权，有效维护其农地的权益，确保农户对其在农地上的农业生产经营有稳定的收益预期，达到正向激励效应。

第二，继续实施政府财政向农户的农业生产经营行为直接给予补贴的政策。对农户的农业生产经营活动给予直接补贴，既是弥补农业生产比较效益相对较低，激励农户从事农业生产经营的需要，也是切实增加农户收入的有效手段。

第三，加大农村人力资本投资。提升农村劳动力的素质，不仅有利于增强农户的农地产权行为能力，而且，也是农业现代化发展的需要，对于增加农户的务农收益具有积极影响。特别是在农村劳动力向非农产业转移就业这一不可逆转的潮流下，就更加需要从未来农业发展的趋势出发，加大对农村农业劳动力的人力资本投资，培育适应现代农业发展需要的现代农民，以推进农业的发展，提升农业的比较效益，增加农户的务农收益，推进农业产业转型。

第四，支持农户加大对农业生产固定资产投资。尤其是在农地流转过程中，农地经营适度规模化的条件下，政府通过加大对农户的农业生产固定资产投资的支持力度，增加这些农户的农业固定资产拥有量，达到孵化效果，有利于激励这些农户增加对农业生产的投资，以资产的专用性增强其生产经营的路径依赖性，增加农户的务农收益，进一步推进农业产业升级。

第二节 产权强度、合约选择与权益保护

一、问题的提出

早期的农地流转具有显著的亲缘和地缘特征，农地的流转主要发生在亲友邻居或本村农户之间。随着农村劳动力转移的加快，农地流转的对象趋于多样化，农地流转双方的亲缘或地缘关系不再紧密，且随着农地流转管理的规范化和农户法律意识的不断提高，越来越多的农户在土地流转过程中开始签订合约来保护其权益（赵其卓等，2008）。叶剑平等（2008）对全国17个省份的调查发现34.1%的农户签订合约，且土地产权越清晰签订合约的比例越高。卞琦娟等（2011）对浙江省的抽样调查表明，农地流转市场越完善的地区，农户对签订书面合同的要求越多，法律维权意识越强，对违约行为越敏感，流转合同越规范；没有农地流转中介组织的地方，农户农地转让合同非常不规范，农地流转行为存在很大的随意性和不确定性。虽然乡土社会人情约束机制的现实存在，口头形式的农地流转合同的履约率较高（郭继，2009），但卞琦娟等（2011）认为口头约定随意性大，不能通过流转合同来规范流转双方的权利义务关系，如果某地区采用口头约定的方式多，则相当于说明了该地土地流转操作程序不规范，集体经济组织服务不到位。赵其卓等（2008）对四川省绵竹市的调查研究表明，农户为了规避风险在农地流转交易中签订书面合同的占大多数，为67.6%。但是，农民的权益并不是签订合约之后就一定能得到保障，大量的实践表明，即便是各方认可的明确的合同，同样存在脆弱而不稳定（张乐天等，2011）。

农民的权益能否以及能在多大程度上得到有效的维护，不仅取决于作为农民权益保护主体的素质及其发展的状况，还取决于社会发展的状况（焦存朝，2010）。如前所示，农民的权益保护主体涉及三个方面：政府和集体对农民权益提供的保护、社会对农民权益的认同及农民个体对自身权益的保护。社会的发展状况主要体现在法律对农民权益的界定及其执行的有效性以及社会对法律赋予的农民权益的认同。农民对其自身权益的保护既取决于农户对法律赋予的权益的认知程度，也取决于其自身的行为能力。此外，农地的资源禀赋会直接影响农地产权的界定。

因此，本节将从农地产权的法律赋予、社会认同、农户的行为能力及农地的资源禀赋四方面来刻画农地流转的作用机制，重点探讨农地的产权强度特征对参与农地流转双方合约选择行为的影响，从而揭示哪些产权特征能激励农民签订合约，哪些产权特征起到了反向抑制作用。并尝试重塑农地的产权强度，通过激励农户签订合约来促进农地流转的契约化和规范化，从而实现对农民权益的保护。

二、产权强度与权益保护：流转合约选择的分析维度

合约的实质是签约方之间权利的重新分配（巴泽尔，1997）。当不同所有者将其资源联合起来进行生产时，就必须通过合约部分地或完全地转让其拥有的资源的产权，通过谈判并缔结合约条款来规定参与者之间利用资源的方式及分享"合作剩余"（崔宝敏，2009）。交易双方签订的合约越详尽，对双方产权的重新界定越清晰，交易双方的权益就越能得到保护。

农地流转的合约安排大多与农地租金的多少、对农地等要素的使用及其他要素的投入的限制、交易双方对土地收益的分配等问题的规定有关。因此，农民在农地流转过程中签订合约有助于农地流转的契约化，而书面合约的签订和公证则有助于农地流转管理的规范化，从而有助于提高农地资源的配置效率和保护农民的权益。农地流转双方的自由缔约及合约的稳定性有助于对农地流转双方权益的保护。

农户拥有的农地的产权特征会对农户参与农地流转的意愿和行为产生影响（赵阳，2007；田传浩，2005；黎霆，2009），进而对其缔结合约的意愿和选择产生影响（叶剑平等，2008）。现有研究关注到了地权的稳定性对农地流转和合约选择的影响，但没有从微观层面进一步解释不同农户的选择行为。在农地流转过程中，我们发现不同农户对合约的选择是不同的，其原因除了农地的产权特征会对其行为产生影响，农地的产权强度特征也会影响农户的行为。

目前对产权的分析主要是从产权本身的特性角度来分析产权对资源配置的影响，认为当产权具备排他性、可转让性和可执行性时，资源将得到有效配置。我们通常讨论的产权的特性是指通过法律赋权或合约的方式界定产权主体拥有哪些权利或特权，以及受到哪些约束。这种分析方式隐含的假设是社会与个人是同质的，即不同区域范围的不同社会群体对法律赋权的认同是同质的，且不同的个体行使产权的能力也是同质的，因而不考虑社会群体的认同和个体行为能力可能存在的差异，仅从产权本身的特性来分析产权的有效性及对资源配置的影响。但事实上，由于社会习俗等非正式制度安排的存在及在区域上存在差异性，以及产权主体行使产权的能力也存在差异，当法律赋予产权有效的产权结构时，资源也不

一定能得到有效配置。另外，资源本身的属性会影响法律或合约对产权的清晰界定以及产权主体对资源产权的行使能力，因此产权的有效性需要综合考虑资源属性、法律赋权的方式、社会对法律赋权的认同及产权主体的行为能力，这里我们用"产权强度"概念从法律赋权、社会认同、行为能力三个方面，并引入资源属性的因素来衡量产权的有效性。

一般情形下我们可以认为资源或物品的产权强度越大，产权主体的权益就越能得到保护，即法律在赋权方面能保证资源或物品产权的排他性、可转让性及可强制执行性，同时社会不同群体认同法律的赋权，产权主体也具有相应的行为能力来行使其产权时，该产权的界定不仅具备有效的产权结构而且具备相应的"强度"保证产权的有效性。

我国现有的农地制度在很大程度上保障了农民对农地的使用权，从法律的角度赋予农民对农地的承包经营权，并允许和鼓励农民流转其承包的农地，但其产权强度本身及在产权行使过程中都被弱化了，在农地流转过程中，当农地的使用权从一个产权主体转移到另一个产权主体时，双方对农地流转的预期不稳定，不仅流转双方的权益可能会受到影响，而且会影响农地流转市场的形成与发展。另一方面，由于农户个体对法律赋权的认知、社会不同群体对法律赋权的认知及农户个体的行为能力存在差异，农户个体拥有的农地产权强度也可能存在差异，从而对农户个体的合约选择行为产生影响。

下面分别从法律赋权、社会认同和农户对农地产权的行使能力及农地的资源禀赋特征角度考察农地的排他权、处置权和交易权的强度及对流转农户签订合约行为的影响。

（一）法律赋权对合约选择的影响

法律赋权对农户行为的影响，不仅取决于法律的可强制执行性，还取决于农户对法律赋权的认知。农户对法律赋权的认知是在对法律赋权和社会认同的了解和理解及自身行为能力的基础上形成的。因此农户的认知可能与法律赋权一致，也可能不一致。另外，农户在形成自己的认知时，可能会出现两种情形：一种情形是农户对法律赋权不了解，仅基于自己的理解形成对法律赋权的认知，若这种认知与法律赋权偏离，不会对农户的预期产生影响；另一种情形是农户了解和理解法律赋权，但通过自己独立的思考从而形成自己的认知，若这种认知与法律赋权偏离，可能会对农户的预期产生影响。

从法律赋权的角度来看，农户拥有的农地的承包权和收益权的排他得到了一定的界定。根据《农村土地承包法》的相关规定，农村集体经济组织成员有权依法承包由本集体经济组织发包的农村土地，耕地的承包期为30年，承包期内发包方不得收回或调整承包地，且承包期内农地的收益及农地流转的收益均归承包人所有。若农户对农地排他权的认知与法律赋权相一致，那么农户将有较稳定的预期；若农户对农地排他权的认知与法律赋权偏离，农户可能强化或弱化其拥有的农地的排他权。假设农户了解并理解法律对其承包农地排他权的界定，对于农地转出户而言，一方面，若农户对农地排他权的认知超过了法律的赋权，该农户则强化了其拥有的农地的排他权，但由于知道与法律赋权不一致，该农户对其农地的预期不稳定，在转出农地时如果签订合约的话，可能会倾向于签订较短期的书面合约。另一方面，若该农户对农地排他权的认知低于法律的赋权，该农户则弱化了其拥有的农地的排他权，农户转出农地的意愿可能会降低，如果转出农地也可能倾向于签订短期合约，因为该农户可能会担心自己承包的农地发生变动（例如，农地在承包期内被调整了），如果签订长期合约，该农户可能面临违约风险；而且，该农户还会倾向于签订书面合约，通过书面合约进一步界定农地的产权（如转出的期限或相关的收益），但该农户对合约进行公证的可能性比较小，因为他可能担心书面合约中的约定难以得到法律的保障。对于农地转入户而言，若该农户强化了法律赋予的承包农地的排他权，但由于知道与法律赋权不一致，该农户对其转入的农地的预期不稳定，因而会倾向于签订短期的合约并进行公证；若转入户弱化了法律赋予的承包农地的排他权，该农户对其转入农地的预期将下降，从而倾向于选择短期书面合约，但不一定会选择公证，因为担心法律不认可。因此，在农户了解并理解法律对农地承包排他权的基础上，无论是农地的转出户还是转入户，当农户对农地排他权的认知与法律赋权不一致时，农户都倾向于签订短期合约。若农户不了解或不理解法律对农地排他权的界定，当农户强化农地的排他权时，由于农户对农地的预期增强，无论是转出户还是转入户都可能倾向于签订长期合约；若农户弱化了农地的排他权，农户参与农地流转的意愿可能下降，对转出户签订合约的影响不确定，但转入户可能倾向于签订短期合约。

  对承包农地的处置权，法律规定不得改变农地的使用用途，但种养权不受限制。假设农户了解并理解了法律对农地处置权的界定，对转出户而言，一方面，若该农户强化了其拥有的农地的处置权，农户转出其农地的意愿会下降，因而对合约的选择影响不大；另一方面，转出户强化其处置权，将更倾向于自己耕种，如果该农户转出其农地，可能会倾向于签订短期书面合同并进行公证，以保证自己能按期收回其农地；若该农户弱化了其拥有的农地的处置权，该农户转出农地的意愿会增加，因而弱化了的处置权可能会影响该农户对农地的经营而倾向于转出农地，且倾向于签订书面合约并进行公证，从而约束转入户对农地的处置权。对于转入户而言，若该农户强化了承包农地的处置权，该农户可能不倾向于签订合约来约束自己对租入农地的处置权；若该农户弱化了承包农地的处置权，该农户转入农地的意愿可能会降低，转入农地会倾向于签订短期合约。但若农户不了解法律对农地处置权的界定，转出户在强化其承包地的处置权时，依然不倾向于转出农地，若转出农地可能倾向于签订短期书面合约；若转出户弱化了其承包地的处置权，农户转出农地的意愿增强，该农户可能倾向于签订长期合约；对转入户而言，若转入户强化了承包地的处置权，该农户可能倾向于签订长期合约，但若转入户弱化了承包地的处置权，农户转入农地的意愿下降，该农户则倾向于签订短期合约。

法律对农地交易权的界定明确规定了承包地不可买卖，以及相关的赠予权、继承权、抵押权、出租权、入股权、互换权等。若转出农地的农户强化了其承包农地的交易权，该农户转出农地的意愿可能较大，但对合约选择的影响不确定；若转出户弱化了其承包农地的交易权，该农户转出农地的可能性会降低，对合约选择的影响也不确定。对转入户而言，若该农户强化了承包地的交易权，其转入农地的意愿也可能较大，且易形成较稳定的预期，可能倾向于签订合约；若转入户弱化了承包地的交易权，农户转入农地的意愿也可能降低，转入农地时签订合约的可能性也会降低。

(二) 社会认同对合约选择的影响

社会认同是指不同社会群体对法律赋权的认同程度。社会认同可能会对产权当前的行使和未来的变化趋势产生影响，尤其是强制执行产权的管理部门的工作人员对法律赋权的认可程度会对产权的强制可执行性产生影响，即影响产权主体权益的安全性。若农户对产权的认知与社会认同偏离，农户也可能强化或弱化其产权，从而对农户的流转行为和合约的选择产生影响。

若农户对农地排他权的认知与社会认同偏离，意味着农户可能强化或弱化其拥有的农地的排他权。对转出农地的农户而言，若农户强化其农地的排他权，意味着农户认为农地在承包期内不可调整，由于农户认为其拥有的排他权比社会认同其拥有的排他权更强，在实践中农户的排他权可能难以得到认可，因此农户在转出其农地时可能倾向于签订短期合约；若农户弱化了其农地的排他权（主要表现为农地经营收益的排他权和农地出租收入的排他权），当农户转出农地时，由于农地租金收入不排他，农户可能倾向于不签订合约，或者可能倾向于签订长期合约。对于转入户而言，若农户强化承包农地的排他权，由于农户的预期不稳定，农户可能倾向于签订短期合同来保护自身的权益；若农户弱化了承包农地的排他权，农户对转入农地的意愿可能下降，对合约选择的影响不确定。

当农户对农地处置权的认知与社会认同偏离，农户也可能强化或弱化其拥有的农地的处置权。对转出户而言，当农户强化其农地的处置权时，农户可能不倾向于转出农地，若该农户转出其农地，他可能会选择短期合约来约束转入方对农地的处置权；当农户弱化其农地的处置权时，农户可能倾向于转出农地并签订长期书面合约。对转入户而言，当农户强化承包农地的处置权时，农户可能不倾向于签订合约，以避免违约罚款；当转入户弱化承包农地的处置权时，农户的转入意愿可能下降，若转入的话，可能倾向于签订短期书面合同。

农户在转出农地时，若其对农地交易权的认知比社会认同的农地交易权强的话，表现为农户认为可以买卖或继承其农地，农户可能会选择短期合约或长期合约，取决于农户对其农地继承的理解；若农户弱化其承包农地的交易权，表现为农户认为其出租权受限，农户可能倾向于签订短期合约。农户在转入农地时，若强化承包农地的交易权，农户由于预期不足，可能倾向于签订短期合约；若弱化承包农地的交易权，可能倾向于签订短期合约。

（三）农户行使农地产权的行为能力对合约选择的影响

农户对其承包农地的排他权、处置权和交易权的行使能力也可能对其合约的选择产生影响。若转出户对其承包农地具有较强的排他能力，表现为农户成功地反对农地的调整并能获得排他的农地经营收入与土地租金收益，农户在转出农地时可能倾向于签订长期合约；若转出户对其承包地具有较强的处置能力，农户转出农地的意愿不强，若转出农地可能倾向于签订短期合约；若转出户对其承包地具有较强的交易能力，农户可能倾向于签订短期合约。

对于转入户而言，若农户具有较强的排他能力，农户可能倾向于签订较长期的书面合约；若农户具有较强的处置能力，农户可能不倾向于签订合约；若农户具有较强的交易能力，可能倾向于签订短期合约。

（四）农地禀赋特征对合约选择的影响

农地的禀赋特征会影响法律对农地产权界定的清晰度，同时也会影响农户对农地产权的行使能力，从而对合约的选择产生影响。

三、数据来源、统计描述与模型选择

（一）数据来源与样本特征描述

数据来源于对全国890个农户的抽样问卷。样本情况及参与农地流转的农户对合约选择的描述性统计如表 13-4 所示。

表 13-4　　　　　　　　　调查样本的基本情况描述

样本情况	转出户	转入户	总计
样本数	207	64	271*
签订合约的样本数	98 (47.34%)	45 (70.31%)	143 (52.77%)
签订长期合约的样本数	29 (29.59%)	24 (53.33%)	53 (37.06%)
签订短期合约的样本数	57 (58.16%)	16 (35.56%)	73 (51.05%)
签订书面合约的样本数	61 (62.24%)	30 (66.67%)	91 (63.64%)
签订口头合约的样本数	34 (34.69%)	20 (44.44%)	54 (37.76%)
合约公证的样本数	44 (44.90%)	14 (31.11%)	58 (40.56%)

注：* 在 271 个农户中，参与农地流转的农户样本为 253 个，其中有 18 个农户既有转出又有转入。

调查数据表明，890 份样本农户中参与土地流转的有 271 户，其中转出农地的有 207 户，转入农地的有 64 户，分别占总样本的 23.26% 和 7.19%。从表 13-4 中可看出：①参与流转的农户中有超过一半的农户（52.77%）签订合约，其中，70.31% 的转入户签订了合约，而转出户仅 47.34%；②53.33% 的转入户签订了长期合约，58.16% 的转出户签订了短期合约；③62.24% 的转出户和 66.67% 的转入户签订了书面合约；④44.9% 的转出户和 31.11% 的转入户对其合约进行了公证。可以认为，调查样本中参与农地流转的农户大多选择了通过签订合约来保障其权益。

（二）变量选择及其特征描述

本研究选取了四个因变量来表示参与农地流转的农户的合约选择行为，分别为"是否签订合约"、"签订合约的期限"、"签订合约的形式"和"合约是否公证"，这四个变量可以反映农户签订合约的行为及合约的正规化程度。

本研究选取的自变量包括农户禀赋特征，流转农地的特征及农户拥有的农地的产权强度特征。其中，农户禀赋特征包括人力资本（含10个指标）和社会资本（含8个指标）变量；流转农地的特征包括农地禀赋（含4个指标），流转对象（含5个指标）和流转方式（含5个指标）变量；产权强度特征包括法律赋权（含3个指标）、社会认同（含3个指标）和行为能力（含3个指标）变量。模型中各影响因素选取的具体变量、变量的赋值及主要统计量详见表13-5和表13-6。

表13-5　　　　　　转出户模型变量定义及其描述性统计

变量名称		指标	赋值	平均值	标准差
因变量	合约选择特征	是否签订合约	是=1；否=0	0.47	0.50
		合约期限	中长期（5年以上）=1；短期（1~5年）=0	0.35	0.48
		合约形式	书面合约=1；口头合约=0	0.44	0.50
		合约是否公证	是=1；否=0	0.46	0.50
自变量	人力资本禀赋	家庭平均年龄	家庭成员平均年龄	34.71	9.87
		家庭平均受教育年限	家庭成员平均受教育年限	8.22	2.82
		劳动力妇女化程度	妇女劳动力人数/家庭劳动力总人数×100	45.71	21.66
		农户的职业类型	农业为主=1；兼业=2；非农为主=3	2.20	1.47
		家庭成员平均务农年限	家庭成员平均务农年限	10.66	13.69
		接受农业技能培训所占比重	农户家庭接受农业技能培训人数/家庭总人数	0.05	0.19
		非农就业所占比重	家庭非农就业人数/家庭总人数	0.25	0.34
		非农职业的分布	普通打工者=1；企业管理人员=2；专业技术人员=3；行政干部=4	2.78	2.56
		家庭平均非农年限	家庭成员从事非农工作的年限的平均值	7.80	6.61
		家庭平均非农工资	家庭成员从事非农工作的工资的平均值	1 512.41	1 304.15

续表

变量名称		指标	赋值	平均值	标准差
	社会资本禀赋	党员人数所占比重	家庭中党员人数/家庭总人数	0.06	0.17
		村干部人数所占比重	家庭中村干部人数/家庭总人数	0.02	0.11
		村干部亲戚	没有=1；有1~2位=2；有3位以上=3	1.40	0.58
		国家干部亲戚	没有=1；有1~2位=2；有3位以上=3	1.29	0.54
		是否三代人生活于本村	是=1；否=0	0.43	0.50
		是否村内大小姓	是=1；否=0	0.64	0.48
		是否认识村里权力大的人	是=1；否=0	0.32	0.47
		是否参加合作社	是=1；否=0	0.14	0.35
自变量	转出农地的特征	转出农地的总面积	转出水田、旱地和菜地的总面积	5.55	8.90
		转出农地的地块数	转出水田、旱地和菜地的总地块数	4.40	4.88
		转出农地的肥力条件	转出农地的地块肥力赋值：下=1；中=2；上=3，再用各地块占农地总面积比重×各地块肥力赋值	3.24	2.15
		转出农地的灌溉条件	转出农地的地块灌溉条件赋值：不好=1；一般=2；好=3，再用各地块占总面积比重×各地块灌溉条件赋值	2.87	1.07
		转给亲友邻居的农地数量		3.81	7.12
		转给本村一般农户的农地数量		0.55	1.40
		转给生产大户的农地数量		0.23	1.04
		转给合作社的农地数量		0.09	0.65
		转给龙头企业的农地数量	数量是指面积（亩）	0.14	1.09
		政府强制转出的农地数量		0.15	0.76
		政府协商转出的农地数量		0.06	0.56
		集体强制转出的农地数量		0.04	0.44
		集体协商转出的农地数量		0.08	0.55
		自主协商转出的农地数量		2.80	5.41

续表

变量名称		指标	赋值	平均值	标准差
自变量	产权强度特征	法律赋权	农地排他权认知与法律的偏离度	转出农户的认知	-0.05	0.56
			农地处置权认知与法律的偏离度		0.05	0.57
			农地交易权认知与法律的偏离度		0.00	0.51
		社会认同	农地排他权认知与社会认同的偏离度		0.07	0.47
			农地处置权认知与社会认同的偏离度		0.06	0.47
			农地交易权认知与社会认同的偏离度		0.09	0.55
		行为能力	农户的排他能力		-0.03	0.70
			农户处置能力		0.08	0.61
			农户交易能力		0.77	0.53

表13-6　　　　转入户模型变量定义及其描述性统计

变量名称			变量含义	平均值	标准差
因变量	合约选择特征	是否签订合约	是=1；否=0	0.70	0.46
		合约期限	中长期（5年以上）=1；短期（1~5年）=0	0.60	0.50
		合约形式	书面合约=1；口头合约=0	0.60	0.50
		合约是否公证	是=1；否=0	0.70	0.47

续表

变量名称		变量含义	平均值	标准差
自变量	人力资本禀赋	家庭平均年龄	家庭成员平均年龄	34.96	8.84
		家庭平均受教育年限	家庭成员平均受教育年限	7.25	3.31
		劳动力妇女化程度	妇女劳动力人数/家庭劳动力总人数×100	42.16	19.77
		农户的职业类型	农业为主=1;兼业=2;非农为主=3	3.80	1.12
		家庭成员平均务农年限	家庭成员平均务农年限	19.37	13.41
		接受农业技能培训所占比重	农户家庭接受农业技能培训人数/家庭总人数	0.05	0.16
		非农就业人数所占比重	家庭非农就业人数/家庭总人数	0.07	0.14
		非农职业的分布	普通打工者=1;企业管理人员=2;专业技术人员=3;行政干部=4	1.16	1.21
		家庭平均非农年限	家庭成员从事非农工作的年限的平均值	3.53	5.50
		家庭平均非农工资	家庭成员从事非农工作的工资的平均值	1 167.32	1 560.00
	社会资本禀赋	家庭党员人数所占比重	家庭中党员人数/家庭总人数	0.03	0.15
		村干部人数所占比重	家庭中村干部人数/家庭总人数	0.02	0.13
		村干部亲戚	没有=1;有1~2位=2;有3位及以上=3	1.34	0.54
		国家干部亲戚	没有=1;有1~2位=2;有3位及以上=3	1.08	0.27
		是否三代人生活于本村	是=1;否=0	0.51	0.50
		是否村内大小姓	是=1;否=0	0.65	0.48
		是否熟识村里权力大的人	是=1;否=0	0.22	0.42
		是否参加合作社	是=1;否=0	0.13	0.33

续表

变量名称			变量含义	平均值	标准差
自变量	转入农地的特征	转入农地的总面积	转入水田、旱地和菜地的总面积	9.47	25.94
		转入农地的地块数	转入水田、旱地和菜地的总地块数	3.86	9.84
		转入农地的肥力条件	转入农地的地块肥力赋值：下＝1；中＝2；上＝3，再用各地块占农地总面积比重×各地块肥力赋值	2.62	1.03
		转入农地的灌溉条件	转入农地的地块灌溉条件赋值：不好＝1；一般＝2；好＝3，再用各地块占总面积比重×各地块灌溉条件赋值	2.57	0.94
		从亲友邻居转入的农地数量		2.18	2.78
		从本村一般农户转入的农地数量		3.21	6.27
		政府帮助流入农地数量		0.16	0.88
		集体帮助流入农地数量	数量是指面积（亩）	0.16	0.74
		自主协商流入农地数量		3.34	6.49
		亲朋好友赠予农地数量		0.45	1.44
产权强度特征	法律赋权	农地排他权认知与法律的偏离度		0.01	0.56
		农地处置权认知与法律的偏离度		−0.12	0.59
		农地交易权认知与法律的偏离度		0.09	0.43
	社会认同	农地排他权认知与社会认同的偏离度	转入农户的认知	0.11	0.57
		农地处置权认知与社会认同的偏离度		−0.11	0.44
		交易权认知与社会认同的偏离度		−0.02	0.62
	行为能力	农户排他能力		0.03	0.71
		农户处置能力		0.12	0.58
		农户交易能力		0.89	0.52

(三) 模型的选择

本研究的因变量为二分类变量，故采用二分类 Logistic 模型进行分析。本节使用 SPSS 20.0 统计软件处理数据，分别对转出户和转入户的合约选择行为进行分析。

四、转出户合约选择的模型估计：结果与分析

(一) 是否签订合约的影响因素分析

是否签订合约影响因素的模型估计结果如表 13-7 所示。

表 13-7 　　　　转出农户是否签订合约的影响因素模型估计结果

影响因素	B	Wald	Sig.	Exp（B）
农地排他权认知与法律的偏离度	1.046**	5.72	0.017	2.846
农地处置权认知与法律的偏离度	-0.161	0.157	0.692	0.851
农地交易权认知与法律的偏离度	0.587	1.563	0.211	1.798
农地排他权认知与社会认同的偏离度	-0.865*	2.909	0.088	0.421
农地处置权认知与社会认同的偏离度	-0.158	0.108	0.742	0.853
农地交易权认知与社会认同的偏离度	0.18	0.152	0.696	1.197
农户排他能力	0.472	2.326	0.127	1.603
农户处置能力	-0.361	0.808	0.369	0.697
农户交易能力	1.572***	10.529	0.001	4.817
家庭非农就业人数所占比重	-1.775***	7.442	0.006	0.17
非农职业的分布	-0.229**	3.981	0.046	0.795
家庭平均非农工资	0.001***	7.461	0.006	1.001
是否三代人生活于本村	0.807*	3.776	0.052	2.241
是否熟识村里权力大的人	-0.535	1.356	0.244	0.586
转出农地的灌溉条件	-0.013	0.005	0.943	0.987
转给生产大户农地数量	1.355**	4.324	0.038	3.876
政府强制转出农地数量	0.790**	3.97	0.046	2.204
Constant	-1.32	2.371	0.124	0.267

续表

影响因素		B	Wald	Sig.	Exp（B）
回归结果评价	Hosmer & Lemshow test			Chi-Square = 12.935 df = 8 Sig. = 0.114	
	Omnibus Tests of Coefficients			Chi-Square = 70.616 df = 17 Sig. = 0.000	
	-2 Log likelihood			163.546	
	Cox & Snell R^2			0.340	
	Nagelkerke R^2			0.455	

注：$*p<0.1$；$**p<0.05$；$***p<0.01$。

1. 农户禀赋特征对签订合约的影响

在农户禀赋特征自变量中，人力资本禀赋变量中的"家庭非农就业人数所占比重"和"非农职业分布"对签订合约的影响系数为负，表明家庭非农化程度越高，家庭在转出农地时签订合约的可能性越低，其中一个原因可能是家庭非农化程度越高，家庭对农地的依赖程度越低，对农地的关心程度也越低，因而选择签订合约的可能性也越低；另一个原因可能是由于家庭成员从事非农的地点离村庄越远，其农地的转出可能大多委托他人转出，其回村签订合约的可能性也越小；另外，由于劳动力外出务工保障低，面临的风险大，非农家庭依然将土地作为其规避风险的退出保障，且非农风险具有不确定性，因而农户不倾向于签订合约。

家庭平均非农工资对签订合约的影响系数为正，表明家庭平均非农工资越高，农户签订合约的可能性越大。一般情形下，家庭成员非农工资越高，表明其受教育程度越高，因而其法律意识也较强，这样的家庭在转出农地时会倾向于签订合约。

因此，家庭非农化程度对签订合约的影响不仅取决于家庭成员参与非农工作的数量和离村庄的远近，还取决于非农家庭成员的受教育程度，但前面两个因素的影响程度大于受教育程度对签订合约的影响。

另外，社会资本禀赋变量中的"是否三代人生活在本村"在模型中通过了10%水平的显著性检验且系数符号为正，表明在村庄生活时间越长，农户越倾向于签订合约，其原因可能是由于在村庄生活越久，对该村的乡土秩序了解越深。变量"是否熟识村里权力大的人"在模型中没有通过显著性检验，说明一方面农户转出农地时主要是家庭内部的决策,另一方面可能表明农户的法律意识普遍得到提高,对于土地流转交易更多地依赖于法律而非社会关系来解决问题。

2. 转出的农地特征对签订合约的影响

在转出的农地特征自变量中,变量"转给生产大户农地数量"在模型中通过了5%水平的显著性检验且其系数符号为正,表明农户在将农地转给生产大户时都倾向于签订合约,其可能的原因是,第一,生产大户的专业化生产经营活动风险更大,农户在转出农地时为了保护自身的权益而选择签订合约;第二,生产大户相对来说有更强的谈判能力,普通农户更愿意选择事前签约;第三,更重要的是,生产大户为了保证其稳定预期,降低不确定性,更会倾向于签订合约。

变量"政府强制转出农地数量"在模型中通过了5%水平的显著性检验且其系数符号为正,表明农户农地在政府强制转出时都倾向于签订合约,其原因可能是政府强制转出时,农户排他能力弱,农户为了保护其权益而选择签订合约;另一方面,政府在强制农户转出农地时也会建议农户签订合约。

3. 产权强度特征对签订合约的影响

行为能力变量中的农户交易能力对签订合约与否影响最显著,在模型中通过了1%水平的显著性检验,且其系数为正,说明农户拥有的农地的交易能力越强,其签订合约的可能性越大,而农户排他能力与处置能力对转出农户签订合约的影响不显著。由于农户交易能力与农地的转出行为密切相关,因而对农户的签订合约的行为影响较大;而农户排他能力和处置能力越强,农户越倾向于自己经营农地,因而对签订合约的影响不大。

法律赋权变量中的"农户农地排他权认知与法律的偏离度"对签订合约的影响程度较显著,在模型中通过了5%水平的显著性检验且其系数符号为正,表明农户农地排他权认知与法律的偏离度越大,农户在转出农地时越倾向于签订合约。农户农地排他权认知与法律的偏离度越大,说明农户弱化了其拥有的农地排他权,因而农户在转出农地时由于预期不足,会倾向于通过签订合约来保护其权益。"农户对农地处置权和交易权的认知与法律的偏离度"在模型中没有通过显著性检验,说明农户对农地处置权和交易权的认知与法律的偏离度对签订合约的影响不大。

社会认同变量中的农地排他权认知与社会认同的偏离度对签订合约也有一定的影响,在模型中该变量通过了10%水平的显著性检验且其系数为负,说明农地排他权认知与社会认同的偏离度越大,转出户签订合约的可能性越小。农地排他权认知与社会认同的偏离度越大,说明农户弱化了其拥有的农地的排他权,意味着农户对其拥有的地权稳定性预期不高,为了减少地权不稳定带来的不确定性,农户在转出其农地时可能不倾向于签订合约,从而减少地权变动可能带来的风险。

(二) 转出合同期限的影响因素分析

转出合同期限影响因素的模型估计结果见表 13-8。

表 13-8 转出合同期限的影响因素模型估计结果

影响因素	B	Wald	Sig.	Exp (B)
农地排他权认知与法律的偏离度	-3.551**	4.504	0.034	0.029
农地处置权认知与法律的偏离度	-0.05	0.003	0.956	0.951
农地交易权认知与法律的偏离度	-0.493	0.137	0.711	0.611
农地排他权认知与社会认同的偏离度	4.374**	4.675	0.031	79.339
农地处置权认知与社会认同的偏离度	5.721**	6.067	0.014	305.165
农地交易权认知与社会认同的偏离度	-3.233**	4.235	0.04	0.039
农户排他能力	-2.555**	3.85	0.05	0.078
农户处置能力	0.878	0.789	0.374	2.406
农户交易能力	0.613	0.314	0.575	1.846
农户职业类型	3.223**	6.39	0.011	25.096
家庭平均年龄	0.294**	5.167	0.023	1.341
劳动力妇女化程度	-0.139***	7.766	0.005	0.87
接受农业技能培训人数所占比重	-10.628**	5.768	0.016	0
家庭平均非农年限	-0.276**	4.23	0.04	0.758
家庭平均非农工资	0.001*	2.865	0.091	1.001
家庭非农就业人数所占比重	-1.509	0.659	0.417	0.221
非农职业的分布	-0.547*	2.98	0.084	0.579
家庭党员人数所占比重	10.260**	4.227	0.04	28 559.955
村干部亲戚	3.918**	4.761	0.029	50.3
国家干部亲戚	-2.621**	3.899	0.048	0.073
是否三代人生活于本村	-5.900**	5.955	0.015	0.003
是否村内大小姓	-2.961*	3.49	0.062	0.052
是否认识村里权力大的人	-4.302**	4.604	0.032	0.014
转给亲友邻居农地数量	0.177**	4.378	0.036	1.194
转给生产大户农地数量	2.106***	7.255	0.007	8.215
Contant	-14.780**	4.666	0.031	0

续表

影响因素		B	Wald	Sig.	Exp（B）
回归结果评价	Hosmer & Lemshow test			Chi-Square = 9.323 df = 8 Sig. = 0.316	
	Omnibus Tests of Coefficients			Chi-Square = 52.458 df = 25 Sig. = 0.001	
	-2 Log likelihood			51.133	
	Cox & Snell R^2			0.481	
	Nagelkerke R^2			0.662	

注：$*p<0.1$；$**p<0.05$；$***p<0.01$。

1. 农户禀赋特征对合同期限的影响

在农户禀赋特征自变量中，人力资本禀赋变量劳动力妇女化程度对合同期限的影响最显著，在模型中通过了1%水平的显著性检验，且其系数符号为负，说明家庭劳动力女性化程度越高，农户越倾向于签订短期合同。家庭劳动力妇女化程度越高，说明家庭男性成员非农化程度越高，当农地的转出由女性做决策时，由于女性面临更多的不确定性，可能倾向于签订较短期的合同。

农户职业类型（非农化程度越来越强）和家庭平均非农年限对合同期限的影响较显著，在模型中通过了5%水平的显著性检验，但这两个变量对合同期限的影响方向不同。农户职业类型的系数符号为正，说明农户非农化程度越强，农户越倾向于签订长期合约，其可能的原因是农户非农程度越强，对农地的依赖越小，自己再次耕种的可能性越小，因此农户倾向于长期转出。但家庭平均非农年限的系数符号为负，说明家庭平均非农年限越长，农户越倾向于签订短期合同，其原因可能是非农年限越长，家庭对土地市场价值的预期越大，更倾向于签订短期合同来弥补农地升值可能带来的损失。

家庭平均非农工资和非农职业的分布对合同期限也有一定的影响，在模型中通过了10%水平的显著性检验。家庭平均非农工资的系数符号为正，表明家庭平均非农工资越高，农户越倾向于签订长期合同，其可能的原因是家庭非农工资越高，其对农地的依赖越小，因此倾向于长期转出。非农职业分布的系数为负，说明家庭非农职业分布越广，农户越倾向于签订短期合同，其原因也可能是由于家庭对土地市场价值预期更大，从而倾向于签订短期合同减少农地升值可能带来的损失。

家庭平均年龄的系数符号为正，说明家庭平均年龄越大，农户越倾向于签订长期合同。接受农业技能培训占家庭人数的比重的系数符号为负，说明接受农业技能培训占家庭人数的比重越大，家庭越倾向于签订短期合同，其原因可能是农户对转出的土地越关心。

社会资本禀赋变量中的党员占家庭人数的百分比、家庭有村干部和国家干部的亲戚数量、是否三代人生活于本村和是否认识村里权力大的人对合同期限的影响较显著，在模型中这些变量均通过了5%水平的显著性检验。其中，党员占家庭人数百分比和村干部亲戚的系数符号为正，说明家庭党员人数和村干部亲戚数量越多，该家庭越倾向于签订长期合同，其原因可能是由于党员和村干部对政策的理解和了解更深，从而对农地的预期更稳定。而家庭有国家干部的亲戚数量、是否三代人生活与本村和是否认识村里权力大的人的系数符号为负，表明家庭有国家干部的亲戚数量越多、三代人生活与本村和认识村里权力大的人，该家庭越倾向于签订短期合同，其原因可能在于该家庭的信息更广泛，可降低签订短期合同的交易成本和避免农地升值可能带来的损失。是否村里大姓也对合同期限有一定的影响，在模型中通过了10%水平的显著性检验，且其系数符号为负，说明该家庭如果是村里大姓，则倾向于签订短期合同，一方面可能是该家庭拥有较多的信息，不担心农地的转出；另一方面也可减少农地升值可能带来的损失。

2. 转出农地的特征对合同期限的影响

在转出农地特征的自变量中，转给生产大户农地数量对合同期限的影响最显著，在模型中通过了1%水平的显著性检验；转给亲友邻居农地数量对合同期限的影响也较为显著，在模型中通过了5%的显著性检验。这两个变量的系数符号均为正，说明转给生产大户的农地数量和转给亲友邻居农地数量越多，农户越倾向于签订长期合同。由于随着转出土地数量的增加，流转过程中相关的交易成本也可能随之增加，而长期合同的签订可在一定程度上降低交易成本，当交易成本的降低大于签订长期合同可能带来的农地升值收益的受损，农户将倾向于签订长期合同。

3. 产权强度特征对合同期限的影响

法律赋权变量中的农户农地排他权认知与法律的偏离度对合同期限的影响较显著，在模型中通过了5%水平的显著性检验，且其系数符号为负，表明农户农地排他权认知与法律的偏离度越大，农户越倾向于签订短期合约。农户农地排他权认知与法律的偏离度越大，说明农户弱化了其拥有的农地的排他性产权，对其拥有的农地产权的排他性预期不足，为了避免长期合同可能带来的风险而倾向于签订短期合同。但农户对农地处置权和交易权的认知与法律的偏离度对合同期限的影响不显著。农户农地处置权认知与法律的偏离度越大，说明农户强化了其拥有的农地的处置权,农户可能倾向于耕种土地而不愿转出;而农户农地交易权认知与法律的偏离度越大,说明农户弱化了其拥有的农地的交易权,农户转出农地的意愿可能会下降,因而这两个变量对合同期限的影响不确定。

社会认同变量中的三个维度对合同期限的影响均较显著,在模型中都通过了5%水平的显著性检验。其中,农户对农地排他权和处置权的认知与社会认同的偏离度的系数符号均为正,说明偏离度越大,农户越倾向于签订长期合同。农户对农地排他权和处置权的认知与社会认同的偏离度越大,说明农户拥有的农地的排他权和处置权均被弱化,农户可能不愿自己耕种农地而倾向于长期转出农地。而农地交易权认知与社会认同的偏离度的系数符号为负,说明偏离度越大,农户越倾向于签订短期合同。农地交易权认知与社会认同的偏离度越大,说明农户拥有的农地的交易权在实践中可能被弱化,因而倾向于签订短期合同。

行为能力变量中的农户排他能力对合同期限的影响较显著,在模型中通过了5%水平的显著性检验,说明农户排他能力越强,农户耕种农地的意愿越强,越倾向于签订短期合同。但农户处置能力和交易能力对合同期限的影响不显著。

(三) 转出农地的合约形式的影响因素分析

转出合约形式影响因素的模型估计结果如表 13-9 所示。

表 13-9 　　转出农地的合约形式的影响因素估计结果

影响因素	B	Wald	Sig.	Exp (B)
农地排他权认知与法律的偏离度	1.769***	7.338	0.007	5.863
农地处置权认知与法律的偏离度	0.618	1.102	0.294	1.855
农地交易权认知与法律的偏离度	1.001	2.147	0.143	2.721
农地排他权认知与社会认同的偏离度	-1.974***	6.591	0.01	0.139
农地处置权认知与社会认同的偏离度	0.237	0.105	0.746	1.267
农地交易权认知与社会认同的偏离度	-0.165	0.054	0.815	0.848
农户排他能力	0.526	1.293	0.256	1.693
农户处置能力	-1.224**	4.456	0.035	0.294
农户交易能力	-0.372	0.286	0.593	0.689
农户职业类型	-1.392***	16.507	0	0.249
非农职业的分布	0.282*	3.113	0.078	1.326
家庭平均非农年限	-0.112**	5.142	0.023	0.894
家庭平均非农工资	0	0.018	0.892	1

续表

影响因素	B	Wald	Sig.	Exp（B）
家庭成员平均务农年限	-0.054*	3.651	0.056	0.948
村干部亲戚	1.644***	7.176	0.007	5.177
是否村内大小姓	-1.351**	4.814	0.028	0.259
转出农地的灌溉条件	0.592**	5.013	0.025	1.807
自主协商转出农地数量	-0.078*	3.1	0.078	0.925
Constant	3.681*	3.728	0.054	39.669
回归结果评价	Hosmer & Lemshow test	Chi-Square = 5.793 df = 8 Sig. = 0.670		
	Omnibus Tests of Coefficients	Chi-Square = 57.430 df = 18 Sig. = 0.000		
	-2 Log likelihood	98.884		
	Cox & Snell R^2	0.396		
	Nagelkerke R^2	0.530		

注：*$p<0.1$；**$p<0.05$；***$p<0.01$。

1. 农户禀赋特征对合约形式的影响

在农户禀赋特征自变量中，人力资本变量中的农户职业类型（非农化程度越来越强）对合约形式的影响最显著，在模型中通过了1%水平的显著性检验，且其系数符号为负，说明农户职业类型非农化程度越高，农户签订书面合同的可能性越小。这说明：第一，此类农户对土地的依赖性较小，对合约的规范性要求不高；第二，他们在村庄纠纷中可能更具谈判能力，对正式合约保障的依赖性同样较低。

家庭平均非农工作年限对合约形式的影响较显著，在模型中通过了5%水平的显著性检验，且其系数符号亦为负，表明家庭平均非农工作年限越长，农户签订书面合同的可能性越小，其可能的原因是家庭平均非农年限越长，说明家庭成员较早从事非农工作，也较早转出其农地，而早期农地的流转大多是在亲友邻居之间，而且较少签订书面合约。

非农职业的分布对合约形式也有一定的影响，在模型中通过了10%水平的显著性检验，且其系数符号为正，表明家庭非农职业的分布越广，农户签订书面合约的可能性越大，其原因可能是家庭成员非农职业分布越广，说明家庭成员受教育程度越高，其法律意识越强，因而倾向于签订书面合约。但家庭平均非农工资对合约形式的影响不显著。

另外，家庭成员平均务农年限对合约形式有一定的影响，且其系数符号为负，说明家庭平均务农年限越长，农户越不倾向于签订书面合约。一般来说，务农时间越长，年龄越大，在村庄中的社会地位越高，他们能够有效地利用社区规范来约束流转交易行为，因而对合约的依赖性较低。

社会资本禀赋变量中的村干部亲戚数量对合约形式的影响十分显著，在模型中通过了1%水平的显著性检验，且其系数符号为正，说明村干部亲戚数量越多，农户越倾向于签订书面合约。其可能的原因：一是做村干部的亲戚越多，家庭成员的法律意识越强，因而越倾向于签订书面合约；二是口头合约容易引发纠纷，而村庄是熟人社会，村干部过多干预家庭邻里间的纠纷，可能会影响其声誉；三是此类家庭的谈判能力一般较强，事前正式签约应该对其更为有利。

村内大小姓对合约形式的影响，在模型中通过了5%水平的显著性检验，且其系数符号为负，说明如果是村内大姓，农户不倾向于签订书面合约，一方面可能是相互间容易履约，另一方面可能是宗族力量有利于事后谈判。

2. 转出的农地特征对合约形式的影响

在转出农地特征的自变量中，转出农地的灌溉条件对合约形式的影响较显著，在模型中通过了5%水平的显著性检验，且其系数符号为正，说明农地的灌溉条件越好，农户越倾向于签订书面合约，其可能的原因是农户担心农地转出后其灌溉条件不能得到有效保护。

自主协商转出农地数量对合约形式也有一定的影响。自主协商转出农地数量越多，农户越不倾向于签订书面合约，其可能的原因是农户将农地转给亲友邻居时大多采用自主协商的方式，相互间较熟悉，因而不倾向于签订书面合约。

3. 产权强度特征对合约形式的影响

法律赋权变量中的"农户农地排他权认知与法律的偏离度"对合约形式的影响十分显著，且其系数符号为正，说明偏离度越大，农户越倾向于签订书面合约，其可能的原因是农户农地排他权认知与法律的偏离度越大，农户弱化了其拥有的农地的排他权，因而在转出农地时倾向于签订正式的书面合约来保护其权益。

社会认同变量中的"农地排他权认知与社会认同的偏离度"对合约形式的影响也十分显著，在模型中通过了1%水平的显著性检验，且其系数符号为负，说明偏离度越大，农户越不倾向于签订书面合约。一方面，如果农户的认知偏离社会认同，但却与法律赋权一致，他会相信"政府"而不相信"干部"；另一方面，如果农户的认知既偏离社会认同，也偏离法律赋权，从而使得其流转既不

"合法",也不"合理",他显然不会寻求正式合约的保护。

行为能力变量中的农户处置能力对合约形式的影响较显著,在模型中通过了5%水平的显著性检验,且其系数符号为负,说明农户处置能力越强,农户越不倾向于签订书面合同,其可能的原因是农户处置能力越强其自己耕种农地的可能性越大。但农户排他能力与交易能力对合约形式的影响不显著,其可能的原因是农户排他能力与交易能力越强,其转出农地面临的纠纷可能更少。

(四) 转出合同是否公证的影响因素分析

转出合同是否公证的影响因素的模型估计结果见表 13 - 10。

表 13 - 10　　　　转出合同是否公证模型的估计结果

影响因素	B	Wald	Sig.	Exp (B)
农地排他权认知与法律的偏离度	-1.189	1.461	0.227	0.304
农地处置权认知与法律的偏离度	2.475**	6.145	0.013	11.882
农地交易权认知与法律的偏离度	0.799	0.817	0.366	2.223
农地排他权认知与社会认同的偏离度	2.135*	3.38	0.066	8.461
农地处置权认知与社会认同的偏离度	-1.762*	3.29	0.07	0.172
农地交易权认知与社会认同的偏离度	-0.112	0.015	0.901	0.894
农户排他能力	1.461**	4.677	0.031	4.309
农户处置能力	-1.790**	4.235	0.04	0.167
农户交易能力	2.407**	4.937	0.026	11.105
农户职业类型	1.626**	5.91	0.015	5.085
家庭成员平均务农年限	0.088**	4.692	0.03	1.092
家庭非农就业人数所占比重	-2.765*	3.323	0.068	0.063
村干部亲戚	1.573*	2.965	0.085	4.821
家庭平均受教育年限	-0.143	0.751	0.386	0.867
家庭平均年龄	-0.104*	3.652	0.056	0.901
非农职业的分布	-0.779**	4.225	0.04	0.459
家庭平均非农工资	0.001**	4.019	0.045	1.001
是否认识村里权力大的人	-2.164*	5.425	0.02	0.115
是否三代人生活于本村	-0.03	0.001	0.971	0.97
转出农地的肥力条件	0.077	0.402	0.526	1.08
转给亲友邻居农地数量	-0.137**	5.596	0.018	0.872

续表

影响因素	B	Wald	Sig.	Exp（B）
转给生产大户农地数量	33.856	0	0.993	5.05E+14
Constant	-5.737*	2.993	0.084	0.003
回归结果评价	Hosmer & Lemshow test	Chi-Square = 2.245 df = 8 Sig. = 0.975		
	Omnibus Tests of Coefficients	Chi-Square = 54.546 df = 22 Sig. = 0.000		
	-2 Log likelihood	65.775		
	Cox & Snell R^2	0.466		
	Nagelkerke R^2	0.622		

注：* $p<0.1$；** $p<0.05$；*** $p<0.01$。

1. 农户禀赋特征对转出合同是否公证的影响

在农户禀赋特征的自变量中，人力资本禀赋变量中的农户职业类型（非农化程度越来越高）和家庭平均非农工资对合同公证的影响较显著，在模型中通过了5%水平的显著性检验，且其系数为正，表明家庭非农化程度越高，家庭平均非农工资越高，农户对合同进行公证的可能性也越大，其可能的原因是家庭成员从事的非农工作对其法律意识有较大的影响，因而农户倾向于通过合同公证来保护自身权益。

家庭非农就业人数所占比重和非农职业的分布对合同公证的影响也较显著，但其系数符号为负，表明家庭非农就业人数所占比重越高，家庭成员非农职业的分布越广，农户越不倾向于对合同进行公证，其可能的原因是在这种情形下农户对农地的关注程度可能下降。

家庭成员务农年限对合同公证的影响较显著，在模型中通过了5%水平的显著性检验，且其系数符号为正，表明家庭成员务农年限越长，合同公证的可能越大，这可能是由于家庭成员务农年限越长，农户对农地的关注程度越高，因而倾向于对合同进行公证。

家庭平均年龄对合同公证也有一定的影响，在模型中通过了10%水平的显著性检验，且其系数符号为负，说明家庭平均年龄越大，合同公证的可能性越小，其可能的原因是家庭老龄化程度越高，农户的法律意识可能更弱，承担公证的成本的能力也越弱，因而不倾向于对合同进行公证。家庭平均受教育年限对合同公证的影响不显著。

社会资本禀赋变量中的"是否熟识村里权力大的人"对合同公证的影响较显著，在模型中通过了5%水平的显著性检验，且其系数符号为负，说明如果农户认识村里权力大的人，该家庭对合同进行公证的可能性越小，其可能的原因是当农户面临纠纷时更倾向于找权力大的人来协调解决纠纷问题。

村干部亲戚对合同公证也有一定的影响，在模型中通过了10%水平的显著性检验，且其系数符号为正，说明家庭做村干部的亲戚数量越多，农户越倾向于对合同进行公证，可能是做村干部的亲戚会建议农户通过对合同公证来保护自身的权益。

2. 转出的农地特征对合同是否公证的影响

在转出农地特征的自变量中，转给亲友邻居农地数量对合同公证的影响较显著，在模型中通过了5%水平的显著性检验，且其系数符号为负，说明转给亲友邻居的农地数量越多，农户对合同公证的可能性越小，这可能是由于农地流转双方较熟悉的缘故。转出农地的肥力条件和转给生产大户农地数量的合同公证的影响不显著。

3. 产权强度特征对合同是否公证的影响。

法律赋权变量中的"农户农地处置权认知与法律的偏离度"对合同公证的影响较显著，在模型中通过了5%水平的显著性检验，且其系数符号为正，表明偏离度越大，合同公证的可能性越大，这可能是由于该农户强化了其拥有的农地的处置权，因而对农地更关注，而倾向于对合同进行公证。

社会认同变量中的"农户对农地排他权和处置权的认知与社会认同的偏离度"对合同公证有一定的影响，在模型中通过了10%水平的显著性检验。其中，农户对排他权的认知与社会认同的偏离度对合同公证的影响系数符号为正，表明偏离度越大，农户对合同进行公证的可能性越大，这可能是由于偏离度越大，农户弱化了其拥有的农地的排他权，因而倾向于合同公证来保护其权益。但农地处置权认知与社会认同的偏离度对合同公证的影响系数符号为负，表明偏离度越大，农户越不倾向于合同公证，其可能的原因是偏离度越大，农户弱化了其拥有的处置权，农户的经营能力可能有限，不愿承担额外的公证成本。

行为能力变量中的农户排他能力、处置能力和交易能力均对合同公证的影响较显著，在模型中均通过了5%水平的显著性检验。其中，农户排他能力和交易能力对合同公证的影响系数符号为正，表明农户的排他能力和交易能力越强，农户越倾向于对合同进行公证，目的在于更有效地保障自己的权益。但农户处置能力对合同公证的影响系数符号为负，表明农户的处置能力越强，农户对合同进行公证的可能性越小，这有可能是为了给自己的毁约或者违规留下空间。

五、转入户合约选择的模型估计：结果与分析

由于我们的问卷是农户问卷，因此，本研究涉及的农地转入主体仅包括农户，没有考虑其他的转入户（如企业和合作社等）。此外，在全部样本中，农地转入的农户样本只有64个，不能满足合约选择的不同方面的分析。我们侧重于"签订合约的形式"的解释。

运用 Logistic 模型进行处理，可以得到农地转入合约形式影响因素的模型估计结果（见表13-11）。

表13-11　　　　　　　农户转入合约形式的模型估计结果

影响因素	B	Wald	Sig.	Exp（B）
农地排他权认知与法律的偏离度	-6.091***	5.859	0.015	0.002
农地处置权认知与法律的偏离度	-0.928	0.863	0.353	0.395
农地交易权认知与法律的偏离度	-0.019	0	0.987	0.981
农地排他权认知与社会认同的偏离度	2.618*	2.699	0.1	13.707
农地处置权认知与社会认同的偏离度	3.388*	2.938	0.087	29.614
农地交易权认知与社会认同的偏离度	-3.469***	4.265	0.039	0.031
农户排他能力	0.032	0.001	0.973	1.032
农户处置能力	-0.961	0.785	0.376	0.382
农户交易能力	-0.982	0.52	0.471	0.374
家庭平均年龄	0.174*	3.534	0.06	1.19
家庭成员平均务农年限	-0.277***	6.245	0.012	0.758
转入农地的灌溉条件	-0.308	0.39	0.532	0.735
Constant	1.929	0.448	0.503	6.886
回归结果评价	Hosmer & Lemshow test	Chi-Square = 6.193 df = 8 Sig. = 0.626		
	Omnibus Tests of Coefficients	Chi-Square = 32.740 df = 12 Sig. = 0.000		
	-2 Log likelihood	159.535		
	Cox & Snell R^2	0.480		
	Nagelkerke R^2	0.650		

注：* $p<0.1$；** $p<0.05$；*** $p<0.01$。

从结果的总体情况来看，农户农地排他权认知与法律的偏离度、农地交易权认知与社会认同的偏离度、家庭成员平均务农年限3个变量对转入农地的合约形式影响较显著，在模型中通过了5%水平的显著性检验；农户对农地排他权和处置权的认知与社会认同的偏离度、家庭平均年龄3个变量对转入合约形式有一定的影响，在模型中通过了10%水平的显著性检验。

1. 农户禀赋特征对转入合约形式的影响

农户禀赋特征的解释变量中，人力资本变量家庭成员平均务农年限对转入合约形式的影响较显著，在模型中通过了5%水平的显著性检验，且其系数符号为负，表明农户家庭成员平均务农年限越长，农户签订书面合约的可能性越小。由于农户转入农地主要来源于亲友邻居或本村一般农户，家庭成员平均务农时间越长，该家庭与其他村民相互之间更了解，因而不倾向于签订书面合约。

家庭平均年龄对转入合约形式有一定的影响，在模型中通过了10%水平的显著性检验，且其系数符号为正，说明家庭平均年龄越大，该家庭签订书面合约的可能性越大。这可能是由于家庭平均年龄越大，对农地的依赖程度越强，为了从转入农地中获得稳定的预期，因而倾向于签订书面合约。

2. 转入农地特征对合约形式的影响

在转入农地特征的自变量中，转入农地的灌溉条件对合约形式有影响，但不显著。这可能是转入农地的灌溉条件差异不显著。

3. 产权强度特征对合约形式的影响

法律赋权变量中，"转入农户农地排他权认知与法律的偏离度"对合约形式的影响较显著，在模型中通过了5%水平的显著性检验，且其系数符号为负。这表明，转入农户对法律的认知偏离度越大，越不倾向于签订书面合约。显然，如果转入户的认知没有超越法律赋权，书面合约反而会增加其成本；如果其认知超越法律赋权，转入农户不可能签订一份于己不利的书面合约。

社会认同变量中，"转入农地交易权认知与社会认同的偏离度"对合约形式的影响较显著，在模型中通过了5%水平的显著性检验，且其系数符号为负，表明偏离度越大，农户越不倾向于签订书面合约。可能的情形是，转入农户如果认为自己的交易权得不到社会的认同，更倾向于以私下的口头方式来自愿缔约。显然，公开的书面协议易于受到来自"干部"的干预。

"转入农户对农地排他权和处置权的认知与社会认同的偏离度"对合约形式有一定的影响，在模型中通过了10%水平的显著性检验，且其系数符号为正，说明偏离度越大，农户越倾向于签订书面合约。表明转入农户估计自己在排他与处置方面有可能受到他人的干预，因此，他更倾向于签订书面合同保护其权益。

行为能力变量在模型中对转入合约形式的影响不显著。一个可能的解释是，转入农户签订何种形式的合约,主要不由其自身的行为能力决定,而与上述其他因素相关。

六、进一步的讨论

上述分析表明:

(1)转出户农地排他权认知与法律的偏离度越大,意味着农户弱化了其拥有的农地的排他权,农户将倾向于签订短期书面合约,但不倾向与对其签订合约进行公证,但若转出户强化其对农地的处置权时,农户才倾向于与其签订合约并进行公证。而转入户农地排他权认知与法律的偏离度越大,越不倾向于签订书面合约。这意味着,一方面,农户对法律赋予的排他的土地租赁收益权和农业经营收益权预期不足,不仅影响农户流转农地的积极性,同时也影响农户经营农地的积极性;另一方面,由于法律没有明确禁止承包地的调整,农户对地权的稳定性预期不足,不仅影响农户参与农地流转的积极性,同时不利于农地流转的契约化。因此,农地流转的契约化和规范化的首要任务是在法律上赋予农户稳定的地权,参与农地流转的农户才有足够的预期通过契约来保护其权益。转出户对农地处置权的认知与法律赋权的偏离虽然有利于转出户签订合约并进行公证,但由于农户对农地处置权的认知偏离意味着农户不恰当地强化其农地用途的处置权和经营权(如改变农地的用途或抛荒),从而与国家的耕地保护制度相违背,长远来看不利于我国的粮食安全,因此农户对农地处置权的认知有待进一步的引导。从另一角度来看,农户对农地处置权的强化诉求的主要目的是充分利用土地资源并分享土地的资本价值,但在国家的耕地保护制度下,农户的这一诉求受到限制,因此农户对农地处置权的认知的引导取决于农户能否真正分享农地开发利用过程中土地的增值。

(2)转出户对农地排他权的认知与社会认同的偏离度越大,意味着农户弱化了其拥有的农地的排他权,农户不倾向于签订合约,如果签订合约的话,则会倾向于选择中长期合约,并进行公证。所以,第一,在农民看来,一项不符合社会意愿的交易,但如果符合法律赋权,就没有必要签订书面合约,一是可以降低缔约成本,二是可以避免"干部"的干预。第二,如果是一项长期的合法交易,避免社会群体的干预,则需要签订书面合约来保护自己的权益。但若农户弱化其处置权,农户可能倾向于签订中长期合约,而交易权的强化则会激励农户签订短期合约。而转入户对农地交易权的认知与社会认同的偏离度越大,农户不倾向于签订书面合约。由于社会认同代表的是社会群体对法律赋予农民的土地权益的认可程度,尤其是干部群体对此的认知会影响到法律的强制执行是否与法律赋权相一致,从而对农户的权益产生影响。因此,农户的权益保护还依赖于社会群体,尤其是法律政策的执行者。由于农民的权益在法律上的界定不完整及农民自身行为能力的有限,农户拥有的部分农地产权被置于公共领域,社会其他群体,包括法律政策的执行者,都在参与对置于公共领域的土地权益的攫取,因此,应从法律上进一步界定农户对土地的产权,并对其他群体的行为进行规范和限制。

(3) 若转出户强化其对农地的交易能力,农户则倾向于签订合约并进行公证;但若农户强化其对农地的排他能力,农户则倾向于签订短期合约并对其公证;而若农户强化其对农地的处置能力,农户则不倾向于签订书面合约和公证。转入户对农地的行为能力对其合约选择影响不显著。农户对农地产权的行使能力会直接影响农户参与农地流转的意愿和程度及对自身权益的保护。农户有较强的排他能力,一般情形下可以有效地保护自身的权益,无论该农户是自己经营其土地还是转给他人。如果这种排他能力是法律赋予的,则可减少农户的排他成本,如果这种排他能力源自个人的人力资本或社会资本禀赋,其排他的成本则可能高昂。农户对农地用途尤其是对非农用途的处置能力的强化,不利于农地流转的契约化和规范化,因此应对农户非农用途的处置能力进行限制。如前所述,有效的限制方法是赋予农民分享土地增值的权利。农户交易能力的强化有利于农地流转的契约化和规范化,因此,应提高农户的谈判能力并赋予其享有土地抵押权的权利。

(4) 农户的认知直接影响其行为,但农户对土地相关法律与政策的了解和理解非常有限(叶剑平,2008),因此,有必要加强对国家法律和政策的宣传与解释,帮助农户更好地理解国家法律和政策来保护自身的权益。

(5) 农民的非农就业在很大程度上促进了农地的流转,但由于外出务工农民的社会保障低,土地对大部分的农民工来讲依然具有福利保障功能,作为其规避非农就业风险的方式之一,在一定的程度上阻碍了农地流转的进一步发展,因此,有必要提高农民工的社会保障来促进农地流转的契约化和规范化,进而保障务工农民的权益。

第三节 产权强度、流转租金与权益保护

一、问题的提出

土地就是农民最大的资产。因此,保护农民的基本权益最重要的就是保护农民的土地权益,而保护农民权益的最佳选择就是赋予农民对土地的财产权,即农

地资本化。其中，在农地流转过程中，保护农民土地权益的一个重要方面是要让价格机制发挥作用，让价格机制在农地流转过程中起到配置土地资源的诱导作用。

我国现行农地流转定价机制，绝大多数是流转双方自愿协商前提下确定流转价格，这种定价机制属于初级阶段的市场行为，并没有按照土地质量、等级、区位等标准确定价格，即尚未形成统一的、标准的农地流转价格机制。

由于我国农村土地产权制度不健全，流入主体呈现多元化特征，农民在流转土地过程中，农户间自发流转所占比重较大，定价一般由多方决定，具体有流出主体决定、流入主体决定和流转双方协商决定，定价主要采取私下口头协商形式，流转多处于自发和无序的状态，且主要以地下"隐形"交易为主，使得农地流转的价格生成及其行为诱导受到约束，农民的权益易受到损害。

因此，发育农地流转市场，首先必须保护农民的土地权益，而权益保护的一个重要方面，是要建立起有效的价格生成机制。对农户承包经营权的流转来说，就是要保障合理的租赁租金的形成。

本节我们基于产权强度的理论框架，重点分析农地流转的价格机制（租金）与农民权益保护的关系。

本节使用的数据来源于全国890个样本农户的问卷调查。

二、农地流转与租金差异：描述性统计比较

（一）流转去向与土地租金

近年来，我国农地流转交易绝大多数发生在本村，半数以上的交易没有显化的市场价格（叶剑平，2010）。因此，本研究所选择的样本户涉及的流转对象主要有同村的亲友邻居、本村一般农户、生产大户、合作社以及龙头企业等流转主体。

表13-12显示，在890个样本农户中，完整回答相关问项的转出农户为303户。其中，农地流转给本村亲友邻居的农户比例为62.71%，户均转出面积为4.2亩，每亩租金年均为610.22元；流转给本村一般农户的户数所占比例为18.15%，户均转出面积为2.63亩，每亩年均租金为223.09元；流转给生产大户的户数所占比例为10.56%，户均转出面积为2.02亩，每亩年均租金为748.17元。此外，转给合作社和龙头企业两个主体的比例为8.58%，每亩流转租金处在中间水平。

表 13-12　　　　　　　　农地流转去向及租金

农地流转去向	频数（户）	百分比（%）	面积（亩）	每亩租金（元）
亲友邻居	190	62.71	797.7	610.22
本村一般农户	55	18.15	114.48	223.09
生产大户	32	10.56	64.62	748.17
合作社	13	4.29	34	558.07
龙头企业	13	4.29	16	396
合计	303	100	1 026.8	507.11

上述数据表明：(1) 我国目前农地转出有 80% 多是转给本村亲友邻居和一般农户，即本村农户之间流转占绝大多数，这与国内学者的研究结果相一致。而本村转给生产大户、合作社和龙头企业的农户不到 20%。(2) 从转出农地的租金看，转出农地的租金最高的是转给生产大户，最低的是转给本村一般农户。龙头企业并没有从租金方面给予农户有力的利益保护。(3) 农地流转价格表明村庄的人情社会出现了重大变化，亲友邻居所支付的土地租金是相对较高的。

（二）转出方式与土地租金

农地流转方式包括政府强制、政府协商、集体强制、集体协商、自主协商等。一般来说，通过政府、集体组织强制或协商进行土地流转，租金决定权在流入方，租金应该普遍比较低；而通过自主协商流转土地，租金是在双方讨价还价过程中确定的，一般应高于政府、集体介入农地流转的租金。但我们所得到的样本数据与此判断不尽一致。

旱地在转出过程中，由政府协商、集体协商的流转年租金分别为 200 元和 394 元，而自主协商流转的年租金仅为 63 元（见表 13-13）。

表 13-13　　　　　不同流转方式的旱地转出租金

流转方式	转出频数（户）	转出面积（亩）	转出租金	转出租金（元/亩·年）
政府强制	3	7	100	14.29
政府协商	2	2	400	200
集体强制	1	2	0	0
集体协商	3	8	3 150	393.75
自主协商	64	321.8	20 120	62.52
合计	73	340.8	23 770	69.75

在水田转出过程中，由政府协商、集体协商的流转年租金分别为102元和267元。自主协商流转的年租金为68元（见表13-14）。

表13-14　　　　　不同流转方式的水田转出租金

流转方式	转出频数（户）	转出面积（亩）	转出租金（元）	转出租金（元/亩·年）
政府强制	9	21.5	2 200	102.33
政府协商	3	9	0	0
集体强制	3	6	0	0
集体协商	4	4.5	1 200	266.67
自主协商	72	236.2	15 950	67.53
合计	91	277.2	19 350	69.81

上述数据表明，政府与集体强制的土地流转，租金一般不高，自主协商的流转租金也相对较低。集体协商的流转租金最高。

（三）土地类型与流转租金

户均转出面积为3.8亩，每亩转出租金为196元（见表13-15）。其中，转出旱地101户，户均转出5.5亩，平均租金为130元；转出水田有102户，户均转出2.6亩，每亩租金为200元；转出菜地有22户，户均1.7亩，每亩租金1 173元。

表13-15　　　　　转出不同类型农地的样本户资料

转出农地类型	转出频数（户）	比重（%）	面积（亩）	户均面积（亩）	转出价格（元/亩）
旱地	101	11.35	558	5.53	130.17
水田	102	11.46	259.63	2.55	199.57
菜地	22	2.47	36.9	1.68	1 173.44
合计	225	25.28	854.53	3.8	196.31

可以发现，农户转出的农地类型不同，则租金价格也存在明显差异，其中，旱地单位面积转出租金最低，菜地则最高，两类农地租金相差8倍。原因主要是两类土地的产出效益决定了租金的高低。一般地，菜地种植的蔬菜种类较多，转入者可以根据市场需求，选择经济价值较高的品种进行种植，收益较高。

三、计量分析：农地转出租金的影响因素

（一）变量描述

计量模型的因变量是土地的流转租金。由于土地租金是在已经具有流转意愿的前提下形成的，因此本研究主要关注产权强度，同时引入个人禀赋、资源禀赋等因素。此外，由于流转租金的高低与农户的生活保障有关，我们的模型也纳入相关变量（见表 13 – 16）。

表 13 – 16　　　　　　　　农地租金的自变量描述

变量	自变量	赋值
产权强度	农地排他权认知与法律的偏离度 农地处置权认知与法律的偏离度 农地交易权认知与法律的偏离度 对农地排他权的认知与社会认同的偏离度 对农地处置权的认知与社会认同的偏离度 对农地交易权的认知与社会认同的偏离度 农户排他能力 农户处置能力 农户交易能力	见第十二章第一节
个人禀赋	综合农业劳动力人数 受教育程度 务农年限 家庭村干部总人数 资产规模（或农户拥有资产价值）	纯农业劳动力人数 + 0.5 × 兼业人数 见第十二章 农户拥有的资产价值取对数
资源禀赋	丘陵与平原对比 山区与平原对比 农地离家最远距离 农地肥力条件 农地灌溉条件 农地面积 平均每块地面积	1 = 丘陵，0 = 平原或山区 1 = 山区，0 = 平原或丘陵 见第十二章

续表

变量	自变量	赋值
社会保障	养老保险覆盖率 医疗保险覆盖率 是否参加合作社	是 = 1；否 = 0

（二）计量结果

本研究运用多元线性回归模型，并通过 SPSS 20.0 统计软件进行处理，得到回归结果如表 13 - 17 所示。

表 13 - 17　　　　　　　　农地租金的回归结果

变量	全部		水田		旱地	
	系数	标准误	系数	标准误	系数	标准误
农地排他权认知与法律的偏离度	0.061	0.421	-0.222	0.601	0.458	0.587
农地处置权认知与法律的偏离度	-0.071	0.389	-0.393	0.494	0.402	0.507
农地交易权认知与法律的偏离度	0.743*	0.435	0.566	0.584	0.660	0.550
对农地排他权的认知与社会认同的偏离度	0.097	0.507	-1.044	0.681	-0.002	0.702
对农地处置权的认知与社会认同的偏离度	0.734	0.491	0.917	0.644	0.430	0.621
对农地交易权的认知与社会认同的偏离度	-0.785*	0.448	-0.238	0.570	-0.064	0.578
农户排他能力	0.513*	0.302	0.116	0.379	0.940**	0.393
农户处置能力	0.095	0.359	0.222	0.481	0.026	0.463
农户交易能力	0.177	0.440	-0.136	0.642	0.179	0.511
综合农业劳动力人数	0.184	0.276	0.612*	0.359	0.643*	0.332
受教育年限	-0.102	0.073	-0.276***	0.103	-0.002	0.094
务农年限	-0.015	0.019	-0.005	0.022	0.004	0.025
家庭村干部总人数	1.039	0.646	1.231	0.868	1.518*	0.802

续表

变量	全部		水田		旱地	
	系数	标准误	系数	标准误	系数	标准误
养老保险覆盖率	-0.009	0.006	-0.015*	0.008	-0.003	0.008
医疗保险覆盖率	-0.006	0.006	-0.001	0.009	-0.008	0.008
是否参加合作社	0.538	0.578	0.787	0.761	0.875	0.833
固定资产总值：对数化	0.101**	0.045	0.124**	0.060	0.076	0.056
丘陵与平原对比	-1.032**	0.498	-1.86***	0.681	-1.085	0.709
山区与平原对比	-0.305	0.508	-0.907	0.772	-0.849	0.619
农地离家最远距离	0.170	0.148	0.226	0.184	-0.156	0.210
农地肥力条件	0.109	0.310	0.219	0.455	0.190	0.423
农地灌溉条件	0.541*	0.286	0.851*	0.436	0.387	0.341
农地总面积	0.045	0.057	-0.175*	0.092	0.123	0.079
平均每块地面积	0.233***	0.074	0.486***	0.165	0.275***	0.081
（常量）	5.083***	1.169	7.095***	1.390	3.740**	1.633
R^2	0.396		0.568		0.564	
Adjust R^2	0.291		0.421		0.412	
F Value	3.788		3.853		3.702	
Sig.	0.000		0.000		0.000	

注：* $p<0.1$；** $p<0.05$；*** $p<0.01$。

（三）结果分析

根据表13-17，可以发现：

（1）总体来说，农地流转租金和"交易权认知与法律赋权的偏差"、农户排他能力、农户固定资产、农地的灌溉条件以及地块面积的大小呈正向关系。但是，"交易权认知与社会认同的偏差"、农地的地形特征则与租金呈负向关系。

①农户的交易权认知与法律的偏差越大，农户转出土地获得的租金越高，表明农户超越法律的交易权诉求在土地租金的谈判中能够占据优势。但是，如果农户的交易权诉求与社会认同不一致，则难以支持农户获得较高的租金。

②农户的排他能力有利于农户获得较高的租金。不同的是，农户排他能力对旱地租金的影响显著，但对水田租金的影响不显著。可能的原因是，水田流转后被随意改变利用方式的可能性较小，而旱地被调整利用方式的可能性较大。而利用方式的改变意味着，一是转入者的利用效率能够提高，从而支付承包农户较高

租金的可能性较大；二是利用方式的改变一般会引发承包农户的不满，而较高的租金则是对此不满的补偿。

③农户拥有的固定资产会提高其所获得的流转租金，这显然是对农户放弃农地经营所导致的资本沉淀的补偿。相对来说，农户在水田的生产经营中需要配备的资产要比旱地多，所以在水田方面的相关性会相对显著。

④灌溉条件对土地流转租金具有正向作用。特别是在水田，良好的灌溉条件有利于转出农户获得较高的租金。

⑤相对来说，丘陵地带的水田显然不利于耕种，因而租金相对较低。

⑥转出农地的地块面积越大，租金也越高。转入者对大面积的农地支付较高的租金，可能源于两个方面：一是较大规模的农地转入，能够节省流转交易的交易成本；二是能够获得规模经济，因而愿意共享合作剩余。

（2）除上述之外，在水田与旱地之间，还存在一些差异。

①农户的平均受教育年限越多，在水田上获得的租金将减少。其中一个重要的原因是，农户的文化水平越高，调整种植结构的可能性越大，显然，如果不改变农地用途，在水田上的结果调整空间要比旱地小，因而能够得到的租金补偿就相对较低。

②家庭村干部的人数越多，能够从事农事活动的时间就会相对减少。水田的生产经营需要更多的连续性时间投入，而旱地时间投入的灵活性则相对较大。如此，旱地需要给予的租金补偿有可能相对较高。同时，农户拥有村干部，也可能有利于其在租金的谈判中获得一定的话语权。

③农户获得的养老保险人数越多，意味着家庭的老龄化程度越高，能够从事的劳动强度就会下降。水田需要匹配的劳动强度相对较大。因此，家庭养老保险的覆盖率与租金呈相对显著的负相关。

④农户承包的农地越多，在水田上获得的租金会显著减少。这说明水田的相对价格优势要低于旱地。这可能是由水田的用途及利用空间有限所决定的，因为水田主要用于生产粮食，而粮食的相对价格较低。

四、进一步的讨论

计量结果表明，从保障农户土地权益的角度来说，下列方面是值得关注的：

第一，强化农民的土地权益，特别是在农地流转方面能够形成有利于农户的租金补偿机制，社会的道义支持具有重要作用。提高社会对农民生存状态的理解，改善社会对农地流转重要性的认知，强化社会对保障农民土地权益的尊重与支持，需要包括政府在内的各个方面做出努力。

第二，改善农业的基础设施，能够有利于农户土地租金的获取。因此，基础设施的改善，不仅是提供农业综合生产能力的重要方面，而且也是保障农民土地权益的重要方面。其中，灌溉条件的作用尤为明显。

值得注意的是，农地的土壤肥力对流转租金的形成作用不明显。这说明地租价格的形成机制尚不完善。因此，有必要建立土地流转租金的评估机制，加强政府对流转价格的指导和管理，从而将基准定价机制与农户的协商定价机制结合。

第三，着力改变农地的细碎化格局，通过恰当的方式推进土地的成片集中，扩大地块面积，既有利于农户经营规模的扩大，也有利于农地的规模化流转，更能够提高土地的流转租金。加强土地的整理与集中调整，是农地流转市场发育及其价格生成的重要基础。

第四，提高农户的产权强度，特别是增强农户土地产权的排他能力，是保障农民权益的重要途径。

第五，积极培育农地流转中介服务组织，为农地有序流转提供组织保证。如在乡镇成立农地流转服务中心，对外专门负责联系土地转入者，对内接收农户转出的土地，再将这部分土地租给转入者，提高农地流转速度和效率，为农户流转土地提供多角度、全方位的服务。

第四节　宗族势力、政治力量与农民的土地权益

一、问题的提出

从解散人民公社到取消农业税的二十多年里，国家在农村关于税费的收取，对于农村内部事务的介入有限，重新回归到传统的"弱国家本位"。在国家缺位的情况下，村庄中对土地权利的界定和行使就在很大程度上依赖内生秩序。宗族观念是村庄内生秩序的重要组成部分。虽然乡村社会的集体化和公社化的开展使得宗族组织逐渐瓦解，家族势力受到极大压制；然而，村落家族势力是中国社会的一个基本特质，其作为一种自成体系的具有完整文化内核的历史悠久的秩序，生命力非常顽强（于建嵘，2012）。尤其是随着农村经济改革和现代化的发展，宗族势力在农村重新复兴起来（王沪宁，1999），宗族组织又一次成为形塑农村土地产权制度的重要力量。

诸多研究显示，宗族与土地赋权、土地权力行使息息相关，农户隶属于哪一个宗族对其土地权利的界定与行使有着重要影响（黄志繁，2011；袁松，2012；郭云南、姚洋，2012）。一方面，在"弱国家本位"的情况下，国家没有能力介入乡村社会内部事务中，也不可能保护个人权利（贺雪峰，2006），而宗族干涉土地权利的界定和行使可能遵循一个强者的逻辑，侵犯作为弱者的小姓农户的土地权利，使得土地的初始赋权带有歧视性。另一方面，对于土地的重新调整与分配，多数学者持"效率论"，认为产权稳定有利于行为激励的稳定性，从而改善效率，而"反复"的调整不利于形成农户的稳定预期，导致农户的短期行为，影响土地长期投资和流转（见第二章的有关综述）。而且，土地调整是利益的重新分配，可能会出现强者压迫弱者的现象，使得小姓农户的土地权利被进一步侵犯。不过，中国农村的土地调整现象非常普遍，主要原因在于人口变化，抑制人多地少、人少地多等情况的发生是其重要出发点，因此土地调整还隐含着极强的公平含义。从这个意义上来说，如果小姓农户的谈判能力有所增强的话，则土地调整可能是小姓农户获取公平的土地权利的契机。土地权利的界定和实施对土地流转绩效有着重要影响，因此探讨宗族势力与政治力量对土地调整及土地流转的作用机理，显然对土地流转市场的建设及乡村治理都有着重要的理论意义和实践价值。

二、宗族势力、政治力量与土地权益

（一）宗族属性与土地流转

对于农村土地的权利界定，《宪法》、《农村土地管理法》和《农村土地承包法》都有阐述，但是，写在纸上的"制度"与实际实施的"制度"并不总是一致的。农村土地制度尤其如此，村庄秩序不仅仅来源于行政嵌入，还通过村庄内生生成，即农村土地制度的实际运行不仅仅取决于法律规定，还与制度参与主体的角色、认知及其行为密切关联。自1983年国务院发布《关于实行政社分开建立乡政府的通知》，全能型的人民公社在两年内基本改组成为乡（镇）政府，国家的直接权力在农村有了一定的收缩。在这种农村体制下，村民委员会管理本村属于村农民集体所有的土地和其他财产，成为村庄重要的权力中心。再深入分析村民委员会内部，村干部一方面是"官员"以及上级党政的代理人，是村庄秩序行政嵌入的参与主体之一，另一方面是"农民"以及农民的代理人，是村庄秩序内生影响主体的组成部分，不但在农村土地流转规则的形成，而且在规则的实施方面均起到重要作用。事实上，由村集体组织出面的土地流转占有主导地位

（见第五章），有些集体经济组织在对外发包流转土地的过程中，往往既没有按照规定实行公开招标，也没有按照规范的合同样本签订承包协议，而是由村干部私下与承租者达成交易。

利益主导着乡村选举，在许多村庄，投票者和竞选者最为直接的效用目标是经济利益，选举成为一种经济资源的配置过程（于建嵘，2000）。在位者要想在下届选举连任，就必须给予支持自己的宗族以好处，由此形成的有关土地的产权制度可能是歧视性的。在宗族势力复兴的背景下，宗族组织对村民自治产生极为重要的影响，大姓成员更容易在选举中胜出（孙秀林，2011；刘行玉，2011；Maskin Eric and Jean Tirole，2004），由此产生的农村土地产权制度可能是有利于大姓农户而不利于小姓农户。对小姓农户的歧视性产权制度安排所导致的产权模糊及其所制造的"公共领域"将减弱产权强度，并进一步导致大姓农户在参与土地流转活动时处于有利地位，而小姓农户处于不利地位。宗族势力的干预还导致村庄权力的行使也带有歧视性，表现为村干部为讨好大姓农户而剥夺小姓农户（Maskin Eric and Jean Tirole，2004）。官员们为获取连任可能与非正式的强势利益组织合谋而累积社会资本，牺牲少数人的利益而迎合大众。研究表明，当选的来自最大姓的村主任可能采取亲宗族的消费导向政策，而忽略少数外姓人的利益（郭云南、姚洋，2012）；在进行旧村改造时，村干部会给同一派系和自己家族的成员多算面积，以期未来得到他们的支持。

在剔除行政干预的情况下，宗族势力对比导致大姓农户和小姓农户的行为能力也有所差异。在实际的土地流转过程中，农户是否具有行使产权的行为能力和产权的界定状况、村干部的行为一样重要。产权的行使及其行为能力包括两个方面：一方面是产权主体对产权的实际使用与操作，另一方面是对产权的转让与交易。在产权主体对产权的实际使用与操作方面，宗族组织具有保护作用；而在产权的转让与交易方面，比起小姓农户，大姓农户依附在一张更大的人际关系网络中，能够动用更多的资源，拥有更多的社会资本。大姓农户也更容易保护自己的土地利益，尤其在与别人发生土地纠纷时，大姓农户身后往往有一个强大的家族做后盾，使得他们在争斗中取得上风。与之相反的是，小姓农户势单力薄，在农村的宗族冲突中往往处于下风，是那些被欺负、被剥夺的对象。在这种形势下，大姓农户更容易找到交易对象，在议价能力方面也有更多优势。

较高的土地产权强度可以给市场一个稳定的预期，有利于交易者的发现和价格谈判，因此有利于土地流转。但这不意味着低土地产权强度就必然阻碍土地流转：农户土地经营权流转大部分发生在村庄内部，往往是由作为土地所有者的"村集体"强制性推行的。和强者比起来，村委会侵犯得更多的是弱者的土地权利，导致弱者做出"'玩'不过就选择'退出'"的选择。从另一个侧面来说，权利被损害的农户可能因行为能力不足而放弃部分有价值的产权，例如粗放经营、撂荒等，从而导致租金耗散与效率损失。为了避免产权稀释引起的租金耗散，他们可以将所有的土地流转给较高土地产权强度和较强行为能力的农户，以改善合作剩余的分享①。因此可以猜测，小姓农户转出的土地更多。相反地，对于高土地产权强度和强行为能力的大姓农户来说，能力也可能存在过剩与浪费，村委会对权利的侵犯相对较少，甚至为了获得他们的支持而进行利益输送，因此也更难存在"被流转"的现象，使得经营的预期得到改善，因此有转入农地的意愿。基于以上分析，可以有以下猜测：相对于小姓农户，大姓农户的土地转出更少，转入更多。

（二） 土地调整与土地流转

正如我们在第二章的文献综述所看到的，现有理论与实证研究对土地调整给土地流转带来的影响如何存在极大分歧：有的学者认为地权稳定性有利于促进土地流转市场的形成，因此土地调整阻碍了土地流转；也有的学者认为土地调整增加了农地使用权市场中的供给，因此并不一定阻碍土地流转。然而，两个方面的讨论都仅仅将土地调整作为地权稳定性的一个度量，没有考虑到农村在实际操作中的宗族因素。实际上，土地调整是一个利益重新分配的过程，其主要原因在于人口变化，有着强烈的公平含义，且与宗族组织的发展变化密切相关。

产权是人们围绕稀缺资源的使用与获益而展开竞争所形成的均衡结果，而竞争各方的实力对竞争结果具有直接的影响（曹正汉，2011）。不管土地调整的出发点是什么，它首先都意味着力量的对比和博弈——土地调整给予了农户们一个改变初始赋权结构的机会。正如上面提到的，宗族势力使得村庄中的权利界定带有歧视性，小姓农户的土地权益可能招致侵犯。因此，土地调整仍然可能是大姓农户进一步损害、剥夺小姓农户权利的工具，我们称之为"剥夺"效应。

然而在中国，村集体的每个成员在道义上都拥有平等的土地权利，虽然小姓农户的这种权利因宗族势力的介入而被侵犯，但他们仍然可以借助国家的力量来减少村庄内生秩序对其权利的损害，建立起较为稳定的产权。自取消农业税后，农村的维稳成为政府对农村工作的一项大事，农村中的博弈力量超出了内部的各个利益集团，国家权力扮演了一个重要角色。经过长期的国家权力介入和现代性渗透之后，南方宗族日益走向解体，宗族性村落正变得更加开放。再加上压力型

---

① 低产权强度和弱行为能力的农户缺乏对等的谈判地位，因此转出价格可能较低。

信访维稳体制的影响,极大地改变着既有的政治机会结构,当村民遭受侵扰时,他们也越来越倾向于寻求国家力量介入,其中最主要的求助途径就是上访。其他的研究也发现,随着现代文明的渗透,人们开始倾向于求助国家力量来解决纠纷,江汉平原一些村民甚至邻里之间鸡毛蒜皮的小事都要打110(丁建军,2008)。在这个背景下,土地调整给予在初始权利界定上受到歧视性待遇的小姓农民一个打破既有歧视性赋权格局的途径——在国家权力深入农村的今天,如果调整后的权利仍然被侵犯,小姓农户可以向上级政府提出维权请求,以增强对大姓农户的谈判能力。在维稳压力之下,上级政府必须顾及小姓农户的正当要求,帮助他们夺回应得的权利,使得农村的利益格局发生变化,降低小姓农户权利被损害、被剥夺的程度。从这个方面来说,土地调整对小姓农户的土地权利存在"保护"效应。

前面已经论证了产权强度和行为能力与农户的土地流转密切相关,相对于产权强度强、行为能力弱的小姓农户来说,大姓农户的土地转出更少、转入更多。那么,如果"剥夺"效应成立,则和小姓农户比起来,土地调整将使得大姓农户土地转出更少、转入更多的效应增强。如果"保护"效应成立,则和小姓农户比起来,土地调整将使得大姓农户转出更少、转入更多的效应减弱。

三、计量模型与测度指标

(一)数据来源

数据来源于2011年对广东增城市、韶关市和阳江市的预调查。在删除缺失值后得到本研究的221个有效样本。

(二)模型选择与测度指标

采用Logistic模型来分析农户转入和转出土地两种行为。

1. 主要的行为变量

农村土地流转包括水田、旱地、菜地、林地、果园、牧场与养殖用地、荒地等多个方面。我们假定,无论农户转入或者转出其中任何一类的土地,我们就认为农户存在土地流转行为。在研究转出行为时,将有转出行为的农户赋值为1,否则赋值为0;在研究转入行为时,将有转入行为的农户赋值为1,否则赋值为0。另外,如果被调查农户属于村中的大姓,则赋值为1,小姓则赋值为0;如果被调查农户所在村庄有过土地调整则赋值为1,未发生过土地调整则赋值为 0。

2. 主要的控制变量

（1）土地调整会导致农民向非农产业流动，进而使得土地市场的供给增加，因此本研究控制了农户家庭的非农收入比例，并由农户的非农收入占家庭总收入的比重来表达。

（2）资产专用性意味着转移成本和专用收益，较多的农业专用性资产在阻碍土地转出的同时提高了土地转入的积极性，因此本研究控制了农户所拥有的农业专有性资产总额，由以货币表示的耕牛、拖拉机、水泵、插秧机、收割机、机动喷雾器、脱粒机的价值求和并取自然对数获得，若农业专有性资产总额为 0 则直接赋值为 0[①]。

（3）平原地区更适合于大规模的机械化作业，土地规模化生产的客观要求比较强烈，所以平原地区农民的土地流转意愿会强于丘陵和山区的农民（乐章，2010），因此本研究控制了农户所在村庄的地形，如果是平原则赋值为 1，否则赋值为 0。

（4）单产低的农户可以流向非农产业领域以获取更高的收入，由此影响土地的转出与转入，因此本研究控制了农户的单产情况，如果被调查农户单产低则赋值为 1，否则赋值为 0。

（5）地区的非农就业机会多有利于推动土地流转，而此次调查的阳江市、韶关市和增城市 2010 年农林牧渔总产值占地区生产总值的比例分别为 35.69%、22.73% 和 12.38%，即这三个地区的非农产业比重是逐渐增大的，因此本研究还控制了地区变量，为此我们设置了 2 个虚拟变量：其中一个是如果被调查农户位于韶关则赋值为 1，否则赋值为 0；另一个是如果被调查农户位于增城则赋值为 1，否则赋值为 0。

四、计量结果及其分析

（一）描述性统计

表 13-18 是本研究各变量的描述性统计。从表中可以看出，样本中多达 42% 的农户有土地转出行为，14% 有土地转入行为；样本中 63% 的农户所在村庄有过土地调整；样本中的非农收入比例均值为 56.3%，说明了农民非农化的趋势。另外还可以看出，"增城"和"韶关"两变量的均值均为 0.339，说明来

---

① 本研究中不存在农业专业性资产小于 1 的样本。

自三市的样本大致各占 1/3。

表 13-18 描述性统计结果

变量	极小值	极大值	均值	标准差
土地转出	0	1	0.425	0.496
土地转入	0	1	0.140	0.348
大姓	0	1	0.719	0.450
土地调整	0	1	0.633	0.483
非农收入比例	0.000	1.000	0.565	0.361
农业专有性资产	0.000	11.700	5.910	3.701
平原地形	0	1	0.575	0.496
单产低	0	1	0.231	0.422
增城	0	1	0.339	0.475
韶关	0	1	0.339	0.475

注：N=221。

(二) 等价性检验

表 13-19 给出的是总体样本、在无土地调整环境和有土地调整环境中不同宗族属性农户的土地流转行为的频数和比例。由表 13-19 可知，总体样本中大姓农户有土地转出行为的比例为 39%，而小姓农户则达到了 52%；有土地转入行为的大姓农户为 18%，而小姓农户则只有 5%。这个数据表明，从总体来看，和小姓农户比起来，大姓农户转出的土地更少而转入的土地更多。表 13-19 还显示，当所在村庄没有土地调整时，大姓农户转出土地的占 25%，但当所在村庄有土地调整时，大姓农户转出土地的增加到 46%。与之相反的是，当所在村庄没有土地调整时，小姓农户转出土地的占 61%，但当所在村庄有土地调整时，小姓农户转出土地的减少到了 44%，与大姓农户转出土地的比例趋于一致。我们还可以看到，不管村庄是否有土地调整，大姓农户转入土地的比例并没有发生显著变化，但不同的是，当村庄没有土地调整时，小姓农户并没有转入土地的案例，但当村庄有土地调整时，小姓农户转入土地的比例也达到了 9%。

表 13-19　　不同样本中大姓农户与小姓农户的土地流转情况表

变量	总体样本				无土地调整环境				有土地调整环境			
	大姓农户		小姓农户		大姓农户		小姓农户		大姓农户		小姓农户	
	频数	比例	频数	比例	频数	比例	频数	比例	频数	比例	频数	比例
土地转出	62	39%	32	52%	13	25%	17	61%	49	46%	15	44%
土地转入	28	18%	3	5%	10	19%	0	0%	18	17%	3	9%
总户数	159		62		53		28		106		34	

上述结果可以直观地由图 13-1 表示出来，其中第 Ⅰ 个图是在总体样本下，大姓农户和小姓农户的土地流转情况，第 Ⅱ 个图是所在村庄没有土地调整时农户土地流转的情况，第 Ⅲ 个图是所在村庄有土地调整时农户土地流转的情况。

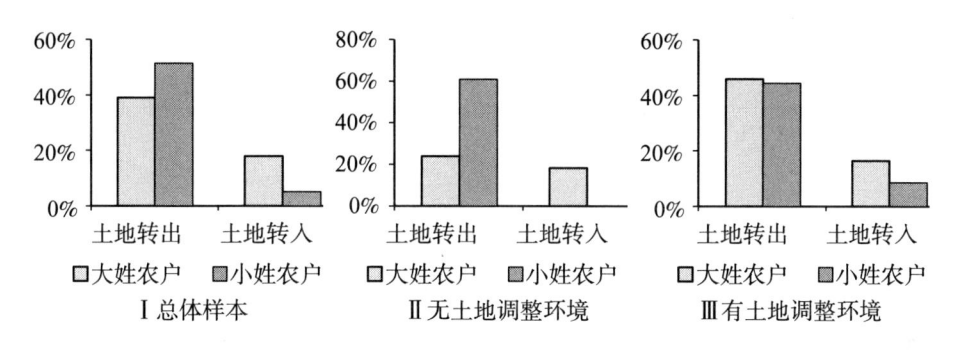

图 13-1　不同样本中大姓农户与小姓农户的土地流转情况

我们可以使用韦博成（2009）给出的等价性检验方法来检验不同的宗族属性导致的土地流转后果是否一致。以检验总体样本中大姓农户和小姓农户在土地转出方面概率是否一致为例，可以转化为两个相互独立的二项总体的等价性检验：

（1）$X_1 \sim b(n_1, p_1)$ 表示大姓农户的二项分布，其中 $n_1 = 159$；X_1 表示大姓农户中发生土地转出的户数，其实测值 $x_1 = 62$；p_1 表示大姓农户中每户发生土地转出的概率。

（2）$X_2 \sim b(n_2, p_2)$ 表示小姓农户的二项分布，其中 $n_1 = 62$；X_2 表示大姓农户中发生土地转出的户数，其实测值 $x_2 = 32$；p_2 表示小姓农户中每户发生土地转出的概率。

等价性检验问题为：$H_0: p_1 = p_2$，否定原假设意味着大姓农户和小姓农户在土地转出这件事上不一致。我们以渐进正态检验方法来检验原假设是否成立，其检验统计量为：

$$U = \frac{\hat{P}_1 - \hat{P}_2}{\sqrt{\hat{P}(1-\hat{P})(n_1^{-1} + n_2^{-1})}} \sim N(0, 1)$$

其中：$\hat{P}_1 = \frac{x_1}{n_1}$，$\hat{P}_2 = \frac{x_2}{n_2}$，$\hat{P} = \frac{x_1 + x_2}{n_1 + n_2}$。

表 13-20 给出了等价性检验结果：在总体样本和所在村庄无土地调整的情况下，大姓农户和小姓农户在是否有土地流转行为的概率方面存在显著不同，均是大姓农户转出更少而转入更多。但在所在村庄有土地调整的情况下，大姓农户和小姓农户在是否有土地流转行为的概率方面并不存在显著不同。

表 13-20 不同宗族属性、是否土地调整与参与土地流转的频数

变量	总体样本		无土地调整环境		有土地调整环境	
	U 检验值	Sig.（双侧）	U 检验值	Sig.（双侧）	U 检验值	Sig.（双侧）
土地转出	-1.7047	0.089	-3.2074	0.000	0.21478	0.413
土地转入	2.4562	0.014	2.45502	0.007	1.1591	0.123

（三）回归分析

表 13-21 给出了 Logistic 模型回归结果。

表 13-21　　　　　　　Logistic 模型回归结果

变量	土地转出			土地转入	
	M_1	M_2	M_3	M_4	M_5
非农收入比例	2.129*	2.118*	2.617**	0.271**	0.291**
	(0.889)	(0.887)	(1.153)	(0.165)	(0.178)
农业专有性资产	0.943	0.940	0.928*	1.301***	1.317***
	(0.039)	(0.039)	(0.039)	(0.124)	(0.129)
平原地形	2.152**	2.131**	2.007**	1.621	1.780
	(0.655)	(0.650)	(0.623)	(0.731)	(0.819)
单产低	0.650	0.609	0.630	0.217*	0.240*
	(0.231)	(0.220)	(0.234)	(0.170)	(0.191)
增城	3.186***	3.150***	2.696***	1.699	1.699
	(1.191)	(1.181)	(1.031)	(0.811)	(0.815)

续表

变量	土地转出			土地转入	
	M_1	M_2	M_3	M_4	M_5
韶关	2.802***	2.359**	2.048*	0.640	1.007
	(1.079)	(0.970)	(0.870)	(0.373)	(0.626)
大姓		0.656	0.250**		3.584*
		(0.232)	(0.142)		(2.518)
土地调整			0.675		
			(0.382)		
大姓×土地调整			4.264**		
			(2.973)		
−2 Log likelihood	271.994	269.016	264.6	150.146	145.918

注：系数为 Odds Ratio 值，括号中为标准误；*$p<0.1$；**$p<0.05$；***$p<0.01$。$N=221$。

模型 $M_1 \sim M_3$ 的因变量为"土地转出"，其中 M_1 中只有控制变量，M_2 在 M_1 的基础上加上"大姓"变量，即探寻宗族归属对农户土地转出的作用。M_3 在 M_2 的基础上加上"土地调整"以及"大姓"和"土地调整"两个变量的乘积项，即探寻"土地调整"的调节效应。模型 M_4 和 M_5 的因变量为"土地转入"，其中 M_4 中只有控制变量，M_5 在 M_4 的基础上加上"大姓"变量，即探寻宗族归属对农户土地转入的作用。由于样本中不存在 ｛有土地转入，小姓，无土地调整｝组的数据点，因此模型里若放入"大姓"和"土地调整"的交叉项，则系数估计值将极不稳定，所以本研究并没有在研究土地转入时研究"土地调整"的调节效应。总的来说，回归结果和同质性检验结果具有一致性。

M_1 的结果显示，"非农收入比例"的系数大于1，在 0.1 水平上显著，说明农户的非农收入比例与土地转出有正向关系。"农业专有性资产"的系数小于1，说明农业专有性资产与土地转出有负向关系，但这个结果不具备统计显著性。"平原地形"的系数大于1，在 0.05 水平上显著，说明平原地区的农户转出土地更多。"单产低"的系数不具备统计显著性，说明单产低的农户转出的土地并不更多，可能的原因在于中国农民的恋土情结使得他们不愿意转出土地。M_1 的结果还表明，和阳江比起来，增城和韶关的农户转出的土地更多，其中增城农户转出的农地是阳江农户的 3.186 倍，而韶关农户是阳江农户的 2.802 倍，和理论分析部分提到的一致，即地区的非农就业机会多有利于推动土地流转。和同质性检验的结果不一致的是，M_2 的结果显示，"大姓"的回归系数小于1，不具备统计显著性，说明在控制了"非农收入比例"、"农业资产"、"平原地形"、"单产低"、"增城"、"韶关"和"土地调整"等变量后，农户是否是大姓和土地转出不再有相关性。M_3 的结果显示，"大姓"的系数小于 1，在 0.05 水平上显著，且"大姓"和"土地调整"的交叉项的系数大于 1，在 0.05 水平上显著，说明如果农户所在村存在土地调整，则相对"小姓"农户来说，"大姓"农户的土地转出变多。M_3 的结果说明，M_2 的结果实际存在一个"辛普森悖论"，即总体样本下显示出来的统计特性可能带有欺骗性，而当将样本分成所在村庄存在土地调整和不存在土地调整时，真实情况才浮现出来。

M_4 的结果显示，"非农收入比例"的系数小于 1，在 0.05 水平上显著，说明非农收入比例与土地转入有负向关系。"农业专业性资产"的系数大于 1，在 0.01 水平上显著，说明农业专业性资产与土地转入有正向关系。"平原地形"的系数不具备统计显著性，说明平原地区的农户并不一定转入更多的土地。"单产低"的系数小于 1，在 0.1 水平上显著，说明在具备比较优势的情况下，单产较高的农户转入土地更多。和土地转出时的情况不同的是，"增城"和"韶关"的系数均不具备显著性，说明和阳江比起来，这两地的农户转入的土地并不更多——可能的一个原因在于，这些地区的农户更多地将土地转给外地人，而不是本地人。M_5 的结果和卡方检验的结论一致："大姓"的系数大于 1，在 0.1 水平上显著，说明和小姓农户比起来，大姓农户转入的土地更多。

五、结论与讨论

在存在交易成本的现实世界，初始产权界定极为重要，会对经济制度的运行效率产生重要影响（科斯第二定理）：实证研究显示，由于宗族势力的介入，村庄中的歧视性制度安排倾向于剥夺低产权强度和弱行为能力的小姓农户，使得他们的土地转出更多而转入更少。然而，产权还是利益集团相互博弈的结果——有影响力的参与者所采取的立场，以及他们为达成协议所做出的让步，决定了产权制度的政治面貌。也就是说，力量博弈有可能改变产权的初始界定，使得产权结构发生调整，而这种调整对市场交易绩效具有重要意义：实证研究显示，在国家权力深入农村的今天，土地调整成为一个均衡利益的过程，体现了其"保护"效应——土地调整给予了权利被侵害群体一个修改歧视性初始产权结构的契机，即如果这些弱势群体的利益受到侵害，他们可以向国家提出维权请求，提升谈判能力，并进一步保护自己的权利。因此，如果所在村庄有土地调整，则大姓农户转出土地的比例增多，使小姓农户转出土地的比例和大姓农户趋于一致，且因为对未来的预期更稳定，小姓农户开始转入更多的土地。这说明，产权的调整不仅仅意味着产权的不稳定，而是在有些情况下能够促进交易的发生，在农村尤为如此。

本研究的结论具有以下政策意义：农村仍然存在强势群体侵害弱势群体权利的现象，而乡村自治可能使得这种侵害在村庄行政体制下获得承认，因此国家权力深入乡村对保护弱势群体的利益有一定的积极意义。另外，从产权理论来说，土地调整破坏了地权的稳定性，不利于长期投资和交易，而且按照《土地承包法》的规定，土地调整必须严格禁止。然而，土地调整的影响机制比较复杂，对弱势群体存在"保护"效应，导致大姓农户转出土地和小姓农户转入土地，有利于土地流转。虽然本研究采用的是经济相对比较发达的广东三市的调查数据，研究的普适性存在一定的问题。不过，同样基于这个原因，本研究的结论促使我们思考禁止土地调整是否具有普遍意义：实证分析显示，土地调整一方面促进了土地的交易，另一方面也有利于对弱势群体的保护。从全国来看，广东省是"先富起来"的地区，因此本研究的结论对其他欠发达地区的农民权益保护也有一定的借鉴意义。

第五节　案例研究：合约不稳定与合约治理
——以"东进农牧"为例

假定交易是自愿且连续性的，那么交易合约的达成及其稳定即可视为交易双方的博弈均衡。农地流转是在保证承包权稳定的前提下所进行的经营权交易①，因此，其租约的稳定及其维护，不仅是农地流转能否有效实施的关键，也是能否保证农民土地权益的核心。为此，我们特别地引入案例研究，旨在说明农地租约稳定与维护的制度经济学含义。

一、问题的提出

香港恒兴食品有限公司是香港一家以养猪业为主业的企业。伴随着香港产业的升级与用地成本升高及环保压力的剧增，企业需要寻找新的发展空间。广东省惠州市惠东县是一个经济发展相对缓慢的农业县。1997年，广东省惠东县到香

---

① 这就决定了农地的流转交易不可能是一次性、即期的市场交易。这类交易具有连续性，或者至少是周期性的。

港招商引资。由于香港恒兴食品有限公司的董事长何新良（1974年到香港谋生，从事生猪屠宰）是惠东县白花镇莆田村人，同时因为惠东存在充足而廉价的土地与劳动力资源，且交通条件尚为便利，于是积极响应，在莆田村百岭村民小组（自然村）筹建成立了广东东进农牧股份有限公司（以下简称"东进公司"）。

东进公司承租了百岭村全部2 729亩的土地。主营原香港恒兴食品有限公司的优势产业——养猪业。随着时间的推移，东进的产业覆盖了良种种猪繁育、瘦肉型生猪饲养、屠宰、肉制品深加工、优质饲料加工、果蔬种植、淡水养殖、菜篮子、便利店等。形成了产、供、销一条龙（饲料加工—种猪繁育—生猪饲养—环保养殖—绿色果蔬—生猪屠宰—冷链加工运输—肉制品深加工—自营连锁菜篮子便利店）的农牧产业链。

土地租用合约是以自然村为单位，由公司与村委会签订，租期为30年，租金按每年每亩1 000斤稻谷的市价折算现金，并直接支付给农户（当时大约是400元，以后根据谷价调整）①。公司将分散于农户的土地集中起来，经营活动由家庭经营全部转化为企业化经营。公司承诺安排全村劳动力就业，但村民可自由选择是否进入公司工作。工人的基本月薪为800元，超额完成任务有奖。

公司始终坚持对村民的土地只租赁不征用也不入股的方式进行企业化经营。即使在随后将养猪场或者种猪场扩展到周边多个自然村，其每年每亩的土地租金仍控制在1 000斤稻谷的市价水平。

东进的土地租赁在本质上即为学界所说的"反包倒租"。"反包倒租"的基本做法是由集体经济组织出面，将农民的承包地租过来，然后再出租给外来公司、大户，或是在进行一定投资后再将其"倒包"给本村的部分农户或其他的农业经营者。

"反包倒租"自其产生开始就一直受到人们的质疑（陈锡文，2002；段应碧，2002；张红宇等，2002）。主要的批评包括两个方面：一是大企业、大资本替代小农户后，农民失去赖以生存的土地又缺少就业机会的问题；二是集体的代理人利用权力强制反租、通过合谋倒包，压低农户的土地租金，从而引发寻租以及诸多矛盾和冲突（李彦敏，2005）。据报道，2008年我国农地流转总面积超过1亿亩，占全国承包耕地总面积的8.6%。农地流转主要以转包出租为主，占总流转面积的78%以上。在农户之间进行的农地流转占64%，受让方为企业等其他主体的已占到36%。然而，调查表明有80%的农地流转发生过利益纠纷②。

---

① 当初的协议是每3年调整一次租金，且3年内的最高谷价来调整。但调查中农户反映实则是多年未曾调整。

② 农博网，2009-04-01。

2008 年全国农村基层土地承包管理部门受理的土地承包经营权纠纷有 15 万件①。有人特别强调,签署长期土地租约的"反租倒包"需要慎之又慎,否则变数无穷(张红宇等,2002;周立群、曹利群,2002)②。

事实上,在"反租倒包"的制度背景下,绝大部分企业承租土地,投资农业,是追求获利机会和开辟新的利润空间所致,倘若在农业形势好转,尤其是在可以预期的期限内,这种增长和发展的机会与空间是存在的,企业、社区和农户的利益都容易得到妥善处理。然而,生产和经营的不确定性,尤其是产品需求与市场的不确定性,使农业经营充满了变数和风险。事实上,在土地承租的过程中,事后的机会主义经常成为纠纷的根源。

可以认为,东进公司与百岭村的土地租约是不稳定的。但是,一项不稳定的合约却延续了 10 多年,公司由一个一条生产线的饲养场逐步发展成为拥有 7 家子公司的农牧业集团公司,并分别于 2001 年、2002 年、2004 年被评为市级、省级、国家级农业龙头企业。2008 年总资产达 1.91 亿元、年产值 3.93 亿元。与此同时,村民的年收入也由 1997 年前的户均 1 500 元达到了 2008 年的人均 8 000 元以上,且 10 多年来没有一户村民上访、闹事。

企业与农户的合作,不乏成功的典型,合作失败则是更为普遍的现象。但至少在目前看来,东进与百岭及周边村庄的合作是成功的。

我们的问题是:一项不稳定的合约是如何得以存在并延续的。

本案例研究分为五个部分。第一部分是背景说明与问题的提出;第二部分是一个简要的文献梳理,并阐明了核心的思想模型;第三部分在简要评论商品合约与要素合约的基础上,介绍了东进公司与农户的合作是如何从"订单农业"走向"土地承租"的;第四部分揭示了土地承租之关系型合约的不稳定性,进一步分析了东进公司的合约维护方式及所存在的问题;第五部分阐明了以合约匹配、以合约治理合约的创新性治理策略;第六部分是进一步的讨论。

二、文献梳理与思想模型

从 20 世纪六七十年代以来,合约理论(Contract Theory)一直是经济学界非常活跃的前沿研究领域。其研究的核心问题有两个:一是不对称信息下的收入转移;二是不同风险态度的当事人之间的风险分担(Hart & Holmstrom,1987)。总

---

① 人民网,2009-06-29。
② 所有的讨论都是置于"农地集体所有制"这个大背景下展开的。这里不讨论松动甚至变革所有制的情形。

的来说，合约理论大体可分为完全合约理论和不完全合约理论两大流派（王勇，2002；杨其静，2003；杨瑞龙、聂辉华，2006；帕特里克·博尔顿，2008）。

（一）完全合约理论

完全合约是指缔约双方都能完全预见合约期内所有可能发生的意外事件，且愿意遵守双方所签订的合约条款，而当合约方对合约条款产生争议时，第三方（比如说法庭）能够强制其执行。完全合约在事前规定了各种或然状态下当事人的权利和责任，问题的重心就是事后的监督问题。

完全合约理论直接被看成是委托—代理理论或激励理论的代名词。其中，逆向选择模型、道德风险模型、信号模型几乎成为多数研究的关键（张维迎，1996；让－雅克·拉丰、大卫·马赫蒂摩等，2002；贝尔纳·萨拉尼耶，2008），关注的核心是当事人之间的信息不对称（杨其静，2003）。于是，完全合约理论研究的基本问题就是：是否存在最优契约？如何设计最优契约？也就是说，委托人如何通过设计一项有激励意义的合约达到控制代理人的目的，即委托人如何选择或设计最优的契约来解决委托人与代理人目标或动机冲突（陈志俊，2000；贾明德、李灵燕，2002）。其中，代理人参与约束及激励相容约束成为合约设计的两个基本准则。

可以认为，完全合约理论从来没有打算在合约之外寻找解决问题的途径。一方面，如果代理人的参与需要一定成本的话，有可能没有任何类型的参与人来参与（Salanie, 1996）；另一方面，没有从根本上跳出传统的阿罗—德布罗模型：契约不仅是完备的，而且契约的签订和执行费用被忽视，财产权及其配置仅仅作为给定的外生变量而存在（杨其静，2003）。

（二）不完全合约理论

所谓不完全合约，是指合约无法在事前毫无遗漏地规定当事人在未来所有可能承担的权利和义务，或者不存在一个公正的第三方可以无成本地保证契约得以执行（Hart and Holmstrom, 1987）。由于不能规定各种或然状态下当事人的权利和责任，所以不完全合约理论主张在自然状态实现后通过再谈判来解决，因此重心在于对事前的权利（包括再谈判权利）进行机制设计或制度安排（杨瑞龙、聂辉华，2006）。

科斯（Coase, 1937）在他的经典论文中曾指出："由于预测方面的困难，有关商品或劳务供给的契约期限越长，对于买方来说，明确规定对方该干什么就越不可能，也更不合适。"由于不可预见性、不可缔约性、不可证实性（Tirole, 1999），现实中的契约总是不完全的。

以威廉姆森（Williamson，1979）为主要代表的交易费用经济学虽然对交易费用与合约不完全性给予了高度重视，而且还对各种组织的形成有很强的解释力，但是"对权力是重要的观点或者制度安排是对经济主体之间权力配置设计的重要性的观点未能给予足够的关注"，也就是说，交易费用理论忽视了对组织内部"权力"来源的考察，也没有系统研究组织内部权力应该如何配置（杨其静，2003）。鉴于此，格罗斯曼和哈特（Grossman and Hart，1986）以及哈特和摩尔（Hart and Moore，1990）构建了一个所有权结构的模型。GHM模型通过引入剩余控制权的概念，在交易费用理论的基础上，从产权和激励的角度重新审视了一体化的成本和收益，利用一阶方法和博弈论建立了一个严密的形式化分析框架，成功地将不完全契约理论和产权理论相结合，构建了一个强有力的"新产权理论"。

然而，GHM理论对交易费用经济学中的套牢问题的研究和分析，首先就遭到交易费用学派的批评。威廉姆森（Willamson，1996，2000）认为，GHM理论将所有无效率都归结为人力资本事前投资的扭曲，而不是契约执行过程中的不适应性，并且还通过零成本的再谈判假设而将事后的不适应性蒸发掉了。即GHM理论仅片面强调契约的事前激励功能，而忽视了交易关系中的治理活动是一个连续的过程，从而忽视了契约的事后适应性功能（杨其静，2002）。理论基础不坚实、过于依赖人对资产专用性的假设、难以解释授权问题，是GHM理论时常受到质疑的几个关键问题（聂辉华，2011）。

早期的不完全合约理论通常将合同的不完全性视为外生，认为由于存在某种交易成本，参与者无法缔约一份依赖所有自然状态的完全合约，由此出发，大多的研究主要是考察事后利润分配的谈判对事前专用性投资激励的影响，进而构建最优的产权结构（Grossman and Hart，1986；Hart and Moore，1990；Chiu，1998）。由此，大量的所谓不完全合约理论的研究，实际上是将由不完全合约引起的效率问题诉诸如另一种类型的合约（黄凯南，2010）。在这个意义上，有关的研究并未关注不完全合约本身，而是更关注完全合约，关注如何用完全合约替代不完全合约。

近年来的研究已经重视了合约不完全的内生化问题（Anderlini et al.，2004；Hart and Moore，2008；Tirole，2009；Bolton et al.，2010）。一类研究是坚持完全理性假设，从不同层面来论证不完全合约是参与者理性选择的结果。许多研究表明，当环境趋向复杂或者缔约成本与执行成本过高时，最优的合同可能趋向于简单的合同或者没有合同的君子协定（Horn et al.，2010）；另一类研究则尝试放松完全理性假设，通过有限理性前提下参与者在信息搜寻的认知成本和收益之间的权衡，以揭示不完全合同的内生性。然而，这些分析模型在本质上却是一种更加复杂的理性选择模型（例如，Pagano，2007），如是，这样的不完全合约在本质上依然是完全的（黄凯南，2010）。

可见，不完全合约理论研究的结果是，解决不完全合同问题，要么就是"不解决"（将合同简单化，或者干脆"口头化"而不用合约），要么就是怎样找到一个更为完全（理性权衡）的合约。同样，不完全合约理论也没有打算在合约之外寻找解决问题的途径。

（三）以合约治理合约：一个思想模型

与前面合约理论的主流不同，有一类的研究更关注于合约与合约之间的交互关系（Ellison，1994；Schmidt and Schnitz，1995；Lazzarini et al.，2004）。因为在商业交易中，正式契约安排与非正式契约安排往往是同时使用的。对这两类契约交互作用的分析被认为是合约理论研究的一个新领域（吴德胜、李维安，2010）。

寇特思和辛格（Corts and Singh，2004）间接地验证了非正式契约与正式契约之间的替代关系：交易频率的提高降低了交易方对正式契约的使用；赖亚尔和桑普森（Ryall and Sampson，2009）以企业之间的技术研发为样本，发现重复交易会促使企业签订一个更详细、更正式的契约，也间接地得出正式契约与非正式契约之间是互补这一结论。普普和曾格（Poppo and Zenger，2002）则通过信息服务业的调研数据验证了非正式契约与正式契约之间的互补关系：契约复杂程度的增加使得交易者更加依靠非正式治理机制，反之亦然；而且在解释交易绩效上非正式契约和正式契约是相互补充的。拉扎里尼等（Lazzarini et al.，2004）通过实验考察了交易频率和契约成本对契约选择的影响，与上面文献不同的是，该文进一步直接验证了非正式契约与正式契约之间的互补关系：正式契约和非正式契约的联合使用比单独使用更有效。吴德胜和李维安（2010）的研究进一步表明：当契约成本较低时，正式契约的引入起到替代非正式契约的作用，即存在着挤出效应；当契约成本较高时，正式契约补充了非正式契约；当契约成本很高时，正式契约的引入不影响交易方对非正式契约的选择。

上述文献关注了契约交互关系与契约选择之间的关系。尽管这类的"交互关系理论"主要在阐明契约间的替代关系，但没有说明一项不完全的合约是如何被实施和运行的，但其所表达的"互补"性合约匹配思想能够为我们提供启发。

我们关注的问题是：当一项不完全合约面临高契约成本时，它是否依然有被执行或运行的可能性（而不是被替代）？

我们的回答是可能的。

我们的理论可以形象地称为"补丁理论"——在计算机领域中，许多操作程序由于设计上的不完全，在后期或者使用后被发现存在问题或漏洞（俗称为BUG）就需要进行修复。补丁就是专门修复这些BUG并使之完善而编制的小程序——假定一个有漏洞的软件（相当于不完全合约），我们既不讨论怎样将它拆分重新编制为完美的程序（相当于完全合约理论），也不打算怎样替换一个新软件或者干脆放弃不再使用（相当于不完全合约替代理论）。我们的目的是要讨论，通过"打补丁"的方式使得"BUG"问题得以解决。换成标准的说法是，通过匹配新的合约，使得原有的不完全合约成为可执行。这就是我们所强调的"以合约治理合约"的核心思想[①]。

三、从商品合约到要素合约：初期的实践

（一）两类合约及其评论

众所周知，科斯由于不满于新古典经济学家将企业当作生产函数的做法，于是开先河地提出了这样的问题：如果市场能够有效地配置资源，企业为什么存在？他的回答是，市场配置资源是有成本的，企业的存在是因为它能够实现"用一种契约取代一系列的契约"、"用长期契约取代短期契约"，结果使得契约的数量大为减少。张五常（1983）进一步阐释和发展了科斯的思想，他认为，企业取代市场实质上是契约种类的替代，要素契约取代了商品契约才是科斯论文的真谛。詹森和麦克林（1976）则将包括企业在内的组织定义为，本质上是一系列契约关系的联结（Nexus）。自此，从契约的角度来研究企业或组织，尤其是关于契约类型和契约安排的研究，已经发展成为一个引人注目的理论分支。阿尔奇安和德姆塞茨（1972）也属于此列，但是，他们认为，要素契约和商品契约之间并没有任何差异。这个结论招致了广泛的批评（周立群、曹利群，2002）[②]。

在农业产业化进程中，"公司+农户"是一类重要的组织形式。公司与农户的合约关系主要有两种形式：一是商品合约，二是要素合约。

对于商品合约，最典型的形式被称为"订单农业"，其基本的方式是龙头企业与农户签订合同，并按照市场价格收购农产品。更复杂一点的契约可能会规定最低保护价或者规定契约收购价格高于市场价格的比例，企业也有可能按照契约

[①] 其数理模型见第十四章第三节。
[②] 我们认为将二者割裂的"两分法"讨论是不恰当的。

要求提供一定的技术或者是生产资料。在所有商品契约中,龙头企业和农户都是独立的市场主体,农户家庭仍拥有对生产的部分剩余控制权,并且在生产过程中不存在外在的监督者。

要素合约最典型的形式是由企业进行的"反租倒包",其通行的做法是,企业先租用农户现有的土地使用权,再把依附于土地上的农民变为土地上的工人。企业拥有完全的剩余索取权和剩余控制权。企业雇用农民进行生产,在监督的基础上确定其工资水平。在这种契约形式下,农民获得两部分收入,一是转让土地使用权的租金,二是劳动的工资。通过这种形式的契约,企业可以直接支配和配置农户的土地和劳动力要素,并在统一的指挥和监督下组织农产品的生产及加工。

基于农产品市场存在风险且市场价格低于合约价格的假定①,周立群等(2002)认为龙头企业的"声誉机制"与专用性投资能够保证商品契约完全有可能在长期内稳定,进而认为商品合约优于要素合约。同样,对巴西、墨西哥、南非及波兰等国家有关订单履约的研究成果也表明,信誉与专用性资产的投入对于提高订单履约率有很大影响(Frank, 1992; Little et al., 1994; Hennessy et al., 1999; Goodhue, 1999; Hobbs, 1999; Eaton, 2001; Boger, 2001; Dorward, 2001; Key et al., 2003 等)②。

然而,所有这些研究的一个共同缺陷是假定合约中所交易的农产品是同质的,或者其产品质量是易于考核与评价的。当龙头企业形成专用性投资后,恰恰是农产品的异质性、质量维度的多样性所决定的高昂考核成本,极易导致农户履约的机会主义行为,并易于引发农产品合约交易的"柠檬市场"(罗必良,2008)③。事实上,我国订单农业的违约率高达80%(刘凤芹,2003)。

(二)从订单农业到土地承租:东进公司的选择

东进公司的董事长何新良1997年回老家投资时,起先是收购了惠东县肉联厂,从事生猪的收购、屠宰、肉制品加工,并利用原有的香港恒兴食品有限公司作为对接平台展开对港贸易。由于价格波动与生猪供给的不稳定,使得东进公司的经营活动受到很大影响。于是,东进开始考虑"公司+农户"的订单式合作。

在东进公司进入之前,百岭村已经有一位庄姓香港人带着几个朋友建立了一

---

① 这显然是非常弱的假定。
② 同样我们认为,谁优谁劣的争论也没有意义。因为:一是不同的合约对交易环境的适宜性各有不同;二是在有些条件下,二者可能相互发挥作用并构成互补。后面将对此做进一步的分析。
③ 即使是双方形成互补性的专用性资产,或许合约是稳定的,但关于产品质量的考核及达成价格的"一致同意"依然面临高昂的成本,也就是说合约的维护费用会较高。这是由农业及其产品的特性所决定的。

个"连心猪场",但由于没有控制好仔猪的来源,导致经常发生疫病;直接收购市场上的生猪,由于来源广泛,难以进行疫病检测,无法保证屠宰肉的品质,使得猪场连年亏损直至倒闭。

通过吸取"连心猪场"的教训,东进公司选择了自建种猪场向农户提供仔猪、自建饲料厂向农户提供饲料、统一提供防疫药物与技术指导,以及"订单收购"和"保底利润"的"公司+农户"合作方式。合约规定,公司收购签约农户饲养的出栏生猪,在扣除农户向公司购买仔猪、饲料与防疫药物的支付以外,保证每头生猪盈利不低于50元,如低于50元则由公司补贴。

实践表明,上述订单式的商品合约很快受到了挑战,出现了防疫难、农户违约等多种问题:

第一,由于农户均是小规模、兼业化养殖,猪场与设施标准、技术标准难以保证,生猪疫病与死亡情况经常发生;

第二,当生猪市场行情好的时候,大量的签约农户以生猪死亡为借口向其他收购商高价出卖;

第三,当生猪市场不景气的时候,签约农户则要求公司保证按照其基本赢利标准收购;更严重的情形是,农户常常从周边低价购买没有质量保证的肉猪再要求公司保利收购;

第四,在公司承诺"保底利润"的前提下,农户为了降低成本,会尽量减少防疫药物的支出,导致疫病难以控制;

第五,由于质量检测十分困难,农户常常私自从市场上购买低标准的廉价饲料进行饲养,使得公司收购生猪的品质无法保证;

第六,即使公司与单个农户的签约存在一定的费用,但由于与多个农户的合约的可复制性,可以认为整个的"签约成本"并不显著。问题是,由于农户是分散的,公司几乎无法对农户的饲养行为进行有效监督。因此,公司面临的"履约成本"或"履约风险"是极为高昂的。

"订单收购、保底利润"使东进公司陷入了困境:

(1)通过香港恒兴食品有限公司对接的输港猪肉由于质量问题受到阻隔,并影响到何新良两家企业的声誉。

(2)东进公司常常处于"被要挟"的不利地位。由于公司投资的种猪场、种苗繁育场、饲料厂、屠宰加工生产线、肉制品加工设备、冷藏库房具有很强的资产专用性,从而使得公司:一方面难以有效利用"退出威胁"约束农户履约,因为不收购违约农户的生猪,要么导致资产闲置或开工不足(支付沉淀成本),要么从市场上随行就市采购(承担市场价格风险与质量安全风险)。另一方面,签约农户在行情不好的时候可以利用合约施压公司"保底利润、订单收购",在行情好的时候则可以通过"退出威胁"要挟企业支付高价格。

（3）关键在于公司对违约农户的"退出威胁"是难以置信的。一是导致公司生猪供应的不稳定性；二是由于监督的有限性，公司难以识别违约行为，进而难以选择威胁对象；三是农户饲养的规模小，易于在市场上将产品出手；而极少的投资几乎不可能产生投资锁定，特别是在农户兼业化的情形下，公司退出合约的威胁力更是极为有限。

正是在上述背景下，东进公司从 2000 年开始考虑筹办自己的标准化猪场，以满足公司贸易所需。

2002 年，东进公司通过承租百岭村 2 729 亩土地，建成了一个现代化的养猪场（目前公司将此称为"东进一线"），形成了包括良种种猪繁育、瘦肉型生猪饲养与屠宰、肉制品深加工、优质饲料加工，产、供、销一条龙的农牧产业链。2004 年，公司通过了冰鲜猪肉出口认证，并获得了中国香港的官方订单；2005 年东进公司成功注册为供港澳活猪饲养场。

四、土地承租：合约不稳定性及其维护

要素合约通常被理解为纵向一体化（企业化）。但"反租倒包"尽管取代了商品合约，由于土地要素是租用农户所承包的土地，其所形成的土地要素合约并不单独由企业理论中的"权威"决定，不仅如此，"反租倒包"要求企业承诺雇用依附于土地要素的农民，其工资水平既取决于当地劳动市场、企业的"权威机制"，同时也与土地市场（土地承租租金）密切相关。

因此，东进公司的土地承租及其要素合约可以视为"关系型合约"，并具有不稳定性。

（一）关系型合约及其不稳定性问题

威廉姆森（Williamson，1979）把关系型契约（Relational Contract）的思想引入到交易成本经济学中，而格罗斯曼和哈特（Grossman and Hart，1986）及哈特和摩尔（Hart and Moore，1990）提出的不完备契约概念（Incomplete Contract）则解释了关系型契约的存在空间。简单地说，由于契约条款的无法证实性、未来状态的无法预测性以及未来状态的无法描述性，交易方只能满足于签订一个具有灵活性和适应性的关系型契约。正式契约必须在事前用事后可以证实的条款详细地加以规定，而在关系型契约中交易方只能依靠重复交易下的激励和惩罚机制来保证交易方的合作行为，如果一方有欺骗行为，另一方将会实施惩罚，例如中断交易关系（退出威胁）。因此，二者最大的区别在于关系型契约不能由第三方

（法庭或其他中介）来执行。由于关系型契约的实施依赖环境的变化，因而契约的稳定性相对较差。

关系型契约的稳定性依赖于未来的贴现率、合作项目价值变动范围的大小［亦即威廉姆森（1979）所说的不确定性的程度］、合作项目替代性（Alternative）用途价值的大小（吴德胜，2008）。贴现率越大，未来的价值与现在从履约中得到的当前收益相比较小，因此交易方有动机去违约；合作项目价值变动范围越大（不确定性越大），交易方违约的诱惑就越大；合作项目替代性用途价值越大，也就是说专用性程度较低，交易方就越不容易套牢于契约中，契约的稳定性也越差。

吉本斯（Gibbons，1997）用一个无限期的重复博弈模型分析了双边关系型契约的稳定性，吴德胜（2008）在此基础上做了进一步的拓展。我们将其应用于东进公司与农户要素合约的稳定性分析。

假定：交易方 A（东进公司）首先选择合作（租用农户的土地以及雇佣农民进场就业），随后 B（农户）如果选择合作（租出承包地或者进场就业），A 即选择合作，否则选择不合作。每期的贴现率为 r。

现在的问题是：如果 A 选择合作，B 是选择履约还是选择违约？

情形1：确定性情况下。

假设 B（农户）选择履约从合作中得到的收益为 C，选择违约得到的当期收益为 D。假定农户在以前的合约关系中形成了专用性资产，那么遭到"退出威胁"后的收益为 P。存在 $D > C > P$。

农户选择合作的收益流为 $(C, C, C, \cdots)$，选择违约的收益流为 $(D, P, P, \cdots)$。农户只有合作带来的收益大于违约的收益时才会选择履约，即：

$$C + \frac{C}{r} > D + \frac{P}{r} \qquad (13-1)$$

事实上，农户的合作收益 C 包括在东进的打工收入（W）以及土地的出租收入（R）。在确定的条件下（农户务农收入低、非农就业机会少、土地难以流转或出租等），农户的理性选择是履约。

整理上式（13-1）得：

$$0 < r < \frac{C-P}{D-C} = r^* \qquad (13-2)$$

当 $r < r^*$ 时，关系型契约是稳定的。当 r 越小，也就是说农户越看重未来的收益时，就越倾向于履约（以后每期得到 $C - P$），而不是违约（当期得到 $D - C$，以后每期得到 P）。

情形2：存在不确定性。

进一步分析不确定性情形下的合约稳定问题。与前述相对应，农户选择履约与违约的收入流分别为：$(C_1, C_2, C_3, \cdots)$，$(D_1, P_2, P_3, \cdots)$；$E(C_t) = C$，$E(P_t) = P$。为了分析上的简化，假设农户是风险中性的，他们只关心期望收益，而不考虑收益的风险。于是，交易关系的稳定条件就变为：

$$C_1 + \frac{C}{r} > D_1 + \frac{P}{r} \qquad (13-3)$$

整理得：

$$r < \frac{C-P}{D_1 - C_1} = r^* \qquad (13-4)$$

与确定情形下不同的是，这里合约关系的稳定条件就取决于 D_1 和 C_1 的极端值，即 D_1 的上确界 $SupD_1$ 和 C_1 的下确界 $InfC_1$。即：

$$r < \frac{C-P}{SupD_1 - InfC_1} = r^{**} \qquad (13-5)$$

如果式（13-5）得不到满足，农户就有充分的动机去违约。在极值条件下，$r^* > r^{**}$，显然合约是不稳定的。

考虑不确定性问题：①随着非农产业的发展，农户有更多的非农就业机会，农户易于对合约条件下的 W 产生不满意；②伴随着工业化城市化进程以及工商资本进入农业，土地越发稀缺，土地租金不断上涨，进而对合约条件下的 R 表达不满；③农民的人力资本积累与农业分工的改善，部分农户的务农收入可能提高。更重要的是，农户在以前的合约关系中并未形成专用性资产，因而 P 值不会发生显著下降。

因此，在不确定的条件下，农户要么退出合约，要么以"要挟"的方式不断提出工资与地租的上涨要求。所以，东进公司的"反租倒包"，或者说与农户的关系型要素合约是不稳定的。

（二）合约治理：对不稳定合约的维护

1. 初期的治理："补偿"机制

一个特殊因素是，养猪场具有一定的投资门槛，有较为明显的规模经济性要求，年生猪出栏量通常在高于 2 000 头、年储栏量达到 1 000 头的情形下才会有一定的经济效益。但是，生猪的规模化养殖必定引发环境污染问题，其"猪粪"的味道令人难以忍受。所以在许多地方经常发生养猪场与周边村民的冲突。东进公司在 2000 年筹划自己的养猪场时就注意到了此类问题。

一方面为了化解可能激发的"意见市场"，另一方面也出于何新良的故土情结和报答长期处于较低收入水平的父老乡亲，因此，在 2002 年租地建场之前，东进公司就投入了大量的资金改善百岭村的公益事业与福利。（1）自 2001 年开始先后投资 500 多万元，为全体村民建成了 20 栋总面积达 6 400 多平方米居民新村以及与之配套的文化广场,道路、用电、用水、有线电视、电话等生活设施配套齐全。(2)自 2001 年开始公司为百岭村全村的老人及五保户每月发放每人 200 元养老金。

尽管起初东进公司的环保措施尚不到位,村庄内满是"猪粪"味道,但因为改善福利的"补偿"机制,村民们不仅对此毫无怨言,而且亲切地称何新良为"自己的老板",对其兴建猪场大开绿灯。

2. 维护关系稳定:替代机制

随着非农产业的发展与农业的投资竞争,土地租金逐步形成了上升趋势。为了避免村民对地租的"要挟",东进公司提供了多个利益补偿的替代办法。(1)2003 年起为全村老人及五保户免费设立老人饭堂(伙食费标准为 200 元/人/月),让老人们能够颐养天年(后改为既可在饭堂免费就餐,也可以直接领取 200 元的伙食补贴);(2)2004 年公司拨出 4 万元在百岭村成立希望夜校,利用晚上或放假期间对他们进行补课,为百岭村及东进公司员工子女提供良好的学习平台;(3)对于考上大学的本村人,公司奖励 1 万元;(4)每年春节还给百岭村每人发放 600 元的红包;(5)村民有重大疾病,公司给予一定的资助;(6)与养猪场配套建设沼气池,既解决了环境污染问题,又免费为农户提供了燃气。这一系列的替代机制大大减轻了村民的负担,从而保证了土地要素合约的稳定性。

劳动力要素的合约是一个复杂的问题。事实上,东进公司所支付的用工工资在当地并不算高,但若干替代机制发挥了作用:

(1)观念引导。通过"意识形态"教育,倡导年轻人要"长见识"、敢于"闯世界",鼓励年轻人出去打工。公司反映,本村年轻人在企业往往干活不力且工资要求还高。鼓励年轻人外出可以减轻公司面临的"呼吁压力"。

(2)竞争机制。村民中"懂事的"、"能干的"年轻人可以得到工作环境更佳、工作地位更高的工种,即使是素质不高的"懂事村民",也是在干一些办公室打杂、司机等较轻松和干净的活,从而强化对"不懂事者"的"歧视"。

(3)失业保障。公司对百岭村民是敞开接纳的,年轻人在外打工失业,公司可以接纳;其他村民只要是想来东进工作,均是来者不拒。一位来自百岭的员工告诉笔者,他从 1998 年起就在东进工作,中间曾三次辞职离开,回来后公司却照样接收他。

(4)养老预期。人总是要变老的,每个月 400 元(200 元的养老金和 200 元的伙食补贴)为村民提供了稳定的生存预期。

普遍的事实是,农民最担心的是子女上学、生病治疗以及养老等问题。东进公司几乎解决了村民所有的后顾之忧,使得不稳定的关系型合约得以延续。

3. 合约治理的关键："权威"机制

上述一系列的治理机制无疑是高成本的。东进公司向村民的"补偿"与福利供给，会不会导致村民"偏好"的路径依赖与"边际福利要求"的轮番递增？回答是否定的。关键就在于东进公司构建了作为"防火墙"的"权威机制"。

一是领袖权威。百岭村与周边几个自然村几乎是何姓同宗同族，何新良可以说是百岭村以至何姓全族人的大家长。"回报乡亲，带领大家致富"的理念传导、一系列善举的形象构造及其声誉效应，使何成为百岭村的领袖权威。即使是每年腊月二十五日举办的何姓同族家长会，也是由他号召、出资、组织实施。大到村中事务，小到邻里纠纷，甚至于婚丧嫁娶，何都有举足轻重的话语权。

课题组在百岭村的实地访谈受到了村民的热烈响应。访谈的形式是请村民看一些形容词，然后选择哪些词适合用来形容东进公司，而哪些不适合。他们选择适合形容何新良与东进公司的词语主要包括："令人尊敬的"、"值得信任的"、"为农民谋福利的"、"公平的"、"诚恳的"、"友好的"；而最不适合的词语是"自私自利的"[①]。

二是政府权威。东进公司在相当大的程度上承担或支持了政府的职能。例如，2002年公司捐赠30万元于莆田小学及中学用于学校的信息化建设；2002年度公司捐款35万元给惠东县高级中学筹建校舍，并资助贫困生、奖励优秀生近20万元；2004年共拨款2.5万元至莆田村委，主要用于改善村委办公工作环境；自2003年起，公司每年投入3万元到莆田村委用于基础设施的改善；2004年拨出10万多元租用挖掘机改造莆田村水利设施建设以及水库工程改造。这些资助换取了地方和社区政府对公司的积极支持与扶持：包括协调企业与上级政府部门的关系、企业与村民的关系，并为2001年、2002年、2004年评为市级、省级、国家级农业龙头企业提供了有力的帮助。

三是"长老"权威。如前所述，惠东县是一个传统的农业县，百岭村的经济水平一直较低。当能够住上小洋楼、享有养老金，对于年纪大的农民来说是"简直是没有想过的事情"[②]，因此老人们对东进公司充满着感激之情与"亲切感"。另一方面，由于百岭村作为传统的宗族村落，长辈与老人具有重要的话语权及权威性，对于维护和延续村庄与公司的关系型合约发挥了保障作用。

综合上述，可以认为低租金的土地合约能够"暂时"维护稳定，正是上述多个治理机制作用的结果。即使到现在，村民依然对较低的土地租金不满。但调

---

① 走访其他的村庄（与东进公司采用了不同于百岭的合约，后面将做进一步的讨论），则认为不适合的词语有："自私自利的"、"为农民谋福利的"和"令人尊敬的"。有些村庄对东进公司的态度非常不好，甚至拒绝接受我们的访谈。

② 这是百岭村老人的普遍看法。

查表明，村民从整体来说对企业是比较满意的。特别是在最近几年稻谷价格上涨的情形下，村民们也没有向东进公司提出上调地租的问题，因为：他们不好意思提起，"你看这房子、这路，我们还好意思向老板说吗？"①

（三）面临的难题：合约成本与扩张约束

东进公司与百岭村农户的土地承租合约（可简称为"百岭合约"），为企业带来了以下几个方面的好处：

第一，形象投资与声誉机制得以形成，使得公司能够牢牢地根植于百岭村，为东进公司与香港恒兴两家企业的产业对接，构建了稳固的桥头堡。

第二，为其大规模的专用性资产投资提供了保障，而种猪场、屠宰加工生产线、肉制品加工设备、冷藏库房等投资则为公司养殖规模的扩展提供了可靠的产业配套能力。

第三，实现了何新良"回报乡亲、带领大家致富"的个人信念与价值偏好，同时保证了低地价的运作。

第四，作为农业产业化国家重点龙头企业，公司享受了若干优惠政策。如2007年与2008年共获得财政资金补贴225万元（其中，省财政165万元，市财政60万元）。

但问题在于，一方面，低租金土地合约的背后隐含着高昂的治理成本，貌似稳定的合约背后隐含的是高昂的维护成本。因为东进公司几乎承担了百岭村"无限"的社会责任。另一方面，如何扩大养殖规模？百岭村2 729亩土地的生猪饲养承载能力是有限的。既有环境压力②，也有是疫病风险③。

因此，东进公司面临的难题是，即要扩大其合作范围，又必须降低合约成本。显然，"百岭合约"决然是难以大规模复制的。

东进公司在其多个年度总结中均反复强调：随着公司的发展，政府、民间对企业的诉求越来越多，要求带动的呼声越来越高，要承担的社会责任越来越多，公司不堪重负。

东进公司曾经考虑在相邻的甘泉村租地扩建"外围猪场"（相对于百岭的核心地位而言），其设计的"村企共建新农村征求意见稿"对东进公司提出了若干

---

① 如前所述，1997年当时1 000斤稻谷的价格大约400元。但2009年的租金才调整为500元，而此时1 000斤稻谷的市价已经到达1 060元。这里强调"暂时稳定"，意味着下一轮的博弈中，公司要么进一步支付高成本以强化治理机制，要么提高土地租金。

② 5~6头猪的粪尿即可满足一亩耕地种植所需肥力。如果生猪饲养"过密"会导致营养富集与环境污染。

③ 根据国家的有关法律法规，一旦发生生猪流行疫病，必须对发病区周边3~5公里的生猪进行屠杀处理。

要求①：

①选址重新建设一栋村办公楼房。

②解决水源问题。有长期和短期两个方案可供选择：一是接驳临村森木坑村的水源，但需两村之间进一步协调解决方法，而且路途比较远，所需资金较大，此为长期解决方案；二是找一处离东进猪场较远，离村户较近的山坡打一口百米深井供全村用水，此为短期解决方案。

③扩建甘泉猪场。在确保环境不受污染，达到国家环保标准的前提下，利用"龙头企业+银行+农户"这一创新的金融方式，将村每一户纳入"公司+基地+农户"的股份经营合作制，东进农牧集团将资金用于扩建甘泉猪场，从而使甘泉村每户每年收入增加 3 600 元，人均每年收入增加 715 元。

④沼气工程。在扩建甘泉猪场的基础上，利用农业局沼气工程补助 800～1 200 元/户（不足的由东进农牧集团补足）将沼气通管到户，并建立以沼气为纽带的"猪—沼—果"这一生态农业模式，从而推动农业循环经济发展，并能使甘泉村每户每年节约煤气支出 1 200 元。

⑤积极筹集资金推进甘泉村村道巷道硬底化。

⑥促进农民转移就业。东进农牧集团在五年内应多次组织生产技能和农业实用技术培训，从而提高村民的综合素质，增强转移就业能力。

由于甘泉村"要价"太高，至今东进公司与其仍未能达成一致的协议。此事例足以说明东进公司土地承租的合约扩展所面临的压力。

五、新的试验：以合约治理合约

（一）试验的策略

由于百岭村土地承载力有限，东进公司在 2004 年之前就开始在百岭村的外围扩建新的养猪场。然而合约关系要么是"订单式"的，要么是"承租式"的，均包含着高昂的交易费用或者治理成本，从而使得公司的扩张与效率受到约束。

东进公司对土地的"反租倒包"有一个重要的特点，即只租赁不入股。因为采用农地入股的方式，既涉及确权的界定成本，又涉及年复一年分红问题上的谈判费用。更关键的是东进担心分散的农户股东会利用社会关系网络干预企业经营。租赁能够保证公司在承租期内享有独立的支配权和完全的剩余控制权。

---

① 摘选自东进公司提供的"惠东县白花镇甘泉村企共建社会主义新农村工作方案（征求意见稿，2006 年）"。

问题是前述的以土地承租为核心的关系型合约的不稳定以及由此引发的高昂合约治理成本①。

重新回到公式（13-3），将其转换为：$rC_1 + C > rD_1 + P$。

假定履约收益一定的情形，如果能够降低农户对违约收益 D_1 以及今后独自经营收入 P 的预期，合约就将是稳定的。

进一步假定，在小规模分散经营的格局下，农户独立经营的收益小于合作收益，即 $C > P$。那么，保障承租合约稳定的关键，就在于如何避免农户的违约威胁——针对东进的要素合约，就是怎样保证农民能够继续出租土地，并且不会对租金持续地提出涨价的要求。

如前所述，学术界关于要素契约和商品契约的讨论一直处于"两分法"的分离状态，我们甚至认为孰优孰劣的争论也无太大价值。因为这并不是一个非此即彼的必定是替代性的合约选择。

在一般的情形下，当一项合约是不合意的时候，人们往往是选择如何变革或者调整合约内容的策略。小到合约理论，大到制度变迁理论，差不多是类似策略的思维定式。

我们进一步的问题是：如果一项合约是不稳定的，人们能否不改变已有合约，而是匹配相关联的合约来维护原有合约的稳定及其自我执行？

答案是可能的。东进公司的创新性试验就是：以合约匹配合约、以合约治理合约。

（二）要素合约与商品合约的匹配

从 2004 年开始，东进公司充分利用国家扶农的小额信贷政策，通过与政府、农信社、农民的沟通协调，在邻近百岭的西山村开始了新的契约合作。

2004 年 4 月，西山村委会去函东进公司，"为了带动农民致富和村经济的发展"，邀请东进公司与其合作开办立体化养殖业，在荒废多年的果园上建立"相对规模"的养猪场一座，并以此来带动该村果树种植、淡水养鱼以及农田经济的发展。同年 5 月，东进公司回函同意投资将荒废果园改建为猪场，但需要移种的果树要由西山村委会自行解决，同时承诺环保措施，并保证向西山村民提供经过处理的沼液、沼渣用于农田灌溉及养鱼种果②。

2004 年 7 月，双方正式签订了合作协议。公司承租了西山整个自然村的土

---

① 这可以被认为是"百岭合约"最大的"麻烦"。正是这一"麻烦"才使公司寻求着进一步的试验。
② 种植和养鱼必须反过来租用东进已经承租的土地。实际的情况是：有相当部分的土地是由东进公司自己经营的；部分土地则出租给外来承包者与本地村民，但租金一般较低。

地（包括农田、果园及鱼塘共 150 亩，租金为每年每亩 500 元），依然沿袭着原有的要素合约。

与百岭不同，在土地要素合约的基础上，东进公司与西山农户的合作采用了多种合约方式：

1. 资本合约

——组建养猪场。养猪场的投资总额为 120 万元（包括场地租赁、三通一平、猪舍建筑、猪苗、饲料、防疫以及环保等方面的投入）。120 万元折成股份 2 000 股，每股折现 600 元。最多可接受 40 农户（人）认股，每人均等认股 50 股（即出资 3 万元）。如果认股人数不足 40 人，剩余部分由东进公司认购。

——如果农户没有自有资金，可以向银行（农村信用社）申请小额贷款，公司为贷款提供担保。

2. 代理合约

——农户不参与养猪场的经营管理（但可自愿参加劳动），"自愿"委托东进公司全权负责。

3. 商品合约

——养猪场所用的猪苗、饲料、防疫药物必须从公司购买。

——养猪场出栏生猪由公司收购。要求养猪场从 20 公斤小猪饲养到 100 公斤大猪出栏，年出栏 3 次，出栏量不少于 3 000 头，生猪年存栏量达 1 000 头。

4. 享益合约

——如果农户以自有资金出资，则可享受每年 20% 的投资回报。

——如果农户以银行贷款出资，则可享受每年 12% 的投资回报（贷款利息由公司在此中代扣转付银行）。

——按不同出资方式之回报规定，一年分红两次。

可见，新的合约安排实际上是多个合约的匹配集成。在上述合约中，东进的合约风险已经大大下降。其一，通过资本的要素合约，公司投资由农户出资替代，减缓了公司的投资压力与投资风险；第二，垄断性地向养猪场提供猪苗、饲料、防疫药物等，化解了公司回收肉猪的部分市场风险，并有效地实现了规模经济与范围经济；第三，分享了农户小额信贷按正常贷款利率下调 5% 的优惠政策。

依然存在的问题是：由于享有"保底利润"或者"回报承诺"，农户能够履约"养猪合约"，但土地承租是公司行为，农户可能会不顾养猪场的经营成本，进一步提出对土地租金上涨的"呼吁"，进而导致租金侵蚀利润。

（三）新的做法：以合约治理合约

上述合约安排取得的重要进展是：

第一，以农户专用性投资的方式，设置了农户退出土地合约的高门槛（对于年收入不足 4 000 元的农民来讲，3 万元的投资显然不是小数目），从而在根本上维护了合约的稳定。

第二，以承担资本风险的方式，公司获得了猪场经营控制权，从而避免了管理与技术上的风险。

第三，与百岭村的关系型合约不同，西山村尽管依然以"何姓"为主，但几乎不存在关系治理，形成的是较为正式的合约治理。

在西山村的访谈验证了我们对合约关系的判断。被访村民选择适合公司的形容词语主要包括："公平的"、"说话算话的"；而不适合的词语选择了："为农民谋福利的"、"让人满意的"和"自私自利的"。这表明公司与农户的交易是正式合约化的。

如前所述，新的问题是，即使土地租金已经包含在总投资之中，但东进公司承诺了农户的"保底利润"或者"回报承诺"，农户可以不顾公司的经营成本继续提出"租金呼吁"。事实的确如此。公司发现原有合约的回报率过高，支付的代价太大。

到 2009 年 7 月，东进公司与西山的第一个合约期结束，新一轮的续约谈判开始。与百岭村的关系合约及其关系治理不同，此时东进利用农户业已形成的"投资锁定"，掌握了关于土地租金及投资回报谈判的主动权。于是在原有合约的基础上形成了新的回报条款：

（1）养猪场独立核算。

（2）保证所有投资的农户每年获得的利润率不低于 9.6%；

（3）每年按此利润率"预分红"，三年一审，如果三年中企业在该养猪场的年均利润率低于 9.6%，则农户拿到原有的分红不变；

（4）如果三年中养猪场的年均利润率高于 9.6%，则按实际利润率给农户补足分红。

由于土地租金包含在投资内，东进又是利润核算控制中心，从而能够有效抑制农户对地租的要价。

第一，农户地租要价过高，肯定会侵蚀其红利；如果要求增加红利，就必须放弃对地租的过高要求——形成了地租与红利的内在平衡机制；

第二，农户出地与出资可能是不均衡的。有的农户可能既出地又出资，有的农户可能只出租土地。而仅仅出地的农户则可能会提出较高的地租要求。由于地租会侵蚀红利，所以过高的地租要求必将难以得到出资农户的响应。于是形成了出资农户与出地农户的关联博弈，从而化解了公司与农户之间的摩擦成本。

第三，最关键也是最后的谈判底线是，公司可以利用农户形成的专用性投资进行"退出威胁",从而设置了地租与红利的"安全阀"。

这里,我们沿用前文的模型对此进行拓展:

首先,假设东进公司的利润函数为:$Z(\pi, R) = L - (R + \pi) - X$。其中,$L$ 为公司收益,X 为除租金和分红之外的其他支出,分红金额 $\pi = 9.6\% Z$。

那么,通过隐函数求导得到:

$$\frac{d\pi}{dR} = -\frac{\frac{\partial Z}{\partial R}}{\frac{\partial Z}{\partial \pi}} = -1.070663812 < 0$$

显然,地租 R 与红利 π 之间存在此消彼长的权衡关系(trade off)。

接着,我们考虑出资农户与出地农户的关联博弈效应 G 和农户形成的专用性投资 S 对契约稳定性的影响。一方面,出资农户与出地农户的关联博弈机制降低了公司与农户之间的总摩擦成本 TTC,因此也降低了农户承担的成本 TC,从而提高了履约收益,即 $TC = TC(G)$,$\frac{dTC}{dG} < 0$ 且 $C = C(TC)$,$\frac{dC}{dTC} > 0$;另一方面,农户的资产专用性越高,其在遭到"退出威胁"后的收益则会越低,这说明 $P = P(S)$,$\frac{dP}{dS} < 0$。于是,履约稳定性端点值为:

$$r(G, S)^* = \frac{C[TC(G)] - P(S)}{D - C[TC(G)]}$$

进一步分别对 r 求关于 G 和 S 的偏导数得到:

$$\underset{(-)(-)}{\frac{\partial r}{\partial P}\frac{\partial P}{\partial S}} = (-1) \times \underset{(-)}{\frac{\partial P}{\partial S}} = \frac{\partial r}{\partial S} > 0 \text{ 和 } \underset{(+)(-)(-)}{\frac{\partial r}{\partial C}\frac{\partial C}{\partial TC}\frac{\partial TC}{\partial G}} = \frac{D - P}{(D - C)^2}\underset{(-)}{\frac{\partial C}{\partial TC}}\underset{(-)}{\frac{\partial TC}{\partial G}} = \frac{\partial r}{\partial G} > 0$$

可见,r 随 S 和 G 的提高而增大,从而履约区间得到扩展。

至此,东进公司与农户的合作关系走向了稳定、可复制①,并能够自我执行(Self-enforcing)②。

六、进一步的讨论

(一)关于"核心合约"与"边缘合约"

我们曾经提出过"核心制度"与"边缘制度"的概念,并以广东省中山市

---

① 东进公司随后在附近的南龙和明星管理区等多个村庄采用了类似的合作契约(见图13-1)。
② 如果公司给予农户的回报率过低,农户可在土地租金方面施压,甚至能够以收回养猪场经营权相威胁;如果农户要价太高,公司既可以通过农户的投资锁定相要挟,甚至可以对土地租用毁约。

崖口村为例解释了"一套低效率制度为什么能够长期生存下来"的问题（曹正汉、罗必良，2003）。我们的结论是：在制度竞争的压力之下，一套低效率的制度之所以能长期生存下来，是由于存在一种制度变迁的机制，使得该社会能够获得足够的收入用于保护它所坚持的低效率制度。这种制度变迁的机制是：社会的领导集团收缩低效率制度的覆盖范围，同时在这套制度的外围引入较高效率的制度安排，以便为低效率制度的运行创造新的收入来源，此即所谓"核心制度收缩及边缘制度创新"。而坚持所谓"低效率"的"核心制度"，则与崖口村领导集团的"公社制度"的价值偏好及思想观念密切相关。

在本案例中，我们可以发现两类不同于崖口的"核心合约"与"边缘合约"：

类型一：在百岭村形成的关系型"核心合约"以及在西山村等"外围村"所形成的契约型"边缘合约"。

从地域上可以明显地观察到此类差异化的合约安排（见图13-2）。

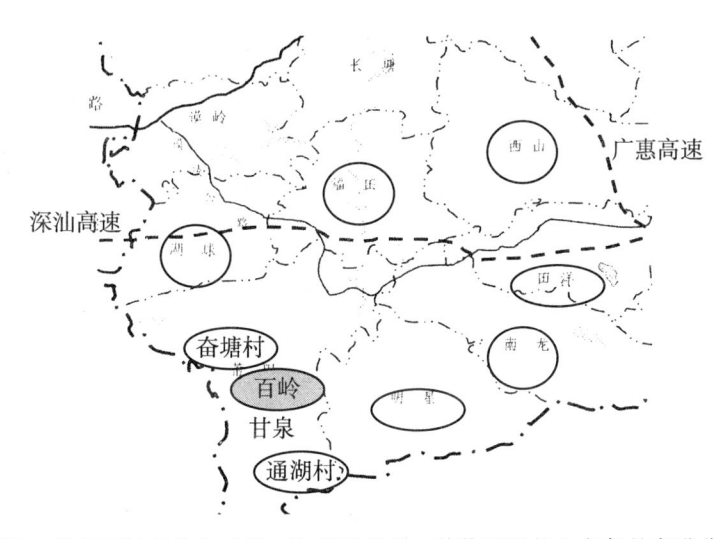

图 13-2 东进公司与农户合作的养猪场分布

注：说明：除了百岭村作为"核心"养猪场外，其他画圈的地方都是东进公司与农户合作的"外围"养猪场。

其形成机理与崖口村极为相似。第一，"核心制度"与"核心合约"都是相对低效率的；第二，其产生与维护均与核心人物的价值偏好及思想观念相关。

不同的是，①崖口以"核心制度收缩"及"边缘制度创新"来改善制度效率，或者说，其"核心"依赖于"边缘"的维护；东进公司则以相对低效率的"核心合约"，来支持邻村不断复制的具有较高效率的"边缘合约"，或者说，其

"边缘"的模仿与扩展受益于"核心"。因此，我们看到了不同于崖口的"一套低效率制度为什么能够长期生存下来"的"东进版本"。②崖口的核心制度主要源于领导集团的价值偏好与思想观念，而"百岭合约"作为核心合约除此以外，还与其所承担的经济功能相关（如本节第三部分提到的投资保障与产业配套能力等）。

类型二：作为"核心合约"的承租合约与作为"边缘合约"的匹配合约。

受制于土地集体所有制与家庭承包的制度背景，东进公司与农户的合作始终是以土地承租合约为基础的。无论是百岭村的关系型合约，还是西山村的正式合约，土地承租一直处于核心位置。

生猪养殖具有几个重要的行业特性：一是与其他农业行业相比，具有较高的投资门槛与规模经济性要求。二是易于形成环境污染，这要求必须能够有效控制生猪的规模与饲养密度，以确保环境的承载能力，避免"环境麻烦"（包括政府部门的管制、周边居民的抱怨与索赔）。三是存在防疫风险问题。在一个自然村范围内，如果存在主体不同的多家养猪场，一旦其中一家发生疫情，那必定全军覆没。

因此，东进公司必须保证其对土地的控制权。东进公司的做法通常是对整个自然村的土地成片承租，关键在于对其他行为主体的土地经营行为具有排他权，从而获得投资稳定、环境安全与防疫保障。应该说，所有的关系治理与合约治理都是作为"边缘合约"来支持土地承租这一"核心合约"的。与类型一不同的是，前者由决策者的价值信念决定，而土地承租作为"核心合约"则是由产业的特性所决定。

（二）关于合约不完全与效率改进问题

自从格罗斯曼和哈特（Grossman and Hart, 1986），哈特和摩尔（Hart and Moore, 1990）的经典性文章发表以来，不完全合同理论很快就对合同与企业理论的研究产生了重大影响，以至于大量的合同和企业理论文献要么是对该理论的应用和发展，要么就是对该理论的批判。在 GHM 框架中，合同都只有一个性质——不完全性，而且几乎所有研究都是以此为起点，以致人们一直在致力于"可行的完全性"（Feasible Completeness）或者"最佳完全合同"（Optimal Complete Contract）的研究（Saussier, 2000；杨其静, 2002）。

东进的案例对此可以给出重要的启示：合约效率的改进至少是可以有两种选择方式的——其一是文献已经注意到的。比如调整变更合约内容，或者引入新的要素，或者重新缔约，以改善合作绩效；其二是不改变或者是维护原有合约，通过匹配新的合约以改善原有合约的适宜性。或许，丰富的实践能够给出更多的选择方式。

特别值得注意的是，如何评价"合约效率"是应该"小心"对待的问题。如果说"百岭合约"是高成本的，还不如说是高福利的，因为与何总"回报乡亲，带领大家致富"的理念是一致的。并且，何新良得到的声誉回报与人格升华，显然也是"高效率"的。

更重要的是，"百岭村合约"还具有明显的"外部经济性"特征。如前所述，"百岭村合约"的维护对东进公司尽管是高成本的，但其土地租金却是廉价的。在东进向周边进行规模扩展的过程中，百岭村的土地租金定价对其后来的土地承租发挥了"基准价格"或者价格"示范"作用，这无疑增强了土地承租这一"核心合约"的稳定性。多年以来，无论人地矛盾如何变化，东进支付的土地租金始终保持着较低水平（见表13-22和表13-23）。

表13-22　　　　　　　惠州市与惠东县农地出租情况

年度		2003	2005	2007	2009
农地出租（万亩）	惠州	20.6	22.9	32.4	35.5
	惠东	2.3	2.2	6.5	11.0
稻谷价格（元/斤）	惠州	0.80	1.00	1.02	1.08
	惠东	0.80	0.95	1.00	1.06
公司租地租金*（元/亩）	惠州、惠东	400~800	500~900	500~1 000	500~1 000

注：* 通常根据田地的质量好坏、地理位置、排灌条件等确定。

表13-23　　　　　　　东进公司的土地租金情况

时间	2002年1月	2002年11月	2003年1月	2005年1月	2006年11月	2009~2010年
地点（自然村）	段西、老屋、新丰等	新池、新西等	黄屋等	新西（山地）	田洋、高墩等	续签合同
面积（亩）	384.65	419.45	114.1	18	23	
期限（年）	10	10	10	35	15	
租金（元/亩）	350	350	旱地：350 水田：400	166.7（每年3 000）	350	500左右

资料来源：根据东进公司与部分自然村所签合同文本整理。

如前所述，初期合约规定的"每年每亩1 000斤稻谷的市价水平"并没有得到实际执行。我们要特别强调的是,要维护一个相对"廉价"的土地合约,在现实中是困难的。这源于两个方面的原因:第一,农地的集体所有及其承包经营权赋予农户对土地使用的"垄断"地位,而土地流转不畅与市场发育不足,极易诱致农户对土地准租金的追求;第二,公司的企业家能力及"信息装置"优势所获得的要素配置效率,会使得土地的价值功能加强,这难免会导致农户产生"价值幻觉",误以为价值增值源自土地。而这一"幻觉"会得到强化对土地租金的呼吁[①]。

因此,"廉价"的土地合约在百岭村是通过"补偿"机制、"替代"机制以及"权威"机制等来弥补的,但却是高成本的,且具有不断强化的特征;而西山村等则是通过"资本享益合约"来维护的,并能够形成两类合约的匹配与均衡。由此,土地要素合约便可以走出百岭这一特定的村庄,具有了内生扩展性和普适性。

(三) 关于商品合约与要素合约的优劣问题

前文已经说明,关于要素合约和商品合约的两分法讨论可能没有太大价值,因为它们各自存在适宜的作用空间。我们要强调的是,不能忽视合约稳定所依赖的环境及其关键变量:

第一,产品的异质性问题。同类农产品,比如水果,相互之间具有显著差异,即使是同一品种,甚至是同一棵果树上的水果,相互间也存在明显的品质差异。在此情形下,如果缺乏有效的分类标准与品质度量技术,选择商品合约必然面临高昂的合约成本[②]。

不过,在生猪养殖上采用商品合约,在数量上是易于评估农户的履约行为的。公司向每个农户供应多少猪苗、回收多少头生猪,易于计算和考核。但却不能对小规模的农户实施退出威胁,因为小规模的养殖既易于从市场上获得猪苗,也易于市场出清。

并且,与小规模农户的商品合约,主要问题不在回收数量的保障方面,而是在于风险方面:一是小规模养殖隐含的疫病风险;二是香港市场对猪肉品质的检测甚为严格,公司不能承受失去供港肉品资格的风险。

---

① 早在 20 世纪初期,熊彼特(中译本,2009)就注意到了此问题。他指出:"人们可能首先把土地的服务设想为土地的产品,把土地本身看作是真正的原始生产资料,并且认为土地的产品的价值应该全部归属于土地。这在逻辑上是荒谬的。因为土地不是一种独立的商品,它不能与自己的服务相分离,它仅仅是这些服务的总和。"

② 周立群等(2002)之所以认为商品合约优于要素合约,关键是没有考察具体的合作行业与产品对象。

可见，商品合约往往适宜于大规模的养猪户。因为存在投资锁定与市场风险，所以大规模的养殖户在整个生产流程上才会进行严格的标准化生产与质量管理①。不过这要求公司必须具有强有力的技术保障、加工能力和市场营销能力。

第二，在劳动要素的合约中，如果不能有效考核劳动者的质量，或者劳动成果并不单一地由劳动质量决定，那么偷懒将成为普遍现象。更重要的是，农业生产具有生命连续与不可逆的特征，其生产成果并不由某个环节或工序（工艺）决定，因此，在种植业领域，由于缺乏质量考核标准与生产流程的可控性，选择要素合约是不适宜的。而要选择要素合约，一定是普遍实行了机械化作业（这只有规模经营的农场才有可能）。养殖业（特别是畜禽业）因其工厂化特征，要素合约的适宜性将会有所改善。事实上，东进公司养殖基地全部使用电脑软件进行系统化管理控制，生产流程中导入 ISO、HACCP 等技术管理规程，公司统一管理、统一防疫、统一饲料、统一种苗、统一培训、统一品质、统一环保，使农业生产活动与标准化、规格化、定量化相适应，减少农业劳动成果的可变性和不确定性，大大改善了要素合约中的考核能力。

第三，关于土地要素的合约问题，前文已经做了讨论。因为生猪养殖防疫风险以及供港肉品质量安全风险的特殊性，使得东进公司只能选择"土地要素的承租合约"。事实上，在资本被土地套牢的情况下，土地要素契约经常面临着农户的"土地价值幻觉"而导致利润被地租侵蚀的现实困境。

所以，我们的判断是，东进与农户的合作，要么是要素合约，要么是要素合约与商品合约的集成，而不可能只是单一的商品合约。可以推断，实践中的合约匹配可能更为多样。

（四）关于农业的组织化问题

东进公司与农户的正式契约合作实际上是选择了"龙头企业+农场"的模式（这里简称为东进模式或东进试验）。这一模式对于推进我国农业组织化应该具有重要意义。

我国农业现代化进程中遇到的最为棘手的难题是：如何将极其细小的农业规模改造为适合发展现代农业的农场规模？因为，如果农场规模远在现代生产力水平所要求的底线之下时，以其为基础的科技应用、设施装备、市场准入、维生收入、从农热情等都日益变得难以为继了，现代农业也就因此成为一个可求不可得

---

① 这一条件约束显然是严格的。因为一般的农户难以逾越这样的门槛要求。此外，不能忽视疫病防御的地域性要求。

的奢望（何秀荣，2009①）。

严酷的实现是：1986年，农户平均拥有耕地9.2亩，并且由于当时的平均主义分配方式，每户耕地分散为8.4块。更值得忧虑的是，本已极其细小的农户规模随着农地流失和人口增长还在不断细小化。与农户规模缩小相对应，农业收入在农户收入中的份额不断下降（由1985年的75.02%下降到2007年的42.1%）。除了收入问题外，小规模农业还引发了一系列的其他问题，包括，农业在农户经济中不断被边缘化，兼业和弃农成为普遍现象，农业不断"衰落"；小生产与大市场的矛盾丛生、卖难买难的反复交替成为普遍现象；农业的标准化与农产品质量安全几乎成为无法克服且越发严重的问题。

由此，农业产业化被提到了议事日程。近些年人们在实践中不断寻找和创新扩大农场规模和弥补小农缺陷的途径和形式，比如，促使耕地向种田大户集中、鼓励建立农民专业合作组织、龙头企业连接农户等等。问题是，已经在试验的路子走得通吗？

（1）土地流转方面。1999年我国农户平均转包出去的耕地为0.2亩，即只有2.53%的耕地发生了流转；2006年为4.57%；2008年仅仅8%。事实上，伴随着农地的流转，至2007年底我国农户平均拥有耕地减少为7.4亩，比1986年的规模缩小了20%。日本从20世纪50年代末开始实施扩大农场规模政策，但50年的政策推进结果仅仅使平均农场规模从起步的1公顷扩大到2公顷，尽管农场规模扩大了1倍，但在今天的农业环境中，依然不存在规模经济，更不要说与美国数百公顷规模的农场去竞争。

美国2002年农业普查数据显示，美国大于1 000英亩的农场只占农场总数的8.6%，但占有67%的耕地。1978~2002年，公司农场从5万家增加到7.4万家，家庭农场减少了56万家，公司农场占农场总数的比例从2.22%上升到3.47%。

（2）合作社历来被视为弱小群体通过互助合作来弥补弱小分散等弱点的有效方式。然而，一方面由于农业的特性，合作社的制度成本极其高昂，包括劳动质量监督、产品质量考核以及事后机会主义行为等问题。另一方面，小规模的农业合作社也难以适应不断市场化与国际化的竞争环境，因为今天的世界农业竞争比以往任何时候都更应讲求规模经济和专业化。农业专业合作社不可能成为中国农业的基本组织形式。

（3）"公司（龙头企业）+农户"中的"订单农业"表面看来能够适应我国小规模、分散化的家庭经营格局。既改善了规模经济，又缓解了市场对接难题。

---

① 下述数字均来源于此文献。

但最大的困境是：第一，合约稳定性差，毁约率高；第二，企业不可能对农户行为进行监督，更不可能对产品质量进行严格识别，隐含着农产品质量安全的极大隐患。

现行家庭承包经营制度在实际运作中存在重大缺陷。第一，均田承包在封闭的小农经济背景下是相对有效率的，一旦存在人口的流动与变化，则存在天然缺陷。由于土地集体制赋予村庄内部每个合法成员平等地拥有村属土地的权利，从而社区农民因其天然身份拥有平等的承包权。其结果自然是土地分配随人口的变化而变化，由此，不稳定性与分散性成为其必然的制度缺陷。第二，随着城市化与非农产业的发展，普遍出现了半自给性小规模土地经营基础上的农户兼业化与副业化。农户的抛荒、土地的分散使用、经营规模的狭小在资源配置上造成了巨大的效率损失，并威胁国家的粮食安全与食品的质量安全。关键是在人口流动与土地流转的过程中，没有建立起行为主体有效的土地"退出机制"与"进入机制"。因此，在赋予农民充分而有保障的土地承包经营权的前提下，改善土地资源配置效率，改变现有分散的、狭小的、低效率的土地使用格局，构建与劳动力转移匹配的"土地退出机制"，造就土地集中机制，从而实行规模经营，使制度变革提到了议事日程。

因此，东进的"公司+农场+农户"的模式，一是解决了土地集中与规模经营问题，二是保障了农民的土地利益，三是克服了产品质量安全问题。

其中，特别值得重视的是，"订单农业"并未形成农民有效的"土地退出"机制，甚至在某种程度上将农民"捆绑"在土地上。而东进试验不仅构建了"地动"与"人动"的互动机制（鼓励农民弃地和外出打工，同时为农民提供土地收益与打工失败的就业保障），而且形成了农民分享资本收益的渠道（银行贷款、公司担保、农户投资、保底利润、超额分红以及地租享益）。

可以发现，在东进模式中，农场的基本特点是租赁式农场（土地租赁与资本入股）；农场依附于产业链下游的母公司，自己没有独立的法人地位；农产品往往提供给母公司。它实质上是一种工商资本"兼并"了许多小农场后形成的大规模租赁经营农场。

国内外实践表明，公司农场具有强大的生命力：经营规模普遍较大，生产环节连接紧密，具有规模经济性；更容易实行专业化和标准化生产，更容易采用新技术和新设备，从而有利于提高技术效率和经济效率。

日本政府长期以来对公司农场实行严格限制，但在经济全球化趋势中，强大的国际压力、高额的农业补贴、老龄化的农民使得日本政府明显感到传统的农业政策越来越难以保护其小农为基础的农业，开始放宽了对公司农场（法人农场）的法律限制。1995年开始，公司型法人农场加速增长，1995~2000年的5年间从 2 815 家增加到 4 393 家，增加了 56%。2003 年日本政府进一步允许一般企业通过租赁农地的方式进入农业。同样，法国农业经营组织体系中公司农场的发展也非常迅速。

中国应该选择怎样的农业现代化的道路，是一个根本的战略性问题。而农业现代化的实现机制，在相当的程度上依赖于农业组织化形式的创新，这显然决定了东进试验所具有的政策含义与宏观价值。

第十四章

制度变革的基本方向：从所有权走向产权

第一节 资源属性、行为能力与制度匹配：关于基本制度的选择逻辑

一、文献回顾：私产、国有抑或其他

产权对于经济效率的重要性已经成为经济学家的普遍共识（Driscoll and Hoskins, 2003; North, 2005），产权对于长期经济绩效有着一阶影响（Acemoglu and Johnson, 2005）。实证经验也证明产权对于成功的经济转轨而言是充要条件（Simon, McMillan and Woodruff, 2002）。换言之，要实现经济效率的提高就需要一套有效的产权安排作保障。问题是，哪类产权更为有效率？是私人产权、国有产权抑或其他（Anderson and Bandiera, 2005）？

关于产权的效率比较始于科斯（Coase, 1960）的鸿文。他通过若干法律案例表明，在交易费用为正的条件下，不同的产权结构或类型会产生不同的行为效应。在他看来，选择哪种产权主要取决于其交易费用的大小，私产并不是绝对有效率的，关键在于对约束条件的刻画。张五常（Cheung, 1970）认为产权结构

可以采取各种不同的形式，私人产权为一个极端，国有产权为另一个极端，大多数产权安排都处于这两者之间。在非私人产权下，任何人都无权排斥他人使用资源，人人竞相使用导致租金净价值变为零。这样，一项财产之所以被非私有，是因为它可获得的租金低于实施排他权利的成本。他进一步指出，所有产权安排都是要付出界定成本的，这种成本是国有产权最低、私产最高，但其收益却正好相反，因此最终选择哪种安排取决于收益和成本的权衡。巴泽尔（Barzel，1989）也认为先验的推理不能表明私人产权一定比非私人产权更有效率。因资源具有多种属性且它们都是可变的，人们要充分界定这些资源的权利则需要耗费高昂的测量和监督成本。当该成本超过其收益时，人们只好把它置于公共领域（Public Domain）。因此，非私有财产的利用并不意味着是一种效率浪费，或者说，选择怎样的产权安排是基于交易费用最小化的理性选择。

然而，更多的文献则坚持认为私人产权具有比较优势。阿尔奇安（Alchian，1965）列举的证据是：第一，私人产权下的财产市价能充分反映其他社会成员的价值偏好和需求；第二，私产能够避免人们因争夺对经济资源的控制而造成内耗损失；第三，私人产权被界定得越完整，则其市场交换价值将变得越高。德姆塞茨（Demsetz，1967）从产权能够内部化外部性的视角与前者站在同一立场。阿尔奇安和德姆塞茨（Alchian and Demsetz，1972）进一步指出，古典企业赋予中央监督者以私人剩余索取权，能抑制他在监督活动中偷懒的动机。若把剩余索取权平均分配给各集体成员，则集体生产的效率会大幅下降。

现有文献对私人产权效率的解释，大体可分为三个方面：

一种较为直接的解释是，私人产权的排他性激励着产权主体将之用于带来最高价值的用途，其可转让性促使资源从低生产率所有者向高生产率所有者转移。而国有产权制造了一些独特的激励和交易费用，它们进一步导致资源配置的两大失误：一方面，资源配置不当源自于社会偏好的产出与计划的产出组合之间存在明显差异；另一方面是社会机会集合的缩小产生负面的激励机制和高昂的交易费用，尤其是为收集中央计划所要求的大量信息而付出的巨额费用所导致的浪费与低效率（Pejovich，1990）。

另一种替代的直观解释是，集体产权比私人产权效率低，原因在于：第一，每个人都参与非生产性的攫取集体资源的竞赛而导致租金耗散；第二，为了减少租金耗散，就需要制定和实施严密的约束与规则，而这将意味着极高的制度执行成本；第三，由于在集体产权下对个人行为的准确考核十分困难，这往往表现为个人努力程度与实际报酬的关联性较差，因此每个人就有"搭便车"和偷懒的行为倾向，从而导致整个经济效率大幅下降（Ostrom，2000）。

第三种相关的解释是，如果签约成本为零，那么私人产权与国有产权之间不会有什么区别。因为在这两种情况下，政府都将与企业签订包括一切的契约，它将预测到将来所有可能发生的事情。相反，在不完全契约情况下，两者就不同了，因为此时政府拥有企业资产的剩余控制权，而在另一种情况下，这种权利就由私人拥有。但这种国有—私人产权问题并不是纯粹私人产权模型的简单延伸。政府不像私人主体，它可以随时改变目标函数，而且它是代表着官员、政客及公民不同目标主体的集合，因此它可能选择符合政治目标而偏离经济目标的产权结构（Hart，1995）。

产权效率具有显著的"情景依赖"特征，涉及产权对象的资源属性、产权主体的行为能力等诸多方面。不同的资源具有不同的属性，与之相关联，不同的产权主体具有不同的行为能力，进而会面临着不同的交易费用，从而会导致不同的产权效率，因而不存在任何情景下"总是有效率"的产权形式。不同的产权类型代表着不同的激励结构。效率条件可以被视为在既定约束条件下某种产权结构的均衡解。这样，如果行为主体面临的约束条件不同，一个产权体系的解就会不同，关键是如何进行约束条件的特征化处理（De Alessi，1983）。我们推断，看似低效率的产权制度如果考虑了约束条件后就可能找到其存在的理由，而过去所谓的"最优产权制度"可能是忽略甚至剔除了约束条件才成立的。因此，目的在于引入资源属性并将之作为产权制度选择的约束条件，以期揭示各种产权类型存在及变迁的内在机理与逻辑线索。

二、资源属性约束下的产权选择：一个 3×3×3 的制度匹配模型

产权是由法律约束机制、国家暴力潜能、社会风俗习惯或等级地位来确立的（Alchian and Demsetz，1973）。或者说，产权是一种通过社会强制而实现的对某种资源的多种用途进行选择的权利（Alchian，1987）。那么，借助于产权就可获得一种将资源配置给行为主体的规则，该规则涉及如何将特定资源的各种合法用途向特定主体进行分配所做的选择。

在经济系统中，能够进行产权配置的行为主体往往分为三种，它们分别是国家、社团（集体）和私人。由此，产权形式可分为国有产权、集体产权和私人产权。这三类产权又分别在排他、处置和交易这三个行为维度出现能力上的差异：国有产权在每个能力维度上都最弱，私人产权却均最强，而集体产权则位于两者之间。

显然，三类产权在行为能力上的排序结果，是建立在不考虑资源属性约束的前提下的。一旦把产权客体的三种属性——专用性、风险性和规模性——引入上

述的能力排序分析当中,结果将变得复杂且不确定,甚至可能完全相反。比如大象,按照传统的经济学观点,从资源保护的角度来说应该置于国有产权,从行为激励的角度而言应该实施私人产权,但事实上津巴布韦大象数量的长期增长却是因为选择了集体产权。其产权选择的逻辑就是考虑了真实世界中产权客体的特殊属性。

基于上述,可以初步得到一个简单的 $3 \times 3 \times 3$ 的产权制度匹配逻辑模型。那就是,产权的选择取决于产权主体行为能力的三个维度,而产权客体的三种属性又限制这三种能力的发挥。其中,产权选择的最终变量是产权客体的三种属性,产权主体能力的三个维度则是产权选择函数的中间变量。三种资源属性决定了每一个行为能力的大小,而三个行为能力维度又决定了产权的匹配空间,从而使由三类产权向量组成的产权选择集出现 $3 \times 3 \times 3$ 的制度匹配情形。

(一) 产权的三种类型

从行使权利的角度来说,可以认为私人产权是一个极端,国有产权为另一个极端,而集体产权或俱乐部产权便处于它们之间。如果结合前文的产权管制建模思路,那么,可以把产权类型与产权管制结构的分类一一对应起来。这里,首先规定产权乃一个集合体,主要包括使用权、收益权和转让权,只要对该权利集合中的一个或多个子权利的运用实施限制甚至删除,则属于"产权管制"定义的范畴。因此,该定义也同时可以作为区分国有产权、私人产权和集体产权的一个标尺:第一,全面产权管制下,排斥他人使用资源并从中获取收入以及自由协约(转让或交易) 的权利被拥有 "暴力潜能" 的外部权威剥夺,则是国有产权的情况;相反,如果上述三组不同的权利均由分散决策的个人所控制,那么便构成所谓的私人产权,这是一种完全无产权管制的状态;至于集体产权,是产权集合中至少一个但非所有子权利由外部权威或个人来支配,集体内所有的行为主体根据讨价还价能力各自控制其中的一到两组权利或共同分享某项子权利,因此,该情况下有部分产权受到管制。总之,国有产权中的产权管制程度最强,集体产权次之,而私人产权最弱。此时,国有产权等价于完全产权管制的私人产权,私人产权又成为完全没有管制的国有产权,而集体产权则被视为带有部分产权管制的私人产权或产权管制较弱的国有产权。

私人产权是分散决策个人单独拥有并自由操控的财产权利。在该产权安排下,每个人都有一个不需要他人允许便可自由选择的机会集合,如 A 可以决定某项资源的用途,若 B 不想让 A 这样做,则必须与 A 进行谈判。但 A 的这种选择自由仅涉及资源用途,而不包括对交换价值的影响,更不包括 B 认为 A 的不当行为使 B 承担痛苦而给 B 带来心理或情感上的负效应。

作为私人产权的镜像，国有产权意味着拥有"暴力潜能"的"利维坦"可以在权利的使用、获益和转让中删除任何个人的因素而按照政治程序行事，但决策程序不一定是全体公民的一致同意。这种产权形式是由国家人为管制所造成的。它意味着个人对资源的使用权、获益权和转让权被国家全部或部分地剥夺。

处于上述两者之间的集体产权是两个或以上的个人在合作剩余的驱动下通过正式或非正式的自由缔约方式组织在一起共同行使的权利。在这种产权类型下，集体成员参与对相同资源的决策，需全体成员一致同意才能对资源进行实际运用，但这仅限于集体成员，外部人将遭到排斥。这种"选择性排他"促使集体产权的租金耗散程度大于私人产权但小于国有产权。

（二）行为能力的三个维度与资源的三个特性

根据第七章的分析，从产权主体自身的行为能力来看，所有有效率的产权类型均必须具有排他能力、交易能力和处置能力，它们共同构成产权主体的能力维度集。

此外，为便于对产权主体及其行为能力的分析，我们集中讨论专用性、风险性和规模性三个方面的资源属性。

（三）产权匹配及其命题

一般而言，产权的强度主要取决于其合法性、合理性和行为性。这里仅讨论行为性对产权强度的影响，因此合法性与合理性均视为既定不变的外生参数。此外，行为能力受到资源属性的约束（可转换为交易费用约束），而不同的行为主体具有不同的行为能力。于是，我们可以进一步将资源的三种属性和主体的三个能力结合起来讨论与之相匹配的产权类型的选择问题（见表14-1）。

表14-1　　　　　　　　基于资源属性的产权类型匹配

状态	资源属性			行为能力			匹配类型		
	专用性	风险性	规模性	排他能力	处置能力	交易能力	私人产权	集体产权	国有产权
Z_1	1	1	1	1/3	0	0			√
Z_2	1	1	0	0	1/3	1/3			√
Z_3	1	0	1	2/3	1/3	1/3		√	
Z_4	1	0	0	1/3	2/3	2/3		√	

续表

状态	资源属性			行为能力			匹配类型		
	专用性	风险性	规模性	排他能力	处置能力	交易能力	私人产权	集体产权	国有产权
Z_5	0	1	1	2/3	1/3	2/3		√	
Z_6	0	0	1	1	2/3	2/3	√		
Z_7	0	0	0	2/3	1	1	√		
Z_8	0	1	0	1/3	2/3	2/3		√	

在表 14-1 中，资源属性以大小刻画（以"1"表示大，"0"表示小）；行为能力以强弱描述，它依赖于所对应的资源属性，分别以"0，1/3，2/3，1"表示"很弱，较弱，较强，很强"。

产权类型（或产权管制状态）的选择是根据三种行为能力的综合得分来确定的。具体而言：

（1）排他能力：完全无产权管制下，私人产权主体拥有产权的排他资格，财产的权能和利益界定清晰，没有重叠之处，且运用产权的成本与收益均落在私人所有者身上，因而具有足够的"生产性努力"；与部分产权管制对应的集体产权，尽管对外具有排他性，但成员内部则可能存在"分配性努力"；全面产权管制下的国有产权具有显著的"分配性努力"，尽管对外具有明显的排他能力，但内部的排他能力几乎荡然无存。

（2）处置能力：国有产权的处置能力也是最差的。国有主体（名义上的或宪法意义上的）或全体公民只能作为不可分割的产权所有者整体性地存在，它不可以具体对象化到各个公民身上。集体产权的处置能力要比国有产权强但不如私人产权，因为它的权利分割和用途重新分配需要其他集体成员的同意方可完成；私人产权则允许产权主体自由分割其私有财产的各种用途。

（3）交易能力：其强弱的排序结果依然是私人产权最强，国有产权最弱，集体产权居中。因为私人产权主体能够将其资源自由投入到对其评价最高之处，但没有哪个公民能取走国有财产中属于自己的份额。

按此逻辑，私人产权的综合得分最高，且从上面的评分标准来看，它在每个维度的得分等于 2/3 或 1；国有产权的综合得分最低，它在每个维度的得分等于 0 或 1/3；集体产权的综合得分居中，它在每个维度的得分等于 1/3 或 2/3。这里，以 1 作为最高分，且把 1 平均分为 3 段：第一段是 [0, 1/3]。此时，各个行为能力均属于"很弱"或"较弱"的是国有产权；第二段是 [1/3, 2/3]，各个维度的行为能力属于"较弱"或"较强"，这是集体产权的情况；私人产权分

布在第三段 $[2/3, 1]$，行为能力属于"较强"或"很强"等级。这样，可以用分段函数的形式来表示产权类型的选择：

$$产权类型 = \begin{cases} 私人产权，每个维度得分 \in \{2/3, 1\} \\ 集体产权，每个维度得分 \in \{1/3, 2/3\} \\ 国家产权，每个维度得分 \in \{0, 1/3\} \end{cases}$$

必须强调，上面关于产权分类的行为能力的识别是在不考虑资源属性的前提下处理的。当重新引入资源属性且按照不重复的 0~1 随机性原则再进行赋值计算，由组合论可知，三种具有两类强度的属性应该拥有八种不同的组合。因此，表 14-1 分别表达了八种不同的属性组合状态（Z_1，…，Z_8）。例如，表中 Z_1 在资源三种属性的程度都较高情况下均赋值为1，根据行为能力与资源属性的函数关系转换首先得到排他能力的各项得分分别是 1（专用性为1）、0（风险性为1）和 0（规模性为1），再以 1/3 的权重进行加权平均得到综合得分 1/3，这表示排他能力"较弱"；然后得到处置能力的各项得分分别是 0（专用性为1）、0（风险性为1）和 0（规模性为1），再以 1/3 的权重进行加权平均得到综合得分 0，这表示分割能力"很弱"；接着得到交易能力的各项得分分别是 0（专用性为1）、0（风险性为1）和 0（规模性为1），再以 1/3 的权重进行加权平均得到综合得分 0，这表示转让能力"很弱"。最后，根据三类产权的行为能力大小（或关于产权类型选择的分段函数定义）确定与这种排他能力较弱、处置能力和交易能力都很弱的资源相匹配的产权类型应该是国有产权，其他七种情况以此类推。

三、假说检验：来自中国的经验证据（1949~2009年）

本节将运用 1949~2009 年中国农地产权管制结构变迁的省级面板数据验证上文的理论推导。就中国农地的制度变迁而言，它恰好经历了私产、国有到集体产权的三种制度类型，因此我们可以运用其中的经验数据对推导出的相关理论假说进行验证。

有必要回顾一下农地产权制度的历史演进轨迹：1949 年底到 1950 年，国家就开始进行土地改革运动，重点是把地主的土地没收然后分配给农户，该运动到 1952 年底在全国范围内基本完成。此后，国家逐渐开始推行合作化运动，但在强制实施人民公社之前，农地产权仍然属于农户个人所有。土地改革的结果是国家通过政治运动制造出一种土地的农民私人产权，但这种私人产权既不是产权市场长期自发交易的产物，也不是国家对土地产权自发交易过程中施加某些管制的结晶（周其仁，2002）。因此，1949~1957 年的农地制度可视为完全无产权管制的私人产权。

1958年中共中央做出《关于在农村建立人民公社问题的决议》，把从互助组到初级社再到高级社最后全部变为人民公社，土地因而由农民个体所有制变为集体所有制。事实上，人民公社时期的集体所有制其本质乃是一种国有产权的全面产权管制形式。在该制度安排下，国家垄断了农产品的全部收购，严禁长途贩运和限制自由商业贸易，关闭农村要素市场，以及隔绝城乡人口流动，从而成为所有制经济要素（土地、劳动和资本）的第一决策者、支配者和收益者，集体在合法的范围内，仅仅是国家意志的贯彻者和执行者。然而，这场公社化运动导致1959~1961年严重的农业危机，这迫使国家在1962年通过"三级所有，队为单位"的管理组织形式对公社制度进行修正。不过，人民公社的生产队制度直到1983年前仍然是当时基本的农地制度，只是到了1983年年末，中国有94.4%的农户采用了以家庭为基础的农地制度，从而取代前者成为新的农地基本制度（Lin，1992）。我们将1958~1983年的农地制度视为全面产权管制下的国有产权。

从1978年开始到1984年初，中国农村地区几乎所有的农户都开始采用以农户家庭为基本单位的联产承包责任制。它虽然保留集体对农地使用权和转让权的部分管制，但让家庭成为自身经济活动的剩余收入索取者，农业经济绩效因而提高。我们将1983年以来的农地制度视为实施部分管制的集体产权。

所以，从产权而非所有权的角度看，中国农地经历了国家制造的私人产权到国家全面管制的国有产权再到实施部分管制的集体产权这三种制度的变迁。

（一）假说、变量选取与数据来源

根据上文，由于资源属性会产生各种交易费用，同时，产权行为能力的发挥又受到交易费用的约束。考虑到行为能力测度的困难，我们把资源属性对行为能力从而产权类型选择的影响转换为一个交易费用实证问题。这样，可以提出四个可检验的假说：

假说1：资源的专用性对交易费用具有正效应，但对经济绩效产生负效应。
假说2：资源的风险性对交易费用具有正效应，但对经济绩效产生负效应。
假说3：资源的规模性对交易费用具有正效应，但对经济绩效产生负效应。
假说4：在一定的交易费用约束下，部分产权管制下集体产权的制度绩效最高。

选取的变量如表14-2所示。

表 14 – 2　　　　　　　　　　变量的指标设计

变量	表示	定义
经济绩效	Y	农业总产值
交易费用	TC	1 - 经济效率
风险性	RISK	省级粮食产量与全国粮食产量的协方差/全国粮食产量方差
规模性	SCALE	农户平均人数×农村居民人均经营耕地面积
专用性	SPECIFIC	有效灌溉面积

数据来源于中国1949～2009年省级面板数据（包括《新中国六十年统计资料汇编》、各年的《中国统计年鉴》和《新中国农业60年统计资料》）。数据的处理方式是：

（1）使用数据包络分析DEA的非参数方法估算农业低效配置产生的交易费用。其中，以乡村从业人员数（单位：万人）、农作物总播种面积（单位：千公顷）和农用机械总动力（单位：万千瓦）作为投入变量，农业总产值（单位：亿元）为产出变量。最后运用软件DEAP2.1计算出中国农业经济效率，然后用1减去它可得到效率损失值，由此将农业资源扭曲配置的效率损失描述为内生性交易费用。

（2）规模性用农户平均人数与农村居民人均经营耕地面积的乘积表示，它代表户均耕地经营面积。

（3）风险性用省级粮食产量与全国粮食产量的协方差除以全国粮食产量方差（计算系统风险）。

（4）专用性用有效灌溉面积表示（以间接表达地理专用性特征和农田水利设施的资产特征）。

为了避免造成伪回归的问题，先对数据做相关的面板单位根和协整检验。

（二）面板单位根检验

通过采用不同方法的检验分析，可以发现，各变量都存在单位根，其一阶差分变量都是平稳的，这说明它们都是I（1）。结果见表14-3。

表 14-3　　　　　　　　　　面板单位根检验结果

检验方法 变量	LLC 检验 统计值	LLC 检验 P 值	IPS 检验 统计值	IPS 检验 P 值	Breitung 检验 统计值	Breitung 检验 P 值	ADF 检验 统计值	ADF 检验 P 值	PP 检验 统计值	PP 检验 P 值	Hadri 检验 统计值	Hadri 检验 P 值
Y	16.4724	1.0000	29.7599	1.0000	13.5444	1.0000	1.13576	1.0000	1.07700	1.0000	19.3884	0.0000
ΔY	8.41184	1.0000	-6.96862	0.0000	9.42980	1.0000	258.049	0.0000	382.469	0.0000	2.29904	1.0000
TC	15.9623	1.0000	26.4793	1.0000	15.1710	1.0000	1.53635	1.0000	2.85571	1.0000	19.6418	0.0000
ΔTC	-0.48452	0.3140	-11.7769	0.0000	7.06088	1.0000	327.457	0.0000	371.002	0.0000	0.91971	0.1789
$RISK$	903.707	1.0000	18.4144	1.0000	9.70691	1.0000	5.31194	1.0000	12.5895	1.0000	14.7651	0.0000
$\Delta RISK$	423.677	1.0000	36.7592	1.0000	11.0349	1.0000	0.79776	0.0000	613.009	0.0000	5.97214	1.0000
$SCALE$	1.27130	0.8982	1.17766	0.8805	2.45665	0.9930	73.8887	0.0779	97.0628	0.0010	12.6900	0.0000
$\Delta SCALE$	-22.9820	0.0000	-27.3096	0.0000	-10.5052	0.0000	668.568	0.0000	739.809	0.0000	8.30504	1.0000
$SPECIFIC$	3.42448	0.9997	7.33263	1.0000	6.47723	1.0000	19.9137	1.0000	20.7626	1.0000	18.1572	0.0000
$\Delta SPECIFIC$	-25.3014	0.0000	-27.0938	0.0000	-6.06163	0.0000	597.325	0.0000	663.166	0.0000	2.47030	0.0068

注：①滞后阶数选择采用 Schwarz 法则自动选择，最大滞后阶数为 2；②窗宽采用 Newey-West 方法自动选择，最大窗宽值为 3。

（三）面板协整检验

为了检验这些变量在长期中是否存在均衡关系，进一步对它们继续进行协整检验。

分别用 Pedroni 方法检验 Y 与 TC 之间的协整关系，用 Kao 和 Fisher-Johansen 方法检验 TC、Y 与 $SCALE$、$SPECIFIC$ 和 $RISK$ 之间的协整关系（见表 14-4、表 14-5、表 14-6 和表 14-7）。

表 14-4　　　　　　Y 与 TC 的面板协整检验结果

检验方法	检验假设	统计量名	统计量值	伴随概率
Pedroni 检验	H0：不存在协整	Panel v - Statistic	3.314327	0.0005
		Panel rho - Statistic	-2.321876	0.0101
		Panel PP - Statistic	-1.212868	0.0126
		Panel ADF - Statistic	-6.948180	0.0000
	H0：不存在协整	Group rho - Statistic	1.364110	0.9137
		Group PP - Statistic	3.668849	0.9999
		Group ADF - Statistic	-4.445715	0.0000

注：前四个统计量主要检验同质面板的协整关系，后三个统计量主要检验异质面板的协整关系。

表 14-5　　　RISK 和 TC、Y 的面板协整关系检验结果

原假设 \ 检验方法	Fisher-Johansen 检验		Kao 检验	
	统计值	伴随概率	统计值	伴随概率
RISK 和 TC 不存在协整关系	270.9	0.0000	-3.064709	0.0011
RISK 和 Y 不存在协整关系	472.7	0.0000	-2.452862	0.0071

表 14-6　　　SCALE 和 TC、Y 的面板协整关系检验结果

原假设 \ 检验方法	Fisher-Johansen 检验		Kao 检验	
	统计值	伴随概率	统计值	伴随概率
SCALE 和 TC 不存在协整关系	92.95	0.0024	-2.694513	0.0035
SCALE 和 Y 不存在协整关系	107.5	0.0001	-2.445877	0.0072

表 14-7　　　SPECIFIC 和 TC、Y 的面板协整关系检验结果

原假设 \ 检验方法	Fisher-Johansen 检验		Kao 检验	
	统计值	伴随概率	统计值	伴随概率
SPECIFIC 和 TC 不存在协整关系	139.2	0.0000	-5.968104	0.0000
SPECIFIC 和 Y 不存在协整关系	164.6	0.0000	-2.808249	0.0025

可以看出，Pedroni Group rho 和 Group PP 检验的伴随概率值（0.9137 和 0.9999）均并不支持 TC 与 Y 存在协整关系，但是，其余检验方法下的伴随概率值都表明它们之间存在协整关系。与此同时，TC 与 SCALE、SPECIFIC 和 RISK 之间在 1% 的显著水平上存在协整关系。因此，TC 可以作为 Y 与 SCALE、SPECIFIC 和 RISK 之间的代理变量。另一方面，Y 与 SCALE、SPECIFIC 和 RISK 之间在 1% 的显著水平上也存在长期均衡的协整关系。

（四）假说检验

1. 三个资源属性理论假说的面板计量检验

在稳健性和协整检验之后，进一步对前面三个资源属性理论假说进行检验。考虑到 TC、RISK、SCALE 和 SPECIFIC 的回归系数可能对于全国省级面板数据存在显著性差异的特征，利用面板"似不相关回归"PSUR 方法进行广义最小二乘法估计得到误差修正模型（见表 14-8）。

表 14-8　　　　　　假说 1 至假说 3 的 PSUR 估计结果

变量	$\Delta TC(t)$	$\Delta TC(t)$	$\Delta TC(t)$
$\Delta RISK(t)$	0.016558*** （0.002260）	—	—
$\Delta SCALE(t)$	—	1.150171*** （0.017666）	—
$\Delta SPECIFIC(t)$	—	—	1.8405*** （0.02.8206）
$ECM(t-1)$	3.814826** （2.214301）	2.667998** （1.362902）	-1.035415* （0.003249）
Hausman 检验伴随概率	0.3496（FE）	0.0000（FE）	0.0000（FE）
常数项	0.878174*** （0.001236）	-0.035443** 0.014090	0.855898*** （0.003844）
拟合系数	0.383665	0.845732	0.898941
Prob（F-statistic）	0.0000	0.0000	0.0000
样本容量	1624	1624	1624

注：*** 表示该变量在 1% 的水平上显著，** 表示在 5% 的水平上显著，* 表示在 10% 的水平上显著；变量的估计值下是面板稳健性标准差（PCSE）；Hausman 检验选择相应估计形式，其中 FE 表示固定效应模型。

此外，TC、Y 和其他解释变量之间可能存在着内生性关系，因此，运用 Engle - Granger 两步法，结合变量的一阶差分值，选取 ΔTC 作为三种资源属性增量的工具变量，并采用两阶段最小二乘法（Two Stage Least Squares，TSLS）对模型进行估计（见表 14-9）。

表 14-9　　　　　　TSLS 方法下的面板误差修正模型估计结果

变量	$\Delta Y(t)$	$\Delta Y(t)$	$\Delta Y(t)$
$\Delta RISK(t)$	-3312.947*** （699.2394）	—	—
$\Delta SCALE(t)$	—	-49658.65* （44932.72）	—
$\Delta SPECIFIC(t)$	—	—	-496.6957*** （24.72520）
$ECM(t-1)$	332.2765*** （72.32021）	-241.3450* （231.6451）	4.768724* （5.777129）
Hausman 检验伴随概率	1.0000（RE）	1.0000（RE）	0.0000（FE）
常数项	48.82224*** （9.691047）	-431.1471* （400.8416）	8.148397*** （2.190157）
拟合系数	0.817594	0.904572	0.720309
Prob（F-statistic）	0.000000	0.000000	0.000000
样本容量	1 624	1 624	1 624

注：*** 表示该变量在 1% 的水平上显著，** 表示在 5% 的水平上显著，* 表示在 10% 的水平上显著；变量的估计值下是面板稳健性标准差（PCSE）；Hausman 检验选择相应估计形式，其中 FE 表示固定效应模型，RE 表示随机效应。

估计结果与前面三个假说基本一致,且在统计上显著。即若专用性越高、风险越高、规模越大,则交易费用就越高,经济绩效就越低。

2. 制度绩效假说:边际交易费用的比较

要验证假说4,就必须准确估算出三个历史阶段的回归系数。本研究考虑到两次农地产权管制结构变革因素,假定在1959年和1984年以后方程参数结构发生改变。因此,以这两突变点为分水岭,把中国农地制度绩效与内生性交易费用的关系划分为三个阶段并分别再对它们进行面板"按截面取权数"PCSW的单方程误差修正,估计结果见表14-10。

表14-10　　三个历史阶段的PCSW单方程误差修正估计结果

方程	方程Ⅰ（1949~1958年）	方程Ⅱ（1959~1983年）	方程Ⅲ（1984~2009年）
变量	$\Delta Y(t)$	$\Delta Y(t)$	$\Delta Y(t)$
$\Delta TC(t)$	-256.4862*** (0.062499)	-651.2894*** (12.75840)	-1053.110*** (17.95846)
$ECM(t-1)$	-0.03151 (0.019996)	0.002369*** (0.010791)	0.025103** (0.010012)
常数项	0.574656*** (0.0624990)	0.844936*** (0.092433)	4.597977*** (0.589882)
Hausman检验伴随概率	0.0071（FE）	0.0001（FE）	0.0000（FE）
拟合系数	0.551443	0.803981	0.866640
Prob (F-statistic)	0.0000	0.0000	0.000000
样本容量	580	1 450	1 160

注:***表示该变量在1%的水平上显著,**表示在5%的水平上显著;变量的估计值下是面板稳健性标准差(PCSE);Hausman检验选择相应估计形式,其中FE表示固定效应模型。

进一步地,通过表14-10的数据计算出三个时期的农地制度绩效,如表14-11所示。

表14-11　　中国农地产权制度绩效比较（1949~2009年）

产权类型对应的制度绩效评价	回归系数[a]	边际交易费用[b]
无产权管制下的私人产权（1949~1958年）	-256.4862	0.00390
全面产权管制下的国有产权（1959~1983年）	-651.2894	0.00154
部分产权管制下的集体产权（1984~2009年）	-1053.110	0.00095

注:a的数值为表14-10的回归系数;b是a的绝对值的倒数,因为回归系数是TC作自变量、Y作因变量的一阶导数值,其倒数的绝对值就是交易费用的边际值。

表 14-11 的结果表明，集体产权的边际交易费用最小、国有产权次之、私人产权最高。换言之，在考虑了资源属性的约束条件下，集体产权的制度绩效最高。这也验证了假说 4。

该结果隐含的含义是：

（1）在农地私人产权阶段，政治运动背景使分得土地的农民形成一种不知国家何时又将土地收回去的不确定性的"理性预期"，此时私人产权的政治风险性相当高，从而大大弱化了私人产权的强度。尽管该阶段的农地私人产权租金耗散程度不高，但风险性带来的高昂交易费用使其制度绩效变得极为低下。

（2）人民公社的农地制度安排具有国有产权的经济性质：一切计划安排均由国家定夺，集体只是作为"次级行动团体"负责国家计划的具体执行而没有决定生产什么、生产多少、怎样生产和为谁生产的权利。在这种产权被完全管制的环境下，除了管制者即国家，任何其他个体都无权排斥他人使用、索取和转让资源，于是人人争相夺取这些共有资源，最终导致公共领域里的租金耗散严重，它在均衡点上等于边际交易费用，这表现为监督农地资源的信息成本。因为农业生产本身不能集中在一个点上，需要连续从一种类型的农活向另一种农活转变，且依赖单个劳动者在生产中必须对湿度、气温和其他气候条件做出相应的迅速决策，因此，要进行密切的监督成本极高。再加上在一个大规模生产和组织的人民公社内部，对劳动投入努力程度的监督与评价难度大且成本高，"搭便车"现象盛行。农地规模越大，对生产和组织进行监督的代价也越高，所以才造成该时期农业生产效率大幅下滑。

（3）至于现行的农地集体产权安排，它坚持"30 年长期不变"的稳定性政策和家庭小规模经营，使农地产权主体的排他能力几乎接近于经市场交易自然演化而成的私人产权。显然，与过去的国家制造的私人产权和全面管制的国有产权相比，现在的农地集体产权无论在生产效率还是在交易费用上都是一种有效的改进和节约，其制度绩效因而也是最高的。

此外，数据的变动趋势同时也验证了中国农地产权管制结构变迁是交易费用最小化的理性选择结果。

四、农地基本制度的选择：集体所有、家庭承包与多元经营

在讨论了农村土地集体所有、家庭承包经营的制度逻辑后，还需要对农地经营规模进行具体分析：对于与资源特性匹配的适度经营和与行为能力匹配的经营规模，需要在理论上做出恰当的制度限定。但如何具体划分它们各自的效率边界

和功能极限，合理地界定资源特性、农业特性与行为能力与农地经营规模相匹配的适宜范围和作用空间，需要运用科斯式的成本分析方法进行机理分析。

科斯（Coase，1937）最早提出了"为什么有企业组织的存在"的疑问。即如果市场价格机制能有效配置资源，为什么还需要企业组织？显然，除了市场组织之外，还有一些地方需要企业组织进行资源配置。那么，什么情况下需要市场，什么情况下需要企业？他的回答是当谈判成本较高时就把交易放在企业中进行，但这并不等于把所有的交易活动都在企业内部化。因为当交易规模在企业内增加和累积的时候，管理组织成本也相应提高。因此，企业的效率边界扩展到市场谈判成本和管理组织成本在边际上相等的时候，就是一个关于企业和市场这两种资源配置机制到达一般均衡的状态。后来，威廉姆森（Williamson，1985）在他的基础上总结了上述的两种成本为交易成本，并指出企业科层的制度优势在于拥有剩余控制权和剩余索取权的权威的存在通过雇佣契约可以直接配置企业资源而无须讨价还价，从而大幅节约市场谈判成本。但他同时认为，资产专用性的存在成为企业科层的组织管理成本提高的重要原因。所以，在这两种成本的此消彼长的过程中一定存在既不属于科层也不是市场的中间过渡组织形式，如外包、网络、租赁等。

其实，只要把农地经营规模的适当性看作一个经济组织的边界确定问题，那么就可以借助上述的制度匹配逻辑，沿用这种两种成本权衡方法考察农地经营规模的效率边界和作用空间。

前面的计量结果和历史事实表明，既然有三种农地经营规模模式可供选择（建国初期的小规模、人民公社的大规模与联产承包的家庭规模），那么，应选择哪种经营规模？本研究认为，资源特性与行为能力从而成本（生产成本与交易成本之和）的大小在规模选择中起到了决定性作用。具体地，"集体所有 + 家庭承包"的制度格局在选择适合的经营规模时，面临着资源特性与行为能力双重约束下的"交易成本"和"生产成本"两者总和最小化之间的权衡（Trade-off）。一方面，资源的专用性和风险性增加了农地经营的交易成本，导致"集体所有 + 家庭承包"农地经营在横向范围扩展和垂直分工深化的不完全性，这种不完全性所引起的农地细碎化运行费用，我们称之为农地规模经营的"交易成本"（Transactional Cost，TC），它随"集体所有 + 家庭承包"制度模式的范围经济性与规模经济性的提高而不断增加；另一方面，"集体所有 + 家庭承包"制度模式下农地经营主体投入的劳动力、机械、资本和化肥等综合构成的"生产成本"（Production Cost，PC），它随着经营主体的行为能力的提高而下降，因为农业企业或农场的行为能力比单家独户的农民要强，它们在上述的要素和技术投入方面都拥有规模效应和比较优势。显然，"集体所有 + 家庭承包"经营制度的总成本（Total Cost，TTC），它是"交易成本"与"生产成本"的总和。

通过图 14-1 可知，TTC 的最低点 E 决定了农地经营制度的最优模式。其"比较优势"则反映在总成本的最小化上，它既能节约"集体所有+家庭承包"制度模式在管理上的交易成本，也可以减少农地经营开发上的生产性支出。

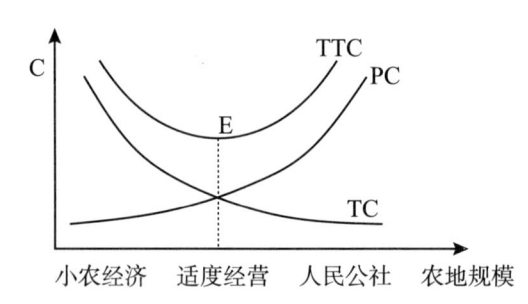

图 14-1 "集体所有+家庭承包"制度下适度规模选择

但问题是，究竟均衡点 E 采用哪种经营规模才是适度？根据上文推导出来的制度匹配原理，可以认为，一个适度或者均衡的经营规模应该是与资源特性及行为能力相匹配的规模组织。但问题是，真实世界中，资源特性与行为能力在不同的约束条件和行为主体上都有所不同，从而能与它们相匹配的组织形式就出现了多元分岔演进的现象。不过，作为中国农地基本的经营制度，本研究认为，未来中国农地的经营组织会向以下三个方面进行型构与变迁：

第一，家庭农场化。所谓农场化经营，是指以规模经营为基础，以市场需求为导向，以追求利润最大化为目标，以企业组织方式优化配置土地、劳动力、资本、技术、管理等各种生产要素进行生产的农业经营方式。农场化经营的基本特征包括三个方面：一是具有规模经营优势。农场化经营以土地的集中和较大规模生产为基本前提，它将零碎分割的土地进行"化零为整"，有利于先进机械设备和技术的应用，发挥了农业生产的规模经济效应，使得农业产出增加的比例大于投入的各种生产要素增加的比例，随着要素投入规模的扩大，单位产出的成本下降；二是具有技术优势。农场化经营采用现代机械设备和技术进行农业生产，大大提高了劳动生产率；三是具有企业化组织优势。农场化经营以企业化方式组织各种生产要素进行专业化生产和管理（谢冬水、黄少安，2011）。

就农地的经营规模而言，其用途从技术上讲可以有多种，从而具有资产通用性特征，因而对农地经营规模不会提出特别要求。尽管农业中的水利设施投资具有明显的资产专用性特征，对与之匹配的灌溉范围有一定要求但与一个经济组织所经营的土地规模却没有内在关系，尤其是当灌溉设施被置于部分产权管制结构下的混合产权状态时就更是如此。再进一步，即使农业活动也存在一定的地理区位专用性，即农作物的生长严格依赖于水、土、光、热等条件，受到时空条件的严酷约束，但这种区域多样化的经营不可能由某个集中组织来承担，而必须由与经营规模相匹配的多样化组织来分散经营，方可做到"因地制宜"。更为重要的是，地理区位仍具有可分性，它对单个经济组织所经营的土地规模也没有特别要求。

家庭农场不同于小农家庭式农场，从行为能力上看，前者要强于后者，它是一种主要依靠家庭成员自己经营，以市场需求为导向，采用现代农业经营技术，实现土地规模化经营和企业化管理的农业组织方式。家庭农场不是为了满足家庭消费而进行生产的小农经济，而是专业化和社会化程度都很高的商品经济企业，它生产的产品是为满足市场需求以实现利润最大化。家庭农场的经营主体不是传统农民而是具有较强经营能力和创新精神的农民企业家，家庭农场经营的土地主要是通过承包、租赁以及购买等形式获得。例如，安徽省润禾棉业有限责任公司实行土地流转方式就是润禾公司将农民承包地集中租赁，再会同村委会将租赁的土地返租给农民，实行农场化管理，全部用于发展棉花杂交制种和常规良种繁育（饶荣凯，2010）。

第二，农户契约化。农户契约化可以包括两个层面的含义。一个是以农户之外的经营组织主体（龙头企业、农业合作社等）为中心签约者所形成的与农户的合作。在这种情形下，农户将成为农业组织化运行的生产车间。即，全部经营活动交由经营组织运作，农户转型为单纯的生产车间。显然，企业内的车间是企业的组成部分，不能独立于企业存在，对外不承担生产管理风险。这些农户由于要素投入和管理水平不同获得的经营收益有所差别，尽管公司在面临市场风险时仍尽可能保证合作农户的利益，但不能承诺全部合作农户都能获得较好的收益，并不排除少数农户因投入成本过高或疏于管理等原因而出现经营亏损现象。为规避农户的机会主义行为，公司只与有一定投入规模的农户开展合作，客观上防范风险的农户选择标准使得合作农户既有小型车间的规模，又不能快速发展壮大起来成为有一定实力脱离公司经营的实体，为长期实施合作农户的车间化管理创造了条件（万俊毅，2008）。

另一个含义是，以农户为中心签约者所形成的服务外包与契约化经营。为了避免农户受制于投资能力以及投资风险的约束，一个可行的方式是，从"农地农用农户用"转向为"农地农用多主体用"。鼓励各种类型的经营组织为农户提供技术性与生产性服务，通过农户经营权的细分及其服务外包（包括生产外包、技术外包甚至于管理外包），使农户成为生产决策及其监督管理的专业化经营主体，成为各种服务联接的组装车间。

关键是，农业活动的连续性和长周期性要求在一个耕作周期内，农户必须在此之前投入大量的农业装备及生产资料，从而形成一定的资产专用性。但是，这种专用性相对于工业而言是较弱的。因为"农业劳动生产力的增进，总也赶不上制造业的劳动生产力的增进的主要原因，也许就是农业不能采用完全的分工体系"。"劳动生产力更大的增进，以及运用劳动时所表现的最大的熟练、技巧和判断力似乎都是分工的结果"（Smith，1776）。应该说，农业生产领域的分工深化有着天然的内生障碍。这样，分工难度的加大导致农业生产工序中的专业化程度降低，人们就难以通过"干中学"形成专用性技术和知识存量积累，人力资本和物资资本的专用性就相对不强。如农机和化肥的投入只能形成农外的专用性而在农内就变成通用性资产。因此，农户与农业各类经营服务组织签订分成契约，通过契约化经营可以发挥每个农户的比较优势，从而形成合理的农业分工布局，有利于农户逐渐形成某种具体的务农专用性技术和优势，提高分工与专业化效率。

第三，农民工人化。农业企业通过农地租赁进入了农业生产领域，出租土地的农民由农业经营者变为收租者，其中，部分农民被租地企业雇用而成为工资收入者，即农民与农业企业签订工资契约，从而变成该企业的工人。这种模式通过交易内部化，真正形成了小农与大市场的无缝对接，更具有深远意义的是，它使农场形态发生了质的变化，工商资本进入了农业，实现了规模化、标准化、商业化的现代农业生产（何秀荣，2009）。

我们知道，在农业生产中，往往要求劳动者在生产季节从一种形式的工作转向另一种，而劳动者所提供的劳动投入直到收获季节才能体现出来。所以，就不能通过简单的观察当前的投入和产出水平来决定每个劳动者的贡献和计算其报酬（Bradley and Clerk，1972）。如果要保证产出水平的话，则需要对每个劳动流程随时做出监督和激励，但农作活动空间的广泛性和农忙收割时对要素的即时需求规模性导致这样做的代价极高。此外，农业活动的连续性、长周期性构成农业经营的其他特殊属性（罗必良，2005）：首先，农业生产活动的独特连续性决定于物种的生长周期的约束，如谷物的生产需要将近一年，牛羊的饲养需要几年，木材的生产可长达十几年到100年；其次，土壤特性同作物生长周期以及倒茬轮作之间，存在复杂的有机关联，这表明农业活动的连续性不仅表现在一个生产周期之内，还体现为各个自然周期之间；最后，改良土壤良种繁育，农田基本建设以及建立良好的农业生态环境，往往要更长时间的稳定预期。不仅如此，农业的独特的连续性往往又与强烈的风险性相伴随，这种风险性在农作物的自然再生产中更为突出。可见，农业的季节性与生产的连续性，使其无法在一个生产周期之中通过控制来达到扩大或压缩生产规模，并且其产品的可贮存性差，这些特征使农业成为一种冒险事业。这是一种由大自然的随机干扰引起的特殊的风险性。

农民的抗风险能力与农业企业相比，显得比较弱，因此，农民与农业企业签订工资契约后，后者获得农地剩余索取权，且农民的农业经营风险转嫁给后者。这样，通过农民工人化的方式大幅节约了风险费用。山东莱西市就是以这种形式通过实行工资契约化管理，使数十万农民变为种植工人和养殖工人（熊丽娟，2008）。

综合上述，本节的基本结论是：

第一，本章考查了资源属性对产权选择的影响，从而得到一个 3×3×3 的制度匹配理论模型（资源属性→行为能力→产权类型）。结论表明，选择哪种权利安排主要取决于不同资源属性下交易费用的大小。私产并不总是绝对地有效率的。其中：

（1）资源的风险性、规模性与专用性对产权安排的选择起决定性作用，它们所引起的产权主体行为能力的差异导致不同的制度匹配关系。进一步地，资源属性的差异程度会导致相同产权安排下行为能力不一致，当资源属性发生变化时，产权行为能力进而产权类型也将随之改变。因此，资源属性对于理解产权制度的选择及其变迁具有重要的解释能力。

（2）各种产权类型都可以从资源属性的约束条件特征化处理来寻找其存在的理由。若某项产权得到现存法律的支持、社会的广泛认同或者与资源属性匹配，则能够长期存在，因为它能给产权主体提供稳定的预期，从而激励人们进行长期性投资，并进一步强化其行为能力；相反，若它受到法律禁止或社会歧视甚至反对或者与资源属性不相互匹配，则可能被其他适合现存约束条件和制度环境的产权类型所取代。

第二，根据福利经济学第一定理，在完全竞争的假设条件下，市场会实现资源的最优配置。于是，一旦资源配置偏离帕累托最优条件，就被判断是一种次优结果或者是所谓的"低效率"。"黑板经济学"的逻辑就是，假定资源同质从而交易费用为零的世界，得出"私产必最优"的谬论。真实世界里的情形是，不同的资源属性、不同的行为能力，必然意味着不同的产权匹配。没有任何一种产权形式在任何情形下总是有效率的。中国的农地产权制度及其绩效对此已提供了生动的例证。

第三，资源属性差异导致不同的交易费用，相同的行为动机在不同的交易费用约束下将产生不同的制度绩效。农地资源利用具有季节性、空间分散性以及活动的连续性和长周期性等特殊属性，这些属性会在不同的制度环境中产生不同的交易费用。因此，在设计和选择新的农地制度安排时，应该从节约交易费用的角度充分考虑各种组织形式、治理机制和产权模式对约束条件的适应性和相容性。或者说，不同的农村地区应根据其要素禀赋与资源属性等约束条件来匹配不同的产权制度，从而形成一个多元化的制度路径分岔演进的新格局。最重要的是，对于中国这样的农业大国,不能仅仅以单纯的私有化抑或国有化作为农地政策的选择模式。

总之,本节的计量分析通过比较中国农地制度从新中国成立之初的私有产权到人民公社时期的国有产权再到目前的家庭承包经营的混合产权的三种经济绩效,论证了"私有制并非总是最优,国有制并非效率总是最低"的结论。相对而言,现在的"集体所有、家庭承包、多元经营"格局是中国农地制度空间范围内的合理选择。

第二节 从所有权中心走向产权中心:对产权强度的理论扩展

一、全所有权型与偏所有权型产权:另一种分类

正如前文的理论分析所说明的,所有权是财产归属的法律形式,它体现了主体的意志和支配力量,具有法律赋予的强制力(罗必良,2005),反映的仅是人与物之间的归属关系。而产权体现的是人与人之间的契约关系或者说通过竞争所取得的,是在竞争达到均衡状态下人们所获得的对稀缺资源的排他性权利,是用来界定人们在竞争稀缺资源中利益得失分配的博弈规则。除了法律制度外,它还由政治制度、道德伦理甚至文化传统所决定,而所有权则仅由法律决定。

可见,所有权和产权均是对稀缺资源的排他性权利,二者均是竞争的结果。前者的竞争发生于立法或者法律赋权,但后者是在前者形成的基础上通过现存所有者的实际运用和与潜在所有者进行竞争这两种方式所产生的排他性权利,是竞争达到均衡状态时能够让所有者真正行使的排他性权利。

问题是,一旦立法或法律赋权是选择性、歧视性的,或者行为主体行为能力受到限制,必然会导致第三章所说的"公共领域"及其产权模糊,进而导致产权强度的减弱。

现在假定不存在法律歧视问题。那么,在所有权于法律上界定清楚或者在技术上分割可行的条件下,所有权能否变成完全按所有者意志支配的产权,则取决于所有权主体在竞争和行使权利这两个方面的能力大小。由于所有权主体在竞争和行使能力的有限性,因此他们要考虑自身的成本和收益变化。

由此,我们可以抽象出两种情形:当所有权主体同时具有较强的竞争和行使其权属的能力,从而使得法律意义上的所有权赋权的全部权能都能直接构成所有

权主体实际得到的产权，那么这种情况下的所有权能够完全转变或者说是等价于产权，可以将其称为"全所有权型产权"（Total Ownership Type of Property Rights）。如果存在能力的不足，则会产生所有权权能的减弱，只能部分转化为产权，这类情形则可称之为"偏所有权型产权"（Partial Ownership Type of Property Rights）。

偏所有权型产权是所有权主体行使所有权的收益弥补不了成本的损失时，他们只能自动放弃一部分在法律上赋予的所有权而将其留在"公共领域"。因为，此时假设所有权主体具有较强的竞争能力但行使能力较弱，所以经过考虑预期的所有权行使成本与收益之后，他只好放弃所有权中无法充分界定和实施的有价值的属性的权利。然后，潜在所有者之间竞争攫取并分享该剩余的权利，这就是偏所有权型产权。换言之，这种产权是因为所有权主体的行使能力有限而产生的。

二、产权的自我约束、外部歧视与三级管制

当所有权行使能力与所有权不相匹配时，准确的是前者不能有效支配后者，就会产生"自我约束性产权"。在真实世界中，即使行为主体拥有法律赋予的所有权，但其能否真正执行和实现该排他性权利和全部价值就要受到其自身的偏好、禀赋、技术和制度环境（政治体制和社会规范）的约束，从而在行使其所有权的时候会自动生成一种自我约束的实施机制。因此，偏所有权型产权其实是所有权除去"自我约束性产权"（Self-Constraint Property Rights）的剩余部分。因此，产权强度与行为能力关联。

不同的是，如果行为能力能够与权利匹配，但外部权威通过暴力潜能强制性地对所有权的赋予、实施以及其主体能力的区别性分级制约，就会形成所谓的"产权歧视"（Property Rights Discrimination）现象。这里的"歧视"与"价格歧视"在微观经济学中的使用一样，并不代表任何褒贬色彩的主观价值判断。当然，这种产权歧视是以外部权威对于一般行为主体具有绝对的竞争能力为前提，即产权已经确立并控制于前者手中。它包括三层含义，具体地：

一级产权歧视（First Degree Property Rights Discrimination）是指外部权威在一般行为主体有所有权行使能力的情况下，通过暴力潜能强制性规定其中谁拥有产权、谁不能获得某项排他性权利；

二级产权歧视（Second Degree Property Rights Discrimination）实乃外部权威通过暴力潜能强制性地对那些同时拥有产权和与之匹配的行使能力的一般行为主体在其实际运行和实施该产权的程度、范围和用途上进行人为限制或设置障碍；

最后，具有产权行使能力的行为主体由于受到外部权威的暴力潜能的威胁和

约束，因而放弃其能够充分发挥在某种或所有的行为能力上的机会，则属于三级产权歧视（Third Degree Property Rights Discrimination）。

由此，产权管制与产权歧视相对。如果将外部权威和一般行为主体分别转换为国家和分散决策个体，那么就得到三种不同层面的产权管制：

产权管制Ⅰ指的是国家在分散决策个体具有所有权行使能力的情况下，通过暴力潜能强制性规定他们中间谁拥有产权、谁不能获得某项排他性权利，因此这是在产权赋予层面上的管制，也就是对产权获取的资格约束。但出于某种意识形态或政治目的，我们假设国家开始的时候总是把这个资格留给自己，即把原来属于分散决策个体的产权集合中的一个或多个子权利进行限制甚至删除，从而使自己独占产权。例如，国家通过反垄断法对企业个体的价格、产量或行业进出实施管制，即剥夺企业进行自由定价的权利、产出权利和进入退出的权利。此类产权管制是国家没有赋予企业进行自由定价、生产或进出某个行业的资格。

产权管制Ⅱ与二级产权歧视对应，是国家通过暴力潜能强制性地对那些有行使能力的产权主体在其产权实际运行和实施的程度、范围和用途上进行有目的的限制或人为设置障碍。这就是国家在赋予了产权之后又在该权利的具体用途和使用范围限定在某个方向上。

最后一种是当产权主体有能力行使其权利但国家却抹杀其能力发挥的机会，此乃产权管制Ⅲ。

三、产权结构与产权强度的理论延伸

那么，被管制的产权的结构具体包括哪些？固定权利束（占有权、使用权、收益权和转让权）和剩余权利束（剩余索取权与剩余控制权），它们之间是否存在对应关系？

这里，我们沿用张五常（Cheung, 1969）的产权结构定义，认为固定权利集合中的使用权、收益权和转让权构成被放松管制的产权结构，而占有权或狭义所有权不进行深入讨论。因为后者仅仅是行为主体对物的归属关系的申明，它可以独立于交易关系而存在，而本研究主要讨论的是资源自由流动包括交易行为的配置机制转换。正如张五常在多年后的《制度的选择》（2002）一书中仍然坚持他这个产权结构内涵："无论怎么说，（狭义）所有权的本身是不能增加生产或收入的。作为局限条件解释行为，产权的处理着重于使用权、收益权和转让权。"换言之，占有权对资源配置是无关宏旨的，本研究的产权管制放松也是在农地集体所有制既定不变的前提下进行讨论的，我们关注的是影响分散决策个体生产积极性和收入的经营权（即使用权、收益权和转让权）。而且，排除了对占有权的讨论可以进一步厘清固定产权与剩余权利的关系。

诚然，仅以固定产权来理解产权强度定义下的产权结构不仅过于笼统，也与现实相悖，下文的计量和经济分析更多地使用剩余权利等可操作性概念。因此，本研究在使用权、收益权和转让权等在契约明确规定的范围内清晰界定的固定产权之基础上，进一步探讨契约没有明确规定的项目条款或所有权没有界定清晰的公共领域里的剩余权利集合。这种不完全契约是由于经济系统的不确定性、行为主体的有限理性与资源属性多样性等造成的。

应该承认，剩余权利的研究主要集中在现代公司理论的文献中，公司的产权结构是指剩余索取权和剩余控制权的统一对应安排（Grossman and Hart，1986）。所以，我们把剩余产权结构理解为剩余索取权（Residual Claimant）与剩余控制权（Residual Right of Control）的对应统一安排。

剩余索取权最早由阿尔奇安和德姆塞茨（Alchian and Demsetz）在《生产、信息成本与经济组织》（1972）一文中提出。他们认为，要素所有者放弃要素产权以获得固定报酬，而中心签约者与其他所有要素所有者签订契约形成一个生产团队，团队的总产出扣除固定契约支付后的剩余部分是契约没有明确分配给谁的。但是，信息成本的存在使得考核单个成员的边际贡献的难度增大，为了有效监督团队合作中的偷懒现象，赋予这个中心签约者获得那部分剩余收入的索取权。所以，现有企业理论将索取权分为获得契约固定收入的索取权和获得契约尚未明确规定的不固定收入的索取权两部分。事实上，这种剩余收入可能是一种随机的收入，如对于雇员的人力资本专用性投资所产生的占用性准租，公司为鼓励雇员积极进行人力资本投资从而实现市场价值，只好分割部分租金给他们，但在不确定性的状况下，该租金却随着公司市场价值之升降而变化。所以从长远来看这部分报酬也是"随机游走"的，即要素所有者的固定收入和剩余索取者的变动收入均是跟随公司经营状况依存的，故我们称之为"随机索取权"（Random Claimant）。不过，这种随机收入的索取权是损益参半的，而剩余索取权具有收入非负性特征（否则没人愿意对团队生产进行有效监督），后者对一般的风险规避型分散决策主体才具有稳定的激励作用，所以我们按照学术传统仅讨论剩余索取权的管制放松，它与固定收益权相对应。

再看控制权，本研究认为它应该包括固定控制权和剩余控制权。其中，固定控制权指的是契约中所规定的关于资源的使用和转让的权利，而剩余控制权指的是契约中所没有明确规定的状态出现时的相机决策的权利（Hart，1985）。我们知道，过去的产权经济学家们强调的是剩余索取权，甚至把公司产权等同于它。那是因为他们主要研究的是所有者身兼经营者的古典企业形态，在这样的经济组织中只存在唯一的剩余索取者，他既是所有者也是经营者，所以最大化其净收益就等同于最大化所有契约参与者的利益,他也就会做出最有效的监督和决策。然而,以格罗斯曼、哈特和摩尔(Grossman, Hart and Moore, 1990)为代表的新产权经济学家则认为剩余控制权决定产权结构,即 GHM 框架是把产权结构定义于最终控制权的空间上,从而将其他权利(如剩余索取权)作为派生物的结果。例如,从动态时间序列的演进轨迹看,随着团队经营状态的变动和契约参与者间的讨价还价能力的调整,原来由契约规定的活动权利可能被重新配置:当组织在非正常状态下(亏损甚至破产),各团队成员的利益均会受损,这时就需要赋予最大受损方以公司的控制权。因为对它来说,只有掌握了控制权才有机会重新配置团队财产,以弥补其损失;同时,让最大受损方掌握控制权会比较有效率,因为它最有动力再造团队。诚然,团队的控制权并不是想象中的那样自由转移的,而是依靠成员之间的谈判博弈来完成的,一般地,谁的讨价还价实力最强,谁就拥有团队的剩余控制权。可见,剩余控制权的转移和获得不但取决于团队的经营状况,还取决于成员的谈判实力,因此剩余控制权是否会发生转移、会转移到谁的手中,这些问题都是随机和不确定的。这里,我们称控制权为公司的"随机控制权"(Random Right of Control)。与对随机索取权的处理一样,本研究仅讨论剩余控制权,因为剩余控制权本身就是一项状态依存的权利,而且随机控制权可能会涉及固定控制权在长期波动条件下转化为随机状态的情况,这样可能会影响我们进行简化分析以达到解释行为的目的(何一鸣,2006)。而剩余控制权恰好可以和使用权和转让权相对应,于是我们就得到产权结构及其强度的概念逻辑体系(见图 14-2)。

从图 14-2 可以看出,产权是所有权在实际中运行的部分,它可以分为固定权利和剩余权利,前者进一步分为固定使用权、固定转让权和固定收益权,后者包括剩余控制权和剩余索取权,且固定使用权和固定转让权与剩余控制权相对应,固定收益权又对应于剩余索取权。

相比而言,转让权要重要一点,因为资源要实现最优价值必须能够自由流动,如果资源的转让权被管制,则无法流向对其评价最高之处。因此,对于农地而言,要保护能力异质性的农民的土地权益,就需要放松对农地转让权的管制,即农地能够自由交易或转让,使得务农能力弱的农民能够把手中农地转让给能力强的农民,从而增加交易双方的潜在租金,达到帕累托最优。

进一步,如果从产权强度的角度看农民权益保护,那么,这样的农地流转既保护了弱者实现收益最大化的权益,又保障了强者获取资源从而获利的权益,从而增加了转让和转出双方的产权强度。但问题是,农民权益保护进而农地产权强度的形成与发挥会受到资源特性与制度特性的双重约束,换言之,资源特性与制度特性是产权强度函数的中间函数,而构成资源特性的专用性、规模性和风险性

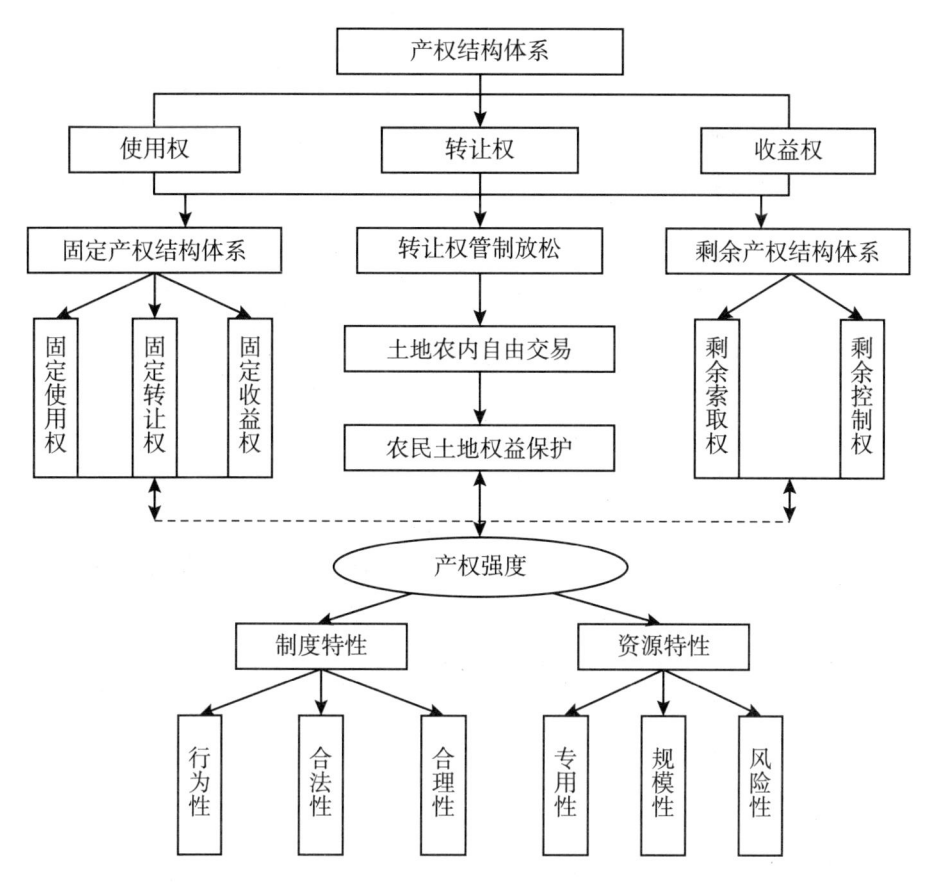

图 14-2 产权结构及其强度的概念逻辑体系流程

乃产权强度的自变量，同时，行为性、合理性与合法性也成为产权强度的自变量。

毫无疑问，产权强度应该成为研究中国农地制度的核心概念和关键性分析工具。因此，我们可以围绕该概念在研究内容、理论创新和方法应用以及政策前瞻四个方面进行拓展。具体地：

第一，在研究内容上，无论是农地流转制度，还是农民权益保护，均可围绕产权强度这个中心展开，而中国农地流转制度改革中的农民土地产权强度的生成机理仍然是一个有待于进一步思考的课题：

（1）Coase - Alchian - Demsetz - Cheung - Barzel 式的传统产权理论仅讨论了产权的排他性、可分割性以及由此产生的内部化外部性、提供稳定预期和减少租金耗散的制度功能，却未从行为能力、赋权方式和社会认知的综合角度解释产权强度刚性的现象。

（2）按照 Hart - Grossman - Moore - Tirole - Maskin 的新产权范式，剩余控制

权决定不完全契约的剩余索取权。那么,又是什么因素影响剩余控制权的执行效率?

(3)我们需要通过进一步或直接或间接地刻画整个中国农地流转制度改革中农民的产权强度和权益租金,并理清"行为能力、赋权方式和社会认知"三者与产权强度之间的逻辑关系。

第二,在理论发展方面:(1)如何在产权经济学和土地经济学的理论耦合视角下解释当前中国农地流转制度创新与农民土地权益保护之间的互动机理,将交易对象的产权性质、产权交易环境的资源特性融入产权强度形成机制的分析,把产权强度的大小作为农地流转与农民权益之间的中介平台,最后构建一个基于产权强度的新范式;(2)在产权强度逻辑主线下,用于界定和保护农地产权的外生性交易费用,应该同因农地流转管制而产生的内生性交易费用进行权衡,从而得到总交易费用最小化条件下次优农地产权交易契约均衡结构的理论内核;(3)产权的有效实施与产权主体的行为能力、赋权方式和社会认知三个维度密切相关,这三个行为产权强度维度可能转换为一个交易费用问题而得到可验证的制度经济含义;(4)农地流转改革的最终目标是赋予和保障农民土地的合法权利,这些权利的界定和实施又取决于它们与产权强度的匹配程度。因此,我们需要通过这样的产权强度维度提炼出一系列关于农地流转与权益保护的理论假说作为理论范式的保护带。

第三,在实证操作层面上,本研究主要通过典型案例和计量经济模型来揭示农地流转与土地权益之间的辩正关系,因此格外强调经验研究的特色以及它所揭示的制度匹配含义:(1)以案例和计量分析的方法研究目前我国农村土地流转制度与农民权益保护的基本对接方式,既对本研究的理论逻辑进行检验验证,也为提出进一步改进农民产权刚性水平的操作方略提供经验借鉴。(2)本研究基于对中国农地制度现实的认识,强调在案例研究过程中把归纳法或演绎法结合起来。通过典型案例来的选择和描述,并就案例的各种状况进行具体分析,最终对案例研究一般化演绎,得到可操作的政策含义。(3)从研究项目类型、研究框架、变量设计与指标和问题设计以及预调查和问卷修改等方面进行计量模型设计。为使经验研究更加精致和科学,本研究将从数据收集的方法、抽样调查与数据清理进行统筹规划,并通过初步的问卷纠错为进一步的模型修正做充分准备。

第四,在农地基本经营制度的政策上,应该实现三个转变:(1)从人民公社的所有权与经营权的两权合一,到家庭承包经营制的所有权与承包经营权的分离,并进一步地由以所有权为中心的赋权体系,向以产权为中心的赋权体系转变;(2)从改革初期的承包权与经营权的两权合一,到要素流动及人地关系改变后承包权与经营权的分离,并进一步地由以保障农户的经营权为中心的经营体系，向以稳定农民的承包权为中心的经营体系转变；（3）从小而全且分散的小农经济体系向适度规模与专业化经营的分工经济体系转变，并在稳定家庭承包权的同时，向多样化多形式的农业产业化的组织体系转变。

第三节 农地产权、财产化与权益保护

一、农地法律赋权的偏差及其纠正

长期以来，人们批评农地制度效率低下从而设计改革方案的主要依据是其物权主体的模糊性（曲福田等，2011；钱忠好等，2010）。事实上，国家对此已经做了大量相关的立法改进工作，从1982年的《宪法》、1999年的《土地管理法》到2007年的《物权法》，农村土地的集体所有权主体界定已经相当清晰和准确。但是，地方政府却连连利用法律权利界定的清晰性和法律条文中关于"公共利益需要"解释的含糊性，随意低价征收农民土地。尤其是一些地方政府出于目标偏好，自行制定关于农地的使用权流转与选择非农化利用的行政性管理条例。他们借助中央立法的不完备性和这些具有选择性的地方规定，大量征用农地用于城镇化建设。关键的问题是，被征地农民的一次性土地补偿往往小于土地流转所得的多次租金回报，从而损害了农民的长期利益。在农地总量保持不变的前提下，有效解决政府征地与农地流转之间矛盾的方法是让农民把其受伤的土地承包经营权入股作价。农地产权的股份化可使农地集体所有权转换为农民个人股权。这样，在现有的法律框架下，农地产权的股份化行为能够在维持集体所有制不变的前提下有效保护农民个体的合法权益。

（一）农地权利的立法演进：从模糊走向清晰

首先，在关于农地所有权的立法中，作为众法之首的《宪法》第十条已经明确表明："农村和城市郊区的土地，除由法律规定属于国家所有的以外，属于集体所有；宅基地和自留地、自留山，也属集体所有。"但问题是，这里的"集体"具体指的是全体村民抑或村民委员会还是村干部？对此，无论是《土地管理法》还是《农地承包法》都未做清晰界定，直至2007年出台的《物权法》才把农地集体所有权归属问题解释清楚，例如《物权法》第五十九条规定："农民集体的所有的不动产和动产，属于本集体成员集体所有。"而《物权法》第五十

八条已说明集体所有的不动产和动产包括:"法律规定属于集体所有的土地和森林、山岭、草原、荒地、滩涂。"显然,农地属于本村所有的不动产,其所有权应该全体村民共有。即只要是该村的村民,就拥有本村的集体土地所有权,此时的农地集体所有权已转换为村集体的成员权或身份权。

农地产权除了所有权归属外,还涉及其行使范围和主体的界定上。虽然《宪法》对此并未做具体说明,但 1999 年实施的《土地管理法》第十条已作解释:"农民集体所有的土地依法属于村农民集体所有的,由村集体经济组织或者村民委员会经营、管理;已经分别属于村内两个以上农村集体经济组织的农民集体所有的,由村内各该农村集体经济组织或者村民小组经营、管理;已经属于乡(镇)农民集体所有的,由乡(镇)农村集体经济组织经营、管理。"显然,该处的"经营权"和"管理权"就是农地所有权的行使权集。那么,到底具体的行使权或经营管理权包括哪些内容?该法未作界定。不过,为了化解其模糊性,《物权法》第五十九条对此进一步阐释,规定村集体成员有权决定:"土地承包方案以及将土地发包给本集体以外的单位或者个人承包;个别土地承包经营权人之间承包地的调整;土地补偿费等费用的使用、分配办法;集体出资的企业的所有权变动等事项;法律规定的其他事项。"

由此可见,农村集体土地无论在所有权归属还是在产权行使方面均已在立法层面上界定清晰,"权、责、制"无较大重叠模糊之处。但是,恰恰因农地产权界定的明晰性,地方政府在征用时的成本因而大幅下降,因为他无须再为征地前的确权支付高额的信息成本和考核成本。

(二) 基于"公共利益需要"的地方选择性执法:直接征收抑或间接转用

值得注意的是,尽管法律已经明确界定全体村民为该村集体土地的共同所有者,但《宪法》第十条和《土地管理法》第二条却对此留下"可控作的空间",即"国家为了公共利益的需要,可以依照法律规定对土地实行征收或者征用并给予补偿"。按此逻辑,作为国家代理者的地方政府,可以借"公共利益需要"为由,征收农地集体所有权用于非农化开发建设。

不过,地方政府的征地行为受到上面提及的相关法律规定主要是《土地管理法》的限制,其主要的约束条件有三个:一是土地用途管制;二是用地数量规划控制;三是征地审批权限。但它们仍可利用法律的不完备性占用土地。

《土地管理法》第四条:"国家编制土地利用总体规划,规定土地用途,将土地分为农用地、建设用地和未利用地。严格限制农用地转为建设用地,控制建设用地总量,对耕地实行特殊保护。"何为"严格限制"农用地非农化?《土地管理法》第十八条利用土地总体规划的数量指标以管制土地用途："地方各级人民政府编制的土地利用总体规划中的建设用地总量不得超过上一级土地利用总体规划确定的控制指标，耕地保有量不得低于上一级土地利用总体规划确定的控制指标。省、自治区、直辖市人民政府编制的土地利用总体规划，应当确保本行政区域内耕地总量不减少。"换言之，在土地资源未能大幅开垦的时期内，行政区内土地利用总量和未用地数量保持不变，农用地与建设用地面积之间便是一种此消彼长的"完全替代"关系。

但是，省级地方政府可按照《土地管理法》第三十一条规定的"占多少，垦多少"的原则，根据"级差地租"在本行政管辖范围内实行"弃地置换"。即对土地增值收益较高地区的农用地转为建设用地，再将退出的建设用地复垦。这使地方政府在维持中央土地利用总体规划下能最大化农地非农化互换指标的净租金。诚然，地方政府要顺利实现租金最大化的目标还受到征地审批权的制约。例如，《土地管理法》第四十四条和第四十五条规定以下四种情况的土地征收须国务院批准："①基本农田；②基本农田以外的耕地超过三十五公顷的；③其他土地超过七十公顷的；④省、自治区、直辖市人民政府批准的道路、管线工程和大型基础设施建设项目、国务院批准的建设项目占用土地，涉及农用地转为建设用地的。"那么，各省级地方政府要在上述三大约束条件下最大化净租金，就不能通过直接的征地形成而只能利用"农用地转为建设用地"间接开发占用农地。这是因为，根据《土地管理法》第四十四条，涉及农用地转为建设用地的"转用审批权"由省、自治区、直辖市人民政府掌握而不需要再经国务院批准。

（三）地方自治管理办法、不动产土地流转与农民个人股权的国家保护

根据《土地管理法》第六十三条规定："农民集体所有的土地的使用权不得出让、转让或者出租于非农业建设。"对此，广东省为满足本省工业化、城市化发需要，在不违反国家法律的前提下，于2005年自行制定《广东省集体建设用地使用权流转管理办法》。它规定只要满足以下要求，集体建设用地使用权即可用于出让、出租、转让、转租金、抵押：（1）符合国家有关产业政策及当地土地利用总体规划、城市规划或村庄、集镇规划；（2）不用于商品房地产开发建设和住宅建设；（3）经本集体经济组织成员的村民会议2/3以上成员或者2/3以上村民代表的同意。换言之，广东省地方政府可根据《土地管理法》的审批程序以指标交易的方式先把租值较高的珠三角地区农用地转为建设用地，然后利用自己制定的土地管理办法把集体建设用地用于兴办各类工商企业，包括国有、集体、私营企业，个体工商户，外资投资企业（包括中外合资、中外合作、外

商独资企业、"三来一补"企业),股份制企业,联营企业等,也可以出让、出租的形式用于土地收益增值收益较高的商业、旅游、娱乐等经营性项目(见《广东省集体建设用地使用权流转管理办法》第八条和第十五条)。

这里,关键的问题是,基于中央财政奉劝和地方利益独立的压力,地方政府可能以农地转建设用地的手段占用大量农地用于招商引资或高价拍卖,从而侵犯农民转让并获取地租金收益的权利。例如,《广东省集体建设用地使用权流转管理办法》第九条明确规定:"国家为了公共利益的需要,依法对集体建设用地实行征收或者征用的,农民集体土地所有者和集体建设用地使用者应当服从。"

为保障农民的合法权益,可供选择的有效途径是让农民以入股的方式进行土地流转。这是因为,农地按比例流转流入股份公司后,农民的土地承包经营权就折价转变为相应比重的股份权益。关键是,原来作为不动产的农地资源现在变成农民私人的动产即个人股权,后者是受法律保护的。具体而言,《宪法》第十三条第一款规定:"公民的合法的私有财产不受侵犯。"但可能有人提出质疑,因为该条例与第三款又补充道:"国家为了公共利益的需要,可以依照法律规定对公民的私有财产实行征收或者征用并给予补偿。"所以,即使农地承包经营权流转入股份有限公司变成私人财产,地方政府仍然可以"公共利益"为由给予征收。事实上,如果地方政府要做到征收农民私有股权,那么必须符合相关法律规定。对此,在整个法律框架内,《宪法》和《土地管理法》均未做出相应规定,不过,2007年推出的《物权法》对此却做了明确的解释。一方面,《物权法》第四十二条规定:"为了公共利益的需要,依照法律规定的权限和程序可以征收集体所有的土地和单位、个人的房屋及其他不动产。"换言之,只有不动产才能被征收,地方政府无权征收私人动产。另一方面,《物权法》第六十四、第六十五和第六十六条规定:"私人对其合法的收入、房屋、生活用品、生产工具、原材料等不动产和动产享有所有权。私人合法的储蓄、投资及其收益受法律保护……禁止任何单位和个人侵占、哄抢、破坏。"按此法则,农地股权属于农民私人的不动产,因此,农民对此享有私人所有权,地方政府因而无权征收。

按照上述法规,通过土地入股的方式可以改善农民的土地产权强度。这里以一个博弈模型进行说明。

首先,假定地方执法部门是风险中性型行为主体,其净租金函数:

$$NR(a) = R - EC(a)$$

这里,R 是总租金,a 是努力水平,$EC(a)$ 是执行法律的成本,$EC'(a) > 0$ 且 $EC(0) = 0$。进一步,若假定 a 只取 0 和 1 两个值,它们分别表示地方的"不严格执法"和"严格执法"两种行为。此外,令为给定地方执法部门不严格执行的情况下被中央立法机构发现的概率,令为地方不严格执法被发现受中央惩罚后的保留租金。则政府的净租金函数为：

$$NR = \begin{cases} R - EC(1), & a = 1 \\ \bar{R}, & a = 0, p = 1 \\ R - EC(0), & a = 0, p = 0 \end{cases}$$

因此，地方执法部门选择不严格执法的期望净租金为 $p\bar{R} + (1-p)[R-EC(0)]$，换言之，只有当其严格执法的净租金不少于不严格执法的净租金时，地方执法部门才会严格执法：

$$R - EC(1) \geqslant p\bar{R} + (1+p)[R - EC(0)]$$

即：$R \geqslant \bar{R} + \dfrac{EC(1)}{p}$。

显然，当 $p \rightarrow 1$ 时，中央可完全监督地方执法，这时参与约束变为 $R \geqslant \bar{R} + EC(1)$；当 $p \rightarrow 1$ 时，中央对地方任何微小的执法力度均将无法监督，那么中央不可能对地方执法有完全的监督。此时，前者若要激励后者严格执法，就需要给后者支付相应的租金报酬。

这样，不完全监督与完全监督下的租金之差：

$$\Delta R = [\bar{R} + EC(1)/p] - [\bar{R} + EC(1)] = EC(1)(1-p)/p$$

它可理解为中央监督地方严格执法的激励成本。

到目前为止，我们一直假设中央发现地方不严格执法的概率是给定的。但是，在真实世界中，该值与中央在监督上的成本有关，例如，若越大，则中央需为此付出的信息代价就越大。为分析方便，这里不妨设中央立法机构用于发现地方执法部门不严格执法的信息成本函数为：

$$DC(p) = \alpha p/(1-p), \quad \alpha > 0$$

可见，$DC(p)$ 具有以下特征：

(1) $DC'(p) = \alpha/(1-p)^2 > 0$，即 p 越大信息成本越高昂；

(2) $DC''(p) = 2\alpha/(1-p)^2 > 0$，即 p 的信息边际成本是严格递增的；

(3) $DC(0) = \lim_{p \rightarrow 0} \dfrac{\alpha p}{1-p} = 0$，即若中央不愿花费信息成本，则不可能发现不严格执法行为；

(4) $DC(1) = \lim_{p \rightarrow 1} \dfrac{\alpha p}{1-p} = \infty$，即中央准确发现地方不严格执法活动的代价是无穷大的。

那么，中央立法机构委托地方执法部门严格执法的总交易费用便由激励成本与信息成本共同构成，即：

$$TTC(p) = IC(p) + DC(p) = EC(1)(1-p)/p + \alpha p/(1-p)$$

此时，理性的中央立法机构将选择最优 p 值以最小化总交易费用。因此，对

上式求关于 p 的一阶导数令其等于零而求出驻点：

$$TTC'(p) = IC'(p) + DC'(p) = -\frac{EC(1)}{p^2} + \frac{\alpha}{(1-p)^2} = 0$$

解得：

$$p^* = \frac{\sqrt{EC(1)(2-\alpha)} - EC(1)}{\alpha - EC(1)}$$

$$\left(p = \frac{-\sqrt{EC(1)(2-\alpha)} - EC(1)}{\alpha - EC(1)} < 0，所以舍去\right)$$

由 $p \in (0, 1)$，$EC(1) > 0$，$\alpha > 0$，得知：$TTC(p) > 0$。因此，$TTC(p^*) > 0$。

中央立法机构作为理性的行为主体，在地方执法部门的净租金既定的前提下，前者将采取某些措施令自身承担的交易费用最小化，即 $TTC^* = \min\{TTC(p^*), 0\} = 0$。换言之，与完全不监督地方执法相比，即使中央能在最优监督水平 p^* 值上发现地方政府的"失职"行为，中央承担的交易费用仍大于零。因此，中央对此最经济的方法是不对地方进行任何监督。这是交易费用最小化的理性选择。

因此，在中央立法机构的最优选择——不监督地方执法部门的条件下，后者会根据最大化其净租金函数的原则，选择最优执法努力 α^*，使 $NR(\alpha^*) = \bar{R} = R - EC(\alpha^*) = R$，即 $\alpha^* = 0$。即（不认真监督，不严格执法）成为中央—地方执法博弈的纳什均衡解且满足帕累托最优。

按此逻辑，地方执法部门将选择有利于最优化自身目标函数的法律赋权解释。加之关于农地立法的条款内存在模糊不清的地方，导致农地赋权的最终法律解释和控制权由地方支配。这种法律赋权的不完全性会诱使地方执法上的歧视性与随机性，从而衍生出地方任意调整或征收农地产权的公共领域。

为降低地方在农地法律执行过程中的不确定性，避免地方利用法律初始赋权的不完备性制造公共领域以摄取农民土地权利租金（特别是农地增值收益），一种可行的方法是激励农民以产权股份制的模式进行土地流转。这是因为，在现有法律框架下，农村土地所有权的准确归属仍然处于模糊状态，地方因而能够占据和支配农地所有权契约中的不完备空间，侵犯农民土地权益。若农民把土地承包经营权（即产权）以入股的方式转让给农地股份公司，则通过折算估价的产权转换为份额清晰的股权，可克服农地法律赋权的不确定性，从而能够有效保护农民的土地权益。

二、从土地的福利功能转向财产功能

对于农地流转滞后的原因，大量文献给予了持续的关注。其中，土地承担的福利保障功能所形成的流转约束，是值得格外关注的问题。

在农村人口对土地压力不断增加的条件下，必然导致土地逐渐"福利化"，从而使得土地对农民的社会保障功能越来越大于其作为生产资料的功能（温铁军，2000）。土地只要具有保障的价值，不论其保障实际能力的大小，人们都会保留并将其作为一种生活的保障（梁鸿，1999）。鉴于我国社会保障体系难以在短时期内覆盖农村，因此农地在一个相当长时期内仍将是大部分地区、大部分农民获取收益和维持生存的基石（陈锡文，2002）。特别是在非农就业的岗位和收入尚不稳定的情况下，绝大多数农民仍将土地视为"活命田"、"保险田"和非农就业的退路，因而宁可粗放经营甚至抛荒，也不愿轻易转让和放弃土地（周飞，2006）。解决农民的发展问题，降低农民对土地的依赖，必须建立与城市居民均等的基本保障制度（社会保障课题组，2002）。

我们的问题是，既然土地承担着农民的福利保障功能，那么是否意味着如果存在保障功能的替代机制，农户就必然会有转出或者放弃土地的可能性？

（一）家庭承包制：对土地保障功能的强化

土地对于农民兼具生产资料及社会保障双重功能。但是，一方面由于城乡隔离使不断增加的农村人口滞留于农业，导致了人地关系的不断恶化；另一方面由于国家经济能力的弱小难以承担农民的社会保障，这就使得土地承担的福利保障功能大大高于其生产功能。因此，家庭承包制不得不选择了"均分制"。

以农地均分为特征的家庭承包制获得了举世瞩目的政策效果，但同时也留下了严重的后遗症。家庭承包制后，土地的集体所有制普遍表达为社区集体的每个成员都天然地平均享有对土地的使用权利。为了保证产权分配（界定）的公平性，从初始的按人（劳）均分土地使用权，到一次又一次地因人口变化而重划土地经营权，追求产权界定公平的调整永无休止，从而隐含着重大缺陷（罗必良，2011）。第一，土地的经常性调整，使农户无法形成对土地投资的长期预期；第二，既然每个成员对集体土地权利是均等的，这就意味着他们在土地数量、质量及土地负担的分摊上是均等的，因而，土地远近好坏的统一搭配，使农户承包的地块不仅分散而且零碎，造成了严重的规模不经济；第三，为了做到地权的平均分配，每次调整都需要重新核查人口、土地面积与地块数量及其质量，产权的界定费用高昂；第四，土地的每次分割要找到全体成员一致接受或认可的方案，无疑将支付较高的谈判费用。

从全国来看，"大包干"实行后的 1984 年年底，全国每一农户平均以 5 口人计，其中劳动力 2.7 人，占有耕地 9.8 亩，平均每人占有耕地 1.96 亩。土地成为农户名副其实的"社会保障品"①。在小规模分散化家庭经营的同时，农地的细碎化则成为显著的特征。

可见，家庭承包制的制度目标是进一步强化了农民的土地福利保障及其公平，而不是土地资源利用效率的改善。

（二）土地保障功能弱化

如前所述，土地是生产要素，又具有保障功能。这两者在传统的农耕社会并不矛盾。然而，在工业化与城镇化以及经济开放与要素流动的背景下，情形则发生了重大变化。第一，工业化与非农产业的发展，使得农民的农外就业机会增加，土地对农民的就业保障功能逐部弱化；第二，城镇化与人口的自由流动，使农民的农外选择空间不断扩展，人地矛盾转化逐步松动；第三，农业的比较劣势不断凸显，使得土地的收入保障功能不断弱化，农民弃农机会成本不断降低。

事实上，农民对土地的依赖性已经发生了根本性的改变：

一是兼业化——农民逐步"不以农为主"。2011年对全国931个村庄抽样问卷调查的结果表明，外出务工及从事非农兼业的劳动力已经占到农村劳动力的48.62%。

二是老龄化与非农化——农民开始"不以农为业"。"村庄问卷"的结果表明，妇女已经占到留村劳动力的69.89%，51岁及以上的老人则占到39.8%。

三是副业化——农户已经"不以农为生"。890个样本的"农户问卷"表明，如果将农户分为参与土地流转农户和未参与流转农户，二者来源于农业的收入仅仅为29.64%和23.97%。

可以认为，就目前的格局来说，土地对农户所承担的福利保障功能已经大大下降，土地不再像历史上任何时期那样是农民的"命根子"。

既然土地不再是农民的命根子，那么农民是否存在放弃土地的意愿呢？为了了解农民的意愿深度，我们将农户的土地承包经营权分解为经营权与承包权。如果农民愿意放弃前者（转出土地经营权），意味着农民有"留地弃农"的倾向；如果农民愿意放弃后者（放弃承包权），则表明农民有"离农弃地"的可能性。对广东省的抽样问卷调查表明（有效样本753个），无论是经营权还是承包权，农户均具有显著的退出意愿。其中农户退出承包权的意愿甚至高于经营权的退出。可以认为，从农民的意愿层面上来说，土地的确不再是"命根子"（见表14-12）。

---

① 《全国农村社会经济典型调查数据汇编》（1986~1990），中共中央党校出版社1992年版，第308页。

表 14-12　　　　　　　广东省样本农户的土地退出意愿

经营权退出		承包权退出	
愿意（%）	56	总不放弃（%）	39
不愿意（%）	44	愿意放弃（%）	61
其中（以不愿意为100%）：		其中（以愿意为100%）：	
1. 怕失业想兼业	38	1. 给予公平补偿	28
2. 利用农业休闲	6	2. 给予合理租金	57
3. 自己种地吃得安全	56	3. 给予社会保障	15

因此，从逻辑上来讲，赋予农户以替代性的福利保障，应该能够降低农户对土地的依存度。问题是，农户对土地的功能评价已经发生了重大转变。

进一步观察表 14-12 还可以发现：（1）土地对农民所承担的保障功能（怕失业想兼业），已经转化为对生活质量的追求；（2）农户对土地保障功能的依赖，已经转换为对土地经济功能的诉求。

此外，第五章的现状分析也为上述判断提供了实证依据。其中，第三节的禀赋效应的分析表明，农户所获得的社会保障，不仅没有成为农地流转的支持因素，反而成为显著性的约束因素；从第四节农户退出意愿分析可以发现，改善农民的社会保障程度并没有激发农民的离地意愿，农民既不愿意退出农地经营权，也不愿意退出土地承包权。

（三）简要的结论

上述分析表明，农地流转大大滞后于农业人口的流转，并不是因为土地所承担的保障功能使得农民"惜地"，因为对其保障功能的替代并没有导致农民对土地重要性的降低。无论是事实分析还是意愿分析，均表明农民所获得的正规性社会保障，既没有导致农民的"离农"（流转经营权），也没有诱导农民的"弃地"（流转承包权）。

可见，农民的土地退出，并不是一个简单的福利保障功能及其替代问题，而是表达了农民对土地财产权利的诉求。由此，家庭承包制如果仅仅满足于农民对土地保障功能的制度取向，那么小规模、分散化、细碎化的农业经营格局不可能发生根本的改变。

产权经济学认为，如果资源的产权主体明确，并允许产权的自由转让，同时与这一转让相应的收益得到有效保护，则产权主体才有可能最大限度地在产权约束的范围内配置资源以获取最大收益。事实上，家庭承包制的变革，从本质上讲是财产关系与利益关系的大调整。其中，土地所有权与承包经营权的分离，进而农户承包权与农地经营权的进一步分离，为产权的资源配置功能提供了运作空间，从而使得农户成为农地流转市场的主体。于是，我们的问题便是：如果假定农民是理性的，为什么拥有农地流转权的农户，面对人地关系不断变化与松动并逐步表现出的潜在获利机会，却没有做出积极的响应呢？

一方面，当土地仅仅承担着福利保障功能，而且随着这一功能的不断弱化，农民对土地的依赖性与重要性会明显下降，使得粗放经营、农地撂荒和农业的副业化成为普遍现象；另一方面，由于工业化与城镇化对土地构成的强烈需求、国家粮食安全对土地明显依赖，使日益稀缺的农地隐含着巨大的潜在价值，由于土地要素市场的扭曲（征地市场）和发育不足（承包经营权流转市场）而难以实现，使得农民继续持有农地成为必然的选择。

所以，必须推进土地功能的转换，并从强调土地的福利保障功能转向为强化土地的财产功能。由此，农村土地制度变革的基本取向是：（1）在现有土地承包关系保持稳定并长久不变的前提下，赋予农民更加充分而有保障的土地承包权；（2）盘活农民的土地经营权，构建农地流转的产权市场；（3）推进土地的资本化，促进农民的财产性增收。

三、财产化、资本化、商品化：农村土地的产权市场化

第三章已经说明，经过自由的交换契约所获得的产权具有明显的不被减弱的可能性。第六章我们进一步阐明，保障农民的土地权益，重点在于法律的非歧视性、行为能力的提升以及社会对农民权益的认同与尊重。其中的一个关键是产权市场发育问题。

关于农村土地与要素市场的发育已经受到众多关注。姚洋（1999）分析了非农就业结构和农村土地租赁市场发育之间的关系。方鹏（2001）等学者从内在形成机理和外在作用机理两个方面分析中国农村土地流转市场化的作用机理。刘红梅（2001）对农村土地市场存在的问题和深层次原因进行实证研究。黄贤金（2001）认为农村土地细碎化、剩余劳动力的转移、农业生产结构的调整、土地功能的转变等都是影响农村土地市场迅速发展的重要原因。孔（Kai-sing Kung, 2002）探讨了农村集体土地使用权租赁市场的重要性以及中国农村集体土地市场权流转市场发育缓慢的原因。丁（Ding, 2002）、索恩和贝埃（Thone and Beeher, 1999）、威廉姆（William, 2002）认为农村土地市场发展缓慢的原因主要有：农村集体土地产权制度不稳定、地方政府的干预、市场自身的发育程度等方面。

事实上，农村要素市场是一个农村劳动力市场与农村金融市场围绕农村土地

产权市场为中心相互联动的交易网络体系。按此逻辑，只要完善农村土地产权市场，其他两个局部市场就会相应做出有效率的改进与正反馈，农村土地市场的均衡价格信号即"地租熵"会最终驱动整个农村要素市场达致一般均衡状态，从而实现农村改革的帕累托最优效率。

目前，我国农村土地赋权主要面临两个问题：一是产权的模糊性与歧视性，二是土地的福利性赋权。因此，农村市场化变革的中心是农村土地产权市场的制度创新。其中，土地的"财产化、资本化、商品化"，是启动土地产权市场化的三个突破口。

土地财产化是国家通过《物权法》等法律途径保障农民以农地出租、抵押、自己经营或承包等方式获得的剩余索取权，即农民通过对其土地承包经营权的有效运作与处置，实现其最佳配置后获得的土地投资回报转化为财产性收入。土地财产化的根本目的是保护农民的土地权益，改善农地流转的稳定预期，让农民分享工业化与城镇化带来的土地增值收益，最终实现农民的财产性收入的倍增计划目标。

土地资本化是通过土地承包经营权作为融资工具，以土地流转的方式形成土地证券化与契约化的可自我执行机制。把资本的流动性、逐利性与财产的排他性与收益性结合起来，实现土地金融化，形成农民金融、农业金融与农村金融共同发展的创新体系。通过土地资本化，一方面可以激励农民参加非农就业，促进农民创业型转移；另一方面，以土地资本化能够带动农村金融市场的发育，刺激创业型金融资本形成。

土地商品化是以市场价格机制实现土地经营权的可交易性，提高土地交易的效率与频率，扩展土地经营权交易的半径与空间，使得弱行为能力农民利用市场价格信号把农地经营权转让给强行为能力农民，既保护了自身的潜在租值，又使对方的租值增加，从而实现帕累托效率改进，即促进"弱者离地、强者种地"；一是以土地商品化构建现代农业经营主体的"退出"与"进入"机制，即以"地动"促"人动"；二是以土地商品加快土地流转，借此支持土地农内经营的规模化、专业化与集约化，避免土地的分散化与细碎化，从而转变农业经营方式；三是以土地商品化驱动土地非农流转的市场化即形成农村土地市场的价格生成机制，支持土地农外的节约与集约使用，避免"工业圈地"与"土地城市化"，最终转变工业化与城镇化的发展路径，从而既达到扩大内需、经济增长方式转型升级的经济目标，同时又实现"能者种地、能者种粮"的农业安全目标。

四、土地资本化以及农民权益保护：路径及契约设计

土地资本化通常有三种形式：第一，农地出租，农户把承包土地的经营权转

给其他农户或者农业企业，从而获取一定的经济收入，即农地流出农户与流入主体之间签订固定租金契约；第二，农地合作社，农户把自己的土地作为资本与其他的农户乃至工商企业合作经营，建立股份合作经营企业，农民以土地作为股份获取收入，即合作者之间达成了分成契约关系；第三，股份有限责任公司，即以农民或集体经济或投资于农业的龙头企业为主发起、成立土地股份制公司，统一经营农民的土地。农民相当于变成了股份公司的员工，即他们之间是一种工资契约关系。

（一）农地流转与农地资本化水平帕累托最优

诚然，为农地产权的资本化流转过程会产生一些约束条件，如地权的量化折股需要对农地的各种属性、位置和质量以及面积进行准确的测量和考核。此外，农民需要耗费资源用于与股份有限公司签订契约和讨价还价。这些额外的交易费用若超过资本化带来的租金增值，农民则不会愿意转出土地承包经营权。因此，需要设计高效的激励机制，使农民的产权资本化转出行为能够实现其个人潜在净租金最大化。同时，转入地权的股份公司也是理性个体，也要求其总产出实现帕累托最优水平。

这里，假设有 i 个将土地入股的农民（$i=1, \cdots, n$），入股后公司的总产出水平 Y 不仅取决于他们的地权投资水平 $B=(b_1, \cdots, b_n)^T=(b_i, b_{-i})^T$，还受到外生变量地方执法不确定性 $\Theta=(\theta_1, \cdots, \theta_n)^T$ 的影响，即 $Y=Y(B, \Theta)$。若 $F(Y, B)$ 和 $f(Y, B)$ 分别为 Y 的分布函数和概率函密度函数，那么，满足帕累托最优的入股数为，$B^* \in \arg\max \{E[Y(B, \Theta)] - \sum_{i=1}^{n} tc_i(b_i, \theta_i)\}$，（$i=1, \cdots, n$）即：

$$\frac{\partial E[Y(B^*, \Theta)]}{\partial b_i} = \frac{\partial tc_i(b_i^*, \theta_i)}{\partial b_i} (PE)$$

（二）最优农地资本化契约选择：农民个人净租金函数与资本化产出函数激励相容

现在，进一步设计出三种农地资本契约类型，以实现农民间资本博弈的纳什均衡同时达到上述股份公司产出水平的帕累托最优条件的要求。假设每个农民都是风险中性型行为主体，其净租金函数为 $r_i(d_i, b_i) = d_i(Y) - tc_i(b_i)$。

1. 农地合作社的总产出分成契约设计

在契约安排下，每个农民间的分成契约结构如下：

$$d_i(Y) = \begin{cases} b_i Y, & Y \geq \bar{Y} \\ b_i Y - \varepsilon_i, & Y < \bar{Y} \end{cases} \quad \text{且} \quad F(\bar{Y}, B) = P\{Y \leq \bar{Y} | B\}$$

特别是，若 Y 达不到计划产出水平 $\overline{Y}$，则每个准备进行农地资本化的农民将受到 ε_i 的罚款；相反，农地合作社总产出全部分配给每个潜在股民，即 $\sum_{i=1}^{n} d_i(Y) = Y$。那么，风险中性偏好农民的 $V-N-M$ 期望净租金函数为：

$$E(r_i) = [1 - F(\overline{Y}, B)]b_i Y(B) + F(\overline{Y}, B)$$
$$(b_i Y(B) - \varepsilon_i) - tc_i(b_i), \quad i = 1, \cdots, n$$
$$= \{[1 - F(\overline{Y}, B)]b_i Y(B)$$
$$+ F(\overline{Y}, B)b_i Y(B)\} - F(\overline{Y}, B)\varepsilon_i - tc_i(b_i)$$
$$= E[b_i Y(B)] - F(\overline{Y}, B)\varepsilon_i - tc_i(b_i)$$

此时，整个农地合作社内所有准备资本化农民间博弈的纳什均衡的充要条件是可通过对上式求关于 B 的一阶偏导数，从而有：

$$b_i \frac{\partial E[Y(B, \Theta)]}{\partial b_i} - \varepsilon_i \frac{\partial F(\overline{Y}, B)}{\partial b_i} - \frac{\partial tc_i}{\partial b_i} = 0$$

移项整理得：

$$\frac{\partial E[Y(B, \Theta)]}{\partial b_i} = \frac{\varepsilon_i}{b_i} \frac{\partial F(\overline{Y}, B)}{\partial b_i} + \frac{\partial tc_i}{b_i \partial b_i} \quad (SC)$$

换言之，当 $\frac{\theta F(\overline{Y}, B)}{\theta b_i} = \frac{b_i}{\varepsilon_i}$ 时，纳什均衡解满足帕累托最优条件（SC）。这意味着，只要在分成契约中适当调整 b_i 和 ε_i 的数值，就有可能保证（SC）式达到（PE）式要求。

2. 土地股份有限责任公司的激励工资契约的设计

改变上述分成契约的结构与内容，可设计另一种激励性契约：

$$d_i(Y) = \begin{cases} b_i, & Y \geqslant Y(B^*) \\ 0, & Y < Y(B^*) \end{cases}$$

且 $\sum_{i=1}^{n} d_i(Y) \leqslant Y$ 和 $F(B^*, \Theta) = P\{Y \leqslant Y(B^*) \mid \Theta\}$。

这里的 B^* 是由（PE）式决定的最优入股向量 $(b_1^*, \cdots, b_{i-1}^*, b_i^*, b_{i+1}^*, \cdots, b_n^*)$。进一步，给定除农民 i 外的其他农民的个人土地投资最优水平为 b_{-i}^*，当农民 i 选择 $b_i(<b_i^*)$ 时有：$Y(b_i, b_{-i}^*; \Theta) < Y(b_i^*, b_{-i}^*; \Theta)$，从而使：$d_i[Y(b_i, b_{-i}^*; \Theta)] = 0$。即：

$$r_i(d_i, b_i) = r_i(0, b_i) = 0 - tc_i(b_i) = -tc_i(b_i) < 0$$

相反，若农民 i 选择 $b_i = b_i^*$，则有 $Y = Y(B^*, \Theta)$，$d_i[Y(B^*, \Theta)] = b_i$。从而得到：

$$r_i(d_i, b_i) = r_i(b_i^*, b_i^*) = b_i^* - tc_i(b_i^*) > 0$$

这样，$B^* = (b_1^*, \cdots, b_n^*)$ 构成一个纳什均衡。

按此逻辑，农民的期望净租金函数是：
$$E(r_i) = [1 - F(B^*, \Theta)]r_i(0, b_i) + F(B^*, \Theta)r_i(b_i^*, b_i^*) = F(B^*, \Theta)b_i^* - tc_i(b_i)$$

其一阶条件是：
$$\frac{\partial E(r_i)}{\partial b_i} = F(B^*, \Theta) + \frac{\partial F(B^*, \Theta)}{\partial b_i}b_i^* - \frac{\partial tc_i(b_i)}{\partial b_i} = 0 \quad (IW)$$

即：当 $F(B^*, \Theta) + \frac{\partial F(B^*, \Theta)}{\partial b_i}b_i^* = \frac{\partial tc_i(b_i)}{\partial b_i}$ 时，农民的个人理性与股份公司的整体理性兼容一致。

3. 农地出租的抵押型定额租约设计

第三种可选择的激励机制是：让每个农地转入方在获得农地前先交纳保证金 $G = Y(B^*)\frac{n-2}{n}$ 作为抵押，然后红利按 $d_i(Y) = E[Y(B, \Theta)]$ 进行分配，从而有：$E[d_i(Y)] = 1$。

又因为每个农地转出方在不确定环境下的期望净租金最大化一阶条件为：
$$E[d_i'(Y)]'E[Y_i'(b_i)] = tc_i'(b_i)$$

所以，在该类型的契约安排下有纳什均衡解：$E[Y_i'(b_i^*)] = tc_i'(b_i) \quad (FR)$
显然，(FR) 与 (PE) 式相同，即该纳什均衡也是帕累托最优。

此外，值得注意的是，当 $E(d_i) < E[Y(B^*)]$ 时，剩余租金 $RR = E\left\{\left[\frac{Y(B^*)(n-1)}{n} \times n + d_i\right] - nd_i\right\}(\geqslant 0)$ 全部归作为中心签约者的农地转出方所有。

此时，农地转入方的净租金 $RR = (n-1)\{E[Y(B^*)] - Y\}$。每个转入农民的期望净租金为 $Nr_\tau = E[Y(B^*)] - G = \frac{E[Y(B^*)]}{n}$。换言之，农地转入方相当于向农地转出方上交大小为的固定租金，同时获得后者的土地经营权，后者因而获得 $d_i(Y^*)$ 的租金作为农地流转的收益报酬。

（三）农民土地合法权益不完备性的制度匹配：契约治理契约模型

尽管地方政府可以利用法律上未界定清晰的空间侵犯农民土地权益，但是我们可以设计各种农地资本化契约保障农民合法权利。进一步，若把前者视为一项低效的制度安排，则后者是可供选择的高效率制度匹配机制。即通过后者的高效率来抵消前者因不完备性所产生的效率损失。换言之，即在不变更原有低效率制度结构且不完善其不完备的内容条款之前提下，设计出另一套高效的新制度安排予以匹配从而实现总体制度效率的提高。因此，我们在不完全契约理论（Grossman and Hart, 1986)的基础上,提出一个"契约治理契约"的制度匹配模型。

首先,假设有两个"契约人",一个契约供应者 is 和一个契约需求者 id。在"契约商品"达成一致(即契约执行)前,双方都不清楚该契约在"质量"上存在不足之处。一方面,若要改进该"商品"的"质量"或使该契约的不完备性得以改善,则会耗费契约供应者 is 一定量的信息搜寻成本 SC;另一方面,契约需求者 id 可以在契约实施前通过"产权专用性投资"来提高"契约商品""质量改善"的程度,假设发生该行为的概率为 q。例如,id 进行专用性资产投入,形成一种协约成本 $CC(q) = q^2/2$。此时,is 能观察到 id 所作的专用性投资水平,但却不能为第三方所证实,因而双方不能将不完备之处写入契约之中。另外,我们假定 id 因"契约商品""质量改善"获取的租金为 $\overline{IR}$。它是一个二元的随机变量:

$$\overline{IR} = \begin{cases} IR, & q \\ 0, & 1-q \end{cases}$$

接着,我们讨论供求双方就"契约商品"达成一致意见的完全契约模型。此时,协约双方信息完全对称,契约的不完全性消失,他们的最优选择最终成为该"二人世界"的社会最优化决策行为。因此,帕累托最优的社会福利 W 最大化的期望值为:

$$\max_q E(W_0) = q(IR - SC) + (1-q)(0-0) - CC(q)$$

其一阶导数条件为:

$$\frac{E(W_0)}{\partial q} = (IR - SC) - q = 0$$

从而有:

$$q^* = IR - SC$$

那么,最大社会福利水平为:

$$E_{\max}(W_c^*) = \frac{(IR - SC)^2}{2}$$

最小化交易费用为:

$$tc_{\min}^* = SC + \frac{(IR - SC)^2}{2}$$

然后,进一步分析不完全契约的情况。信息的非对称性与未来的不确定性促使协约双方就契约条款进行协商谈判。而且,若双方不能达成共识,契约的不完全性就无法得到改善。因此,我们借助纳什谈判解法计算期望净租金均分下的契约供求双方的最优策略。一方面,契约需求者的期望净租金最大化表示为:

$$\max_q E(NR_{id}) = \frac{1}{2}[q(IR-SC)+(1-q)(0-0)] - CC$$

由一阶条件 $\frac{\partial E(NR_{id})}{\partial q} = \frac{1}{2}(IR-SC) - q = 0$，从而有：$q^{**} = \frac{IR-SC}{2}$。那么，契约需求者的最大期望净租金为：$E(NR_{id}^{**}) = \frac{(IR-SC)^2}{8}$。

另一方面，契约供应者的最大期望净租金等于前者的总租金，即：

$$E(NR_{is}^{**}) = \frac{1}{2}[q^{**}(IR-SC)+(1-2)(0-0)] = \frac{(IR-SC)^2}{4}$$

这样，社会总福利的期望值为：

$$E(W_n^{**}) = E(NR_{id}^{**}) + E(NR_{is}^{**}) = \frac{3(IR-SC)^2}{8}$$

此时的交易费用最小值为：

$$tc_{\min}^{**} = SC + \frac{(IR-SC)^2}{8}$$

再次，我们尝试构建一个"契约治理契约"的制度匹配模型。契约供求双方同意制定一体化协议并由原契约需求者 id 拥有剩余租金 IR，但需承担原契约供应者 is 一半的 SC。此时，原契约需求者 id 得最大期望租金为：

$$\max_q E(NR'_{id}) = [q \cdot IR + (1-q)SC/2] - CC$$

但是，尽管 is 的一半由 id 分担，但其租金全部转让给后者。假定让原契约供应者 is 至少能得到一份保留租金 $\bar{R}$，那么他才会接受这份契约。换言之，需要在原契约 A 基础上，再增加一份补偿契约 X 以匹配：$E(N'_{is}) = q(0-SC) + (1-q)\frac{SS}{2} \geq \bar{R}$。

按照上述逻辑，问题转换为一个 id 在契约 X 约束下的最大化 $E(NR'_{id})$：

$$\begin{cases} \max_q E(NR'_{id}) = [q \cdot IR + (1-q)\frac{SC}{2}] - \frac{q^2}{2} \\ s.t.\ q(0-SC) + (1-q)\frac{SS}{2} - \bar{R} \geq 0 \end{cases}$$

建立拉格朗日函数：

$$L(q,\lambda) = [q \cdot IR + (1-q)\frac{SC}{2} - \frac{q^2}{2}] + \lambda[q(0-SC) + (1-q)\frac{SS}{2} - \bar{R}]$$

由 Kuhn - Tucker 定理得上式的一阶条件：

$$q^{***} = IR - \frac{SC}{2}(1+3\lambda),\ \lambda > 0$$

从而得到社会总福利期望：

$$E(W_g^{***}) = \left(IR - \frac{1+3\lambda}{2}SC\right)\left(IR - \frac{3}{2}SC\right) - \frac{1}{2}\left(IR - \frac{1+3\lambda}{2}SC\right)^2 + \frac{1}{2}SC$$

此时的交易费用为：

$$tc_{\min}^{***} = SC + \frac{1}{2}\left(IR - \frac{1+3\lambda}{2}\right)^2$$

最后，通过比较不完全契约模型与契约治理契约模型的制度绩效大小来阐释契约匹配的机制。这里，我们定义制度绩效为社会总福利的边际交易费用，即：

$$\frac{\partial tc}{\partial E(W)} = \frac{\partial tc}{\partial q} \cdot \frac{\partial q}{\partial E(W)}$$

它表示每增加一单位的剩余租金所耗费的单位交易费用。该边际值越大，则制度绩效越低：

(1) $\dfrac{\partial tc^{**}}{\partial E(W^{**})} = \dfrac{q^{**}}{2} \dfrac{2}{3q^{**}} = \dfrac{1}{3}$

(2) $\dfrac{\partial tc^{***}}{\partial E(W^{***})} = q^{***} \cdot \dfrac{1}{IR - \dfrac{SC}{2} - q^{***}} = \dfrac{q^{***}}{IR - \dfrac{sc}{2} - q^{***}}$

令：

$$\frac{\partial tc^{***}}{\partial E(W^{***})} - \frac{\partial tc^{**}}{\partial E(W^{**})} = \frac{q^{***}}{IR - \dfrac{sc}{2} - q^{***}} - \frac{1}{3} = \frac{IR - \dfrac{1+3\lambda}{2}SC}{IR - \dfrac{SC}{2} - IR + \dfrac{1+3\lambda}{2}SC} - \frac{1}{3}$$

$$= \frac{2}{3\lambda}\left(\frac{IR}{SC}\right) - \frac{1+4\lambda}{3\lambda} = f(\lambda)$$

从而得：

$$\frac{df}{d\lambda} = -\frac{2}{3\lambda^2}\left(\frac{IR}{SC}\right) + \frac{1}{3\lambda^2} < 0$$

又因为理性的契约供应者必然要求参与协约的条件是 $IR \geqslant SC$，所以有：

$$0 < \frac{1}{4} \leqslant \frac{2\left(\dfrac{IR}{sc}\right) - 1}{4} \text{其中, } f\left[\frac{2\left(\dfrac{IR}{sc}\right) - 1}{4}\right] = 0$$

由 f 的单调递减性质可以得到：若 $0 < \dfrac{1}{4} \leqslant \dfrac{2\left(\dfrac{IR}{sc}\right) - 1}{4} < \lambda$，则

$$f(0) > f\left(\frac{1}{4}\right) \geqslant f\left[\frac{2\left(\dfrac{IR}{sc}\right) - 1}{4}\right] = 0 > f(\lambda)$$

$$f(\lambda) = \frac{\partial tc^{***}}{\partial E(W^{***})} - \frac{\partial tc^{**}}{\partial E(W^{**})} < 0$$

即：$\dfrac{\partial tc^{***}}{\partial E(W^{***})} < \dfrac{\partial tc^{**}}{\partial E(W^{**})}$。

这表明，以契约治理契约的制度匹配机制在制度绩效上要优于不完全契约。按此逻辑，对于农地法律赋权的不完全性，最有效的制度设计是提供另外一套契约组织与原契约安排相匹配而不是像主流经济学家那样仅对契约的不完全性进行改进。因此，让农民土地产权进行资本化流转比直接修改现有农地法律条款更有效地保障农民的土地权益。

第十五章

城市化背景下的农地非农流转与产权保护

第一节 对不同观点的质疑

土地问题既是中国革命的核心问题,也是中国建设和发展的关键问题。中国改革开放是由农村土地制度变革发端和破题,近三十多年的高速经济增长,在很大程度上又是依靠农地转为城市用地和建设用地而支撑的。然而,中国的土地制度和土地政策存在着根本性的缺陷,正在成为阻碍经济发展和造成社会不稳定的根源,已经到了非改不可的地步。只有根本改革现行土地制度和土地政策,才能为中国的长治久安和稳定发展奠定坚实的基础。中国农地制度改革的方向是:放松政府土地管制,发展土地市场和土地交易。即在坚持土地的集体所有制的前提下,打破对农地转用的国家垄断,改变政府对集体土地的用途管制,发展集体建设用地的流转和交易。这是走出目前困境的重要选择。对此,有人可能会提出一些似是而非的观点加以反对,在没有具体讨论我们的看法和主张以前,首先需要从理论上给以简要的回答[①]。

[①] 本章由张曙光教授与曹正汉教授的阶段性成果整理而成:①张曙光主笔:《博弈:地权的细分、实施和保护》,社会科学文献出版社,2011年;②曹正汉:《弱者的产权是如何形成的?——中国被征地农民的"安置要求权"向土地开发权演变的原因》,载《中国制度变迁的案例研究》(土地卷)第八集,中国财政经济出版社,2011年。李尚蒲负责初稿整理。

第一种观点认为,发展土地市场和土地交易会造成土地过度集中,出现贫富分化,使农民失去生活保障。这一点在历史上不曾出现,在现实中更不可能。历史上的情况,赵冈和陈钟毅(2006)已经做了回答。在现实中,我们仍然坚持土地的集体所有,土地流转和交易的目的正是要变村民的农地资产为工商物业资产,保护集体和农民分享土地增值收益,以此建立农民的长期保障,防止政府和强权的侵占。而流转和交易的决策由土地权利主体自主决定,同时政府还可适当管理。历史和现实证明,只要没有政府权力的支持和庇护,市场权利主体的谈判和价格机制的作用,足以遏制强权的扩张和兼并行为。

第二种观点认为,土地流转和交易会造成土地浪费。我国城市过度扩张和土地使用浪费的根源,恰恰就在于用土地征用代替了土地的流转和交易,获取的成本太低,而转让的利益太大,土地稀缺的情况并未从价格信息中反映出来。市场交易除了形成价格和配置资源的功能以外,还有一种重要特性,即市场的规模经济性,就是说市场中的人数越多,市场越有效率,平均交易费用越低。反过来,这种特性还表现为网络外部性,即参与市场的人越多,市场中每个人的交易效用越大,市场作为一个整体的总交易效用也就越大。这使得城市聚集本身成为一种正反馈过程,由于人多,所以人多。对之限制的力量,一是地价上升,二是拥挤。"城市地价递减律"是"边际效用递减律"的证明和应用,价格机制会抑制城市的过度扩张和土地的无效使用。

第三种观点认为,土地流转和交易会危及粮食安全。不仅因为中国人多地少,粮食供给不足,而且因为我们还没有一个完善的防止饥荒的机制。从阿玛亚蒂·森(2002)对历史上曾经发生过的饥荒和其他危机做过深入的研究,以大量事实和严密的逻辑证明,"试图根据人均粮食可供量来理解饥荒,会导致无可救药的误解",饥荒和危机的发生,在于"一部分人口突然意外地失去了他们的经济权益",并提出了一种防止饥荒的经济学,包括提供合理的价格激励,以促进产出(包括粮食)和收入的增长;扩大就业,使可能遭受饥荒的人成为防止饥荒的能动的主体;发挥民主的政治激励作用以及"防护性保障"和"透明性保证"功能。发展土地市场、放开土地流转和交易正是遵循上述原则而制定的改革方向。不仅如此,由于发展土地市场和交易会抑制城市过度扩张和土地浪费,具有保护耕地的作用,再加上消除了地方政府土地征用的利益激励,国家的基本农田保护政策就可以落实和实施。

在概括了上述观点的偏颇和错误以后,本章的结构安排是:一是对现行土地政策及其实施的梳理和评价,重在揭示政策实施结果与政策目标的巨大反差和矛盾冲突;二是介绍和讨论几个实际案例,旨在说明基层和地方创新所展示的制度变迁和政策改革方向;三是在政策评价和实际经验讨论的基础上,提出完善政策和修改法律的具体建议。

第二节 现行土地政策及其实施：效果与评价

一、土地非农化的政策演变

中国的土地政策由一系列国家法律、政府法规条例和部门规章组成，形成了一个繁复的体系。但其特征却非常明显，这就是土地转用的国家垄断和政府管制，集体土地和国有土地、农村土地和城市土地、农耕用地和建设用地的严重分割和二元体系。两类土地隶属于不同的权利体系，由不同的机构管辖和不同的规则规制。政府作为农地转为市地的唯一仲裁者和土地一级市场的垄断者，是农地转用后的真正"地主"，拥有获得农地并将其转给城市使用者的排他权力。现行土地政策的实施及其效果与问题，都是在这个基础上产生和发展的。其中，土地的非农化政策是重要的一个方面。

从1982年发布《国家建设征用土地条例》，到1999年实施《土地管理法》及其《实施条例》，再到近几年出台的相关政策，特别是2004年10月21日发布的《国务院关于深化改革严格土地管理的决定》（以下简称28号文）和2006年8月31日颁发的《国务院关于加强土地调控有关问题的通知》（以下简称31号文），具体规定虽有很多变化，但基本精神变化不大：一是农地转为非农地的决策者和操控者是各级政府机构，而不是农地权属的主体；二是严格控制农地转为非农地。特别是最近几年，面对农地转为非农地的失控局面，中央政府更是三令五申，甚至到了全面实施严格的计划控制的地步。农地转为非农地的政策主要包括：

（1）对农地转用实行指令性计划管理。《土地管理法》规定，要编制土地利用总体规划，建立基本农田保护区，实行基本农田保护制度，严格控制耕地转为非耕地。28号文决定对"农用地转用的年度计划实行指令性管理"，31号文要求实行土地管理和耕地保护的首长负责制。

（2）严格土地转用的行政审批。《土地管理法》第四十四条第一款规定："建设占用土地，涉及农用地转为建设用地的，应当办理农用地转用审批手续。"28号文规定，"农用地转用和土地征收的审批权在国务院和省、自治区、直辖市人民政府。"并对具体审批权限做了明确和严格的规定。甚至2003年曾经一度冻结了土地指标审批。

（3）农地转为非农业用地的政策。《土地管理法》第四十三条规定，"任何单位和个人进行建设，需要使用土地的，必须依法申请使用国有土地"，"依法申请使用的国有土地包括国家所有的土地和国家征用的原属于农民集体所有的土地"。这就是说，农地转为非农业用地必须经过国家征用，先进行土地变性，由集体地权变为国有地权，方能用于非农业建设。这一规定的实质，就是通过土地转用缩小集体地权，扩大和实现土地的国有化。

在这一条中设置了例外条款，规定"兴办乡镇企业和村民建设住宅经依法批准使用本集体经济组织农民集体所有的土地的，或者乡（镇）村公共设施和公益事业建设经依法批准使用农民集体所有的土地的除外"。这一例外条款非常重要，它为村集体实施农地转用开了个"后门"。但这一规定有悖法理。既然是村集体使用自己的土地，为什么还要"依法批准"？依什么法？由谁批准？严格说来，就此而论，《土地管理法》还存在一定的缺陷。

近几年，由于农地过度征用，中央政府在加强行政控制的同时，开始提出集体建设用地的流转问题，28号文规定，"在符合规划的前提下，村庄、集镇、建制镇中的农民集体所有建设用地使用权可以依法流转"，但31号文又把"以租代征"视作违法，严加禁止。足见政策本身的矛盾和冲突。

（4）土地征用的补偿政策。《土地管理法》第四十七条规定，土地征用实行"按照被征收土地的原用途给予补偿"的政策。这就是说，土地转用的增值收益归征用者所有，土地所有者不能分享。这是现行土地政策根本缺陷之一。同时还对土地补偿费、安置补助费以及地上附着物和青苗的补偿费的补偿标准和分配办法做了规定。

（5）建设用地的供给政策。农地转用后的供地方式有划拨和出让两种方式。用于基础设施的划拨土地按原用途补偿，实际上是要被征地农民承担一部分基础设施建设成本，而出让土地也参照划拨土地按原用途补偿，则是剥夺了农地所有者分享土地转用的增值收益。这是现行土地问题日益严重的症结之一。

（6）土地有偿使用费的分配和使用政策。国家依法实施土地有偿使用制度，建设单位需交纳土地使用权出让金等土地有偿使用费和其他费用。鉴于土地使用费较低造成土地的无效使用，2006年国家提高了土地有偿使用费标准。新增建设用地有偿使用费和耕地占用税由中央和地方分享，加剧了中央和地方之间的收入争夺和利益博弈，是地方土地行为扭曲的重要原因。

从以上的概括和简述可以看出，我国的农地非农化政策是一种国家高度垄断和政府全面管制的计划经济政策。农村集体建设用地需要纳入国家计划，并经有关政府部门审批。城镇建设使用农地由政府划拨和征用，征用来的土地由政府出让给建设单位。划拨和征用的土地均按农地原用途进行补偿，有偿出让土地的收入全部归政府所有，在不同层级政府间分配。可见，同是土地，仅仅由于农用和非农用的用途不同，其所蕴含的权益完全不同，其运作的规则也完全两样。农民基本被排在农地的非农用之外，或者说，对于农地的非农业使用，村集体和农民的决策权受到很大的限制，其收益权也无法得到保障。中国的土地问题由此而生。

二、土地政策实施的制度框架和组织体系

与土地权利二元分割相适应，中国土地政策实施的制度框架和组织体系也是双重的。其核心就是"国家实行土地用途管制制度"，"国家编制土地利用总体规划，规定土地用途，将土地分为农用地、建设用地和未利用地。严格限制农用地转为建设用地，控制建设用地总量，对耕地实行特殊保护"（《土地管理法》第四条）。可见，这种土地用途管制的对象并不是国有土地和建设用地，而是集体土地和农业用地及其非农转用，不是政府及其官员，而是村集体和农民。因此，我国土地制度的实质就是国家对集体土地和农业用地的政府管制和计划控制。

为了实施对集体土地和农业用地的政府管制，我们制定和实施了两套不同的土地法律和土地管理规则。一套是《土地承包法》及其司法解释，还有国务院和农业部门的有关文件，如很多年份的一号文件。这些法律和规则只适用于集体土地和农业用地，对国有土地和建设用地没有规范作用和约束效力。另一套是《土地管理法》及其《实施条例》，随着土地问题的日益尖锐，国务院和国土资源部还颁发了大量红头文件，诸如前述《国务院关于深化改革严格土地管理的决定》（2004）、《国务院关于加强土地调控有关问题的通知》（2006），国土资源部的《建设项目用地预审管理办法》（2009）和《土地利用年度计划管理办法》（2006）等。这些法律和规则不涉及农地本身的管理和使用，也不涉及已有的国有土地和建设用地，只涉及新增的国有土地和建设用地，也就是说只对农地转用于非农建设具有规范作用和约束效力。

表面上看，我国现行土地用途管制的制度框架根源于现行的两种土地公有制度。其实，从法理上讲，既然同是社会主义的土地制度，其产权主体就具有同样的土地权利，国有土地可以用于非农建设，集体土地同样可用于非农建设；国有土地可以有偿转让，集体土地也可以有偿转让；国有土地的使用由其权利主体国务院和各级政府做主，集体土地的使用也应当由其权利主体村集体及其成员决

策。这样，土地的全民所有制和集体所有制依然保持，而"土地用途管制制度"则失去了合法性基础。

为了加强和实施分割的土地权利，我国土地政策管理的组织机构也是双重设置的：农地与农地非农转化和建设用地分别由不同的政府部门管理。农地由农业部及各级农业厅、局、办管理，土地转用和建设用地由国土资源部及地方国土厅、局、办管理，并负责耕地保护。国土资源部原系1987年成立的国家土地管理局，为加强土地管理，1998年升格为部级单位。世界银行（2007）描述了中国现行土地管理机构的框架（见图15-1）。

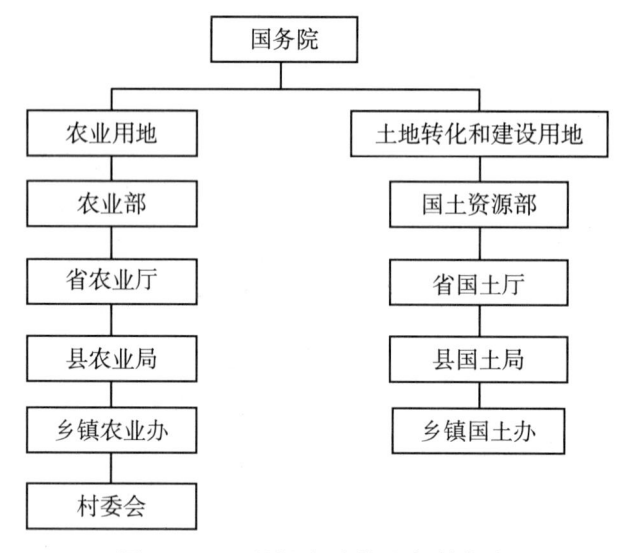

```
                    国务院
           ┌──────────┴──────────┐
       农业用地            土地转化和建设用地
           │                     │
        农业部                国土资源部
           │                     │
        省农业厅                省国土厅
           │                     │
        县农业局                县国土局
           │                     │
       乡镇农业办              乡镇国土办
           │
        村委会
```

图 15-1　现行土地管理机构框架

从图15-1可以看出，农地管理系统与农地转用和建设用地管理系统是严格分离的，农地管理系统严格限定于农地的承包和使用，而国土资源管理系统，只负责农地转用和建设用地的管理，不介入农地承包和使用活动，但却负有从总量上保护农地和耕地以及管理宅基地的任务。可见，同样的土地仅仅由于用途不同，就承受着不同部门的不同管理方式和管理强度。这是二元分割的土地政策得以实施和执行，并不断强化和再生的组织保证。

此外，在土地管理上，不同部门也存在着机构重叠和职能交叉。农地管理有农业部和林业部两个部门，城市建设用地和农民建房用地也有国土资源部和建设部两个部门管理。地方的情况也与此类似。不论是两个部门分管，还是两套机构共管，在现行体制下都为部门间争权夺利创造了条件。

三、土地政策的实施效果

中国现行二元分割的土地政策，有其历史的缘由和演化过程，有其必然性。改革开放前，在传统的国家单独实施的工业化过程中，曾经起过重要的保证作用，在近几年快速的城市化进程中，也有某些积极作用，不能一概否定。但是，即使不考虑现行政策的一般缺陷，二元分割的土地政策本身实际上也是一种相互矛盾的政策。这种政策违背了激励、约束相容的基本原则，扭曲了各个地权主体和利益相关者的土地行为，造成了激烈的利益争夺和尖锐的社会冲突，不仅导致了土地资源的巨大浪费，而且有可能引发严重的经济、金融和社会危机。

（一）农民土地权利的侵害和保护

现行土地政策的实施，严重地侵害了农民的土地权益。这种侵害是广泛的，多方面的：

首先，农地承包权是农民唯一的和基本的财产权利，受到《宪法》（2004）和《土地承包法》的保护。有了土地承包权，农民才能将自己的劳动与土地等生产资料相结合，进行劳动生产，从而实现自己的劳动权利，并取得经济收入，以养家糊口，维持生计。按照现行土地政策进行征地，主要不是公益用途，而是商业目的，不仅没有合法性基础，而且是政府权力的滥用，其结果首先剥夺了农民的财产权和劳动权，使农民既失地又失业，变成一无所有、无依无靠的游民。

据估计，到目前为止，失地农民有四五千万人，既失地又失业的占相当大的比例。因为按照现行政策征地，通常是不与农民协商的，更不允许争议的。要知道，征地者既有《土地管理法》为据，又依仗政府强权，因而，在征地问题上，农民是既无力，也无法，个人产权对抗不了地方政权。从权利人无以表达和主张自己的权利的意义上来说，征地无异于剥夺，《土地管理法》实质上是土地剥夺法，不仅大于《土地承包法》和《宪法》，而且与后者是相矛盾的。

其次，《土地管理法》明文规定，征用农地要给农民以经济补偿和生活安置；法律不仅规定了按照土地原用途补偿安置的原则，而且规定了补偿安置的标准和限额。据此，不能把征地看成是剥夺。这话有一定道理。但有一点需要指出，补偿安置原则、标准和数量是政府规定的，而不是权利人平等谈判和自由交易的结果。因此，这一过程也不能看成是权利主体自由意志的表达，而是强制服从。不仅如此，顾名思义，"补偿"是损失的对价，并未考虑失地农民的生存和发展问题。这里的关键在于，按照土地原用途补偿安置，补偿是严重不足的。即使按征地前三年平均年产值30倍的最高限额计算，一般农地每亩补偿费也不过两三万元。据上海市社会科学院提供的数据,长三角农地征用价格为 37.5 万~45 万元/公顷,农地出让价格为 210 万~525 万元/公顷(一级市场),农地市场价格为 1 125 万~2 250 万元/公顷(二、三级市场)。由此可见,农村集体及农民得到的农地征用价格大概为出让价格的 1/10,而农地出让价格又大概是农地市场价格的 1/5。也就是说,征地补偿费只相当于土地升值收益的 1/50。

再其次,按照现行法律规定,征地补偿费给集体经济组织,安置费给安置主体,只有地上附着物和青苗费给农民个人。在现行制度安排下,集体经济的负责人既是集体地权的人格化的代表,又是国家政权在农村的代理人,他们掌控着巨大的权力,往往不与农民商议,背地里与征地者合谋,再加上贪污、私分、挪用、无效投资和其他浪费,农民实际拿到的征地补偿安置费就更少了。尽管农民依据《土地承包法》可以通过法律手段主张自己的权利,但最高法院的司法解释明确规定,"集体经济组织成员就用于分配的土地补偿费数额提起民事诉讼的,人民法院不予受理。"有鉴于此,国务院发文规定,土地补偿费基本上要全部给失地农民。但在政策操作和实践中,事情远不是这个样子。

由于农民的财产权利、人身权利和经济利益受到很大的侵害,再加上改革开放以来的社会进步,农民的权利意识开始觉醒。因此,农民行动起来,主张、争取和保护自己的土地权利。由于法律救济不可获得,农民大规模上访。在全部农民上访事件中,因征地补偿上访居第一位。由于上访制度不是一种有效的制度安排,就征地事件进行上访,无异于请求侵害者开恩,由于官官相护,层层压制,威逼利诱,阻拦劫持,能够解决的九牛一毛,除非由国务院和总理直接出面。浙江省龙泉市征地事件行政复议案在媒体和律师参与下的成功,就是最好的证明①。

由于通过上访解决问题的概率非常小,集体维权就成为一种重要的维权方式,于是暴发了大量群体事件。据 2005 年的一个统计,在全国发生的近 8 万起群体事件中,农民维权占 30%,其中因征地补偿不公而发生的群体事件占农民维权的 70%。这就严重地危害了安定团结,阻碍和破坏了和谐社会的建设。

(二)中央和地方的土地目标矛盾和利益博弈

围绕着农地转用和征地补偿,中央和地方之间发生了严重的目标冲突,进行着广泛的利益争夺。这是现行土地政策的必然结果。中央政府土地政策的目标是多重的,其顺序如下:第一是保护耕地,保证粮食安全;第二是维护农民利益,保持社会稳定;第三是适当增加建设用地,保持经济稳定增长。这三个目标既有

---

① 参见 http://www.sina.com.cn,2005 年 12 月 1 日南风窗。

一致之处，也存在着矛盾的地方。比如，粮食安全是国家目标，既非地方政府目标，也非农民个人目标，保护耕地在一定意义上等于只能让农民务农，与其参与工业化和城市化的利益相悖；再如，保护耕地和增加建设用地也会发生矛盾，为了保持一定的经济增长，中央政府往往对扩大耕地占用睁一只眼闭一只眼，也会削弱甚至牺牲其他目标。

地方政府的目标是双重的，第一是增长目标和政绩目标，即扩大建设用地，加快本地区的工业发展和经济增长，第二是财政目标和利益目标，增加地方收入和地方融资规模。这两个目标又是高度一致的。加快农地转用，扩大建设用地，既能促进经济增长，又能增加财政收入。

因此，就土地政策目标的取向而论，中央政府和地方政府是矛盾的和冲突的。不仅如此，如果不考虑目标本身的正当性和合理性，而从其有效性和可实现性来看，地方目标优于中央目标。

从实现土地政策目标的手段来看，中央政府又不及地方政府。中央政府的政策手段主要是加强行政控制和计划管理，包括建立基本农田，制定土地利用总体规划和年度计划，加强土地执法检查等。由于这些手段要依靠地方实施和配合，因此，除了计划本身的合理性以外，其有效性与其说取决于中央，不如说取决于地方，取决于中央目标和地方目标的一致性，取决于中央的控制能力和地方的忠诚度。如果说在传统计划经济条件下，以上 3 个条件基本上能够得到满足，这些手段基本上是有效的，那么，在目前的分权化和市场化的条件下，上述 3 个条件都不能满足，中央控制手段的有效性就大打折扣。人常说，县官不如现管，地方政府直接管理着本辖区的农地和农户，直接负责农地转用的具体操作，地方政府和官员可以采取多种办法规避中央的行政控制和计划限制，使政策实施结果向自己一方倾斜。因此，在土地政策的博弈中，中央政府斗不过地方政府，其土地政策目标往往落空，而地方政府的土地政策目标通常都能实现，除非倒霉碰在枪口上。这就使得中央的监管和控制成为一种偶然事件。

在现行土地政策实施的博弈中，由于地方政府处于信息优势和操作优势地位，而中央的威胁又往往不可置信，因而造成的另一个严重后果是农地转用规模大大超过了计划控制规模和实际需要规模。据调查，一些省份 5 年用完了 10 年的计划指标，有的省份 2000 年就用完了 2010 年的指标。

1997～2010 年，中央给东部某省农地转为建设用地指标 100 万亩，而 2000～2004 年该省每年平均使用建设用地 50 万亩，最高达 70 万亩。西部某省会城市的农地转用和建设用地指标是 13.5 万亩，到 2003 年已经用去了 17.13 万亩。与此相伴而生的是开发区遍地开花，最高时达 6 866 个，规划占地 3.86 万平方公里，超过全国城镇现有占地总面积。

在现有的土地政策实施中，地方政府之所以千方百计与中央博弈，不仅在于这样做可以增加建设用地供给，促进经济增长，提高和扩大官员政绩，而且对增加地方财政收入有着多重重要作用。政府征地和供地的具体操作有三种：一是行政划拨，1998~2003年，浙江有35%建设用地采取了这种方式，陕西则占到50%；二是"协议"出让，两省同期均占45%；三是通过市场和半市场机制拍卖，浙江省同期占20%，陕西省仅占5%。对增加地方利益和收入的作用也表现在三个方面：一是可以增加工业用地，甚至可以用低地价、零地价招商引资，进而加快本地区GDP增长和增加地方税收。据浙江省统计局对全省国家级工业园区的调查，全省土地开发成本9.88万元/亩，有些达20万元/亩，而工业用地平均出让价格8.83万元/亩，有1/4园区土地平均出让价格不及开发成本的一半。二是可以用低地价补贴基础设施建设，等于为基础设施建设融资，改善本地投资环境。三是可以垄断土地一级市场，控制二级市场，并通过招、拍、挂获取土地增值收益，增加地方预算外收入。通过拍卖方式供地比例虽然不高，但收益却相当可观。2000~2003年，全国土地出让金收入9 100亿元，2005年一年就达5 500亿元，不少地方的土地出让金占预算外收入的60%。此外，通过农地转用和城市扩张，增加建筑业和房地产业的营业税和所得税，一些发达县市这两种税收已经占地方税收总量的37%。这样一来，它的另一个严重后果就是造成了大量的寻租机会，产生严重的腐败现象。

不仅如此，由于土地一头连着财政，一头连着金融，土地成为撬动银行资金的重要工具。在东南沿海的一些县市，基础设施建设投资每年高达数百亿元，财政投入仅占10%，土地出让金约占30%，60%靠土地抵押从银行贷款融资。西部地区更高，2000年以来，陕西省咸阳市已经完工和正在施工的15个项目，实际投资9.53亿元，银行贷款占76.7%。这些贷款都是政府的土地储备中心、政策性公司和开发区管委会以土地作抵押或者以政府财政信用作担保获得的。如果再考虑到房地产开发商和居民按揭抵押贷款以及建设大学城和新校区的贷款，这种依靠农地转用而发展地方经济的道路潜藏着很大的金融风险和危机。对此有必要保持警惕。

（三）耕地保护和城市化用地的冲突

中国人多地少，保护耕地是一项基本国策；中国正处在快速城市化的过程中，城市的扩展是一个必然现象，城市用地的增加也不可避免。但是，现行土地政策的实施不仅进一步加剧耕地保护和城市化用地的冲突，而且造成了土地无效使用和巨大浪费。

从前面的讨论可以看到，现行土地政策有三根支柱：一是中央政府加强农地转用的行政管制和计划控制,二是地方政府以各种方式加速农地征用和过度扩张城市,三是农村集体和农民基本上被排除在农地转用之外。从成本收益来看,在这个过程中,农村集体和农民是净损失者,地方政府是净得益者,中央政府是有得有失,有可能是得不偿失。由于农村集体和农民的弱势、无权和利益受侵占地位和处境,中央政府无法依靠集体和农民去约束地方政府,集体和农民也无力对抗政府的侵占行为,因而在中央和地方的土地博弈中,保护耕地的目标落空,城市化也被扭曲。这是现行政策的必然结果。

一方面是耕地被大量侵占,加速减少和流失。1996~2002年,农田以每年1 027.5万亩的速度在减少和流失,近几年中央采取了一系列严厉的控制措施,流失的速度不仅没有减缓,反而加速。全国耕地的保有量从1996年的19.51亿亩,减少到2006年的18.29亿亩,人均耕地从1.59亩下降到1.39亩,仅相当于世界平均水平的40%。

另一方面是城市的过度扩张。由于建设用地的获得成本很低,激励了用地单位的多占和超占行为,由于农地转用的低成本和高收益,导致城市建城区超常扩张。1998~2005年,我国城市建成区面积从2.14万平方公里增加到3.25万平方公里,扩大了一半以上,年平均以6.18%的速度扩张。各个地方都通过县改市、县改区、建新城、建新区等行政区划调整的办法,扩大城市规模,一些县级市的城区面积也以每年五六平方公里的速度向外扩展。据664个城市统计,2005年城镇居民人均用地面积已达133平方米。比国家规定的城市规划建设用地最高限额超出33平方米。要知道,美国人均土地面积是我国的10倍,而其城市居民人均占地面积为130~150平方米,欧洲一些国家城市人均占地面积只有82.4平方米,而他们的城市化水平比我们高得多。城市的外延发展和过度扩张使得我国城市土地的利用效率非常低下,土地浪费惊人。我国城市的容积率只有0.33,而国外的一些城市则达到和超过了2.0。

据400个城市调查,城市建城区闲置土地占建成区面积的1/4。我国城市到处都是超大型的广场、绿地、宽广的马路,甚至一些县城也要四车道、六车道。至于政府的办公大楼也是各个城市中最豪华、最漂亮的,郑州市惠济区政府占地250多亩、投资数千万元修建的白宫式办公楼只是一个样板,很多县政府的办公区都是非常美丽的景观。

(四)农地转用的两种方式和变迁方向

现有的农地转用和增加建设用地的实施方式有两种,其性质不同,效果相反,需要分开讨论。

最主要的一种方式是政府征用农地然后转用于非农建设,其法律依据是

《土地管理法》第四十三条第一款的前半段。这种方式主要由地方政府主导，政府借助权力通过征地成为真正的"地主"，又通过对一级市场的垄断而直接占有了农地转用增值收益。这是地方实施土地政策的主要方式，也是问题最多、矛盾最大、冲突最尖锐的一种方式。在财权上收、事权下放的情况下，地方的这种行为虽然可以理解，但后果严重，上述问题都是由此而造成的。通过这种方式实现的工业化仍然是传统的国家工业化，借此推进的城市化也是政府的城市化或者官员的城市化，而非农民和农村的城市化。这是城市化和工业化的扭曲。

与地方政府垄断农地转用的征地和供地方式不同，另一种方式是农村集体经济组织和农民群众通过农地制度创新，自主进行农地转用，直接参与工业化和城市化过程。这种方式的依据是《土地管理法》第四十三条第一款的例外条款。这一方式之所以能够实施，一方面是面对巨大的商机和创新激励，农民和集体对这一条款按照自己的理解加以解释和运用，另一方面是地方政府的默认、允许、支持和鼓励。虽然这一方式中有合法和非法两种，一时还很难分清。但它却代表着农地制度和政策变迁的方向。本章第三节提供的正是这方面的一些案例。

从今后土地政策的演变方向来看，由于地方政府征地的方式造成了严重的后果，中央政府加强了对土地转用的行政控制和计划管理。其结果只能进一步加剧中央和地方之间的土地博弈，形成一种管制和征地的恶性循环，由于管制而扩大管制，即"土地管制—扩大征地—加强管制—更多地征地"。在这种恶性循环中，地方政府一方面合法争取，另一方面非法行政，严控土地转用使得地方出现更多和更加隐蔽的土地违法行为。自《土地管理法》实施以来，1999～2004年，全国共发生土地违法行为100多万件，涉及土地面积500多万亩，比2004年全国新增建设用地总量402万亩多近100万亩。此后土地违法仍大量发生。在土地有偿出让中形成了地方政府、银行和开发商三方合谋，无风险套利。可见，加强土地转用的政府管制和计划控制根本无法解决中国的土地问题，只能在错误的道路上越陷越深。好在，土地问题的尖锐矛盾和激烈冲突，使决策者开始反思现行政策，并出现了一些新的迹象，国务院28号文提出了农村集体建设用地的流转问题，广东省率先出台了促进集体建设用地流转的地方法规，再加上全国各地的大量制度创新，我们有可能走出一条新的农地转用的市场化道路。

第三节 地方经验与政策创新：个案调研与分析

改革开放打破了传统单一国家工业化模式，中国出现了一个快速城市化、工业化和市场化的过程，赢得了经济的高速发展。1978～2005年，城市化率从18%提高到43%，乡村人口从82%降为43%；第一产业增加值比重从27.9%下降到12.6%，而GDP增长却保持了年平均9%以上的速度。中国正在由传统农耕社会走向现代工业社会。

土地和劳动力是农村人口的两大初始禀赋。在中国农村和中国社会的转型过程中，7亿农村人口和广大基层组织充分利用现有的环境条件，积极参与，创造了多种多样的组织和方式，一方面化解了这一进程中遇到的制度障碍和技术困难，另一方面参与了工业化的过程和分享了经济发展的成果，更重要的是为中国农村的未来发展和变迁指明了方向。归纳起来，参与的方式有四种：第一种是农村劳动力进城加入产业工人队伍，我们称之为"劳力迁徙型"参与；第二种是农村兴办乡镇企业，发展工业和旅游等非农产业，我们称之为"产业发展型"参与；第三种是随着城镇和工业区的扩展，毗邻的乡村人口不断地融入城镇，我们称之为"城镇辐射型"参与；第四种是远离城镇的传统农业劳动者，通过合作发展农业的产业化，借以加入国内外专业化分工（市场）体系，我们称之为"乡村自主型"参与。如果以20世纪90年代前半期为界分为两个阶段，那么，前两种是第一阶段的参与方式，目前仍在继续，后两种是后一阶段的创造，正在很多地方实施。

农民所走的每一条道路都会遇到一些新问题，并对公共治理提出了新的要求。在"劳力迁徙型"中，农民是以自身的劳动力要素分散参与市场过程。到目前为止，全国已经有1亿多农村劳动者进城务工经商，估计还有大量人口将在未来一二十年中陆续转移。但是，进城务工者的权益维护成为一个尖锐的社会问题。比如，大规模的人口流动和小规模的人口迁移问题，社会保障问题，欠薪欠保问题，留守儿童问题，携带子女的入学、就业和医疗问题等。在"产业发展型"中，土地转用一般不会遇到什么阻碍，能否成功取决于产业的选择和技术水平的提升，如果具有独特的自然和人文景观等旅游资源，或者产品有市场，技术能够提升，不会发生严重的污染，产业能够发展，农民能够就业和增加收入，否则，也会陷入困难境地。近几年因市场变化，特别是污染治理而关闭的乡镇企业不在少数。

以下案例仅涉及"城镇辐射型"和"乡村自主型"两种方式下的农地产权制度问题。在"城镇辐射型"中，农民巧妙地运用了法定权利以及现行法律政策的矛盾和空隙，参与了土地要素的市场交易，把土地产权变成他们的永久物业，从而使农村融入城镇，耕地转为非农用地，农民变为市民和准市民，告别了原有的生产方式，创造着新的生活方式。

在"乡村自主型"中，那些看上去远离都市大工业的乡村居民，无须背井离乡,也不必抛弃农业生产,就能加入工业化和市场化进程。宏观地看,城市化并不意味着所有农村居民都要进入城市,一边是都市大工业,另一边是农场大农业。工业化并不排斥小块土地和分散农业,只要改造传统的农业耕作方式,就能够有效地规避市场风险和自然风险,解决农村公共物品的供给问题。这些都需要合适的组织和制度探索,其中农民土地产权的实施和保护始终是探索的核心。

一、杭州市招工安置向留用地安置的演变

在中国的征地法律和政策上,"安置"(也称"人员安置"或"劳力安置")一词在20世纪50年代就已出现,并一直沿用至今,其含义也基本不变,即是指政府向农民征地之后,除了需要对征用的土地按原用途进行补偿之外(此项补偿称之为"土地补偿费"),还需要对被征地农民的长远生计另作安排。所谓"安置要求权",是本指农民原本依赖于土地获得生活来源和发展条件,如果政府要拿走土地,农民就有权要求政府重新安排其生存和发展条件。农民的此项要求权即是其在土地上所拥有的"安置要求权"。2001年以后,中央政府开始要求地方政府要为被征地农民建立养老、失业和医疗等社会保障,确保被征地农民生活水平不因征地而降低,长远生计有保障。然而,在现实访谈中,无论法律上如何规定,农民始终认为,他们在土地上拥有两项无可置疑的权利——生存权与发展权。因此,当政府要从他们手中拿走土地时,就必须帮助他们重新获得生存和发展所需要的条件。

1982年以前的安置政策。招工与帮助办企业。在1950~1982年间,浙江省范围内的征地事务,由用地单位直接找村庄和地方政府办理,补偿与安置协议由用地单位与被征地村庄直接签订,对劳动力的安置工作也主要由用地单位负责。这就是所谓"谁征地,谁安置"原则。这一项原则在1981年3月发布的《浙江省国家建设征用土地和农村社队建设用地管理办法(试行)》中,有明确表述:"劳动力的安置,应由用地单位负责。个别单位确有困难的,由当地劳动部门帮助安置。"安置方式主要有两种:招工与帮助村庄办企业。

1982~1992年的安置政策。招工与支付安置补助费。1982年5月,国务院发布《国家建设征用土地条例》,在安置办法上规定必须向被征地单位或承担安置责任的单位支付"安置补助费"(见上文)。浙江省的地方政策也随之作了相应调整。1983年7月,浙江省颁布《浙江省城乡建设用地管理办法》,有关安置补助费和招工安置的条款与《国家建设征用土地条例》基本一致。在支付安置补助费和招工安置的关系上,《浙江省城乡建设用地管理办法》说得更清楚:"给予安置补助费的,不安排招工……用招工办法安置劳动力的,其安置补助费

付给招工单位，被征地单位不得索取。"

在此期间，杭州市的征地安置方式有相应变化，除继续采用招工安置之外，由征地单位帮助村庄办企业这种方式逐渐消失，代之以由征地单位支付安置补助费。招工安置原则上仍由征地单位负责。如果征地单位不能安排招工，就必须向被征地单位支付安置补助费。

1992~2009年的补偿安置政策。1992年以后，杭州市征地安置方式发生了明显变化。主要变化有三项：一是征地事务开始由市政府和各区政府承担，市政府和区政府设立专门的征地机构（市一级机构称之为"征地拆迁办公室"，区一级机构称之为"征地拆迁事务所"），为用地单位办理征地事务，并与用地单位签订征地补偿协议，然后依协议向用地单位收款和交地。此种征地办法称之为"统一征地、费用包干"。二是安置补助费的计算标准开始与土地年产值脱钩，并且可以直接支付给需要安置的农民个人，形成所谓"货币化安置"。三是招工安置向开发性安置和留地安置转变。

上述第一项变化"统一征地、费用包干"，加强了地方政府对土地的控制，使得地方政府成了征地主体，相应地，也加大了地方政府安置农民的责任。按照"谁征地，谁安置"原则，安置农民的责任转到了地方政府身上。由于有这一项变化，地方政府开始积极探索既能被农民所接受又能降低征地成本的安置办法。

前述杭州市安置政策的演变，有一个明显趋势，就是招工安置逐渐消失，代之而起的是安置补助费逐渐提高，同时，开发性安置和留用地安置开始兴起。所谓"开发性安置"，是指在支付安置补助费（原则上支付给承担安置责任的被征地村庄或乡镇政府）的同时，市政府再按征地面积的一定比例（一般为10%），核拨建设用地指标给村庄或乡镇政府，用于发展第二和第三产业，以安置剩余劳动力。留用地安置是开发性安置的自然发展。留用地安置最初应用于撤村建居所涉及的征地安置。2006年4月，杭州市政府办公厅发布《关于完善杭州市区留用地管理的补充规定》（杭政办（2006）10号），在两个方面放宽了对留用地开发建设的限制，例如，招商引资合作开发上，允许村庄持股比例低于50%。

安置方式的演变具有一个共同特征：即被征地农民的安置权逐渐演变成按征地面积的一定比例，获得建设用地的开发权和经营权——我们简称土地开发权。上述问题显然离不开地方政府面临的三个约束条件：一是农民的权利诉求，安置要求权的核心是农民的生存权和发展权，这是农民所坚持的道义权利，地方政府不能无视农民的权利诉求；二是中国正在转向市场经济，地方政府已经将其拥有的绝大多数企业改制为私营企业或股份公司，已无力采取招工安置的方式安置大批被征地农民，故需要探索新的安置方式；三是地方政府受制于较硬的预算约束，难以采取完全的货币安置方式。这促使地方政府选择留用地安置的办法①。

二、山东德州开发区的物业补偿和产权置换模式

德州开发区1992年设立，1998年进入成长期，大量企业开始入驻，开发面积从启动时的1平方公里扩大到23平方公里。到2006年，共征地1.9万亩，占农地面积的67%，人均耕地面积只剩下0.56亩。人均耕地不足0.3亩的失地农民8 644人，人均耕地不足1亩的半失地农民5 616人，合计占农民总数的84%。

在开发建设的过程中，德州开发区采取了货币补偿和留地补偿相结合的物业补偿方式。货币补偿为3万元/亩，相当于当地年平均每亩价值的30倍，达到了《土地管理法》规定的最高补偿标准。与其他地区不同，德州开发区土地补偿费和安置补助费全部支付给村集体经济组织，用于发展集体经济，没有分配给个人和农户。与此同时，开发区还采取了留地补偿的方式，并将留地补偿与货币补偿巧妙结合在一起，创造了物业补偿的方式。征地补偿款只能用在所预留的非农建设用地的开发上，建设工业厂房、商业街铺和市场设施。对于留用的集体建设用地，德州没有像广东和浙江等地那样让村集体自行开发建设，而是将其纳入开发区整体规划，由开发区专职招商机构统一招商，统一安排，由村集体按照租用方的规划和设计要求建设。现在，已有8家企业通过招商局的引荐推介，租用村集体的工业厂房落户开发区。这样，集体建设的工业园和工业厂房与国家建设得完全一样。

在实施货币补偿和留地补偿的同时，德州开发区又把征地补偿与旧村改造恰当结合起来。对旧村改造中征收的集体所有的宅基地，按一定比例返还经营性商品房进行补偿，并把一些最具市场价值的所谓"金角银边"的经营性用房让给村集体。这样，德州开发区就走出了一条"把土地补偿金变成不动产，依靠不动产收益安民富民"的集体经济发展模式，既保证了土地补偿金的保值增值，又解决了失地农民的长期受益问题，并为失地农民提供了基本生活保障。

在旧村改造中，德州开发区采取了"动迁上楼"的方式，即先建新社区，安置农民上楼，再拆除村民原来的宅院式住房，对原村落实行整体改造。如果按照德州市房屋拆迁进行货币补偿，每个农户的补偿费只能购得30平方米的商品住宅。开发区采取让利给村民的方针，制订和实施了"按院补偿"的方案，补

---

① 地方政府还有另外的选择：按自身的支付能力来征地，即在财政上有多大补偿安置能力就征多少地。可是，实际上，地方政府的选择恰恰是多征地，以超过自身的支付能力来征地，同时，尽可能减少货币安置。这样一来，留用地安置自然就成为地方政府的最优选择。这一问题与地方官员的任期制和任期内对经济增长的追求有关。

偿标准每户 15 万元。实际补偿高出货币补偿 8.5 万元。不仅如此，旧村改造补偿安置采取了产权调换的方式。基本做法是，按户和每户人口确定上楼安置的建筑面积。经村民反复讨论，第二代分配方案为每户 5 人，每人 40 平方米。村民按每平方米 680 元的成本价购房，用旧宅拆迁补偿款支付购房款，并略有节余（150 000 元 - 680 元 × 200）。这样，每户大体可以得到两套住房，获得（2 000 元 × 200 =）40 万元的房产。两套住房一般是自住一套，一套出租，每月可得租金 600 元。

德州模式尚处在发展中，目前存在的主要问题是村集体经济组织的产权不够明晰。随着资产规模的扩大和集体经济的发展，分红问题的出现，村集体经济组织产权不清、主体不明、分配机制不畅、缺乏经营者制衡等问题就会暴露出来。出路在于组建农村股份合作组织，进行股份化改造，明确经营主体，按公司化运作。

从德州的案例中可以得到以下几点启示。首先，把货币补偿和留地补偿、征地补偿和旧村改造结合实施，实现了征地拆迁过程的动态补偿和足额补偿。德州开发区起步较晚，基础较差，一方面，开发区面临的首要问题是如何集中力量解决发展问题；另一方面，在开发建设启动初期，土地增值收益尚未显现。因此，按土地原来用途实施的货币补偿显然是不充分的。给集体留地发展物业，用物业收入不仅可以增加补偿，而且可以永续利用，为村民提供了可靠的保障。到旧村改造时，土地的增值收益已经显现，再让利给村民，使实际补偿超过拆迁房屋的货币价值。这样，补偿不足和超额补偿在动态过程中结合起来，相互抵消，实现了充分补偿。

其次，通过产权置换，使农民直接参与工业化和城市化过程。德州实施货币补偿和留地补偿相结合的关键，是把货币补偿的资金用于在留用地上开发建设物业。从形式看，这是经济补偿，但实质却是资产置换和产权交易，农民让渡了农用土地资产和庭院住宅，交换取得了可以参与工业化和城市化的工商物业和商品住宅，分享了工业化和城市化的好处。

再其次，在征地、拆迁、补偿和资产置换的过程中，德州开发区采取了政府规划、村镇实施、农民参与的运作方式。政府把集体留用地的开发建设纳入开发区统一规划，统一招商，统筹安排，使集体物业开发成为整个开发区建设的有机组成部分。一方面防止了村民的随意开发和私建乱占，另一方面，避免了村集体由于知识、信息、渠道和能力的不足在招商引资中可能出现的失误。而招商以后物业的开发建设和经营管理则由村集体具体负责实施。征地拆迁补偿安置的具体方案则由村民大会充分讨论决定。在这个过程中，不仅发展和巩固了村民自治，而且充分利用了传统社区资源，形成了合作共赢的局面。

最后，德州开发区的做法赋予了所有权和使用权以新的意义。开发区对征地补偿款实施"一级所有，三级管理"，货币补偿款的所有权是村集体的，在没有用于物业开发前，村集体也确实得到了这笔资金的利息。但"三级管理"却使其使用权发生了变化，村集体不能随意支用这笔资金，在用于集体物业开发前，这笔资金实际上成为开发区基础设施建设融资的来源。而发展村集体物业的决策也不是村集体单独决定，而是由开发区管委会、镇政府（经管城市化背景下土地产权的实施和保护站）共同决定的，开发区不仅进行规划，这是政府职能，而且代为招商，这是行使产权主体的职能。在不发达地区，这种做法也许是有意义的。一是有利于防止村集体领导人贪污私分，二是避免了村集体自办工业的失误，三是保证了村集体物业开发的资金供应，四是保证了集体物业的成功运营。

三、江苏昆山的三种农民合作社

2006年，昆山市的农民人均纯收入10 508元，是江苏的1.5倍、全国的2.4倍。其中，40%来自财产性收入，45%是工资性收入，15%是财政转移性收入。在这里，农民合作经济组织功不可没，通过土地合作分红人均达3 407.6元。昆山的合作经济组织有三种：富民合作社、农村土地股份合作社和社区股份合作社。入社农户占总农户的1/3，近1/4农户达到了政府提出的"家家有股份"目标。

（一）富民合作社

昆山靠近上海。20世纪90年代，大量外资、台资和国内资本落户昆山，大量外地劳动者涌入昆山。这些生产线需要厂房，这些打工者需要住房。这就出现了一个巨大商机：厂房和公寓房租赁市场。昆山市陆家镇车塘村党支部书记沈慰良看准了这些商机，决心联合起来，抓住和利用这些商机。2000年，经多次与村民商讨，沈慰良和村里的一些农户成立了陆家镇车塘村首家"农民投资协会"。其经营项目主要是建造标准厂房、打工楼、店面房、农贸市场等。运营方式为出租房屋或店铺，收取租金，年底分红。一开始既无执照，也不缴税。因经营风险小，投资回报高，许多农民纷纷要求投资入股。后来"投资协会"改为"富民合作社"。在江苏省被统一称为"农村专业经济合作社"。

在合作社的发展中，市领导的态度有重要意义。当时，一位副书记在车塘搞"三讲"蹲点，发现了这个协会，立即向市里推荐。2002年2月25日，昆山市在陆家镇召开现场会推广车塘经验，提出合作社必须由农户"自愿投资入股"，"民办、民管、民受益"，不得强行集资、不得许诺分红、不得贴款分红；有章程、有登记；以建设标准厂房和"打工楼"为主；统一规划、统一建设、统一出租、统一管理，市政府提出规划。厂房开工前就有招商对象，按需建设。

现场会之后，富民合作社在全市范围内迅速发展。从 2002 年的 48 家，发展到 2006 年的 178 家，入社股金 5 亿元。合作社经营涉及土地面积 2 465 亩，其中租用集体建设用地 1 973 亩，征用土地 492 亩。合作社已建成打工楼 31 万平方米、标准厂房 41 万平方米、店面房 13.5 万平方米、农贸市场 38 万平方米。

（二）社区股份合作社

社区股份合作社是将农村集体所有的经营性、仍能够盈利的资产量化分配到有土地承包权的个人，采取股份制企业的治理模式，年终按股分红。建社目的是为了保护集体财产，保障农民拆迁补偿资金的安全，并保证让老百姓对村集体事业能够参与决策。建社的前提：一是村集体有净资产，二是这些资产有收益。

社区股份合作社需制定《合作社章程》，并按章程规范运作。其成立需确定村级集体资产评估基准点和每个村民户籍关系截止基准点。这样，确定个人的股份就需要如下"三个认定"。

一是认定折股量化的集体资产净值。由镇、村农村经营管理机构和民主理财小组联合组成专门的清产核资小组，对村经济合作社所有的各类资产进行全面清查核实，搞实资产家底，依法界定所有权归属关系。清产核资结果由村经济合作社召开全体成员大会或成员代表大会予以认可，并报市农村工作办公室审核。大多数成员要求由中介机构评估资产的，可以聘请具有法定资格的评估机构进行评估。

二是认定村民、社员和股民资格。村民是指户籍截止日之前关系在村的农民；社员是指能享受基本股的村民，凡满 18 周岁不论户口是否在村一并进行考虑，同时兼顾一部分因征地及其他客观原因造成的人在村而户口不在村，或者户口在村而人不在村的特殊人员；股民是指享受基本股以外的属于照顾的人员，根据不同对象，划分不同股权，档次从 0.09～0.5 股不等。

三是认定股权。股权设置分两大类：一类是集体股，占总股权的 30%；另一类是个人分配股，占总股权的 70%。个人股分基本股和享受股，社员享受基本股，股民获得享受股。在职村干部与社员一样，只享受基本股。

社区股份合作社从 2002 年的 3 家试点，发展到 2006 年中期的 24 家，涉及农户 11 957 户，享有股份的社员 42 332 人，合作社总资产 3.36 亿元，经营性净资产 2.28 亿元，设置总股数 6.58 万股，其中社员个人分配股 5.7 万股，集体股 1.18 万股，每股净资产 0.35 万元。

（三）土地股份合作社

土地股份合作社是按农业产业化、规模化要求，依托镇、村土地流转服务站，结合农产品基地、农业园区建设和农业招商，坚持"依法、自愿、有偿"原则，引导农民组建以土地承包经营权入股、农产品种养业为主的经济合作组织。这种合作社多在昆山南部和北部农用地较多的地方推行。只要符合土地利用总体规划，不改变原有土地性质和用途，明确土地承包权益人，合理确定股权价值，就可按规定注册登记为土地股份合作社。

昆山第一家土地股份合作社是市北土地合作社。农户承包的土地每亩折算为1股，同时设有现金股，每1 000元为1股。在30年承包期内，股权可以继承、馈赠，经合作社和村委会同意也可以转让。入股土地每年每亩保底分红300元。市政府制定了针对土地股份合作社的规范措施。第一，农民以土地承包权入股，集中土地，实现农业规模化经营。第二，围绕农地使用制度改革，探索在农业种养殖的基础上，组建第二、第三产业的土地股份合作社，拓宽经营领域，提高土地产出率和承包权入股的分配水平。现有入社农户1 668户，涉及人数5 225人，入股土地面积4 832亩。主要从事农副产品和花卉苗木的生产和销售。

关于昆山的三种农民合作社，有三点需要讨论：

第一，土地承包权完全可以作为农民的收益性资产而独立存在。在城镇辐射型工业化路径上，农村劳动力要变为产业工人，农民要变为市民，耕地的一部分要变为城镇土地，剩余部分也需要实现规模化耕作。这实际上是一个劳动力、土地等要素大规模流动和自由交易以实现优化配置的过程。一方面，原来法律赋予农民的土地承包经营权成了农民可交易的资产，有利于农民共享土地要素增值收益，为他们进入城市工业领域提供了社会保障；另一方面有助于劳动力要素的流动，农民不再受由集体成员身份所决定的土地承包权束缚。昆山本地农村劳动力已有65%转入城市。

第二，地方政府的政策取向，决定其对财政负担和治理代价的衡量。在城市化进程中，土地转用是采用征用补偿方式，还是采用农民直接参与市场交易方式，对农民的权益影响极大，但决定权不在农民手中，而主要在各级政府手中。像在昆山发生的故事里，维护农民的这种资产权利，政府要做的是制定相关规则，并加以实施和保护，而不要投入太多的资源。但若否定农民土地承包权的资产价值，改为土地征用方式，那么为补偿农民的失地和安置就业，地方政府的财政负担不小，公共治理的成本也十分高昂。仅就经济代价而言，昆山市对农民的社会保障形成了所谓"五道保障线"，其中有两项属于拆迁和征地引起的。其他社会保障中，养老保险也与拆迁、征地和由此引起的就业安置有关。一旦对失地农民的社会保障标准与城市居民的一致,即全部算上对农民征地拆迁的直接补偿和后续的就业安置和社会保障,政府的负担将大大增加。这是大部分地方承担不起的。

第三,农民要行使土地要素的定价权,在排除土地私有制以后,集体合作是一种必要的制度保障。在昆山的三种农民合作社中,处于核心地位的因素有二:一是农民对于土地的法定权利,二是农民的集体成员身份。可以设想,在富民合作社的做法中,如果农民单个而不是以集体合作的组织方式将土地改变用途或对外出租,地方政府肯定不会认可,更不可能扶持。在一个严禁土地私有同时又要保障农户土地承包权不受侵犯的制度框架里,农户私下单干可能遇到的就不仅是规模收益问题,而首先是合法性问题。采用合作社可能是这一制度框架下的最佳选择。因为这种组织方式既符合宪法和法律关于土地公有制的要求,又使得劳动力和土地要素的自由流动成为可能。

四、辽宁海城东三道的社区型企业

东三道村,位于辽宁省海城市八里镇东部山区,距海城市15公里,三面环山(千山山脉),一面临水(海城河)。现有农户880户,3 100人,17个村民小组,面积24平方公里,耕地3 100亩,林地1万亩,果园1.2万亩;村办企业12家,固定资产1.3亿元。1994年东三道注册成立了"海城市东鑫实业公司"。2005年,村级集体财力752万元,上缴税收150万元,农民人均实际现金收入8 000元。

在东三道村,实施土地承包权入股分红,创办大型商品蔬菜基地,有两次大规模的制度变革和生产经营活动。

第一次是创建5 000亩商品蔬菜生产基地。

2001年7月,中国香港一家经营蔬菜的公司,得知东三道村集体组织动员规划的能力较强,带头人讲信誉,前来签约订购西兰花、奶白菜。村集体先从村民手中有偿租用了96亩耕地进行试验,确定蔬菜对当地土壤、气候的适应性,结果超出港商的技术要求。2001年底,双方签订了价值1.5亿港元的蔬菜购销协议。

要大规模地组织供货,必须有相应规模的耕地。村支部书记、东鑫实业公司董事长马玉盈(人称"一把手")挨家挨户说服,召开全体党员、两委班子成员、村民代表会议动员。最后东鑫公司与农户签订了为期3年的合作协议:农户以耕地承包权入股,每亩保底分红260元,由公司在播种前一次付清(2004年后逐渐提高,现在是350~400元。如果农户自己耕种,每亩净收入为180~200

元），还可以做农工挣工资（每个劳动力平均一年工资收入超过 3 000 元）。如果农户不愿入股，为了统一规划，村集体将划出另一片相同面积的耕地进行置换。这样就把本村农户的 3 000 亩耕地集中起来。与此同时，还按同样的条件吸收了附近两个村的近 2 000 亩耕地入股。

蔬菜基地建成后，村集体确定各个地块分别种植的蔬菜品种，制定出地块轮作倒茬顺序，并从深圳聘请了 28 名技术人员，统一支付工资。村里留用了 500 亩作为试验田。修路、修桥、打井等基础设施由村里统一投资建设，为达到蔬菜的无公害标准，集体统一购买肥料、农药、种苗。

蔬菜的种植管理通过公开招标，确定由 12 个农户承包。这些人被称为"二老板"。"二老板"没有向东鑫公司支付承包费或押金，但要先行垫付水电、农药、化肥、种苗和农工工资等各种费用作为投资。蔬菜收获后，公司"论质、按量、从价"进行收购。收购价与（对港商）卖出价之差用于公司的保底分红、技术人员工资、真空预冷、包装运输费以及蔬菜处理的损耗等各项开支。结算后，村集体所剩无几。

因此"一把手"说，他"不过是为大伙张罗张罗"。"二老板"从本村招用农工，按天付酬，并组织近似大集体时的生产队劳动。他们同时上工，能够看得到农工们是否努力。在乡村熟人社会，用现代经济学术语说，每个个体面临的都是长期的多次博弈，一次偷懒可能会受到下次不再雇用的长期处罚，得不偿失。有了订单，种植蔬菜的风险主要来自自然因素。比如，由于一段时间气温偏高，按港商要求本应收缩的西兰花蓬松发散，达不到质量标准，因此，东鑫实业公司 2002 年亏损近 40 万元。此后年度，通过加工和出口，公司可以做到保本经营。但 5 000 亩商品蔬菜基地在当地辐射面积达 1 万亩，带动农户 1 200 户，解决农民就业 600 余人。

第二次是跨区兼并创建 3 000 亩商品蔬菜基地。

2004 年，韩国一家叫"金河企业株式会社"的蔬菜商与东鑫公司签约，每年收购 1 000 吨"金塔椒"，韩方提供种子、育苗期肥料、药物和种植技术，培训员工。为此，东鑫公司投资 200 万元建了一条速冻生产线，将收获的辣椒速冻后运送到韩国。2005 年合同总金额为 320 万美元。要保证履约，东三道周边村庄的耕地显然不够。东鑫公司到营口、本溪等地，分别以每亩保底分红 280～300 元，吸引当地村民加入辣椒种植基地，合计面积 2 000 亩左右。公司负责提供种子、肥料和种植技术，收获时派技术人员指导储藏、运输。与此同时，东鑫公司到韩国开拓市场，扩大辣椒出口规模，已经投资 100 多万元引水上山，希望改造出 8 000 多亩山地用于种植。其经营管理与西兰花方式相同。

东三道的经验可以从以下几个方面加以讨论。

（1）市场的扩展是导致土地制度变迁的基本诱因。东三道地处山区，远离城市，如果没有中国香港地区和韩国对商品蔬菜的巨大需求，也就不需要创建大规模的商品菜生产基地，改变原来的家庭承包制度也就缺乏诱因。正是市场的扩展出现了巨大的商机，而要抓住这一商机，除了集中土地和集体经营以外，没有别的替代办法。因此，通过承包权入股分红，变家庭承包制为股份合作制，组建一种"社区型企业"就成为必然选择。东三道的案例表明，在乡村自主型工业化的道路上，市场强大的发现功能，可以实现特色农产品的产业化。也许在中国农村，特色农业可能比粮棉等种植更有比较优势。重要的是要尊重农民作为市场主体的发现和选择。

（2）农户合作是其得以主导要素定价权的必由之路。在中国农业领域，由于规避风险和规模经营的需要，市场里分散的农户是继续独立经营还是进行要素组合参与队生产，是个理性决策的过程。随着市场的扩展，现行的家庭制不一定是一种稳态模式。在村级经济中，只要能改善福利状况，中国农民可以采用多种形式的集体行动。这些不同的制度设计形成了一个竞争的市场，最有效率的制度将会胜出。东三道的社区型企业只是其中的一种。这些组织探索、包含了传统的社区文化、现代市场需求和现行法律制度在内的丰富信息。就是说，在土地制度方面，中国农民有智慧使传统、市场和当下的政策巧妙地对接起来，为自己的利益服务。

（3）在农村社区，一个有效率的社区企业是村社自主型工业化之路得以成功的重要条件。在这种"社区型企业"中，有明确的产权边界，对外有开拓市场、代理签约的企业家；对内有统一调配资源、组织管理的"经理层"，他们的权力来源于内部成员的同意，成员把一部分决策权让渡出去接受监督，并取得固定收入。这些都是典型的企业特征。不同的是，它创造财富的一部分被用来履行传统意义上的政府职能，村干部们既是企业家，又承担社区治理者的角色，是农户通向市场的桥梁。那些有长远眼光、有经营头脑而又廉洁奉公的农村基层干部，显得尤为重要。不过，如何为这类农村企业家"定价"，使这类资源在广大农村不再稀缺，是农村经济社会发展的关键问题之一。

五、案例评述及进一步的方案设计

（一）对案例分析的小结

从以上几个案例可以得出以下几点结论：

第一，除了第一个案例外，在发展土地市场和进行农地非农化流转和交易的过程中，其他案例都坚持了土地的集体所有制，发展了集体经济，实现了中央、地方和农民共赢。由此可见，发展土地市场和地权交易不仅与两种土地公有制不相矛盾，而且是实现两种土地公有制的一种可行方式。

第二，发展集体建设用地的流转和交易，需要打破对农地转用的国家垄断，改变政府对集体土地的用途管制，让地权所有者直接参与市场交易过程，主导土地要素的定价权。这是中国农地制度改革和政策调整的基本方向，也是中国工业化和城市化的必由之路。

第三，通过农户合作参与市场过程，是中国农民参与工业化和城市化过程的一种制度保证。其具体形式多种多样，不同的做法各有千秋，有效率的组织和制度最具生命力，自然会发展壮大，同时也需要政府的支持和保护。

（二）地方政府面临的征地困境

1. 严峻的征地冲突形势

土地价格"剪刀差"和征地补偿标准偏低是我国征地颇受诟病的原因之一。当前的征地收益分配过程中，60%～70%的收入被市县或乡镇政府和开发商拿走，25%～30%的份额给了村集体，农民只拿到5%～10%。据有关部门统计，征地问题是农村群体性事件最主要的原因之一。

征地冲突带来了严重的经济、社会和政治损失。首先，征地冲突造成人员伤亡。大多数征地冲突中存在暴力或暴力威胁，地方政府为尽快完成征收工作常常出动警力强行征地，更有甚者默许或雇佣社会黑势力介入冲突。除恶性冲突造成的巨大人员伤亡外，普遍存在的小规模征地冲突中人员受伤屡见不鲜。其次，征地冲突造成财产损失。征地冲突过程中暴力会造成财产的直接损失。被征收土地通常会处于闲置状态，既无法施工，又无法再耕种，造成土地资源的浪费和农业生产的停滞。再其次，征地冲突严重破坏社会秩序。在发生暴力冲突的地区，基本的社会秩序遭到严重破坏。农民与政府和村委会、农民与农民之间出现信任危机，合作关系被零和竞争关系所取代，一些正常的社会活动被迫取消，社会治安状况恶劣。

值得关注的是由征地引发的冲突严重威胁党的执政根基。恶性征地冲突事件的发生极大地动摇了地方政府和基层党组织在农村社会的合法性和群众认同，尤其当征地过程中存在腐败，以及政府作为冲突方介入或采取不作为时。虽然有研究表明征地冲突并未实质性影响中国共产党的执政合法性，但在农民政治感知中，中央和基层党组织还是出现了明显的分层现象。征地冲突的影响还将扩散到其他社会生活领域，受影响农民通常会长久地表现出对地方政府管理的抵制。

2. 地方政府征地成本

现有文献大多关注地方政府通过土地价格"剪刀差"所获取的土地收益，即特别关注土地财政规模和影响因素。然而，鲜有文献分析地方政府的征地成本。地方政府征地成本包括：给农民的征地补偿、征地"维稳"成本、"生地"开发成本，以及与违背中央规定的惩处成本。

（1）征地补偿与"维稳"成本。

《土地管理法》第四十七条规定，征收地的，按照被征收土地的原用途给予补偿。农民对征地补偿不满的因素集中在：征地补偿标准偏低，征地补偿费分配操作缺乏规范，缺乏参与权和知情权，缺乏差异性的补偿政策（钱忠好等，2007；林依标，2011）。约翰逊（Johnson）曾深刻地指出，政府控制下的资源常常被视为无成本的，这种资源的机会成本常常在政府的决策中忽略不计，在土地征收中，如果不对土地所有者给予任何补偿，政府就会无节制地扩大规模，直到对公共物品的边际主观价值等于零。然而，是否单纯提高补偿金额，就能够解决一切诉求？从公平理论中可以找到答案：政府低价位征收土地与高价位出让土地反差明显，政府垄断土地增值收益，必然引起农民强烈不满。因此，在实操中管理被征地农民的价格预期非常重要。

农业部提供的数据显示：关于征地、土地流转等问题的信访始终占总量的50%以上。土地征收成为影响基层政权稳定的隐患。信访、群体性事件和激烈冲突都是征地过程中农民抗拒征地行为的具体表现形式。大多数地区对征地冲突的治理都是通过宣传、劝导等手段平息征地冲突。在一些地方也出现了"越维稳越不稳"的恶性循环局面，即政府"维稳"的高成本与民众维权的低效用并存，政府"维稳"和民众维权零和博弈局面并存（吴秋玫、彭汪洋，2012）。征地后"维稳"所消耗的公共资源，可能远高于农民的征地补偿费用。

（2）招商引资与生地开发成本。

以土地划拨出让、协议出让等廉价方式招商引资，形成了地方之间的引资竞争（陶然，2007；张莉等人，2011）。地方政府间的竞争，在一定程度上表现为招商引资的"优惠"竞争，进而表现为廉价出让土地的"占地竞赛"。事实上，工业园区建设、招商立项、引资额度，均是上级考核地方政府政绩的重要指标。

相同的价格，生地开发成本较低，净地和熟地的开发成本较高。在实践中，政府倡导学习香港经验，不放弃土地增值机会，提议熟地上市（段玉强，2005）。从区域竞争的角度而言，政府出让土地如果能够做到物美价廉则竞争力更强。为吸引工业投资者，开发区事先进行"三通一平"、"七通一平"的基础设施投资，并在管理条例中设置优惠政策①。无论是净地还是熟地，均需要地方政府预先垫支一笔数额不菲的生地开发成本。这笔开发成本加剧了地方政府财政紧张状况。

(3) 中央惩处与耕地保护。

中央对耕地保护的红线，耕地占补平衡政策，地方政府对旁边的农地控制严格。不可否认的事实是，耕地保护与经济发展存在矛盾，在经济发达地区尤为明显。区域经济增长的不平衡，与经济利益的驱动，导致突破法律法规约束的"铤而走险"行为时有发生。地方政府的违法土地面积是总违法面积中居高不下（梁若冰，2009；张莉等，2011），超额建设用地现象层出不穷。根据国土资源部统计，我国耕地减少主要源于建设用地占用。2009 年占耕地减少量的 66.89%。

中央政府对地方政府的"岗位目标责任书"上并非只有经济建设单一维度，官员晋升存在多重的"一票否决"（托尼·赛奇，2006；徐现祥、王贤彬、舒元，2007）。耕地保护涉及国家粮食安全，关系到国家政权稳定。我国在 1986 年颁布了土地管理法，实施了最严格的耕地保护制度，对土地的用途实行了严格的管制，2004 年之后中央频出保护耕地、限制建设用地政策。特别是从 2007 年开始，中央在技术和制度层面上强化了对建设用地的总量控制以及对土地违法行为的查处力度（龙开胜、陈利根，2011）。2008 年中共十七届三中全会《中共中央关于推进农村改革发展若干重大问题的决定》和 2010 年中央 1 号文件，都明确提出相关制度安排。中央的严惩力度是地方政府违规征地的隐性成本。

（三）可能的操作方案：土地的合作开发

如何让农民参与工业化、城市化进程并分享经济发展的成果，现实中可能的操作方案是土地的合作开发。土地合作开发有助于改善干群关系、提高农民收入、缓解地方政府财政紧张等状况。

第一种情况是地方政府缺少建设资金。该情况可通过赋予农民股权缓解。例如，如果地方政府需要 1 亿元的投资，而且需要支付给农民占投资额 10% 的征地补偿款，那么，政府可以让农民进行选择：选择获得 1 000 万元的现金补偿收入，还是选择将 1 000 万元入股，入股后获得未来工业园区的利润。

股权收益保障了农民分享工业化、城镇化的成果。这将农民的短期一次性补

---

① 三通一平也称净地，是指土地具备上水、雨污水和道路通以及场地平整的条件。七通一平也叫熟地，是指生地在经过一级开发后，使其达到具备上水、雨水、污水、电力、暖气、电信和道路通以及场地平整的条件，使二级开发商可以进场施工建设。目前七通一平工作由政府的土地整理储备中心负责或委托专业的土地一级开发商负责。

偿变为了长期收入。农民和政府合作开发形成了一种倒逼机制,督促政府更好地经营工业园区,集约使用土地。合作开发的制度安排,一方面使地方政府避免出现"大规模、高起点"开发,后续开发得不到保障,陷入不可持续的开发中(郝书辰、李军杰,2004);另一方面缓解了大量工业园区、开发区限制,土地资源浪费的现象。

第二种情况是工业园区或开发区的土地仍不足以满足经济发展需要,地方政府需要再度征地。假设地方政府为此需要征收10亩地,需要投资1亿元。考虑到经济的集聚效应,开发区需要连片经营。为了符合耕地"占补平衡"的规定,地方政府可以从欠发达的区域整理出10亩土地,假设土地整理费用需要1 000万元。一般情况下,土地整理费用需要地方政府支付。如果将整理出来的农地同样入股开发区,那么土地整理费用可以节约,并且体现"飞地拉动周边致富"效应。

第四节 若干政策建议

一、制定统一的土地法律,改变土地政策二元分割格局

(1)坚持土地公有制度,实行集体土地和国有土地的"同地、同权、同价"。《宪法》规定,我国实行社会主义公有制,城市的土地"属于国家所有",农村和城市郊区的土地"属于集体所有"。土地的国家所有和集体所有只是财产归属主体的不同,而不是土地权利的差异。也就是说,两种土地公有制是两种平等的土地制度,具有平等的权利。鉴于人们理解上的偏差和实践中的错误相当普遍和严重,人大常委会需要对此做出明确解释,并据以制定统一的土地法律,保障其落实和实施。改变目前集体土地基本上只能用于农耕,农地变为建设用地,先要经过政府征用,从集体土地变为国有土地的运作机制。赋予和保证两种所有制的土地享有参与工业化和城市化的同等机会和权利,做到"同地、同权、同价"。

(2)修改与土地有关的法律,建立保护农民土地产权的制度基础。当务之急是,尽快修改与保护农民土地权益相冲突的法律条款,让农民享有土地非农化进程中的土地所有权、收益权和转让权(具体建议见第十八章)。

(3)总结地方和基层经验,探索将关于集体建设用地流转的地方规定上升

为国家法律。在法律禁止和中央政策没有明确规定的前提下，为了加强农村集体建设用地管理，安徽省、江苏省、山东省、福建省及部分大城市郊区的一些地方政府进行了积极的探索，出台了一些规范集体建设用地健康、有序流转的政策。国土资源部在江苏苏州、安徽芜湖、浙江湖州、河南安阳等地的试点，也为法律的修改和土地使用制度的改革做了一定的政策准备。尤其值得关注的是，广东省政府下发了《关于试行农村集体建设用地使用权流转的通知》，在保障农民土地权益、促进集体土地使用权有效地融入建设用地市场方面迈出了一大步。建议有关部门尽快出台关于集体建设用地流转的法律，促进农村集体建设用地规范、有序、健康流转，形成城乡统一的土地市场。

二、打破政府垄断土地一级市场，保证集体和农民的土地权益

（1）根本改革现行征地制度，谨防建设用地的国有化趋势。现行农地转用实行由政府征用的制度，形成了政府垄断土地一级市场的局面，造成了农地变为建设用地过程中的国有化倾向。1987~2001年，全国非农建设占用耕地3 394.6万亩，70%以上通过政府征地方式取得。这意味着在过去的10多年中，有近2 400万亩农民集体所有的土地被国有化了。近几年，各类城市的版图迅速扩大，并向农村腹地推进，再加上不断推进的城中村改造，大面积的村改居、镇改街、县改区工程和城市区划调整，特别是前不久深圳市将宝安、龙岗两区260平方公里的土地全部收归国有的城市化改制等。这种土地国有化的趋势，损害农民集体的土地权益，加剧政府垄断土地一级市场的不规范行为，不利于城市化的健康推进和经济的可持续发展。因此，根本改革现行政府征地制度，限制和规范政府的征地行为，才能打破政府对土地一级市场的垄断格局，遏制城市化进程中土地的国有化趋势。

（2）改革现行政府供地制度，允许集体建设用地直接进入市场。我国现行的供地制度，是现行农地转用制度的重要组成部分，政府不仅掌控着征地的全权，而且充当了建设用地的唯一供应者，垄断着集体土地从征地到供地的全过程。它限制和阻碍了集体建设用地直接进入市场交易，对我国进一步工业化造成了极其不利的影响。我国正处在工业化的关键阶段，农业劳动力的转移和工业向中西部地区的转移，都有赖于工业化继续保持一定的增长速度。地方经验表明，在符合土地规划的前提下，农民直接将集体建设用地以出租、出让、转让等形式供给企业，既大大降低了企业的用地成本，又保证了农民可以长期分享土地增值收益，地方政府可以获得企业税收和土地使用费。开放农村集体建设用地直接进

入市场，有利于大量企业到中西部落户和促进制造业向中西部地区转移，继续保持我国制造业在全球的竞争优势。农村集体建设用地的规模和数量巨大，随着城市化和工业化的发展，农村集体建设用地的资产性质逐渐显现，尤其在经济发达地区，农村集体建设用地使用权以出让、转让、出租和抵押等形式自发流转大量发生，集体建设用地隐性市场客观存在，与其隐性和非法流转，不如让集体建设用地直接进入市场。

（3）防止村庄建设中侵害农民宅基地权利，积极推行农民宅基地商品化。随着城市的加速扩张和中央土地严管、房地产信贷政策的出台，农民宅基地成为地方政府和房地产商觊觎的又一对象，在旧村改造和新村建设的名义下，造成对农民宅基地权利的直接侵害，将宅基地变为规划区内的国有建设用地。现行农民宅基地具有明显的福利性质，其商品属性和财产属性未被法律确认，其产权存在明显缺陷，为地方政府和房地产商留下了可乘之机。必须赋予宅基地完整的物权，发放统一的、具有法律效力的宅基地证书，进一步完善农民宅基地的统计和登记工作，同时，积极试点，探索宅基地商品化和入市流转办法。

（4）制定"公共利益征地否定式目录"，明确规定营利性目的用地不得征用。我国的征地制度形成于计划经济时期，土地与其他生产要素均由政府支配，用地主体一般是国有企业、政府部门或国家大型基础设施工程（如公路、铁路、水利等）。随着改革的推进和经济的发展，用地主体日趋多元化，土地用途早已超出"公共目的"的范围。为了阻断地方政府以"公共利益"在法律上难以准确界定为由，任意扩大征地范围，应出台政策明文规定，非公共利益用地不得通过征用获得，并列出不属于公共利益用地的名录，作为国土监察的基本依据。鉴于目前行政划拨用地的用途过于宽泛，占地过多，既浪费土地，又滋生腐败。建议对建设用地中公共设施建设划拨用地的比重做出严格限定，清理以公共利益为名划拨而实际上用于营利性目的的土地。进行某些类公共目的用地按市场价补偿的试点。

（5）限定政府储备土地为存量土地，严禁征用集体土地增加土地储备。土地储备是通过对存量建设用地的收购和收回来获取土地，以备建设之需，其增减变化严格限定于存量土地，严禁地方政府征用集体土地增加土地储备。鉴于土地储备制度已经在全国1 000多个城市实行约六七年之久，中央政府应着手制定有关政策和法规，对土地储备宗旨和目的、储备范围、机构设置、法人地位、储备贷款、抵押方式等做出相应规定，尽快结束政出多门、各行其是的混乱状态，防止土地储备中心的融资风险。

三、改变土地财政格局，创立地方财产税制度

（1）改变地方收入取得方式，根本消除地方政府圈地、卖地的激励。目前，土地出让金数额巨大，成为地方政府预算外收入的主要来源，与土地相关的收费也是地方政府各部门改善福利的重要途径；土地直接税收及由城市扩张带来的间接税收，也成为地方预算内收入的重要部分，地方财政成为名副其实的"土地财政"。这是地方政府热衷于圈地、卖地的主要动机。只有从改变地方收入的取得方式入手，使其拥有与其事权相适应的永续的收入来源，才能打破政府垄断土地一级市场的格局，使其不再充当建设用地"地主"和土地经营者的角色，放弃低价征地和高价供地的行为方式。

（2）合理分配土地级差收益，完善土地财产税制度。在阻断卖地机制的同时，中央政府应立即着手建立和完善土地财产税制度。一方面，必须在制度上保证土地利益相关当事人在土地增值收益分配上的公平，承认土地的所有者有权分享土地的级差收益，探索农民、土地开发者和各级政府在土地级差收益分配上的合理比例。另一方面，改革土地税制，设计让地方历届政府可以常年分享的土地或财产税，使土地财产税成为城市化进程中地方政府的重要而稳定的收入来源。建议将与土地财产相关的税费由多个部门征收，改为只由税务部门征收；将现行的各种土地税费合并为三个税种：土地占用税、土地保有税和土地交易税。土地占用税是对土地农转非的行为征税，将现在的耕地占用税、耕地开垦费、新增建设用地有偿使用费一并征收，体现保护耕地的目的。土地保有税是对持有建设用地者的征税，基于土地的不可再生性和随着经济发展必然升值的情况，可由中立的土地评估机构公布一个地区一定时期的土地价格，税务部门根据地价上涨的情形对土地持有者征收一定比例的土地保有税。土地交易税是对建设用地的交易行为征税，既让地方政府可以获得稳定的税源，也有利于土地转向最有价值的使用。

（3）完善公共财政体制，保证财权和事权一致。在目前体制下，地方政府事权无限，财权上收，入不敷出，这是造成地方政府通过城市扩张和卖地来获取收入的一个重要原因。要减低地方政府谋求预算外收入的动机，就必须建立和完善公共财政体制，将现在的"投资性政府"变为"服务性政府"，形成多元化的城市公共投资机制，地方政府不再作为城市投资的主导者，只是作为公共品服务的提供者。

四、让失地农民参与补偿谈判，探索实施财产性补偿的办法

（1）以区片综合补偿价为基准，通过交易谈判决定实际补偿。28号文要求"各省、自治区、直辖市制定并公布各市县征地的统一年产值标准或区片综合地价"，广东省、浙江省、江苏省的许多地方开始实行区片综合价补偿，补偿标准有所提高。其实，现行区片综合补偿价未经土地所有者参与谈判，未充分考虑土地级差增值收益，只能作为征地补偿的低限，应当让失地农民直接参与补偿谈判，实际补偿应是双方讨价还价的结果。

（2）预留发展用地，实施财产补偿。在实施货币补偿的同时，应当给被征地的村庄按一定比例预留一部分建设用地，由村集体经济组织建造标准厂房、铺面等出租，租金收益以股份形式在村民中分配。杭州、南海、德州、昆山案例可供参考。这些合法的非农建设留用地，增加了集体的收入，也增加了农民的分红，农民和集体都欢迎。实践证明，村留用地既有利于村级经济壮大，在农村公共财政缺位的情况下，土地出租收入成为农村公共品提供的重要来源，而且土地分红也成为发达地区农民分享土地级差收益的重要途径。建议中央出台专门的文件，就留用地的比例、使用办法、收益分配原则等做出具体规定。

（3）谨慎对待以社保换土地的办法，防止变相侵占农民土地。江苏、浙江、广东等省正在推行给失地农民提供社保的做法。本研究中的昆山案例提供了这方面的信息。其实，失地农民尤其是青壮年劳动者对社保换土地并不看重，而且无论是现实操作还是未来资金保障都令人担忧。但从全国来看，为了城市化背景下土地产权的实施和保护化解农民与政府在土地利益上的冲突，政策越来越倾向于"以社保换土地"，将被征地农民纳入最低社会保障。这虽然是一种进步，但"以社保换土地"一方面要求政府提供的社保能够让农民觉得交出土地权利是值得的，另一方面要求政府财政有足够的能力完成这种置换。事实上，城市政府对城市职工的养老保险和社会保障都存在严重资金缺口。因此，必须冷静对待"以社保换土地"，既要避免政府被拖入巨额财政泥沼的境地，又要防止一些地区以向农民提供社保的名义侵占农民土地。

五、客观审视指标管理的效力，探索有效保护耕地的制度安排

（1）现行指标管理基本失效，地方各级规避有方。早在1997年，中央出于

对粮食安全的担忧，提出了实行最严格的耕地保护制度，包括占用耕地补偿制度、耕地总量动态平衡制度、基本农田保护制度等。占用基本农田的批准权限在中央，地方政府负责实施占用耕地及补充耕地总量动态平衡。但是，地方政府想方设法进行耕地占补平衡的编制和变通，以应付中央的审批，达到尽量多征多占耕地的目的。由于占用耕地及补充耕地实现动态总量平衡的实施权在地方，现行土地制度所形成的地方政府经营土地的激励机制仍存在，中央与地方政府土地利用目标不一致的问题不改变，"指标年年不够用，指标年年用不完"的游戏就不会停止，仅靠严管措施不能解决农田保护与经济发展相脱节的矛盾，只能使农田保护流于形式。

（2）承认基本农田异地代保原则，建立基本农田保护指标交易和利益补偿机制。在工业化和城市化的过程中，不同区域之间以及同一地区不同县市之间的发展程度不同，占用基本农田的数量也不一样，各地只能通过县内、地区内、省内基本农田代保的办法来解决经济发展用地与基本农田保护的平衡，这种做法一直没有得到中央认可。随着经济的发展，这种做法越来越普遍，甚至出现跨省平衡。建议出台相关政策规定，承认基本农田异地代保原则，建立地区间基本农田指标交易和利益补偿机制，由占用农田较多的发达地区和工业地区补偿占用农田较少的不发达地区和农业地区。这样既可以解决快速工业化、城市化地区的用地需求，又有利于基本农田保护面积大的地区获得一定的货币补偿。

（3）科学研究区域产业布局，建立粮食安全保障机制。组织多学科力量，对我国区域产业布局进行科学研究，在此基础上实行国家粮食安全和区域耕地保护挂钩，对为保障国家粮食供给的耕地实行国家财政补偿和工业化地区向粮食保障区域补偿的双重机制，使粮食安全和耕地保护做到目的明确、责任清楚、补偿公平、行之有效。

第十六章

集体建设用地流转的管制放松与产权实施

按照现行法律规定，中国实行两种公有土地制度，即在城市实行国有土地制度，在农村实行集体土地制度。在现行制度运作和政策实践中，两种土地制度构成两种不同的权利体系，造成同地而不同价和不同权。这种二元分割的权利体系，一方面表现在农地转为非农业用地上，另一方面表现在农村建设用地与城市建设用地的权属差异上。

在现行的制度框架下，我国的土地分为农地和建设用地，建设用地又分为国有建设用地和集体建设用地。农地可以通过征收和办理农地转用审批手续变为国有建设用地，但它要变为集体建设用地，除了要办理农地转用审批手续外，还被严格限定在农民自用或以土地合伙或入股与他人办企业、进行农村公共设施建设和自建宅基地的范围，而且集体建设用地流转处于法律严格限制的范围。

事实上，集体建设用地的流转早已自发存在，甚至在数量、规模及地区覆盖面上有不断扩大之势。一方面，随着城市建设的迅猛发展和城市规模的急剧扩张，对建设用地提出了巨大的需求；另一方面，中央政府出于粮食安全考虑，严格对农田的保护，于是，农村集体建设用地就成为城市政府和开发商与农民争夺的对象。

本章将在回顾集体建设用地制度变迁基础上，结合若干地方创新案例，探讨集体建设用地地权的实施与保护[①]。

[①] 本章由张曙光教授和刘守英研究员的阶段性成果整理而成：①张曙光：《博弈：地权的细分、实施和保护》，社会科学文献出版社2011年版；②刘守英：《集体建设用地进入市场：现实与法律困境》，载于《管理世界》2007年第3期；③刘守英：《集体土地资本化与农村城市化——郑各庄高速成长的秘密》，选自《中国制度变迁的案例研究》（土地卷）第八集，中国财政经济出版社2011年版。吴小立负责初稿整理。

第一节 集体建设用地管制的变迁及评价

一、管制的变迁

(一) 集体建设用地的法律空间

改革开放之前,集体建设用地实行集体所有、集体统一经营;集体建设用地的流转局限于所有权人之间且完全依靠行政权力进行划拨和平调(黄小虎,2006)。虽然这一时期集体建设用地基本上由社队自行管理,但在计划经济的严格管制下,并无土地市场的生存空间,更无集体建设用地进入市场之可言。

20世纪70年代末至80年代,农民在集体所有的土地上创造了两项奇迹。一是通过土地的集体所有集体经营转变为集体所有农户承包经营,创造了农业生产增长和农民收入大幅增加的奇迹。二是农民利用集体的土地创办乡镇企业,创造了农村工业占据全国工业半壁河山的奇迹。遗憾的是,支撑这两项奇迹背后的土地制度安排却面临完全不同的命运。

当农村集体土地作为农用时,经由70年代末以来的以包产到户为核心的农地制度变革以及相关的法律政策演变,现行法律对土地使用者的权利已有很高程度的保障,且权利的取向也越来越明确和清晰,具体体现在2004年颁布的《农村土地承包法》和2007年颁布的《物权法》中。

80年代中期以后,面对土地承包到户后产生的大量剩余劳动力的严峻形势,在城乡分割的户籍制度壁垒下,农民在集体所有的土地上办起了企业。乡镇企业的兴起改变了传统的国家工业化模式,让几亿中国农民以自己的土地、劳动力参与到工业化的进程,因而也得到中央政策的许可与支持。应当承认,那个时期乡镇企业的高速发展,也得益于当时在建设用地管理上相对宽松的环境。

当乡镇企业于80年代初在沿海及大城市郊区发轫时,我国直到1986年才有第一部《土地管理法》(以下简称1986年《土地管理法》)。这部法律经历过1988年的第一次修正,但直到1998年通过新的《土地管理法》(以下简称1998年《土地管理法》)之前,对集体建设用地还是采取了与国有建设用地相对平等的态度。它在国有建设用地和集体建设用地的处置上,按照《宪法》的精神,将土地国有制和土地集体所有制并立,如"国有土地和集体所有的土地的使用权可以依法转让";将"国有建设用地"和"乡村建设用地"分别用两节来做出管理规定。

尽管1986年《土地管理法》中有"国家为了公共利益的需要，可以依法对集体所有的土地实行征用"，以及"国家建设征用土地，被征地单位应当服从国家需要，不得阻挠"的规定，埋下了由于未对公共利益作明确限定、国家进行任何建设用地都可征地且被征地单位都必须服从的种子，但是，农村集体建设用地的使用还是比较容易的。具体表现为：乡（镇）村建设用地的批准权主要在县及县以下。农村居民住宅建设，乡（镇）村企业建设，乡（镇）村公共设施、公益事业建设等，只要符合乡（镇）村建设规划，就可进行。如果使用原有的宅基地、村内空闲地和其他土地进行建设，只需乡级人民政府批准，只是在使用耕地时才需报县级人民政府批准；农民建住宅，也只原则性地提出不得超过省、自治区、直辖市规定的标准。对于乡（镇）村企业建设用地，也是由县级人民政府土地管理部门批准，县级以上政府只是规定了一个不同企业规模的用地标准而已。乡（镇）村公共设施、公益事业建设用地，则是经乡级人民政府审核，向县级人民政府土地管理部门提出申请。应该说，在当时大力提倡发展乡镇工业的大政策环境下，乡村建设用地审批权主要在县乡两级，对农村集体建设用地的使用，尤其是乡镇企业发展用地的管理还是有利于农民利用集体土地发展经济的。

（二）农村宅基地制度变迁

集体建设用地包括农村宅基地、乡镇企业用地和农村公共事业用地。其中，农民宅基地由于数量巨大和特征突出，更是成为2003年土地严控以后地方政府扩张城市规模和增加建设用地总量的目标。这种争夺从城乡接合部和城市近郊农村展开，迅速向外扩大和蔓延，严重威胁到基本农田的维护和安全，也侵犯了农民的土地和住房权利。

宅基地，顾名思义，就是农民用于建设住宅的用地，因而，讨论宅基地的制度变迁，既要关注这块土地地权性质和制度安排的变化，也必然要与其上的房屋制度一起讨论。

自20世纪40年代末以来，农村宅基地制度与整个农村土地制度变迁的取向既有一致之处，也有不相同的地方。大致经历了三个阶段[①]。

---

① 这里所用资料大部分来自北京市农村研究中心课题组的"完善农村宅基地制度，推进确权发证工作——北京市宅基地权属确认政策研究报告"（2008）和高圣平、刘守英的"宅基地使用权初始取得制度研究——兼评《物权法》第十三章的相关规则"（2007）。前者把宅基地制度变迁过程分为四个阶段，但第二、第三两个阶段没有本质差别，而第四个阶段又未能指明其变化的实质，且对其特征的概括和分析也有不大恰当的地方；后者也分为四个阶段，但按经济恢复和社会主义改造、社会主义建设、改革开放和现在来讨论，也未能揭示问题的本质。

第一，1949~1962年，农村宅基地和农民住房私有阶段。

土地改革是建立在土地私有的基础之上的，其目标是实现"耕者有其田"和"居者有其屋"。贫雇农在分得土地的同时，有的也分得了一部分房屋。根据《中华人民共和国土地改革法》的规定，农民对其分得的土地和土地上的住宅拥有完整的所有权，同时，法律允许宅基地的自由买卖和出租，体现了宅基地权利的市场配置。在土改完成以后，各地都颁发了土地（房产）证，载明耕地以及房产和地基的面积、方位和四至。北京市郊区的《土地房产所有证》还载明，此"为该户全家私有产业，有耕种、居住、典当、转让、赠予等完全自由，任何人不得侵犯"。

在农业合作化和公社化运动的初期，以高级社的建立为界，耕地、牲畜、农具全部入社，变成集体所有，而房产和宅基地仍然保持私人所有。

第二，1962~1998年，农村宅基地公有私用和农民住房私有阶段。

在基本制度未变的前提下，这个阶段又分为农村宅基地公有制度确立和强化两个阶段。

农村宅基地公有私用制度的确立。1962年中共八届十中全会提出"千万不要忘记阶级斗争"，在农村反对单干风和包产到户，并通过了《关于农村人民公社工作条例修正草案》（即六十条）。第二十一条规定："生产队范围内的土地，都归生产队所有。生产队所有的土地，包括社员的自留地、自留山、宅基地等等，一律不准出租和买卖"。这是第一个变农村宅基地私有为公有、并对其使用权做出规范的文件。从此，农村宅基地所有权与使用权相分离，所有权归生产队，使用权归社员个人。可见，这次农村宅基地所有权的变更并不是通过市场交易进行的，而是通过政府的强制和无偿平调完成的。土地权利制度的这种变迁得到了1975年《宪法》的确认。与此同时，《六十条》再次确认，房屋仍归社员私有，可以出租和买卖。从此确立了房地分离、一宅两制的基本制度架构。

80年代，随着农村改革的推进，农业生产的发展和农民温饱问题的解决，农村出现了建房的高潮，发生了乱占耕地，在承包地上建房的问题。于是，中共中央、国务院相继发文[①]，强化对农村宅基地管理。1986年第一部《土地管理法》颁布实施，确定了宅基地面积限额，严格了宅基地审批程序，第三十八条规定："农村居民建住宅，应当使用原有的宅基地和村内空闲地。使用耕地的，经乡级人民政府审核，报县级以上人民政府批准；使用原有宅基地、村内空闲地和其他土地的，由乡级人民政府批准。农村居民建住宅使用土地，不得超过省、

---

① 如国务院于1981年发布《关于制止农村建房侵占耕地的紧急通知》（国发〔1981〕57号文），于1982年制定和发布了《村镇建房用地管理条例》；1982年10月中共中央办公厅、国务院办公厅又批转了书记处农村政策研究室、城乡建设保护部《关于切实解决滥占耕地建房问题的报告》等。

自治区、直辖市规定的标准。出卖、出租住房后再申请宅基地的，不予批准。"

不过，在这个阶段中，并未禁止农村宅基地的流转和交易，且继续允许城镇非农业人口使用农村宅基地建房。

1990年1月3日，国务院批转了《国家土地管理局关于加强农村宅基地管理工作请示的通知》，在对宅基地用地的审批手续作了更具体的规定的同时，确立农村宅基地有偿使用试点。为减轻农民负担，1993年《中共中央办公厅　国务院办公厅关于对涉及农民负担项目审核处理意见的通知》，明令取消了农村宅基地有偿使用费和农村宅基地超占费。

第三，1998年至今，农民私宅交易和农村宅基地使用权流转受限制的阶段。

20世纪90年代末，特别是21世纪以来，随着城市建设的快速发展和城市规模的急剧扩张，一方面，城市建设用地日趋紧张，在国家实施严厉的土地控制政策下，地方政府和房地产开发商的建设用地战场向农村扩展，宅基地随之成为开发商觊觎的对象。另一方面，由于房价高企，很多城市居民也到农村购房和盖房，于是，在各个城市周边农村的宅基地上，一下子盖起了许多规模不等的住宅小区，人称"小产权"房。为此，政府出台了一系列政策法规加以制止。

二、现行制度解析

相比于1986年《土地管理法》，1998年《土地管理法》对集体建设用地则施加了明显的限制，大大缩小了农村集体建设用地的利用空间。尽管1998年《土地管理法》仍然维持了《宪法》"城市市区的土地属于国家所有，农村和城市郊区土地属于农民集体所有"的二元格局，但对两种性质土地的管理的表述则改变了1986年《土地管理法》将其并立的做法，如1986年《土地管理法》中的"国有土地和集体所有的土地的使用权可以依法转让"，在1998年《土地管理法》中已变成了"土地使用权可以依法转让"；1986年《土地管理法》中将"国有建设用地"和"乡村建设用地"分节处理，在1998年《土地管理法》中则合并成了"建设用地"一节。除此之外，1998年《土地管理法》在关于集体建设用地管理的具体细节上也作了严格的限制。在关于"建设用地"部分的第一条，就明确提出"任何单位和个人进行建设，需要使用土地的，必须依法申请使用国有土地"，这就把"任何单位和个人"使用集体建设用地从事非农建设的路给堵住了；当然，它还为农民留下了一个尾巴，那就是，"兴办乡镇企业和村民建设住宅经依法批准使用本集体经济组织农民集体所有的土地的，或者乡（镇）村公共设施和公益事业建设经依法批准使用农民集体所有的土地的除外"（第四十三条）。

从1998年《土地管理法》来看，保留给农民集体将农地转为集体建设用地的范围包括：（1）农村集体经济组织使用乡（镇）土地利用总体规划确定的建设用地兴办企业或者与其他单位、个人以土地使用权入股、联营等形式共同举办企业；（2）村民住宅建设；（3）乡（镇）村公共设施和公益事业建设。就是在这些许可的范围内，还有两条约束着农民对集体土地的使用，一个是用途管制制度，另一个是上收农地转为建设用地的审批权。以上两条是1998年《土地管理法》与1986年《土地管理法》相比最为不同的地方。用途管制和审批权上收，是针对农地转为所有建设用地的，也就是说，所有建设占用土地，只要涉及农用地转为建设用地的，就应当办理农用地转用审批手续，当然包括转为集体建设用地。因此，与1986年《土地管理法》相比，在1998年《土地管理法》生效后，农村集体经济组织使用乡（镇）土地利用总体规划确定的建设用地兴办企业或者与其他单位、个人以土地使用权入股、联营等形式共同举办企业的，乡（镇）村兴办公共设施、公益事业建设使用土地的，农村村民建住宅时，除了要得到有关批准外，就是增加了占用农地时的审批。而占用基本农田和占用一般农田35公顷的审批就要上报国务院，在地方重点工程和产业优先发展项目的建设用地都要经过严格审批才能获得的现实下，农民利用集体土地从事建设在政府的考虑中无疑处于不利的地位。我们可以从1998年《土地管理法》中提出的对"兴办企业的建设用地必须严格控制"，"农村村民一户只能拥有一处宅基地"，"农民集体所有的土地的使用权不得出让、转让或者出租用于非农业建设"的规定中，感到政府对农村集体建设用地供应的从紧倾向。

因此，20世纪80年代和90年代初，农民利用集体建设用地发展经济以及土地农转非相对较便利的环境，到了1998年《土地管理法》实施后发生了根本改变。1998年《土地管理法》框定了建设用地使用的基本格局，那就是，非农建设用地主要靠国有土地来满足。由于该法对公共利益没有任何规定，国有土地实际上通过征收农民集体土地来满足。尽管保留了农民集体建设用地可以创办乡镇企业、可以从事乡镇公共设施和公益事业建设、可以建农民住宅的权利，但是，由于对"农民集体所有的土地的使用权不得出让、转让或者出租用于非农业建设"和农民宅基地只允许一户一宅的规定，加上建设用地的指标管理和农转非时的审批中的弱势地位，就决定了集体建设用地规模和比例不断缩小的现实局面。由此不难理解，1998年《土地管理法》实施以来，尽管保留着农民利用自己的土地进行非农建设的空间，但由于1998年《土地管理法》的种种限制，这个空间已越来越缩小，农民利用土地办企业更难得到批准，农民盖房的指标也越控越严，以致出现土地农转非进程中的国有化趋势。

同时，法律的例外规定为集体建设用地隐形入市提供了变通的路径。1998年《土地管理法》第六十三条规定："农民集体所有的土地的使用权不得出让、转让或者出租用于非农业建设；但是，符合土地利用总体规划并依法取得建设用地的企业，因破产、兼并等情形致使土地使用依法发生转移的除外。"由此可见，我国法律在原则上禁止集体建设用地直接进入一级市场的同时，例外地允许集体建设用地在特定的情况下（企业破产、兼并等情形）进入二级市场。

另外，就宅基地而言，随着《土地承包法》和《物权法》的出台实施，农地使用权出现了物权化趋势，农地使用权流转已经无法律限制，特别是2005年最高法院公布了《关于审理涉及农村土地承包纠纷案件适用法律问题的解释》，使得农地承包权及其流转成为可以主张和实施的权利。《中共中央关于推进农村改革和发展若干重大问题的决定》再次确认了这一点。但是，农村宅基地和住房制度的政策却向着相反的方向变化。随着我国社会经济的发展，一方面是城市化的加速和城市规模的扩展，城市建设用地急剧增加；另一方面，大批农民离开家乡，进入城市做工谋生，对城市郊区的农村住宅提出了巨大的需求，而城市房价的迅速上涨和农村相对较好的生活环境，也使一部分城市居民到农村购房居住。然而，现行宅基地制度不仅无法和未能适应这种形势而变迁，反而比计划经济时期还大大地倒退了。在现实利益的驱使下，由于相应的法律制度没有跟进，农村宅基地变成了一块唐僧肉，成了各方面争夺的对象。城市政府想得到它，以便满足城市扩张对土地的需求；开发商想弄到它，以便低成本的扩大商品房开发的规模和获得高额的利润；城里人也想得到它，以便取得低价格的住房和避开城市的喧闹；看到地价的飞速上涨和对失去财产的担忧，农民也不愿失去土地；中央政府为了保护基本农田和保障粮食安全，也不愿看到农村宅基地争夺的这种无序局面，但又拿不出具体办法从根本上解决问题，只是一味地加强政府管制。而管制的结果不仅使中央政府的政策目标无法实现，而且使已经出现的问题变得更加严重：一方面政府从限制农民和集体对宅基地的决策权，到侵犯农民私人住房的财产权；另一方面也引发了各行为主体普遍的寻租、合谋与机会主义行为，于是形成了管制制造管制的恶性循环。

第二节　政策实施与地方创新：若干案例

一、同质政策、政策变通与多样化实践

集体建设用地从法律禁止流转、农民无序自发流转到各级政府探索试验流转

经历了一个漫长的制度变迁过程。

长期以来，我国集体建设用地地权配置方式主要是计划经济条件下的国家行政性调配，国家法律禁止集体建设用地流转。我国《土地管理法》（2004）第六十三条规定，"农民集体所有的土地的使用权不得出让、转让或者出租用于非农业建设。"但随着工业化和城市化进程，农村土地的价值不断提升，集体建设用地的需求量越来越大，在比较利益的诱惑下，集体建设用地隐性市场普遍存在，国土资源部早在1999年开始，就陆续在江苏省、广东省、浙江省、河南省等地进行试点。2004年国务院《关于深化改革严格土地管理的决定》提出，"在符合规划的前提下，村庄、集镇、建制镇中的农民集体所有建设用地使用权可以依法流转。"2006年国土资源部52号文件《关于坚持依法依规管理节约集约用地支持社会主义新农村建设的通知》规定，"要稳步推进农村集体建设用地流转的试点工作，不断总结试点经验，及时加以规范完善"，许多地方也在进行集体建设用地进入市场的探索，在实践操作中积累了较多经验。

与此同时，配合全国各地有组织、大规模、多形式的实践探索，中央政府出台一系列政策对集体建设用地流转进行规范指导。如2008年党的十七届三中全会《中共中央关于推进农村改革发展若干重大问题的决定》指出，"在土地利用规划确定的城镇建设用地范围外，经批准占用农村集体土地建设非公益性项目，允许农民依法通过多种方式参与开发经营并保障农民合法权益。"2009年《国土资源部关于促进农业稳定发展农民持续增收推动城乡统筹发展的若干意见》规定，"凡符合土地利用总体规划、依法取得并已经确权为经营性的集体建设用地，可采用出让、转让等多种方式有偿使用和流转。"以上政策法规表明，国家对农村集体建设用地流转管制在逐步放松，也就意味着，各地可进行政策变通和多样化实践的空间在不断扩大。

无论何种形式的实践，都需要国家基本法律层面的支持。江苏、广东、浙江、安徽等省的实践都是严格遵循国家土地管理的法律、法规。虽然，各地实践都包含了很多创新之处，但总体上都没有突破上位法律法规，都是依法创新。国家的同质政策供给一方面提供流转应遵循的一般规则，有利于引导与规范地方政府制定地方性法律法规；另一方面，有利于增强市场微观配置主体的信心和预期，从而有利于提高交易效率。

事实上，集体建设用地自发流转已是不争的事实。优化配置集体建设用地首先要求调整集体建设用地地权，地权是否可自由转让是实现配置效率的前提，而地权自由转让的程度及范围又会受到市场发育成熟度及政府职能定位准确性等诸多因素的影响。因此，在不同的制度安排背景及社会经济环境下，多样化实践将产生不同的集体建设用地资源配置效应。各地的经济社会发展情况不一样，特别是工业化、城镇化程度不尽相同,因此各地在农村集体建设用地地权流转实践中都本着因地制宜的原则,出台了符合本地区实际,有利于优化配置本地区土地资源要素的政策措施(张梦琳,2010)。

为了避免以私下的非正常的途径和方式流转集体建设用地,造成集体建设用地的低效利用和农民权益受到侵犯,地方政府在现行土地法律法规等同质政策下,基于地区实际情况,变通中央政策,制定地方性法规规章,包括对集体建设用地流转市场的培育与干预,如:安徽省人民政府颁布的《安徽省集体建设用地有偿使用和使用权流转试行办法》、浙江省人民政府颁布的《关于加强农村集体非农建设用地使用权流转管理的意见》、江苏省苏州市出台的《关于加强土地规划和利用管理,推进集体建设用地使用权流转的若干意见》、广东省人民政府的《广东省集体建设用地使用权流转管理办法》等,以促进集体建设用地的流转。

当然,在某些具体方面,缺乏国家法律层面上统一的规范指导及理论依据时,地方政府会在各种偏好函数下,变通政策,展开多样化实践,享有对集体建设用地地权的完全自主决定权。

二、集体建设用地入市的制度创新和效果

(一)浙江湖州:规范存量集体建设用地的流转

存量集体建设用地的管理问题是集体建设用地制度改变之后土地管理部门所要面对的主要问题之一。20世纪90年代末,随着乡镇企业的改制,这一问题变得尤为突出。此前,乡镇企业资产属于集体财产,企业建设用地虽然没有计价并反映为企业资产,但由于两者权利主体均为村集体,原有制度之实施并无大碍。但是,一旦乡镇企业改制,企业的资产不再属于村集体所有,企业所占用的集体土地的处置即成问题。对此,许多地方采取的方法是由企业与土地管理部门补办手续,直接将集体建设用地转为国有用地,在程序上先由企业补交相关税费和土地出让金,然后办理国有土地证。

浙江省湖州市是浙江省和国土资源部存量集体建设用地的流转的试点地区之一。试点工作以解决乡镇企业土地资产处置为出发点,其间主要采取了以下做法。

第一,乡镇企业改制的前提条件之一是企业拥有合法的土地使用权,不具备此条件的,须依法补办用地手续,并取得土地使用证书。

第二,乡镇企业改制进行资产评估时应包括土地资产的内容。

第三，乡镇企业改制方式不同，办理用地手续的规则也不同。（1）企业整体转让或部分不动产转让时土地使用权随之转让的，由受让者依法办理土地征收、出让手续，补交土地出让金和造地专项基金等国家税费。（2）集体土地所有者作为出租人将土地使用权随同地上建筑物、其他附着物租赁给改制企业的，集体所有权性质不变，土地管理部门向出租方颁发《集体土地租赁许可证》，承租企业向出租方支付租金。（3）乡（镇）、村以土地使用权作价入股的，集体土地性质不变，乡（镇）、村每年收取红利。（4）以划拨方式取得国有土地使用权的乡（镇）、村集体企业改制时，由乡（镇）资产经营公司或村经济合作社补办出让手续、补交出让金后，可以转让、出租给改制企业，补交的出让金80%要返回乡镇。

在处置转制乡镇企业土地资产的基础上，湖州市又将这一探索延伸到存量集体建设用地的流转。1999年，在该市善琏镇进行试点。善琏镇个体私营经济发达，形成湖笔、纺织、机械三大产业，用地需求剧增。由于使用国有土地成本太高，而原有乡镇企业许多处于关、停状态，存在大量闲置建设用地，市国土局决定在该镇进行试点，保留集体土地所有权不变，允许集体土地在符合如下原则时进行流转：（1）已经依法取得镇、村集体非农建设用地使用权（即办理过相关使用手续）；（2）符合土地利用总体规划、村镇建设规划和相关流转条件（一般村镇规划区内的流转，原则上征为国有；规划区外的，实行集体土地内部流转）；（3）流转形式包括转让（含作价入股或出资）、出租、抵押；（4）土地收益分配谁所有谁收益，土地管理部门按土地流转收益金额收取5%的手续费。

随后，湖州市又在此基础上形成了集体建设用地流转办法。该办法将流转适用的范围限定为工业园区和城市重大基础设施建设用地，不适用于建城区和规划区范围内的建设用地，也严禁利用集体建设用地从事商贸和房地产开发。用地者通过一次性转让和作价入股取得集体建设用地使用权。集体建设用地流转所得收益全部纳入乡镇专户，乡镇提取15%的收益用于乡镇基础设施，剩余部分由土地所有者分到各户。

应该说，湖州市集体建设用地进入市场的试点为当地小规模个体私营企业的发展提供了便利，农民集体也从中获益。到2004年，已办相关许可项目604个，总面积521.82公顷，农民集体取得收益1.5亿元。同时，我们也注意到，该市在集体建设用地上的试点相当谨慎，集体建设用地的流转受到了严格限制，如只允许在规划区之外进行集体建设用地的流转，集体建设用地不能用于商业性开发，而且该市集体建设用地流转试点局限于存量建设用地的流转，仍然在1998年《土地管理法》的框架下进行，其经验得失尚不具有普遍意义。

（二）安徽芜湖：为国土资源改革做政策和法律储备

1999年11月24日，国土资源部批准芜湖市为全国农民集体所有建设用地使用权流转试点。在各地进行的农村集体建设用地进入市场的尝试中，安徽省芜湖市是第一个经过国土资源部批准并在其直接领导下进行的。由此可见，芜湖市方案最能代表国土资源部在集体建设用地流转上的意图，而国土资源部的倾向在很大程度上会左右集体建设用地的政策走向。正如芜湖市的《试点方案》在其试点宗旨中所明确表述的："通过农村集体所有建设用地流转的试点，探索在社会主义市场经济和贯彻新《土地管理法》确立的各项制度的条件下，农民集体所有建设用地流转的条件和形式，管理方式和程序，以及土地收益分配制度等，从而建立起农民集体所有建设用地流转的运行机制和管理模式。"

在试点前，农村集体土地自发流转在芜湖市就已普遍存在（叶红玲，2003）。当时，市政府正筹划利用中央发展小城镇的政策和安徽省政府以芜湖市为重点融入长江三角洲的政策，通过"让农民加快向小城镇集中、土地向规模经营者集中、工业向小区集中"，来推进该市的工业化和城市化进程。在被国土资源部确定为试点地区后，芜湖市委、市政府高度重视，成立了芜湖市农民集体所有建设用地使用权流转试点工作领导小组，近3个月时间就形成了《试点方案》，并得到国土资源部的认可，正式付诸实施。

芜湖市方案的主要内容可归纳如下。

第一，乡（镇）村办企业、公共设施、公益事业、个体工商户、私营或者联户办企业以及农村村民建住宅等可使用集体建设用地。农民集体所有建设用地的取得可以不改变集体所有权性质，只需符合土地利用总体规划、城镇（集镇）建设规划和土地利用年度计划。

第二，集体建设用地由乡镇人民政府统一开发，采用招标、拍卖等市场方式提供土地使用权。

第三，集镇根据土地利用总体规划、城镇体系规划及国民经济和社会发展规划编制建设规划，并根据这一规划向县政府申报下一年度土地利用年度计划建议，并报市人民政府土地行政主管部门。试点乡镇土地利用年度计划由市人民政府实行计划单列。

第四，集镇建设使用农村集体经济组织所有土地，在涉及占用农用地时，须按规定办理农用地转用手续。

第五，农民集体建设用地经批准可以采用转让、租赁、作价入股、联营联建、抵押等多种形式进行流转；在流转时，要征得土地所有者同意，并由土地所有者与使用者签订书面协议。

第六，农民集体所有建设用地使用权流转分首次流转和再次流转。如发生首次流转，土地所有者和流转双方须持土地所有权和土地使用权证、同意流转协议、土地流转合同、地上建筑物证明等文件，向当地市、县人民政府土地行政主管部门提出书面申请，经批准后，方可领取农民集体所有建设用地使用权流转许可证，办理土地登记。如发生再次流转，流转双方须持土地使用权证、前次流转合同、本次流转合同、地上建筑物证明等文件，向市、县人民政府土地主管部门申请办理土地变更登记或租赁、抵押登记手续。

第七，农民集体所有建设用地的土地收益，要在土地所有权人与市、县、镇人民政府之间分配。农民集体所有建设用地使用权发生流转时，土地使用者须向市、县人民政府缴纳一定比例的土地流转收益。首次流转时，应当按照有关规定和流转合同的约定，如期向市、县人民政府缴纳土地流转收益。再次流转时，则要参照国有土地增值税征收标准缴纳土地增值收益。

第八，允许分属不同农村集体经济组织的农用地和建设用地进行置换，促进建设用地向小城镇集中和土地整理。

在确立上述基本原则后，芜湖市又制定了《农民集体所有建设用地使用权流转实施细则》，对农民集体所有建设用地流转进行了细化和延伸。

第一，集镇建设依法使用农民集体所有的土地，按农用地的土地使用权基准地价，对农用地的承包经营者和建设用地的土地使用者进行补偿。

第二，农民集体所有建设用地首次流转的程序依次为：（1）土地所有者与流转方签订同意流转协议；（2）流转双方签订流转合同；（3）土地所有者和流转双方向土地所在地市、县人民政府土地行政主管部门提出书面申请，并填写《流转申请表》；（4）市、县土地行政主管部门对申请进行审核，填写《流转呈批表》报市、县人民政府批准，颁发《流转许可证》；（5）流转双方按合同约定支付转让费等有关费用，以及办理土地登记，如发生再次流转，流转双方直接向土地所在地市、县人民政府土地行政主管部门申请办理土地变更登记或租赁、抵押登记手续。

第三，农民集体所有建设用地使用权流转的土地可用于：居住用地（70年）；商业、旅游、娱乐用地（40年）；工业、教育、科技、文化、卫生、体育、综合或者其他用地（50年）。

第四，农民集体所有建设用地使用权流转时，土地使用者向市、县人民政府缴纳的土地流转收益，其标准分别有：3元/平方米、2元/平方米和1元/平方米。农民集体所有建设用地再次流转产生的增值收益，在减除前次流转所支付的金额、开发土地的成本费用、新建房及配套设施的成本费用后按一定比例进行分配。土地流转收益和土地增值收益，在土地所有者、镇、县（区）、市之间按

2∶5∶2∶1进行分配。根据我们对芜湖县清水镇、繁昌县三山镇、南陵县三里镇、鸠江区大桥镇和马塘区鲁港镇进行的实地调研,农民集体所有建设用地使用权流转的步骤和方式如下:

第一,试点乡镇编制土地利用和集镇规划,是集镇土地开发的第一步。各镇对1996年的土地利用总体规划和村镇建设规划进行了修编。以南陵县三里镇为例,2002年4月,镇政府修改了1996~2010年的土地利用总体规划,将城镇用地从12.12公顷增加到2010年的250公顷。引人注目的是,这次修改调减了基本农田保护区面积,增加了一般农田面积,基本农田从3 558.12公顷改为3 248.24公顷,一般农田从244.92公顷改为528.79公顷。从规划图上看,该镇规划区范围内的农地全部划成了建设用地和一般农地。

第二,土地的流转实际是村集体组织从农民手中收回承包地,再流转给镇政府。土地流转的具体步骤为:第一步,由村负责从农户取得土地。以三里镇孔村与农民王小旦签订的"收回土地承包经营权协议"为例,"为加快三里镇小城镇建设,甲方需使用乙方的承包土地,因此,需要收回乙方的土地承包经营权,经双方协商达成如下协议:一是甲方收回乙方的土地承包经营权为1.6亩,年限为土地承包合同书的剩余年限23年。二是甲方付给乙方每亩土地补偿费7 000元,连同劳力安置费、青苗补偿费,计11 200元。三是乙方自签订本协议后,即放弃土地承包经营权,并由甲方流转用于三里集镇建设。"第二步,由村将收回的农民承包地流转给镇政府。以三里镇孔村、西岭村村委会流转给三里镇土地开发公司的一块地的合同为例:"乙方从甲方流转164 310平方米(246.6亩),用于建公路站,文化美食城,农民住宅小区。转让期23年。"

第三,各试点乡镇成立镇政府建设投资公司,对集镇建设用地成片办理土地使用或征用手续,开发形成建设用地后,采取协议、招标、拍卖等方式转让或出租农民集体所有建设用地使用权。

第四,缴纳土地流转收益。这几个镇规定,属于土地使用权转让的,一次性缴纳转让年限内的土地流转收益;以土地使用权作价入股或出租的,可一次性或逐年缴纳土地流转收益。

第五,流转收益和增值收益在土地所有者、镇、区、市人民政府之间按2∶5∶2∶1进行分配。2002年,明确市级不参加分成,将县、乡、集体经济组织分成比例调整为1∶4∶5。

从国土资源部直接介入的这一试点来看,我们可以了解到一些积极的因素:集体建设用地可以在不改变土地所有权属关系的前提下,以出租、出让、抵押等方式进行流转,农民集体可以分享土地流转的收益,这与现行《土地管理法》有根本性突破;在制度建设上规定了集体建设用地流转的程序和规则,还对集体建设用地首次和再次流转及其收益分配进行了规定，这体现了主管部门在集体建设用地进入市场方面的努力。这一试点也体现了主管部门在形成建设用地统一市场方面的努力，那就是农村集体建设用地进入市场严格以《土地管理法》为依据、按照土地进入国有建设用地市场的方式进行，表现为先编制土地利用规划和集镇规划，给农民的补偿与征地补偿相当，土地的出租、转让、拍卖由镇政府进行。因此，芜湖市方案尽管在农地变为建设用地过程中，保留了农民集体土地所有权属关系，但是，在土地出让期满之前，农民土地所有权在收益上的实现与国家征用并没有什么不同，仍然采取向农民一次性支付补偿款的方式。对农民的最大安慰是，在土地合约期满之后，农民仍然保留着集体的土地所有权，但是，农民如何分享工业化和城市化进程中土地价值的升值，将是芜湖市方案面临的最大挑战。

（三）广东：从基层创新到地方立法

1. 集体建设用地流转的基层创新——以南海市为中心

与芜湖市相比，广东省的集体建设用地流转具有明显的自下而上的特征。它首先在南海市（现改为佛山市的一个区）、中山市、东莞市等地，由农民集体自发进行。南海是这场制度创新的发源地。1992年前后，为了应对农村工业化对建设用地的需求，当时的南海县政府的做法是，以行政村和村民小组为单位，对集体土地进行"三区"规划，分为农田保护区、经济发展区和商住区，由集体经济组织出面以土地招商引资。这种模式，避免了国家征地垄断农地非农化的格局，为农民利用自己的土地推进工业化留下了较大的空间。

南海做法在当时没有遇到太大的政策阻力，因为它与当时的法律并不相违背，1988年4月第六届全国人民代表大会将《宪法》第十条第四款"任何组织或个人不得侵占、买卖、出租或者以其他形式非法转让土地"修改为"任何组织或个人不得侵占、买卖或者以其他形式非法转让土地，土地的使用权可以依照法律的规定转让"。而且按照1988年修订的《土地管理法》，农村居民住宅建设、乡（镇）村企业建设、乡（镇）村公共设施和公益事业建设等，只要按照乡（镇）村建设规划进行即可，且县级人民政府就有权批准。对南海地方政府来讲，他们唯一要应对的是集体经济组织内每个农民的财产权利。南海做出了如下制度安排：用集体土地股份制替代原来的农户分户承包制。具体办法是，将集体财产及土地折成股份，以社区户口作为配股对象，并根据不同成员的情况设置基本股、承包权股和劳动贡献股等多种股份，以计算不同的配股档次，按股权比例分红，农民手上的承包权证被置换成了股权证。

实行土地股份制后，一方面农民不仅没有损失农地分户经营下的财产权益，而且随着土地的非农化经营，这份权益的价值还在不断增大。因为在新制度安排下，农地承包制时分配土地的基本原则得以保留，它将分红权严格限定为集体经济组织的合法成员，并对因婚嫁、入学、入伍等各种因素引起的人口变动所导致的成员权变化引起的股权调整做出了严格规定；在分红原则上，既体现了"人人有份"，凡"属本村的常住农业人口"每人一份"基本股"，又兼顾到"贡献大小"，将集体经济组织的成员从16周岁到56周岁以上分为4~5档，每档一份"年龄股"。另一方面，农民的土地收益权不仅得以保留，而且还有所延伸。在承包制下，土地承包权是农民对所承包土地投入使用后获取收益的权利凭证；在实行股份制后，股权则是集体组织成员所应享有的红利分配的权利证明。他们将土地的使用权让渡给了集体经济组织，但他们对土地的收益权以红利的形式得以保留，而且在土地作非农使用后他们还可分享土地的级差增值收益，因而使农民土地收益权的量增加了。因此，将农民的土地承包权变成可以永久享有的股份分红权，既保留了家庭承包制的合理内核，又将农民的土地收益权延伸到了土地非农化过程，使农民分享到土地非农化进程中土地级差收益上涨的好处。1993~2005年，南海农民每年通过股份分红平均达3 000多元。

　　与农民以土地分享工业化的好处相比，受益更大的是集体经济组织。因为在土地非农化进程中集体经济组织已全面负责土地的规划、开发、出租与收益，成为一个实实在在的土地经营者。为了经营土地，南海对原有的农村集体经济组织进行了改造，以村为单位成立了股份公司，形成股东代表大会、董事会、监事会的组织结构。股份公司主要负责土地开发，商业铺位建设和出租，鱼塘投包，土地投包，其中土地开发和商业铺位出租是主要的收入来源。在股份公司没有经济实力之前，一般是先出租土地，待通过这种方式积累了一定的经济能力之后，便开始盖厂房来出租，以使土地的附加值提高。股份公司的经营纯收入，在扣除国家税收、上缴各种费用、弥补上年度亏损以及提留10%作为福利基金后，剩余部分留51%作为发展基金和福利基金，另外49%作为土地分红。1993~2005年，每个集体经济组织（村组两级）从土地和厂房出租获取收益每年高达5 000万~6 000万元，甚至达上亿元。

　　集体经营土地收入成为社区提供公共产品和为村民提供福利的主要来源，公共产品和福利包括修建道路、桥梁、自来水、下水道、村容整治、医药费补助、建校和学校日常支出补助、养老补贴等。以全市实行土地股份制的村统计，每年用于公共投资和福利提供村均500万~600万元。

　　总起来讲，土地股份制的最大好处是，将土地非农化的级差收益保留在了集体内部，让农民集体分享到土地非农化进程中土地级差收益上涨的好处。与国家征地相比，在土地股份制下，在扣除土地有关的各项税费以后，土地级差收益的大部分由集体和农户享有。在南海，集体将一亩土地租给企业使用，一般年租金为 8 000～10 000 元，企业至少要先交 5 年的租金。这样，集体和农民不仅可以一次性获得地租收益每亩 4 万～5 万元，而且由于土地的集体所有权关系未变，他们还可以不断分享土地的级差收益。这种以土地启动的工业化，降低了企业创办的门槛，为农村工业化开辟了道路。对一个初始创办的企业来讲，如果通过征地方式取得土地，企业不仅会因手续繁杂而影响开工进度，而且还要支付高昂的土地交易金和土地出让金。在南海，一亩农地要转为非农建设用地，如只办农地转用手续，牵涉到的费用有：耕地占用税 4 000 元，征地管理费 1 500～1 800 元，复垦基金 1 万元，农业保险基金 6 000 元，农田水利建设费 1 333 元。如办出让手续，除了上述费用外，还要再加上土地出让金（工业用地为 1 万～2.5 万元，商业用地 12.5 万元，住宅用地以前为 8 万～10 万元）。在工业较发达的地方，企业用地费用比这要高得多，如在大沥镇，要办国有工业用地，农田 13 万元，综合用地 22 万元，房地产用地达 25 万元。南海通过租地的方式，使企业创办的费用大大降低。正是这种灵活的土地使用方式，促使大量企业在南海落户、生根，形成珠江三角洲地区著名的工业带。

但是，这种以集体经济组织为主体经营集体建设用地的办法，也面临困境。一个是传统集体经济的"囚徒困境"。主要表现为，由于集体经济实力过于庞大，给集体经济的运行和资金的有效管理带来一些隐患。政权机构和集体经济组织庞大，政府开支巨大，加上各机构人员交叉任职，使集体组织的当家人的行为缺少制衡和监督，难免出现村干部以权谋私，占用集体资金等行为，也减少了农民以股份分享土地级差收益的比例。从这点来讲，南海土地股份制并没有摆脱集体所有制造成的农民土地财产权的残缺，必然影响农村社区的长期发展。

另一更大的问题是，集体建设用地入市面临无法逾越的法律障碍。南海的集体土地出租发生于 20 世纪 90 年代初，他们的做法在当时的法律中还可以找到说法。但是，随着 1998 年《土地管理法》的实施，尤其是明确规定了"农民集体所有的土地的使用权不得出让、转让或者出租用于非农建设"，农民利用集体土地从事非农建设处于两难境地，尽管法律还允许农民自用土地或以土地入股从事乡镇企业，但是在 90 年代末以后，随着乡镇企业改制，这条路已缺乏现实基础。其一，集体利用自己的土地办乡镇企业，由于产权天然不清，且缺乏有能力的企业家，这类企业个个负债累累，纷纷改制，当地人不会再去仿效。其二，用土地入股合办企业也不成功，集体产权所有者缺位，资金入股方常常按内部人控制。企业赢利，土地方得不到分红；企业亏损，股东还要背债。

尽管面对法律的限制，农民集体为了生存和发展，还是大量从事着将土地出租或者在土地上建厂房、仓库、店铺出租的行为。为了避开同法律的正面冲突，农民集体采取应对办法，使出租地、厂房表面合法化。（1）"以假乱真"。在办土地转用手续时，上报的合同是合作、合资合同。背后合同都是土地使用权租赁、转让合同，合同期少则5年，多达50年。也有的表面是自用，由集体经济组织提出申请用地办企业，土地使用权证办申请方名下，出资人实际是承租方，凭一纸租赁合同取得土地使用权，政府管理部门很难发觉。（2）"无证用地"，出租土地和厂房店铺等，根本不到国土部门办理登记转用手续，完全黑市行为。该市平洲区上报给国土部门的非农建设用地统计数为2 000亩，而实际保有达8 000亩，漏报达3倍之多。在南海市，农民不愿讲，集体不愿办手续的非农建设用地大量存在，使近一半以集体建设用地入市的建设用地处于非法状态，为此出现了大量法律纠纷。2001年，该市法院房地产庭受案780件，农村集体非农建设用地案78件，占10%；2002年上半年受案110件中，涉及这类案件33件，占30%。农村集体非农建设用地案件呈急剧上升态势，而这些案件都与非法出租土地、厂房有关。

这种大量的、普遍的、查不完、禁不止的非农建设用地的自发流转，对现行法律法规形成倒逼之势。据我们了解，除了南海市外，浙江省温州市，广东省顺德市、东莞市等地，江苏省苏州市、昆山市等地，凡是民营企业和外资发达的地区，集体出租土地现象都较为普遍。集体组织出租非农建设用地不受法律保护，既损害农民集体的财产性收入，又影响了中小企业发展的后劲。根据《土地管理法》规定，农民集体出租、转让非农建设用地是违法行为，所立合同是属于《合同法》第五十二条规定的以合法形式掩盖非法目的的无效合同。由于合同双方对合同的无效均有过错，其处理结果一般都是：将土地使用权还给集体，土地租金返还交租者。尽管建筑物是以土地所有权人的名义合法报建的，但承租方为出资建筑方，作为不当得利，集体还得向他们返还建筑物的价值，承租方反而能从集体拿回投资。一些人开始钻法律空子，有的企业在合同期满之前，故意不交租金，以此起诉讼，坑害农民和集体。这种社会现象违反了法律的公平原则。此外，因集体建设用地的流转违反了现行《土地管理法》的规定，银行不愿意承担法律风险而接受集体建设用地使用权作为担保物，很大程度上限制了集体土地的融资能力。尽管中小企业租用集体土地创办时门槛低，但到了发展时期，许多资金都用在租金、厂房和设备，变成了不能流动的财产，他们成天为流动资金发愁，为扩大企业规模发愁。

2. 集体建设用地流转的地方立法

为了解决农村集体建设用地的管理，规范集体建设用地使用权流转市场秩序，保障经济正常发展，广东省政府于2003年出台《关于集体建设用地流转的通知》，并于2005年6月以省长令的形式颁布《广东省集体建设用地流转办法》

（以下简称《办法》），于该年10月1日在该省范围内实施。

这部地方规章开宗明义，旨在规范集体建设用地使用权流转，明确集体建设用地可用于：兴办各类工商企业，包括国有、集体、私营企业，个体工商户，外资投资企业（包括合资、合作、外商独资企业、"三来一补"企业），联营企业等；兴办公共设施和公益事业；兴建农村村民住宅。对集体建设用地使用权的出让、出租、转让、转租给予了明确界定，"集体建设用地使用权出让，是指农民集体土地所有者将一定年期的集体建设用地使用权让与土地使用者，由土地使用者向农民集体土地所有者一次性支付出让价款的行为。以集体建设用地使用权作价入股（出资）的，与他人合作、联营等形式共同兴办企业的，视同集体建设用地使用权出让。"集体建设用地使用权在出让、出租时，由农民集体土地所有者与土地使用者签订集体建设用地使用权出让、出租合同，农民集体土地所有者和土地使用者应当持该幅土地的相关权证，集体建设用地使用权出让、出租或作价入股（出资）合同（包括其村民同意流转的书面材料），向市、县人民政府土地行政主管部门申请办理土地登记和领取相关权证。集体建设用地使用权可以转让、转租，且应签订书面合同。当事人双方应当持集体土地使用权证和相关合同，到市、县人民政府土地行政主管部门申请办理土地登记和领取相关权证。

更有意义的是，这部地方规章还提出允许集体建设用地使用权抵押。要求"集体建设用地使用权抵押应当签订抵押合同，并向市、县人民政府土地行政主管部门办理抵押登记。农民集体土地所有者抵押集体建设用地使用权的，在申请办理抵押登记时，应当提供其全体村民2/3以上成员同意抵押的书面材料。"另外，它还规定了集体土地所有者出让、出租集体建设用地使用权所取得的土地收益的管理和使用方式，要求将其纳入农村集体财产统一管理，其中50%以上存入银行专户，专款用于农民社会保障安排，不得挪作他用。

《办法》的出台，在我国土地制度改革，尤其是土地市场的发展方面具有革命性意义。

第一，有利于实现土地的"同地、同价、同权"，打破政府垄断土地一级市场。在现行《土地管理法》下，同一块土地分属两种权利体系（农地集体所有制和建设用地国有制），受到两种不同对待（集体土地只享有在承包期间农业范围内的种植权、收益权和转让权，国有土地享有建设用地使用权、土地增值收益权和转让权），尽管这种二元格局为快速城市化和工业化提供了便利，但也引发了一系列问题。《办法》实施后，一方面，农民的集体土地可以不需要事先变成国有土地，从而享有了与国有土地同等的出让权、出租权、转让权、转租权和抵押权，真正实现了国有土地与集体土地的"同地、同价、同权"。另一方面，作为土地的使用者，它们无论是"兴办各类工商企业（包括国有、集体、私营、个体、外资、股份制、联营)",还是"兴办公共设施和公益事业",或是"兴建农村村民住宅",都不必唯一使用国有土地,集体土地也纳入它们的可选途径,从而打破了国家垄断建设用地独家供应一级市场的局面,有利于以市场为基础的城乡统一土地市场的形成(刘守英,2005)。

第二,有利于土地市场的规范化,合法保护土地交易双方的利益。《办法》颁布与实施后,无论是集体建设用地的出让、出租,还是转让、转租,其相关的土地权属证明、出资合同等都在市、县人民政府备案,因而有利于合法保护土地交易双方的利益。

第三,有利于农民以土地权利参与工业化和城市化进程,分享土地价值增值的成果。《办法》实施后,由于大量的建设用地不必非得先转为国有土地,农民就可以通过他们的集体所有土地,直接参与工业化和城市化进程;由于保留了土地的集体所有性质不变,农民集体还可以以此长期分享土地非农化后的级差收益。事实已经证明,与国家征地不同,集体流转的建设用地在上交了与土地有关的各项税费以后,土地级差收益的大部分由集体和农户享有。

第四,有利于降低工业化的门槛,加速农村工业化进程。在国家征地制度下,企业使用国有土地,除了交纳各项税费外,还必须交纳一笔不菲的土地出让金。而企业与农民通过租地的方式,使企业创办的费用大大降低。这个模式不仅对广东省农村工业化意义非凡,而且对于正在启动工业化,且储备着大量剩余农村劳动力的中西部地区,意义更大。这种模式除了因土地费用低导致工业成本降低外,另一个对使用集体建设用地的企业的好消息是:《办法》允许在集体建设用地使用权上设定抵押权,突破了《担保法》上关于集体建设用地使用权不能抵押的规定。这一规定意义非凡,企业可以以其依法取得的集体建设用地使用权到银行抵押,获得金融支持;在发展壮大的过程中,他们又可以利用集体建设用地使用权抵押获得更大的资金,有利于企业资金周转和规模的扩大。

但是,由于《办法》只是一部地方规章,不可能根本突破国家大法,在一些规定上还留有现行法律的缺陷,如,其规定,"通过出让、转让和出租方式取得的集体建设用地不得用于商品房地产开发建设和住宅建设",对于城郊接合部主要靠房租收入为收入来源的农民来讲不利,对于农村宅基地的商品化也不利;"国家为了公共利益的需要,依法对集体建设用地实行征收或者征用的,农民集体土地所有者和集体建设用地使用者应当服从",在目前国家征地范围过宽的现实下,这对集体建设用地入市的规模和集体所有权的长期保持带来威胁;等等。所有这些有待国家土地法律法规的修改和土地制度改革的深化,这样,才能真正形成城乡统一的土地市场,发挥市场对土地这一最稀缺资源的配置作用(蒋省三、刘守英,2006)。

三、宅基地商品化的实践和评价

(一) 北京宋庄：现行司法体系的困境

宋庄位于北京市通州区，是北京市文化创意园区之一。这里聚集了国内外各种流派的画家240多名，方力均等著名画家都在这里落户，被人们称作"画家村"。

1993年，一个美术老师到位于宋庄的一个学生家里买房，是画家村的第一位外来村民，第2年有6名画家进驻。1996年有40名画家从圆明园来到宋庄，买了28套村民的住房。从此，吸引了大批画家前往购（租）村民房屋居住和创业作画，宋庄成了名副其实的画家村。

随着大批画家的进入，带起了一个产业，画笔画材、绘画装裱、画品拍卖交易、画展、绘画专业技术培训以及其他商业服务业发展起来，宋庄很多村民放弃了农业而进入第三产业，很快富裕起来。2005年修建了宋庄文化馆，举办了第一届宋庄文化节，人数达10万人，年交易额超过3亿元。当代世界知名的艺术家都来到这里，很多成功的艺术家就是从这里走出来的。

2002年7月1日，画家李玉兰与村民马海涛签订了房屋买卖协议，约定购买位于宋庄镇辛店村房屋八间及院落，房屋价款45 000元。购房协议由村主任作中认可。马海涛一家早已迁入市内居住。

2006年，北京市规划建设十大文化艺术创业园区，宋庄也在其中。村里决定重新规划产业园区和道路，一些农家院落面临拆迁，李玉兰购买马海涛的房子也在拆迁范围。由于大批画家的迁入和创业园区的创办，当地房价大幅上涨。按照现在的房价，房主会得到巨额的拆迁补偿。于是，2006年12月，马海涛向法院提起诉讼，依据国家颁布的农村宅基地政策，要求确认双方签订的房屋买卖协议无效，画家李玉兰返还房屋。先后提起类似诉讼的还有13例。

2004年，北京市高级人民法院依据《土地管理法》以及国务院和国土资源部的有关规定，发布了《关于印发农村私有房屋买卖纠纷合同效力认定及处理原则研讨会会议纪要的通知》，成为此类案件的审理和判处的依据。该通知规定，农村私有房屋买卖合同应以认定无效为原则，以认定有效为例外。同时，要综合权衡买卖双方的利益，要根据拆迁补偿所获利益，和房屋现值和原价的差异对买受人赔偿损失；此外，对于买受人已经翻建、扩建房屋的情况，应对其添附价值进行补偿。

北京市通州区人民法院受理了此案，并依据上述《通知》进行审结，支持了原告的诉求。2007年7月，法院判决，房屋买卖协议无效，李玉兰在90天内腾退房屋；马海涛支付李玉兰房屋及添附部分价款93 808元。

在房屋合同被判无效后，画家村的画家和整个社会反响很大，一方面批评马海涛的行为和法院的判决，另一方面声援画家李玉兰。2007年12月，北京市第二中级人民法院二审裁定，维持一审原判，同时认定，马海涛为导致协议无效的主要责任方，应对李玉兰的经济损失进行赔偿。2008年1月3日，李玉兰向北京市通州区法院宋庄法庭提出反诉，要求马海涛赔偿经济补偿金48万元。

通州法院受理和审结此案，认为李玉兰作为买受人的经济损失，其金额的计算应该基于出卖人因土地升值或拆迁补偿所获的利益，以及房屋现值和原价的差异所造成损失两个因素予以确定。经调节无效，最后，法院判决房屋所有人马海涛赔偿买房人李玉兰经济损失185 290元，约占该房屋市场评估价值26万元的70%。

本案的审理和判决既暴露了现行法律存在着明显的矛盾和冲突，也说明了现行司法体系的困境。

一是《土地管理法》的条文与宪法原则相冲突。《土地管理法》第六十三条规定"农民集体所有的土地的使用权不得出让、转让或者出租用于非农业建设"。这是不符合宪法原则的。我国《宪法》第十条第四款明确规定："土地的使用权可以依照法律的规定转让。"该条虽然要求"依照法律的规定"进行移转，但是，依照法律解释学的体系和解释方法，根据该条的上下文意思来判断，这里所称的法律应当是对转让的程序进行规范和调整的法律，而不包括实体上的限制。从条文体系上看，该条分为四款，第一款规定了国有土地，第二款规定了集体土地，第三款规定了土地征用，第四款对土地转让做出了规定。由此可见，立法者先对国有土地和集体土地做了明确的区分，并分别加以规定。然后，提出土地使用权的问题，不再进行区分，当然是包括国有土地使用权与集体土地使用权在内，这是宪法条文中的应有之义。所以，《土地管理法》的规定是与宪法的立法宗旨相背离的，而基于"上位法优于下位法"的基本原则和《立法法》第七十八条的规定，应当认为农民集体所有土地的使用权是可以转让的。

此外，《土地管理法》也与《物权法》矛盾。《物权法》规定，建筑物、构筑物及其附属设施转让、互换、出资或者赠与的，该建筑物、构筑物及其附属设施占用范围内的建设用地使用权一并处分。所以，从《物权法》角度看，地随物走，买了房子，应该享受相应的土地权益，而《土地管理法》则不允许集体土地上市交易。当然，《物权法》的这一规定也与其第一百五十三条相矛盾。这也使得法律的执行陷于进退两难的境地。

二是本案两审法院审理和判决的直接依据是北京高院转发的一个会议通知，

这本身就是一个笑话。既然是私有房屋买卖合同,就应当成为法院裁决的依据,应当判毁约人败诉,为什么不遵守基本的法律规则,而要依据有悖于法律基本原则的会议讨论结论认定合同无效,这样判决的结果就是鼓励行为人违背诚信原则,随意撕毁合约。这类判决只能鼓励人们把法律当作儿戏。

三是即使倒退一步,由于现行制度实施的是房地分离原则,并鉴于原告已经永久性地离乡进城,其毁约的目的在于获取不义之财,在判处毁约人败诉赔偿买房人的同时,由村集体无偿收回宅基地,令出售人拆除原有房屋。这样的判决也许更符合现行法规的实施。

四是该案的判决也说明了政府在处理此类问题上的尴尬与困境。在宋庄画家房产纠纷案中,实质的问题是谁应获得土地再次交易而产生的增值收益。很显然,近年来,宋庄的土地之所以产生了巨大的增值,其来源于画家在此的集聚,是画家在此的集聚使宋庄获得了国际知名的品牌,从而大幅度地提高了宋庄土地的价值。宋庄的村民也看到了这一点。宋庄镇辛店村党委书记景柏松承认,"如果不是艺术家来到宋庄,把宋庄的房价炒上来,他(指马海涛)的那个老宅也就值2万元。"然而,按照现行的土地管理制度判决,原房屋买卖协议是无效的,既然房屋买卖是无效的,宅基地使用权仍然归原村民马海涛所有,宅基地的增值收益也应该主要归于马海涛,这就是北京市通州区法院的判决结果。在画家李玉兰反诉的判决中,显然法官是从公理与常识出发,认定宅基地的增值收益应该归李玉兰所有。如果说一审判决的9万多元是房屋原价及添附部分的价款,那么,终审判决马海涛对李玉兰的经济损失赔偿金增加了近1倍,画家李玉兰获得了绝大部分的土地增值收益。这就产生了一个矛盾,既然宅基地使用权的合法拥有人是原村民马海涛,那么,为什么法院还将绝大部分的宅基地增值收益判给了李玉兰?

五是本案如果像一审法院那样,严格按照现行法律制度判决,那么,受损的不仅是画家李玉兰个人,而且将是所有在宋庄的画家,一旦画家搬走,画家村将不复存在,文化艺术园区将成为泡影,宋庄的村民也会受到重大损失。这将是一个多输的结果。好在,二审法院有限地支持了画家的诉求,宋庄村也做出了新的安排,留住了画家,才使画家村能够继续存在和发展。

(二)北京郑各庄:以农民为主体的土地资本化

北京城郊的郑各庄,就呈现出一个集体土地资本化推动村庄巨变的个案。30年前,这里绝大多数人口被束缚在土地上以农为生,人均年纯收入182元。改革开放以来,尤其是1998年以后的20年间,郑各庄村发生了翻天覆地的变化,2007年与1998年对比,村级总资产从0.36亿元增加到32亿元,提高了88倍;

经济总收入从 0.35 亿元增加到 12.8 亿元,提高了 36 倍;上缴税金从 33 万元增加到 6 800 万元,增加了 205 倍;村民人均收入从 3 100 元提高到 21 000 元,增加了 6.8 倍,兑现村民福利增长 39 倍;人均土地收益分配从 50 元增加到 2 000 元,实现了一个传统村庄向工业化、城市化的现代社区的转型。

1998 年以前,郑各庄沿着传统农区非农化的道路,建立了一批乡镇企业,但在市场化的环境中,大部分关门歇业遭淘汰;随着城市建设大规模地展开,建筑施工企业脱颖而出,成为村集体的主导产业。经过艰苦的创业发展,1996 年改制成立北京市宏福机械化施工集团,简称"宏福集团",为整合全村的经济组织和经济资源,通过调整和改制,建立了以村为基础、以企业为支柱的"村企合一"的村庄公司化体制,为以后通过土地资本化实现大发展奠定了基础。

随着企业规模的扩大,2007 年年底,宏福员工中,外村人超过了 90%;集团骨干中,有 51 人是外来人口。他们在本村集体中工作,又不能享受本村宅基地的福利,集团又不可能将他们推向商品房市场,于是,解决这部分人的住房问题,就成为留住人才发展自己的重要手段。要解决这些人的住房问题,虽然建筑力量不成问题,但一需土地,二需资金。按照当时的土地利用情况,耕地 2 000 亩,要转用得审批;宅基地 1 050 亩,荒地 400 亩,要改造和开发需要资金;道路、学校等公共用地 1 000 亩,一般不能变动;只剩下办公和厂房用地 6 亩,杯水车薪。从资金情况来看,以建筑施工为业的宏福集团虽无债务,但却是"三角债"缠身,债权高筑。企业决定以物折款盘活债权资产,得到了一大批水泥和钢材等建筑物资。在这个基础上,集团开启了以旧村改造为中心的土地商品化和资本化道路。

要让祖祖辈辈一家一院的农民上楼,绝非易事。村委会坚持"设身处地为村民着想,决不让农民吃亏"的原则,通过过细的工作,在民主讨论和民主决策的基础上,形成旧村改造的书面决议,制定了旧村改造的规划、方案,并逐户签订拆迁安置协议。同时根据不同情况,分村民、教师、企业员工、已购村民房屋的外来人员和外来人员等五类,制定了不同的购房规则和福利分享办法。1998~2007 年,共建造住房 549 400 平方米,其中:(1)村民安置用房 1 130 套,101 700 平方米,预留村民用房 120 套 11 300 平方米,占房屋建设总面积的 24.7%;全村 391 户村民喜迁新居,人均住房面积达 70 平方米,是旧村改造前的 3 倍;(2)产业配套用房 1 377 套,181 901 平方米,由企业员工和大中小学教师按成本价购得,还预留了 182 套,181 215 平方米,合计占总建筑面积的 30.8%;(3)对外销售房屋,按市场价对外销售房屋 3 075 套,236 482.27 平方米,占总建筑面积的 44.5%。全部房屋销售收入 13.78 亿元。

郑各庄以农民为主体,自主推进宅基地商品化、资本化的意义特别重大。首先是人们已经看到的一般意义,一是节约了大量土地,住宅用地从原来的 1 050 亩减少到 250 亩,节约了 800 亩;二是大大改善了村民的居住环境,使之从一个传统农村变成一个现代化的城市社区;三是为村社企业和村庄工业化积累了大量资金,13.78 亿元的房屋销售收入全部用于企业发展,使宏福集团成为一个具有二级资质、可以承接奥运会工程的建筑企业。其次是通过宅基地的制度创新,实现了农村建设用地的市场化交易和流转,创造了村庄改造和乡村房地产发展的新模式。这一点更值得关注和讨论。

目前的旧城(村)改造通常是由政府征地拆迁,开发商建设,农民搬迁上楼,村民变成市民。这样做的结果是,村庄和农民失去自己的永久性土地资产,其权益受到损害,农民与开发商利益纠纷不断,与政府的矛盾冲突频发。郑各庄的旧村改造既无政府参与,自然不会增加政府负担,也不要开发商建设,就不会与开发商发生利益纠纷,而完全是自己投资、自己开发、自己管理、自我发展。这就为城乡生产要素的自由流动和农民自主参与城市化进程开辟了一条新的途径,打破了现行国有土地垄断供应条件下房地产市场畸形发展和房地产价格居高不下的格局。

目前政府认可的合法的房地产开发模式是,政府供应国有土地,由房地产开发商进行开发建设和生产经营,政府垄断了土地增值收益,开发商获得超额利润,农民权益被剥夺。郑各庄的房地产开发创造出一种与此不同的模式,利用的是盘活节约的农村集体宅基地,建设的主体是村社企业,开发的部分商品房对外销售,收益全部留在村庄,留在社区,留在村社企业,村民和企业成为最大的受益者。

郑各庄的土地利用不仅着眼于改变农民的居住方式和村庄环境,更放眼于发展村庄的工业化和城市化。他们在目前政策和法律的夹缝和空隙中,通过企业、村庄和农民之间巧妙的合约安排,实现了土地的租赁经营,实际上建立了一种社区共同信托基金。首先,通过编制《郑各庄村 21 世纪生态庄园》建设规划,并在 2005 年获得北京市规划委员会的正式批复《郑各庄片区平西府组团控制性详细规划》,成为郑各庄城市化建设的基础和路线图。在目前的土地政策下,郑各庄的土地只租不卖,通过农民与村庄、村庄与公司的合约安排,建立了确权、确利、保收益的土地流转交易机制,由宏福集团租赁经营村庄的土地。每年每亩地的租金不得低于 5 000 元,未出租的土地按 500 元支付。这样做的结果,一是村民和村集体获得了土地租金,2007 年共收租金 3 649.9 万元,成为村民人人有份的共同基金。土地成为共同基金的资产。二是形成了村民居住、社区公共空间和产业发展的合理用地结构,一方面在完成从农业用地为主到工业用地为主转变的基础上,进一步实现了以服务业用地为主的现代化城市用地结构的转型,第二产业用地占 13.5%，服务业用地占 62.4%；另一方面，做到高效集约用地，公共用地占 0.3%，企业和村庄办公用地占 0.08%，产业用地占 80%；三是为村社企业提供了大量可用土地和广阔的发展空间，大大降低了企业发展的用地成本。在村企合一体制下，宏福集团也具有了"集体土地资产经营管理公司"的性质。

总之，郑各庄以农民为主体的土地资本化道路，为有效地实践和实现十七届三中全会决定中有关土地制度改革的目标和政策，提供了第一手的经验。

郑各庄的土地资本化尝试对现行宅基地商品化相关制度带来巨大挑战。

第一，郑各庄旧村改造中对原有村民的拆迁补偿政策与现行宅基地制度的不一致如何解决？按照现行法律，农村宅基地制度有如下特征：一是福利分配，只要是属于村集体组织的合法村民，就有权申请并获得一处宅基地；二是宅基地及其盖房的面积由各省、直辖市自行规定，不得超过；三是严格执行一户一宅。

郑各庄在旧村改造中，这几条都有所突破。第一，现有存量宅基地由村里集中使用，在拆旧换新后，每户不再有相对应的宅基地面积了，不仅现有村民不享有相对应的宅基地，而且未来新出生或婚入的村民也不可能分到宅基地了，宅基地的福利分配制度从此被打破。第二，按北京市的宅基地和住宅面积规定标准……郑各庄采取的办法是以空间换宅基地，即农民把原有的宅基地腾出来，给每个农户 3~4 套住宅的补偿，这样，每个农户的房屋面积比原来增加了，但大大超过北京市的农村住房标准，也突破了"一户一宅"的规定。

第二，同时又是最为敏感的问题是，农民宅基地上盖的房子是否可以对非本村人销售？这些购房者的权利如何保障？郑各庄土地资本化的关键是在解决本村人口福利化住房的同时，实行了对企业人员和教职人员住宅的半福利化和半商品化，以及对村外人口的商品化销售。但是，法律和中央政策对宅基地商品化和资本化的倾向则是从收紧到禁止的。1985 年的中央农村工作文件还允许"农村地区性合作经济组织以土地入股方式参与（小城镇）建设，分享收益或者建成店房及服务设施自主经营或出租"。1987 年的《土地管理法》允许"城镇非农业户口居民在经县级人民政府批准后，可以使用集体所有的土地建住宅"。1998 年修订的新《土地管理法》提出了"农村村民一户只能拥有一处宅基地，农村村民出卖、出租住房后，再申请宅基地的，不予批准"。1999 年，国办发"关于加强土地转让管理严禁炒卖土地的通知" 39 号文，明确提出"农民的住宅不得向城市居民出售，也不得批准城市居民占用农民集体土地建住宅"。2004 年 28 号文，"禁止城镇居民在农村购置宅基地"。在政策处于禁止的状态下，在郑各庄获得住房的企业员工和教职员工的房屋产权只能处于灰色或非法使用状态，对住房者的住房权利的保护和社会的稳定都构成挑战。是农民宅基地权利的保障问题。农民从老宅基地搬进楼房，从现有面积和住房条件都比原来有所改善，但是，原来的住房是生产生活之所，现在的上楼的房子就是单一的居住生活之所，在郑各庄由于工业化先于城市化，非农就业机会多，农民上楼以后的工作生计还不是问题，但是，当将这一模式移植到其他村庄，进行简单地以房换房、腾挪宅基地时，如果上楼后的农民就业机会不充分，就会成为一个社会问题，此其一；其二，未来出生的人的宅基地权利如何保障也是一个问题，我国对城乡人口实行完全不同的住房政策，对城里人实行的各种住房优惠政策农民都无法享受，因此，旧村改造是一种一次性的安置，对未来新出生人口、结婚进入人口以及由人口变动带来的分家，都会成为旧村改造的后续遗留问题。对于郑各庄的决策者来说，这些问题也必须要面对并加以解决。

第三，旧村改造中另一个无法回避的问题是，节约出来的土地上盖的房子收益是属于集团的还是农民集体的？也就是说，土地资本化的收益应该归谁，按什么比例分配？正如我们在前面所分析的，在旧村改造后，从土地资本化的角度看，最大的受益者是宏福集团。当然也不可否认，集团通过旗下的公司为郑各庄的基础设施投资和村民福利的改善做出了重大贡献。但是，旧村改造后长出如此大一块乡村房地产收益，这其中应该包括三个利益相关者：一是宏福集团的环境改善和基础设施投资；二是郑各庄村民集体节约出来的宅基地在转为房地产以后的土地级差收益；三是国家本应征收的土地价值增值税，但因为目前没有这一税种而留在了开发企业。因此，我们认为，如果将来在政策上给乡村房地产开一个口子，就必须重新划分开发商、土地所有者、国家之间在土地利益上的分配比例。

（三）重庆九龙坡区：政府主导的城乡统筹

九龙坡区位于重庆市西部，占地面积 432 平方千米，2005 年常住人口 93 万多，其中，城镇人口 66 万人，农村人口 27 万人。作为重庆市城乡统筹发展综合改革先行示范区，其总体方案于 2007 年 5 月 17 日发布实施。近期（到 2011 年）规划面积 124 平方千米（包括建成区 60 平方千米），分三步实施：用 3 个月编制实施方案，用 1 年左右时间在重点地区和重点领域进行试点，再用 2~3 年的时间在面上进行推广。其中，12 个中小企业创新基地和农副产品加工基地的建设先行一步。到 2007 年年底，全区共流转土地面积 2 万亩，其中，没有改变性质和用途的占 20%~30%，改变了性质和用途的占 60%~70%。开始时，区里打算统一规划、统一拆迁安置、统一招商引资、统一建设管理，统一按照城市建设的程序操作。实际上，各村镇已经先走一步，私搭乱建，未批先用，建设也不规范。2007 年 4 月，发生了白市驿镇海龙村厂房倒塌压死建筑工人事件，区政府开始清理整顿，有一半比较规范，有一半被迫认可，同时强行拆除了 10 万多平方米。对此，企业和农民都有意见。

在九龙坡城乡统筹的试验中，陶家的九龙纺织工业园比较成功，保留下来继续试验，就应当做出进一步的考察。

九龙纺织工业园区位于陶家镇，规划占地面积600多亩，其中，宅基地70亩。2006年10月开始规划设计，由村集体与重庆百可科技（集团）有限公司签订土地租让契约，由公司投资开发建设和招商引资。现在，百可公司已经投资2亿多元，建成工业厂房5.52万平方米，已有30多家企业进入园区落户和开工生产，年产值1亿元，税收300万元，正在建设的工业厂房还有5万平方米；建成村民住宅4.42万平方米，建成打工者公寓楼4.8万平方米。2008年11月22日，已有部分村民搬进新居，一部分打工楼也招租入住。纺织工业园区已经初具雏形。

九龙坡城乡统筹改革的六大目标之一是，"探索建立农村集体建设用地和集体土地承包经营权流转制度，完善配套制度，促进农村土地规模化、集约化经营"。按照陶家村与百可公司的土地流转协议，原地上建筑物和附着物由企业按照重庆市拆迁安置标准进行补偿，建成的住宅楼由村民购买，每平方米380元，一般每户可买两套，人均55平方米。此外，村民还可以购买公寓楼，每平方米600元，可以自住，也可以出租。集体土地由企业租用，按年交租。年租金为1 000斤/亩稻谷，三年一调，2007年每斤稻谷按0.9元计价，2008年按1元计价。此外，企业每年还要向村集体交每亩200元协调费。

按照九龙坡城乡统筹发展综合改革方案，其深化改革和制度创新还有两个目标：一是"探索打破农民变市民的户籍障碍，逐步建立城乡统一的户籍管理体系，率先在全市完成农民变市民的改革试点"；二是"探索建立健全以最低生活保障、养老保障和医疗保障为主的覆盖城乡的多层次社会保障体系"。这方面工作已经有了突破和进展。陶家村全村已有700多人参加了农户养老保险，个人和集体分别按现行保障标准300元的8%进行交纳，交纳15年共计4 320元后，每月可领取156元的养老金。这就实现了与城市的对接，稳定地进入了城市社保体系。与此同时，全面实行了农村合作医疗。现行办法分100元和200元两个档次，政府每人每年补助80元，个人选择每年交纳20元的，每年报销3万元；个人选择每年交纳120元的，每年报销10万元。报销的用药目录与城市一样。

应当肯定，这些改革试验都有一个总体的规划设计，有的还能够严格执行国家现行的有关政策规定，有些工作都做比较深入细致。但是，从已有的实践来看，这些试验正在偏离城乡统筹的初衷，有很多基本问题值得讨论和思考。

第一，所有的城乡统筹综合配套改革都采取了变相征地的方式。鉴于前一段政府征地的方式太简单，太暴露，太不公正，引起了农民的不满和抵制，发生了一系列社会冲突,于是才有了这些地方城乡统筹的设计和安排。但是,这种安排只是有效地解决了农民的住房问题,并未保障农民和村集体的财产权和发展权,因为,所有置换出来的土地都实现了国有化,均被政府拿走,农民既丧失了处置权和使用权,也没有了收益权。这是一种变相的征地方式。如果说,征地是政府用强力从农民手中把土地拿走,那么,现在一些地方搞的所谓城乡统筹,农民则是被政府和官员描述的前景和给予的眼前利益,糊里糊涂,甚至高高兴兴地让政府把土地拿去的。

第二,在目前的利益格局和政府制度下,城市政府不可能真正做到兼顾城市建设和农民发展。即使没有官员的寻租和腐败,城市要拓展,用地要扩大,投资要增加,这三个问题其实是同一个问题的不同方面。城市政府即使从农民和村集体手中拿到了土地,如果不能支配土地增值的收益,仍然不能解决城市的发展问题。因为,政府拿地的目的有二:一是要扩大城市建设用地,二是要取得土地增值收益,以便为城市建设融资。这也是所有城乡统筹综合改革都是采取政府征地或者变相征地方式的根本原因。农民换房上楼,甚至发生了身份转变,从农民变成了市民,但置换出来的土地被政府拿走,农民再也无法分享土地增值的收益。而真正城乡统筹的基本要求应当是,一方面,置换出来的土地用于城市建设,满足城市政府对建设用地的需求;另一方面,土地增值收益的主要部分应当长期留给农民。

第三,现有的作法剥夺了农民的参与权和发展权。各地进行的所谓城乡统筹改革是完全由政府主导的一次变革,即使在实际操作过程中,采取了民意测验、民主讨论之类的办法,农民并未实际参与和主导这一变革过程,他们只是政府恩惠的接受者和实施对象。这里的关键不在于农民对换房的选择权,而在于农民和村集体与土地的关系如何处理,土地是政府的国有资产还是农民集体共同基金的资产。如果土地变成了国有资产,农民也就失去了参与权和发展权;如果土地是农民集体共同基金的资产,农民不仅参与了这一变革过程,而且长期掌握了发展权。所以,城乡统筹改革要取得成功,关键是采取公共信托基金的方式,把土地的使用权和处分权转移给政府,而把土地的收益权留给农民。也就是说,农民是土地公共信托基金的受益人。如果做不到这一点,城乡统筹就是对农民的另一次剥夺。

第四,"宅基地换房"和"以土地换社保"都存在着对农民土地权利的剥夺。从"宅基地换房"的做法来看,农民的宅基地权利包含宅基地以及其上的住房权利,现有城乡统筹的做法只是兑现了农民的住房权利,而在房地置换的过程中,农村集体的宅基地往往被地方政府拿去进行"招、拍、挂",并实行了又一轮的宅基地国有化。这是对农民宅基地权利的剥夺。从"以土地换社保"的做法来看，也是一种不公平的交换。因为土地（包括宅基地）是农民的财产权利，而社保是每个公民（包括农民）的宪法权利，用农民本应享有的公民权利去置换他们的土地财产权利，其制度设计的合理性从何而来，其公平性又从说起？当农民失去土地和宅基地以后，那点微不足道的社保维持几年生计而没有着落时，政府又如何应对？这种迁就应付、顾头不顾尾的短视政策，难道是一种负责任的政府行为？

（四）深圳的"城中村"：村民与政府的地权博弈

在改革开放的30年间，深圳由一个典型的南粤农村，迅速发展为一个人口过千万的现代化大城市，经济总量跃居全国城市第四位，在世界城市化和工业化历史上堪称奇迹。深圳的"城中村"正是在这样的背景下发展起来的，也是深圳奇迹的秘密所在。然而，"城中村"并不是深圳的特有现象，而是中国特有的地权制度和经济体制产生的一个普遍而特有的城市化现象。由于特殊的发展道路和发展历程，深圳的"城中村"更为典型。

什么是"城中村"？为什么改造"城中村"？如何改造"城中村"？没有到过城中村的人，其概念是笼统的、模糊的和想象的。以为"城中村"就是城市中的几个村落，几排瓦房，一些草舍，也许还有几栋小楼，残垣断壁，一片破败景象。改造"城中村"就是把这些瓦房和草舍拆掉，建起一幢幢大楼。其实，非也。

深圳市的"城中村"是一个巨大而发达的城市社区。这里真正是高楼林立，大部分都在七八层以上，而且是一幢接着一幢、一排连着一排，岂止是几栋几十栋，而是成千上万栋。一层全部是店铺商家，各色各样的商品和服务应有尽有，二层及其以上基本上是村民和打工者的住宅。这里既无残垣断壁，也无破败景象，反而是熙熙攘攘，红红火火，一派繁荣景象。白天川流不息，交易繁忙，夜晚灯火通明，胜似白天。就以岗厦村为例，该村占地面积9.6万平方米，有私人楼房881座，建筑面积39.5万平方米，居住人口10万人（张曙光，2008）。目前深圳全市共有城中村320个（以行政村为单位），其中特区内91个；占地总面积93.5平方公里，其中特区内8.5平方公里，特区外85平方公里，分别占全市及特区内外城市建成区面积的18%、5%和28%；共有私宅35万栋，总建筑面积1.06亿平方米，其中特区内4.23万栋，建筑面积2 139万平方米。从空间分布来看，特区内的"城中村"呈斑块状不均匀分布，大都靠近市级中心区、区级中心区以及口岸。特区外的"城中村"是城市建成区的主体，主要沿着城市发展轴线展开，大都位于区级中心区、组团级中心区以及重要交通干道周围。

深圳的"城中村"出现于20世纪80年代，发育于90年代，其间经过四次大规模的抢建，形成三个阶段，充满了村民与政府的激烈博弈和争夺，到 21 世纪初，其空间布局和建设格局基本形成。

2003 年，市政府确立了将深圳建设成为"现代化、国际性"大都市的目标，"城中村"问题再次提上议事日程。市政府以推进城市化为由，把特区外的土地国有化，相继出台了《关于加快宝安、龙岗两区城市化进程的意见》和《宝安、龙岗两区城市化土地管理办法》，宣布宝安和龙岗"两区农村集体经济组织全部成员转为城市居民后，原属于其成员集体所有的土地属于国家所有"。接着又出台《深圳城中村（旧村）的暂行规定》及其《实施意见》。2005 年 5 月，深圳市对渔农村的 16 栋高楼实施定向爆破，拉开了改造城中村的序幕。接着制定了《深圳市城中村（旧程改造总体规划纲要（2005～2010））》。然而，改造的进程非常缓慢，遇到的阻力相当巨大，能否实现 5 年内基本完成特区内外城中村改造的预期目标，还在未定之中。

从深圳"城中村"形成和发展过程可以看出，随着深圳特区经济的高速发展和城市化进程的加速进行，大量外来人口的涌入，对出租屋市场产生了巨大的需求，"城中村"土地的租金飞快升值。围绕着土地租金的分配和索取，原村民及其集体经济组织与政府之间进行了反复而激烈的利益博弈。前者利用原有合法的集体地权安排和直接控制能力，通过活跃的市场交易，实际参与了城市化的进程，并最大化自己的土地租金。后者则凭借行政权力，不承认实际发生的市场交易，单方面改变实际的产权安排，实行土地国有化。但是，这种行为得不到博弈对手的认可和配合，实施成本奇高，其所发出的威胁又不可置信。当大规模"违法"用地和"违规"建房成为事实以后，政府不得不一次次做出让步，承认原村民及其集体事实上的地权安排。

"城中村"的形成和发展，也是原村民通过土地资本化参与城市化，分享城市化收益的方式和手段。深圳城市人口的特点是 60% 以上为暂住人口，流动性很高，这就极大地刺激房屋租赁市场的需求，"城中村"原村民的私房为房屋租赁市场提供了有效供给，从而在深圳形成了庞大的廉租屋市场，创造了以市场化方式提供廉租屋的模式。在稳定和保证深圳发展所需廉价劳动力的同时，也解决了失地农民财富积累和生活保障问题。当然，随着城市的发展，"城中村"的外部不经济也越来越突出，这一问题虽然用市场化的方式解决不了，但是，政府单纯强化土地管理，改造"城中村"，也会付出高昂的代价。

以上案例，只是在政府主导城市化和土地国有化大背景下，农民利用自己的土地（主要是宅基地）自主参与城市化进程的典型。给我们以下几点启示：

第一，随着城市化的推进，农民主动参与分享土地增值收益，正在成为底层共识。城市化的发展，必然带来土地价值的提升。这已经被实践所证实，为人们所认识。问题在于土地增值收益如何分配。我国现行的政策、法律将农民完全排除在土地级差收益的分享之外。改革初期,在土地价值没有明显显现的情况下,农民对此尚且还能接受。然而,一旦土地价值大幅升高,农民的土地权利意识觉醒后,现有对待农民不公正的法律,就遭到人们越来越大的质疑和抵制,农村大量发生的群体性事件大都与土地有关,就说明了这种趋势。如果不改变这种现状,仍然削足适履,固守侵害农民权益的现行法律,来对待现实,只会引发更大的冲突,危及社会稳定,破坏社会和谐。

第二,土地级差收益归属决定城市化路径的选择。主流观点认为,土地级差收益的上升,正是由于城市化的推进带来的,如果没有政府在基础设施方面的投资,就没有土地价值的上升。这种观点只看表面,不问实质,貌似有理,实则大谬。无数案例证明,如果没有农民自主的产业发展,如果没有人口的聚集,哪里来的土地升值?如果没有土地所有权向政府的移转,没有土地金融,政府有什么本钱来进行城市基础设施投资?因此,如果没有农民的土地权利这只鸡,又何来政府基础设施投资的蛋?因此,土地级差收益归属问题,直接决定了城市化的道路。归政府,就是走政府主导的城市化;归农民集体,就是走农民自主的城市化道路。

第三,农民中有着巨大的制度创新潜力,在现行某些不公正的法律制度面前,他们并没有坐以待毙,而是与政府周旋,与开发商抗争,在边缘上突破和创新,去争取自己的利益。我们应当丢掉政府高明和政府万能的传统观念,按照农民创新的方向,改变现行束缚农民手脚的不公正的法律制度。这才是一个负责任政府的理性行为。

四、小结:允许各类试验的意义

虽然地方政府推动的集体建设用地使用权流转制度创新如火如荼,但中央政府始终没有完全放开对集体建设用地使用权流转的限制。在各类试验中,对流转模式、流转程序、流转产权变更、流转收益分配等重要问题进行了探索,既取得了很大成效,也暴露出一些问题。鉴于目前的集体建设用地使用权流转制度不完善,与国家现行的其他土地利用和管理政策制度也相互不协调,各类先行先试的地方试验的意义不言而喻,具体表现如下:

第一,探寻保护农民土地权利的措施,为综合运用市场及政府工具的调控政策提供依据。由于各地经济发展水平、土地资源稀缺状况不同,集体建设用地流转的主体及动机存在差异,在管理模式选择上也各有特色。但应遵循的共同准则为:尊重和保护农民土地权利,必要时进行私权保护和公法干预。在长期摸索中，各类试验积累了丰富的经验，为从整体上把握当前集体建设用地地权的制度安排及此准则下的市场调控、产权管理、土地供应计划、土地利用规划、地价管制、收益分配等配套制度改革提供政策实施依据，如"乡镇政府推动型的芜湖模式"、"经济发展驱动型的广东模式"等，为考察从地区实践个案上升到国家集体建设用地流转的调控政策措施提供针对性的借鉴。

第二，总结提炼试点经验，上升为国家法律制度（刘伯恩，2012）。从各地的试点情况看，现行制度与社会经济发展要求之间表现出一定的不相适应性，必须进行改革与创新。地方政府逐渐改变了禁止集体建设用地流转政策取向，疏导、鼓励甚至是支持自发流转行为，并且探索出集体建设用地流转的各种模式。因此，可以通过考察多样化实践的背景和政府管制等调控措施以及市场化改革的效率，总结和提炼试点经验，鼓励地方政府及其土管理部门制定相应的地方法规，如比如安徽芜湖的《试点方案》和《农民集体所有建设用地使用权流转实施细则》，广东省2003年出台了《关于集体建设用地流转的通知》、2005年6月颁布《广东省集体建设用地流转办法》。而中央政府应在此基础上，尽快出台集体建设用地流转的专项法律，完善一系列规则及配套措施，以落实党的十七届三中全会关于建立城乡统一市场的要求。

第三，创新集体建设用地流转制度体系，为构建城乡建设用地统一市场奠定了基础。集体建设用地流转制度体系包括核心制度和一系列配套边缘制度。核心制度主要是围绕中央政府《宪法》、《土地管理法》等相关法律制度的集体土地产权制度，无论何种试验，核心制度都是同质且稳定的。而一系列的配套边缘制度则包括土地利用规划管理制度、可让农民获得土地增值收益的土地收益分配制度及农民社会保障制度等。多样化的试验往往在配套边缘制度方面表现出一定创新，尤其是受区域背景及地方风俗习惯非正式制度等诸多因素制约的土地收益分配制度是集体建设用地流转制度创新是否成功的关键。制度创新者对现有制度的边际调整，推进集体建设用地流转相关的配套制度不断完善，制度建设先行，为最终集体建设用地流转制度创新得到中央政府的认可积累条件，这也为构建城乡建设用地"同地同权、同地同价"的统一市场奠定了基础。

允许各类试验使得从县、地级市、省，再到国家级综合配套改革实验区，改革的力度不断提升，集体建设用地流转合法性逐步得到认可，产权交易更有保障，地方政府制度创新也进一步深化。而中央政府从各类试验中分享了收益：小城镇建设质量提高，农村社会经济发展，农民收入水平提高，土地利用效率提高，耕地有效保护等。而中央政府在各类试验中因势利导追认地方政府的制度创新，也降低了制度变迁成本。

第三节 政策法律问题及完善修改建议

一、政策和法律问题

经过20多年的改革,伴随工业化和城市化的进程,农村土地的价值不断提升,农民的土地权利意识越来越强,集体建设用地隐性市场普遍存在。许多地方也在进行农民集体建设用地进入市场的探索,但是,地方政策和法规由于与国家大法冲突,无法根本保护农村集体建设用地所有者和使用者的权利,集体建设用地市场亟待规范运行,为此,农村集体建设用地市场必须在政策和法律上寻求根本突破。

第一,从根本上改变土地制度的二元性,实现农民集体土地与城市国有土地的"同地、同价、同权"。

由于土地制度的二元性,城市化和工业化推进到哪个村庄,就意味着该村的土地被强制征用,农民对土地的权利被剥夺,他们也相应失去了利用土地发展非农产业的机会。因此在政策上应尽快结束因土地所有制不同就被赋予不同权利的二元结构,让农民以土地权利参与工业化和城市化。

我国法律上依土地所有权的主体不同分为国家所有权和集体所有权,这两种所有权在所有制基础上是相同的——均为公有制,只不过公有制的层次有所区别。有学者即据此认为国有土地所有权是"上级所有权",集体土地所有权是"下级所有权"两种所有权在等级上和本质上存在差异(王卫国、王广华,2002)。在实践中,受这种观念的左右,许多人主张国家土地所有权应予特别保护,集体土地所有权则应给予差别待遇(柳琳,2005)。

我们认为,土地所有权的主体不同,并不表明国家土地所有权与集体土地所有权之间的不平等,相反,法律作如此规定,体现了对主体之间经济成分不同的肯定,同时赋予不同主体之间相同的法律地位,并受平等的法律保护。同时,无论是权利的来源,还是现行的制度设计,国家土地所有权并不是集体土地所有权的上位阶概念,两者之间并不存在隶属关系。因此,既然国家土地所有权上可以设定建设用地使用权且建设用地使用权可以依法流转,逻辑上的推论应是集体土地所有权之上亦可设定集体建设用地使用权且集体建设用地使用权亦可依法流转。

因此，我们建议在《物权法（草案）》"所有权"中增加国家保护农民集体土地所有权的条款。具体为：（1）增加"国家对农民集体土地所有权和国家土地所有权实行平等保护"，"农民集体土地和城市建设用地实行'同地、同价、同权'"的条款，结束农民集体土地财产权上存在的"所有制歧视"状态。划分农用地与非农用地、公共利益与非公共利益用地、经营性用地与非经营性用地的标准，只能按规划要求，不能依所有制性质。农民集体建设用地享有同国有建设用地相同的抵押、出租、转让的权利。（2）增加"农民宅基地及其房屋所有权人依照法律规定享有占有、使用、收益和处分的权利"。必须正视住宅商品化是城市化进程中实现农民财产权利的不可分割的部分，尽快结束现行法律限定农民宅基地"一户一宅"、转让限于本村的半商品化状况，赋予农民宅基地及其房屋所有人以完整的物权。

第二，尽快修改《土地管理法》中禁止集体建设用地出租、转让的条款，制定规范集体建设用地进入市场的条文。集体建设用地进入市场乃不争之事实，由于现行法律的严格限制，集体建设用地大多以私下的、间接的、非正常的途径和方式进行流转。这种隐形流转虽然有地方政府默许，其隐忧是明显的：第一，与现行法律冲突，既不利于保护农民利益，也影响企业发展的长远预期；第二，形成竞相压价，利益流失和土地市场不规范；第三，由于集体土地的地权初始形态模糊，在级差收益的分配上造成集体部分过大，农民分红缺乏制度保障（蒋省三、刘守英，2003）。所有这些都呼唤集体建设用地流转全国性立法的出台。

我国《宪法》规定，农村土地属于农村集体所有。基于所有权的基本原理，"农民集体"自然就享有在符合土地利用规划和土地用途管制的前提下处分集体土地的权利，其中包括集体建设用地进入市场的权利。同时，我国《宪法》和《民法通则》均明文规定土地使用权可以依照法律的规定转让，条文中并未将集体土地使用权排除于适用范围之外，也未就转让设定任何具体的附加条件。必须正视《土地管理法》禁止集体建设用地出租、转让的条款已完全滞后于农村土地市场的现实，这一滞后不仅减低了法律的权威性，也不利于保护集体建设用地所有者和使用者的权利，妨碍了正常的交易活动，删除这一禁止性条款已成必须。与此同时，应当总结近些年各地开展试点的经验，制定规范集体建设用地入市的法律法规，引导集体建设用地在合法的轨道上进行，以保障农民的土地权利，促进统一的土地市场的形成。

第三，充分保障农民获得集体建设用地流转的土地级差收益的权利。

在现行制度之下，农村土地进入市场须先转为国有土地，农民所获的征地补偿仅与其土地农作有关，土地征收、转用过程中的级差收益被政府拿走。国家在自利动机的诱惑下，就会倾向滥用其行政权力和垄断地位以不正当分享甚至完全剥夺集体土地所有权来聚敛财富（周其仁，1994）。集体建设用地进入市场的立法宗旨就是让农民分享土地级差收益的成果。农村集体建设用地市场之所以普遍存在，反映了农民分享工业化和城市化中土地级差收益的要求。集体建设用地的立法应在坚持规划和用途管制的前提下，充分保障农民集体获得土地级差收益的权利，包括让农民集体土地直接进入工业用地市场；在完善税制的同时，尝试农民集体建设用地进入经营性开发；突破农民宅基地"一户一宅"的限制，推进宅基地商品化，让农民分享城市化进程的房租收入。

第四，改造农村集体所有制，确保农民成为土地流转收益的主要获得者。

反对集体建设用地进入市场的学者往往认为，在集体建设用地进入市场后，真正受益的是代表集体经济组织的少数"内部人"，将造成对农民权益的剥夺。在农村社区民主不够健全的情况下，这种担心是有道理的。但只要建立和完善农村村民自治制度，保证集体建设用地公开、公平地进行流转，即可避免这一现象。如在流转程序上可以规定集体建设用地的流转应经村民会议讨论同意，并在依法成立的土地交易机构以公开招标、拍卖、挂牌、网上竞价等方式公开进行。尝试以农户或农民以自愿入股形式从事厂房的投资与开发。在土地产权上，严格界定集体经济组织和农民在土地权利和流转收益上的分配；在制度上严格制约集体经济组织对集体资金的使用；将土地流转收益的集体部分最大限度地运用于农民的社会保障，以保障农民的长远生计。

二、政策建议

在确保基本农田的前提下，农村集体建设用地的市场交易和流转就比较容易解决。具体建议有：

第一，建立城乡统一建设用地市场，出台规范农村集体建设用地流转办法。（1）在用途管制和符合规划条件下，允许集体建设用地出租、出让、转让、可抵押；（2）进行集体建设用地交易市场试点；（3）进行省内区际之间集体建设用地指标的交易试点；（4）实行与国有建设用地相同的集体建设用地市场化出让制度，包括协议出让和招拍挂出让方式；（5）对于合法进入集体建设用地市场的土地、物业，颁发集体建设用地使用权证和物业权证。

第二，严格农村建设用地整理原则，进行农村集体建设用地盘活和集约节约使用试点。（1）空闲的集体建设用地、废旧的公共用地、村庄整治、旧村改造节约集约出的土地必须整理成农用地；（2）其置换出的建设用地指标可易地交易使用；（3）置换出来的建设用地保留集体所有制性质，由农民使用；（4）试点在封闭区域进行。

第三，落实集体土地与国有土地同地同价同权原则，研究和出台农民集体建设用地参与非农建设政策。（1）在城市规划范围内，征用农民集体土地时，应当给被征地的村按一定比例预留一部分建设用地，由村集体经济组织建造标准厂房、铺面等出租，租金收益以股份形式在村民中分配。对于影响城市规划的留用地可以采取招、拍、挂办法出让，土地净收益主要返给村集体。建议国土部门出台专门的政策文件，就留用地的比例、所有权性质、使用办法、收益分配原则等做出具体规定。（2）对于城市建设规划范围内的存量集体建设用地，可在符合规划前提下，保留农村集体所有，长期由农民使用、收益；也可以转为国有，但由农民长期使用。（3）对城市建设范围外农民集体土地，进行非农建设的，在符合规划和用途管制前提下，分配一定比例建设用地指标给农民集体。（4）实事求是、分类甄别处理历史形成的集体建设用地问题。

第四，出台农村集体建设用地级差收益分配办法。（1）明确农民集体是土地级差收益的主要获得者，农民集体有权获得宅基地和集体建设用地出租、出让后的级差收益。（2）允许企业与农民集体合股、合作开发集体建设用地，但企业只获取物业和产业投资的销售利润；保留一定比例的物业给农民集体，以出租方式永久获得一笔收益，解决村庄公共投资和村民福利。（3）制定集体建设用地级差收益管理办法，主要保障农民土地权益。（4）依据对国有建设用地占有、使用、收益的相关税法，试行由地方政府征收集体建设用地土地税。

第五，对现有"小产权"房的处理，一是向购房者收取一定的土地使用费，作为集体共同基金的财产；二是国家要对集体和农民建房者收取相应的税收，并留在地方。

另外，有关法律的修改建议如下：

（1）由人大常委会发布公告宣布，国有土地和集体土地、城市建设用地和农村建设用地同地、同价、同权，可以进入市场交易和流转。明确农民住宅是私人财产，个人拥有处理的全部权利。

（2）修改《土地管理法》，删去第六十三条规定"农民集体所有的土地的使用权不得出让、转让或者出租用于非农业建设"，修改成"农村集体建设用地可以出让、转让或者出租和抵押"。

（3）修改《物权法》第一百五十三条，允许农村建设用地自由流转和交易，赋予其完整的用益物权。

（4）废除国务院、国务院办公厅和国土资源部有关限制集体建设用地流转的法规条例。

（5）制定农村宅基地交易流转的有关法规条例。

第十七章

土地流转、规模经营与农业现代化

到目前为止,中国仍然是一个农民占人口多数的国家。伴随着高速工业化和城市化的过程,农村人口不断减少,引起了一系列重大的社会经济变迁,其中最重要的变迁之一是,农村人口与土地关系的变化以及农村正在发生的根本性的结构变革。

在城市化的大背景下,基于目前的制度条件,农户与土地的关系和对土地的态度,可以分为三种情况:第一部分是已经进城的农民工,他们大多数已经不愿意也难以再回到农村,同时还占有着一份承包地。问题是通过什么样的安排,使他们愿意放弃农村的土地,完全融入城市生活。第二部分是城市近郊的农民,随着城市化的推进,城郊土地的收益增值很快,而城市化又必然要占用这部分土地,他们与政府和开发商对土地增值收益的争夺处于白热化状态。第三部分是处于传统农区、远离城市化辐射的农民,特别是种粮的农民,除了进城当农民工以外,他们不可能也不愿意放弃土地,但是种粮的收益太低,使之又无法安心种好地。

可见,土地问题的解决和城市化的推进,实际上是要解决好这三部分农民的问题。这需要一个总体的解决思路和行动框架。

本章关注的是第三类农民及其土地经营问题。目的是通过梳理土地流转和规模经营的政策演变,概括土地流转的阶段特征与地域差异,并基于实证分析,以期提出农业规模经营与农业现代化的实现方式。①

---

① 本章主要根据张曙光教授的阶段性成果整理(见张曙光:《博弈:地权的细分、实施和保护》,社会科学文献出版社 2011 年版),胡新艳整理初稿。其中第二节由胡新艳、罗必良、李尚蒲执笔。

第一节 土地流转和规模经营：政策演进及其特征

一、土地流转与规模经营政策的演变

中国农村的家庭联产承包责任制，发轫于20世纪70年代末80年代初，首先秘密地出现在农村贫困地区，其中最著名的代表是受到地方官员保护和支持的安徽凤阳小岗村。经过1981年中央工作会议的争议和讨论，到1982年中共中央发布第一个农村工作1号文件予以认可，随之由地下转入地上，并在全国普遍实行，到该年年底，全国已有99%的生产队、96.6%的农户实行了包干到户。

随着土地承包到户，农户自发的土地流转开始出现。1984年，中共中央发布第三个农村工作1号文件明确规定，"在延长承包期以前，群众有调整土地要求的，可以本着'大稳定，小调整'的原则，经过充分商量，由集体统一调整。"同时，"鼓励土地逐步向种田能手集中。社员在承包期内，因无力耕种或转营他业而要求不包或少包土地的，可以将土地交由集体统一安排，也可以……由社员自找对象协商转包。"1986年第五个关于农村工作的1号文件，明确地提出了发展适度规模经营的问题，"随着农民向非农产业转移，鼓励耕地向种田能手集中，发展适度规模的种植专业户"。

20世纪80年代中期以后，乡镇企业在发达地区和大城市郊区兴起，很快形成了星火燎原之势。这些地区有相当比例的农村劳动力采取"离土不离乡"的方式，转入非农产业就业，很多地方出现了占地和用地相脱节的现象，即一部分农户不好好种地又不愿放弃土地，另一部分农户想多种地又得不到地。1987年中共中央政治局在《把农村改革引向深入》的文件中提出，"在京、津、沪郊区、苏南地区和珠江三角洲，可分别选择一两个县，有计划地兴办具有适度规模的家庭农场或合作农场，也可以组织其他形式的专业承包，以便探索土地集约经营的经验。"据此，国务院做出了建立农村改革试验区的决定，并允许在江苏的苏锡常、北京的顺义、广东的南海进行适度规模经营的试验，在山东平度进行"两田制"的试验。在这一时期的中央和国务院文件中，也提出了"在稳定和完善家庭联产承包制的基础上，在发达地区的农村和大城市郊区进行适度规模经营"。

20世纪90年代初以后，对家庭承包制缺陷的讨论和推进集体经济规模经营的主张不断升温，一些地方出现了集体以多留机动地、搞"两田制"以及以农业结构调整名义减少甚至收回农户承包地的现象。中央政府在纠正此类偏差的同时，关于推进土地流转和发展适度规模经营的政策一直没有变化。1993年11月，《中共中央 国务院关于当前农业和农村经济发展的若干政策措施》明确规定，以家庭联产承包为主的责任制和统分结合的双层经营体制，是我国农村的一项基本制度，要长期稳定和不断完善；为了稳定土地承包关系，鼓励农民增加农业投入，在原有耕地承包到期以后，再延长30年不变，提倡"增人不增地，减人不减地"。同时进一步指出，在坚持土地集体所有和不改变用途的前提下，经发包方同意，允许土地使用权依法有偿转让。允许少数第二、第三产业比较发达、大部分劳动力转向非农产业并有稳定收入的地方，可以从实际出发，尊重农民意愿，对土地作必要的调整，实行适度的规模经营。那时，实行适度规模经营的方式有以下三种：一是通过组办村办农场；二是通过"两田制"由大户承包经营；三是通过土地使用权的自由流转形成规模经营。

中共十四届三中全会《关于建立社会主义市场经济体制若干问题的决议》提出，在坚持土地集体所有的前提下，延长土地承包期，允许继承开发性生产项目的承包经营权，允许土地使用权依法有偿转让。也允许少数经济比较发达的地方，本着群众自愿原则，可以采取转包、入股等多种形式发展适度规模经营。

为了防止地方政府和集体经济组织以"两田制"和规模经营名义侵犯农民承包经营权，1995年3月，《国务院批转农业部关于稳定和完善土地承包关系意见的通知》强调，进行土地调整时，严禁强行改变土地权属关系，不得将已经属于村组级集体经济组织所有的土地收归村有，严禁发包方借调整土地之机多留机动地，要求原则上不留机动地，确需要留的，不得占耕地总面积的5%。通知要求建立土地承包经营权流转机制，在坚持土地集体所有和不改变土地农业用途的前提下，经发包方同意，允许承包方在承包期内，对承包标的依法转包、转让、互换、入股。针对有的地方发展适度规模经营操之过急的苗头，中央领导明确表示，土地使用权的流动最终会形成土地的适度规模经营，这是一个长期的发展过程。1997年中央文件提出：根据实际需要，进行"大稳定、小调整"时，"小调整"只限于人地矛盾突出的个别农户，不能对所有的农户进行普遍调整；绝不能用行政命令的办法硬性规定在全村范围内几年重新调整一次承包地。中央不提倡"两田制"，对预留机动地必须严格控制。同时，中央领导同志在中央农村工作会议上指出，强调稳定土地承包关系，并不是不让流转，而是说流转一定要建立在农民自愿的基础上。发展适度规模经营，必须坚持条件、适度、多样、引导和服务的原则。该年8月，针对有的地方第一轮土地承包期到期后没有及时开展延长土地承包期的工作，有的地方以各种名义随意改变土地承包关系，强行收回或部分收回农民的承包地，有的地方违背农民意愿，强行推行土地规模经营等问题，中央提出了进一步稳定和完善农村土地承包关系的指导意见。要求认真整顿"两田制"，明确提出不提倡实行"两田制"，严格控制和管理机动地等。

2001年，中央发出了《关于土地承包经营权流转的规定》的18号文件，对土地流转的主体、原则进行了更严格的规定。明确提出：农村土地流转的主体是农户，土地流转必须坚持"自愿、依法、有偿"的原则，并且明确提出不准搞"两田制"，对农村集体留机动地的比例进行了严格限定，为防止企业到农村圈地，还提出了不提倡企业到农村大规模包地。2002年颁布的《农村土地承包法》坚持了上述关于土地流转的规定，明确指出，"通过家庭承包取得的土地承包经营权可以依法采取转包、出租、互换、转让或者其他方式流转"；土地承包经营权流转应当遵循"平等协商、自愿、有偿"的原则，"任何组织和个人不得强迫或者阻碍承包方进行土地承包经营权流转"；强调"土地承包经营权流转的主体是承包方。承包方有权依法自主决定土地承包经营权是否流转和流转的方式"。

2005年1月，农业部颁布《农村土地承包经营权流转管理办法》，对农村土地承包经营权流转的原则、当事人权利、流转方式、流转合同、流转管理等进行了可操作性规定。从此，农村土地承包经营权流转进入规范和法律轨道。

2008年，中共十七届三中全会通过了《关于推进农村改革发展若干重大问题的决定》，对土地承包权流转市场进行了更系统的规范。在保留"依法自愿有偿原则"和"允许农民以转包、出租、互换、转让、股份合作等形式流转土地承包经营权，发展多种形式的适度规模经营"基础上，提出要"加强土地承包经营权流转管理和服务，建立健全土地承包经营权流转市场，有条件的地方可以发展专业大户、家庭农场、农民专业合作社等规模经营主体"，并且强调了土地承包经营权的流转要做三个"不得"，即"不得改变土地集体所有性质，不得改变土地用途，不得损害农民土地承包权益"。

从以上的检索和陈述可以看出，二三十年来，随着农村改革的推进和农业结构的调整，承包经营权流转和土地规模经营的政策不断完善和明确，既强调了大部分地区农地承包经营权的稳定和保护，也顾及部分地区农村劳动力流动和转移以及推进土地适度规模经营的现实需求，为农村结构变革条件下土地规模经营和农业现代化提供了政策规范。有关这方面的政策都是在实践的推动下前进的，其中渗透着基层干部和广大农民的智慧和创造。

二、土地流转和规模经营的阶段特征和地域差异

政策是用来规范和指导实践的，政策的演变既是实践的反映，也是实践的需要。从理论和实际、政策和实践相关联的观点来看，土地流转和规模经营政策的演变和实践的发展，大致经历了3个阶段，呈现如下的特征。

第一个阶段是自发实施阶段，大约发生在20世纪80年代的中后期。土地流转主要发生在沿海发达地区和大城市郊区。由于粮食产出的增加，基本上解决了温饱问题，特别是乡镇企业在发达地区和城市周边的发展，为土地的流转提供了供求两个方面的条件。随着乡镇企业的发展壮大，这些地区的大部分农村劳动力转向乡镇企业做工，但是，由于国家粮食定购任务继续存在，村集体仍然承担着完成国家粮食定额上缴的任务，于是，出现了村集体将村民承包地集中并辅之以一定补贴的规模经营，一般是村集体集中村庄80%以上的土地，承包给若干个种田大户经营，每个大户种植的土地面积约50~100亩不等。合约条件是：村集体免租提供给种植大户土地，免费或低额收取农机、农技服务费，外加一定量的生产资料补贴，种田大户则必须替村集体完成全村上缴的国家粮食任务。这一阶段土地流转的特点是：农户因承包土地变成负担而使村集体收地交易成本降低，村集体组织是土地集中和流转的主体，规模经营户很多依靠补贴维持。与此同时，因受粮食上交任务的制约，政府和集体对土地经营权流转的行政干预较强，流转的规模和范围一般局限于集体组织边界之内。

第二个阶段是试验探索阶段，大约从1987年建立改革试验区，在苏锡常、广东南海和北京顺义进行适度规模经营试验开始，到21世纪初农村实行税费改革，土地流转的18号文件发布和《土地承包法》颁布实施。这一时期土地流转的总体规模仍然不是很大。据农业部抽样调查，1992年全国共有473.3万户承包农户转包、转让农地774千公顷，分别占当年承包农户总数和承包土地总面积的2.3%和0.9%。农业部农研中心对近3万户农户的抽样调查结果为，4.09%的农户将自己承包的部分土地转包，只有1.99%的农户全部转出承包地，10.68%的农户转包他人耕地。

与第一阶段相比，这一时期的土地流转，不仅发达地区在继续推进，中西部地区的一些村庄也有一定量的土地流转。土地流转具有明显的地域特征，中西部产粮区和农业劳动力外出多的地区与沿海及大城市郊区呈现完全不同的特点。在传统农区，一方面，由于"三提五统"政策的实施，土地负担越来越重，在一些地区出现了土地税赋过高致使土地净收益甚至为负的现象，导致农民种地的积极性大大下降；另一方面，由于除沿海以外的农村地区乡镇企业大量倒闭，"离

土不离乡"的兼业模式难以为继,大量农村剩余劳动力到珠三角和长三角的企业做工或到大城市打工,于是出现了土地大量抛荒的现象,在中部一些农区,土地抛荒率达到30%以上。这一时期,这些地区的土地流转出现多样化的特征:一是农民自发流转,其合约形式为,租出户不收取任何地租而将承包地交由租入户使用,租入户上缴土地负担;或是租出户不收任何地租将承包地交由租入户使用,并替租入户承担部分土地负担。二是村集体组织将这些抛荒的土地收回(或者给原承包户打招呼,大多不打招呼),再转包给其他承租人,承租方直接交纳地租给村集体组织。尽管中央政府三令五申,不提倡甚至反对"两田制"和"反租倒包",但"两田制"和"反租倒包"在这些地区十分普遍。其实,从1986年开始,"两田制"就成为全国分布最广的形式,到1992年,全国170万个村组实行"两田制",占村社总数的32.3%,比1990年增长42.6%;实行"两田制"的面积达39 597千公顷,比1990年增长7.3%。在沿海和大城市郊区,由于高速的工业化和城市化,土地收益大幅度增值,很多土地被转用于工业和城市建设,农民和集体也利用自己的土地盖厂房或者住房出租,农地面积、农业产值和就业份额也大大下降,农业已成为副业。剩下的一部分农地一般由农户或村集体承租给外地人经营,规模经营户逐步形成,且以种植高价值的经济作物和服务城市的作物为主。从1987年中央第一次明确提出在有条件的地方有计划地探索土地集约经营,到1991年,土地适度规模经营的进展一直比较缓慢。1992年以来,土地流转和适度规模经营速度明显加快,特别是在沿海地区。到1993年,无锡县、常熟市和吴县劳均经营土地面积1公顷以上的土地规模经营单位已发展到2 816个,经营面积15 000公顷,占责任田总面积的比重从1988年的1.1%提高到22.4%。根据这个时期的实践,有关部门制定了有关土地流转的指导性文件,全国人大于2002年通过了《土地承包法》。面对实践中出现的土地规模经营现象,政策一方面继续重申对土地适度规模经营的支持态度;另一方面则是在政策和法律上对土地流转中有可能侵犯农民承包权益的篱笆越扎越紧,旨在通过确保土地承包关系的稳定,来保证农村的繁荣和整个社会的稳定。

第三个阶段是规范发展阶段,发生于21世纪初以来的各地农村。这个时期发生的对土地流转影响最大的事件是,农村税费改革的推进,特别是2003年国家决定取消农业税。从此以后,承包农户不仅不再交纳农业税,更为重要的是,县、乡两级搭车收费也失去了依托,种地的制度条件和成本收益发生了重大变化。随着土地负担的取消,再加上各项惠农政策的补贴直接发放到农户手中,使得种地变得有利可图,原来因土地负担过重而放弃土地的农民,纷纷回到村里重新要回承包地。这一阶段的土地流转在不同地区也表现出不同的特征。在大多数传统农区，承包地流转仍以农户之间的自发流转为主，但与前一阶段比，租出户一般除获得种粮补贴外，还从承租户收取一定量的租金。与此同时，也出现了一些由农村能人牵头的农民合作经济组织。这一阶段的另一个重要现象是，在劳动力流出较多的农区以及在沿海发达农村和大城市郊区，很多涉农企业到农村大面积包地，少则几百亩，多则几千亩。企业到农村大面积承包土地，其获得土地的途径除少数是直接和一家一户农民签订流转合同外，大多数是村集体组织在中间扮演重要角色，有的村组织提供土地信息平台，作为农户和企业之间的桥梁，收取一定的中介服务费，更多的村组织以行政力量，加上说服示范，先将承包给农户的土地集中，再由企业与村组织签订土地流转合同，把地租给企业使用。这些企业一般将地租交给村集体组织，村里再将一部分地租发放到各承包农户，村组织自身还留部分作为公共使用。

第二节 农地流转与农业经营方式：问卷数据分析

2001年，中央发出了《关于土地承包经营权流转的规定》的18号文件，对土地流转的主体、原则进行了更严格的规定。明确提出：农村土地流转的主体是农户，为防止企业到农村圈地，提出不提倡企业到农村大规模包地。其主要的原因是担心非农主体进入农地流转会改变农地用途，特别是担心其减少粮食种植。

本节关心的问题是：鼓励农户间农地经营权流转集中，在实践中对农户经营方式变革及其现代农业发展的效应究竟如何？我们基于问卷调查资料进行实证考察。

一、农地流转及其效应：以广东为例

（一）数据来源与样本描述

数据来源于课题组对广东省753个农户的抽样问卷调查。

第八章的数据分析表明，在753个农户中，转入农地（包括水田、旱地、菜地）的农户有95个。如果考虑果园与养殖用地，转入农户共有104户。满足本节数据要求的农户样本为101个。

在101个样本农户中，平均每户的人口数约为5人，务农人数为3人/户，外出打工人数2人/户，其中务农人所占农村户口人数的55.0%，外出打工人数

占农村口人数的45.0%。农户转入的农地大部分都来自本村农户间的流转，占比为78.2%，其中来自亲戚转入的农地占28.7%。

样本农地转入的租金多为现金支付方式，每年约为382.85元/亩；实物支付租金的农户有3户，分别为300斤、200斤、100斤稻谷。农地流转时，流转协议为书面合约形式的占比30.4%，口头合约形式的占比69.6%；不过，农户希望达成书面合约形式的占比51.5%，达成口头合约形式的占比为48.5%，这说明农户间的流转合约形式表现出规范化的意愿发展趋势。样本农户转入农地后，双方基本上没有发生过纠纷。

在农地转入的难易度认知方面，42.6%的农户认为很容易，24.8%的农户认为比较容易，10.8%农户认为一般，12.9%的农户认为比较难，仅8.9%的农户认为很困难。

（二）农户间的农地流转：主要的效应

根据上述样本农户的资料，从农户经营的规模效应、结构调整与专业化水平、市场化经营取向、农业组织化效应以及粮食安全效应等五个方面，分析农户转入农地对其经营方式的实践影响效应。

1. 规模经营水平

（1）经营规模的变化。表17-1说明，所有转入农户共转入土地885.54亩，农地经营总面积从转入前1 370.9亩增加到2 256.44亩；户均农地面积由13.57亩增加到22.34亩，增加8.77亩；劳均农地面积由4.9亩增加到8.06亩，增加3.16亩。所有转入户中，转入面积最大的是300亩。其他农户的流转规模都相对较小。

表17-1　　　　广东省农地转入样本农户的经营规模

项目	转入前	转入后	转入量
总农地面积（亩）	1 370.9	2 256.44	885.54
户均农地总面积（亩/户）	13.57	22.34	8.77
劳均农地面积（亩/人）	4.9	8.06	3.16
农户农地总面积最大值（亩）	302.9	602.9	—
农户农地总面积最小值（亩）	0.45	1.6	—
转入前后农地面积最大的农户（亩）	302.9	602.9	300

从图17-1可知，农地转入规模在6亩以下的占70.3%，其中小于等于2亩的最多，共34户，占比33.7%。这部分农户转入农地可能是受亲戚委托代耕农

地，属于非市场化的农地经营。转入规模大于等于 6 亩的，不到三成，为 29.7%。从农户经营规模分组分析，可进一步观察转入农户的经营规模（见图 17-2），以 20 亩为界，经营规模在 20 亩以下的农户占比为 74.3%，20 亩以上的农户占比 25.7%。对经营规模 20 亩以下的农户进一步细化分组，其中，经营规模在 0.1~6 亩之间的农户占比 17.8%；6.1~11 亩之间的农户占比 33.7%；11.1~20 亩之间的农户占比 22.8%。这表明，农户规模化经营水平并未因农地转入而有显著改善。

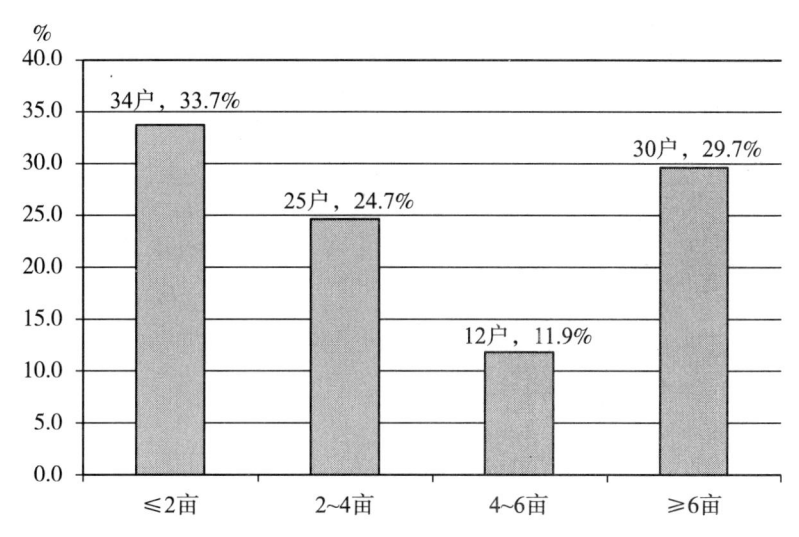

图 17-1 101 个样本农户农地流转规模

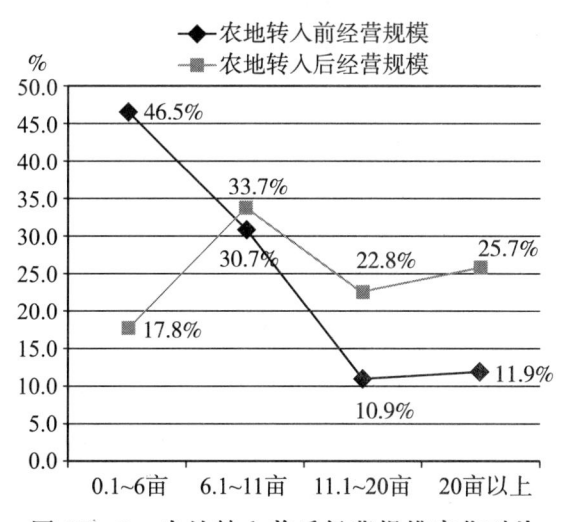

图 17-2 农地转入前后经营规模变化对比

（2）农地细碎化程度。农地转入前，农户的总地块数是 813 块，转入后为 1 401 块，共转入 588 块农地。户均地块数由 8 块增加到 14 块，增加了 6 块/户。平均每块农地的面积由 1.69 亩减少至 1.61 亩，平均减少 0.08 亩/块（见表 17-2）。这表明农地细碎化程度并未因农地转入而有改善。

表 17-2　　广东省 101 个样本农户农地总体地块转入情况

项目	转入前	转入后	总转入
总农地面积（亩）	1 370.9	2 256.44	885.54
总地块数（块）	813	1 401	588
地块的平均面积（亩/块）	1.69	1.61	1.50
户均地块数（块）	8	14	6

图 17-3 展示了农户转入农地后的农地分割情况，其中，农地地块数在 11 块以上的农户所占比例最大，达到 53.5%，其次是地块数在 6~10 块范围，占比 28.7%；地块数在 0~5 块的农户仅为 17.8%。由此可见，目前农户间的农地流转对解决农地细碎化的作用并不显著。

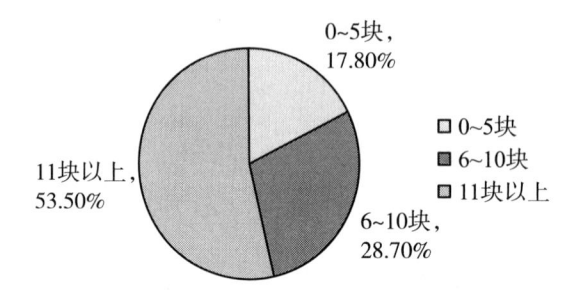

图 17-3　样本农户农地转入后的农地分割情况

2. 结构调整与专业化水平

从表 17-3 可知，在转入土地的样本农户中，占 56.4% 的农户的生产结构没有发生变化。有 43.6% 的农户进行了生产结构的调整，其调整的方向大多是以蔬菜、水果、花卉苗木等经济作物为主。

在结构的调整中，所种植农产品品种增加的农户占 11.9%；品种改变的占 28.7%。没有任何样本农户种植的农产品品种出现减少的现象。从而说明，农户转入农地依然倾向于多种经营，对农业的专业化经营几乎没有产生影响。

表 17-3　　　　　　　　　　农户农业结构调整统计

结构调整	农地流入前后的结构变化	户数（户）	比例（%）
发生调整	粮油→蔬菜	10	10
	粮油→水果	9	9
	粮油→苗木	1	1
	水果→林业	1	1
	水果→畜牧	1	1
	花卉→畜牧	1	1
	林业→水果	1	1
	撂荒→蔬菜	1	1
	撂荒→水果	2	2
	撂荒→林业	1	1
	撂荒→粮油	1	1
	粮油→粮油、蔬菜	8	8
	粮油→粮油、苗木	1	1
	粮油→粮油、水果	1	1
	粮油→蔬菜、水果	1	1
	粮油→蔬菜、林业	1	1
	粮油→粮油、蔬菜、水果	1	1
	粮油、蔬菜→蔬菜、水果	1	1
	撂荒→水果、水产、畜牧	1	1
	小计	44	43.6
未发生调整	粮油→粮油	41	41
	苗木→苗木	1	1
	水果→水果	6	6
	蔬菜→蔬菜	6	5
	粮油、蔬菜→粮油、蔬菜	3	3
	小计	57	56.4

说明：另有一个样本农户的数据缺失。

3. 经营的市场化

在转入农户中，58.4%的农户转入农地的原因是为扩大规模，提高种地收益；10.9%的农户是由于外出务工难，9.9%的农户是受亲朋好友委托而转入，8.9%的农户是因不想外出打工而转入农地（见表17-4）。这说明，一方面，随着市场经济的发展和国家农业政策的变化，进行农业生产能够带来一定的经济收入，使得农民愿意通过农地流转来增加自己的收入；另一方面，农户的农地流转行为还受到其情感、人际关系以及传统思想的影响（何一波，2007）。

表 17-4　　101 个样本农户农地转入原因

农户农地转入原因	户数（户）	比例（%）
不想外出打工	9	8.9
外出务工难	11	10.9
扩大规模，提高种地收益	59	58.4
亲朋好友委托耕种	10	9.9
其他	8	7.9
缺失数据	4	4

4. 组织化水平

从图 17-4 可知，大部分转入农地的农户销售农产品方式是自己拿到集市去卖，占 47.5%。而让客户过来收购的销售方式占 19.8%，与客户（企业）签订单的销售方式占 24.8%，由加入的合作社与客户联系的销售方式仅占 5%，另有 2.9% 的农户是自给自足。这说明大部分农户仍然处于分散经营状态，组织化水平低。

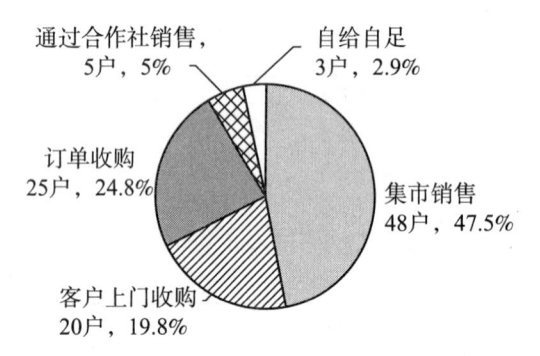

图 17-4　样本农户农产品销售方式的统计

5. 粮食安全效应

全部转入农户中，有粮食作物种植的农户占 56.4%，而没有种粮的农户占 43.6%（见表 17-5）。

表 17-5　　101 个样本转入农户粮食种植调整情况

粮食调整情况		调整情况	户数（户）	比例（%）
粮食化	粮食→粮食	粮油→粮油	41	41
		粮油+蔬菜→粮油+蔬菜	3	3
		小计	44	43.6
	粮食→粮食+其他	粮油→粮油+蔬菜	8	8
		粮油→粮油+苗木	1	1
		粮油→粮油+水果	2	2
		粮油→粮油+蔬菜+水果	1	1
		小计	11	10.9
	非粮食→有粮食	撂荒→粮油	1	1
		小计	1	1
	粮食化总计		57	56.4
非粮化	有粮食→非粮食	粮油→蔬菜	10	10
		粮油→水果	9	9
		粮油→苗木	1	1
		粮油→蔬菜+水果	1	1
		粮油→蔬菜+林业	1	1
		粮油+蔬菜→蔬菜+水果	1	1
		小计	23	22.8
	非粮食→非粮食		21	21.8
	非粮化总计		44	43.6

对比农户土地转入前后的种植行为，除了 1 个样本户增加粮食种植外，几乎所有的农户都减少甚至放弃了粮食生产。其中，减少粮食种植的农户占样本的 10.9%，放弃粮食种植的农户占 22.8%。另有 21.8% 的农户在土地转入前后均未进行粮食生产。

农地流转过程中的农户经营行为的改变，可能造成宏观层面的"非粮化"及其粮食安全问题。

(三) 简要的结论

推进农地流转是必然的选择。然而，广东的实践表明，农户之间的土地流转，既没有带来经营规模的显著改善，亦没有缓解农地的细碎化问题；既没有改善农户的组织化，也没有提升农户市场经营的市场化与专业化程度。严重的是，却引发了农户种植行为的普遍"去粮化"。

二、农地流转的主体特征：全国村庄样本的经验

"人动地不动"，农地流转大大滞后于农业劳动力的转移，一个关键的原因是农地转入主体的不足与缺失。缺乏良好的经营能力，不能满足农地转出农户的租金享益要求，不可能形成市场意义上的农地流转；缺乏农业进入的比较优势，不能保证农业经营的可持续性，农地的流转必定是不稳定的。提高农地流转率，特别是从规模经营与专业经营的层面来讲，经营主体的选择及其进入尤为关键。

我们利用 2010 年全国 1 051 个村庄（行政村）的抽样问卷数据进行计量分析。目的是要考察农地的转入主体具有怎样的特征。

（一）变量选择及其说明

因变量为农户土地流转的比重。自变量包括与农户及其有关的多个指标（见表 17-6）。

表 17-6　　　　　　　　　变量选择与解释

分类	名称	变量解释
因变量	农地流转率	连续变量，流转农地数占村农地的比率
劳动力资源	农业劳动力流转率	连续变量，长期务工人数占农业劳动力比率
	劳动力老龄化	连续变量，大于50岁农业劳动力的比例
	劳动力妇女化	连续变量，妇女劳动力的比例
土地资源	人均耕地面积	连续变量，村人均耕地
	近五年耕地减少情况	分类变量，增加=1；基本没有变化=2；减少=3
生产方式	种植非粮化	分类变量，粮食种植=1；蔬菜、水果=2；水产养殖和畜牧养殖=3；农产品加工=4
	复种水平	分类变量，1=一茬；2=一茬半；3=二茬；4=二茬半；5=三茬；6=三茬以上
资本与政府投资	农业机械化	分类变量，人力=1；畜力=2；机械=3
	水利基础设施	分类变量，差=1；一般=2；好=3
	公共交通服务	分类变量，差=1；一般=2；好=3

续表

分类	名称	变量解释
	政府农业补贴	连续变量，根据"生产补贴=1，价格补贴=2，农业保险=3"赋值，累加补贴数值
经济发展水平	农业经济类型	分类变量，城市郊区=1，普通农区=2，国家粮食主产区=3
	住房条件	连续变量，抽样调查中住楼房的百分比
组织化程度	自发流转	连续变量，自发流转面积占总流转面积百分比
	农业技术水平	二分类变量，有专家指导=1，无专家指导=0
	农民专业协会	二分类变量，有=1，没有=0

我们将1 051个样本村庄进行地域分类，位于平原与盆地的村庄695个，位于丘陵的村庄195个，165个村庄属于山区（见表17-7）。从统计结果看，平原和盆地的农地流转发生率最高、离散程度也最高，丘陵地区的农地流转发生率最低、离散程度相对较低。

表17-7　　　　　　　　　各变量的描述性统计

变量	全部		平原和盆地		丘陵		山区	
	均值	方差	均值	方差	均值	方差	均值	方差
农地流转率	0.2507	0.9706	0.2876	1.2183	0.1900	0.2767	0.2068	0.2892
农业劳动力流转率	0.3454	0.4819	0.3813	0.7048	0.2774	0.2288	0.2979	0.2697
农业劳动力老龄化	0.6828	0.9468	0.6458	0.9001	0.5951	0.6102	0.7786	1.4197
农业劳动力妇女化	0.7030	1.1287	0.6549	0.9329	0.7909	1.5583	0.9029	2.0375
人均耕地面积	0.5029	0.0728	0.4999	0.0713	0.5058	0.0644	0.5181	0.0535
近五年耕地减少情况	1.8076	1.2344	1.7585	1.2116	1.8785	1.3082	1.9545	1.2309
种植非粮化	2.3739	0.6340	2.3648	0.6289	2.3925	0.5949	2.3523	0.5880
复种水平	2.3644	1.0777	2.4016	1.0607	2.3271	1.0708	2.3295	1.0583
农业机械化	2.4272	0.8447	2.4383	0.8519	2.5140	0.7934	2.5114	0.7730
水利基础设施	2.0832	0.6482	2.1627	0.6239	2.0187	0.6585	1.8182	0.6703
公共交通服务	1.3692	1.1995	1.4777	1.1932	1.4206	1.2289	1.2614	1.2176
农业生产政府补贴	2.2617	0.6815	2.2703	0.6711	2.2897	0.7649	2.1818	0.6167
农业经济类型	1.8440	0.6291	1.8268	0.6778	1.8692	0.5678	1.9091	0.4190
住房条件	3.6993	3.7255	4.0577	3.8384	3.7757	3.8223	3.5341	3.8055

续表

变量	全部		平原和盆地		丘陵		山区	
	均值	方差	均值	方差	均值	方差	均值	方差
自发流转	1.3259	20.8023	1.7588	25.5989	0.4645	0.3793	0.5095	0.4203
农业技术水平	0.5937	0.5010	0.6115	0.4987	0.6075	0.4906	0.5682	0.4982
专业技术协会	0.3568	0.4793	0.3937	0.4892	0.3832	0.4884	0.4205	0.4965
观察值	1051		695		195		165	

（二）计量模型与结果分析

计量模型采用多元线性回归模型，基本形式如下：

$$y = \alpha + \sum_{i=1}^{n} \beta_i X_i + \varepsilon$$

式中：因变量 y 表示农地流转率。X_i 为影响农地流转的因素。这些因素按照类型，可分为 6 大类，共 17 个指标：劳动力资源、土地要素、农业生产方式、农业资本与政府投资、经济发展水平和组织化程度。β_i 为回归系数，ε 为随机误差。使用 STATA11.0 软件进行数据处理，得到计量结果见表 17-8。

表 17-8　　　　　　　　　模型计量结果

变量	全部	平原和盆地	丘陵	山区
农业劳动力转移率	0.0509	0.0348	-0.0565	0.0096
	0.4573	0.6770	0.6929	0.9455
农业劳动力老龄化	-0.1372**	-0.1848*	-0.0091	0.1578*
	0.0403	0.0749	0.8715	0.0750
农业劳动力妇女化	0.0991**	0.1395	0.0592***	-0.1217**
	0.0470	0.1714	0.0043	0.0541
人均耕地面积	-5.1646***	-7.2531***	0.5845	0.6550
	0.0000	0.0000	0.1472	0.3174
近五年耕地减少情况	-0.1264*	-0.2173**	0.0352	0.0060
	0.0648	0.0309	0.4182	0.9160
种养非粮化	-0.0187	-0.0078	-0.0162	-0.0160
	0.5813	0.8782	0.4205	0.5390

续表

变量		全部	平原和盆地	丘陵	山区
复种水平		-0.0525	-0.0866	0.0290	0.0521
		0.1824	0.1359	0.2328	0.1185
农业机械化		0.0875*	0.1219*	0.0557*	0.0018
		0.0823	0.0919	0.0918	0.9697
水利基础设施		0.0925	0.1538	0.0002	-0.0068
		0.1462	0.0997*	0.9950	0.8883
公共交通服务		0.0519	0.0510	0.0165	0.0786**
		0.1302	0.3231	0.4274	0.0055
农业补贴		-0.0655	-0.0891	-0.0197	0.0308
		0.2713	0.3144	0.5446	0.5617
农业经济类型		0.0506	0.0392	0.0337	-0.0164
		0.4412	0.6619	0.4801	0.8355
住房情况		0.0160	0.0152	0.0194***	0.0170*
		0.1607	0.3641	0.0060	0.0783
流转方式		-0.0033*	-0.0046*	-0.0280	-0.0083
		0.0918	0.0517	0.6952	0.9171
农业技术水平		0.1834**	0.1959	0.1122	0.0395
		0.0304	0.1119	0.0562	0.5361
专业技术协会		0.1744**	0.2220*	0.0897*	-0.0086
		0.0406	0.0778	0.0971	0.8990
常数项		2.5540***	3.7217***	-0.6212**	-0.4471
		0.0000	0.0000	0.0312	0.3200
检验结果	R^2	0.1546	0.3720	0.2109	0.2785
	Prob > F	0.0000	0.0004	0.0000	0.1058

注：* $p<0.1$；** $p<0.05$；*** $p<0.01$。

对计量结果进行梳理，可以将主要的影响因素归纳为表17-9。

表 17-9　　　　　　　　影响农地流转的主要因素

	有利于推进农地流转因素	不利于推进农地流转的因素
总体情形	劳动力妇女化；农业机械化；农业技术水平；专业技术协会	劳动力老龄化；人均耕地面积；耕地减少；农地自发流转
平原和盆地的情形	农业机械化；水利基础设施；专业技术协会	劳动力老龄化；人均耕地面积；耕地减少；农地自发流转
丘陵的情形	劳动力妇女化；农业机械化；住房情况；专业技术协会	
山区的情形	劳动力老龄化；公共交通服务；住房情况	劳动力妇女化

从总体格局来说：

不利于农地流转的因素是：(1) 农业劳动力的转移对农地流转的确没有发挥实质性的作用。(2) 无论是耕地禀赋较多，还是耕地面积减少，在总体上都不利于农地的流转，在平原与丘陵地区更是如此。这一方面说明人地关系的变化并没有引发土地要素配置的改变；另一方面说明农地市场尚未形成能够影响要素流动的价格诱导机制。(3) 农地的自发流转并不利于土地的规模流转。(4) 劳动力的老龄化是约束农地流转的主要因素。

有利于农地流转的因素是：(1) 农业装备与实施、农业科技水平以及农业组织化程度，是决定农地流转主要的积极因素；(2) 农业的妇女化与老龄化对农地流转具有不同的含义，前者对农地流转具有积极意义。

可以认为，农户之间的农地流转处于一种低水平的均衡陷阱——土地依附、自发流转、小规模经营。缺乏资本投入能力、技术装备能力与组织能力的小农，难以成为农地流转的主力军。

因此，从促进农地规模流转的角度来说，如果转入主体缺乏现代生产要素，农地流转的进程将是缓慢的。培育和引入具有投资能力、装备能力、技术能力与组织能力的经营主体，是改善土地经营格局的必然选择。

从不同的地理区域来说：平原（包括盆地）、丘陵地区的农地流转，与总体情形大体类似，不同的是，山区土地由于其天然的分散性，进行连片的集中流转在整体上是不可能的。但是，改善公共交通等基础设施与劳动力转移，能够有效促进农地流转。因此，推进农地流转，必须因地制宜进行差异化的政策诱导。

三、进一步的思考

农户是家庭承包的主体，必然地也是土地流转的主体。关键的问题就在于，农户是否就一定是农地转入与农业经营的唯一主体？前面的部分章节已经证明，农地流转的缓慢与农地流转市场发育不足，在很大程度上与农地转入主体的进入不足有关。如果以防止"圈地"的名义禁止非农产业主体，特别是社会资本与企业家精神对农业的注入，中国的农业现代化进程将变得尤为曲折与漫长。

事实上，无论是理论界还是政府部门，反对非农主体参与农地流转的主张普遍存在。

一方面，从道义的角度来说，上述主张反映了人们对农民土地权益流失的担心，因为非农主体尤其是工商资本相对农民而言具有更强的谈判能力。我们认为这种担忧是多余的，第十二章的案例研究已经对此做了回答。

另一方面，从耕地保护的角度来说，担心工商企业到农村圈地，特别是担心其变相改变农地用途，显然是对农业政策及其管制不力的信心不足。从利益取向来说，土地用途之间的收益差异，必然导致经营主体存在趋利的必然性，这显然与什么样的主体参与农地流转无关。

再者，保护耕地，保障农业特别是粮食安全，显然需要强有力的政策诱导及其切实的贯彻落实。

农地流转主体的选择与农地流转市场的发育必然影响农业经营方式的转型。因此，这是一个值得思考的重大问题。

第三节　龙头企业、合作社的规模流转及其效应：若干案例

一、北京市通州区的案例

（一）于家务乡前伏村的土地流转和规模经营

于家务乡位于通州区南部，距通州新城19公里。该乡下辖23个行政村，是通州唯一的一个民族乡（回族），也是一个传统意义上的农业大乡。该乡土地资源丰富，总面积65.7平方公里，2004年实施土地确权发证工作，已确权土地面积54 718亩，确权人口23 913人，人均土地面积2.29亩，签订经营权和收益权合同、发放经营权和收益权证8 793份。到2009年9月，全乡流转土地面积11 699亩，占确权面积的21.49%。

2002年以后，于家务开始出现土地流转。2007年，结合都市农业河、路综合治理工程，在凤港碱河南岸进行南瓜主题农业观光园、台湾精品观光园等都市

农业项目的开发建设,开始了土地的规模流转和现代化农业经营。2009年年初,前伏村与神农河谷稻香农业发展有限公司合作,一次性整体流转土地2 000亩,神农河谷公司大规模地种植"航天育种"的甜高粱,并考虑成立土地流转服务中心,土地流转和农业现代化经营进一步扩大。

前伏村面积1.08平方公里,耕地2 000亩,村民207户,481人,其中农业人口417人。土地规模流转以前,以种植玉米、小麦和蔬菜为主。2008年,全村粮食总产量135万公斤,每亩纯收益(包括粮食直补)600元,总收入120万元,人均农业纯收入不到3 000元,村集体负债86.7万元,账上资金只有1万元。经济基础薄弱,人心涣散,干群关系紧张,村务工作难以开展。南瓜园建设的经验证明,通过土地流转,发展设施农业、生态观光农业、高效农业,可以使农民增收致富。

在招商引资以前,乡、村两级组织成立了5人土地流转工作小组,经过3个月的工作,终于签订了农地流转合同,并开始了大规模农业种植和经营。开始时,农户对土地流转有顾虑,一是担心合同不长久,不主张向大企业流转,认为公司心不在农,搞乡村酒店和种草皮之类,不赚钱就不干了,地也破坏了,怎么办?二是有人舍不得,还想种点地,怎么办?三是已经购置的化肥、农药、种子怎么处理?四是担心"反租倒包",村集体从中克扣。不仅如此,农户也不愿与公司直接打交道,怕没有保证;企业也不愿与农户直接发生关系,不仅麻烦,而且出了问题没有办法解决。

乡、村两级干部挨家挨户征求意见做工作,已经购买的化肥、农药、种子,能退的退回,不能退的找亲戚转让。想种地的给留地,在流转范围内的给予调换和调整。流转给公司后只能用于农业,不能种草皮,这样,公司退出,土地照样可以继续耕种。"反租倒包"违背自愿原则,现在的流转,完全是自愿的。为了解除农户的思想顾虑,流转工作小组充分利用通州区农村土地流转平台和网络,向社会发布土地流转和招商信息,积极动员社会资源,多方联系引进土地流转项目。经反复筛选,选定北京神农河谷稻香农业发展有限公司为合作对象。在签约前,乡党委组织部长、主管农业的副乡长、村支部书记、流转小组的相关人员对目标公司进行了实地考察,拿到了公司关于《生物能源研发种植基地可行性报告》。考察人员一致认为,该公司的资质、资金、实力和规模符合合作条件。经过谈判,开始时,公司给农户的租金每亩700元,50%的农户同意,再次与公司谈判,每亩给农户的租金提高到800元,70%的农户赞成,并有递增安排。后经进一步算账,零投入、没风险、不花钱、不操心,且年轻人大都外出了,种地的主要是40~60岁的人。结果是全部同意流转。

为了解决公司与农户双方之间不愿直接打交道的问题,土地流转合同由村集体作为甲、乙方分别与双方签约。6月4日,全体村民代表和全体党员与村委会和党支部签订了《土地流转委托合同书》,接着与各个农户签约,然后再由前伏村村委会与北京神农河谷稻香农业发展有限公司签订土地《承包合同》。合同规定,一次性将全村土地整体流转给神农河谷公司,流转面积2 000亩,流转期限18年,土地流转费1 000元/亩,其中,农户租金800元/亩,村委会农业设施服务费200元/亩。合同签订不仅通过乡经管站,而且通过律师事务所和公证机构公证。

由于整体流转,必须进行土地整理,填平沟坎。由此多出了100多亩耕地,解决了村里的遗留问题。村里有50多户没有承包地,2004年确权时给了收益权,每人130元,现在有了收益,一次性到位,解决了遗留问题。

土地整体流转以后的经营方式是,神农河谷公司将甜高粱的田间管理委托给村委会全权代管,村委会安排专人,从播种、定苗、除草、灌溉、中耕、施肥、收获等环节组织本村农机、人力进行田间作业,村民在自己原承包的土地上从事播种、定苗、除草、灌溉、中耕、施肥、收获等项目的劳动,公司负责发放各个项目的工资。这不仅降低了公司的生产成本,为之节约了管理费、房租费、运输费,而且增加了村民的收入,实现了双赢。甜高粱的生长期为100天,全年可种两季,预计劳务收入每亩400~500元,村民全年可增收80万~100万元,加上租金160万元,全年收入翻了一番,人均纯收入增加2 877元,劳均收入增加4 026元,农业劳动力人均增加11 320元。

土地整体流转和大规模经营的结果推动了农业的现代化发展。分田单干只能解决温饱问题,不能解决富裕问题,分田承包是小地块、小机器、体力劳动为主,大机器用不上,科技投入少,科技培训和指导用不上,把土地集中起来租给大公司以后,土地可以收租,劳动可以取得收入,也解决了就业问题,还增加了科技投入,实行了机械化作业。特别是该项目引进以后,促进了农业产业结构的调整,形成了循环产业链,以甜高粱及其秸秆为基础原料生产糖、生物乙醇、木糖醇、中高档纸张、第四代生物复合肥料、蛋白饲料等,可带动产业地域面积半径50~100公里。

(二) 永乐店镇熬硝营村的土地合作社

永乐店镇熬硝营村位于于家务乡的东侧,有300多户,1 300人,2 300亩土地,曾以熬硝而得名。土地流转前,村里没有工业企业,集体没有收入,种地粗放经营,先种一茬小麦,基本上不挣钱,后茬种玉米,才能挣点钱,农户收入上不去。一部分农户没有土地,但2004年确权时明确了收益,每年每人100多元,村里为此要支出5 200元,土地流转后每亩补50元,共约2万元。村里也补不起。

与前伏村不同，敖硝营村的土地流转，是由愿意流转的 74 家农户成立了土地合作社，入社土地 500 亩。经过招商引资，与航空服务公司合作，种植蔬菜和水果，同时由于地处大学城，建设设施农业，作为学校的教学实验基地。

敖硝营村合作社是独立于村委会的法人组织，合作社对外连接企业，对内连接农户，农户先把土地流转到合作社，经合作社打包再流转给企业。合作社与企业合作的方式是，合作社指派专人对企业的生产、经营情况进行监督，但不直接参与企业经营，双方都有财务管理，并做出了一种"保底分红"的制度安排。"底"为企业每年付给合作社的土地流转费 1 000 元/亩，5 年一递增；"红"为企业付给合作社 20% 的利润，合作社不承担企业亏损，形成一种利益共同体。合作社与农户之间也实行"保底分红"。"底"为土地流转费，"红"为利润。合作社得到利润，将其中的 70% 作为合作社基金，30% 作为合作社的运转经费，每年基金总额的 30% 用于合作社分红。入社农户中，73 户为个体农户，1 户为集体户。由于进行土地整理，多出 100 多亩地，归集体户，其中一部分用于补贴无地户。

与前伏村的模式相比，其特点或者好处在于，一是村集体避免了一身二任的尴尬：既是甲方，又是乙方，既作被告，又作原告；敖硝营村的安排，主体资格恰当，权责对等。二是发生纠纷，以合作社出面解决，而不以村委会出面调解，解决了政企不分的问题。三是避免了"反租倒包"之嫌。四是与承包时的经济关系变了，不是土地租佃关系，而是利益共同体，集体拿的实际上是干股，农户的收入也由三部分构成，即"租金收入 + 工薪收入 + 分红收入"。

二、山东郑龙村有机蔬菜专业合作社的案例

泰安市宁阳县的蒋集镇，是一个传统农业乡镇。在土地流转和规模经营中，郑龙村实施了"股份 + 合作、四方受益"的方式，以土地入股加入合作社，实现生产的规模化、集约化和标准化。

（一）郑龙村的土地股份合作社

郑龙村在汶河北，土地肥沃，全村 320 户，1 260 人，人均一亩地。致富能人田文武当选为村支书以后，与村两委成员谋划并发动群众讨论，在新形势下集体经济如何发展，村民怎样才能致富？2007 年 9 月，在村里召开的村干部、党员代表、村民议事小组代表参加的"诸葛亮"会上，老党员"蘑菇大王"郑修东提议合伙养蘑菇，他提供技术，村里利用空闲地投资建大棚。此议获得代表

一致赞成，随后建起8个大棚，养起了平菇和鸡腿菇，并与泰安弘海公司签订了订单协议，到年底净赚纯利5万元。

在与弘海公司合作的过程中，田文武带领村两委干部多次到该公司和其他蔬菜种植基地参观学习。回村后，他就琢磨着成立合作社，种植高价值有机蔬菜的事情。但是，他的设想提出后，受到很多人的质疑，有的说，"俺种了一辈子粮食，万一种菜赔了咋办？"有的说，"把土地收起来种，那岂不是'吃大锅饭'，走'回头路'？"有人害怕，"和村里签了土地出让合同，到时候村里不给钱怎么办？"

面对村民的质疑和担心，村里确定了"群众自愿、土地入股、集约经营、收益分红"的原则，并挨家挨户做工作，同时由干部带头率先把土地入社，田文武还拿出8万元以个人名义与农户签订协议。干部带头，书记作保，110户村民自愿出让了近20年的承包经营权，入社土地300亩。经股东大会讨论通过，建立健全了财务管理等各项管理制度，选举了理事会、监事会，推举田文武为理事长。合作社实行统一管理、统一经营，一亩一股，持股人除享受每亩地的股金（起初为400元1亩，后提高到700元1亩）外，还可自愿到合作社的基地上打工赚钱，年底盈余还可参与分红。具体分配办法是，按当年盈余的10%提取公积金和公益金，用于扩大生产服务能力和亏损补贴、发展合作社事业和社员福利，提取10%的风险金，用于合作社的生产经营遭遇重大经济损失时的补贴。

一季青豆下来，合作社净赚36万元，每亩土地年底分红达1 000多元。看得见、摸得着的高收益让原先没有入社的村民悔不当初，纷纷找田文武要求入社。2007年9月，其余150户签订了土地承包经营权流转合同书，成为合作社的第二批"股民"。至此，入社土地920亩，其中包括邻村的260户120亩地。2008年，村集体经济收入40多万元，农民人均纯收入5 700元，比2006年分别增长近3倍和50%。

（二）郑龙村合作社的经营模式

合作社成立以后，利用养蘑菇时与弘海公司形成的良好关系，郑龙村和弘海公司签订了合作协议，形成了"公司+合作社（基地+农户+集体）"的经营模式。按照协议，弘海公司向合作社派驻代表，负责种子、技术、销售、保护价，指导和监督整个生产流程，合作社负责生产管理，按照订单统一安排种植品种，统一种植模式，统一管理服务。根据种植品种的不同，下设绿菜花、青刀豆、芦笋等生产基地，各基地按面积设置生产小组，具体负责生产、用工和产品质把关。村民中的年轻人大多外出打工，留守在家的大多是上了年纪的人和妇女在合作社中劳动。

合作社改变了一家一户闯市场的尴尬局面，解决了小农经济与大市场的矛盾，提高了庄稼汉参与市场竞争的力量。据了解，合作社与弘海公司签订的绿菜花的收购协议，收购价格最初是 0.8 元/斤，随着市场菜价的上涨，合作社多次与弘海公司协商，把订单价提高到 1.1 元/斤。仅此一项，合作社就能够多盈利 18 万元。但是，市场售价是 2 元/斤，田文武认为，"我们是集体经营，不是一家一户的面对市场，我们不能违约把菜卖给市场，宁丢效益，也不能丢诚信、丢市场"。

要种好有机菜，必须有有机肥和生物农药。为了解决有机肥的问题，郑龙村与弘海公司合作，办起了有机肥厂生产有机肥料，并搞起了生态农业和循环经济。邻村小胡村有 30 多户奶牛饲养户，存栏奶牛 1 000 多头，牛粪臭气熏天不说，其清理费工费时，成了大问题。合作社与小胡村签订交换协议，把绿菜花的叶子打包送到小胡村，一车叶子换一车牛粪，用以生产有机肥。生产出的有机肥，粉状的自用，颗粒状的出售给与弘海公司签订协议的其他基地。

郑龙村的蔬菜种植已经走上了标准化的道路，管理无论是行距、间距，还是高度，都用尺子"说话"，施肥从时间、品种、剂量都按规定操作。村民形象地说，"咱是管理卡尺子，施肥按单子，跳着'标准舞'种菜"。为了更熟练地掌握有机菜的种植技术，合作社与山东农业大学、中国芦笋协会等科研单位建立了业务联系，定期聘请专家举办科技讲座，强化对社员的技术培训，现已培训 1 000 多人次，推广新技术 10 项，新品种 8 个。正是实施了标准化生产，合作社种出的有机菜获得了有机食品认证，并向国家工商总局提交了"龙渔泉牌"商标注册申请，不仅与泰安和济南的超市签订了直供合同，而且顺利地拿到了通向国际市场的通行证，远销美国和日本等多个国家。

三、成都市凌云村的"西部花乡"案例

凌云村位于郫县新民场镇，距成都约 40 分钟的车程，全村下辖 16 个合作社，共 767 户，2 432 人，土地面积 4 249 亩。从 2008 年开始进行大规模土地流转和土地整理，推进农业产业化经营，建设集生产、展销、观光、休闲为一体的综合性产业基地。

（一）实施土地整理，为农业产业化经营奠定物质基础

2008 年，经四川省国土资源厅批准立项，郫县实施了新民场镇土地综合整理项目，项目包括农地整理和城乡增减挂钩两个部分，主要内容包括，一是对农用地进行格田和一般农田整理，新增耕地 224.3 亩；二是建设占地 160 亩、建筑面积近 10 万平方米凌云集中居住区；三是对集中居住后的院落进行复垦整

理，新增耕地 375.2 亩；四是置换 364.8 亩建设用地到郫筒镇作城镇建设用地。该项目总投资 40 234 万元，其中新区建设、农户拆迁补贴、土地整理投入 18 565 万元，郫筒镇新区建设投入 21 669 万元。2008 年郫筒镇土地拍卖每亩均价 173 万元，按此计算，置换到郫筒镇新区建设的 364.8 亩土地预期收益 63 110.4 万元。以此引进成都市小城投公司，解决资金投入和农村基础设施配套建设问题。

经过综合土地整理，凌云村新增耕地 599.5 亩，新修道路 1 400 米，U 形渠 1 926 米。将腾出的 135 亩建设用地用于发展第三产业，实现了土地的有效规模流转，按照"基地＋合作社＋社员"的农业产业化经营模式，将基地、农民和企业捆绑在一起，形成较为紧密的利益共同体，并以凌云村为中心向周边辐射，建成 4 500 亩花卉基地核心区。

（二）土地规模流转，为农业现代化经营创造制度条件

四五年前，凌云村开始出现土地自发流转，本地业主和村民利用承包地和租种承包地种植花草。近两三年来沿道路两边，形成了产业雏形。一般都是十亩八亩，规模小、实力弱、技术差、产品质量不高。县、镇两级政府为了帮助农民把产业做大做强，积极引进外地大型企业，在进行土地整理的同时，推动土地规模流转。开始时，有人不同意，经过算账，农民想通了。原来种粮食，麦稻两季，麦亩产 600 斤，稻亩产 1 000 斤，收入分别为 400 元和 800 元，合计 1 200 元，扣除化肥、农药、种子，只能收入 100 多元，三口之家，还得一个劳力种田。土地规模流转以后，除了土地租金，仅工资收入每月就有 800～1 000 元，而且不用操心，不担风险。经过算账，农民同意实行土地规模流转。

实行土地规模流转，先由村集体与农户签订土地租用协议，再由村集体与企业签订土地流转协议。协议不仅规定了双方的权利和义务，而且规定了租金的支付和分配。每亩土地的租金为 1 000 斤中等大米，价格以当年 9 月中下旬市场中等大米价格计算，分两次支付。在 5 月 30 日和 9 月 30 日前，先由公司支付给村集体，每次支付 50%，在 6 月 30 日和 9 月 30 日前，再由村集体支付给农户，第一次支付 40%，第二次支付 60%。

另有两个重要内容，没有在合同中写明，一是为了招商引资，前 3 年的租金免征，由政府负担，办法是先由企业支付给农户，再由政府补给企业；二是每亩地村集体收取 100 元协调费，用于支付保安巡逻、清洁环卫人员的工资和用于困难户、节假日补贴。森禾公司的现代农业经营土地规模流转以后，引进了龙头企业和种植大户，实现了现代化经营。现有企业业主 60 多家，年产销售盆花 1.5 亿盆，销售收入 1.2 亿元，就地转移劳动力 700 余人，带动农户 400 多户，农民

人均增收1 000多元。其中，以成都森禾现代农业科技有限公司、成都苗夫现代苗木科技有限公司和上海精文绿化艺术发展有限公司最为著名。

成都森禾公司是浙江森禾种业股份有限公司的全资子公司，注册资本600万元，计划投资5 000万元，在新民场镇租地1 000亩，以最优良的花卉和彩叶观赏植物的新品种选育栽培、新技术研发和新产品推广为主业，主要种植红叶石楠、金森女贞等彩叶乔灌树种，以及春石斛、花蕙兰、蝴蝶兰、仙客来等名贵花卉。现已形成一定生产能力，年产各类种苗1 500万株，小容器苗800万株，大容器苗50万株，名贵花卉20万盆，将建成智能化温室2万平方米、钢结构操作房1 600平方米、27亩花卉苗木大卖场。现有生产能力7 000万元，当年销售收入3 000万元。2008年公司务工人员300人，年支付工资200多万元，95%支付给了当地农民。

森禾公司采用地膜覆盖和机质栽培技术，只用地，不用土，使用地布和容器，用地布盖在地上，上面放上容器，容器里面放入由各种菌渣（花生壳、稻壳和其他废料）生成的机质，然后栽上苗木。种苗有两类：一是以废塑料为母本，从母本上剪下来栽培；二是用网袋培苗，然后上盆栽种。为了提高栽培质量，公司从当地挑选和培训了一支技工队伍，并从中培养了当地的技术员和管理员，招收了两名大学毕业生。与此同时，公司还对当地农民进行技术指导，对分散种植的农户，公司负责研发、回收和销售，农户负责中间种植。

公司的经营和发展使新民场镇发生了重大变化。一是环境好了，建了花香公园，办了花香节，四季花红柳绿，香飘万里；二是腰包鼓了，仅以务工收入为例，少的每月800元，多的1 000多元，年收入可达15 000元，物质生活改善了；三是生产方式改变了，农民成了产业工人，地膜、温室、设施农业、产业化经营，8小时工作，夏天早上4:00上班，下午6:00上班，还有防暑降温、节假日休息。

四、成都市桤泉镇"高新现代农业产业园"的案例

桤泉镇位于崇州市西南部，距崇州城区10公里，全镇有4个行政村和一个社区，地域面积18.09平方公里，耕地面积1.82万亩，人口14 000多人，98%为农民，属典型平坝纯农业乡镇。2003年以前，桤泉镇以传统农业、小型企业和原始商贸为主，农业基础薄弱，农村发展滞后，农民增收困难，人均纯收入3 000元。

2003年，桤泉镇作为"成都市统筹城乡综合示范项目建设试点镇"，以建设"高新现代农业产业园"为依托，大力推进土地流转，发展现代农业产业，创新

农业服务体系，在破解"三农"难题、发展城乡一体化方面取得了突破，实现了农业由小到大、由弱到强、由传统经验到现代技术、由小农经营到规模集约、由单一种养殖到生态观光并重的转变。到2008年，全镇农民人均纯收入5 935元，高出全市平均水平400多元，比2003年增长73%。农村基础设施和居住条件明显改观，新型城乡形态逐步显现。

（一）推进土地规模流转，发展新型经济合作组织

为了推进土地流转和发展现代农业，桤泉镇从产权改革入手，首先进行了"确权颁证"、"还权赋能"，把农村集体土地所有权、集体建设用地（包括宅基地）使用权、集体土地上房屋所有权、农用地承包经营权、集体林权等，确权到村（组）集体经济组织和农户，并发证确认，使产权"实体化"。在此基础之上，一方面争取国家政策和项目支持，依托"金土地"工程和土地整理项目，进行土地整理和拆院并院，引导一部分农民从土地上分离出来；另一方面，建设高新现代农业产业园区，大力招商引资，培育、引进和扶植龙头企业、专业合作组织，积极推进土地流转和规模经营。具体做法有以下几种。

1. 土地（股份）合作社

以村为单位组建土地合作社，已组建的有中和社区土地合作社、生建村土地合作社、临董村土地合作社、千功村土地合作社、群安村土地合作社，入社农户3 900多户。合作社受入社农户委托，通过招商引资，统一将土地流转给业主。现已成功引进49家公司和业主，流转土地1.23万亩，其中，互惠集团和鹰马龙公司已建立生产基地6 100亩。按照双方协议，合作社统一向业主收取土地流转租金，其中95%按确权后流转土地分给农户，5%作为合作社的收入，用于开展收集土地流转信息、引进业主流转土地、签订土地流转协议、维护社员收入保障。

2. 农民专业合作社

按照"民办、民管、民有、民受益"的原则，由从事种养殖业的大户和能人牵头，组建了专业性的"农民专业合作社"。例如，润和果蔬专业合作社、千功村养猪专业合作社、天赐养猪专业合作社、治康养猪专业合作社、文芳专业养猪合作社、猪哥哥养猪专业合作社、群安养猪专业合作社、红发专业养猪合作社等，入社农户达226户。

3. 新型农民创业园

由生建村20个农业合作社出资20万元，成立崇州市新城农业发展有限公司。公司拥有桤泉镇中和社区新型农民集中居住小区物业管理、小区幼儿园、商铺25间、管理用房2 400平方米的经营收益权、园区17套生产管理用房经营收

益权，公司通过土地整理项目获得集体经济组织新增500亩土地经营权，并按照"小业主+大园区"的模式，建设了"500亩新型农民创业园"。园内规划建设6个标准化养殖单元（占地30亩）、470亩特色种植基地，发展种养循环农业。目前，已经有7户业主进入园区，发展蔬菜和红提种植、生猪养殖。

（二）构建新型农业服务体系，发展农业生产的产前、产中和产后服务

土地规模流转和业主集中经营以后，一方面要求农机、植保、咨询、代管等专业化的产业服务，以专业化化解和降低经营风险；另一方面，也需要专业、熟练、有组织的劳务服务，而从土地上解放出来的留守弱劳动力，也需要以"不离土、不离乡"的方式重新就业，就地实现务工增收。因此，建立和发展现代农业服务体系就成为必然的选择。

一是组建农机服务公司，搭建农机具服务平台。2008年3月，由5名一线农业技术人员筹资兴办了"崇州市大地农业服务公司"，现有办公场所90平方米，3W-950型机动喷雾器15台，柱塞泵喷雾机4台，热力烟雾机1台，插秧机4台，大型拖拉机2台及配套作业机具，小型拖拉机8台，运输三轮车1辆。经营范围是，提供防治病虫害的服务、农业机械作业并配备操作人员的服务、农业技术咨询服务和谷物种植服务。成立以来，公司已经确立了3项核心业务：（1）农作物专业防控和绿色防控，已经在甜玉米生产中推广应用生物导弹（赤眼蜂+专化病毒），在蔬菜种植中推广天然除虫菊、BT、印楝素、性诱剂和杀虫灯、色板等技术。2008年，为国家粮食储备库崇州公司水稻基地、鹰马龙、互惠农场和天鹰种植合作社提供近11 000亩次作物、蔬菜的全程植保服务。据粮库公司生产部副总经理说，"往年防治一次水稻螟虫需动员民工200多人，还要请10多个管理人员监督，熬十多天，效果呢？基本无保证。打工者挣工钱，不管你防效，出了问题只能怪自己管理监督不到位。今年不一样了，我与大地公司签了防治合同，什么病虫，何时防，用啥药，天气如何，能不能打，我们全不管，我只管每亩付6元机务费，他们保证95%的防效，防治上出了问题有人负责，省心、省事、省钱、快捷，一举多得。"互惠公司不断订购新的服务，还准备把本公司在外埠的种植基地收缩整合到崇州。（2）实用性特色农机服务。大地公司在成都首家开展大型机械起垄作业，一举攻克黏土地区蔬菜种植中的诸多问题，如不起高垄，易受雨涝湿害；人工起垄，费用太高，亩次花费高达250~300元，而大型机械高标准起垄只需60~70元。2008年，为崇州粮库公司提供机械插秧650亩，为互惠、鹰马龙农场、二家来崇州种植西瓜的业主、金达林农业、绿盛农业等企业提供机械化犁耕、施耕、起垄开沟作业2 600亩。（3）种育

苗，代耕代管。2008 年，为互惠农场提供机械化育秧 400 亩，将园区 160 亩临时闲荒地种满。据核算，公司为崇州国储库水稻规模化经营提供的统一育秧、统一防治病虫害、开展机耕、机插、机防、机收服务，不仅为服务对象节约种植成本 2.1 万元，而且获得纯收入 5 000 多元。为互惠集团蔬菜基地提供的机耕、起垄、大棚消毒和病虫害防治服务，使其蔬菜配送基地实现了规模化、设施化、标准化生产。到目前为止，公司已发展固定订单基地 6 个，服务面积近 4 500 亩。

二是组建劳务合作社，搭建农业劳务用工平台。2008 年，崇州市桤泉利民农业劳务合作社成立，社员构成主要是桤泉农业产业园区的失地留守农民，大多为 "40~60" 人员。现有社员 120 人，其中，女性 95 人，男性 15 人，40~50 岁 62 人，50~60 岁 40 人，30 岁以下和 60 岁以上 8 人；小学文化 36 人，中学文化 72 人，文盲 2 人。业务范围有：（1）劳务输出，有组织地向从事种植业、养殖业和加工业的业主输送劳务，解决其在生产管理中的人力、技术的紧缺问题；（2）劳务技术承包，依托自身的技术和机械优势，向业主提供产前的耕整、产中的管理和产后服务；（3）承接劳务培训，依托科研院校和自身的技术农机装备，提供适销对路的技能培训和认证服务。目前，120 名社员中，通过培训，有 70 人已经掌握了有关蔬菜的种植技术，陆续走上了农业产业工人的岗位，合作社已经与园区内 23 家土地规模经营业主、农业产业化企业签订了农业劳务服务协议，协议用工达 102 人，社员年稳定务工在 220 天以上，工资收入由入社前的 25 元/天提高到 35~40 元/天。

三是引进四川文井现代农业基地管理有限公司，创新农业基地管理方式。文井公司于 2009 年落户桤泉高新现代农业产业园区，针对现代农业中的技术、劳务管理、生产成本核算、市场营销和生产环节的规范化、标准化、机械化等方面存在的问题，引进"酒店式"管理模式管理生产基地，提供"保姆式"服务，专门从事农业园区规划和农业投资策划、生产基地劳务和技术管理承包、农产品营销配送和出口设施农业建设、农民工技术培训和新技术新品种推广应用等基地服务。公司与园区康庄农牧公司签订甜糯玉米 200 亩从种到收全程生产劳务、管理服务，每亩收取劳务、机具、管理服务费 360 元，比康庄公司自行组织生产管理节约 80 元。

（三）建立农业专家大院和农业科技成果转化中心，实施农业标准化生产和农业产业化经营

崇州市桤泉园区依托四川省农科院、四川大学，建立了"农业专家大院"，实行首席专家负责制，常年聘请 36 位专家，其中，省级农业专家 16 位，并建立农业科技成果创新转化中心，重点开展农业科技成果转化中试、农业科技推广服

务。一是已建成农业新品种、新材料、新技术科研示范基地，配套完善了农业实验室、检测室及相关设备。一年来引进中试农作物新品种168个，开展了无土栽培、百世康微生物肥料、新品川健康养殖技术等试验和示范，引进示范推广农牧业新技术20多项、新品种40多个，示范带动种植水果玉米10 000多亩、水稻机插秧3 000多亩、辣椒秋延栽培技术3 500亩。二是建成工厂化蔬菜育苗中心标准化蔬菜大棚1 060亩，以及蔬菜新品种展示大棚和种植示范基地，发展了万安农业科技、益优生化等一批农业科技成长型企业，鹰马龙、川崎食品、互利达粮油等一批精深农产品加工企业和新型物流企业，不仅提高了农产品的科技含量，做深做长了农业产业链条，而且发展了"农超对接"、"农校对接"、"农馆对接"的农产品销售模式，扩大了农产品的出口。三是推进了农产品品牌建设，发展了农业标准化经营。2007年建成了"省级农业标准化食用菌生产基地"，2008年建成了"省级农业标准化红提葡萄生产基地"，实施了红提葡萄、海椒、苦瓜等无公害、绿色和有机农产品检测、认证，着力打造"文井源"农产品品牌，统一注册了"桤泉牌"农产品商标。同时支持龙头企业争创农产品知名品牌和著名商标，如鹰马龙公司的蔬菜罐头出口欧盟，润和果蔬合作社注册了"润和牌"农产品商标。

五、崇州粮油储备公司规模化种粮的案例

四川崇州粮油储备有限责任公司，即四川崇州国家粮食储备库，是一家集粮油收购、储备、加工、销售、农业种植为一体的国有粮食企业，注册地点在崇州市崇阳镇金盆大道163号，是成都市农业产业化的龙头企业和最大的种粮大户。现有年产30 000吨大米、5 000吨面粉与面条、2 000吨菜籽油加工生产线各一套，种植面积2 000亩，年产大春水稻1 000吨、小春小麦600吨，创有"陆翁牌"系列农产品。

2003年公司在系统内率先实施了土地流转和订单农业等种植模式。2007年，公司依托乡镇政府和村委会动员农户把土地委托村集体经济组织统一流转，在桤泉镇建立了粮食生产基地。流转交易的条件是，公司付给农户的租金是每年每亩600斤大米，按市价约合800元，支付方式是委托村集体组织或者合作社分发到户。

公司采取"公司+农户+集体+科研单位"等多渠道合作模式，进行生产经营，人员雇工主要使用当地村民，就近雇用，管理人员、常规人员由公司与之签订劳动合同。经营范围有大米、面粉、面条、菜油加工，水稻、小麦、蔬菜种植，种植粮食全部用于国家粮食储备，轮换期满后通过加工全部投放市场销售，

生产的经济作物收获后直接销售市场。

经过核算，购买种子、机耕、播种、施肥、打药、防治病虫害、田间管理、收割、运输、翻晒等全部农业生产活动，大春水稻每亩投入497元，小春小麦每亩投入300元，加上租金，累计每亩投入1 597元，而水稻和小麦的销售收入平均每亩1 600元，成本和收益基本持平，净收益为零。实行基础设施配套、良种良防、统一机耕后，劳动用工成本大大降低，每亩可节约成本200元。公司主要通过精深加工和创建品牌取得盈利。

近年来，国家对种植粮食的投入逐年增加，成都市的各种惠农补贴有，粮食直补、良种补贴、耕保基金等，这些全部补给了农户，种粮企业和业主享受不到。政府给种粮企业的一项补贴是土地流转补贴，规定连续种植3年以上，每亩补贴100~200元。

第四节 土地流转、组织变迁和农业现代化：政策含义及其选择

一、实证分析的内在逻辑及其含义

（一）传统农业正面临着经营危机

中国的改革开放是从农村开始的，而农村改革的中心是放弃原来的公社体制，在保持农村土地集体所有制的前提下，普遍推行以家庭承包经营为基础、统分结合的双层经营体制。这是农村社会生产力的一大解放。再加上粮食价格的调整和提高，保证了20世纪80年代上半期中国农业经济的高速增长，解决了过去30年没有解决的温饱问题。改革开放30多年来，中央政府为了巩固农村制度变革的成果，保护农民的土地权利，保持农村稳定，一直坚持农村的基本经济制度不变，强化农户的主体地位，在农村土地制度上，为了稳定农民与土地的关系，将农地承包期从15年延长到30年，到2008年又提出"长久不变"。为了防止村社内部的土地调整，不允许搞"大稳定，小调整"，将农民与土地的对应关系明确为人对地头的关系。这些制度改进为农民土地承包权的物权化打下了基础。

但是，从20世纪80年代中期以来，农民的就业状态发生了巨大的变化，改变了农地对农民的经济重要性，也改变了他们同土地的关系。从农民对土地拥有的产权束来看，农地产权主要包含农民对土地的承包权、经营权和转让权。在改

革之初，由于农民没有其他就业机会，而且农业的效益也比较高，他们主要以农业耕作为主，土地承包权和经营权是合一的；随着乡镇企业的发展，一部分农村劳动力转向本地的非农产业就业，土地承包权和经营权开始发生分离；到90年代以后，沿海工业带的形成和世界制造工厂的出现，内地乡镇企业衰败，广大中西部农区的农民大量到沿海打工，土地承包权与经营权面临更普遍、更长久的分离。但是，由于城市落户政策的缺失和内地农地流转市场发育滞后，我国的城市化发生扭曲，人口流动和资源流动脱节，形成"半拉子"城市化。1.5亿农民工流入城市长年在外做工，但农地的流转一直只有4%~8%的水平，外出的农民工将自己承包的土地临时转给邻里、亲戚，或者干脆让留在家里的妇女和老人经营。根据农业第二次普查的资料，在大部分农村男劳动力到沿海地区打工以后，妇女就成为农业生产的主要劳动者和经营者。全国、中部、西部地区的妇女农业从业者，1996年第一次农业普查时分别占47.55%、36.93%和38.49%，到2006年第二次农业普查时，分别上升到53.2%、54.3%和51.4%。其中，7个劳动力流出较多的省份的女性从业者分别占一半以上。由于青壮年劳动力绝大多数出外打工，且呈年轻化趋势，导致农业从业者和劳动者越来越老龄化。因此，使传统农业经营面临挑战，农业产业的前景堪忧。

家庭承包经营相当平均化的小农经济，它虽然能够解决农民的温饱问题，却解决不了农村的富裕问题。与公社体制相比，它虽然激发了农民的生产积极性，但却无法不断焕发和继续保持这种积极性，20世纪80年代后期和90年代上半期的农业波动，证明了这种情况。特别是随着市场化、工业化和城市化的推进，一家一户分散的家庭农业经营不仅不能满足经济社会发展的需要，反而成为经济发展和社会进步的障碍，同时也使农村处于边缘和落后状态。再加上其他农村政策的失误，就造成了日益严重的所谓"三农"问题。因此，农地流转和规模经营并不是什么人的主观意志，而是传统农业经营面临危机的必然选择。

（二）土地流转和适度规模经营是农业现代化的前提

土地流转和规模经营实际上是一个问题的两个方面。因为只有实行土地流转，才能实现土地的相对集中，扩大农业的经营规模。因此，土地流转和规模经营是农业现代化的基础和前提。舍此，没有第二条道路可走。虽然农业现代化的发展有快有慢，大部分还处在起步阶段，但农地流转都预示了这样的发展方向。

第一，现代农业必须实行社会分工和专业化生产。这在一家一户分散经营的情况下是根本办不到的。这时，即使有所分工，也是自然分工，而非社会分工；农户为满足自身需求，不仅不能实行专业化生产，往往还要搞多种经营。本来，由于集体所有和联产承包的结果，土地就变得很细碎，一家一户一般只有三五亩土地，且分散为多个地块，每个地块上往往还要种植多种作物，可见，土地的细碎化在小农经济条件下是不可避免的。与此相反，在实施土地流转和规模经营以后，社会分工和专业化生产自然而然地得到了不断的扩展，形成了一系列专业化生产基地。上述案例都说明了这一问题。前伏村整体流转 2 000 亩土地以后，全部种植了"航天育种"的甜高粱，改变了以前家家户户种小麦和玉米的情况。熬硝营村种植了蔬菜和水果，也搞起了观光农业。郑龙村成为专业蔬菜基地，其规模也达到了上千亩。凌云村则专门种植各种花卉苗木，成了名副其实的"西部花乡"。桤泉镇的"高新现代农业园区"由于面积广大，虽然实行了多种经营和综合发展，但各种社会分工更细，专业化程度更高，不仅形成了专业化的蔬菜基地和红提葡萄基地，而且出现了专门提供机械服务和劳务服务的专业化组织机构。

第二，农业现代化必须增加科技投入，不断推进科学种田。这在小农经济条件下同样是无法实施的。分田承包是小块地、小规模、小机器、分散单干、体力劳动、凭经验办事，大机器用不上，科技投入和科技培训既无必要，也无力量，因此小农经济只能是传统农业和经验农业，不可能是现代农业和科技农业。但是，实行土地流转和规模经营以后，情况发生了很大变化，并且在不断变化。上述案例也都提供了这方面的丰富材料。前伏村的甜高粱是"航天育种"，其种植和收获可以利用大型农业机械大规模地进行，虽然其他作业变化不大，但是，神农河谷公司的甜玉米加工却完全是高新技术的产物。郑龙村的蔬菜种植已经有了专门的技术指导和技术监督，技术培训受到了重视和取得了很大的成效。"西部花乡"的花卉苗木种植同样走上了科学发展的道路，不仅对当地农民工进行了技术培训，提高了他们的文化素质和技术能力，培养出了自己的技术人员和管理人员，而且花卉苗木公司的地膜覆盖技术、机质栽培技术、细胞培育技术以及设施农业和工厂化生产，更显示了农业现代化发展的优势。至于桤泉"高新现代农业产业园"在科技农业的道路上已经取得了骄人的成绩。无论是大规模的机械耕作，还是病虫害的防治，无论是标准化蔬菜生产基地、红提葡萄基地、优质生猪生产基地以及一些特色农业生产基地的建设，还是"文井源"农产品品牌的创造和"桤泉牌"农产品商标的注册，都体现了现代农业的科学精神，特别是"农业专家大院"的建立和活动，农业科技创新的活跃和科技成果转化的加速，更显示了农业科技发展的光辉前景。

第三，生产经营的标准化和产业化是现代农业的又一重要标志。工业生产的标准化已经是人们的常识，而农业生产的标准化仍然是一个没有解决的问题，事实上，在一家一户的生产方式下，这是既不可望也不可及的事情，因为狭小的规模和手工操作既不需要也无法实施标准化生产和产业化经营。但是在土地流转和规模经营发展以后,标准化生产就提上了议事日程。虽然具体标准和实施办法在不同的农业产业中会有所不同,其发展也有先后的差别,但上述案例仍然为我们揭示了这一发展趋势。郑龙村蔬菜种植的标准化是比较突出的,正如前面所说,"管理,从行距、间距、高度都用尺子'说话',用肥,时间、品种、剂量,都按规定操作。村民形象地说,'咱是管理卡尺子,施肥按单子,跳着标准舞种菜'"。他们的目标是,"对农产品实行'从田间到餐桌'的全程控制,构建'生产有标准,产品有标志,质量有检测,认证有程序,市场有监管'的标准化格局"。"西部花乡"的标准化是由企业主导的,连容器都有尺寸,大的12cm×150cm,小的12cm×12cm,至于花卉苗木品种的选育培养,新技术的推广应用,都有一套明确的标准和严格的程序。桤泉镇"高新现代农业产业园"把建设标准化生产基地、实施各种生产和服务标准、实现规模化、设施化和标准化生产,作为园区发展的重要工作,已经建成了"省级农业标准化食用菌生产基地"、"省级农业标准化红提葡萄生产基地",有的实行了"酒店式管理"和"一站式服务",有的实行了"统一品牌、定生产标准、定生产产量、定生产质量、超产返利、利润分成、技术承包、劳务承包"的管理模式,积极探索不同农业生产标准化的可行途径。

第四,生态化是现代农业的发展方向。传统农业虽然包含着某些自然生态的因素,如有机肥的施用、耕地的轮作等,但是小规模经营不仅限制了它的发展,也减弱了它的作用和效力。实施土地流转和规模经营以后,为生态农业和循环经济的发展提供了广阔的空间和巨大的可能。上述案例也展示了这方面的发展前景。前伏村的甜玉米种植,为调整农业产业结构,形成循环农业和循环产业链提供了基础原材料,用甜高粱的籽和秸秆可以生产糖、生物乙醇、木糖醇、中高档纸张、第四代生物复合肥料、蛋白饲料等。郑龙村也做起了生态农业和循环经济的文章,他们用绿菜花的叶子与小胡村的牛粪相交换生产有机肥,变双方的废物为宝物,既满足了双方的需求,又节省了费用,增大了经济效益和环境效益。"西部花乡"森禾公司的机质栽培技术所用的基质,就是就地取材的稻壳、花生壳等废弃物。而桤泉"农产品加工园"的建设,不仅发展了附加价值高、加工链条长、外向型创汇农业,而且生产了微生物肥料、生物柴油,其原料都是农业生产的下脚料和废弃物。至于把第一、第三产业结合,发展旅游、观光、采摘、体验、休闲农业,更是上述各个地方选择的共同发展方向。

第五,现代化农业都是市场化的农业,因而必须重视市场建设,发展物流配送和销售渠道。这在传统农业中也是不可能实现的。分散承包的小农业,主要是自给性农业,农业剩余很少,商品率极低,既不重视产品销售,也无力开拓市场,自然也经受不起市场波动的风险。在土地规模流转基础上发展的现代农业,是商品性农业,是为市场和他人而生产的,只有把产品迅速地配送和销售出去,才能实现产品的价值和完成再生产的循环。前述的案例都有这方面的特别安排。郑龙村采取的"公司+基地"的模式,发展的是订单农业,其与泰安弘海公司签订有收购销售合同,保证了市场销路,并依靠自己的经济实力,参与了农产品价格的制定;其与泰安和济南的超市签订供货合同,把自己种植的蔬菜直接送到市场,既减少了中间环节,又满足了社会需求。"西部花乡"的几家公司都要建立自己的花木大卖场,其与当地花农采取的"公司+农户"模式,承担起了收购和销售农户产品的业务。桤泉农业产业园更重视市场开拓和机制的建设,他们不仅着手建设"桤泉农产品物流中心及农产品展销中心",建立了农产品营销专业合作社,发展了"农超对接"、"农校对接"、"农馆对接"等农产品营销模式,被省农业厅授予"农产品农超农校对接试点基地",省教育厅把绿盛农业科技开发有限公司列为"四川省高校食堂农产品直供基地",润和果蔬合作社与金牛宾馆签订了高端农产品直供协议,形成了农产品原料生产、产品加工、产品销售为一体的"产供销"产业链。

(三) 土地流转和规模经营所引致的巨大变迁

农户间的自发流转与组织化特别是企业化的规模流转具有重大差别。土地规模流转和农业现代化经营,明显地改变了农业的生产方式和农民的生活方式,为农村的发展注入了新的因素。虽然变化的广度、深度有所不同,但对这些正在发生的变化必须给予关注。

第一,关于外部企业进入农业和农业经营主体的变化。在上述案例中,无论是北京通州的前伏村和熬硝营村,还是成都郫县的"西部花乡"、崇州市桤泉镇"高新现代农业产业园"和崇州粮食储备库的种粮基地,一个明显的变化是外部企业进入农业,改变了农业生产的经营主体;而山东宁阳郑龙,虽然没有外部企业进入,但却成立了经济合作组织,经营主体也发生了类似的变化,由原来的小农经营变为企业经营,农民不再是经营主体,而变成了产权主体和农业工人。经营者角色的变化,不仅带来了农民身份地位的变化,也在一定程度上,解决了传统农业下经营主体的女性化和老龄化问题。这是农村变革的主导力量。

在这个方面,目前争议最大是对外部企业进入的看法。不仅政府文件中有不提倡企业到农村包地的做法,很多人也担心,外部企业进入农业会侵犯农民利益。我们认为,外部企业进入农业有其积极的一面,可以带来技术和资金,在农村劳动力流动较大、面临结构调整的区域,也有这方面的需求,而且企业在进入农业以后,对传统农业的改造也是相当显著的,对其简单地做出禁止性规定,政策效力如何恐怕值得怀疑。这里的关键就在于,第一,企业获得的土地是不是农民自愿流转出来的，如果地方政府为了加快土地流转和热衷于企业招商，对土地流转采取强制性做法，则是不允许的，要明确加以禁止；第二，企业给予农民的土地租金是不是经过双方相互协商的，农民的土地经营权在让渡给企业后，是否能保证土地租金的获得是公平的、有保障的；第三，企业在农村获得的土地是否真正用于农业，对于企业用于农业以外的用途是否有可执行的监管和处罚；第四，对于企业在租约期内使用土地，是否会破坏耕作层，则是一个要求管理部门加以监管和约束的问题。

第二，关于农民身份地位的转换。在以上几个案例中，都发生了农民身份地位的变化，农民变成了股民、社员或者农业工人，农户的收入构成也发生了变化，都有了两种收入或者三种收入，即"租金收入＋劳动收入"，或者"租金收入＋劳动收入＋分红收入"。目前看到的情况还是比较乐观的，土地流转以后，农民的收入不仅没有减少，反而明显增加。前伏村人均纯收入从流转前的 3 000 元，提高到流转后的 5 877 元，增长了将近 1 倍。郑龙村实施土地流转和规模经营两年，人均纯收入增加了 2 000 多元。凌云村村民每个月的劳动收入就有 800～1 000 元，全年工资收入多的达 15 000 元。桤泉镇的农民纯收入也从 2003 年的 2 500 元提高到 2008 年的 5 935 元。不仅如此，农民自由支配的闲暇时间多了，可以发展和满足其他多样化的需求，甚至像前伏村和"西部花乡"那样，连上下班劳动的时间也可以自由安排。因此，在我们看来，农业经营主体和农民身份的变化，必然带来农地承包者和经营主体的分离，政策关注的焦点应该集中于这种变化的趋势和范围，探索未来农业经营的主体以及这一变化对农户收入的影响和可能的政策安排。

第三，关于农村产业结构的变化和粮食经营。案例分析表明，土地的规模流转促进了农村产业结构的调整，改变了传统农业的生产经营方式，走上了集约化、产业化和标准化的发展道路。传统农业的产业结构往往是单一发展，主要是种植粮食，而土地流转和规模经营以后，不仅专业化水平大大提高，而且种养殖的品种也大大增加。从现有案例来看，大多数都是种植各种各样的蔬菜、名目繁多的花草苗木、生物能源的原料，以及各种家畜家禽的养殖。不仅如此，整个生产过程的机械化程度提高了，科技投入增加了，市场意识增强了，产前、产中和产后服务体系开始建立了。由于实行了土地的集约化利用和产业化经营，土地的产出率大大地提高了。所有实施土地流转和规模经营的案例，土地产出率都会成倍提高。比如，桤泉镇农业产业园的发展，2008 年地区生产总值 3.52 亿元，比 2003 年增长 32%，财政收入 1 080 万元，比 2003 年增加 680 万元，三次产业结构从 49∶27∶24 变为 33∶37∶30。但是，我们在调查中，确实很难找到专业经营粮食生产的案例。很明显，这与粮食经营的比较效益低下有关。对于新型农业经营者来讲，利润最大化的目标必然使他们将资源配置于附加值更高的作物。如何解决现代农业条件下的粮食生产问题，可能需要专门的政策导引和切实有效的政策措施。

第四，关于新型合作经济的发展。在实行以家庭承包经营为基础、统分结合的双层经营体制以后，农村虽然仍然是所谓集体经济，但在很多地方，集体经济实际上成了一个空壳子。比如，前伏村集体负债 86.7 万元，账上资金不足 1 万元。各个农户都是单独决策，分散行动，其收入和生活与村集体基本无关，只是土地的集体所有权和个人的成员权将人们联系在一起。这样的集体经济没有合作经济的要素，在很大程度上变成了乡、村干部的经济。实行土地流转和规模经营以后，有的建立了土地（股份）合作社，有的发展了各种专业合作社，有的建设了设施农业和各种专业生产基地，有的引进了外部资金、技术和企业，采取了公司＋农户的合作方式，真正引进和生长出了合作经济的要素，形成新型合作经济组织，原来分散的农户又成了利益相关的共同体。原来空壳子的集体经济有了实际内容，实力壮大了，乡、村组织机构和干部也有力量增加公益事业的投入，改善了村集体与村民的关系。有的合作社完全独立，与乡、村机构分离开来，按照合作经济组织的章程运行，通过利益纽带的联结，加入合作经济组织的村民也开始真正成了该组织的主人，参与到合作组织的决策和管理中来。如果说《物权法》从法律上规定了土地承包经营权的物权性质，那么，土地流转和规模经营，则是土地承包经营权在实践中物权化的重大步骤。特别是随着土地流转和规模经营带来的收入增长，有些地方开始变分散居住为集中居住，建设农民居住点和居住新村，发展农村基础设施建设，大大改善了农民的居住条件，成都进一步提出和实行了与现行城市化标准不同的城镇化标准，农民的思想观念和生活方式也发生了巨大变化。

（四）土地流转和规模经营的方式选择

到目前为止，土地流转和规模经营仍然带有试验的性质，由各个地方和广大农民进行创造和创新，其实施的方式也多种多样，值得认真总结。

按照转出方来看，基本上有两种类型，一是农户之间的直接流转，二是农户组织起来或通过村集体的二次流转，即农户先把土地流转给合作组织或者村集体，再由后者把土地流转给企业。参与第一种流转方式的农户很多，但每户流转土地的规模不大，多为流转给农业大户，形成大户经营的模式；参与第二种流转方式的农户不少，每次流转土地的规模较大，大多流转给企业，形成"企业＋基地"的经营模式。比较而言，一般后者的经营规模较大，现代化程度较高。

按照流入方来看，基本上有三种类型：一是农户，主要是大户，二是合作组织，三是外部企业。村集体的流入往往是二次流出的中介，可以不作为流入方讨论。从现有的情况来看，农户流入数量较小，大户流入一般以百亩为限；合作组织流入，一般在千亩上下；而企业的流入，规模大小不等，多的有可能达数千亩。大户流入，需要有种田能手；合作组织流入，一定要有合作企业家和带头人；企业流入，多为进入农村的农业企业和农产品加工企业。三种方式中，最能体现和保护流出农户利益的是合作经济组织。因为大户流转，转出农户得到的只是租金，至于能不能继续在土地上劳动，则不一定，盈利自然归大户所有，但从土地上解放出来的劳动力，可以从事其他有收入的劳动，比如外出打工。企业流转，农户得到的收入一般包括租金收入和劳动收入，利润也归企业，流出农户一般无法染指。而合作组织流入，由于盈利留在合作组织内部，农户除了租金收入和劳动收入以外，还可以得到分红收入。比如，郑龙村土地股份合作社的股民黄士友，入股土地 5 亩，2008 年的收入是工资 15 元/天，股金 3 500 元，分红收入 5 000 元。由于企业家是稀缺资源，在农村也许更为稀缺，而我们又不注意企业家的保护，因此，目前的土地流转和规模经营基本上以大户和企业为主。

按照流转后的经营对象来看，大致有以下几种：一是种植粮食，二是种植蔬菜和果品，三是种植花卉和苗木，四是发展养殖业，五是种植其他经济作物。从现有的情况来看，大户流转以种粮为主，合作组织流转以果蔬和养殖为主，而企业流转以种植花卉苗木和其他经济作物为主，几乎没有企业种粮的案例，崇州粮库种粮与本身的职能和进一步加工有关。这种区别既与流入主体的生产经营条件和流入规模有关，也与企业家能力以及市场、资金等外部条件有关。因此，土地流转和规模经营如何保证粮食种植，还是一个值得进一步探索的问题。

按照流转后流出农户的参与程度来看，大户流转的参与程度可能最低，企业流转的参与程度次之，合作组织流转的参与程度最高。郑龙村就是最好的例证。从现有的制度条件来看，企业流转有可能成为流转的主要形式，其原因在于：一是农村企业家资源比较缺乏；二是农村相对贫困，特别是缺乏投资；三是企业可以带来外部资源，但不见得是最优的选择。以合作组织流转为基础，几种流转方式相结合，可能是最好的选择。崇州桤泉"高新现代农业产业园"的案例就是如此，它取各种流转方式之长，形成了一种相互协调的制度安排。

在做了一些分别考察以后，我们做一概括的分析和讨论。很明显，从理论上来看，现有的土地流转和规模经营方式，基本上可以概括为两类：一类是土地的股份合作经营，另一类是土地的租赁经营或者租佃制。应当看到，土地入股、合作经营与一般的股份制企业不同。一是以土地承包权作为股份进行投资，还不是真正的融资股份，而具有租赁的性质，可以取得租金收入。特别是在现阶段，土地股份还不能转让、买卖和抵押，而一般股份制企业的股票则可以交易，取得股息和红利，但不能取得租赁收入。至于其发展是否会进一步市场化，走向股份制，还需要实践来回答。二是股份制企业的股东，可以用脚投票，卖掉股权，而土地股份合作虽不能卖掉股票，但也有退出权安排，即可以退社，有的虽有时间限制。三是股份制企业破产清算，股东要以自己的投资偿付，合作社关闭，土地还可以归社员自己。四是合作社的地域性质，使得社员直接参与合作社事务相对较多，参与管理也相对方便。而股份制企业的股东除在股东大会上提出意见以外，其他的行为对企业的影响都是间接的。

土地股份合作制与土地租赁制也有明显差别。一是在土地股份合作制中，农户对土地承包经营权的让渡并不是彻底的和完全的，如果流转前的承包经营权是农户单独所有的，那么流转后的承包经营权则是农户共有的，农户仍然保有收益权，而租佃下承包经营权的让渡则是完全的和彻底的，农户保有的只是收益权，虽然租约期满可以收回，但从产权的市场化程度来看，股份合作制不如租赁制。二是租赁制农户的收益只有租金收入，劳动收入可以从承租方取得，也可从别的地方取得，视提供劳动的对象而定，而利润自然归承租者所有；在股份合作制中，除租金收入外，农户一般都有人参加合作社的劳动，并取得劳动收入，利润收入也归入社农户共有和分享。从保障农民权益来看，股份合作制又优于租赁制。三是从收益递增安排来看，租赁制是合约安排和合约（固定）收益，而股份合作制则带有剩余收益和可变收益的性质。

以上的讨论旨在说明一个问题，土地流转方式没有绝对好和绝对不好，只是比较而言，视具体条件而定，其未来的发展，也需要通过竞争，由实践决定。

（五）政府和集体经济组织在土地流转和规模经营中的作用

案例情况表明，政府和集体经济组织在土地流转和规模经营中起了相当重要的作用。比如，前伏村村委会是土地流转的真正主体，既是流入方，也是流出方，既是流转合同的甲方，又是流转合同的乙方，如果发生合同纠纷，就既是原告，又是被告。流转前，政府官员前去合作的目标公司考察，流转后，村委会又成了耕作活动的管理者。再如，郫县凌云村"西部花乡"建设实施办法的第一条就是，"政府牵头，部门协作，规范化操作"。政府不仅完成了园区的道路、给排水管网建设，而且官员带队四五次去上海招商，为了吸引外地商家投资，政府减免了3年的土地租金，同时，承担了村民与企业之间打交道的一些重要事务。崇州桤泉农业产业园的建设也是在政府的主导和推动下发展起来的。山东蒋集镇郑龙村的合作组织，田文武不仅是党支部书记，而且是合作社的理事长，蒋集镇为了推动土地流转，不仅制定了"蒋集镇农村土地承包经营权流转管理办法"，建立了"蒋集镇农村土地流转办公室"，而且还制定和实施了一套土地流转申请审批程序。从所选案例可以得到一个结论，如果没有政府的牵头和主导，土地流转是很难发展起来的，或者说，土地流转是不可能这样快地发展起来的。因此，目前我国农村的土地流转和规模经营，在很大程度上是一个政府主导的过程。

政府和集体组织在土地流转和规模经营中的这种主导作用，并非政府官员心血来潮的产物，而是有着客观的基础和条件。首先，中国实行的是一种集权体制，党和政府的行政动员能力是很强的，既然中央要推动土地流转和规模经营，党的各级组织和政府部门自然要积极行动，这件事情的成败既关系到农业的发展和农村的稳定，也关系到下层官员的政绩和利益。其次，中国农村实行的是土地的集体所有制，它不是本来意义上的合作经济，而是行政权力主导的经济，村集体组织及其代理人就是产权的主体，虽然村级组织是名义上的自治组织和经济组织，实际上是基层乡镇政府的派出机构，虽然流转的是土地的承包经营权而不是所有权，但是所有者的意志往往是决定性的。流转方式的选择、流转成功的决策，往往体现了所有权和经营权的合一，而不是分离。尽管中央政府禁止"两田制"和"反租倒包"，不提倡企业到农村包地，而实际上，前期流转中以"两田制"和"反租倒包"为主，中期流转中以企业进入为主，其主要原因也在这里。再次，在以家庭承包经营为基础、统分结合的双层经营体制实施之后，中国的农村经济在相当大的程度上恢复到分散的、一家一户的小农经济，再加上公社化时的负面记忆，农民对再集体化存在着较大的疑虑和抵制，前伏村和郑龙村农民的担忧并不是个别的。在这种情况下，如果没有政府的主导和推动，土地流转和规模经营很难发展，即使能够实施，其速度也相当缓慢。如果考虑到中国农民与政府官员的特殊关系，他们既怕官，又要靠官，也离不开官，因此，政府主导这一过程也就不难理解。最后，还有一个重要原因，在中国农村社会中，政府及其官员也是最有信誉的机构和群体，虽然村民之间的交往一般不需要政府参与，但一旦超出这个范围，个人的信誉就不灵了，与外部社会（包括企业和其他机构）打交道离不开政府，到金融机构融资也需要政府和官员的担保。

总体来看，政府在土地流转和规模经营中的作用是必要的和重要的，但也存在着政府官员过于强势和越俎代庖，导致发生某些侵犯农民利益的事情。好在，由于中央一再强调保护农民的土地承包经营权，明文规定土地流转必须由承包方做主，自愿参与，农民对于干部的简单粗暴做法也有抵制，情况也在逐步改善。所有流转都与农户签有流转协议，在协议签订以前，很多都经过一个动员讨论的民主过程。比如，郑龙村充分发挥了示范作用，第二批流转入社的农户是自己坚决要求的。成都地区还必须填写"自愿申请加入'××农民股份合作社'申请书"。应当肯定，这一次也许是60年来中国农村变革历史中农户自主参与最好的一次。

但是，我们不能不看到其中的问题。这里的问题主要发生在土地综合整理和城乡置换过程中。仅以成都为例。应当说，成都的土地流转和规模经营做得是比较好的，流转的规模也是比较大的。他们不仅积极地推动和大规模地开展了这一工作，而且根据自己的情况探索了一套操作的程序，使之开始走上规范的路子，同时考虑到如何保护农民利益，提出和解决了一些重要的问题，如建立了耕地保护基金，提出了城镇化的一套标准，并将其付诸实践。其存在的问题或者美中不足之处主要是，成都把实施土地流转和规模经营作为城乡统筹的一个重要组成部分，往往与土地置换和建设农民集中居住区捆绑在一起进行。为此，先要进行土地整理，把耕地中的沟壑填平，从而可以增加一部分耕地，同时把分散居住的农户集中起来，建设新的居住点，把宅基地复垦，也变成耕地，然后再把这些建设用地指标卖给城镇，以筹得建设新居和进行土地整理的资金。这种做法也没有什么不可以的地方，甚至在现行制度条件下，还是一种走出困境的创新和突破。其中最重要的一点是，它把原来不能流动的资产投入了流通和交易，变成了有价值和价格的东西。问题在于，这种交易都是由政府官员做主进行的，农民基本被排除在外，虽然农民有了人均 35 平方米的新房，很多人也没有反对意见，但是在这种交易中，农民显然是吃亏的。在成都的案例中，其他案例均没有这笔交易的说明，郫县新民场镇凌云村提供了唯一的材料。该村经过土地整理和宅基地复垦，增加耕地面积 375.2 亩，而将其中的 364.8 亩建设用地指标置换到郫筒镇用于城市建设，按照该镇 2008 年土地拍卖均价 173 万元/亩计算，可得收入 63 110.4 万元，但实际得到的是 41 022 万元，我们不知道这个数据是怎么计算出来的，为什么少了 2 亿多元？不仅如此，项目总投资 40 234 万元，其中，新型社区建设、农户拆迁补偿及土地整理投入 18 565 万元（含农户回购房款 2 360 万元），郫筒镇建新区投入 21 669 万元，既然凌云农民新村建设的投资已经计入项目总投资，为什么凌云村还要承担郫筒镇新区的投资？重要的问题还在于，据成都市官员讲，其他乡镇指标置换的土地价格平均按 8 万元/亩计算，差距为什么这样大？这样计算的依据何在？这种交易为什么不能透明一些？应让农民也知道其中的原因。

（六）关于土地流转和指标交易的问题

从上一节关于成都的案例中可以提出一个问题，就是土地流转和土地指标交易的问题。这个问题之所以重要，是因为很多人混淆了二者的性质，把指标交易作为土地流转的一种重要方式。其实，二者既有联系，也有原则上的不同。

土地流转虽然有政府参与，但基本上是一种市场交易行为，交易的对象是土地承包经营权，交易的主体是承包土地的农户，即使是政府参与和做主的二次流转，也在一定程度上体现了承包人的意志，并取得产权人的授权。第一次流转的协议书就可以看作是这种授权的凭证。所以，发展土地流转和规模经营，是农村市场化改革的进一步发展和深化，是农村走向现代化的必由之路。

在中国改革过程中，指标交易并非个别现象，而是被看作一个新生事物，具有一定程度的普遍性。最早的指标交易是20世纪80年代末90年代初的外汇额度交易。由于实行外汇管制和外汇留成制度，有的单位有外汇但暂时不用，有的单位无外汇而又急需要使用，而外汇管制又使其形成官价和黑市价格两种价格。于是，政府成立了外汇交易中心，供需双方到中心，先按官价进行额度交易，出门后购汇方再按黑市价格补给售汇方。随着交易规模的扩大，推动了汇率双轨在1994年的并轨（盛洪，1996）。第二个指标交易的案例是卷烟指标的交易。由于卷烟是高价、高利和高税产品，各个地方都想建烟厂生产香烟，但是有的地方有原料，有的地方没有原料，由于实行卷烟专卖制度，卷烟的生产又是按指标切块分配给各个地区的，结果造成了恶性竞争。为了解决这一问题，于是在国家计委和烟草专卖局的主持下，各个地区进行了一场指标交易，有指标而无原料的地区把生产指标卖给有原料而缺指标的地区，然后分一部分利润和税收给出卖指标的地区（江小涓、刘世锦，1999）。其他的指标交易还有，不再列举。

现在的城乡统筹实际上是一场大规模的土地指标交易。但是，土地的指标交易与外汇额度和卷烟的指标交易明显不同。外汇额度交易虽然要通过外汇交易中心，但却是供求双方的直接行为，即使是双方代理人的操作，但却完全代表了委托人。这是一种市场交易行为，只是交易的对象是外汇额度而已。卷烟指标交易的主体是地方政府，交易的价格实际上是税收收入，它是康芒斯（1983）所说的配额交易的一种，它的交易主体也是它的产权所有人。因为政府的产权最主要的是收税权。而土地指标交易与此不同，它是现行土地制度下的一种变通，是政府有意创设的一种机制，可以达到各种不同的目的。其交易对象不是建设用地本身，而是建设用地指标，得到建设用地指标以后要进行建设，还得再去购买土地。建设用地指标交易的主体不是建设用地及其指标的所有人，而是地方政府及其官员，产权主体不仅不能参与交易价格的议定，甚至连交易对象也不知道和不能选择。这里与其说是委托代理关系，不如说是行政强制；与其说是市场交易，不如说是背着权利主体的暗箱操作；与其说是等价交换，不如说是借此政府偷偷侵占了农民的权益。这是与土地流转完全不同的两回事。须知，前伏村的村民不仅参与了议价，把价格（租金）从700元/亩提高到800元/亩，而且与神农河谷公司签约，也是干部考察后交由村民决定的。所以，把土地置换和指标交易混同于土地流转是一种错误，如果有意混淆，那问题就更加严重。

二者虽有很大的不同，但有一点应当是一致的，即如果指标交易也像农地流转一样，能够让农户参与决策，且指标交易的大部分收益留给农民，那么，建设用地的流转也就能够妥善地解决。

（七）土地流转中的融资问题和农村金融的发展

在土地流转和规模经营中，融资问题是个重要问题。流转方式的选择、流转规模的决定和流转成交规模的大小，在很大程度上取决于融资问题的解决。前伏村引进神农河谷公司，熬硝营村与航天服务公司合作，首先要解决的是土地流转的资金问题，即如何支付土地租金。"西部花乡"引进外部企业，不仅解决了土地租金的来源问题，而且引进了外部资金，森禾公司投资5 000万元，苗夫现代苗木公司投资10 600万元，精文绿化艺术公司计划投资5 000万元，首期投资3 000万元。凌云村之所以要在土地整理的基础上进行土地置换，主要目的是要解决居住新村建设的资金问题，而集中居住又与土地整理和土地流转密切相关。成都农村都是靠这种办法解决资金问题的。桤泉"高新现代农业产业园"的发展较快，资金来源相对多样化，财政投入3 500万元，政府性投资公司投入1 600万元，社会资金投入9 000万元，引进外部企业投入资金较多。如，2003年以来，园区引进农业项目41个，引资59 346万元；引进农业产业化加工企业12家，其中鹰马龙公司投资6 000万元，互惠公司投资2 300万元；引进物流企业成都大好农业有限公司，投资500万元。郑龙村没有引进外部资金，但是为了解决人们对成立合作社的质疑和担心，支部书记田文武还是拿出了8万元作为保证金。由此可见，解决资金问题是推动土地流转和规模经营的重要手段，也是农村发展的关键之一。然而，农村的融资问题却是个大问题，主要是金融机构缺少，融资渠道不通。现有农村金融的主体是农村信用社，名为信用合作组织，实际上是地方政府控制的金融机构。村镇银行发展了几年，到现在全国也不过100多家，杯水车薪，解决不了问题。因此，农村仍然是非正规金融的天下，现实和逻辑必然如此。

为了解决土地流转和规模经营的资金问题，目前主要有两个途径，一是引进外部企业投资。从前述的案例可以看出，这是相当普遍的做法，尽管中央政府曾经提出不鼓励企业到农村包地，但企业到农村包地却成为土地流转的主要方式之一。因为地方政府要借此解决土地流转和规模经营的融资问题。二是由政府组建和控制的投资公司融资，这种做法也相当普遍。成都市的小城镇建设投资公司就是这方面的代表。政府组建和控制的投资公司或者利用政府的信誉，先到金融机构贷款，或者通过新村建设和土地置换从农村拿地后到银行抵押贷款，所以才出现一亩建设用地指标8万元的价格。至于农民作为主体直接到金融机构融资，比如，农户以产权（土地承包经营权和宅基地使用权）抵押贷款，现在还是个空白。据报纸报道，国有担保公司搭台，成都才开始试点。外部企业融资和政府投资公司融资之所以成为农村土地流转和规模经营融资的两条主要渠道，原因在于这两条途径都离不开政府和官员的行为。在政府严格管制农村金融的制度条件下，只有政府信用是有效的，民间信用很难发展，以支持土地规模流转的融资需求，分散的农户无法直接与外部的大企业打交道，不仅双方的信息严重不对称，而且彼此缺乏起码的互信，只能由政府出面，政府的投资机构也就能够垄断经营。

以上的分析可以看出，目前制度条件下的中国农村，最缺乏的东西一是企业家要素，二是资金要素。在农村企业家缺乏和金融市场发育不足的情况下，政府机构和官员行为弥补了这方面的不足，推动了农村的改革和发展，但是，政府机构和官员行为也抑制了这些要素的形成和发展。如果不放开农村金融，不从抵押品的来源方面进行制度创新，农村金融，特别是适合现代农业发展的金融信贷就无法发展，这是下一步农村改革与发展必须解决的问题。

二、政策建议

根据以上的分析和讨论，我们有以下政策结论和建议。

（一）落实农村土地承包制度"长久不变"，为农村长治久安提供制度基础

农村土地承包制度，是农民经过自己的努力、党的农村政策的不断深化、最终经法律赋予农民的物权，即财产权。农民土地权利之所以经常受到侵犯，其中一个原因是保障这一权利的制度服务不足。要落实农村土地承包制度"长久不变"，必须：第一，进行农民承包地、宅基地、林地、荒地等的确权、登记和颁证工作。第二，以村社为单位、由农民民主确认集体社区成员权资格和始点，固化农民与土地及其他财产关系。第三，尊重历史和现实，划定土地集体所有权主体和边界，明确集体土地所有者内部权属关系，进行集体所有权确权、登记和颁证。

（二）完善农民土地产权权能，保障和实现农民对土地的财产权利

核心是确保农民土地承包权，搞活土地经营权，赋予农民土地处置权。农村改革以来，农民土地承包权和经营权的关系是变化着的。实行包产到户的头几年，土地收成好，非农就业机会少，农民土地承包权和经营权基本上是合一的。乡镇企业发展以后，农民非农就业成为收入主要途径，农业成为兼业，土地承包

权和经营权发生了部分分离；在农民跨地区流动后，土地承包权和经营权发生了长时期的分离；利用集体土地从事非农产业时，土地承包权变为股权，土地经营权让渡；城市化的推进，农民土地被征用时，土地承包权和经营权一同丧失。因此，除了政府主导的城市化征用农民土地的情形以外，不变的是土地承包权，变化的是土地经营权。农村基本经营制度不变，其核心是土地承包权不变，"长久不变"的核心是农民拥有土地承包权的基本制度长久不变。实现农民的土地财产权利，就必须要在确保农民土地承包权不丧失的前提下，搞活土地经营权，赋予农民土地处置权，包括进行农村土地和宅基地的抵押试点，实现农民土地承包权物权和宅基地用益物权，为农民获得资本投资提供担保物。

（三）设置土地流转的制度底线，制定防范侵犯农民权益的排他性政策安排

近几年来，土地流转在一些地方有加快之势，这里既有地方政府的推动，也有农村结构变革对新的土地经营方式提出的要求。在中西部地区，农村劳动力的跨地域的流动，导致农业经营者老龄化和女性化；目前和今后劳动力流动人口年龄结构发生重大变化，以80后、90后为主的劳动力流动人口是否会在城里打工若干年后，像他们的父辈一样回到老家种地，确实存疑。因此，除去地方政府介入土地流转的因素，村庄内部在人口大量外出后也有土地流转和适度集中的需求。另一个问题是关于是否允许企业进入农业的政策也面临尴尬。从18号文发布到现在及其以后，企业进入农村的趋势只会加强，不会减弱，政策层面如果只有禁止性规定而没有实施手段，看来效果不大。因此，对待土地流转、地方政府行为及法人进入农业问题，建议采取设置农民权益底线，制定排他性条款的方式。第一，土地无论以什么形式流转，流转给谁，必须由土地使用者与拥有承包权的农户签订合同；第二，地租必须全部归土地承包权拥有者；第三，规定一定年期内的地租上升幅度；第四，集体经济组织只能充当中介服务者的角色，不能当地主吃租；第五，土地承租主体不得将土地转作非农使用，制定农地非法非农化的法律处置办法，同时加强农民集体对这种行为的监督；第六，土地租用者在租约期内不得破坏土地耕作层。

（四）提高农户在规模流转决策中的主体地位和主导作用，进一步提升土地流转和规模经营的市场化操作水平

土地流转和规模经营的标的是土地承包经营权，而不是土地的所有权，流转的主体是农户，而非农村集体经济组织，更不是农村的政府机构。这一点在中央

的文件中已经有了明确规定，各个地方也在设法实践，问题是如何进一步落实，探索出一套操作规程。民主程序是重要的，操作的办法也需要积累和提高，流转的方式更重要，在目前由于大规模流转主要集中在离城市不远的地方，企业的进入是主要的，但长期来看，合作组织的建立发展有可能会成为主要方式，因此，这方面的探索和研究更值得重视。如果能够形成以农村本土企业为主，外来企业、家庭农场、种植大户共同合作的企业结构和产业结构，土地流转和农业现代化将会比较顺利地推进和提高。

（五）发挥政府在推动土地流转和规模经营中的作用，同时规范政府的行为

在中国的条件下，没有政府的参与和推动，很多事情都无法进行，特别是土地制度的二元分割和政府管制，土地规模流转和现代化经营更少不了政府的参与，然而，政府的主导和参与往往以替代和削弱农户的主体地位为代价，搞得不好，会直接侵犯农民的权益，有可能使土地流转发生扭曲。政府参与的范围大小和程度深浅也是一个很难拿捏的事情，而由于政府行为的惯性特征，其退出更难。所以规范政府在土地流转中的行为，明确政府的角色定位，规范土地流转的地租分配，加强民主和社会监督，就非常必要和重要。

（六）创造宽松的社会环境，促进和保护农村企业家的生存和成长

要推动农村合作组织的发展，合作企业家的出现和成长是一个重要条件。农村人口广大，能人很多，再加上外出打工，开阔了眼界，增长了才干，潜藏着不少企业家人才。经验证明，企业家的成长是一个可遇而不可求的事情，往往是有心栽花花不开，无心插柳柳成荫，关键是要有一个宽松的社会环境，让人们能够自由发展、自由创造，即使它与传统观念不合，与主流意识形态相悖，也可能还有这样那样的毛病，甚至犯有重大错误，只要不是无可救药，都要采取一种宽容和理解的态度，帮助其成长和成熟。

（七）以民间资本为主，开放和发展农村金融，解决土地规模流转和农村发展融资问题

中国经济发展的一大问题是金融发展滞后，无法满足经济发展对融资的需求，这一点在农村表现得更为突出。在农村，正规金融只能满足资金需求的1/3左右，其余都是靠民间非正规金融融通的，但民间非正规金融始终处于非法的地位。为什么土地大规模流转以引进外部企业为主，也与其能够解决融资问题有很

大关系。既然国有金融定位于掌握国计民生重要领域，那么，发展农村金融应以民间资本为主，各种金融机构和金融活动应当基本放开，政府的责任在于加强监管。只有金融发展了，抵押、担保、信托、贷款等金融活动活跃起来了，包括土地规模流转和现代农业才能真正发展。

（八）探索以种植粮食为主业的土地规模流转

在我们的调查研究中，以种植粮食为业的土地流转不多，且以大户和国有粮食企业为主，进入农村的其他企业几乎没有种粮的案例。这既与种粮的收益太低有关，也与现行的鼓励政策不当有关。崇州粮库其所以建立种粮基地，一是为了解决新陈粮食的替换代谢，二是因为经营粮食加工。解决这一问题的主要途径是，采取耕地保护补贴、种粮补贴和提高粮食价格等办法提高种粮的收益，使种粮的收益率逐渐接近当地的平均收益率。此外，支持和发展农民合作经济组织、家庭农场和国有粮食企业，推动粮食产区的土地流转和规模经营也是一个重要选择。为此，可以考虑对种粮的合作组织和家庭农场采取某些特殊的支持措施，除政府采购的优先和方便以外，政府的各种种粮补贴应当补给种粮的主体，而不应补给把土地流转出去的农户。至于土地流转补贴，应当补给把土地流转出去的农户，从而起到鼓励土地流转的作用。

第十八章

农村土地制度创新：法律与市场的调整

农村土地流转涉及中央政府的粮食安全目标、地方政府的农地非农流转增值收益以及农民合法权益保护这三方面的利益博弈。为了减少博弈造成的非生产性租金耗散和效率损失，国家可以通过对土地法律制度和土地管理政策进行调整的方式，在立法和政策层面规范我国农地流转制度变革的基本方向与运行模式。

为此，本章第一节从法律和市场两条逻辑线条展开，对中国农村土地制度和土地政策的历史演进和变迁轨迹进行回顾和梳理，从而构建农地权利体系的基本架构。第二节具体分析当前我国农地流转制度在实际运行中的主要模式，并尝试提出四条保护农地流转中的农民土地权益的路径。在第三节，我们将从法律的角度，以与农地流转制度密切相关的《土地管理法》修订案为例，讨论我国土地在权利重构与农地管理方面的立法调整，力求做到在法律上能够有效保护农民合法权益。最后几节则是站在国家政策的层面提出中国农地制度变革的地方试验策略以及整个土地政策的调整方向，以求同时满足上述的三方利益团体的目标函数[①]。

[①] 本章第一、第二节由刘守英研究员执笔；第三、第四节由何一鸣副教授根据陈小君教授、刘守英研究员完成的专题报告整理而成；第五、第六节由陈小君、陆剑、韩松、耿卓、高飞执笔。

第一节 农村土地制度的演进：法律与市场的双重逻辑

中国实行的是城乡分治、政府垄断城市土地一级市场的土地制度。一方面，农村与城市土地分属不同法律约束，由不同机构管理，形成不同的市场和权利体系；另一方面，只要涉及农地变为建设用地，就要通过政府征地，任何单位建设用地都要使用国有土地。政府作为农地转为市地的唯一仲裁者，是农地转用后的真正"地主"，拥有获得农地并将其转给城市使用者的排他性权力，由此也形成中国土地市场城乡分割、政府主导的独特格局。

20世纪90年代以来，中国这种独特的二元土地制度为高速工业化和快速城市化做出了重大贡献，但也带来土地市场发育不完善、农民土地财产权利被侵犯和土地利益矛盾加剧等问题。为了保证中国经济社会的可持续增长，促进社会和谐，必须对土地制度进行根本改革，核心是改变地方政府垄断土地一级市场的格局，提高土地的市场化配置程度。

一、土地政策和法律的演进

自20世纪80年代初实行家庭联产承包责任制以来，中国的农村土地政策在稳定的基础上不断进行渐进性变革，其演进的基调在2007年中央1号文件中做了准确的概括，那就是："坚持农村基本经营制度，稳定土地承包关系，规范土地承包经营权流转，加快征地制度改革。"

（1）强调和强化农户的主体地位。中央1982年的第一个1号文件，明确肯定了包产到户、包干到户，"不同于合作化以前的小私有的个体经济，而是社会主义农业经济的组成部分"。《宪法》规定，农村实行以家庭承包经营为基础的统分结合的双层经营体制，这是农村的基本经营体制。进入21世纪以来，中央政策文件更是明确了要确权到户和对农户产权的保护，如2000年的中央1号文件就强调要"加强土地承包管理，重点是建立健全承包合同的各项管理制度，建立合同档案。土地承包经营权证书尽快发放到户。"2002年的中央1号文件的提法更为明确："承包地面积、地块全部落实到户，为期30年的承包经营合同全部签订到户，土地承包经营权证书全部发放到户。按照依法、自愿、有偿的原则，加强对农村土地流转的引导和管理，严禁强行收回农户承包地搞土地集中。"而2002年通过2003年起实施的《农村土地承包法》则以法律的形式将农民的土地权利确立下来，该法总则开宗明义："为稳定和完善以家庭承包经营为基础、统分结合的双层经营体制，赋予农民长期而有保障的土地使用权。"

（2）延长土地承包期，稳定农户对土地的预期。1984年，中央第三个1号文件，确定了承包给农民的土地15年不变，到1993年的11号文件，又提出将承包期延长到30年不变，稳定了农户对土地的预期。到2002年通过的《农村土地承包法》，则在法律上明确了"耕地的承包期为30年，草地的承包期为30～50年，林地的承包期为30～70年。"这个法律的另一个重要内容是规定"承包期内，发包方不得收回承包地"，这就在法律上明确了承包期30年不变不仅仅是指家庭承包责任制这一制度30年不变，而且还包含承包期内农户所承包的地块也不变。

（3）明确土地流转的主体是农户和"自愿、依法、有偿"的原则。中共中央1984年的1号文件就明确了允许农户承包地可以自愿转包，到中央2001年18号文件更是对土地流转的主体和原则作了明确规定。这份文件一是重申了"农户承包地使用权流转要在长期稳定家庭承包经营制度的前提下进行"；提出了"农户承包地使用权流转必须坚持依法、自愿、有偿的原则"，强调"土地流转要按照有关法律法规和中央的政策进行。在承包期内，村集体经济组织无权单方面解除土地承包合同，也不能用少数服从多数的办法强迫农户放弃承包权或改变承包合同。不准收回农户的承包地搞招标承包，不准将农户的承包地收回抵顶欠款，不准借土地流转改变土地所有权和农业用途。流转期限不得超过农户承包土地的剩余承包期。"强调"土地流转的主体是农户，土地使用权流转必须建立在农户自愿的基础上。在承包期内，农户对承包的土地有自主的使用权、收益权和流转权，有权依法自主决定承包地是否流转和流转的形式。这是农民拥有长期而有保障的土地使用权的具体体现。任何组织和个人不得强迫农户流转土地，也不得阻碍农户依法流转土地。由乡镇政府或村级组织出面租赁农户的承包地再进行转租或发包的'反租倒包'，不符合家庭承包经营制度，应予制止。"在《农村土地承包法》中则明文规定："通过家庭承包取得的土地承包经营权可以依法采取转包、出租、互换、转让或者其他方式流转。土地承包经营权的流转应当遵循平等协商、自愿、有偿，任何组织和个人不得强迫或者阻碍承包方进行土地承包经营权的流转。"

（4）切实保护耕地，严格控制耕地转为非耕地。1998年通过的《土地管理法》，旨在通过土地用途管制，制定土地利用总体规划，以及上收基本农田审批权和实行"占一补一"的耕地动态总量平衡制度，来落实"最严格的耕地保护制度"。2004年，国务院又发了28号文，重申严格执行土地管理法律法规；严格依照法定权限审批土地；严格执行占用耕地补偿制度；加强土地利用总体规划、城市总体规划、村庄和集镇规划的实施管理。2006年国务院又在28号文基础上，发布31号文，进一步明确土地管理和耕地保护的责任，提出地方各级人民政府主要负责人应对本行政区域内耕地保有量、基本农田保护面积、土地利用总体规划和年度计划执行情况负总责。

（5）探索征地制度改革。2003年的中央1号文件提出："要加强土地利用总体规划和城镇建设规划的管制，禁止随意修改规划，滥占耕地。要区分公益性用地和经营性用地，合理确定补偿标准，妥善安置农民。有关部门在调查研究基础上，进一步完善农村土地征用办法，逐步建立符合社会主义市场经济要求，有利于经济社会协调发展，有利于保护耕地，保护农民利益的土地征用制度。"2004年的中央1号文件则更明确提出要"加快土地征用制度改革。各级政府要切实落实最严格的耕地保护制度，按照保障农民权益、控制征地规模的原则，严格遵守对非农占地的审批权限和审批程序，严格执行土地利用总体规划。要严格区分公益性用地和经营性用地，明确界定政府土地征用权和征用范围。完善土地征用程序和补偿机制，提高补偿标准，改进分配办法，妥善安置失地农民，并为他们提供社会保障。积极探索集体非农建设用地进入市场的途径和办法。"

二、土地市场的发育与演进

由于二元土地制度和权利体系的存在，中国土地市场的发展也被分割成完全隔离的两个市场。在农地市场方面，从20世纪80年代初推行联产承包制，农村就已经开始出现自发的农户之间的土地转包。1984年，中央发布的1号文件就首次明确提出允许农户土地承包权的自主、有偿流转。之后，发达地区随着农村产业结构调整和乡镇企业发展，土地流转比例加大。到80年代末和90年代初，土地流转主要发生在发达农区和城郊地区，主要形式是集体组织出面，推进土地规模经营。2000年以后，农村土地市场的发育延续着90年代中后期的情况，并随着二轮承包和税费改革这两项全国性的政策变化而产生着变化。就全国来看，农村土地流转的比例并不高，整体在15%左右。土地流转的形式主要是以下几种：转包、转让、租赁、互换、代耕、反租倒包、入股，各种又有不同的变形。其中最主要形式都是农户与农户之间的小规模短时间流转，例如农户之间的转包、租赁等，但各个地区的发展趋向却有所不同。东部地区较为突出的特征是反租倒包和入股等高级形式较发达，中部地区的则主要是转包转让等形式占主导，而西部地区的土地流转面积所占的比例最小。

非农用地市场的发展则沿着政府统一供应制度下从无偿向有偿的轨迹演进。

改革之前，中国实行的是土地供应无偿、无限期流动的制度，1986年的《土地管理法》规定了行政划拨和有偿出让两种形式并行的土地使用模式。1987年11月，国务院批准确定在深圳、上海、天津、广州、厦门、福州进行土地使用改革试点。1987年12月1日，深圳市首次公开拍卖一幅8 588平方米地块50年的使用权，土地使用权在中国第一次作为资产进入市场，并且首开国有土地使用权招标拍卖的先河。1988年4月，全国人大对《宪法》进行了修改，在删除土地不得出租规定的同时，增加了"土地使用权可以依照法律的规定转让"的规定。1990年5月，国务院发布了《城镇国有土地使用权出让和转让暂行条例》，明确规定土地使用权可以采用协议、招标和拍卖三种方式。1998年8月颁布了重新修订后的《土地管理法》，从此，全国多数城市和地区的土地都采取了有偿出让的方式。自那以后，广东、江苏、浙江等市场经济发育程度较高的地区，对土地市场建设展开了积极探索，广东、浙江等省确定了经营性用地一律招标拍卖的制度，这些做法得到了国土资源部的充分支持。1998年国土资源部转发了《广东省城镇国有土地使用权公开招标拍卖管理办法》。1999年1月，国土资源部下发了《关于进一步推行招标、拍卖出让国有土地使用权的通知》。2000年1月6日，国土资源部颁布了《国土资源部关于建立土地有形市场促进土地使用权规范交易的通知》，建立健全了土地交易管理制度，规范了有形市场运作。2001年，国务院发布15号文件《关于加强土地资产管理的通知》，有针对性地从严格控制建设用地供应总量、严格实行国有土地有偿使用制度、大力推行招标拍卖、加强土地使用权转让管理、加强地价管理和规范土地审批的行政行为等六个方面，提出了具体的要求，土地有形市场、土地基准地价、信息公开制度等，也开始在全国许多县（市）建立起来。2002年5月中央政府出台11号令，大力推行"招拍挂"制度，规定商业、旅游、娱乐和商品住宅等各类经营性用地，必须以招标、拍卖或者挂牌方式出让，严禁这类土地协议出让。这项变革，被业内外称为一项重大的"土地革命"。通过招标拍卖挂牌出让土地使用权制度的确立，一个公开、公平、公正的土地市场大环境迅速形成。土地交易从"桌下"转到"桌上"，阳光交易更加公平，防止了国有资产流失，预防了土地交易中可能出现的腐败，还为政府赢得了大量建设资金。2004年8月起，从严查处协议出让经营性土地的行为。2006年9月，规定工业用地必须以"招拍挂"方式进行出让，出让价格不得低于公布的最低价标准。2007年10月，国土资源部出台39号令，对国有建设用地使用权出让的一些重要环节作了新的规定，这些规定更加符合物权法等有关法律法规的精神，更加精确，旨在引导建设用地市场的更规范、更健康发展。

三、农地产权制度的基本框架和权利体系

中国的农地产权制度改革被公认为世界上土地改革成功的典范。它通过农户替代生产队作为生产、经营决策的基本单位,以及在不改变土地集体所有制属性下,赋予农户对农地的使用、收益和转让权,为农业生产、农民收入增长和农村稳定打下了制度基础。自20世纪80年代以来,中央政府通过历年关于农村工作的1号文件、几份强化农民土地承包经营权和自主权的文件,直至2004年颁布、实施的《土地承包法》和新近通过的《物权法》,形成中国农地产权和农地市场发展的如下基本制度框架:

(1)承包权从债权到明确为物权。在《土地承包法》颁布实施之前,土地承包权是使用权,即佃权,在《土地管理法》中就将其作为债权对待。《土地承包法》和《物权法》对农民土地权利的认定取得了实质性进展,承包权具有了物权的性质。

(2)通过不断延长承包期限,稳定农民的土地预期。刚开始实行家庭承包时,很多地方规定为5年,甚至没有年限,到1984年明确提出为15年,1997年又从15年延长到30年。《土地承包法》第二十条规定,"耕地的承包期为30年。草地的承包期为30年至50年。"《土地承包法》之前,地方政府和集体经济组织往往以各种名目干预农户承包经营权,比如为推行农业产业化收回农民承包地、"大稳定、小调整"等。《土地承包法》则明确规定,承包期内发包方"不得收回承包地"和"不得调整承包地"。

(3)确立了承包经营的实施程序,启动了承包经营权的登记发证程序。这是为建立土地产权基础设施所做的工作。

(4)明确承包方享有农地农用范围内的土地承包经营权流转权利。20世纪80年代中期以后的中央历次文件均强调要加强农村土地承包经营权的流转,到2001年18号文,更是明确了农村土地承包经营权的流转要在"自愿、有偿"基础上,由农户自主进行。

第二节 当前农地流转制度的实际运作:基本模式与权益保护

当前我国农地流转在实际运行中的基本模式大体有四种,与之相对应地形成了保护农民权益的四条路径。

一、土地流转的四种运行模式

随着土地承包到户，农户自发土地流转相继出现。2000年以后，随着中国农村经济结构的变化，人口流动加快，加上制度环境的变化，特别是税费改革和《土地承包法》的实施，土地流转出现了一些新的趋势。这些做法体现了地方政府和基层组织的努力，也出现了一些问题。下面就当前几种主要的土地流转形式进行分析和点评。

（一）土地转包

土地转包指的是在承包期内，承包方（农户）将承包期内的部分或全部土地的使用权，以一定条件转给第三方从事农业经营，承包方与发包方（集体）的权利和义务关系不变。

在农村税费改革之前，由于各种税费、摊派附着在承包地上，致使土地净收益下降，甚至为负。这样，出外打工的农民无偿甚至倒贴将土地转给本村人或亲戚耕种，或者干脆弃耕撂荒。于是，村委会将这些外出户的承包地集中转包给本村大户经营，或者请外村人来承包，或者转给企业经营。随着税费改革的进行，土地务农收入上升；《土地承包法》的实施，对农民土地承包权益的法律保护增强；随着各种惠农政策的实施，保有土地的农民可以得到很多实惠。于是，在传统农区，广大农民又重燃种田热情。部分外出的农民卷起铺盖回家，打算重操旧业重新种田，因而出现"要田种"乃至"抢田种"的现象。但承包户的田地早已被村委会转包给别的农户经营，现在种田预期收益增加了，谁也不肯主动把地交出来。这就使过去隐藏的、未被理会的土地经营权归属问题从幕后走到台前，成为各村村务工作中的"火药包"，纠纷发生。

外出打工的农民回乡要田，其直接行为对象是村委会。因此也就导致村民与村委会之间的利益博弈。村委会认为外出打工人员长期弃田外出，不负担农村公粮税费，也不参加村中的公益事业，导致村中债务的形成，没有尽到作为村民的义务，那么也就没有权利回乡种田。但是土地二轮延包的政策却明确规定任何组织和个人不能以欠缴税费和土地撂荒为由收回农户的承包地。因此农户认为村委会侵犯了自己合法承包土地的权益。要求村委会按照法律分田给自己，由此导致制定政策和执行政策的两难。

（二）反租倒包

反租倒包是由乡镇政府或村集体经济组织将农民手中的责任田以一定的租金

反租过来，再倒包给农业大户或农业企业从事规模经营的土地流转和农业经营行为。

在反租倒包的土地流转形式中，我们可以总结出以下几个特点：第一，不再是农户或者集体直接面对第三者承包方，而是由乡村集体行政组织直接介入。第二，反租倒包在目前主要是为了搞规模经营或现代农业，农业经营规模一般较大，农业经营主体发生很大变化，企业、农业科技单位等开始介入农业。第三，乡镇政府或村级组织在中间不是简单的中介角色，而是扮演了土地出租者的角色。它不仅是土地流转合同中转包土地的一方，而且还获得地租（即它直接向转包者收取地租，并获得在支付原承包农户租金后的差额部分）。第四，租出土地承包权的农业经营者还得向倒包方再租地从事农业。

值得注意的是，这种土地流转形式，如果缺乏有效的监督与管理，容易造成农民土地承包经营权的丧失，造成土地收益权的流失。尤其是当新农业经营主体出现经营困难，无力支付租金时，村或镇政府也无法支付农民的地租，形成农民与集体或政府的利益纠纷，侵犯农民土地承包权益和收益权益。

（三）土地股份制

土地股份制是指在承包期内，承包方将土地承包经营权量化为股权，农民凭股权组成合作社或股份有限公司，合作社或股份有限公司对土地实行招标承包，或对外租赁，或者直接开发，农民按股分红。这种模式按股份合作形式管理，经营利润按股分配，股权可以继承和转让或抵押。

股份合作制主要有如下特点：第一，通过农村土地股份制，原来承包给每个农户的承包经营权转化成股权。第二，在农业股份制中，土地由村委会转包给公司从事大规模的附加值更高的农业，农民获得保底收入。第三，在大多数土地股份制中，村庄一般是为了进行以非农为主的土地经营，入股资产除了村庄土地，还有其他集体资产，分红的主要来源是土地非农经营以后的收入。因此，农业股份制只是整个村级股份制的一部分，有的甚至只是作为兑现股权的形式。

（四）土地信托

流转信托是指土地流转信托服务组织受理土地承包者的委托，在土地所有权和承包权不变的前提下，按照土地经营权（使用权）市场化要求，通过一定程序，将其土地经营权在一定期限内依法有偿转让给其他个人或单位的行为。

可见，土地信托服务中心实际上是一个中介和服务平台：第一，流转前的供求登记和信息发布，流转中的中介协调和指导，流转后的跟踪服务和纠纷调处，流转期满实施评估。第二，土地信托的目的是为了推行土地的规模经营，为土的股田经营、土地转包制和租赁提供方便。希望借用政府和基层组织的权威为土地流转确立可信的仲裁机构和流转中的各种标准。但事实上，它不可能不影响农户土地使用权和承包权的行使。由于其明显的行政色彩，它就很难保持土地流转中的中立角色，难免有行政的强制。

二、保护农民合法权益的四条路径

根据上面的四种农地流转方式，必须在政策上有更加明确清晰的界定与澄清，以免引起混乱，尤其要防止地方和基层误读中央政策，借机侵犯农民土地承包经营权，削弱农民的承包土地收益权。

（一）切实保护承包农户的主体地位

第一，在推进土地流转中，坚持农户是土地流转的主体。早在2001年，中央18号文件明确强调，农地承包权流转的主体是承包农户。之所以强调这是农地流转的前提，是因为《土地承包法》已经赋予承包农户长期而有保障的土地使用权，土地的流转权是这个权利束中最重要的权利。只有坚持了农户土地流转的主体地位，才能形成稳定有序的承包权流转市场，才能既保护土地承包者的权益，也能稳定承租户的投资预期和合约关系。

第二，必须由农户与土地转包者签订合同。十七届三中全会提出，要完善农地承包权的权能，充分保障农民承包地的占有、使用、收益等权利。既然土地承包权属于农户，土地的流转必须要由承包农户与土地接包者直接签订合同，村委会甚至乡镇政府切不可为了土地流转的便利和效率，替代承包农户与接包者签订合同。

第三，土地流转的地租归农户。地方政府对转包农户的长期地租收益负有保护责任。由于土地的承包经营权属于承包农户，《土地承包法》规定的土地流转的有偿原则，就应该明确是承包农户有收租的权利，土地出租的地租只能由农户与承租者协商决定，而且地租只能归土地出租农户。不仅承包农户对转出土地有足额收租权，而且未来地价提升以后，原承包农户也有权按合同期限内地价上升幅度，获取一定比例的级差地租。鉴于农户在谈判和合约执行中的弱势地位，地方政府负有保护承包农户公平合理地获取长期地租的责任。

（二）关于集体经济组织的角色定位

集体经济组织的主动介入，有可能提高农地流转的效率，为农地规模经营提供载体，但容易出现不尊重农民意愿的情形。近几年来，无论是沿海发达地区还是内地农村的一些地方，都出现了集体经济组织、甚至乡镇政府出面，为推进规模化农业经营，强迫或半强迫农户流出土地的现象。有的村社集体组织或村社干部直接与业主签订土地承包经营权流转合同，或者以村民代表多数通过的办法，代村民签订合同，有的集体经济组织还把农民的承包地收回，由村委会或村民小组代农民对外出租。这类情形的出现，与20世纪90年代中后期农民弃耕撂荒后村组织集中土地再包有本质差别，中央应当出台文件，对这种情形予以制止，尤其强调不能以城乡统筹试验的名义由政府主导搞土地的集中和公司经营。

之所以在不同时期出现集体经济组织收地替代农户出租土地，很重要的一个制度原因，是对土地集体所有制中集体经济组织的权利限定还不明确和严格，尽管《土地承包法》规定了集体经济组织不能收农民土地，但在实际操作中往往很难实施。在法律上应当明确集体经济组织在土地流转中只是起中介服务的作用，明确它不得收地转租，不得代替农户与承租者直接签订土地流转合同，不得截留属于承包农户的地租。

（三）正确对待规模经营和公司进入农业

很多人认为是家庭承包制妨碍了土地流转和规模经营，事实上早在1984年，中央政策就在鼓励农户承包地的流转，土地流转面积之所以未能如愿扩大，很重要的一个原因是目前阶段承包农户还不能完全脱离土地，缺乏让农户离开土地的制度条件，如农民即使进城了也不能对承包地进行处置，还有就是我们也没有设置让农民在城市永久落户的制度。这样，在农民无法主动割断与土地关系的情况下，土地只能以短期出租方式流转，无疑形成土地规模经营的高昂制度费用。

应该承认，在目前阶段，我国大城市郊区和沿海一些高度工业化城市化的地区，已经具备规模经营的条件，规模经营户或农业企业通过从事高价值作物生产和加工，可以获得丰厚的回报。因此，可以在这些地区出台促进土地流转和规模经营的政策。但是，由于农民相对处于弱势地位，规模经营的推进，还是要采取谨慎的态度。对于公司进入农业，前提条件是必须尊重农民的意愿，切不可剥夺和侵犯农户的承包经营权。在处理农民与公司或其他经营主体的关系中，地方政府负有保护农民的责任。

（四）规范土地承包权的流转

如何引导和规范土地流转，使之真正成为农民增收、发展现代农业的"活水"？建立土地承包权流转市场，可促进土地承包权规范、透明流转：（1）进行农村土地承包权流转市场试点。以区县或镇为单位，建立农村承包地流转交易平台（交易机构），制定交易规则。（2）建立第三方的、有土地评估经验和能力、有独立资质的土地评估机构。（3）允许除农户以外的其他组织，包括合作社、农产品营销户、农业企业等经营农业。但对在农地上从事非农经营、变相圈地或土地投机的行为要依法惩处。

第三节 土地权利与土地管理的立法调整：以《土地管理法》为例

农村土地流转与农民土地权益保护问题首先涉及与土地权利及土地管理相关的法律制度。事实上，我国《土地管理法》对此问题已经做了详细的规定。但是，随着中国经济体制转轨以及工业化、城市化步伐的加速，农地流转、征用和非农转用等问题已经对该法律制度提出新的要求。因此，对修订《土地管理法》的制度需求也不断增加。

一、我国土地管理法修订：历史、原则与制度

我国《土地管理法》的修订关乎芸芸众生之利益，承载了世人颇多期冀，万众瞩目。目前，该法修订已几易其稿，业已成型的《土地管理法》以下简称《土地管理法（修订案）》，对《土地管理法》做了大幅修订。为裨益于土地管理立法的完善和实务操作之简便，笔者将在明确《土地管理法》属性的前提下就相关问题加以论述，对《土地管理法》的相关制度，特别是土地权利制度的设计进行评析，在审视、反思《土地管理法（修订案）》的基础上对《土地管理法》的修订提出建议。

（一）《土地管理法》与相关法律的协调

自法学角度审视，土地管理法律关系是指国家土地行政部门在管理土地配置活动中与土地所有权人、土地使用权人及土地违法行为人之间所形成的法律关系。土地管理法律关系的特点明显，即土地管理法律关系主体之间处于不平等的地位。首先，土地管理法律关系的一方是国家各级土地行政管理部门，属于管理者，另一方面则是土地所有权人和土地用益物权人或其他违法行为人，属于被管理者。其次，土地法律关系的发生仅取决于国家各级土地行政管理部门的意志，其行使国家赋予的土地行政管理权。因此，土地管理法律关系的形成取决于土地

行政管理机关所代表的国家意志和社会公共意志，无须征得相对方的同意，可以说，土地管理法律关系的形成并非双方当事人意思表示一致的结果。最后，土地管理法律关系的双方主体享有的权利及承担的义务并不对等。土地行政管理部门在行使管理职权时所享有的权利具有法定强制性，被管理者对此只有服从的义务而没有要求给付对价的权利。可见，土地管理法律关系符合公法之特征。土地管理法作为公法，涉及与相关私法的协调。

《民法通则》、《物权法》等与土地权利相关的法律，主要是为土地权利的取得、确认、行使、保护等提供法律规范的私法。虽然《土地管理法》与《民法通则》、《物权法》等分属不同的法律部门，但这并不意味着它们之间泾渭分明，毫无关联。相反，《土地管理法》与相关私法之间存在着千丝万缕的联系，无法完全隔离。因为，法律的部门划分是相对的，具有一定的模糊性，这是由立法与法学的主观性决定的。这种相对性主要表现为法律部门之间的交叉性和包容性。土地行政管理所涉及的对象即土地正是民法意义上的重要之物。同时，与学理划分注重"纯粹性"不同的是，立法更加关注特定的社会活动领域和特定项，规范内容具有"复合性"特征。也就是说，规范相同社会关系的立法内容，应尽可能使其集中起来，力求涵括在一个规范性法律文件中。尤其是鉴于我国目前尚未制订《土地法》，《土地管理法》的修订应注意吸收民事法律规范，不能仅就土地行政管理法律关系予以规范，而排斥与其相关的土地民事关系，以弥补《土地法》缺位所带来的缺憾。从法律渊源的层面而言，作为行政法的《土地管理法》应该在一定程度上成为作为民法的《民法通则》、《物权法》等相关规定的根据。这一点在法理上并无不妥，即使是西方国家的民法著作中，也主张公法关于物权内容的规定和关于物权如何行使的规定等，也是民法物权法法律根据之一。为此，《土地管理法》应为《民法通则》、《物权法》等相关规定留下合理的"制度接口"。还有，《物权法》、《民法通则》等相关私法基于民事法律层面所规范的土地权利的取得、确认、行使及保护等内容也正是《土地管理法》基于行政管理法律层面所须规范的内容，即《土地管理法》可以"以利益为诱因，来追求公益的实现"，《民法通则》、《物权法》等相关私法也应以遵循《土地管理法》公法框架来构思设计私法规范，以利于私益的合法实现。

(二)《土地管理法》制定及修订进程回顾

在《土地管理法》修订之际，有必要追溯《土地管理法》的历史变迁，把握其时代脉搏的律动，为其修订确定方向。

30多年前，我国拉开了改革开放的大幕。生产力的解放、经济的迅猛发展、城市的极度扩张、乡镇企业的逐渐兴起，导致了建设规模的迅速扩大，大量耕地转化为建设用地。据统计，"六五"期间（1980~1985年），全国耕地净减3 680多万亩，年均减少700多万亩，尤其是1985年，这一数据史无前例地超过了1 500万亩。面对如此乱占滥用土地的狂潮，我国不仅缺乏一部专门、完整的土地管理法，而且行政管理也是城乡分立、政出多门、职责不清。为此，中共中央、国务院发布了《关于加强土地管理、制止乱占耕地的通知》，明确了迅速制定《中华人民共和国土地法》（后经全国人大改为《土地管理法》）的立法任务。1986年6月25日，第六届全国人大常委会第十六次会议审议通过了《土地管理法》。《土地管理法》从酝酿至颁布只有短短三个多月的时间，创下我国立法耗时最短之记录。由于立法仓促，加之时代的局限，1986年《土地管理法》还带有较浓厚的计划经济色彩。然而，1986年《土地管理法》毕竟结束了长期以来土地管理无法可依的局面，实现了我国土地管理由多头分散管理向集中统一管理的历史性转变，其具有的划时代价值毋庸置疑。

20世纪中后期，人们刚刚开始针砭计划经济的弊端，就被历史潮流裹进了社会主义的商品经济时代。此时，土地固有的商品属性也逐渐显露，带有浓厚计划经济特点的《土地管理法》很快显现出了它的历史局限。1988年4月，第六届全国人大第一次会议通过了《宪法修订案》，删除"禁止土地出租"的规定，同时增加"土地的使用权可以依照法律的规定转让"的条款。为了回应社会生活的诉求，并顺应《宪法》的修订，1988年12月29日，第七届全国人大常委会第五次会议通过了《土地管理法修订案》，删除了"禁止出租土地"的规定，并增加了"国有土地和集体所有的土地的使用权可以依法转让"、"国家依法实行国有土地有偿使用制度"等重要规定。可以说，1988年的修法活动，推动了我国土地使用权制度的变革，在法律层面开始恢复国有土地的商品属性。由此，我国土地资产管理开始逐渐步入了市场化的轨道。

自1992年下半年开始，我国某些地方出现了"开发区"建设热，耕地面积锐减，耕地保护再次面临严峻的挑战。1988年《土地管理法》显然已不能满足迅速发育发展的市场经济下土地管理的需要。新一轮修订《土地管理法》的工作由此展开。1998年8月29日，第九届全国人大常委会第四次会议修订并通过了《土地管理法》。这次修订已非个别条文之变动，而是土地管理与利用方式的重大变革。与1988年《土地管理法》相比，1998年《土地管理法》主要呈现了以下方面的革新：一是实现了从分级限额审批制度向土地用途管理制度的转变；二是首次以立法形式明确了合理利用土地和切实保护耕地是我国的基本国策，设计了五项耕地保护制度；三是提高了土地征用的补偿标准；四是确立了土地监督检查制度。

自2002年下半年开始，新一轮的"圈地热"再次出现，征地规模不断扩大，因征地引发的社会纠纷日渐增多，社会各界对改革和完善征地制度的呼声十分强烈。为了缓和社会矛盾，2004年8月28日，《宪法修正案》将《宪法》第十条第三款修订为"国家为了公共利益的需要，可以依照法律规定对土地实行征收或者征用并给予补偿"。2004年，第十届全国人大常委会有针对性地将《土地管理法》的部分条款予以修订，将该法第二条第四款修订为"国家为了公共利益的需要，可以依法对土地实行征收或者征用并给予补偿"。

2004年《土地管理法》仅对个别条款作了应景性的"合宪性修订"。形式上，此次修法幅度不大，变革不显明，然而从征用到征地与征用法则的共同确立来看，其现实意义与历史意义皆不可小视。

2007年颁布的《物权法》确立了在市场经济条件下对国家、集体和个人财产实行一体保护的原则；财产确认、利用和救济制度，特别是关于不动产的相关制度得以明确；若干相关司法解释规则亦寻求法律的及时认可，加之社会经济发展现实中土地制度运作所衍生的人地矛盾凸显、土地违法事件频发等原因，《土地管理法》面临着第四次修订。

（三）《土地管理法》修订的基本原则重述

（1）兼顾土地的资源与资产双重属性原则。追溯《土地管理法》的历史变迁，不难发现，其制定抑或修订，无不以满足保护耕地为其根本，有条件地兼顾城乡统筹发展的目标需要。综观现行《土地管理法》，除了第五十四条及第五十五条对有偿取得国有土地使用权，第五十六条对改变土地用途，第六十三条对农民集体所有土地使用权不得用于非农建设等问题做了原则性的规定外，很少涉及土地的资产管理。即使在这些少量规范土地资产管理的条款中，也是以禁止性规定为原则，任意性规定为例外。因此，《土地管理法》只注重土地的资源属性，而忽视土地的资产属性。然而，在当代，对于国家和集体来说，国有和集体所有土地的资产属性越来越重要，对私人主体或个人来说，土地使用权的资产属性也日益凸显。在修订《土地管理法》时，考虑兼顾土地的资源与资产双重属性很有必要，在强化土地用途管理的同时，需要在甄别的基础上开禁土地权利的交易，以实现土地资产的最佳配置。

（2）物权平等或一体保护原则。《物权法》首次从立法上确立了物权平等保护的原则。所谓物权平等保护，就是指种类相同的物权应该受到相同的保护。这就意味着"对于不同所有制性质的物权给予相同的法律地位，赋予同样的法律效力，适用同样的法律规则"。该原则在《物权法》立法过程中几经波折，已凸显其微言大义。

集体土地所有权既非国家土地所有权的派生物，亦非隶属于国家土地所有权,而是一项独立的我国特有的民事权利。就法律层面观之,集体土地所有权与国家土地所有权具有平等的法律地位。然而,根据2004年《土地管理法》第六十三条和第四十三条的规定,除符合土地利用规划并依法取得建设用地的企业,因破产、兼并等情形致使土地使用权依法发生转让外,集体所有的土地只有经国家征收转为国有土地后,才能出让、转让。国家垄断土地使用权交易的一级市场,政府对农民集体所有土地"先征后让"。依此,集体土地所有权的权能具有"不完全性"。"这种'不完全性'与所有权的社会化以及由于土地所有权的特殊性所受到的公法上的限制和公权力的干涉不同,是与国有土地所有权相比较在效力、权能上的欠缺。"2004年《土地管理法》的规定,造成集体土地所有权在权能方面的残缺,实际上已与民事基本法《物权法》所确立的物权平等原则相冲突。因此,在修订《土地管理法》时应赋予集体土地所有权适当限制的处分权,允许集体建设用地使用权有条件地入市。

(3) 民事权利对行政权力制约原则。民事权利是人们享有的最基本的权利,任何个人或组织不得侵害,非依法律程序不得加以限制和剥夺,民事权利主体享有排斥上述侵害的法定权利。虽然,出于对私权极端化的反思,现代民法已由"个人本位"向"社会本位"转变,"但在我们这个国度中,个人私权极度膨胀的现象始终没有真正出现过,相反,社会本位的过度膨胀使得个人财产所有权的空间被压抑至极为狭小的空间内"。笔者以为,当下中国,倡导民事权利对行政权力加以制约仍然具有重要现实意义。何况,行政权力从来就是以实现公共利益,保护公民的人身权利和财产权利为己任而存在的,行政权力受民事权利的有效约束,以防止其恣意妄为致使民事权利受到侵害,本就是题中之意。因此,在《土地管理法》修订时,对于民事权利与行政权力应该慎重审视、重新定位,以合理确立民事权利对行政权力的有效制约的机理与制度。

(4) 行政管理手段与市场调节手段协调使用原则。我国传统的"行政全能主义"倾向影响到《土地管理法》的立法理念及具体制度的设计。综观现行《土地管理法》,涉及农地转用、土地征用、国有土地使用权出让(转让、划拨)、临时用地、土地开发整理项目立项等大小审批事项20多项,而注重市场对土地资源配置作用的制度设计几乎没有。可以说,《土地管理法》重视行政管理手段的运用,忽视了市场手段的调节功能。或许正是由于过度依赖行政管理手段,其核心动力即市场要素不足,致使《土地管理法》实施效果不够理想。在修订《土地管理法》时,秉持行政管理手段与市场调节手段协调使用的原则至关重要。

(5) 平衡多方主体利益原则。由于全盘承接"国家利益至上"的立法理念,《土地管理法》重视国家利益,有忽视甚至漠视其他利益主体利益的倾向,致使土地法律关系主体之间的利益分配失衡。例如，根据2004年《土地管理法》第四十三条的规定，任何单位和个人进行建设，都必须依法申请国有土地。国家通过立法将集体建设用地使用权排除在市场交易之外，从而垄断了土地使用权交易的一级市场。一方面，国家通过支付低廉的征地补偿款，将集体所有的土地变为国家所有；另一方面，国家又通过"招拍挂"的方式高价出让土地使用权，从而获取了原本属于农民集体和农民个体的财产利益。多方主体的利益失衡，致使现实中"小产权房"、"以租代征"等违法行为屡禁不止，积重难返。因此，修订《土地管理法》时须坚持兼顾多方利益主体利益原则，这也是实现公平正义的法律价值目标的基本要求。

（6）相关法律彼此衔接的原则。受传统立法习惯的影响，涉及土地的法律、法规抑或地方性法规，形式上虽由全国人大或其常委会、国务院或地方人大通过，实际上均由相应的职能部门起草。各个职能部门在立法时往往出于各自工作便利及部门利益的需要，制定的法律规范和制度之间常常相互冲突，难以协调。《土地管理法》自然也不例外。由国家土地行政管理部门制定或修订的《土地管理法》往往也只注重自身的完善与协调，而忽视与其他相关的法律、法规的协调与衔接，致使《土地管理法》的实施效果不尽如人意。因此，修订《土地管理法》，应尽可能地避免单一部门立法倾向，更重要的是强调土地立法与其他相关法律实行有效衔接和制度间的照应，防止法律起草部门"一言堂"而有失公允。

（四）《土地管理法》修订中的土地权利制度主要内容评析

建立起一套完善的符合市场经济要求并与之对接的土地管理制度，在中国任重道远。就宏观层面观之，《土地管理法》的最薄弱的地方有三个：一是在该法初立时提出的建立最严格的土地（主要是农地）管理制度成效不显著，有的条文未切中要害，有的规则形同虚设；二是在城乡二元结构模式与机制的运行背景下，政府的"土地财政"偏好，导致农村集体土地财产权实现障碍重重，其改革没有建立应有的制度效应；三是土地管理的法律责任体系极不完备。遗憾的是，《土地管理法（修订案）》虽然在这些方面有所突破，但在问题认识及具体制度设计上仍有待进一步提高。

修法者如能认识到当下中国土地问题的核心是农村集体土地，将对清醒地认识、总结、提炼问题、掌握现实国情具有特别意义。沿此思路，《土地管理法》应着重在以下几方面进一步完善。

（1）重视农村集体土地确权工作，通过制度建设推进确权工作。一项明晰财产权归属的制度无论对于国家还是集体都不可或缺。其中，处于逻辑起点的是土地财产权的确权。2004年《土地管理法》第十一条对此作了明确规定。但遗憾的是，长期以来，实践中对农村集体土地的确权工作不甚重视，即便中央有关部委多次专门发文强调、大力组织实施，各地也仍未有实质进展。事实上，如果不着力从法律制度上对农民集体土地财产权提供全面、完整的保护，对土地这一基本生产要素进行配置时就会背离市场，价格就不能客观地反映其稀缺性，从而可能导致土地利用的粗放、浪费情况的加剧。农村集体土地的确权作为农民土地承包经营权及其流转的前提，还承载着保护农民切身利益和实现农村社会稳定发展的要求。《土地管理法（修订案）》对农村集体土地确权制度有较多规定，但本质上并未突破现行法的框架，其第十章"国家土地督察与监督检查"和第十一章"法律责任"均未将确权过程中"不作为"的违法行为列入，这无疑将大大降低该法的权威和实施效果。从某种意义上讲，其他责任的追究也会因此丧失法理和制度基础。对此，应制定确权的操作程序并增设责任追究条款。

（2）规范农村集体土地征收行为。随着近年来全国各地建设规模的极度膨胀，大量耕地被征收，农村集体土地征收纠纷因之愈演愈烈，暴露于其中的法律和制度缺失也愈加引人注目。虽然《物权法》第四十二条、第四十三条和第一百三十二条就农村集体土地征收相关问题作了概括性的规定，但这些概括性、非刚性的规定，根本未对之前的法律和制度缺失加以修补，当然也无法阻挡对农村集体土地征收的"燎原之势"。尤其是在城镇土地资源日趋枯竭状况下，随着国务院《国有土地上房屋征收与补偿条例》的出台，农村集体土地征收与补偿的现实矛盾已然凸显。

第一，要明确征收条件。《宪法》和《物权法》都将农村集体土地征收的条件规定为公共利益的需要。至于何为"公共利益"，现行法律并未明确界定，这为地方政府可根据自己的需要无限制地使用土地的征收权埋下了伏笔，且预留了较大的自主征收的操作空间；而评估、听证环节的规避，旧城改建、城乡统筹等理由下"土地财政"驱动，都可能会借机兴风作浪，对"商业目的"的用地假借"公共利益"的名义加以征收的现象也将难以遏制。

至于能否界定抑或如何界定"公共利益"的内涵，学界众说纷纭，但在《物权法》出台后，现实中的桩桩拆迁案例警醒世人、拷问学者，更有欧洲国家征收法律规则被学者介绍引入，香港模式的征收条例尽列"公共利益"与详尽的征收程序令人耳目一新，"公共利益"不易界定之声式微。笔者坚持认为，为克服列举式的固化及概括式的不确定性，"公共利益"内涵的界定，可采用概括加列举的例示模式。不无遗憾的是，《土地管理法（修订案）》第七十条却规定："为了公共利益需要，进行下列建设，需要使用农民集体所有土地的，依法征收为国有：（1）在土地利用总体规划确定的城市建设用地范围内，国家实施城市规划等进行建设;(2)在土地利用总体规划确定的城市建设用地范围外进行基础实施、公共管理和服务设施等公益性项目建设。公益性项目用地目录由国务院制定。未列入目录的项目建设,确需征地农民集体所有土地的,由项目所在地市、县人民政府组织论证并公示,经省、自治区、直辖市人民政府审核后,报国务院批准。"该条仍然未对"公共利益"内涵予以界定。也就是说,《土地管理法(修订案)》第七十条的规定,与2004年《土地管理法》的规定完全一样,毫无建树。而规划外农民集体所有土地的征收条件为"公共利益"加"符合公益性项目目录"或"公共利益"加"论证加行政审批"。表面上看,《土地管理法(修订案)》对规划外农民集体所有土地的征收范围有所缩小。实际上,由于规划外土地的商业价值不高,其转化为商业性用地的可能性也就不大,故仅缩小规划外农村土地征收范围并没有太大的实际意义。因此,《土地管理法(修订案)》所确定的农地征收条件与2004年《土地管理法》的相关规定无本质区别。起草者拟"巧妙"运用立法技术,将十七届三中全会通过的《关于推进农村改革发展若干重大问题的决定》(以下简称《决定》)所做出的"缩小征地范围"的决定内涵变成了一个较为虚幻的说辞,对未来农村集体土地征收预埋下"与民争利"和"还权于民"的新难题,实不可取。因此,应明确、落实《决定》之要求,把征收条件细化为确定的规则。

第二,要正确界定征收客体。农地征收的客体不应限于农民集体所有权,而且还应当包括土地承包经营权。土地承包经营权作为一种用益物权,是一种民事财产权,也具有经济价值,应该受到法律的尊重。另外,将土地承包经营权纳入征收的客体范围既保持了法律对不同主体权利的同等对待,又有利于土地承包经营权人在农地征收补偿中作为独立的利益主体参与协商,保护自己的合法利益。并且,《物权法》第一百三十二条也承认了土地承包经营权作为农地征收客体的地位。为了与《物权法》相衔接,《土地管理法》修订时理应将土地承包经营权纳入农地征收的客体。

第三,要提高征收补偿标准。《土地管理法》第四十七条限定了补偿的最高额,即"土地补偿费和安置补助费的总和不得超过土地被征收前3年平均年产值的30倍"。据有关部门测算,当前法定最高补偿标准大约为2.4万元/亩,按最低生活标准每人300元/月计算,当前法定的征地补偿费仅够农民维持不到7年的生活需要。可见,农地征收补偿标准非常低,而其利益补偿是否合理,又恰是衡量政府公信力的最佳标准,亦是能否抑制社会矛盾的关键环节。

农地征收是出于公共利益之需要,国家动用行政权力征收农民集体所有的土地,致使原权利人的各项土地权利随之灭失。但原权利人对公共利益并无特定义务,仅因国家的土地征收行为而致使其蒙受损失,是无特定义务人为了公共利益的需要所作出的特殊牺牲，如果仅由原土地权利人承担这种本应由全体社会成员共同承担的社会成本，显然有违公平正义之法律理念。因此，笔者认为，在《土地管理法》的修订时，应根据《决定》的"完全补偿"精神，废除其按"土地原用途"计算补助费用的规定，改为按市场价格向农民支付征地费。《土地管理法（修订案）》已于第七十一条提及了农地征收的补偿标准，即"征收土地补偿标准由省、自治区、直辖市人民政府根据当地土地资源条件、土地产值、土地区位、土地供求关系和社会发展水平等综合因素规定"。尽管此规定还是比较原则，但相较2004年《土地管理法》的规定，体现了一种进步，值得肯定。从更理想的情况看，征收补偿标准还应以维持被征地农民的生计为出发点，以更高、更有效的补偿标准和方式实行。

（3）合理构建集体建设用地使用权流转制度。随着我国城市化、工业化进程的推进，集体建设用地使用权的"地下交易"日趋活跃。

为促进地方经济的发展，地方政府也纷纷出台地方政策开禁集体建设用地使用权流转。然而，集体建设用地使用权流转游离于法律的框架外，不仅使法律的权威受到了严峻挑战，且引发了一系列社会问题。因此，《土地管理法》再修订决不可视而不见或草率立法。笔者以为，下述几点值得关注。

第一，开禁集体建设用地使用权流转。现行《土地管理法》第四十三条、第六十三条的规定原则上禁止集体建设用地使用权流转。现行《土地管理法》之所以禁止集体建设用地使用权流转，主要是出于对耕地转用失控之担忧。应该说，这种担忧不无道理。但仔细思量，耕地转用失控并不是允许集体建设用地使用权流转必然的逻辑结果。问题在于，能否管控住耕地的大量转用之关键在于地方政府在土地管理中能否准确地进行角色定位。如果地方政府能够退出土地交易利益的角逐场，不参与土地交易利益的博弈，保持土地管理者所应秉持的中立立场，由此理直气壮地强化对土地用途管控程序，严格土地审批制度，即使允许集体建设用地使用权流转，也不会导致耕地转用失控之态势发生。否则，即使规范了严格禁止集体建设用地使用权流转制度，出于"土地财政"的考虑，政府也不可能从根本上杜绝耕地大量转用的情况发生。一轮又一轮"开发区热"、"房地产热"以及遭众人责难的"强制拆迁"就已证明了这一点。因此，《土地管理法》修订时，从主体权利平等与市场经济合理竞争等基本原理出发，开禁集体建设用地使用权流转是方向，但对政府在其中权力行使的合理限制性规定则应有更重要的把握。另外，开禁集体建设用地使用权流转势必要建立城乡统一的土地利用规划、土地监管、地籍管理等制度。值得注意的是，《土地管理法（修订案）》第一百零六条允许土地利用总体规划以外的集体建设用地基于非公益性项目的流转，而对于土地利用总体规划以内的集体建设用地的流转基本上持禁止态度。表面上看，《土地管理法（修订案）》在集体建设用地使用权流转问题上已有了较大拓展。但如前所述，由于实践中土地利用总体规划以外的集体建设用地并无多大商业价值，故其基于非公益性目的的流转可能性不大。可见，一旦该项建议被采纳，集体建设用地使用权的流转即进入市场流动的状况将不会发生根本性的改观，因此这些修订建议不应被采纳。

第二，严格集体建设用地使用权流转的国家审批制度。若开禁集体建设用地使用权流转时，不严格国家审批制度，将导致耕地锐减、经济过热，从而不利于国民经济的可持续发展。在开禁集体建设用地使用权流转时，不仅应规定集体建设用地使用权严格入市的条件，而且须要求相关职能部门在严格审查流转价格、流转数量及用地目的的基础上做出批准与否的决定，达到既放开放活又管好管住的目标。

第三，完善集体建设用地使用权流转收益分配制度。集体建设用地使用权流转收益的分配是其中一个极其重要和关键性问题。只有建立合理有效的收益分配机制，才能达到保护农民合法土地权益、规范集体建设用地使用权流转的目的和农村社会长治久安的效果。集体建设用地使用权流转固然涉及国家、集体和农民三方利益，但集体毕竟是该财产的权利主体，国家不应与民争利，任何个人更不得插手其中。修订《土地管理法》，须明确国家、集体及农民个人三者之间的分配关系及其具体的规则，否则，很容易产生公权力强势和乡村基层干部中饱私囊的情况。在集体建设用地流转收益分配中，国家（政府）作为管理者、服务者及基础设施投资者，可以税收方式对流转收益进行调整，并取得一定服务费用与建设用地增值收益分配额；农民集体作为土地所有者，其收益就是建设用地地租加上建设用地发展权所致价值增值收益；农民个人从集体收益中分配，但集体收益分配应由村民大会表决。总之，恳望《土地管理法》的修法者切实关注并慎重决定之。

二、土地权利制度创新：从《土地管理法》修改的视角

现行《土地管理法》颁布于1986年，其间历经1988年、1998年、2004年三次修改，基本确立了以土地所有权和土地使用权为核心的土地权利制度。《物权法》对土地物权依传统法理和中国实践划分为土地所有权和土地他物权，而土地他物权又可分为土地用益物权（包括土地承包经营权、建设用地使用权、宅基地使用权和地役权）和土地担保物权（包括土地承包经营权抵押权和建设用地使用权抵押权），由此而构建了全新的土地权利制度。考虑到与既有土地管理法律之间的分工，也注意到我国土地管理实践的发展，《物权法》仅对有些土

地权利作了原则性规定,而将许多具体规则授权《土地管理法》等作出规定。《物权法》实施后,《土地管理法》应与之做好衔接。同时,当前我国土地管理又面临新的形势,党的十七届三中全会对我国土地管理提出了新的要求,亟须落实到土地管理的相关法律法规中去。因此,《土地管理法》的修改不仅是为了贯彻《物权法》,完善土地权利的设立、变更、转让和消灭规则,而且是为了解决中国快速的工业化、城市化过程中土地权利的保护问题,为以后中国经济的持续稳定发展提供相应的制度支撑。从这个意义上讲,《土地管理法》的修改宗旨应该是以建立、健全土地权利保护制度为核心,从而构建符合我国国情的现代土地权利体系。

(一) 土地权利的配置及其体系化:保守抑或超越

《送审稿》第十一条第一款规定:"土地权利包括国家土地所有权、农民集体土地所有权;农用地使用权、土地承包经营权、建设用地使用权、宅基地使用权;土地抵押权;地役权等。"这一规定在维系前述《物权法》有关土地权利体系的基础之上,增加了两种土地权利类型:农用地使用权和土地抵押权。但其中权利配置和体系构建尚有以下疑问之处:

(1) 是否有必要增设"农用地使用权"这种物权类型?《送审稿》增加了"农用地使用权"这种土地权利类型,并明确规定"未设立承包经营权的农用地,确定给单位或者个人使用的,设立农用地使用权"。可见,《送审稿》的立法意图在于,对于未设立承包经营权的农用地,也可设定一种用益物权,以稳定这种农用地的使用关系。但这种用益物权与土地承包经营权之间在权利设定、权利内容等方面有何区别?就《送审稿》的规定来看,除了标的物、法律适用上存在区别之外,均作了同一处理。这些规定均值得探讨。第一,"未设立承包经营权的农用地"的范围究竟有多大?是否需要创设一种物权类型?在实践中,"未设立承包经营权的农用地"主要是指未实行土地承包经营制的地区的农用地、农村中属于国有的农用地,以及实行土地承包经营制的地区的机动地。这些农用地均有其特定的目的,如机动地主要是为了在"增人不增地"、"减人不减地"的政策之下,留作土地调整,以便于设定土地承包经营权。这些农用地之上不宜设立另外一种用益物权,完全可以通过订立合同,依债权方式来解决。第二,将"农用地使用权"规定为一种新的物权类型,就应当明确规定这种新型用益物权的设定要件、效力范围,但《送审稿》对此并未做出明确规定,也未做出准用土地承包经营权相关规则的规定。这样就给土地利用实践造成了适用上的困难。农用地使用权既属物权,则须以一定的公示方法周知于众人。但农用地使用权的公示方法究竟是什么?占有抑或登记?不得而知。如依《送审稿》第三章第二十五条关于土地登记效力的一般规定，在解释上可以认为农用地使用权以登记为公示方法，未经登记，农用地使用权不产生效力。果若如此，农用地使用权与土地承包经营权功用相同，为何制度设计各异？

综上所述，未设立土地承包经营权的农用地毕竟很少，就此类土地利用关系无须再规定一种新的物权类型。利用财产的权利方式并不仅限于物权，利用债权方式解决相关农用地的利用问题，则更具灵活性。

（2）是否有必要以"土地抵押权"来涵盖与土地相关的所有类型的抵押权？在《物权法》之下，土地所有权以及耕地、宅基地、自留地、自留山等集体所有的土地使用权之上不得设定抵押权，涉及土地之上的抵押权仅限于建设用地使用权抵押权以及（以其他方式取得的）土地承包经营权抵押权，此外，还包括了地役权抵押权。《送审稿》创设了一个新的物权类型"土地抵押权"，这种抵押权究竟指什么？是否包括了上述《物权法》中所称的建设用地使用权抵押权、土地承包经营权抵押权、地役权抵押权？

第一，在抵押权的类型化上通常采取的方法是以抵押财产的种类为标准；在指称上，也是用"抵押财产的具体类别"+"抵押权"的称谓，如"动产抵押权"即以动产为标的抵押权，而"建设用地使用权抵押权"是指以建设用地使用权为标的抵押权。我国实行土地公有制，土地不能成为交易的客体，自然不能设定抵押权。因此，"土地抵押权"很明显并不是在土地所有权之上的抵押权，采用"土地抵押权"一语，容易产生误解与误读。

第二，采纳"土地抵押权"一语，可能是为了立法的简约和行文的方便而将现行法律允许的建设用地使用权抵押权、土地承包经营权抵押权和地役权抵押权均包括在内，此外，还可以涵盖现行法律不允许但以后可能允许的用益物权抵押权，如宅基地使用权抵押权。但是，在上位阶概念"抵押权"或"不动产抵押权"、"权利抵押权"与下位阶概念"建设用地使用权抵押权"等具体抵押权之间是否有必要再类型化出一种中位阶概念"土地抵押权"？或者说，下位阶概念所指称的各类别之间是否有足够多的差异性，以使中位阶概念成为必要？至少在目前，我们还没有看出下位阶概念的各类"权利抵押权"之间有多少特别显著的差异足以说明这种类型化的必要性。因为抵押权依抵押财产的类别可以分为不动产抵押权、权利抵押权和动产抵押权（高圣平，2009），其中，所谓"土地抵押权"大抵属于权利抵押权，而在《物权法》中明确规定的权利抵押权—建设用地使用权抵押权、土地承包经营权抵押权等均属土地用益物权之上的抵押权，在此之下再作一个位阶的分类，正当性不足。因此，没有必要再创设一个物权名称——土地抵押权，直接规定各种抵押权类型即可。

（二）建设用地使用权制度：主要争议及其解决

建设用地使用权作为一项用益物权，是在他人享有所有权的土地之上设立的，设立之后，建设用地使用权人可以占有、使用他人的土地并从中获益，并可以处分其建设用地使用权，由此形成了所谓土地的"一级市场"和"二级市场"（路红生，2007）。建设用地使用权的取得方式也就有了所谓"设立"和"移转"之分，两者之间的规则设计是不同的：建设用地使用权的设立涉及用地审批、用途管制、规划许可，程序比较复杂，而已设立的建设用地使用权只要不改变用途，其移转应是自由的。基于《土地管理法》和《房地产管理法》之间在调整范围上的区分，我们认为，虽然房地产开发必然涉及用地，但在我们目前行政管理体制未作重大调整的情况下，为使各部门条分缕析地履行自己的职能，避免相互争权和彼此推诿，《土地管理法》应仅调整土地的一级市场，亦即仅涉及建设用地使用权的设立，《房地产管理法》应仅调整土地的二级市场，亦即仅涉及建设用地使用权的移转。这里仅就前者而展开。

1. 建设用地使用权的设立方式：出让、划拨抑或包括其他

就建设用地使用权的设立方式而言，《物权法》第一百三十七条明文规定了设立建设用地使用权可以采取出让或者划拨等方式。《送审稿》第十八条第一款规定："建设用地使用权可以依法通过出让、划拨、租赁、作价出资入股和转让、出租、继承、赠予、互换等方式取得。"就该条文的结构来看，"出让、划拨、租赁、作价入股"应属于建设用地使用权的设立方式（创设的继受取得）；转让、出租、继承、赠予、互换，则属于建设用地使用权的移转方式（移转的继受取得）。对于这一建设用地使用权设立方式的规定，笔者不敢苟同，其原因在于：

第一，"出让和划拨"两种设立方式是依建设用地使用权人在取得建设用地使用权时是否支付对价为标准所做的分类。我们认为，出让和划拨本不属于"法言法语"，大致反映着土地利用制度改革之初人们对于土地使用权取得方式的初步认知。在物权法之下，建设用地使用权依土地所有权人和使用人之间的建设用地使用权设立合同而设立，是在他人所有的土地上所设定的权利负担，至于是否支付对价，自应由双方当事人去约定。由此可见，出让方式的准确说法应是建设用地使用权的有偿设立，而划拨方式则为建设用地使用权的无偿设立（使用权人所支付的补偿、安置等费用并非其取得建设用地使用权的对价）。

第二，在物权法定义之下，尚无法得出建设用地使用权可依租赁方式而设立的结论。依法理，承租人依租赁合同所取得的利用土地的权利并非物权而是债权，承租人依租赁合同所取得的利用土地的权利当然不是建设用地使用权这种物权。目前，允许建设用地使用权依租赁方式取得的依据仅为国土资源部于1999

年7月发布的《规范国有土地租赁若干意见》。从该意见的内容来看，建设用地使用权的取得仍要支付对价（租金），仍应尽可能地采取竞价的方式取得，可以划拨使用的仍应划拨，不实行租赁。因此，租赁方式与出让方式的区别在于：承租人支付的是租金，而受让人支付的是出让金；租赁期限比较灵活（但也不得超过最高出让年限的限制），而出让期限受到最高年限的限制。但这两个区别并不足以说明在出让方式之外再规定一种租赁方式的正当性。土地使用人均应支付对价，只不过称呼不同而已，一个称租金，另一个称出让金，但就出让金的本质而言，它属于建设用地使用权的市场价格，在我国土地出让的现状之下，出让金在性质上亦属于租金（批租）；至于期限上的区别，也不是允许以租赁方式设立建设用地使用权的正当理由，因为出让期限本身就可以在最高年限范围内约定。实际上，国有土地租赁往往成了规避法律对国有土地出让强势管制的一种工具，应予否定。因此，我们反对将租赁作为建设用地使用权的设立方式之一加以规定，但已经取得建设用地使用权的权利人可将其建设用地使用权以租赁方式出租给他人使用，不过这已经属于土地二级市场的问题，此时通过租赁方式所设定的也不是某种用益物权。

第三，"出资入股"即意味着自己丧失权利而他人取得权利，由此可见，在土地一级市场上，土地所有权人的"出资入股"，肯定不是以土地所有权出资入股（在现行法律之下，土地所有权禁止交易），而是土地所有权人以建设用地使用权"出资入股"，即在自己所有土地之上为其所投资的公司或其他组织设立建设用地使用权，这实际上是"出让"建设用地使用权的一种形式，只不过土地所有权人从土地使用人那里所取得的对价不是土地出让金，而是股权。可见，作价出资入股并非建设用地使用权的一种独立设立方式。在现行法律之下，对建设用地使用权的作价出资入股做出明确规定的主要是《国有企业改革中划拨土地使用权管理暂行规定》，这一方式大抵是为了解决国有企业改革和土地利用制度改革遗留下来的历史问题的权宜之计，实不足以作为已相对成熟的土地一级市场中的一个具有普适性的稳定方式。

2. 建设用地使用权的期限：法定抑或约定

《送审稿》在《城镇国有土地使用权出让和转让暂行条例》的基础上，于第八十九条第一款明确规定："建设用地使用权出让最高年限按下列用途确定：（1）居住用地七十年；（2）工业用地五十年；（3）教育、科技、文化、卫生、体育用地五十年；（4）商业、旅游、娱乐用地四十年；（5）综合或者其他用地五十年。"

是否有必要规定建设用地使用权的最高年限？在我国承认房屋的私有和土地的公有这一现状之下，房屋的所有权人和土地的所有权人不统一，房屋所有权人必须同时取得房屋占有范围的土地的建设用地使用权，其房屋所有权才具有正当性。由于建设用地使用权本身即是在他人土地所有权之上所设定的权利负担，自应有期限限制，由此而形成了房屋的无期限性与建设用地使用权的有期限性之间的矛盾。此时，建设用地使用权期限的确定大抵应结合房屋的结构和耐用年限，以使两者相互契合为宜，但房屋与房屋之间差异较大，最好由当事人自己去协商。因此，《土地管理法》修改时是否有必要规定建设用地使用权的最高年限，还需要进一步研究。笔者认为，只要出让金制度设计合理，就没有必要规定建设用地使用权的最高年限，也不会发生国有土地资产收益流失的现象。相反，为了防止当事人约定很短的使用年限，损害与土地使用人进行交易的第三方的利益，维护建设用地使用权作为一种物权本应具有的稳定性，规定一个最低年限是合适的。在比较法上我们看到，国外地上权立法一般只规定最短期间，最长期间可以由当事人约定，如《日本借地借家法》即规定，借地权存续期间为30年，但契约约定超过30年者，从其约定。

如果要规定建设用地使用权的期间制度，在最高年限确定的问题上，应在把握土地资源的合理配置和利用的基础上，确定一个相对适中的方案，既不能单纯依照现有建筑技术所决定的房屋耐用年限，也不能单纯考虑土地的用途，而应结合考虑土地收益率与土地还原利率、土地估价误差、房屋的结构与耐用年限和土地用途等综合确定（毛璐、汪应宏、申定钢，2007）。不过，建设用地使用权的最高年限和最低年限的确定，也要与土地出让金制度的改革结合起来。

我国现行土地批租和土地出让金涵盖了住宅用地70年使用权、综合用地50年使用权、商业用地40年使用权的土地资源税收。这样一种制度设计导致了所谓"土地财政"，刺激政府一次性地收取几十年的土地资源税收，并构成各级政府财政收入的重要来源。因此，有学者主张土地资源税收（土地出让金）应按年度向土地实际使用人（开发商或购房者）征收（郑邦荣，2009）。果若如此，规定最高年限的意义就更不大了。

第四节 农地流转制度建构的基本思路

一、价值取向：保护农民权益

因《物权法》的制定与出台，使农地问题成为法学界争议的焦点。由于学界基本共识缺失等原因,最终出台的《物权法》删除了大量存有争议的条款,使农地制度供给面临着缺失的境地,仅有的规定也存在着诸多缺陷。导致学界话语争议出现的重要原因在于争议的双方所处的语境不同,即学者们对不同价值取向的强调,常常是造成农地立法争议的缘由。据此,我们曾对农地立法中的价值取向逐一做出解读,如保护农民土地财产权益;化解区域差异;保障农民的生存根基和平息利益冲突(彭真明、陆剑,2008)。《物权法》对于农地问题的规定存在诸多不足,与其立法价值取向的多元化有直接的关系。那么,我国关涉农民土地权益的立法价值取向到底应当是什么呢?我们认为:应当是一元化的,即尊重农民意愿,保障农民权益,其他的立法目标在位阶上都应当在此之下。

(一)权利的核心理念就是尊重当事人的意思

既然要对农民的土地权益给予财产权的保护,就应当最大程度上尊重农民的自由意志。如《农村土地承包法》规定,土地承包经营者有权采取转包、出租、互换或者其他方式转让。在这里把农民用土地承包经营权入股、赠予和抵押的权利剥夺了,这样的规定更多地考虑的是立法者的意愿,而非农民的。试想,当农民急切缺乏资金的情况下,法律为何剥夺其用土地承包经营权向银行抵押的权利呢?土地承包经营权作为一种财产性权利,其支配者为何无法享受其带来的利益呢?因此我们强调,农民是土地权益的享有者,应当最大程度上尊重其意愿,而不是用冠冕堂皇的名义让其利益消失。

(二)必须切实保障农民的土地权益

《物权法》的制定过程中,争议最大的就是建设用地使用权是否包括集体所有的土地。原先的规定是,国有土地如何流转,集体土地就在多大范围内可以流转,这就实现了国有土地和集体土地的法律地位平等。但《物权法》第一百五十一条规定,集体土地要变为建设用地仍然必须先由国家征收,然后以国家的名义出让。这就使国家继续垄断土地一级市场,而不允许集体土地直接进入一级市场。尽管实践中,农民以"小产权房"的形式对此进行了实际意义上的抗争,但这种以法律的形式剥夺农民群体合法土地权益的做法值得我们深思和反省。另一个争议较大的问题就是农民在宅基地上建设的房屋可否自由出卖的问题。《物权法》最终没有开禁。有学者不禁发出这样的疑问:第一,要解决城乡的二元结构问题,所有权既然都是一样的,为什么还要分成农村的房屋和城市的房屋呢?第二,要从私权的角度来看,农民最值钱的房子为什么不能出租、不能抵押、不能出卖呢?第三,只要房屋本身符合条件,就能转让,至于宅基地的价值部分,为什么不可以进行补偿?(江平,2006)。这样不合理的规定在《物权法》

中并不鲜见。可见,切实保障农民的土地权益并不是空话,确实是任重而道远。

(三) 把书面上的法律变为实际中的法律

以此为价值取向更有利于法律的落实,使书面上的法律变为实际中的法律。以农村土地承包经营权期限问题为例。20 世纪 90 年代后期,中央提出土地延包 30 年的政策。2002 年的《农村土地承包法》将这一规定法律化,并表现为刚性条款。但在调查中,我们发现多数基层干部群众对此存在异议。普遍觉得 30 年承包期太长,在做法上,部分地区每隔几年就进行土地调整,所以实际承包期多为 3 年、5 年或 5～8 年(例如湖北黄梅县、监利县等)。由此不难看出,国家权威、法律并不是地权变化的全部,其他的如村干部决策、农民的集体意愿和当事人的约定都是影响地权变动的重要因素(张静,2006)。此类事实提醒决策者们,政策也好,法律也罢,只有在尊重农民的真实意愿基础上,才可能得到切实的贯彻,反之,即使再好的法律文本,农民们只要认为不符合其意愿,他们都会以种种方式加以规避。从这个角度讲,以尊重农民意愿,保障农民权益作为农地立法的价值取向,既是保障农民权益的最好方式,也是避免法律空悬化的最好途径。30 年农村改革的根本出发点和成功经验就是尊重农民意愿,体现农民的利益诉求。

二、制度环境:做实农村集体土地所有权制度

虽然学界多位学者对于土地私有化、土地国有化、永佃制、做实集体所有等农村集体所有权制度的未来走向进行理论上的构建,并引发了激烈的争议。如文贯中、陈志武等主张将农地实行私有化(文贯中,2009)。当然该私有化主张引发了学者们的强烈反对(温铁军,2009)。刘俊教授(2006)则主张将集体土地全部国有化。更多学者则主张对现行的集体土地所有权制度进行更新和完善,如李昌平主张建立"新集体所有制",主张把现有的土地集体所有制度做实,土地征收及补偿等涉及集体土地的事情要由全体村民说了算,而不是由中央或地方政府的规定来处理,要保护农民的基本权利。贺雪峰教授(2010)则主张给村社更多的土地权利,以解决农业生产的基础条件问题,并以此增加农民的公共品供给,他认为给农民更多的土地权利,可能不是保护了农民利益,而是损害了农民利益。农民更多的土地权利可能并不是提高了土地资源的配置效率,而是降低了土地资源的配置效率(贺雪峰,2010)。笔者认为,现行的集体土地所有权制度有其明显的缺陷,但这些缺陷却构成了一定时期内其独特的优势,即集体土地权利无法彰显,在此基础上严格限制了农民表达和主张自身个体土地权益,从表面

上看，似乎对农民个体的土地权益保护不周，但从社会利益角度观之，则又有益于社会和一般公众，这种独特的制度缺陷及有其衍生的制度优势，是一枚硬币的两个方面。我国由于土地公有，导致公用土地征地费用较为低廉，这正是近年中国城市及交通面貌能够以较小的投资额而取得飞速发展的基本原因之一（何新，2003）。我国农村独特的土地制度架构，为农村土地的"农转非"工作提供的相当的便利。廉价的土地成本也是创造中国奇迹的基本要素之一。应该承认，土地制度是影响中国经济社会发展的最主要杠杆之一，一方面，中国作为世界上最大的发展中国家，要在21世纪中叶基本实现现代化，在赶超世界先进并和平崛起的过程中，政府势必要发挥动员和集中社会资源的优势，而政府得以发挥这一优势的基石就是土地公有制（靳相木，2007）。但另一方面，虽然现阶段该种制度仍在产生"红利"，但该种模糊所有权所引发的问题已广为诟病，而最为关键的是农民的土地权利受到了侵害，集体土地所有权制度面临被私化的危机，集体组织面临着被肢解的危险，而作为单个农民面对着集体行动的困境，若没有集体这个"单位"进行有效协调和组织，农村的公共产品供给将面临缺失的境地。据此，学界关于农地问题的核心到底是农民的权利问题还是集体的重建问题，争论的异常激烈。秦晖教授等学者认为，实际上农民问题的根源在农村之外，其本质就是公民权总体水平不高的前提下，被称为"农民"的大多数中国公民权利缺失尤其严重。所以，尽管"三农"问题说复杂是千头万绪，说简单就是两句话：农民数量要减少，农民权利要提高（秦晖，2007）。也有学者指出：农村土地问题不只是农民权利问题，找回村社集体，找回农民的集体行动能力，以解决单家独户"办不好和不好办"的共同事务，这是农民在狭小承包地上从事有效率农业生产的唯一可选道路（贺雪峰，2010；李昌平，2009；申端锋，2006）。笔者认为，两种观点并不矛盾，村民个体权利的彰显也必须是在保障集体土地权益的前提下，这是因为土地不仅是村民生产的基本资料，作为集体的土地权益是村级治理的基础资源（贺雪峰，2010）。但是一味地保障集体土地权益，忽视甚至侵害农民个体的土地权益也是危险的，更主要的是，从现实的角度看，农民在建设社会主义新农村和构建和谐社会的实践中发挥着维护国家稳定的重要作用，对于其权益的侵害有可能损害到政权的稳定和人心的相背。其实，集体的土地权益和农民个体的土地权益之间并不存在非此即彼、你死我活的矛盾，只需平衡两者之间的利益，便可实现集体与农民个体的协调发展，而土地权益的合理分配成为其中的重点和关键。

王晓毅教授曾提出"小岗悖论"的问题（王晓毅，2003）。其实，换一个角度，小岗村的悖论并不难理解。公社所形成的"集体"，无论是从形成还是运作上，均是国家主义的产物（秦晖，2007）。国家强权控制下的人民公社是无法保证农民的基本权益的,其利益取向是先国家、后集体、再个人,而农民退社权的剥夺更是迫使农民只能以"弱者的武器"——"出工像背纤,收工像射箭"、"集体地里干活像老牛拉破车,自留地里干活像武松打虎"、"做了一天活,身上没出汗",进行消极反抗(詹姆斯·C·斯科特,1986)。因此"小岗悖论"提醒我们,新集体的建立和运作必须真正反映村庄农民的土地权益,并尊重其意志,保护其权益。但王晓毅教授提出的"小岗悖论"和曹锦清教授提出的农民"善分不善合"的论断(曹锦清,2000),迫使我们必须思考作为乡村治理基础资源的农地,应当为通过农地的治理和"集体"的新生提供什么样的资源,我们更应当关注如何将土地权益在"农民个体"和"村庄集体"之间做出更好的切分,以保证村集体的基本良性运作和满足农村基本公共品的基本需求。行政村虽然被要求成为经济上的集体单位和政治上的自治单位,但是其变迁前景实际上却具有某种不确定性。改革30年来,对于行政村形态的村落共同体而言,显然有一些力量在推动村落共同体的强化,有一些因素则在发挥瓦解"集体"的作用,村落共同体不能不进入村集体与传统共同体之间的不确定地带(毛丹,2008)。集体与农户"统分结合"设计中"统"的一端,即村集体发挥组织农户的基础与能力没有得到充分的、切实的资源保障和制度保障(仝志辉、温铁军,2009)。

构建实现和维护农民土地权益的"新集体",主要需关注以下问题:

第一,必须尊重集体的农地主体资格,保证集体的农地权益实现,保证乡村基本公共品的供给。集体所有权的基本性质在于它是生产资料公有制基础上的社区集体成员共同享有的所有权。成员集体共同享有所有权与成员在集体所有的生产资料和财产上使用收益,实现其利益是一致的。我国《物权法》虽然规定了农民集体所有权,并以此作为我国物权制度的一大特色,但是,对于农民的土地权利仍然按照以私有制为基础的民法所有权进行制度设计,对于体现公有制特点的集体所有权制度并未做出具有创造性的规定。《物权法》仅仅从文本上规定了集体成员共同享有本集体的土地等财产的所有权,对如何有效地将成员组织为集体,成员如何通过行使集体所有权实现其利益等问题,均没有作出规定。而是将这些本应当在集体所有权内部考虑的问题简单化地套用了所有权与他物权的原理,于所有权外部以承包经营权实现集体成员的利益,并以此掩盖了对集体所有权自身问题的解决(韩松,2009)。随着农村改革在各地的进一步展开,在统分结合的双层经营体制基础上,围绕建立集体成员如何分享和实现土地权益,合作经济或者股份合作经济等均作为了集体所有权的重要实现形式,在一定程度上这就是做实农地集体所有权,如何再构建"集体",如何有效地体现和实现"集体"的价值和功能,是值得进一步研究的。从农村发展的实际看,由政府公共财政供给的农村公共产品和公共服务主要包括两类：一类是纯公共产品，包括农村基层政府及附着组织的行政服务、农村公共基础设施、农业基础设施建设、生态环境建设与保护、农业科技进步、农村抗灾救灾、农村公共卫生防疫等；另一类是准公共产品，如基础教育、医疗救助、社会保障、文化活动等（熊巍，2002；吴士健，2002）。而如今农村公共产品供给面临着农民急需的生产性公共产品供给严重不足和农村可持续发展的公共产品供给严重短缺的问题，各级政府虽然积极加大投入，但政府作为农村公共产品的唯一供给主体，供给效率低下。有学者通过修建水渠的个案观察表明：从自身效用最大化出发的农民个体，其行为构成纳什均衡，是导致公共产品供给失败的主要原因。农民合作是一种集体行动，其均衡大于个体的纳什均衡，权威的出现能够促进农民合作的实现（李武、胡振鹏，2009）。在农民日益原子化的农村，村民有动力、有能力但无法有效组织起来，这成为制约村级公共产品有效供给的瓶颈。村内各种正式组织不同程度地出现组织涣散、名存实亡的现象，失去了广泛组织和动员村民的能力，影响了村庄集体行动的能力，据此，对集体主体和村庄治权给予一定程度的尊重是十分必要的，至少保证了权威的存在和可能存在的集体资源的支持。在现今农村发展过程中，农村集体建设用地流转所产生的收益，将是集体重要的收入来源；而部分地区试点的超额宅基地使用权的有偿使用，也使集体获得了一定的经济来源，为公共产品供给主体的多元化提供了可能。

第二，夯实村集体行使土地财产权利的民主根基，在农民土地权益与村民自治之间进行充分的勾连。在集体建设用地流转、土地承包经营权流转等关涉农民权益的重大问题上，必须体现出农民的意愿。对于集体建设用地流转，应在《土地管理法》修订中对其流转的具体程序，尤其是表决方式等做出具体的限定，而《物权法》和《土地管理法》在这一点上却并无任何规制措施；并应限定村民委员会未履行充分的、必要的民主表决程序无权出售本村集体经济组织的土地；农村集体土地所有权的变更，必须保护土地使用权人的合法利益，必须尊重作为集体成员的村民个体的利益和意志。并在此基础完善集体建设用地流转、土地承包经营权流转等涉及农民重大土地权益事项的民主表决程序，并对此严格限定，严格要求。在由村民委员会行使集体土地所有权的地方，应把村民自治制度与土地权益的保障程序做有效的连接，在村民自治的框架内解决农民自主保障土地权益的问题。

第三，对待村社集体的土地权利，应当采取具体的措施保证限制村集体主要领导对于关涉集体土地权益重要事项的决定权，以免作为村集体代表的村干部以权谋私。但对于村集体具体的构建方式是采用公司制或合作社制还是完善村民代表会议制度，学界仍有争议。有学者提出，村民代表会议在维护农民权益方面具有明显的组织优势（曹国英，2007）。笔者认为，不应当一刀切，在保留村社集体的土地权利前提下，通过发扬民主和设计制度，来控制村社集体权利的使用方式（贺雪峰，2010）。各地应当根据自身的条件，由农民协会、农民代表会议、村民代表会议等形式直接进行有关土地权益的交涉、谈判（崔智友，2002）。保护农地使用人的权利，不仅具有保护农民财产权的意义，应当说对于遏制县、乡政府、乡镇企业乱占农地和村集体及权势阶层侵占农地权益的情况也具有重要的意义。

三、立法多元：为民间法生长预留制度空间

按照哈耶克的理论，社会秩序可分为自发的和建构的，而相应的社会秩序规则可分为内部规则与外部规则。邓正来将此概括为哈耶克的"社会秩序规则的二元观"，以区别于"社会秩序规则的一元观"（邓正来，2004）。"内部规则"是分散的个体追求自身利益最大化，相互作用形成彼此认同的规则，是人们交往过程中自发产生的。个体也可以形成组织，通过组织获取更多的利益。组织内部通过命令—服从方式贯彻某种特定目的，所以组织作为规则是强制他人服从的，此即"外部规则"。自发秩序由内部规则调整，建构的秩序则由外部规则调整。在内部规则的指导下，当事人之间形成了互动与协作的关系，社会秩序便成为可能。内部规则是与自生自发的内部秩序相对应的，决定着内部秩序的形成和维续；外部规则是与外部秩序相对应的，尽管它是人类社会不能或缺的治理工具，但却不能因此而侵扰或替代内部规则，否则，自生自发的内部秩序和植根于其间的个人的行动自由就会受到侵犯并遭到扼杀（邓正来，2004）。在此基础上，哈耶克认为西方之所以出现了法制对自由的侵犯、法治的危机，是因为法律规制的日益一元化——外部规制即哈耶克所称的立法，以及带来的法律秩序的日益一元化——外部秩序。作为外部规制的法律制度，在一定程度上是可以构建的，构建主义（也称工具主义或社会工程学）指一种以组织的眼光来看待社会和政策的习惯，即将社会视为一个严密的层级结构后，在其中，结果要由领导者来设计和实现。构建主义乐观地认为，自上而下地解决问题的做法完全可行，并假设领导中心的行动不会导致遇见不到的负效应。这成为构建主义的基础。构建主义大都与静态的社会相关联。（柯武刚、史漫飞，2000）。构建主义者往往轻视民间法一类的内在制度的作用，甚至试图用国家法等外在制度取代民间法一类的内在制度，在他们看来，民间法一类的内在制度是不明确的，有损于社会控制和制度构建的确定性（张钧，2008）。但改革开放以来，中国虽然针对农地制度制定了大量法律法规，却没有能够形成良好的地权秩序。由此，笔者想起了埃里克森

(1991)的名言：法律制定者如果对那些促进非正式合作的社会条件缺乏眼力，他们就可能造就一个法律更多但秩序更少的世界。值得关注的是，虽然农村土地制度变革的动力是农民的生存压力，但最终仍需依靠执政党和政府顺民意的强力推动（王景新，2008）。国家法一直主导着我国农地制度的变迁，透过对新中国成立后三次农地制度变迁的考察，不难发现农地变迁是公权和私权之间循环博弈的结果：首先，新民主主义革命时期，明确了"耕者有其田"的农地政策，建立了农民土地所有制，农民阶段千百年来的平均主义倾向以地权的形式得到了最大限度的实现，同时也开始了新一轮的农地公权与私权的循环博弈；其次，"合作互助"时期，为了克服小农经济分散经营的劣势，从1953年的开始在农村地区出现的互助组和合作社等农业合作生产组织形式，逐渐成为了新的农地制度实施的载体，农地制度也由此走向了新的公权制度形式；最后，人民公社时期，为了进一步发挥合作经营的积极作用和适应国家对工业化原始资本积累的需求，以人民公社体制为支撑的农地公权制度正式产生。人民公社后期，农地公权制度的弊端越来越明显，社会各界对于再次回归农地私权制度的呼声也越来越高（黄祖辉，2008）。但该种制度变迁所引发的问题是，国家法成为关注的焦点，而忽略了对民间法的尊重以及给予其适当的生存和发展空间。长期以来的法学研究，以国家权力为核心，以官方法典为依据，但却忽视了中国社会存在的多层次的习惯法规和多元的权力体系，一句话，人们专注于"官方的"，轻视了"民间的"。这是一件令人遗憾的事情（刘黎明，1993）。事实上，在中国的法治追求中，也许最重要的并不是复制西方的法律制度，而是重视中国社会中的那些起作用的，也许并不起眼的习惯、惯例，注重经过人们反复博弈而证明有效有用的法律制度，否则的话，正式的法律就会被规避、无效，而且可能给社会秩序和文化带来灾难性的破坏（苏力，1996）。基于法律多元的理念（千叶正士，2001），国家法和民间法共同组成了整个法律秩序。在传统民间法的秩序体系中，人们一旦有逾越行为，就会受到宗族势力和村庄社会共同体的谴责、蔑视和惩戒，具体方式既有贬抑，使其名望下降等无形手段，也有制裁，使其利益受到损失的有形措施，如重罚和多出劳役等。民间规范以人情、礼俗、宗法、习惯或有明文规定或约定俗成为表现，"它们可以是家族的，也可以是民族的；可能形诸文字，也可能口口相传；它们或是人为创造，或是自然生成，相沿成习；或者有明确的规则，或者更多地表现为富有弹性的规范；其实施可能由特定的一些人负责，也可能依靠公众舆论和某种微妙的心理机制"（梁治平，1996；田成有，2001，2005）。由此可见，民间法所指向的是"人情、礼俗、宗法、习惯等"，由于我国乡村社会本身的特殊性，在国家法未能深入乡土社会的背景下，乡土社会存在着另一种"民间秩序"，与法律相比，人们更相信习惯规则或实际受制于地方权威，"人情、礼俗、宗法、习惯等"比比皆是，且形成了其独特的运作逻辑和运作机制（魏秀荣，1998；春杨，2006）。

事实上，严格禁止土地调整的国家法规定并不符合村庄的民间法规范。在村庄中，人地关系矛盾始终是绕不开的话题。中国农村经济社会主要有两个基本命题：一是人地关系高度紧张的基本国情，二是城乡二元结构的基本体制（温铁军，1996）。正是在这个基本国情矛盾制约下，使得任何土地过分向少数人集中的制度都无法维持社会稳定，中国农业社会才不得不以"均平"为传统理念。斯科特的研究也表明：农民存在着"安全第一"的生存伦理。一个村庄里一大批社会安排，主要是为了确保住户的最低限度收入。定期地根据需要重新分配的公有土地，其功能全在于此。"许多看似古怪奇特的村庄活动，实际上具有隐蔽的保险功能。"（斯科特，1976）我国农村普遍存在的承包土地调整制度，其目标在于以再分配协调差距，避免社会成员之间的分化。集体共有显然正是抵制内部差异的制度化措施，它限制个体对土地资源自主的交易权，以便防止土地资源完全被个人控制。通过实地调查的数据分析，也可以发现实践中是存在小调整的需求和做法的（陈小君，2004）。据此，"增人不增地，减人不减地"及"三十年不变"的土地承包政策虽然在一定程度上保持了相对稳定的土地承包经营责任制，但其也表明了国家法与民间法之间的矛盾和冲突，导致了农村妇女结婚或离婚后土地承包经营权前后难以协调的重大争议。

多年来，我国以国家法的形式建构了一整套关涉农村土地的法律制度，这套制度也取得了巨大的成功。但由于对农村土地制度的地方性和民间法未给予充分的重视，自上而下的制度构建以及"一刀切"方式推行的农村土地国家法的普适性和妥当性受到了质疑。不同地区、不同利益诉求在国家法中不能得到充分的体现和尊重，国家法和民间法之间的张力日益显现。据此，只有对能够代表不同地区、不同利益诉求的民间法给予充分的尊重和运用，才能在维持全国农村土地制度相对统一的前提下，最大限度地消融当前农村土地制度的僵化性（张钧，2008），以期达到优化农地制度的目标。事实上，在转型国家，由于社会处于距离的变动之中，而制度构建者的理性是有限的，正如苏力（1997）所言："过去的十几年来，中国最重要的、最成功的制度和法律变革在很大程度上是由中国人民，特别是农民兴起的。……法学家和法律家直至目前所作的工作也许仅仅是这一变革巨著中的一个小小的注。"据此，我们必须认识到国家法的局限性，懂得重视和尊重民间法。我国农地制度的完善，只能是建立在充分尊重各地的不同实践，充分尊重民间法的基础之上。改善农地制度的路径则应当充分发挥国家法和民间法各自的优势，达到国家法和民间法的良性互动。一方面，要注重尊重民间法，使国家法以符合民间法的方式实施；另一方面，也要注意引导、鼓励有利于国家法实施的民间法的生成。通过这种引导作用,使国家法与民间法相互接近,达到一种合作性博弈关系,才可能在此基础上完善农地制度(张钧,2008)。

第五节 农地流转制度建构的操作策略

我国现行农地法律制度,并没有充分体现效率,其公平性也有不足。农民土地权利的缺失很大程度上缘于法律的缺失。但我国农村地权制度的变迁从来都不是单一的制度变迁,而是涉及农村社会诸多层面变革的全息元。地权是乡村社会历史变迁的全息元,即地权蕴涵了乡村社会历史的全部信息含量(张佩国,2002)。所以指望《物权法》解决我国关涉农民土地权益的问题是不现实的,甚至是危险的。中国的土地问题并不仅仅是所有权或使用权流转问题。当农民可以从集体土地的流转中获取更大的利益时、当土地承包经营权和宅基地使用权可以自由转让时、当农民们如同转让任何其他财产一样获得应得的土地收益时,这只是部分实现了尊重农民意愿,保障农民权益的目标。要想充分地保障农民的土地权益,还必须彻底改变现有的城乡二元结构,那将是涉及户籍、社会保障等制度的根本性改革。因此,农村土地制度改革问题是一个系统工程。基于此,本节着重于农村土地流转制度的三个方面,从法律及相关层面的运作策略提出相应的主张。

一、土地承包经营权流转的制度完善

(一)应当正确定位承包地流转政策

关于农地使用权流转政策在党的十七届三中全会《关于推进农村改革发展若干重大问题的决定》中有明确的阐述,其基本精神就是要在稳定和完善农村基本经营制度的前提下,完善土地承包经营权的权能,依法保障农民对承包地的占有、使用、收益等权利。加强土地承包经营权流转管理和服务,建立健全土地承包经营权流转市场,按照依法、自愿、有偿原则,允许农民以转包、出租、互换、转让、股份合作等形式流转土地承包经营权,发展多种形式的适度规模经营。有条件的地方可以发展专业大户、家庭农场、农民专业合作社等规模经营主体。土地承包经营权的流转,不得改变土地集体所有的性质,不得改变土地用途,不得损害农民土地承包权益。然而,现实对政策的背离却是明显的。许多地

方就盲目地追求土地流转,把规模经营和规模效益作为了政策的核心,极力贬低家庭承包经营在农业生产和农村经济中的作用,认为家庭承包只能解决温饱,要富裕就得流转土地实现规模经营。必须强调,承包土地的流转本来是权利人的民事行为,其流转是有条件的,是其自愿而为的行为,政府不能为了规模效益强行将农民与土地的支配剥离,使其失去农业劳动条件。而且对于农业生产来说规模经营未必就比家庭经营更有效益。因此,应当按照中央政策,稳定和完善承包经营,不得贬损家庭承包经营,不要夸大规模经营的好处;有条件的可以适度规模经营,而不能不顾条件地无度推进;要尊重农民的自愿,不得强制。

(二) 切实保障农民对农地承包经营权自由流转的权利

农民对农地承包经营权自由流转的权利主要包括以下方面:(1)独立自主决定是否流转的自由。尊重农民的意愿,尊重农民的自主选择是基本的前提条件。(2)流转对象的选择自由。在一个农村社区,交易的对象是有限的,而只有在竞争更为充分的市场条件下,当事人才能选择对自己更有利的交易对象,也才能实现资源的有效配置,从而保证农民因流转所获得的利益最大化。(3)流转方式的自由。农地承包经营权究竟采取何种流转方式没有定数,受诸多因素的影响,如农业生产方式、当地经济发展水平、当事人的具体情况和实际需求、当地的惯常做法。因此,在流转方式上不能强求一律。(4)流转形式的自由。流转的形式是采取书面还是口头形式都应有当事人自主选择。(5)效力上的保障。以上种种自由离不开法律的有效保障。而自由若无保障也就意味着无自由。

在法律上实现和保障农民对其农地承包经营权进行自由流转的权利,可以从两个方面着手:(1)解释论:民法原则的司法实现。鉴于涉农法律体系的庞大和复杂性,笔者仅就民法方面的实现与保障进行讨论。农地承包经营权作为一项财产权利,主要由合同法和物权法加以调整。一是落实合同法自由原则。合同自由在农地承包经营权流转上,主要体现为交易对象的扩大化、合同形式以及合同类型的自由化。这是因为,市场经济中的当事人为实现一定的经济目的,自主订立的合同不乏不规范性和任意性。就农民而言,这种状况可能尤为严重。只要当事人订立的合同不违反国家强制性法律规定或法律无相关禁止规定的,一般不宜确认合同无效。这样有利于市场交易与商品流通,促进市场主体自主、公平的竞争,保护交易安全。事实上,立法的发展趋势也是国家干预性的强制规定相对减少,而任意性的规定将成为民事立法的主流。在司法实践中,应慎用"无效条款",以促进交易,提高效率。二是缓和物权法法定原则之僵化。在物权立法中,立法者一定要摒弃管制、限制自治的传统定式思维,为私法自治开放更大的空间,而缓和物权法定原则以释放更大自治空间则是一个必不可少的环节。在缓和物权法定原则时要注意扩张用益物权的发展空间，为农民对农地承包经营权的流转提供更大空间。在用益物权立法中，用益物权除受其功能限制外，法律应为权利人行使权利提供更大的私法自治空间（苏永钦，2003）。如果说功能特定之用益物权尚具有一定的"法定"色彩的话，则功能不特定之用益物权就具有强烈的"自治"色彩。物权法立法者在具体设计用益物权条款时，一定要充分考虑到私法自治之基础性地位，为私法自治保留更大的开放空间（王洪平、房绍坤，2005）。为此，我们只有突破物权法定原则，赋予当事人（在农地承包经营权流转中主要是农民）更多自由，推动富有经济绩效的无名物权的创新与发展（刘正峰，2006）。（2）立法论：习惯法与乡规民约的立法承认。对农民的农地承包经营流转的实践，我们要在司法中予以肯定。习惯法和乡规民约对国家法律所起的补充作用是社会客观现实发展的必然要求（刘笃才，2006），我们未来的民法典应当承认习惯法和乡规民约所起的补充作用，并给予更多的重视（黄海，2004）。

（三）在土地流转过程中应当保障农民劳动权的实现

《农村土地承包法》第四十一条规定，承包方有稳定的非农职业或者有稳定的收入来源，经发包方同意，可以将全部或者部分土地承包经营权转让给其他从事农业生产经营的农户，由该农户同发包方确立新的承包关系。这些规定对于保障土地转出农民的就业和生活都是有意义的。农民承包地的利益并不仅仅是每亩多少租金，而是其生活安定的基础和保障。在农民自愿流转的情况下，农民就业和生活保障应当没有问题，否则，农民不会流转土地。但在政府和村委会主导的承包地流转中，土地被转出后农民就往往失地失业。因此，要坚决制止政府和村委会主导的强制流转。发展农民合作社应当把农民的土地合作与劳动合作结合起来，不能单纯地搞土地合作。土地合作应当以农民能够转移劳动为条件。

二、农村集体建设用地流转的法律制度走向

集体建设用地使用权主要涉及三个问题：一是在法律上是否允许集体建设用地进入建设用地市场；二是城乡建设用地指标挂钩与集体土地权利的保护；三是是否允许农民宅基地自由转让。这是三个相互有联系的问题。

（一）集体建设用地使用权的流转问题

（1）入市的必要性和可行性。按照《土地管理法》第四十三条规定，除兴

办乡镇企业和农民建住宅使用农民集体所有的土地以外，任何单位和个人进行建设需要使用土地必须使用国有土地。国有土地包括国家所有的土地和国家征收的原属于农民集体所有的土地。也就是说国有土地除存量外，其增量来自对集体土地的征收。但是宪法、土地管理法、物权法都已经明确规定了国家征收农民集体所有的土地限于公共利益目的，非公共利益目的不得征收集体土地。那么，公共利益目的以外的新增建设用地就必然地来源于市场交易，即集体建设用地的市场化。集体建设用地使用权的直接入市就是在符合规划和建设用地指标控制的条件下，把本来由国家征收为国有土地再出让给建设用地人的土地直接由集体出让，省去国家征收环节。

从2001年以后，在许多地方就已经开始了集体建设用地使用权流转的试点。随后有多个省颁布了关于集体建设用地使用权流转的办法。特别在新农村建设中，集体建设用地使用权的流转，增加了农村集体和农民的收入，盘活了集体土地资产，为发展农村经济，推进农村工业化、农业产业化和城镇化都发挥了重要的作用。目前，集体建设用地流转已经普遍大量存在（沈开举、王红建，2011）。在一些大城市周边的村几乎没有或者完全没有了耕地，将土地全部作为建设用地流转。因此，无论从解决法律规定之间的矛盾还是从实际出发都应当允许集体建设用地入市流转。而且，由于在事实上各地已经进行了多年的试点，取得了丰富的经验，许多省都制定了有关地方法规，因此，允许集体建设用地使用权入市具有可行性。只有允许集体建设用地使用权直接入市，才能尽可能地减少政府的土地征收行为，遏制征收权的滥用，使政府征收仅限于公共利益目的，公共利益目的以外的新增建设用地由集体建设用地使用权直接入市解决。

（2）入市的合法性问题。允许集体建设用地使用权入市流转只是解决了合法性的前提，并不必然意味着集体建设用地使用权入市流转就是合法的。合法性的首要问题是如何解决集体建设用地使用权的发生，也就是通过怎样的法律事实集体土地才能成为集体建设用地。如果放开集体建设用地使用权市场，采取所有权自主，在农业用地与建设用地存在巨大的价值差异的情况下，集体自然就会将土地大量转为建设用地。土地的用途管制就显得尤为重要。国家实行严格的耕地保护政策，就是限制耕地转为建设用地。国家对建设用地供应量的控制也是国家宏观经济调控的重要手段。国家控制的办法就是土地利用总体规划和年度利用计划以及土地用途变更审批制度。土地利用规划由权力机关通过，具有最高法律效力。任何政府机关和任何单位及个人都不得违反，违反土地利用规划应当承担严厉的法律责任。土地年度利用计划是政府实施规划的年度指标的具体分解。符合规划且有用地指标才能得到农地转用建设用地的审批。

（3）入市的公平性问题。集体所有权主体是以社区为单位分布在全国各地的集体社区。集体土地具有不可移动性，集体社区也是不可移动的。因此，不同区位的集体其土地的价值和效益就不一样。在允许集体建设用地使用权入市的情况下，土地被规划为建设用地的集体就会因此取得巨大的利益，而土地未被规划为建设用地的集体，其土地就只能用于农业，其效益就必然低下。这就会在法律上产生一个问题：同是集体所有权为什么允许甲集体的土地作为建设用地入市而不允许乙集体的土地作为建设用地入市呢？这不违反所有权平等吗？这种似是而非的质疑一直存在于一些学者中，对国家所有权与集体所有权的质疑——所有权平等，为什么国有土地能够进入建设用地市场而不允许集体所有的土地进入建设用地市场呢？实际上这是不同所有权的差异性与平等性没有关系，但平等性要求我们公平地对待差异。如果这种差异是为了共同利益做出的限制所导致的就应当给予利益的平衡。之所以没有将一些集体的土地规划为建设用地是为了保护耕地、保障国家粮食安全的公共利益，牺牲了这些集体的土地级差利益，因此就应当由国家给予补偿，以平衡集体农地与集体建设用地的级差利益。这种制度就是耕地保护补偿制度。在允许集体建设用地使用权入市的情况下，建立耕地保护补偿制度，是对国家以土地利用规划对集体土地用途限制的利益平衡制度。在一些地方已经开始了这一方面的实践。在允许集体建设用地使用权入市的情况下，应当同时实行耕地保护补偿制度，补偿的标准应当有合理的基准，而且应当随国民经济增长合理地调整提高。否则，无法执行土地利用总体规划，完成耕地保护的任务。

（二）城乡建设用地增减挂钩与集体土地和农民利益的保护

我国通过土地利用规划和年度计划控制集体土地流入建设用地市场。建设用地需求的不断高涨和耕地保护的日益严重，建设用地规划和计划指标就成为最为紧缺的"资源"。一旦开放集体建设用地的市场交易，对农民利益的保护和耕地保护将面临极大的压力。城乡建设用地增减挂钩试点的现实就充分说明了这个问题。国土资源部于2008年6月27日发布《城乡建设用地增减挂钩试点管理办法》，其中规定"城乡建设用地增减挂钩"，具体内容就是依据土地利用总体规划，将农村建设用地整理复垦为耕地的地块和拟用于城镇建设的地块等面积共同组成建新拆旧项目区，通过建新拆旧和土地整理复垦等措施，在保证项目区内耕地和建设用地面积占补平衡的基础上，增加耕地有效面积，提高耕地质量，节约集约利用建设用地，达到城乡用地布局更合理的目标。但在实施执行中被不少地方政府演化为大拆大建、撤并村庄、逼迫农民上楼的村庄城市化运动。正当这种严重损害农民利益（孙君秀、高维谦，2011）的火暴之势在一些学者和媒体的火上加油地助推下向全国蔓延之时，时任国务院总理温家宝于2010年11月10

日主持召开国务院常务会议，会议明确严禁以整治为名扩大城镇建设用地规模。会议强调，要充分尊重农民意愿，涉及村庄撤并等方面的土地整治，必须由农村集体经济组织和农户自主决定，不得强拆强建。严禁违法调整、收回和强迫流转农民承包地。坚决防止违背农民意愿搞大拆大建、盲目建高楼等现象。这种情况虽然在一定程度上得以制止，但应当从法律上对此进行反思，采取法律手段切实保护农民的财产权益。

（1）城乡建设用地指标增减挂钩的政策直接诱导基层地方政府和集体组织联合开发商强拆农民房屋，损害农民利益。增减挂钩是明显的数量激励调节手段，在各地普遍存在建设用地指标紧缺的情况下，就激励着地方政府通过村庄整理增加建设用地指标，而不是从耕地保护的角度去整理复耕耕地。在土地总量有限的情况下，单纯挖潜整理农地，只会增加建设用地的过快增长和可持续发展的建设用地减少和可复耕土地的减少。整理出耕地就能增加建设用地指标，而可以整理的数量最多的就只有拆农民的村庄。所以整理土地积极性最高的是政府，政府将需要整理的村转列入规划，与公司谈好，由公司投资来强拆农民村庄，公司给农民建新房，农民还要自己出一部分买房款，置换的土地就被公司直接开发了，政府也得到出让金。如果是异地整理则通过强拆公司得到建设用地指标，可将征收规划区的土地给公司出让建设用地。在这个过程中，他们的旗号是保护农民利益，一是农民住新房，二是农民的土地升值，得到了跟城市土地一样的价值。但实际上在政府主导的整理中农民所得利益微薄，与开发商获得农民土地的开发的收益形成巨大反差，实质上是一种打着保护农民利益的旗号剥夺农民的举措（郑风田，2011）。

（2）农村建设用地与城镇建设用地挂钩政策的绝对化与新农村建设目标相悖。农村是农民的居住、生产、生活和文化认同与传承的村落。农村不只有土地财产，更有村落文化的维系。农民是要以土地上的农业耕作为职业的，农耕生产创造了农村文化，包括农民的居住生活文化。对于文化我们不能简单地比较先进与落后，更不能不尊重文化，强制地去改变它。例如，农民传统以来，田畔周围，聚居成村落，上田下地方便；家户庭院，儿孙堂前，天伦之乐，幸福融融；房前屋后，花草树木，庭院经济，自然和谐；畜禽家养，畜肥还田，生态循环。如果不顾各地农村的现实情况和农民的感受，为了争取建设用地指标，由政府主导村庄改造，让农民集中到中心村居住，甚至赶到县城居住，那么农村的原有社区就消灭了，文化传承就中断了。农民还没有到自愿改变其生活方式和接受城市文化的时候，就会感到痛苦。也可能因为生活费用的增加，而不堪承受，特别是其没有能力转移其劳动的情况下就会陷入更加不幸的境地。因此，新农村建设绝不是消灭农村。为了追求建设用地指标，强制撤并村庄、逼农民上楼、剥夺农民宅基地的做法与新农村建设的目标是背道而驰的，应当坚决禁止。

（3）城乡建设用地指标增减挂钩的政策与征地制度相矛盾。城乡建设用地指标挂钩，在土地的拆旧整理区恢复的耕地作为建设用地指标拍卖，而拍买到这些指标的用地者就要求政府兑现指标落实建设用地，政府就要在城市附近的规划区再征收集体建设用地使用权来落实这些指标。但拍卖建设用地指标的用地者一般不是为了公共利益目的拍买的，而是为商业目的购买的，政府用征收手段为其落实建设用地显然违反征收制度的目的。对征地制度的改革就是要尽量减少征收农民集体的土地，要把政府征收严格限定在公共利益的目的范围。

（4）城乡集体建设用地使用权指标增减挂钩的指标交易与集体建设用地使用权市场化改革相矛盾。有学者认为（黄忠，2011），在集体建设用地使用权市场放开后，用于商业目的的建设用地应由集体建设用地使用权市场供地，指标持有者可以凭指标直接从建设用地市场买到建设用地。笔者认为，在这种情况下持有建设用地指标的单位或个人只是取得了进入集体建设用地使用权市场的准入权，国家然后依据指标分配给规划区的集体所有权主体相应的建设用地出卖指标，这种指标的对应性就表明集体建设用地使用权市场不是真正的市场，因为供求是计划指标控制的，那么市场的空间就只有价格了，如果价格也被国家控制定价，就没有市场了。如果价格放开，由于市场双方进入市场的条件不同、地位不平等，出卖方拍卖，价高者得，那么有一部分购买者的指标所需的建设用地就实现不了。在实现不了指标的情况下，他为购买指标已经付出的高额价款，到底是应该向出卖指标的农民要求归还呢，还是应当要求政府赔偿呢？显然这两种可能都不存在。那就只能解释为市场风险了。但这种解释也是行不通的，因为建设用地指标就是由政府分配的，既然难以实现，政府为什么分配这样的指标？因此，如果公共目的范围以外的建设用地，要通过建设用地制度改革，允许集体建设用地使用权的市场配置，就不应该进行城乡建设用地指标增减挂钩的指标交易，而应当在土地交易价格中由国家征收集体建设用地复耕和耕地保护基金。在国家制定集体建设用地使用权交易基准价格，对市场进行价格调控时将这一问题一并考虑，无须进行指标交易又进行集体建设用地使用权交易。

（5）城乡建设用地指标挂钩引发的对农民宅基地的整理复垦可能侵害农民权益。宅基地使用权是为集体成员的生活居住需要设定在集体建设用地上的用益物权，集体成员对建造其上的房屋享有所有权。集体成员的宅基地使用权和房屋所有权受宪法和法律保护，国家非以公共利益目的不得征收，任何组织和个人都不得侵害。而在城乡建设用地指标挂钩的政策诱导下，一些地方政府和基层组织为了获得建设用地指标强制拆除农民房屋，逼农民上楼，这是对农民基本的财产权的侵犯；也是对公民的住宅不受侵犯的人身自由权的侵犯。有的地方规定：凡农村集体经济组织申请农村建设用地土地复垦，必须出具集体土地所有权证或其他权属证明，以及本集体经济组织三分之二以上成员或者三分之二以上成员代表同意复垦的书面材料（《重庆农村土地交易所管理暂行办法》，2008）。这里的集体建设用地如果是指集体使用的集体建设用地，那么由本集体成员的 2/3 以上多数决定是否复垦，无疑是符合集体所有权的行使原则的，但如果涉及的集体成员的宅基地及其房屋所有权的拆除式复垦，就会造成对集体成员个人的宅基地使用权和房屋所有权的非法干涉，集体组织及其成员无权决定成员个人权利的行使，即使多数成员也不得干涉集体成员的宅基地使用权和房屋所有权。依据物权原理集体成员有权以其宅基地的他物权对抗所有权人集体对其物权的干涉。从保护集体成员的民事权利而论，集体建设用地使用权指标挂钩的政策执行应当防止对集体成员宅基地使用权、房屋所有权的侵害。对农民使用的宅基地的整理和房屋的拆除必须取得权利人的同意，并给予补偿。

综上所述，在城乡建设用地指标挂钩政策试点中，由政府和基层集体组织主导的集体建设用地的整理，违背民事生活规律，侵害农民集体和集体成员的权利，与土地征收制度的改革及集体建设用地使用权市场化的改革方向相悖，应当予以改进。土地整理要充分尊重农民意愿，涉及村庄撤并等方面的土地整治，必须由农村集体经济组织和农户自主决定，不得强拆强建。严禁违法调整、收回和强迫流转农民承包地。坚决防止违背农民意愿搞大拆大建、盲目建高楼等现象。应当取消建设用地指标的交易，实行一次性的集体建设用地使用权市场交易。对集体建设用地的复垦的补偿和奖励，应当由国家设立专门基金解决。

三、宅基地流转的法律制度重整

通过买卖房屋的形式实现宅基地使用权的被动流转已经非常普遍。一方面，随着我国城市化的加速，农村人口大规模向城市集中，农村私有房屋的交易相当活跃。如北京市由于很多外来人口入京，京郊农村宅基地及房屋出租买卖已经十分活跃。但是《土地管理法》规定，宅基地是农民的居住财产，无法入市，因此，宅基地租赁和买卖交易只能通过地下交易完成。京郊大部分村镇的宅基地流转案例占宅基地总数的 10% 左右，有的甚至高达 40% 以上（章波等，2006）。另一方面，在中西部农村，富裕起来的村民兴起"建房热"，超标用地、占用耕地的现象十分普遍。有资料显示：今后 20 年全国每年有 1 200 多万农村人口要转移到城镇地区，以目前我国农村居民人均用地为 153 平方米计算，每年约有 1 836 万公顷的农民宅基地会闲置出来（周楚军，1999）。因此，亟须规范宅基地使用权的取得、流转及退出机制。

(一) 尽快着手和加强宅基地确权登记发证工作，明晰宅基地产权

产权明晰是宅基地使用权流转的前提和基础。我国应加强宅基地的登记工作，依法确定宅基地的权属范围，明晰宅基地使用权的产权主体。《物权法》第十条规定了我国将建立不动产统一登记制度。第十四条规定："不动产物权的设立、变更、转让和消灭，依照法律规定应当登记的，自记载于不动产登记簿时发生效力。"第一百五十五条规定："已经登记的宅基地使用权转让或者消灭的，应当及时办理变更登记或者注销登记。"据此，我国对宅基地使用权实行的是登记生效制度。《关于进一步加快宅基地使用权登记发证工作的通知》（国土资发〔2008〕146号）规定，力争在2009年年底前，基本完成全国宅基地使用权登记发证工作，做到权属纠纷基本解决，农民合法使用的宅基地全部发证到户。但截至目前，我国尚未完成宅基地使用权登记工作。在具体的登记过程中，对于"一户多宅"和超标准面积的处理，笔者认为应当坚持"一户一宅，面积法定"赋权原则，对于超过部分，应当进行清理并退还复耕。

(二) 应当对农村宅基地进行整理和整治

应当对农村宅基地进行整理和整治。重点是清理空置住宅、"一户多宅"以及闲置宅基地。通过界定宅基地使用权的边界，为宅基地使用权流转提供基础和条件。当然，在实践中，要防止将整理和整治农民宅基地使用权变相为低价征收。鉴于可能导致的各种不良后果，我们强调宅基地使用权流转应当慎重为之，在宅基地使用权的集体所有性质不变的前提下，地方政府可以帮助农民管理宅基地使用权，但不得转变宅基地使用权的性质，即不能变为国有或者由地方政府收购，也不得由地方政府替代农民管理（万江，2011）。

(三) 应建立科学的宅基地使用权取得和退出机制

党的十七届三中全会通过的《中共中央关于推进农村改革发展若干重大问题的决定》提出要完善农村宅基地制度，严格宅基地管理，依法保障农户宅基地用益物权。在限制交易的法律制度背景下，农民的宅基地与地面附着物——房屋——的产权相分离，其物权特征无从被体现，也无法实现（郭正模，2011）。在此背景下，对宅基地使用权的确权、变动直至消灭提供法律规则显得尤为迫切。

从长远来看，宅基地使用权的物权变动应采用登记生效制度，宅基地使用权的取得、变更与消灭都需以登记为生效要件，这"既利于加强土地管理，又利

于表彰物权的状态,从而减少争端"(《中华人民共和国物权法》)。其理由如下:(1) 贯彻法律原则。在法律出现空白的情况下,为规范交易秩序、维护交易安全、降低交易成本,未来立法实有必要对宅基地使用权变动实行登记生效主义,贯彻《物权法》所确立的公示公信原则。(2) 体现法律发展趋势。《土地管理法》(修订案送审稿)第九十七条第三款第一句明确规定:"宅基地使用权人经本集体经济组织同意,在保障基本居住条件的前提下,可以将其房屋以及宅基地向符合宅基地申请条件的人员转让、赠予或者出租。"也就是说,法律将对宅基地使用权交易有限开禁。这一规定,需要通过周密的制度设计特别是权利变动规则的配合予以实现。(3) 满足社会实践需求。随着城镇化进程的快速推进和农民的社会流动增强,宅基地使用权的交易也随着增加,在土地征收活动频繁的大背景下,引发的纠纷不断增多,成为影响农村社会和谐稳定的重要因素。与此同时,近些年愈演愈烈的以宅基地为地基的"小产权房"现象存在诸多法律问题。其中,在宅基地使用权发生变动时产生的纠纷亦不断增加。也正是如此,国土资源部专门下发通知,要求进一步加快宅基地使用权登记发证工作。(4) 合理解读立法目的。在物权立法中,立法者"考虑到我国广大农村的实际情况以及登记制度的现状",没有对宅基地使用权的物权变动采用登记生效主要是从实际出发(《中华人民共和国物权法》),因而是可取的,如统一的不动产登记制度至今尚未建立。但反面观之,随着全国范围内登记基础工作的完成和社会实践的迅猛发展,未来的不动产统一登记制度采行登记生效主义也将是实践逻辑和理论逻辑下的必然选择。

从近期来看,应继续执行国土资源部关于对宅基地进行颁证的规定,积极推进统一的不动产登记工作。进行确权登记是整个宅基地使用权制度运行的基础和前提。为此可以考虑借鉴城市住房国有土地使用权登记制度,进行统一的免费初始登记(龚涛,2011)。初始取得是整个制度的入口,应当在公平的理念引导和保护稀缺之耕地资源的大框架下控制宅基地使用权的非法和不当取得(陈小君等,2011)。为此,可以从以下几个方面进行:一是明确权利取得来源,即来自作为集体所有权主体的农村集体经济组织。突出明确此点,可以明晰集体成员与国家、集体的关系,可以为集体管理宅基地的合理有效使用提供正当性,可以为集体行使所有权权能如收益等奠定基础。初始取得的申请人、申请条件及申请程序法定化。二是在基本法律中可以作原则性规定,具体细则可以交由该法的实施条例或把权力下放到各省、直辖市、自治区。就申请条件而言,《土地管理法》直到第三次修订时才有所涉及,即确立了一户一宅原则。各地方性立法也随之加以规定并进行细化,为后续立法完善提供了宝贵的经验,如福建省人民政府2004年制定的《福建省农村村民住宅建设用地管理办法》第六、第七条。在实践中，农民把原本用于自住的房屋出售给非集体成员从而带来小产权房问题，因涉及土地政策、农民权益维护、高房价等，已成为社会的焦点问题。这种对宅基地的变性使用处于失范状态。这要求在设定初始取得宅基地使用权的申请条件时，应注意到这一现象，禁止申请人把宅基地用于非生活性、非自用性的商业用途。就申请程序而言，法律规则设计应以不增加农民负担为原则（高圣平、刘守英，2007）。第二，退出机制（消灭）。随着计划生育政策的继续推进和农村外出打工人口的增加，农村常住人口的减少及其向公路沿线等交通发达场所迁移集居，造成原有住宅闲置，形成浪费土地资源的空心村（李凤章，2007）。对宅基地使用权的消灭事由进行科学规定的需求愈发强烈。从社会实践来看，农村宅基地使用权既可因自然灾害而消灭，也可基于法律制度的规定而消灭。对于自然原因导致宅基地使用权消灭的情形，相关法律规定在适用中很少存有异议。具体事由可以综合各地地方性法规的有关规定进行列举，并设立兜底条款。在宅基地灭失后，可以考虑由农村集体经济组织统一办理注销登记等手续。需要说明的是，宅基地因征收而消灭的，处理方式类同于自然灾害造成的宅基地消灭。宅基地使用权退出制度的设计则颇费思量。如前所述，当宅基地使用权主体不再拥有农村集体成员身份时，村集体本当有权将其享有的宅基地予以无偿收回，但由于宅基地上的房屋依然属于其私有，由此导致村集体无法无偿收回本该收回的宅基地。对此，有两种方案选择：一是如有学者建议的创设法定租赁权（韩世远，2005）；二是由集体赎买。

（四）逐步放宽宅基地使用权的流转，建立规范的宅基地流转制度

宅基地流转属于广义的物权变更，即物权主体、客体及内容的变更（梁慧星、陈华彬，2007），主要表现为农户以宅基地使用权为标的而参与一系列带有市场性的交易行为。根据现行相关法律制度的规定，农村宅基地使用权的交易行为只能在农村集体成员之间进行，而且，作为受让人必须是在本集体内没有宅基地的农户。

根据《物权法》第一百五十二条的规定，宅基地使用权是指农村集体经济组织的成员依法享有的占有、使用集体所有土地、在该土地上建造房屋及其附属物的权利。这表明：第一，宅基地使用权主体只能是农村集体经济组织成员，而不包括城镇居民；第二，宅基地使用权只能用于建造农村村民的个人住宅。《土地管理法》（修订案送审稿）第九十七条规定：宅基地使用权人经本集体经济组织同意，在保障基本居住条件的前提下，可以将房屋以及宅基地向符合宅基地申请条件的人员转让、赠予或者出租。农村村民转让、赠予或者出租宅基地后，再申请宅基地的，不予批准。国家鼓励有其他居住条件的农民自愿腾退宅基地并给

予奖励。依据该条规定可知，宅基地使用权虽然可以流转，但存在严格的法律限制，即宅基地使用权必须转让给本集体经济组织的成员；该成员必须符合申请宅基地使用权的条件，即一户一宅且面积符合规定。我们认为：《土地管理法》（修订案送审稿）第九十七条的规定对于房屋和宅基地出租和赠予程序与对象的限定过于严格，使得实践中广泛存在的村民将自有房屋和宅基地出租给村外人士的现象面临着必然不合法的问题。如果说，禁止房屋和宅基地的村外转让是为了维护农民生存根基和城市房地产业的健康发展的话，严格限定村民房屋和宅基地的村外出租和赠予则不符合财产法的基本要求。财产权的核心理念就是尊重当事人的意思。既然要对农民的土地权益给予财产权式样的保护，就应当最大程度上尊重农民的自由意思，过多的管制无疑限制了村民财产权的实现。"成都实验"关于宅基地流转方面的大胆创新值得《土地管理法》的修订者借鉴和推广。《成都市集体建设用地使用权流转管理办法（试行）》规定远离城镇不实施土地整理的山区、深丘区，农村村民依法取得的宅基地在符合村庄规划、风景名胜区保护的前提下，可以通过房屋联建、出租等方式流转。鼓励符合一定条件的农村村民退出宅基地，退出的宅基地纳入集体建设用地储备库。农村村民退出宅基地的补偿，不得低于当地征地补偿标准。这样，宅基地流转在特定条件下，增加了联建、出租和补偿退出三种切合实际的形式，可以减少宅基地浪费，增加其他方面的农村建设用地，也可以吸引更多的外来资金，有利于农村农居集中建设，也为宅基地流转奠定了基础。在农村房屋和宅基地流转问题上，立法者所要做的也许正是尊重农民、尊重实践，给予一定的制度创新空间（陆剑、彭真明，2010）。事实上，社会实践早已突破了前述法律限制。"农村土地问题立法研究"课题组2007 年针对全国十省 180 个农村以及 2009 年针对贵州、山东、黑龙江和湖北四省八县农村的调查结果显示，宅基地流转在全国各地农村普遍存在，只是各地流转情况不一（农村土地问题立法研究课题组，2010；陈小君等，2010）。其他学者组织的调查结果也印证了这一点（李凤章，2007；章波、唐健等，2006；叶艳妹、彭群等，2002；孟勤国，2009）。宅基地使用权的无序变动滋生各种纠纷，影响社会的稳定和谐。因此，<u>立法不应是消极回避，而应是积极应对</u>。

为此，我们建议未来立法采取以下规则：（1）为保护耕地，防止新申请宅基地占用耕地，应继续坚持宅基地使用权流转局限于农村集体经济组织内部；（2）为保护农民权益，对本集体成员因继承、赠予等形成一户多宅的，该权利人有权对多余宅基地在集体内部进行处分；（3）为集约利用土地，充实所有权人的权利，农村集体经济组织有权依法对闲置荒芜的宅基地无偿收回；（4）由于宅基地使用权的取得以具备成员资格为条件，因此在全家外迁或者死亡后继承人均非为本村集体成员的，该继承人只能转让给该村集体成员来获得收益以保护其继承权，若无人接手，则由组织依法收回（陈小君、蒋省三，2010）。以上处分均以登记变更为生效要件，以减少纠纷的发生。

第六节　农地制度变革：试验与调整的实施重点

中国经济社会发展正处于转型的关键期，土地政策对于中国经济的可持续发展和社会和谐起着关键作用，必须根本改革现行土地制度，着力推行土地的市场化。考虑到土地制度与国民经济之间的紧密关联，改革从地方试验上升到全局政策及立法，是一个稳妥的办法。为此我们建议，可以在拟选试点进行如下单项或组合项的政策试验。

（1）改变土地政策二元分割格局，实行集体土地和国有土地的"同地、同权、同价"。《宪法》规定，我国实行社会主义公有制，城市的土地"属于国家所有"，农村和城市郊区的土地"属于集体所有"。土地的国家所有和集体所有只是财产归属主体的不同，而不是土地权利的差异。也就是说，两种土地公有制是两种平等的土地制度，具有平等的权利。改变目前集体土地基本上只能用于农耕，农地变为建设用地，先要经过政府征用，从集体土地变为国有土地的运作机制。

赋予和保证两种所有制的土地享有参与工业化和城市化的同等机会和权利，做到"同地、同权、同价"，避免和防止工业化和城市化进程中集体和农民丧失土地所有权。

（2）根本改革现行征地制度，谨防建设用地的国有化趋势。现行农地转用实行由政府征用的制度，形成了政府垄断土地一级市场的局面，造成了农地变为建设用地过程中的国有化倾向。1987~2001年，全国非农建设占用耕地339 416万亩，70%以上通过政府征地方式取得。

这意味着在过去的十多年中，有近2 400万亩农民集体所有的土地被国有化了。据国土资源部调查表明，目前除交通水利设施用地外，全国实际建设用地约有25万平方公里，其中7万多平方公里为国有土地，而农民集体建设用地约18万平方公里，占全部建设用地的72%。这种土地国有化的趋势，势必改变我国建设用地的现有格局，伤害农民集体的土地权益，加剧政府垄断土地一级市场的不规范行为，不利于城市化的健康推进和经济的可持续发展。因此，根本改革现行政府征地制度，限制和规范政府的征地行为，才能打破政府对土地一级市场的垄断格局，遏制城市化进程中土地的国有化趋势。在法律有待修改的情况下，要用好土地利用总体规划和城市建设规划这个龙头。规划就是法律，一切用地以规划为蓝本，不能突破规划，也不能利用政府权力随意修改规划。防止地方利用村改居、市改区、区域调整、城市化改制等所谓创新，变相大面积圈占农地。

（3）总结地方经验，探索集体建设用地市场化的法律机制，尽快结束集体建设用地非法入市的局面。农村集体建设用地的规模和数量巨大，随着城市化和工业化的发展，农村集体建设用地的资产性质逐渐显现，尤其在经济发达地区，以出让、转让（含以土地使用权作价出资、入股、联营、兼并和置换等）、出租和抵押等形式自发流转农村集体建设用地使用权的行为大量发生，其数量和规模不断扩展，集体建设用地隐性市场客观存在，"合法"流转和"非法"流转同时发生。与其隐性、非法流转，不如让集体建设用地直接进入市场。我国现行的供地制度是现行农地转用制度的重要组成部分，政府不仅掌控着征地的全权，而且充当了建设用地的唯一供应者，垄断着集体土地从征地到供地的全过程。它限制和阻碍集体建设用地直接进入市场交易，对我国进一步工业化造成了极其不利的影响。行政划拨土地过多过泛，造成土地严重浪费，直接侵犯集体和农民的利益。政府采取"招拍挂"的方式有偿出让建设用地，旨在遏制地方政府压低地价招商引资，促进土地的集约利用，但结果事与愿违，反而激励了地方政府追求"土地财政"的冲动。地方经验表明，在符合土地规划的前提下，农民直接将集体建设用地以出租、出让、转让等形式供应给企业，既大大降低了企业的用地成本，又保证了农民可以长期分享土地增值收益，地方政府可以获得企业税收和土地使用费。开放农村集体建设用地直接进入市场，有利于大量企业到中西部落户和促进制造业向中西部地区转移，继续保持我国制造业在全球的竞争优势。

（4）制定《公共利益征地否定式目录》，明确规定盈利性目的用地不得征用。我国的征地制度形成于计划经济时期，土地与其他生产要素均由政府行政指令支配，用地主体一般是国有企业、政府部门或国家大型基础设施工程（如公路、铁路、水利等）。《土地管理法》规定，"国家为了公共利益的需要，可以依法对集体所有的土地实行征用"，但由于没有对公共利益进行界定，征用的农地被各级政府大量用于非公共建设目的。随着改革的推进和经济的发展，用地主体日趋多元化，土地用途早已超出"公共目的"的范围。在东部工业化程度较高的县市，工业用地占到全部建设用地的近30%，而用地主体以民营企业为主。房地产和商业、服务业等经营性用地占到总建设用地量的近20%，这部分用地完全是为了盈利。第三类用地是市政设施和基础设施用地，约占建设用地的50%，这部分用地具有公益性目的，但其中也有大量用地背离了公共利益特征。

土地的征用必须坚持"为了公共利益的需要"的原则，改变目前只要是经济建设用地就实行征用的做法。为了阻断地方政府以"公共利益"在法律上难以准确界定为由，任意扩大征地范围，应出台政策明文规定，只要是为了盈利目的的用地，即可判定为非公共利益，这类用地不得通过征用获得，并列出不属于公共利益用地的名录，作为国土监察的基本依据。与此同时，鉴于目前行政划拨用地的用途过于宽泛，占地过多，既浪费土地，又滋生腐败，建议对建设用地中公共设施建设划拨用地的比重做出严格限定，清理一些以公共利益目的划拨、实际上是以赢利为目的的用地。

（5）限定政府储备土地为存量土地，严禁征用集体土地增加土地储备。土地储备是通过对存量建设用地的收购和收回来获取土地，以备建设之需，其增减变化严格限定于存量土地。这类土地包括用地单位已经撤销或迁移的用地，连续两年未使用的土地，土地使用者擅自改变土地用途责令限期改正逾期不改的用地，土地使用期界满土地使用者未申请续期或申请续期未获批准的用地，长期荒芜闲置的土地，国有河滩地，公路、铁路、机场、矿场等核准报废的土地，因公共利益或实施城市规划调整而腾出的土地和旧城改造重点地段土地，因企业关停并转或产业结构调整等调整出的土地，土地使用者依法取得土地使用权后无力开发和不具备转让条件的土地，土地使用权人申请收回的土地，土地使用权转让价格明显低于市场价格的土地，城市规划区范围内通道两侧的预留地或空地以及按照规划需要统征的土地。鉴于土地储备制度已经在全国1 000多个城市实行约六七年之久，中央政府应着手制定有关政策和法规，对土地储备宗旨和目的、储备范围、机构设置、法人地位、储备贷款、抵押方式等做出相应规定，尽快结束政出多门、各行其是的混乱状态，防止土地储备中心的融资风险。

（6）预留发展用地，探索对农民实施财产补偿。应当给被征地的村按一定比例预留一部分建设用地，由村集体经济组织建造标准厂房、铺面等出租，租金收益以股份形式在村民中分配。绍兴县的办法是，在城区范围内，征用耕地超过该村耕地面积60%以上的规划预留村级经济发展用地。征地面积1 000亩以上的留用25亩，670~1 000亩的留用20亩，670亩以下的留用15亩。留用地按规定缴纳各种相关税费后，办理国有建设用地使用权证，由村建造标准厂房、写字楼、商业用房出租，或以土地作价投资入股。对于影响城市规划的留用地采取"招拍挂"办法出让，土地净收益的80%返给村集体。

（7）防止村庄建设中侵害农民宅基地权利，积极推行农民宅基地的商品化。随着城市的加速扩张和中央土地严管、房地产信贷政策的出台，农村集体建设用地，尤其是农民宅基地成为地方政府和房地产商觊觎的主要对象，造成对农民宅基地权利的直接侵害。应当明确赋予农民宅基地以完整物权。现行农民宅基地具有明显的福利性质，其商品属性和财产属性未被法律确认，地方政府和房地产商利用这种产权缺陷，在给农民补偿时，往往只考虑房屋价值，未考虑宅基地的财产价值，宅基地征用以后的级差收益数倍增加，但与原住集体组织成员无关。必须赋予宅基地完整的使用权，发放统一的、具有法律效力的宅基地证书，进一步完善农民宅基地的统计和登记工作。同时，积极试点，探索宅基地的入市流转办法。伴随城市化的进程，出租房屋已成为城郊接合部和发达地区农民最主要的收入来源。在一些发达地区农村进行的"以新房置换旧房"试点，事实上已承认了农民的房屋具有财产的性质。建议增加"农民宅基地及其房屋所有权人依照法律规定享有占有、使用、收益和处分的权利"，尽快结束现行法律限定农民宅基地"一户一宅"、转让限于本村的半商品化状况，赋予农民宅基地及其房屋所有人以完整的物权。

（8）修改《土地管理法》，对农民土地权利实行物权保护。一是按照《物权法》精神，根据下位法服从上位法的原则，对《土地管理法》中行政权力过强、侵犯土地权利人权利的条款进行审订与修改，《土地管理法》的修改应秉承公法与私法合一的理念，厘清法律中国土资源管理部门的公权主体和私权主体地位，分别修改和完善相关规则，全面贯彻《物权法》的规定。二是重申《宪法》两种土地所有制并存的原则，并将这一原则体现在土地转用过程中，改变目前土地农转非就得转为国有的状况，土地的转用应以规划来确定其价值，而不是以所有制来核定。三是在《土地管理法》的修改中，强调土地的财产赔偿原则，改变目前以原用途的倍数补偿原则。四是探讨耕地保护和占用补偿的新机制，确保耕地的有效保护，维护国家粮食安全。五是明确宅基地的可出租、转让、买卖、抵押原则，促进宅基地的商品化和资本化。

第十九章

结论与讨论

第一节 主要的结论

一、农村土地制度的基本特征

产权模糊是我国农村土地制度的基本特征。由国家制造的产权模糊的农村土地制度安排,为农村土地的非农流失与农民土地权益的侵蚀提供了制度基础。

第一,农民的土地流失及其利益流失是多项制度安排的结果。一方面由我国粗放经济增长方式的外在机制所诱致。其中,分税制导致了地方财政收入和支出间的巨大缺口,而地方财政压力所引发的工业化与城市化冲动,则打着"公共利益"的名义形成了普遍的"占地竞赛",获取"土地财政"成为政府的普遍"偏好"。另一方面则由模糊的农地产权制度所内生决定。农民土地产权的不完整与排他权残缺,加之土地非农流转的歧视性管制、土地征用的强制性以及对一级市场的垄断,不仅使农地流失成为可能,而且使农民的土地权益侵蚀成为必然。分税制所提供的激励机制构成了农民土地流失与利益流失的制度需求,产权模糊所决定的排他不足则构成了农民农地流失与利益流失的制度供给。

第二,基于产权模糊的制度背景,农民对产权明晰之需求的制度创新的生产性努力与对利益调整之需求的制度创新的分配性努力，反映出对制度安排的修正与重新选择的强烈呼唤。问题是，由于缺乏有效的土地流转市场，土地的潜在利益难以发现和表达，一方面导致农地流转市场的发育严重滞后于农村劳动力流转市场，"人动"与"地动"的要素流动极不匹配，使得"均包制"条件下的土地细碎化与规模不经济导致了明显的效率损失；另一方面多个行为主体参与的农村土地流转，则普遍表现出追逐主体利益的分配性努力，既侵蚀农民的土地权益，又损害国家的农业安全目标。

其中，有两个问题尤其值得重视。一是农民土地承包经营权的退出意愿对政府政策目标的偏离。分析表明，增加务农收入与农业补贴、改善土地质量与增加农业投资、延长土地承包期、通过订单农业降低农户经营风险等扶农政策，能够有效调动农民务农积极性，但却不利于改善农户土地承包经营权的退出意愿。农民对扶农政策的响应抑制了农户的土地流转。因此，化解扶农政策与流转政策的目标冲突需要慎重处理。二是农地流转过程中的土地经营行为对政府政策目标的偏离。分散的家庭经营及其细碎化的土地使用格局，随着农业劳动力非农转移导致人地关系变化与松动所表达的潜在效率空间，使得农村的土地流转与集中成为可能。然而，伴随着农地的加快流转与集中，农业种植中粮食作物的比重明显下降，表现出明显的"去粮化"趋势。

二、产权强度及其决定

产权强度决定着产权实施，它是法律赋权、行为能力以及社会认同的函数。产权的模糊化在本质上等同于产权强度的弱化。

一项不减弱的产权必须具备合法性、合理性和行为性。

第一，关于一项物品的权利，尽管写在纸上的法律条文与实际实施的规则并不总是一致，但产权的初始赋予，往往由国家通过立法来完成，由此形成的关于土地的法律上的产权，尽管不是经济学意义上产权的充分条件，但前者的存在可能强化后者。关键就在于它能够保证产权的合法性、权威性与稳定性。

第二，作为一种权利，产权总是一种社会的选择。这种选择是关于某种努力在人们头脑中形成的一种可以被社会共同认可的权利的选择。毫无疑问，如果没有这种社会认同，产权实际运行的成本会提高。尤其是在契约订立之后，若没有一种社会道德秩序进行内卷式的自律作用，关于产权执行的违约行为会大幅增加，监督成本将由此变得高昂。能够有效实施的产权应该具备合理性。

第三，明晰的产权必须界定产权主体在财产权利的界区内有权做什么、不做什么，有权阻止别人做什么，它是针对产权权能而言的。正因为产权具有权能的内容，才表现出行为性。所以产权总是"行为性权利"。每一项产权都必须具有排他能力、交易能力和处置能力，它们共同构成产权的能力维度集。

因此，改善土地的产权强度，可以从不同的维度入手。

首先，一个重要的方面是改善赋权的稳定性与公平性。问题在于：其一，政府天然地具有产权模糊化的偏好性；其二，产权的界定是一个高成本的活动；其三，政府无法评估每个成员的需求与能力，要形成权能对称的产权安排是几乎不可能的。因此，对于农村土地，现实对法律赋权的基本要求是非歧视性与排他的强制性。

其次，明晰的赋权是重要的，但产权主体是否具有行使其产权的行为能力同样是重要的。产权的行使及其行为能力则包括两个方面：一方面是产权主体对产权的实际使用与操作，另一方面是对产权的转让与交易。因此，产权的行为能力对于产权的排他性具有重要的行为发生学意义。

最后，提升产权主体的行为能力，如果缺乏恰当的社会认同与道德约束，那势必会导致每个参与产权竞争的行为主体的分配性努力不断被激励，降低产权与资源的配置效率。产权的依法实施必须得到社会的认同与尊重。由此，产权的流动与市场交易就显得格外重要，因为公平、公开、公正的市场交易能够强化社会规范。

可见，保障农民的土地权益，重点在于法律的非歧视性、农民行为能力的提升以及社会对农民权益的认同与尊重。其中的一个关键是农地流转与流转市场的构建。经由市场交易的产权具有规范程序的合法性、社会认同的合理性、自愿参与的行为性，因此能够强化产权强度。所以，农地流转与农民权益保护具有相互依存性。不能交易的赋权是虚置的，不被认同的赋权及交易是扭曲的，而没有赋权的交易一定是低效率的（租金耗散）。

三、产权强度不同维度的考察

从产权强度的不同维度进行实证考察，大体可以得到如下认识：

第一，中国农村土地产权制度的变迁，是国家力量不断渗透的结果。现行的土地制度，是国家强制性赋权所形成的制度安排。国家制造的土地产权，并不一定表达农民的意志。更重要的是，农村土地产权的国家意志又往往是通过村干部来达成的。一方面，村干部们在充当政府代理人的同时，已经逐渐成为拥有自身诉求的群体，他们是拥有独立利益的"经营者"。这种独立的利益诉求则很可能在代表国家执行土地政策时掺入自己的谋求，使土地制度安排更具歧视性。另一方面，农民往往会认为村委会以及村干部代表着国家在行使对土地的所有权，这种错觉就直接导致了大部分农民误认为土地属于国家所有。农民的法律权属认知及其实际运作与法律规定存在明显差异。

第二，农民土地权益的保护既依赖于法律，也取决于自身的行为能力，同时亦与社会的认同、尊重和道义支持紧密相关。社会认同通过道义支持能够强化土地权益的排他性，从而降低保护农民土地权益的交易费用。广义地讲，农民土地权益的社会认同应该包括社会各阶层的看法。但一般民众的判断只是道义上的价值判断，对农民权益难以产生实质性作用。考虑到农村土地产权的国家制造的性质以及干部作为国家代理人与公权力的执行者，关注干部的看法所表达的社会认同，可能对农民的土地权益保护具有重要影响。分析表明，以干部群体为代表的社会认同对农民的合法权益给予了较好的尊重。这些权益包括农户的土地承包权、种养权、继承权、土地流转及其收益权等，从而有利于改善农民的产权强度。但两个方面的问题值得注意：一是关于土地的所有权，社会认同均强调了土地的国家所有或者是农户私人所有；二是关于承包权，社会认同倾向于农民户籍身份的赋权。这显然不利于劳动力与土地要素的有效流动。

应该强调指出，我国法律只将农地所有权界定给"村集体"，但没有明确是"行政村集体"还是"村民小组集体"。研究表明，把所有权界定给村民小组可以减少农地流转纠纷，而将所有权界定给行政村则使农地流转纠纷增加。也即前者有利于保护农民利益，而后者可能使农民利益受损。因此有必要进一步明晰法律的赋权，将所有权界定给村民小组对促进农村和谐，对保护农民利益和维护社会稳定意义重大。

第三，一项产权权利的行使，不仅仅是理性设计和外界的赋予，也是交易当事人对某些产权属性的利用、控制和攫取的结果。从保护农民土地权益的层面来说，强化农民产权强度的一个重要方面是要不断提升农户的行为能力。基于一个3×5的比较分析模型（三类能力、五类农户）的实证研究表明，从总体上看，农户的土地产权行为能力对农地流转存在影响作用。但不同的能力维度对农地流转的作用方面以及显著性水平表现出差异性，且对不同类型农户的而言，其作用方向以及显著性程度也不相同。其中，对所有五类农户的农地流转影响均不显著的变量是收益权排他能力、承包权排他能力、所有权交易能力与继承权交易能力；存在显著的正向影响的是经营权交易能力；存在负向影响的能力变量对不同农户类型影响的显著性水平存在差异性，其中用途处置能力对中间户和偏非农户的农地流转发生率产生显著的阻碍作用。种养处置能力仅对纯农户的农地流转产生显著的负向影响。值得重视的是，对农户的赋权越充分，农户的行为能力越强，将有利于保障农民的土地权益，但却会障碍农地的流转与集中。特别地，如果赋予农户土地的非农处置权，不仅会阻碍农地流转，更将威胁到农地保护及农业安全目标。

四、土地流转与农民权益保护

进一步运用产权强度的理论框架，对农地土地流转与农民权益保护问题进行不同层面的研究，可以发现：

第一，在遵循产权强度三个分析维度的基础上，引入农户对农地产权的认知与资源禀赋两类变量，对农户农地流转的行为进行计量分析。结果表明：（1）农户家庭农业劳动力越多，拥有的物质条件越丰富，转出农地的可能性越小；（2）农户对农地排他权、交易权的认知与法律的偏离度越大，农户转出农地的可能性越小；（3）农户对农地排他权及处置权的认知与社会认同的偏离度越大，农户转出农地的可能性越大。

总体来说，所有农户的农地转出行为和转入行为均受产权强度和禀赋因素的影响。但农地转出行为主要受非农地禀赋因素影响，其次是产权强度三个维度，最后是农地禀赋因素；而农地转入行为主要受法律因素、非农地禀赋因素的影响，其次是社会认同、行为能力和农地禀赋因素。

在产权强度的三个维度中，农户排他能力强，能促进农地转出，但不利于转入；农户处置能力越强，不利于农地转出，对农地转入无显著影响；农户交易能力越强，能促进农户转出和转入农地。因此，考虑到目前小规模、分散化的土地经营格局，赋予农户完整的排他性土地产权，从而鼓励农户的土地退出，应该具有重要的现实意义。

第二，农户拥有的政治资源与农户的行为能力能够有效影响集体建设用地的流转缔约。

（1）农户的政治资源包括家族势力、组织资本和缔约公平。其一，家族势力越强大的地区，集体建设用地流转时签署非正式契约的可能性越大，该现象在西部地区较为明显；其二，组织资本有助于集体建设用地流转过程中签订正式契约，即拥有组织资本越多的农户对集体建设用地流转时签署正式契约的可能性越大；其三，缔约公平性有助于集体建设用地流转中正式契约的签订。缔约的公正性表现为程序公平和分配的公正性。上述两因素均体现了在集体建设用地使用权流转过程中，需要尊重农民知情权和话语权的重要性。

（2）农户的行为能力越强越倾向签订正式契约。其中：排他能力越强的农户越重视自身权益的保护，倾向签订正式契约；农户在集体建设农地的交易能力和处置能力受限制，因此上述两种能力可以通过村集体行为能力的强化集中表达，这对提高农民收入和集体经济组织具有重要意义。

第三，农业部提供的数据显示，关于征地、土地流转等问题的信访始终占总量的 50% 以上。土地征收成为影响基层政权稳定的隐患。因此，分析农户对土地征用的满意程度具有重要现实意义。

（1）农地产权强度是影响征地满意度的重要因素。农户的排他权认知与法律赋权的偏离程度降低了征地满意度，这与农户混淆了所有权与承包权有关；排他权认知与社会认同的偏离程度提高了征地满意度，这说明了农户反对政府产权模糊的反抗程度；农户排他权能力降低了征地的满意程度。

（2）资源禀赋也影响着农户对征地的满意程度。其一，土地细碎化程度显著影响了征地的满意程度，细碎化越高的农户征地的满意程度越高；其二，经济发达地区农户对征地满意度比经济欠发达地区低；其三，农业劳动力的老年化降低了征地满意度；其四，医疗保险覆盖率对征地满意度影响显著为正，养老保险覆盖率影响显著为负。

第四，农户的土地产权强度、政府对农业的政策支持与农户的务农收益之间存在相关性。政府的政策支持尤其是对农户的资金补贴、农户对农地的产权强度、农户家庭的平均受教育年限及其务农人数、农户的固定资产拥有量等对农户的务农收益具有显著的正向效应，农户家庭的非农就业工资收入与其务农收益具有显著的负向效应。即农户对农地的产权强度越高，其对农户的务农收益提升效应越明显；政府对农户从事农业生产经营的补贴对农户务农收益的增长具有显著增长效应；农户个人的人力资本禀赋、物质资本禀赋及其对农业生产经营的投入量将对其务农收益带来明显的提升效应。

第五，农地流转的合约选择受到不同因素的影响。（1）农地转出户对农地排他权的认知与法律的偏离度越大，农户将倾向于签订短期书面合约，但不倾向于对其合约进行公证；而转入户对农地排他权的认知与法律的偏离度越大，越不倾向于签订书面合约。因此，农地流转的契约化和规范化的首要任务是在法律上赋予农户稳定的地权。（2）转出户对农地排他权的认知与社会认同的偏离度越大，农户不倾向于签订合约，如果签订合约的话，则会倾向于选择中长期合约，并进行公证；而转入户对农地交易权的认知与社会认同的偏离度越大，农户不倾向于签订书面合约。（3）农户对农地产权的行使能力会直接影响农户参与农地流转的意愿和程度及对自身权益的保护。若转出户强化其对农地的交易能力，农户则倾向于签订合约并进行公证；但若农户强化其对农地的排他能力，农户则倾向于签订短期合约并对其公证；而若农户强化其对农地的处置能力，农户则不倾向于签订书面合约和公证。转入户对农地的行为能力对其合约选择影响不显著。总体来说，农户对农地的交易能力的强化有利于农地流转的契约化和规范化。

第六，总体来说，农地流转的价格形成机制尚未有效形成。分析表明：农地流转租金和"交易权认知与法律赋权的偏差"、农户排他能力、农户固定资产、农地的灌溉条件,以及地块面积的大小呈现正向关系。但是,"交易权认知与社会认同的偏差"、农地的地形特征则与租金呈负向关系。(1)强化农民的土地权益,特别是在农地流转方面能够形成有利于农户的租金补偿机制,社会的道义支持具有重要作用。(2)改善农业的基础设施,能够有利于农户土地租金的获取。值得注意的是,农地的土壤肥力对流转租金的形成作用不明显。这说明地租价格的形成机制尚不完善。(3)加强土地的整理与集中调整,是农地流转市场发育及其价格生成的重要基础。

五、政策选择的重点

假定交易费用为零,私人产权与国有产权不会存在效率差异。因此,离开具体环境讨论所有制的优劣是没有意义的。对于中国这样的农业大国,不能仅仅以单纯的私有化抑或国有化作为农地政策的选择模式。产权效率具有显著的"情景依赖"特征,涉及产权对象的资源属性、产权主体的禀赋特征等诸多方面。我们的分析表明,农村土地集体所有的制度安排是相对有效的。

(1)"集体所有、家庭承包、多元经营"格局可能是中国农地制度空间范围内的合理选择。制度变革的基本方向是:

第一,以所有权为中心转向以产权为中心。①从人民公社的所有权与经营权的两权合一,到家庭承包经营制的所有权与承包经营权的分离,并进一步地由以所有权为中心的赋权体系,向以产权为中心的赋权体系转变;②从改革初期的承包权与经营权的两权合一,到要素流动及人地关系改变后承包权与经营权的分离,并进一步地由以保障农户的经营权为中心的经营体系,向以稳定农民的承包权为中心的经营体系转变;③从小而全且分散的小农经济体系向适度规模与专业化经营的分工经济体系转变,并进一步在稳定家庭承包权的基础上,通过搞活经营权,鼓励农业企业家与现代生产要素的进入,从而向多样化多形式的农业产业化的组织体系转变。关键是不断提升农户土地的产权强度。

第二,从土地"福利保障"的赋权体系转向"财产权利"的赋权体系。农民的土地"退出",并不是一个简单的福利保障功能及其替代问题;"人动地不动"表达了农民对土地财产权利的诉求。家庭承包制如果仅仅满足于农民对土地保障功能的制度取向,那么小规模、分散化、细碎化的农业经营格局不可能发生根本的改变。所以,必须推进土地功能及其赋权的转换。其基本取向是:①在现有土地承包关系保持稳定并长久不变的前提下,赋予农民更加充分而有保障的土地承包权;②盘活农民的土地经营权,构建农地流转的产权市场;③推进土地的资本化，促进农民的财产性增收。

（2）实施严格的耕地保护制度和严格的节约用地制度，加快农地的流转并推进农业的规模经营，切实保障农民的土地权益，需要做出政策与法律的调整。

第一，坚持土地公有制度，实行集体土地和国有土地的"同地、同权、同价"，赋予和保证两种所有制的土地享有参与工业化和城市化的同等机会和权利。①当务之急是，尽快修改与保护农民土地权益相冲突的法律条款，让农民享有土地非农化进程中的土地所有权、收益权和转让权。②打破政府垄断土地一级市场，保证集体和农民的土地权益。一是根本改革现行征地制度，谨防建设用地的国有化趋势；二是改革现行政府供地制度，允许集体建设用地直接进入市场；三是防止村庄建设中侵害农民宅基地权利，积极推行农民宅基地商品化；四是制定"公共利益征地否定式目录"，明确规定盈利性目的用地不得征用；五是限定政府储备土地为存量土地，严禁征用集体土地增加土地储备。③改变土地财政格局，创立地方财产税制度。一是改变地方收入取得方式，根本消除地方政府圈地、卖地的激励；二是合理分配土地级差收益，完善土地财产税制度；三是完善公共财政体制，保证财权和事权一致。④让失地农民参与补偿谈判，探索实施财产性补偿的办法。一是以区片综合补偿价为基准，通过交易谈判决定实际补偿，做到"同地同价"；二是预留发展用地，实施财产补偿；三是谨慎对待以社保换土地的办法，防止变相侵占农民土地。

第二，随着国家管制的放松，农村集体建设用地已成为城市政府和开发商与农民争夺的对象。与此同时，进行政策变通和多样化实践的空间在不断扩大。然而，各种试验与地方政策所形成的隐形市场，无法根本保护农村集体建设用地所有者和使用者的权利，集体建设用地市场亟待规范运行，为此，农村集体建设用地市场必须在政策和法律上寻求根本突破。①从根本上改变土地制度的二元性，赋予集体土地与城市国有土地以同等的法律地位，并受平等的法律保护。②修改《土地管理法》中禁止集体建设用地出租、转让的条款，制定规范集体建设用地进入市场的条文。③改造农村集体所有制，确保农民成为土地流转收益的主要获得者。④建立城乡统一建设用地市场，出台规范农村集体建设用地流转办法；落实集体土地与国有土地同地同价同权原则，研究和出台农民集体建设用地参与非农建设政策；出台农村集体建设用地级差收益分配办法。

第三，分散化的小规模家庭经营格局，严重阻碍了农业现代化的进程。中国农业的发展，必然依赖于农地的流转集中与适度规模经营。尽管鼓励农地流转的政策与试验异常丰富，但总体上农地的流转大大滞后于农业劳动力的农外转移。加快农地的流转，必须做出多方面的努力。①落实农村土地承包制度"长久不变"，为农村长治久安提供制度基础；完善农民土地产权权能，保障和实现农民对土地的财产权利；设置土地流转的制度底线，制定防范侵犯农民权益的排他性政策安排。②提高农户在农地流转中的自主决策能力以及参与的主动性与积极性，进一步提升土地流转和规模经营的市场化操作水平。③发挥政府在推动土地流转和规模经营中的作用，又要规范政府的行为。④创造宽松的社会环境，促进和保护农村企业家的生存和成长。⑤以民间资本为主，开放和发展农村金融，解决土地规模流转和农村发展融资问题。

第二节 进一步的讨论

推进农村的土地流转，保护农民的土地权益，需要进一步关注几个方面的问题。

一、重视农地流转中的"去粮化"问题

我国农户经营的土地规模本来就过于狭小，并且土地细碎化程度已经十分严重，推进农地的流转与集中是必然的趋势。问题是，这种趋势却加剧了农户及农地转入主体经营行为的"去粮化"倾向。我们的研究表明，粮食种植已经成为一种弱势选择：

第一，粮食种植与生产能力不足相伴随。年龄老化、文化水平低、经营能力差的经营主体，倾向于粮食种植，表明粮食生产已经成为弱者的被迫选择。"弱者种粮"势必成为国家粮食安全的重要隐患。

第二，粮食种植与生产条件不佳相伴随。除了水田肥力外，较低的资本积累、小规模的种植经营、细碎化的土地状况，才可能选择粮食生产。农业生产条件的改善，会加剧农户的"非粮化"倾向。"差地种粮"势必成为保障粮食生产能力的重要约束。

必须重视的是，"去粮化"现象是在农地流转市场尚未充分发育的背景下产生的。随着农地流转集中的进程加快，极有可能进一步加剧农业种植的"去粮化"趋势。因此，如何将土地流转的政策目标与保障粮食生产的政策目标统一起来，构建"农地的流转集中机制"与"粮食生产的诱导机制"的相容性制度安排，应该是政策选择的核心线索。

（1）强化农地的用途管制。我们的计量分析表明，农地用途的随意改变是农业"非粮化"的重要根源。必须在实施严格耕地保护制度的基础上，实行严

格而有效的用途管制，严禁耕地的非农使用。与此同时，实施强有力的土地用途维护基金及其转移支付制度。其基本原则是：谁改变谁支付，谁维护谁获益。

（2）不断完善粮食生产的价格诱导政策。回归分析结果表明，"农产品收益满意度"是影响农户种粮行为的重要因素。因此，必须进一步扩大和强化农业生产资料的成本补贴机制和农产品销售价格的保障机制。其中，加大粮食生产的投资补贴力度尤为重要，有利于改善农户粮食种植的路径选择及其路径依赖性。

（3）在土地流转集中的同时强化粮食生产的扶持机制。实施土地流转补贴制度，鼓励小农以及经营能力不足的农户转出土地，在诱导土地集中的基础上，加大粮农特别是种植大户的扶持力度。其基本原则是：谁转出土地谁获益，谁种植粮食谁获利。

（4）在农业劳动力转移的同时鼓励"能者种粮"。农村劳动力的非农转移过程在一定程度上可以说是农业优质劳动力的流失过程。提升粮食的生产能力与安全保障，就必须鼓励受教育程度较高、农业经营能力强、土地经营规模大的生产主体进入粮食种植，鼓励粮食种植的能者经营、长期经营、规模经营。因此有必要设立种粮大户奖励制度、种粮能手津贴制度、种粮企业荣誉制度等。

（5）调动地方政府的种粮积极性。分税制改革改变了地方政府的竞争行为，获取经济增长政绩、弥补财政缺口以及谋求职位晋升，成为地方政府主要的行为激励。因此，激励机制调整的基点是：

第一，区域粮食自给率的提升与否，应该成为各级政府政绩考核与官员晋升的主要标准。

第二，区域粮食状况应该与地方财政收支密切挂钩。以农田保有量以及粮食种植面积（或者粮食产量，或者粮食自给率）的变化水平，来确定专项财政的转移支付。其考核原则是：谁减少，谁付费；谁增加，谁得益。

在全球化背景下，粮食不再仅仅是农产品，而是已经成为垄断经营品、金融与投机产品、国际与地缘政治产品、国家战略产品。必须明确，保障粮食安全，保护基本农田，既是国家的战略目标，也是各级政府和全体国民的责任，需要中央、各级地方和全体人民共同承担。避免"去粮化"现象蔓延仅仅是初步的，而形成"能者种粮"、"土地流入者种粮"、"规模经营者种粮"、"政府种粮"，调动各类主体的积极性，需要全社会做出不懈的努力。

二、重视对农民土地流转中的行为诱导

"土地是农民的命根子"既是我国人地矛盾不断加剧的历史遗产，也是农民的土地权利在历史上长期残缺不全的结果。家庭承包制所选择的"均分制"进

一步强化了土地的社会保障功能。一方面由于城乡隔离使不断增加的农村人口滞留于农业,导致了人地关系的不断恶化;另一方面由于国家经济能力的弱小难以承担农民的社会保障,这就使得土地承担的福利保障功能大大高于其生产功能。因此,对于农民来说,土地承担着不可或缺的特殊功能。

生存赋权一方面保障了农民的基本权益,另一方面导致了农民生存对土地的依附性。由此,土地不再仅仅是生产要素,而且成为农民身份的符号,农民不再仅仅是职业,而且成为社会身份的定格。关键在于,由此而形成的"禀赋效应",加大了农地流转的交易成本,更重要的是进一步引发了农户在流转过程中对农地处置与增值收益的"控制权"幻觉,并带来流转合约及其实施的不稳定与纠纷。

因此,农户的农地流转行为是复杂的。在劳动力与农地流转的背景下,由于农地经营收益有限,因而存在普遍的"农地非农化"意愿,由于务农收入不高,因而表现出明显的"非农就业"倾向。问题是,对于农地的流转,农民往往处于一种"纠结"状态。第一,农户承包的农地面积越大,越倾向于转出农地,这既可能与农业收入较低引发农户"厌农"情绪有关,也可能与土地的过于分散或者细碎化有关;第二,一方面存在"厌农"情绪、抛荒与非农使用的"非农"情绪、接受非农就业培训的"离农"情绪,另一方面又存在担心土地流转之后如何被使用的"恋农"情结。

但值得注意的是,农户所表现出的"恋农"情结却是其生存状态与预期不足所引致的。第一,养老保险显然具有土地保障功能的替代性。但是,农户越是参保养老保险,越不愿退出土地。第二,即使农民表达土地退出意愿,但又表现对土地流转之后如何被处置的担忧,一方面说明了农民身份转换后依然存在原有身份角色与社会责任的认同,另一方面又反映了其土地退出的不彻底。"离农"与"恋农"情结并存,在导致农业青壮劳动力流失的同时,也加剧了农业劳动力的老年化。然而,农业劳动力流失与从业者的老年化却没有能够成为土地流转的潜在机会。

必须重视农民对土地的禀赋效应。分析表明,农户对农地普遍存在的禀赋效应,是抑制农地流转的重要根源。不仅如此,农户的禀赋效应还具有人格依赖性、生存状态依赖性、情感依赖性与流转对象的依赖性。从推进农地流转集中的政策导向而言,以身份权为主要赋权依据的家庭承包均分制,已经面临着重大变革。

我们认为:(1) 农民的土地承包经营权退出,不仅是一个经济要素的流动问题,也不仅是一个预期收益与机会成本的权衡问题,还是一个农民的社会心理问题;(2) 农地流转市场并不是一个纯粹的要素市场,而是包含了亲缘、人情关系在内的特殊市场；（3）农地对于农民来说是一种不可替代的人格化财产，并由赋权的身份化（成员权）、确权的法律化（承包合同）、持有的长久化（永久承包）而不断增强；（4）赋予农民以土地财产权，将有效弱化农户对农地经营性收入的依赖，进而实现增加农民收入、保护农民土地权益、促进农地流转等多重政策性目标的兼容。

三、推进农地流转与农业经营的组织化

最近半个世纪来，我国政府一直在追求"现代农业"，但目前农业现代化进程中遇到了最为棘手的瓶颈难题：如何将极其细小的农业规模改造为适合发展现代农业的农场规模？这也是全球"小农"共同面临的难题。

如果农场规模远在现代生产力水平的底线之下时，以其为基础的科技应用、市场准入、维生收入、从农热情等等都日益变得难以为继了，现代农业也就因此成为一个可求不可得的奢望。在很大程度上可以说，超细小的家庭承包经营规模是近30年来我国现代农业建设成效不显的主要约束（何秀荣，2009）。

在我国各地的实践中，人们始终在寻找和创新扩大经营规模和弥补小农缺陷的途径和形式，比如促进农地经营权流转来使耕地向种田大户集中、鼓励建立农民专业合作组织、龙头企业连接农户、订单农业等等。核心在于推进农业的产业化进程。问题是，已经在试验的路子走得通吗？

（1）现行农地经营权流转集中政策走得通吗？

——目前农户之间的农地流转处于一种低水平的均衡陷阱——土地依附、自发流转、小规模粗放经营。可以认为，缺乏资本投入能力、技术能力与组织能力的小农，难以成为农地流转的主力军。自发的农地流转对扩大经营规模起不到实质性的改变，即不具有全局性和长期性的作用。我们的研究表明，农户之间的土地流转既没有缓解细碎化与分散化问题，也没有改善规模经济与分工经济。

——"鼓励农户间农地经营权流转集中"的现行政策实际上是在复制日本扩大农场规模的模式，即小农基础上的农地流转集中。国内和日本的实践经验都表明，纵向相比时，这一模式对增加农户收入或多或少有点效果，但不足以改变经营规模过小的基本状态。日本从20世纪50年代末开始实施扩大农场规模政策，但50年的政策推进结果仅仅使平均农场规模从起步的1公顷扩大到2公顷，尽管农场规模扩大了1倍，但在今天的农业环境中，依然不存在规模经济，更不要说与美国数百公顷规模的农场去竞争。

——即使我国复制日本扩大农场规模的模式，我国未来的农场又能达到怎样的规模？事实上，我国近30年来的农户农场规模在不断缩小。那么，在世界经

济已经步入全球竞争的今天,尽管这一模式在我国局部地区还可能有点短期效果,但其总体的长期归宿基本是不言而喻的。

(2)以小农为基础的农业合作社道路走得通吗?

合作社历来被视为弱小群体通过互助合作来弥补弱小分散等弱点的有效方式,合作的效用主要在于资源共享或规模获取。合作社成功与否取决于效率,而具体的效率取决于合作社内部的组织管理状况和外部环境的适应程度。

——组成农业合作社的各个农户农场有着各自的具体利益和行为,即使是富有合作意识的德国农民,也依然存在着将质次产品交给合作社、优质产品自行处理的现象。因此,合作社的制度成本极其高昂。

——与传统合作社的外部环境相比,今天的外部环境已经变得更为市场化、工业化、城镇化和国际化,国际农业竞争和国内产业竞争迫使农业比以往任何时候都更应讲求规模经济和专业化。以小农为基础的农业合作社还能适应这种发展趋势吗?

——发达国家的农业合作社主要为了对付市场问题和政治层面的团体利益问题,并不是为了对付农场层面的生产问题。但我国农业合作社既为了对付生产问题,也为了对付市场问题,而且我国小农面临的许多市场问题又恰恰主要根源于细小的农场规模,甚至可以说"农场规模太小是当前我国农业问题的万恶之源"。

——如果合作社不能解决生产领域的农场规模问题,也就难以从根本上解决市场问题。因此,传统农业合作社是缺乏前途的。作为农业合作社楷模的日本农协和我国台湾地区的农协长期依赖政府给予的特殊金融与保险业务和税赋优惠政策,而非依靠农业本身,否则日本农协和我国台湾地区农协可能早已破产离析。

因此,在保证农户土地承包权及其权益的基础上,一方面应该鼓励有能力的农户扩大经营规模,逐步走向规模化、专业化与农场化;另一方面,也更重要的是,必须建立农地经营的准入机制,鼓励现代资本、现代企业家进入农地流转市场并从事农业经营,从而推进我国农业的资本化、市场化与企业化。关键是要建立起"土地集体所有、农户家庭承包、农业多元经营"的组织制度体系。

四、推进土地流转市场化以转变经济增长方式

市场交易对改善产权的强度具有重要意义。构建有序的土地流转市场,以法律保障产权交易的稳定预期,不仅有利于通过激发个人的"利己"之心而提升行为能力,改善资源配置效率,增进社会福利,而且有利于通过强化社会的契约原则而改善对产权主体权益的认可与尊重。

第一，土地承包经营权流转市场的构建，为农业规模化、集约化、现代化经营提供了重要激励，为农业增长方式的转变提高制度保障。一是流转市场的价格生成，有利于节约和集约利用农地；二是土地流转有利于土地的适度集中，改善规模效率；三是有利于农业的专业化经营，改善分工效率；四是有利于提升农业的技术与装备水平，改善农业的"迂回"经济性；五是有利于提高管理水平，改善农业经营的组织化、标准化与农产品质量安全。

更为重要的是，农地的流转一方面可以使农民获得财产性收益的同时，进一步激活农业剩余劳动力的转移，加快劳动力市场的发育；另一方面有利于在提高务农收入的同时保证国家的农业安全。

必须充分重视农地流转市场的特殊性。如果农民通过土地承包经营只能获得产品性收入，那么农民的收入来源不仅是有限的，而且会因对土地的生存依赖所导致的禀赋效应使得农地流转越发困难重重。如果农民"集体所有"的成员权与承包权无法通过资本运作获得增值，那么农民在农地经营权流转上就会有夸大其意愿接受价格的可能。这就是说，农地流转租金的定价并不仅仅由农地经营所产生的收入流所决定，而是土地所提供的全部收入流及其多重权益的保障程度所决定。因此，构建独立于"准所有权"与承包权的所谓农地经营权流转市场，显然是不现实的。

第二，基于最严格的节约用地制度的前提下，建立城乡统一的建设用地市场。实行最严格的节约用地制度，旨在按照建设资源节约型社会的要求，立足保障和促进科学发展，努力转变现行用地方式；建立城乡统一的建设用地市场，以公开规范的方式转让土地使用权，旨在通过土地价格的市场生成，在保障农民土地权益的同时提升用地成本，从而避免对土地资源的过度占用。

前者是从管制的层面强化节约用地，后者是从市场的层面激励有效用地。通过"管制"与"市场"的双重机制，一方面斩断地方政府"土地财政"侵蚀土地的"黑手"；另一方面遏制企业对土地的低效利用，同时打击政府与企业在土地占用上的"寻租"与"合谋"，从而瓦解现行的粗放经济增长方式背后的逻辑链条。因此，促进土地利用方式的创新和土地利用效率的提高，意在加快经济增长由外延扩张向内涵挖潜、由粗放低效向集约高效转变。关键是构建和规范农村集体建设用地的流转机制，可以使农民更充分地参与分享城市化、工业化的成果，显化集体土地资产价值，促进农民获得财产性增收。

五、推进土地资本化以促进农民的财产性增收

不能忽视微观制度变革引发的宏观效果。始于1979年的中国农村改革，从

本质上讲是财产关系与利益关系的大调整。从包产到户到大包干的土地制度变革与农村微观组织系统再造，确定了农户家庭经营的主导地位，实现了土地所有权与经营权的分离，并因此满足了农民对土地经营的真实权利，从而使广大农民获得了人民公社时期不可想象的财产支配权与经济民主权（包括农民的职业转换与身份变迁），由此产生的激励机制，推动了资源配置效率的改善，农业结构调整和非农产业发展成为可能，从而引发了农村经济流量的迅速扩张，有力地改变了国民经济的原有格局与经济流程。

农民收入大体来源于四个方面：一是产品性收入（来源于农产品的销售）；二是工资性收入（务工收入）；三是财产性收入；四是转移性收入。事实上，我国农民的收入一直依靠前面的"两条腿"走路。问题是，新的形势下：（1）农民依靠农产品产量与价格进一步增加收入的空间已经十分狭小。在农产品进入买方市场后，大幅度提高价格的市场机遇不多，单纯地增加产量对农民收入增长的带动作用将越发有限。（2）依靠工资性收入增加农民收入亦面临诸多困难。一方面是粗放的工业经济增长方式在吸纳廉价劳动力的同时存在压低工资的倾向，另一方面大中城市的产业结构升级则有排挤劳动力就业的趋势。

中国30多年来的农村改革，最重要的经验之一就是推进了市场化取向的改革。然而，从产品市场和要素市场两个方面看，要素市场的改革相对滞后于产品市场的改革。其中以土地要素市场的滞后最为显著。土地不仅是一种生产性要素，更是一种财产性要素。因此，无论是出于公平的角度缩小城乡差距，还是出于效率的角度增加农民的购买力，让农民获得财产性收入都是必然的选择。

农村土地产权的资本化，有利于增强农民集体的经济实力的同时稳定农村基本经营制度；农民土地承包权的资本化，有利于保障农民的土地权益，并强化耕地保护；农民土地经营权的资本化，有利于农地的流转与集中，关键是能够构建起"小农"（经营能力弱）的退出机制与"大农"（经营能力强）的进入机制。农民土地的财产权利的实现过程，也就是土地要素逐步市场化的过程，城乡二元结构逐步消除、城乡统筹发展的过程。因此，保障和维护农民的土地权利，推进农村土地的资本化，是增加农民财产性收入，带动农村金融市场发育，启动农村市场以增加内需，进而改变国民经济的运行流程的核心战略。

参考文献

[1] 阿尔钦、德姆塞茨:《生产、信息费用与经济组织》,选自《财产权利与制度变迁》,上海:上海三联书店,1994年。

[2] 阿尔钦:《产权:一个经典注释》,选自《财产权利与制度变迁》,上海:上海三联书店,1994年。

[3] 阿奎那:《阿奎那政治著作选》,北京:商务印书馆,1963年。

[4] 阿玛亚蒂·森:《以自由看待发展》,北京:中国人民大学出版社,1999年。

[5] 埃格特森:《新制度经济学》,北京:商务印书馆,1996年。

[6] 埃里克·弗鲁博顿、鲁道夫·芮切特:《新制度经济学:一个交易费用分析范式》,上海:上海三联书店、上海人民出版社,2006年。

[7] 安希伋:《论土地国有永佃制》,载于《中国农村经济》,1988年第11期。

[8] 奥尔森:《集体行动的逻辑》,上海:上海人民出版社,1995年。

[9] 巴泽尔:《产权的经济分析》,上海:上海三联书店、上海人民出版社,1997年。

[10] 巴泽尔:《国家理论——经济权利、法律权利与国家范围》,上海:上海财经大学出版社,2006年。

[11] 白志全:《农民永久占有和使用土地的制度设计》,载于《农业经济问题》,1993年第4期。

[12] 柏振忠、王红玲:《"双重有限约束"下的我国农地承包经营权流转的影响因素实证分析》,载于《农业技术经济》,2010年第3期。

[13] 鲍海君:《城乡征地增值收益分配:农民的反应与均衡路径》,载于《中国土地科学》,2009年第7期。

[14] 贝尔纳·萨拉尼耶:《合同经济学》,上海:上海财经大学出版社,2008年。

[15] 卞琦娟、周曙东、葛继红：《发达地区农地流转影响因素分析——基于浙江省农户样本数据》，载于《农业技术经济》，2010年第6期。

[16] 卞琦娟、周曙东、易小燕、王玉霞：《农户农地流转现状、特征及其区域差异分析——以浙江省为例》，载于《资源科学》，2011年第2期。

[17] 蔡银莺、张安录：《农地生态与农地价值关系》，北京：科学出版社，2010年。

[18] 曹国英：《完善村民代表会议制度，维护农民土地产权利益》，选自乡镇论坛杂志社编：《农民土地权益与农村基层民主建设研究》，北京：中国社会出版社，2007年。

[19] 曹锦清：《黄河边的中国》，上海：上海文艺出版社，2000年。

[20] 曹锦清等：《当代浙北乡村的社会文化变迁》，上海：远东出版社，2001年。

[21] 曹幸穗：《旧中国苏南农家经济研究》，北京：中央编译出版社1996年版。

[22] 曹正汉、罗必良：《一套低效率制度为什么能够长期生存下来——广东省中山市崖口村公社体制个案》，载于《经济学家》，2003年第6期。

[23] 曹正汉、史晋川：《中国地方政府应对市场化改革的策略：抓住经济发展的主动权——理论假说与案例研究》，载于《社会学研究》，2009年第4期。

[24] 曹正汉：《传统公有制经济中的产权界定规则：控制界定产权》，载于《经济科学》，1998年第3期。

[25] 曹正汉：《地权界定中的法律、习俗与政治力量——对珠江三角洲滩涂纠纷案例的研究》，选自《中国制度变迁的案例研究》（第六集），北京：中国财政经济出版社，2008年。

[26] 曹正汉：《弱者的产权是如何形成的？——中国被征地农民的"安置要求权"向土地开发权演变的原因》，选自《中国制度变迁的案例研究（土地卷）》（第八集），北京：中国财政经济出版社，2011年。

[27] 曾明：《中国政治资源的空间分布：一个描述性分析》，载于《理论与改革》，2007年第5期。

[28] 柴荣：《透视宋代的土地兼并》，载于《西南民族学院学报》（哲学社会科学版），2003年第1期。

[29] 陈柏峰：《土地资本化的陷阱：枣庄试验批判》，http://www.21ccom.net/articles/zgyj/dfzl/2011/1123/49237.html，2011。

[30] 陈成文、赵锦山：《农村社会阶层的农村土地流转意愿与行为选择研究》，载于《湖北社会科学》，2008年第10期。

[31] 陈德顺：《中国西南民族地区的家族势力与家族政治》，载于《云南民

族大学学报》（哲学社科版），2003年第2期。

　　[32] 陈国富、段文斌主编：《中国经验：内生道路与持续发展》，北京：经济科学出版社，2009年。

　　[33] 陈利根、陈会广：《土地征用制度改革与创新：一个经济学分析框架》，载于《中国农村观察》，2003年第6期。

　　[34] 陈利根主编：《土地法学》，北京：中国农业出版社，2002年。

　　[35] 陈明：《农地产权制度创新与农民土地财产权利保护》，武汉：湖北人民出版社，2006年。

　　[36] 陈胜祥：《农民土地所有权认知与农地制度创新——基于1995～2008年实证研究文献的统计分析》，载于《中国土地科学》，2009年第11期。

　　[37] 陈潭、罗晓俊：《中国乡村公共治理研究报告（1998～2008）》，载于《公共管理学报》，2008年第4期。

　　[38] 陈铁、孟令杰：《土地调整、地权稳定性与农户长期投资——基于江苏省调查数据的实证分析》，载于《农业经济问题》，2007年第10期。

　　[39] 陈卫平、郭定文：《农户承包土地流转问题探讨》，载于《经济问题探索》，2006年第1期。

　　[40] 陈锡文、陈昱阳、张建军：《中国农村人口老龄化对农业产出影响的量化研究》，载于《中国人口科学》，2011年第2期。

　　[41] 陈锡文：《如何推进农民土地使用权合理流转》，载于《中国改革》（农村版），2002年第9期。

　　[42] 陈锡文：《慎重对待农地流转——在稳定土地承包权的基础上让农民自主选择》，载于《经济研究参考》，2002年第7期。

　　[43] 陈小君、蒋省三：《宅基地使用权制度：规范解析、实践挑战及其立法回应》，载于《管理世界》，2010年第10期。

　　[44] 陈小君：《我国〈土地管理法〉修订：历史、原则与制度——以该法第四次修订中的土地权利制度为重点》，载于《政治与法律》，2012年第5期。

　　[45] 陈小君：《我国妇女农地权利法律制度运作的实证研究与完善路径》，载于《现代法学》，2010年第3期。

　　[46] 陈小君等：《后农业税时代农地权利体系与运行机理研究论纲——以对我国十省农地问题立法调查为基础》，载于《法律科学》，2010年第1期。

　　[47] 陈小君等：《农村土地法律制度研究——田野调查解读》，北京：中国政法大学出版社，2004年。

　　[48] 陈小君等：《农地流转与农地产权的法律问题来自全国4省8县（市、区）的调查报告》，载于《华中师范大学学报》（人文社会科学版），2010年第

2期。

[49] 陈欣欣、史清华、蒋伟峰：《不同经营规模农地效益的比较及其演变趋势分析》，载于《农业经济问题》，2000年第12期。

[50] 叶烽、叶航、汪丁丁：《超越经济人的社会偏好理论：一个基于实验经济学的综述》，载于《南开经济研究》，2012年第1期。

[51] 陈裔金：《设租与寻租行为的经济学分析》，载于《经济研究》，1997年第4期。

[52] 陈莹、张安录：《农地转用过程中农民的认知与福利变化分析——基于武汉市城乡结合部农户与村级问卷调查》，载于《中国农村观察》，2007年第5期。

[53] 陈永志、黄丽萍：《农村土地使用权流转的动力、条件及路径选择》，载于《经济学家》，2007年第1期。

[54] 陈志刚、曲福田、黄贤金：《转型期中国农地最适所有权安排——一个制度经济分析视角》，载于《管理世界》，2007年第7期。

[55] 陈志刚、曲福田、王青、黄贤金：《农地承包权配置对土地利用的影响——来自苏赣农村的经验》，载于《农业技术经济》，2007年第5期。

[56] 陈志刚、曲福田：《农地产权制度变迁的绩效分析——对转型期中国农地制度多样化创新的解释》，载于《中国农村观察》，2003年第1期。

[57] 陈志俊：《不完全契约理论前沿评述》，载于《经济学动态》，2000年第12期。

[58] 陈志武：《界定土地产权，不能再回避》，载于《南方都市报》2009年2月14日。

[59] 程传兴：《农村土地使用权流转存在的问题与对策》，载于《经济经纬》，2005年第1期。

[60] 程念祺：《国家力量与中国经济的历史变迁》，北京：新星出版社，2006年。

[61] 程萍：《财产所有权的保护与限制》，北京：中国人民公安大学出版社，2006年。

[62] 程漱兰：《中国农村发展：理论和实践》，北京：中国人民大学出版社，1999年。

[63] 楚德江：《我国农地承包权退出机制的困境与政策选择》，载于《农村经济》，2011年第2期。

[64] 褚绍楠等：《辽宁土地流转障碍因素及破解对策》，载于《沈阳农业大学学报》（社会科学版），2010年第5期。

[65] 春杨:《徽州田野调查的个案分析》,载于《法制与社会发展》,2006年第2期。

[66] 崔智友:《村民自治与农村土地问题》,载于《中国农村观察》,2002年第3期。

[67] 戴维·波普诺、李强等译:《社会学(第十版)》,北京:中国人民大学出版社,1999年。

[68] 党国英:《"股田制"不是农村土地改革的方向》,载于《经济研究信息》,2007年第7期。

[69] 党国英:《当前中国农村土地制度改革的现状与思考》,载于《华中师范大学学报》(人文社会科学版),2005年第4期。

[70] 德姆塞茨:《关于产权的理论》,选自《财产权利与制度变迁:产权学派与新制度学派译文集》,上海:上海三联书店、上海人民出版社,1994年。

[71] 德姆塞茨:《所有权、控制与企业》,北京:经济科学出版社,1999年。

[72] 邓大才:《农地流转的交易成本与价格研究——农地流转价格的决定因素分析》,载于《财经问题研究》,2007年第9期。

[73] 邓大才:《土地政治——地主、佃农与国家》,北京:中国社会科学出版社,2010年。

[74] 邓正来:《规则·秩序·无知——关于哈耶克自由主义的研究》,上海:上海三联书店,2004年。

[75] 丁文:《权利限制论之疏解》,载于《法商研究》,2007年第2期。

[76] 丁晓安:《一种公平效率观:基于契约理性的尝试性探讨》,载于《经济评论》,2010年第4期。

[77] 丁泽霁:《论市场经济体制下农民的自我保护》,载于《中国农村经济》,1993年第4期。

[78] 杜赞奇:《文化、权力与国家:1900—1942年的华北农村》,南京:江苏人民出版社,1994年。

[79] 段应碧:《如何搞好土地使用权流转工作》,"中国农民土地使用权法律保障国际研讨会"会议论文,2002年。

[80] 段玉强:《关于招商引资中低价出让土地问题的思考》,载于《北方经济》,2005年第14期。

[81] 段占朝:《论集体经营性建设用地使用权"裸体"交易禁止》,载于《生态经济》,2007年第5期。

[82] 鄂玉江:《农村土地制度深化改革模式选择》,载于《农业经济问题》,1993年第4期。

［83］樊胜根：《中国农业生产与生产率的增长：新的测算方法及结论》，载于《农业技术经济》，1998年第4期。

［84］樊胜根：《中国农业研究和生产增长（20世纪90年代中国农业发展论坛）》，北京：中国人民大学出版社，1992年。

［85］方敏、简练：《可能的科斯定理与不可能的科斯主义》，载于《中国人民大学学报》，2006年第2期。

［86］菲吕博腾、配杰威齐：《产权与经济理论：近期文献的一个综述》，选自《财产权利与制度变迁》，上海：上海三联书店，1994年。

［87］费孝通：《江村经济：中国农民的生活》，北京：商务印书馆，2001年。

［88］费孝通：《乡土中国》，上海：上海三联书店，1985年。

［89］费孝通：《乡土中国·生育制度》，北京：北京大学出版社，1998年。

［90］冯尔康：《清代的押租制与租佃关系的局部变化》，载于《南开学报》（哲学社会科学版），1980年第1期。

［91］冯艳芬、董玉祥、王芳：《大城市郊区农户弃耕行为及影响因素分析》，载于《自然资源学报》，2010年第5期。

［92］冯舟：《论宪法第三条第四款：也读毛泽东〈论十大关系〉（第五节）》，载于《政法论坛》，2007年第5期。

［93］付颖光：《论法律歧视的性质及其与平等的关系》，载于《经济与社会发展》，2009年第6期。

［94］傅晨：《农地制度变革的线索与基本经验》，载于《经济体制改革》，1997年第2期。

［95］高春华：《基于森的理论框架的失地农民权益问题分析》，载于《内蒙古农业大学学报》（社会科学报），2009年第11期。

［96］高帆：《土地承包农户纠纷的制度原因及其化解路径》，载于《社会科学辑刊》，2006年第2期。

［97］高飞：《农村妇女土地权益保护的困境与对策探析》，载于《中国土地科学》，2009年第10期。

［98］高圣平、刘守英：《集体建设用地进入市场：现实与法律困境》，载于《管理世界》，2007年第3期。

［99］高圣平、刘守英：《土地权利制度创新：从〈土地管理法〉修改的视角》，载于《经济社会体制比较》，2010年第3期。

［100］高圣平、刘守英：《宅基地使用权初始取得制度研究》，载于《中国土地科学》，2007年第2期。

［101］高王凌：《租佃关系新论》，上海：上海书店，2005年。

[102] 高永平：《执着的传统》，北京：中国文史出版社，2007年。

[103] 龚涛：《基于城乡统筹发展视角的农村宅基地使用权流转问题分析》，载于《农村经济》，2011年第4期。

[104] 谷川道雄：《中国中世社会与共同体》，北京：中华书局，2002年。

[105] 顾海英、赵德余：《农村集体建设用地流转的法律与产权问题》，载于《农业经济问题》，2003年第10期。

[106] 关谷俊作：《日本的农地制度》，北京：生活·读书·新知三联书店，2004年。

[107] 郭红东、蒋文华：《龙头企业与农户的订单安排与履约——一个一般分析框架的构建及对订单蜂业的应用分析》，载于《制度经济学研究》，2007年第1期。

[108] 郭继：《农地流转合同形式制度的运行与构建——以法律社会学为视角》，载于《中国农业大学学报》（社会科学版），2009年第12期。

[109] 郭杰、李涛：《中国地方政府间税收竞争研究——基于中国省级面板数据的经验证据》，载于《管理世界》，2009年第11期。

[110] 郭璇、钟娴君：《集体建设用地使用权流转法律问题探析》，载于《中山大学学报论丛》，2005年第1期。

[111] 郭正模：《统筹城乡发展中的土地二元制度障碍与突破——以成都试验区为例》，载于《当代经济》，2010年第9期（上）。

[112] 国土资源部土地利用司调研组：《土地市场建设调研总报告》，载于《国土资源通讯》，2002年第3期。

[113] 国务院发展研究中心课题组：《农村集体非农建设用地流转受困现行法律》，载于《中国经济时报》，2003年5月9日。

[114] 国务院发展研究中心课题组：《中国失地农民权益保护及若干政策建议》，载于《改革》，2009年第5期。

[115] 哈特：《企业、合同与财务结构》，上海：上海三联书店、上海人民出版社，1998年。

[116] 韩保江：《中国奇迹与中国发展模式》，成都：四川人民出版社，2008年。

[117] 韩博天：《中国异乎常规的政策制定过程：不确定情况下反复试验》，载于《开放时代》，2009年第7期。

[118] 韩东林：《当前中国农民面临的四大突出问题及对策研究》，载于《农业经济问题》，2004年第9期。

[119] 韩俊：《土地农民集体所有应界定为按份共有制》，载于《政策瞭

望》，2003 年第 12 期。

[120] 韩俊：《质疑行政强制性土地国有化》，国务院发展研究中心信息网，2004 年。

[121] 韩俊：《中国农村土地制度建设三题》，载于《管理世界》，1999 年第 3 期。

[122] 韩立达等：《农村土地制度改革研究》，北京：中国经济出版社，2011 年。

[123] 韩世远：《宅基地的立法问题——兼析物权法草案第十三章"宅基地使用权"》，载于《政治与法律》，2005 年第 5 期。

[124] 韩松：《农村改革与集体所有权的完善》，载于《江海学刊》，2009 年第 1 期。

[125] 郝爱民：《农户消费决定因素：基于 Probit 模型》，载于《财经科学》，2009 年第 3 期。

[126] 何国俊、徐冲：《城郊农户土地流转意愿分析——基于北京郊区 6 村的实证研究》，载于《经济科学》，2007 年第 5 期。

[127] 何静：《农地使用权流转与相关的法律问题探讨》，载于《经济问题》，2001 年第 7 期。

[128] 何凌云、黄季焜：《土地使用权的稳定性与肥料使用——广东省实证研究》，载于《中国农村观察》，2001 年第 5 期。

[129] 何新：《关于地租、土地私有化及三农问题》，选自《三农中国》2003 年冬季卷，武汉：湖北人民出版社，2003 年。

[130] 何秀荣：《公司农场：中国农业微观组织的未来选择》，载于《中国农村经济》，2009 年第 11 期。

[131] 何一波：《我国农业市场化程度分析和对策研究》，湖南农业大学博士学位论文，2007 年。

[132] 何一鸣、罗必良：《产权管制、制度行为与经济绩效——来自中国农业经济体制转轨的证据（1958~2005 年）》，载于《中国农村经济》，2010 年第 10 期。

[133] 何一鸣、罗必良：《产业特性、交易费用与经济绩效——来自中国农业的经验证据（1958~2008 年）》，载于《山西财经大学学报》，2011 年第 3 期。

[134] 何一鸣、罗必良：《中国农地制度改革阐释：以所有权、产权为肯繁》，载于《改革》，2011 年第 5 期。

[135] 贺欣：《为什么法院不接受外嫁女纠纷》，选自苏力主编：《法律和社会科学》（第 3 卷），北京：法律出版社，2008 年。

[136] 贺雪峰、仝志辉：《论村庄社会关联》，载于《中国社会科学》，2002年第3期。

[137] 贺雪峰：《地权的逻辑》，北京：中国政法大学出版社，2011年。

[138] 贺雪峰：《试论二十世纪中国乡村治理的逻辑》，选自黄宗智主编《中国乡村研究》（总第5辑），福州：福建教育出版社，2007年。

[139] 贺雪峰：《乡村治理与秩序》，武汉：华中师范大学出版社，2003年。

[140] 贺振华：《长期投资、土地数量与农户的土地制度偏好》，载于《产业经济研究》，2006年第2期。

[141] 洪朝辉：《"中国特殊论"与中国发展的路径》，载于《当代中国研究》，2004年第2期。

[142] 洪朝辉：《论中国农民土地财产权利的贫困》，载于《当代中国研究》，2004年第1期。

[143] 洪名勇、施国庆：《欠发达地区农地重要性与农地产权：农民的认知》，载于《农业经济问题》，2007年第5期。

[144] 胡初枝、黄贤金、张力军：《农户农地流转的福利经济效果分析：基于农户调查的分析》，载于《经济问题探索》，2008年第1期。

[145] 胡钢：《明清时期土地市场化趋势的加速》，载于《古今农业》，2005年第2期。

[146] 胡吕银：《土地承包经营权的物权法分析》，复旦大学出版社2004年版。

[147] 黄君洁：《财政分权与经济增长关系的文献综述》，载于《产经评论》，2010年第2期。

[148] 黄凯南：《不完全合同理论——基于演化经济学的分析视角》，中国制度经济学论文集，2010年。

[149] 黄丽萍：《东南沿海农地承包经营权连片流转探析——基于浙江、福建和广东三省的调查》，载于《农业经济问题》，2009年第8期。

[150] 黄庆杰、王新：《农村集体建设用地流转的现状、问题与对策》，载于《中国农村经济》，2007年第1期。

[151] 黄仁宇：《中国大历史》，上海：上海三联书店，1997年。

[152] 黄少安、孙圣民、宫明波：《中国土地产权制度对农业经济增长的影响——对1949~1978年中国大陆农业生产效率的实证分析》，载于《中国社会科学》，2005年第3期。

[153] 黄少安：《产权经济学导论》，北京：经济科学出版社，2004年。

[154] 黄树辉：《土地流转广东样本：博弈土地财富流向》，载于《第一财

经日报》，2007 年 11 月 15 日。

[155] 黄文艺：《作为一种法律干预模式的家长主义》，载于《法学研究》，2010 年第 5 期。

[156] 黄贤金、尼克·哈瑞柯、鲁尔特·卢本、曲福田：《中国农村土地市场运行机理分析》，载于《江海学刊》，2001 年第 2 期。

[157] 黄小虎主编：《新时期中国土地管理研究（下）》，北京：当代中国出版社，2006 年。

[158] 黄晓慧：《物权法的哲学之维》，载于《法治论坛》，2007 年第 3 期。

[159] 黄延信、张海阳、李伟毅、刘强：《农村土地流转状况调查与思考》，载于《农业经济问题》，2011 年第 5 期。

[160] 黄赟：《农民土地权益保护研究——以南通市 H 村为例》，载于《法制与社会》，2009 年第 12 期。

[161] 黄忠：《地票交易的发展亟需顶层制度支持》，载于《中国土地》，2011 年第 12 期。

[162] 黄宗智：《法典、习俗与司法实践：清代与民国的比较》，上海：上海书店，2007 年。

[163] 黄祖辉、汪晖：《非公共利益性质的征地行为与土地发展权补偿》，载于《经济研究》，2002 年第 5 期。

[164] 黄祖辉、王朋：《基于我国农村土地制度创新视角的社会保障问题探析》，载于《浙江社会科学》，2009 年第 2 期。

[165] 黄祖辉：《转型、发展与制度变革——中国三农问题研究》，上海：上海人民出版社，2008 年。

[166] 霍奇逊：《制度经济学的演化——美国制度主义中的能动性、结构和达尔文主义》，北京：北京大学出版社，2012 年。

[167] 季虹：《论农地使用权的市场化流转》，载于《农业经济问题》，2001 年第 10 期。

[168] 冀县卿、钱忠好：《农地产权结构变迁与中国农业增长：一个经济解释》，载于《管理世界》，2009 年第 1 期。

[169] 贾明德、李灵燕：《契约的不完全性与敲竹杠问题》，载于《经济学动态》，2002 年第 7 期。

[170] 贾生华、田传浩、陈宏辉：《城乡交错区农地使用权市场的实证研究》，载于《中国软科学》，2003 年第 2 期。

[171] 江金权：《中国模式研究——中国经济发展道路解析》，北京：人民出版社，2007 年。

[172] 江平：《土地立法与农民权益》，选自吴敬琏、江平主编：《洪范评论》（第3卷第2辑），北京：中国政法大学出版社，2006年。

[173] 江小涓、刘世锦：《"烟草指标市场"与特许行业的市场化改革——对卷烟生产计划有偿调整的分析》，选自张曙光主编《中国制度变迁的案例研究》（第二集），北京：中国财政经济出版社，1999年。

[174] 蒋省三、刘守英，《土地资本化与农村工业化——广东省佛山市南海经济发展调查》，载于《管理世界》，2003年第11期。

[175] 蒋省三、刘守英、李青：《土地制度改革与国民经济成长》，载于《管理世界》，2007年第9期。

[176] 蒋省三、刘守英：《打开土地制度改革的新窗口——从广东〈集体建设用地使用权流转管理办法〉说起》，载于《学习月刊》，2006年第1期。

[177] 蒋永穆、杨少垒：《利益协调推进型：土地承包经营权流转的一种新模式》，载于《教育与研究》，2010年第1期。

[178] 焦存朝：《基于主体视角的农民权益保护问题的思考》，载于《农业经济》，2010年第1期。

[179] 焦长权：《政权"悬浮"与市场"失灵"：一种农民上访行为的解释框架》，载于《开放时代》，2010年第6期。

[180] 金松青、Deininger K.：《中国农村土地租赁市场的发展及其在土地使用公平性和效率性上的含义》，载于《经济学（季刊）》，2004年第4期。

[181] 晋洪涛、俞宁、史清华：《稳定性地权的养老保险替代效应：理论分析与实证检验》，载于《经济与管理研究》，2009年第11期。

[182] 靳相木：《地根经济》，杭州：浙江大学出版社，2007年。

[183] 卡多佐：《司法过程的性质》，苏力译，北京：商务印书馆，1998年。

[184] 康芒斯：《制度经济学》，北京：商务印书馆，1983年。

[185] 康雄华：《农村集体土地产权制度与土地使用权流转研究》，华中农业大学博士学位论文，2006年。

[186] 柯武刚、史漫飞：《制度经济学：社会秩序与公共政策》，北京：商务印书馆，2000年。

[187] 科尔曼：《社会理论的基础》，北京：社会科学文献出版社，1999年。

[188] 孔祥智、顾洪明、韩纪江：《失地农民"受偿意愿"影响因素的实证分析》，载于《农业经济导刊》，2007年第10期。

[189] 黎霆、赵阳、辛贤：《当前农地流转的基本特征及影响因素分析》，载于《中国农村经济》，2009年第10期。

[190] 李兵、翁文先：《两种类型的家族势力与基层行政——以河南省何营

村为例》，载于《甘肃社会科学》，2004年第6期。

[191] 李昌平：《大气候》，西安：陕西人民出版社，2009年。

[192] 李稻葵：《转型经济中的模糊产权理论》，载于《经济研究》，1995年第4期。

[193] 李放，崔香芬：《被征地农民养老保障政策问题发生的中国情境》，载于《中国农业大学学报》（社会科学版），2012年第3期。

[194] 李凤章：《从事实到规范：物权法民意基础的实证研究——以土地问题为中心》，载于《政法论坛》，2007年第3期。

[195] 李钢：《农地流转与农民权益保护的制度安排》，载于《财经科学》，2009年第3期。

[196] 李功奎、钟甫宁：《农地细碎化、劳动力利用与农民收入——基于江苏省经济欠发达地区的实证研究》，载于《中国农村经济》，2006年第4期。

[197] 李国庆：《关于村落共同体的论战——以"戒能—平野论战"为核心》，载于《社会学研究》，2005年第6期。

[198] 李海伟：《两种类型的农地使用权流转分析》，载于《现代经济探讨》，2005年第2期。

[199] 李怀祖：《管理研究方法论》，西安：西安交通大学出版社，2004年。

[200] 李军杰、周卫峰：《中国地方政府主导辖区增长的均衡模型》，载于《当代经济科学》，2009年第2期。

[201] 李石山：《私法社会化研究》，武汉大学博士学位论文，2002年。

[202] 李涛、叶依广、孙文华：《农村集体土地所有权流转的交易成本分析》，载于《中国农村经济》，2004年第12期。

[203] 李涛、周业安：《中国地方政府间支出竞争研究——基于中国省级面板数据的经验证据》，载于《管理世界》，2009年第2期。

[204] 李文治、江太新：《中国地主制经济论》，北京：中国社会科学出版社，2005年。

[205] 李小云、左停、李鹤：《中国农民权益保护状况分析——〈农业法〉第九章"农民权益保护"实施情况调查》，载于《中国农村观察》，2007年第1期。

[206] 李彦敏：《"龙头企业+农户"模式：类型、问题与对策》，载于《中国合作经济》，2005年第7期。

[207] 李雨峰：《枪口下的法律》，北京：知识产权出版社，2006年。

[208] 李跃：《新农村建设中的土地流转问题分析》，载于《农业经济问题》，2010年第4期。

[209] 李长健:《论农民权益的经济法保护——以利益与利益机制为视角》,载于《中国法学》,2005年第3期。

[210] 李志军等著:《比较视阈中的中国经验》,北京:中国社会科学出版社,2009年。

[211] 梁丹辉:《建设新农村视角下的耕地抛荒问题研究》,载于《中南财经政法大学研究生学报》,2008年第5期。

[212] 梁慧星、陈华彬:《物权法》,北京:法律出版社,2007年。

[213] 梁慧星:《民法总论》,北京:法律出版社,1996年。

[214] 梁治平:《清代习惯法、社会和国家》,北京:中国政法大学出版社,1996年。

[215] 林依标:《被征地农民差异性受补偿意愿研究——以福建省为例》,福建农林大学博士论文,2011年。

[216] 林毅夫、蔡昉、李周:《中国的奇迹:发展战略与经济改革》(增订版),上海:上海三联书店,1999年。

[217] 刘伯恩:《集体建设用地流转的逻辑深度——以广州市的制度创新为视角》,载于《中国土地》,2012年第5期。

[218] 刘成武、李秀彬:《对中国农地边际化现象的诊断:以三大粮食作物生产的平均状况为例》,载于《地理研究》,2006年第5期。

[219] 刘诚、杨其静:《契约环境、社会资本与农合组织形式》,载于《江苏社会科学》,2012年第1期。

[220] 刘承礼:《农地股份合作制的过渡性质:一种基于内生交易费用理论的评说与前瞻》,载于《农业经济问题》,2003年第11期。

[221] 刘笃才:《中国古代民间规约引论》,载于《法学研究》,2006年第1期。

[222] 刘凤芹:《不完全合约与履约障碍——以订单农业为例》,载于《经济研究》,2003年第4期。

[223] 刘凤芹:《农业土地规模经营的条件与效果研究:以东北农村为例》,载于《管理世界》,2006年第9期。

[224] 刘洪彬、曲福田:《关于农村集体建设用地流转中存在的问题及原因分析》,载于《农业经济》,2006年第2期。

[225] 刘俊:《中国土地法理论研究》,北京:法律出版社,2006年。

[226] 刘俊文、夏日新、韩昇编:《日本学者研究史论著选译·第4卷》,北京:中华书局,1992年。

[227] 刘克春、林坚:《农村已婚妇女失地与农地流转——基于江西省农户

调查实证研究》，载于《中国农村经济》，2005 年第 9 期。

[228] 刘克春、苏为华：《农户资源禀赋、交易费用与农户农地使用权流转行为——基于江西省农户调查》，载于《统计研究》，2006 年第 5 期。

[229] 刘克春：《农户农地使用权转出行为的实证分析》，载于《统计与决策》，2008 年第 5 期。

[230] 刘黎明：《契约、神裁、打赌——中国民间习惯法习俗》，成都：四川人民出版社，1993 年。

[231] 刘丽英：《GDP 诱惑与失地农民》，载于《中国新闻周刊》，2003 年第 12 期。

[232] 刘培伟：《基于中央选择性控制的试验》，载于《开放时代》，2010 年第 4 期。

[233] 刘庆：《关于农村宅基地使用权流转的思考》，载于《农村经济》，2006 年第 1 期。

[234] 刘荣材：《产权、定价机制与农村土地流转》，载于《农村经济》，2010 年第 12 期。

[235] 刘守英：《集体建设用地进入市场：现实与法律困境》，载于《管理世界》，2007 年第 3 期。

[236] 刘守英：《集体土地资本化与农村城市化——郑各庄高速成长的秘密》，选自《中国制度变迁的案例研究第八卷（土地）》，北京：中国财政经济出版社，2011 年。

[237] 刘守英：《土地流转的四种方式》，载于《时事报告》，2009 年第 1 期。

[238] 刘守英：《中国的二元土地权利制度与土地市场残缺——对现行政策、法律与地方创新的回顾与评论》，载于《经济研究参考》，2008 年第 31 期。

[239] 刘守英：《中国农地集体所有制的结构与变迁：来自于村庄的经验》，载于《中国社会科学》，1997 年第 3 期。

[240] 刘守英：《中国农地制度的合约结构与产权残缺》，载于《中国农村经济》，1993 年第 2 期。

[241] 刘卫柏、柳钦、李中：《我国农村土地流转模式创新剖析》，载于《调研世界》，2012 年第 4 期。

[242] 刘向南、许丹艳：《集体建设用地的"准自发性"流转及其制度安排——基于江苏省常州市的调查》，载于《农村经济》，2011 年第 4 期。

[243] 刘艳：《农地使用权流转研究》，东北财经大学博士学位论文，2007 年。

[244] 刘易斯：《经济增长理论》，北京：商务印书馆，1987 年。

[245] 刘玉荣:《新农村建设中土地使用权流转的瓶颈及对策分析》,载于《经济与管理》,2009年第23期。

[246] 刘玉照:《村落共同体、基层市场共同体与基层生产共同体——中国乡村社会结构及其变迁》,载于《社会科学战线》,2002年第5期。

[247] 刘远熙:《论土地流转与农民土地权益的保护》,载于《农村经济》,2011年第4期。

[248] 刘云生:《永佃权之历史解读及其现实表达》,载于《法商研究》,2006年第1期。

[249] 刘正峰:《论无名物权的物权法保护——从对物权法定原则的检讨展开》,载于《法商研究》2006年第2期。

[250] 柳琳:《论我国集体土地所有权的性质》,载于《广西社会科学》,2005年第3期。

[251] 龙翼飞、徐霖:《对我国农村宅基地使用权法律调整的立法建议——兼论"小产权房"问题的解决》,载于《法学杂志》2009年第9期。

[252] 卢代富主编:《中国农村法治论坛(2010年卷)》,北京:群众出版社,2011年。

[253] 卢海元:《土地换保障:妥善安置失地农民的基本设想》,载于《中国农村观察》,2003年第6期。

[254] 卢现祥:《西方国家经济管制的理论与实践述评》,载于《经济评论》,2000年第1期。

[255] 陆剑、彭真明:《农村产权交易的制度建构》,载于《农村经济》,2010年第9期。

[256] 陆剑:《农地流转纠纷中的政治与法律》,选自苏力主编《法律和社会科学》第七卷,北京:法律出版社,2010年。

[257] 陆学艺:《当代中国社会流动》,北京:社会科学文献出版社,2004年。

[258] 陆学艺等:《中国经验——改革开放30年社会建设实践》,西安:陕西人民出版社,2008年。

[259] 罗必良、潘光辉:《鹅公岭村的股份合作制:从封闭走向开放》,载于《中国农村经济》,2004年第5期。

[260] 罗必良、吴晨:《交易效率:农地承包经营权流转的新视角——基于广东个案研究》,载于《农业技术经济》,2008年第2期。

[261] 罗必良、曹正汉:《政府行为与产权制度》,载于《中国社会科学季刊》,1999年夏季卷。

[262] 罗必良:《分税制、财政压力与政府"土地财政"偏好》,载于《学

术研究》，2010 年第 1 期。

[263] 罗必良：《公共领域、模糊产权与政府的产权模糊化倾向》，载于《改革》，2005 年第 7 期。

[264] 罗必良：《国有企业的性质：一种政策工具》，载于《学术研究》，1996 年第 10 期。

[265] 罗必良：《合约的不稳定与合约治理》，载于《中国制度变迁的案例研究》（第八集），北京：中国财政经济出版社，2011 年。

[266] 罗必良：《合作机理、交易对象与制度绩效——温氏集团与长青水果场的比较研究》，载于《中国制度变迁的案例研究》（第六集），北京：中国财政经济出版社，2008 年。

[267] 罗必良：《经济组织的制度逻辑》，太原：山西经济出版社，2000 年。

[268] 罗必良：《农地产权模糊化：一个概念性框架及其解释》，载于《学术研究》，2011 年第 12 期。

[269] 罗必良：《农地经营规模的效率决定》，载于《中国农村观察》，2000 年第 5 期。

[270] 罗必良：《农地新政与国民经济运行格局的重构》，载于《学术研究》，2008 年第 12 期。

[271] 罗必良等：《新制度经济学》，太原：山西经济出版社，2005 年。

[272] 罗伯特·C. 埃里克森：《无需法律的秩序》，北京：中国政法大学出版社，2003 年。

[273] 骆正林：《中国古代乡村政治文化的特点——家族势力与国家势力的博弈与合流》，载于《重庆师范大学学报》（哲学社会科学版），2007 年第 4 期。

[274] 吕萍、支晓娟：《集体建设用地流转影响效应及障碍因素分析》，载于《农业经济问题》，2008 年第 2 期。

[275] 吕彦彬、王富河：《落后地区土地征用利益分配——以 B 县为例》，载于《中国农村经济》，2004 年第 2 期。

[276] 马晓河、崔红志：《建立土地流转制度，促进区域农业生产规模化经营》，载于《管理世界》，2002 年第 11 期。

[277] 马新、齐涛：《汉唐村落形态略论》，载于《中国史研究》，2006 年第 2 期。

[278] 马新彦、李国强：《农村土地承包经营权流转的物权法思考》，载于《法商研究》，2005 年第 5 期。

[279] 毛丹：《村庄大转型——浙江乡村社会的发育》，杭州：浙江大学出版社，2008 年。

[280] 毛学峰、刘靖：《农地"女性化"还是"老龄化"？——来自微观数据的证据》，载于《人口研究》，2009年第2期。

[281] 孟勤国：《中国农村土地流转问题研究》，北京：法律出版社，2009年。

[282] 苗月霞：《农村家族势力与村民自治运作绩效的社会资本研究》，载于《广西社会科学》，2007年第2期。

[283] 闵桂林：《农村土地产权回归农民的制度研究》，江西财经大学博士学位论文，2009年。

[284] 缪勒著，王诚译：《公共选择》，北京：商务印书馆，1992年。

[285] 尼古拉斯·R.拉迪：《中国：走向内需驱动型增长模式》，载于《国外理论动态》，2007年第1期。

[286] 聂辉华：《不完全契约理论的转变》，载于《教学与研究》，2011年第1期。

[287] 聂辉华：《企业：一种人力资本使用权交易的粘性组织》，载于《经济研究》，2008年第3期。

[288] 诺斯、托马斯：《西方世界的兴起》，北京：华夏出版社，1989年。

[289] 诺斯：《经济史中的结构与变迁》，上海：上海三联书店，1991年。

[290] 诺斯：《制度、意识形态和经济绩效》，选自《发展经济学的革命》，上海：上海三联书店、上海人民出版社，2000年。

[291] 帕特里克·博尔顿等：《合同理论》，上海：格致出版社、上海三联书店、上海人民出版社，2008年。

[292] 潘维：《质疑"乡镇行政体制改革"——关于乡村中国的两种思路》，载于《开放时代》，2004年第2期。

[293] 潘维主编：《中国模式——解读人民共和国的60年》，北京：中央编译出版社，2009年。

[294] 彭真明、陆剑：《〈物权法〉视野中的农地问题》，载于《江汉论坛》，2008年第9期。

[295] 齐睿：《我国征地冲突治理问题研究》，华中科技大学博士学位论文，2011年。

[296] 綦好东：《论我国农地产权结构调整与演进的目标》，载于《经济体制改革》，1998年第1期。

[297] 恰亚诺夫：《农民经济组织》，北京：中央编译出版社，1996年。

[298] 千叶正士：《法律多元》，北京：中国政法大学出版社，1997年。

[299] 钱穆：《国史大纲》，北京：商务印书馆，1994年。

[300] 钱穆：《中国历代政治得失录》，上海：上海三联书店，2001年。

[301] 钱文荣、张忠明：《农民土地意愿经营规模影响因素实证研究——基于长江中下游区域的调查分析》，载于《农业经济问题》，2007 年第 5 期。

[302] 钱文荣：《农地市场化流转中的政府功能探析——基于浙江省海宁、奉化两市农户行为的实证研究》，载于《浙江大学学报》（人文社会科学版），2003 年第 5 期。

[303] 钱文荣：《浙北传统粮区农户土地流转意愿与行为的实证研究》，载于《中国农村经济》，2002 年第 7 期。

[304] 钱忠好、曲福田：《中国土地征用制度：反思与改革》，载于《中国土地科学》，2004 年第 5 期。

[305] 钱忠好、肖屹、曲福田：《农民土地产权认知、土地征用意愿与征地制度改革——基于江西省鹰潭市的实证研究》，载于《中国农村经济》，2007 年第 1 期。

[306] 钱忠好：《农村承包经营权市场流转：理论与实证分析——基于农户层面的经济分析》，载于《经济研究》，2003 年第 2 期。

[307] 钱忠好：《土地征用：均衡与非均衡——对现行中国土地征用制度的经济分析》，载于《管理世界》，2004 年第 12 期。

[308] 钱忠好等：《我国城乡非农建设用地市场：垄断、分割与整合》，载于《管理世界》，2007 年第 6 期。

[309] 乔榛、焦方义、李楠：《中国农村经济制度变迁与农业增长对 1978～2004 年中国农业增长的实证分析》，载于《经济研究》，2006 年第 7 期。

[310] 秦晖：《"优化配置"？"土地福利"？》，选自秦晖：《农民中国：历史反思与现实选择》，郑州：河南人民出版社，2003 年。

[311] 秦晖：《农民需要怎样的"集体主义"》，选自乡镇论坛杂志社编：《农民土地权益与农村基层民主建设研究》，北京：中国社会出版社，2007 年。

[312] 秦立建、张妮妮、蒋中一：《土地细碎化、劳动力转移与中国农户粮食生产——基于安徽省的调查》，载于《农业技术经济》，2011 年第 11 期。

[313] 青木昌彦：《比较制度分析》，上海：上海远东出版社，2001 年。

[314] 曲福田、冯淑怡、俞红：《土地价格及分配关系与农地非农化经济机制研究——以经济发达地区为例》，载于《中国农村经济》，2001 年第 12 期。

[315] 曲福田、黄贤金：《地权效率理论与中国地权市场化政策取向》，载于《江海学刊》，1997 年第 6 期。

[316] 全国人大常委会法制工作委员会民法室编：《〈中华人民共和国物权法〉条文说明、立法理由及相关规定》，北京：北京大学出版社，2007 年。

[317] 让-雅克·拉丰、大卫·马赫蒂摩等：《激励理论——委托—代理模

型》，北京：中国人民大学出版社，2002 年。

[318] 上官丕亮：《社会管理央地关系的创新及其宪法保障》，载于《华东政法大学学报》，2010 年第 5 期。

[319] 邵景安、魏朝富、谢德体：《家庭承包制下土地流转的农户解释：对重庆不同经济类型区七个村的调查分析》，载于《地理研究》，2007 年第 2 期。

[320] 申端锋：《农村土地问题不只是农民权利问题》，载于《华南农业大学学报》（社会科学版），2006 年第 4 期。

[321] 沈开举、王红建：《〈集体建设用地流转法〉立法的焦点问题》，载于《改革内参》，2011 年第 4 期。

[322] 沈守愚：《浅析土地用途管制的有关法律问题》，载于《中国土地科学》，1999 年第 2 期。

[323] 沈云锁、陈先奎主编：《中国模式论》，北京：人民出版社，2007 年。

[324] 盛洪：《外汇额度的交易：一个计划权利交易的案例》，选自张曙光执行主编《中国制度变迁的案例研究》（第一集），上海：上海人民出版社，1996 年。

[325] 史清华、贾生华：《农户家庭农地流转及形成根源——以东部沿海苏鲁浙三省为例》，载于《中国经济问题》，2003 年第 5 期。

[326] 史清华、贾生华：《农户家庭农地要素流动趋势及其根源比较》，载于《管理世界》，2002 年第 1 期。

[327] 史清华、晋洪涛、卓建伟：《征地一定降低农民收入吗》，载于《管理世界》，2011 年第 3 期。

[328] 史清华、卓建伟：《农村土地权属：农民的认同与法律的规定》，载于《管理世界》，2009 年第 1 期。

[329] 四川省成都市：《关于加强耕地保护进一步改革完善农村土地和房屋产权制度的意见（试行）》，2008 年 1 月。

[330] 寺田浩明：《权利与冤抑》，载《明清时期的民事审判与民间契约》，北京：法律出版社，1998 年。

[331] 宋士云、胡洪曙：《家庭承包经营体制下的农地产权分析》，载于《农业经济问题》，2005 年第 2 期。

[332] 宋志红：《集体建设用地使用权流转法律制度研究》，北京：中国人民大学出版社，2009 年。

[333] 苏力：《当代中国的中央与地方分权》，载于《中国社会科学》，2004 年第 2 期。

[334] 苏力：《法治及其本土资源》，北京：中国政法大学出版社，1996 年。

[335] 苏旭霞、王秀清：《农用地细碎化与农户粮食生产》，载于《中国农

村经济》，2002 年第 4 期。

[336] 苏永钦：《民事立法与公私法的接轨》，北京：北京大学出版社，2005 年。

[337] 苏永钦：《走入新世纪的私法自治》，北京：中国政法大学出版社，2003 年。

[338] 孙柏瑛：《当代地方治理——面向 21 世纪的挑战》，北京：中国人民大学出版社，2004 年。

[339] 孙君秀、高维谦：《土地指标紧缺严重制约现实发展》，载于《改革内参》，2011 年第 16 期。

[340] 孙琦、曹树基：《土地耕种与"田面权"之争》，载于《上海交通大学学报》（哲学社科版），2008 年第 2 期。

[341] 孙笑侠、郭春镇：《法律父爱主义在中国的适用》，载于《中国社会科学》，2006 年第 1 期。

[342] 孙耀军：《一个农民自建市场的遭遇》，载于《中国农民》，1996 年第 9 期。

[343] 谭荣、曲福田、吴丽梅：《中国农地征用的经济学分析：一个理论模型》，载于《农业经济问题》，2004 年第 10 期。

[344] 谭淑豪、曲福田、尼克·哈瑞柯：《土地细碎化的成因及其影响因素分析》，载于《中国农村观察》，2003 年第 6 期。

[345] 谭术魁、彭补拙：《农村集体建设用地直接流转的支撑体系研究》，载于《财经研究》，2002 年第 10 期。

[346] 谭峥嵘：《对集体建设用地使用权流转的思考》，载于《中国集体经济》，2010 年第 3 期。

[347] 唐茂华、黄少安：《农业比较收益低吗——基于不同成本收益核算框架的比较分析及政策含义》，载于《中南财经政法大学学报》，2011 年第 4 期。

[348] 唐在富：《中国土地制度创新与土地财税体制重构》，北京：经济科学出版社，2007 年。

[349] 陶坤玉、张敏、李力行：《市场化改革与违法：来自中国土地违法案件的证据》，载于《南开经济研究》，2010 年第 2 期。

[350] 陶然、陆曦、苏福兵、汪晖：《地区竞争格局演变下的中国转轨：财政激励和发展模式反思》，载于《经济研究》，2009 年第 7 期。

[351] 田成有：《乡土社会中的国家法与民间法》，载于《开放时代》，2001 年第 9 期。

[352] 田成有：《乡土社会中的民间法》，北京：法律出版社，2005 年。

[353] 田传浩、陈宏辉、贾生华：《农地市场对耕地零碎化的影响——理论与来自苏浙鲁的经验》，载于《经济学（季刊）》，2005年第4期。

[354] 田传浩、贾生华：《农地制度、地权稳定性与农地使用权市场发育：理论与来自苏浙鲁的经验》，载于《经济研究》，2004年第1期。

[355] 田传浩：《农地制度、农地租赁市场与农地配置效率》，北京：经济科学出版社，2005年。

[356] 田千禧：《农村土地承包经营权的法律性质及实现形式的创新》，载于《农业经济问题》，2000年第7期。

[357] 田玉军：《城乡劳动力流动及其对农地利用影响研究评述》，载于《自然资源学报》，2010年第4期。

[358] 仝志辉、温铁军：《资本和部门下乡与小农户经济的组织化道路》，载于《开放时代》，2009年第4期。

[359] 万江：《政府主导下的集体建设用地流转：从理想回归现实》，载于《现代法学》，2010年第2期。

[360] 汪兵：《论血缘与拟血缘群体共有制》，载于《社会科学战线》，2003年第2期。

[361] 汪丁丁：《产权博弈》，载于《经济研究》，1996年第10期。

[362] 汪晖：《城乡结合部的土地征用：征用权与征地补偿》，载于《中国农村经济》，2002年第2期。

[363] 汪普庆、周德翼、吕志轩：《农产品供应链的组织模式与食品安全》，载于《农业经济问题》，2009年第3期。

[364] 汪三贵：《论我国土地有偿使用的几个问题》，载于《农业经济问题》，1987年第7期。

[365] 王春超、李兆能：《农村土地流转中的困境：来自湖北的农户调查》，载于《华中师范大学学报》（人文社科版），2008年第4期。

[366] 王德应、董玉芳：《农民土地产权保护若干问题探讨》，载于《农业经济问题》，2005年第7期。

[367] 王昉：《成文法、习惯法与传统中国社会中的土地流转》，载于《法制与社会发展》，2004年第4期。

[368] 王昉：《传统中国社会农村地权关系及制度思想在近代的转型》，载于《学术论坛》，2007年第3期。

[369] 王国辉：《对中国农地使用权流转的法律思考》，载于《农业经济》，2007年第5期。

[370] 王洪平、房绍坤：《论私法自治与物权法定之辩证关系》，载于《法

学杂志》,2005年第5期。

[371] 王环:《中国农村土地产权制度存在的问题与改革策略》,载于《农业经济问题》,2009年第11期。

[372] 王建勋:《公民的权利和自由是"奇迹"的主因》,载于《法制日报》,2010年6月18日。

[373] 王景新:《中国农村土地制度变迁30年：回眸与瞻望》,载于《现代经济探讨》,2008年第6期。

[374] 王久高:《农村宗族家族势力的复活对村级党组织建设的影响及其消解》,载于《探索》,2004年第4期。

[375] 王俊沣、伍振军:《农地流转的市场模式与参与方动机解析》,载于《改革》,2011年第2期。

[376] 王克强、刘红梅:《经济发达地区农地市场中农户土地供给和需求双向不足研究》,载于《经济地理》,2001年第12期。

[377] 王克强:《经济发达地区地产对农户多重效用模型及实证研究——以浙江省海宁市为例》,载于《中国软科学》,2000年第4期。

[378] 王利明:《农村土地承包经营权的若干问题探讨》,载于《中国人民大学学报》,2001年第6期。

[379] 王美涵、董文松:《失地农民社会保障问题研究——以龙港的社会保障为例》,载于《财经论丛》,2004年第5期。

[380] 王美今、林建浩、余壮雄:《中国地方政府财政竞争行为特性识别》,载于《管理世界》,2010年第3期。

[381] 王纳新:《法官的思维——司法认知的基本规律》,北京：法律出版社,2005年。

[382] 王尚银、康志亮:《中国熟人社会的"类社会资本"——关于中国传统社会社会资本储量的考究》,载于《社会科学战线》,2012年第1期。

[383] 王守坤、任保平:《中国省级政府间财政竞争效应的识别与解析：1978~2006年》,载于《管理世界》,2008年第11期。

[384] 王卫国、王广华主编:《中国土地权利的法制建设》,北京：中国政法大学出版社,2002年。

[385] 王西玉:《新形势下农民同土地关系的再认识——对当前农地问题一些现象的思考》,载于《中国农村经济》,2003年第10期。

[386] 王小映、贺明玉、高永:《中国农地转用中的土地收益分配实证研究——基于昆山、桐城、新都三地的抽样调查分析》,载于《管理世界》,2006年第5期。

[387] 王小映:《全面保护农民的土地财产权益》,载于《中国农村经济》,2003年第10期。

[388] 王小映:《土地制度变迁与土地承包经营权物权化》,载于《中国农村经济》,2000年第1期。

[389] 王晓毅:《小岗村的悖论》,选自徐勇主编:《三农中国》,武汉:湖北人民出版社,2003年。

[390] 王兴稳、钟甫宁:《土地细碎化与农用地流转市场》,载于《中国农村观察》,2008年第4期。

[391] 王彦辉:《汉代的"分田劫假"与豪民兼并》,载于《东北师范大学学报》(哲学社会科学版),2000年第5期。

[392] 王勇:《完全契约与不完全契约——两种分析方法的一个比较》,载于《经济学动态》,2002年第7期。

[393] 王佑辉:《农地转用地价体系与增值收益分配》,载于《华中师范大学学报》,2009年第4期。

[394] 王跃生:《集体经济时代农民分家行为研究》,载于《中国农史》,2003年第2期。

[395] 王泽鉴:《法律思维与民法实例》,北京:中国政法大学出版社,2001年。

[396] 王竹:《组织社会资本对我国中小企业国际化绩效影响研究》,南京理工大学博士学位论文,2008年。

[397] 韦博成:《〈红楼梦〉前80回与后40回某些文风差异的统计分析——两个独立二项总体等价性检验的一个应用》,载于《应用概率统计》,2009年第4期。

[398] 魏秀荣:《民俗与法律》,载于《法制与社会发展》,1998年第1期。

[399] 温琦:《我国农业生产经营组织化:理论基础与实践方略》,西南财经大学博士学位论文,2009年。

[400] 温世扬:《土地承包经营权转让刍议》,载于《浙江社会科学》2009年第2期。

[401] 温铁军:《"三农问题":世纪末的反思》,载于《读书》1999年第2期。

[402] 温铁军:《三农问题与制度变迁》,北京:中国经济出版社,2009年。

[403] 温铁军:《我国为什么不能实行农村土地私有化》,载于《红旗文稿》,2009年第2期。

[404] 文贯中:《解决三农问题不能回避农地私有化》,载于《选择周刊》,

总第 104 期。

[405] 文建东：《公共选择学派》，武汉：武汉出版社，1996 年。

[406] 吴百花：《农村土地流转过程中的多元主体博弈分析——关于义乌市农村土地流转的调查与思考》，载于《中共浙江省委党校学报》，2009 年第 2 期。

[407] 吴德胜、李维安：《非正式契约与正式契约交互关系研究》，载于《管理科学学报》，2010 年第 12 期。

[408] 吴德胜：《农业产业化中的契约演进——从分包制到反租倒包》，载于《农业经济问题》，2008 年第 2 期。

[409] 吴方卫、孟令杰、熊诗平：《中国农业的增长与效率》，上海：上海财经大学出版社，2000 年。

[410] 吴国东、蒲勇健：《员工甄别和筛选：基于动机公平偏好隐藏的激励契约研究》，载于《管理工程学报》，2011 年第 3 期。

[411] 吴士健等：《试论农村公共产品供给体制的改革与完善》，载于《农业经济问题》2002 年第 7 期。

[412] 吴向红：《典之风俗与典之法律》，北京：法律出版社，2009 年。

[413] 鲜开林：《大连市农村土地流转调查报告》，载于《农业经济问题》，2010 年第 2 期。

[414] 肖文韬：《农地流转约束与农户兼业行为》，载于《武汉理工大学学报》，2005 年第 6 期。

[415] 肖屹、钱忠好：《交易费用、产权公共域与农地征用中农民土地权益侵害》，载于《农业经济问题》，2005 年第 9 期。

[416] 刑成举：《透视"新土地抛荒"现象》，半月谈网，2011 年 11 月 6 日。

[417] 熊彼特：《经济周期循环理论：对利润、资本、信贷、利息以及经济周期的探究》，北京：中国长安出版社，2009 年。

[418] 熊得山：《中国社会史论》，上海：上海书店，2007 年。

[419] 熊启泉：《论我国农业中的政府保护与农民的自我保护》，载于《农业经济问题》，1996 年第 6 期。

[420] 熊巍：《我国农村公共产品供给分析与模式选择》，载于《中国农村经济》2002 年第 7 期。

[421] 徐美银、钱忠好：《我国农村土地制度变迁的内在逻辑》，载于《江苏社会科学》，2009 年第 3 期。

[422] 徐现祥、王贤彬、舒元：《地方官员与经济增长——来自中国省长、省委书记交流的证据》，载于《经济研究》，2007 年第 9 期。

[423] 徐旭、蒋文华、应风其:《农地产权:农民的认知与意愿——对浙江农户的调查》,载于《中国农村经济》,2002年第12期。

[424] 徐志明:《农村土地流转的障碍与市场化流转机制的建设》,载于《南京财经大学学报》,2009年第5期。

[425] 许恒周、郭玉燕:《不同发展水平地区农民被征地意愿及影响因素》,载于《中国人口》,2011年第1期。

[426] 许恒周、曲福田:《农村土地流转与农民权益保障》,载于《农村经济》,2007年第4期。

[427] 许庆、田士超、徐志刚:《农地制度、土地细碎化与农民收入不平等》,载于《经济研究》,2008年第2期。

[428] 许庆、章元:《土地调整、地权稳定性与农民长期投资激励》,载于《经济研究》,2005年第10期。

[429] 薛凤蕊等:《土地流转对农民收益的效果评价》,载于《中国农村观察》,2011年第2期。

[430] 阎武:《农村土地流转中农民权益保护对策》,载于《学术前沿》,2011年第9期。

[431] 阎云翔:《家庭政治中的金钱与道义:北方农村分家模式的人类学分析》,载于《社会学研究》,1998年第6期。

[432] 杨国桢:《论我国永佃权的基本特征》,载于《中国社会经济史研究》,1988年第2期。

[433] 杨鹤皋:《宋元明清法律思想研究》,北京:北京大学出版社,2001年。

[434] 杨奎松:《新中国土改背景下的地主问题》,载于《史林》,2008年第6期。

[435] 杨丽莎:《贵州省农村土地流转中农民权益保护问题分析》,载于《特区经济》,2011年第6期。

[436] 杨明洪、刘永湘:《压抑与抗争:一个关于农村土地发展权的理论分析框架》,载于《财经科学》,2004年第6期。

[437] 杨其静:《从完全合同理论到不完全合同理论》,载于《教学与研究》,2003年第7期。

[438] 杨其静:《合同与企业理论前沿综述》,载于《经济研究》,2002年第1期。

[439] 杨瑞龙、聂辉华:《不完全契约理论:一个综述》,载于《经济研究》,2006年第2期。

[440] 杨瑞龙、周业安:《一个关于企业所有权安排的规范性分析框架及其

理论含义》，载于《经济研究》，1997年第1期。

[441] 杨少垒：《农村集体建设用地自发流转的经济学解释——基于内生交易费用的理论视角》，载于《农村经济》，2010年第10期。

[442] 杨秀琴：《农村集体建设用地公开流转势在必行——基于隐形流转与公开流转的效率差异分析》，载于《农村经济》，2011年第12期。

[443] 姚洋：《集体决策下的诱导性制度变迁——中国农村地权稳定性演化的实证分析》，载于《中国农村观察》，2000年第2期。

[444] 姚洋：《土地、制度和农业发展》，北京：北京大学出版社，2004年。

[445] 姚洋：《中国农村土地制度安排与农业绩效》，载于《中国农村观察》，1998年第6期。

[446] 姚洋：《中国农地制度：一个分析框架》，载于《中国社会科学》，2000年第2期。

[447] 叶红玲：《在确立财产权上突破——芜湖集体建设用地流转调查与思考》，载于《国土资源报》，2003年6月6日。

[448] 叶剑平、丰雷、蒋妍等：《2008年中国农村土地使用权调查研究——17省份调查结果及政策建议》，载于《管理世界》，2010年第1期。

[449] 叶剑平、蒋妍、丰雷：《中国农村土地流转市场的调查研究——基于2005年17省调查的分析和建议》，载于《中国农村观察》，2006年第4期。

[450] 叶剑平、罗伊·普罗斯特曼、徐孝白、杨学成：《中国农村土地农户30年使用权调查研究——17省调查结果及政策建议》，载于《管理世界》，2000年第2期。

[451] 叶剑平等：《中国农村土地流转市场的分析次和建议》，载于《中国农村观察》，2006年第4期。

[452] 叶艳妹、彭群等：《农村城镇化、工业化驱动下的集体建设用地流转问题探讨——以浙江省湖州市、建德市为例》，载于《中国农村经济》，2002年第9期。

[453] 易小燕、肖碧林、陈印军：《基于农户调查的农地使用权流转现状、问题与政策建议》，载于《中国农业资源与区划》，2011年第5期。

[454] 俞海、黄季焜、Rozelle S.、Brandt L.、张林秀等：《地权稳定性、土地流转与农地资源持续利用》，载于《经济研究》，2003年第9期。

[455] 虞莉萍：《从"命根子"到"弃如敝屣"——探讨我国土地撂荒问题及解决办法》，载于《资源与人居环境》，2008年第8期。

[456] 詹姆斯·C.斯科特：《农民的道义经济学：东南亚的反叛与生存》，南京：译林出版社，2001年。

[457] 詹姆斯·C. 斯科特：《弱者的武器》，南京：译林出版社，2007年。

[458] 张成玉、廷玉：《产权残缺条件下征地公平补偿问题研究》，载于《农业经济问题》，2011年第6期。

[459] 张红宇、李伟毅：《人地矛盾、"长久不变"与农地制度的创新》，载于《经济研究参考》，2011年第9期。

[460] 张红宇、刘玫、王晖：《农村土地使用制度变迁：阶段性、多样性与政策调整》，载于《农业经济问题》，2002年第2期。

[461] 张红宇：《中国农村土地产权政策：持续创新——对农地使用权变革的重新评判》，载于《管理世界》，1998年第6期。

[462] 张红宇：《中国农地调整与使用权流转：几点评论》，载于《管理世界》，2002年第5期。

[463] 张洪涛：《使法治运转起来》，北京：法律出版社，2010年。

[464] 张静：《土地使用规则的不确定：一个解释框架》，载于《中国社会科学》，2003年第1期。

[465] 张静：《现代公共规则与乡村社会》，上海：上海书店，2006年。

[466] 张军、周黎安：《为增长而竞争：中国增长的政治经济学》，上海：格致出版社，2008年。

[467] 张钧：《农村土地制度研究》，北京：中国民主法制出版社，2008年。

[468] 张立彦：《地方政府土地出让目标取向研究》，载于《城市问题》，2007年第11期。

[469] 张莉、王贤彬、徐现祥：《财政激励、晋升激励与地方官员的土地出让行为》，载于《中国工业经济》，2011年第4期。

[470] 张璐：《农村土地流转的法律理性与制度选择》，载于《法学》，2008年第12期。

[471] 张梦琳：《集体建设用地流转的资源配置效应与优化调控研究》，南京农业大学博士学位论文，2010年。

[472] 张佩国：《近代江南乡村地权的历史人类学研究》，上海：上海人民出版社，2002年。

[473] 张平华等：《土地承包经营权》，北京：中国法制出版社，2007年。

[474] 张琦：《我国百强县土地利用与经济增长关系相关度分析》，载于《宁夏社会科学》，2007年第2期。

[475] 张曙光、刘守英主编：《中国制度变迁的案例研究》（第八集），北京：中国财政经济出版社，2011年。

[476] 张曙光主笔：《博弈：地权的细分、实施和保护》，北京：社会科学

文献出版社，2011年。

[477] 张曙光主笔：《城市化背景下土地产权的实施和保护》，载于《管理世界》，2007年第12期。

[478] 张曙光主笔：《集体建设用地地权的实施和保护》，载于《中国社会科学辑刊》，2009年冬季号。

[479] 张曙光主笔：《土地流转与农业现代化》，载于《管理世界》，2010年第7期。

[480] 张维迎、栗树和：《地区间竞争与中国国有企业的民营化》，载于《经济研究》，1998年第12期。

[481] 张维迎：《企业的企业家：契约理论》，上海：上海三联书店、上海人民出版社，1995年。

[482] 张维迎：《信息、信任与法律》，上海：上海三联书店，2003年。

[483] 张文春等：《集权与分权的抉择——改革开放30年中国财政体制的变迁》，载于《经济理论与经济管理》，2008年第10期。

[484] 张五常：《经济解释》，北京：商务印书馆，2000年。

[485] 张五常：《企业的契约性质》，选自《企业制度和市场组织》，上海：上海三联书店，1996年。

[486] 张熙：《城市化进程中的阴影》，载于《改革内参》，2003年第32期。

[487] 张雪玉：《农村土地使用权流转的现状与对策》，载于《福建农林大学学报》（哲学社会科学版），2003年第6期。

[488] 张晏、龚六堂：《分税制改革、财政分权与中国经济增长》，载于《经济学（季刊）》，2005年第1期。

[489] 张一平：《地权变动与社会重构》，上海：上海世纪出版集团，2009年。

[490] 张照新：《中国农村土地流转市场发展及其方式》，载于《中国农村经济》，2002年第2期。

[491] 章波等：《经济发达地区农村宅基地流转问题研究》，载于《中国土地科学》2006年第1期。

[492] 章有义：《近代徽州租佃关系案例研究》，北京：中国社会科学出版社，1988年。

[493] 章有义：《明清徽州土地关系研究》，北京：中国社会科学出版社，1984年。

[494] 赵丙奇、周露琼、杨金忠、石景龙：《发达地区与欠发达地区土地流转方式比较及其影响因素分析——基于对浙江省绍兴市和安徽省淮北市的调查》，载于《农业经济问题》，2011年第11期。

[495] 赵翠萍：《农村土地制度改革与农民土地权益的保护》，载于《求实》，2009年第6期。

[496] 赵冈、陈钟毅：《中国土地制度史》，北京：新星出版社，2006年。

[497] 赵其卓、唐忠：《农用土地流转现状与农户土地流转合约选择的实证研究——以四川省绵竹市为例》，载于《中国农村观察》，2008年第3期。

[498] 赵启正、[美]奈斯比特、[奥]奈斯比特《对话：中国模式》，北京：新世界出版社，2010年。

[499] 赵文哲、杨其静、周业安：《不平等厌恶性、财政竞争和地方政府财政赤字膨胀关系研究》，载于《管理世界》，2010年第1期。

[500] 赵晓力：《通过合同的治理》，载于《中国社会科学》，2000年第2期。

[501] 赵阳：《对农地再分配制度的重新认识》，载于《中国农村观察》，2004年第4期。

[502] 赵阳：《共有与私用——中国农地产权制度的经济学分析》，北京：三联书店，2007年。

[503] 郑风田：《成都地票交易被叫停的背后》，载于《改革内参》，2011年第5期。

[504] 郑永年：《中国模式：经验与困局》，杭州：浙江人民出版社，2010年。

[505] 钟甫宁、王兴稳：《现阶段农地流转市场能减轻土地细碎化程度吗？》，载于《农业经济问题》，2010年第1期。

[506] 钟甫宁：《劳动力市场的调节是农民增收的关键》，载于《中国农村经济》，2007年第5期。

[507] 钟晓敏：《市场化改革中的地方财政竞争》，载于《财经研究》，2004年第1期。

[508] 钟涨宝、汪萍：《农地流转过程中的农户行为分析——湖北、浙江等地的农户问卷调查》，载于《中国农村观察》，2003年第6期。

[509] 周楚军：《规整大地》，载于《中国国土资源报》，1999年1月13日。

[510] 周飞舟：《大兴土木：土地财政与地方政府行为》，载于《经济社会体制比较》，2010年第3期。

[511] 周飞舟：《分税制十年：制度及其影响》，载于《中国社会科学》，2006年第6期。

[512] 周黎安、陶婧：《政府规模、市场化与地区腐败问题》，载于《经济研究》，2009年第1期。

[513] 周黎安：《中国地方官员的晋升锦标赛模式研究》，载于《经济研

究》，2007年第7期。

[514] 周立群、曹利群：《商品契约优于要素契约——以农业产业化经营中的契约选择为例》，载于《经济研究》，2002年第1期。

[515] 周其仁、刘守英、湄潭：《一个传统农区的土地制度变迁》，选自文贯中主编《中国当代土地制度》，长沙：湖南科技出版社，1988年。

[516] 周其仁：《产权与制度变迁——中国改革的经验研究》，北京：社会科学文献出版社，2002年版。

[517] 周其仁：《农地产权与征地制度——中国城市化面临的重大选择》，载于《经济学（季刊）》，2004年第1期。

[518] 周其仁：《周其仁教授纵论我国征地制度改革》，中国经济学教育科研网，2004年3月12日。

[519] 周翔鹤：《清代台湾的地权交易——以典契为中心的一个研究》，载于《中国社会经济史研究》，2001年第2期。

[520] 周雪光、艾云：《多重逻辑下的制度变迁：一个分析框架》，载于《中国社会科学》，2010年第4期。

[521] 周业安、赖步连：《认知、学习和制度研究——新制度经济学的困境和发展》，载于《中国人民大学学报》，2005年第1期。

[522] 周应江：《身份界定与民间法调适——因婚姻而流动的农村妇女实现土地权益面临的两个法律难题》，载于《中华女子学院学报》，2005年第4期。

[523] 朱爱岚：《中国北方村落的社会性别与权力》，南京：江苏人民出版社，2004年。

[524] 朱伯康、施正康：《中国经济史》，上海：复旦大学出版社，2005年。

[525] 朱恒鹏：《地区间竞争、财政自给率和公有制企业民营化》，载于《经济研究》，2004年第10期。

[526] 朱民、尉安宁、刘守英：《家庭责任制下的土地制度和土地投资》，载于《经济研究》，1997年第10期。

[527] 祖彤、杨丽艳：《法律视角下农村土地流转面临的困境与出路》，载于《特区经济》，2012年第2期。

[528] Acemoglu D. and Johnson S., "Unbundling Institutions", *Journal of Political Economy*, 2005 (113): 949–96.

[529] Alchian A. and Demsetz H., "Production, Information Costs and Economic Organization", *American Economic Review*, 1972 (62): 777–795.

[530] Alchian A. and Kessel R., "Competition, Monopoly, and the Pursuit of Money", In National Bureau of Economic Research, *Aspects of Labor Economics*,

Princeton: Princeton University Press, 1962.

[531] Alchian A., "Property Rights", in Eatwell J., Milgate M. and Newman P. (eds), *The New Palgrave: A Dictionary of Economics*, London: Macmillan and New York: Stockton Press, 1987: 1031 – 1034.

[532] Alchian A., "Some Economics of Property Rights", Il *Politico*, 1965 (30): 816 – 829. *Economic Forces at Work*, Indianapolis: Liberty Press, 1977.

[533] Alchian, A. and Demsetz H., "The Property Rights Paradigm", *Journal of Economic History*, 1973 (33): 16 – 27.

[534] Alessi De L., "Property Rights, Transaction Costs and X – Efficiency: An Essay in Economic Theory", *American Economic Review*, 1983 (73): 64 – 81.

[535] Alston, Eggertsson and North, *Empirical Studies in Institutional Change*, Cambridge: Cambridge University Press, 1996.

[536] Anderlini L. and Felli L., "Bounded Rationality and Incompletes Contracts", *Research in Economics*, 2004 (58): 3 – 30.

[537] Anderson Cameron, Berdahl Jennifer L.. The Experience of Power: Examining the Effects of Power on Approach and Inhibition Tendencies [J]. *Journal of Personality and Social Psychology*, 2002, 83 (6): 1362 – 1377.

[538] Anderson T. W. and Cheng H., "Formulation and Estimation of Dynamic Models Using Panel Data", *Journal of Econometrics*, 1982, 18 (1): 47 – 82.

[539] Anderson, J. and Bandiera O., "Private Enforcement and Social Efficiency", *Journal of Development Economics*, 2005 (77): 341 – 366.

[540] Bagozzi R. P. and Yi Y., "On the Evaluation of Structural Equation Models", *Academy of Marketing Science*, 1988, 16 (1): 74 – 94.

[541] Baicker K., "The Spillover Effects of State Spending", *Journal of Public Economics*, 2005, 89 (2 – 3): 529 – 544.

[542] Barzel Y., *Economic Analysis of Property Rights*, Cambridge: Cambridge University Press, 1989.

[543] Baumol William, "Applied Fairness Theory and Rationing Policy", *American Economic Review*, 1982 (72): 639 – 651.

[544] Bentley J. W., "Economic and Ecological Approaches to Land Fragmentation: In Defense Ofamuch-aligned", *Annual Review of Anthroloy*, 1987 (16): 31 – 67.

[545] Besley T., "Property Rights and Investment Incentives: Theory and Evidence from China", *The Journal of Political Economy*, 1995 (103): 903 – 937.

［546］Blarel B., Hazell P., Place F. and Quggin J., "The Economics of Farm Fragmentation: Evidence from Ghana and Rwanda", *The World Bank Economic Review*, 1995, 6 (2): 233 – 254.

［547］Blume L., Rubinfeld D. and Shapiro P., "The Taking of Land: When Should Compensation Be Paid", *Quarterly Journal of Economics*, 1984 (99): 71 – 92.

［548］Boger S., "Quality and Contractual choice: A Transaction Cost Approach to the Polish Hog Market", *European Review of Agricultural Economics*, 2001, 28 (3): 241 – 262.

［549］Bolton L. and Faure – Grimaud A., "Sacrificing Contracts", *Review of Economic Studies*, 2010, 77 (3): 937 – 971.

［550］Bolton P. and Dewatripont M., *Contract Theory*, Cambridge: MIT Press, 2005.

［551］Bradstock A., "Community is Key to Conservation", *Geographic Magazine*, 1990, December: 17.

［552］Brandt L., Rozelle S. and Turner M., "Local Government Behavior and Property Rights Formation in Rural China", in *Working Papers* 11988, University of California, Davis, 2002.

［553］Brueckner J. K., "Welfare Reform and the Race to the Bottom: Theory and evidence", *Southern Economic Journal*, 2000, 66 (3): 505 – 525.

［554］Buettner T., "Local Business Taxation and Competition for Capital: The Choice of the Tax Rate", *Journal of Regional Science and Urban Economics*, 2001, 31 (2 – 3): 215 – 245.

［555］Burke P. J., "An Identity Approach to Commitment", *Social Psychology Quarterly*, 1991 (54): 280 – 286.

［556］Burt R. S., *Structural Holes: The Social Structure of Competition*, Cambridge: Harvard University Press, 1995.

［557］Burton S., King R., "Land Fragmentation and Consolidation in Cyprus: A descriptive evaluation", *Agricultural Administration*, 1982, 11 (3): 183 – 200.

［558］Carter M. R. and Yao Y., "Specialization without Regret: Transfer Rights, Agricultural Productivity, and Investment in an Industrializing Economy", *World Bank Policy Working Paper*, 1999.

［559］Case A. C., Rosen H. S. and Hines Jr J. R., "Budget Spillovers and Fiscal Policy Interdependence: Evidence from the States", *Journal of Public Economics*,

1993, 52 (3): 285 – 307.

[560] Cheung S., "The Structure of a Contract and the Theory of a Non – Exclusive Resource", *Journal of Law and Economics*, 1970 (13): 49 – 70.

[561] Cheung S. N. S., "A Theory of Price Control", *Journal of Law and Economics*, 1974 (17): 53 – 71.

[562] Cheung S. N. S., "Common Property Rights", In Eatwell J., Milgate M. and Newman P. (eds), *The New Palgrave: A Dictionary of Economics*, New York: Stockton Press, 1988.

[563] Chiu Y. S., "Non-cooperative, Bargaining, Hostages and Optimal Asset Ownership", *American Economic Review*, 1998 (88): 882 – 901.

[564] Clark A. and Karmiloff – Smith A., "The Cognizer's Innards: A Psychological and Philosophical Perspective on the Development of Thought", *Mind and Language*, 1993, 8 (4): 487 – 519.

[565] Clay D. C., Reardon T. and Kangasniemi J., "Sustainable Intensification in the Highland Tropics: Rwandan Farmer's Investments in Land Conservation and Soil Fertility", *Economic Development and Cultural Change*, 1998, 46 (2): 351 – 378.

[566] Coase R., "The Nature of the Firm", *Economica*, 1937, 4 (4): 386 – 405.

[567] Coase R., "The Problem of Social Cost", *Journal of Law and Economics*, 1960, 3 (1): 1 – 44.

[568] Cohen, Myron, *House United, House Divided*, Columbia University Press, 1976, p. 83. 转引自高永平:《执着的传统》, 中国文史出版社2007年版。

[569] Coleman J., "Social Capital in the Creation of Human Capital", *American Journal of Sociology*, 1998, 94 (S): 95 – 120.

[570] Coleman J., *Foundations of Social Theory*, Cambridge: Harvard University press, 1990.

[571] Corts K. S. and Singh J. T., "The Effect of Repeated Interaction on Contract Choice: Evidence from Offshore Drilling", *Journal of Law, Economics, and Organization*, 2004, 20 (1): 230 – 260.

[572] Daniel Kahneman, Jack L. Knetsch and Richard H. Thaler, "Experimental Tests of the Endowment Effect and the Coase Theorem", *Journal of Political Economy*, 1990 (98): 1325 – 1348.

[573] Demsetz H., "Toward a Theory of Property Rights", *American Economic Review*, 1967 (57): 347 – 359.

[574] Demsetz H., *Ownership, Control and the Firm*, New York: Basil Blackwell Inc., 1988.

[575] Dennis T. Y., "From Village Land to Native Reserve: Changes in Property Rights in Sabah, Malaysia, 1950 – 1996", *Human Ecology*, 2001 (29): 69 – 98.

[576] Dijk E, Knippenberg D., "Buying and Selling Exchange Goods: Loss Aversion and the Endowment Effect", *Journal of economics psychology*, 1996 (17): 517 – 524.

[577] Donald C. Clarke（郭丹青）, Economic Development and the Rights Hypothesis: The China Problem. 51 Am. J. Comp. L. 1989.

[578] Dong X., "Two – Tier land System and Sustained Economic Growth in Post – 1978 Rural China", *World Development*, 1996, 24 (5): 915 – 928.

[579] Dorward A., "The Effects of Transaction Costs, Power and Risk on Contractual Arrangements: A Conceptual Framework for Quantitative Analysis", *Journal of Agricultural Economics*, 2001, 52 (2): 59 – 73.

[580] Driscoll G. and Hoskins L., "Property Rights: The Key to Economic Development", *Cato Journal*, 2003 (482): 1 – 17.

[581] Eaton C. and Shepherd A., "Contract Farming Partnerships for Growth", *FAO Agricultural Services Bulletin* 145, 2001.

[582] Eggertsson T, *Economic Behavior and Institutions*, Cambridge: Cambridge University Press, 1990.

[583] Elhorst J. P., "Specification and Estimation of Spatial Panel Data Models", *Journal of International Regional Science Review*, 2003, 26 (3): 244 – 268.

[584] Ellison G., "Cooperation in the Prisoners' Dilemma with Anonymous Random Matching", *Review of Economic Studies*, 1994, 61 (3): 567 – 588.

[585] Feder G. and Feeney D., "Land Tenure and Property Rights: Theory and Implications for Development Policy". *World Bank Economic Review*, 1991 (5): 135 – 155.

[586] Feder G., Lawrence J. and Lin J. Y., "The Determinants of Farm Investment and Residential Construction in Post-reform China", *Economic Development and Cultural Change*, 1992, 41 (1): 1 – 26.

[587] Feder G., "The Economics of Land and Titling in Thailand", in *The Economics of Rural Organization: Theory, Practice and Policy*, Oxford: Oxford University Press, 1993.

[588] Fleisher B. M. and Liu Y., "Economies of Scale, Plot Size, Human Capital and Productivity in Chinese Agriculture", *Quarterly Review of Economics and Finance*, 1992, 32 (3): 112 – 123.

[589] Frank S. and Henderson D., "Transaction Costs as Determinants of Vertical Coordination in the U. S. Food Industries", *American Journal of Agricultural Economics*, 1992 (74): 941 – 950.

[590] Frank Xianfeng Huang. The Path to Clarity: Development of Property Rights in China, 17 Colum. J. Asian L. 191, 214 (2004).

[591] Furubotn E. G. and Pejovich S., "Property Rights and Economic Theory: A Survey of Recent Literature", *Journal of Economic Literature*, 1972 (4): 1137 – 1162.

[592] Goodhue R., "Input Control in Agricultural Production Contracts", *American Journal of Agricultural Economics*, 1999 (81): 616 – 620.

[593] Gorton M., "Agricultural Land Reforming Moldova", *Land use policy*, 2001, 118 (9): 269 – 279.

[594] Grossman S. and Hart O., "The Costs and Benefits of Ownership: A Theory of Vertical and Lateral Integration", *Journal of Political Economy*, 1986, 94 (4): 691 – 719.

[595] Guo L., Rozelle S. and Brandt L., "Tenure, Land Rights, and Farmer Investment Incentives in China", *Agricultural Economics*, 1998 (19): 63 – 71.

[596] Hart O. D. and Holmstrom B., *The Theory of Contracts*, in Bewley T. F. (ed.), *Advanced in Economic Theory*, Cambridge: Cambridge University Press, 1987 (3): 71 – 155.

[597] Hart O., *Firms, Contracts and Financial Structure*, Oxford: Oxford University press, 1995.

[598] Hart O. D. and Moore J., "Contracts as Reference Points", *Quarterly Journal of Economics*, 2008 (123): 1 – 48.

[599] Hart O. D. and Moore J., "Property Rights and the Nature of the Firm", *Journal of Political Economy*, 1990, 98 (6): 1119 – 1158.

[600] Hennessy D. and Lawrence J., "Contractual Relations, Control, and Quality in the Hog Sector", *Review of Agricultural Economics*, 1999, 21 (1): 52 – 67.

[601] Heston A. and Kumar D. "The Persistence of Land Fragmentation in Peasant Agriculture: an analysis of South Asian cases", *Explorations in economic history*,

1983, 20 (2): 199 - 220.

[602] Hobbs J. and Young L. , "Increasing Vertical Linkages in Agrifood Supply Chain: A Conceptual Model and some Preliminary Evidence", *Montana State University Research Discussion Paper*, No. 35, 1999.

[603] Holcombe R. G. , "The New Urbanism Versus the Market Process", *The review of Austrian economics*, 2004 (17): 285 - 300.

[604] Holmstrom B. and Milgrom P. "Aggregation and Linearity in the Provision of Intertemporal Incentives", *Econometrica*, 1987 (55): 303 - 328.

[605] Horn H. , Maggi G. and Staiger R. W. , "Trade Agreements as Endogenously Incomplete Contracts", *American Economic Review*, 2010, 100 (1): 394 - 419.

[606] Huang J. , Lu R. and Rozelle S. , "Technological Change: Rediscovering the Engine of Productivity Growth in China's Rural Economy", *Journal of Development Economics*, 1996, 49 (2): 337 - 367.

[607] Hung P. V. , Macaulay T. G. and Marsh S. P. , "The Economics of Land Fragmentation in North of Vietnam", *Australian Journal of Agricultural and Resource Economics*, 2007 (51): 195 - 211.

[608] Hutchins E. , *Cognition in the wild*, Cambridge: MIT Press, 1995.

[609] Jacoby H. G. , Li G. and Rozelle S. , "Hazards of Expropriation: Tenure Insecurity and Investment in Rural China", *American Economic Review*, 2002 (92): 1420 - 1447.

[610] Jensen M. and Meckling W. , "Theory of the Firm: Managerial Behavior, Agency Costs and Ownership Structure", *Journal of Financial Economics*, 1976, 3 (4): 305 - 360.

[611] Jin H. , Qian Y. and Weingast B. R. , "Regional Decentralization and Fiscal Incentives: Federalism, Chinese Style", *Journal of Public Economics*, 2005, 89 (9 - 10): 1719 - 1742.

[612] Johnson M. B. , "Planning without Price: A Discussion of Land Use Regulation without Compensation", in *Planning Without Price*, Edited by Siegan B. , Lexing ton Books, 1977, 63 - 111.

[613] Kahneman, D. , Knetsch, J. L. and Thaler, R. H. , "The Endowment Effect, Loss Aversion and the Status Que Bias", *Journal of Economic Perspectives*, 1991 (5): 193 - 206.

[614] Kalantari, K. and Abdollahzadeh G. , "Factors Affecting Agricultural

Land Fragmentation in Iran: a Case Study of Ramjerd Sub District in Fars Province", *American Journal of Agricultural and Biological Sciences*, 2008, 3 (1): 358 – 363.

[615] Key N. and McBride W., "Production Contracts and Productivity in the U. S. Hog Section", *American Journal of Agricultural Economics*, 2003, 85 (1): 121 – 133.

[616] Kung J. K., "Common Property Rights and Land Reallocations in Rural China: Evidence from a Village Survey", *World Development*, 2000, 28 (4): 701 – 719.

[617] Kung J. K., "Equal Entitlement Versus Tenure Security under a Regime of Collective Property Rights: Peasants Preference for Institutions in Post-reform Chinese Agriculture", *Journal of Comparative Economics*, 1995, 21 (1): 82 – 111.

[618] Laffont J. and Tirole J., *A Theory of Incentives in Procurement and Regulation*, Cambridge: MIT Press, 1993.

[619] Lawrence Wai Chung Lai, Land use Rights Reform and the Real Estate Market in China: A Synoptic Account of Theoretical Issues and the Property Rights System, *Property Management*, 1995, 13 (4): 21 – 28.

[620] Lazzarini S. G., Miller G. J. and Zenger T. R., "Order with Some Law: Complementarity Versus Substitution of Formal and Informal Arrangements", *Journal of Law, Economics, and Organization*, 2004 (20): 261 – 298.

[621] Levati V., Ploner M. and Traub S., "Are Cooperators Efficiency-or Fair-minded? Evidence from A Public Goods Experiment", *Jena Economic Research Paper*, No. 67, 2007.

[622] Li H. and Zhou L., "Political Turnover and Economic Performance: the Incentive Role of Personnel Control in China", *Journal of Public Economics*, 2005, 89 (9 – 10): 1743 – 1762.

[623] Lin J. Y., "Collectivization and Chinas' Agricultural Crisis in 1959 – 1961", *Journal of Political Economy*, 1990 (98): 1 – 10.

[624] Lin J. Y., "Rural Reform and Agricultural Growth in China", *American Economic Review*, 1992, 82 (1): 34 – 51.

[625] Lin N. *Social Capital l*, Cambridge: Cambridge University press, 2001.

[626] Little P. and Watts M., *Living under Contract: Contract Farming and Agrarian Transformation in the Sub – Saharan African*, Madison: the University of Wisconsin Press, 1994.

[627] Liu S., Carter M. R. and Yao Y., "Dimensions and Diversity of Property

Rights in Rural China: Dilemmas on the Road to Further Reform", *World Development*, 1998, 26 (10): 1789 – 1806.

[628] Lohmar B., *The Effects of Land Tenure and Grain Quota Policies on Farm households Labor Allocation in China*, Davis: University of California, 2000.

[629] Lohmer B., Zhang Z. and Somwarn A., "Land Rental Market Development and Agricultural Production in China", Paper Submitted for Presentation at *the 2001 Annual Meetings of the American Agricultural Economics Association*, Chicago IL, 2001 (8): 5 – 8.

[630] Luc A., "Spatial Effects in Econometric Practice in Environmental and Resource Economies", *Journal of Agricultural Economies*, 2001, 83 (3): 705 – 710.

[631] Madariaga N. and Poncet S., "FDI in Chinese Cities: Spillovers and Impact on Growth", *Journal of World Economic*, 2007, 30 (5): 837 – 862.

[632] Mandel D., "Beyond Mere Ownership, Transaction Demand as a Moderator of the Endowment Effect", *Organizational behavior and human decision processes*, 2002 (88): 737 – 747.

[633] March J., and Schultz M., *The Dynamics of Rules: Change in Written Organizational Codes*, Stanford: Stanford University Press, 2000.

[634] Marshall A., *Principles of Economics*, New York: Macmillan, 1960, 80 – 120.

[635] Maskin Eric and Jean Tirole, "The Politician and the Judge: Accountability in Government", *The American Economic Review*, 2004 (94): 1034 – 1054.

[636] Nguyen T., Cheng E. and Findlay C., "Land Fragmentation and Farm Productivity in China in the 1990s", *China Economic Review*, 1996, 7 (2): 169 – 180.

[637] North D., *Institutions, Institutional Change and Economic Performance*, Cambridge: Cambridge University Press, 1990.

[638] North D., *Structure and Change in Economic History*, New York: W. W. Norton & Company Inc., 1981.

[639] North D., *Understanding the Process of Economic Change*, Princeton: Princeton University Press, 2005.

[640] North Douglass, Thomas Robert. *The Rise of the Western World: A New Economic History*, Cambridge University Press, 1973.

[641] Nosal E., "The Taking of Land: Market Value Compensation Should be

Paid", *Journal of Public Economics*, 2001 (82): 431 – 443.

［642］Oi J. C., "The Role of the Local State in China's Transitional Economy", *Journal of China Quarterly*, 1992 (144): 1132 – 1149.

［643］Oi J. C., *Rural China Takes Off: Institutional Foundations of Economic Reform*, Berkeley: University of California Press, 1999.

［644］Ostrom E., "Private and Common Property Rights", *Journal of Economic Issues*, 1998, 22 (4): 1071 – 1087.

［645］Otsuka K., Suyanto S., Sonobe T. and Tomich T. P., "Evolution of Land Tenure Institutions and Development of Agroforestry: Evidence from Customary Land Area of Sumatra", *Agricultural Economics*, 2001 (25): 85 – 101.

［646］Pejovich S., *The Economics of Property Rights: Towards a Theory of Comparative Systems*, Dordrecht: Kluwer Academic Publishers, 1990.

［647］Peters P. E., "Maize and Burley in the Income and Food Security Strategies of Small holder Families in the Southern Region of Malawi", Cambridge: *Harvard Institute for International Development*, 1993.

［648］Polanyi K., *The Economy as Instituted Process, in Primitive, Archaic and Modem Economics: Essays of Karl Polanyi*, Boston: Beacon Press, 1968, 25 – 68.

［649］Popkin S., *The Rational Peasant: The Political Economy of Rural Society in Vietnam*, Berkeley: University of California Press, 1979.

［650］Poppo L. and Zenger T., "Do Formal Contracts and Relational Governance Function as Substitutes or Complements", *Strategic Management Journal*, 2002 (23): 707 – 725.

［651］Qian Y. and Weingas B. R., "Federalism as a Commitment to Preserving Market Incentives", *Journal of Economic Perspective*, 1997, 11 (4): 83 – 92.

［652］Qu F. T., Herrink N. and Wang W. M., "Land Administration Reform in China: Its Impact on Land Allocation and Economic Development", *Land Use Policy*, 1995 (12): 193 – 203

［653］Rahman S. and Rahman M., "Impact of Land Fragmentation and Resource Ownership on Productivity and Efficiency: The case of rice producers in Bangladesh", *Land Use Policy*, 2008 (26): 95 – 103.

［654］Redfield R., *Peasant Society and Culture*, Chicago University Press, 1956.

［655］Rozelle S., Guo L., Shen M., Huqhart A. and Giles J., "Leaving China Farms: Survey Results of New Paths and Remaining Hurdles to Rural Migration", *The*

China Quarterly, 1999 (158): 367-368.

[656] Ryall M. D. and Sampson R. C., "Formal Contracts in the Presence of Relational Enforcement Mechanisms: Evidence from Technology Development Projects", *Management Science*, 2009, 55 (6): 906-925.

[657] Salanie B., *The Economics of Contracts: a Primer*, Cambridge: Mass: MIT Press, 1996.

[658] Saussier S., "When Incomplete Contract Theory Meets Transaction Cost Economics: a Test", In *Institutions, Contracts, and Organizations: Perspectives from Institutional Economics*, Edited by Ménard C., Cheltenham: Edward Elgar Publishing Limited., 2000, 388.

[659] Schmidt K. and Schnitzer M., "The Interaction of Explicit and Implicit Contracts", *Economic Letters*, 1995 (48): 193-199.

[660] Schotter A., *The Economic Theory of Social Institutions*, Cambridge: Cambridge University Press, 1981.

[661] Schultz T. W., *Transforming Traditional Agriculture*, New Haven: Yale University Press, 1964.

[662] Scott J., *The Moral Economy of the Peasant*, New Haven: Yale University Press, 1976.

[663] Sense M., *The Fifth Discipline: The Art and Practice of the Learning Organization*, New York: Doubleday, 1990, 88-120.

[664] Simon J., McMillan J. and Woodruff C., "Property Rights and Finance", *American Economic Review*, 2002 (92): 1335-1356.

[665] Smith A., *The Wealth of Nations*, New York: Prometheus Book, 1991.

[666] Stigler G. "The Theory of Economic Regulation", *The Bell Journal of Economics and Management Science*, 1971, 2 (2): 13-21.

[667] Strijker D., "Marginal Lands in Europe-causes of Decline", *Basic and Applied Ecology*, 2005 (6): 99-106.

[668] Stryker J. D., "Population Density, Agricultural Technique and Land Utilization in A Village Economy", *American Economic Review*, 1976 (6): 347-358.

[669] Tajfel H. and Turner J. C., "The Social Identity Theory of Intergroup Behavior", In Worchel S. and Austin W. (eds), *Psychology of Intergroup Relations*, Chicago: Nelson Hall, 1986, 7-24.

[670] Tajfel H., "Experiments in Intergroup Discrimination", *Scientific Ameri-*

can, 1970, 5 (223): 96 – 102.

[671] Thibaut J. W. and Kelley H. H., *The Social Psychology of Groups*, New York: John Wiley & Sons, Inc., 1959.

[672] Tirole J., "Incomplete Contracts: Where Do We Stand?" *Econometrica*, 1999, 67 (4): 741 – 781.

[673] Tsui K and Wang Y., "Between Separate Stoves and a Single Menu: Fiscal Decentralization in China", *Journal of China Quarterly*, 2004 (117): 71 – 90.

[674] Umbeck J. R., "Might Makes Rights: A Theory of the Formation and Initial Distribution of Property Rights", *Economic Inquiry*, 1981 (41): 38 – 59.

[675] Van Dijk T., "Scenarios of Central European Land Fragmentation", *Land Use Policy*, 2003 (20): 149 – 158.

[676] Wan G. H. and Chen E. J., "Effects of Land Fragmentation and Returns to Scale in the Chinese Farming Sector", *Applied Economics*, 2001 (33): 183 – 194.

[677] William H. G., *Econometric Analysis*, New Jersey: Prentice Hall, 1997.

[678] Williamson O. E., "The Economic Institutions of Capitalism: Firms, Market and Relational Contracting", New York and London: Free Press, 1985.

[679] Williamson O. E. "The Economics of Organization: the Transaction Cost Approach", *American Journal of Sociology*, 1987, 87 (3): 548 – 577.

[680] Williamson O., "The New Institutional Economics: Taking Stock, Looking Ahead", *Economic Literature*, 2000 (38): 595 – 613.

[681] Williamson O., "Transaction – Cost Economics: The Governance of Contractual Relations", *Journal of Law and Economics*, 1979 (22): 233 – 261.

[682] Williamson O., *The Mechanism of Governance*, New York: Oxford University Press, 1996.

[683] Wu Z. P., Liu M. Q. and John D., "Land Consolidation and Productivity in Chinese Household Crop Production", *China Economic Review*, 2005, 16 (1): 28 – 49.

[684] Xu H., "Theoretical and Empirical Research on Influential Factors of Rural Land Transfer: Based on the Perspective of Occupation Differentiation and Pension Security Mode", *Energy Procedia*, 2011 (5): 397 – 402.

[685] Yao Y., "The Development of the Land Lease Market in Rural China", *Land Economics*, 2000, 76 (2): 252 – 266.

[686] Zhang L. X., Huang J. K. and Rozelle S., "Land Policy and Land Use in China", in Organization Economic Cooperation & Development, 1997.

[687] Zhang W. and Makeham J., "Recent Developments in the Market for Rural Land Use in China", *Land Economics*, 1992, 68 (2): 139–162.

后 记

本项目自2009年12月批准立项、2010年3月正式开题，到2012年10月提交结题报告，及至随后的修改，整个研究工作差不多历时3年有余。

在开题报告会中，农业部政策法规司张红宇司长、南京农业大学钟甫宁教授、西南大学戴思锐教授、华南农业大学温思美教授、浙江大学黄祖辉教授、中国农业大学何秀荣教授作为评议专家，为项目研究提供了真知灼见。教育部社科司司长张东刚教授、广东省教育厅巡视员罗远芳教授亦给予了重要指导。2011年9月16日于北京召开的中期检查会议，评审专家亦给予了建设性意见。

本项目研究思路的设定与研究框架的构建，还得到了众多专家的讨论与帮助。除开题报告会与中期检查会议的与会专家外，国务院研究室农村司叶兴庆司长、中央农村工作领导小组办公室陈良彪局长、国务院发展研究中心学术委员会秘书长程国强教授、农业部农村经济研究中心主任宋洪远教授、中国农业大学王秀清教授、南京农业大学周应恒教授、福建农林大学刘伟平教授、上海财经大学吴方卫教授教授、中国人民大学陶然教授等，均在不同的场合以不同的形式给予了有益讨论。

本项目的研究，无论是在理论层面的立论，还是对现实问题的判断，均要求对真实世界的细致了解与把握。因此，实证资料的收集就显得尤为重要。子课题负责人张曙光教授、陈小君教授、刘守英教授、曹正汉教授、胡新艳教授与李尚蒲副教授为有关专题及典型案例的研究付出了大量心血。在问卷和数据资料的收集与调研过程中，华南农业大学经济管理学院的众多本科生与研究生多次深入农村，与农户进行面对面的访谈。另外，由浙江大学曹正汉教授组织的华东地区的农户问卷、沈阳农业大学吕杰教授组织的东北地区的农户问卷、中国农业大学郭沛教授组织的华北与西北地区的农户问卷、广西财经学院唐拥军教授组织的西南地区的农户问卷，保证了整个研究的数据来源。此外，四川省社会科学院郭晓明教授、石河子大学胡宜挺博士亦为改善农户样本来源的完整性做出了贡献。特别要提到的是，上海财经大学吴方卫教授慷慨地允许我们使用了上海财经大学的部分相关数据库。当然,为我们的资料收集与实地调研提供具体帮助的单位和个人更是难以一一罗列。

在3年时间里,项目组的成员做出了卓有成效的努力。张曙光与刘守英两位教授负责的土地制度的案例研究,陈小君教授负责的土地法律方面的研究,曹正汉教授负责的关于地权界定的研究,何一鸣副教授与彭素博士负责的文献梳理,胡新艳教授与李尚蒲副教授负责的数据整理与分析,以及钟文晶博士所做的大量协调与沟通工作,均从不同的层面保证了研究计划的顺利进行。

要特别说明的是,本书中所包含的案例研究仅仅是根据章节写作的需要所做的选择。更为丰富多样的案例研究参见本项目的阶段性成果《中国制度变迁的案例研究》第八集(土地卷)①。

感谢由福建农林大学承办的"2011年中国制度经济学年会"、山东大学经济研究院承办的"2012年中国制度经济学年会"、中国农业经济学年会(2011年,江苏苏州;2012年,天津)、全国中青年农业经济学者年会(2012年,广西南宁)、中国农村经济发展高层论坛(2011年,广州)等多个学术会议所提供的机会,使本项目的多个阶段性成果得到深入交流。

同样要感谢多个学术杂志发表本项目的阶段性成果。特别要感谢的是《学术研究》与《广东社会科学》,其分别为本项目所特设的"农地制度与农地流转"、"农村土地产权制度研究"的专栏,使本项目的部分系列成果能够得以集中发表。

最后,感谢教育部社会科学司组织的成果鉴定。鉴定结论对本成果给予了高度评价,认为:"本项研究无论是研究角度的选取、理论框架的设计、实证研究的水平还是对策研究的可行性,均具有较大的创新和突破,有较高的学术价值。"同时也感谢鉴定专家为成果的后续修改与进一步完善所提出的建设性意见。

最终成果是集体智慧的结晶。具体的写作分工如下:

第一章,罗必良执笔;

第二章,彭素、何一鸣、罗必良执笔;

第三章,第一节至第四节由罗必良执笔;第五节由陈小君、陆剑、韩松、耿卓、高飞执笔;

第四章,罗必良、李尚蒲执笔;

第五章,罗必良(第一、二、四、五节)、钟文晶(第三节)、陈培勇(第

---

① 北京天则经济研究所主编,执行主编:张曙光、刘守英。中国财政经济出版社2011年10月版。该成果由博源基金会和本项目联合资助。

六节）主笔，陈风波、李尚蒲、汪沙、何应龙、尤娜莉、郑燕丽、郑茉馨、丛腾等参与；

第六章，罗必良执笔；

第七章，何一鸣、罗必良执笔；

第八章，罗必良、彭素主笔；

第九章，谢琳、罗必良执笔；

第十章，彭东慧、罗必良执笔；

第十一章，胡新艳（第一节至第四节）、钟文晶（第五节）执笔；

第十二章，李尚蒲、彭素执笔；

第十三章，罗明忠（第一节）、刘一明（第二节）、陈利昌（第三节）、谢琳（第四节）、罗必良（第五节）执笔；

第十四章，何一鸣、罗必良执笔；

第十五章，张曙光主笔，吸纳了曹正汉的部分成果，并由李尚蒲整理；

第十六章，张曙光主笔，吸纳了刘守英的部分成果，并由吴小立整理；

第十七章，张曙光主笔，吸纳了胡新艳、罗必良的部分成果，并由李尚蒲整理；

第十八章，陈小君、刘守英主笔，陆剑、韩松、耿卓、高飞等参与，并由何一鸣整理；

第十九章，罗必良执笔。

全书的修改与最后的统稿由罗必良完成。

罗必良
2013 年 8 月 8 日

教育部哲学社会科学研究重大课题攻关项目成果出版列表

书　名	首席专家
《马克思主义基础理论若干重大问题研究》	陈先达
《马克思主义理论学科体系建构与建设研究》	张雷声
《马克思主义整体性研究》	逄锦聚
《改革开放以来马克思主义在中国的发展》	顾钰民
《当代中国人精神生活研究》	童世骏
《弘扬与培育民族精神研究》	杨叔子
《当代科学哲学的发展趋势》	郭贵春
《服务型政府建设规律研究》	朱光磊
《地方政府改革与深化行政管理体制改革研究》	沈荣华
《面向知识表示与推理的自然语言逻辑》	鞠实儿
《当代宗教冲突与对话研究》	张志刚
《马克思主义文艺理论中国化研究》	朱立元
《历史题材文学创作重大问题研究》	童庆炳
《现代中西高校公共艺术教育比较研究》	曾繁仁
《西方文论中国化与中国文论建设》	王一川
《楚地出土戰國簡册［十四種］》	陳　偉
《近代中国的知识与制度转型》	桑　兵
《中国抗战在世界反法西斯战争中的历史地位》	胡德坤
《京津冀都市圈的崛起与中国经济发展》	周立群
《金融市场全球化下的中国监管体系研究》	曹凤岐
《中国市场经济发展研究》	刘　伟
《全球经济调整中的中国经济增长与宏观调控体系研究》	黄　达
《中国特大都市圈与世界制造业中心研究》	李廉水
《中国产业竞争力研究》	赵彦云
《东北老工业基地资源型城市发展可持续产业问题研究》	宋冬林
《转型时期消费需求升级与产业发展研究》	臧旭恒
《中国金融国际化中的风险防范与金融安全研究》	刘锡良
《中国民营经济制度创新与发展》	李维安
《中国现代服务经济理论与发展战略研究》	陈　宪
《中国转型期的社会风险及公共危机管理研究》	丁烈云

书　名	首席专家
《人文社会科学研究成果评价体系研究》	刘大椿
《中国工业化、城镇化进程中的农村土地问题研究》	曲福田
《东北老工业基地改造与振兴研究》	程　伟
《全面建设小康社会进程中的我国就业发展战略研究》	曾湘泉
《自主创新战略与国际竞争力研究》	吴贵生
《转轨经济中的反行政性垄断与促进竞争政策研究》	于良春
《面向公共服务的电子政务管理体系研究》	孙宝文
《产权理论比较与中国产权制度变革》	黄少安
《中国企业集团成长与重组研究》	蓝海林
《中国加入区域经济一体化研究》	黄卫平
《金融体制改革和货币问题研究》	王广谦
《人民币均衡汇率问题研究》	姜波克
《我国土地制度与社会经济协调发展研究》	黄祖辉
《南水北调工程与中部地区经济社会可持续发展研究》	杨云彦
《产业集聚与区域经济协调发展研究》	王　珺
《我国民法典体系问题研究》	王利明
《中国司法制度的基础理论问题研究》	陈光中
《多元化纠纷解决机制与和谐社会的构建》	范　愉
《中国和平发展的重大前沿国际法律问题研究》	曾令良
《中国法制现代化的理论与实践》	徐显明
《农村土地问题立法研究》	陈小君
《知识产权制度变革与发展研究》	吴汉东
《中国能源安全若干法律与政策问题研究》	黄　进
《城乡统筹视角下我国城乡双向商贸流通体系研究》	任保平
《产权强度、土地流转与农民权益保护》	罗必良
《生活质量的指标构建与现状评价》	周长城
《中国公民人文素质研究》	石亚军
《城市化进程中的重大社会问题及其对策研究》	李　强
《中国农村与农民问题前沿研究》	徐　勇
《西部开发中的人口流动与族际交往研究》	马　戎
《现代农业发展战略研究》	周应恒
《综合交通运输体系研究——认知与建构》	荣朝和
《中国独生子女问题研究》	风笑天
《我国粮食安全保障体系研究》	胡小平

书　名	首席专家
《中国边疆治理研究》	周　平
《边疆多民族地区构建社会主义和谐社会研究》	张先亮
《中国大众媒介的传播效果与公信力研究》	喻国明
《媒介素养：理念、认知、参与》	陆　晔
《创新型国家的知识信息服务体系研究》	胡昌平
《数字信息资源规划、管理与利用研究》	马费成
《新闻传媒发展与建构和谐社会关系研究》	罗以澄
《数字传播技术与媒体产业发展研究》	黄升民
《互联网等新媒体对社会舆论影响与利用研究》	谢新洲
《教育投入、资源配置与人力资本收益》	闵维方
《创新人才与教育创新研究》	林崇德
《中国农村教育发展指标体系研究》	袁桂林
《高校思想政治理论课程建设研究》	顾海良
《网络思想政治教育研究》	张再兴
《高校招生考试制度改革研究》	刘海峰
《基础教育改革与中国教育学理论重建研究》	叶　澜
《公共财政框架下公共教育财政制度研究》	王善迈
《农民工子女问题研究》	袁振国
《当代大学生诚信制度建设及加强大学生思想政治工作研究》	黄蓉生
《处境不利儿童的心理发展现状与教育对策研究》	申继亮
《学习过程与机制研究》	莫　雷
《青少年心理健康素质调查研究》	沈德立
《WTO主要成员贸易政策体系与对策研究》	张汉林
《中国和平发展的国际环境分析》	叶自成
*《中部崛起过程中的新型工业化研究》	陈晓红
*《中国政治文明与宪法建设》	谢庆奎
*《我国地方法制建设理论与实践研究》	葛洪义
*《我国资源、环境、人口与经济承载能力研究》	邱　东
*《非传统安全合作与中俄关系》	冯绍雷
*《中国的中亚区域经济与能源合作战略研究》	安尼瓦尔·阿木提
*《冷战时期美国重大外交政策研究》	沈志华

……

* 为即将出版图书